企业所得税政策与申报实务深度解析

2020年版　陈玉琢　叶美萍 ◎ 著

IN-DEPTH ANALYSIS OF
CORPORATE INCOME TAX
POLICY AND REPORTING
PRACTICE 2020 EDITION

中国经济出版社
CHINA ECONOMIC PUBLISHING HOUSE
北京

图书在版编目(CIP)数据

企业所得税政策与申报实务深度解析：2020年版／陈玉琢，叶美萍著．－－北京：中国经济出版社，2020.7
ISBN 978－7－5136－6215－4

Ⅰ.①企… Ⅱ.①陈…②叶… Ⅲ.①企业所得税－税收政策－研究－中国 ②企业所得税－税收管理－研究－中国 Ⅳ.①F812.424

中国版本图书馆CIP数据核字(2020)第110427号

责任编辑	孙东健
责任印制	马小宾
封面设计	久品轩

出版发行	中国经济出版社
印 刷 者	北京力信诚印刷有限公司
经 销 者	各地新华书店
开　　本	787mm×1092mm　1/16
印　　张	43.25
字　　数	1060千字
版　　次	2020年7月第1版
印　　次	2020年7月第1次
定　　价	128.00元

广告经营许可证　京西工商广字第8179号

中国经济出版社 网址 www.economyph.com 社址 北京市东城区安定门外大街58号 邮编100011
本版图书如存在印装质量问题，请与本社销售中心联系调换（联系电话：010－57512564）

版权所有　盗版必究（举报电话：010－57512600）
国家版权局反盗版举报中心（举报电话：12390）　服务热线：010－57512564

前言

企业所得税的复杂难懂众所皆知,而结合纳税申报表,是学习、理解企业所得税政策的最好方式。企业类型不同,其纳税义务也不完全相同。就居民企业来说,收入、扣除、资产、特殊事项、弥补亏损和税收优惠等诸方面的企业所得税政策均会影响其纳税义务;同样,纳税申报表的填报也会影响其最终的所得税负担。

《企业所得税年度纳税申报表》自2014年版出台后,已经过4次修订,最新修订版是国家税务总局公告2019年第41号;《企业所得税月(季)度预缴纳税申报表》自2015年版出台后,也已经过5次修订,最新修订版是国家税务总局公告2020年第12号。作为2014年版和2017年版《企业所得税年度纳税申报表》修订工作组成员,我们始终关注企业所得税政策的变化和纳税申报表的修订,现将企业所得税政策与纳税申报表融合在一起,著成本书。本书体现了如下四个显著特色:

——新颖性。既能体现最新企业所得税政策(本书已包括2020年7月的税收政策变动),采用的也是最新《企业所得税纳税申报表》表单及相关填报说明。

——系统性。既对收入总额、税前扣除项目、资产类项目、特殊事项、特别纳税调整、弥补亏损、税收优惠、境外所得税收抵免和汇总纳税等所得税政策进行全面系统梳理,也通过138个案例(详见附录)解析了企业所得税政策和纳税申报表的填报,特别是设计了一个综合案例,系统解析年度纳税申报表的填报过程和结果。

——融合性。既系统梳理和解析企业所得税现行政策,又讲解《企业所得税纳税申报表》的填报和政策运用;同时,既详细解析《企业所得税年度纳税申报表》的填报,也讲解《企业所得税月(季)度预缴纳税申报表》的填报。

——独创性。如对于收入总额的两层分类,视同销售纳税调整后对应支出的纳税调整,固定资产计税基础的特别规定,企业重组及递延纳税事项的纳税调整,关联债资比例的计算,弥补亏损的规则和年度的填报规则,研发费用加计扣除从辅助账到明细表的填报,境外所得的纳税调整,境外所得间接负担税额的计算等,本书都有独到的见解和分析。

本书覆盖政策全面,分析透彻,案例详多,解析细致,对于广大税务工作者有极大的助益。希望本书能给广大读者理解、学习企业所得税政策和填报纳税申报表有所帮助。由于水平有限,时间仓促,疏误之处在所难免,敬请广大读者批评指正。

陈玉琢
2020年7月

目录 CONTENTS

第一章 居民企业及其纳税义务 ... 1
第一节 企业所得税的纳税人 ... 2
一、企业所得税与个人所得税纳税人的划分 ... 2
二、《企业所得税法》中"企业"的含义和分类 ... 2
第二节 居民企业 ... 3
一、依法在中国境内成立的企业 ... 3
二、依照外国（地区）法律成立但实际管理机构在中国境内的企业 ... 4
第三节 居民企业的纳税义务 ... 7
一、所得的基本范围 ... 7
二、来源于中国境内、境外所得的确定 ... 8

第二章 居民企业所得税汇算清缴申报概述 ... 9
第一节 居民企业所得税汇算清缴相关概念 ... 10
一、居民企业所得税汇算清缴的纳税人范围 ... 10
二、汇算清缴期限 ... 11
三、汇算清缴地点 ... 12
四、纳税年度 ... 12
五、应纳税所得额 ... 13
第二节 居民企业所得税汇算清缴申报资料 ... 15
一、企业所得税年度纳税申报表 ... 15
二、财务报表 ... 17
三、其他相关资料 ... 18
第三节 居民企业所得税汇算清缴流程和方法 ... 19
一、企业所得税汇算清缴的一般流程 ... 19
二、外币折算人民币的方法 ... 20
三、汇总纳税企业的汇算清缴方法 ... 22

第三章 年度申报表封面、填报表单和基础信息表的填报 ... 27
第一节 年度申报表封面的填报 ... 28
一、税款所属期间的填报 ... 28
二、纳税人识别号（统一社会信用代码）的填报 ... 28
三、纳税人名称的填报 ... 28

四、声明、纳税人签章和填报日期的填报 ·· 28
　　五、经办人信息和代理机构签章的填报 ·· 28
　　六、受理人姓名、受理税务机关签章和受理日期的填报 ··················· 29
第二节　年度申报表填报表单的填报 ·· 29
　　一、正常经营的纳税人需要填报的基本表单 ···································· 30
　　二、有特殊税会差异事项的纳税人需要填报的表单 ························ 30
　　三、享受企业所得税优惠的纳税人需要填报的表单 ························ 31
　　四、有境外所得的纳税人需要填报的表单 ······································· 32
　　五、汇总纳税企业需要填报的表单 ·· 32
第三节　年度申报表基础信息表的填报 ·· 34
　　一、基本经营情况的填报 ·· 34
　　二、有关涉税事项情况的填报 ··· 37
　　三、主要股东及分红情况的填报 ··· 44

第四章　年度申报表主表的填报 ·· 47
第一节　利润总额计算的填报 ·· 48
　　一、有附表项目的填报 ··· 48
　　二、无附表项目的填报 ··· 49
第二节　应纳税所得额计算的填报 ··· 50
　　一、应纳税所得额的计算方法 ··· 50
　　二、从利润总额计算纳税调整后所得项目的填报 ···························· 50
　　三、从纳税调整后所得计算应纳税所得额项目的填报 ····················· 55
第三节　应纳税额计算的填报 ·· 56
　　一、应纳税额计算过程的填报 ··· 56
　　二、本年应补(退)的所得税额的填报 ·· 57

第五章　收入费用明细表的填报 ·· 61
第一节　一般企业收入明细表的填报 ··· 62
　　一、主营业务收入的填报 ·· 62
　　二、其他业务收入的填报 ·· 63
　　三、营业收入的填报 ··· 63
　　四、营业外收入的填报 ··· 63
第二节　金融企业收入明细表的填报 ··· 65
　　一、银行业务收入的填报 ·· 65
　　二、证券业务收入的填报 ·· 67
　　三、已赚保费的填报 ··· 69
　　四、其他营业收入的填报 ·· 70
　　五、营业收入的填报 ··· 70

  六、营业外收入的填报 ………………………………………………………………… 70
 第三节 一般企业成本支出明细表的填报 ……………………………………………… 71
  一、主营业务成本的填报 ………………………………………………………………… 71
  二、其他业务成本的填报 ………………………………………………………………… 72
  三、营业成本的填报 ……………………………………………………………………… 72
  四、营业外支出的填报 …………………………………………………………………… 72
 第四节 金融企业支出明细表的填报 …………………………………………………… 74
  一、银行业务支出的填报 ………………………………………………………………… 74
  二、保险业务支出的填报 ………………………………………………………………… 75
  三、证券业务支出的填报 ………………………………………………………………… 77
  四、其他营业支出的填报 ………………………………………………………………… 78
  五、营业支出的填报 ……………………………………………………………………… 79
  六、营业外支出的填报 …………………………………………………………………… 79
 第五节 事业单位、民间非营利组织收入、支出明细表的填报 ……………………… 79
  一、事业单位收入的填报 ………………………………………………………………… 79
  二、民间非营利组织收入的填报 ………………………………………………………… 80
  三、事业单位支出的填报 ………………………………………………………………… 80
  四、民间非营利组织支出的填报 ………………………………………………………… 81
 第六节 期间费用明细表的填报 ………………………………………………………… 82
  一、费用项目的填报 ……………………………………………………………………… 82
  二、列的填报 ……………………………………………………………………………… 83

第六章 收入类项目所得税政策及其纳税调整的填报 ……………………………… 87
 第一节 纳税调整明细表概述 …………………………………………………………… 88
  一、纳税调整项目明细表的目标 ………………………………………………………… 88
  二、纳税调整项目明细表的结构 ………………………………………………………… 88
 第二节 收入总额的企业所得税政策 …………………………………………………… 89
  一、收入总额的分类 ……………………………………………………………………… 89
  二、收入确认原则 ………………………………………………………………………… 90
  三、收入确认的企业所得税政策 ………………………………………………………… 91
 第三节 收入类调整项目的填报 ………………………………………………………… 101
  一、有二级附表的收入类调整项目的填报 ……………………………………………… 101
  二、没有二级附表的收入类调整项目的填报 …………………………………………… 132

第七章 扣除类项目所得税政策及其纳税调整的填报 ……………………………… 139
 第一节 税前扣除的基本内容、原则和凭证 …………………………………………… 140
  一、税前扣除的基本内容 ………………………………………………………………… 140
  二、税前扣除原则 ………………………………………………………………………… 141

三、税前扣除凭证管理 ··· 142
　第二节　税前扣除项目的企业所得税政策 ·· 147
　　一、税前扣除成本的企业所得税政策 ··· 147
　　二、土地增值税的企业所得税税前扣除政策 ·· 153
　　三、税前扣除费用的企业所得税政策 ··· 154
　　四、税前扣除的其他支出企业所得税政策 ··· 169
　第三节　扣除类调整项目的填报 ·· 175
　　一、有二级附表的扣除类调整项目的填报 ··· 175
　　二、没有二级附表的扣除类调整项目的填报 ·· 198

第八章　资产类项目所得税政策及其纳税调整的填报 ·· 213
　第一节　资产类项目的企业所得税政策 ·· 214
　　一、资产折旧和摊销的企业所得税政策 ··· 214
　　二、资产损失的企业所得税政策 ··· 219
　第二节　资产类调整项目的填报 ·· 232
　　一、资产折旧、摊销的填报 ··· 232
　　二、资产减值准备金的填报 ··· 245
　　三、资产损失的填报 ··· 246

第九章　特殊事项所得税政策及其纳税调整的填报 ·· 255
　第一节　特殊事项的企业所得税政策 ·· 256
　　一、企业重组及递延纳税事项的企业所得税政策 ··· 256
　　二、企业政策性搬迁的企业所得税政策 ·· 266
　　三、特殊行业准备金的企业所得税政策 ·· 268
　　四、房地产开发企业特定业务的企业所得税政策 ··· 273
　　五、合伙企业法人合伙人应分得应纳税所得额的计算 ··································· 274
　　六、发行永续债利息支出的企业所得税政策 ·· 275
　第二节　特殊事项调整项目的填报 ··· 275
　　一、企业重组及递延纳税事项的填报 ··· 275
　　二、政策性搬迁的填报 ··· 309
　　三、特殊行业准备金的填报 ··· 316
　　四、房地产开发企业特定业务计算的纳税调整额的填报 ································· 323
　　五、合伙企业法人合伙人应分得应纳税所得额的填报 ··································· 326
　　六、发行永续债利息支出的填报 ·· 327

第十章　特别纳税调整政策及其应税所得的填报 ··· 329
　第一节　关联申报 ··· 330
　　一、关联申报的主体和期限 ··· 330

二、关联方和关联关系的判定 ··· 330
   三、关联交易类型 ·· 332
   四、年度关联业务往来报告表 ·· 332
   五、国别报告 ·· 358
 第二节 同期资料 ·· 364
   一、同期资料的基本规定 ·· 364
   二、同期资料的种类、准备主体和内容 ·· 365
   三、同期资料的税务管理 ·· 369
 第三节 转让定价调整 ·· 370
   一、转让定价调整的基本规定 ·· 370
   二、可比性分析 ·· 371
   三、转让定价方法 ·· 372
   四、主要关联交易类型的转让定价调整 ·· 376
 第四节 成本分摊协议 ·· 378
   一、成本分摊协议的基本规定 ·· 378
   二、成本分摊协议的参与方及其权利和义务 ·· 379
   三、成本分摊协议的适用范围 ·· 379
   四、成本分摊协议的主要内容 ·· 379
   五、参与方变更或协议终止的处理 ·· 379
   六、成本分摊协议的备案和后续管理 ·· 380
   七、成本分摊协议的税务处理 ·· 380
 第五节 预约定价安排 ·· 380
   一、预约定价安排的基本规定 ·· 380
   二、预约定价安排的适用范围 ·· 381
   三、预约定价安排的类型 ·· 381
   四、预约定价安排的工作流程 ·· 382
   五、预约定价安排的暂停和终止 ·· 392
   六、预约定价安排的相关权利和义务 ·· 392
 第六节 受控外国企业 ·· 392
   一、受控外国企业的基本规定 ·· 392
   二、受控外国企业和控制 ·· 393
   三、境外投资和所得信息的报告 ·· 393
   四、视同受控外国企业股息分配的所得的计算和税务处理 ···························· 396
 第七节 资本弱化 ·· 397
   一、资本弱化的基本规定 ·· 397
   二、关联债资比例 ·· 398
   三、向关联方借款不得扣除利息支出的计算 ·· 401
   四、向关联方借款不得扣除利息支出的税务处理 ···································· 402

第八节　一般反避税 ··· 404
　　一、一般反避税的基本规定 ··· 404
　　二、国税发〔2009〕2号文件中一般反避税管理的规定 ················ 404
　　三、一般反避税调查的适用范围和相关概念 ······························ 405
　　四、一般反避税特别纳税调整的方法 ······································· 405
　　五、一般反避税特别纳税调整的工作流程 ································· 406
　　六、争议处理 ·· 411
第九节　相互协商程序 ··· 411
　　一、相互协商的目的和内容 ··· 411
　　二、相互协商程序的申请或请求 ··· 411
　　三、相互协商程序的启动和相互协商 ······································· 413
　　四、相互协商程序的暂停和终止 ··· 414
　　五、相互协商协议的签署和执行 ··· 414
　　六、相关义务和责任 ··· 416
第十节　特别纳税调查调整程序 ··· 417
　　一、特别纳税调查调整的目的 ·· 417
　　二、特别纳税调查风险提示和企业自行调整补税 ······················· 417
　　三、特别纳税调查对象和立案 ·· 418
　　四、特别纳税调查实施 ·· 418
　　五、特别纳税调查结果处理 ··· 422
　　六、特别纳税调查结果执行 ··· 424
　　七、其他事项 ·· 425

第十一章　弥补亏损所得税政策及其明细表的填报 ······················· 427
第一节　弥补亏损的企业所得税政策 ··· 428
　　一、弥补亏损的基本规定 ··· 428
　　二、弥补亏损的具体规定 ··· 428
第二节　弥补亏损明细表的填报 ··· 432
　　一、年度的填报 ··· 432
　　二、当年境内所得额的填报 ··· 435
　　三、分立转出亏损额的填报 ··· 435
　　四、合并、分立转入亏损额的填报 ·· 435
　　五、弥补亏损企业类型的填报 ·· 436
　　六、当年亏损额的填报 ··· 437
　　七、当年待弥补亏损额的填报 ·· 437
　　八、用本年度所得额弥补以前年度亏损额的填报 ······················· 437
　　九、当年可结转以后年度弥补亏损额的填报 ····························· 438

| 第三节 若干情形下弥补亏损明细表的填报 ·· 439
| 一、连续几年有盈有亏如何弥补亏损 ··· 439
| 二、查增所得额如何弥补亏损 ··· 446
| 三、资产损失和应扣未扣支出追补扣除如何弥补亏损 ······················· 446
| 四、企业合并转入亏损如何弥补 ··· 446

第十二章 税收优惠所得税政策及其明细表填报 ··· 451
第一节 企业所得税税收优惠及其明细表概况 ·· 452
   一、企业所得税税收优惠的类别 ··· 452
   二、税收优惠明细表的目标和结构 ·· 452
第二节 免税收入优惠政策及其填报 ·· 452
   一、免税收入优惠政策 ··· 452
   二、免税收入优惠的填报 ·· 459
第三节 减计收入优惠政策及其填报 ·· 467
   一、减计收入优惠政策 ··· 467
   二、减计收入优惠的填报 ·· 470
第四节 加计扣除优惠政策及其填报 ·· 472
   一、研发费用加计扣除优惠政策 ··· 472
   二、安置残疾人员工资加计扣除优惠政策 ·· 478
   三、研发支出辅助账及其汇总表的登记和填报 ······································ 479
   四、加计扣除在企业所得税年度纳税申报表的填报 ······························· 485
第五节 所得减免优惠政策及其填报 ·· 501
   一、所得减免优惠政策 ··· 501
   二、所得减免优惠的填报 ·· 513
第六节 抵扣应纳税所得额优惠政策及其填报 ·· 521
   一、抵扣应纳税所得额优惠政策 ··· 521
   二、抵扣应纳税所得额优惠的填报 ·· 530
第七节 减免所得税优惠政策及其填报 ··· 534
   一、减免所得税优惠政策 ·· 534
   二、减免所得税优惠的填报 ··· 562
第八节 税额抵免优惠及其填报 ·· 579
   一、税额抵免优惠政策 ··· 579
   二、税额抵免优惠的填报 ·· 581

第十三章 境外所得税收抵免政策及其明细表的填报 ··································· 585
第一节 境外所得税收抵免企业所得税政策 ··· 586
   一、境外所得税收抵免的方法 ·· 586
   二、境外所得税收抵免适用所得的范围 ··· 587

三、境外所得税收抵免计算的基本项目 ………………………… 588
四、境外应纳税所得额的计算 …………………………………… 588
五、可抵免境外所得税额的确认 ………………………………… 591
六、抵免限额的计算 ……………………………………………… 610
七、实际抵免境外税额的计算 …………………………………… 611

第二节 境外所得税收抵免的填报 …………………………………… 614
一、境外所得税收抵免一级附表的填报 ………………………… 615
二、境外所得税收抵免二级附表的填报 ………………………… 617

第十四章 汇总纳税所得税政策及其明细表的填报 ……………… 625

第一节 汇总纳税企业的汇算清缴方法 ……………………………… 626
一、统一计算 ……………………………………………………… 626
二、分摊税款 ……………………………………………………… 627
三、就地补退 ……………………………………………………… 630

第二节 汇总纳税明细表的填报 ……………………………………… 631
一、汇总纳税一级附表的填报 …………………………………… 631
二、汇总纳税二级附表的填报 …………………………………… 632

第十五章 居民企业所得税预缴申报 ………………………………… 639

第一节 居民企业所得税预缴申报概述 ……………………………… 640
一、预缴期限 ……………………………………………………… 640
二、预缴申报的企业类型和核定征收的有关规定 ……………… 640
三、预缴申报表的类型和适用纳税人 …………………………… 644

第二节 A类预缴纳税申报表的填报 ………………………………… 645
一、A类预缴纳税申报表主表及其填报 ………………………… 645
二、《免税收入、减计收入、所得减免等优惠明细表》及其填报 … 651
三、《资产加速折旧、摊销(扣除)优惠明细表》及其填报 …… 658
四、《减免所得税优惠明细表》及其填报 ……………………… 661
五、《企业所得税汇总纳税分支机构所得税分配表》及其填报 … 667

第三节 B类预缴和年度纳税申报表的填报 ………………………… 669
一、B类预缴和年度纳税申报表的样式 ………………………… 669
二、B类预缴和年度纳税申报表的填报 ………………………… 670

附录 《企业所得税政策与申报实务深度解析(2020年版)》案例目录 …… 677

企业所得税政策与申报实务深度解析
（2020年版）

第一章

居民企业及其纳税义务

本章要点

☞ 企业所得税与个人所得税纳税人的划分

☞ 居民企业的范围

☞ 所得的基本范围

☞ 来源于中国境内、境外所得的确定原则

第一节 企业所得税的纳税人

一、企业所得税与个人所得税纳税人的划分

在我国现行税法体系中,所得税有两个税种,即企业所得税和个人所得税。企业所得税的纳税人是法人,个人所得税的纳税人是自然人。因此,《中华人民共和国企业所得税法》(2007年3月16日第十届全国人民代表大会第五次会议通过,根据2017年2月24日第十二届全国人民代表大会常务委员会第二十六次会议《关于修改〈中华人民共和国企业所得税法〉的决定》第一次修正,根据2018年12月29日第十三届全国人民代表大会常务委员会第七次会议《关于修改〈中华人民共和国电力法〉等四部法律的决定》第二次修正,以下简称《企业所得税法》)第一条规定,在中华人民共和国境内,企业和其他取得收入的组织(以下统称企业)为企业所得税的纳税人。个人独资企业、合伙企业不适用本法。

为什么个人独资企业、合伙企业不是企业所得税的纳税人?因为依据《中华人民共和国民法总则》(以下简称《民法总则》)和《中华人民共和国民法典》(以下简称《民法典》)的规定,个人独资企业、合伙企业既不属于自然人,也不属于法人,属于非法人组织。而我国现行《企业所得税法》实行的是法人所得税制。

《中华人民共和国企业所得税法实施条例》(2007年11月28日国务院第197次常务会议通过,2019年4月23日中华人民共和国国务院令第714号修订,以下简称《企业所得税法实施条例》)第二条明确规定,个人独资企业、合伙企业是指依照中国法律、行政法规规定成立的个人独资企业、合伙企业。依据《国务院关于个人独资企业和合伙企业征收所得税问题的通知》(国发〔2000〕16号)、《财政部 国家税务总局关于印发〈关于个人独资企业和合伙企业投资者征收个人所得税的规定〉的通知》(财税〔2000〕91号,以下简称财税〔2000〕91号文件)和《财政部 国家税务总局关于合伙企业合伙人所得税问题的通知》(财税〔2008〕159号,以下简称财税〔2008〕159号文件)的规定,个人独资企业的投资者应当依法缴纳个人所得税;合伙企业合伙人是自然人的,缴纳个人所得税;合伙人是法人和其他组织的,缴纳企业所得税。

因此,个人独资企业、合伙企业既不是企业所得税的纳税人,也不是个人所得税的纳税人。

二、《企业所得税法》中"企业"的含义和分类

从《企业所得税法》第一条的表述可以看出,"企业和其他取得收入的组织"中的"企业"是狭义上的企业,包括有限责任公司、股份有限公司和其他企业法人等营利法人;"统称企业"中的"企业"是广义上的企业,包括所有取得收入的组织,既包括营利法人,也包括事业单位、社会团体、基金会、社会服务机构等非营利法人,甚至还应包括取得企业所得税应税收入和免税收入的特别法人。

依据《企业所得税法》第二条第一款的规定,企业所得税的纳税人分为居民企业和非居民企业。

第二节 居民企业

《企业所得税法》第二条第二款规定,居民企业是指依法在中国境内成立,或者依照外国(地区)法律成立但实际管理机构在中国境内的企业。依据这一规定,企业只要具备两个标准中的任何一个,即成为企业所得税的居民企业:①依法在中国境内成立,即注册登记地在中国境内;②实际管理机构在中国境内。因此,居民企业应该包括两类:①依法在中国境内成立的企业;②依照外国(地区)法律成立但实际管理机构在中国境内的企业。

一、依法在中国境内成立的企业

《企业所得税法》实施条例第三条第一款规定,《企业所得税法》第二条所称依法在中国境内成立的企业,包括依照中国法律、行政法规在中国境内成立的企业、事业单位、社会团体以及其他取得收入的组织。具体包括:

(1)依法在中国境内成立的公司制企业和非公司制企业。这些企业应具有法人资格。

(2)依法在中国境内成立的事业单位、社会团体。依据《民法总则》《民法典》的规定,事业单位、社会团体属于非营利法人。具备法人条件,为适应经济社会发展需要,提供公益服务设立的事业单位,经依法登记成立,取得事业单位法人资格;依法不需要办理法人登记的,从成立之日起,具有事业单位法人资格。具备法人条件,基于会员共同意愿,为公益目的或者会员共同利益等非营利目的设立的社会团体,经依法登记成立,取得社会团体法人资格;依法不需要办理法人登记的,从成立之日起,具有社会团体法人资格。事业单位和社会团体虽然是公益性或非营利性组织,但也可能通过经营或接受捐赠等行为取得收入。依据《企业所得税法》第二十六条规定,符合条件的非营利组织的收入为免税收入。而免税收入属于企业所得税的征税范围,因此,即使事业单位和社会团体取得的收入都是免税收入,也应当按规定办理企业所得税纳税申报。

(3)依法在中国境内成立的其他取得收入的组织。除了上述企业、事业单位、社会团体之外,还有不少类型的依照中国法律、行政法规在中国境内成立的组织,也能够取得各种收入,包括应税收入和免税收入,他们当然也是企业所得税的居民企业。实践中,这些经济组织主要包括:

——民办非企业单位。根据《民办非企业单位登记管理暂行条例》的规定,民办非企业单位是指企业事业单位、社会团体和其他社会力量以及公民个人利用非国有资产举办的,从事非营利性社会服务活动的社会组织。

——基金会。依据《民法总则》《民法典》的规定,具备法人条件,为公益目的以捐助财产设立的基金会、社会服务机构等,经依法登记成立,取得捐助法人资格。

——商会(包括中国商会和外国商会)。中国商会是国内企业组织的非营利性行业协会团体,外国商会是指外国在中国境内的商业机构及人员依照《外国商会管理暂行规定》在中国境内成立,不从事任何商业活动的非营利性团体。

——宗教活动场所。依据《民法总则》《民法典》的规定,依法设立的宗教活动场所,具备法人条件的,可以申请法人登记,取得捐助法人资格。法律、行政法规对宗教活动场所有规定的,依照其规定。

——特别法人。依据《民法总则》《民法典》的规定,特别法人包括机关法人、农村集体经济组织法人、城镇农村的合作经济组织法人、基层群众性自治组织法人。

结合《企业所得税法》第一条和《企业所得税法实施条例》第三条第一款的规定,除依法在中国境内成立的企业、事业单位、社会团体外,对依法在中国境内成立的其他组织,判断其是否为企业所得税纳税人的基本条件就是取得收入。由于企业所得税的收入有征税收入(包括应税收入和免税收入)和不征税收入,而不征税收入不属于企业所得税的征税范围,因此,对只取得不征税收入的特别法人,不应成为企业所得税的纳税人;但对取得征税收入(包括应税收入和免税收入)的特别法人,应成为企业所得税的纳税人。

二、依照外国(地区)法律成立但实际管理机构在中国境内的企业

《企业所得税法实施条例》第三条第二款规定,《企业所得税法》第二条所称依照外国(地区)法律成立的企业,包括依照外国(地区)法律成立的企业和其他取得收入的组织。依照外国(地区)法律成立的企业,应包括依照外国(地区)法律法规在境外成立的各种性质或类型的企业。

结合《企业所得税法》第一条和《企业所得税法实施条例》第三条第二款的规定,除依照外国(地区)法律成立但实际管理机构在中国境内的企业外,对依照外国(地区)法律成立的其他组织,判断其是否成为企业所得税居民企业的基本条件有2个,且应同时具备:①实际管理机构在中国境内;②取得收入。这里的收入,也应该是指除不征税收入之外的一切收入。由于不征税收入不属于企业所得税的征税范围,因此,对只取得不征税收入的依照外国(地区)法律成立但实际管理机构在中国境内的其他组织,不应认定为企业所得税的纳税人。但对取得征税收入(包括应税收入和免税收入)的依照外国(地区)法律成立但实际管理机构在中国境内的其他组织,应认定为企业所得税的居民企业。

1)实际管理机构的基本含义 《企业所得税法实施条例》第四条规定,《企业所得税法》第二条所称实际管理机构,是指对企业的生产经营、人员、账务、财产等实施实质性全面管理和控制的机构。依据《国家税务总局关于境外注册中资控股企业依据实际管理机构标准认定为居民企业有关问题的通知》(国税发〔2009〕82号,以下简称国税发〔2009〕82号文件)第三条的要求,对于实际管理机构的判断,应当遵循实质重于形式的原则。

2)非境内注册居民企业的判定条件 国税发〔2009〕82号文件要求,对境外注册的中资控股企业应当依据实际管理机构判定是否为中国居民企业。《国家税务总局关于印发〈境外注册中资控股居民企业所得税管理办法(试行)〉的公告》(国家税务总局公告2011年第45号,以下简称税务总局公告2011年第45号)第二条界定,境外注册中资控股企业(以下简称境外中资企业)是指由中国内地企业或者企业集团作为主要控股投资者,在中国内地以外国家或地区(含香港、澳门、台湾地区)注册成立的企业;第三条明确,境外注册中资控股居民企业(以下简称非境内注册居民企业)是指因实际管理机构在中国境内而被认定为中国居民企业的境外注册中资控股企业。

国税发〔2009〕82号文件第二条规定,境外中资企业同时符合以下条件的,应判定其为非境内注册居民企业。

(1)企业负责实施日常生产经营管理运作的高层管理人员及其高层管理部门履行职责的场所主要位于中国境内。

(2)企业的财务决策(如借款、放款、融资、财务风险管理等)和人事决策(如任命、解聘和薪酬等)由位于中国境内的机构或人员决定,或需要得到位于中国境内的机构或人员批准;

(3)企业的主要财产、会计账簿、公司印章、董事会和股东会议纪要档案等位于或存放于中国境内。

(4)企业1/2(含1/2)以上有投票权的董事或高层管理人员经常居住于中国境内。

3)非境内注册居民企业的认定方法和程序　下面分别进行说明。

(1)认定方法。税务总局公告2011年第45号第六条将境外中资企业居民身份的认定方法分为企业自行判定提请税务机关认定和税务机关调查发现予以认定两种。

《国家税务总局关于依据实际管理机构标准实施居民企业认定有关问题的公告》(国家税务总局公告2014年第9号,以下简称税务总局公告2014年第9号)规定,符合国税发〔2009〕82号文件第二条规定的居民企业认定条件的境外中资企业,须向其中国境内主要投资者登记注册地主管税务机关提出居民企业认定申请,主管税务机关对其居民企业身份进行初步判定后,层报省级税务机关确认。

依据《国务院关于取消和下放一批行政审批项目的决定》(国发〔2013〕44号)和国税发〔2009〕82号文件第七条第一款的规定,境外中资企业未提出居民企业申请的,其中国主要投资者的主管税务机关可以根据所掌握的情况对其是否属于中国居民企业做出初步判定,层报省级税务机关确认。

(2)企业自行判定提出认定申请。税务总局公告2011年第45号第七条规定,境外中资企业应当根据生产经营和管理的实际情况,自行判定实际管理机构是否设立在中国境内。如其判定符合国税发〔2009〕82号文件第二条规定的居民企业条件,应当向其主管税务机关书面提出居民身份认定申请,同时提供以下资料:

——企业法律身份证明文件;

——企业集团组织结构说明及生产经营概况;

——企业上一个纳税年度的公证会计师审计报告;

——负责企业生产经营等事项的高层管理机构履行职责场所的地址证明;

——企业上一年度及当年度董事及高层管理人员在中国境内居住的记录;

——企业上一年度及当年度重大事项的董事会决议及会议记录;

——主管税务机关要求提供的其他资料。

上述资料与国税发〔2009〕82号文件第七条第二款的规定有些差别,主要是税务总局公告2011年第45号对第五、六项材料将时间限定在"上一年度及当年度"。

(3)税务机关调查发现要求认定。税务总局公告2011年第45号第八条规定,主管税务机关发现境外中资企业符合国税发〔2009〕82号文件第二条规定但未申请成为中国居民企业的,可以对该境外中资企业的实际管理机构所在地情况进行调查,并要求境外中资企业提供本办法第七条规定的资料。调查过程中,主管税务机关有权要求该企业的境内投资者提供相关资料。

(4)资料审核、居民身份认定和公布。结合税务总局公告2011年第45号第九条和2014年第9号的规定,主管税务机关依法对企业提供的相关资料进行审核,提出初步认定意见,将据以做出初步认定的相关事实(资料)、认定理由和结果层报省级税务机关确认。

经省级税务机关确认后,抄送其境内其他投资地相关省级税务机关,30日内抄报国家税务总局,由国家税务总局网站统一对外公布。

(5)非境内注册居民企业的纳税义务和扣缴义务。税务总局公告2011年第45号第四条要求,非境内注册居民企业应当按照《企业所得税法》及其实施条例和相关管理规定的要求,履行居民企业所得税纳税义务,并在向非居民企业支付《企业所得税法》第三条第三款规定的款项时,依法代扣代缴企业所得税。

税务总局公告2014年第9号第三条明确,境外注册中资控股企业自其被认定为居民企业的年度起,从中国境内其他居民企业取得以前年度(限于2008年1月1日以后)的股息、红利等权益性投资收益,应按照《企业所得税法》第二十六条及其实施条例第十七条、第八十三条的规定处理。

4)非境内注册居民企业居民身份的取消 结合税务总局公告2011年第45号第十一条和税务总局公告2014年第9号的规定,非境内注册居民企业发生下列重大变化情形之一的,应当自变化之日起15日内报告主管税务机关,主管税务机关应当按照本办法规定层报省级税务机关确定是否取消其居民身份。

(1)企业实际管理机构所在地变更为中国境外的。

(2)中方控股投资者转让企业股权,导致中资控股地位发生变化的。

省级税务机关认定终止非境内注册居民企业居民身份的,应当将相关认定结果同时书面告知境内投资者、境内被投资者的主管税务机关。企业应当自主管税务机关书面告知之日起停止履行中国居民企业的所得税纳税义务与扣缴义务,同时停止享受中国居民企业税收待遇。主管税务机关应当依法做好减免税款追缴等后续管理工作。

5)对非境内注册居民企业的管理要求 依据国税发〔2009〕82号文件和税务总局公告2011年第45号的相关规定:

(1)非境内注册居民企业在中国境内投资设立的企业,其外商投资企业的税收法律地位不变。

(2)主管税务机关应当在非境内注册居民企业年度申报和汇算清缴结束后两个月内,判定其构成居民身份的条件是否发生实质性变化。对实际管理机构转移至境外或者企业中资控股地位发生变化的,主管税务机关应层报至省级税务机关终止其居民身份。

对于境外中资企业频繁转换企业身份,又无正当理由的,主管税务机关应层报至省级税务机关核准后追回其已按居民企业享受的股息免税待遇。

(3)非境内注册居民企业取得来源于中国境内的股息、红利等权益性投资收益和利息、租金、特许权使用费所得、转让财产所得以及其他所得,应当向相关支付方出具本企业的《境外注册中资控股企业居民身份认定书》复印件。相关支付方凭上述复印件不予履行该所得的税款扣缴义务,并在对外支付上述外汇资金时凭该复印件向主管税务机关申请开具相关税务证明。

(4)非居民企业转让非境内注册居民企业股权所得,属于来源于中国境内所得,被转让的非境内注册居民企业应当自股权转让协议签订之日起30日内,向其主管税务机关报告并提供股权转让合同及相关资料。

(5)非境内注册居民企业应当按照《企业所得税法》及其实施条例和有关规定,履行关联申报及同期资料准备等义务。

6)主管税务机关的确定 结合税务总局公告2011年第45号第五条、税务总局公告2014年第9号和《国家税务总局关于修改部分税收规范性文件的公告》(税务总局公告2018年第31号,以下简称税务总局公告2018年第31号)的规定,本办法所称主管税务机关包括:

(1)非境内注册居民企业的实际管理机构所在地与境内主要控股投资者所在地一致的,为境内主要控股投资者的企业所得税主管税务机关。

(2)非境内注册居民企业的实际管理机构所在地与境内主要控股投资者所在地不一致的,为实际管理机构所在地的企业所得税主管税务机关;经共同的上级税务机关批准,企业也可以选择境内主要控股投资者的企业所得税主管税务机关为其主管税务机关。

(3)非境内注册居民企业存在多个实际管理机构所在地的,由相关税务机关报共同的上级税务机关确定。

主管税务机关确定后,不得随意变更;确需变更的,应当层报省级税务机关批准。

第三节 居民企业的纳税义务

一、所得的基本范围

依据《企业所得税法》第三条的规定,企业所得税的征税对象是企业的所得。《企业所得税法》第六条明确规定,《企业所得税法》第三条所称所得,包括销售货物所得、提供劳务所得、转让财产所得、股息红利等权益性投资所得、利息所得、租金所得、特许权使用费所得、接受捐赠所得和其他所得。参照《企业所得税法》第六条收入总额的内容,上述各项所得具体范围是:

(1)销售货物所得,是指企业销售商品、产品、原材料、包装物、低值易耗品以及其他存货取得的所得。

(2)提供劳务所得,是指企业从事建筑安装、修理修配、交通运输、仓储租赁、金融保险、邮电通信、咨询经纪、文化体育、科学研究、技术服务、教育培训、餐饮住宿、中介代理、卫生保健、社区服务、旅游、娱乐、加工以及其他劳务服务活动取得的所得。

(3)转让财产所得,是指企业转让固定资产、生物资产、无形资产、股权、债权等财产取得的所得。

(4)股息、红利等权益性投资所得,是指企业因权益性投资从被投资方取得的所得。

(5)利息所得,是指企业将资金提供他人使用但不构成权益性投资,或者因他人占用本企业资金取得的所得,包括存款利息、贷款利息、债券利息、欠款利息等所得。

(6)租金所得,是指企业提供固定资产、包装物或者其他有形资产的使用权取得的所得。

(7)特许权使用费所得,是指企业提供专利权、非专利技术、商标权、著作权以及其他特许权的使用权取得的所得。

(8)接受捐赠所得,是指企业接受的来自其他企业、组织或者个人无偿给予的货币性资产、非货币性资产。

(9)其他所得,是指企业取得的除上述所得外的其他所得,包括企业资产溢余所得、逾期未退包装物押金所得、确实无法偿付的应付款项、已作坏账损失处理后又收回的应收款项、债务重组所得、补贴所得、违约金所得、汇兑收益等。

二、来源于中国境内、境外所得的确定

《企业所得税法》第三条第一款规定,居民企业应当就其来源于中国境内、境外的所得缴纳企业所得税。除享受税收优惠外,对居民企业来源于中国境内的所得,计算应纳税额的方法可表述为总额法;来源于中国境外的所得,计算应纳税额的方法可表述为抵免法,即对来源于中国境外的所得允许从依照我国税法计算的应纳税额中按规定抵免在境外缴纳的所得税税款。因此,居民企业应准确划分来源于中国境内、境外的所得。依据《企业所得税法实施条例》第七条的规定,来源于中国境内、境外所得的确定原则概括如表1-1所示。

表1-1　来源于中国境内、境外所得的确定原则

所得项目		确定原则
销售货物所得		按照交易活动发生地确定
提供劳务所得		按照劳务发生地确定
转让财产所得	不动产转让所得	按照不动产所在地确定
	动产转让所得	按照转让动产的企业或者机构、场所所在地确定
	权益性投资资产转让所得	按照被投资企业所在地确定
股息、红利等权益性投资所得		按照分配所得的企业所在地确定
利息所得、租金所得、特许权使用费所得		按照负担、支付所得的企业或者机构、场所所在地确定,或者按照负担、支付所得的个人的住所地确定
其他所得		由国务院财政、税务主管部门确定

> 企业所得税政策与申报实务深度解析
> （2020年版）

第二章

居民企业所得税汇算清缴申报概述

本章要点

☞ 居民企业所得税汇算清缴的纳税人范围

☞ 汇算清缴期限

☞ 汇算清缴地点

☞ 纳税年度

☞ 应纳税所得额与纳税调整所得和亏损

☞ 计算应纳税所得额的基本原则

☞ 应纳税所得额的计算方法

☞ 居民企业所得税汇算清缴申报资料

☞ 企业所得税汇算清缴的一般流程

☞ 外币折算人民币的方法

☞ 汇总纳税企业的汇算清缴方法

第一节 居民企业所得税汇算清缴相关概念

企业所得税汇算清缴是指处于生产经营期间的纳税人依照税收规定,在一定期限内,自行计算一个纳税年度的应纳税所得额和应纳所得税额,比较预缴企业所得税的数额,确定应补或者应退税额,并填写企业所得税年度纳税申报表,向主管税务机关办理企业所得税年度纳税申报,提供或留存备查有关资料,结清全年企业所得税税款的行为。

为加强企业所得税征收管理,进一步规范企业所得税汇算清缴管理工作,国家税务总局根据《中华人民共和国企业所得税法》及其实施条例和《中华人民共和国税收征管法》(以下简称《税收征管法》)及其实施细则的有关规定,于2009年4月16日重新制定印发了《企业所得税汇算清缴管理办法》(国税发〔2009〕79号,以下简称国税发〔2009〕79号文件),以进一步规范企业所得税汇算清缴工作。《企业所得税汇算清缴管理办法》自2009年1月1日起执行。

一、居民企业所得税汇算清缴的纳税人范围

(一)实行企业所得税汇算清缴的纳税人

依据国税发〔2009〕79号文件第三条第一款的规定,凡在纳税年度内从事生产、经营(包括试生产、试经营),或在纳税年度中间终止经营活动的纳税人,无论是否在减税、免税期间,也无论盈利或亏损,均应按照《企业所得税法》及其实施条例和本办法的有关规定进行企业所得税汇算清缴。具体来说,实行企业所得税汇算清缴的纳税人有:

(1)按查账征收方式征收企业所得税的居民企业。国税发〔2009〕79号文件第十三条明确,实行跨地区经营汇总纳税企业所得税的纳税人,由统一计算应纳税所得额和应纳所得税额的总机构,按照上述规定,在汇算清缴期内向所在地主管税务机关办理企业所得税年度纳税申报,进行汇算清缴。

因此,实行企业所得税汇算清缴的纳税人根据是否在中国境内跨地区设立分支机构,又可分为汇总纳税企业和单一纳税企业。居民企业在中国境内跨地区设立不具有法人资格的分支机构的,该居民企业为汇总纳税企业。

(2)按核定应税所得率征收方式征收企业所得税的居民企业。

(二)不实行企业所得税汇算清缴的纳税人

目前,不实行企业所得税汇算清缴的纳税人有:

(1)跨地区经营汇总纳税企业的各分支机构。国税发〔2009〕79号文件第十三条要求,跨地区经营汇总纳税企业的分支机构不进行汇算清缴,但应将分支机构的营业收支等情况在报总机构统一汇算清缴前报送分支机构所在地主管税务机关。总机构应将分支机构及其所属机构的营业收支纳入总机构汇算清缴等情况报送各分支机构所在地主管税务机关。

(2)实行核定定额征收方式征收企业所得税的纳税人。

(三)关于汇总纳税企业的分支机构

(1)按有关规定需进行完整年度纳税申报的跨地区经营企业分支机构,也应按规定填报企业所得税年度纳税申报表,但不属于标准的汇算清缴,其计算的应纳所得税额,有的

按比例就地缴纳,有的不就地缴纳。

(2)依据《国家税务总局关于印发〈跨地区经营汇总纳税企业所得税征收管理办法〉的公告》(国家税务总局公告2012年第57号发布,国家税务总局公告2018年第31号修改,以下简称税务总局公告2012年第57号)第十一条的规定,汇总纳税企业汇算清缴时,总机构除报送企业所得税年度纳税申报表和年度财务报表外,还应报送汇总纳税企业分支机构所得税分配表、各分支机构的年度财务报表和各分支机构参与企业年度纳税调整情况的说明;分支机构除报送企业所得税年度纳税申报表(只填列部分项目)外,还应报送经总机构所在地主管税务机关受理的汇总纳税企业分支机构所得税分配表、分支机构的年度财务报表(或年度财务状况和营业收支情况)和分支机构参与企业年度纳税调整情况的说明。因此,跨地区经营汇总纳税企业的各分支机构尽管也要报送企业所得税年度纳税申报表(只填列部分项目),但不属于汇算清缴。

二、汇算清缴期限

依据《企业所得税法》第五十四条第三款和第五十五条第一款的规定,汇算清缴期限根据企业经营活动的起止状况和持续经营状况,分为两种:

(一)年度终了之日起5个月内汇算清缴

这一汇算清缴期限主要适用于以前年度已从事经营活动且当年持续经营至年底和年度中间开业且持续经营至年底的纳税人。这两类纳税人应当自年度终了之日起5个月内,向税务机关报送年度企业所得税纳税申报表,并汇算清缴,结清应缴应退税款。

有人认为,企业所得税汇算清缴期限的截止日期是每年5月31日。这一说法或做法实际上不符合《税收征管法》及其实施细则的规定,而国税发〔2009〕79号文件的制定依据包括《税收征管法》及其实施细则的有关规定。

《中华人民共和国税收征管法实施细则》(以下简称《税收征管法实施细则》)第一百零九条规定,《税收征管法》及本细则所规定期限的最后一日是法定休假日的,以休假日期满的次日为期限的最后一日;在期限内有连续3日以上法定休假日的,按休假日天数顺延。法定休假日应包括法定公休日和法定节假日。

《税收征管法》及其实施细则规定的期限有:税务登记、变更或者注销登记期限,扣缴税款登记期限,报送银行账号期限,设置账簿期限,财务、会计制度或者财务、会计处理办法和会计核算软件报送税务机关备案期限,纳税申报和扣缴税款申报期限,缴纳或解缴税款期限,减税、免税条件发生变化报告期限,发包人或者出租人向主管税务机关报告承包人或者承租人有关情况的期限,多缴税款退还期限,公告送达税务文书期限,等等。

关于纳税申报期限,《税收征管法》第二十五条第一款规定,纳税人必须依照法律、行政法规规定或者税务机关依照法律、行政法规的规定确定的申报期限、申报内容如实办理纳税申报,报送纳税申报表、财务会计报表以及税务机关根据实际需要要求纳税人报送的其他纳税资料。

关于缴纳和解缴税款期限,《税收征管法》第三十一条第一款规定,纳税人、扣缴义务人按照法律、行政法规规定或者税务机关依照法律、行政法规的规定确定的期限,缴纳或者解缴税款。

企业所得税的纳税申报期限和缴纳税款期限是由《企业所得税法》及其实施条例规定

的。对没有在年度中间终止经营活动的企业来说,其纳税申报期限和缴纳税款期限是"年度终了之日起5个月内"。依据《税收征管法实施细则》第一百零九条的规定,这一期限的最后一日是法定休假日的,应以休假日期满的次日为期限的最后一日;在期限内有连续3日以上法定休假日的,应按休假日天数顺延。

如果纳税人未按照规定期限缴纳税款,税务机关应依据《税收征管法》及其实施细则的规定对纳税人加收滞纳金。《税收征管法》第三十二条规定,纳税人未按照规定期限缴纳税款的,扣缴义务人未按照规定期限解缴税款的,税务机关除责令限期缴纳外,从滞纳税款之日起,按日加收滞纳税款万分之五的滞纳金。《税收征管法》第七十五条明确,《税收征管法》第三十二条规定的加收滞纳金的起止时间,为法律、行政法规规定或者税务机关依照法律、行政法规的规定确定的税款缴纳期限届满次日起至纳税人、扣缴义务人实际缴纳或者解缴税款之日止。

所以,企业汇算清缴期限截止日期的确定,关系到对未按照规定期限缴纳税款的纳税人加收滞纳金问题,影响到税收执法和纳税人合法权益问题。

(二)实际经营终止之日起60日内汇算清缴

这一汇算清缴期限主要适用于以前年度已从事经营活动但在当年年度中间终止经营活动和在年度中间开业且年底前终止经营活动的纳税人。这两类纳税人应当自实际经营终止之日起60日内,向税务机关办理当期企业所得税汇算清缴。

国税发〔2009〕79号文件第四条第二款明确,纳税人在年度中间发生解散、破产、撤销等终止生产经营情形,需进行企业所得税清算的,应在清算前报告主管税务机关,并自实际经营终止之日起60日内进行汇算清缴,结清应缴应退企业所得税款;纳税人有其他情形依法终止纳税义务的,应当自停止生产、经营之日起60日内,向主管税务机关办理当期企业所得税汇算清缴。

(三)延期申报、重新申报和延期缴纳税款

国税发〔2009〕79号文件第九条明确,纳税人因不可抗力,不能在汇算清缴期内办理企业所得税年度纳税申报或备齐企业所得税年度纳税申报资料的,应按照《税收征管法》及其实施细则的规定,申请办理延期纳税申报。

国税发〔2009〕79号文件第十条规定,纳税人在汇算清缴期内发现当年企业所得税申报有误的,可在汇算清缴期内重新办理企业所得税年度纳税申报。

国税发〔2009〕79号文件第十二条要求,纳税人因有特殊困难,不能在汇算清缴期内补缴企业所得税款的,应按照《税收征管法》及其实施细则的有关规定,办理申请延期缴纳税款手续。

三、汇算清缴地点

居民企业所得税汇算清缴的地点就是其纳税地点。《企业所得税法》第五十条第一款规定,除税收法律、行政法规另有规定外,居民企业以企业登记注册地为纳税地点;但登记注册地在境外的,以实际管理机构所在地为纳税地点。《企业所得税法实施条例》第一百二十四条解释,《企业所得税法》第五十条所称企业登记注册地,是指企业依照国家有关规定登记注册的住所地。

四、纳税年度

企业所得税应按纳税年度计算。依据《企业所得税法》第五十三条的规定,纳税年度

有 3 种情形：

(1) 公历年度。即纳税年度自公历 1 月 1 日起至 12 月 31 日止。正常持续经营的企业，纳税年度即为公历年度。

(2) 1 个公历年度中不足 12 个月的实际经营期。企业在 1 个纳税年度中间开业，或者终止经营活动，使该纳税年度的实际经营期不足 12 个月的，应当以其实际经营期为 1 个纳税年度。这又有 3 种情况：①在某一公历年度中间开业，持续经营至年底；②以前年度持续经营至年初，但在该公历年度中间终止经营活动；③在某一公历年度中间开业，在该公历年度年底前又终止经营活动。

(3) 清算期间。企业依法清算时，应当以清算期间作为 1 个纳税年度。由于企业清算事务多少不同，因此，清算期间可能会不足 12 个月，也有可能会长于 12 个月。企业清算的纳税年度，不属于汇算清缴的纳税年度。

五、应纳税所得额

(一) 应纳税所得额的定义

《企业所得税法》第五条规定，企业每一纳税年度的收入总额，减除不征税收入、免税收入、各项扣除以及允许弥补的以前年度亏损后的余额，为应纳税所得额。

《企业所得税法实施条例》第十条解释，《企业所得税法》第五条所称亏损，是指企业依照《企业所得税法》和本条例的规定将每一纳税年度的收入总额减除不征税收入、免税收入和各项扣除后小于零的数额。

在这里需要注意的是，计算企业的应纳税所得额时，是从企业每一纳税年度的收入总额中减除 4 项——不征税收入、免税收入、各项扣除以及允许弥补的以前年度亏损；确认企业的亏损时，是从企业每一纳税年度的收入总额中减除 3 项——不征税收入、免税收入、各项扣除。结合现行企业所得税年度纳税申报表，从企业每一纳税年度的收入总额中减除不征税收入、免税收入、各项扣除，其余额若为正数，即纳税调整后所得；若为负数，即亏损。亏损实际上是纳税调整后所得小于零的数额。因此，我们不能说企业的亏损是企业的应纳税所得额小于零的数额。

(二) 计算应纳税所得额的基本原则

1) 税法优先原则 《企业所得税法》第二十一条规定，在计算应纳税所得额时，企业财务、会计处理办法与税收法律、行政法规的规定不一致的，应当依照税收法律、行政法规的规定计算。

对同一业务或同一事项，如果既有企业财务、会计处理办法的规定，又有税收法律、行政法规的规定，且两者规定一致、没有抵触，则依照企业财务、会计处理办法的规定计算应纳税所得额，与依照税收法律、法规的规定计算应纳税所得额，没有差别。

《国家税务总局关于企业所得税应纳税所得额若干税务处理问题的公告》（国家税务总局公告 2012 年第 15 号，以下简称税务总局公告 2012 年第 15 号）第八条对税前扣除规定与企业实际会计处理之间的协调问题也做出了如下规定：根据《企业所得税法》第二十一条规定，对企业依据财务会计制度规定，并实际在财务会计处理上已确认的支出，凡没有超过《企业所得税法》和有关税收法规规定的税前扣除范围和标准的，可按企业实际会计处理确认的支出，在企业所得税前扣除，计算其应纳税所得额。

对某一业务或某一事项,如果只有企业财务、会计处理办法的规定,而没有税收法律、行政法规的规定,如何计算应纳税所得额呢?《国家税务总局关于做好2009年度企业所得税汇算清缴工作的通知》(国税函〔2010〕148号,已废止)对有关企业所得税纳税申报口径曾有过这样的表述:根据《企业所得税法》精神,在计算应纳税所得额及应纳所得税时,企业财务、会计处理办法与税法规定不一致的,应按照《企业所得税法》规定计算。《企业所得税法》规定不明确的,在没有明确规定之前,暂按企业财务、会计规定计算。我们认为,不是"暂按"财务、会计规定计算,而是"应按"财务、会计规定计算,因为在这种情况下,没有税收法律、行政法规作为计算依据。

2)权责发生制原则　权责发生制在会计准则中是作为会计基础加以规范的,会计准则要求,企业会计的确认、计量和报告应当以权责发生制为基础。《企业所得税法实施条例》第九条规定,企业应纳税所得额的计算,以权责发生制为原则,属于当期的收入和费用,不论款项是否收付,均作为当期的收入和费用;不属于当期的收入和费用,即使款项已经在当期收付,均不作为当期的收入和费用。本条例和国务院财政、税务主管部门另有规定的除外。

3)独立交易原则　《企业所得税法实施条例》第一百一十条明确,独立交易原则,是指没有关联关系的交易各方,按照公平成交价格和营业常规进行业务往来遵循的原则。《企业所得税法》第四十一条规定,企业与其关联方之间的业务往来,不符合独立交易原则而减少企业或者其关联方应纳税收入或者所得额的,税务机关有权按照合理方法调整。依据《税收征管法》第三十六条的规定,企业与其关联企业之间的业务往来,应当按照独立企业之间的业务往来收取或者支付价款、费用;不按照独立企业之间的业务往来收取或者支付价款、费用,而减少其应纳税的收入或者所得额的,税务机关有权进行合理调整。

除计算应纳税所得额的基本原则外,企业所得税在收入确认和税前扣除方面还有其他适用原则,我们将后面相关章节中分析。

(三)应纳税所得额的计算方法

应纳税所得额的计算方法有两种,一种是依据税法规定的应纳税所得额的定义计算,另一种是依据企业所得税年度纳税申报表的填报要求计算。前者通常称为直接法,又称定义法;后者通常称为间接法,又称报表法。

在直接法下,企业直接依据税收法律、法规的规定确认收入总额,并从收入总额中减除依据税收法律、法规的规定确认的不征税收入、免税收入、各项扣除以及允许弥补的以前年度亏损,以其余额为应纳税所得额。这样做,应纳税所得额计算过程与企业的财务、会计处理过程就形成了两条线,企业一方面要依照财务、会计处理办法的规定计算利润总额,另一方面要依照税收法律、行政法规的规定计算应纳税所得额,工作量自然会增大。

在间接法下,企业先依照财务、会计处理办法的规定计算利润总额,然后对同一业务或同一事项就财务、会计处理办法的规定和税收法律、法规的规定之间的差异进行纳税调整,再减除允许弥补的以前年度亏损,以其余额为应纳税所得额。这样做,应纳税所得额计算过程与企业的财务、会计处理过程就形成了一条线,企业在依照财务、会计处理办法的规定计算利润总额的同时,就可以依照税收法律、行政法规的规定对利润总额进行纳税调整,与直接法相比,工作量自然会减小。

为便于企业所得税征管,减轻企业所得税纳税人纳税申报的工作量,目前居民企业所得税年度纳税申报表是采用间接法计算应纳税所得额的,因此这种方法又称报表法。

(四)应纳税所得额的类别

由于企业所得税征收管理和税收收入均衡入库的需要,企业在正常经营活动期间的所得税有预缴、汇算清缴之分;企业终止经营活动的,自企业实际生产经营终止之日起的清算期间,要进行企业清算的所得税处理。因此,应纳税所得额有预缴所得税应纳税所得额、汇算清缴所得税应纳税所得额和清算所得税应纳税所得额三种,相应地,应纳税额也有预缴所得税应纳税额、汇算清缴所得税应纳税额和清算所得税应纳税额。我们平常所称的应纳税所得额和应纳税额一般是指汇算清缴所得税应纳税所得额和应纳税额。

无论是预缴所得税、汇算清缴所得税或清算所得税,都要通过纳税申报表将应纳税所得额和应纳税额反映出来。比较预缴所得税、汇算清缴所得税或清算所得税的纳税申报表,我们发现,这三种应纳税所得额的计算方法是有区别的。汇算清缴所得税应纳税所得额的计算方法就是间接法;预缴所得税应纳税所得额(即"实际利润额")是在利润总额的基础上,进行四项调整计算的,即加上特定业务计算的应纳税所得额,减去不征税收入,免税收入、减计收入、所得减免等优惠金额,固定资产加速折旧(扣除)调减额和弥补以前年度亏损,除此之外,没有更多的对收入、扣除项目的纳税调整申报,因为收入、扣除项目的纳税调整在大多数情况下只能根据全年的情况进行,因此,预缴所得税应纳税所得额的计算方法处于间接法和直接法之间;从清算所得和清算期间应纳税所得额的计算过程看,清算所得税应纳税所得额的计算方法更接近于直接法。

第二节 居民企业所得税汇算清缴申报资料

《企业所得税法实施条例》第一百二十八条规定,企业在纳税年度内无论盈利或者亏损,都应当依照《企业所得税法》第五十四条规定的期限,向税务机关报送年度企业所得税纳税申报表、财务会计报告和税务机关规定应当报送的其他有关资料。

国税发〔2009〕79号文件第八条要求,纳税人办理企业所得税年度纳税申报时,应如实填写和报送有关资料。纳税人采用电子方式办理企业所得税年度纳税申报的,应按照有关规定保存有关资料或附报纸质纳税申报资料。第十九条明确,主管税务机关受理纳税人企业所得税年度纳税申报表及有关资料时,如发现企业未按规定报齐有关资料或填报项目不完整的,应及时告知企业在汇算清缴期内补齐补正。

一、企业所得税年度纳税申报表

(一)实行查账征收的居民企业所得税年度纳税申报表

现行《企业所得税年度纳税申报表》(A类,2017年版,税务总局公告2017年第54号发布,税务总局公告2018年第57号和第58号、2019年第3号和第41号修订,以下简称《企业所得税年度纳税申报表》)共37张,包括:1张基础信息表,1张主表,6张收入费用明细表(编号前三位数为101—104),13张纳税调整明细表(105),1张弥补亏损明细表(106),9张税收优惠明细表(107),4张境外抵免明细表(108),2张汇总纳税明细表(109)。除基础信息表外,共4层架构,即:主表、一级附表、二级附表以及三级附表。《企业所得税年度纳税申报表》围绕主表进行填报,主表数据大部分从附表生成或从财务报表直接取得。附表分为六类三级,其中,收入明细表、成本支出明细表和税收优惠明细表没有一级附表,直接以二级附表代替一级附表。

纳税人在办理企业所得税汇算清缴时,除要按规定填报《企业所得税年度纳税申报表》外,还要按照有关文件规定向主管税务机关报送有关报告表和申报资料,或留存备查相关资料。

《企业所得税年度纳税申报表》的体系架构如图2-1所示。

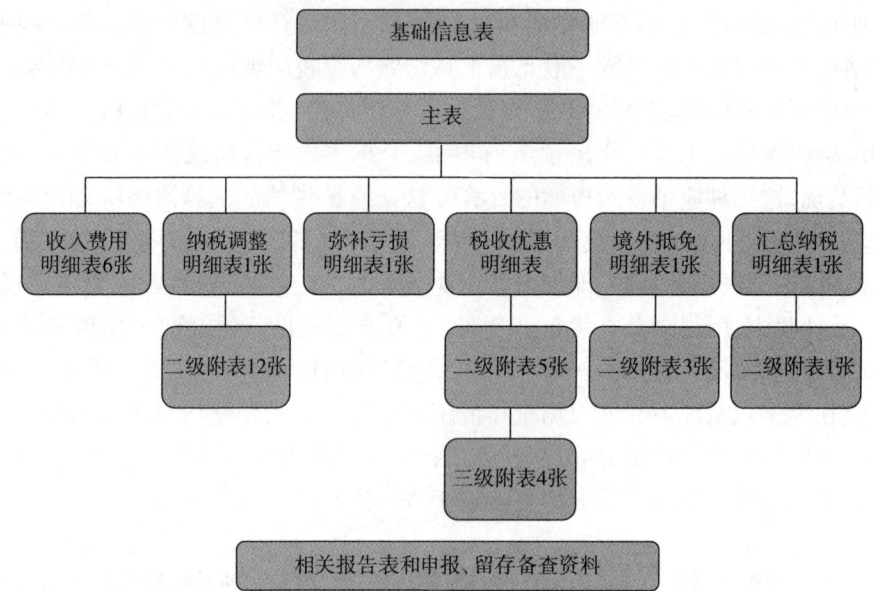

图 2-1 《企业所得税年度纳税申报表》体系架构图

1)封面和填报表单　封面和填报表单不构成申报表的主体,不编号,但纳税人必须填写封面,并在填报表单中勾选年度申报时应填报或已填报的申报表。

2)企业所得税年度纳税申报基础信息表　《企业所得税年度纳税申报基础信息表》(以下简称基础信息表)的编号为A000000。尽管基础信息表与主表和附表没有钩稽关系,但与主表和附表有关联关系。

3)主表　主表的编号为A100000,是整个企业所得税年度纳税申报表的核心、灵魂与龙头。主表体现了企业所得税应纳税所得额和应纳税额的计算过程和结果,即在会计利润的基础上,按照税收规定进行纳税调整,计算应纳税所得额,进而计算应纳所得税额,最后计算应补(退)所得税额。

4)收入费用明细表　收入费用明细表共6张,小型微利企业免填。编号从101—104。收入费用明细表主要反映企业按照会计政策所发生的收入、成本、费用情况。这些表格,也是企业进行纳税调整的主要数据来源。

5)纳税调整明细表　纳税调整项目明细表共13张,编号为105,分两级,其中一级附表1张,二级附表12张。纳税调整明细表既反映了税会差异的调整过程和结果,也充分体现了企业所得税政策的适用。

6)弥补亏损明细表　弥补亏损明细表只有1张,编号为108。弥补亏损明细表反映企业发生年度亏损如何结转弥补的过程和结果。

7）税收优惠明细表　税收优惠明细表共9张,编号为107,分两级,其中二级附表5张,三级附表4张。税收优惠明细表反映企业享受税收优惠的情况、过程和结果。

8）境外抵免明细表　境外抵免明细表共4张,编号为108,分两级,其中一级附表1张,二级附表3张。境外抵免明细表反映企业取得来源于或发生于境外的所得如何进行税收抵免以及税收抵免的具体计算过程和结果。

9）汇总纳税明细表　汇总纳税明细表共2张,编号为109,分两级,其中一级附表1张,二级附表1张。汇总纳税明细表主要用来反映汇总纳税企业的总分机构分摊企业所得税的情况。

10）相关报告表和申报、留存备查资料　这些资料包括但不限于:

(1)实行查账征收的居民企业发生关联交易的,向税务机关报送企业所得税年度纳税申报表时,应当就其与关联方之间的业务往来进行关联申报,附送《中华人民共和国企业年度关联业务往来报告表(2016年版)》,有的还需要填报国别报告、准备并按税务机关要求提供其关联交易的同期资料。

(2)企业向税务机关申报扣除资产损失的,应留存备查资产损失相关资料。

(3)企业发生重组业务适用特殊性税务处理的,除发生其他法律形式简单改变情形外,重组各方应在该重组业务完成当年,办理企业所得税年度申报时,分别向各自主管税务机关报送《企业重组所得税特殊性税务处理报告表及附表》和申报资料。

(4)企业适用政策性搬迁所得税所得办法的,应当自搬迁开始年度,至次年5月31日前,向主管税务机关(包括迁出地和迁入地)报送政策性搬迁依据、搬迁规划等相关材料;搬迁完成当年,其向主管税务机关报送企业所得税年度纳税申报表时,应同时报送《企业政策性搬迁清算损益表》及相关材料。

(5)企业享受优惠事项的,应当在完成年度汇算清缴后,将与企业享受优惠事项有关的合同、协议、凭证、证书、文件、账册、说明等留存备查资料归集齐全并整理完成,以备税务机关核查。

以下讲解内容和举例,涉及年度纳税申报表的,均指实行查账征收的居民企业使用的企业所得税年度纳税申报表。

(二)实行核定征收的居民企业所得税年度纳税申报表

《国家税务总局关于发布〈中华人民共和国企业所得税月(季)度预缴纳税申报表(A类,2018年版)〉等报表的公告》(国家税务总局公告2018年第26号发布,国家税务总局公告2020年第12号修改,以下简称税务总局公告2020年第12号)明确规定,实行核定征收企业所得税的居民企业月度、季度预缴申报和年度汇算清缴申报时均填报《中华人民共和国企业所得税月(季)度预缴和年度纳税申报表(B类,2018年版)》。

二、财务报表

《企业所得税法》第五十四条第四款规定,企业在报送企业所得税纳税申报表时,应当按照规定附送财务会计报告和其他有关资料。由于目前企业实际执行的会计政策既有企业会计制度,也有企业会计准则、小企业会计准则,还有行业会计制度,非企业性单位适用各种事业单位会计制度、民间非营利组织会计制度、村集体经济组织会计制度和农民专业合作社财务会计制度(试行)等,这些会计制度或准则要求的会计报表或财务报表的种类和范围并不完全相同。

1)《企业财务会计报告条例》中财务会计报告的范围 《企业财务会计报告条例》(国务院令第287号)解释,财务会计报告是指企业对外提供的反映企业某一特定日期财务状况和某一会计期间经营成果、现金流量的文件。第七条明确,年度财务会计报告应当包括:会计报表,会计报表附注,财务情况说明书。

会计报表应当包括资产负债表、利润表、现金流量表及相关附表。相关附表是反映企业财务状况、经营成果和现金流量的补充报表,主要包括利润分配表以及国家统一的会计制度规定的其他附表。

2)《企业会计准则》中财务报表的范围 《企业会计准则第30号——财务报表列报》(财会〔2006〕3号印发,财会〔2014〕7号修订)第二条明确,财务报表是对企业财务状况、经营成果和现金流量的结构性表述。财务报表至少应当包括下列组成部分:资产负债表,利润表,现金流量表,所有者权益(或股东权益)变动表,附注。

需要注意的是,依据财政部关于财务报表格式的有关文件,一般企业与金融企业,已执行新金融准则、新收入准则和新租赁准则与未执行新金融准则、新收入准则和新租赁准则的一般企业,已执行新金融准则和新收入准则、已执行新金融准则但未执行其他新准则与未执行新金融准则的金融企业,其财务报表格式并不完全一样。

3)《小企业会计准则》中财务报表的范围 《小企业会计准则》(财会〔2011〕17号印发)第七十九条明确,财务报表,是指对小企业财务状况、经营成果和现金流量的结构性表述。小企业的财务报表至少应当包括下列组成部分:资产负债表,利润表,现金流量表,附注。

4)税法要求报送的财务会计报表范围 《税收征管法》第二十五条第一款规定,纳税人必须依照法律、行政法规规定或者税务机关依照法律、行政法规的规定确定的申报期限、申报内容如实办理纳税申报,报送纳税申报表、财务会计报表以及税务机关根据实际需要要求纳税人报送的其他纳税资料。

依据国家税务总局在2005年印发的《纳税人财务会计报表报送管理办法》(国税发〔2005〕20号,税务总局公告2011年第2号废止附件2,税务总局公告2018年第31号修改),从事生产、经营的纳税人无论有无应税收入、所得和其他应税项目,或者在减免税期间,均必须依照《税收征管法》第二十五条的规定,按其所适用的会计制度编制财务报表,并按规定的时限向主管税务机关报送;其所适用的会计制度规定需要编报相关附表以及会计报表附注、财务情况说明书、审计报告的,应当随同财务会计报表一并报送。财务会计报表是指会计制度(指国务院颁布的《中华人民共和国企业财务会计报告条例》以及财政部制定颁发的各项会计制度)规定编制的资产负债表、利润表、现金流量表和相关附表。适用不同的会计制度报送财务会计报表的具体种类,由省、自治区、直辖市和计划单列市税务局确定。

三、其他相关资料

依据相关文件的要求,纳税人需要报送税务机关的事项,应按有关程序、时限和要求报送材料等有关规定,在办理企业所得税年度纳税申报前及时办理。如:

(1)非金融企业向非金融企业借款,按照合同要求首次支付利息并进行税前扣除的,应提供"金融企业的同期同类贷款利率情况说明",以证明其利息支出的合理性。

(2)以预售方式销售开发产品的房地产开发企业,在完工年度进行企业所得税汇算清缴申报时,除按现行税法规定报送企业所得税年度纳税申报表等申报资料外,还应向其主管税务机关报送对该项开发产品实际毛利额与预计毛利额之间差异调整情况的报告。

(3)分支机构信息备案。依据税务总局公告2012年第57号第二十二条的规定,总机构应将其所有二级及以下分支机构(包括不就地分摊缴纳企业所得税的分支机构)信息报其所在地主管税务机关备案,内容包括分支机构名称、层级、地址、邮编、纳税人识别号及企业所得税主管税务机关名称、地址和邮编。分支机构(不就地分摊缴纳企业所得税的分支机构)应将其总机构、上级分支机构和下属分支机构信息报其所在地主管税务机关备案,内容包括总机构、上级机构和下属分支机构名称、层级、地址、邮编、纳税人识别号及企业所得税主管税务机关名称、地址和邮编。上述备案信息发生变化的,除另有规定外,应在内容变化后30日内报总机构和分支机构所在地主管税务机关备案,并办理变更税务登记。分支机构注销税务登记后15日内,总机构应将分支机构注销情况报所在地主管税务机关备案,并办理变更税务登记。

(4)总机构及分支机构基本情况、分支机构征税方式、分支机构的预缴税情况。

(5)委托中介机构代理纳税申报的,应出具双方签订的代理合同,并附送中介机构出具的包括纳税调整的项目、原因、依据、计算过程、调整金额等内容的报告。

第三节 居民企业所得税汇算清缴流程和方法

一、企业所得税汇算清缴的一般流程

企业所得税汇算清缴的一般流程可概括为:计算——填表——报送——初审——补退。

(一)计算——填表——报送

国税发〔2009〕79号文件第七条要求,纳税人应当按照《企业所得税法》及其实施条例和企业所得税的有关规定,正确计算应纳税所得额和应纳所得税额,如实、正确填写企业所得税年度纳税申报表及其附表、完整、及时报送相关资料,并对纳税申报的真实性、准确性和完整性负法律责任。

关于应纳税所得额和应纳税额的计算,企业所得税年度纳税申报表要求分三步计算,先计算利润总额,后计算应纳税所得额,再计算应纳税额。其中,对应纳税所得额的计算,企业所得税年度纳税申报表采用间接法。有关计算公式如下:

纳税调整后所得 = 利润总额 - 境外所得 + 纳税调整增加额 - 纳税调整减少额 - 免税、减计收入及加计扣除 + 境外应税所得抵减境内亏损

应纳税所得额 = 纳税调整后所得 - 所得减免 - 弥补以前年度亏损 - 抵扣应纳税所得额

应纳所得税额 = 应纳税所得额 × 25%

应纳税额 = 应纳所得税额 - 减免所得税额 - 抵免所得税额

实际应纳所得税额 = 应纳税额 + 境外所得应纳所得税额 - 境外所得抵免所得税额

本年应补(退)所得税额 = 实际应纳所得税额 - 本年累计实际已缴纳的所得税额

(二)初审

国税发〔2009〕79号文件第二十条要求,主管税务机关受理纳税人年度纳税申报后,应对纳税人年度纳税申报表的逻辑性和有关资料的完整性、准确性进行审核。结合有关规定,审核重点主要包括:

(1)纳税人企业所得税年度纳税申报表及其附表与企业财务报表有关项目的数字是否相符,各项目之间的逻辑关系是否对应,计算是否正确。

(2)纳税人是否按规定弥补以前年度亏损额和结转以后年度待弥补的亏损额。

(3)纳税人是否符合税收优惠条件、税收优惠的确认和申报是否符合规定程序。

(4)纳税人税前扣除的资产损失是否真实、是否符合有关规定程序。跨地区经营汇总缴纳企业所得税的纳税人的二级分支机构税前扣除的资产损失是否在向分支机构所在地主管税务机关申报的同时上报总机构。

(5)纳税人有无预缴企业所得税的完税凭证,完税凭证上填列的预缴数额是否真实。跨地区经营汇总缴纳企业所得税的纳税人及其所属分支机构预缴的税款是否与《企业所得税汇总纳税分支机构所得税分配表》中分配的数额一致。

(6)纳税人企业所得税和其他各税种之间的数据是否相符、逻辑关系是否吻合。

(三)补退

国税发〔2009〕79号文件第十一条规定,纳税人在纳税年度内预缴企业所得税税款少于应缴企业所得税税款的,应在汇算清缴期内结清应补缴的企业所得税税款;预缴税款超过应纳税款的,主管税务机关应及时按有关规定办理退税,或者经纳税人同意后抵缴其下一年度应缴企业所得税税款。第二十一条进一步明确,主管税务机关应结合纳税人企业所得税预缴情况及日常征管情况,对纳税人报送的企业所得税年度纳税申报表及其附表和其他有关资料进行初步审核后,按规定程序及时办理企业所得税补、退税或抵缴其下一年度应纳所得税款等事项。

二、外币折算人民币的方法

《企业所得税法》第五十六条规定,依照本法缴纳的企业所得税,以人民币计算。所得以人民币以外的货币计算的,应当折合成人民币计算并缴纳税款。《企业所得税法实施条例》第一百二十九条明确,企业所得以人民币以外的货币计算的,预缴企业所得税时,应当按照月度或者季度最后一日的人民币汇率中间价,折合成人民币计算应纳税所得额。年度终了汇算清缴时,对已经按照月度或者季度预缴税款的,不再重新折合计算,只就该纳税年度内未缴纳企业所得税的部分,按照纳税年度最后一日的人民币汇率中间价,折合成人民币计算应纳税所得额。经税务机关检查确认,企业少计或者多计前款规定的所得的,应当按照检查确认补税或者退税时的上一个月最后一日的人民币汇率中间价,将少计或者多计的所得折合成人民币计算应纳税所得额,再计算应补缴或者应退的税款。

【例2-1】某非境内注册居民企业注册登记地在香港,2019年4个季度以港元计算的实际利润额如表2-1所示:

表2-1 某非境内注册居民企业2019年实际利润额   金额单位:万港元

一季度	二季度	三季度	四季度	合计
8 000	7 500	8 200	8 800	32 500

中国人民银行授权中国外汇交易中心公布的2019年4个季度最后一日港元对人民币汇率中间价如表2-2所示：

表2-2　2019年港元对人民币汇度中间价

日期	汇率（100港元对人民币）
2019年3月29日	85.779元
2019年6月28日	87.966元
2019年9月30日	90.201元
2019年12月30日	89.578元

假设两种情形：

第一种情形，该企业2019年汇算清缴计算的年度应纳税所得额为34 000万港元。

第二种情形，该企业2019年汇算清缴计算的年度应纳税所得额为30 000万港元。

在第一种情形下，该企业2019年已经按照季度预缴税款的应纳税所得额合计为32 500万港元，汇算清缴计算的年度应纳税所得额为34 000万港元，可见，企业4个季度预缴税款时计算的应纳税所得额合计比汇算清缴计算的年度应纳税所得额少1 500万港元。则：

该企业应补税的应纳税所得额＝1 500×89.578/100＝1 343.67（万元）

该企业汇算清缴应补缴企业所得税额＝1 343.67×25%＝335.917 5（万元）

在第二种情形下，该企业2019年已经按照季度预缴税款的应纳税所得额合计为32 500万港元，汇算清缴计算的年度应纳税所得额为30 000万港元，可见，企业4个季度预缴税款时计算的应纳税所得额合计比汇算清缴计算的年度应纳税所得额多2 500万港元。但按什么时间的汇率计算应退税款，《企业所得税法》及其实施条例和汇算清缴相关文件均未作出明确规定。我们的建议是，按照对等原则，对汇算清缴确认退税的应纳税所得额应按纳税年度最后一日的人民币汇率中间价，将多计的所得折合成人民币计算应纳税所得额，再计算应退的税款。

该企业应退税的应纳税所得额＝2 500×89.578/100＝2 239.45（万元）

该企业汇算清缴应退企业所得税额＝2 239.45×25%＝559.862 5（万元）

如果该企业2016年、2017年、2018年汇算清缴计算的年度应纳税所得额分别为20 000万港元、22 000万港元、26 000万港元，经税务机关检查，该企业2016年、2017年、2018年应纳税所得额分别少计300万港元、多计100万港元、少计200万港元，并于2019年9月30日确认补税或者退税。2016年、2017年、2018年、2019年8月和2019年9月最后一日港元对人民币汇率中间价如表2-3所示：

表2-3　2016—2019年港元对人民币汇率中间价

日期	汇率（100港元对人民币）
2016年12月30日	89.451元
2017年12月29日	83.591元
2018年12月28日	87.62元
2019年8月31日	90.332元
2019年9月30日	90.201元

则：

2016年少计所得300万港元应补税款 = 300×90.332/100 = 270.996(万元)
2017年多计所得100万港元应退税款 = 100×90.332/100 = 90.332(万元)
2018年少计所得200万港元应补税款 = 200×90.332/100 = 180.664(万元)

三、汇总纳税企业的汇算清缴方法

《企业所得税法》第五十条第二款规定,居民企业在中国境内设立不具有法人资格的营业机构的,应当汇总计算并缴纳企业所得税。《企业所得税法实施条例》第一百二十五条要求,企业汇总计算并缴纳企业所得税时,应当统一核算应纳税所得额。

居民企业在中国境内跨地区(指跨省、自治区、直辖市和计划单列市,下同)设立不具有法人资格分支机构的,应依据《财政部 国家税务总局 中国人民银行关于印发〈跨省市总分机构企业所得税分配及预算管理办法〉的通知》(财预〔2012〕40号,以下简称财预〔2012〕40号文件)和税务总局公告2012年第57号及相关文件的规定,实行"统一计算、分级管理、就地预缴、汇总清算、财政调库"的企业所得税征收管理办法。居民企业在中国境内没有跨地区设立不具有法人资格分支机构,仅在同一省、自治区、直辖市和计划单列市(以下称同一地区)内设立不具有法人资格分支机构的,应执行各省、自治区、直辖市和计划单列市税务局制定的企业所得税征收管理办法。但居民企业在中国境内既跨地区设立不具有法人资格分支机构,又在同一地区内设立不具有法人资格分支机构的,其企业所得税征收管理仍应实行"统一计算、分级管理、就地预缴、汇总清算、财政调库"办法。

(一)统一计算

统一计算是指居民企业应统一计算包括各个不具有法人资格营业机构在内的企业全部应纳税所得额、应纳税额。总机构和分支机构适用税率不一致的,应分别按适用税率计算应纳所得税额。

1)汇总清算方法 汇总清算是指在年度终了后,总机构统一计算汇总纳税企业的年度应纳税所得额、应纳所得税额,抵减总机构、分支机构当年已就地分期预缴的企业所得税款后,多退少补。汇总清算的方法有:

(1)一般汇总清算方法。汇总纳税企业应当自年度终了之日起5个月内,由总机构汇总计算企业年度应纳所得税额,扣除总机构和各分支机构已预缴的税款,计算出应缴应退税款,按照税务总局公告2012年第57号规定的税款分摊方法计算总机构和分支机构的企业所得税应缴应退税款,分别由总机构和分支机构就地办理税款缴库或退库。

(2)总机构和分支机构处于不同税率地区的汇总清算方法。对于按照税收法律、法规和其他规定,总机构和分支机构处于不同税率地区的,先由总机构统一计算全部应纳税所得额,然后按税务总局公告2012年第57号第六条规定的比例(总机构分摊50%、分支机构分摊50%,下同)和按第十五条计算的分摊比例(分支机构分摊50%中各分支机构的分摊比例,下同),计算划分不同税率地区机构的应纳税所得额,再分别按各自的适用税率计算应纳税额后加总计算出汇总纳税企业的应纳所得税总额,最后按税务总局公告2012年第57号第六条规定的比例和按第十五条计算的分摊比例,向总机构和分支机构分摊就地缴纳的企业所得税款。概括起来说,就是"两统两分"。

2)报送资料 汇总纳税企业汇算清缴时,总机构除报送企业所得税年度纳税申报表和年度财务报表外,还应报送汇总纳税企业分支机构所得税分配表、各分支机构的年度财务报表和各分支机构参与企业年度纳税调整情况的说明;分支机构除报送企业所得税年度纳税申报表(只填列部分项目)外,还应报送经总机构所在地主管税务机关受理的汇总纳税企业分支机构所得税分配表、分支机构的年度财务报表(或年度财务状况和营业收支情况)和分支机构参与企业年度纳税调整情况的说明。分支机构参与企业年度纳税调整情况的说明,可参照企业所得税年度纳税申报表附表"纳税调整项目明细表"中列明的项目进行说明,涉及需由总机构统一计算调整的项目不进行说明。

分支机构未按规定报送经总机构所在地主管税务机关受理的汇总纳税企业分支机构所得税分配表,分支机构所在地主管税务机关应责成该分支机构在申报期内报送,同时提请总机构所在地主管税务机关督促总机构按照规定提供上述分配表;分支机构在申报期内不提供的,由分支机构所在地主管税务机关对分支机构按照《税收征管法》的有关规定予以处罚;属于总机构未向分支机构提供分配表的,分支机构所在地主管税务机关还应提请总机构所在地主管税务机关对总机构按照《税收征管法》的有关规定予以处罚。

(二)分摊税款

1)参与分摊税款的机构　总机构和具有主体生产经营职能的二级分支机构,就地分摊缴纳企业所得税。参与分摊税款的二级机构包括:

(1)二级分支机构,是指汇总纳税企业依法设立并领取非法人营业执照(登记证书),且总机构对其财务、业务、人员等直接进行统一核算和管理的分支机构。

以总机构名义进行生产经营的非法人分支机构,无法提供汇总纳税企业分支机构所得税分配表,应在预缴申报期内向其所在地主管税务机关报送非法人营业执照(或登记证书)的复印件、由总机构出具的二级及以下分支机构的有效证明和支持有效证明的相关材料(包括总机构拨款证明、总分机构协议或合同、公司章程、管理制度等),证明其二级及以下分支机构身份。

(2)视同二级分支机构。总机构设立具有主体生产经营职能的部门(非前述二级分支机构),且该部门的营业收入、职工薪酬和资产总额与管理职能部门分开核算的,可将该部门视同一个二级分支机构;该部门与管理职能部门的营业收入、职工薪酬和资产总额不能分开核算的,该部门不得视同一个二级分支机构。

2)不参与分摊税款的二级分支机构　此类机构包括:

(1)不具有主体生产经营职能,且在当地不缴纳增值税的产品售后服务、内部研发、仓储等汇总纳税企业内部辅助性的二级分支机构。

(2)上年度认定为小型微利企业的二级分支机构。

(3)当年新设立的二级分支机构。汇总纳税企业当年由于重组等原因从其他企业取得重组当年之前已存在的二级分支机构,并作为本企业二级分支机构管理的;汇总纳税企业内就地分摊缴纳企业所得税的总机构、二级分支机构之间,发生合并、分立、管理层级变更等形成的新设或存续的二级分支机构,不视同当年新设立的二级分支机构。

(4)当年撤销的二级分支机构,自办理注销税务登记之日所属企业所得税预缴期间起,不就地分摊缴纳企业所得税。

(5)在中国境外设立的不具有法人资格的二级分支机构。

3)视同独立纳税人的分支机构　以总机构名义进行生产经营的非法人分支机构,无法提供汇总纳税企业分支机构所得税分配表,也无法提供税务总局公告2012年第57号规定的相关证据证明其二级及以下分支机构身份的,应视同独立纳税人计算并就地缴纳企业所得税。按规定视同独立纳税人的分支机构,其独立纳税人身份一个年度内不得变更。

《国家税务总局关于3项企业所得税事项取消审批后加强后续管理的公告》(税务总局公告2015年第6号)明确,汇总纳税企业改变组织结构的,总机构和相关二级分支机构应于组织结构改变后30日内,将组织结构变更情况报告主管税务机关。

4)分摊税款和分摊比例的计算　下面分别介绍其计算方式。

(1)分摊税款的计算。税务总局公告2012年第57号第六条规定,汇总纳税企业按照《企业所得税法》规定汇总计算的汇算清缴应缴应退税款,50%在各分支机构间分摊,各分支机构根据分摊税款就地办理缴库或退库;50%由总机构分摊缴纳,其中25%就地办理缴库或退库,25%就地全额缴入中央国库或退库。

总机构按以下公式计算分摊税款:

总机构分摊税款 = 汇总纳税企业当期应纳所得税额×50%

分支机构按以下公式计算分摊税款:

所有分支机构分摊税款总额 = 汇总纳税企业当期应纳所得税额×50%

某分支机构分摊税款 = 所有分支机构分摊税款总额×该分支机构分摊比例

(2)分支机构分摊比例的计算。税务总局公告2012年第57号第十五条规定,总机构应按照上年度分支机构的营业收入、职工薪酬和资产总额三个因素计算各分支机构分摊所得税款的比例;三级及以下分支机构,其营业收入、职工薪酬和资产总额统一计入二级分支机构;三因素的权重依次为0.35、0.35、0.30。

计算公式如下:

某分支机构分摊比例 = (该分支机构营业收入/各分支机构营业收入之和)×0.35 + (该分支机构职工薪酬/各分支机构职工薪酬之和)×0.35 + (该分支机构资产总额/各分支机构资产总额之和)×0.30

分支机构分摊比例按上述方法一经确定后,除当年出现二级分支机构撤销和重组情形外,当年不做调整。

公式中,分支机构营业收入,是指分支机构销售商品、提供劳务、让渡资产使用权等日常经营活动实现的全部收入。其中,生产经营企业分支机构营业收入是指生产经营企业分支机构销售商品、提供劳务、让渡资产使用权等取得的全部收入。金融企业分支机构营业收入是指金融企业分支机构取得的利息、手续费、佣金等全部收入。保险企业分支机构营业收入是指保险企业分支机构取得的保费等全部收入。分支机构职工薪酬,是指分支机构为获得职工提供的服务而给予各种形式的报酬以及其他相关支出。分支机构资产总额,是指分支机构在经营活动中实际使用的应归属于该分支机构的资产合计额。

上年度分支机构的营业收入、职工薪酬和资产总额,是指分支机构上年度全年的营业收入、职工薪酬数据和上年度12月31日的资产总额数据,是依照国家统一会计制度的规定核算的数据。一个纳税年度内,总机构首次计算分摊税款时采用的分支机构营业收入、职工薪酬和资产总额数据,与此后经过中国注册会计师审计确认的数据不一致的,不做调整。

(三) 就地补退

1) 汇算清缴补退税款　汇总纳税企业在纳税年度内预缴企业所得税税款少于全年应缴企业所得税税款的,应在汇算清缴期内由总、分机构分别结清应缴的企业所得税税款;预缴税款超过应缴税款的,主管税务机关应及时按有关规定分别办理退税,或者经总、分机构同意后分别抵缴其下一年度应缴企业所得税税款。

汇总纳税企业未按照规定准确计算分摊税款,造成总机构与分支机构之间同时存在一方(或几方)多缴另一方(或几方)少缴税款的,其总机构或分支机构分摊缴纳的企业所得税低于按规定计算分摊的数额的,应在下一税款缴纳期内,由总机构将按规定计算分摊的税款差额分摊到总机构或分支机构补缴;其总机构或分支机构就地缴纳的企业所得税高于按规定计算分摊的数额的,应在下一税款缴纳期内,由总机构将按规定计算分摊的税款差额从总机构或分支机构的分摊税款中扣减。

2) 查补税款的分摊和入库　总机构所在地主管税务机关应加强对汇总纳税企业申报缴纳企业所得税的管理,可以对企业自行实施税务检查,也可以与二级分支机构所在地主管税务机关联合实施税务检查。

总机构所在地主管税务机关应对查实项目按照《企业所得税法》的规定统一计算查增的应纳税所得额和应纳税额。总机构应将查补所得税款(包括滞纳金、罚款,下同)的50%按照依规定计算的分摊比例,分摊给各分支机构(不包括不就地分摊缴纳企业所得税的二级分支机构)缴纳,各分支机构根据分摊查补税款就地办理缴库;50%分摊给总机构缴纳,其中25%就地办理缴库,25%就地全额缴入中央国库。

汇总纳税企业缴纳查补所得税款时,总机构应向其所在地主管税务机关报送汇总纳税企业分支机构所得税分配表和总机构所在地主管税务机关出具的税务检查结论,各分支机构也应向其所在地主管税务机关报送经总机构所在地主管税务机关受理的汇总纳税企业分支机构所得税分配表和税务检查结论。

二级分支机构所在地主管税务机关应配合总机构所在地主管税务机关对其主管二级分支机构实施税务检查,也可以自行对该二级分支机构实施税务检查。

二级分支机构所在地主管税务机关自行对其主管二级分支机构实施税务检查,可对查实项目按照《企业所得税法》的规定自行计算查增的应纳税所得额和应纳税额。计算查增的应纳税所得额时,应减除允许弥补的汇总纳税企业以前年度亏损;对于需由总机构统一计算的税前扣除项目,不得由分支机构自行计算调整。二级分支机构应将查补所得税款的50%分摊给总机构缴纳,其中25%就地办理缴库,25%就地全额缴入中央国库;50%分摊给该二级分支机构就地办理缴库。

汇总纳税企业缴纳查补所得税款时,总机构应向其所在地主管税务机关报送经二级分支机构所在地主管税务机关受理的汇总纳税企业分支机构所得税分配表和二级分支机构所在地主管税务机关出具的税务检查结论,二级分支机构也应向其所在地主管税务机关报送汇总纳税企业分支机构所得税分配表和税务检查结论。

企业所得税政策与申报实务深度解析
（2020年版）

第三章

年度申报表封面、填报表单和基础信息表的填报

本章要点

☞ 企业所得税年度纳税申报表封面的填报

☞ 企业所得税年度纳税申报表填报表单的填报

☞ 基础信息表中基本经营情况的填报

☞ 基础信息表中有关涉税事项情况的填报

☞ 基础信息表中主要股东及分红情况的填报

第一节 年度申报表封面的填报

企业所得税年度纳税申报表封面的填报项目主要有:税款所属期间,纳税人识别号(统一社会信用代码),纳税人名称,声明、纳税人签章和填报日期,经办人信息和代理机构签章,受理人姓名、受理税务机关签章和受理日期等信息。

一、税款所属期间的填报

税款所属期间要根据纳税人的实际经营期间状况填写。

(1)正常经营的纳税人,填报公历当年1月1日至12月31日。如,纳税人是在2018年底之前成立开始经营的,至2019年12月31日仍在持续经营,其税款所属期间应填写2019年1月1日至2019年12月31日。

(2)纳税人年度中间开业的,填报实际生产经营之日至当年12月31日。如,纳税人是在2019年度中间开业的,至2019年12月31日仍在持续经营,其税款所属期间应填写实际生产经营之日至2019年12月31日。企业单位的实际生产经营之日一般以营业执照上的成立日期为准,非企业单位的实际生产经营之日一般以有关登记证书上的发证日期为准。

(3)纳税人年度中间发生被吸收合并、解散分立、破产、停业等情况在年度中间终止经营活动的,填报公历当年1月1日至实际停业或法院裁定并宣告破产之日;纳税人年度中间开业且年度中间又发生被吸收合并、解散分立、破产、停业等情况在年度中间终止经营活动的,填报实际生产经营之日至实际停业或法院裁定并宣告破产之日。如,某企业2015年8月6日成立,2019年6月28日终止经营活动,其税款所属期间应填写2019年1月1日至2019年6月28日。需要注意的是,第一,这里的税款所属期间是指停业当年的实际经营期间,不包括停止经营后的清算期间。第二,持续经营的合并企业、存续分立中的分立企业,税款所属期间仍然填写公历年度。

二、纳税人识别号(统一社会信用代码)的填报

纳税人识别号(统一社会信用代码)填报有关部门核发的统一社会信用代码。未取得统一社会信用代码的,填报税务机关核发的纳税人识别号。

三、纳税人名称的填报

纳税人名称填报营业执照、税务登记证等证件载明的纳税人名称。

四、声明、纳税人签章和填报日期的填报

填写好申报表后,纳税人要声明:本纳税申报表是根据国家税收法律法规及相关规定填报的,是真实的、可靠的、完整的。

向税务机关报送的企业所得税纳税申报表,需要加盖纳税人公章,并填写纳税人的申报日期。比如,纳税人2020年3月27日向税务机关申报,申报日期就填写2020年3月27日。

五、经办人信息和代理机构签章的填报

纳税人聘请机构代理申报的,要填写经办人姓名及其身份证号,并加盖代理机构公

章。没有聘请的,不填写。

六、受理人姓名、受理税务机关签章和受理日期的填报

税务机关受理申报表的,应填写受理人姓名或由受理人签章,加盖受理税务机关的受理印章,填写受理日期。受理日期应在填报日期之后或同日。

【例3-1】华方有限责任公司成立于2014年5月18日,统一社会信用代码为91123456SA0G1D7Q9K,2019年持续经营。2020年3月18日,公司向主管税务机关报送2019年度企业所得税纳税申报表,未聘请机构代理申报。受理人为国家税务总局甲市税务局办税服务厅工作人员陈实。

华方有限责任公司2019年度企业所得税年度纳税申报表封面的填报示例如表3-1所示。

表3-1 《企业所得税年度纳税申报表》封面填报示例

中华人民共和国企业所得税年度纳税申报表
(A类,2017年版)

税款所属期间:2019年1月1日 至 2019 年12月31日

纳税人识别号 91123456SA0G1D7Q9K
(统一社会信用代码):

纳税人名称:华方有限责任公司

金额单位:人民币元(列至角分)

谨声明:本纳税申报表是根据国家税收法律法规及相关规定填报的,是真实的、可靠的、完整的。

纳税人(签章)

2020年3月18日

经办人:	受理人:陈实
经办人身份证号:	受理税务机关(章) 国家税务总局甲市税务局 受理专用章
代理机构签章:	受理日期:2020年3月18日

国家税务总局监制

第二节 年度申报表填报表单的填报

填报表单即索引,列示了基础信息表等37张表单的编号及名称。其中,基础信息表和主表纳税人必须填报,因此填报表单中已设定为"√"。纳税人在填报申报表之前,要仔细阅读这些表单,并根据企业的涉税业务,对35张附表选择"是否填报"。选择填报的,在相应的"□"中打"√",并完成该附表相关内容的填报;选择不填报的,在相应的"□"中打

"×",不填报该附表。对选择"不填报"的附表,不须报送税务机关。

一、正常经营的纳税人需要填报的基本表单

一般情况下,正常经营的纳税人除必须填报企业基础信息表和主表外,需要选择填报的基本附表有:

(1)收入明细表。一般企业选择《一般企业收入明细表》(A101010),金融企业选择《金融企业收入明细表》(A101020),事业单位、民间非营利组织选择《事业单位、民间非营利组织收入、支出明细表》(A103000)。符合条件的小型微利企业免于填报。

(2)成本支出明细表。一般企业选择《一般企业成本支出明细表》(A102010),金融企业选择《金融企业支出明细表》(A102020),事业单位、民间非营利组织选择表A103000。符合条件的小型微利企业免于填报。

(3)期间费用明细表。一般企业和金融企业选择《期间费用明细表》(A104000),事业单位、民间非营利组织选择表A103000。符合条件的小型微利企业免于填报。

即:对事业单位、民间非营利组织来说,收入、成本、费用的填报只选择一张表——表A103000。

(4)纳税调整项目明细表。无论是一般企业、金融企业,还是事业单位、民间非营利组织,纳税人只要有税会差异纳税调整事项的,都要选择《纳税调整项目明细表》(A105000)。几乎所有的纳税人都会有税会差异。如果税会差异纳税调整事项没有二级附表,选择表A105000即可;如果税会差异纳税调整事项有二级附表,还要选择相应的二级附表。

(5)弥补亏损明细表。无论是一般企业、金融企业,还是事业单位、民间非营利组织,纳税人只要本年度本企业发生亏损或者有合并转入、分立转入(转出)的亏损额,或前5个年度内(符合条件的高新技术企业和科技型中小企业为前10个年度内)本企业发生亏损或者有合并转入、分立转入(转出)的亏损额尚未弥补完,都要选择《企业所得税弥补亏损明细表》(A106000)。

二、有特殊税会差异事项的纳税人需要填报的表单

纳税人有特殊税会差异事项的,需要选择填报的表单有:

(1)纳税人有企业所得税的视同销售业务但未在会计上准确核算收入和成本,房地产开发企业有未完工开发产品销售收入需计算预计毛利并计入应纳税所得额,或将未完工开发产品销售收入转为完工开发产品销售收入、需冲减以前已计入应纳税所得额的预计毛利,要选择《视同销售和房地产开发企业特定业务纳税调整明细表》(A105010)。

(2)纳税人发生会计上按照权责发生制确认收入,而税法规定不按照权责发生制确认收入,如:一次性收取跨年度的租金,会计上按租赁期分期确认收入,税法上可一次性按照合同约定的承租人应付租金的日期确认收入,由此产生的税会差异的纳税调整,要选择《未按权责发生制确认收入纳税调整明细表》(A105020)。再如:不符合不征税收入条件的政府补助,会计上确认收益的时间和金额与税法上确认收入的时间和金额不一致的,也要选择表A105020。

(3)纳税人本年有投资资产持有收益或/和处置收益,且有税会差异的,要选择《投资收益纳税调整明细表》(A105030)。

（4）纳税人本年取得、使用符合不征税收入条件的专项用途财政性资金，或专项用途财政性资金超过60个月有结余，且有税会差异的，要选择《专项用途财政性资金纳税调整明细表》（A105040）。

（5）纳税人本年只要发生职工薪酬（包括工资薪金、职工福利费、职工教育经费、工会经费、各类基本社会保障性缴款、住房公积金、补充养老保险、补充医疗保险等支出），无论是否存在税会差异，均要选择《职工薪酬支出及纳税调整明细表》（A105050）。

（6）纳税人本年发生广告费和业务宣传费支出，保险企业本年发生手续费及佣金支出，有税会差异的，要选择《广告费和业务宣传费等跨年度纳税调整明细表》（A105060）。如果纳税人有以前年度结转扣除的广告费和业务宣传费，保险企业有以前年度（2018年度起）结转扣除的手续费及佣金，也应选择表A105060。

（7）纳税人本年发生捐赠支出（含捐赠支出结转），无论是否存在税会差异，均要选择《捐赠支出及纳税调整明细表》（A105070）。

（8）纳税人本年只要有资产折旧、摊销，无论是否存在税会差异，均要选择《资产折旧、摊销及纳税调整明细表》（A105080）。

（9）纳税人本年发生资产损失，有税会差异的，要选择《资产损失税前扣除及纳税调整明细表》（A105090）。

（10）纳税人本年或以前年度发生企业重组或/和递延纳税事项，涉及的所得或损失在本年产生税会差异的，要选择《企业重组及递延纳税事项纳税调整明细表》（A105100）。

（11）纳税人本年或以前年度有政策性搬迁业务，其搬迁所得或损失在本年产生税会差异的，要选择《政策性搬迁纳税调整明细表》（A105110）。纳税人本年或以前年度的政策搬迁业务没有完成，或即使完成，但其搬迁所得或损失没有税会差异的，不须选择表A105110。

（12）保险公司、证券行业、期货行业、金融企业、中小企业融资（信用）担保机构和小额贷款公司等特殊行业的纳税人发生特殊行业的准备金，无论是否存在税会差异，均要选择《特殊行业准备金及纳税调整明细表》（A105120）。

三、享受企业所得税优惠的纳税人需要填报的表单

除加速折旧优惠外，纳税人本年度享受企业所得税优惠的，需要根据企业所得税优惠的不同类别，选择填报相应的附表：

（1）纳税人本年度享受免税收入、减计收入或加计扣除优惠的，要选择《免税、减计收入及加计扣除优惠明细表》（A107010）。其中，纳税人因被投资企业利润分配、清算，或从被投资企业撤资减资，取得股息、红利等权益性投资收益的，要选择《符合条件的居民企业之间的股息、红利等权益性投资收益优惠明细表》（A107011）；纳税人有符合规定的研发项目，发生研发费用，本年度享受研发费加计扣除的，要选择《研发费用加计扣除优惠明细表》（A107014）。

（2）纳税人从事农、林、牧、渔业项目，国家重点扶持的公共基础设施项目，符合条件的环境保护、节能节水项目，符合条件的技术转让项目，清洁发展机制项目，符合条件的节能服务公司实施的合同能源管理项目，线宽小于130纳米的集成电路生产项目，线宽小于65纳米或投资额超过150亿元的集成电路生产项目，本年度享受项目所得减免的，要选择

《所得减免优惠明细表》(A107020)。

（3）创业投资企业从事国家需要重点扶持和鼓励的创业投资，本年度按投资额的一定比例抵扣应纳税所得额的，要选择《抵扣应纳税所得额明细表》(A107030)。

（4）符合条件的小型微利企业，国家需要重点扶持的高新技术企业，减免地方分享所得税的民族自治地方企业，符合条件的软件企业、动漫企业、集成电路企业、技术先进型服务企业、经营性文化事业单位转制企业、从事污染防治的第三方企业、支持和促进重点群体创业就业企业及其他享受减免所得税的纳税人，本年度享受减免所得税的，要选择《减免所得税优惠明细表》(A107040)。其中，具备高新技术企业资格的纳税人还要选择《高新技术企业优惠情况及明细表》(A107041)；享受软件、集成电路企业优惠政策的纳税人还要选择《软件、集成电路企业优惠情况及明细表》(A107042)。

（5）纳税人本年或前五年度购置用于环境保护、节能节水、安全生产等专用设备，其投资额的10%在本年应纳税额中抵免的，要选择《税额抵免优惠明细表》(A107050)。

四、有境外所得的纳税人需要填报的表单

居民企业来源于中国境外的所得要按照我国税法计算纳税，但《企业所得税法》允许纳税人将取得的境外所得已在境外缴纳的或间接负担的所得税税额，从其当期应纳税额中抵免。因此，有境外所得的纳税人需要选择填报以下附表：

（1）有境外所得的纳税人，都要选择《境外所得税收抵免明细表》(A108000)，填报本年度来源于不同国家、地区的所得，按照我国税法规定计算应缴纳和应抵免的企业所得税额。

（2）有境外所得的纳税人，还要选择《境外所得纳税调整后所得明细表》(A108010)，填报本年度来源于不同国家、地区的所得，按照我国税法规定计算的纳税调整后所得。

（3）纳税人境外分支机构只要本年度发生亏损，或以前年度发生非实际亏损，或前五年度内发生实际亏损，就要选择《境外分支机构弥补亏损明细表》(A108020)。

（4）纳税人前五年度的境外所得已在境外缴纳或间接负担的所得税未抵免完，或本年度的境外所得已在境外缴纳或间接负担的所得税从本年度应纳税额中未抵免完，结转以后年度抵免的，要选择《跨年度结转抵免境外所得税明细表》(A108030)。

五、汇总纳税企业需要填报的表单

跨地区经营汇总纳税企业的总机构，需要选择填报下列两张附表：

（1）《跨地区经营汇总纳税企业年度分摊企业所得税明细表》(A109000)，填报跨地区经营汇总纳税的纳税人总机构按规定计算整个企业用于分摊的本年实际应纳所得税、本年应补（退）的所得税和总机构自身本年应补（退）的所得税。

（2）《企业所得税汇总纳税分支机构所得税分配表》(A109010)，填报跨地区经营汇总纳税的纳税人总机构统一计算的整个企业本年应补（退）的所得税和总机构分摊、财政集中分配、分支机构分摊、各分支机构分配的应补（退）所得税额，以及计算分支机构分配比例的三项因素——营业收入、职工薪酬和资产总额等信息。

【例3-2】例3-1中的华方有限责任公司为制造业企业，因此，应填报一般企业的《收入明细表》《成本支出明细表》和《期间费用明细表》。华方有限责任公司2018年3月被认定为高新技术企业，高新技术企业证书编号为GR20185678113，因此，公司还填报了《免税、

减计收入及加计扣除优惠明细表》《研发费用加计扣除优惠明细表》《减免所得税优惠明细表》和《高新技术企业优惠情况及明细表》。华方有限责任公司2019年取得政府补助并用于环境治理支出,因此填报了《专项用途财政性资金纳税调整明细表》。华方有限责任公司2019年取得境外甲国子公司分配的股息,因此填报了《境外所得税收抵免明细表》《境外所得纳税调整后所得明细表》和《跨年度结转抵免境外所得税明细表》。华方有限责任公司2018年跨省设立了三家非法人分支机构,因此为汇总纳税企业,需要填报《跨地区经营汇总纳税企业年度分摊企业所得税明细表》和《企业所得税汇总纳税分支机构所得税分配表》。华方有限责任公司2019年度企业所得税年度纳税申报表填报表单的填报示例如表3-2所示。

表3-2 企业所得税年度纳税申报表填报表单填报示例

表单编号	表单名称	是否填报
A000000	企业所得税年度纳税申报基础信息表	√
A100000	中华人民共和国企业所得税年度纳税申报表(A类)	√
A101010	一般企业收入明细表	√
A101020	金融企业收入明细表	□
A102010	一般企业成本支出明细表	√
A102020	金融企业支出明细表	□
A103000	事业单位、民间非营利组织收入、支出明细表	□
A104000	期间费用明细表	√
A105000	纳税调整项目明细表	√
A105010	视同销售和房地产开发企业特定业务纳税调整明细表	√
A105020	未按权责发生制确认收入纳税调整明细表	□
A105030	投资收益纳税调整明细表	□
A105040	专项用途财政性资金纳税调整明细表	√
A105050	职工薪酬支出及纳税调整明细表	√
A105060	广告费和业务宣传费等跨年度纳税调整明细表	□
A105070	捐赠支出及纳税调整明细表	√
A105080	资产折旧、摊销及纳税调整明细表	√
A105090	资产损失税前扣除及纳税调整明细表	□
A105100	企业重组及递延纳税事项纳税调整明细表	□
A105110	政策性搬迁纳税调整明细表	□
A105120	特殊行业准备金及纳税调整明细表	□
A106000	企业所得税弥补亏损明细表	√
A107010	免税、减计收入及加计扣除优惠明细表	√
A107011	符合条件的居民企业之间的股息、红利等权益性投资收益优惠明细表	□
A107012	研发费用加计扣除优惠明细表	√
A107020	所得减免优惠明细表	□
A107030	抵扣应纳税所得额明细表	□
A107040	减免所得税优惠明细表	√
A107041	高新技术企业优惠情况及明细表	√
A107042	软件、集成电路企业优惠情况及明细表	□
A107050	税额抵免优惠明细表	□

续表

表单编号	表单名称	是否填报
A108000	境外所得税收抵免明细表	√
A108010	境外所得纳税调整后所得明细表	√
A108020	境外分支机构弥补亏损明细表	□
A108030	跨年度结转抵免境外所得税明细表	√
A109000	跨地区经营汇总纳税企业年度分摊企业所得税明细表	√
A109010	企业所得税汇总纳税分支机构所得税分配表	√

注：企业应当根据实际情况选择需要填报的表单。

第三节 年度申报表基础信息表的填报

纳税人在填报企业所得税年度纳税申报表主表和相关附表前，都必须填报基础信息表。尽管基础信息表与主表和相关附表没有钩稽关系，但与主表和相关附表存在关联关系，纳税人应正确填报，从而为后续申报提供指引。基础信息表的内容包括基本经营情况、有关涉税事项情况、主要股东及分红情况三个部分，其中，第一部分的项目为所有纳税人的必填（必选）内容；第二部分的项目为所有纳税人的条件必填（必选）内容，当纳税人存在或发生相关事项时，必须填报，纳税人未填报的，视同不存在或未发生相关事项；第三部分，对一般企业为必填项目，对小型微利企业为免填项目。

一、基本经营情况的填报

"基本经营情况"包括：纳税申报企业类型，分支机构就地纳税比例，资产总额，从业人数，所属国民经济行业，是否从事国家限制和禁止行业，适用会计准则或会计制度，是否采用一般企业财务报表格式，是否小型微利企业，是否上市公司（境内上市还是境外上市）。其中，纳税申报企业类型、所属国民经济行业、适用会计准则或会计制度需要从相关表格中选择填报。

1)"101 纳税申报企业类型" 纳税人根据申报所属期年度的企业经营方式情况，从《跨地区经营企业类型代码表》（见表3-3）中选择相应的代码填入本项。一般情况下，绝大多数纳税人的本项代码应选100，属于汇总纳税的企业，本项代码大多应选210或230，只有极少数纳税人的本项代码应选220、311或312。

表3-3 跨地区经营企业类型代码表

代码	类型		
	大类	中类	小类
100	非跨地区经营企业		
210	跨地区经营企业总机构	总机构(跨省)——适用《跨地区经营汇总纳税企业所得税征收管理办法》	
220		总机构(跨省)——不适用《跨地区经营汇总纳税企业所得税征收管理办法》	
230		总机构(省内)	
311	跨地区经营企业分支机构	需进行完整年度纳税申报	分支机构(须进行完整年度申报并按比例纳税)
312			分支机构(须进行完整年度申报但不就地缴纳)

代码表按纳税人是否跨地区经营分大类，纳税人是否为跨地区经营企业的总机构分

中类,纳税人是否为跨地区经营企业的分支机构且须进行完整年度申报分小类。需要注意的是,纳税人为跨地区经营企业的分支机构但不须进行完整年度申报的,其汇算清缴不需要填报企业所得税年度纳税申报表,而是填报税务总局公告2020年第12号发布的《中华人民共和国企业所得税月(季)度预缴纳税申报表(A类,2018年版)》(2020年修订)。

(1)纳税人不属于跨地区经营汇总纳税企业的,应选择"100 非跨地区经营企业"。

(2)纳税人为税务总局公告2012第57号规定的跨省、自治区、直辖市和计划单列市设立不具有法人资格分支机构的跨地区经营汇总纳税企业总机构,应选择"210 总机构(跨省)——适用《跨地区经营汇总纳税企业所得税征收管理办法》"。选择此项的纳税人,需要填报表A109000和表A109010。

(3)纳税人为税务总局公告2012年第57号第二条规定的不适用该办法的跨地区经营汇总纳税企业的总机构,如:国有邮政企业(包括中国邮政集团公司及其控股公司和直属单位)、中国工商银行股份有限公司、中国农业银行股份有限公司、中国银行股份有限公司、国家开发银行股份有限公司、中国农业发展银行、中国进出口银行、中国投资有限责任公司、中国建设银行股份有限公司、中国建银投资有限责任公司、中国信达资产管理股份有限公司、中国石油天然气股份有限公司、中国石油化工股份有限公司、海洋石油天然气企业(包括中国海洋石油总公司、中海石油(中国)有限公司、中海油田服务股份有限公司、海洋石油工程股份有限公司)、中国长江电力股份有限公司等,应选择"220 总机构(跨省)——不适用《跨地区经营汇总纳税企业所得税征收管理办法》"。

(4)纳税人为仅在同一省、自治区、直辖市和计划单列市(以下称同一地区)内设立不具有法人资格分支机构的跨地区经营汇总纳税企业总机构,应选择"230 总机构(省内)"。如果该地区规定,同一地区内的总机构、分支机构需要分摊企业所得税的,选择此项的纳税人,需要填报表A109000和表A109010。

(5)纳税人为根据相关政策规定须进行完整年度申报并按比例就地缴纳企业所得税的跨地区经营企业的分支机构,应选择"311 分支机构(须进行完整年度申报并按比例纳税)",并同时将该分支机构年度纳税申报应当就地缴纳企业所得税的比例填报"102 分支机构就地纳税比例"。

(6)纳税人为根据相关政策规定须进行完整年度申报但不就地缴纳所得税的跨地区经营企业的分支机构,应选择"312 分支机构(须进行完整年度申报但不就地缴纳)"。

2)"102 分支机构就地纳税比例" "101 纳税申报企业类型"为"分支机构(须进行完整年度申报并按比例纳税)"需要同时填报本项。分支机构填报年度纳税申报时应当就地缴纳企业所得税的比例。

3)"103 资产总额" 填报纳税人资产总额的全年季度平均值,单位为万元,保留小数点后2位。具体计算公式如下:

季度平均值=(季初值+季末值)÷2

全年季度平均值=全年各季度平均值之和÷4

年度中间开业或者终止经营活动的,以其实际经营期作为一个纳税年度确定上述相关指标。

4)"104 从业人数" 填报纳税人从业人数的全年季度平均值,单位为人。从业人数是指与企业建立劳动关系的职工人数和企业接受的劳务派遣用工人数之和,依据和计算方法同"103 资产总额"。

资产总额和从业人数是小型微利企业享受减免所得税优惠的相关指标,纳税人要准确计算。

5)"105 所属国民经济行业" 按照《国民经济行业分类》标准,纳税人填报所属的国民经济行业明细代码。纳税人应从《国民经济行业分类》(GB/4754—2017)的《国民经济行业分类与代码》中选择其所属的行业明细代码填报。

如:农、林、牧、渔业所属行业明细代码为01××—05××,可能需要填报表A107020;制造业明细代码为13××—43××,信息传输、软件和信息技术服务业所属行业明细代码为63××—65××,可能需要填报表A105080中享受固定资产加速折旧的行次;房地产开发经营企业所属行业明细代码为7010,可能需要填报表A105010中第21至29行;银行业(货币金融服务)所属行业明细代码为66××,其中,小额贷款公司、农村合作基金会属于其他非货币银行服务,所属行业明细代码为6639,证券、期货和资本投资(资本市场服务)所属行业明细代码为67××,保险业所属行业明细代码为68××,可能需要填报表A101020、表A102020和表A105120。

纳税人,特别是享受相关税收优惠的纳税人,应准确填报所属行业4位数的明细代码。

6)"106 从事国家限制或禁止行业" 纳税人从事行业为国家限制和禁止行业的,选择"是",其他选择"否"。纳税人可以对照国家发展和改革委员会公布的《产业结构调整指导目录(2011年本)》及其修改情况来判断其所从事的行业是否为国家限制和禁止的行业。企业在填报时务必注意不要填反了,否则会影响小型微利企业、综合利用资源生产产品等有关税收优惠的享受。

7)"107 适用会计准则或会计制度" 纳税人根据会计核算采用的会计准则或会计制度从《会计准则或会计制度类型代码表》(见表3-4)中选择相应的代码填入本项。纳税人适用的会计准则或会计制度不同,对纳税调整的影响不同。

表3-4 会计准则或会计制度类型代码表

代码	类型	
	大类	小类
110	企业会计准则	一般企业
120		银行
130		证券
140		保险
150		担保
200	小企业会计准则	
300	企业会计制度	
410	事业单位会计准则	事业单位会计制度
420		科学事业单位会计制度
430		医院会计制度
440		高等学校会计制度
450		中小学校会计制度
460		彩票机构会计制度
500	民间非营利组织会计制度	

续表

代码	类型	
	大类	小类
600	村集体经济组织会计制度	
700	农民专业合作社财务会计制度（试行）	
999	其他	

8)"108 采用一般企业财务报表格式(2019 年版)" 纳税人根据《财政部关于修订印发 2019 年度一般企业财务报表格式的通知》(财会〔2019〕6 号,以下简称财会〔2019〕6 号文件)和《财政部关于修订印发 2018 年度金融企业财务报表格式的通知》(财会〔2018〕36 号,以下简称财会〔2018〕36 文件)规定的格式编制财务报表的,选择"是",其他选择"否"。采用一般企业财务报表格式(2019 年版)的企业,主表第 10 行"营业利润"、期间费用明细表中的"管理费用"的填报方法与未采用一般企业财务报表格式(2019 年版)的企业不同。

由于财会〔2019〕6 号文件规定的是一般企业最新财务报表格式,财会〔2018〕36 号文件规定的是金融企业最新财务报表格式,因此,"108 采用一般企业财务报表格式(2019 年版)"的表述最好为"108 采用最新企业财务报表格式"。

9)"109 小型微利企业" 纳税人符合小型微利企业普惠性所得税减免政策条件的,选择"是",其他选择"否"。此项有选择的纳税人,可能需要填报表 A107040 第 1 行。

10)"110 上市公司" 纳税人在中国境内上市的选择"境内";在中国境外上市的选择"境外";在境内外同时上市的可同时选择;其他选择"否"。纳税人在中国香港上市的,参照境外上市相关规定选择。

二、有关涉税事项情况的填报

"有关涉税事项情况"主要包括:是否从事股权投资业务、存在境外关联交易,选择采用的境外所得抵免方式,是否有限合伙制创业投资企业的法人合伙人、创业投资企业,技术先进型服务企业类型,是否非营利组织,软件、集成电路企业类型,集成电路生产项目类型,科技型中小企业入库编号及入库时间,高新技术企业申报所属期年度有效的高新技术企业证书编号及发证时间,企业重组及递延纳税事项、政策性搬迁相关涉税信息。

1)"201 从事股权投资业务" 纳税人从事股权投资业务的(包括集团公司总部、创业投资企业等),选择"是",否则不选择。此项有选择的纳税人,可能需要填报表 A105030、107011。其中,创业投资企业可能需要填报表 A107030。

2)"202 存在境外关联交易" 纳税人存在境外关联交易的,选择"是",否则不选择。选择"是"的纳税人可能需要填报表 A105000 第 44 行"特别纳税调整应税所得"、表 A108010 第 3 列"股息、红利等权益性投资所得",同时还可能需要附送《国家税务总局关于完善关联申报和同期资料管理有关事项的公告》(国家税务总局公告 2016 年第 42 号,以下简称税务总局公告 2016 年第 42 号)所附的《中华人民共和国企业年度关联业务往来报告表(2016 年版)》。

3)"203 选择采用的境外所得抵免方式" 纳税人适用境外所得税收抵免政策,且根据《财政部 国家税务总局关于完善企业境外所得税收抵免政策问题的通知》(财税〔2017〕84 号,以下简称财税〔2017〕84 号文件)文件规定选择按国(地区)别分别计算其来源于境外的应纳税所得额,即"分国(地区)不分项"的,选择"分国(地区)不分项";纳税人适用境外所得税收抵免政策,且根据财税〔2017〕84号文件规定选择不按国(地区)别分别计算,而是汇总计算其来源于境外的应纳税所得额,即"不分国(地区)不分项"的,选择"不分国(地区)不分项"。境外所得抵免方式一经选择,5年内不得变更。此项有选择的纳税人,需要填报表A108000及相关二级附表。

4)"204 有限合伙制创业投资企业的法人合伙人" 纳税人投资于有限合伙制创业投资企业且为其法人合伙人的,选择"是",否则不选择。本项目中的有限合伙制创业投资企业的法人合伙人是指符合《中华人民共和国合伙企业法》《创业投资企业管理暂行办法》(国家发展和改革委员会令第39号,以下简称《创业投资企业管理暂行办法》)、《外商投资创业投资企业管理规定》(外经贸部、科技部、工商总局、国家税务总局、外汇管理局令2003年第2号发布,商务部令2015年第2号修改,以下简称《外商投资创业投资企业管理规定》)和《私募投资基金监督管理暂行办法》(证监会令第105号,以下简称《私募投资基金监督管理暂行办法》)关于创业投资基金的特别规定等规定的创业投资企业法人合伙人。有限合伙制创业投资企业的法人合伙人无论是否享受企业所得税优惠政策,均应填报本项。此项有选择的纳税人,可能需要填报表A107030。

5)"205 创业投资企业" 纳税人为创业投资企业的,选择"是",否则不选择。本项目中的创业投资企业是指依照《创业投资企业管理暂行办法》《外商投资创业投资企业管理规定》和《私募投资基金监督管理暂行办法》关于创业投资基金的特别规定等规定,在中华人民共和国境内设立的专门从事创业投资活动的企业或其他经济组织。创业投资企业无论是否享受企业所得税优惠政策,均应填报本项。此项有选择的纳税人,可能需要填报表A107030。

6)"206 技术先进型服务企业类型" 纳税人为经认定的技术先进型服务企业的,从《技术先进型服务企业类型代码表》(见表3-5)中选择相应的代码填报本项。本项目中的经认定的技术先进型服务企业是指符合《财政部 国家税务总局 商务部 科技部 国家发展改革委关于将技术先进型服务企业所得税政策推广至全国实施的通知》(财税〔2017〕79号,以下简称财税〔2017〕79号文件)、《财政部 国家税务总局 商务部 科技部 国家发展改革委关于将服务贸易创新发展试点地区技术先进型服务企业所得税政策推广至全国实施的通知》(财税〔2018〕44号,以下简称财税〔2018〕44号文件)等文件规定的企业。经认定的技术先进型服务企业无论是否享受企业所得税优惠政策,均应填报本项。此项有选择的纳税人,可能需要填报表A107040第19行或第20行。

表3-5 技术先进型服务企业类型代码表

代码	类型	
	大类	小类
110	服务外包类	信息技术外包服务(ITO)
120		技术性业务流程外包服务(BPO)
130		技术性知识流程外包服务(KPO)
210	服务贸易类	计算机和信息服务
220		研究开发和技术服务
230		文化技术服务
240		中医药医疗服务

7)"207 非营利组织" 纳税人为非营利组织的,选择"是",否则不选择。

8)"208 软件、集成电路企业类型" 纳税人按照企业类型从《软件、集成电路企业类型代码表》(见表 3-6)中选择相应的代码填入本项。软件、集成电路企业若符合相关企业所得税优惠政策条件的,无论是否享受企业所得税优惠,均应填报本项。此项有选择的纳税人,可能需要填报表 A107040 相关行次和表 A107042。

表 3-6 软件、集成电路企业类型代码表

代码	类型		
	大类	中类	小类
110	集成电路生产企业	线宽小于 0.8 微米(含)的企业	
120		线宽小于 0.25 微米的企业	
130		投资额超过 80 亿元的企业	
140		线宽小于 130 纳米的企业	
150		线宽小于 65 纳米或投资额超过 150 亿元的企业	
210	集成电路设计企业	新办符合条件企业	
220		符合规模条件的重点集成电路设计企业	
230		符合领域的重点集成电路设计企业	
311	软件企业	一般软件企业	新办符合条件企业
312			符合规模条件的重点软件企业
313			符合领域条件的重点软件企业
314			符合出口条件的重点软件企业
321		嵌入式或信息系统集成软件	新办符合条件企业
322			符合规模条件的重点软件企业
323			符合领域条件的重点软件企业
324			符合出口条件的重点软件企业
400	集成电路封装测试企业		
500	集成电路关键专用材料生产企业		
600	集成电路专用设备生产企业		

表中的集成电路生产企业、集成电路设计企业、软件企业、集成电路封装测试企业、集成电路关键专用材料生产企业和集成电路专用设备生产企业应符合《财政部 国家税务总局 发展改革委 工业和信息化部关于进一步鼓励集成电路产业发展企业所得税政策的通知》(财税〔2015〕6 号,以下简称财税〔2015〕6 号文件)、《财政部 国家税务总局 发展改革委 工业和信息化部关于软件和集成电路产业企业所得税优惠政策有关问题的通知》(财税〔2016〕49 号,以下简称财税〔2016〕49 号文件)、《财政部 国家税务总局 国家发展改革委 工业和信息化部关于集成电路生产企业有关企业所得税政策问题的通知》(财税〔2018〕27 号,以下简称财税〔2018〕27 号文件)和《财政部 国家税务总局关于集成电路设计和软件产业企业所得税政策的公告》(财政部 国家税务总局公告 2019 年第 68 号,以下简称财税公告 2019 年第 68 号)等文件规定的享受相应税收优惠政策的条件。

(1)"集成电路生产企业":符合财税〔2016〕49 号、财税〔2018〕27 号等文件规定的集成电路生产企业。具体说明如下:

——"线宽小于 0.8 微米(含)的企业"是指可以享受第一年至第二年免征企业所得

税，第三年至第五年按照25%的法定税率减半征收企业所得税优惠政策的集成电路线宽小于0.8微米（含）的集成电路生产企业。

——"线宽小于0.25微米的企业"是指可以享受减按15%的税率征收企业所得税优惠政策，或者第一年至第五年免征企业所得税，第六年至第十年按照25%的法定税率减半征收企业所得税优惠政策的集成电路线宽小于0.25微米的集成电路生产企业。

——"投资额超过80亿元的企业"是指可以享受减按15%的税率征收企业所得税优惠政策，或者第一年至第五年免征企业所得税，第六年至第十年按照25%的法定税率减半征收企业所得税优惠政策的投资额超过80亿元的集成电路生产企业。

——"线宽小于130纳米的企业"是指可以享受第一年至第二年免征企业所得税，第三年至第五年按照25%的法定税率减半征收企业所得税优惠政策的集成电路线宽小于130纳米的集成电路生产企业。

——"线宽小于65纳米或投资额超过150亿元的企业"是指可以享受第一年至第五年免征企业所得税，第六年至第十年按照25%的法定税率减半征收企业所得税优惠政策的集成电路线宽小于65纳米或投资额超过150亿元的集成电路生产企业。

（2）"集成电路设计企业"：符合财税〔2016〕49号、财税公告2019年第68号等文件规定的集成电路设计企业、国家规划布局内的重点集成电路设计企业。具体说明如下：

——"新办符合条件企业"是指可以享受第一年至第二年免征企业所得税，第三年至第五年按照25%的法定税率减半征收企业所得税优惠政策的集成电路设计企业。

——"符合规模条件的重点集成电路设计企业"是指可以享受减按10%的税率征收企业所得税优惠政策的国家规划布局内的重点集成电路设计企业，且其符合财税〔2016〕49号文件第五条第（一）项"汇算清缴年度集成电路设计销售（营业）收入不低于2亿元，年应纳税所得额不低于1 000万元，研究开发人员占月平均职工总数的比例不低于25%"的规定。

——"符合领域的重点集成电路设计企业"是指可以享受减按10%的税率征收企业所得税优惠政策的国家规划布局内的重点集成电路设计企业，且其符合财税〔2016〕49号文件第五条第（二）项"在国家规定的重点集成电路设计领域内，汇算清缴年度集成电路设计销售（营业）收入不低于2 000万元，应纳税所得额不低于250万元，研究开发人员占月平均职工总数的比例不低于35%，企业在中国境内发生的研发开发费用金额占研究开发费用总额的比例不低于70%"的规定。

（3）"软件企业"：符合财税〔2016〕49号）、财税公告2019年第68号等文件规定的软件企业、国家规划布局内的重点软件企业。具体说明如下：

——"一般软件企业——新办符合条件企业"是指可以享受第一年至第二年免征企业所得税，第三年至第五年按照25%的法定税率减半征收企业所得税优惠政策的符合条件的软件企业，且其符合财税〔2016〕49号文件第四条第（四）项"汇算清缴年度软件产品开发销售（营业）收入占企业收入总额的比例不低于50%，其中：软件产品自主开发销售（营业）收入占企业收入总额的比例不低于40%"的规定。

——"一般软件企业——符合规模条件的重点软件企业"是指可以享受减按10%的税率征收企业所得税优惠政策的国家规划布局内的重点软件企业，且其符合财税〔2016〕49号文件第四条第（四）项"汇算清缴年度软件产品开发销售（营业）收入占企业收入总额的比例不低于50%,其中:软件产品自主开发销售(营业)收入占企业收入总额的比例不低于40%"和第六条第(一)项"汇算清缴年度软件产品开发销售(营业)收入不低于2亿元,应纳税所得额不低于1 000万元,研究开发人员占企业月平均职工总数的比例不低于25%"的规定。

——"一般软件企业——符合领域条件的重点软件企业"是指可以享受减按10%的税率征收企业所得税优惠政策的国家规划布局内的重点软件企业,且其符合财税〔2016〕49号文件第四条第(四)项"汇算清缴年度软件产品开发销售(营业)收入占企业收入总额的比例不低于50%,其中:软件产品自主开发销售(营业)收入占企业收入总额的比例不低于40%"和第六条第(二)项"在国家规定的重点软件领域内,汇算清缴年度软件产品开发销售(营业)收入不低于5 000万元,应纳税所得额不低于250万元,研究开发人员占企业月平均职工总数的比例不低于25%,企业在中国境内发生的研究开发费用金额占研究开发费用总额的比例不低于70%"的规定。

——"一般软件企业——符合出口条件的重点软件企业"是指可以享受减按10%的税率征收企业所得税优惠政策的国家规划布局内的重点软件企业,且其符合财税〔2016〕49号文件第四条第(四)项"汇算清缴年度软件产品开发销售(营业)收入占企业收入总额的比例不低于50%,其中:软件产品自主开发销售(营业)收入占企业收入总额的比例不低于40%"和第六条第(三)项"汇算清缴年度软件出口收入总额不低于800万美元,软件出口收入总额占本企业年度收入总额比例不低于50%,研究开发人员占企业月平均职工总数的比例不低于25%"的规定。

——"嵌入式或信息系统集成软件——新办符合条件企业"是指可以享受第一年至第二年免征企业所得税,第三年至第五年按照25%的法定税率减半征收企业所得税优惠政策的符合条件的软件企业,且其符合财税〔2016〕49号文件第四条第(四)项"汇算清缴年度嵌入式软件产品和信息系统集成产品开发销售(营业)收入占企业收入总额的比例不低于40%,其中:嵌入式软件产品和信息系统集成产品自主开发销售(营业)收入占企业收入总额的比例不低于30%"的规定。

——"嵌入式或信息系统集成软件——符合规模条件的重点软件企业"是指可以享受减按10%的税率征收企业所得税优惠政策的国家规划布局内的重点软件企业,且其符合财税〔2016〕49号文件第四条第(四)项"汇算清缴年度嵌入式软件产品和信息系统集成产品开发销售(营业)收入占企业收入总额的比例不低于40%,其中:嵌入式软件产品和信息系统集成产品自主开发销售(营业)收入占企业收入总额的比例不低于30%"和第六条第(一)项"汇算清缴年度软件产品开发销售(营业)收入不低于2亿元,应纳税所得额不低于1 000万元,研究开发人员占企业月平均职工总数的比例不低于25%"的规定。

——"嵌入式或信息系统集成软件——符合领域条件的重点软件企业"是指可以享受减按10%的税率征收企业所得税优惠政策的国家规划布局内的重点软件企业,且其符合财税〔2016〕49号文件第四条第(四)项"汇算清缴年度嵌入式软件产品和信息系统集成产品开发销售(营业)收入占企业收入总额的比例不低于40%,其中:嵌入式软件产品和信息系统集成产品自主开发销售(营业)收入占企业收入总额的比例不低于30%"和第六条第(二)项"在国家规定的重点软件领域内,汇算清缴年度软件产品开发销售(营业)收入不低于5 000万元,应纳税所得额不低于250万元,研究开发人员占企业月平均职工总数的比例不低于25%,企业在中国境内发生的研究开发费用金额占研究开发费用总额的比例不低于70%"的规定。

——"嵌入式或信息系统集成软件——符合出口条件的重点软件企业"是指可以享受减按10%的税率征收企业所得税优惠政策的国家规划布局内的重点软件企业,且其符合财税〔2016〕49号文件第四条第(四)项"汇算清缴年度嵌入式软件产品和信息系统集成产品开发销售(营业)收入占企业收入总额的比例不低于40%,其中:嵌入式软件产品和信息系统集成产品自主开发销售(营业)收入占企业收入总额的比例不低于30%"和第六条第(三)项"汇算清缴年度软件出口收入总额不低于800万美元,软件出口收入总额占本企业年度收入总额比例不低于50%,研究开发人员占企业月平均职工总数的比例不低于25%"的规定。

(4)"集成电路封装测试企业":符合财税〔2015〕6号文件规定可以享受企业所得税优惠政策的集成电路封装、测试企业。

(5)"集成电路关键专用材料生产企业":符合财税〔2015〕6号文件规定可以享受企业所得税优惠政策的集成电路关键专用材料生产企业。

(6)"集成电路专用设备生产企业":符合财税〔2015〕6号文件规定可以享受企业所得税优惠政策的集成电路专用设备生产企业。

9)"209集成电路生产项目类型" 纳税人投资集成电路线宽小于130纳米或集成电路线宽小于65纳米或投资额超过150亿元的集成电路生产项目,项目符合财税〔2018〕27号等文件规定的税收优惠政策条件,且按照项目享受企业所得税优惠政策的,应填报本项。纳税人投资线宽小于130纳米的集成电路生产项目的,选择"130纳米",投资线宽小于65纳米或投资额超过150亿元的集成电路生产项目的,选择"65纳米";同时投资上述两类项目的,可同时选择"130纳米"和"65纳米"。此项有选择的纳税人,可能需要填报表A107020和表A107042。

纳税人既符合"208软件、集成电路企业类型"项目又符合"209集成电路生产项目类型"项目填报条件的,应当同时填报。

10)"210科技型中小企业" 纳税人根据申报所属期年度和申报所属期下一年度取得的科技型中小企业入库登记编号情况,填报本项目下的"210-1""210-2""210-3""210-4"。若纳税人在申报所属期年度取得科技型中小企业入库登记编号的,将相应的"编号"及"入库时间"分别填入"210-1"和"210-2"项目中;若纳税人在申报所属期下一年度1月1日至申报所属期年度汇算清缴纳税申报日之间取得科技型中小企业入库登记编号的,将相应的"编号"及"入库时间"分别填入"210-3"和"210-4"项目中。纳税人符合上述填报要求的,无论是否享受企业所得税优惠政策,均应填报本项。科技型中小企业需要关注表A106000的填报。

11)"211高新技术企业申报所属期年度有效的高新技术企业证书" 纳税人根据申报所属期年度拥有的有效期内的高新技术企业证书情况,填报本项目下的"211-1""211-2""211-3""211-4"。在申报所属期年度,如企业同时拥有两个高新技术企业证书,则两个证书情况均应填报。如:纳税人2016年10月取得高新技术企业证书,有效期3年,2019年再次参加认定并于2019年11月取得新高新技术企业证书,纳税人在进行2019年度企业所得税汇算清缴纳税申报时,应将两个证书的"编号"及"发证时间"分别填入"211-1"

"211-2""211-3""211-4"项目中。纳税人符合上述填报要求的,无论是否享受企业所得税优惠政策,均应填报本项。高新技术企业资格在有效期内的纳税人需要填报表 A107041,享受相关企业所得税优惠政策的纳税人可能还需要填报表 A107040 和表 A107012,同时还需要关注表 A106000 的填报。

12)"212 重组事项税务处理方式" 纳税人在申报所属期年度发生重组事项的,应填报本项。纳税人重组事项按一般性税务处理的,选择"一般性";重组事项按特殊性税务处理的,选择"特殊性"。

13)"213 重组交易类型"和"214 重组当事方类型" 填报"212 重组事项税务处理方式"的纳税人,应当同时填报"213 重组交易类型"和"214 重组当事方类型"。纳税人根据重组情况从《重组交易类型和当事方类型代码表》(见表 3-7)中选择相应代码分别填入对应项目中。重组交易类型和当事方类型根据《财政部 国家税务总局关于企业重组业务企业所得税处理若干问题的通知》(财税〔2009〕59 号,以下简称财税〔2009〕59 号文件)、《财政部 国家税务总局关于促进企业重组有关企业所得税处理问题的通知》(财税〔2014〕109 号,以下简称财税〔2014〕109 号文件)、《国家税务总局关于企业重组业务企业所得税征收管理若干问题的公告》(国家税务总局公告 2015 年第 48 号发布、2018 年第 31 号修改,以下简称税务总局公告 2015 年第 48 号)等文件规定判断。

表 3-7 重组交易类型和当事方类型代码表

重组交易		重组当事方	
代码	类型	代码	类型
100	法律形式改变	——	——
200	债务重组	210	债务人
		220	债权人
300	股权收购	310	收购方
		320	转让方
		330	被收购企业
400	资产收购	410	收购方
		420	转让方
500	合并	510	合并企业
		520	被合并企业
		530	被合并企业股东
600	分立	610	分立企业
		620	被分立企业
		630	被分立企业股东

14)"215 政策性搬迁开始时间" 纳税人发生政策性搬迁事项且申报所属期年度处在搬迁期内的,填报政策性搬迁开始的时间。

15)"216 发生政策性搬迁且停止生产经营无所得年度" 纳税人的申报所属期年度处于政策性搬迁期内,且停止生产经营无所得的,选择"是",否则不选择。此项有选择的纳税人需要注意表 A106000 中"年度"的填报。

16)"217 政策性搬迁损失分期扣除年度" 纳税人发生政策性搬迁事项出现搬迁损失,按照《企业政策性搬迁所得税管理办法》(国家税务总局公告 2012 年第 40 号,以下简称税务总局公告 2012 年第 40 号)等有关规定选择自搬迁完成年度起分 3 个年度均匀在税前扣除的,且申报所属期年度处在分期扣除期间的,选择"是",否则不选择。此项有选择的纳税人需要注意表 A105110 的填报。

17)"218 发生非货币性资产对外投资递延纳税事项" 纳税人在申报所属期年度发生非货币性资产对外投资递延纳税事项的,选择"是",否则不选择。

18)"219 非货币性资产对外投资转让所得递延纳税年度" 纳税人以非货币性资产对外投资确认的非货币性资产转让所得,按照《财政部 国家税务总局关于非货币性资产投资企业所得税政策问题的通知》(财税〔2014〕116 号,以下简称财税〔2014〕116 号文件)、《国家税务总局关于非货币性资产投资企业所得税有关征管问题的公告》(国家税务总局公告 2015 年第 33 号,以下简称税务总局公告 2015 年第 33 号)等文件规定,在不超过 5 年期限内分期均匀计入相应年度的应纳税所得额的,且申报所属期年度处在递延纳税期间的,选择"是",否则不选择。

19)"220 发生技术成果投资入股递延纳税事项" 纳税人在申报所属期年度发生技术入股递延纳税事项的,选择"是",否则不选择。

20)"221 技术成果投资入股递延纳税年度" 纳税人发生技术入股事项,按照《财政部 国家税务总局关于完善股权激励和技术入股有关所得税政策的通知》(财税〔2016〕101 号,以下简称财税〔2016〕101 号文件)、《国家税务总局关于股权激励和技术入股所得税征管问题的公告》(国家税务总局公告 2016 年第 62 号,以下简称税务总局公告 2016 年第 62 号)等文件规定选择适用递延纳税政策,即在投资入股当期暂不纳税,递延至转让股权时按股权转让收入减去技术成果原值和合理税费后的差额计算缴纳所得税的,且申报所属期年度为转让股权年度的,选择"是",否则不选择。

21)"222 发生资产(股权)划转特殊性税务处理事项" 纳税人在申报所属期年度发生《财政部 国家税务总局关于促进企业重组有关企业所得税处理问题的通知》(财税〔2014〕109 号,以下简称财税〔2014〕109 号文件)、《国家税务总局关于资产(股权)划转企业所得税征管问题的公告》(国家税务总局公告 2015 年第 40 号,以下简称税务总局公告 2016 年第 40 号)等文件规定的资产(股权)划转特殊性税务处理事项的,选择"是",否则不选择。

22)"223 债务重组所得递延纳税年度" 纳税人债务重组确认的应纳税所得额按照财税〔2009〕59 号等文件规定,在 5 个纳税年度的期间内,均匀计入各年度的应纳税所得额的,且申报所属期年度处在递延纳税期间的,选择"是",否则不选择。

发生企业重组及递延纳税事项的纳税人需要注意纳税调整,可能需要填报表 A105100。

三、主要股东及分红情况的填报

填报本企业投资比例位列前 10 位的股东情况。包括股东名称,证件种类(营业执照、税务登记证、组织机构代码证、身份证、护照等),证件号码(统一社会信用代码、纳税人识别号、组织机构代码号、身份证号、护照号等),投资比例,当年(决议日)分配的股息、红利等权益性投资收益金额,国籍(注册地址)。

纳税人股东数量超过 10 位的,应将其余股东有关数据合计后填入"其余股东合计"

行次。

纳税人股东为非居民企业的,证件种类和证件号码可不填报。

如果企业在年度中间发生股东变更,我们建议只填报年末股东情况。如果企业在年度中间股东变更前后均有分红,我们建议将在年末已不是企业股东的分红金额填报在"其余股东合计"行中。

【例3-3】例3-1和例3-2中的华方有限责任公司为非上市公司,全年平均资产总额3600万元,全年平均从业人数120人。所属行业为其他专用仪器制造,行业明细代码是4029。执行一般企业会计准则,未采用财会〔2019〕6号文件印发的一般企业财务报表格式。华方有限责任公司为汇总纳税企业,下设有三家非法人分支机构,分别注册在天津、上海和广州。对2019年取得的境外甲国子公司分配的股息选择采用的境外所得税收抵免方式为分国(地区)不分项。主要股东为赵一、钱二、孙三、李四,均为中国公民。华方有限责任公司基础信息表的填报内容如表3-8所示。

表3-8 《企业所得税年度纳税申报基础信息表》填报示例

A000000　　　　　　　　　　　企业所得税年度纳税申报基础信息表

基本经营情况(必填项目)			
101 纳税申报企业类型(填写代码)	210	102 分支机构就地纳税比例(%)	
103 资产总额(填写平均值,单位:万元)	3 600	104 从业人数(填写平均值,单位:人)	120
105 所属国民经济行业(填写代码)	4 029	106 从事国家限制或禁止行业	□是 ☑否
107 适用会计准则或会计制度(填写代码)	110	108 采用一般企业财务报表格式(2019年版)	□是 ☑否
109 小型微利企业	□是 ☑否	110 上市公司	是(□境内□境外) ☑否
有关涉税事项情况(存在或者发生下列事项时必填)			
201 从事股权投资业务	□是	202 存在境外关联交易	□是
203 选择采用的境外所得抵免方式	☑分国(地区)不分项 □不分国(地区)不分项		
204 有限合伙制创业投资企业的法人合伙人	□是	205 创业投资企业	□是
206 技术先进型服务企业类型(填写代码)		207 非营利组织	
208 软件、集成电路企业类型(填写代码)		209 集成电路生产项目类型	□130 纳米 □65 纳米
210 科技型中小企业	210-1 ＿＿＿年(申报所属期年度)入库编号1	210-2 入库时间1	
	210-3 ＿＿＿年(所属期下一年度)入库编号2	210-4 入库时间2	
211 高新技术企业申报所属期年度有效的高新技术企业证书	211-1 证书编号1　GR20185678113	211-2 发证时间1	2018.3.9
	211-3 证书编号2	211-4 发证时间2	
212 重组事项税务处理方式	□一般性□特殊性	213 重组交易类型(填写代码)	
214 重组当事方类型(填写代码)		215 政策性搬迁开始时间	＿＿＿年＿＿月
216 发生政策性搬迁且停止生产经营无所得年度	□是	217 政策性搬迁损失分期扣除年度	□是
218 发生非货币性资产对外投资递延纳税事项	□是	219 非货币性资产对外投资转让所得递延纳税年度	
220 发生技术成果投资入股递延纳税事项	□是	221 技术成果投资入股递延纳税年度	
222 发生资产(股权)划转特殊性税务处理事项	□是	223 债务重组所得递延纳税年度	□是

续表

主要股东及分红情况(必填项目)					
股东名称	证件种类	证件号码	投资比例(%)	当年(决议日)分配的股息、红利等权益性投资收益金额	国籍(注册地址)
基本经营情况(必填项目)					
赵一	身份证	111111198305051111	40		中国
钱二	身份证	222222198406062222	20		中国
孙三	身份证	333333198507073333	20		中国
李四	身份证	444444198608084444	20		中国
其余股东合计	——	——	100		——

> 企业所得税政策与申报实务深度解析
> （2020年版）

第四章

年度申报表主表的填报

本章要点

☞ "利润总额计算"有附表项目的填报

☞ "利润总额计算"无附表项目的填报

☞ 应纳税所得额的计算方法

☞ 广义纳税调整项目的填报

☞ 从纳税调整后所得计算应纳税所得额三个减项的填报

☞ 应纳税额的计算步骤

☞ 本年应补（退）的所得税额的填报

☞ 总机构本年应补（退）的所得税额的填报

企业所得税应纳税额的计算依据是企业的应纳税所得额。《企业所得税法》第二十二条规定,企业的应纳税所得额乘以适用税率,减除依照本法关于税收优惠的规定减免和抵免的税额后的余额,为应纳税额。主表体现企业所得税应纳税所得额与应纳税额的计算过程和结果。因此,主表是整个企业所得税年度纳税申报表的核心和灵魂。

企业所得税年度纳税申报表主表共36行,在结构上分为三个部分:利润总额计算、应纳税所得额计算和应纳税额计算。即在会计利润的基础上,依据税收规定进行纳税调整,计算应纳税所得额,进而计算应纳税额,最后计算应补(退)税款。

第一节 利润总额计算的填报

主表的第一部分体现利润总额的计算过程和结果。这一部分的各项目应按照国家统一会计制度规定计算填报。实行企业会计准则、小企业会计准则、企业会计制度、分行业会计制度的纳税人,其数据直接取自《利润表》(另有说明的除外)或编号为101、102、104的附表;实行事业单位会计准则的纳税人,其数据取自《收入支出表》或编号为103的附表;实行民间非营利组织会计制度的纳税人,其数据取自《业务活动表》或编号为103的附表;实行其他国家统一会计制度的纳税人,根据主表这一部分的各项目进行分析填报。"利润总额计算"的各项目中,营业收入、营业成本、销售费用、管理费用、财务费用、营业外收入、营业外支出7个项目有附表,因此,这些项目的数据也可从相应的附表取得;税金及附加、资产减值损失、公允价值变动收益、投资收益4个项目没有附表,其数据只能直接取自《利润表》或《收入支出表》《业务活动表》。

需要注意的是,由于主表第一部分未设"研发费用""其他收益""资产处置收益"等项目,对于已执行财会〔2019〕6号和财会〔2018〕36号文件的纳税人,在《利润表》中归集的"研发费用"应通过《期间费用明细表》(A104000)第19行"十九、研究费用"的管理费用相应列次填报;在《利润表》中归集的"其他收益""资产处置收益""信用减值损失""净敞口套期收益"项目则无须填报,同时第10行"二、营业利润"不执行"第10行=第1－2－3－4－5－6－7＋8＋9行"的表内关系,按照《利润表》"营业利润"项目直接填报。

一、有附表项目的填报

有附表的项目除根据利润表或《收入支出表》《业务活动表》取数外,还可以从相应的附表取数:

(1)第1行"营业收入":填报纳税人主要经营业务和其他经营业务取得的收入总额。一般企业纳税人可根据表A101010第1行取数,包括主营业务收入和其他业务收入。金融企业纳税人可根据表A101020第1行取数,包括主营业务收入、汇兑收益和其他业务收入;金融企业根据其主营业务的不同,主营业务收入有所区别,分别是银行业务收入、证券业务收入、已赚保费、其他金融业务收入等。事业单位纳税人可根据表A103000第2＋3＋4＋5＋6行取数,包括财政补助收入、事业收入、上级补助收入、附属单位上缴收入和经营收入;民间非营利组织纳税人可根据表A103000第11＋12＋13＋14＋15行取数,包括接受捐赠收入、会费收入、提供劳务收入、商品销售收入和政府补助收入。

(2)第2行"营业成本":填报纳税人主要经营业务和其他经营业务发生的成本总额。

一般企业纳税人可根据表A102010第1行取数,包括主营业务成本和其他业务成本。金融企业纳税人可根据表A102020第1行取数,包括主营业务成本和其他业务成本;金融企业根据其主营业务的不同,主营业务成本也有所区别,分别是银行业务支出、证券业务支出、保险业务支出、其他金融业务支出等。事业单位纳税人可根据表A103000第19+20+21+22行取数,包括事业支出、上缴上级支出、对附属单位补助支出和经营支出;民间非营利组织纳税人可根据表A103000第25+26+27行取数,包括业务活动成本、管理费用和筹资费用。

（3）第4行"销售费用":填报纳税人在销售商品和材料、提供劳务的过程中发生的各种费用,纳税人可根据表A104000第26行第1列取数。

（4）第5行"管理费用":填报纳税人为组织和管理企业生产经营发生的各项费用,纳税人可根据表A104000第26行第3列取数。

（5）第6行"财务费用":填报纳税人为筹集生产经营所需资金等发生的各项筹资费用,纳税人可根据表A104000第26行第5列取数。

（6）第11行"营业外收入":填报纳税人取得的与其经营活动无直接关系的各项收入的金额。一般企业纳税人可根据表A101010第16行取数,金融企业纳税人可根据表A101020第35行取数,事业单位纳税人可根据表A103000第9行取数,民间非营利组织纳税人可根据表A103000第17行取数。

（7）第12行"营业外支出":填报纳税人发生的与其经营活动无直接关系的各项支出的金额。一般企业纳税人可根据表A102010第16行取数,金融企业纳税人可根据表A102020第33行取数,事业单位纳税人可根据表A103000第23行取数,民间非营利组织纳税人可根据表A103000第28行取数。

二、无附表项目的填报

对企业性单位纳税人来说,无附表的项目只能直接从利润表取数:

（1）第3行"税金及附加":填报纳税人经营活动发生的消费税、城市维护建设税、资源税、土地增值税和教育费附加等相关税费,本行应根据纳税人"税金及附加"等相关会计科目核算的金额填报。纳税人在其他会计科目核算的税金不得重复填报。

（2）第7行"资产减值损失":填报纳税人计提各项资产准备发生的减值损失,本行根据企业"资产减值损失"会计科目核算的金额填报。实行其他会计制度的比照填报。

（3）第8行"公允价值变动收益":填报纳税人在初始确认时划分为以公允价值计量且其变动计入当期损益的金融资产或金融负债(包括交易性金融资产或负债,直接指定为以公允价值计量且其变动计入当期损益的金融资产或金融负债),以及采用公允价值模式计量的投资性房地产、衍生工具和套期业务中公允价值变动形成的应计入当期损益的利得或损失。本行根据企业"公允价值变动损益"会计科目核算的金额填报。如是损失,以"-"号填列。

（4）第9行"投资收益":填报纳税人以各种方式对外投资确认所取得的收益或发生的损失,本行根据企业"投资收益"会计科目核算的金额计算填报,实行事业单位会计准则的纳税人根据"其他收入"科目中的投资收益(表A103000第8行)金额分析填报,实行民间非营利组织会计制度的纳税人根据"投资收益"(表A103000第16行)金额填报,如是损失,以"-"号填列。实行其他会计制度的纳税人比照填报。

(5) 第10行"营业利润":填报纳税人当期的营业利润。根据上述项目计算填报,第10行 = 第 1 - 2 - 3 - 4 - 5 - 6 - 7 + 8 + 9 行。已执行《财政部关于修订印发2018年度一般企业财务报表格式的通知》(财会〔2018〕15号)的纳税人,根据其《利润表》对应项目填列。

填报纳税人当期的营业利润。根据上述项目计算填报。已执行财会〔2019〕6号和财会〔2018〕36号文件的纳税人,根据《利润表》对应项目填列,不执行本行计算规则。

(6) 第13行"利润总额":填报纳税人当期的利润总额。根据上述项目计算填报。

第二节 应纳税所得额计算的填报

《企业所得税法》第五条规定,企业每一纳税年度的收入总额,减除不征税收入、免税收入、各项扣除以及允许弥补的以前年度亏损后的余额,为应纳税所得额。企业所得税年度纳税申报表主表的第二部分体现应纳税所得额的计算过程和结果。

一、应纳税所得额的计算方法

企业所得税年度纳税申报表采用间接法(报表法)计算应纳税所得额。在主表中,应纳税所得额的计算分两个阶段:第一阶段,对利润总额进行纳税调整,计算纳税调整后所得;第二阶段,从纳税调整后所得中减去所得减免额、以前年度亏损弥补额和应纳税所得额抵扣额,计算应纳税所得额。

二、从利润总额计算纳税调整后所得项目的填报

在企业所得税年度纳税申报表主表中,纳税调整后所得是通过对利润总额进行纳税调整计算的,因此,要正确填报主表中的纳税调整后所得,关键是要做好纳税调整。

对利润总额进行纳税调整计算纳税调整后所得,包括三个方面的纳税调整:①境外所得的纳税调整;②税会差异的纳税调整;③税基计算过程优惠的纳税调整。我们把这三个方面的纳税调整称为广义的纳税调整。

(一)境外所得的纳税调整

境外所得的纳税调整包括两个方面:一减一加,先减后加。

1. 减项

减项为主表第14行"减:境外所得",填报已计入利润总额以及按照税法相关规定已在《纳税调整项目明细表》(A105000)进行纳税调整的境外所得金额。为什么要从利润总额中减去境外所得？原因在于,依据现行《企业所得税法》及其实施条例的规定,对居民企业来源于中国境外所得,其计税方法与来源于中国境内所得的计税方法不同。在企业所得税年度纳税申报表中,境外所得和境内所得的应纳税额计算途径也不同。对居民企业来源于中国境外的所得,大多情况下,所得来源地国家或地区已征收所得税,因此,在按我国税法征收企业所得税时,一般要适用境外所得税收抵免方法计算应纳税额,作者把这种计税方法称为差额计税法。相对而言,境内所得应纳税额的计税方法是全额计税法。境外所得的纳税调整和纳税调整后所得的计算是在表A108010进行的,应纳税所得额和应纳税额、抵免税额的计算是在《境外所得税收抵免明细表》(A108000)的,最后将境外所得的应纳税额(表A108000合计行第9列)和抵免税额(表A108000合计行第19列)分别填

报到主表第 29 行、第 30 行;境内所得的纳税调整是在《纳税调整项目明细表》(A105000)进行的,纳税调整后所得、应纳税所得额和应纳税额的计算均是在主表进行的。

计算境内纳税调整后所得时境外所得要从利润总额中减去,前提应是利润总额包含境外所得。有多少境外所得计入利润总额,就从利润总额中减去多少境外所得;境外所得未计入利润总额,也就不得从利润总额中减去,这应是主表第 14 行"减:境外所得"的基本逻辑。在税务总局公告 2019 年第 41 号对主表第 14 行"减:境外所得"填报说明修订前,此行"填报纳税人取得的境外所得且已计入利润总额的金额。本行根据《境外所得纳税调整后所得明细表》(A108010)填报。"符合基本逻辑。但从税务总局公告 2019 年第 41 号对主表第 14 行"减:境外所得"填报说明的修订内容来看,并不尽然。最新修订的主表第 14 行"减:境外所得"的填报说明为:"填报已计入利润总额以及按照税法相关规定已在《纳税调整项目明细表》(A105000)进行纳税调整的境外所得金额。本行根据《境外所得纳税调整后所得明细表》(A108010)填报。"那么,如何根据表 A108010 填报呢? 主表填报说明在表间关系中明确:"第 14 行 = 表 A108010 第 14 列合计 – 第 11 列合计"。即从利润总额中减去的境外所得,应等于表 A108010 第 14 列"境外税前所得"合计金额减去第 11 列境外"间接负担的所得税额"合计金额的差额。

在表 A108010 的表内关系中,有"第 14 列 = 第 9 + 10 + 11 列",也就是说,"第 14 – 11 列"应等于"第 9 + 10 列",即"境外税后所得"与境外"直接缴纳的所得税额"之和。其中关于第 9 列,最新修订的表 A108010 第 2 列至第 9 列"境外税后所得"的填报说明为:"填报纳税人取得的来源于境外的税后所得,包含已计入利润总额以及按照税法相关规定已在《纳税调整项目明细表》(A105000)进行纳税调整的境外税后所得。"

"包含已计入利润总额以及按照税法相关规定已在《纳税调整项目明细表》(A105000)进行纳税调整的境外税后所得",这句话在主表第 14 行的填报说明和表 A108010 第 2 列至第 9 列的填报说明中出现了两次,且完全相同。那么对这句话如何理解呢? 正常理解应包括两个部分:①已计入利润总额的境外税后所得;②按照税法相关规定已在表 A105000 进行纳税调整的境外税后所得。前者已计入利润总额,从利润总额中减去,符合主表第 14 行"减:境外所得"的基本逻辑。后者是否符合主表第 14 行"减:境外所得"的基本逻辑,取决于对按照税法相关规定已在表 A105000 进行纳税调整的境外税后所得的理解。

在表 A105000 中,涉及境外所得的纳税调整有两行:①第 28 行"二、扣除类调整项目"中的"(十五)境外所得分摊的共同支出";②第 44 行"五、特别纳税调整应税所得"。

1)关于表 A105000 第 28 行"(十五)境外所得分摊的共同支出" 依据表 A105000 填报说明,第 28 行"(十五)境外所得分摊的共同支出"应根据表 A108010 填报,第 3 列"调增金额"填报表 A108010 合计行第 16 + 17 列金额,第 4 列"调减金额"不得填报。表 A108010 第 16 列为"境外分支机构调整分摊扣除的有关成本费用",第 17 列为"境外所得对应调整的相关成本费用支出"。这两列,在计算境外纳税调整后所得时调减所得,相对应地,在计算境内纳税调整后所得时调增所得。很明显,这两列属于境外所得的纳税调整金额,不属于已计入利润总额的境外税后所得。如果按照税法相关规定已在表 A105000 进行纳税调整的境外税后所得是指这两列,既不符合主表第 14 行"减:境外所得"的基本逻辑,也会导致境内纳税调整后所得不实。

假设不考虑其他纳税调整因素,某企业境内、境外所得情况如表4-1所示。其中,30万元为分摊给境外所得扣除的共同支出。

表4-1 某企业境内、境外所得情况　　　　　　　　　　　　金额单位:万元

范围	利润总额	境外所得分摊的共同支出	纳税调整后所得
境内	200	+30	230
境外	100	-30	70
合计	300	—	300

由于税务总局公告2019年第41号未明确按照税法相关规定已在表A105000进行纳税调整的境外税后所得,是与已计入利润总额的境外税后所得相加还是相减,本文分两种情形解析。如在主表第14行减去的境外所得为"已计入利润总额的境外税后所得+已在表A105000第28行进行纳税调整的境外税后所得",则境内纳税调整后所得=利润总额-(已计入利润总额的境外所得+已在表A105000第28行进行纳税调整的境外税后所得)+表A105000第28行的调增金额=300-(100+30)+30=200(万元),与实际的境内纳税调整后所得230万元相比,减少了30万元。如在主表第14行减去的境外所得为"已计入利润总额的境外税后所得-已在表A105000第28行进行纳税调整的境外税后所得",则境内纳税调整后所得=利润总额-(已计入利润总额的境外所得-已在表A105000第28行进行纳税调整的境外税后所得)+表A105000第28行的调增金额=300-(100-30)+30=260(万元),与实际的境内纳税调整后所得230万元相比,虚增了30万元。

2)关于表A105000第44行"五、特别纳税调整应税所得" 依据表A105000填报说明,第44行"五、特别纳税调整应税所得"第3列"调增金额"填报纳税人按特别纳税调整规定自行调增的当年应税所得,第4列"调减金额"填报纳税人依据双边预约定价安排或者转让定价相应调整磋商结果的通知,需要调减的当年应税所得。

依据现行《企业所得税法》及有关规定,特别纳税调整包括转让定价调整、成本分摊协议调整、预约定价安排调整、受控外国企业视同分配股息调整、资本弱化利息支出调整和一般反避税调整等。如果按照税法相关规定已在表A105000进行纳税调整的境外税后所得是指表A105000第44行的特别纳税调整应税所得中的境外所得的特别纳税调整金额,无论是"调增金额"还是"调减金额",终归属于纳税调整金额,不属于已计入利润总额的境外税后所得,将其从利润总额中减去,也不符合主表第14行"减:境外所得"的基本逻辑。更何况,表A105000填报的应是境内所得的纳税调整,不应包括境外所得的纳税调整。

有一种理解认为,表A105000第44行"五、特别纳税调整应税所得"既包括境内所得的特别纳税调整,也包括境外所得的特别纳税调整,而在计算境内纳税调整后所得时要剔除境外所得的特别纳税调整。如是这样,一是会导致境外所得的特别纳税调整重复调整,二是将境外所得的特别纳税调整填报到表A105000中,会导致表A105000的混乱,因为表A105000本是用于填报境内所得的纳税调整情况。三是导致违背主表第14行"减:境外所得"的基本逻辑,将没有计入利润总额的境外所得从利润总额中减去。

以受控外国企业视同分配给居民企业的股息为例。依据表A108010第2列至第9列的填报要求(包含按照税法相关规定已在表A105000进行纳税调整的境外税后所得),纳税人已在表A108010第3列填报了通过《受控外国企业信息报告表》(税务总局公告2014

年第 38 号附件 2)计算的视同分配给企业的股息,对境外税后所得进行了纳税调整;还要将该境外税后所得的调整金额填报表 A105000 第 44 行"五、特别纳税调整应税所得"的"调增金额",由此导致一笔境外税后所得在两处调增所得,且导致表 A105000 第 46 行的"合计"金额包含了境外税后所得的纳税调整金额。由于表 A105000 第 46 行"调增金额"的"合计"金额要填报到主表第 15 行"加:纳税调整增加额",而主表第 15 行是计算主表第 19 行境内纳税调整后所得的内容,所以不得已将表 A105000 第 44 行"五、特别纳税调整应税所得"中境外税后所得的纳税调整金额通过主表第 14 行"减:境外所得"调整出去。但这样处理又违背了主表第 14 行"减:境外所得"的基本逻辑。

因此,本书建议:

(1)将表 A108010 第 2 列至第 9 列的填报说明修订为:填报纳税人取得的来源于境外的税后所得,包含按照税法相关规定进行特别纳税调整的境外税后所得。

(2)将表 A105000 第 44 行"五、特别纳税调整应税所得"的填报说明修订为:第 3 列"调增金额"填报纳税人按特别纳税调整规定自行调增的境内应税所得;第 4 列"调减金额"填报纳税人依据双边预约定价安排或者转让定价相应调整磋商结果的通知,需要调减的境内应税所得。或者将此填报说明修订为:第 3 列"调增金额"填报纳税人按特别纳税调整规定自行调增的境内所得;第 4 列"调减金额"填报纳税人依据双边预约定价安排或者转让定价相应调整磋商结果的通知,需要调减的应税所得。属于境外应税所得特别纳税调整的金额,在"六、其他"填报相反的调整金额。即对第 3 列"调增金额"中属于境外应税所得特别纳税调整的金额,在"六、其他"填报"调减金额";对第 4 列"调减金额"中属于境外应税所得特别纳税调整的金额,在"六、其他"填报"调增金额"。前一建议能分清境内所得纳税调整和境外所得纳税调整的不同途径,避免将境外所得的纳税调整混到境内所得的纳税调整中;后一建议能全面反映特别纳税调整的情况,也能回归至表 A105000 第 46 行的"合计"金额仅反映境内所得纳税调整情况的属性。这两种建议,均能避免将没有计入利润总额的境外税后所得从利润总额中减去的悖理。

(3)在主表第 14 行"减:境外所得"的填报说明中,删除"按照税法相关规定已在《纳税调整项目明细表》(A105000)进行纳税调整的境外所得金额",留下"填报已计入利润总额的境外所得金额"即可。至于主表第 14 行与表 A108010 的表间关系,由于表 A108010 第 2 列至第 9 列包含按照税法相关规定进行特别纳税调整的境外税后所得,而纳税人一般不会将特别纳税调整金额(如受控外国企业视同分配给居民企业的股息)计入利润总额,因此,只要将此表间关系修订为"主表第 14 行≤表 A108010 第 14 列合计 − 第 11 列合计"即可,或在"主表第 14 行 = 表 A108010 第 14 列合计 − 第 11 列合计"后面加上限制性说明:主表第 14 行"减:境外所得"不包括按照税法相关规定进行特别纳税调整的境外税后所得。

2. 加项

加项为第 18 行"加:境外应税所得抵减境内亏损"。境外所得已经在主表第 14 行从利润总额中减去,为什么又要在第 18 行拉回来抵减境内亏损?原因在于,依据现行《企业所得税法》及其实施条例的规定,企业在汇总计算缴纳企业所得税时,其境外营业机构的亏损不得抵减境内营业机构的盈利,但从法人所得税的基本精神出发,境外营业机构的盈利可以抵减境内营业机构的亏损。主表"利润总额"在"减:境外所得""加:纳税调整增加额""减:纳税调整减少额""减:免税、减计收入及加计扣除"后为负数的,即主表第 13-14+15-16-17 行<0，就产生了本年度的境内亏损，这时，为实现境外营业机构的盈利抵减境内营业机构的亏损，就需要把已从利润总额中减去的境外应税所得拉回来抵减纳税人本年度的境内亏损，抵减金额为已从利润总额中减去的境外应税所得与本年度境内亏损绝对值的孰小值。由于境外所得适用差额计税法计算应纳税额，其结果一般是补征企业所得税，甚或不须补征企业所得税，而用境外所得抵减本年度境内亏损后，被抵减的本年度境内亏损就不能再结转以后年度用境内所得弥补，这样可能会造成纳税人以后年度的境内所得因少弥补以前年度境内亏损而多计税，因此税收规定允许纳税人选择是否用境外应税所得抵减本年度境内亏损。当纳税人选择用境外应税所得抵减本年度境内亏损时，主表第 18 行填报境外应税所得抵减本年度境内亏损的金额，同时，要将此金额与《企业所得税弥补亏损明细表》（A106000）中选择用境外应税所得弥补以前年度境内亏损的金额一起，填报表 A108000 第 6 列"抵减境内亏损"。

【例 4-1】某企业在境外 A 国有一分支机构，假设 2019 年境内营业机构和境外 A 国分支机构税前盈亏情况有以下六种情形（见表 4-2），且以前年度境内外营业机构均没有结转弥补的亏损。试析不同情形下该企业的境内纳税调整后所得是多少？

表 4-2　某企业境内外营业机构盈亏情形　　　　　　　　　金额单位：万元

情形	情形一	情形二	情形三	情形四	情形五	情形六
境内营业机构	1 000	-1 000	1 000	-1 000	1 000	-1 000
境外 A 国分支机构	300	300	-300	-300	-1 300	1 300
企业利润总额	1 300	-700	700	-1 300	-300	300

情形一：境外 A 国分支机构的所得调减所得 300 万元，因此境内纳税调整后所得为 1 000 万元。

情形二：境外 A 国分支机构的所得调减所得 300 万元，如选择用境外所得抵减当年境内营业机构的亏损，则境内纳税调整后所得为 -700 万元，即可结转以后年度弥补的境内亏损为 700 万元。

情形三：境外 A 国分支机构的亏损不得抵减境内营业机构的盈利，应调增所得 300 万元，因此境内纳税调整后所得为 1 000 万元。

情形四：境外 A 国分支机构的亏损应调增所得 300 万元，境内纳税调整后所得为 -1 000 万元，即可结转以后年度弥补的境内亏损为 1 000 万元。

情形五：境外 A 国分支机构的亏损不得抵减境内营业机构的盈利，应调增所得 1 300 万元，因此，境内纳税调整后所得为 1 000 万元。

情形六：境外 A 国分支机构的所得调减所得 1 300 万元，如选择用境外所得抵减当年境内营业机构的亏损，则境内纳税调整后所得为 0。

上述解析过程和结果如表 4-3 所示。

表 4-3　某企业境内外营业机构不同盈亏情形所得计算情况　　　金额单位：万元

情形	情形一	情形二	情形三	情形四	情形五	情形六
境内营业机构	1 000	-1 000	1 000	-1 000	1 000	-1 000
境外 A 国分支机构	300	300	-300	-300	-1 300	1 300
企业利润总额	1 300	-700	700	-1 300	-300	300

续表

情形	情形一	情形二	情形三	情形四	情形五	情形六
减：境外所得	300	300	－300	－300	－1 300	1 300
境外纳税调整后所得	300	300	－300	－300	－1 300	1 300
境内所得或亏损	1 000	－1 000	1 000	－1 000	1 000	－1 000
加：境外应税所得抵减境内亏损	0	300	0	0	0	1 000
境内纳税调整后所得	1 000	－700	1 000	－1 000	1 000	0
抵减境内亏损后的境外应纳税所得额	300	0	0	0	0	300

（二）税会差异的纳税调整

税会差异的纳税调整即狭义的纳税调整，也包括两个方面：一加一减，有加有减。

对此，可以分别通过主表第15行"加：纳税调整增加额"、主表第16行"减：纳税调整减少额"填报。纳税调整增加额应等于表A105000第46行第3列"调增金额"的"合计"数，纳税调整减少额应等于表A105000第46行第4列"调减金额"的"合计"数。

（三）税基计算过程优惠的纳税调整

《企业所得税法》第五条规定，企业每一纳税年度的收入总额，减除不征税收入、免税收入、各项扣除以及允许弥补的以前年度亏损后的余额，为应纳税所得额。因此，免税收入、减计收入、加计扣除和加速折旧为税基计算过程的优惠，所得减免和抵扣应纳税所得额为税基计算结果的优惠。主表第17行"减：免税、减计收入及加计扣除"只反映三项税基计算过程优惠的纳税调整，金额应等于表A107010第31行的"合计"数。加速折旧优惠的纳税调整通过资产折旧、摊销及纳税调整明细表（A105080）进行，最终体现在主表第16行"减：纳税调整减少额"中，不在表A107010和主表第17行反映。

利润总额经过上述纳税调整，主表第13－14＋15－16－17＋18行的计算结果即为纳税调整后所得。在企业所得税年度纳税申报表中，纳税调整后所得是企业所得税中判断企业盈亏的标志，是弥补以前年度亏损的所得来源。

三、从纳税调整后所得计算应纳税所得额项目的填报

从纳税调整后所得计算应纳税所得额，需要减去三项，即"三额"：所得减免额、以前年度亏损弥补额和抵扣应纳税所得额。应纳税所得额是用来计算应纳税所得额的，它不是判断企业盈亏的标志，也不是弥补以前年度亏损的所得来源。

（1）第20行"所得减免"：填报纳税人本年享受税收规定的项目所得减免的金额，本行根据《所得减免优惠明细表》（A107020）填报。金额等于表A107020合计行第11列。当主表第19行≤0时，本行填报0。当主表第19行＞0时，表A107020合计行第11列≤主表第19行的，本行＝表A107020合计行第11列；表A107020合计行第11列＞主表第19行，本行＝主表第19行。

（2）第21行"弥补以前年度亏损"：填报纳税人按照税收规定可在税前弥补的以前年度亏损数额，本行根据《企业所得税弥补亏损明细表》（A106000）填报，金额等于表A106000第11行第9列。需要注意的是，此项只反映用本年度境内所得弥补以前年度境内亏损的数额，不包括用本年度境外所得弥补以前年度境内亏损的数额。

（3）第22行"抵扣应纳税所得额"：填报纳税人根据税收规定应抵扣的应纳税所得额。本行根据《抵扣应纳税所得额明细表》（A107030）填报。金额等于表A107030第

15 行第 1 列。需要注意的是,享受这一优惠的纳税人有创业投资企业和有限合伙制创业投资企业的法人合伙人,而有限合伙制创业投资企业的法人合伙人自身不一定是创业投资企业。

(4)第 23 行"应纳税所得额":填报第 19 - 20 - 21 - 22 行的金额。按照上述行次顺序计算结果为负数的,本行按 0 填报。

第三节 应纳税额计算的填报

《企业所得税法实施条例》第七十六条明确,应纳税额的计算公式为:

应纳税额 = 应纳税所得额 × 适用税率 - 减免税额 - 抵免税额

企业所得税年度纳税申报表主表的第三部分体现应纳税额的计算过程和结果。整个计算过程与原申报表相比没有什么变化,但依据《财政部 国家税务总局 中国人民银行关于印发〈跨省市总分机构企业所得税分配及预算管理办法〉的通知》(财预〔2012〕40 号)和《国家税务总局关于印发〈跨地区经营汇总纳税企业所得税征收管理办法〉的公告》(税务总局公告 2012 年第 57 号)的规定,调整了总机构本年应补(退)的所得税额的口径。

一、应纳税额计算过程的填报

企业所得税年度纳税申报表主表第三部分"应纳税额计算"的过程分四步:

第一步,计算第 25 行的"应纳所得税额"。金额等于主表第 23 行应纳税所得额乘以第 24 行的法定税率(25%)。第 25 行"应纳所得税额"的含义是纳税人本年度来源于中国境内的所得在享受税基优惠后、税额优惠(含税率优惠)前的应纳所得税额。

第二步,计算第 28 行的"应纳税额"。金额等于主表第 25 行"应纳所得税额" - 第 26 行"减免所得税额" - 第 27 行"抵免所得税额"。第 28 行"应纳税额"的含义是纳税人本年度来源于中国境内的所得在享受所有税收优惠后的应纳所得税额,这仅仅是居民企业本年度全部应纳税额的一部分。其中:

第 26 行"减免所得税额"填报纳税人按税收规定实际减免的企业所得税额,本行根据《减免所得税优惠明细表》(A107040)填报,金额等于表 A107040 第 33 行。

第 27 行"抵免所得税额"填报企业本年或前五年度购置用于环境保护、节能节水、安全生产等专用设备投资额的 10% 在本年度应纳所得税额中抵免的数额,本行根据《税额抵免优惠明细表》(A107050)填报,金额等于表 A107050 第 7 行第 11 列。对照《企业所得税法实施条例》第七十六条应纳税额的计算公式,这里抵免的仅是境内所得税额。

第三步,计算第 31 行的"实际应纳所得税额"。金额等于主表第 28 行"应纳税额" + 第 29 行"境外所得应纳所得税额" - 第 30 行"境外所得抵免所得税额"。第 31 行"实际应纳所得税额"的含义是纳税人本年来源于全球所得的应纳所得税额,这才是居民企业本年度全部的应纳税额。其中:

第 29 行"境外所得应纳所得税额"填报纳税人本年度来源于中国境外的所得,按照我国税收规定计算的应纳所得税额,本行根据《境外所得税收抵免明细表》(A108000)填报,金额等于表 A108000 合计行第 9 列。

第 30 行"境外所得抵免所得税额"填报纳税人来源于中国境外所得依照中国境外税收法律及相关规定应缴纳并实际缴纳（包括视同已实际缴纳）的企业所得税性质的税款,准予抵免本年度境外所得应纳所得税额的数额,本行根据《境外所得税收抵免明细表》(A108000)填报,金额等于表 A108000 合计行第 19 列。

需要注意的是,对跨地区经营企业类型为"分支机构（须进行完整年度申报并按比例纳税）"的纳税人,第 31 行应填报（第 28 + 29 - 30 行）×"分支机构就地纳税比例"的金额。

第四步,计算第 33 行的"本年应补（退）的所得税额"。金额等于主表第 31 行"实际应纳所得税额" - 第 32 行"本年累计实际已预缴的所得税额"。第 33 行"本年应补（退）的所得税额"的含义是纳税人来源于全球所得的本年应补（退、征）的所得税额。一般情况下,在月（季）度预缴的企业所得税不包括来源于境外所得应补征的企业所得税,而且对境外所得实行税收抵免法,因此,对境外所得不存在退所得税问题。其中:

第 32 行"本年累计实际已预缴的所得税额"填报纳税人按照税收规定本纳税年度已按月（季）度累计预缴的所得税额,包括按照税收规定的特定业务已预缴（征）的所得税额,建筑企业总机构直接管理的跨地区设立的项目部按规定向项目所在地主管税务机关预缴的所得税额。

二、本年应补（退）的所得税额的填报

对实行跨地区经营汇总纳税的企业,依据财预〔2012〕40 号文件和总局公告 2012 年第 57 号的规定,由总机构汇总计算企业年度应纳所得税额,扣除总机构和各境内分支机构已预缴的税款,计算出应补（退）税款后,按照文件规定的税款分摊方法计算总机构和分支机构的企业所得税应补（退）税款,分别由总机构和各分支机构就地办理税款缴库或退库。

主表第 33 行"本年应补（退）的所得税额"填报纳税人当期应补（退）的所得税额。金额等于本表第 31 - 32 行。这是实行跨地区经营汇总纳税企业的总机构和分支机构本年度应补（退）的所得税额总额,总机构本年应补（退）的所得税额只是其中的一部分。

总机构本年应补（退）的所得税额包括"总机构分摊本年应补（退）所得税额""财政集中分配本年应补（退）所得税额"和"总机构主体生产经营部门分摊本年应补（退）所得税额"。其中,"总机构分摊本年应补（退）所得税额"就地办理缴库或退库,所缴纳税款收入由中央与总机构所在地按 60∶40 分享;"财政集中分配本年应补（退）所得税额"全额缴入中央国库或退库,所缴纳税款收入中 60% 为中央收入,40% 由财政部按照规定比例定期向各省市分配;"总机构主体生产经营部门分摊本年应补（退）所得税额"就地办理缴库或退库,所缴纳税款收入由中央与分支机构所在地按 60∶40 分享。具体来说,包括:

(1)第 34 行"总机构分摊本年应补（退）所得税额":填报汇总纳税的总机构按照税收规定在总机构所在地分摊本年应补（退）所得税额。本行根据《跨地区经营汇总纳税企业年度分摊企业所得税明细表》(A109000)填报,金额等于表 A109000 第 12 + 16 行。由于财预〔2012〕40 号文件规定纳税人来源于中国境外的所得应补征的税款不在总机构和分支机构之间分摊,只由总机构补缴,因此,纳税人来源于中国境外的所得应补征的税款也在本行填报。

(2)第 35 行"财政集中分配本年应补（退）所得税额":填报汇总纳税的总机构按照税

收规定财政集中分配本年应补(退)所得税额,这部分税款也由总机构负责补(退)。本行根据《跨地区经营汇总纳税企业年度分摊企业所得税明细表》(A109000)填报,金额等于表 A109000 第 13 行。

(3)第 36 行"总机构主体生产经营部门分摊本年应补(退)所得税额":填报汇总纳税的总机构所属的具有主体生产经营职能的部门按照税收规定应分摊的本年应补(退)所得税额。本行根据《跨地区经营汇总纳税企业年度分摊企业所得税明细表》(A109000)填报,金额等于表 A109000 第 15 行。税务总局公告 2012 年第 57 号第十六条规定,实行跨地区经营汇总纳税企业总机构设立具有主体生产经营职能的部门(不属于该公告第四条规定的领取非法人营业执照或登记证书的二级分支机构),且该部门的营业收入、职工薪酬和资产总额与管理职能部门分开核算的,可将该部门视同一个二级分支机构,按规定参与本年应补(退)所得税额的计算分摊并就地缴纳企业所得税。具有主体生产经营职能的部门与总机构一般在同一地,其分摊的本年应补(退)所得税额由总机构负责补(退)。

【例 4-2】例 3-1、例 3-2 和例 3-3 中的华方有限责任公司 2019 年度营业收入 6 320 万元,营业成本 3 029 万元,税金及附加 18 万元,销售费用 565.7 万元,管理费用 1 132.9 万元,财务费用 32 万元,资产减值损失和公允价值变动收益皆为 0,投资收益 163 万元(其中:来源于境外甲国子公司分配的税后股息 100 万元、缴纳甲国企业所得税 25 万元、预提所得税 12 万元,境内子公司分配的税后股息 51 万元,国债利息收入 12 万元),营业外收入 110 万元,营业外支出 5 万元,纳税调整增加额 214.7 万元,纳税调整减少额 124.5 万元,免税、减计收入及加计扣除 294.55 万元,弥补以前年度亏损 200 万元。华方有限责任公司没有享受项目所得减免和抵扣应纳税所得额优惠,但在 2018 年购买了环境保护专用设备,设备投资额 70 万元,按照 10% 计算可抵免税额 7 万元,2018 年度由于亏损未抵免税额。2019 年度华方有限责任公司已按月预缴企业所得税 48 万元。总机构主体生产经营部门的分配比例为 0.38925。

华方有限责任公司《企业所得税年度纳税申报表》主表的填报内容如表 4-4 所示。

表 4-4 《企业所得税年度纳税申报表》主表填报示例

A100000　　　　　　　　中华人民共和国企业所得税年度纳税申报表(A 类)　　　　　　　金额单位:元

行次	类别	项目	金额
1	利润总额计算	一、营业收入(填写 A101010\101020\103000)	63 200 000.00
2		减:营业成本(填写 A102010\102020\103000)	30 290 000.00
3		减:税金及附加	180 000.00
4		减:销售费用(填写 A104000)	5 657 000.00
5		减:管理费用(填写 A104000)	11 329 000.00
6		减:财务费用(填写 A104000)	320 000.00
7		减:资产减值损失	0.00
8		加:公允价值变动收益	0.00
9		加:投资收益	1 630 000.00
10		二、营业利润(1-2-3-4-5-6-7+8+9)	17 054 000.00
11		加:营业外收入(填写 A101010\101020\103000)	1 100 000.00
12		减:营业外支出(填写 A102010\102020\103000)	50 000.00
13		三、利润总额(10+11-12)	18 104 000.00

续表

行次	类别	项目	金额
14	应纳税所得额计算	减:境外所得(填写A108010)	1 000 000.00
15		加:纳税调整增加额(填写A105000)	2 157 333.33
16		减:纳税调整减少额(填写A105000)	1 245 000.00
17		减:免税、减计收入及加计扣除(填写A107010)	4 440 750.00
18		加:境外应税所得抵减境内亏损(填写A108000)	0.00
19		四、纳税调整后所得(13－14＋15－16－17＋18)	13 575 583.33
20		减:所得减免(填写A107020)	0.00
21		减:弥补以前年度亏损(填写A106000)	2 000 000.00
22		减:抵扣应纳税所得额(填写A107030)	0.00
23		五、应纳税所得额(19－20－21－22)	11 575 583.33
24	应纳税额计算	税率(25%)	25%
25		六、应纳所得税额(23×24)	2 893 895.83
26		减:减免所得税额(填写A107040)	1 157 558.33
27		减:抵免所得税额(填写A107050)	70 000.00
28		七、应纳税额(25－26－27)	1 666 337.50
29		加:境外所得应纳所得税额(填写A108000)	187 500.00
30		减:境外所得抵免所得税额(填写A108000)	187 500.00
31		八、实际应纳所得税额(28＋29－30)	1 666 337.50
32		减:本年累计实际已缴纳的所得税额	480 000.00
33		九、本年应补(退)所得税额(31－32)	1 186 337.50
34		其中:总机构分摊本年应补(退)所得税额(填写A109000)	296 584.37
35		财政集中分配本年应补(退)所得税额(填写A109000)	296 584.38
36		总机构主体生产经营部门分摊本年应补(退)所得税额(填写A109000)	230 890.94

除本例中提供的数据信息外,表中项目的数据来源如下:

(1)第1行"营业收入"和第11行"营业外收入"来源于第五章中例5-1及表5-1。

(2)第2行"营业成本"和第12行"营业外支出"来源于第五章中例5-5及表5-5。

(3)第4行"销售费用"、第5行"管理费用"和第6行"财务费用"来源于第五章中例5-10及表5-10。

(4)第44行"境外所得"来源于第十三章中例13-13及表13-11第14列减第11列的金额。

(5)第15行"纳税调整增加额"和第16行"纳税调整减少额"来源于第八章中例8-6及表8-7。

(6)第17行"免税、减计收入及加计扣除"来源于第十二章中例12-2、例12-6及表12-13。

(7)第21行"弥补以前年度亏损"来源于第十一章中例11-4及表11-5。

(8)第26行"减免所得税额"来源于第十二章中例12-19及表12-43、表12-44。

(9)第27行"抵免所得税额"来源于第十二章中例12-23及表12-52。

(10)第29行"境外所得应纳所得税额"和第30行"境外所得抵免所得税额"来源于第

十三章中例 13-13 及表 13-12。

（11）第 34 行"总机构分摊本年应补（退）所得税额"、第 35 行"财政集中分配本年应补（退）所得税额"和第 36 行"总机构主体生产经营部门分摊本年应补（退）所得税额"来源于第十四章中例 14-2 及表 14-8。

> 企业所得税政策与申报实务深度解析
> （2020年版）

第五章

收入费用明细表的填报

本章要点

☞ 一般企业收入明细表的填报

☞ 金融企业收入明细表的填报

☞ 一般企业成本支出明细表的填报

☞ 金融企业支出明细表的填报

☞ 事业单位、民间非营利组织收入、支出明细表的填报

☞ 期间费用明细表的填报

收入费用明细表主要反映企业按照会计政策所发生的成本、费用情况，数据来源于企业按照国家统一会计制度进行会计核算的结果。这些表格，也是企业进行纳税调整的主要数据来源。收入费用明细表共6张，编号从101~104，其中，101为收入明细表，分别是《一般企业收入明细表》(A101010)和《金融企业收入明细表》(A101020)；102为成本支出明细表，分别是《一般企业成本支出明细表》(A102010)和《金融企业支出明细表》(A102020)；103是《事业单位、民间非营利组织收入、支出明细表》(A103000)，收入与支出合在一张表中；104是《期间费用明细表》(A104000)。

第一节　一般企业收入明细表的填报

除金融企业、事业单位、民间非营利组织纳税人外，一般企业纳税人营业收入和营业外收入的申报应填报《一般企业收入明细表》(A101010)。一般企业纳税人应根据国家统一会计制度的规定，正确核算营业收入（包括主营业务收入和其他业务收入）和营业外收入，并根据对营业收入和营业外收入会计核算的明细情况填报此表。此表不填报纳税人会计上核算的投资收益、公允价值变动净收益和冲减财务费用的利息收入等。

一、主营业务收入的填报

主营业务收入是指企业经常性的、主要业务所产生的基本收入。一般情况下，企业工商营业执照中注册的主营项目内容应核算为主营业务收入。纳税人应根据其所从事不同行业的业务性质核算主营业务收入，先填报表A101010第3、5、6、7、8行，然后以其和填报第2行"主营业务收入"。其中：

(1)第3行"销售商品收入"：填报纳税人从事工业制造、商品流通、农业生产以及其他商品销售活动取得的主营业务收入。房地产开发企业销售开发产品（销售未完工开发产品除外）取得的收入也在此行填报。

如果纳税人将商品用于非货币性资产交换且采用公允价值模式核算，按照国家统一会计制度的规定，应核算为主营业务收入，则需要填报第4行"其中：非货币性资产交换收入"。

(2)第5行"提供劳务收入"：填报纳税人从事建筑安装、修理修配、交通运输、仓储租赁、邮电通信、咨询经纪、文化体育、科学研究、技术服务、教育培训、餐饮住宿、中介代理、卫生保健、社区服务、旅游、娱乐、加工以及其他劳务活动取得的主营业务收入。

(3)第6行"建造合同收入"：填报纳税人建造房屋、道路、桥梁、水坝等建筑物，以及生产船舶、飞机、大型机械设备等取得的主营业务收入。

建筑安装企业和生产飞机、船舶、大型机械设备等产品的工业制造企业，其生产活动、经营方式有其特殊性：这类企业所建造或生产的产品通常体积巨大，如建造的房屋、道路、桥梁、水坝等，或生产的飞机、船舶、大型机械设备等；建造或生产产品的周期长，往往跨越一个或几个会计期间；所建造或生产的产品的价值高。在现实经济生活中，这类企业在开始建造或生产产品之前，通常要与产品的需求方（即客户）签订建造合同。因此，与建造合同相关的收入应在此填报。

(4)第7行"让渡资产使用权收入"：填报纳税人在主营业务收入核算的，让渡无形资产使用权而取得的使用费收入以及出租固定资产、无形资产、投资性房地产取得的租金收入。

（5）第8行"其他"：填报纳税人按照国家统一会计制度核算为主营业务收入的上述未列举的其他主营业务营业收入。

二、其他业务收入的填报

其他业务收入是企业从事除主营业务以外的其他业务活动所取得的收入。一般情况下，企业工商营业执照中注册的兼营项目内容应核算为其他业务收入。纳税人也应根据其所从事不同行业的业务性质核算其他业务收入，先填报表A101010第10、12、13、14、15行，然后以其和填报第9行"其他业务收入"。其中：

（1）第10行"销售材料收入"：填报纳税人销售材料、下脚料、废料、废旧物资等取得的收入。

如果纳税人将材料用于非货币性资产交换且采用公允价值模式核算，按照国家统一会计制度的规定，应核算为其他业务收入，则需要填报第11行"其中：非货币性资产交换收入"。

（2）第12行"出租固定资产收入"：填报纳税人将固定资产使用权让与承租人获取的其他业务收入。

（3）第13行"出租无形资产收入"：填报纳税人让渡无形资产使用权取得的其他业务收入。

（4）第14行"出租包装物和商品收入"：填报纳税人出租、出借包装物和商品取得的其他业务收入。

（5）第15行"其他"：填报纳税人按照国家统一会计制度核算为其他业务收入的上述未列举的其他兼营业务营业收入。

三、营业收入的填报

表A101010第2行"主营业务收入"与第9行"其他业务收入"填报之后，表A101010第1行"营业收入"也就有了，金额等于表A101010第2行与第9行的和，然后，纳税人应将该数额填入表A100000第1行。

四、营业外收入的填报

营业外收入是指企业确认的与企业生产经营活动没有直接关系的各种收入。一般情况下，企业工商营业执照中的主营项目和兼营项目之外的收入，应核算为营业外收入。营业外收入并不是由企业经营资金耗费所产生的，不需要企业付出代价，实际上是一种纯收入，不需要与有关费用进行配比。因此，在会计核算上，应当严格区分营业外收入与营业收入的界限。纳税人应对取得的不同性质的营业外收入，先填报表A101010第17至第26行，并以其和填报第16行"营业外收入"，然后将该数额填入表A100000第11行。其中：

（1）第17行"非流动资产处置利得"：填报纳税人处置固定资产、无形资产等取得的净收益。

（2）第18行"非货币性资产交换利得"：填报纳税人发生非货币性资产交换应确认的净收益。如果纳税人有以存货以外的非货币资产发生非货币性资产交换且采用公允价值模式核算，按照国家统一会计制度的规定，其净收益应核算为营业外收入，则需要填报本行。

(3) 第 19 行"债务重组利得":填报纳税人发生的债务重组业务确认的净收益。

(4) 第 20 行"政府补助利得":填报纳税人从政府无偿取得货币性资产或非货币性资产应确认的净收益。

(5) 第 21 行"盘盈利得":填报纳税人在清查财产过程中查明的各种财产盘盈应确认的净收益。

(6) 第 22 行"捐赠利得":填报纳税人接受的来自其他企业、组织或个人无偿给予的货币性资产、非货币性资产捐赠应确认的净收益。

(7) 第 23 行"罚没利得":填报纳税人在日常经营管理活动中取得的罚款、没收收入应确认的净收益。

(8) 第 24 行"确实无法偿付的应付款项":填报纳税人因确实无法偿付的应付款项应确认的收入。

(9) 第 25 行"汇兑收益":执行《小企业会计准则》的纳税人填报取得企业外币货币性项目因汇率变动形成的收益应确认的收入。

(10) 第 26 行"其他":填报纳税人取得的上述未列举的其他营业外收入,包括执行《企业会计准则》的纳税人按权益法核算长期股权投资对初始投资成本调整确认的收益,执行《小企业会计准则》的纳税人取得的出租包装物和商品的租金收入、逾期未退包装物押金收益等。

【例 5-1】一般企业收入明细表的填报

例 3-1 中的华方有限责任公司 2019 年度取得收入情况如下:

①销售商品取得收入 3 800 万元,其中高新技术产品收入 3 200 万元;对外提供劳务取得收入 1 600 万元,其中高新技术产品技术性收入 1 400 万元。

②对外出租闲置机器设备取得收入 120 万元。

③销售原材料取得收入 800 万元。

④取得政府补助收入 400 万元,专项补助其用于环境治理,公司将其计入"递延收益",并按照不征税收入进行管理。2019 年华方有限责任公司发生环境治理支出 100 万元,已计入管理费用,同时从递延收益转至营业外收入 100 万元。

⑤取得国债利息收入 12 万元。

⑥取得银行存款利息收入 88 万元。

⑦取得合同违约金收入 10 万元。

华方有限责任公司 2019 年度收入明细表的填报如表 5-1 所示。

表 5-1 《一般企业收入明细表》填报示例

A101010　　　　　　　　　　　一般企业收入明细表　　　　　　　　　　金额单位:元

行次	项目	金额
1	一、营业收入(2+9)	63 200 000.00
2	(一)主营业务收入(3+5+6+7+8)	54 000 000.00
3	1. 销售商品收入	38 000 000.00
4	其中:非货币性资产交换收入	0.00

5	2. 提供劳务收入	16 000 000.00
6	3. 建造合同收入	0.00
7	4. 让渡资产使用权收入	0.00
8	5. 其他	0.00
9	(二)其他业务收入(10+12+13+14+15)	9 200 000.00
10	1. 销售材料收入	8 000 000.00
11	其中:非货币性资产交换收入	0.00
12	2. 出租固定资产收入	1 200 000.00
13	3. 出租无形资产收入	0.00
14	4. 出租包装物和商品收入	0.00
15	5. 其他	0.00
16	二、营业外收入(17+18+19+20+21+22+23+24+25+26)	1 100 000.00
17	(一)非流动资产处置利得	0.00
18	(二)非货币性资产交换利得	0.00
19	(三)债务重组利得	0.00
20	(四)政府补助利得	1 000 000.00
21	(五)盘盈利得	0.00
22	(六)捐赠利得	0.00
23	(七)罚没利得	0.00
24	(八)确实无法偿付的应付款项	0.00
25	(九)汇兑收益	0.00
26	(十)其他	100 000.00

第二节 金融企业收入明细表的填报

执行企业会计准则的金融企业纳税人营业收入和营业外收入的申报应填报《金融企业收入明细表》(A101020)。银行(信用社)、保险公司、证券公司等金融企业纳税人应根据国家统一会计制度的规定,正确核算营业收入(包括银行业务收入、证券业务收入、已赚保费、其他金融业务收入、汇兑收益和其他业务收入)和营业外收入,并根据对营业收入和营业外收入会计核算的明细情况填报此表。

一、银行业务收入的填报

银行业务收入填报纳税人从事银行业务取得的收入,主要包括利息收入和手续费及佣金收入。表A101020第2行"银行业务收入"金额等于表A101020第3行"利息收入"与第10行"手续费及佣金收入"的和。

1)第3行"利息收入" 填报银行存贷款业务等取得的各项利息收入,包括发放的各类贷款(银团贷款、贸易融资、贴现和转贴现融出资金、协议透支、信用卡透支、转贷款、垫款等)、与其他金融机构(中央银行、同业等)之间发生资金往来业务、买入返售金融资产等实现的利息收入等。纳税人应根据其所取得的不同性质和来源的利息收入,填报表

A101020第4至第9行,然后以其和填报第3行"利息收入"。其中:

（1）第4行"存放同业":填报纳税人存放于境内、境外银行和非银行金融机构款项取得的利息收入。

（2）第5行"存放中央银行":填报纳税人存放于中国人民银行的各种款项利息收入。

（3）第6行"拆出资金":填报纳税人拆借给境内、境外其他金融机构款项的利息收入。

（4）第7行"发放贷款及垫资":填报纳税人发放贷款及垫资的利息收入。

（5）第8行"买入返售金融资产":填报纳税人按照返售协议约定先买入再按固定价格返售的票据、证券、贷款等金融资产所融出资金的利息收入。

（6）第9行"其他":填报纳税人除本表第4行至第8行以外的其他利息收入,包括债券投资利息等收入。

2）第10行"手续费及佣金收入" 填报银行在提供相关金融业务服务时向客户收取的收入,包括结算与清算手续费、代理业务手续费、信用承诺手续费及佣金、银行卡手续费、顾问和咨询费、托管及其他受托业务佣金等。本行金额等于表A101020第11至第17行的和。

【例5-2】某商业银行2019年利息收入790 072 294.35元,手续费及佣金收入9 913 979.78元,其他金融业务收入3 262 812元,营业外收入4 356 198.28元。该商业银行收入明细表的填报见表5-2。

表5-2 《金融企业收入明细表》填报示例（商业银行）

A101020　　金融企业收入明细表　　金额单位:元

行次	项目	金额
1	一、营业收入(2+18+27+32+33+34)	803 249 086.13
2	（一）银行业务收入(3+10)	799 986 274.13
3	1.利息收入(4+5+6+7+8+9)	790 072 294.35
4	(1)存放同业	19 148 411.28
5	(2)存放中央银行	32 486 748.39
6	(3)拆出资金	0.00
7	(4)发放贷款及垫资	703 730 754.26
8	(5)买入返售金融资产	34 706 380.42
9	(6)其他	0.00
10	2.手续费及佣金收入(11+12+13+14+15+16+17)	9 913 979.78
11	(1)结算与清算手续费	1 025 579.76
12	(2)代理业务手续费	480 280.62
13	(3)信用承诺手续费及佣金	0.00
14	(4)银行卡手续费	7 496 028.64
15	(5)顾问和咨询费	0.00
16	(6)托管及其他受托业务佣金	0.00
17	(7)其他	912 090.76
18	（二）证券业务收入(19+26)	0.00
19	1.证券业务手续费及佣金收入(20+21+22+23+24+25)	0.00
20	(1)证券承销业务	0.00
21	(2)证券经纪业务	0.00

续表

行次	项目	金额
22	(3)受托客户资产管理业务	0.00
23	(4)代理兑付证券	0.00
24	(5)代理保管证券	0.00
25	(6)其他	0.00
26	2. 其他证券业务收入	0.00
27	(三)已赚保费(28-30-31)	0.00
28	1. 保险业务收入	0.00
29	其中:分保费收入	0.00
30	2. 分出保费	0.00
31	3. 提取未到期责任准备金	0.00
32	(四)其他金融业务收入	3 262 812.00
33	(五)汇兑收益(损失以"-"号填列)	0.00
34	(六)其他业务收入	0.00
35	二、营业外收入(36+37+38+39+40+41+42)	4 356 198.28
36	(一)非流动资产处置利得	3 648 491.48
37	(二)非货币性资产交换利得	0.00
38	(三)债务重组利得	0.00
39	(四)政府补助利得	0.00
40	(五)盘盈利得	0.00
41	(六)捐赠利得	0.00
42	(七)其他	707 706.80

二、证券业务收入的填报

证券业务收入填报纳税人从事证券业务取得的收入,主要包括证券业务手续费及佣金收入和其他证券业务收入。表 A101020 第 18 行"证券业务收入"金额等于表 A101020 第 19 行"证券业务手续费及佣金收入"与第 26 行"其他证券业务收入"的和。

(1)第 19 行"证券业务手续费及佣金收入":填报纳税人承销、代理兑付等业务取得的各项手续费、佣金等收入,包括证券承销业务、证券经纪业务、受托客户资产管理业务、代理兑付证券、代理保管证券和其他证券业务的手续费及佣金收入。本行金额等于表 A101020 第 20 至第 25 行的和。

(2)第 26 行"其他证券业务收入":填报纳税人在国家许可的范围内从事的除经纪、自营和承销业务以外的与证券有关的业务收入。

【例5-3】某证券公司 2019 年证券业务手续费及佣金收入 689 064 104.36 元,其他证券业务收入 288 252 271.48 元,营业外收入 845 123.04 元。该证券公司收入明细表的填报如表 5-3 所示。

表 5-3 《金融企业收入明细表》填报示例(证券公司)

A101020　　　　　　　　　　　金融企业收入明细表　　　　　　　　　　　金额单位:元

行次	项目	金额
1	一、营业收入(2+18+27+32+33+34)	977 316 375.84
2	(一)银行业务收入(3+10)	0.00

续表

行次	项目	金额
3	1.利息收入(4+5+6+7+8+9)	0.00
4	(1)存放同业	0.00
5	(2)存放中央银行	0.00
6	(3)拆出资金	0.00
7	(4)发放贷款及垫资	0.00
8	(5)买入返售金融资产	0.00
9	(6)其他	0.00
10	2.手续费及佣金收入(11+12+13+14+15+16+17)	0.00
11	(1)结算与清算手续费	0.00
12	(2)代理业务手续费	0.00
13	(3)信用承诺手续费及佣金	0.00
14	(4)银行卡手续费	0.00
15	(5)顾问和咨询费	0.00
16	(6)托管及其他受托业务佣金	0.00
17	(7)其他	0.00
18	(二)证券业务收入(19+26)	977 316 375.84
19	1.证券业务手续费及佣金收入(20+21+22+23+24+25)	689 064 104.36
20	(1)证券承销业务	22 282 792.45
21	(2)证券经纪业务	614 732 954.04
22	(3)受托客户资产管理业务	11 494 148.99
23	(4)代理兑付证券	0.00
24	(5)代理保管证券	0.00
25	(6)其他	40 554 208.88
26	2.其他证券业务收入	288 252 271.48
27	(三)已赚保费(28-30-31)	0.00
28	1.保险业务收入	0.00
29	其中:分保费收入	0.00
30	2.分出保费	0.00
31	3.提取未到期责任准备金	0.00
32	(四)其他金融业务收入	0.00
33	(五)汇兑收益(损失以"-"号填列)	0.00
34	(六)其他业务收入	0.00
35	二、营业外收入(36+37+38+39+40+41+42)	845 123.04
36	(一)非流动资产处置利得	644 311.28
37	(二)非货币性资产交换利得	0.00
38	(三)债务重组利得	0.00
39	(四)政府补助利得	200 811.76
40	(五)盘盈利得	0.00
41	(六)捐赠利得	0.00
42	(七)其他	0.00

三、已赚保费的填报

保险是按时间来计算保费,同样按时间来提取利润,所以保险企业在确认保费收入后,对于没有到期的保险责任,在确认保费收入的当期需要按时间来提取未到期责任准备金,作为保费收入的抵减项,计算已赚保费收入。因此,纳税人从事保险业务的营业收入应是本年实际保费收入——"已赚保费",而不是会计上核算的"保费收入"。表A101020第27行"已赚保费"金额等于表A101020第28行"保险业务收入"-第30行"分出保费"-第31行"提取未到期责任准备金"的余额。其中:

(1)第28行"保险业务收入":填报纳税人从事保险业务确认的保费收入,包括原保险和分保险业务确认的保费收入。

(2)第29行"其中:分保费收入":填报纳税人(再保险公司或分入公司)从原保险公司或分出公司分入的保费收入。

(3)第30行"分出保费":填报纳税人(再保险分出人)向再保险接受人分出的保费。

(4)第31行"提取未到期责任准备金":填报纳税人(保险企业)提取的非寿险原保险合同未到期责任准备金和再保险合同分保未到期责任准备金。

【例5-4】某财产保险公司2019年保险业务收入5 538 109 836.26元,分出保险1 152 395 896.49元,提取未到期责任准备金518 054 469.40元,其他业务收入11 287 593.21元,营业外收入114 692.31元。该财产保险公司收入明细表的填报如表5-4所示。

表5-4 《金融企业收入明细表》填报示例(财产保险公司)

A101020　　　　　　　　　　金融企业收入明细表　　　　　　　　金额单位:元

行次	项目	金额
1	一、营业收入(2+18+27+32+33+34)	3 878 947 063.58
2	(一)银行业务收入(3+10)	0.00
3	1. 利息收入(4+5+6+7+8+9)	0.00
4	(1)存放同业	0.00
5	(2)存放中央银行	0.00
6	(3)拆出资金	0.00
7	(4)发放贷款及垫资	0.00
8	(5)买入返售金融资产	0.00
9	(6)其他	0.00
10	2. 手续费及佣金收入(11+12+13+14+15+16+17)	0.00
11	(1)结算与清算手续费	0.00
12	(2)代理业务手续费	0.00
13	(3)信用承诺手续费及佣金	0.00
14	(4)银行卡手续费	0.00
15	(5)顾问和咨询费	0.00
16	(6)托管及其他受托业务佣金	0.00
17	(7)其他	0.00
18	(二)证券业务收入(19+26)	0.00
19	1. 证券业务手续费及佣金收入(20+21+22+23+24+25)	0.00
20	(1)证券承销业务	0.00
21	(2)证券经纪业务	0.00

续表

行次	项目	金额
22	(3)受托客户资产管理业务	0.00
23	(4)代理兑付证券	0.00
24	(5)代理保管证券	0.00
25	(6)其他	0.00
26	2. 其他证券业务收入	0.00
27	(三)已赚保费(28－30－31)	3 867 659 470.37
28	1. 保险业务收入	5 538 109 836.26
29	其中:分保费收入	4 617 202.39
30	2. 分出保费	1 152 395 896.49
31	3. 提取未到期责任准备金	518 054 469.40
32	(四)其他金融业务收入	0.00
33	(五)汇兑收益(损失以"－"号填列)	0.00
34	(六)其他业务收入	11 287 593.21
35	二、营业外收入(36＋37＋38＋39＋40＋41＋42)	114 692.31
36	(一)非流动资产处置利得	114 692.31
37	(二)非货币性资产交换利得	0.00
38	(三)债务重组利得	0.00
39	(四)政府补助利得	0.00
40	(五)盘盈利得	0.00
41	(六)捐赠利得	0.00
42	(七)其他	0.00

四、其他营业收入的填报

(1)第32行"其他金融业务收入":填报纳税人提供除银行业、保险业、证券业以外的金融商品服务取得的收入。

(2)第33行"汇兑收益":填报纳税人发生的外币交易因汇率变动而产生的汇兑损益,损失以负数填报。

(3)第34行"其他业务收入":填报纳税人发生的除主营业务活动以外的其他经营活动实现的收入。

五、营业收入的填报

表A101020第2行"银行业务收入"、第18行"证券业务收入"、第27行"已赚保费"、第32行"其他金融业务收入"、第33行"汇兑收益"和第34行"其他业务收入"填报之后,表A101020第1行"营业收入"也就有了,金额等于表A101020第2＋18＋27＋32＋33＋34行,然后,纳税人应将该数额填入表A100000第1行。

六、营业外收入的填报

金融企业的营业外收入是指金融企业确认的与其所从事的营业活动没有直接关系的各种收入。纳税人应对取得的不同性质的营业外收入,先填报表A101020第36至第42行,并以其和填报第35行"营业外收入",然后将该数额填入表A100000第11行。

其中:

（1）第36行"非流动资产处置所得"：填报纳税人处置固定资产、无形资产等取得的净收益。

（2）第37行"非货币资产交换利得"：填报纳税人发生非货币性资产交换应确认的净收益。

（3）第38行"债务重组利得"：填报纳税人发生的债务重组业务确认的净收益。

（4）第39行"政府补助利得"：填报纳税人从政府无偿取得货币性资产或非货币性资产应确认的净收益。

（5）第40行"盘盈利得"：填报纳税人在清查财产过程中查明的各种财产盘盈应确认的净收益。

（6）第41行"捐赠利得"：填报纳税人接受的来自其他企业、组织或个人无偿给予的货币性资产、非货币性资产捐赠应确认的净收益。

（7）第42行"其他"：填报纳税人取得的上述项目未列举的其他营业外收入，包括执行《企业会计准则》纳税人按权益法核算长期股权投资对初始投资成本调整确认的收益。

第三节 一般企业成本支出明细表的填报

除金融企业、事业单位、民间非营利组织纳税人外，一般企业纳税人营业成本和营业外支出的申报应填报《一般企业成本支出明细表》（A102010）。一般企业纳税人应根据国家统一会计制度的规定，正确核算营业成本（包括主营业务成本和其他业务成本）和营业外支出，并根据对营业成本和营业外支出会计核算的明细情况填报此表。此表不填报纳税人会计上核算的资产减值损失和公允价值变动净损失。

一、主营业务成本的填报

主营业务成本是指企业生产和销售与主营业务有关的产品或服务所必须投入的直接成本。纳税人应根据其所从事不同行业的业务性质核算主营业务成本，先填报表A102010第3、5、6、7、8行，然后以其和填报第2行"主营业务成本"。其中：

（1）第3行"销售商品成本"：填报从事工业制造、商品流通、农业生产以及其他商品销售的纳税人发生的主营业务成本。房地产开发企业销售开发产品（销售未完工开发产品除外）发生的成本也在此行填报。如果纳税人将商品用于非货币性资产交换且采用公允价值模式核算，按照国家统一会计制度的规定，在核算主营业务收入的同时要结转主营业务成本，则需要填报第4行"其中：非货币性资产交换成本"。

（2）第5行"提供劳务成本"：填报纳税人从事建筑安装、修理修配、交通运输、仓储租赁、邮电通信、咨询经纪、文化体育、科学研究、技术服务、教育培训、餐饮住宿、中介代理、卫生保健、社区服务、旅游、娱乐、加工以及其他劳务活动发生的主营业务成本。

（3）第6行"建造合同成本"：填报纳税人建造房屋、道路、桥梁、水坝等建筑物，以及生产船舶、飞机、大型机械设备等发生的主营业务成本。与建造合同相关的成本应在此填报。

（4）第7行"让渡资产使用权成本"：填报纳税人在主营业务成本核算的，让渡无形资产使用权而发生的使用费成本以及出租固定资产、无形资产、投资性房地产发生的租金成本。

(5)第8行"其他":填报纳税人按照国家统一会计制度核算为主营业务成本的上述未列举的其他主营业务营业成本。

二、其他业务成本的填报

其他业务成本是企业从事除主营业务以外的其他业务活动所发生的成本。纳税人也应根据其所从事不同行业的业务性质核算其他业务成本,先填报表A102010第10、12、13、14、15行,然后以其和填报第9行"其他业务成本"。其中:

(1)第10行"销售材料成本":填报纳税人销售材料、下脚料、废料、废旧物资等发生的成本。

如果纳税人将材料非货币性资产交换且采用公允价值模式核算,按照国家统一会计制度的规定,在核算其他业务收入的同时要结转其他业务成本,则需要填报第11行"其中:非货币性资产交换成本"。

(2)第12行"出租固定资产成本":填报纳税人将固定资产使用权让与承租人形成的出租固定资产成本。

(3)第13行"出租无形资产成本":填报纳税人让渡无形资产使用权形成的出租无形资产成本。

(4)第14行"包装物出租成本":填报纳税人出租、出借包装物形成的包装物出租成本。

(5)第15行"其他":填报纳税人按照国家统一会计制度核算为其他业务成本的上述未列举的其他兼营业务营业成本。

三、营业成本的填报

表A102010第2行"主营业务成本"与第9行"其他业务成本"填报之后,表A102010第1行"营业成本"也就有了,金额等于表A102010第2行与第9行的和,然后,纳税人应将该数额填入表A100000第2行。

四、营业外支出的填报

营业外支出是指企业发生的与企业生产经营活动没有直接关系的各项支出。纳税人应当在会计核算上严格区分营业成本与营业外支出的界限。纳税人应对发生的不同性质的营业外支出,先填报表A102010第17至第26行,并以其和填报第16行"营业外支出",然后将该数额填入表A100000第12行。其中:

(1)第17行"非流动资产处置损失":填报纳税人处置非流动资产形成的净损失。

(2)第18行"非货币性资产交换损失":填报纳税人发生非货币性资产交换应确认的净损失。如果纳税人有以存货以外的非货币资产发生非货币性资产交换且采用公允价值模式核算,按照国家统一会计制度的规定,其净损失应核算为营业外支出,则需要填报本行。

(3)第19行"债务重组损失":填报纳税人进行债务重组应确认的净损失。

(4)第20行"非常损失":填报纳税人在营业外支出中核算的各项非正常的财产损失。

(5)第21行"捐赠支出":填报纳税人无偿给予其他企业、组织或个人的货币性资产、非货币性资产的捐赠支出。

(6)第22行"赞助支出":填报纳税人发生的货币性资产、非货币性资产赞助支出。

(7)第23行"罚没支出":填报纳税人在日常经营管理活动中对外支付的各项罚款、没收的支出。

(8)第24行"坏账损失":执行《小企业会计准则》的纳税人填报纳税人发生的各项坏帐损失。

19)第25行"无法收回的债券股权投资损失":执行《小企业会计准则》的纳税人填报纳税人各项无法收回的债券股权投资损失。

(10)第26行"其他":填报纳税人本期实际发生的在营业外支出核算的其他损失及支出。

【例5-5】例3-1中的华方有限责任公司2019年度成本支出情况如下:

①销售商品成本2 100万元,对外提供劳务成本230万元。

②出租闲置的机器设备原值490万元,按照10年计提折旧,无预计残值,本年折旧额49万元,计入出租固定资产成本。

③销售原材料成本650万元。

④直接向大美公司捐赠4万元。

⑤受到行政机关处罚1万元。

华方有限责任公司2019年度成本支出明细表的填报见表5-5。

表5-5 《一般企业成本支出明细表》填报示例

A102010　　　　　　　　　　　　一般企业成本支出明细表　　　　　　　　　　　　金额单位:元

行次	项目	金额
1	一、营业成本(2+9)	30 290 000.00
2	（一）主营业务成本(3+5+6+7+8)	23 300 000.00
3	1. 销售商品成本	21 000 000.00
4	其中:非货币性资产交换成本	0.00
5	2. 提供劳务成本	2 300 000.00
6	3. 建造合同成本	0.00
7	4. 让渡资产使用权成本	0.00
8	5. 其他	0.00
9	（二）其他业务成本(10+12+13+14+15)	6 990 000.00
10	1. 材料销售成本	6 500 000.00
11	其中:非货币性资产交换成本	0.00
12	2. 出租固定资产成本	490 000.00
13	3. 出租无形资产成本	0.00
14	4. 包装物出租成本	0.00
15	5. 其他	0.00
16	二、营业外支出(17+18+19+20+21+22+23+24+25+26)	50 000.00
17	（一）非流动资产处置损失	0.00
18	（二）非货币性资产交换损失	0.00
19	（三）债务重组损失	0.00
20	（四）非常损失	0.00
21	（五）捐赠支出	40 000.00

续表

行次	项目	金额
22	(六)赞助支出	0.00
23	(七)罚没支出	10 000.00
24	(八)坏账损失	0.00
25	(九)无法收回的债券股权投资损失	0.00
26	(十)其他	0.00

第四节 金融企业支出明细表的填报

执行企业会计准则的金融企业纳税人营业支出和营业外支出的申报应填报《金融企业支出明细表》(A102020)。银行(信用社)、保险公司、证券公司等金融企业纳税人应根据国家统一会计制度的规定,正确核算营业支出(包括银行业务支出、保险业务支出、证券业务支出、其他金融业务支出和其他业务成本)和营业外支出,并根据对营业支出和营业外支出会计核算的明细情况填报此表。

一、银行业务支出的填报

"银行业务支出"栏填报纳税人从事银行业务发生的支出,主要包括利息支出和手续费及佣金支出。表A102020第2行"银行业务支出"金额等于表A102020第3行"银行利息支出"与第11行"银行手续费及佣金支出"的和。

(1)第3行"银行利息支出":填报纳税人经营存贷款业务等发生的利息支出,包括同业存放、向中央银行借款、拆入资金、吸收存款、卖出回购金融资产、发行债券和其他业务利息支出。纳税人应根据其所取得的不同性质和用途的利息支出,填报表A102020第4至第10行,然后以其和填报第3行"银行利息支出"。

(2)第11行"银行手续费及佣金支出":填报纳税人发生的与银行业务活动相关的各项手续费、佣金等支出。本行金额等于表A102020第12+13+14行。

【例5-6】某商业银行2019年利息支出215 209 870.53元,手续费及佣金支出5 232 900.94元,其他金融业务支出14 800元,营业外支出4 066 649.70元。该商业银行支出明细表的填报如表5-6所示。

表5-6 《金融企业支出明细表》填报示例(商业银行)

A102020　　　　　　　　　　　金融企业支出明细表　　　　　　　　　　金额单位:元

行次	项目	金额
1	一、营业支出(2+15+25+31+32)	220 457 571.47
2	(一)银行业务支出(3+11)	220 442 771.47
3	1.银行利息支出(4+5+6+7+8+9+10)	215 209 870.53
4	(1)同业存放	122 880.10
5	(2)向中央银行借款	0.00
6	(3)拆入资金	0.00
7	(4)吸收存款	209 150 361.72
8	(5)卖出回购金融资产	5 936 628.71

续表

行次	项目	金额
9	(6)发行债券	0.00
10	(7)其他	0.00
11	2. 银行手续费及佣金支出(12+13+14)	5 232 900.94
12	(1)手续费支出	5 232 900.94
13	(2)佣金支出	0.00
14	(3)其他	0.00
15	(二)保险业务支出(16+17-18+19-20+21+22-23+24)	0.00
16	1. 退保金	0.00
17	2. 赔付支出	0.00
18	减:摊回赔付支出	0.00
19	3. 提取保险责任准备金	0.00
20	减:摊回保险责任准备金	0.00
21	4. 保单红利支出	0.00
22	5. 分保费用	0.00
23	减:摊回分保费用	0.00
24	6. 保险业务手续费及佣金支出	0.00
25	(三)证券业务支出(26+30)	0.00
26	1. 证券业务手续费及佣金支出(27+28+29)	0.00
27	(1)证券经纪业务手续费支出	0.00
28	(2)佣金支出	0.00
29	(3)其他	0.00
30	2. 其他证券业务支出	0.00
31	(四)其他金融业务支出	14 800.00
32	(五)其他业务成本	0.00
33	二、营业外支出(34+35+36+37+38+39+40)	4 066 649.70
34	(一)非流动资产处置损失	0.00
35	(二)非货币性资产交换损失	0.00
36	(三)债务重组损失	0.00
37	(四)捐赠支出	3 481 644.00
38	(五)非常损失	0.00
39	(六)其他	585 005.70

二、保险业务支出的填报

"保险业务支出"栏填报保险企业发生的与保险业务相关的费用支出,主要包括退保金、赔付支出、提取的保险责任准备金、保单红利支出、分保费用和保险业务手续费及佣金支出。表 A102020 第 15 行"保险业务支出"金额等于表 A102020 第 16+17-18+19-20+21+22-23+24 行的余额。其中:

(1)第 16 行"退保金":填报保险企业寿险原保险合同提前解除时按照约定应当退还投保人的保单现金价值。

(2)第 17 行"赔付支出":填报保险企业支付的原保险合同赔付款项和再保险合同赔付款项。

(3)第18行"减:摊回赔付支出":填报保险企业(再保险分出人)向再保险接受人摊回的赔付成本。

(4)第19行"提取保险责任准备金":填报保险企业提取的原保险合同保险责任准备金,包括提取的未决赔款准备金、寿险责任准备金、长期健康责任准备金。

(5)第20行"减:摊回保险责任准备金":填报保险企业(再保险分出人)从事再保险业务应向再保险接受人摊回的保险责任准备金,包括未决赔款准备金、寿险责任准备金、长期健康险责任准备金。

(6)第21行"保单红利支出":填报保险企业按原保险合同约定支付给投保人的红利。

(7)第22行"分保费用":填报保险企业(再保险接受人)向再保险分出人支付的分保费用。

(8)第23行"减:摊回分保费用":填报保险企业(再保险分出人)向再保险接受人摊回的分保费用。

(9)第24行"保险业务手续费及佣金支出":填报保险企业发生的与其保险业务活动相关的各项手续费、佣金支出。

【例5-7】某财产保险公司2019年赔付支出2 984 532 700.07元,摊回赔付支出821 978 691.80元,提取保险责任准备金915 046 352.97元,摊回保险责任准备金443 452 301.42元,分保费用1 755 784.44元,保险业务手续费及佣金支出387 447 091.11元,营业外支出4 398 306.51元。该财产保险公司支出明细表的填报如表5-7所示。

表5-7 《金融企业支出明细表》填报示例(财产保险公司)

A102020　　　　　　　　　　　金融企业支出明细表　　　　　　　　　　金额单位:元

行次	项目	金额
1	一、营业支出(2+15+25+31+32)	3 023 350 935.37
2	(一)银行业务支出(3+11)	0.00
3	1.银行利息支出(4+5+6+7+8+9+10)	0.00
4	(1)同业存放	0.00
5	(2)向中央银行借款	0.00
6	(3)拆入资金	0.00
7	(4)吸收存款	0.00
8	(5)卖出回购金融资产	0.00
9	(6)发行债券	0.00
10	(7)其他	0.00
11	2.银行手续费及佣金支出(12+13+14)	0.00
12	(1)手续费支出	0.00
13	(2)佣金支出	0.00
14	(3)其他	0.00
15	(二)保险业务支出(16+17-18+19-20+21+22-23+24)	3 023 350 935.37
16	1.退保金	0.00
17	2.赔付支出	2 984 532 700.07
18	减:摊回赔付支出	821 978 691.80
19	3.提取保险责任准备金	915 046 352.97
20	减:摊回保险责任准备金	443 452 301.42

续表

行次	项目	金额
21	4. 保单红利支出	0.00
22	5. 分保费用	1 755 784.44
23	减:摊回分保费用	0.00
24	6. 保险业务手续费及佣金支出	387 447 091.11
25	(三)证券业务支出(26+30)	0.00
26	1. 证券业务手续费及佣金支出(27+28+29)	0.00
27	(1)证券经纪业务手续费支出	0.00
28	(2)佣金支出	0.00
29	(3)其他	0.00
30	2. 其他证券业务支出	0.00
31	(四)其他金融业务支出	0.00
32	(五)其他业务成本	0.00
33	二、营业外支出(34+35+36+37+38+39+40)	4 398 306.51
34	(一)非流动资产处置损失	0.00
35	(二)非货币性资产交换损失	0.00
36	(三)债务重组损失	0.00
37	(四)捐赠支出	4 398 306.51
38	(五)非常损失	0.00
39	(六)其他	0.00

三、证券业务支出的填报

证券业务支出填报纳税人从事证券业务发生的支出,主要包括证券业务手续费及佣金支出和其他证券业务支出。表A102020第25行"证券业务支出"金额等于表A102020第26行"证券业务手续费及佣金支出"与第30行"其他证券业务支出"的和。

(1)第26行"证券业务手续费及佣金支出":填报纳税人代理承销、兑付和买卖证券等业务发生的各项手续费、风险结算金、承销业务直接相关的各项费用及佣金支出。本行金额等于表A102020第27、28、29行的和。

(2)第30行"其他证券业务支出":填报纳税人从事除经纪、自营和承销业务以外的与证券有关的业务支出。

【例5-8】某证券公司2019年证券经纪业务手续费支出112 465 571.87元,其他证券业务手续费及佣金支出788 576.45元,其他证券业务支出90 566.04元,营业外支出1 896 338.23元。该财产保险公司支出明细表的填报如表5-8所示。

表5-8 《金融企业支出明细表》填报示例(证券公司)

A102020　　　　　　　　　　金融企业支出明细表　　　　　　　　　　金额单位:元

行次	项目	金额
1	一、营业支出(2+15+25+31+32)	113 344 714.36
2	(一)银行业务支出(3+11)	0.00
3	1. 银行利息支出(4+5+6+7+8+9+10)	0.00
4	(1)同业存放	0.00
5	(2)向中央银行借款	0.00

续表

行次	项目	金额
6	(3)拆入资金	0.00
7	(4)吸收存款	0.00
8	(5)卖出回购金融资产	0.00
9	(6)发行债券	0.00
10	(7)其他	0.00
11	2.银行手续费及佣金支出(12+13+14)	0.00
12	(1)手续费支出	0.00
13	(2)佣金支出	0.00
14	(3)其他	0.00
15	(二)保险业务支出(16+17-18+19-20+21+22-23+24)	0.00
16	1.退保金	0.00
17	2.赔付支出	0.00
18	减:摊回赔付支出	0.00
19	3.提取保险责任准备金	0.00
20	减:摊回保险责任准备金	0.00
21	4.保单红利支出	0.00
22	5.分保费用	0.00
23	减:摊回分保费用	0.00
24	6.保险业务手续费及佣金支出	0.00
25	(三)证券业务支出(26+30)	113 344 714.36
26	1.证券业务手续费及佣金支出(27+28+29)	113 254 148.32
27	(1)证券经纪业务手续费支出	112 465 571.87
28	(2)佣金支出	
29	(3)其他	788 576.45
30	2.其他证券业务支出	90 566.04
31	(四)其他金融业务支出	0.00
32	(五)其他业务成本	0.00
33	二、营业外支出(34+35+36+37+38+39+40)	1 896 338.23
34	(一)非流动资产处置损失	0.00
35	(二)非货币性资产交换损失	0.00
36	(三)债务重组损失	0.00
37	(四)捐赠支出	1 896 338.23
38	(五)非常损失	0.00
39	(六)其他	0.00

四、其他营业支出的填报

(1)第31行"其他金融业务支出":填报纳税人提供除银行业、保险业、证券业以外的金融商品服务发生的相关业务支出。

(2)第32行"其他业务成本":填报纳税人发生的除主营业务活动以外的其他经营活动发生的支出。

五、营业支出的填报

表 A102020 第 2 行"银行业务支出"、第 15 行"保险业务支出"、第 25 行"证券业务支出"、第 31 行"其他金融业务支出"、第 32 行"其他业务成本"填报之后,表 A102020 第 1 行"营业支出"也就有了,金额等于表 A102020 第 2+15+25+31+32 行,然后,纳税人应将该数额填入表 A100000 第 2 行。

六、营业外支出的填报

金融企业的营业外支出是指金融企业确认的与其所从事的营业活动没有直接关系的各项支出。纳税人应对取得的不同性质和用途的营业外支出,先填报表 A102020 第 34 至第 39 行,并以其和填报第 33 行"营业外支出",然后将该数额填入表 A100000 第 12 行。其中:

(1)第 34 行"非流动资产处置损失":填报纳税人处置非流动资产形成的净损失。

(2)第 35 行"非货币性资产交换损失":填报纳税人发生非货币性资产交换应确认的净损失。

(3)第 36 行"债务重组损失":填报纳税人进行债务重组应确认的净损失。

(4)第 37 行"捐赠支出":填报纳税人无偿给予其他企业、组织或个人的货币性资产、非货币性资产的捐赠支出。

(5)第 38 行"非常损失":填报纳税人在营业外支出中核算的各项非正常的财产损失。

(6)第 39 行"其他":填报纳税人本期实际发生的在营业外支出核算的其他损失及支出。

第五节 事业单位、民间非营利组织收入、支出明细表的填报

事业单位、民间非营利组织的收入和支出是合在一张表中申报的。实行事业单位会计准则的事业单位以及执行民间非营利组织会计制度的社会团体、民办非企业单位、非营利性组织等查账征收企业所得税的居民纳税人收入和支出的申报应填报《事业单位、民间非营利组织收入、支出明细表》(A103000)。纳税人应根据《事业单位会计准则》《民间非营利组织会计制度》的规定,正确核算事业单位收入、民间非营利组织收入、事业单位支出、民间非营利组织支出,并根据对收入和支出会计核算的明细情况填报此表。

一、事业单位收入的填报

事业单位的收入主要是非营利性的收入。表 A103000 第 1 行"事业单位收入"应按照会计核算口径填报纳税人取得的所有收入的金额,包括不征税收入、免税收入和应税收入,金额等于表 A103000 第 2 行至第 7 行的和。其中:表 A103000 第 2+3+4+5+6 行的和应填入表 A100000 第 1 行。

(1)第 2 行"财政补助收入":填报纳税人直接从同级财政部门取得的各类财政拨款,包括基本支出补助和项目支出补助。

(2)第 3 行"事业收入":填报纳税人通过开展专业业务活动及辅助活动所取得的收入。

(3)第 4 行"上级补助收入":填报纳税人从主管部门和上级单位取得的非财政补助

收入。

(4)第5行"附属单位上缴收入":填报纳税人附属独立核算单位按有关规定上缴的收入。包括附属事业单位上缴的收入和附属企业上缴的利润等。

(5)第6行"经营收入":填报纳税人开展专业业务活动及其辅助活动之外开展非独立核算经营活动取得的收入。

(6)第7行"其他收入":填报纳税人取得的除本表第2至6行项目以外的收入,包括投资收益、银行存款利息收入、租金收入、捐赠收入、现金盘盈收入、存货盘盈收入、收回已核销应收及预付款项、无法偿付的应付及预收款项等。本行金额等于表A103000第8行与第9行的和。

(7)第8行"其中:投资收益"。填报在"其他收入"科目中核算的各项短期投资、长期债券投资、长期股权投资取得的投资收益。本行的数额应填入表A100000第9行。

(8)第9行"其他":填报在"其他收入"科目中核算的除投资收益以外的收入。本行的数额应填入表A100000第11行。

二、民间非营利组织收入的填报

民间非营利组织的收入主要也是非营利性的收入。表A103000第10行"民间非营利组织收入"填报纳税人开展业务活动取得的所有收入,应当包括捐赠收入、会费收入、提供劳务收入、商品销售收入、政府补助收入、投资收益等主要业务活动收入和其他收入等。金额等于表A103000第11行至第17行的和。其中:表A103000第11+12+13+14+15行的和应填入表A100000第1行。

(1)第11行"接受捐赠收入":填报纳税人接受其他单位或者个人捐赠所取得的收入。

(2)第12行"会费收入":填报纳税人根据章程等的规定向会员收取的会费收入。

(3)第13行"提供劳务收入":填报纳税人根据章程等的规定向其服务对象提供服务取得的收入,包括学费收入、医疗费收入、培训收入等。

(4)第14行"商品销售收入":填报纳税人销售商品(如出版物、药品等)所形成的收入。

(5)第15行"政府补助收入":填报纳税人接受政府拨款或者政府机构给予的补助而取得的收入。

(6)第16行"投资收益":填报纳税人因对外投资取得的投资净收益。本行的数额应填入表A100000第9行。

(7)第17行"其他收入":填报纳税人除上述主要业务活动收入以外的其他收入,如固定资产处置净收入、无形资产处置净收入等。本行的数额应填入表A100000第11行。

三、事业单位支出的填报

表A103000第18行"事业单位支出"应按照会计核算口径填报纳税人发生的所有支出总额,包括不征税收入形成的支出也得在此申报。本行金额等于表A103000第19行至第23行的和。其中:表A103000第19+20+21+22行的和应填入表A100000第2行。

(1)第19行"事业支出":填报纳税人开展专业业务活动及其辅助活动发生的支出。包括工资、补助工资、职工福利费、社会保障费、助学金、公务费、业务费、设备购置费、修缮费和其他费用。

(2)第20行"上缴上级支出":填报纳税人按照财政部门和主管部门的规定上缴上级单位的支出。

(3)第21行"对附属单位补助支出":填报纳税人用财政补助收入之外的收入对附属单位补助发生的支出。

(4)第22行"经营支出":填报纳税人在专业业务活动及其辅助活动之外开展非独立核算经营活动发生的支出。

(5)第23行"其他支出":填报纳税人除本表第19至22行项目以外的支出,包括利息支出、捐赠支出、现金盘亏损失、资产处置损失、接受捐赠(调入)非流动资产发生的税费支出等。本行的数额应填入表A100000第12行。

四、民间非营利组织支出的填报

表A103000第24行"民间非营利组织支出"应按照会计核算口径填报纳税人发生的所有支出总额,包括不征税收入形成的支出也得在此申报。本行金额等于表A103000第25行至第28行的和。其中:表A103000第25+26+27行的和应填入表A100000第2行。

(1)第25行"业务活动成本":填报民间非营利组织为了实现其业务活动目标、开展某项目活动或者提供劳务所发生的费用。

(2)第26行"管理费用":填报民间非营利组织为组织和管理其业务活动所发生的各项费用,包括民间非营利组织董事会(或者理事会或者类似权力机构)经费和行政管理人员的工资、奖金、津贴、福利费、住房公积金、住房补贴、社会保障费、离退休人员工资与补助,以及办公费、水电费、邮电费、物业管理费、差旅费、折旧费、修理费、无形资产摊销费、存货盘亏损失、资产减值损失、因预计负债所产生的损失、聘请中介机构费和应偿还的受赠资产等。

(3)第27行"筹资费用":填报民间非营利组织为筹集业务活动所需资金而发生的费用,包括民间非营利组织获得捐赠资产而发生的费用以及应当计入当期费用的借款费用、汇兑损失(减汇兑收益)等。民间非营利组织为了获得捐赠资产而发生的费用包括举办募款活动费,准备、印刷和发放募款宣传资料费以及其他与募款或者争取捐赠有关的费用。

(4)第28行"其他费用":填报民间非营利组织发生的、无法归属到上述业务活动成本、管理费用或者筹资费用中的费用,包括固定资产处置净损失、无形资产处置净损失等。本行的数额应填入表A100000第12行。

【例5-9】某市广电中心为事业单位,2019年收到财政补助收入2 207万元,广播电视收视费等收入2 228万元,上级补助收入330万元,广告经营收入550万元,接受赞助收入58万元。事业支出4 070万元,对附属单位补助支出730万元,广告经营支出340万元。某市广电中心收入、支出明细表的填报如表5-9所示。

表5-9 《事业单位、民间非营利组织收入、支出明细表》填报示例

A103000　　　　　　　　事业单位、民间非营利组织收入、支出明细表　　　　　　金额单位:元

行次	项目	金额
1	一、事业单位收入(2+3+4+5+6+7)	53 730 000.00
2	(一)财政补助收入	22 070 000.00
3	(二)事业收入	22 280 000.00

续表

行次	项目	金额
4	(三)上级补助收入	3 300 000.00
5	(四)附属单位上缴收入	0.00
6	(五)经营收入	5 500 000.00
7	(六)其他收入(8+9)	0.00
8	其中:投资收益	0.00
9	其他	580 000.00
10	二、民间非营利组织收入(11+12+13+14+15+16+17)	0.00
11	(一)接受捐赠收入	0.00
12	(二)会费收入	0.00
13	(三)提供劳务收入	0.00
14	(四)商品销售收入	0.00
15	(五)政府补助收入	0.00
16	(六)投资收益	0.00
17	(七)其他收入	0.00
18	三、事业单位支出(19+20+21+22+23)	51 400 000.00
19	(一)事业支出	40 700 000.00
20	(二)上缴上级支出	0.00
21	(三)对附属单位补助	7 300 000.00
22	(四)经营支出	3 400 000.00
23	(五)其他支出	0.00
24	四、民间非营利组织支出(25+26+27+28)	0.00
25	(一)业务活动成本	0.00
26	(二)管理费用	0.00
27	(三)筹资费用	0.00
28	(四)其他费用	0.00

第六节 期间费用明细表的填报

执行企业会计准则、小企业会计准则、企业会计制度、分行业会计制度的纳税人的销售费用、管理费用和财务费用的申报应填报期间费用明细表(A104000)。企业纳税人应根据国家统一会计制度的规定,正确核算销售费用、管理费用和财务费用,并根据对销售费用、管理费用和财务费用会计核算的明细情况填报此表。

一、费用项目的填报

企业所得税年度纳税申报表在设计时,根据销售费用、管理费用和财务费用的核算内容,梳理出了25个费用项目,纳税人应对销售费用、管理费用和财务费用科目的明细核算情况依据会计核算口径进行分析后填报此表报,如果贷方发生额大于借方发生额,应填报负数。

25个费用项目大致分为5类:

第一类:人工费用。包括第1行"职工薪酬"、第2行"劳务费"、第3行"咨询顾问费"。

第二类：有税前扣除限额的费用。包括第 4 行"业务招待费"、第 5 行"广告费和业务宣传费"、第 6 行"佣金和手续费"、第 24 行"党组织工作经费"。

第三类：资产费用。包括第 7 行"资产折旧摊销费"、第 8 行"财产损耗、盘亏及毁损损失"。

第四类：财务费用。包括第 21 行"利息收支"、第 22 行"汇兑差额"、第 23 行"现金折扣"。

第五类：杂项费用。包括第 9 行"办公费"、第 10 行"董事会费"、第 11 行"租赁费"、第 12 行"诉讼费"、第 13 行"差旅费"、第 14 行"保险费"、第 15 行"运输、仓储费"、第 16 行"修理费"、第 17 行"包装费"、第 18 行"技术转让费"、第 19 行"研究费用"、第 20 行"各项税费"、第 25 行"其他"。

需要注意的是，依据《财政部关于印发〈增值税会计处理规定〉的通知》（财会〔2016〕22 号，以下简称财会〔2016〕22 号文件）的规定，营业税改征增值税全面推开后，"营业税金及附加"科目名称调整为"税金及附加"科目，该科目核算企业经营活动发生的消费税、城市维护建设税、资源税、教育费附加及房产税、城镇土地使用税、车船税、印花税等相关税费；利润表中的"营业税金及附加"项目调整为"税金及附加"项目。因此，纳税人已在"税金及附加"科目核算的房产税、城镇土地使用税、车船税、印花税等相关税费，不得再填报期间费用明细表中"各项税费"，否则就会形成重复填报。

二、列的填报

表 A104000 第 1、3、5 列分别为"销售费用""管理费用"和"财务费用"；第 2、4、6 列分别为"销售费用""管理费用"和"财务费用"中的境外支付金额，一方面为进行非居民税收管理提供信息，另一方面为防止企业通过对外支付费用转移利润、进行反避税调查提供信息。

（1）第 1 列"销售费用"、第 3 列"管理费用"、第 5 列"财务费用"：分别填报在销售费用科目、管理费用科目、财务费用科目进行核算的相关明细项目的金额，其中金融企业的"销售费用"填报在业务及管理费科目进行核算的相关明细项目的金额。

（2）第 2 列、第 4 列、第 6 列"其中：境外支付"：分别填报在销售费用科目、管理费用科目、财务费用科目进行核算的向境外支付的相关明细项目的金额，其中金融企业的"销售费用"境外支付金额填报在业务及管理费科目进行核算的相关明细项目的金额。

【例 5-10】例 3-1 中的华方有限责任公司 2019 年度有关销售费用、管理费用、财务费用情况如下：

（1）销售费用

①销售部门有职工 20 人，职工工资 240 万元；职工福利费 36 万元；职工教育经费 2.4 万元，工会经费 4.8 万元。单位缴纳各项基本社会保障款 25 万元，住房公积金 24 万元。

②销售部门临时外聘销售人员，支付劳务费用 54 万元。

③广告和业务宣传支付费用 118 万元。

④销售部门使用的计算机 6 万元，按 2 年进行折旧摊销，无预计残值，本年折旧额为 3 万元。

⑤租赁销售用办公用房，本年支付租赁费用 40 万元。

⑥办公费3.5万元,差旅费15万元。

(2)管理费用

①管理部门有职工20人,职工工资240万元,职工福利费65万元,职工教育经费4万元,工会经费5万元。单位缴纳各项基本社会保障款28万元,住房公积金26万元。

②环境治理支出100万元。

③发生业务招待费用60万元。

④支付佣金及手续费11万元,办公费17万元。

⑤管理部门办公用房原值800万元,按20年计提折旧,无残值,本年折旧额为40万元;管理部门使用的计算机等电子设备原值20万元,按2年进行折旧摊销,无预计残值,本年折旧额为10万元。

⑥资产盘亏发生损失1万元。

⑦研发部门研发人员20人,工资薪金280万元,职工福利费45万元,职工教育经费8万元,工会经费4.8万元,基本社会保障缴款27.6万元,住房公积金22万元。

⑧研发部门立项研发X项目:原材料等直接投入成本70万元,研发设备原值115万元,按10年计提折旧,无预计残值,本年折旧额为11.5万元,新产品设计费37万元,一般测试手段购置费12万元,研发成果论证费3万元。上述费用均已计入本年管理费用,未形成无形资产。

⑨党组织工作经费5万元。

(3)财务费用

支付银行贷款利息40万元,取得银行存款利息收入8万元。

华方有限责任公司2019年度期间费用明细表的填报如表5-10所示。

表5-10 《期间费用明细表》填报示例

A104000 期间费用明细表 金额单位:元

行次	项目	销售费用	其中:境外支付	管理费用	其中:境外支付	财务费用	其中:境外支付
		1	2	3	4	5	6
1	一、职工薪酬	3 322 000.00	*	3 680 000.00	*	*	*
2	二、劳务费	540 000.00		0.00		*	*
3	三、咨询顾问费	0.00		0.00		*	*
4	四、业务招待费	0.00		600 000.00		*	*
5	五、广告费和业务宣传费	1 180 000.00		0.00		*	*
6	六、佣金和手续费	0.00		110 000.00			
7	七、资产折旧摊销费	30 000.00	*	500 000.00	*	*	*
8	八、财产损耗、盘亏及毁损损失	0.00	*	10 000.00	*	*	*
9	九、办公费	35 000.00		170 000.00		*	*
10	十、董事会费	0.00		0.00		*	*
11	十一、租赁费	400 000.00		0.00		*	*
12	十二、诉讼费	0.00	*	0.00	*	*	*
13	十三、差旅费	150 000.00		0.00		*	*
14	十四、保险费	0	*	0.00	*	*	*

续表

行次	项目	销售费用	其中：境外支付	管理费用	其中：境外支付	财务费用	其中：境外支付
		1	2	3	4	5	6
15	十五、运输、仓储费	0		0.00		*	*
16	十六、修理费	0		0.00		*	*
17	十七、包装费	0	*	0.00	*	*	*
18	十八、技术转让费	0		0.00		*	*
19	十九、研究费用	0		5 209 000.00		*	*
20	二十、各项税费	0	*	0.00	*	*	*
21	二十一、利息收支	*	*	*	*	320 000.00	0.00
22	二十二、汇兑差额	*	*	*	*	0.00	0.00
23	二十三、现金折扣	*	*	*	*	0.00	*
24	二十四、党组织工作经费	*	*	50 000.00	*	*	*
25	二十五、其他	0		1 000 000.00		0.00	0.00
26	合计(1+2+3+…25)	5 657 000	0.00	11 329 000	0.00	320 000	0.00

> 企业所得税政策与申报实务深度解析
> （2020年版）

第六章

收入类项目所得税政策及其纳税调整的填报

本章要点

☞ 广义的纳税调整和狭义的纳税调整

☞ 纳税调整项目明细表的目标和结构

☞ 收入总额的分类方法

☞ 收入确认原则

☞ 收入确认的所得税政策

☞ 有二级附表的收入类调整项目的填报

☞ 没有二级附表的收入类调整项目的填报

第一节 纳税调整明细表概述

在企业所得税年度纳税申报表中,纳税调整分广义的纳税调整和狭义的纳税调整。广义的纳税调整包括三个方面:境外所得的纳税调整,税会差异的纳税调整和税基计算过程优惠的纳税调整。狭义的纳税调整即税会差异的纳税调整。纳税调整项目明细表集中反映税会差异纳税调整的结果和部分项目税会差异纳税调整的过程。纳税调整项目明细表共13张表,包括1张一级附表《纳税调整项目明细表》(A105000)和12张二级附表。《纳税调整项目明细表》是税会差异纳税调整的汇总表,除"五、特别纳税调整应税所得"和"六、其他"外,分为四大板块;列名34个纳税调整项目,未列名的纳税调整项目,用"其他"兜底。

一、纳税调整项目明细表的目标

《纳税调整项目明细表》的目标是力争反映所有税会差异的纳税调整情况。凡是有税会差异的项目,都要在此类附表中反映。但没有税会差异的项目,不一定在此类附表中不反映。如《职工薪酬支出及纳税调整明细表》《捐赠支出及纳税调整明细表》《资产折旧、摊销及纳税调整明细表》和《特殊行业准备金及纳税调整明细表》,只要会计上发生相关金额,无论是否有税会差异,是否纳税调整,均需填报。再如,由于广告费和业务宣传费、保险企业手续费及佣金支出有税前扣除限额,不与其"账载金额"比较是无法知道孰高孰低的,因此,我们建议对这些项目无论"账载金额"是高于还是低于扣除限额,纳税人应填报《广告费和业务宣传费等跨年度纳税调整明细表》进行比较和反映。

二、纳税调整项目明细表的结构

《纳税调整项目明细表》共46行,设四个板块、两个大项。四个板块是收入类调整项目、扣除类调整项目、资产类调整项目和特殊事项调整项目。两个大项是特别纳税调整应税所得和其他。

在列次上,《纳税调整项目明细表》设四个"金额"——"账载金额""税收金额""调增金额"和"调减金额"。这些金额有的来自二级附表,有的没有二级附表,只能直接填报。

收入类调整项目和特殊事项调整项目中的"企业重组及递延纳税事项""合伙企业法人合伙人应分得的应纳税所得额","税收金额"减"账载金额"后余额为正数的,填报"调增金额";余额为负数的,将其绝对值填报"调减金额"。扣除类调整项目、资产类调整项目和特殊事项调整项目中的"特殊行业准备金""发行永续债利息支出","账载金额"减"税收金额"后余额为正数的,填报"调增金额";余额为负数的,将其绝对值填报"调减金额"。特殊事项调整项目中的"政策性搬迁""房地产开发企业特定业务计算的纳税调整",没有"税收金额"与"账载金额"的比较,直接根据相关附表填报"调增金额"或"调减金额"。"特别纳税调整应税所得"只填报纳税人按特别纳税调整规定自行调增的当年应税所得、依据双边预约定价安排或者转让定价相应调整磋商结果的通知需要调减的当年应税所得。"六、其他"也只填报纳税人除上述四个板块和一个大项之外的其他会计处理与税收规定存在差异需纳税调整的项目金额。

第二节 收入总额的企业所得税政策

本节讲解企业所得税中收入总额按不同标准进行的分类,收入确认的基本原则,各项收入的确认时间和金额确认,因为这些内容是填报纳税调整项目明细表的政策基础和理论基础。

一、收入总额的分类

(一)按收入形式分类

《企业所得税法》第六条规定,企业以货币形式和非货币形式从各种来源取得的收入,为收入总额。因此,按收入形式分,收入总额分为货币形式的收入和非货币形式的收入。

(1)货币形式的收入。《企业所得税法实施条例》第十二条第一款明确,《企业所得税法》第六条所称企业取得收入的货币形式,包括现金、存款、应收账款、应收票据、准备持有至到期的债券投资以及债务的豁免等。

(2)非货币形式的收入。《企业所得税法实施条例》第十二条第二款明确,《企业所得税法》第六条所称企业取得收入的非货币形式,包括固定资产、生物资产、无形资产、股权投资、存货、不准备持有至到期的债券投资、劳务以及有关权益等。

《企业所得税法实施条例》第十三条要求,《企业所得税法》第六条所称企业以非货币形式取得的收入,应当按照公允价值确定收入额。前款所称公允价值,是指按照市场价格确定的价值。

(二)按是否属于征税范围、是否享受税收优惠分类

按是否属于征税范围分类属于第一层次,按是否享受税收优惠分类属于第二层次。

(1)按是否属于征税范围分类。收入总额按是否属于企业所得税征税范围应分为征税收入和不征税收入。征税收入属于企业所得税征税范围,不征税收入不属于企业所得税征税范围。

征税收入既然属于企业所得税的征税范围,依据《企业所得税法》第八条的规定,企业实际发生的与取得征税收入有关的、合理的支出,包括成本、费用、税金、损失和其他支出,应准予在计算应纳税所得额时扣除。不征税收入既然不属于企业所得税的征税范围,依据《企业所得税法实施条例》第二十八条的规定,企业的不征税收入用于支出所形成的费用或者财产,不得扣除或者计算对应的折旧、摊销扣除。

(2)按是否享受税收优惠分类。征税收入按是否享受企业所得税税收优惠应分为应税收入和免税收入。应税收入不享受企业所得税税收优惠,免税收入享受企业所得税税收优惠。但无论是应税收入,还是免税收入,均属于企业所得税的征税范围。

(三)按收入范围分类

依据《企业所得税法》第六条和《企业所得税法实施条例》第十四条至第二十二条的规定,按收入范围分,收入总额包括:

(1)销售货物收入。企业销售商品、产品、原材料、包装物、低值易耗品以及其他存货取得的收入。

(2)提供劳务收入。企业从事建筑安装、修理修配、交通运输、仓储租赁、金融保险、邮电通信、咨询经纪、文化体育、科学研究、技术服务、教育培训、餐饮住宿、中介代理、卫生保健、社区服务、旅游、娱乐、加工以及其他劳务服务活动取得的收入。

(3)转让财产收入。企业转让固定资产、生物资产、无形资产、股权、债权等财产取得的收入。

(4)股息、红利等权益性投资收益。企业因权益性投资从被投资方取得的收入。

(5)利息收入。企业将资金提供他人使用但不构成权益性投资，或者因他人占用本企业资金取得的收入，包括存款利息、贷款利息、债券利息、欠款利息等收入。

(6)租金收入。企业提供固定资产、包装物或者其他有形资产的使用权取得的收入。

(7)特许权使用费收入。企业提供专利权、非专利技术、商标权、著作权以及其他特许权的使用权取得的收入。

(8)接受捐赠收入。企业接受的来自其他企业、组织或者个人无偿给予的货币性资产、非货币性资产。

(9)其他收入。企业取得的除上述收入外的其他收入，包括企业资产溢余收入、逾期未退包装物押金收入、确实无法偿付的应付款项、已作坏账损失处理后又收回的应收款项、债务重组收入、补贴收入、违约金收入、汇兑收益等。

二、收入确认原则

除计算应纳税所得额的基本原则外，收入确认原则还有：

(一)实质重于形式原则

《国家税务总局关于确认企业所得税收入若干问题的通知》(国税函〔2008〕875号，以下简称国税函〔2008〕875号文件)要求，除《企业所得税法》及实施条例另有规定外，企业销售收入的确认，必须遵循权责发生制原则和实质重于形式原则。企业所得税中运用实质重于形式进行收入确认的典型事项有融资性售后回购方式销售商品、融资性售后回租业务中承租方出售资产等。

(二)应付实现制原则

依据《企业所得税法实施条例》和相关文件的规定，对利息收入、租金收入和特许权使用费收入，分别按照合同约定的债务人应付利息的日期、承租人应付租金的日期、特许权使用人应付特许权使用费的日期确认收入的实现。这实际上是权责发生制的一个具体表现。

应付实现制有别于收付实现制。收付实现制又称现收现付制或实收实付制，它以款项是否实际收到或付出作为确认本期收入和费用的标准。凡是本期实际收到款项的收入和付出款项的费用，不论其是否归属于本期，都作为本期的收入和费用处理；反之，凡本期没有实际收到款项和付出款项，即使应归属于本期，也不作为本期收入和费用处理。由于款项的收付实际上以现金收付为准，所以收付实现制一般又被称作现金制。

(三)税收中性原则

税收中性原则的基本含义是，国家征税时，除了使人民因纳税而负担以外，最好不要使人民承受其他额外的经济负担和损失。现代税收中性的目的，一般是指要尽量避免税收对市场机制的干扰和扭曲，而让市场在不扭曲或不受干扰的条件下调节整个经济活动的运行。换句话说，税收政策的制定应当尽量不影响或少影响资金、货物、人才和技术的自由流动。依据《财政部 国家税务总局关于企业重组业务企业所得税处理若干问题的通知》(财税〔2009〕59号,以下简称财税〔2009〕59号文件)的规定,对股权收购、资产收购、企业合并、企业分立业务,如果符合特殊性税务处理的前提和条件,可以暂不确认有关重组资产、股权的转让所得或损失,取得重组资产、股权的计税基础延续,这样,企业没有因重组而增加或提前承担纳税负担,充分体现了税收中性原则。

三、收入确认的企业所得税政策

这里主要讲解企业所得税中收入确认的一般规定,视同销售收入等特殊收入的确认在收入类调整项目的填报中讲解。

(一)销售商品收入的确认

1. 销售商品收入的确认条件

国税函〔2008〕875号文件规定,企业销售商品同时满足下列条件的,应确认收入的实现:

(1)商品销售合同已经签订,企业已将商品所有权相关的主要风险和报酬转移给购货方;

(2)企业对已售出的商品既没有保留通常与所有权相联系的继续管理权,也没有实施有效控制;

(3)收入的金额能够可靠地计量;

(4)已发生或将发生的销售方的成本能够可靠地核算。

与2006年的《企业会计准则第14号——收入》中的销售商品收入确认条件相比,税收规定的销售商品收入确认条件中没有"相关的经济利益能够流入企业"这一条件。我们把企业所得税中销售商品收入的确认条件简要概括为:风报转移,不管不控,收入可靠,成本可靠。

与2017年的《企业会计准则第14号——收入》中的收入确认条件相比,差别更大。2017年的《企业会计准则第14号——收入》第四条规定,企业应当在履行了合同中的履约义务,即在客户取得相关商品控制权时确认收入。取得相关商品控制权,是指能够主导该商品的使用并从中获得几乎全部的经济利益。

2. 销售商品收入的时间确认

1)销售商品收入确认时间的一般规定 国税函〔2008〕875号文件规定,符合商品销售收入确认条件,采取下列商品销售方式的,应按以下规定确认收入实现时间:

(1)销售商品采用托收承付方式的,在办妥托收手续时确认收入。

(2)销售商品采取预收款方式的,在发出商品时确认收入。

(3)销售商品需要安装和检验的,在购买方接受商品以及安装和检验完毕时确认收入。如果安装程序比较简单,可在发出商品时确认收入。

(4)销售商品采用支付手续费方式委托代销的,在收到代销清单时确认收入。

2)销售商品收入确认时间的特殊规定 依据《企业所得税法实施条例》第二十三条和第二十四条的规定,企业采取以下几种特殊的商品销售方式的,商品销售收入的确认时间为:

(1)以分期收款方式销售货物的,按照合同约定的收款日期分期确认收入的实现;

(2)企业受托加工制造大型机械设备、船舶、飞机,持续时间超过12个月的,按照纳税年度内完工进度或者完成的工作量分期确认收入的实现;

(3)采取产品分成方式取得收入的,按照企业分得产品的日期确认收入的实现。

3)开发产品销售收入的确认时间 对在中国境内从事房地产开发经营业务的企业来说,《国家税务总局关于印发〈房地产开发经营业务企业所得税处理办法〉的通知》(国税发〔2009〕31号,以下简称国税发〔2009〕31号文件)第六条对开发产品销售收入的确认时间作出了专门规定。企业通过正式签订《房地产销售合同》或《房地产预售合同》所取得的收入,应确认为销售收入的实现,具体按以下规定确认:

(1)采取一次性全额收款方式销售开发产品的,应于实际收讫价款或取得索取价款凭据(权利)之日,确认收入的实现。

(2)采取分期收款方式销售开发产品的,应按销售合同或协议约定的价款和付款日确认收入的实现。付款方提前付款的,在实际付款日确认收入的实现。

(3)采取银行按揭方式销售开发产品的,应按销售合同或协议约定的价款确定收入额,其首付款应于实际收到日确认收入的实现,余款在银行按揭贷款办理转账之日确认收入的实现。

4)委托销售开发产品的收入确认原则 采取委托方式销售开发产品的,应按以下原则确认收入的实现:

(1)采取支付手续费方式、视同买断方式、基价(保底价)并实行超基价双方分成方式委托销售开发产品的,应于收到受托方已销开发产品清单之日确认收入的实现。

(2)采取包销方式委托销售开发产品的,包销期内可根据包销合同的有关约定,于收到受托方已销开发产品清单之日确认收入的实现;包销期满后尚未出售的开发产品,企业应根据包销合同或协议约定的价款和付款方式确认收入的实现。

(3)依据国税发〔2009〕31号文件第三十六条的规定,房地产开发企业以本企业为主体联合其他企业、单位、个人合作或合资开发房地产项目,且该项目未成立独立法人公司的,凡开发合同或协议中约定向投资各方(即合作、合资方,下同)分配开发产品的,企业在首次分配开发产品时,确认开发产品销售收入。如该项目已经结算计税成本,应确认为完工开发产品销售收入,如该项目未结算计税成本,应确认为未完工开发产品销售收入。

3. 销售商品收入的金额确认

一般情况下,销售商品收入金额都应按其售价确认。但需要注意以下几种特殊的商品销售方式商品销售收入的金额确认。

1)售后回购方式 采用售后回购方式销售商品的,销售的商品按售价确认收入,回购的商品作为购进商品处理。有证据表明不符合销售收入确认条件的,如以销售商品方式进行融资,收到的款项应确认为负债,回购价格大于原售价的,差额应在回购期间确认为利息费用。

2)以旧换新方式 销售商品以旧换新的,销售商品应当按照销售商品收入确认条件确认收入,回收的商品作为购进商品处理。

3)组合销售方式 企业以买一赠一等方式组合销售本企业商品的,不属于捐赠,应将总的销售金额按各项商品的公允价值的比例来分摊确认各项的销售收入。

4)产品分成方式 采取产品分成方式取得收入的,其收入额按照产品的公允价值确定。

5）融资性售后回租 《国家税务总局关于融资性售后回租业务中承租方出售资产行为有关税收问题的公告》（国家税务总局公告2010年第13号，以下简称税务总局公告2010年第13号）规定，融资性售后回租业务中，承租人出售资产的行为，不确认为销售收入。

6）开发产品销售收入金额的确认 国税发〔2009〕31号文件第五条明确，开发产品销售收入的范围为销售开发产品过程中取得的全部价款，包括现金、现金等价物及其他经济利益。企业代有关部门、单位和企业收取的各种基金、费用和附加等，凡纳入开发产品价内或由企业开具发票的，应按规定全部确认为销售收入；未纳入开发产品价内并由企业之外的其他收取部门、单位开具发票的，可作为代收代缴款项进行管理。

国税发〔2009〕31号文件第六条不仅规定了开发产品销售收入的确认时间，而且规定了开发产品销售收入金额的确认原则。对采取一次性全额收款方式、分期收款方式或银行按揭方式销售开发产品收入金额的确认，请见前述开发产品销售收入的确认时间相关内容。但要注意，国税发〔2009〕31号文件第十九条规定，企业采取银行按揭方式销售开发产品的，凡约定企业为购买方的按揭贷款提供担保的，其销售开发产品时向银行提供的保证金（担保金）不得从销售收入中减除。这三种开发产品销售方式，更多地适用于房地产开发企业自销开发产品销售收入的确认。

对采取委托方式销售开发产品的，开发产品销售收入金额应按以下原则确认：

（1）采取支付手续费方式委托销售开发产品的，应按销售合同或协议中约定的价款确认收入的实现。

（2）采取视同买断方式委托销售开发产品的，属于企业与购买方签订销售合同或协议，或企业、受托方、购买方三方共同签订销售合同或协议的，如果销售合同或协议中约定的价格高于买断价格，则应按销售合同或协议中约定的价格计算的价款确认收入的实现；如果属于前两种情况中销售合同或协议中约定的价格低于买断价格，以及属于受托方与购买方签订销售合同或协议的，则应按买断价格计算的价款确认收入的实现。

（3）采取基价（保底价）并实行超基价双方分成方式委托销售开发产品的，属于由企业与购买方签订销售合同或协议，或企业、受托方、购买方三方共同签订销售合同或协议的，如果销售合同或协议中约定的价格高于基价，则应按销售合同或协议中约定的价格计算的价款确认收入的实现，企业按规定支付受托方的分成额，不得直接从销售收入中减除；如果销售合同或协议约定的价格低于基价的，则应按基价计算的价款确认收入的实现。属于由受托方与购买方直接签订销售合同的，则应按基价加上按规定取得的分成额确认收入的实现。

（4）采取包销方式委托销售开发产品的，包销期内可根据包销合同的有关约定，参照上述规定确认收入的实现；包销期满后尚未出售的开发产品，企业应根据包销合同或协议约定的价款和付款方式确认收入的实现。

国税发〔2009〕31号文件第三十六条还明确，房地产开发企业以本企业为主体联合其他企业、单位、个人合作或合资开发房地产项目，且该项目未成立独立法人公司的，凡开发合同或协议中约定向投资各方（即合作、合资方，下同）分配开发产品的，企业在首次分配开发产品时，确认开发产品销售收入。如该项目已经结算计税成本，应将合作、合资方的投资额确认为完工开发产品销售收入,投资额与应分配给投资方开发产品的计税成本之间的差额计入当期应纳税所得额;如该项目未结算计税成本,应将合作、合资方的投资额确认为未完工开发产品销售收入,并进行相关的税务处理。

(二)提供劳务收入的确认

1. 提供劳务交易的结果能够可靠估计的条件

《企业所得税法实施条例》第二十三条规定,企业从事建筑、安装、装配工程业务或者提供其他劳务等,持续时间超过12个月的,按照纳税年度内完工进度或者完成的工作量确认收入的实现。国税函〔2008〕875号文件要求,企业在各个纳税期末,提供劳务交易的结果能够可靠估计的,应采用完工进度(完工百分比)法确认提供劳务收入。提供劳务交易的结果能够可靠估计,是指同时满足下列条件:

(1)收入的金额能够可靠地计量;

(2)交易的完工进度能够可靠地确定;

(3)交易中已发生和将发生的成本能够可靠地核算。

这里,我们又可以看到,与2006年的《企业会计准则第14号——收入》中的提供劳务收入确认条件和《企业会计准则第15号——建造合同》相比,税收规定的提供劳务收入确认条件中也没有"相关的经济利益能够流入企业"这一条件。与2017年的《企业会计准则第14号——收入》中的收入确认条件相比,也有差别。

《企业所得税法》及其实施条例和相关文件没有对提供劳务交易的结果不能够可靠估计的情况下如何确认收入做出规定,因此,应按企业会计制度或企业会计准则的规定处理。

2. 提供劳务收入的确认时间

国税函〔2008〕875号文件规定,下列提供劳务满足收入确认条件的,应按规定确认收入:

(1)安装费。应根据安装完工进度确认收入。安装工作是商品销售附带条件的,安装费在确认商品销售实现时确认收入。

(2)宣传媒介的收费。应在相关的广告或商业行为出现于公众面前时确认收入。广告的制作费,应根据制作广告的完工进度确认收入。

(3)软件费。为特定客户开发软件的收费,应根据开发的完工进度确认收入。

(4)服务费。包含在商品售价内可区分的服务费,在提供服务的期间分期确认收入。

(5)艺术表演、招待宴会和其他特殊活动的收费。在相关活动发生时确认收入。收费涉及几项活动的,预收的款项应合理分配给每项活动,分别确认收入。

(6)会员费。申请入会或加入会员,只允许取得会籍,所有其他服务或商品都要另行收费的,在取得该会员费时确认收入。申请入会或加入会员后,会员在会员期内不再付费就可得到各种服务或商品,或者以低于非会员的价格销售商品或提供服务的,该会员费应在整个受益期内分期确认收入。

(7)特许权费。属于提供设备和其他有形资产的特许权费,在交付资产或转移资产所有权时确认收入;属于提供初始及后续服务的特许权费,在提供服务时确认收入。

(8)劳务费。长期为客户提供重复的劳务收取的劳务费,在相关劳务活动发生时确认收入。

3. 提供劳务收入的金额确认

企业应按照从接受劳务方已收或应收的合同或协议价款确定劳务收入总额,根据纳税期末提供劳务收入总额乘以完工进度扣除以前纳税年度累计已确认提供劳务收入后的金额,确认为当期劳务收入;同时,按照提供劳务估计总成本乘以完工进度扣除以前纳税期间累计已确认劳务成本后的金额,结转为当期劳务成本。企业提供劳务完工进度的确定,可选用下列方法:

(1)已完工作的测量;

(2)已提供劳务占劳务总量的比例;

(3)发生成本占总成本的比例。

(三)转让财产收入的确认

关于转让固定资产、无形资产、生产性生物资产收入的确认,企业所得税中没有做出专门的规定。但企业所得税中对转让股权收入、国债转让收入的确认有专门规定。

1. 转让股权收入的确认

1)转让股权收入的确认时间　依据现行企业所得税的有关规定,在三种情形下会产生转让股权收入:

(1)中途转让。《国家税务总局关于贯彻落实企业所得税法若干税收问题的通知》(国税函〔2010〕79号,以下简称国税函〔2010〕79号文件)规定,企业转让股权收入,应于转让协议生效、且完成股权变更手续时,确认收入的实现。

(2)企业清算。依据《企业所得税法实施条例》第十一条和《财政部　国家税务总局关于企业清算业务企业所得税处理若干问题的通知》(财税〔2009〕60号,以下简称财税〔2009〕60号文件)第五条的规定,被清算企业的股东分得的剩余资产的金额,其中相当于被清算企业累计未分配利润和累计盈余公积中按该股东所占股份比例计算的部分,应确认为股息所得;剩余资产减除股息所得后的余额,超过或低于股东投资成本的部分,应确认为股东的投资转让所得或损失。也就是说,在企业清算阶段,被清算企业的股东应确认从被清算企业取得的转让股权收入,实际上是从被清算企业收回投资所取得的除股息收入以外的收入。

(3)撤资减资。《国家税务总局关于企业所得税若干问题的公告》(国家税务总局公告2011年第34号,以下简称税务总局公告2011年第34号)第五条规定,投资企业从被投资企业撤回或减少投资,其取得的资产中,相当于初始出资的部分,应确认为投资收回;相当于被投资企业累计未分配利润和累计盈余公积按减少实收资本比例计算的部分,应确认为股息所得;其余部分确认为投资资产转让所得。

2)转让股权收入的金额确认　在前述三种情形下,转让股权收入的金额确认原则是有区别的:

(1)中途转让。依据国税函〔2010〕79号文件的规定,企业在计算股权转让收入时,不得扣除被投资企业未分配利润等股东留存收益中按该项股权所可能分配的金额。

(2)企业清算。依据《企业所得税法实施条例》第十一条和财税〔2009〕60号文件第五条的规定,被清算企业的股东收回投资应确认的股权转让收入 = 分得剩余资产 − 确认的股息所得。如果余额为正数,确认股权转让收入;如果余额为负数,则不确认该种情形下的股权转让收入。

(3)撤资减资。依据税务总局公告2011年第34号的规定,投资企业从被投资企业撤回或减少投资应确认的股权转让收入 = 取得的资产 − 相当于初始出资的投资收回金额 −

确认的股息所得。如果余额为正数,实际上就是股权转让所得;如果余额为负数,则不确认该种情形下的股权转让收入。

3)股权转让所得或损失的确认　由于三种情形转让股权收入的确认原则不同,导致股权转让所得或损失的确认也有所不同:

(1)中途转让。股权转让所得或损失＝转让股权收入－股权投资成本。这里的转让股权收入包含被投资企业未分配利润等股东留存收益中按该项股权所可能分配的金额。

(2)企业清算。股权转让所得或损失＝转让股权收入－股权投资成本。这里的转让股权收入不包含被清算企业未分配利润等股东留存收益中按该项股权所可能分配的金额。

(3)撤资减资。在投资企业取得的资产减去相当于初始出资的投资收回金额和确认的股息所得后有余额的情况下,才会产生股权转让所得;在投资企业取得的资产减去相当于初始出资的投资收回金额和确认的股息所得后余额为0的情况下,不会产生股权转让所得,也不会产生股权转让损失。但是,在投资企业取得的资产减去相当于初始出资的投资收回金额后余额为负的情况下,就会产生股权转让损失。

2. 国债转让收入的确认

依据《企业所得税法实施条例》第十六条的规定,企业转让国债,应作为转让财产处理,其取得的收益(损失)应作为企业应纳税所得额计算纳税。

1)国债转让收入的确认时间　依据《国家税务总局关于企业国债投资业务企业所得税处理问题的公告》(国家税务总局公告2011年第36号,以下简称税务总局公告2011年第36号)的规定,在两种情形下会产生国债转让收入:

(1)中途转让。企业转让国债,应在转让国债合同、协议生效的日期,或者国债移交时确认转让收入的实现。

(2)到期兑付。企业投资购买国债,到期兑付的,应在国债发行时约定的应付利息的日期,确认国债转让收入的实现。

2)国债转让收入的金额确认　税务总局公告2011年第36号规定,企业转让或到期兑付国债取得的价款,减除其购买国债成本,并扣除其持有期间按照本公告计算的国债利息收入以及交易过程中相关税费后的余额,为企业转让国债收益(损失)。由此可见:

国债转让收入＝企业转让或到期兑付国债取得的价款－持有期间的国债利息收入

国债转让收益或损失＝国债转让收入－购买国债成本－相关税费

关于国债成本确定和计算方法,税务总局公告2011年第36号明确:

(1)通过支付现金方式取得的国债,以买入价和支付的相关税费为成本。

(2)通过支付现金以外的方式取得的国债,以该资产的公允价值和支付的相关税费为成本。

企业在不同时间购买同一品种国债的,其转让时的成本计算方法,可在先进先出法、加权平均法、个别计价法中选用一种。计价方法一经选用,不得随意改变。

(四)股息、红利等权益性投资收益的确认

1. 股息、红利等权益性投资收益的确认时间

《企业所得税法实施条例》第十七条规定,股息、红利等权益性投资收益,除国务院财政、税务主管部门另有规定外,按照被投资方作出利润分配决定的日期确认收入的实现。

由于《公司法》规定,只有公司的股东会或股东大会才有权审议批准公司的利润分配方案,且股利的具体支付方式有现金股利、股票股利、现金+股票、财产股利等,因此,国税函〔2010〕79 号文件第四条重新明确,企业权益性投资取得股息、红利等收入,应以被投资企业股东会或股东大会作出利润分配或转股决定的日期,确定收入的实现。

除以被投资企业股东会或股东大会作出利润分配或转股决定的日期确定股息、红利等权益性投资收益的实现外,以下六种情形也有确认股息性所得问题:

(1)清算分配。依据《企业所得税法实施条例》第十一条和财税〔2009〕60 号文件第五条的规定,被清算企业的股东分得的剩余资产的金额,其中相当于被清算企业累计未分配利润和累计盈余公积中按该股东所占股份比例计算的部分,应确认为股息所得。

(2)撤资减资。依据税务总局公告 2011 年第 34 号第五条的规定,投资企业从被投资企业撤回或减少投资,其取得的资产中,相当于初始出资的部分,应确认为投资收回;相当于被投资企业累计未分配利润和累计盈余公积按减少实收资本比例计算的部分,应确认为股息所得。

(3)合作开发房地产。依据国税发〔2009〕31 号文件第三十六条规定,房地产开发经营企业以本企业为主体联合其他企业、单位、个人合作或合资开发房地产项目,且该项目未成立独立法人公司的,凡开发合同或协议中约定分配项目利润的,投资方取得该项目的营业利润应视同股息、红利进行相关的税务处理。

(4)受控外国企业对利润不作分配或者减少分配。《企业所得税法》第四十五条规定,由居民企业,或者由居民企业和中国居民控制的设立在实际税负明显低于本法第四条第一款规定税率水平的国家(地区)的企业,并非由于合理的经营需要而对利润不作分配或者减少分配的,上述利润中应归属于该居民企业的部分,应当计入该居民企业的当期收入。

(5)关联方利息支出的特别纳税调整。《国家税务总局关于印发〈特别纳税调整实施办法(试行)〉的通知》(国税发〔2009〕2 号,以下简称国税发〔2009〕2 号文件)第八十八条规定,《企业所得税法》第四十六条规定不得在计算应纳税所得额时扣除的利息支出,不得结转到以后纳税年度;应按照实际支付给各关联方利息占关联方利息总额的比例,在各关联方之间进行分配,其中,分配给实际税负高于企业的境内关联方的利息准予扣除;直接或间接实际支付给境外关联方的利息应视同分配的股息。

(6)适用股息、红利企业所得税政策的永续债利息收入。依据《财政部 国家税务总局关于永续债企业所得税政策问题的公告》(财政部 国家税务总局公告 2019 年第 64 号,以下简称财税公告 2019 年第 64 号)第一条的规定,企业发行的永续债,可以适用股息、红利企业所得税政策,投资方取得的永续债利息收入属于股息、红利性质,按照现行企业所得税政策相关规定进行处理。

2. 股息、红利等权益性投资收益的金额确认

(1)现金股利。股息、红利等权益性投资收益就是股东根据被投资企业股东会或股东大会作出的利润分配决定实际应分得的现金金额。

(2)财产股利。如果企业取得股利的形式是财产股利,这属于以非货币形式取得收入,依据《企业所得税法实施条例》第十三条的规定,应当按照公允价值确定股息、红利等权益性投资收益金额。

(3)股票股利。如果企业取得股利的形式是股票股利,也就是被投资企业进行转股(增资),首先要区分是用未分配利润或盈余公积转股,还是用资本公积转股。

如果被投资企业用未分配利润或盈余公积转股,应视同利润分配,以被投资企业转股(增资)的账面金额(即减少的利润分配——未分配利润或盈余公积金额)确认投资企业的股息、红利等权益性投资收益金额,同时按相同金额确认取得股票(股权、股份)的计税基础。在这里,股票股利不能等同于财产股利,不能认定为取得非货币形式的收入,这是因为:①作出转股决定的日期虽然按税收规定应确认企业的股息、红利等权益性投资收益,但该股票(股权、股份)还没有登记到股东名下,还没有成为投资企业的一项资产;②由于在作出转股决定的日期该股票(股权、股份)还没有登记到股东名下,它也就不能交易,也就不存在所谓的公允价值。

如果被投资企业用资本公积转股,还要进一步区分是用股权溢价形成的资本公积转股,还是用非股权溢价形成的资本公积转股。属于用股权溢价形成的资本公积转股的,国税函〔2010〕79号文件第四条明确,被投资企业将股权(票)溢价所形成的资本公积转为股本的,不作为投资方企业的股息、红利收入,投资方企业也不得增加该项长期投资的计税基础。因为被投资企业的股权(票)溢价实际上是投资者投入被投资企业的投资额超过被投资企业实收资本(股本)的余额,而投资者投入被投资企业的投资额在投资时已确认为投资者对被投资企业的投资成本。属于用非股权溢价形成的资本公积转股的,就与用未分配利润或盈余公积转股一样,应视同利润分配。

(五)利息收入的确认

1. 利息收入确认的基本规定

《企业所得税法实施条例》第十八条规定,利息收入,按照合同约定的债务人应付利息的日期确认收入的实现。《国家税务总局关于企业所得税若干税务事项衔接问题的通知》(国税函〔2009〕98号,以下简称国税函〔2009〕98号文件)第三条明确,新税法实施前已按其他方式计入当期收入的利息收入,在新税法实施后,凡与按合同约定支付时间确认的收入额发生变化的,应将该收入额减去以前年度已按照其他方式确认的收入额后的差额,确认为当期收入。

2. 金融企业贷款利息收入的确认

《国家税务总局关于金融企业贷款利息收入确认问题的公告》(税务总局公告2010年第23号)规定,金融企业的贷款利息收入,按下列办法确认:

(1)金融企业按规定发放的贷款,属于未逾期贷款(含展期,下同),应根据先收利息后收本金的原则,按贷款合同确认的利率和结算利息的期限计算利息,并于债务人应付利息的日期确认收入的实现;属于逾期贷款,其逾期后发生的应收利息,应于实际收到的日期,或者虽未实际收到,但会计上确认为利息收入的日期,确认收入的实现。

(2)金融企业已确认为利息收入的应收利息,逾期90天仍未收回,且会计上已冲减了当期利息收入的,准予抵扣当期应纳税所得额。

(3)金融企业已冲减了利息收入的应收未收利息,以后年度收回时,应计入当期应纳税所得额计算纳税。

3. 企业混合性投资业务中的利息收入

企业混合性投资业务,是指兼具权益和债权双重特性的投资业务。《国家税务总局关于企业混合性投资业务企业所得税处理问题的公告》(国家税务总局公告2013年第41号,以下简称税务总局公告2013年第41号)规定,自2013年9月1日起,对符合规定条件的混合性投资业务,被投资企业支付的利息,投资企业应于被投资企业应付利息的日期,确认收入的实现并计入当期应纳税所得额。符合规定条件的混合性投资业务,是指同时符合下列条件的混合性投资业务:

(1)被投资企业接受投资后,需要按投资合同或协议约定的利率定期支付利息(或定期支付保底利息、固定利润、固定股息);

(2)有明确的投资期限或特定的投资条件,并在投资期满或者满足特定投资条件后,被投资企业需要赎回投资或偿还本金;

(3)投资企业对被投资企业净资产不拥有所有权;

(4)投资企业不具有选举权和被选举权;

(5)投资企业不参与被投资企业日常生产经营活动。

4. 国债利息收入的确认

1)国债利息收入确认时间　依据税务总局公告2011年第36号的规定,自2011年1月1日起,在两种情形下会产生国债利息收入:

(1)到期兑付。企业投资国债从国务院财政部门(简称发行者)取得的国债利息收入,应以国债发行时约定应付利息的日期,确认利息收入的实现。

(2)中途转让。企业转让国债,应在国债转让收入确认时确认利息收入的实现。国债转让收入的确认时间是转让国债合同、协议生效的日期,或者国债移交时。

2)国债利息收入的金额确认　依据税务总局公告2011年第36号的规定,企业到期前转让国债、或者从非发行者投资购买的国债,其持有期间尚未兑付的国债利息收入,按以下公式计算确定:

国债利息收入 = 国债金额 × (适用年利率 ÷ 365) × 持有天数

这一计算公式实际上是按持有天数计算利息收入的。上述公式中的"国债金额",按国债发行面值或发行价格确定;"适用年利率"按国债票面年利率或折合年收益率确定;如企业不同时间多次购买同一品种国债的,"持有天数"可按平均持有天数计算确定。

5. 永续债利息收入

依据财税公告2019年第64号第二条的规定,企业发行符合规定条件的永续债,也可以按照债券利息适用企业所得税政策,投资方取得的永续债利息收入应当依法纳税。符合规定条件的永续债,是指符合下列条件中5条(含)以上的永续债:

(1)被投资企业对该项投资具有还本义务;

(2)有明确约定的利率和付息频率;

(3)有一定的投资期限;

(4)投资方对被投资企业净资产不拥有所有权;

(5)投资方不参与被投资企业日常生产经营活动;

(6)被投资企业可以赎回,或满足特定条件后可以赎回;

(7)被投资企业将该项投资计入负债;

(8)该项投资不承担被投资企业股东同等的经营风险;

(9)该项投资的清偿顺序位于被投资企业股东持有的股份之前。

(六) 租金收入的确认

《企业所得税法实施条例》第十九条规定,租金收入,按照合同约定的承租人应付租金的日期确认收入的实现。但如果交易合同或协议中规定租赁期限跨年度,且租金提前一次性支付的,依据国税函〔2010〕79号文件第一条的规定,按照收入与费用配比原则,出租人可对上述已确认的收入,在租赁期内,分期均匀计入相关年度收入。

国税函〔2009〕98号文件第三条明确,新税法实施前已按其他方式计入当期收入的租金收入,在新税法实施后,凡与按合同约定支付时间确认的收入额发生变化的,应将该收入额减去以前年度已按照其它方式确认的收入额后的差额,确认为当期收入。

国税发〔2009〕31号文件第十条规定,房地产开发经营企业新建的开发产品在尚未完工或办理房地产初始登记、取得产权证前,与承租人签订租赁预约协议的,自开发产品交付承租人使用之日起,出租方取得的预租价款按租金确认收入的实现。

(七) 特许权使用费收入的确认

《企业所得税法实施条例》第二十条规定,特许权使用费收入,按照合同约定的特许权使用人应付特许权使用费的日期确认收入的实现。

国税函〔2008〕875号文件要求,属于提供设备和其他有形资产的特许权费,在交付资产或转移资产所有权时确认收入;属于提供初始及后续服务的特许权费,在提供服务时确认收入。

国税函〔2009〕98号文件第三条明确,新税法实施前已按其他方式计入当期收入的特许权使用费收入,在新税法实施后,凡与按合同约定支付时间确认的收入额发生变化的,应将该收入额减去以前年度已按照其他方式确认的收入额后的差额,确认为当期收入。

(八) 接受捐赠收入的确认

《企业所得税法实施条例》第二十一条规定,接受捐赠收入,按照实际收到捐赠资产的日期确认收入的实现。如果接受捐赠的是非货币性资产,则应按其公允价值确认接受捐赠收入。

(九) 其他收入中债务重组收入的确认

国税函〔2010〕79号文件第二条要求,企业发生债务重组,应在债务重组合同或协议生效时确认收入的实现。

依据财税〔2009〕59号文件的规定,企业债务重组适用一般性税务处理的,债务人应当按照支付的债务清偿额低于债务计税基础的差额,确认债务重组所得。适用特殊性税务处理的,企业债务重组确认的应纳税所得额占该企业当年应纳税所得额50%以上,可以在5个纳税年度的期间内,均匀计入各年度的应纳税所得额;企业发生债权转股权业务,对债务清偿和股权投资两项业务暂不确认有关债务清偿所得或损失。但何时再确认有关债务清偿所得,财税〔2009〕59号文件和相关文件均没有明确规定。由于财税〔2009〕59号文件规定,债权转股权业务适用特殊性税务处理的,债权人取得股权投资的计税基础应以原债权的计税基础确定,也就是说,按企业会计准则要求应确认为营业外支出的债务重组损失计入了因债权转股权取得的股权投资的计税基础。那么,债权人在转让或处置因债权转股权取得的股权投资时,该债务重组损失就在计税基础中得到了扣除。因此,我们建议,债务人暂不确认的债务清偿所得,应在债权人转让或处置因债权转股权取得的股权投资时确认。

第三节　收入类调整项目的填报

在《纳税调整项目明细表》中,除"其他"项目外,收入类调整项目共 8 个,其中 3 个项目有二级附表,1 个项目的部分内容有二级附表,4 个项目没有二级附表。有二级附表的收入类调整项目分别是:视同销售收入、未按权责发生制确认的收入与投资收益。部分内容有二级附表的收入类调整项目是不征税收入(其中:专项用途财政性资金有二级附表)。没有二级附表的收入类调整项目分别是:按权益法核算长期股权投资对初始投资成本调整确认收益,交易性金融资产初始投资调整,公允价值变动净损益及销售折扣、折让和退回。

一、有二级附表的收入类调整项目的填报

(一)视同销售收入及相应附表的填报

1. 视同销售收入的范围

依据《企业所得税法实施条例》第二十五条的规定,除国务院财政、税务主管部门另有规定外,企业发生非货币性资产交换,以及将货物、财产、劳务用于捐赠、偿债、赞助、集资、广告、样品、职工福利或者利润分配等用途的,应当视同销售货物、转让财产或者提供劳务。

《国家税务总局关于企业处置资产所得税处理问题的通知》(国税函〔2008〕828 号,以下简称国税函〔2008〕828 号文件)对企业处置资产的所得税处理问题做出了进一步规定,按资产所有权属是否发生改变,将企业处置资产分为内部处置资产和非内部处置资产,内部处置资产不视同销售,非内部处置资产应视同销售。

1)内部处置资产　企业发生下列情形的处置资产,除将资产转移至境外以外,由于资产所有权属在形式和实质上均不发生改变,可作为内部处置资产,不视同销售确认收入,相关资产的计税基础延续计算。

(1)将资产用于生产、制造、加工另一产品;

(2)改变资产形状、结构或性能;

(3)改变资产用途(如,自建商品房转为自用或经营);

(4)将资产在总机构及其分支机构之间转移;

(5)上述两种或两种以上情形的混合;

(6)其他不改变资产所有权属的用途。

2)非内部处置资产　企业将资产移送他人的下列情形,因资产所有权属已发生改变而不属于内部处置资产,应按规定视同销售确定收入。

(1)用于市场推广或销售;

(2)用于交际应酬;

(3)用于职工奖励或福利;

(4)用于股息分配;

(5)用于对外捐赠;

(6)其他改变资产所有权属的用途。

对照《企业所得税法实施条例》第二十五条,国税函〔2008〕828号文件实际上增加了两个用途——交际应酬和职工奖励,扩展了两个用途——由广告、样品扩展为用于市场推广或销售,还增加了一个兜底条款——其他改变资产所有权属的用途。

这里需要注意的是,国税函〔2008〕828号文件只适用于资产的视同销售,不适用于劳务的视同销售。

在国税发〔2009〕31号文件中也明确了开发产品视同销售的范围。国税发〔2009〕31号文件第七条规定,企业将开发产品用于捐赠、赞助、职工福利、奖励、对外投资、分配给股东或投资人、抵偿债务、换取其他企事业单位和个人的非货币性资产等行为,应视同销售确认收入(或利润)的实现。与《企业所得税法实施条例》第二十五条和国税函〔2008〕828号文件比较,少了集资、广告、样品、交际应酬四个用途。即开发产品没有发生资产所有权属的转移,就不视同销售。

2. 视同销售收入确认时间

依照国税函〔2008〕828号文件,对资产来说,应在资产所有权属发生转移时确认视同销售收入。

对开发产品的视同销售收入,国税发〔2009〕31号文件第七条明确,于开发产品所有权或使用权转移,或于实际取得利益权利时确认收入(或利润)的实现。

3. 视同销售收入金额确认

在这其中,有一个政策变化的过程。

最早,国税函〔2008〕828号文件第三条要求,企业发生非内部处置资产情形时,属于企业自制的资产,应按企业同类资产同期对外销售价格确定销售收入;属于外购的资产,可按购入时的价格确定销售收入。

但由于外购资产购入时间与发生视同销售时间相距较长,购入时的价格与发生视同销售时的公允价值相差较大,《国家税务总局关于做好2009年度企业所得税汇算清缴工作的通知》(国税函〔2010〕148号,已被税务总局公告2014年第63号废止)明确规定,国税函〔2008〕828号文件第三条规定的企业处置外购资产按购入时的价格确定销售收入,是指企业处置该项资产不是以销售为目的,而是具有替代职工福利等费用支出性质,且购买后一般在一个纳税年度内处置。

后来,税务总局公告2014年第63号在发布的《中华人民共和国企业所得税年度纳税申报表(A类,2014年版)》的《视同销售和房地产开发企业特定业务纳税调整明细表》填报说明中明确,第5行"(四)用于职工奖励或福利视同销售收入"填报发生将货物、财产用于职工奖励或福利,会计处理不确认销售收入,而税法规定确认为应税收入的金额。企业外购资产或服务不以销售为目的,用于替代职工福利费用支出,且购置后在一个纳税年度内处置的,可以按照购入价格确认视同销售收入。这一规定缩小了企业处置外购资产按购入时的价格确定销售收入的范围。

再后来,在税务总局公告2017年第54号发布的企业所得税年度纳税申报表的《视同销售和房地产开发企业特定业务纳税调整明细表》填报说明中进一步明确,第5行"(四)用于职工奖励或福利视同销售收入"填报发生将货物、财产用于职工奖励或福利,会计处理不确认销售收入,而税收规定确认为应税收入的金额。企业外购资产或服务不以销售为目的,用于替代职工福利费用支出,且购置后在一个纳税年度内处置的,以公允价值确定视同销售收入。将"按照购入价格确认视同销售收入"改为"以公允价值确定视同销售收入"。

最后,《国家税务总局关于企业所得税有关问题的公告》(国家税务总局公告2016年第80号,以下简称税务总局公告2016年第80号)规定,企业发生国税函〔2008〕828号文件第二条规定情形的,除另有规定外,应按照被移送资产的公允价值确定销售收入。国税函〔2008〕828号文件第三条同时废止。一是回归到了国税函〔2008〕828号文件规定的视同销售的范围,二是终于明确"按照被移送资产的公允价值确定销售收入"。

关于开发产品视同销售收入金额的确认,国税发〔2009〕31号文件第七条明确,确认收入(或利润)的方法和顺序为:

(1)按本企业近期或本年度最近月份同类开发产品市场销售价格确定;

(2)由主管税务机关参照当地同类开发产品市场公允价值确定;

(3)按开发产品的成本利润率确定。开发产品的成本利润率不得低于15%,具体比例由主管税务机关确定。

国税发〔2009〕31号文件第三十七条规定,企业以换取开发产品为目的,将土地使用权投资其他企业房地产开发项目的,按以下规定进行处理:

企业应在首次取得开发产品时,将其分解为转让土地使用权和购入开发产品两项经济业务进行所得税处理,并按应从该项目取得的开发产品(包括首次取得的和以后应取得的)的市场公允价值计算确认土地使用权转让所得或损失。

关于公益股权捐赠视同销售收入金额的确认,《财政部 国家税务总局关于公益股权捐赠企业所得税政策问题的通知》(财税〔2016〕45号,以下简称财税〔2016〕45号文件)明确规定,企业向公益性社会团体实施的股权捐赠,应按规定视同转让股权,股权转让收入额以企业所捐赠股权取得时的历史成本确定。其中,股权是指企业持有的其他企业的股权、上市公司股票等,股权捐赠行为是指企业向中华人民共和国境内公益性社会团体实施的股权捐赠行为。但是,企业向中华人民共和国境外的社会组织或团体实施的股权捐赠行为不适用本通知规定。

4. 视同销售收入的税会差异比较

一般情况下,视同销售是指会计上不作收入核算,税法上应作收入确认的事项。但由于现行会计体系比较复杂,既有适用企业会计准则,又有适用企业会计制度,还有适用行业会计制度的,对税法上的视同销售的会计处理,有的已作为收入核算,有的没有作为收入核算。因此,如果企业在会计处理中对有关事项已经依照国家统一的会计制度作收入核算,且收入金额符合税收规定,应在《一般企业收入明细表》《金融企业收入明细表》和《事业单位、民间非营利组织收入、支出明细表》中填报,不需要在纳税调整项目明细表中进行纳税调整。

5. 视同销售收入的填报

对需要纳税调整的视同销售收入,纳税人应填报《视同销售和房地产开发企业特定业务纳税调整明细表》(A105010)的第一部分。填报时,纳税人应根据所发生视同销售业务分别9种情形填报表A105010第2至第10行,并将其合计数填报第1行。表A105010第1至第10行第1列"税收金额"填报会计处理不作为销售核算、税收规定作为应税收入的金额,第2列"纳税调整金额"等于第1列"税收金额",这两列均填正数。

9种情形中,非货币性资产交换视同销售收入、提供劳务视同销售收入两种情形来源于《企业所得税法实施条例》,用于市场推广或销售(《企业所得税法实施条例》中为用于广告、样品)视同销售收入、用于交际应酬视同销售收入、用于职工奖励或福利(《企业所得税法实施条例》仅有用于职工福利)视同销售收入、用于股息分配(《企业所得税法实施条例》中为用于利润分配)视同销售收入、用于对外捐赠(《企业所得税法实施条例》中为用于捐赠)视同销售收入和其他6种情形来源于国税函〔2008〕828号文件,用于对外投资项目视同销售收入是依据相关文件添加的情形。但没有列举到《企业所得税法实施条例》中的偿债、赞助、集资3种情形。

表A105010第1行第1列的金额应填入表A105000第2行"(一)视同销售收入"第2列"税收金额",表A105010第1行第2列的金额应填入表A105000第2行"(一)视同销售收入"第3列"调增金额"。

【例6-1】例3-1和例5-10中的华方有限责任公司2019年度的60万元业务招待费中,假设有20万元(含税价)是外购的商品用于交际应酬,且依据增值税的规定,这部分外购商品的增值税进项税额没有得到抵扣。

华方有限责任公司的会计处理为:

借:库存商品　　　　　　　　　　　　　　　　　　　　　　　　200 000
　　贷:银行存款　　　　　　　　　　　　　　　　　　　　　　　　200 000
借:管理费用——业务招待费　　　　　　　　　　　　　　　　　　200 000
　　贷:库存商品　　　　　　　　　　　　　　　　　　　　　　　　200 000

税务处理:将外购商品用于交际应酬,在企业所得税中应视同销售确认视同销售收入,金额按其公允价值确认。华方有限责任公司视同销售收入的纳税调整填报如表6-1所示。

表6-1　视同销售收入的纳税调整填报示例

A105010　　　　　　视同销售和房地产开发企业特定业务纳税调整明细表(部分)　　　　　　金额单位:元

行次	项目	税收金额	纳税调整金额
		1	2
1	一、视同销售(营业)收入(2+3+4+5+6+7+8+9+10)	200 000.00	200 000.00
2	(一)非货币性资产交换视同销售收入	0.00	0.00
3	(二)用于市场推广或销售视同销售收入	0.00	0.00
4	(三)用于交际应酬视同销售收入	200 000.00	200 000.00
5	(四)用于职工奖励或福利视同销售收入	0.00	0.00
6	(五)用于股息分配视同销售收入	0.00	0.00
7	(六)用于对外捐赠视同销售收入	0.00	0.00
8	(七)用于对外投资项目视同销售收入	0.00	0.00
9	(八)提供劳务视同销售收入	0.00	0.00
10	(九)其他	0.00	0.00
	……		

(二)未按权责发生制原则确认的收入及相应附表的填报

1. 未按权责发生制原则确认收入的填报内容

《未按权责发生制确认收入纳税调整明细表》(A105020)行次分四个部分——跨期收取的租金、利息、特许权使用费收入,分期确认收入,政府补助递延收入和其他未按权责发生制确认收入。未按权责发生制原则确认的收入主要包括:

（1）跨年度收到的租金、利息、特许权使用费收入。会计上按权责发生制确认收入，《企业所得税法实施条例》第十八、十九、二十条要求按"应付"日期确认收入，两者存在差异，需要在此填报。国税函〔2010〕79号文件第一条规定，如果交易合同或协议中规定租赁期限跨年度，且租金提前一次性支付的，出租人可对上述已确认的收入，在租赁期内，分期均匀计入相关年度收入。如果纳税人会计上确认的租金收入与按《企业所得税法实施条例》或国税函〔2010〕79号文件的规定确认的租金收入一致，则无需在此填报。关于特许权费，国税函〔2008〕875号文件明确，属于提供设备和其他有形资产的特许权费，在交付资产或转移资产所有权时确认收入；属于提供初始及后续服务的特许权费，在提供服务时确认收入。如果纳税人会计上确认的特许权费收入与此不一致，也需要在此填报。

（2）分期确认的销售货物、建造合同、提供劳务收入。企业采用分期收款方式销售货物，会计上按权责发生制确认收入时，如果该业务具有实质性融资性质，在销售成立时以公允价值（分期收款总额的现值或商品采用一次性付款时的售价）一次性确认销售收入，同时要核算未实现融资收益，而《企业所得税法实施条例》第二十三条要求按照合同约定的收款日期确认收入的实现，不考虑未实现融资收益，两者有差异，需要在此填报。对持续时间超过12个月的建造合同和提供劳务收入，结果能够可靠估计的，企业会计制度或准则和国税函〔2008〕875号文件均要求采用完工进度（完工百分比）法确认收入，如两者确认收入一致，则无需在此填报。

（3）不符合税收规定不征税收入条件的政府补助递延收入。纳税人务请注意，此处只填报不符合不征税收入条件的政府补助收入的税会差异，符合不征税收入条件的政府补助收入，应填报《纳税调整项目明细表》（A105000）第8行"不征税收入"，其中，符合不征税收入条件的专项用途财政性资金，还应填报《专项用途财政性资金纳税调整明细表》（A105040）。在不符合不征税收入条件的前提下，企业取得与收益相关的政府补助，如用于补偿企业已发生的相关成本费用或损失，会计上直接计入当期损益或冲减相关成本，与税法无差异，不需调整；如用于补偿企业以后期间发生的相关成本费用或损失，会计上在收到当期确认为递延收益，在确认相关成本费用或损失的期间，计入当期损益或冲减相关成本，则收到当期要调增所得，计入损益或冲减相关成本期间要调减所得。企业取得与资产相关的政府补助，会计上在收到当期应当冲减相关资产的账面价值或确认为递延收益，与资产相关的政府补助确认为递延收益的，应当在相关资产使用寿命内按照合理、系统的方法分期计入损益。相关资产在使用寿命结束前被出售、转让、报废或发生毁损的，应当将尚未分配的相关递延收益余额转入资产处置当期的损益。因此，企业取得与资产相关的政府补助，收到当期要调增所得，计入损益期间、余额处置时要调减所得。

（4）企业收到政府从财政预算直接拨付的搬迁补偿款。在此要特别提醒，此类款项在会计处理上，依据《财政部关于印发企业会计准则解释第3号的通知》（财会〔2009〕8号）的规定，应作为专项应付款处理。其中，属于对企业在搬迁和重建过程中发生的固定资产和无形资产损失、有关费用性支出、停工损失及搬迁后拟新建资产进行补偿的，应自专项应付款转入递延收益，并按照《企业会计准则第16号——政府补助》进行会计处理。企业取得的搬迁补偿款扣除转入递延收益的金额后如有结余的，应当作为资本公积处理。在税务处理上，依据国家税务总局公告2012年第40号和《国家税务总局关于企业政策性搬迁所得税有关问题的公告》（国家税务总局公告2013年第11号，以下简称税务总局公告

2013年第11号)的规定,属于政策性搬迁且单独进行税务管理和核算的,企业在搬迁期间取得的搬迁收入和发生的搬迁支出,可以暂不计入当期应纳税所得额,而在完成搬迁的年度对搬迁收入和搬迁支出进行汇总清算。上述搬迁期间的会计处理与税务处理没有差异,不需要进行纳税调整。搬迁完成年度进行汇总清算的,应填报《政策性搬迁纳税调整明细表》(A105110)。属于企业自行搬迁或商业性搬迁等非政策性搬迁的,或属于政策性搬迁但企业未单独进行税务管理和核算的,企业在搬迁期间取得的搬迁收入和搬迁支出,应计入当期应纳税所得额,这与企业在搬迁期间和搬迁完成年度对政府搬迁补偿款的上述会计处理存在明显差异,政府搬迁补偿款应通过表A105020进行纳税调增。无论是政策性搬迁还是非政策性搬迁,搬迁完成后,企业将递延收益随购建资产的使用或处置转入当期损益的,均应通过表A105020进行纳税调减。

(5)其他未按权责发生制确认收入。例如,在政策性搬迁业务中,作为搬迁收入组成部分的企业搬迁资产处置收入和处置支出,同样暂不计入当期应纳税所得额,而在完成搬迁的年度进行汇总清算。在会计处理上,企业搬迁资产处置收入和处置支出分别通过"固定资产清理"贷方和借方核算,最终计入当期损益。因此,对计入企业当期损益的搬迁资产处置收入应通过表A105020进行纳税调减。

2. 未按权责发生制原则确认收入的填报

纳税人有会计处理按权责发生制确认收入、税收规定未按权责发生制确认收入需纳税调整的项目,应填报表A105020。纳税调整金额主要通过表A105020同一行次"账载金额"的"本年"数与"税收金额"的"本年"数比较确定。

(1)表A105020第1列"合同金额或交易金额":填报会计处理按照权责发生制确认收入、税收规定未按权责发生制确认收入的项目的合同总额或交易总额。

(2)表A105020第2列"账载金额-本年":填报纳税人会计处理按权责发生制在本年确认收入的金额。

(3)表A105020第3列"账载金额-累计":填报纳税人会计处理按权责发生制历年累计确认收入的金额。

(4)表A105020第4列"税收金额-本年":填报纳税人按税收规定应在本年确认收入的金额。

(5)表A105020第5列"税收金额-累计":填报纳税人按税收规定历年累计确认收入的金额。

(6)表A105020第6列"纳税调整金额":填报纳税人会计处理按权责发生制确认收入、税收规定未按权责发生制确认收入的差异须纳税调整金额,为第4-2列的余额。

表A105020第14行第2列的金额应填入表A105000第3行"(二)未按权责发生制原则确认的收入"第1列"账载金额",表A105020第14行第4列的金额应填入表A105000第3行"(二)未按权责发生制原则确认的收入"第2列"税收金额",若表A105020第14行第6列的金额≥0,应填入表A105000第3行"(二)未按权责发生制原则确认的收入"第3列"调增金额";若表A105020第14行第6列的金额<0,应将其绝对值填入表A105000第3行"(二)未按权责发生制原则确认的收入"第4列"调减金额"。

【例6-2】甲企业2019年1月1日起将该企业拥有的固定资产租赁给乙企业使用,合同约定租赁期3年,从2019年1月1日至2021年12月31日,租金每年100万元。假设甲企业收取该租赁业务的租金有三种方式:租赁开始日一次性收取、按租赁期平均收取、租赁期满一次性收取。

在不考虑相关税费的情况下,甲公司的会计处理为:

(1)租赁开始日一次性收取租金:

①收取租金:

借:银行存款 3 000 000
  贷:预收账款 – 预收租金 3 000 000

②每年确认租金收入:

借:预收账款 – 预收租金 1 000 000
  贷:其他业务收入 – 租金收入 1 000 000

(2)按租赁期平均收取租金:

借:银行存款 1 000 000
  贷:其他业务收入 – 租金收入 1 000 000

(3)租赁期满一次性收取租金:

①每年确认租金收入:

借:应收账款 – 乙企业 1 000 000
  贷:其他业务收入 – 租金收入 1 000 000

②租赁期满收取租金:

借:银行存款 3 000 000
  贷:应收账款 – 乙企业 3 000 000

税务处理:在按租赁期平均收取租金情形下,税收规定与会计处理没有差异。在租赁开始日一次性收取租金,或租赁期满一次性收取租金情形下,如果纳税人在税务处理上选择按租赁期均匀确认租金收入,与会计处理也没有差异。如果纳税人在税务处理上选择在承租人应付租金的日期确认租金收入,与会计处理就有差异,每年都需要填报表A105020进行纳税调整。

甲企业在租赁开始日一次性收取租金情形下3年的纳税调整分别见表6-2、6-3和表6-4。甲企业在租赁期满一次性收取租金情形下3年的纳税调整分别如表6-5、表6-6和表6-7所示。

表6-2 税法上提前一次性确认跨期租金收入填报示例(2019年度)

A105020   未按权责发生制确认收入纳税调整明细表(部分)   金额单位:元

行次	项目	合同金额 (交易金额)	账载金额		税收金额		税调整 金额
			本年	累计	本年	累计	
		1	2	3	4	5	6(4-2)
1	一、跨期收取的租金、利息、特许权使用费收入(2+3+4)						
2	(一)租金	3 000 000.00	1 000 000.00	1 000 000.00	3 000 000.00	3 000 000.00	2 000 000.00
	……						
14	合计(1+5+9+13)	3 000 000.00	1 000 000.00	1 000 000.00	3 000 000.00	3 000 000.00	2 000 000.00

表6-3　税法上提前一次性确认跨期租金收入填报示例(2020年度)

A105020　　未按权责发生制确认收入纳税调整明细表(部分)　　金额单位:元

行次	项目	合同金额 (交易金额)	账载金额		税收金额		税调整 金额
			本年	累计	本年	累计	
		1	2	3	4	5	6(4-2)
1	一、跨期收取的租金、利息、特许权使用费收入(2+3+4)						
2	(一)租金	3 000 000.00	1 000 000.00	2 000 000.00	0.00	3 000 000.00	-1 000 000.00
	……						
14	合计(1+5+9+13)	3 000 000.00	1 000 000.00	2 000 000.00	0.00	3 000 000.00	-1 000 000.00

表6-4　税法上提前一次性确认跨期租金收入填报示例(2021年度)

A105020　　未按权责发生制确认收入纳税调整明细表(部分)　　金额单位:元

行次	项目	合同金额 (交易金额)	账载金额		税收金额		税调整 金额
			本年	累计	本年	累计	
		1	2	3	4	5	6(4-2)
1	一、跨期收取的租金、利息、特许权使用费收入(2+3+4)						
2	(一)租金	3 000 000.00	1 000 000.00	3 000 000.00	0.00	3 000 000.00	-1 000 000.00
	……						
14	合计(1+5+9+13)	3 000 000.00	1 000 000.00	3 000 000.00	0.00	3 000 000.00	-1 000 000.00

表6-5　税法上最后收取一次性确认跨期租金收入填报示例(2019年度)

A105020　　未按权责发生制确认收入纳税调整明细表(部分)　　金额单位:元

行次	项目	合同金额 (交易金额)	账载金额		税收金额		税调整 金额
			本年	累计	本年	累计	
		1	2	3	4	5	6(4-2)
1	一、跨期收取的租金、利息、特许权使用费收入(2+3+4)						
2	(一)租金	3 000 000.00	1 000 000.00	1 000 000.00	0.00	0.00	-1 000 000.00
	……						
14	合计(1+5+9+13)	3 000 000.00	1 000 000.00	1 000 000.00	0.00	0.00	-1 000 000.00

表6-6　税法上最后收取一次性确认跨期租金收入填报示例(2020年度)

A105020　　未按权责发生制确认收入纳税调整明细表(部分)　　金额单位:元

行次	项目	合同金额 (交易金额)	账载金额		税收金额		税调整 金额
			本年	累计	本年	累计	
		1	2	3	4	5	6(4-2)
1	一、跨期收取的租金、利息、特许权使用费收入(2+3+4)						
2	(一)租金	3 000 000.00	1 000 000.00	2 000 000.00	0.00	0.00	-1 000 000.00
	……						
14	合计(1+5+9+13)	3 000 000.00	1 000 000.00	2 000 000.00	0.00	0.00	-1 000 000.00

表 6-7 税法上最后收取一次性确认跨期租金收入填报示例(2021年度)

A105020　　　　　　　未按权责发生制确认收入纳税调整明细表(部分)　　　　　　金额单位：元

行次	项目	合同金额(交易金额)	账载金额		税收金额		税调整金额
			本年	累计	本年	累计	
		1	2	3	4	5	6(4-2)
1	一、跨期收取的租金、利息、特许权使用费收入(2+3+4)						
2	(一)租金	3 000 000.00	1 000 000.00	3 000 000.00	3 000 000.00	3 000 000.00	2 000 000.00
	……						
14	合计(1+5+9+13)	3 000 000.00	1 000 000.00	3 000 000.00	3 000 000.00	3 000 000.00	2 000 000.00

【例6-3】2019年1月1日,甲公司采用分期收款方式向乙公司销售一套大型设备(适用增值税税率为16%),合同约定的销售价格为2 000万元,分5次于每年12月31日等额收取。假设甲公司发出商品时开出增值税专用发票,注明的增值税额为320万元,并于当天收到增值税额320万元。该大型设备成本为1 400万元,在现销方式下,该大型设备的销售价格为1 600万元。假定各年年末应抵减财务费用的未实现融资收益分别为127万元、105万元、82万元、57万元、29万元。甲公司各期的会计处理及相应的纳税调整和表A105020的填报如下:

(1)2019年的会计处理:

①2019年1月1日销售实现

借:长期应收款　　　　　　　　　　　　　　　　　　　　　　　　20 000 000

　　银行存款　　　　　　　　　　　　　　　　　　　　　　　　　 3 200 000

　贷:主营业务收入　　　　　　　　　　　　　　　　　　　　　　16 000 000

　　　应交税费——应交增值税(销项税额)　　　　　　　　　　　　 3 200 000

　　　未实现融资收益　　　　　　　　　　　　　　　　　　　　　 4 000 000

借:主营业务成本　　　　　　　　　　　　　　　　　　　　　　　14 000 000

　贷:库存商品　　　　　　　　　　　　　　　　　　　　　　　　14 000 000

②2019年12月31日收取货款

借:银行存款　　　　　　　　　　　　　　　　　　　　　　　　　 4 000 000

　贷:长期应收款　　　　　　　　　　　　　　　　　　　　　　　 4 000 000

借:未实现融资收益　　　　　　　　　　　　　　　　　　　　　　 1 270 000

　贷:财务费用　　　　　　　　　　　　　　　　　　　　　　　　 1 270 000

甲公司2019对分期收款方式销售货物收入的纳税调整和表A105020的填报见表6-8。需要提醒的是,甲公司对主营业务成本还要通过表A105000第26行"跨期扣除项目"进行纳税调整,本年要调增所得1 120万元。对抵减财务费用的未实现融资收益要通过表A105000第22行"与未实现融资收益相关在当期确认的财务费用"进行纳税调整,本年要调减所得127万元。

表 6-8 分期收款方式销售货物收入纳税调整填报示例（2019 年度）

A105020　　　　　　　　　　未按权责发生制确认收入纳税调整明细表（部分）　　　　　　　金额单位：元

行次	项目	合同金额（交易金额）	账载金额		税收金额		税调整金额
			本年	累计	本年	累计	
		1	2	3	4	5	6(4−2)
	……						
5	二、分期确认收入(6+7+8)						
6	（一）分期收款方式销售货物收入	20 000 000.00	16 000 000.00	16 000 000.00	4 000 000.00	4 000 000.00	−12 000 000.00
	……						
14	合计(1+5+9+13)	20 000 000.00	16 000 000.00	16 000 000.00	4 000 000.00	4 000 000.00	−12 000 000.00

(2) 2020 年 12 月 31 日的会计处理：

借：银行存款　　　　　　　　　　　　　　　　　　　　　　4 000 000
　　贷：长期应收款　　　　　　　　　　　　　　　　　　　　4 000 000
借：未实现融资收益　　　　　　　　　　　　　　　　　　　1 050 000
　　贷：财务费用　　　　　　　　　　　　　　　　　　　　　1 050 000

甲公司 2020 年对分期收款方式销售货物收入的纳税调整和表 A105020 的填报见表 6-9。需要注意的是，甲公司本年对主营业务成本的纳税调整不是调增所得，而是通过表 A105000 第 26 行"跨期扣除项目"调减所得 280 万元。对抵减财务费用的未实现融资收益依然要通过表 A105000 第 22 行"与未实现融资收益相关在当期确认的财务费用"进行纳税调整，本年要调减所得 105 万元。

表 6-9 分期收款方式销售货物收入纳税调整填报示例（2020 年度）

A105020　　　　　　　　　　未按权责发生制确认收入纳税调整明细表（部分）　　　　　　　金额单位：元

行次	项目	合同金额（交易金额）	账载金额		税收金额		税调整金额
			本年	累计	本年	累计	
		1	2	3	4	5	6(4−2)
	……						
5	二、分期确认收入(6+7+8)						
6	（一）分期收款方式销售货物收入	20 000 000.00	0.00	16 000 000.00	4 000 000.00	8 000 000.00	4 000 000.00
	……						
14	合计(1+5+9+13)	20 000 000.00	0.00	16 000 000.00	4 000 000.00	8 000 000.00	4 000 000.00

(3) 2021 年 12 月 31 日的会计处理：

借：银行存款　　　　　　　　　　　　　　　　　　　　　　4 000 000
　　贷：长期应收款　　　　　　　　　　　　　　　　　　　　4 000 000
借：未实现融资收益　　　　　　　　　　　　　　　　　　　820 000
　　贷：财务费用　　　　　　　　　　　　　　　　　　　　　820 000

甲公司 2021 年对分期收款方式销售货物收入的纳税调整和表 A105020 的填报见表 6-10。同样，甲公司本年对主营业务成本的纳税调整应通过表 A105000 第 26 行"跨期扣除项目"调减所得 280 万元，对抵减财务费用的未实现融资收益通过表 A105000 第 22 行"与未实现融资收益相关在当期确认的财务费用"调减所得 82 万元。

表 6-10 分期收款方式销售货物收入纳税调整填报示例(2021年度)

A105020　　　　　　　　　未按权责发生制确认收入纳税调整明细表(部分)　　　　　　　金额单位:元

行次	项目	合同金额(交易金额)	账载金额 本年	账载金额 累计	税收金额 本年	税收金额 累计	税调整金额
		1	2	3	4	5	6(4-2)
	……						
5	二、分期确认收入(6+7+8)						
6	(一)分期收款方式销售货物收入	20 000 000.00	0.00	16 000 000.00	4 000 000.00	12 000 000.00	4 000 000.00
	……						
14	合计(1+5+9+13)	20 000 000.00	0.00	16 000 000.00	4 000 000.00	12 000 000.00	4 000 000.00

(4)2022年12月31日的会计处理:

借:银行存款　　　　　　　　　　　　　　　　　　　　　4 000 000

　　贷:长期应收款　　　　　　　　　　　　　　　　　　　4 000 000

借:未实现融资收益　　　　　　　　　　　　　　　　　　570 000

　　贷:财务费用　　　　　　　　　　　　　　　　　　　　570 000

甲公司2022年对分期收款方式销售货物收入的纳税调整和表A105020的填报见表6-11。甲公司本年对主营业务成本的纳税调整通过表A105000第26行"跨期扣除项目"调减所得280万元,对抵减财务费用的未实现融资收益通过表A105000第22行"与未实现融资收益相关在当期确认的财务费用"调减所得57万元。

表 6-11 分期收款方式销售货物收入纳税调整填报示例(2022年度)

A105020　　　　　　　　　未按权责发生制确认收入纳税调整明细表(部分)　　　　　　　金额单位:元

行次	项目	合同金额(交易金额)	账载金额 本年	账载金额 累计	税收金额 本年	税收金额 累计	税调整金额
		1	2	3	4	5	6(4-2)
	……						
5	二、分期确认收入(6+7+8)						
6	(一)分期收款方式销售货物收入	20 000 000.00	0.00	16 000 000.00	4 000 000	16 000 000.00	4 000 000.00
	……						
14	合计(1+5+9+13)	20 000 000.00	0.00	16 000 000.00	4 000 000	16 000 000.00	4 000 000.00

(5)2023年12月31日的会计处理:

借:银行存款　　　　　　　　　　　　　　　　　　　　　4 000 000

　　贷:长期应收款　　　　　　　　　　　　　　　　　　　4 000 000

借:未实现融资收益　　　　　　　　　　　　　　　　　　290 000

　　贷:财务费用　　　　　　　　　　　　　　　　　　　　290 000

甲公司2023年对分期收款方式销售货物收入的纳税调整和表A105020的填报见表6-12。甲公司本年对主营业务成本的纳税调整通过表A105000第26行"跨期扣除项目"调减所得280万元,对抵减财务费用的未实现融资收益通过表A105000第22行"与未实现融资收益相关在当期确认的财务费用"调减所得29万元。

表 6-12　分期收款方式销售货物收入纳税调整填报示例（2023 年度）

A105020　　　　　　　　未按权责发生制确认收入纳税调整明细表（部分）　　　　　金额单位：元

行次	项目	合同金额（交易金额）	账载金额 本年	账载金额 累计	税收金额 本年	税收金额 累计	税调整金额
		1	2	3	4	5	6(4−2)
……	……						
5	二、分期确认收入(6+7+8)						
6	（一）分期收款方式销售货物收入	20 000 000.00	0.00	16 000 000.00	4 000 000.00	20 000 000.00	4 000 000.00
……	……						
14	合计(1+5+9+13)	20 000 000.00	0.00	16 000 000.00	4 000 000.00	20 000 000.00	4 000 000.00

综上，通过 5 年的分期纳税调整，税收上合计确认销售货物收入 2 000 万元、成本 1 400 万元，抵减财务费用的未实现融资收益 400 万元全部调减了所得。

【例 6-4】A 公司 2018 年 12 月申请某国家级研发补贴。2019 年 1 月 1 日，相关政府部门批准了 A 公司的申请，签订的补贴协议规定：批准 A 公司的补贴申请，共补贴款项 120 万元，并于当月拨付 A 公司。A 公司 2019 年、2020 年分别用于研发项目的研究性支出 90 万元和 30 万元，已记入管理费用。A 公司对这一研发补贴未按照《财政部　国家税务总局关于专项用途财政性资金企业所得税处理问题的通知》（财税〔2011〕70 号，以下简称财税〔2011〕70 号文件）进行管理。

A 公司的会计处理如下：

(1) 2019 年 1 月实际收到拨款：

借：银行存款　　　　　　　　　　　　　　　　　　　　　　　　1 200 000
　　贷：递延收益　　　　　　　　　　　　　　　　　　　　　　　1 200 000

(2) 2019 年将补贴款用于研发项目的研究性支出：

借：研发支出—费用化支出　　　　　　　　　　　　　　　　　　900 000
　　贷：银行存款　　　　　　　　　　　　　　　　　　　　　　　900 000
借：管理费用　　　　　　　　　　　　　　　　　　　　　　　　900 000
　　贷：研发支出—费用化支出　　　　　　　　　　　　　　　　　900 000

同时：

借：递延收益　　　　　　　　　　　　　　　　　　　　　　　　900 000
　　贷：营业外收入　　　　　　　　　　　　　　　　　　　　　　900 000

(3) 2020 年将补贴款用于研发项目的研究性支出：

借：研发支出—费用化支出　　　　　　　　　　　　　　　　　　300 000
　　贷：银行存款　　　　　　　　　　　　　　　　　　　　　　　300 000
借：管理费用　　　　　　　　　　　　　　　　　　　　　　　　300 000
　　贷：研发支出—费用化支出　　　　　　　　　　　　　　　　　300 000

同时：

借：递延收益　　　　　　　　　　　　　　　　　　　　　　　　300 000
　　贷：营业外收入　　　　　　　　　　　　　　　　　　　　　　300 000

税务处理：由于 A 公司对收到相关政府部门拨付的研发补贴未按照财税〔2011〕70 号文件

进行管理,依据税务总局公告2012年第15号第七条的规定,应作为企业应税收入计入应纳税所得额。2019年应确认应税收入120万元,会计上已确认营业外收入90万元,应调增所得30万元。2020年不需再确认应税收入,但会计上确认了营业外收入30万元,应调减所得。

A公司2019、2020年对该项政府部门拨付的研发补贴的纳税调整和表A105020的填报分别见表6-13、表6-14。

表6-13　不符合不征税收入条件的与收益相关的政府补助纳税调整填报示例(2019年度)

A105020　　　　　　　　　未按权责发生制确认收入纳税调整明细表(部分)　　　　　　金额单位:元

行次	项目	合同金额(交易金额)	账载金额		税收金额		税调整金额
			本年	累计	本年	累计	
		1	2	3	4	5	6(4-2)
	……						
9	三、政府补助递延收入(10+11+12)						
10	(一)与收益相关的政府补助	1 200 000.00	900 000.00	900 000.00	1 200 000.00	1 200 000.00	300 000.00
	……						
14	合计(1+5+9+13)	1 200 000.00	900 000.00	900 000.00	1 200 000.00	1 200 000.00	300 000.00

表6-14　不符合不征税收入条件的与收益相关的政府补助纳税调整填报示例(2020年度)

A105020　　　　　　　　　未按权责发生制确认收入纳税调整明细表(部分)　　　　　　金额单位:元

行次	项目	合同金额(交易金额)	账载金额		税收金额		税调整金额
			本年	累计	本年	累计	
		1	2	3	4	5	6(4-2)
	……						
9	三、政府补助递延收入(10+11+12)						
10	(一)与收益相关的政府补助	1 200 000.00	300 000.00	1 200 000.00	0.00	1 200 000.00	-300 000.00
	……						
14	合计(1+5+9+13)	1 200 000.00	300 000.00	1 200 000.00	0.00	1 200 000.00	-300 000.00

【例6-5】2019年1月5日,政府拨付A企业450万元财政拨款(同日到账),要求用于购买大型科研设备1台。2019年1月31日,A企业购入大型设备(假设不需安装),实际成本为480万元,其中30万元以自有资金支付,使用寿命10年,采用直线法计提折旧(假设无残值)。2024年1月18日,A企业出售了这台设备,取得价款250万元,假设不考虑相关税费。A企业对这一研发补贴未按照财税〔2011〕70号文件进行管理。

A企业的会计处理如下:

(1)2019年1月5日实际收到财政拨款:

借:银行存款　　　　　　　　　　　　　　　　　　　　　　　　　　　4 500 000

　　贷:递延收益　　　　　　　　　　　　　　　　　　　　　　　　　　4 500 000

(2)2019年1月31日购入设备:

借:固定资产　　　　　　　　　　　　　　　　　　　　　　　　　　　4 800 000

　　贷:银行存款　　　　　　　　　　　　　　　　　　　　　　　　　　4 800 000

(3)自2019年2月起每个资产负债表日,计提折旧,同时分摊递延收益:

借:研发支出—费用化支出　　　　　　　　　　　　　　　　　　　　　　40 000

　　贷:累计折旧　　　　　　　　　　　　　　　　　　　　　　　　　　　40 000

借：管理费用　　　　　　　　　　　　　　　　　　　　　　　40 000
　　贷：研发支出——费用化支出　　　　　　　　　　　　　　　　40 000
借：递延收益　　　　　　　　　　　　　　　　　　　　　　　37 500
　　贷：营业外收入　　　　　　　　　　　　　　　　　　　　　37 500

(4) 2024年1月18日出售设备，同时转销递延收益余额：
借：固定资产清理　　　　　　　　　　　　　　　　　　　2 400 000
　　累计折旧　　　　　　　　　　　　　　　　　　　　　2 400 000
　　贷：固定资产　　　　　　　　　　　　　　　　　　　　4 800 000
借：银行存款　　　　　　　　　　　　　　　　　　　　　2 500 000
　　贷：固定资产清理　　　　　　　　　　　　　　　　　　2 400 000
　　　　营业外收入　　　　　　　　　　　　　　　　　　　　100 000
借：递延收益　　　　　　　　　　　　　　　　　　　　　2 250 000
　　贷：营业外收入　　　　　　　　　　　　　　　　　　　2 250 000

税务处理：由于A企业对收到的财政拨款未按照财税〔2011〕70号文件进行管理，依据国家税务总局2012年第15号公告第七条的规定，应作为企业应税收入计入应纳税所得额。2019年应确认应税收入450万元，会计上随固定资产提取折旧，已将递延收益转入营业外收入=3.75×11=41.25(万元)，应调增所得408.75万元。2020年至2023年不需再确认应税收入，但会计上随固定资产提取折旧每年转入营业外收入=3.75×12=45(万元)，每年应调减所得45万元。2024年，会计上随固定资产提取折旧转入营业外收入3.75万元，应调减所得；出售设备时，将递延收益余额转销营业外收入225万元，也应调减所得。

A企业2019年、2020年、2024年对该项财政拨款的纳税调整和表A105020的填报分别见表6-15、表6-16、表6-17。

表6-15　不符合不征税收入条件的与资产相关的政府补助纳税调整填报示例(2019年度)

A105020　　　　　　　　未按权责发生制确认收入纳税调整明细表(部分)　　　　　　金额单位：元

行次	项目	合同金额（交易金额）	账载金额		税收金额		税调整金额
			本年	累计	本年	累计	
		1	2	3	4	5	6(4-2)
	……						
9	三、政府补助递延收入(10+11+12)						
	……						
11	(二)与资产相关的政府补助	4 500 000.00	412 500.00	412 500.00	4 500 000.00	4 500 000.00	4 087 500.00
	……						
14	合计(1+5+9+13)	4 500 000.00	412 500.00	412 500.00	4 500 000.00	4 500 000.00	4 087 500.00

表6-16　不符合不征税收入条件的与资产相关的政府补助纳税调整填报示例(2020年度)

A105020　　　　　　　　未按权责发生制确认收入纳税调整明细表(部分)　　　　　　金额单位：元

行次	项目	合同金额（交易金额）	账载金额		税收金额		税调整金额
			本年	累计	本年	累计	
		1	2	3	4	5	6(4-2)
	……						
9	三、政府补助递延收入(10+11+12)						

续表

行次	项目	合同金额（交易金额）	账载金额 本年	账载金额 累计	税收金额 本年	税收金额 累计	税调整金额
		1	2	3	4	5	6(4-2)
	……						
11	（二）与资产相关的政府补助	4 500 000.00	450 000.00	862 500.00	0.00	4 500 000.00	-450 000.00
	……						
14	合计(1+5+9+13)	4 500 000.00	450 000.00	862 500.00	0.00	4 500 000.00	-450 000.00

注：2021、2022、2023 年除"账载金额－累计"与 2020 年不同，分别为 131.25 万元、176.25 万元、221.25 万元，其他各列金额与 2020 年申报数相同。

表 6-17　不符合不征税收入条件的与资产相关的政府补助纳税调整填报示例（2024 年度）

A105020　　　　　　　　未按权责发生制确认收入纳税调整明细表（部分）　　　　　金额单位：元

行次	项目	合同金额（交易金额）	账载金额 本年	账载金额 累计	税收金额 本年	税收金额 累计	税调整金额
		1	2	3	4	5	6(4-2)
……							
9	三、政府补助递延收入(10+11+12)						
	……						
11	（二）与资产相关的政府补助	4 500 000.00	2 287 500.00	4 500 000.00	0.00	450 000.000	-2 287 500.00
	……						
14	合计(1+5+9+13)	4 500 000.00	2 287 500.00	4 500 000.00	0.00	450 000.000	-2 287 500.00

（三）投资收益及相应附表的填报

1. 投资收益的填报内容

《投资收益纳税调整明细表》（A105030）行次根据不同的投资资产设计（投资资产的类别主要来源于 2006 年的企业会计准则和 2011 年的小企业会计准则），主要反映投资资产的持有收益和处置收益的税会差异及其纳税调整情况。

（1）投资资产的持有收益。包括权益性投资的股息、红利等权益性投资收益、债权性投资的利息收入等。当某一项投资资产会计处理确认的持有收益与按税收规定确认的持有收益不一致时，就应在此填报。需要特别提醒的是：第一，如投资资产的持有收益属于税收规定的免税收入范围，如符合条件的居民企业之间的股息、红利等权益性投资收益，国债利息收入，还需要填报《免税、减计收入及加计扣除优惠明细表》（A107010），甚至《符合条件的居民企业之间的股息、红利等权益性投资收益优惠明细表》（A107011）。第二，如果纳税人持有的长期股权投资的后续计量采用权益法核算，依据《企业会计准则第 2 号——长期股权投资》的规定，投资企业取得长期股权投资后，应当按照应享有或应分担的被投资单位实现的净损益的份额，确认投资损益并调整长期股权投资的账面价值。这时，投资企业账面上的投资收益（持有收益）就有可能为负，但由于被投资企业股东会或股东大会此时并没有作出利润分配的决定，因此，按税收规定确认的投资收益（持有收益）为 0。这种情况也应在此填报，不要填报《资产损失税前扣除及纳税调整明细表》（A105090）。因为这种情况下投资企业账面上投资收益（持有收益）的负数，既不属于税收规定的实际资产损失，也不属于税收规定的法定资产损失，所以不属于资产损失税前扣除申报的范围。

（2）投资资产的处置收益。当某一项投资资产按税收规定确认的处置收益>0，无论会计处理确认的处置收益是>0、=0或<0，且两者有差异的，均应在此填报。当某一项投资资产按税收规定确认的处置收益=0，会计处理确认的处置收益>0，两者明显存在差异，也应在此填报。但当某一项投资资产按税收规定确认的处置收益=0或<0，会计处理确认的处置收益=0或<0，且两者有差异的，不得在此填报，应填报《资产损失税前扣除及纳税调整明细表》(A105090)。

2. 投资收益的填报

纳税人有上述投资收益且有税会差异的，应填报表A105030。但处置投资项目符合企业重组且适用特殊性税务处理规定的，本表不作调整，在《企业重组及递延纳税事项纳税调整明细表》(A105100)进行纳税调整。

已执行《企业会计准则第22号——金融工具确认和计量》（财会〔2017〕7号发布）、《企业会计准则第23号——金融资产转移》（财会〔2017〕8号发布）、《企业会计准则第24号——套期会计》（财会〔2017〕9号发布）、《企业会计准则第37号——金融工具列报》（财会〔2017〕14号发布）（以上四项简称新金融准则）的纳税人，若投资收益的项目类别不为本表第1行至第8行的，则在第9行"九、其他"中填报相关会计处理、税收规定，以及纳税调整情况。

永续债的持有方暂未执行新金融准则的，通常按其会计分类填报本表第1行至第8行的相关行次；已执行新金融准则，填报第9行"九、其他"。

表A105030第1至3列填报各类投资资产持有收益的税会差异及纳税调整情况，第4至10列填报各类投资资产处置收益的税会差异及纳税调整情况，第11列填报各类投资资产持有收益和处置收益纳税调整金额的合计。

(1) 第1列"账载金额"：填报纳税人持有投资项目，会计核算确认的投资收益。

(2) 第2列"税收金额"：填报纳税人持有投资项目，按照税收规定确认的投资收益。

(3) 第3列"纳税调整金额"：填报纳税人持有投资项目，会计核算确认投资收益与税收规定投资收益的差异需纳税调整金额，为第2-1列的金额。

(4) 第4列"会计确认的处置收入"：填报纳税人收回、转让或清算处置投资项目，会计核算确认的扣除相关税费后的处置收入金额。

(5) 第5列"税收计算的处置收入"：填报纳税人收回、转让或清算处置投资项目，按照税收规定计算的扣除相关税费后的处置收入金额。

(6) 第6列"处置投资的账面价值"：填报纳税人收回、转让或清算处置的投资项目，会计核算的处置投资的账面价值。

(7) 第7列"处置投资的计税基础"：填报纳税人收回、转让或清算处置投资项目，按税收规定计算的处置投资的计税金额。

(8) 第8列"会计确认的处置所得或损失"：填报纳税人收回、转让或清算处置投资项目，会计核算确认的处置所得或损失，按第4-6列金额填报（损失以"-"号填列）。

(9) 第9列"税收计算的处置所得"：填报纳税人收回、转让或清算处置投资项目，按照税收规定计算的处置所得，按第5-7列金额填报。

(10) 第10列"纳税调整金额"：填报纳税人收回、转让或清算处置投资项目，会计处理与税收规定不一致需纳税调整金额，按第9-8列金额填报。

(11)第11列"纳税调整金额":填报第3+10列金额。

表A105030第10行第1+8列的金额应填入表A105000第4行"(三)投资收益"第1列"账载金额",表A105030第10行第2+9列的金额应填入表A105000第4行"(三)投资收益"第2列"税收金额",若表A105030第10行第11列的金额≥0,应填入表A105000第4行"(三)投资收益"第3列"调增金额";若表A105030第10行第11列的金额<0,应将其绝对值填入表A105000第4行"(三)投资收益"第4列"调减金额"。

【例6-6】2019年6月1日,A公司以360万元投资B公司普通股,占B公司普通股的40%,款项已以银行存款支付。A公司按权益法核算对B公司的投资。2019年度B公司净利润60万元;A公司计算应享有份额=60×40%=24(万元),并核算投资收益,调整长期股权投资的账面价值。

A公司的会计处理为:

借:长期股权投资—损益调整　　　　　　　　　　　　　　　　240 000
　　贷:投资收益　　　　　　　　　　　　　　　　　　　　　　240 000

税务处理:由于被投资企业B公司股东会或股东大会没有作出利润分配的决定,A公司按照税收规定不应确认投资收益,因此,对A公司因享有被投资企业B公司净利润份额而在会计上核算的投资收益应调减所得。A公司2019年度权益法核算长期股权投资持有收益的纳税调整的填报见表6-18。

【例6-7】续例6-6。假设2020年度B公司亏损50万元;A公司计算应分担的亏损=50×40%=20(万元),并核算应分担被投资企业B公司的亏损,调整长期股权投资的账面价值。

A公司的会计处理为:

借:投资收益　　　　　　　　　　　　　　　　　　　　　　　200 000
　　贷:长期股权投资—损益调整　　　　　　　　　　　　　　　200 000

税务处理:被投资企业的亏损应由被投资企业用以后年度的所得弥补,投资企业不得转入被投资企业的亏损,减少自身的应纳税所得额。因此,对A公司因分担被投资企业B公司的亏损而在会计上核算的投资收益减少额应调增所得。A公司2020年度权益法核算长期股权投资持有期间分担被投资企业亏损的纳税调整填报见表6-19。

【例6-8】续例6-7。2021年3月,B公司股东会作出转股决定,用未分配利润转增股本;A公司应得红股30万股(面值每股1元),持有B公司股权的比例仍为40%。A公司按企业会计准则的要求做了备查登记,未做其他会计处理。2021年8月,A公司以402万元的价格转让持有的B公司40%股权。

A公司转让股权的会计处理为:

借:银行存款　　　　　　　　　　　　　　　　　　　　　　　4 020 000
　　投资收益　　　　　　　　　　　　　　　　　　　　　　　　20 000
　　贷:长期股权投资—成本　　　　　　　　　　　　　　　　　4 000 000
　　　　长期股权投资—损益调整　　　　　　　　　　　　　　　40 000

税务处理:被投资企业未分配利润转增股本,投资企业应按面值确认股息、红利等权益性投资收益,同时按相同金额增加取得红股的计税成本。因此,A公司应调增所得30万元(持有收益)。A公司以402万元的价格转让持有的B公司40%股权,会计上确认处置损失2万元,按税收规定应确认股权转让所得=402-360-30=12(万元),公式中,360万元为例6-6反映的股权投资的计税成本,30万元为取得红股确认的计税成本,因此,应调增所得14万元。A公司2021年度取得红股确认投资收益和转让股权的处置收益纳税调整的填报见表6-20。

【例6-9】2019年5月8日,甲公司从二级市场购入乙公司股票1万股,共计支付价款10万元。另外,甲公司支付交易费用1 000元,甲公司将购入的股票划分为交易性金融资产,且持有乙公司股票后对其无重大影响。2019年12月31日,乙公司股票市价为每股11.5元。假设甲公司在2020年3月12日将乙公司股票1万股按每股15元卖出,支付费用1 500元。

(1)2019年5月8日甲公司的会计处理为:

借:交易性金融资产-成本　　　　　　　　　　　　　　　　100 000
　　投资收益　　　　　　　　　　　　　　　　　　　　　　　1 000
　　贷:银行存款　　　　　　　　　　　　　　　　　　　　　101 000

(2)2019年12月31日甲公司的会计处理为:

借:交易性金融资产——公允价值变动　　　　　　　　　　　15 000
　　贷:公允价值变动损益　　　　　　　　　　　　　　　　　15 000

(3)2020年3月12日日甲公司的会计处理为:

借:银行存款　　　　　　　　　　　　　　　　　　　　　148 500
　　贷:交易性金融资产-成本　　　　　　　　　　　　　　100 000
　　　　　　　　　　　-公允价值变动　　　　　　　　　　 15 000
　　　　投资收益　　　　　　　　　　　　　　　　　　　　33 500

借:公允价值变动收益　　　　　　　　　　　　　　　　　　15 000
　　贷:投资收益　　　　　　　　　　　　　　　　　　　　　15 000

税务处理:2019年5月8日甲公司购入乙公司股票时,税收规定应将取得投资资产时发生的相关税费计入投资成本,因此,甲公司应通过填报2019年度的表A105000第6行"交易性金融资产初始投资调整"调增所得1 000元。

交易性金融资产的公允价值变动损益的贷方发生额或余额不符合税收规定的收入确认条件,因此,甲公司应通过填报2019年度的表A105000第7行"公允价值变动净损益"第4列调减所得15 000元;交易性金融资产的公允价值变动损益的借方发生额或余额不属于税收规定的资产损失或其他扣除项目,因此,甲公司应通过填报2020年度的表A105000第7行"公允价值变动净损益"第3列调增所得15 000万元。2020年甲公司卖出乙公司股票时,会计上确认投资收益=(会计确认的处置收入-处置投资的账面价值)+公允价值变动损益转入投资收益=(148 500-115 000)+15 000=48 500(元)。需要注意的是,在填报表A105030中"会计确认的处置收入"时,应将交易性金融资产"公允价值变动收益转入"资收益"的金额并入其中,否则,就不能转回对交易性金融资产初始投资进行纳税调整的金额。税收上应确认投资收益=148 500-101 000=47 500(元),应在投资收益纳税调整明细表(A105030)中进行纳税调整。

甲公司2019年和2020年交易性金融资产持有期间公允价值变动净损益的纳税调整填报分别见表6-36、表6-37。甲公司2020年卖出乙公司股票处置收益的填报见表6-21。

第六章 收入类项目所得税政策及其纳税调整的填报

表 6-18 权益法核算长期股权投资持有收益的纳税调整填报示例

A105030
投资收益纳税调整明细表（部分）

金额单位：元

行次	项目	持有收益			处置收益					税调整金额 11(3+10)
		账载金额 1	税收金额 2	纳税调整金额 3(2-1)	会计确认的处置收入 4	税收计算的处置收入 5	处置投资的账面价值 6	处置投资的计税基础 7	会计确认的处置所得或损失 8(4-6)	税收计算的处置所得 9(5-7)	纳税调整金额 10(9-8)	
6	六、长期股权投资	240 000.00	0.00	-240 000.00	0.00	0.00	0.00	0.00	0.00	0.00	0.00	-240 000.00
10	合计(1+2+3+4+5+6+7+8+9)	240 000.00	0.00	-240 000.00	0.00	0.00	0.00	0.00	0.00	0.00	0.00	-240 000.00

表 6-19 权益法核算长期股权投资持有期间分担被投资企业亏损的纳税调整填报示例

A105030
投资收益纳税调整明细表（部分）

金额单位：元

行次	项目	持有收益			处置收益						税调整金额 11(3+10)
		账载金额 1	税收金额 2	纳税调整金额 3(2-1)	会计确认的处置收入 4	税收计算的处置收入 5	处置投资的账面价值 6	处置投资的计税基础 7	会计确认的处置所得或损失 8(4-6)	税收计算的处置所得 9(5-7)	纳税调整金额 10(9-8)	
6	六、长期股权投资	-200 000.00	0.00	200 000.00	0.00	0.00	0.00	0.00	0.00	0.00	0.00	200 000.00
10	合计(1+2+3+4+5+6+7+8+9)	-200 000.00	0.00	200 000.00	0.00	0.00	0.00	0.00	0.00	0.00	0.00	200 000.00

· 119 ·

A105030

表 6-20　取得红股确认投资收益和转让股权的处置收益纳税调整填报示例（部分）

全额单位：元

行次	项目	持有收益			处置收益						税调整金额 11(3+10)
		账载金额 1	税收金额 2	纳税调整金额 3(2-1)	会计确认的处置收入 4	税收计算的处置收入 5	处置投资的账面价值 6	处置投资的计税基础 7	会计确认的处置所得或损失 8(4-6)	税收计算的处置所得 9(5-7)	纳税调整金额 10(9-8)	
6	六、长期股权投资	0.00	300 000.00	300 000.00	4 020 000.00	4 020 000.00	4 040 000.00	3 900 000.00	-20 000.00	120 000.00	140 000.00	440 000.00
……												
10	合计(1+2+3+4+5+6+7+8+9)	0.00	300 000.00	300 000.00	4 020 000.00	4 020 000.00	4 040 000.00	3 900 000.00	-20 000.00	120 000.00	140 000.00	440 000.00

A105030

表 6-21　交易性金融资产处置收益纳税调整填报示例（部分）

全额单位：元

行次	项目	持有收益			处置收益						税调整金额 11(3+10)
		账载金额 1	税收金额 2	纳税调整金额 3(2-1)	会计确认的处置收入 4	税收计算的处置收入 5	处置投资的账面价值 6	处置投资的计税基础 7	会计确认的处置所得或损失 8(4-6)	税收计算的处置所得 9(5-7)	纳税调整金额 10(9-8)	
1	一、交易性金融资产	0.00	0.00	0.00	163 500.00	148 500.00	115 000.00	101 000.00	48 500.00	47 500.00	-1 000.00	-1 000.00
……												
10	合计(1+2+3+4+5+6+7+8+9)	0.00	0.00	0.00	163 500.00	148 500.00	115 000.00	101 000.00	48 500.00	47 500.00	-1 000.00	-1 000.00

(四)不征税收入及相应附表的填报

1. 不征税收入的范围

依据《企业所得税法》第七条和《企业所得税法实施条例》第二十六条及相关文件规定,收入总额中的下列收入为不征税收入:

1)财政拨款　是指各级人民政府对纳入预算管理的事业单位、社会团体等组织拨付的财政资金,但国务院和国务院财政、税务主管部门另有规定的除外。

2)依法收取并纳入财政管理的行政事业性收费、政府性基金　行政事业性收费,是指依照法律法规等有关规定,按照国务院规定程序批准,在实施社会公共管理,以及在向公民、法人或者其他组织提供特定公共服务过程中,向特定对象收取并纳入财政管理的费用。政府性基金,是指企业依照法律、行政法规等有关规定,代政府收取的具有专项用途的财政资金。

《财政部 国家税务总局关于财政性资金 行政事业性收费 政府性基金有关企业所得税政策问题的通知》(财税〔2008〕151号,以下简称财税〔2008〕151号文件)明确,企业收取的各种基金、收费,应计入企业当年收入总额。对企业依照法律、法规及国务院有关规定收取并上缴财政的政府性基金和行政事业性收费,准予作为不征税收入,于上缴财政的当年在计算应纳税所得额时从收入总额中减除;未上缴财政的部分,不得从收入总额中减除。

3)国务院规定的其他不征税收入　是指企业取得的,由国务院财政、税务主管部门规定专项用途并经国务院批准的财政性资金。

依据财税〔2008〕151号文件,所谓财政性资金,是指企业取得的来源于政府及其有关部门的财政补助、补贴、贷款贴息,以及其他各类财政专项资金,包括直接减免的增值税和即征即退、先征后退、先征后返的各种税收,但不包括企业按规定取得的出口退税款。

财税〔2008〕151号文件要求,企业取得的各类财政性资金,除属于国家投资和资金使用后要求归还本金的以外,均应计入企业当年收入总额。所称国家投资,是指国家以投资者身份投入企业、并按有关规定相应增加企业实收资本(股本)的直接投资。

对纳入预算管理的事业单位、社会团体等组织按照核定的预算和经费报领关系收到的由财政部门或上级单位拨入的财政补助收入,准予作为不征税收入,在计算应纳税所得额时从收入总额中减除,但国务院和国务院财政、税务主管部门另有规定的除外。

企业取得的专项用途财政性资金有关企业所得税处理问题,自2011年1月1日起执行财税〔2011〕70号文件的规定。财税〔2011〕70号文件明确,企业从县级以上各级人民政府财政部门及其他部门取得的应计入收入总额的财政性资金,凡同时符合以下条件的,可以作为不征税收入,在计算应纳税所得额时从收入总额中减除:

(1)企业能够提供规定资金专项用途的资金拨付文件;

(2)财政部门或其他拨付资金的政府部门对该资金有专门的资金管理办法或具体管理要求;

(3)企业对该资金以及以该资金发生的支出单独进行核算。

企业将符合上述条件的财政性资金作不征税收入处理后,在5年(60个月)内未发生支出且未缴回财政部门或其他拨付资金的政府部门的部分,应计入取得该资金第六年的应税收入总额;计入应税收入总额的财政性资金发生的支出,允许在计算应纳税所得额时扣除。

4）不征税收入的单项规定　下面详细进行说明。

（1）《财政部 国家税务总局关于核电行业税收政策有关问题的通知》（财税〔2008〕38号）规定，为支持核电事业的发展，经国务院批准，自2008年1月1日起，核力发电企业取得的增值税退税款，专项用于还本付息，不征收企业所得税。

（2）《财政部 国家税务总局关于全国社会保障基金有关企业所得税问题的通知》（财税〔2008〕136号）规定，经国务院同意，对全国社会保障基金理事会、社保基金投资管理人管理的社保基金银行存款利息收入，社保基金从证券市场中取得的收入，包括买卖证券投资基金、股票、债券的差价收入，证券投资基金红利收入，股票的股息、红利收入，债券的利息收入及产业投资基金收益、信托投资收益等其他投资收入，作为企业所得税不征税收入。

（3）《财政部 国家税务总局关于进一步鼓励软件产业和集成电路产业发展企业所得税政策的通知》（财税〔2012〕27号，以下简称财税〔2012〕27号文件）明确，符合条件的软件企业按照《财政部 国家税务总局关于软件产品增值税政策的通知》（财税〔2011〕100号）规定取得的即征即退增值税款，由企业专项用于软件产品研发和扩大再生产并单独进行核算，可以作为不征税收入，在计算应纳税所得额时从收入总额中减除。

（4）《国家税务总局关于企业所得税应纳税所得额若干问题的公告》（国家税务总局公告2014年第29号，以下简称税务总局公告2014年第29号）规定，县级以上人民政府（包括政府有关部门）将国有资产无偿划入企业，凡指定专门用途并按财税〔2011〕70号文件规定进行管理的，企业可作为不征税收入进行企业所得税处理。其中，该项资产属于非货币性资产的，应按政府确定的接收价值计算不征税收入。这是非货币形式的不征税收入。

（5）《财政部 国家税务总局关于基本养老保险基金有关投资业务税收政策的通知》（财税〔2018〕95号）规定，自2018年9月20日起，对全国社会保障基金理事会及养老基金投资管理机构在国务院批准的投资范围内，运用受托投资的基本养老保险基金（以下简称养老基金）投资取得的归属于养老基金的投资收入，作为企业所得税不征税收入。

5）关于企业不征税收入管理问题　税务总局公告2012年第15号第七条明确，自2011年度起，企业取得的不征税收入，应按照财税〔2011〕70号文件的规定进行处理。凡未按照财税〔2011〕70号文件规定进行管理的，应作为企业应税收入计入应纳税所得额，依法缴纳企业所得税。

2. 不征税收入的填报

纳税人计入收入总额但属于税收规定不征税的财政拨款、依法收取并纳入财政管理的行政事业性收费以及政府性基金和国务院规定的其他不征税收入，应通过表A105000第8行"（七）不征税收入"填报。表A105000第8行第3列"调增金额"填报纳税人以前年度取得财政性资金且已作为不征税收入处理，在5年（60个月）内未发生支出且未缴回财政部门或其他拨付资金的政府部门，应计入应税收入额的金额；表A105000第8行第4列"调减金额"填报符合税收规定不征税收入条件且作为不征税收入处理，但在会计处理上已计入当期损益的金额。

纳税人发生符合不征税收入条件的专项用途财政性资金且有税会差异的，还需要填报《专项用途财政性资金纳税调整明细表》（A105040）。表A105040各列应按如下要求填报：

（1）第1列"取得年度"：填报取得专项用途财政性资金的公历年度。第5至第1行依次从第6行往前倒推,第6行"本年"为申报年度。

(2)第2列"财政性资金":填报纳税人相应年度实际取得的财政性资金金额。

(3)第3列"其中:符合不征税收入条件的财政性资金":填报纳税人相应年度实际取得的符合不征税收入条件且已作不征税收入处理的财政性资金金额。

(4)第4列"其中:计入本年损益的金额":填报第3列"其中:符合不征税收入条件的财政性资金"中,会计处理时计入本年(申报年度)损益的金额。本列第7行金额为表A105000第9行"其中:专项用途财政性资金"的第4列"调减金额"。

(5)第5列至第9列"以前年度支出情况":填报纳税人作为不征税收入处理的符合条件的财政性资金,在申报年度的以前5个纳税年度内发生的支出金额,包括用不征税收入形成的费用化支出和资本化支出。前一年度,填报本年的上一纳税年度,以此类推。

(6)第10列"本年支出情况－支出金额":填报纳税人历年符合不征税收入条件且作为不征税收入处理的财政性资金,在本年(申报年度)用于支出的金额,同样包括用不征税收入在本年形成的费用化支出和资本化支出。

(7)第11列"本年支出情况－其中:费用化支出金额":填报纳税人历年符合不征税收入条件且作为不征税收入处理的财政性资金,在本年(申报年度)用于支出的金额中计入本年损益的费用化支出金额,本列第7行金额为表A105000第25行"其中:专项用途财政性资金用于支出所形成的费用"的第3列"调增金额"。

(8)第12列"本年结余情况－结余金额":填报纳税人历年符合不征税收入条件且作为不征税收入处理的财政性资金,减除历年累计支出(包括费用化支出和资本性支出)后尚未使用的余额。

(9)第13列"本年结余情况－其中:上缴财政金额":填报第12列"本年结余情况－结余金额"中缴回财政部门或其他拨付资金的政府部门的金额。

(10)第14列"本年结余情况－应计入本年应税收入金额":填报企业以前年度取得财政性资金且已作为不征税收入处理后,在5年(60个月)内未发生支出且未缴回财政部门或其他拨付资金的政府部门,应计入本年应税收入的金额。本列第7行金额为表A105000第9行"其中:专项用途财政性资金"的第3列"调增金额"。

3. 与收益相关的政府补助符合不征税收入条件的纳税调整

(1)与收益相关的政府补助的一般会计处理。依据《企业会计准则第16号——政府补助》,企业取得与收益相关的政府补助,如用于补偿企业已发生的相关成本费用或损失,直接计入当期损益或冲减相关成本;如用于补偿企业以后期间发生的相关成本费用或损失,在收到当期确认为递延收益,在确认相关成本费用或损失的期间计入当期损益或冲减相关成本。

(2)企业取得与收益相关的政府补助,如用于补偿企业已发生的相关成本费用或损失,就不会形成将来的支出,我们认为,这一政府补助不符合不征税收入的条件,会计上已直接计入当期损益,不需纳税调整。

(3)企业取得与收益相关的政府补助符合不征税收入条件的,如专门用于补偿企业以后期间发生的相关成本费用或损失,在收到当期确认为递延收益时,不需要纳税调整。在支出期间确认相关成本费用或损失计入当期损益或冲减相关成本时,应填报表A105040第4列"其中:计入本年损益的金额"、第10列"支出金额"和第11列"其中:费用化支出金额",并对计入本年损益的金额调减所得,对本年确认的相关费用化支出调增所得。

（4）企业取得与收益相关的政府补助作不征税收入处理后满60个月,有"结余金额"且未缴回财政部门或其他拨付资金的政府部门的,在满60个月所在的纳税年度,如会计上未计入当期损益或冲减相关成本,"结余金额"直接调增所得,以后年度会计上如果再将这一"结余金额"计入当期损益或冲减相关成本时,则应调减所得;如会计上已计入当期损益或冲减相关成本,则对会计上已计入当期损益或冲减相关成本的金额调减所得,对"结余金额"调增所得。这样处理之后,再使用"结余金额"形成的费用化支出,就不需要调增所得了。

（5）软件企业收到即征即退的增值税款作为不征税收入处理的,对计入补贴收入或营业外收入的金额应调减所得,将其用于软件产品研发和扩大再生产形成的费用化支出应调增所得。需要提醒的是,在《研发费用加计扣除优惠明细表》（A107012）中,作为不征税收入处理的财政性资金用于研发的费用化支出金额,不允许作为研发费用加计扣除的计算基数。

【例6-10】在例5-1的资料中,华方有限责任公司取得政府补助收入400万元,将其计入递延收益,并按照不征税收入进行管理。2019年华方有限责任公司将该资金用于环境治理支出计入管理费用的同时,从递延收益转至营业外收入100万元。假设以后3年每年都将该资金用于环境治理支出,并从递延收益转至营业外收入100万元。

税务处理:由于该项政府补助收入已作为不征税收入处理,因此,华方有限责任公司将递延收益转至营业外收入的年度,应调减所得,填报表A105000第8行和第9行第4列"调减金额";将该资金用于环境治理支出计入管理费用的年度,应调增所得,填报表A105000第8行和第9行第3列"调增金额"。2019至2022年度华方有限责任公司取得专项用途财政性资金及用于费用化支出纳税调整的填报分别见表6-22、表6-23、表6-24和表6-25。

4. 与资产相关的政府补助符合不征税收入条件的纳税调整

（1）与资产相关的政府补助的一般会计处理。依据《企业会计准则第16号——政府补助》,企业取得与资产相关的政府补助,在收到当期确认为递延收益,并自购建的资产可供使用时起,按照资产的预计使用期限,将递延收益平均分摊计入当期损益或冲减相关成本。相关资产在使用寿命结束或结束前被处置（出售、转让、报废或发生毁损等）时,尚未分摊的递延收益余额应当一次性转入资产处置当期损益或冲减相关成本,不再予以递延。政府补助为非货币资产且公允价值不能可靠取得,以名义金额（1元）计量的,直接计入当期损益或冲减相关成本。

（2）企业取得与资产相关的政府补助符合不征税收入条件的,如用于购建资产,在收到当期确认为递延收益时,不需要纳税调整。用这一政府补助购建资产的支出,应填报表A105040第10列"支出金额",在此不进行纳税调整,但其折旧、摊销不得在税前扣除,应通过表A105080进行纳税调整。相关资产在使用寿命结束时或结束前被处置（出售、转让、报废或发生毁损等）,其折余或摊余价值（=作不征税收入处理的政府补助用于购建资产的支出－累计折旧或摊销）应不得在税前扣除。处置该资产按税收规定确认的净收益与会计处理已确认损益或冲减相关成本的差异,应通过表A105000"资产类调整项目"下的第34行"其他"进行纳税调整;处置该资产按税收规定确认的净损失,其与会计处理已确认损益或冲减相关成本的差异,应通过《资产损失税前扣除及纳税调整明细表》（A105090）

第六章 收入类项目所得税政策及其纳税调整的填报

表6-22 取得符合不征税收入条件的专项用途财政性资金并用于费用化支出纳税调整填报示例(第一年)

专项用途财政性资金纳税调整明细表(部分)

A105040

金额单位:元

行次	项目	取得年度	财政性资金金额	其中:符合不征税收入条件的财政性资金		以前年度支出情况					本年支出情况			本年结余情况		应计入本年应税收入金额
				金额	其中:计入本年损益的金额	前五年度	前四年度	前三年度	前二年度	前一年度	支出金额	其中:费用化支出金额	结余金额	其中:上缴财政金额	
			2	3	4	5	6	7	8	9	10	11	12	13	14
……																
6	本年	2019	4 000 000.00	4 000 000.00	1 000 000.00	*	*	*	*	*	1 000 000.00	1 000 000.00	3 000 000.00	0.00	0.00
7	合计(1+2+…+6)	*	4 000 000.00	4 000 000.00	0.00	*	*	*	*	*	1 000 000.00	1 000 000.00	3 000 000.00	0.00	0.00

表6-23 专项用途财政性资金用于费用化支出纳税调整填报示例(第二年)

专项用途财政性资金纳税调整明细表(部分)

A105040

金额单位:元

行次	项目	取得年度	财政性资金金额	其中:符合不征税收入条件的财政性资金		以前年度支出情况					本年支出情况			本年结余情况		应计入本年应税收入金额
				金额	其中:计入本年损益的金额	前五年度	前四年度	前三年度	前二年度	前一年度	支出金额	其中:费用化支出金额	结余金额	其中:上缴财政金额	
			2	3	4	5	6	7	8	9	10	11	12	13	14
……																
5	前一年度	2019	4 000 000.00	4 000 000.00	1 000 000.00	*	*	*	*	1 000 000.00	1 000 000.00	1 000 000.00	2 000 000.00	0.00	0.00
6	本年	2020	0.00	0.00	0.00	*	*	*	*	*	0.00	0.00	0.00	0.00	0.00
7	合计(1+2+…+6)	*	4 000 000.00	4 000 000.00	1 000 000.00	*	*	*	*	*	1 000 000.00	1 000 000.00	2 000 000.00	0.00	0.00

表 6-24 专项用途财政性资金用于费用化支出纳税调整填报示例（第三年）

金额单位：元

A105040

行次	项目	取得年度	财政性资金金额	其中:符合不征税收入条件的财政性资金 金额	其中:计入本年损益的金额	以前年度支出情况 前五年度	前四年度	前三年度	前二年度	前一年度	本年支出情况 支出金额	其中:费用化支出金额	结余金额	本年结余情况 其中:上缴财政金额	应计入本年应税收入金额
			1	2	3	4	5	6	7	8	9	10	11	12	13	14
…															
4	前二年度	2019	4 000 000.00	4 000 000.00	1 000 000.00	*	*	*	1 000 000.00	0.00	1 000 000.00	1 000 000.00	1 000 000.00	0.00	0.00
5	前一年度	2020	0.00	0.00	0.00	*	*	*	*	0.00	0.00	0.00	0.00	0.00	0.00
6	本年	2021	0.00	0.00	0.00	*	*	*	*	*	0.00	0.00	0.00	0.00	0.00
7	合计(1+2+…+6)	*	4 000 000.00	4 000 000.00	1 000 000.00	*	*	*	*	*	1 000 000.00	1 000 000.00	1 000 000.00	0.00	0.00

表 6-25 专项用途财政性资金用于费用化支出纳税调整填报示例（第四年）

金额单位：元

A105040

行次	项目	取得年度	财政性资金金额	其中:符合不征税收入条件的财政性资金 金额	其中:计入本年损益的金额	以前年度支出情况 前五年度	前四年度	前三年度	前二年度	前一年度	本年支出情况 支出金额	其中:费用化支出金额	结余金额	本年结余情况 其中:上缴财政金额	应计入本年应税收入金额
			1	2	3	4	5	6	7	8	9	10	11	12	13	14
…															
3	前三年度	2019	4 000 000.00	4 000 000.00	1 000 000.00	*	*	1 000 000.00	0.00	0.00	1 000 000.00	1 000 000.00	1 000 000.00	0.00	0.00
4	前二年度	2020	0.00	0.00	0.00	*	*	*	0.00	0.00	0.00	0.00	0.00	0.00	0.00
5	前一年度	2021	0.00	0.00	0.00	*	*	*	*	0.00	0.00	0.00	0.00	0.00	0.00
6	本年	2022	0.00	0.00	0.00	*	*	*	*	*	0.00	0.00	0.00	0.00	0.00
7	合计(1+2+…+6)	*	4 000 000.00	4 000 000.00	1 000 000.00	*	*	*	*	*	1 000 000.00	1 000 000.00	1 000 000.00	0.00	0.00

进行纳税调整。需要注意的是,在所购建的资产使用期间将递延收益平均分摊转入当期损益或冲减相关成本时,以及相关资产在使用寿命结束时或结束前被处置、将尚未分摊的递延收益余额一次性转入资产处置当期损益或冲减相关成本时,应调减所得。但由于资产折旧、摊销的长期性和表A105040"取得年度"的有限性,如果企业将与资产相关的政府补助作不征税收入处理没有超过60个月,这一纳税调整可以填报表A105040;如果超过60个月,这一纳税调整无法填报表A105040,只能填报表A105000第8行"不征税收入"的第4列"调减金额"。

(3)企业取得与资产相关的政府补助作不征税收入处理后满60个月,有"结余金额"且未缴回财政部门或其他拨付资金的政府部门的,在满60个月所在的纳税年度,如会计上未计入当期损益或冲减相关成本,"结余金额"直接调增所得,以后年度会计上再将这一"结余金额"计入当期损益或冲减相关成本时,则应调减所得;如会计上已计入当期损益或冲减相关成本,则对会计上已计入当期损益或冲减相关成本的金额调减所得,对"结余金额"调增所得。这样处理之后,再使用"结余金额"购建资产的折旧、摊销、处置时的折余或摊余价值就不需要调增所得了。

(4)软件企业收到即征即退的增值税款作为不征税收入处理的,对计入补贴收入或营业外收入的金额应调减所得,将其用于软件产品研发和扩大再生产形成的资本化支出,应填报表A105040第10列"支出金额",在此不进行纳税调整,但其折旧、摊销不得在税前扣除,应通过表A105080进行纳税调整。需要提醒的是,在《研发费用加计扣除优惠明细表》(A107012)中,作为不征税收入处理的财政性资金用于购置研发仪器设备和无形资产,其折旧、摊销不得作为研发费用加计扣除的计算基数。

【例6-11】2019年1月4日,政府拨付A企业450万元财政拨款(同日到账),要求用于购买大型科研设备1台。2019年1月31日,A企业购入大型设备(假设不需安装),实际成本为480万元,其中30万元以自有资金支付,使用寿命10年,采用直线法计提折旧(假设无残值)。2024年1月18日,A企业出售了这台设备,取得价款250万元,假设不考虑相关税费。A企业对这一研发补贴按照财税〔2011〕70号文件进行管理。

A企业的会计处理如下:

(1)2019年1月4日实际收到财政拨款:

借:银行存款　　　　　　　　　　　　　　　　　　　　4 500 000
　　贷:递延收益　　　　　　　　　　　　　　　　　　4 500 000

(2)2019年1月31日购入设备:

借:固定资产　　　　　　　　　　　　　　　　　　　　4 800 000
　　贷:银行存款　　　　　　　　　　　　　　　　　　4 800 000

(3)自2019年2月起每个资产负债表日,计提折旧,同时分摊递延收益:

借:研发支出——费用化支出　　　　　　　　　　　　　　40 000
　　贷:累计折旧　　　　　　　　　　　　　　　　　　　40 000

借:管理费用　　　　　　　　　　　　　　　　　　　　　40 000
　　贷:研发支出——费用化支出　　　　　　　　　　　　40 000

借:递延收益　　　　　　　　　　　　　　　　　　　　　37 500
　　贷:营业外收入　　　　　　　　　　　　　　　　　　37 500

(4)2024年1月18日出售设备,同时转销递延收益余额:
借:固定资产清理　　　　　　　　　　　　　　　　　　　　　　　2 400 000
　　累计折旧　　　　　　　　　　　　　　　　　　　　　　　　　　2 400 000
　　　贷:固定资产　　　　　　　　　　　　　　　　　　　　　　　　4 800 000
借:银行存款　　　　　　　　　　　　　　　　　　　　　　　　　　2 500 000
　　　贷:固定资产清理　　　　　　　　　　　　　　　　　　　　　　2 400 000
　　　　　营业外收入　　　　　　　　　　　　　　　　　　　　　　　　100 000
借:递延收益　　　　　　　　　　　　　　　　　　　　　　　　　　2 250 000
　　　贷:营业外收入　　　　　　　　　　　　　　　　　　　　　　　2 250 000

税务处理:由于A企业对收到的财政拨款按照财税〔2011〕70号文件进行管理,作为不征税收入处理,因此,A企业2019年将递延收益转入营业外收入的金额41.25万元,应通过表A105040第4列调减所得;会计上就购置的固定资产中相当于不征税收入计提的折旧额41.25万元,应通过表A105080调增所得。2020年至2023年,每年随固定资产提取折旧将递延收益转入营业外收入的金额45万元,应通过表A105040第4列调减所得;同样,会计上就购置的固定资产中相当于不征税收入计提的折旧额45万元,应通过表A105080调增所得。2024年,会计上随固定资产提取折旧将递延收益转入营业外收入3.75万元,应通过表A105040第4列调减所得;出售设备时,将递延收益余额转销营业外收入225万元,也应通过表A105040第4列调减所得。

用不征税收入购置的固定资产在处置时产生的利得(本例中=10×225÷240=9.3750(万元),225万元为用不征税收入购置固定资产的折余价值),与用自有资金购置的固定资产在处置时产生的利得(本例中=10×15÷240=0.625(万元),15万元为用自有资金购置固定资产的折余价值),是否应一起作为应税收入处理,目前没有政策规定。如一起作为应税收入处理,则不进行纳税调整。如将用不征税收入购置的固定资产在处置时产生的利得也作为不征税收入处理,应调减所得9.375万元,但由于这9.375万元不属于全部不征税收入450万元的组成部分,因此不得通过表A105040第4列调减,可以通过表A105000"资产类调整项目"下的第35行"其他"调减所得。如参照《财政部 国家税务总局关于非营利组织企业所得税免税收入问题的通知》(财税〔2009〕122号,以下简称财税〔2009〕122号文件)中"不征税收入和免税收入孳生的银行存款利息收入"为符合条件的非营利组织的免税收入的规定,将用不征税收入购置的固定资产在处置时产生的利得作为不免税收入处理,在这里不需要调减所得,但要填报《免税、减计收入及加计扣除优惠明细表》(A107010)。

A企业2019至2024年对该项财政拨款作为不征税收入处理下的纳税调整和表A105040的填报分别见表6-26、表6-27、表6-28、表6-29、表6-30和表6-31。

第六章 收入类项目所得税政策及其纳税调整的填报

A105040

表6-26 取得符合不征税收入条件的专项用途财政性资金并用于资本化支出纳税调整填报示例（第一年）

专项用途财政性资金纳税调整明细表（部分）

金额单位：元

行次	项目	取得年度	财政性资金金额	其中：符合不征税收入条件的财政性资金		以前年度支出情况					本年支出情况		本年结余情况		
				金额	其中：计入本年计损益的金额	前五年度	前四年度	前三年度	前二年度	前一年度	支出金额	其中：费用化支出金额	结余金额	其中：上缴财政金额	应计入本年应税收入金额
			1	2	3	4	5	6	7	8	9	10	11	12	13	14
……															
6	本年	2019	4 500 000.00	4 500 000.00	412 500.00	*	*	*	*	*	4 500 000.00	0.00	0.00	0.00	0.00
7	合计 (1+2+…+6)	*	4 500 000.00	4 500 000.00	412 500.00	*	*	*	*	*	4500 000.00	0.00	0.00	0.00	0.00

A105040

表6-27 专项用途财政性资金形成资本化支出折旧年度纳税调整填报示例（第二年）

专项用途财政性资金纳税调整明细表（部分）

金额单位：元

行次	项目	取得年度	财政性资金金额	其中：符合不征税收入条件的财政性资金		以前年度支出情况					本年支出情况		本年结余情况		
				金额	其中：计入本年计损益的金额	前五年度	前四年度	前三年度	前二年度	前一年度	支出金额	其中：费用化支出金额	结余金额	其中：上缴财政金额	应计入本年应税收入金额
			1	2	3	4	5	6	7	8	9	10	11	12	13	14
……															
5	前一年度	2019	4 500 000.00	4 500 000.00	450 000.00	*	*	*	*	4 500 000.00	0.00	0.00	0.00	0.00	0.00
6	本年	2020	0.00	0.00	0.00	*	*	*	*	*	0.00	0.00	0.00	0.00	0.00
7	合计 (1+2+…+6)	*	4 500 000.00	4 500 000.00	450 000.00	*	*	*	*	*	0.00	0.00	0.00	0.00	0.00

表6-28 专项用途财政性资金形成资本化支出折旧年度纳税调整填报示例(第三年)

专项用途财政性资金纳税调整明细表(部分)

A105040 金额单位:元

行次	项目	取得年度	财政性资金	其中:符合不征税收入条件的财政性资金		以前年度支出情况					本年支出情况		本年结余情况		应计入本年应税收入金额
				金额	其中:计入本年损益的金额	前五年度	前四年度	前三年度	前二年度	前一年度	支出金额	其中:费用化支出金额	结余金额	其中:上缴财政金额	
			1	2	3	4	5	6	7	8	9	10	11	12	13	14
...	前二年度	2019	4 500 000.00	4 500 000.00	450 000.00	*	*	*	4 500 000.00	0.00	0.00	0.00	0.00	0.00	0.00
4	前一年度	2020	0.00	0.00	0.00	*	*	*	*	*	0.00	0.00	0.00	0.00	0.00
5	本年	2021	0.00	0.00	0.00	*	*	*	*	*	0.00	0.00	0.00	0.00	0.00
7	合计(1+2+…+6)	*	4 500 000.00	4 500 000.00	450 000.00						0.00	0.00	0.00	0.00	0.00

表6-29 专项用途财政性资金形成资本化支出折旧年度纳税调整填报示例(第四年)

专项用途财政性资金纳税调整明细表(部分)

A105040 金额单位:元

行次	项目	取得年度	财政性资金	其中:符合不征税收入条件的财政性资金		以前年度支出情况					本年支出情况		本年结余情况		应计入本年应税收入金额
				金额	其中:计入本年损益的金额	前五年度	前四年度	前三年度	前二年度	前一年度	支出金额	其中:费用化支出金额	结余金额	其中:上缴财政金额	
			1	2	3	4	5	6	7	8	9	10	11	12	13	14
3	前三年度	2019	4 500 000.00	4 500 000.00	450 000.00	*	*	4 500 000.00	0.00	0.00	0.00	0.00	0.00	0.00	0.00
4	前二年度	2020	0.00	0.00	0.00	*	*	*	0.00	0.00	0.00	0.00	0.00	0.00	0.00
5	前一年度	2021	0.00	0.00	0.00	*	*	*	*	0.00	0.00	0.00	0.00	0.00	0.00
6	本年	2022	0.00	0.00	0.00	*	*	*	*	*	0.00	0.00	0.00	0.00	0.00
7	合计(1+2+…+6)	*	4 500 000.00	4 500 000.00	450 000.00						0.00	0.00	0.00	0.00	0.00

表6-30 专项用途财政性资金形成资产本化支出折旧年度纳税调整填报示例(第五年)

专项用途财政性资金纳税调整明细表(部分)

A105040

金额单位:元

行次	项目	取得年度	财政性资金	其中:符合不征税收入条件的财政性资金		以前年度支出情况					本年支出情况		本年结余情况		应计入本年应税收入金额
				金额	其中:计入本年损益的金额	前五年度	前四年度	前三年度	前二年度	前一年度	支出金额	其中:费用化支出金额	结余金额	其中:上缴财政金额	
		1	2	3	4	5	6	7	8	9	10	11	12	13	14
1	前五年度	2019	4 500 000.00	4 500 000.00	450 000.00	*	4 500 000.00	0.00	0.00	0.00	0.00	0.00	0.00	0.00	0.00
2	前四年度	2020	0.00	0.00	0.00	*	*	0.00	0.00	0.00	0.00	0.00	0.00	0.00	0.00
3	前三年度	2021	0.00	0.00	0.00	*	*	*	0.00	0.00	0.00	0.00	0.00	0.00	0.00
4	前二年度	2022	0.00	0.00	0.00	*	*	*	*	0.00	0.00	0.00	0.00	0.00	0.00
5	前一年度	2023	0.00	0.00	0.00	*	*	*	*	*	0.00	0.00	0.00	0.00	0.00
6	本年	*	0.00	0.00	0.00	*	*	*	*	*	0.00	0.00	0.00	0.00	0.00
7	合计(1+2+…+6)		4 500 000.00	4 500 000.00	450 000.00										

表6-31 专项用途财政性资金形成资产本化支出折旧及资产处置年度纳税调整填报示例(第六年)

专项用途财政性资金纳税调整明细表(部分)

A105040

金额单位:元

行次	项目	取得年度	财政性资金	其中:符合不征税收入条件的财政性资金		以前年度支出情况					本年支出情况		本年结余情况		应计入本年应税收入金额
				金额	其中:计入本年损益的金额	前五年度	前四年度	前三年度	前二年度	前一年度	支出金额	其中:费用化支出金额	结余金额	其中:上缴财政金额	
		1	2	3	4	5	6	7	8	9	10	11	12	13	14
1	前五年度	2019	4 500 000.00	4 500 000.00	2 287 500.00	4 500 000.00	0.00	0.00	0.00	0.00	0.00	0.00	0.00	0.00	0.00
2	前四年度	2020	0.00	0.00	0.00	*	0.00	0.00	0.00	0.00	0.00	0.00	0.00	0.00	0.00
3	前三年度	2021	0.00	0.00	0.00	*	*	0.00	0.00	0.00	0.00	0.00	0.00	0.00	0.00
4	前二年度	2022	0.00	0.00	0.00	*	*	*	0.00	0.00	0.00	0.00	0.00	0.00	0.00
5	前一年度	2023	0.00	0.00	0.00	*	*	*	*	0.00	0.00	0.00	0.00	0.00	0.00
6	本年	2024	0.00	0.00	0.00	*	*	*	*	*	0.00	0.00			
7	合计(1+2+…+6)	*	4 500 000.00	4 500 000.00	2 287 500.00										

二、没有二级附表的收入类调整项目的填报

（一）按权益法核算长期股权投资对初始投资成本调整确认收益的填报

依据《企业会计准则第2号——长期股权投资》的规定,长期股权投资的初始投资成本小于投资时应享有被投资单位可辨认净资产公允价值份额的,其差额应当计入当期损益——营业外收入,同时调整长期股权投资的成本。而依据《企业所得税法实施条例》第七十一条的规定,投资资产通过支付现金方式取得的,以购买价款(应含相关税费,笔者注)为成本,通过支付现金以外的方式取得的,以该资产的公允价值和支付的相关税费为成本。因此,对会计上按权益法核算长期股权投资对初始投资成本调整确认的收益,应通过表A105000第5行调减所得。

【例6-12】在例6-6中,2019年6月1日,A公司以360万元投资B公司普通股,占B公司普通股的40%,A公司按权益法核算对B公司的投资。假设2019年5月31日,B公司可辨认净资产公允价值为1 000万元。

A公司的会计处理为：

借：长期股权投资-成本(B公司)　　　　　　　　　　　　　3 600 000
　　贷：银行存款　　　　　　　　　　　　　　　　　　　　3 600 000
借：长期股权投资-成本(B公司)　　　　　　　　　　　　　　400 000
　　贷：营业外收入　　　　　　　　　　　　　　　　　　　　400 000

税务处理：会计上按权益法核算长期股权投资对初始投资成本调整确认的收益,不符合税收规定的收入确认条件,因此,A公司在填报2019年度的表A105000时,应通过第5行调减所得40万元。A公司2019年按权益法核算长期股权投资对初始投资成本调整确认收益的纳税调整填报见表6-32。

表6-32　按权益法核算长期股权投资对初始投资成本调整确认收益的纳税调整填报示例

A105000　　　　　　　　　　　纳税调整项目明细表(部分)　　　　　　　　　　金额单位：元

行次	项目	账载金额	税收金额	调增金额	调减金额
		1	2	3	4
1	一、收入类调整项目	*	*		
	……				
5	(四)按权益法核算长期股权投资对初始投资成本调整确认收益	*	*	*	400 000.00
	……				
46	合计(1+12+31+36+44+45)			*	*

（二）交易性金融资产初始投资调整的填报

在企业会计准则中,交易性金融资产属于以公允价值计量且其变动计入当期损益的金融资产。依据《企业会计准则第22号——金融工具确认和计量》的规定,企业初始确认金融资产或金融负债,应当按照公允价值计量。对于以公允价值计量且其变动计入当期损益的金融资产或金融负债,相关交易费用应当直接计入当期损益。而依据《企业所得税法实施条例》第七十一条的规定,投资资产通过支付现金方式取得的,以购买价款(应含相关税费,笔者注)为成本,通过支付现金以外的方式取得的,以该资产的公允价值和支付的相关税费为成本。因此,对交易性金融资产在初始投资时将相关交易费用计入当期损益金额,应通过表A105000第6行调增所得。

【例6-13】2019年5月8日,甲公司从二级市场购入乙公司发行的股票10 000股,共计支付价款100 000元。另外,甲公司支付交易费用1 000元,甲公司将购入的股票划分为交易性金融资产,且持有乙公司股权后对其无重大影响。

甲公司的会计处理为:

借:交易性金融资产－成本　　　　　　　　　　　　　　　　　　100 000
　　投资收益　　　　　　　　　　　　　　　　　　　　　　　　　1 000
　　贷:银行存款　　　　　　　　　　　　　　　　　　　　　　　101 000

税务处理:税法上应将取得投资资产时发生的相关税费计入投资成本,因此,甲公司在填报2019年度的表A105000时,应通过第6行调增所得1 000元。甲公司2019年交易性金融资产初始投资调整的纳税调整填报见表6-33。

表6-33　交易性金融资产初始投资调整的纳税调整填报示例

A105000　　　　　　　　　　纳税调整项目明细表(部分)　　　　　　　　金额单位:元

行次	项目	账载金额	税收金额	调增金额	调减金额
		1	2	3	4
1	一、收入类调整项目	*	*		
	……				
6	(五)交易性金融资产初始投资调整	*	*	1 000.00	*
	……				
46	合计(1＋12＋31＋36＋44＋45)	*	*		

(三)公允价值变动净损益的填报

在企业会计准则中,采用公允价值模式计量的投资性房地产,各种以公允价值计量且其变动计入当期损益的金融资产,应当以资产负债表日的公允价值为基础调整其账面价值,公允价值与原账面价值之间的差额计入当期损益。而依据《企业所得税法实施条例》第五十六条规定,企业的各项资产,包括固定资产、生物资产、无形资产、长期待摊费用、投资资产、存货等,应以历史成本为计税基础。所称历史成本,是指企业取得该项资产时实际发生的支出。企业持有各项资产期间资产增值或者减值,除国务院财政、税务主管部门规定可以确认损益外,不得调整该资产的计税基础。因此,对企业按企业会计准则确认的公允价值变动净损益,应通过表A105000第7行进行纳税调整,若表A105000第7行第1列≤0,第3列"调增金额"填报第1列金额的绝对值;若第1列＞0,第4列"调减金额"填报第1列金额。即:会计处理"公允价值变动损益"科目余额在贷方的,调减所得;余额在借方的,调增所得。

【例6-14】甲企业与乙企业签订了租赁协议,将其原先自用的一栋写字楼出租给乙企业使用,租赁期开始日为2019年4月15日。2019年4月15日,该写字楼的账面余额50 000万元、累计折旧5 000万元,公允价值47 000万元。2019年12月31日,该写字楼的公允价值为48 000万元。2020年6月租赁期届满,企业收回该写字楼,并以55 000万元出售,出售款项已收讫。假设甲企业对该写字楼在租赁期间采用公允价值模式计量,不考虑相关税费。

甲企业的会计处理如下:

(1)2019年4月15日,固定资产转换为投资性房地产:

借:投资性房地产——成本　　　　　　　　　　　　　　　　470 000 000
　　累计折旧　　　　　　　　　　　　　　　　　　　　　　50 000 000
　　贷:固定资产　　　　　　　　　　　　　　　　　　　　　500 000 000
　　　　其他综合收益　　　　　　　　　　　　　　　　　　　20 000 000

(2)2019年12月31日,公允价值变动:
借:投资性房地产——公允价值变动　　　　　　　　　　　10 000 000
　　贷:公允价值变动损益　　　　　　　　　　　　　　　　10 000 000

(3)2020年6月,收回并出售投资性房地产:
借:银行存款　　　　　　　　　　　　　　　　　　　　　550 000 000
　　公允价值变动损益　　　　　　　　　　　　　　　　　　10 000 000
　　其他综合收益　　　　　　　　　　　　　　　　　　　　20 000 000
　　其他业务成本　　　　　　　　　　　　　　　　　　　 450 000 000
　　贷:投资性房地产——成本　　　　　　　　　　　　　　470 000 000
　　　　　　　　　　——公允价值变动　　　　　　　　　　10 000 000
　　　　其他业务收入　　　　　　　　　　　　　　　　　 550 000 000

税务处理:投资性房地产的公允价值变动损益的贷方发生额或余额不符合税收规定的收入确认条件,因此,甲企业在填报2019年度的表A105000时,应在第7行调减所得1 000万元;投资性房地产的公允价值变动损益的借方发生额或余额不属于税收规定的损失扣除范围,因此,甲企业在填报2020年度的表A105000时,应在第7行调增所得1 000万元。2020年甲企业出售该项投资性房地产时,会计上的损益除公允价值变动损益外,其他业务收入减其他业务成本的净收益为10 000万元;在不考虑投资性房地产在税收上固定资产折旧的纳税调整前提下,税收上应确认资产转让所得也是10 000万元,无差异。甲企业2019年和2020年投资性房地产公允价值变动净损益的纳税调整填报分别见表6-34、表6-35。

表6-34　投资性房地产持有期间公允价值变动净损益的纳税调整填报示例(2019年)

A105000　　　　　　　　　　　　纳税调整项目明细表(部分)　　　　　　　　　　　金额单位:元

行次	项目	账载金额	税收金额	调增金额	调减金额
		1	2	3	4
1	一、收入类调整项目	*	*		
	……				
7	(六)公允价值变动净损益	10 000 000.00	*	0.00	10 000 000.00
	……				
46	合计(1+12+31+36+44+45)	*	*		

表6-35　投资性房地产出售时公允价值变动净损益填报示例(2020年)

A105000　　　　　　　　　　　　纳税调整项目明细表(部分)　　　　　　　　　　　金额单位:元

行次	项目	账载金额	税收金额	调增金额	调减金额
		1	2	3	4
1	一、收入类调整项目	*	*		
	……				

续表

行次	项目	账载金额	税收金额	调增金额	调减金额
		1	2	3	4
7	(六)公允价值变动净损益	10 000 000.00	*	10 000 000.00	0.00
	……				
46	合计(1+12+31+36+44+45)		*	*	

【例6-15】续例6-9和例6-12。2019年12月31日,乙公司股票市价为每股11.5元。假设甲公司在2020年3月12日将乙公司股票1万股按每股15元卖出,支付费用1 500元。

甲公司的会计处理:见例6-9。

税务处理:交易性金融资产的公允价值变动损益的贷方发生额或余额不符合税收规定的收入确认条件,因此,甲公司在填报2019年度的表A105000时,应在第7行调减所得15 000元;交易性金融资产的公允价值变动损益的借方发生额或余额不属于税收规定的损失扣除范围,因此,甲公司在填报2020年度的表A105000时,应在第7行调增所得15 000万元。2020年甲公司卖出乙公司股票时,会计上确认投资收益=33 500+15 000=48 500(元),税收上应确认投资收益=148 500-101 000=47 500(元),应在表A105030中进行纳税调整(见表6-21)。甲公司2019年和2020年交易性金融资产公允价值变动净损益的纳税调整填报分别见表6-36、表6-37。

表6-36 交易性金融资产公允价值变动净损益的纳税调整填报示例(2019年)

A105000　　　　　　　　　　　　纳税调整项目明细表(部分)　　　　　　　　　　　　金额单位:元

行次	项目	账载金额	税收金额	调增金额	调减金额
		1	2	3	4
1	一、收入类调整项目	*	*		
	……				
7	(六)公允价值变动净损益	15 000.00	*	0.00	15 000.00
	……				
46	合计(1+12+31+36+44+45)		*	*	

表6-37 交易性金融资产卖出时公允价值变动净损益填报示例(2020年)

A105000　　　　　　　　　　　　纳税调整项目明细表(部分)　　　　　　　　　　　　金额单位:元

行次	项目	账载金额	税收金额	调增金额	调减金额
		1	2	3	4
1	一、收入类调整项目	*	*		
	……				
7	(六)公允价值变动净损益	15 000.00	*	15 000.00	0.00
	……				
46	合计(1+12+31+36+44+45)		*	*	

(四)销售折扣、折让和退回的填报

1.现金折扣

国税函〔2008〕875号文件规定,债权人为鼓励债务人在规定的期限内付款而向债务人提供的债务扣除属于现金折扣,销售商品涉及现金折扣的,应当按扣除现金折扣前的金额确定销售商品收入金额,现金折扣在实际发生时作为财务费用扣除。这与现金折扣的会计处理一致,无差异。

2. 商业折扣

国税函〔2008〕875号文件规定,企业为促进商品销售而在商品价格上给予的价格扣除属于商业折扣,商品销售涉及商业折扣的,应当按照扣除商业折扣后的金额确定销售商品收入金额。这也与商业折扣的会计处理一致,无差异。

3. 销售折让和销售退回

国税函〔2008〕875号文件规定,企业因售出商品的质量不合格等原因而在售价上给的减让属于销售折让;企业因售出商品质量、品种不符合要求等原因而发生的退货属于销售退回。企业已经确认销售收入的售出商品发生销售折让和销售退回,应当在发生当期冲减当期销售商品收入。销售折让和销售退回如果不属于资产负债表日后事项,则税会无差异。但会计上规定,已确认收入的销售折让和销售退回属于资产负债表日后事项的,应当按照有关资产负债表日后事项的相关规定进行处理。

依据《企业会计准则第29号——资产负债表日后事项》的规定,已确认收入的销售折让和销售退回,属于资产负债表日后调整事项,应当调整资产负债表日的财务报表。涉及损益的事项,通过"以前年度损益调整"科目核算,调整增加以前年度利润或调整减少以前年度亏损的事项,记入"以前年度损益调整"科目的贷方;反之,记入"以前年度损益调整"科目的借方。这与国税函〔2008〕875号文件要求销售折让和销售退回在发生当期冲减当期销售商品收入存在差异,需要在表A105000第10行进行纳税调整。若表A105000第10行第1列≥第2列,第3列"调增金额"填报第1-2列金额。若第1列＜第2列,第4列"调减金额"填报第1-2列金额的绝对值,第4列仅为销货退回影响损益的跨期时间性差异。

【例6-16】甲公司2019年12月20日销售一批商品给丙企业,取得收入100 000元(不含税,增值税率13%)。甲公司发出商品后,按照正常情况已确认收入,并结转成本80 000元。此笔货款到年末尚未收到,甲公司未对应收账款计提坏账准备。2020年1月18日,由于产品质量问题,本批货物被退回。企业于2020年2月28日完成2019年企业所得税汇算清缴。甲公司适用的企业所得税税率为25%。

本例中,销售退回业务发生在资产负债表日后事项涵盖期间内,应属于资产负债表日后调整事项。甲公司的会计处理如下:

(1)2020年1月18日,调整销售收入:

借:以前年度损益调整　　　　　　　　　　　　　　　100 000
　　应交税费——应交增值税(销项税额)　　　　　　　13 000
　　贷:应收账款　　　　　　　　　　　　　　　　　　113 000

(2)调整销售成本:

借:库存商品　　　　　　　　　　　　　　　　　　　80 000
　　贷:以前年度损益调整　　　　　　　　　　　　　　80 000

(3)调整应缴纳的所得税:

借:应交税费——应交所得税　　　　　　　　　　　　5 000
　　贷:以前年度损益调整　　　　　　　　　　　　　　5 000

说明:5 000 = (100 000 - 80 000) × 25%

(4)将"以前年度损益调整"科目余额转入未分配利润：
借：利润分配——未分配利润　　　　　　　　　　　　15 000
　　贷：以前年度损益调整　　　　　　　　　　　　　　　15 000
(5)调整盈余公积：
借：盈余公积　　　　　　　　　　　　　　　　　　　1 500
　　贷：利润分配——未分配利润　　　　　　　　　　　　1 500
(6)调整报告年度相关财务报表：
①资产负债表项目的年末数调整：调减应收账款113 000元，调增库存商品80 000元，调减盈余公积1500元，调减未分配利润13 500元。
②利润表项目的调整：调减营业收入100 000元，调减营业成本80 000元。
③所有者权益表项目的调整：调减净利润15 000元，调减提取盈余公积1 500元，调减未分配利润13 500元。

税务处理：在税法上，甲公司2020年发生的销售退回应冲减2020年度的销售商品收入，不得冲减2019年度的销售商品收入。因此，甲公司在填报2019年度的表A105000时，应在第10行调增所得20 000元；在填报2020年度的表A105000时，应在第10行调减所得20 000元。甲公司2019年和2020年销售退回的纳税调整填报分别见表6-38、表6-39。

表6-38　属于资产负债表日后调整事项的销售退回报告年度纳税调整填报示例(2019年)

A105000　　　　　　　　　　　纳税调整项目明细表(部分)　　　　　　　　　　金额单位：元

行次	项目	账载金额	税收金额	调增金额	调减金额
		1	2	3	4
1	一、收入类调整项目	*	*		
	……				
10	(八)销售折扣、折让和退回	20 000.00	0.00	20 000.00	0.00
	……				
46	合计(1+12+31+36+44+45)	*	*		

表6-39　属于资产负债表日后调整事项的销售退回发生年度纳税调整填报示例(2020年)

A105000　　　　　　　　　　　纳税调整项目明细表(部分)　　　　　　　　　　金额单位：元

行次	项目	账载金额	税收金额	调增金额	调减金额
		1	2	3	4
1	一、收入类调整项目	*	*		
	……				
10	(八)销售折扣、折让和退回	0.00	20 000.00	0.00	20 000.00
	……				
46	合计(1+12+31+36+44+45)	*	*		

(五)其他收入类调整项目的填报

表A105000第11行"(九)其他"填报其他因会计处理与税收规定有差异需纳税调整的收入类项目金额。若第2列≥第1列，第3列"调增金额"填报第2-1列金额。若第2列＜第1列，第4列"调减金额"填报第2-1列金额的绝对值。如，纳税人没有将接受捐赠的收益计入"营业外收入"的，包括但不限于下列情形，需要根据不同情形进行纳税调整。

第一种情形,如将接受捐赠收益计入了"资本公积",应在收入类调整项目下的"其他"中调增所得。

第二种情形,如按照企业会计准则解释第5号的要求,执行企业会计准则的企业接受非控股股东(或非控股股东的子公司)直接或间接代为偿债、债务豁免或捐赠,将相关利得计入了所有者权益(资本公积)。对这种情况一般也要在收入类调整项目下的"其他"中调增所得。

第三种情形,依据税务总局公告2014年第29号的规定,县级以上人民政府及其有关部门将国有资产明确以股权投资方式投入企业的,企业应作为国家资本金(包括资本公积)处理;企业接收股东划入资产(包括股东赠予资产、上市公司在股权分置改革过程中接收原非流通股股东和新非流通股股东赠予的资产、股东放弃本企业的股权,下同),合同、协议约定作为资本金(包括资本公积)且在会计上已做实际处理的,不计入企业的收入总额。这两种情况,不需要纳税调整。但是,如果县级以上人民政府及其有关部门将国有资产无偿划入企业,没有明确以股权投资方式投入企业,也不符合不征税收入的条件;或企业接收股东划入资产,合同、协议没有约定作为资本金(包括资本公积)的,即使企业在会计上计入"资本公积",也应在收入类调整项目下的"其他"中调增所得。

需要特别提醒的是,企业执行《企业会计准则第14号——收入》(财会〔2017〕22号发布)产生的税会差异纳税调整金额,不得在表A105000第11行"(九)其他"填报,目前,税务总局公告2019年第41号明确在表A105000第45行"六、其他"填报。

企业所得税政策与申报实务深度解析
（2020年版）

第七章

扣除类项目所得税政策及其纳税调整的填报

本章要点

☞ 允许在税前扣除的支出

☞ 不得在税前扣除的支出

☞ 税前扣除的原则

☞ 税前扣除凭证管理

☞ 税前扣除成本的所得税政策

☞ 土地增值税的所得税税前扣除政策

☞ 税前扣除费用的所得税政策

☞ 税前扣除的其他支出所得税政策

☞ 有二级附表的扣除类调整项目的填报

☞ 没有二级附表的扣除类调整项目的填报

第一节 税前扣除的基本内容、原则和凭证

一、税前扣除的基本内容

(一)允许在税前扣除的支出

依据《企业所得税法》第八条的规定,税前扣除的基本内容包括成本、费用、税金、损失和其他支出。

1)成本 《企业所得税法实施条例》第二十九条规定,《企业所得税法》第八条所称成本,是指企业在生产经营活动中发生的销售成本、销货成本、业务支出以及其他耗费。

2)费用 《企业所得税法实施条例》第三十条规定,《企业所得税法》第八条所称费用,是指企业在生产经营活动中发生的销售费用、管理费用和财务费用,已经计入成本的有关费用除外。

3)税金 《企业所得税法实施条例》第三十一条规定,《企业所得税法》第八条所称税金,是指企业发生的除企业所得税和允许抵扣的增值税以外的各项税金及其附加。税金的范围一般包括企业发生的消费税、营业税、资源税、土地增值税和城市维护建设税、教育费附加、地方教育附加等税金及附加。

关于营业税,对原营业税纳税人在改征增值税后,可能还存在查补营业税的税前扣除问题。

关于房产税、城镇土地使用税、车船税、印花税等相关税费,全面营业税改征增值税后,财会〔2016〕22 号文件规定,这些税费都通过"税金及附加"科目核算,因此,纳税人已在"税金及附加"科目核算的房产税、城镇土地使用税、车船税、印花税等相关税费,不得再填报期间费用明细表中的"各项税费",否则就会形成重复扣除。

4)损失 《企业所得税法实施条例》第三十二条规定,《企业所得税法》第八条所称损失,是指企业在生产经营活动中发生的固定资产和存货的盘亏、毁损、报废损失,转让财产损失,呆账损失,坏账损失,自然灾害等不可抗力因素造成的损失以及其他损失。

企业发生的损失,减除责任人赔偿和保险赔款后的余额,依照国务院财政、税务主管部门的规定扣除。

企业已经作为损失处理的资产,在以后纳税年度又全部收回或者部分收回时,应当计入当期收入。

5)其他支出 《企业所得税法实施条例》第三十三条规定,《企业所得税法》第八条所称其他支出,是指除成本、费用、税金、损失外,企业在生产经营活动中发生的与生产经营活动有关的、合理的支出。如:

(1)公益性捐赠支出。《企业所得税法》第九条规定,企业发生的公益性捐赠支出,在年度利润总额12%以内的部分,准予在计算应纳税所得额时扣除;超过年度利润总额12%的部分,准予结转以后三年内在计算应纳税所得额时扣除。

(2)经核定的准备金支出。这些支出包括:

——保险公司按规定缴纳的保险保障基金,按规定提取的未到期责任准备金、寿险责任准备金、长期健康险责任准备金、已发生已报案未决赔款准备金和已发生未报案未决赔

款准备金,经营财政给予保费补贴的农业保险按规定计提的农业保险大灾风险准备金。

——上海、深圳证券交易所按规定提取的证券交易所风险基金、缴纳的证券投资者保护基金,中国证券登记结算公司所属上海分公司、深圳分公司按规定提取的证券结算风险基金,证券公司按规定缴纳的证券结算风险基金、缴纳的证券投资者保护基金;上海期货交易所、大连商品交易所、郑州商品交易所、中国金融期货交易所和上海国际能源交易中心按规定计提的风险准备金、缴纳的期货投资者保障基金、期货公司按规定提取的期货公司风险准备金、缴纳的期货投资者保障基金。

——政策性银行、商业银行、财务公司、城乡信用社和金融租赁公司等金融企业和小额贷款公司按规定提取的贷款损失准备金。

——符合条件的中小企业融资(信用)担保机构按规定计提的担保赔偿准备金和未到期责任准备金。

(二)不得在税前扣除的支出

《企业所得税法》第十条规定,在计算应纳税所得额时,下列支出不得扣除:

(1)向投资者支付的股息、红利等权益性投资收益款项。

(2)企业所得税税款。

(3)税收滞纳金。依据国税发〔2009〕2号文件的规定,税务机关根据《企业所得税法》及其实施条例的规定,对企业做出特别纳税调整的,应对2008年1月1日以后发生交易补征的企业所得税税款,按日加收利息。按照规定加收的利息,不得在计算应纳税所得额时扣除。

(4)罚金、罚款和被没收财物的损失。

(5)本法第九条规定以外的捐赠支出。

(6)赞助支出。《企业所得税法实施条例》第五十四条界定,《企业所得税法》第十条第(六)项所称赞助支出,是指企业发生的与生产经营活动无关的各种非广告性质支出。

(7)未经核定的准备金支出。《企业所得税法实施条例》第五十五条明确,《企业所得税法》第十条第(七)项所称未经核定的准备金支出,是指不符合国务院财政、税务主管部门规定的各项资产减值准备、风险准备等准备金支出。

二、税前扣除原则

依据《企业所得税法》及其实施条例和相关文件规定,除计算应纳税所得额的基本原则外,税前扣除原则还有:

(一)实际发生原则

又称真实性或可靠性原则。税法中的实际发生原则类似于会计信息质量要求中的可靠性。这一原则要求企业应当以实际发生的交易或者事项为依据进行各项扣除的确认和申报,应当将符合税法规定的各项扣除及其他相关信息如实反映在纳税申报表中,保证纳税申报信息真实可靠、内容完整。真实性是高质量纳税申报信息的重要基础和关键所在,如果企业以虚假的经济业务进行各项扣除的确认和申报,会严重损害纳税申报信息质量。

(二)相关性原则

又称有关性原则或配比性原则。对于税法中的相关性原则,《企业所得税法实施条例》第二十七条第一款解释,《企业所得税法》第八条所称有关的支出,是指与取得收入直接相关的支出。具体来说,就是与取得征税收入直接相关的各项支出,准予在税前扣除,既包括与取得应税收入有关的各项支出,也包括与取得免税收入有关的各项支出。税法中的相关性原则也要求,在同一个纳税年度内税前扣除的各项支出,应当与该纳税年度内在税法上确认的收入相互配比,纳税人某一纳税年度应申报的可扣除费用不得提前或滞后申报扣除。

依据相关性原则,税务总局公告2012年第15号第六条对以前年度发生应扣未扣支出的税务处理作出了这样的规定:自2011年度起,根据《税收征管法》的有关规定,对企业发现以前年度实际发生的、按照税收规定应在企业所得税前扣除而未扣除或者少扣除的支出,企业做出专项申报及说明后,准予追补至该项目发生年度计算扣除,但追补确认期限不得超过5年。亏损企业追补确认以前年度未在企业所得税前扣除的支出,或盈利企业经过追补确认后出现亏损的,应调整该项支出所属年度的亏损额。

(三)合理性原则

《企业所得税法实施条例》第二十七条第二款解释,《企业所得税法》第八条所称合理的支出,是指符合生产经营活动常规,应当计入当期损益或者有关资产成本的必要和正常的支出。

(四)区分收益性支出和资本性支出原则

《企业所得税法实施条例》第二十八条第一款要求,企业发生的支出应当区分收益性支出和资本性支出。收益性支出在发生当期直接扣除;资本性支出应当分期扣除或者计入有关资产成本,不得在发生当期直接扣除。如存货成本和固定资产成本,应分别作为商品销售成本与固定资产折旧在税前扣除。

(五)非经法定不得重复扣除原则

《企业所得税法实施条例》第二十八条第三款要求,除《企业所得税法》和本条例另有规定外,企业实际发生的成本、费用、税金、损失和其他支出,不得重复扣除。

(六)历史成本原则

依据《企业所得税法实施条例》第五十六条的规定,企业的各项资产,应当以企业取得该项资产时实际发生的支出为计税基础。企业持有各项资产期间的资产增值或者减值,除国务院财政、税务主管部门规定可以确认损益外,不得调整该资产的计税基础。

三、税前扣除凭证管理

(一)基本规定

企业实际发生的成本、费用等各项支出在申报税前扣除时,除要遵循税前扣除原则外,还应该提供该成本、费用的合法有效凭证,或者在会计上要根据合法、有效凭证记账,进行核算。关于合法有效凭证的税收规定,有关文件的规定有:

(1)《税收征管法》第十九条:纳税人、扣缴义务人按照有关法律、行政法规和国务院财政、税务主管部门的规定设置账簿,根据合法、有效凭证记账,进行核算。

(2)《税收征管法实施细则》第二十九条:账簿、记账凭证、报表、完税凭证、发票、出口凭证以及其他有关涉税资料应当合法、真实、完整。

(3)《中华人民共和国发票管理办法》(中华人民共和国国务院令第587号)第二十条:所有单位和从事生产、经营活动的个人在购买商品、接受服务以及从事其他经营活动支付款项,应当向收款方取得发票。取得发票时,不得要求变更品名和金额。第二十一条:不符合规定的发票,不得作为财务报销凭证,任何单位和个人有权拒收。

(4)《国家税务总局关于加强企业所得税管理的意见》(国税发〔2008〕88号):不符合规定的发票不得作为税前扣除凭据。

(5)《国家税务总局关于印发〈进一步加强税收征管若干具体措施〉的通知》(国税发〔2009〕114号):未按规定取得的合法有效凭证不得在税前扣除。

综合上述规定,可以得出两个结论:

第一,企业应根据合法、有效凭证记账,不符合规定的发票,不得作为财务报销凭证。这是对会计核算的基本要求,而会计核算是企业所得税纳税申报的基础,财务报销是税前扣除的前提,很难得出这样的结论,即企业实际发生的支出,财务上不得报销而允许在税前扣除。

第二,企业应当按规定取得合法有效凭证。对于不符合规定的发票和其他凭证,或者是未按规定取得的合法有效凭据,不得在税前扣除。

(二)《企业所得税税前扣除凭证管理办法》的规定

《国家税务总局关于发布〈企业所得税税前扣除凭证管理办法〉的公告》(国家税务总局公告2018年第28号,以下简称《税前扣除凭证管理办法》)就税前扣除凭证的定义、适用范围、管理原则、种类、基本情况税务处理和特殊情况税务处理等作出了具体规定。

1)税前扣除凭证的定义　《税前扣除凭证管理办法》第二条规定,税前扣除凭证是指企业在计算企业所得税应纳税所得额时,证明与取得收入有关的、合理的支出实际发生,并据以税前扣除的各类凭证。这里的"支出"应是广义概念,包括成本、费用、税金、损失和其他支出,而不是狭义的款项支付。

2)《税前扣除凭证管理办法》的适用范围　依据《税前扣除凭证管理办法》第三条的规定,《税前扣除凭证管理办法》适用于企业,包括《企业所得税法》及其实施条例规定的居民企业和非居民企业。

3)税前扣除凭证的管理原则　《税前扣除凭证管理办法》第四条规定,税前扣除凭证在管理中遵循真实性、合法性、关联性原则。真实性是指税前扣除凭证反映的经济业务真实,且支出已经实际发生;合法性是指税前扣除凭证的形式、来源符合国家法律、法规等相关规定;关联性是指税前扣除凭证与其反映的支出相关联且有证明力。在这里,税前扣除凭证的基础是真实性,核心是合法性、关联性。

4)税前扣除凭证的管理要求　依据《税前扣除凭证管理办法》第五条至第七条的规定,企业发生支出,应取得税前扣除凭证,作为计算企业所得税应纳税所得额时扣除相关支出的依据。企业应在当年度《企业所得税法》规定的汇算清缴期结束前取得税前扣除凭证。企业应将与税前扣除凭证相关的资料,包括合同协议、支出依据、付款凭证等留存备查,以证实税前扣除凭证的真实性。

5)税前扣除凭证的种类　《税前扣除凭证管理办法》第八条明确,税前扣除凭证按照来源分为内部凭证和外部凭证。

内部凭证是指企业自制用于成本、费用、损失和其他支出核算的会计原始凭证。内部凭证的填制和使用应当符合国家会计法律、法规等相关规定。

外部凭证是指企业发生经营活动和其他事项时,从其他单位、个人取得的用于证明其支出发生的凭证,包括但不限于发票(包括纸质发票和电子发票)、财政票据、完税凭证、收款凭证、分割单等。

需要注意的是,有的扣除项目既需要外部凭证,也需要内部凭证。如:外购固定资产折旧,既需要外购固定资产的发票,也需要计提折旧的内部凭证。

6)一般情况税务处理 《税前扣除凭证管理办法》第九条至第十二条规定了一般情况下支出项目税前扣除凭证的要求。

(1)境内支出项目的扣除凭证。境内支出项目又分是否属于增值税应税项目两种情况。

第一种情况:境内支出项目属于增值税应税项目。企业在境内发生的支出项目属于增值税应税项目(以下简称应税项目)的,对方为已办理税务登记的增值税纳税人,其支出以发票(包括按照规定由税务机关代开的发票)作为税前扣除凭证;对方为依法无需办理税务登记的单位或者从事小额零星经营业务的个人,其支出以税务机关代开的发票或者收款凭证及内部凭证作为税前扣除凭证,收款凭证应载明收款单位名称、个人姓名及身份证号、支出项目、收款金额等相关信息。

小额零星经营业务的判断标准是个人从事应税项目经营业务的销售额不超过增值税相关政策规定的起征点。

国家税务总局对应税项目开具发票另有规定的,以规定的发票或者票据作为税前扣除凭证。如《国家税务总局关于铁路运输和邮政业营业税改征增值税发票及税控系统使用问题的公告》(税务总局公告2013年第76号)规定的中国铁路总公司及其所属运输企业(含分支机构)自行印制的铁路票据等。

需要注意的是:①已办理税务登记的增值税纳税人,不分是否从事小额零星经营业务;②依法无需办理税务登记的单位,不分是否从事小额零星经营业务;③从事小额零星经营业务的个人,一般理解为包括未登记为一般纳税人的个体工商户和自然人。在这里,未登记为一般纳税人的个体工商户不排除已办理税务登记,因此,应作为已办理税务登记的增值税纳税人的另外情况。

第二种情况:境内支出项目不属于增值税应税项目。企业在境内发生的支出项目不属于应税项目的,对方为单位的,以对方开具的发票以外的其他外部凭证作为税前扣除凭证;对方为个人的,以内部凭证作为税前扣除凭证。

企业在境内发生的支出项目虽不属于应税项目,但按国家税务总局规定可以开具发票的,可以发票作为税前扣除凭证。如《国家税务总局关于增值税发票管理若干事项的公告》(税务总局公告2017年第45号)附件《商品和服务税收分类编码表》中规定的不征税项目等。

(2)境外支出项目的扣除凭证。企业从境外购进货物或者劳务发生的支出,以对方开具的发票或者具有发票性质的收款凭证、相关税费缴纳凭证作为税前扣除凭证。

(3)不合规外部凭证不得作为税前扣除凭证。企业取得私自印制、伪造、变造、作废、开票方非法取得、虚开、填写不规范等不符合规定的发票(以下简称不合规发票),以及取得不符合国家法律、法规等相关规定的其他外部凭证(以下简称不合规其他外部凭证),不得作为税前扣除凭证。不合规发票和不合规其他外部凭证可统称为不合规外部凭证。

因此,企业要做好企业所得税税前扣除工作,需要更多了解取得、开具发票和其他外部凭证(如财政票据)的有关规定。

7)特殊情况税务处理 《税前扣除凭证管理办法》第十三条至第十九条规定了特殊情况下支出项目税前扣除凭证的要求。大致上可以分两类情况：①应当取得而未取得外部凭证或取得不合规外部凭证的处理；②共同支出的税前扣除凭证。应当取得而未取得外部凭证或取得不合规外部凭证的处理又分两种情况，共同支出的税前扣除凭证又分三种情况。

(1)应当取得而未取得外部凭证或取得不合规外部凭证的处理。这包括2种情况。

第一种情况：应当取得而未取得外部凭证或取得不合规外部凭证在汇算清缴期结束前的处理。企业应当取得而未取得发票、其他外部凭证或者取得不合规发票、不合规其他外部凭证的，若支出真实且已实际发生，应当在当年度汇算清缴期结束前，要求对方补开、换开发票、其他外部凭证。补开、换开后的发票、其他外部凭证符合规定的，可以作为税前扣除凭证。

由此可以看出支出真实且已实际发生这一条件的重要性。

企业在补开、换开发票、其他外部凭证过程中，因对方注销、撤销、依法被吊销营业执照、被税务机关认定为非正常户等特殊原因无法补开、换开发票、其他外部凭证的，可凭以下资料证实支出真实性后，其支出允许税前扣除：

——无法补开、换开发票、其他外部凭证原因的证明资料(包括工商注销、机构撤销、列入非正常经营户、破产公告等证明资料)；

——相关业务活动的合同或者协议；

——采用非现金方式支付的付款凭证；

——货物运输的证明资料；

——货物入库、出库内部凭证；

——企业会计核算记录以及其他资料。

其中，第一项至第三项为必备资料。

需要提醒的是：①相关业务活动的合同或者协议最好不是口头合同或者协议；②现金方式支付不属于证实支出真实性的资料；③对方如正常经营，未注销、撤销、依法被吊销营业执照、被税务机关认定为非正常户等，则不能适用凭相关资料证实支出真实性的规定，只能要求对方补开、换开发票、其他外部凭证。

依据《税前扣除凭证管理办法》第十六条的规定，企业在当年度汇算清缴期结束前未能补开、换开符合规定的发票、其他外部凭证，并且未能按照本办法第十四条的规定提供相关资料证实其支出真实性的，相应支出不得在发生年度税前扣除。这里应该是相关支出"暂"不得在发生年度税前扣除，不排除以后年度取得符合规定的发票、其他外部凭证或者按照本办法第十四条的规定提供可以证实其支出真实性的相关资料，相应支出可以在5年内追补扣除。

第二种情况：汇算清缴期结束后应当取得而未取得外部凭证或取得不合规外部凭证的处理。汇算清缴期结束后，税务机关发现企业应当取得而未取得发票、其他外部凭证或者取得不合规发票、不合规其他外部凭证并且告知企业的，企业应当自被告知之日起60日内补开、换开符合规定的发票、其他外部凭证。其中，因对方特殊原因无法补开、换开发票、其他外部凭证的，企业应当按照本办法第十四条的规定，自被告知之日起60日内提供可以证实其支出真实性的相关资料。

企业在规定的期限未能补开、换开符合规定的发票、其他外部凭证,并且未能按照本办法第十四条的规定提供相关资料证实其支出真实性的,相应支出不得在发生年度税前扣除。

需要注意的是,属于"汇算清缴期结束后税务机关发现"这种情形的,企业在规定的期限之后即使补开、换开了符合规定的发票、其他外部凭证,相关支出既不得在发生年度税前扣除,也不得在以后年度追补扣除。

除发生本办法第十五条规定的情形(即"汇算清缴期结束后税务机关发现"的情形)外,企业以前年度应当取得而未取得发票、其他外部凭证,且相应支出在该年度没有税前扣除的,在以后年度取得符合规定的发票、其他外部凭证或者按照本办法第十四条的规定提供可以证实其支出真实性的相关资料,相应支出可以追补至该支出发生年度税前扣除,但追补年限不得超过5年。

《税前扣除凭证管理办法》关于应当取得而未取得外部凭证或取得不合规外部凭证的处理,实际上改变了有关文件中不符合规定的发票和其他凭证、未按规定取得的合法有效凭据不得在税前扣除的规定。

(2)共同支出的税前扣除凭证。这包括3种情况。

第一种情况:共同接受应税劳务支出的税前扣除凭证。企业与其他企业(包括关联企业)、个人在境内共同接受应纳增值税劳务(以下简称应税劳务)发生的支出,采取分摊方式的,应当按照独立交易原则进行分摊,企业以发票和分割单作为税前扣除凭证,共同接受应税劳务的其他企业以企业开具的分割单作为税前扣除凭证。

需要提醒的是:①应纳增值税劳务并不仅仅是加工、修理修配劳务,在营业税改征增值税后,应该包括原营业税改征增值税的应税服务;②如取得发票的企业给共同接受应税劳务的其他企业开具发票,则共同接受应税劳务的其他企业应以取得的发票作为税前扣除凭证,并不是只能以分割单为税前扣除凭证。

第二种情况:共同接受非应税劳务支出的税前扣除凭证。企业与其他企业、个人在境内共同接受非应税劳务发生的支出,采取分摊方式的,企业以发票外的其他外部凭证和分割单作为税前扣除凭证,共同接受非应税劳务的其他企业以企业开具的分割单作为税前扣除凭证。

第三种情况:租用资产共同支出的税前扣除凭证。企业租用(包括企业作为单一承租方租用)办公、生产用房等资产发生的水、电、燃气、冷气、暖气、通讯线路、有线电视、网络等费用,出租方作为应税项目开具发票的,企业以发票作为税前扣除凭证;出租方采取分摊方式的,企业以出租方开具的其他外部凭证作为税前扣除凭证。

(三)《税前扣除凭证管理办法》与相关文件的协调

(1)国税函〔2010〕79号文件第五条规定,企业固定资产投入使用后,由于工程款项尚未结清未取得全额发票的,可暂按合同规定的金额计入固定资产计税基础计提折旧,待发票取得后进行调整。但该项调整应在固定资产投入使用后12个月内进行。这与《税前扣除凭证管理办法》第六条、第十三条、第十四条和第十六条的规定会产生冲突。比如,企业自建的固定资产在上一年度企业所得税汇算清缴结束后投入使用,但直至本年度企业所得税汇算清缴结束时,由于工程款项尚未结清未取得全额发票。此时,依据国税函〔2010〕

79号文件第五条的规定，固定资产投入使用的时间还没有满12个月，可暂按合同规定的金额计入固定资产计税基础计提折旧，并在税前扣除。但依据《税前扣除凭证管理办法》第六条、第十三条、第十四条和第十六条的规定，企业应在当年度《企业所得税法》规定的汇算清缴期结束前取得税前扣除凭证；企业应当取得而未取得发票，应当在当年度汇算清缴期结束前，要求对方补开、换开发票；特殊原因无法补开、换开发票的，可凭相关资料证实支出真实性；企业在当年度汇算清缴期结束前未能补开、换开符合规定的发票，并且未能在特殊原因下提供相关资料证实其支出真实性的，相应支出不得在发生年度税前扣除。那么，在这种情形下，该项固定资产计提的折旧费用到底能否准予在税前扣除？本书认为，由于《税前扣除凭证管理办法》没有废止国税函〔2010〕79号文件第五条的规定，因此，当不同税收文件存在冲突时，应按照有利于纳税人的原则处理。

（2）税务总局公告2011年第34号第六条规定，企业当年度实际发生的相关成本、费用，由于各种原因未能及时取得该成本、费用的有效凭证，企业在预缴季度所得税时，可暂按账面发生金额进行核算；但在汇算清缴时，应补充提供该成本、费用的有效凭证。这与《税前扣除凭证管理办法》第六条的规定一致。

第二节　税前扣除项目的企业所得税政策

本节主要讲解税前扣除的成本、费用和其他支出的企业所得税政策，有关资产费用（包括资产折旧、摊销、损失、准备金）的税务处理在第八章讲解，有关特殊行业准备金的税务处理在第九章讲解。对税前扣除的税金，本节只讲解房地产开发企业土地增值税的税前扣除问题。

一、税前扣除成本的企业所得税政策

允许税前扣除的成本应是销售（营业）成本。在企业所得税中，除房地产开发企业的开发产品成本外，对成本的计算、结转和分配的规定不多。

（一）成本税前扣除的基本规定

此类规定主要是对存货成本税前扣除的相关规定。《企业所得税法》第十五条规定，企业使用或者销售存货，按照规定计算的存货成本，准予在计算应纳税所得额时扣除。

1. 存货成本的确定方法

《企业所得税法实施条例》第七十二条界定，《企业所得税法》第十五条所称存货，是指企业持有以备出售的产品或者商品、处在生产过程中的在产品、在生产或者提供劳务过程中耗用的材料和物料等。存货按照以下方法确定成本：

（1）通过支付现金方式取得的存货，以购买价款和支付的相关税费为成本；

（2）通过支付现金以外的方式取得的存货，以该存货的公允价值和支付的相关税费为成本；

（3）生产性生物资产收获的农产品，以产出或者采收过程中发生的材料费、人工费和分摊的间接费用等必要支出为成本。

2. 存货成本的计算方法

《企业所得税法实施条例》第七十三条明确，企业使用或者销售的存货的成本计算方

法,可以在先进先出法、加权平均法、个别计价法中选用一种。计价方法一经选用,不得随意变更。

(二)劳务成本的税收规定

国税函〔2008〕875号文件第二条规定,企业在各个纳税期末,提供劳务交易的结果能够可靠估计的,在采用完工进度(完工百分比)法确认提供劳务收入的同时,应按照提供劳务估计总成本乘以完工进度扣除以前纳税期间累计已确认劳务成本后的金额,结转为当期劳务成本。企业提供劳务完工进度的确定,可选用下列方法:

(1)已完工作的测量;

(2)已提供劳务占劳务总量的比例;

(3)发生成本占总成本的比例。

(三)开发产品成本的税收规定

1. 开发产品计税成本对象的确定

国税发〔2009〕31号文件第二十六条规定,成本对象是指为归集和分配开发产品开发、建造过程中的各项耗费而确定的费用承担项目。计税成本对象的确定原则如下:

1)可否销售原则　开发产品能够对外经营销售的,应作为独立的计税成本对象进行成本核算;不能对外经营销售的,可先作为过渡性成本对象进行归集,然后再将其相关成本摊入能够对外经营销售的成本对象。

2)分类归集原则　对同一开发地点、竣工时间相近、产品结构类型没有明显差异的群体开发的项目,可作为一个成本对象进行核算。

3)功能区分原则　开发项目某组成部分相对独立,且具有不同使用功能时,可以作为独立的成本对象进行核算。

4)定价差异原则　开发产品因其产品类型或功能不同等而导致其预期售价存在较大差异的,应分别作为成本对象进行核算。

5)成本差异原则　开发产品因建筑上存在明显差异可能导致其建造成本出现较大差异的,要分别作为成本对象进行核算。

6)权益区分原则　开发项目属于受托代建的或多方合作开发的,应结合上述原则分别划分成本对象进行核算。

《关于房地产开发企业成本对象管理问题的公告》(税务总局公告2014年第35号)明确,房地产开发企业应依据计税成本对象确定原则确定已完工开发产品的成本对象,并就确定原则、依据,共同成本分配原则、方法,以及开发项目基本情况、开发计划等出具专项报告,在开发产品完工当年企业所得税年度纳税申报时,随同《企业所得税年度纳税申报表》一并报送主管税务机关。

房地产开发企业将已确定的成本对象报送主管税务机关后,不得随意调整或相互混淆。如确需调整成本对象的,应就调整的原因、依据和调整前后成本变化情况等出具专项报告,在调整当年企业所得税年度纳税申报时报送主管税务机关。

房地产开发企业应建立健全成本对象管理制度,合理区分已完工成本对象、在建成本对象和未建成本对象,及时收集、整理、保存成本对象涉及的证据材料,以备税务机关检查。

主管税务机关应对房地产开发企业报送的成本对象确定专项报告做好归档工作,及时进行分析,加强后续管理。对资料不完整、不规范的,应及时通知房地产开发企业补齐、修正;对成本对象确定不合理或共同成本分配方法不合理的,主管税务机关有权进行合理调整;对成本对象确定情况异常的,主管税务机关应进行专项检查;对不如实出具专项报告或不出具专项报告的,应按《税收征管法》的相关规定进行处理。

根据国税发〔2009〕31号文件的规定,下列项目应单独作为成本核算对象:

(1)国税发〔2009〕31号文件第三十三条:企业单独建造的停车场所,应作为成本对象单独核算。

(2)国税发〔2009〕31号文件第十七条:企业在开发区内建造的会所、物业管理场所、电站、热力站、水厂、文体场馆、幼儿园等配套设施,属于营利性的,或产权归企业所有的,或未明确产权归属的,或无偿赠与地方政府、公用事业单位以外其他单位的,应当单独核算其成本。除企业自用应按建造固定资产进行处理外,其他一律按建造开发产品进行处理。

(3)国税发〔2009〕31号文件第十八条:企业在开发区内建造的邮电通讯、学校、医疗设施应单独核算成本,其中,由企业与国家有关业务管理部门、单位合资建设,完工后有偿移交的,国家有关业务管理部门、单位给予的经济补偿可直接抵扣该项目的建造成本,抵扣后的差额应调整当期应纳税所得额。

2. 开发产品计税成本的内容

计税成本是指企业在开发、建造开发产品(包括固定资产,下同)过程中所发生的按照税收规定进行核算与计量的应归入某项成本对象的各项费用。国税发〔2009〕31号文件第二十七条界定,开发产品计税成本支出的内容如下:

1)土地征用费及拆迁补偿费 指取得土地开发使用权(或开发权)而发生的各项费用,主要包括土地买价或出让金、大市政配套费、契税、耕地占用税、土地使用费、土地闲置费、土地变更用途和超面积补交的地价及相关税费、拆迁补偿支出、安置及动迁支出、回迁房建造支出、农作物补偿费、危房补偿费等。

国税发〔2009〕31号文件第三十一条要求,企业以非货币交易方式取得土地使用权的,应按下列规定确定其成本:

(1)企业、单位以换取开发产品为目的,将土地使用权投资于企业的,按下列规定进行处理:

①换取的开发产品如为该项土地开发、建造的,接受投资的企业在接受土地使用权时暂不确认其成本,待首次分出开发产品时,再按应分出开发产品(包括首次分出的和以后应分出的)的市场公允价值和土地使用权转移过程中应支付的相关税费计算确认该项土地使用权的成本。如涉及补价,土地使用权的取得成本还应加上应支付的补价款或减除应收到的补价款。

②换取的开发产品如为其他土地开发、建造的,接受投资的企业在投资交易发生时,按应付出开发产品市场公允价值和土地使用权转移过程中应支付的相关税费计算确认该项土地使用权的成本。如涉及补价,土地使用权的取得成本还应加上应支付的补价款或减除应收到的补价款。

(2)企业、单位以股权的形式,将土地使用权投资于企业的,接受投资的企业应在投资交易发生时,按该项土地使用权的市场公允价值和土地使用权转移过程中应支付的相关税费计算确认该项土地使用权的取得成本。如涉及补价,土地使用权的取得成本还应加上应支付的补价款或减除应收到的补价款。

2)前期工程费　指项目开发前期发生的水文地质勘察、测绘、规划、设计、可行性研究、筹建、场地通平等前期费用。

3)建筑安装工程费　指开发项目开发过程中发生的各项建筑安装费用。主要包括开发项目建筑工程费和开发项目安装工程费等。

4)基础设施建设费　指开发项目在开发过程中所发生的各项基础设施支出,主要包括开发项目内道路、供水、供电、供气、排污、排洪、通讯、照明等社区管网工程费和环境卫生、园林绿化等园林环境工程费。

5)公共配套设施费　指开发项目内发生的、独立的、非营利性的,且产权属于全体业主的,或无偿赠与地方政府、政府公用事业单位的公共配套设施支出。

国税发〔2009〕31号文件第十七条明确,企业在开发区内建造的会所、物业管理场所、电站、热力站、水厂、文体场馆、幼儿园等配套设施,属于非营利性且产权属于全体业主的,或无偿赠与地方政府、公用事业单位的,可将其视为公共配套设施,其建造费用按公共配套设施费的有关规定进行处理。

国税发〔2009〕31号文件第三十三条明确,利用地下基础设施形成的停车场所,作为公共配套设施进行处理。

6)开发间接费　指企业为直接组织和管理开发项目所发生的,且不能将其归属于特定成本对象的成本费用性支出。主要包括管理人员工资、职工福利费、折旧费、修理费、办公费、水电费、劳动保护费、工程管理费、周转房摊销以及项目营销设施建造费等。

依据国税发〔2009〕31号文件第二十一条的规定,企业为建造开发产品借入资金而发生的符合税收规定的借款费用,可按企业会计准则的规定进行归集和分配,其中属于财务费用性质的借款费用,可直接在税前扣除。属于开发产品成本性质的借款费用,应计入开发产品计税成本中的开发间接费。

国税发〔2009〕31号文件第三十二条明确,除以下几项预提(应付)费用外,计税成本均应为实际发生的成本:

(1)出包工程未最终办理结算而未取得全额发票的,在证明资料充分的前提下,其发票不足金额可以预提,但最高不得超过合同总金额的10%。

(2)公共配套设施尚未建造或尚未完工的,可按预算造价合理预提建造费用。此类公共配套设施必须符合已在售房合同、协议或广告、模型中明确承诺建造且不可撤销,或按照法律法规规定必须配套建造的条件。

(3)应向政府上交但尚未上交的报批报建费用、物业完善费用可以按规定预提。物业完善费用是指按规定应由企业承担的物业管理基金、公建维修基金或其他专项基金。

3. 开发产品计税成本的核算要求

国税发〔2009〕31号文件第三十四条明确,企业在结算计税成本时其实际发生的支出应当取得但未取得合法凭据的,不得计入计税成本,待实际取得合法凭据时,再按规定计入计税成本。国税发〔2009〕31号文件第三十五条要求,开发产品完工以后,企业可在完工年度企业所得税汇算清缴前选择确定计税成本核算的终止日,不得滞后。凡已完工开发产品在完工年度未按规定结算计税成本,主管税务机关有权确定或核定其计税成本,据此进行纳税调整,并按税收征收管理法的有关规定对其进行处理。

4. 开发产品计税成本的核算程序

国税发〔2009〕31号文件第二十八条明确,企业计税成本核算的一般程序如下:

(1)对当期实际发生的各项支出,按其性质、经济用途及发生的地点、时间区进行整理、归类,并将其区分为应计入成本对象的成本和应在当期税前扣除的期间费用。同时还应按规定对有关预提费用和待摊费用进行计量与确认。

(2)将应计入成本对象中的各项实际支出、预提费用、待摊费用等合理地划分为直接成本、间接成本和共同成本,并按规定将其合理地归集、分配至已完工成本对象、在建成本对象和未建成本对象。

(3)对前期已完工成本对象应负担的成本费用按已销开发产品、未销开发产品和固定资产进行分配,其中应由已销开发产品负担的部分,在当期纳税申报时进行扣除,未销开发产品应负担的成本费用待其实际销售时再予扣除。

(4)对本期已完工成本对象分类为开发产品和固定资产并对其计税成本进行结算。其中属于开发产品的,应按可售面积计算其单位工程成本,据此再计算已销开发产品计税成本和未销开发产品计税成本。对本期已销开发产品的计税成本,准予在当期扣除,未销开发产品计税成本待其实际销售时再予扣除。

(5)对本期未完工和尚未建造的成本对象应当负担的成本费用,应分别建立明细台账,待开发产品完工后再予结算。

开发产品计税成本的核算程序可描述为图7-1:

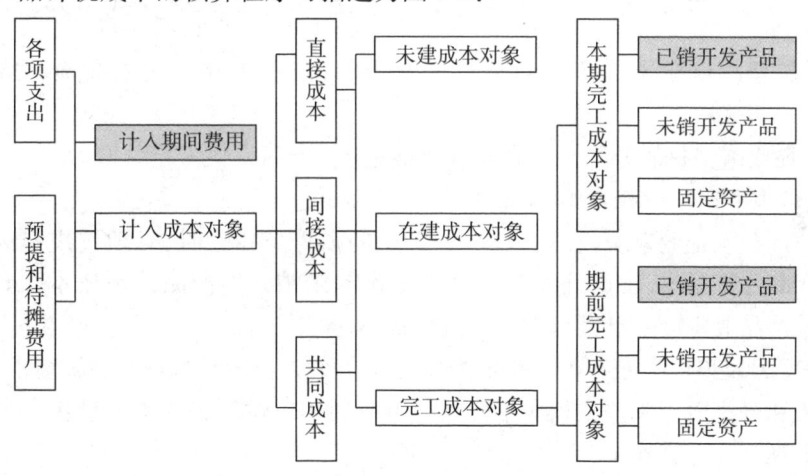

图7-1 开发产品计税成本的核算程序

5. 开发产品计税成本的计算分配方法

国税发〔2009〕31号文件第二十九条要求,企业开发、建造的开发产品应按制造成本法进行计量与核算。其中,应计入开发产品成本中的费用属于直接成本和能够分清成本对象的间接成本,直接计入成本对象,共同成本和不能分清负担对象的间接成本,应按受益原则和配比原则分配至各成本对象,具体分配方法可按以下规定选择其一:

1)占地面积法 指按已动工开发成本对象占地面积占开发用地总面积的比例进行分配。一次性开发的,按某一成本对象占地面积占全部成本对象占地总面积的比例进行分配。分期开发的,首先按本期全部成本对象占地面积占开发用地总面积的比例进行分配,然后再按某一成本对象占地面积占期内全部成本对象占地总面积的比例进行分配。

期内全部成本对象应负担的占地面积为期内开发用地占地面积减除应由各期成本对象共同负担的占地面积。

2)建筑面积法　指按已动工开发成本对象建筑面积占开发用地总建筑面积的比例进行分配。一次性开发的,按某一成本对象建筑面积占全部成本对象建筑面积的比例进行分配;分期开发的,首先按期内成本对象建筑面积占开发用地计划建筑面积的比例进行分配,然后再按某一成本对象建筑面积占期内成本对象总建筑面积的比例进行分配。

3)直接成本法　指按期内某一成本对象的直接开发成本占期内全部成本对象直接开发成本的比例进行分配。

4)预算造价法　指按期内某一成本对象预算造价占期内全部成本对象预算造价的比例进行分配。

国税发〔2009〕31号文件第二十九条、第三十条明确,企业下列成本应按以下方法进行分配:

(1)土地成本一般按占地面积法进行分配。如果确需结合其他方法进行分配的,应商税务机关同意。土地开发同时连结房地产开发的,属于一次性取得土地分期开发房地产的情况,其土地开发成本经商税务机关同意后可先按土地整体预算成本进行分配,待土地整体开发完毕再行调整。

(2)单独作为过渡性成本对象核算的公共配套设施开发成本,应按建筑面积法进行分配。

(3)借款费用属于不同成本对象共同负担的,按直接成本法或按预算造价法进行分配。

(4)其他成本项目的分配法由企业自行确定。

6. 已销开发产品计税成本的计算方法

对房地产开发企业来说,在进行成本、费用的核算与扣除时,必须按规定区分期间费用和开发产品计税成本、已销开发产品计税成本与未销开发产品计税成本。允许在税前扣除的开发产品成本应是已销开发产品计税成本。

国税发〔2009〕31号文件第十四条要求,已销开发产品的计税成本,按当期已实现销售的可售面积和可售面积单位工程成本确认。可售面积单位工程成本和已销开发产品的计税成本按下列公式计算确定:

可售面积单位工程成本 = 成本对象总成本 ÷ 成本对象总可售面积

已销开发产品的计税成本 = 已实现销售的可售面积 × 可售面积单位工程成本

这里需要注意的是,由于在开发产品完工年度企业结算计税成本时其实际发生的支出应当取得但未取得合法凭据的,不得计入计税成本,待实际取得合法凭据时,再按规定计入计税成本。因此,在开发产品完工年度,企业汇集的成本对象总成本不代表是全部实际发生的成本,以后年度实际取得合法凭据时,成本对象总成本会逐步趋近全部实际发生的成本,这样,企业在开发产品完工年度和以后年度计算的可售面积单位工程成本也不同。那么,当以后年度可售面积单位工程成本增大时,应按权责发生制原则调整以前年度已销开发产品的计税成本,由此计算的以前年度多缴的企业所得税,可以通过退税或抵缴以后年度的企业所得税应纳税款解决。

（四）成本税前扣除的其他规定

（1）税务总局公告2011年第34号第三条明确，航空企业实际发生的飞行员养成费、飞行训练费、乘务训练费、空中保卫员训练费等空勤训练费用，根据《企业所得税法实施条例》第二十七条规定，可以作为航空企业运输成本在税前扣除。

（2）税务总局公告2012年第15号第三条规定，从事代理服务、主营业务收入为手续费、佣金的企业（如证券、期货、保险代理等企业），其为取得该类收入而实际发生的营业成本（包括手续费及佣金支出），准予在企业所得税前据实扣除。

（3）税务总局公告2014年第29号第四条规定，核力发电企业为培养核电厂操纵员发生的培养费用，可作为企业的发电成本在税前扣除。

二、土地增值税的企业所得税税前扣除政策

1. 预征土地增值税的所得税税前扣除

依据国税发〔2009〕31号文件第十二条的规定，房地产开发企业发生的期间费用、已销开发产品计税成本、税金及附加（包括城市维护建设税、教育费附加和地方教育附加等）、土地增值税准予当期按规定扣除。因此，房地产开发企业在开发项目土地增值税清算前因销售开发产品（包括完工开发产品和未完工开发产品）预征的土地增值税，应准予在预征土地增值税所在的纳税年度按规定扣除。

2. 清算后土地增值税的所得税税前扣除

《国家税务总局关于房地产开发企业土地增值税清算涉及企业所得税退税有关问题的公告》（税务总局公告2016年第81号）明确了房地产开发企业对开发项目进行土地增值税清算后土地增值税的所得税税前扣除问题。

（1）房地产开发企业按规定对开发项目进行土地增值税清算后，当年企业所得税汇算清缴出现亏损且有其他后续开发项目的，该亏损应按照税法规定向以后年度结转，用以后年度所得弥补。后续开发项目，是指正在开发以及中标的项目。

也就是说，房地产开发企业某一开发项目进行土地增值税清算后应补征的土地增值税，在有其他后续开发项目的情况下，无论确定土地增值税清算补征税款所在的纳税年度企业所得税汇算清缴是否出现亏损，均应在该纳税年度税前扣除。

（2）房地产开发企业按规定对开发项目进行土地增值税清算后，当年企业所得税汇算清缴出现亏损，且没有后续开发项目的，可以按照以下方法，计算出该项目由于土地增值税原因导致的项目开发各年度多缴企业所得税税款，并申请退税：

——该项目缴纳的土地增值税总额，应按照该项目开发各年度实现的项目销售收入占整个项目销售收入总额的比例，在项目开发各年度进行分摊，具体按以下公式计算：

各年度应分摊的土地增值税 = 土地增值税总额 × （项目年度销售收入 ÷ 整个项目销售收入总额）

公式中的销售收入包括视同销售房地产的收入，但不包括企业销售的增值额未超过扣除项目金额20%的普通标准住宅的销售收入。

需要注意的是：①各年度应分摊的是土地增值税总额，而不仅仅是土地增值税清算补征的税款；②销售收入应既包括完工产品销售收入，也包括未完工产品销售收入（土地增

值税中称预售房地产所取得的收入),开发产品完工后由已预征土地增值税的未完工产品销售收入转入的完工产品销售收入,应不参与计算分摊。

——该项目开发各年度应分摊的土地增值税减去该年度已经在企业所得税税前扣除的土地增值税后,余额属于当年应补充扣除的土地增值税;企业应调整当年度的应纳税所得额,并按规定计算当年度应退的企业所得税税款;当年度已缴纳的企业所得税税款不足退税的,应作为亏损向以后年度结转,并调整以后年度的应纳税所得额。

——按照上述方法进行土地增值税分摊调整后,导致相应年度应纳税所得额出现正数的,应按规定计算缴纳企业所得税。

——企业按上述方法计算的累计退税额,不得超过其在该项目开发各年度累计实际缴纳的企业所得税;超过部分作为项目清算年度产生的亏损,向以后年度结转。

三、税前扣除费用的企业所得税政策

依据《企业所得税法实施条例》第三十条的规定,费用是指期间费用,包括企业在生产经营活动中发生的销售费用、管理费用和财务费用,已经计入成本的有关费用除外。但是,由于企业的工资薪金支出、借款费用、固定资产折旧等费用既有计入期间费用的,也有计入成本的,这些费用支出的账载金额与税收金额之间的差异一般都是合在一起进行纳税调整的,很少分开进行纳税调整,因此,这里所讲的费用既包括计入期间费用的费用,也包括计入成本的费用。

(一)职工薪酬费用

包括工资薪金支出、职工福利费支出、职工教育经费支出、工会经费支出、各类基本社会保障性缴款、住房公积金、补充养老保险和补充医疗保险等。

1. 工资薪金支出

《企业所得税法实施条例》第三十四条第一款规定,企业发生的合理的工资薪金支出,准予扣除。

1)工资薪金支出的内容 《企业所得税法实施条例》第三十四条第二款界定,前款所称工资薪金,是指企业每一纳税年度支付给在本企业任职或者受雇的员工的所有现金形式或者非现金形式的劳动报酬,包括基本工资、奖金、津贴、补贴、年终加薪、加班工资,以及与员工任职或者受雇有关的其他支出。

税务总局公告 2012 年第 15 号第一条明确,自 2011 年度起,企业因雇用季节工、临时工、实习生、返聘离退休人员以及接受外部劳务派遣用工所实际发生的费用,应区分为工资薪金支出和职工福利费支出,并按《企业所得税法》规定在企业所得税前扣除。其中属于工资薪金支出的,准予计入企业工资薪金总额的基数,作为计算其他各项相关费用扣除的依据。

依据《国家税务总局关于企业工资薪金和职工福利费等支出税前扣除问题的公告》(国家税务总局公告 2015 年第 34 号,以下简称税务总局公告 2015 年第 34 号)第一条的规定,列入企业员工工资薪金制度、固定与工资薪金一起发放的福利性补贴,符合国税函〔2009〕3 号文件第一条规定的,可作为企业发生的工资薪金支出,按规定在税前扣除。不能同时符合上述条件的福利性补贴,应作为国税函〔2009〕3 号文件第三条规定的职工福利费,按规定计算限额税前扣除。

税务总局公告 2015 年第 34 号第三条明确,企业接受外部劳务派遣用工所实际发生的费用,应分两种情况按规定在税前扣除:按照协议(合同)约定直接支付给劳务派遣公司的费用,应作为劳务费支出;直接支付给员工个人的费用,应作为工资薪金支出和职工福利费支出。其中属于工资薪金支出的费用,准予计入企业工资薪金总额的基数,作为计算其他各项相关费用扣除的依据。

2)关于工资薪金的合理性 《国家税务总局关于企业工资薪金及职工福利费扣除问题的通知》(国税函〔2009〕3 号,以下简称国税函〔2009〕3 号文件)第一条明确,《企业所得税法实施条例》第三十四条所称的"合理工资薪金",是指企业按照股东大会、董事会、薪酬委员会或相关管理机构制订的工资薪金制度规定实际发放给员工的工资薪金。税务机关在对工资薪金进行合理性确认时,可按以下原则掌握:

(1)企业制订了较为规范的员工工资薪金制度;
(2)企业所制订的工资薪金制度符合行业及地区水平;
(3)企业在一定时期所发放的工资薪金是相对固定的,工资薪金的调整是有序进行的;
(4)企业对实际发放的工资薪金,已依法履行了代扣代缴个人所得税义务;
(5)有关工资薪金的安排,不以减少或逃避税款为目的。

严格来说,国税函〔2009〕3 号文件第一条明确的是工资薪金合理性的确认原则,而不是工资薪金支出税前扣除的条件。特别是那种把"依法履行了代扣代缴个人所得税义务"作为工资薪金支出税前扣除条件的说法或做法,是没有政策依据的。

3)关于工资薪金总额 国税函〔2009〕3 号文件第二条规定,《企业所得税法实施条例》第四十、四十一、四十二条所称的"工资薪金总额",是指企业按照本通知第一条规定实际发放的工资薪金总和,不包括企业的职工福利费、职工教育经费、工会经费以及养老保险费、医疗保险费、失业保险费、工伤保险费、生育保险费等社会保险费和住房公积金。属于国有性质的企业,其工资薪金,不得超过政府有关部门给予的限定数额;超过部分,不得计入企业工资薪金总额,也不得在计算企业应纳税所得额时扣除。

4)关于已预提汇缴年度工资薪金的处理 税务总局公告 2015 年第 34 号第二条明确,企业在年度汇算清缴结束前向员工实际支付的已预提汇缴年度工资薪金,准予在汇缴年度按规定扣除。

5)关于工效挂钩企业工资储备基金的处理 《国家税务总局关于企业所得税若干税务事项衔接问题的通知》(国税函〔2009〕98 号,以下简称国税函〔2009〕98 号文件)第六条明确,原执行工效挂钩办法的企业,在 2008 年 1 月 1 日以前已按规定提取,但因未实际发放而未在税前扣除的工资储备基金余额,2008 年及以后年度实际发放时,可在实际发放年度企业所得税前据实扣除。

6)上市公司实施股权激励计划有关企业所得税处理问题 《国家税务总局关于我国居民企业实行股权激励计划有关企业所得税处理问题的公告》(国家税务总局公告 2012 年第 18 号,以下简称税务总局公告 2012 年第 18 号)规定,上市公司依照国务院证券管理委员会发布的《上市公司股权激励管理办法(试行)》(证监公司字〔2005〕151 号,已被中国证券监督管理委员会令第 126 号废止,以下简称《股权激励管理办法》)要求建立职工股权激励计划,并按我国企业会计准则的有关规定,在股权激励计划授予董事、监事、高级管理人员及其他员工(以下简称激励对象)时,按照该股票的公允价格及数量,计算确定作为上市公司相关年度的成本或费用,作为换取激励对象提供服务的对价。上述企业建立的职工股权激励计划,其企业所得税的处理按以下规定执行:

(1)对股权激励计划实行后立即可以行权的,上市公司可以根据实际行权时该股票的公允价格与激励对象实际行权支付价格的差额和数量,计算确定作为当年上市公司工资薪金支出,依照税法规定进行税前扣除。

(2)对股权激励计划实行后,需待一定服务年限或者达到规定业绩条件(以下简称等待期)方可行权的,上市公司等待期内会计上计算确认的相关成本费用,不得在对应年度计算缴纳企业所得税时扣除。在股权激励计划可行权后,上市公司方可根据该股票实际行权时的公允价格与当年激励对象实际行权支付价格的差额及数量,计算确定作为当年上市公司工资薪金支出,依照税法规定进行税前扣除。

(3)本条所指股票实际行权时的公允价格,以实际行权日该股票的收盘价格确定。

本公告所称股权激励,是指《股权激励管理办法》中规定的上市公司以本公司股票为标的,对其激励对象进行的长期性激励。股权激励实行方式包括授予限制性股票、股票期权以及其他法律法规规定的方式。

在我国境外上市的居民企业和非上市公司,凡比照《股权激励管理办法》的规定建立职工股权激励计划,且在企业会计处理上,也按我国会计准则的有关规定处理的,其股权激励计划有关企业所得税处理问题,可以按照上述规定执行。

2. 职工福利费支出

《企业所得税法实施条例》第四十条规定,企业发生的职工福利费支出,不超过工资薪金总额14%的部分,准予扣除。工资薪金总额按照国税函〔2009〕3号文件第二条规定的口径执行。

1)职工福利费的内容 国税函〔2009〕3号文件第三条明确,《企业所得税法实施条例》第四十条规定的企业职工福利费,包括以下内容:

(1)尚未实行分离办社会职能的企业,其内设福利部门所发生的设备、设施和人员费用,包括职工食堂、职工浴室、理发室、医务所、托儿所、疗养院等集体福利部门的设备、设施及维修保养费用和福利部门工作人员的工资薪金、社会保险费、住房公积金、劳务费等。

(2)为职工卫生保健、生活、住房、交通等所发放的各项补贴和非货币性福利,包括企业向职工发放的因公外地就医费用、未实行医疗统筹企业职工医疗费用、职工供养直系亲属医疗补贴、供暖费补贴、职工防暑降温费、职工困难补贴、救济费、职工食堂经费补贴、职工交通补贴等。

(3)按照其他规定发生的其他职工福利费,包括丧葬补助费、抚恤费、安家费、探亲假路费等。

2)关于职工福利费核算问题 国税函〔2009〕3号文件第四条要求,企业发生的职工福利费,应该单独设置账册,进行准确核算。没有单独设置账册准确核算的,税务机关应责令企业在规定的期限内进行改正。逾期仍未改正的,税务机关可对企业发生的职工福利费进行合理的核定。

3)关于以前年度职工福利费余额的处理 国税函〔2009〕98号文件第四条明确,企业2008年以前按照规定计提但尚未使用的职工福利费余额,2008年及以后年度发生的职工福利费,应首先冲减上述的职工福利费余额,不足部分按新税法规定扣除;仍有余额的,继续留在以后年度使用。企业2008年以前节余的职工福利费,已在税前扣除,属于职工权益,如果改变用途的,应调整增加企业应纳税所得额。

3. 职工教育经费支出

《企业所得税法实施条例》第四十二条规定,除国务院财政、税务主管部门另有规定外,企业发生的职工教育经费支出,不超过工资薪金总额2.5%的部分,准予扣除;超过部分,准予在以后纳税年度结转扣除。工资薪金总额按照国税函〔2009〕3号文件第二条规定的口径执行。

1)税前扣除的特别规定　这一规定有两个方面:①职工培训费用按实扣除;②提高税前扣除比例至8%。后者经历了从高新技术企业到技术先进型服务企业再到所有企业,从部分地区到全国的过程。

(1)软件企业。财税〔2012〕27号文件第一条规定,集成电路设计企业和符合条件软件企业的职工培训费用,应单独进行核算并按实际发生额在计算应纳税所得额时扣除。《财政部 国家税务总局关于扶持动漫产业发展有关税收政策问题的通知》(财税〔2009〕65号)第二条明确,经认定的动漫企业自主开发、生产动漫产品,可申请享受国家现行鼓励软件产业发展的所得税优惠政策。

(2)高新技术企业。《财政部 国家税务总局关于中关村 东湖 张江国家自主创新示范区和合芜蚌自主创新综合试验区有关职工教育经费税前扣除试点政策的通知》(财税〔2013〕14号)规定,自2012年1月1日起至2014年12月31日止,试点地区内的高新技术企业发生的职工教育经费支出不超过工资薪金总额8%的部分,准予在计算企业所得税应纳税所得额时扣除;超过部分,准予在以后纳税年度结转扣除。《财政部 国家税务总局关于高新技术企业职工教育经费税前扣除政策的通知》(财税〔2015〕63号)规定,自2015年1月1日起,注册在中国境内、实行查账征收、经认定的高新技术企业都适用这一政策。

(3)技术先进型服务企业。《财政部 国家税务总局 商务部 科技部 国家发展改革委关于完善技术先进型服务企业有关企业所得税政策问题的通知》(财税〔2014〕59号,以下简称财税〔2014〕59号文件)规定,自2014年1月1日起至2018年12月31日止,对在北京、天津、上海、重庆、大连、深圳、广州、武汉、哈尔滨、成都、南京、西安、济南、杭州、合肥、南昌、长沙、大庆、苏州、无锡、厦门等21个中国服务外包示范城市经认定的技术先进型服务企业发生的职工教育经费支出,不超过工资薪金总额8%的部分,准予在计算应纳税所得额时扣除;超过部分,准予在以后纳税年度结转扣除。《财政部 国家税务总局 商务部 科技部 国家发展改革委关于新增中国服务外包示范城市适用技术先进型服务企业所得税政策的通知》(财税〔2016〕108号)新增沈阳、长春、南通、镇江、福州(含平潭综合实验区)、南宁、乌鲁木齐、青岛、宁波和郑州等10个中国服务外包示范城市,自2016年1月1日起至2018年12月31日止按照财税〔2014〕59号文件的有关规定,适用技术先进型服务企业所得税优惠政策。《财政部 国家税务总局 商务部 科技部 国家发展改革委关于在服务贸易创新发展试点地区推广技术先进型服务企业所得税优惠政策的通知》(财税〔2016〕122号)又将技术先进型服务企业所得税优惠政策自2016年1月1日起至2017年12月31日止在天津、上海、海南、深圳、杭州、武汉、广州、成都、苏州、威海和哈尔滨新区、江北新区、两江新区、贵安新区、西咸新区等15个服务贸易创新发展试点地区推广。《财政部 国家税务总局 商务部 科技部 国家发展改革委关于将技术先进型服务企业所得税政策推广至全国实施的通知》(财税〔2017〕79号)自2017年1月1日起,将技术先进型服务企业所得税政策推广至全国实施。

(4)《财政部 国家税务总局关于企业职工教育经费税前扣除政策的通知》(财税〔2018〕51号)自2018年1月1日起,企业发生的职工教育经费支出,不超过工资薪金总额8%的部分,准予在计算企业所得税应纳税所得额时扣除;超过部分,准予在以后纳税年度结转扣除。

2)关于以前年度职工教育经费余额的处理 国税函〔2009〕98号文件第五条明确,对于在2008年以前已经计提但尚未使用的职工教育经费余额,2008年及以后新发生的职工教育经费应先从余额中冲减。仍有余额的,留在以后年度继续使用。

4. 工会经费支出

《企业所得税法实施条例》第四十一条规定,企业拨缴的工会经费,不超过工资薪金总额2%的部分,准予扣除。

工资薪金总额按照国税函〔2009〕3号文件第二条规定的口径执行。《国家税务总局关于工会经费企业所得税税前扣除凭据问题的公告》(税务总局公告2010年第24号)规定,企业拨缴的职工工会经费,不超过工资薪金总额2%的部分,凭工会组织开具的《工会经费收入专用收据》在企业所得税税前扣除。《国家税务总局关于税务机关代收工会经费企业所得税税前扣除凭据问题的公告》(税务总局公告2011年第30号)明确,在委托税务机关代收工会经费的地区,企业拨缴的工会经费,也可凭合法、有效的工会经费代收凭据依法在税前扣除。

5. "五险一金"

《企业所得税法实施条例》第三十五条第一款规定,企业依照国务院有关主管部门或者省级人民政府规定的范围和标准为职工缴纳的基本养老保险费、基本医疗保险费、失业保险费、工伤保险费、生育保险费等基本社会保险费和住房公积金,准予扣除。

6. 补充保险

《企业所得税法实施条例》第三十五条第二款规定,企业为投资者或者职工支付的补充养老保险费、补充医疗保险费,在国务院财政、税务主管部门规定的范围和标准内,准予扣除。

《财政部 国家税务总局关于补充养老保险费 补充医疗保险费有关企业所得税政策问题的通知》(财税〔2009〕27号)规定,自2008年1月1日起,企业根据国家有关政策规定,为在本企业任职或者受雇的全体员工支付的补充养老保险费、补充医疗保险费,分别在不超过职工工资总额5%标准内的部分,在计算应纳税所得额时准予扣除;超过的部分,不予扣除。

(二)营销费用

我们把业务招待费、广告费和业务宣传费、租赁费、手续费和佣金归类为营销费用。

1. 业务招待费支出

《企业所得税法实施条例》第四十三条规定,企业发生的与生产经营活动有关的业务招待费支出,按照发生额的60%扣除,但最高不得超过当年销售(营业)收入的5‰。

1)业务招待费扣除限额的计算基数 对此,可分为3种情况处理。

(1)一般企业。依据国税函〔2009〕202号文件第一条的规定,企业在计算业务招待费扣除限额时,其销售(营业)收入额应包括《企业所得税法实施条例》第二十五条规定的视同销售(营业)收入额。结合企业所得税年度纳税申报表,一般企业业务招待费扣除限额的计算基数为主表营业收入与表A105010视同销售(营业)收入的和。

(2)房地产开发企业。对房地产开发企业来说,由于开发产品销售收入包括完工开发产品销售收入和未完工开发产品销售收入,因此,房地产开发企业业务招待费扣除限额的计算基数＝主表营业收入＋表A105010视同销售(营业)收入＋表A105010第23行销售未完工产品的收入－表A105010第27行销售未完工产品转完工产品确认的销售收入。

(3)从事股权投资业务的企业。国税函〔2010〕79号文件第八条规定,对从事股权投资业务的企业(包括集团公司总部、创业投资企业等),其从被投资企业所分配的股息、红利以及股权转让收入,可以按规定的比例计算业务招待费扣除限额。

2)筹办期业务招待费的税务处理　税务总局公告2012年第15号第五条规定,自2011年度起,企业在筹建期间发生的与筹办活动有关的业务招待费支出,可按实际发生额的60%计入企业筹办费,并按有关规定在税前扣除。即适用国税函〔2009〕98号文件第九条规定的筹办费税务处理办法——企业可以在开始经营之日的当年一次性扣除,也可以按照新税法有关长期待摊费用的处理规定处理,但一经选定,不得改变。

2. 广告费和业务宣传费支出

《企业所得税法实施条例》第四十四条规定,企业发生的符合条件的广告费和业务宣传费支出,除国务院财政、税务主管部门另有规定外,不超过当年销售(营业)收入15%的部分,准予扣除;超过部分,准予在以后纳税年度结转扣除。

1)广告费和业务宣传费税前扣除的特别规定　《财政部 国家税务总局关于广告费和业务宣传费支出税前扣除政策的通知》(财税〔2017〕41号)规定,自2016年1月1日起至2020年12月31日止,有关广告费和业务宣传费支出税前扣除政策如下:

(1)对化妆品制造与销售、医药制造和饮料制造(不含酒类制造)企业发生的广告费和业务宣传费支出,不超过当年销售(营业)收入30%的部分,准予扣除;超过部分,准予在以后纳税年度结转扣除。

(2)对签订广告费和业务宣传费分摊协议(以下简称分摊协议)的关联企业,其中一方发生的不超过当年销售(营业)收入税前扣除限额比例内的广告费和业务宣传费支出可以在本企业扣除,也可以将其中的部分或全部按照分摊协议归集至另一方扣除。另一方在计算本企业广告费和业务宣传费支出企业所得税税前扣除限额时,可将按照上述办法归集至本企业的广告费和业务宣传费不计算在内。

(3)烟草企业的烟草广告费和业务宣传费支出,一律不得在计算应纳税所得额时扣除。

2)广告费和业务宣传费扣除限额的计算基数　一般企业和房地产开发企业广告费和业务宣传费扣除限额的计算基数,参见对业务招待费扣除限额的计算基数解析的相关内容。

3)筹办期广告费和业务宣传费的税务处理　税务总局公告2012年第15号第五条规定,自2011年度起,企业在筹建期间发生的广告费和业务宣传费,可按实际发生额计入企业筹办费,并按有关规定在税前扣除。即适用国税函〔2009〕98号文件第九条规定的筹办费税务处理办法——企业可以在开始经营之日的当年一次性扣除,也可以按照新税法有关长期待摊费用的处理规定处理,但一经选定,不得改变。

4）新法实施以前年度未扣除的广告费的处理　国税函〔2009〕98号文件第七条明确，企业在2008年以前按照原政策规定已发生但尚未扣除的广告费，2008年实行新税法后，其尚未扣除的余额，加上当年度新发生的广告费和业务宣传费后，按照新税法规定的比例计算扣除。

3. 租赁费

《企业所得税法实施条例》第四十七条规定，企业根据生产经营活动的需要租入固定资产支付的租赁费，按照以下方法扣除：以经营租赁方式租入固定资产发生的租赁费支出，按照租赁期限均匀扣除；以融资租赁方式租入固定资产发生的租赁费支出，按照规定构成融资租入固定资产价值的部分应当提取折旧费用，分期扣除。

《企业所得税法实施条例》第四十九条规定，企业内营业机构之间支付的租金，不得在税前扣除。

4. 手续费和佣金支出

1）手续费和佣金税前扣除的一般规定　《财政部 国家税务总局关于企业手续费及佣金支出税前扣除政策的通知》（财税〔2009〕29号）明确：

（1）企业发生与生产经营有关的手续费及佣金支出，不超过按与具有合法经营资格中介服务机构或个人（不含交易双方及其雇员、代理人和代表人等）所签订服务协议或合同确认的收入金额的5%计算限额以内的部分，准予扣除；超过部分，不得扣除。

（2）企业应与具有合法经营资格中介服务企业或个人签订代办协议或合同，并按国家有关规定支付手续费及佣金。除委托个人代理外，企业以现金等非转账方式支付的手续费及佣金不得在税前扣除。企业为发行权益性证券支付给有关证券承销机构的手续费及佣金不得在税前扣除。

（3）企业不得将手续费及佣金支出计入回扣、业务提成、返利、进场费等费用。

（4）企业已计入固定资产、无形资产等相关资产的手续费及佣金支出，应当通过折旧、摊销等方式分期扣除，不得在发生当期直接扣除。

（5）企业支付的手续费及佣金不得直接冲减服务协议或合同金额，并如实入账。

2）手续费和佣金税前扣除的特别规定　这包括5种情况，下面分别列出：

（1）房地产开发企业境外销售开发产品的手续费及佣金支出。国税发〔2009〕31号文件第二十条规定，房地产开发经营企业委托境外机构销售开发产品的，其支付境外机构的销售费用（含佣金或手续费）不超过委托销售收入10%的部分，准予据实扣除。

（2）代理服务企业的手续费及佣金支出。税务总局公告2012年第15号第三条规定，自2011年度起，从事代理服务、主营业务收入为手续费、佣金的企业（如证券、期货、保险代理等企业），其为取得该类收入而实际发生的营业成本（包括手续费及佣金支出），准予在企业所得税前据实扣除。

（3）电信企业的手续费及佣金支出。税务总局公告2012年第15号第四条规定，自2011年度起，电信企业在发展客户、拓展业务等过程中（如委托销售电话入网卡、电话充值卡等），需向经纪人、代办商支付手续费及佣金的，其实际发生的相关手续费及佣金支出，不超过企业当年收入总额5%的部分，准予在企业所得税前据实扣除。《国家税务总局关于电信企业手续费及佣金支出税前扣除问题的公告》（税务总局公告2013年第59号）进一步明确，税务总局公告2012年第15号第四条所称电信企业手续费及佣金支出，仅限于电信企业在发展客户、拓展业务等过程中因委托销售电话入网卡、电话充值卡所发生的手续费及佣金支出。也就是说,电信企业的手续费及佣金支出要分两类进行税务处理,一类是销售"两卡"的手续费及佣金支出,即在发展客户、拓展业务等过程中因委托销售电话入网卡、电话充值卡所发生的手续费及佣金支出,另一类是与其他生产经营有关的手续费及佣金支出,这两类手续费及佣金支出扣除限额的计算依据不同。

(4) 邮储银行支付邮政企业的代理费。《国家税务总局关于中国邮政储蓄银行支付邮政企业代理费企业所得税处理问题的通知》(国税函〔2012〕564号)明确,邮政企业及其各省子公司吸收储蓄存款后,资金交由邮储银行运作、使用。邮储银行运作、使用取得利息收入,按照国家规定的结算方式,在邮储银行与邮政企业进行分配,并以"代理费"的形式,向邮政企业及其各省子公司支付此收益。邮储银行和邮政企业经营模式和分配模式,是经国务院及国家有关部门批准进行的,其支付的上述"代理费",不属于财税〔2009〕29号文件所规定的"手续费及佣金"范围。自2012年11月1日起,邮储银行按照财政部等有关部门规定支付给邮政企业及其各省子公司的上述"代理费",准予据实在计算企业应纳税所得额时扣除。2012年11月1日以前邮储银行按照国家规定方式支付的上述"代理费",也依照税法规定据实扣除。

(5) 保险企业的手续费及佣金支出。2018年12月31日之前,依据财税〔2009〕29号文件的规定,财产保险企业按当年全部保费收入扣除退保金等后余额的15%(含本数,下同)计算限额;人身保险企业按当年全部保费收入扣除退保金等后余额的10%计算限额。

《财政部 国家税务总局关于保险企业手续费及佣金支出税前扣除政策的公告》(财政部 税务总局公告2019年第72号,以下简称财税公告2019年第72号)规定,自2019年1月1日起,保险企业发生与其经营活动有关的手续费及佣金支出,不超过当年全部保费收入扣除退保金等后余额的18%(含本数)的部分,在计算应纳税所得额时准予扣除;超过部分,允许结转以后年度扣除。保险企业发生的手续费及佣金支出税前扣除的其他事项继续按照财税〔2009〕29号文件第二条至第五条相关规定处理。保险企业应建立健全手续费及佣金的相关管理制度,并加强手续费及佣金结转扣除的台账管理。保险企业2018年度汇算清缴按照本公告规定执行。

从上述规定可以看出,自2018年度起,除作为营业成本处理外,企业一个纳税年度发生的与其经营活动有关的手续费及佣金支出,超过当年扣除限额的部分,对保险企业允许结转以后年度扣除,对其他企业则不得结转以后年度扣除。

(三)借款费用和利息支出

借款费用包括利息支出和其他借款费用,但利息支出的税前扣除有更多的限制。

1. 借款费用税前扣除的基本规定

依据《企业所得税法实施条例》第三十七条的规定,按借款用途不同,可将借款费用分为资本化的借款费用和费用化的借款费用两大类。

1) 资本化的借款费用 依据《企业所得税法实施条例》第三十七条第二款的规定,下列用途的借款费用,应当作为资本性支出计入有关资产的成本,并依照规定在税前扣除:

(1) 企业为购置、建造固定资产发生借款的,在有关固定资产购置、建造期间发生的合理的借款费用。

(2) 企业为购置、开发无形资产发生借款的,在有关无形资产购置、开发期间发生的合理的借款费用。

（3）企业为经过12个月以上的建造才能达到预定可销售状态的存货发生借款的,在有关存货建造期间发生的合理的借款费用。

2）费用化的借款费用　　依据《企业所得税法实施条例》第三十七条第一款,结合《企业所得税法实施条例》第三十七条第二款和企业所得税相关规定,上述用途以外的借款费用,应当作为费用化的借款费用,并依照规定在税前扣除：

（1）企业为购置、建造固定资产发生借款的,在有关固定资产购置、建造之前和之后发生的合理的借款费用。

（2）企业为购置、开发无形资产发生借款的,在有关无形资产购置、开发之前和之后发生的合理的借款费用。

（3）企业为经过12个月以上的建造才能达到预定可销售状态的存货发生借款的,在有关存货建造之前和之后发生的合理的借款费用。

（4）企业为对外投资而发生的借款费用。

（5）企业在生产经营活动中发生的其他不需要资本化的借款费用。

税务总局公告2012年第15号第二条规定,自2011年度起,企业通过发行债券、取得贷款、吸收保户储金等方式融资而发生的合理的费用支出,符合资本化条件的,应计入相关资产成本；不符合资本化条件的,应作为财务费用,准予在企业所得税前据实扣除。

从借款费用的内容上看,对利息支出以外的借款费用,除资本化计入有关资产的成本外,允许在税前直接扣除。对利息支出合理性及其税前扣除,按以下规定处理。

2. 利息支出税前扣除的基本规定

《企业所得税法实施条例》第三十八条规定,企业在生产经营活动中发生的下列利息支出,准予扣除：

（1）非金融企业向金融企业借款的利息支出、金融企业的各项存款利息支出和同业拆借利息支出、企业经批准发行债券的利息支出；

（2）非金融企业向非金融企业借款的利息支出,不超过按照金融企业同期同类贷款利率计算的数额的部分。

《企业所得税法实施条例》第四十九条规定,非银行企业内营业机构之间支付的利息,不得税前扣除。

关于金融企业同期同类贷款利率确定问题,税务总局公告2011年第34号第一条明确,企业在按照合同要求首次支付利息并进行税前扣除时,应提供"金融企业的同期同类贷款利率情况说明",以证明其利息支出的合理性。"金融企业的同期同类贷款利率情况说明"中,应包括在签订该借款合同当时,本省任何一家金融企业提供同期同类贷款利率情况。该金融企业应为经政府有关部门批准成立的可以从事贷款业务的企业,包括银行、财务公司、信托公司等金融机构。"同期同类贷款利率"是指在贷款期限、贷款金额、贷款担保以及企业信誉等条件基本相同下,金融企业提供贷款的利率。既可以是金融企业公布的同期同类平均利率,也可以是金融企业对某些企业提供的实际贷款利率。

3. 企业投资者投资未到位利息支出的税前扣除

关于企业由于投资者投资未到位而发生的利息支出扣除问题,《国家税务总局关于企业投资者投资未到位而发生的利息支出企业所得税前扣除问题的批复》（国税函〔2009〕

312号,以下简称国税函〔2009〕312号文件)明确,根据《企业所得税法实施条例》第二十七条规定,凡企业投资者在规定期限内未缴足其应缴资本额的,该企业对外借款所发生的利息,相当于投资者实缴资本额与在规定期限内应缴资本额的差额应计付的利息,不属于企业合理的支出,应由企业投资者负担,不得在计算企业应纳税所得额时扣除。

国税函〔2009〕312号文件规定,具体计算不得扣除的利息,应以企业一个年度内每一账面实收资本与借款余额保持不变的期间作为一个计算期,每一计算期内不得扣除的借款利息按该期间借款利息发生额乘以该期间企业未缴足的注册资本占借款总额的比例计算。

企业每一计算期不得扣除的借款利息 = 该期间借款利息额 × 该期间未缴足注册资本额 ÷ 该期间借款额

从公式意义上看,该期间未缴足注册资本额应不得超过该期间借款额,如果超出,则会放大该期间借款利息额,也就是说,不得扣除的借款利息会超过实际支付的借款利息。

企业一个年度内不得扣除的借款利息总额为该年度内每一计算期不得扣除的借款利息额之和。

关于未缴足注册资本额,应考虑公司注册资本由实缴登记制改为认缴登记制的改革情况。现行公司法规定,有限责任公司的注册资本为在公司登记机关登记的全体股东认缴的出资额。法律、行政法规以及国务院决定对有限责任公司注册资本实缴、注册资本最低限额另有规定的,从其规定。股东应当按期足额缴纳公司章程中规定的各自所认缴的出资额。有限责任公司成立后,应当向股东签发出资证明书。股份有限公司采取发起设立方式设立的,注册资本为在公司登记机关登记的全体发起人认购的股本总额。股份有限公司采取募集方式设立的,注册资本为在公司登记机关登记的实收股本总额。法律、行政法规以及国务院决定对股份有限公司注册资本实缴、注册资本最低限额另有规定的,从其规定。以发起设立方式设立股份有限公司的,发起人应当书面认足公司章程规定其认购的股份,并按照公司章程规定缴纳出资。以募集设立方式设立股份有限公司的,发起人认购的股份不得少于公司股份总数的百分之三十五;但是,法律、行政法规另有规定的,从其规定。从国税函〔2009〕312号文件的规定看,未缴足注册资本额是投资者实缴资本额与在规定期限内应缴资本额的差额。这里关键在于如何理解"在规定期限内应缴资本额"。我们理解,对有限责任公司的股东而言,"在规定期限内应缴资本额"是指股东"应当按期足额缴纳公司章程中规定的各自所认缴的出资额",即股东应当按公司章程中规定的出资方式、出资额和出资时间出资。因此,如果公司章程中规定的出资时间届满,股东仍未实际出资,就出现了未缴足注册资本额。对股份有限公司的发起人而言,"在规定期限内应缴资本额"是指发起人"应当书面认足公司章程规定其认购的股份,并按照公司章程规定缴纳出资",即发起人应当按公司章程中规定的认购的股份数、出资方式和出资时间出资。因此,如果公司章程中规定的出资时间届满,发起人仍未实际出资,就出现了未缴足注册资本额。

【例7-1】假设某居民企业为有限责任公司,2019年1月1日成立,全体股东认缴的出资额为1500万元,公司章程约定股东的出资额和出资时间为:500万元,2019年1月1日;1000万元,2019年7月1日。实际出资情况:500万元,2019年1月1日;100万元,2019年7月1日;900万元,2019年12月1日。假设该企业2019年4月1日向非金融企业借款300万元,借款期限2年,年利率12%;10月1日向非金融企业借款960万元,借款期限1年,年利率11%。

如果金融企业同期同类贷款利率为10%,试计算该企业2019年度不得扣除的利息是多少?

首先,判断什么时候发生投资者未到位资金及其金额。例中,该企业2019年7月1日至2019年11月30日投资者未到位资金有900万元。

其次,在发生投资者未到位资金期间,结合实收资本余额和借款余额,确定计算期。该企业2019年各月投资者未到位资金、实收资本余额、借款余额情况汇总见表7-1。

表7-1　某企业2019年各月投资者未到位资金、实收资本余额、借款余额情况　　金额单位:万元

月份	投资者未到位资金	实收资本余额	借款余额
1	0	500	0
2	0	500	0
3	0	500	0
4	0	500	300
5	0	500	300
6	0	500	300
7	900	600	300
8	900	600	300
9	900	600	300
10	900	600	1 260
11	900	600	1 260
12	0	1 500	1 260

分析该表可以判断:

1—6月,没有投资者未到位资金,因此,不存在由于投资者未到位资金而不得扣除的利息支出,不确定为计算期。但是,其中4—6月有向非金融企业借款,其利率水平超过金融企业同期同类贷款利率水平的,要进行纳税调整。

7—9月,有投资者未到位资金,且每个月实收资本余额为600万元,借款余额为300万元,为第一个计算期。

10—11月,也有投资者未到位资金,每个月实收资本余额仍然为600万元,但借款余额发生了变化,为1 260万元,为第二个计算期。

12月,没有投资者未到位资金,不确定为计算期。但是,也有向非金融企业借款,其利率水平超过金融企业同期同类贷款利率水平的,要进行纳税调整。

再次,计算所有计算期不得扣除的利息支出。

第一个计算期(7—9月)不得扣除的利息支出 = (300 × 12% ÷ 12 × 3) × 300 ÷ 300 = 9(万元)

第二个计算期(10—11月)不得扣除的利息支出,应分两个部分计算,第一部分先计算超利率水平不得扣除的利息支出,第二部分再计算由于投资者未到位资金而不得扣除的利息支出。

超利率水平不得扣除的利息支出 = 300 × (12% − 10%) ÷ 12 × 2 + 960 × (11% −

$10\%)\div12\times2=1+1.6=2.6(万元)$

由于投资者未到位资金而不得扣除的利息支出 $=(300\times10\%\div12\times2+960\times10\%\div12\times2)\times900\div1260=(5+16)\times900\div1260=15(万元)$

第二个计算期不得扣除的利息支出合计 $=2.6+15=17.6(万元)$

如果不分两个部分计算,而是直接计算不得扣除的利息支出 $=(300\times12\%\div12\times2+960\times11\%\div12\times2)\times900\div1260=(6+17.6)\times900\div1260=16.8571(万元)$,不得扣除的利息支出就少计了 0.7429 万元。原因是,超利率水平不得扣除的利息支出随投资者未到位资金不得扣除的利息支出只计算了 $2.6\times900\div1260=1.8571$ 万元,少计了 $2.6\times(1260-900)\div1260=0.7429$ 万元。

为什么第一个计算期没有分两个部分计算不得扣除的利息支出呢？因为在第一个计算期,借款余额没有超过该期间投资者未缴足注册资本额,或者说,该期间投资者未缴足注册资本额比借款余额还多,在这种情况下,企业对外借款的利息支出,无论其利率水平是否超过金融企业同期同类贷款的利率水平,均不得在税前扣除。

4. 企业向自然人借款的利息支出的税前扣除

关于企业向自然人借款的利息支出企业所得税税前扣除问题,《国家税务总局关于企业向自然人借款的利息支出企业所得税税前扣除问题的通知》(国税函〔2009〕777 号)明确:

(1)企业向股东或其他与企业有关联关系的自然人借款的利息支出,应根据《企业所得税法》第四十六条及《财政部 国家税务总局关于企业关联方利息支出税前扣除标准有关税收政策问题的通知》(财税〔2008〕121 号,以下简称财税〔2008〕121 号文件)规定的条件,计算企业所得税扣除额。

(2)企业向股东或其他与企业有关联关系的自然人以外的内部职工或其他人员借款的利息支出,其借款情况同时符合以下条件的,其利息支出在不超过按照金融企业同期同类贷款利率计算的数额的部分,根据《企业所得税法》第八条和《企业所得税法实施条例》第二十七条规定,准予扣除:

①企业与个人之间的借贷是真实、合法、有效的,并且不具有非法集资目的或其他违反法律、法规的行为；

②企业与个人之间签订了借款合同。

5. 其他利息支出的相关所得税政策

1)企业混合性投资业务中的利息支出 企业混合性投资业务,是指兼具权益和债权双重特性的投资业务。税务总局公告 2013 年第 41 号规定,自 2013 年 9 月 1 日起,对符合规定条件的混合性投资业务,被投资企业支付的利息,应于应付利息的日期,确认利息支出,并按税法和税务总局公告 2011 年第 34 号第一条的规定,进行税前扣除。

2)融资性租赁业务中的融资利息 依据税务总局公告 2010 年第 13 号的规定,融资性售后回租业务中,对融资性租赁的资产,仍按承租人出售前原账面价值作为计税基础计提折旧。租赁期间,承租人支付的属于融资利息的部分,应作为企业财务费用在税前扣除。融资性售后回租业务是指承租方以融资为目的将资产出售给经批准从事融资租赁业务的企业后,又将该项资产从该融资租赁企业租回的行为。

3)房地产开发经营企业的利息支出 国税发〔2009〕31 号文件第二十一条明确,房地产开发经营企业的利息支出按以下规定进行处理：

（1）企业为建造开发产品借入资金而发生的符合税收规定的借款费用，可按企业会计准则的规定进行归集和分配，其中属于财务费用性质的借款费用，可直接在税前扣除。

（2）企业集团或其成员企业统一向金融机构借款分摊集团内部其他成员企业使用的，借入方凡能出具从金融机构取得借款的证明文件，可以在使用借款的企业间合理的分摊利息费用，使用借款的企业分摊的合理利息准予在税前扣除。

6. 企业关联方利息支出的税前扣除

由于涉及特别纳税调整，因此这部分内容在"第十章　特别纳税调整政策及其应税所得的填报"中讲解。

7. 永续债利息支出

依据财税公告2019年第64号的规定，企业发行的永续债，如选择适用股息、红利企业所得税政策，发行方支付的永续债利息支出不得在企业所得税税前扣除。企业发行符合规定条件的永续债，如选择按照债券利息适用企业所得税政策，发行方支付的永续债利息支出准予在其企业所得税税前扣除。永续债利息支出的纳税调整不属于"扣除类调整项目——利息支出"的内容，而是"特殊事项调整项目——发行永续债利息支出"的内容。

（四）党组织工作经费

1. 国有企业党组织工作经费

《中共中央组织部　财政部　国务院国资委党委　国家税务总局关于国有企业党组织工作经费问题的通知》（组通字〔2017〕38号，以下简称组通字〔2017〕38号文件）明确，国有企业（包括国有独资、全资和国有资本绝对控股、相对控股企业）党组织工作经费主要通过纳入管理费用、党费留存等渠道予以解决。凡属党费使用范围的，先从留存党费中开支，不足部分从纳入管理费用列支的党组织工作经费中支出。纳入管理费用的党组织工作经费，实际支出不超过职工年度工资薪金总额1%的部分，可以据实在企业所得税前扣除。年末如有结余，结转下一年度使用。累计结转超过上一年度职工工资总额2%的，当年不再从管理费用中安排。

2. 非公有制企业党组织工作经费

《中共中央组织部　财政部　国家税务总局关于非公有制企业党组织工作经费问题的通知》（组通字〔2014〕42号，以下简称组通字〔2014〕42号文件）明确，非公有制企业党组织工作经费主要通过纳入管理费用、党费拨返、财政支持等渠道予以解决。同时，鼓励采取企业赞助、党员自愿捐助等方式，拓宽经费来源。非公有制企业党组织工作经费仍然不足的，上级党组织要从留存的党费中适当拨补。非公有制企业党组织工作经费纳入企业管理费列支，不超过职工年度工资薪金总额1%的部分，可以据实在企业所得税前扣除。

（五）其他费用支出

1. 劳动保护支出和员工服饰费用

《企业所得税法实施条例》第四十八条规定，企业发生的合理的劳动保护支出，准予扣除。税务总局公告2011年第34号第二条明确，企业根据其工作性质和特点，由企业统一制作并要求员工工作时统一着装所发生的工作服饰费用，根据《企业所得税法实施条例》第二十七条的规定，可以作为企业合理的支出给予税前扣除。

2. 环境保护、生态恢复专项资金

《企业所得税法实施条例》第四十五条规定，企业依照法律、行政法规有关规定提取的用于环境保护、生态恢复等方面的专项资金，准予扣除。上述专项资金提取后改变用途的，不得扣除。

3. 煤矿企业维简费支出和高危行业企业安全生产费用支出

《国家税务总局关于煤矿企业维简费和高危行业企业安全生产费用企业所得税税前扣除问题的公告》（国家税务总局公告2011年第26号，以下简称税务总局公告2011年第26号）规定，自2011年5月1日起，煤矿企业实际发生的维简费支出和高危行业企业实际发生的安全生产费用支出，属于收益性支出的，可直接作为当期费用在税前扣除；属于资本性支出的，应计入有关资产成本，并按《企业所得税法》规定计提折旧或摊销费用在税前扣除。企业按照有关规定预提的维简费和安全生产费用，不得在税前扣除。

本公告实施前，企业按照有关规定提取的、且在税前扣除的煤矿企业维简费和高危行业企业安全生产费用，相关税务问题按以下规定处理：

（1）本公告实施前提取尚未使用的维简费和高危行业企业安全生产费用，应用于抵扣本公告实施后的当年度实际发生的维简费和安全生产费用，仍有余额的，继续用于抵扣以后年度发生的实际费用，至余额为零时，企业方可按上述规定执行。

（2）已用于资产投资、并计入相关资产成本的，该资产提取的折旧或费用摊销额，不得重复在税前扣除。已重复在税前扣除的，应调整作为2011年度应纳税所得额。

（3）已用于资产投资、并形成相关资产部分成本的，该资产成本扣除上述部分成本后的余额，作为该资产的计税基础，按照《企业所得税法》规定的资产折旧或摊销年限，从本公告实施之日的次月开始，就该资产剩余折旧年限计算折旧或摊销费用，并在税前扣除。

4. 其他企业的维简费支出

《国家税务总局关于企业维简费支出企业所得税税前扣除问题的公告》（国家税务总局公告2013年第67号，以下简称税务总局公告2013年第67号）规定，自2013年1月1日起，除煤矿企业外，企业实际发生的维简费支出，属于收益性支出的，可作为当期费用税前扣除；属于资本性支出的，应计入有关资产成本，并按《企业所得税法》规定计提折旧或摊销费用在税前扣除。企业按照有关规定预提的维简费，不得在当期税前扣除。

本公告实施前，企业按照有关规定提取且已在当期税前扣除的维简费，按以下规定处理：

（1）尚未使用的维简费，并未作纳税调整的，可不作纳税调整，应首先抵减2013年实际发生的维简费，仍有余额的，继续抵减以后年度实际发生的维简费，至余额为零时，企业方可按照本公告第一条规定执行；已作纳税调整的，不再调回，直接按照本公告第一条规定执行。

（2）已用于资产投资并形成相关资产全部成本的，该资产提取的折旧或费用摊销额，不得税前扣除；已用于资产投资并形成相关资产部分成本的，该资产提取的折旧或费用摊销额中与该部分成本对应的部分，不得税前扣除；已税前扣除的，应调整作为2013年度应纳税所得额。

5. 开发产品维修费用和维修基金

国税发〔2009〕31号文件第十五条规定，房地产开发企业对尚未出售的已完工开发产品和按照有关法律、法规或合同规定对已售开发产品（包括共用部位、共用设施设备）进行日常维护、保养、修理等实际发生的维修费用，准予在当期据实扣除。国税发〔2009〕31号文件第十六条明确，房地产开发企业将已计入销售收入的共用部位、共用设施设备维修基金按规定移交给有关部门、单位的，应于移交时扣除。

6. 保险费

《企业所得税法实施条例》第三十六条规定，除企业依照国家有关规定为特殊工种职工支付的人身安全保险费和国务院财政、税务主管部门规定可以扣除的其他商业保险费外，企业为投资者或者职工支付的商业保险费，不得扣除。《企业所得税法实施条例》第四十六条规定，企业参加财产保险，按照规定缴纳的保险费，准予扣除。

1）银行业金融机构存款保险保费　《财政部 国家税务总局关于银行业金融机构存款保险保费企业所得税税前扣除有关政策问题的通知》（财税〔2016〕106号）规定，自2015年5月1日起，银行业金融机构依据《存款保险条例》的有关规定、按照不超过万分之一点六的存款保险费率，计算交纳的存款保险保费，准予在企业所得税税前扣除。准予在企业所得税税前扣除的存款保险保费计算公式如下：

准予在企业所得税税前扣除的存款保险保费＝保费基数×存款保险费率。

保费基数以中国人民银行核定的数额为准。

准予在企业所得税税前扣除的存款保险保费，不包括存款保险保费滞纳金。

银行业金融机构是指《存款保险条例》规定在我国境内设立的商业银行、农村合作银行、农村信用合作社等吸收存款的银行业金融机构。

2）雇主责任保险费　《国家税务总局关于责任保险费企业所得税税前扣除有关问题的公告》（税务总局公告2018年第52号）规定，自2018年度起，企业参加雇主责任险、公众责任险等责任保险，按照规定缴纳的保险费，准予在企业所得税税前扣除。

7. 企业之间支付的管理费

《企业所得税法实施条例》第四十九条规定，企业之间支付的管理费、企业内营业机构之间支付的租金和特许权使用费，以及非银行企业内营业机构之间支付的利息，不得扣除。

《国家税务总局关于母子公司间提供服务支付费用有关企业所得税处理问题的通知》（国税发〔2008〕86号，以下简称国税发〔2008〕86号文件）第四条明确，母公司以管理费形式向其子公司提取费用，子公司因此支付给母公司的管理费，不得在税前扣除。

8. 母公司服务费

依据国税发〔2008〕86号文件的规定，在中国境内，属于不同独立法人的母子公司之间提供服务支付费用，按下列规定进行企业所得税处理：

（1）母公司为其子公司提供各种服务而发生的费用，应按照独立企业之间公平交易原则确定服务的价格，作为企业正常的劳务费用进行税务处理。母子公司未按照独立企业之间的业务往来收取价款的，税务机关有权予以调整。

（2）母公司向其子公司提供各项服务，双方应签订服务合同或协议，明确规定提供服务的内容、收费标准及金额等，凡按上述合同或协议规定所发生的服务费，母公司应作为营业收入申报纳税；子公司作为成本费用在税前扣除。

（3）母公司向其多个子公司提供同类项服务，其收取的服务费可以采取分项签订合同或协议收取；也可以采取服务分摊协议的方式，即，由母公司与各子公司签订服务费用分摊合同或协议，以母公司为其子公司提供服务所发生的实际费用并附加一定比例利润作为向子公司收取的总服务费,在各服务受益子公司(包括盈利企业、亏损企业和享受减免税企业)之间按《企业所得税法》第四十一条第二款规定合理分摊。

(4)子公司申报税前扣除向母公司支付的服务费用,应向主管税务机关提供与母公司签订的服务合同或者协议等与税前扣除该项费用相关的材料。不能提供相关材料的,支付的服务费用不得税前扣除。

四、税前扣除的其他支出企业所得税政策

(一)公益性捐赠支出

2017年修改后的《企业所得税法》第九条规定,企业发生的公益性捐赠支出,在年度利润总额12%以内的部分,准予在计算应纳税所得额时扣除;超过年度利润总额12%的部分,准予结转以后三年内在计算应纳税所得额时扣除。

1. 公益性捐赠支出的范围

2019年修改后的《企业所得税法实施条例》第五十一条界定,《企业所得税法》第九条所称公益性捐赠,是指企业通过公益性社会组织或者县级以上人民政府及其部门,用于符合法律规定的慈善活动、公益事业的捐赠。

依据《财政部 税务总局 民政部关于公益性捐赠税前扣除有关事项的公告》(财政部公告2020年第27号,以下简称财政部公告2020年第27号)的规定,企业通过公益性社会组织、县级以上人民政府及其部门等国家机关,用于符合法律规定的公益慈善事业捐赠支出,准予按税法规定在计算应纳税所得额时扣除。公益慈善事业,应当符合《中华人民共和国公益事业捐赠法》第三条对公益事业范围的规定或者《中华人民共和国慈善法》第三条对慈善活动范围的规定。

依据《中华人民共和国公益事业捐赠法》第三条的规定,公益事业是指非营利的下列事项:

(1)救助灾害、救济贫困、扶助残疾人等困难的社会群体和个人的活动;
(2)教育、科学、文化、卫生、体育事业;
(3)环境保护、社会公共设施建设;
(4)促进社会发展和进步的其他社会公共和福利事业。

依据《中华人民共和国慈善法》第三条的规定,慈善活动,是指自然人、法人和其他组织以捐赠财产或者提供服务等方式,自愿开展的下列公益活动:

(1)扶贫、济困;
(2)扶老、救孤、恤病、助残、优抚;
(3)救助自然灾害、事故灾难和公共卫生事件等突发事件造成的损害;
(4)促进教育、科学、文化、卫生、体育等事业的发展;
(5)防治污染和其他公害,保护和改善生态环境;
(6)符合本法规定的其他公益活动。

依据《财政部 国家税务总局 海关总署关于第七届世界军人运动会税收政策的通知》(财税〔2018〕119号)的规定,自2018年11月5日起,对企事业单位、社会团体和其他组织通过公益性社会团体或者县级以上人民政府及其部门捐赠武汉军运会的资金、物资支出,在计算企业应纳税所得额时按现行税收法律法规的有关规定予以税前扣除。

依据《财政部 国家税务总局关于公共租赁住房税收优惠政策的公告》(财政部 税务总

局公告2019年第61号)第五条第一款的规定,自2019年1月1日至2020年12月31日,企事业单位、社会团体以及其他组织捐赠住房作为公共租赁住房,符合税收法律法规规定的,对其公益性捐赠支出在年度利润总额12%以内的部分,准予在计算应纳税所得额时扣除,超过年度利润总额12%的部分,准予结转以后三年内在计算应纳税所得额时扣除。

2. 允许税前扣除的公益性捐赠途径

结合《企业所得税法实施条例》第五十一条、第五十二条、财政部公告2020年第27号和《财政部 国家税务总局关于通过公益性群众团体的公益性捐赠税前扣除有关问题的通知》(财税〔2009〕124号,以下简称财税〔2009〕124号文件)规定,企业通过下列单位或部门的公益性捐赠,才可以在税前扣除:

(1)县级以上人民政府及其部门。其公益性捐赠税前扣除资格不需要认定。

(2)取得公益性捐赠税前扣除资格的公益性社会组织。

2019年修改后的《企业所得税法实施条例》第五十二条规定,本条例第五十一条所称公益性社会组织,是指同时符合下列条件的慈善组织以及其他社会组织:

——依法登记,具有法人资格;
——以发展公益事业为宗旨,且不以营利为目的;
——全部资产及其增值为该法人所有;
——收益和营运结余主要用于符合该法人设立目的的事业;
——终止后的剩余财产不归属任何个人或者营利组织;
——不经营与其设立目的无关的业务;
——有健全的财务会计制度;
——捐赠者不以任何形式参与该法人财产的分配;
——国务院财政、税务主管部门会同国务院民政部门等登记管理部门规定的其他条件。

财政部公告2020年第27号明确,公益性社会组织,包括依法设立或登记并按规定条件和程序取得公益性捐赠税前扣除资格的慈善组织、其他社会组织和群众团体。公益性群众团体的公益性捐赠税前扣除资格确认及管理按照现行规定执行。依法登记的慈善组织和其他社会组织的公益性捐赠税前扣除资格确认及管理按照财政部公告2020年第27号的规定执行。

3. 慈善组织和其他社会组织的公益性捐赠税前扣除资格

1)取得公益性捐赠税前扣除资格的条件 依据财政部公告2020年第27号第四条,在民政部门依法登记的慈善组织和其他社会组织(以下统称社会组织),取得公益性捐赠税前扣除资格应当同时符合以下规定:

(1)符合企业所得税法实施条例第五十二条第一项到第八项规定的条件。

(2)每年应当在3月31日前按要求向登记管理机关报送经审计的上年度专项信息报告。报告应当包括财务收支和资产负债总体情况、开展募捐和接受捐赠情况、公益慈善事业支出及管理费用情况(包括规定的比例情况)等内容。

首次确认公益性捐赠税前扣除资格的,应当报送经审计的前两个年度的专项信息报告。

(3)具有公开募捐资格的社会组织,前两年度每年用于公益慈善事业的支出占上年总收入的比例均不得低于70%。计算该支出比例时,可以用前三年收入平均数代替上年总收入。

不具有公开募捐资格的社会组织,前两年度每年用于公益慈善事业的支出占上年末净资产的比例均不得低于8%。计算该比例时,可以用前三年年末净资产平均数代替上年末净资产。

(4)具有公开募捐资格的社会组织,前两年度每年支出的管理费用占当年总支出的比例均不得高于10%。

不具有公开募捐资格的社会组织,前两年每年支出的管理费用占当年总支出的比例均不得高于12%。

(5)具有非营利组织免税资格,且免税资格在有效期内。

(6)前两年度未受到登记管理机关行政处罚(警告除外)。

(7)前两年度未被登记管理机关列入严重违法失信名单。

(8)社会组织评估等级为3A以上(含3A)且该评估结果在确认公益性捐赠税前扣除资格时仍在有效期内。

公益慈善事业支出、管理费用和总收入的标准和范围,按照《民政部 财政部 国家税务总局关于印发〈关于慈善组织开展慈善活动年度支出和管理费用的规定〉的通知》(民发〔2016〕189号)关于慈善活动支出、管理费用和上年总收入的有关规定执行。

按照《中华人民共和国慈善法》新设立或新认定的慈善组织,在其取得非营利组织免税资格的当年,只需要符合上述第(1)项、第(6)项、第(7)项条件即可。

2)公益性捐赠税前扣除资格的确认和有效期 依据财政部公告2020年第27号第五条,公益性捐赠税前扣除资格的确认按以下规定执行:

(1)在民政部登记注册的社会组织,由民政部结合社会组织公益活动情况和日常监督管理、评估等情况,对社会组织的公益性捐赠税前扣除资格进行核实,提出初步意见。根据民政部初步意见,财政部、税务总局和民政部对照本公告相关规定,联合确定具有公益性捐赠税前扣除资格的社会组织名单,并发布公告。

(2)在省级和省级以下民政部门登记注册的社会组织,由省、自治区、直辖市和计划单列市财政、税务、民政部门参照上一项规定执行。

公益性捐赠税前扣除资格的确认对象包括:

第一类对象:公益性捐赠税前扣除资格将于当年末到期的公益性社会组织;

第二类对象:已被取消公益性捐赠税前扣除资格但又重新符合条件的社会组织;

第三类对象:登记设立后尚未取得公益性捐赠税前扣除资格的社会组织。

每年年底前,省级以上财政、税务、民政部门按权限完成公益性捐赠税前扣除资格的确认和名单发布工作,并按不同审核对象,分别列示名单及其公益性捐赠税前扣除资格起始时间。

依据财政部公告2020年第27号第六条,公益性捐赠税前扣除资格在全国范围内有效,有效期为三年。第一类对象,其公益性捐赠税前扣除资格自发布名单公告的次年1月1日起算。第二类和第三类对象,其公益性捐赠税前扣除资格自发布公告的当年1月1日起算。

3)公益性捐赠税前扣除资格的取消 这可以分3种情况进行说明。

(1)依据财政部公告2020年第27号第七条的规定,公益性社会组织存在以下情形之一的,应当取消其公益性捐赠税前扣除资格:

①未按本公告规定时间和要求向登记管理机关报送专项信息报告的;

②最近一个年度用于公益慈善事业的支出不符合本公告第四条第三项规定的;

③最近一个年度支出的管理费用不符合本公告第四条第四项规定的;

④非营利组织免税资格到期后超过六个月未重新获取免税资格的；

⑤受到登记管理机关行政处罚(警告除外)的；

⑥被登记管理机关列入严重违法失信名单的；

⑦社会组织评估等级低于3A或者无评估等级的。

(2)依据财政部公告2020年第27号第八条的规定，公益性社会组织存在以下情形之一的，应当取消其公益性捐赠税前扣除资格，且取消资格的当年及之后三个年度内不得重新确认资格：

①违反规定接受捐赠的，包括附加对捐赠人构成利益回报的条件、以捐赠为名从事营利性活动、利用慈善捐赠宣传烟草制品或法律禁止宣传的产品和事项、接受不符合公益目的或违背社会公德的捐赠等情形；

②开展违反组织章程的活动，或者接受的捐赠款项用于组织章程规定用途之外的；

③在确定捐赠财产的用途和受益人时，指定特定受益人，且该受益人与捐赠人或公益性社会组织管理人员存在明显利益关系的。

(3)依据财政部公告2020年第27号第九条的规定，公益性社会组织存在以下情形之一的，应当取消其公益性捐赠税前扣除资格且不得重新确认资格：

①从事非法政治活动的；

②从事、资助危害国家安全或者社会公共利益活动的。

财政部公告2020年第27号第十条规定，对应当取消公益性捐赠税前扣除资格的公益性社会组织，由省级以上财政、税务、民政部门核实相关信息后，按权限及时向社会发布取消资格名单公告。自发布公告的次月起，相关公益性社会组织不再具有公益性捐赠税前扣除资格。

4.公益性捐赠票据

依据财政部公告2020年第27号第十一条的规定，公益性社会组织、县级以上人民政府及其部门等国家机关在接受捐赠时，应当按照行政管理级次分别使用由财政部或省、自治区、直辖市财政部门监(印)制的公益事业捐赠票据，并加盖本单位的印章。

企业或个人将符合条件的公益性捐赠支出进行税前扣除，应当留存相关票据备查。

财政部公告2020年第27号第十二条规定，公益性社会组织登记成立时的注册资金捐赠人，在该公益性社会组织首次取得公益性捐赠税前扣除资格的当年进行所得税汇算清缴时，可按规定对其注册资金捐赠额进行税前扣除。

5.公益性捐赠额的确认

财政部公告2020年第27号第十三条规定，除另有规定外，公益性社会组织、县级以上人民政府及其部门等国家机关在接受企业或个人捐赠时，按以下原则确认捐赠额：

(1)接受的货币性资产捐赠，以实际收到的金额确认捐赠额。

(2)接受的非货币性资产捐赠，以其公允价值确认捐赠额。捐赠方在向公益性社会组织、县级以上人民政府及其部门等国家机关捐赠时，应当提供注明捐赠非货币性资产公允价值的证明；不能提供证明的，接受捐赠方不得向其开具捐赠票据。

(3)公益股权捐赠额的确认。财税〔2016〕45号文件明确，企业实施股权捐赠后，以其股权历史成本为依据确定捐赠额，并依此按照《企业所得税法》有关规定在所得税前予以扣除。公益性社会团体接受股权捐赠后，应按照捐赠企业提供的股权历史成本开具捐赠票据。股权捐赠行为,是指企业向中华人民共和国境内公益性社会团体实施的股权捐赠行为。企业向中华人民共和国境外的社会组织或团体实施的股权捐赠行为不适用本通知规定。

财政部公告2020年第27号明确,尚未完成2019年度及以前年度社会组织公益性捐赠税前扣除资格确认工作的,各级财政、税务、民政部门按照原政策规定执行。2020年度及以后年度的公益性捐赠税前扣除资格的确认及管理按本公告规定执行。

6. 公益性捐赠支出的税前扣除方式

公益性捐赠支出的税前扣除方式有两种:限额扣除和全额扣除。

1) 限额扣除　2019年修改后的《企业所得税法实施条例》第五十三条规定,企业当年发生以及以前年度结转的公益性捐赠支出,不超过年度利润总额12%的部分,准予扣除。年度利润总额,是指企业依照国家统一会计制度的规定计算的年度会计利润。

《财政部 国家税务总局关于公益性捐赠支出企业所得税税前结转扣除有关政策的通知》(财税〔2018〕15号)明确,自2017年1月1日起,企业通过公益性社会组织或者县级(含县级)以上人民政府及其组成部门和直属机构,用于慈善活动、公益事业的捐赠支出,在年度利润总额12%以内的部分,准予在计算应纳税所得额时扣除;超过年度利润总额12%的部分,准予结转以后三年内在计算应纳税所得额时扣除。年度利润总额,是指企业依照国家统一会计制度的规定计算的大于零的数额。

企业当年发生及以前年度结转的公益性捐赠支出,准予在当年税前扣除的部分,不能超过企业当年年度利润总额的12%。

企业发生的公益性捐赠支出未在当年税前扣除的部分,准予向以后年度结转扣除,但结转年限自捐赠发生年度的次年起计算最长不得超过三年。

企业在对公益性捐赠支出计算扣除时,应先扣除以前年度结转的捐赠支出,再扣除当年发生的捐赠支出。即先捐先扣。

2) 全额扣除　目前有效的允许税前全额扣除的公益性捐赠项目有:

(1) 依据《财政部 国家税务总局 海关总署关于北京2022年冬奥会和冬残奥会税收政策的通知》(财税〔2017〕60号,以下简称财税〔2017〕60号文件)的规定,自2017年7月12日起,对企业、社会组织和团体赞助、捐赠北京2022年冬奥会、冬残奥会、测试赛的资金、物资、服务支出,在计算企业应纳税所得额时予以全额扣除。

(2) 依据《财政部 国家税务总局 国务院扶贫办关于企业扶贫捐赠所得税税前扣除政策的公告》(财政部 国家税务总局 国务院扶贫办公告2019年第49号,以下简称财税公告2019年第49号)的规定,自2019年1月1日至2022年12月31日,企业通过公益性社会组织或者县级(含县级)以上人民政府及其组成部门和直属机构,用于目标脱贫地区的扶贫捐赠支出,准予在计算企业所得税应纳税所得额时据实扣除。在政策执行期限内,目标脱贫地区实现脱贫的,可继续适用上述政策。"目标脱贫地区"包括832个国家扶贫开发工作重点县、集中连片特困地区县(新疆阿克苏地区6县1市享受片区政策)和建档立卡贫困村。

企业同时发生扶贫捐赠支出和其他公益性捐赠支出,在计算公益性捐赠支出年度扣除限额时,符合上述条件的扶贫捐赠支出不计算在内。

企业在2015年1月1日至2018年12月31日期间已发生的符合上述条件的扶贫捐赠支出,尚未在计算企业所得税应纳税所得额时扣除的部分,可执行上述企业所得税政策。

(3) 依据《财政部 国家税务总局关于支持新型冠状病毒感染的肺炎疫情防控有关捐赠税收政策的公告》(财政部 税务总局公告2020年第9号)的规定,企业通过公益性社会组织或者县级以上人民政府及其部门等国家机关,捐赠用于应对新型冠状病毒感染的肺炎疫情的现金和物品,允许在计算应纳税所得额时全额扣除。

企业直接向承担疫情防治任务的医院捐赠用于应对新型冠状病毒感染的肺炎疫情的物品,允许在计算应纳税所得额时全额扣除。捐赠人凭承担疫情防治任务的医院开具的捐赠接收函办理税前扣除事宜。

上述政策自2020年1月1日起施行,《财政部 税务总局关于支持疫情防控保供等税费政策实施期限的公告》(财政部 税务总局公告2020年第28号,以下简称财税公告2020年第28号)明确执行至2020年12月31日。

《国家税务总局关于支持新型冠状病毒感染的肺炎疫情防控有关税收征收管理事项的公告》(国家税务总局公告2020年第4号,以下简称税务总局公告2020年第4号)明确,企业享受全额税前扣除政策的,采取"自行判别、申报享受、相关资料留存备查"的方式,并将捐赠全额扣除情况填入企业所得税纳税申报表相应行次。企业取得承担疫情防治任务的医院开具的捐赠接收函,作为税前扣除依据自行留存备查。

(二) 棚户区改造支出

《财政部 国家税务总局关于企业参与政府统一组织的棚户区改造有关企业所得税政策问题的通知》(财税〔2013〕65号)规定,自2013年1月1日起,对企业参与政府统一组织的工矿(含中央下放煤矿)棚户区改造、林区棚户区改造、垦区危房改造,有关企业所得税政策按以下规定执行:

(1) 企业参与政府统一组织的工矿(含中央下放煤矿)棚户区改造、林区棚户区改造、垦区危房改造并同时符合一定条件的棚户区改造支出,准予在企业所得税前扣除。

(2) 上述同时符合一定条件的棚户区改造支出,是指同时满足以下条件的棚户区改造支出:

——棚户区位于远离城镇、交通不便,市政公用、教育医疗等社会公共服务缺乏城镇依托的独立矿区、林区或垦区;

——该独立矿区、林区或垦区不具备商业性房地产开发条件;

——棚户区市政排水、给水、供电、供暖、供气、垃圾处理、绿化、消防等市政服务或公共配套设施不齐全;

——棚户区房屋集中连片户数不低于50户,其中,实际在该棚户区居住且在本地区无其他住房的职工(含离退休职工)户数占总户数的比例不低于75%;

——棚户区房屋按照《房屋完损等级评定标准》和《危险房屋鉴定标准》评定属于危险房屋、严重损坏房屋的套内面积不低于该片棚户区建筑面积的25%;

——棚户区改造已纳入地方政府保障性安居工程建设规划和年度计划,并由地方政府牵头按照保障性住房标准组织实施;异地建设的,原棚户区土地由地方政府统一规划使用或者按规定实行土地复垦、生态恢复。

(3) 在企业所得税年度纳税申报时,企业应向主管税务机关提供其棚户区改造支出同时符合规定条件的书面说明材料。

(三)上缴给国家的温室气体减排量的转让收入

《财政部 国家税务总局关于中国清洁发展机制基金及清洁发展机制项目实施企业有关企业所得税政策问题的通知》(财税〔2009〕30号,以下简称财税〔2009〕30号文件)规定,自2007年1月1日起,清洁发展机制项目实施企业按照《清洁发展机制项目运行管理办法》的规定,将温室气体减排量的转让收入,按照以下比例上缴给国家的部分,准予在计算应纳税所得额时扣除:

(1)氢氟碳化物(HFC)和全氟碳化物(PFC)类项目,为温室气体减排量转让收入的65%;

(2)氧化亚氮(N2O)类项目,为温室气体减排量转让收入的30%;

(3)《清洁发展机制项目运行管理办法》第四条规定的重点领域以及植树造林项目等类清洁发展机制项目,为温室气体减排量转让收入的2%。

第三节 扣除类调整项目的填报

在《纳税调整项目明细表》中,除"其他"项目外,收入类调整项目共16个,其中4个项目有二级附表,2个项目的部分内容有二级附表,10个项目没有二级附表。有二级附表的扣除类调整项目分别是:视同销售成本(与收入类调整项目中的视同销售收入共用)、职工薪酬、广告费和业务宣传费支出及捐赠支出。部分内容有二级附表的扣除类调整项目分别是:佣金和手续费支出(其中:保险企业的佣金和手续费支出有二级附表,与广告费和业务宣传费支出共用)、不征税收入用于支出所形成的费用(其中:专项用途财政性资金用于支出所形成的费用有二级附表,与收入类调整项目中不征税收入项目下的专项用途财政性资金共用)。没有二级附表的收入类调整项目分别是:业务招待费支出、利息支出、罚金、罚款和被没收财物的损失,税收滞纳金、加收利息,赞助支出,与未实现融资收益相关在当期确认的财务费用,跨期扣除项目,与取得收入无关的支出,境外所得分摊的共同支出及党组织工作经费。

一、有二级附表的扣除类调整项目的填报

(一)视同销售成本及相应附表的填报

视同销售成本在范围和确认时间上与视同销售收入是配比的,因此,纳税人只要有需要纳税调整的视同销售收入的填报,就应有需要纳税调整的视同销售成本的填报,但金额不一定相等。

对需要纳税调整的视同销售成本,纳税人应填报《视同销售和房地产开发企业特定业务纳税调整明细表》(A105010)的第二部分。填报时,纳税人应根据所发生视同销售业务分别9种情形填报表A105010第12至第20行,并将其合计数填报第11行。表A105010第11至第20行第1列"税收金额"填报会计处理不作为销售核算、税收规定作为应税收入时确认的销售成本金额,第2列"纳税调整金额"填报第1列"税收金额"的负数。表A105010第11行第1列的金额应填入表A105000第13行"(一)视同销售成本"第2列"税收金额",表A105010第11行第2列金额的绝对值应填入表A105000第13行"(一)视同销售成本"第4列"调减金额"。

【例7-2】续例6-1。例3-1和例5-10中的华方有限责任公司2019年度将20万元的外购商品用于交际应酬,在确认视同销售收入20万元的同时,也要确认视同销售成本20万元。华方有限责任公司视同销售成本的纳税调整填报见表7-2。

表7-2 视同销售成本的纳税调整填报示例

A105010 视同销售和房地产开发企业特定业务纳税调整明细表(部分)　　　　　　金额单位:元

行次	项目	税收金额 1	纳税调整金额 2
	……		
11	二、视同销售(营业)成本(12+13+14+15+16+17+18+19+20)	200 000.00	-200 000.00
12	(一)非货币性资产交换视同销售成本	0.00	0.00
13	(二)用于市场推广或销售视同销售成本	0.00	0.00
14	(三)用于交际应酬视同销售成本	200 000.00	-200 000.00
15	(四)用于职工奖励或福利视同销售成本	0.00	0.00
16	(五)用于股息分配视同销售成本	0.00	0.00
17	(六)用于对外捐赠视同销售成本	0.00	0.00
18	(七)用于对外投资项目视同销售成本	0.00	0.00
19	(八)提供劳务视同销售成本	0.00	0.00
20	(九)其他	0.00	0.00
	……		

(二)职工薪酬及相应附表的填报

1. 关于工资薪金支出的纳税调整

1)工资薪金支出先发生后支付的税务处理　如果企业先将发生的工资薪金支出计入成本费用,下月支付,或属于年终奖之类的支出计入本年度成本费用,在下年度支付,就有可能导致一个纳税年度内发生的工资薪金支出总额和支付的工资薪金支出总额不一样。税务总局公告2015年第34号第二条明确,企业在年度汇算清缴结束前向员工实际支付的已预提汇缴年度工资薪金,准予在汇缴年度按规定扣除。

如果企业以股份支付来获取职工的服务,《企业会计准则第11号——股份支付》要求,以权益结算的股份支付,企业应在等待期内的每个资产负债表日,以对可行权权益工具数量的最佳估计为基础,按照权益工具在授予日的公允价值,将当期取得的服务计入相关资产成本或当期费用;对于授予后立即可行权的换取职工提供服务的权益结算的股份支付(例如授予限制性股票的股份支付),应在授予日按照权益工具的公允价值,将取得的服务计入相关资产成本或当期费用,同时计入资本公积中的股本溢价。以现金结算的股份支付,企业应当在等待期内的每个资产负债表日,以对可行权情况的最佳估计为基础,按照企业承担负债的公允价值,将当期取得的服务计入相关资产成本或当期费用,同时计入负债,并在结算前的每个资产负债表日和结算日对负债的公允价值重新计量,将其变动计入损益;对于授予后立即可行权的现金结算的股份支付(例如授予虚拟股票或业绩股票的股份支付),企业应当在授予日按照企业承担负债的公允价值计入相关资产成本或费用,同时计入负债,并在结算前的每个资产负债表日和结算日对负债的公允价值重新计量,将其变动计入损益。

对照企业所得税中工资薪金支出的扣除规定,应该说,股份支付的行权才是工资薪金的支付,行权之前已计入成本费用的权益工具的公允价值或企业承担负债的公允价值,应是发生的工资薪金支出。依据税务总局公告 2012 年第 18 号的规定,对股权激励方式形成的工资薪金支出,在授权时以及等待期内不得税前扣除,行权时才能税前扣除。

2)工资薪金支出先支付后发生的税务处理 工资薪金支出在本年度已发放,但在下年度甚至以后年度计入成本费用。这种情况尽管不经常发生,但事实上是存在的。对这种情况,如属于预付工资性质,则应根据与职工签订或约定的合同或协议,在职工履职期间合理计入成本费用,允许在税前扣除。这样就要先调增所得后调减所得。如属于职工本年度已实际在企业履职,但未将支付的工资薪金支出计入成本费用,则有可能是会计差错,应进行会计差错更正,将应计入本年度成本费用的工资薪金支出,允许在税前扣除。

3)不合理的工资薪金支出已计入制造成本或劳务成本但尚未结转主营业务成本的处理 在实际工作中,为简便处理,对已计入制造成本或劳务成本的不合理的工资薪金支出的纳税调整,一般不考虑是否已结转主营业务成本。但从原理上讲,已计入制造成本或劳务成本的不合理的工资薪金支出,只有结转主营业务成本,才会对当期损益和所得产生影响。因此,如果该项纳税调整金额较大,我们建议按已结转主营业务成本中的不合理的工资薪金支出额进行调整,尚未结转主营业务成本的部分,待以后结转主营业务成本时再行调整。这里有一个时间差问题。

2. 关于补充医疗保险的纳税调整

《国务院关于建立城镇职工基本医疗保险制度的决定》(国发〔1998〕44 号)明确,企业补充医疗保险费在工资总额 4% 以内的部分,从职工福利费中列支,福利费不足列支的部分,经同级财政部门核准后列入成本。因此,在申报职工福利费支出的账载金额时,要把在职工福利费中列支的补充医疗保险费剔除出去,与列入成本的补充医疗保险费加在一起,通过补充医疗保险项目进行申报。

3. 职工薪酬的填报

《职工薪酬支出及纳税调整明细表》(A105050)将职工薪酬分为九项填报,分别是:工资薪金支出,职工福利费支出,职工教育经费支出,工会经费支出,各类基本社会保障性缴款,住房公积金,补充养老保险,补充医疗保险,其他。其中,"工资薪金支出"项下需要明细填报股权激励形成的工资薪金支出的纳税调整情况;"职工教育经费支出"项下需要将按税收规定全额扣除的职工培训费用与按税收规定比例扣除的职工教育经费分开进行明细填报。

(1)第 1 行"一、工资薪金支出":填报纳税人本年度支付给在本企业任职或者受雇的员工的所有现金形式或非现金形式的劳动报酬及其会计核算、纳税调整等金额,具体如下:

——第 1 列"账载金额":填报纳税人会计核算计入成本费用的职工工资、奖金、津贴和补贴金额。

——第 2 列"实际发生额":分析填报纳税人"应付职工薪酬"会计科目借方发生额(实际发放的工资薪金)。

——第 5 列"税收金额":填报纳税人按照税收规定允许税前扣除的金额,按照第 1 列和第 2 列分析填报。

——第 6 列"纳税调整金额":填报第 1 - 5 列金额。

(2)第 2 行"股权激励":适用于执行《股权激励管理办法》的纳税人填报,具体如下:

——第 1 列"账载金额":填报纳税人按照国家有关规定建立职工股权激励计划,会计核算计入成本费用的金额。

——第 2 列"实际发生额":填报纳税人根据本年实际行权时股权的公允价格与激励对象实际行权支付价格的差额和数量计算确定的金额。

——第 5 列"税收金额":填报行权时按照税收规定允许税前扣除的金额,按第 2 列金额填报。

——第 6 列"纳税调整金额":填报第 1－5 列金额。

(3)第 3 行"二、职工福利费支出":填报纳税人本年度发生的职工福利费及其会计核算、纳税调整等金额,具体如下:

——第 1 列"账载金额":填报纳税人会计核算计入成本费用的职工福利费的金额。

——第 2 列"实际发生额":分析填报纳税人"应付职工薪酬"会计科目下的职工福利费实际发生额。

——第 3 列"税收规定扣除率":填报税收规定的扣除比例。现行规定的扣除比例为 14%。

——第 5 列"税收金额":填报按照税收规定允许税前扣除的金额,按第 1 行第 5 列"工资薪金支出/税收金额"×税收规定扣除率与第 1 列、第 2 列三者孰小值填报。

——第 6 列"纳税调整金额":填报第 1－5 列金额。

(4)第 4 行"三、职工教育经费支出":填报第 5 行金额或者第 5＋6 行金额。

(5)第 5 行"按税收规定比例扣除的职工教育经费":适用于按照税收规定职工教育经费按比例税前扣除的纳税人填报,填报纳税人本年度发生的按税收规定比例扣除的职工教育经费及其会计核算、纳税调整等金额,具体如下:

——第 1 列"账载金额"填报纳税人会计核算计入成本费用的按税收规定比例扣除的职工教育经费金额,不包括第 6 行"按税收规定全额扣除的职工培训费用"金额。

——第 2 列"实际发生额":分析填报纳税人"应付职工薪酬"会计科目下的职工教育经费实际发生额,不包括第 6 行"按税收规定全额扣除的职工培训费用"金额。

——第 3 列"税收规定扣除率":填报税收规定的扣除比例。自 2018 年 1 月 1 日起,规定的扣除比例为 8%。

——第 4 列"以前年度累计结转扣除额":填报纳税人以前年度累计结转准予扣除的职工教育经费支出余额。

——第 5 列"税收金额":填报纳税人按照税收规定允许税前扣除的金额(不包括第 6 行"按税收规定全额扣除的职工培训费用"金额),按第 1 行第 5 列"工资薪金支出\税收金额"×税收规定扣除率与第 2＋4 列的孰小值填报。

——第 6 列"纳税调整金额":填报第 1－5 列金额。

——第 7 列"累计结转以后年度扣除额":填报第 2＋4－5 列金额。

(6)第 6 行"按税收规定全额扣除的职工培训费用":适用于按照税收规定职工培训费用允许全额税前扣除的纳税人填报,填报纳税人本年度发生的按税收规定全额扣除的职工培训费用及其会计核算、纳税调整等金额,具体如下:

——第 1 列"账载金额":填报纳税人会计核算计入成本费用的按税收规定全额扣除的职工培训费用金额。

——第 2 列"实际发生额":分析填报纳税人"应付职工薪酬"会计科目下的职工教育经费本年实际发生额中可全额扣除的职工培训费用金额。

——第3列"税收规定扣除率":填报税收规定的扣除比例(100%)。

——第5列"税收金额":填报按照税收规定允许税前扣除的金额,按第2列金额填报。

——第6列"纳税调整金额":填报第1-5列金额。

(7)第7行"四、工会经费支出":填报纳税人本年度拨缴工会经费及其会计核算、纳税调整等金额,具体如下:

——第1列"账载金额":填报纳税人会计核算计入成本费用的工会经费支出金额。

——第2列"实际发生额":分析填报纳税人"应付职工薪酬"会计科目下的工会经费本年实际发生额。

——第3列"税收规定扣除率":填报税收规定的扣除比例。现行规定的扣除比例为2%。

——第5列"税收金额":填报按照税收规定允许税前扣除的金额,按第1行第5列"工资薪金支出/税收金额"×税收规定扣除率与第1列、第2列三者孰小值填报。

——第6列"纳税调整金额":填报第1-5列金额。

(8)第8行"五、各类基本社会保障性缴款":填报纳税人依照国务院有关主管部门或者省级人民政府规定的范围和标准为职工缴纳的基本社会保险费及其会计核算、纳税调整等金额,具体如下:

——第1列"账载金额":填报纳税人会计核算的各类基本社会保障性缴款的金额。

——第2列"实际发生额":分析填报纳税人"应付职工薪酬"会计科目下的各类基本社会保障性缴款本年实际发生额。

——第5列"税收金额":填报按照税收规定允许税前扣除的各类基本社会保障性缴款的金额,按纳税人依照国务院有关主管部门或者省级人民政府规定的范围和标准计算的各类基本社会保障性缴款的金额、第1列及第2列孰小值填报。

由于存在纳税人补缴以前年度的各类基本社会保障性缴款情形,因此,我们建议改为:"税收金额"应按纳税人依照国务院有关主管部门或者省级人民政府规定的范围和标准计算并缴纳的各类基本社会保障性缴款的金额填报。

——第6列"纳税调整金额":填报第1-5列金额。

(9)第9行"六、住房公积金":填报纳税人依照国务院有关主管部门或者省级人民政府规定的范围和标准为职工缴纳的住房公积金及其会计核算、纳税调整等金额,具体如下:

——第1列"账载金额":填报纳税人会计核算的住房公积金金额。

——第2列"实际发生额":分析填报纳税人"应付职工薪酬"会计科目下的住房公积金本年实际发生额。

——第5列"税收金额":填报按照税收规定允许税前扣除的住房公积金金额,按纳税人依照国务院有关主管部门或者省级人民政府规定的范围和标准计算的住房公积金金额、第1列及第2列三者孰小值填报。

由于存在纳税人补缴以前年度的住房公积金情形,因此,我们建议改为:"税收金额"应按纳税人依照国务院有关主管部门或者省级人民政府规定的范围和标准计算并缴纳的住房公积金金额填报。

——第6列"纳税调整金额":填报第1-5列金额。

(10) 第 10 行"七、补充养老保险":填报纳税人为投资者或者职工支付的补充养老保险费及其会计核算、纳税调整等金额,具体如下:

——第 1 列"账载金额":填报纳税人会计核算的补充养老保险金额。

——第 2 列"实际发生额":分析填报纳税人"应付职工薪酬"会计科目下的补充养老保险本年实际发生额。

——第 3 列"税收规定扣除率":填报税收规定的扣除比例。现行规定的扣除比例为 5%。

——第 5 列"税收金额":填报按照税收规定允许税前扣除的补充养老保险的金额,按第 1 行第 5 列"工资薪金支出/税收金额"×税收规定扣除率与第 1 列、第 2 列三者孰小值填报。

——第 6 列"纳税调整金额":填报第 1 - 5 列金额。

(11) 第 11 行"八、补充医疗保险":填报纳税人为投资者或者职工支付的补充医疗保险费及其会计核算、纳税调整等金额,具体如下:

——第 1 列"账载金额":填报纳税人会计核算的补充医疗保险金额。

——第 2 列"实际发生额":分析填报纳税人"应付职工薪酬"会计科目下的补充医疗保险本年实际发生额。

——第 3 列"税收规定扣除率":填报税收规定的扣除比例。现行规定的扣除比例为 5%。

——第 5 列"税收金额":填报按照税收规定允许税前扣除的补充医疗保险的金额,按第 1 行第 5 列"工资薪金支出\税收金额"×税收规定扣除率与第 1 列、第 2 列三者孰小值填报。

——第 6 列"纳税调整金额":填报第 1 - 5 列金额。

(12) 第 12 行"九、其他":填报其他职工薪酬的金额及其会计核算、纳税调整等金额。

(13) 第 13 行"合计":填报第 1 + 3 + 4 + 7 + 8 + 9 + 10 + 11 + 12 行金额。

表 A105050 第 13 行第 1 列的金额应填入表 A105000 第 14 行"(二)职工薪酬"第 1 列"账载金额",表 A105050 第 13 行第 5 列的金额应填入表 A105000 第 14 行"(二)职工薪酬"第 2 列"税收金额",若表 A105050 第 13 行第 6 列的金额≥0,应填入表 A105000 第 14 行"(二)职工薪酬"第 3 列"调增金额";若表 A105050 第 13 行第 6 列的金额<0,应将其绝对值填入表 A105000 第 14 行"(二)职工薪酬"第 4 列"调减金额"。

【例 7-3】例 3-1 和例 5-10 中的华方有限责任公司 2019 年度有关职工薪酬情况如下:

(1) 销售部门有职工 20 人,职工工资 240 万元;职工福利费 36 万元;职工教育经费 2.4 万元,工会经费 4.8 万元。单位缴纳各项基本社会保障款 25 万元,住房公积金 24 万元。

(2) 管理部门有职工 20 人,职工工资 240 万元,职工福利费 65 万元,职工教育经费 4 万元,工会经费 5 万元。单位缴纳各项基本社会保障款 28 万元,住房公积金 26 万元。

(3) 研发部门研发人员 20 人,工资薪金 280 万元,职工福利费 45 万元,职工教育经费 8 万元,工会经费 4.8 万元,基本社会保障缴款 27.6 万元,住房公积金 22 万元。

(4) 另假设:生产部门有职工 60 人,职工工资 240 万元,职工福利费 50 万元,职工教育经费 6 万元,工会经费 7.5 万元,单位缴纳各项基本社会保障款 24 万元,住房公积金 24 万元。上述成本均已转入完工产品成本。

假设上述各项均已计入成本费用,工资薪金均已发放,职工福利费、职工教育经费和工会经费均已全部发生支出,拨缴的工会经费都有工会组织开具的《工会经费收入专用收据》,基本社会保障款和住房公积金都已按国家有关规定缴纳。

华方有限责任公司2019年度职工薪酬纳税调整明细表的填报见表7-3。

表7-3 职工薪酬纳税调整明细表填报示例

A105050　　　　　　　　　A105050 职工薪酬支出及纳税调整明细表　　　　　　　金额单位:元

行次	项目	账载金额	实际发生额	税收规定扣除率	以前年度累计结转扣除额	税收金额	纳税调整金额	累计结转以后年度扣除额
		1	2	3	4	5	6(1-5)	7(2+4-5)
1	一、工资薪金支出	10 000 000.00	10 000 000.00	*	*	10 000 000.00	0.00	*
2	其中:股权激励	0.00	0.00	*	*	0.00	0.00	*
3	二、职工福利费支出	1 960 000.00	1 960 000.00	14%	*	1 400 000.00	560 000.00	*
4	三、职工教育经费支出	204 000.00	204 000.00	*	0.00	204 000.00	0.00	204 000.00
5	其中:按税收规定比例扣除的职工教育经费	204 000.00	204 000.00	8%	0.00	204 000.00	0.00	204 000.00
6	按税收规定全额扣除的职工培训费用	0.00	0.00	100%	*	0.00	0.00	*
7	四、工会经费支出	221 000.00	221 000.00	2%	*	200 000.00	2 100.000	*
8	五、各类基本社会保障性缴款	1 046 000.00	1 046 000.00	*	*	1 046 000.00	0.00	*
9	六、住房公积金	960 000.00	960 000.00	*	*	960 000.00	0.00	*
10	七、补充养老保险	0.00	0.00	5%	*	0.00	0.00	*
11	八、补充医疗保险	0.00	0.00	5%	*	0.00	0.00	*
12	九、其他	0.00	0.00	*	*	0.00	0.00	*
13	合计(1+3+4+7+8+9+10+11+12)	14 595 000.00	14 595 000.00		0.00	14 014 000.00	581 000.00	

(三)广告费和业务宣传费支出及相应附表的填报

1. 广告费和业务宣传费支出的纳税调整

纳税人广告费和业务宣传费支出纳税调整,受三个因素的影响:

(1)是否符合条件。不符合条件的广告费和业务宣传费支出不允许在税前扣除。

(2)是否超过扣除限额。纳税人本年符合条件的广告费和业务宣传费支出超过本企业本年广告费和业务宣传费扣除限额的,当年不得在税前扣除,但允许结转以后纳税年度扣除。

(3)是否签订分摊协议。对签订广告费和业务宣传费分摊协议的关联企业,按照分摊协议归集至其他关联方扣除的广告费和业务宣传费,由于在会计处理上已计入分出方的当期损益,因此分出方应调增所得;按照分摊协议从其他关联方归集至本企业的广告费和业务宣传费,由于在会计处理上未计入分入方的当期损益,因此分入方应调减所得。

因此,如果纳税人本年符合条件的广告费和业务宣传费支出>本企业广告费和业务宣传费扣除限额,该企业本年广告费和业务宣传费支出纳税调整金额=不允许扣除的广告费和业务宣传费支出+本年符合条件的广告费和业务宣传费支出超过本企业广告费和业务宣传费扣除限额的差额+按照分摊协议归集至其他关联方的广告费和业务宣传费-按照分摊协议从其他关联方归集至本企业的广告费和业务宣传费;如果纳税人本年符合条件的广告费和业务宣传费支出≤本企业广告费和业务宣传费扣除限额,该企业本年广告费和业务宣传费支出纳税调整金额＝不允许扣除的广告费和业务宣传费支出＋按照分摊协议归集至其他关联方的广告费和业务宣传费－按照分摊协议从其他关联方归集至本企业的广告费和业务宣传费－本年扣除的以前年度符合条件的广告费和业务宣传费超过当年扣除限额结转以后年度扣除的金额。其中,本年扣除的以前年度符合条件的广告费和业务宣传费超过当年扣除限额结转以后年度扣除的金额,不得超过本企业广告费和业务宣传费扣除限额超过本年符合条件的广告费和业务宣传费支出的差额。

2. 广告费和业务宣传费支出的扣除比例不同的处理

如果纳税人本年符合条件的广告费和业务宣传费支出既有适用15%扣除比例的,又有适用30%扣除比例的,目前政策没有规定按主营业务确定所属行业及相应的扣除比例,因此表A105060的填报有点麻烦,需要对计算广告费和业务宣传费扣除限额的销售(营业)收入进行划分,分别按不同的扣除比例计算扣除限额后再加总。不过,征管系统或软件可能不支持。这种情况下,我们建议,先按30%或15%的扣除比例填报并进行相应的纳税调整,如果与上述方法计算扣除限额后的纳税调整金额有差额,再通过表A105000第30行"(十七)其他"进行纳税调整。

3. 广告费和业务宣传费支出的税前扣除规则

本年有以前年度结转扣除的广告费和业务宣传费支出的,先扣除本年符合条件的广告费和业务宣传费支出,后扣除以前年度结转扣除的广告费和业务宣传费支出;本年广告费和业务宣传费支出超过其扣除限额的,超过部分与以前年度结转扣除的广告费和业务宣传费支出一并结转以后年度扣除。

4. 关于将货物、资产、劳务用于广告费和业务宣传费支出的纳税调整

税务总局公告2019年第41号在表A105000第30行"(十七)其他"填报说明中增加:企业将货物、资产、劳务用于捐赠、广告等用途时,进行视同销售纳税调整后,对应支出的会计处理与税收规定有差异需纳税调整的金额填报在本行。即视同销售纳税调整所得的金额需要同步调整相关用途支出的金额。但没有明确将货物、资产、劳务用于广告费和业务宣传费支出视同销售纳税调整后对应支出如何纳税调整。

(1)将货物、资产、劳务用于广告和业务宣传视同销售纳税调整所得的金额是正数的,调增广告费和业务宣传费支出的金额。调增广告费和业务宣传费支出的金额不超过当年广告费和业务宣传费支出扣除限额余额的,调增广告费和业务宣传费支出的金额全额调减所得。调增广告费和业务宣传费支出的金额超过当年广告费和业务宣传费支出扣除限额余额的,相当于当年广告费和业务宣传费支出扣除限额余额的部分,调减所得;超过的部分,不得在当年调减所得,应结转以后年度按上述规则调减所得。当年没有广告费和业务宣传费支出扣除限额余额的,调增广告费和业务宣传费支出的金额不得在当年调减所得,应结转以后年度按上述规则调减所得。上述调增广告费和业务宣传费支出金额中的结转金额超过以后年度当年广告费和业务宣传费支出扣除限额余额的部分,不得调减所得。这里的广告费和业务宣传费支出扣除限额余额,是指当年广告费和业务宣传费支出扣除限额在扣除本年符合条件的广告费和业务宣传费支出与以前年度结转扣除的广告费和业务宣传费支出之和后的余额。

【例7-4】甲企业2019年将不含税公允价值为100万元、生产成本为70万元的产品(适用增值税税率为13%)用于广告和业务宣传,会计处理为:借记"销售费用——广告费

和业务宣传费"83万元,贷记"库存商品"70万元、"应交税费——应交增值税(销项税额)"13万元。企业所得税年度纳税申报时,表A105010第3行"(二)用于市场推广或销售视同销售收入"的"税收金额"和"纳税调整金额"均填报100万元,表A105010第13行"(二)用于市场推广或销售视同销售成本"的"税收金额"填报70万元、"纳税调整金额"填报-70万元。结果是视同销售调增所得30万元。

假设甲企业以前年度结转扣除的广告费和业务宣传费支出为10万元。

如果甲企业2019年广告费和业务宣传费支出的扣除限额为130万元。企业所得税年度纳税申报时,扣除本年广告费和业务宣传费支出83万元与以前年度结转扣除的广告费和业务宣传费支出10万元后,当年广告费和业务宣传费支出扣除限额有余额37万元。则调增广告费和业务宣传费支出的金额在表A105000第30行"(十七)其他"全额调减所得30万元。

如果甲企业2019年广告费和业务宣传费支出的扣除限额为100万元。企业所得税年度纳税申报时,扣除本年广告费和业务宣传费支出83万元与以前年度结转扣除的广告费和业务宣传费支出10万元后,当年广告费和业务宣传费支出扣除限额有余额7万元。则调增广告费和业务宣传费支出的金额在表A105000第30行"(十七)其他"调减所得7万元,其余23万元应结转以后年度在当年广告费和业务宣传费支出扣除限额的余额内调减所得。

如果甲企业2019年广告费和业务宣传费支出的扣除限额为90万元。企业所得税年度纳税申报时,扣除本年广告费和业务宣传费支出83万元与以前年度结转扣除的广告费和业务宣传费支出中的7万元后,当年广告费和业务宣传费支出扣除限额没有余额,以前年度结转扣除的广告费和业务宣传费支出中的3万元结转以后年度扣除。则调增广告费和业务宣传费支出的金额不得在表A105000第30行"(十七)其他"调减所得,应结转以后年度在当年广告费和业务宣传费支出扣除限额的余额内调减所得。

(2)将货物、资产、劳务用于广告和业务宣传视同销售纳税调整所得的金额是负数的,调减广告费和业务宣传费支出的金额。本年广告费和业务宣传费支出不超过当年广告费和业务宣传费支出扣除限额的,调减广告费和业务宣传费支出的金额全额调增所得。本年广告费和业务宣传费支出超过当年广告费和业务宣传费支出扣除限额的,调减广告费和业务宣传费支出的金额超过当年广告费和业务宣传费支出结转以后年度扣除金额的部分,调增所得;不超过的部分,不须在当年调增所得,应在以后年度当年广告费和业务宣传费支出扣除限额的余额内、结转金额税前扣除时调增所得。这里的当年广告费和业务宣传费支出扣除限额的余额,是指当年广告费和业务宣传费支出扣除限额超过当年广告费和业务宣传费支出的金额。

【例7-5】乙企业2019年将不含税公允价值为50万元、生产成本为70万元的产品(适用增值税税率为13%)用于广告和业务宣传,会计处理为:借记"销售费用——广告费和业务宣传费支出"76.5万元,贷记"库存商品"70万元、"应交税费——应交增值税(销项税额)"6.5万元。企业所得税年度纳税申报时,表A105010第3行"(二)用于市场推广或销售视同销售收入"的"税收金额"和"纳税调整金额"均填报50万元,表A105010第13行"(二)用于市场推广或销售视同销售成本"的"税收金额"填报70万元、"纳税调整金额"填报-70万元。结果是视同销售调减所得20万元。

假设乙企业以前年度结转扣除的广告费和业务宣传费支出为10万元。

如果乙企业2019年广告费和业务宣传费支出的扣除限额为90万元。企业所得税年度纳税申报时,本年广告费和业务宣传费支出76.5万元不超过当年广告费和业务宣传费支出扣除限额。则调减广告费和业务宣传费支出的金额应在表A105000第30行"(十七)其他"全额调增所得20万元。

如果乙企业2019年广告费和业务宣传费支出的扣除限额为70万元。企业所得税年度纳税申报时,本年广告费和业务宣传费支出中的70万元在当年广告费和业务宣传费支出扣除限额内扣除,6.5万元结转以后年度扣除。则调减广告费和业务宣传费支出的金额在表A105000第30行"(十七)其他"调增所得13.5万元。

5. 广告费和业务宣传费支出的填报

纳税人年度内发生广告费和业务宣传费支出需要纳税调整的,应填报《广告费和业务宣传费等跨年度纳税调整明细表》(A105060)第1列"广告费和业务宣传费"。

(1)第1行"一、本年支出"第1列:填报纳税人会计核算计入本年损益的广告费和业务宣传费支出金额。

(2)第2行"减:不允许扣除的支出"第1列:填报税收规定不允许扣除的广告费和业务宣传费支出金额。

(3)第3行"二、本年符合条件的支出"第1列:填报第1行第1列-第2行第1列的金额。

(4)第4行"三、本年计算扣除限额的基数"第1列:填报按照税收规定计算广告费和业务宣传费支出扣除限额的当年销售(营业)收入。

(5)第5行"税收规定扣除率"第1列:填报税收规定计算广告费和业务宣传费扣除限额的比例。

(6)第6行"四、本企业计算的扣除限额"第1列:填报第4行第1列×第5行第1列的金额。

(7)第7行"五、本年结转以后年度扣除额"第1列:若第3行第1列>第6行第1列,填报第3行第1列-第6行第1列的余额;若第3行第1列≤第6行第1列,填0。

(8)第8行"加:以前年度累计结转扣除额"第1列:填报以前年度允许税前扣除但超过当年扣除限额未扣除、结转以后年度扣除的广告费和业务宣传费支出的余额。

(9)第9行"减:本年扣除的以前年度结转额"第1列:若第3行第1列>第6行第1列,填0;若第3行第1列≤第6行第1列,填报第6行第1列-第3行第1列或第8行第1列的孰小值。

(10)第10行"六、按照分摊协议归集至其他关联方的金额"第1列:填报签订广告费和业务宣传费分摊协议的关联企业的一方,按照分摊协议,将其发生的不超过当年销售(营业)收入税前扣除限额比例内的广告费和业务宣传费支出归集至其他关联方扣除的广告费和业务宣传费,本行第1列应≤第3行第1列或第6行第1列的孰小值。

(11)第11行"按照分摊协议从其他关联方归集至本企业的金额"第1列:填报签订广告费和业务宣传费分摊协议(以下简称分摊协议)的关联企业的一方,按照分摊协议,从其他关联方归集至本企业的广告费和业务宣传费。

(12)第12行"七、本年支出纳税调整金额"第1列:若第3行第1列>第6行第1列,填报第1列第2+3-6+10-11行的金额;若第3行第1列≤第6行第1列,填报第1列第2+10-11-9行的金额。

(13) 第 13 行"八、累计结转以后年度扣除额"第 1 列:填报第 1 列第 7 + 8 - 9 行的金额。

若第 12 行第 1 列≥0,第 12 行第 1 列 = 表 A105000 第 16 行第 3 列;若第 12 行第 1 列 <0,第 12 行第 1 列的绝对值 = 表 A105000 第 16 行第 4 列。

【例 7-6】例 5-1、例 5-10 和和例 6-1 中的华方有限责任公司 2019 年度营业收入 6 320 万元,视同销售(营业)收入 20 万元,广告和业务宣传支付费用 118 万元,广告费和业务宣传费扣除比例为 15%。华方有限责任公司没有以前年度结转扣除的广告费和业务宣传费支出。华方有限责任公司 2019 年度广告费和业务宣传费支出纳税调整的填报见表 7-4。

表 7-4 广告费和业务宣传费支出纳税调整填报示例(一)

A105060 广告费和业务宣传费等跨年度纳税调整明细表 金额单位:元

行次	项目	广告费和业务宣传费	保险企业手续费及佣金支出
		1	2
1	一、本年支出	1 180 000.00	
2	减:不允许扣除的支出	0.00	
3	二、本年符合条件的支出(1-2)	1 180 000.00	
4	三、本年计算扣除限额的基数	63 400 000.00	
5	乘:税收规定扣除率	15%	
6	四、本企业计算的扣除限额(4×5)	9 510 000.00	
7	五、本年结转以后年度扣除额 (3>6,本行=3-6;3≤6,本行=0)	0.00	
8	加:以前年度累计结转扣除额	0.00	
9	减:本年扣除的以前年度结转额 [3>6,本行=0;3≤6,本行=8 与(6-3)孰小值]	0.00	
10	六、按照分摊协议归集至其他关联方的金额(10≤3 与 6 孰小值)	0.00	*
11	按照分摊协议从其他关联方归集至本企业的金额	0.00	*
12	七、本年支出纳税调整金额 (3>6,本行=2+3-6+10-11;3≤6,本行=2+10-11-9)	0.00	
13	八、累计结转以后年度扣除额(7+8-9)	0.00	

【例 7-7】D 公司 2019 年列入销售费用的广告费和业务宣传费支出 4 000 万元,其中,不允许扣除的广告费和业务宣传费支出金额为 200 万元,全年销售(营业)收入 3 亿元,2018 年符合条件的广告费和业务宣传费超过当年扣除限额结转以后年度扣除的金额为 800 万元。D 公司广告费和业务宣传费扣除比例为 15%。D 公司 2019 年广告费和业务宣传费支出纳税调整的填报见表 7-5。

表 7-5 广告费和业务宣传费支出纳税调整填报示例(二)

A105060 广告费和业务宣传费等跨年度纳税调整明细表 金额单位:元

行次	项目	广告费和业务宣传费	保险企业手续费及佣金支出
		1	2
1	一、本年支出	40 000 000.00	
2	减:不允许扣除的支出	2 000 000.00	
3	二、本年符合条件的支出(1-2)	38 000 000.00	
4	三、本年计算扣除限额的基数	300 000 000.00	

续表

行次	项目	广告费和业务宣传费	保险企业手续费及佣金支出
		1	2
5	乘:税收规定扣除率	15%	
6	四、本企业计算的扣除限额(4×5)	45 000 000.00	
7	五、本年结转以后年度扣除额 (3>6,本行=3-6;3≤6,本行=0)	0.00	
8	加:以前年度累计结转扣除额	8 000 000.00	
9	减:本年扣除的以前年度结转额 [3>6,本行=0;3≤6,本行=8与(6-3)孰小值]	7 000 000.00	
10	六、按照分摊协议归集至其他关联方的金额 (10≤3与6孰小值)	0.00	*
11	按照分摊协议从其他关联方归集至本企业的金额	0.00	*
12	七、本年支出纳税调整金额 (3>6,本行=2+3-6+10-11;3≤6,本行=2+10-11-9)	-5 000 000.00	
13	八、累计结转以后年度扣除额(7+8-9)	1 000 000.00	

【例7-8】假设例7-7中的D公司其他资料不变,但有一关联方F公司,并且D和F事先签订了广告费和业务宣传费分摊协议,协议约定按全年销售(营业)收入比例分摊D公司发生的广告费和业务宣传费支出。F公司2019年销售(营业)收入1亿元。则D公司2019年广告费和业务宣传费支出纳税调整的填报见表7-6。

表7-6 广告费和业务宣传费支出纳税调整填报示例(三)

A105060　广告费和业务宣传费等跨年度纳税调整明细表　　　金额单位:元

行次	项目	广告费和业务宣传费	保险企业手续费及佣金支出
		1	2
1	一、本年支出	40 000 000.00	
2	减:不允许扣除的支出	2 000 000.00	
3	二、本年符合条件的支出(1-2)	38 000 000.00	
4	三、本年计算扣除限额的基数	300 000 000.00	
5	乘:税收规定扣除率	15%	
6	四、本企业计算的扣除限额(4×5)	45 000 000.00	
7	五、本年结转以后年度扣除额 (3>6,本行=3-6;3≤6,本行=0)	0.00	
8	加:以前年度累计结转扣除额	8 000 000.00	
9	减:本年扣除的以前年度结转额 [3>6,本行=0;3≤6,本行=8与(6-3)孰小值]	7 000 000.00	
10	六、按照分摊协议归集至其他关联方的金额 (10≤3与6孰小值)	9 500 000.00	*
11	按照分摊协议从其他关联方归集至本企业的金额	0.00	*
12	七、本年支出纳税调整金额 (3>6,本行=2+3-6+10-11;3≤6,本行=2+10-11-9)	4 500 000.00	
13	八、累计结转以后年度扣除额(7+8-9)	1 000 000.00	

【例 7-9】例 7-8 中的 F 公司 2019 年自身发生广告费和业务宣传费支出 1 800 万元,其中不允许扣除的金额为 100 万元,没有以前年度结转扣除的广告费和业务宣传费,F 公司的广告费和业务宣传费扣除比例为 15%。F 公司 2019 年广告费和业务宣传费支出纳税调整的填报见表 7-7。

表 7-7　广告费和业务宣传费支出纳税调整填报示例(四)

A105060　　　　　　　　　广告费和业务宣传费等跨年度纳税调整明细表　　　　　　　　金额单位:元

行次	项目	广告费和业务宣传费	保险企业手续费及佣金支出
		1	2
1	一、本年支出	18 000 000.00	
2	减:不允许扣除的支出	1 000 000.00	
3	二、本年符合条件的支出(1-2)	17 000 000.00	
4	三、本年计算扣除限额的基数	100 000 000.00	
5	乘:税收规定扣除率	15%	
6	四、本企业计算的扣除限额(4×5)	15 000 000.00	
7	五、本年结转以后年度扣除额 　　(3>6,本行=3-6;3≤6,本行=0)	2 000 000.00	
8	加:以前年度累计结转扣除额	0.00	
9	减:本年扣除的以前年度结转额 　　[3>6,本行=0;3≤6,本行=8 与(6-3)孰小值]	0.00	
10	六、按照分摊协议归集至其他关联方的金额 　　(10≤3 与 6 孰小值)	0.00	*
11	按照分摊协议从其他关联方归集至本企业的金额	9 500 000.00	*
12	七、本年支出纳税调整金额 　　(3>6,本行=2+3-6+10-11;3≤6,本行=2+10-11-9)	-6 500 000.00	
13	八、累计结转以后年度扣除额(7+8-9)	2 000 000.00	

【例 7-10】假设某企业 2019 年将一批自产产品(适用增值税税率为 13%)用于广告和业务宣传,该批自产产品不含税公允价值为 100 万元、生产成本为 70 万元的产品,会计处理计入"销售费用"的金额为 83 万元,另发生广告费和业务宣传费现金支出 20 万元,均符合广告费和业务宣传费支出的税前扣除条件。2018 年有向以后年度结转扣除的符合条件的广告费和业务宣传费支出金额 10 万元。该企业 2019 年销售(营业)收入 700 万元,广告费和业务宣传费扣除比例为 15%。

该企业 2019 年度应在表 A105010 第 3 行"用于市场推广或销售视同销售收入"填报 100 万元、第 13 行"用于市场推广或销售视同销售成本"填报 70 万元。在表 A105060 中,第 3 行"本年符合条件的支出"第 1 列"广告费和业务宣传费"填报 103 万元,第 6 行"本企业计算的扣除限额"第 1 列"广告费和业务宣传费"填报 105 万元,第 9 行"本年扣除的以前年度结转额"第 1 列"广告费和业务宣传费"填报 2 万元,第 12 行"本年支出纳税调整金额"第 1 列"广告费和业务宣传费"填报 -2 万元,第 13 行"累计结转以后年度扣除额"第 1 列"广告费和业务宣传费"填报 8 万元。由于本年广告费和业务宣传费支出扣除限额 105 万元已经在表 A105060 中全部用完,没有扣除限额余额,因此,在表 A105000 第 30 行"(十七)其他"不得调减所得。以后年度的广告费和业务宣传费支出扣除限额在扣除当年发生的符合条件的广告费和业务宣传费支出和以前年度结转扣除的广告费和业务宣传费支出后有余额的,再在表A105000第30行"(十七)其他"调减所得。如果在本年广告费和业务宣传费支出扣除限额105万元内,先扣除83万元,后扣除视同销售对应支出调增金额30万元,再扣除本年广告费和业务宣传费现金支出7万元,按照表A105060的现有填报规则,无法填报。

该居民企业2019年视同销售收入和视同销售成本纳税调整的填报见表7-8,广告费和业务宣传费支出纳税调整的填报见表7-9,相关纳税调整项目在表A105000的填报见表7-10。

表7-8 视同销售收入和视同销售成本的纳税调整填报示例

A105010 视同销售和房地产开发企业特定业务纳税调整明细表(部分)   金额单位:元

行次	项目	税收金额	纳税调整金额
		1	2
1	一、视同销售(营业)收入(2+3+4+5+6+7+8+9+10)	1 000 000.00	1 000 000.00
	……	0.00	0.00
3	(二)用于市场推广或销售视同销售收入	1 000 000.00	1 000 000.00
	……	0.00	0.00
11	二、视同销售(营业)成本(12+13+14+15+16+17+18+19+20)	700 000.00	-700 000.00
	……	0.00	0.00
13	(二)用于市场推广或销售视同销售成本	700 000.00	-700 000.00
	……	0.00	0.00

表7-9 广告费和业务宣传费支出纳税调整填报示例(五)

A105060 广告费和业务宣传费等跨年度纳税调整明细表   金额单位:元

行次	项目	广告费和业务宣传费	保险企业手续费及佣金支出
		1	2
1	一、本年支出	1 030 000.00	
2	减:不允许扣除的支出	0.00	
3	二、本年符合条件的支出(1-2)	1 030 000.00	
4	三、本年计算扣除限额的基数	7 000 000.00	
5	乘:税收规定扣除率	15%	
6	四、本企业计算的扣除限额(4×5)	1 050 000.00	
7	五、本年结转以后年度扣除额 (3>6,本行=3-6;3≤6,本行=0)	0.00	
8	加:以前年度累计结转扣除额	100 000.00	
9	减:本年扣除的以前年度结转额 [3>6,本行=0;3≤6,本行=8与(6-3)孰小值]	20 000.00	
10	六、按照分摊协议归集至其他关联方的金额(10≤3与6孰小值)	0.00	*
11	按照分摊协议从其他关联方归集至本企业的金额	0.00	*
12	七、本年支出纳税调整金额 (3>6,本行=2+3-6+10-11;3≤6,本行=2+10-11-9)	-20 000.00	
13	八、累计结转以后年度扣除额(7+8-9)	80 000.00	

表 7-10　视同销售、广告费和业务宣传费支出及对应支出的纳税调整填报示例

A105000　　　　　　　　　　　　纳税调整项目明细表（部分）　　　　　　　　　金额单位：元

行次	项目	账载金额	税收金额	调增金额	调减金额
		1	2	3	4
1	一、收入类调整项目 　　（2+3+…8+10+11）	*	*		
2	（一）视同销售收入 　　（填写 A105010）	*	1 000 000.00	1 000 000.00	*
	……				
12	二、扣除类调整项目 　　（13+14+…24+26+27+28+29+30）	*	*		
13	（一）视同销售成本（填写 A105010）	*	700 000.00	*	700 000.00
	……				
16	（四）广告费和业务宣传费支出 　　（填写 A105060）	*	*	0.00	20 000.00
	……				
30	（十七）其他	830 000.00	830 000.00	0.00	0.00
	……				
46	合计（1+12+31+36+44+45）	*	*		

（四）捐赠支出及相应附表的填报

1. 公益性捐赠支出的税前扣除规则

结合公益性捐赠支出税前扣除的税收规定和企业所得税年度纳税申报表的填报要求，本年有以前3年结转扣除的公益性捐赠支出的，先扣除以前3年结转扣除的公益性捐赠支出，后扣除本年的公益性捐赠支出。本年公益性捐赠支出超过其扣除限额余额的，超过部分允许结转以后3年扣除。这里的公益性捐赠支出扣除限额余额是指本年公益性捐赠支出扣除限额在扣除以前3年结转扣除的公益性捐赠支出后的余额。

2. 关于将货物、资产、劳务用于捐赠支出的纳税调整

依据财税〔2008〕160号文件和财税〔2009〕124号文件的规定，公益性社会团体、公益性群众团体、县级以上人民政府及其组成部门和直属机构接受捐赠的非货币性资产的价值，应当以其公允价值计算。而表A105070中的"账载金额"要求填报纳税人本年发生且已计入本年损益的公益性捐赠支出金额，与用于捐赠的非货币性资产的公允价值不一定相同。

税务总局公告2019年第41号在表A105000第30行"（十七）其他"填报说明中增加：企业将货物、资产、劳务用于捐赠、广告等用途时，进行视同销售纳税调整后，对应支出的会计处理与税收规定有差异需纳税调整的金额填报在本行。即视同销售纳税调整所得的金额需要同步调整相关用途支出的金额。但没有明确将货物、资产、劳务用于捐赠视同销售纳税调整后对应支出如何纳税调整。

（1）将货物、资产、劳务用于公益性捐赠视同销售纳税调整所得的金额是正数的，调增公益性捐赠支出的金额。调增公益性捐赠支出的金额不超过当年公益性捐赠支出扣除限额余额的，调增公益性捐赠支出的金额全额调减所得。调增公益性捐赠支出的金额超过

当年公益性捐赠支出扣除限额余额的,相当于当年公益性捐赠支出扣除限额余额的部分,调减所得;超过的部分,不得在当年调减所得,应结转以后3年按上述规则调减所得。当年没有公益性捐赠支出扣除限额余额的,调增公益性捐赠支出的金额不得在当年调减所得,应结转以后3年按上述规则调减所得。上述调增公益性捐赠支出金额中的结转金额超过以后3年当年公益性捐赠支出扣除限额余额的部分,不得调减所得。这里的公益性捐赠支出扣除限额余额,是指当年公益性捐赠支出扣除限额在扣除以前3年结转扣除的公益性捐赠支出和本年公益性捐赠支出后的余额。

【例7-11】甲企业2019年将不含税公允价值为100万元、生产成本为70万元的产品(适用增值税税率为13%)用于公益性捐赠,会计处理为:借记"营业外支出——捐赠支出"83万元,贷记"库存商品"70万元、"应交税费——应交增值税(销项税额)"13万元。企业所得税年度纳税申报时,表A105010第7行"(六)用于对外捐赠视同销售收入"的"税收金额"和"纳税调整金额"均填报100万元,表A105010第17行"(六)用于对外捐赠视同销售成本"的"税收金额"填报70万元、"纳税调整金额"填报-70万元。结果是视同销售调增所得30万元。

假设甲企业前一年结转扣除的公益性捐赠支出为10万元。

如果甲企业2019年公益性捐赠支出的扣除限额为130万元。企业所得税年度纳税申报时,扣除前一年结转扣除的公益性捐赠支出10万元和本年公益性捐赠支出83万元后,当年公益性捐赠支出扣除限额有余额37万元。则调增公益性捐赠支出的金额在表A105000第30行"(十七)其他"全额调减所得30万元。

如果甲企业2019年公益性捐赠支出的扣除限额为100万元。企业所得税年度纳税申报时,扣除前一年结转扣除的公益性捐赠支出10万元和本年公益性捐赠支出83万元后,当年公益性捐赠支出扣除限额有余额7万元。则调增公益性捐赠支出的金额在表A105000第30行"(十七)其他"调减所得7万元,其余23万元应结转以后3年在当年公益性捐赠支出扣除限额的余额内调减所得。

如果甲企业2019年公益性捐赠支出的扣除限额为90万元。企业所得税年度纳税申报时,扣除前一年结转扣除的公益性捐赠支出10万元和本年公益性捐赠支出中的80万元后,当年公益性捐赠支出扣除限额没有余额,本年公益性捐赠支出中的3万元结转以后3年扣除。则调增公益性捐赠支出的金额不得在表A105000第30行"(十七)其他"调减所得,应结转以后3年在当年公益性捐赠支出扣除限额的余额内调减所得。

(2)将货物、资产、劳务用于公益性捐赠视同销售纳税调整所得的金额是负数的,调减公益性捐赠支出的金额。以前3年结转扣除的公益性捐赠支出和本年公益性捐赠支出合计不超过当年公益性捐赠支出扣除限额的,调减公益性捐赠支出的金额全额调增所得。以前3年结转扣除的公益性捐赠支出不超过当年公益性捐赠支出扣除限额、但加上本年公益性捐赠支出超过当年公益性捐赠支出扣除限额的,调减公益性捐赠支出的金额超过当年公益性捐赠支出纳税调整金额的部分,调增所得;不超过的部分,不须在当年调增所得,应结转以后3年按上述规则调增所得。以前3年结转扣除的公益性捐赠支出超过当年公益性捐赠支出扣除限额的,调减公益性捐赠支出的金额不须在当年调增所得,应结转以后3年按上述规则调增所得。这里的当年公益性捐赠支出纳税调整金额,是指以前3年结转扣除的公益性捐赠支出全部扣除、当年公益性捐赠支出超过其扣除限额的部分。

【例7-12】乙企业2019年将不含税公允价值为50万元、生产成本为70万元的产品（适用增值税税率为13%）用于公益性捐赠，会计处理为：借记"营业外支出——捐赠支出"76.5万元，贷记"库存商品"70万元、"应交税费——应交增值税（销项税额）"6.5万元。企业所得税年度纳税申报时，表A105010第7行"（六）用于对外捐赠视同销售收入"的"税收金额"和"纳税调整金额"均填报50万元，表A105010第17行"（六）用于对外捐赠视同销售成本"的"税收金额"填报70万元、"纳税调整金额"填报－70万元。结果是视同销售调减所得20万元。

假设乙企业前一年结转扣除的公益性捐赠支出为10万元。

如果乙企业2019年公益性捐赠支出的扣除限额为90万元。企业所得税年度纳税申报时，扣除前一年结转扣除的公益性捐赠支出10万元和本年公益性捐赠支出76.5万元后，不超过当年公益性捐赠支出扣除限额。则调减公益性捐赠支出的金额应在表A105000第30行"（十七）其他"全额调增所得20万元。

如果乙企业2019年公益性捐赠支出的扣除限额为70万元。企业所得税年度纳税申报时，扣除前一年结转扣除的公益性捐赠支出10万元和本年公益性捐赠支出中的60万元后，本年公益性捐赠支出中的16.5万元结转以后3年扣除，当年公益性捐赠支出调增所得16.5万元。则调减公益性捐赠支出的金额在表A105000第30行"（十七）其他"调增所得3.5万元。

如果乙企业2019年公益性捐赠支出的扣除限额为8万元。企业所得税年度纳税申报时，扣除前一年结转扣除的公益性捐赠支出中的8万元后，前一年结转扣除的公益性捐赠支出中的2万元和本年公益性捐赠支出76.5万元一并结转以后年度扣除，当年公益性捐赠支出调增所得76.5万元。则调减公益性捐赠支出的金额不须在表A105000第30行"（十七）其他"调增所得。

3.《捐赠支出及纳税调整明细表》的填报

《捐赠支出及纳税调整明细表》（A105070）的行次分非公益性捐赠、全额扣除的公益性捐赠和限额扣除的公益性捐赠三个部分。其中：非公益性捐赠全额调增所得；全额扣除的公益性捐赠在本表不调整所得；限额扣除的公益性捐赠中的本年数可能调增所得、不可能调减所得，前三年结转扣除的捐赠额可能在本年调减所得。另要将2015年度至本年发生的公益性扶贫捐赠合计金额作为附列资料填报。

(1)第1行"非公益性捐赠支出"：填报纳税人本年发生且已计入本年损益的税收规定公益性捐赠以外的其他捐赠支出及纳税调整情况。具体如下：

——第1列"账载金额"：填报纳税人计入本年损益的税收规定公益性捐赠以外的其他捐赠支出金额。

——第5列"纳税调增额"：填报非公益性捐赠支出纳税调整增加额，金额等于第1列"账载金额"。

(2)第2行"全额扣除的公益性捐赠支出"：填报纳税人发生的可全额税前扣除的公益性捐赠支出。具体如下：

——第1列"账载金额"：填报纳税人本年发生且已计入本年损益的按税收规定可全额税前扣除的捐赠支出金额。

——第4列"税收金额"：等于第1列"账载金额"。

(3)第3行"其中:扶贫捐赠":填报纳税人发生的可全额税前扣除的扶贫公益性捐赠支出。具体如下:

——第1列"账载金额":填报纳税人本年发生且已计入本年损益的按税收规定可全额税前扣除的扶贫公益性捐赠支出金额。

——第4列"税收金额":等于第1列"账载金额"。

(4)第4行"限额扣除的公益性捐赠支出":填报纳税人本年发生的限额扣除的公益性捐赠支出、纳税调整额、以前年度结转扣除捐赠支出等。第4行等于第5+6+7+8行。其中本行第4列"税收金额":当本行第1列+第2列>第3列时,第4列=第3列;当本行第1列+第2列≤第3列时,第4列=第1列+第2列。

(5)第5行"前三年度":填报纳税人前三年度发生的未税前扣除的公益性捐赠支出在本年度扣除的金额。具体如下:

——第2列"以前年度结转可扣除的捐赠额":填报前三年度发生的尚未税前扣除的公益性捐赠支出金额。

——第6列"纳税调减额":根据本年扣除限额以及前三年度未扣除的公益性捐赠支出分析填报。

(6)第6行"前二年度":填报纳税人前二年度发生的未税前扣除的公益性捐赠支出在本年度扣除的捐赠额以及结转以后年度扣除的捐赠额。具体如下:

——第2列"以前年度结转可扣除的捐赠额":填报前二年度发生的尚未税前扣除的公益性捐赠支出金额。

——第6列"纳税调减额":根据本年扣除限额、本年扣除前三年度捐赠支出、前二年度未扣除的公益性捐赠支出分析填报。

——第7列"可结转以后年度扣除的捐赠额":填报前二年度未扣除、结转以后年度扣除的公益性捐赠支出金额。

(7)第7行"前一年度":填报纳税人前一年度发生的未税前扣除的公益性捐赠支出在本年度扣除的捐赠额以及结转以后年度扣除的捐赠额。具体如下:

——第2列"以前年度结转可扣除的捐赠额":填报前一年度发生的尚未税前扣除的公益性捐赠支出金额。

——第6列"纳税调减额":根据本年扣除限额、本年扣除前三年度捐赠支出、本年扣除前二年度捐赠支出、前一年度未扣除的公益性捐赠支出分析填报。

——第7列"可结转以后年度扣除的捐赠额":填报前一年度未扣除、结转以后年度扣除的公益性捐赠支出金额。

(8)第8行"本年":填报纳税人本年度发生、本年税前扣除、本年纳税调增以及结转以后年度扣除的公益性捐赠支出。具体如下:

——第1列"账载金额":填报计入本年损益的公益性捐赠支出金额。

——第3列"按税收规定计算的扣除限额":填报按照本年利润总额乘以12%的金额,若利润总额为负数,则以0填报。

——第4列"税收金额":填报本年扣除的本年实际发生的公益性捐赠支出以及以前年度结转扣除的公益性捐赠支出。根据本年扣除限额、本年扣除前三年度捐赠支出、本年扣除前二年度捐赠支出、本年扣除前一年度捐赠支出、本年实际发生的公益性捐赠支出分析填报。

——第5列"纳税调增额":填报本年公益性捐赠支出账载金额超过税收规定的税前扣除额的部分。

——第7列"可结转以后年度扣除的捐赠额":填报本年度未扣除、结转以后年度扣除的公益性捐赠支出金额。

(9)第9行"合计":填报第1+2+4行的合计金额。

(10)附列资料"2015年度至本年发生的公益性扶贫捐赠合计金额":填报企业按照财税公告2019年第49号的规定,在2015年1月1日至本年度发生的可全额税前扣除的公益性扶贫捐赠支出合计金额。具体如下:

——第1列"账载金额":填报纳税人2015年1月1日至本年度发生的且已计入损益的按税收规定可全额税前扣除的公益性扶贫捐赠支出合计金额。

——第4列"税收金额":填报纳税人2015年1月1日至本年度发生的且已计入损益的按税收规定已在税前扣除的公益性扶贫捐赠支出合计金额。

——表A105070第8行第3列=表A100000第13行×12%(当表A100000第13行≤0,表A105070第8行第3列=0)。

——表A105070第9行第1列的金额应填入表A105000第17行"(五)捐赠支出"第1列"账载金额",表A105070第9行第4列的金额应填入表A105000第17行"(五)捐赠支出"第2列"税收金额",表A105070第9行第5列的金额应填入表A105000第17行"(五)捐赠支出"第3列"调增金额",表A105070第9行第6列的金额应填入表A105000第17行"(五)捐赠支出"第4列"调减金额"。

【例7-13】假设某居民企业2019年发生限额扣除的公益性捐赠支出200万元,均在当年取得公益性捐赠票据。该居民企业2019年利润总额为1000万元。

其会计处理为:

借:营业外支出-捐赠支出　　　　　　　　　　　　　　　　　2 000 000

　　贷:银行存款　　　　　　　　　　　　　　　　　　　　　　2 000 000

税务处理:该居民企业2019年公益性捐赠税前扣除限额=1000×12%=120(万元),该企业的公益性捐赠支出应调增所得80万元。该居民企业2019年公益性捐赠的纳税调整填报见表7-11。

表7-11　公益性捐赠的纳税调整填报示例(一)

A105070　　捐赠支出及纳税调整明细表　　金额单位:元

行次	项目	账载金额	以前年度结转可扣除的捐赠额	按税收规定计算的扣除限额	税收金额	纳税调增金额	纳税调减金额	可结转以后年度扣除的捐赠额
		1	2	3	4	5	6	7
1	一、非公益性捐赠	0.00	*	*	*	0.00	*	*
2	二、全额扣除的公益性捐赠	0.00	*	*	0.00	*	*	*
3	其中:扶贫捐赠	0.00	*	*	0.00	*	*	*
4	三、限额扣除的公益性捐赠(5+6+7+8)	2 000 000.00	0.00	1 200 000.00	1 200 000.00	800 000.00	0.00	800 000.00

续表

行次	项目	账载金额	以前年度结转可扣除的捐赠额	按税收规定计算的扣除限额	税收金额	纳税调增金额	纳税调减金额	可结转以后年度扣除的捐赠额
		1	2	3	4	5	6	7
5	前三年度（　　年）	*	0.00	*	*	*	0.00	*
6	前二年度（　　年）	*	0.00	*	*	*	0.00	0.00
7	前一年度（　　年）	*	0.00	*	*	*	0.00	0.00
8	本　　年（2019年）	2 000 000.00	*	1 200 000.00	1 200 000.00	800 000.00	*	800 000.00
9	合计(1+2+4)	2 000 000.00	0.00	1 200 000.00	1 200 000.00	800 000.00	0.00	800 000.00
附列资料	2015年度至本年年发生的公益性扶贫捐赠合计金额	0.00	*	*	0.00	*	*	*

【例7-14】续例7-13。假设该企业2019年度还将一批自产产品用于公益性捐赠,该批自产产品不含税公允价值为100万元、生产成本为70万元的产品,会计处理计入"营业外支出"的金额为83万元(包含在200万元之中),取得的公益性捐赠票据上按含税公允价值注明113万元。该企业2016年、2017年没有向以后年度结转扣除的捐赠额,2018年有向以后年度结转扣除的捐赠额10万元。其他条件不变。

该企业2019年度应在表A105010第7行"用于对外捐赠视同销售收入"填报100万元、第17行"用于对外捐赠视同销售成本"填报70万元。在表A105070中,第8行第4列"税收金额"应先扣除2018年结转扣除的捐赠额10万元,扣除后,2019年限额扣除的公益性捐赠扣除限额剩余110万元,再扣除2019年的捐赠额中的110万元,2019年的捐赠额中的90万元结转以后年度扣除。如果扣除的本年捐赠额110万元中先扣除本年将产品用于捐赠的金额83万元,后扣除本年其他捐赠金额27万元,则视同销售对应支出调增金额30万元,本年就不得扣除,即不得在表A105000第30行"(十七)其他"调减所得,应结转以后年度在表A105000第30行"(十七)其他"在当年限额扣除的公益性捐赠扣除限额内调减所得。如果扣除的本年捐赠额110万元中先扣除本年将产品用于捐赠的金额83万元,后扣除视同销售对应支出调增金额30万元中的27万元,则在表A105070中本年结转以后年度扣除的公益性捐赠就应是117万元,且视同销售对应支出调增金额30万元中的3万元也应结转以后年度在表A105000第30行"(十七)其他"在当年限额扣除的公益性捐赠扣除限额内调减所得,按照表A105070的现有填报规则,无法填报。

该居民企业2019年视同销售收入和视同销售成本的纳税调整填报见表7-12,公益性捐赠的纳税调整填报见表7-13,相关纳税调整项目在表A105000的填报见表7-14。

表7-12 视同销售收入和视同销售成本的纳税调整填报示例

A105010　视同销售和房地产开发企业特定业务纳税调整明细表(部分)　　金额单位:元

行次	项目	税收金额	纳税调整金额
		1	2
1	一、视同销售(营业)收入(2+3+4+5+6+7+8+9+10)	1 000 000.00	1 000 000.00
	……	0.00	0.00
7	(六)用于对外捐赠视同销售收入	1 000 000.00	1 000 000.00
	……	0.00	0.00

续表

行次	项目	税收金额	纳税调整金额
		1	2
11	二、视同销售(营业)成本(12+13+14+15+16+17+18+19+20)	700 000.00	-700 000.00
……		0.00	0.00
17	(六)用于对外捐赠视同销售成本	700 000.00	-700 000.00
……		0.00	0.00

表7-13 公益性捐赠的纳税调整填报示例(二)

A105070　　　　　　　　　　　捐赠支出及纳税调整明细表　　　　　　　　　　金额单位:元

行次	项目	账载金额	以前年度结转可扣除的捐赠额	按税收规定计算的扣除限额	税收金额	纳税调增金额	纳税调减金额	可结转以后年度扣除的捐赠额
		1	2	3	4	5	6	7
1	一、非公益性捐赠	0.00	*	*	*	0.00	*	*
2	二、全额扣除的公益性捐赠	0.00	*	*	0.00	*	*	*
3	其中:扶贫捐赠	0.00	*	*	0.00	*	*	*
4	三、限额扣除的公益性捐赠(5+6+7+8)	2 000 000.00	100 000.00	1 200 000.00	1 200 000.00	900 000.00	100 000.00	900 000.00
5	前三年度(　　年)	*	0.00	*	*	*	0.00	*
6	前二年度(　　年)	*	0.00	*	*	*	0.00	0.00
7	前一年度(2018年)	*	100 000.00	*	*	*	100 000.00	0.00
8	本　　年(2019年)	2 000 000.00	*	1 200 000.00	1 200 000.00	900 000.00	*	900 000.00
9	合计(1+2+4)	2 000 000.00	100 000.00	1 200 000.00	1 200 000.00	900 000.00	100 000.00	900 000.00
附列资料	2015年度至本年发生的公益性扶贫捐赠合计金额	0.00	*	*	0.00	*	*	*

表7-14 视同销售、公益性捐赠和对应支出的纳税调整填报示例

A105000　　　　　　　　　　　纳税调整项目明细表(部分)　　　　　　　　　　金额单位:元

行次	项目	账载金额	税收金额	调增金额	调减金额
		1	2	3	4
1	一、收入类调整项目(2+3+…8+10+11)	*	*		
2	(一)视同销售收入(填写A105010)	*	1 000 000.00	1 000 000.00	*
……					
12	二、扣除类调整项目(13+14+…24+26+27+28+29+30)	*	*		
13	(一)视同销售成本(填写A105010)	*	700 000.00	*	700 000.00
……					
17	(五)捐赠支出(填写A105070)	2 000 000.00	1 200 000.00	900 000.00	100 000.00
……					
30	(十七)其他	830 000.00	830 000.00	0.00	0.00
……					
46	合计(1+12+31+36+44+45)	*	*		

【例7-15】 续例5-5。例3-1中的华方有限责任公司2019年度直接向大美公司捐赠4万元,不得在税前扣除。华方有限责任公司2019年度非公益性捐赠的纳税调整填报见表7-15。

表7-15 公益性捐赠的纳税调整填报示例(三)

A105070　　　　　　　　　　　　捐赠支出及纳税调整明细表　　　　　　　　　　金额单位:元

行次	项目	账载金额	以前年度结转可扣除的捐赠额	按税收规定计算的扣除限额	税收金额	纳税调增金额	纳税调减金额	可结转以后年度扣除的捐赠额
		1	2	3	4	5	6	7
1	一、非公益性捐赠	40 000.00	*	*	*	40 000.00	*	*
2	二、全额扣除的公益性捐赠	0.00	*	*	0.00	*	*	*
3	其中:扶贫捐赠	0.00	*	*	*	*	*	*
4	三、限额扣除的公益性捐赠(5+6+7+8)	0.00	0.00	2 172 480.00	0.00	0.00	0.00	0.00
5	前三年度(　　年)	*	0.00	*	*	*	*	*
6	前二年度(　　年)	*	0.00	*	*	*	*	0.00
7	前一年度(　　年)	*	0.00	*	*	*	*	0.00
8	本　年(2019年)			2 172 480.00				
9	合计(1+2+4)	40 000.00	0.00	2 172 480.00	0.00	40 000.00	0.00	0.00
附列资料	2015年度至本年发生的公益性扶贫捐赠合计金额	0.00	*	*	0.00	*	*	*

(五)保险企业手续费及佣金支出及相应附表的填报

1. 关于保险企业将货物、资产、劳务用于手续费及佣金支出的纳税调整

税务总局公告2019年第41号在表A105000第30行"(十七)其他"填报说明中增加:企业将货物、资产、劳务用于捐赠、广告等用途时,进行视同销售纳税调整后,对应支出的会计处理与税收规定有差异需纳税调整的金额填报在本行。即视同销售纳税调整所得的金额需要同步调整相关用途支出的金额。这里需要注意两个问题。

保险企业如果将货物、资产、劳务用于手续费及佣金支出,由于货物、资产的所有权属发生改变,劳务对外提供,一方面要视同销售调整所得,另一方面,视同销售纳税调整所得的金额要调整对应的手续费及佣金支出的金额,并填报表A105000第30行"(十七)其他"。至于如何纳税调整,由于在表A105060中,保险企业手续费及佣金支出的填报规则与广告费和业务宣传费支出的填报规则相同,因此请参考"广告费和业务宣传费支出及相应附表的填报"之"3. 关于将货物、资产、劳务用于广告费和业务宣传费支出的纳税调整"。

2. 保险企业手续费及佣金支出在2018年度之前及之后的扣除规定

依据财税公告2019年第72号的规定,保险企业的手续费及佣金支出计算扣除限额的18%的比例和超限额部分结转扣除的规定,是自2018年度汇算清缴开始执行的。因此,保险企业2018年度及以后年度的手续费及佣金支出超过其扣除限额的部分,允许结转以后年度扣除,2018年之前年度的手续费及佣金支出超过其扣除限额的部分,不得结转以后年

度扣除。

3. 保险企业手续费及佣金支出的填报

保险企业年度内发生手续费及佣金支出需要纳税调整的,应填报《广告费和业务宣传费等跨年度纳税调整明细表》(A105060)第2列"保险企业手续费及佣金支出"。

(1)第1行"一、本年支出"第2列:填报纳税人会计核算计入本年损益的手续费及佣金支出金额。

(2)第2行"减:不允许扣除的支出"第2列:填报税收规定不允许扣除的手续费及佣金支出金额。

(3)第3行"二、本年符合条件的支出"第2列:填报第1行第2列-第2行第2列的金额。

(4)第4行"三、本年计算扣除限额的基数"第2列:填报按照税收规定计算手续费及佣金支出扣除限额的当年保险企业全部保费收入扣除退保金等后余额。

(5)第5行"税收规定扣除率"第2列:填报税收规定计算保险企业手续费及佣金支出扣除限额的比例。

(6)第6行"四、本企业计算的扣除限额"第2列:填报第4行第2列×第5行第2列的金额。

(7)第7行"五、本年结转以后年度扣除额"第2列:若第3行第2列＞第6行第2列,填报第3行第2列-第6行第2列的余额;若第3行第2列≤第6行第2列,填0。

(8)第8行"加:以前年度累计结转扣除额"第2列:填报以前年度允许税前扣除但超过当年扣除限额未扣除、结转以后年度扣除的手续费及佣金支出的余额。

(9)第9行"减:本年扣除的以前年度结转额"第2列:若第3行第2列＞第6行第2列,填0;若第3行第2列≤第6行第2列,填报第6行第2列-第3行第2列或第8行第2列的孰小值。

(10)第10行"六、按照分摊协议归集至其他关联方的金额"第2列:保险企业不填报。

(11)第11行"按照分摊协议从其他关联方归集至本企业的金额"第2列:保险企业不填报。

(12)第12行"七、本年支出纳税调整金额"第2列:若第3行第2列＞第6行第2列,填报第2列第2+3-6+10-11行的金额;若第3行第2列≤第6行第2列,填报第2列第2+10-11-9行的金额。由于保险企业不填报第10行第2列和第12行第2列,因此,对保险企业而言,第12行"七、本年支出纳税调整金额"第2列:若第3行第2列＞第6行第2列,实际填报第2列第2+3-6行的金额;若第3行第2列≤第6行第2列,填报第2列第2-9行的金额。

(13)第13行"八、累计结转以后年度扣除额"第2列:填报第2列第7+8-9行的金额。

第1行第2列=表A105000第23行第1列。若第3行第2列≥第6行第2列,第6行第2列=表A105000第23行第2列;若第3行第2列＜第6行第2列,第3行第2列+第9行第2列=表A105000第23行第2列。若第12行第2列≥0,第12行第2列=表A105000第23行第3列。若第12行第2列＜0,第12行第2列的绝对值=表A105000第

23行第4列。

【例7-16】 某保险公司2019年度保费收入1 200亿元、退保金300亿元,手续费及佣金支出158亿元,没有以前年度结转扣除的手续费及佣金支出。该保险公司2019年度手续费及佣金支出纳税调整的填报见表7-16。

表7-16 保险企业手续费及佣金支出纳税调整填报示例

A105060　广告费和业务宣传费等跨年度纳税调整明细表　　　　　金额单位:元

行次	项目	广告费和业务宣传费	保险企业手续费及佣金支出
		1	2
1	一、本年支出		15 800 000 000.00
2	减:不允许扣除的支出		0.00
3	二、本年符合条件的支出(1-2)		15 800 000 000.00
4	三、本年计算扣除限额的基数		90 000 000 000.00
5	乘:税收规定扣除率		18%
6	四、本企业计算的扣除限额(4×5)		16 200 000 000.00
7	五、本年结转以后年度扣除额 (3>6,本行=3-6;3≤6,本行=0)		0.00
8	加:以前年度累计结转扣除额		0.00
9	减:本年扣除的以前年度结转额 [3>6,本行=0;3≤6,本行=8与(6-3)孰小值]		0.00
10	六、按照分摊协议归集至其他关联方的金额(10≤3与6孰小值)		*
11	按照分摊协议从其他关联方归集至本企业的金额		*
12	七、本年支出纳税调整金额 (3>6,本行=2+3-6+10-11;3≤6,本行=2+10-11-9)		0.00
13	八、累计结转以后年度扣除额(7+8-9)		0.00

(六)不征税收入用于支出所形成的费用及相应附表的填报

《企业所得税法实施条例》第二十八条规定,企业的不征税收入用于支出所形成的费用或者财产,不得扣除或者计算对应的折旧、摊销扣除。对不征税收入用于支出所形成的费用,直接填报表A105000第24行"(十二)不征税收入用于支出所形成的费用"第3列"调增金额"。其中,专项用途财政性资金用于支出所形成的费用,应先填报表A105040第11列进行纳税调整,具体填报方法和相关案例请见例6-10,再填报表A105000第25行"(十三)其中:专项用途财政性资金用于支出所形成的费用"第3列"调增金额"。对不征税收入用于支出所形成的资产的折旧、摊销,应通过填报表A105080进行纳税调整。

二、没有二级附表的扣除类调整项目的填报

(一)业务招待费支出的填报

1. 业务招待费支出的税前扣除规则

业务招待费支出金额的60%允许在其扣除限额内税前扣除,业务招待费支出金额的40%不得在税前扣除;业务招待费支出金额的60%超过其扣除限额的部分,不得结转以后年度扣除。

2. 关于将货物、资产、劳务用于交际应酬发生的业务招待费支出的纳税调整

税务总局公告2019年第41号在表A105000第30行"(十七)其他"填报说明中增加:

企业将货物、资产、劳务用于捐赠、广告等用途时,进行视同销售纳税调整后,对应支出的会计处理与税收规定有差异需纳税调整的金额填报在本行。即视同销售纳税调整所得的金额需要同步调整相关用途支出的金额。这里应包括将货物、资产、劳务用于交际应酬,但没有明确将货物、资产、劳务用于交际应酬视同销售纳税调整后对应支出如何纳税调整。

(1)将货物、资产、劳务用于交际应酬,视同销售纳税调整所得的金额是正数的,调增业务招待费支出的金额。调增业务招待费支出金额的60%不超过当年业务招待费支出扣除限额余额的,调增业务招待费支出金额的60%全额调减所得。调增业务招待费支出金额的60%超过当年业务招待费支出扣除限额余额的,相当于当年业务招待费支出扣除限额余额的部分,调减所得。当年没有业务招待费支出扣除限额余额的,调增业务招待费支出的金额不得在当年调减所得。这里的当年业务招待费支出扣除限额余额,是指当年业务招待费支出扣除限额超过当年业务招待费支出60%的金额。由于调增业务招待费支出金额的40%不能在税前扣除,因此不得调减所得。

【例7-17】甲企业2019年将不含税公允价值为100万元、生产成本为70万元的产品(适用增值税税率为13%)用于交际应酬,会计处理为:借记"管理费用——业务招待费"83万元,贷记"库存商品"70万元、"应交税费——应交增值税(销项税额)"13万元。企业所得税年度纳税申报时,企业所得税年度纳税申报时,表A105010第4行"(三)用于交际应酬视同销售收入"的"税收金额"和"纳税调整金额"均填报100万元,表A105010第14行"(三)用于交际应酬视同销售成本"的"税收金额"填报70万元、"纳税调整金额"填报−70万元。结果是视同销售调增所得30万元。

如果甲企业2019年业务招待费支出的扣除限额为70万元,则在企业所得税年度纳税申报时,业务招待费支出83万元的60%不超过其扣除限额,扣除限额的余额为20.2万元。则调增业务招待费支出金额的60%可在表A105000第30行"(十七)其他"全额调减所得18万元。

如果甲企业2019年业务招待费支出的扣除限额为50万元,则在企业所得税年度纳税申报时,扣除业务招待费支出83万元的60%后,扣除限额的余额为0.2万元。则调增业务招待费支出金额的60%可在表A105000第30行"(十七)其他"调减所得0.2万元。

如果甲企业2019年业务招待费支出的扣除限额为45万元,则在企业所得税年度纳税申报时,业务招待费支出83万元的60%超过其扣除限额,只能税前扣除业务招待费支出45万元。则调增业务招待费支出的金额不得在表A105000第30行"(十七)其他"调减所得。

(2)将货物、资产、劳务用于交际应酬,视同销售纳税调整所得的金额是负数的,调减业务招待费支出的金额。当年业务招待费支出的60%不超过其扣除限额的,调减业务招待费支出金额的60%全额调增所得。当年业务招待费支出的60%超过其扣除限额的,调减业务招待费支出金额的60%超过当年业务招待费支出纳税调整金额的部分,调增所得;不超过的部分,不调增所得。这里的当年业务招待费支出纳税调整金额,是指当年业务招待费支出的60%超过其扣除限额的金额。由于调减业务招待费支出金额的40%对应的当年业务招待费支出的40%没有在税前扣除,因此不须调增所得。

【例7-18】乙企业2019年将不含税公允价值为50万元、生产成本为70万元的产品

（适用增值税税率为13%）用于交际应酬，会计处理为：借记"管理费用——业务招待费"76.5万元，贷记"库存商品"70万元、"应交税费——应交增值税（销项税额）"6.5万元。企业所得税年度纳税申报时，视同销售的纳税调整与例2相同。

如果乙企业2019年业务招待费支出的扣除限额为50万元。企业所得税年度纳税申报时，业务招待费支出76.5万元的60%不超过其扣除限额。则调减业务招待费支出金额的60%应在表A105000第30行"（十七）其他"调增所得12万元。

如果乙企业2019年业务招待费支出的扣除限额为40万元。企业所得税年度纳税申报时，业务招待费支出76.5万元的60%超过其扣除限额，应调增所得5.9万元。则调减业务招待费支出金额的60%超过当年业务招待费支出纳税调整金额的部分，应在表A105000第30行"（十七）其他"调增所得6.1万元。

3. 业务招待费支出的填报

表A105000第15行"（三）业务招待费支出"第1列"账载金额"填报纳税人会计核算计入当期损益的业务招待费金额；第2列"税收金额"填报按照税收规定允许税前扣除的业务招待费支出的金额；第3列"调增金额"为第1-2列金额。

【**例7-19**】续例4-2、例5-10和例6-1。例3-1中的华方有限责任公司2019年度发生业务招待费用60万元，全年营业收入6 320万元，视同销售收入20万元。按全年销售（营业）收入计算的2019年度业务招待费扣除限额=（6 320+20）×5‰=31.7（万元），2019年度业务招待费的60%=60×60%=36（万元），因此税前允许扣除业务招待费支出31.7万元，业务招待费支出应调增所得28.3万元。华方有限责任公司业务招待费支出的纳税调整填报见表7-17。

表7-17　业务招待费支出的纳税调整填报示例

A105000　　　　　　　　　　　　纳税调整项目明细表（部分）　　　　　　　　金额单位：元

行次	项目	账载金额	税收金额	调增金额	调减金额
		1	2	3	4
	……				
12	二、扣除类调整项目	*	*		
	……				
15	（三）业务招待费支出	600 000.00	317 000.00	283 000.00	*
	……				
46	合计（1+12+31+36+44+45）	*	*		

（二）利息支出的填报

《纳税调整项目明细表》（A105000）第18行"（六）利息支出"第1列"账载金额"填报纳税人向非金融企业借款，会计核算计入当期损益的利息支出的金额。发行永续债的利息支出不在本行填报。第2列"税收金额"填报按照税收规定允许税前扣除的的利息支出的金额。若第1列≥第2列，第3列"调增金额"填报第1-2列金额；若第1列<第2列，第4列"调减金额"填报第1-2列金额的绝对值。

关于利息支出的纳税调整，纳税人如有向非金融企业（包括个人）、关联方的借款，或有企业投资者投资未到位情形，其利息支出一般只可能调增所得，不会出现调减所得的情形。但在税务总局公告2013年第41号所称的企业混合性投资业务中，被投资企业支付的利息支出,可能会出现调减所得的情形。因为企业混合性投资业务兼具权益性投资和债权性投资双重特性,一般情况下,权益投资是名,债权投资是实。既然名义上是权益性投资,企业就有可能以股息分配的名义支付利息,股息分配在会计处理上是不可能计入财务费用的。而税务总局公告2013年第41号规定,被投资企业支付的利息,应于应付利息的日期确认利息支出,并按税收规定进行税前扣除。这就需要填报表A105000第18行"(六)利息支出"第4列"调减金额"。

【例7-20】假设某房地产开发公司接受某信托投资公司的一项股权投资业务。投资协议约定:信托投资公司向房地产开发企业投入资金2亿元,占房地产开发公司股权比例40%;投资期限2年(2019年和2020年),每年年底房地产开发公司要按照投入资金的15%向信托投资公司支付股息;投资期间,信托投资公司对房地产开发公司的净资产不拥有所有权,不向房地产开发公司派出高管和董事,不参与房地产开发公司的日常生产经营活动;投资期限届满,房地产开发公司要用2.1亿元赎回信托投资公司持有的该项股权。

房地产公司每年年底对此股息的会计处理为:

借:利润分配－未分配利润　　　　　　　　　　　　　　30 000 000
　　贷:应付股息　　　　　　　　　　　　　　　　　　　　30 000 000
借:应付股息　　　　　　　　　　　　　　　　　　　　　　30 000 000
　　贷:银行存款　　　　　　　　　　　　　　　　　　　　30 000 000

税务处理:依据税务总局公告2013年第41号的规定,该项投资业务属于混合性投资业务,房地产开发公司每年年底支付的固定股息,应视同利息进行税务处理,于应付利息的日期确认利息支出,并按税收规定进行税前扣除。但在会计处理中,房地产开发公司是作为股息分配处理的,因此,应调减所得。该房地产开发公司混合性投资业务中利息支出纳税调整的填报见表7-18。

表7-18　混合性投资业务中利息支出的纳税调整填报示例

A105000　　　　　　　　　纳税调整项目明细表(部分)　　　　　　　金额单位:元

行次	项目	账载金额	税收金额	调增金额	调减金额
		1	2	3	4
	……				
12	二、扣除类调整项目	*	*		
	……				
18	(六)利息支出	0.00	30 000 000.00	0.00	30 000 000.00
	……				
46	合计(1+12+31+36+44+45)	*	*		

(三)罚金、罚款和被没收财物的损失的填报

表A105000第19行"(七)罚金、罚款和被没收财物的损失"第1列"账载金额"填报纳税人会计核算计入当期损益的罚金、罚款和被罚没财物的损失,不包括纳税人按照经济合同规定支付的违约金(包括银行罚息)、罚款和诉讼费。第3列"调增金额"等于第1列金额。

【例7-21】续例5-5。例3-1中的华方有限责任公司2019年受到行政机关罚款1万元。

华方有限责任公司的会计处理为:

借:营业外支出－罚款　　　　　　　　　　　　　　　　　10 000

贷：银行存款　　　　　　　　　　　　　　　　　　　　　　　　　　　10 000

　　税务处理：企业支付的行政处罚的罚款不得在税前扣除。华方公司对罚款支出的纳税调整填报见表7-19。

表7-19　罚款支出的纳税调整填报示例

A105000　　　　　　　　　　　纳税调整项目明细表(部分)　　　　　　　　　金额单位：元

行次	项目	账载金额	税收金额	调增金额	调减金额
		1	2	3	4
	……				
12	二、扣除类调整项目	*	*		
	……				
19	(七)罚金、罚款和被没收财物的损失	10 000.00	*	10 000.00	*
	……				
46	合计(1+12+31+36+44+45)			*	*

(四)税收滞纳金、加收利息的填报

表A105000第20行"(八)税收滞纳金、加收利息"第1列"账载金额"填报纳税人会计核算计入当期损益的税收滞纳金、加收利息。第3列"调增金额"等于第1列金额。

【例7-22】假设P公司2019年缴纳税收滞纳金1.2万元。

P公司的会计处理为：

　　借：营业外支出－税收滞纳金　　　　　　　　　　　　　　　　　　　12 000

　　　　贷：银行存款　　　　　　　　　　　　　　　　　　　　　　　　12 000

　　税务处理：企业缴纳的税收滞纳金不得在税前扣除。P公司对税收滞纳金的纳税调整填报见表7-20。

表7-20　税收滞纳金的纳税调整填报示例

A105000　　　　　　　　　　　纳税调整项目明细表(部分)　　　　　　　　　金额单位：元

行次	项目	账载金额	税收金额	调增金额	调减金额
		1	2	3	4
	……				
12	二、扣除类调整项目	*	*		
	……				
20	(八)税收滞纳金、加收利息	12 000.00	*	12 000.00	*
	……				
46	合计(1+12+31+36+44+45)			*	*

(五)赞助支出的填报

表A105000第21行"(九)赞助支出"第1列"账载金额"填报纳税人会计核算计入当期损益的不符合税收规定的公益性捐赠和赞助支出的金额，包括直接向受赠人的捐赠、赞助支出等(不含广告性的赞助支出)。第3列"调增金额"等于第1列金额。

【例7-23】假设Q公司2019年发生非广告性的赞助支出2万元。

Q公司的会计处理为：

　　借：营业外支出－赞助支出　　　　　　　　　　　　　　　　　　　　20 000

　　　　贷：银行存款　　　　　　　　　　　　　　　　　　　　　　　　20 000

税务处理：企业发生非广告性的赞助支出不得在税前扣除。Q公司对赞助支出的纳税调整填报见表7-21。

表7-21　非广告性赞助支出的纳税调整填报示例

A105000　　　　　　　　　　纳税调整项目明细表（部分）　　　　　　　　　金额单位：元

行次	项目	账载金额 1	税收金额 2	调增金额 3	调减金额 4
	……				
12	二、扣除类调整项目	*	*		
	……				
21	（九）赞助支出	20 000.00	*	20 000.00	
	……				
46	合计(1+12+31+36+44+45)	*	*		

（六）与未实现融资收益相关在当期确认的财务费用的填报

表A105000第22行"（十）与未实现融资收益相关在当期确认的财务费用"第1列"账载金额"填报纳税人会计核算的与未实现融资收益相关并在当期确认的财务费用的金额。第2列"税收金额"填报按照税收规定允许税前扣除的金额。若第1列≥第2列，第3列"调增金额"填报第1-2列金额；若第1列＜第2列，第4列"调减金额"填报第1-2列金额的绝对值。

企业采用分期收款方式销售货物，会计处理按权责发生制确认销售货物收入时，如果该业务具有实质性融资性质，在销售成立时应以公允价值（分期收款总额的现值或商品采用一次性付款时的售价）确认销售货物收入，同时要核算未实现融资收益，收取款项时作为财务费用的抵减处理。在税务处理上，企业采用分期收款方式销售货物，应按照合同约定的收款日期确认收入的实现，不考虑未实现融资收益。因此，对企业将未实现融资收益抵减财务费用的金额，应调减所得。严格来说，未实现融资收益抵减财务费用的金额应属于收入类调整项目，不属于扣除类调整项目。

企业采用分期付款方式购买资产，且在合同中规定的付款期限比较长，超过了正常信用条件。在这种情况下的会计处理，由于该类购货合同实质上具有融资性质，购入资产的成本不能以各期付款额之和确定，而应以各期付款额的现值之和确定。各期付款额之和与其现值之间的差额作为未确认融资费用，符合资本化条件的，应当计入资产成本，其余部分应当在信用期间内确认为财务费用，计入当期损益。在税务处理上，企业外购的资产应以购买价款和支付的相关税费确定计税基础，不存在未确认融资费用。因此，对企业将未确认融资费用计入财务费用的金额，不得在税前扣除，应调增所得。

企业以融资租赁方式租入资产，在会计处理上，在租赁期开始日，承租人应当将租赁开始日租赁资产公允价值与最低租赁付款额现值两者中较低者作为租入资产的入账价值，将最低租赁付款额作为长期应付款的入账价值，其差额作为未确认融资费用。承租人支付租金时，一方面应减少长期应付款，另一方面应同时将未确认的融资费用按一定的方法确认为当期融资费用并计入财务费用。在税务处理上，融资租入的固定资产，应以租赁合同约定的付款总额和承租人在签订租赁合同过程中发生的相关费用为计税基础，租赁合同未约定付款总额的，以该资产的公允价值和承租人在签订租赁合同过程中发生的相关费用为计税基础。因此,企业以融资租赁方式租入资产在会计上将未确认的融资费用计入财务费用的金额,也应调增所得。

实质性辞退工作在一年内实施完毕但补偿款项超过一年支付的辞退计划,会计处理上,企业应当选择恰当的折现率,以折现后的金额计量应计入当期管理费用的辞退福利金额,该项金额与实际应支付的辞退福利款项之间的差额,作为未确认融资费用,在以后各期实际支付辞退福利款项时计入财务费用。在税务处理上,可以将辞退福利作为与取得应纳税收入有关的必要和正常的支出在税前扣除。因此,对企业将未确认融资费用计入财务费用的金额,也应调增所得。

【例 7-24】 例 6-3 中的甲公司 2019 至 2023 年每年年末未实现融资收益抵减财务费用分别为 127 万元、105 万元、82 万元、57 万元、29 万元,均应调减所得。甲公司 2019 年未实现融资收益抵减财务费用的纳税调整填报见表 7-22。除"账载金额"和"调减金额"与 2019 年不同外,甲公司 2020 年至 2023 年未实现融资收益抵减财务费用的纳税调整填报方法与 2019 年相同。

表 7-22 未实现融资收益抵减财务费用的纳税调整填报示例

A105000 纳税调整项目明细表(部分) 金额单位:元

行次	项目	账载金额	税收金额	调增金额	调减金额
		1	2	3	4
	……				
12	二、扣除类调整项目	*	*		
	……				
22	(十)与未实现融资收益相关在当期确认的财务费用	-1 270 000.00	0.00	0.00	1 270 000.00
	……				
46	合计(1+12+31+36+44+45)	*	*		

【例 7-25】 例 6-3 中的乙公司采用分期付款方式向甲公司购买一套大型设备,乙公司各期的会计处理为:

(1)2019 年的会计处理:

①2019 年 1 月 1 日购买大型设备

借:固定资产　　　　　　　　　　　　　　　　　　　16 000 000

　　应交税费——应交增值税(进项税额)　　　　　　 3 200 000

　　未确认融资费用　　　　　　　　　　　　　　　　 4 000 000

　　贷:长期应付款　　　　　　　　　　　　　　　　20 000 000

　　　　银行存款　　　　　　　　　　　　　　　　　 3 200 000

②2019 年 12 月 31 日支付货款

借:长期应付款　　　　　　　　　　　　　　　　　　 4 000 000

　　贷:银行存款　　　　　　　　　　　　　　　　　 4 000 000

借:财务费用　　　　　　　　　　　　　　　　　　　 1 270 000

　　贷:未确认融资费用　　　　　　　　　　　　　　 1 270 000

(2)2020 年至 2023 年每年 12 月 31 日支付货款的会计处理:除抵减财务费用的未实

现融资收益更改为 105 万元、82 万元、57 万元、29 万元,其他与 2019 年 12 月 31 日支付货款的会计处理相同。

乙公司 2019 年将未确认融资费用计入财务费用的纳税调整填报见表 7-23。除"账载金额"和"调增金额"与 2019 年不同外,乙公司 2020 年至 2023 年未确认融资费用计入财务费用的纳税调整填报方法与 2019 年相同。需要提醒的是,乙公司购买的该项固定资产计税基础应确认为 2 000 万元,由此产生的每年固定资产折旧的税会差异,应通过表 A105080 进行纳税调整。

表 7-23　未确认融资费用计入财务费用的纳税调整填报示例

A105000　　　　　　　　　　　纳税调整项目明细表(部分)　　　　　　　　　　　金额单位:元

行次	项目	账载金额	税收金额	调增金额	调减金额
		1	2	3	4
……
12	二、扣除类调整项目	*	*		
……
22	(十)与未实现融资收益相关在当期确认的财务费用	1 270 000.00	0	1 270 000.00	0.00
……
46	合计(1 + 12 + 31 + 36 + 44 + 45)	*	*		

(七)佣金和手续费支出的填报

(1)除保险企业之外的其他企业直接填报本行。第 1 列"账载金额"填报纳税人会计核算计入当期损益的佣金和手续费金额,第 2 列"税收金额"填报按照税收规定允许税前扣除的佣金和手续费支出金额,第 3 列"调增金额"填报第 1 - 2 列金额,第 4 列"调减金额"不可填报。

(2)保险企业根据表 A105060 填报本行。第 1 列"账载金额"填报表 A105060 第 1 行第 2 列。若表 A105060 第 3 行第 2 列≥第 6 行第 2 列,第 2 列"税收金额"填报 A105060 第 6 行第 2 列的金额;若表 A105060 第 3 行第 2 列<第 6 行第 2 列,第 2 列"税收金额"填报 A105060 第 3 行第 2 列 + 第 9 行第 2 列的金额。若表 A105060 第 12 行第 2 列≥0,第 3 列"调增金额"填报表 A105060 第 12 行第 2 列金额。若表 A105060 第 12 行第 2 列<0,第 4 列"调减金额"填报表 A105060 第 12 行第 2 列金额的绝对值。

【例 7-26】假设 S 公司 2019 年 7 月委托某具有合法经营资格的报关行办理一批自产货物的出口手续,签订服务合同确认的出口货物金额为 800 万元,S 公司通过银行向某报关行转账支付佣金和手续费 42 万元。

S 公司的会计处理为:

借:销售费用 - 佣金和手续费　　　　　　　　　　　　　　　　　　　420 000

　　贷:银行存款　　　　　　　　　　　　　　　　　　　　　　　　　420 000

税务处理:S 公司该项业务佣金和手续费支出的扣除限额 = 800 × 5% = 40(万元),S 公司支付佣金和手续费 42 万元,超过扣除限额 2 万元,应调增所得。S 公司对佣金和手续费的纳税调整填报见表 7-24。

表 7-24　佣金和手续费的纳税调整填报示例

A105000　　　　　　　　　　　纳税调整项目明细表（部分）　　　　　　　　　金额单位：元

行次	项目	账载金额 1	税收金额 2	调增金额 3	调减金额 4
	……				
12	二、扣除类调整项目	*	*		
	……				
23	（十一）佣金和手续费支出	420 000.00	400 000.00	20 000.00	*
	……				
46	合计（1＋12＋31＋36＋44＋45）	*	*		

（八）跨期扣除项目的填报

表 A105000 第 26 行"（十三）跨期扣除项目"填报维简费、安全生产费用、预提费用、预计负债等跨期扣除项目调整情况。对符合税务总局公告 2012 年 40 号和 2013 年 11 号的政策性搬迁业务，税收规定企业在搬迁期间发生的搬迁支出，可以暂不计入当期应纳税所得额，而在完成搬迁的年度对搬迁收入和搬迁支出进行清算。因此，对企业在搬迁期间发生的搬迁支出，如果在会计上计入当期损益的，我们建议，也通过此项目进行纳税调整。

表 A105000 第 26 行"（十三）跨期扣除项目"第 1 列"账载金额"填报纳税人会计核算计入当期损益的跨期扣除项目金额。第 2 列"税收金额"填报按照税收规定允许税前扣除的金额。若第 1 列≥第 2 列，第 3 列"调增金额"填报第 1－2 列金额；若第 1 列＜第 2 列，第 4 列"调减金额"填报第 1－2 列金额的绝对值。

【例 7-27】某矿山企业 2019 年提取计入成本费用的维简费 1000 万元，当年实际发生收益性支出 600 万元，6 月发生资本性支出 300 万元并形成固定资产，折旧年限为 10 年，假设无残值，企业采用平均年限法计提折旧。

该企业依据企业会计准则解释第 3 号的相关规定，会计处理如下：

(1) 提取维简费：
借：成本费用类科目　　　　　　　　　　　　　　　　　　　　10 000 000
　　贷：专项储备　　　　　　　　　　　　　　　　　　　　　　10 000 000

(2) 发生收益性支出：
借：专项储备　　　　　　　　　　　　　　　　　　　　　　　6 000 000
　　贷：银行存款　　　　　　　　　　　　　　　　　　　　　　6 000 000

(3) 发生资本性支出：
借：在建工程　　　　　　　　　　　　　　　　　　　　　　　3 000 000
　　贷：银行存款　　　　　　　　　　　　　　　　　　　　　　3 000 000
借：固定资产　　　　　　　　　　　　　　　　　　　　　　　3 000 000
　　贷：在建工程　　　　　　　　　　　　　　　　　　　　　　3 000 000
借：专项储备　　　　　　　　　　　　　　　　　　　　　　　3 000 000
　　贷：累计折旧　　　　　　　　　　　　　　　　　　　　　　3 000 000

税务处理：依据税务总局公告 2013 年第 67 号的规定，该矿山企业 2019 年提取计入成本费用的的维简费 1 000 万元，应填报表 A105000 第 26 行第 1 列"账载金额"，当年实际发生的收益性支出600万元,应填报表A105000第26行第2列"税收金额",当年应调增所得400万元。当年实际发生资本性支出300万元,未计入当年损益,但按税收规定应税前扣除固定资产折旧＝300÷10÷12×6＝15(万元),应通过表A105080进行纳税调整。2019年提取的维简费余额100万元,以后年度如用于收益性支出,应通过表A105000第26行调减所得。

该矿山企业2019年对维简费的纳税调整填报见表7-25。

表7-25　维简费的纳税调整填报示例

A105000　　　　　　　　　　　纳税调整项目明细表(部分)　　　　　　　　　金额单位:元

行次	项目	账载金额	税收金额	调增金额	调减金额
		1	2	3	4
	……				
12	二、扣除类调整项目	*	*		
	……				
26	(十三)跨期扣除项目	10 000 000.00	6 000 000.00	4 000 000.00	0.00
	……				
46	合计(1＋12＋31＋36＋44＋45)	*	*		

【例7-28】例6-3中的甲公司采用分期收款方式销售货物,会计处理一次性结转主营业务成本,税务处理要求成本与收入确认配比,因此,甲公司2019年对主营业务成本要通过表A105000第26行调增所得1 120万元,2020年至2023年对主营业务成本每年要通过表A105000第26行调减所得280万元。

甲公司2019年对分期收款销售商品成本的纳税调整填报见表7-26,2020年至2023年每年对分期收款销售商品成本的纳税调整填报见表7-27。

表7-26　分期收款销售商品成本的纳税调整填报示例(2019年)

A105000　　　　　　　　　　　纳税调整项目明细表(部分)　　　　　　　　　金额单位:元

行次	项目	账载金额	税收金额	调增金额	调减金额
		1	2	3	4
	……				
12	二、扣除类调整项目	*	*		
	……				
26	(十三)跨期扣除项目	14 000 000.00	2 800 000.00	11 200 000.00	0.00
	……				
46	合计(1＋12＋31＋36＋44＋45)	*	*		

表7-27　分期收款销售商品成本的纳税调整填报示例(2020年至2023年各年)

A105000　　　　　　　　　　　纳税调整项目明细表(部分)　　　　　　　　　金额单位:元

行次	项目	账载金额	税收金额	调增金额	调减金额
		1	2	3	4
	……				
12	二、扣除类调整项目	*	*		
	……				
26	(十三)跨期扣除项目	0.00	2 800 000.00	0.00	2 800 000.00

续表

行次	项目	账载金额 1	税收金额 2	调增金额 3	调减金额 4
	……				
46	合计(1＋12＋31＋36＋44＋45)			*	*

(九) 与取得收入无关的支出的填报

表 A105000 第 27 行"(十四) 与取得收入无关的支出"第 1 列"账载金额"填报纳税人会计核算计入当期损益的与取得收入无关的支出的金额。第 3 列"调增金额"填报第 1 列金额。

【例 7-29】 某公司的控股股东兼董事长 2019 年将与企业经营无关的其家庭的消费支出 9 万元交给公司报销,公司的会计处理为:

借:管理费用 – 其他　　　　　　　　　　　　　　　　　　　　　90 000
　　贷:银行存款　　　　　　　　　　　　　　　　　　　　　　　90 000

该公司 2019 年对与取得收入无关的支出的纳税调整填报见表 7-28。

表 7-28　与取得收入无关的支出的纳税调整填报示例

A105000　　　　　　　　　纳税调整项目明细表(部分)　　　　　　　　　金额单位:元

行次	项目	账载金额 1	税收金额 2	调增金额 3	调减金额 4
	……				
12	二、扣除类调整项目	*	*		
	……				
27	(十四) 与取得收入无关的支出	90 000.00	*	90 000.00	*
	……				
46	合计(1＋12＋31＋36＋44＋45)			*	*

(十) 境外所得分摊的共同支出的填报

表 A105000 第 28 行"(十五) 境外所得分摊的共同支出"根据《境外所得纳税调整后所得明细表》(A108010)填报,第 3 列"调增金额"填报表 A108010 合计行第 16＋17 列金额。

表 A108010 第 16 列"境外分支机构调整分摊扣除的有关成本费用"主要填报纳税人境外分支机构应合理分摊的总部管理费等有关成本费用,同时在表 A105000 第 28 行进行纳税调增。依据《财政部 国家税务总局关于企业境外所得税收抵免有关问题的通知》(财税〔2009〕125 号,以下简称财税〔2009〕125 号文件)和《国家税务总局关于发布〈企业境外所得税收抵免操作指南〉的公告》(国家税务总局公告 2010 年第 1 号,以下简称税务总局公告 2010 年第 1 号)的规定,在计算境外应纳税所得额时,企业为取得境内、外所得而在境内、境外发生的共同支出,与取得境外应税所得有关的、合理的部分,应在境内、境外应税所得之间,按照合理比例进行分摊后扣除。所称共同支出,是指与取得境外所得有关但未直接计入境外所得应纳税所得额的成本费用支出,通常包括未直接计入境外所得的营业费用、管理费用和财务费用等支出。但对这部分共同支出,企业已在计算应纳税所得总额时扣除,因此,属于应由境外各分支机构合理分摊的金额,在计算境外所得应纳税所额时应调减所得,对应地,在计算境内所得应纳税所得额时应调增所得。

表A108010第17列"境外所得对应调整的相关成本费用支出"主要填报纳税人实际发生与取得境外所得有关但未直接计入境外所得应纳税所得的成本费用支出,同时在表A105000第28行进行纳税调增。依据财税〔2009〕125号文件和税务总局公告2010年第1号的规定,从境外收到的股息、红利、利息等境外投资性所得一般表现为毛所得,应对在计算企业总所得额时已做统一扣除的成本费用中与境外所得有关的部分,在该境外所得中对应调整扣除后,才能作为计算境外税额抵免限额的境外应纳税所得额。因此,对企业已在计算应纳税所得总额时扣除的成本费用,属于应由来源于境外的股息、红利、利息等境外投资性所得负担的部分,在计算境外所得应纳税所得额时应调减所得,对应地,在计算境内所得应纳税所得额时应调增所得。

【例7-30】中国A银行向甲国B企业贷出5 000万元,合同约定的利率为6%。2019年A银行收到甲国B企业就应付利息300万元扣除已在甲国扣缴的预提所得税30万元(预提所得税税率为10%)后的270万元税后利息。A银行应纳税所得总额为10 000万元,已在应纳税所得总额中扣除的管理费用等共同支出为8 000万元,其中应由A银行来源于甲国的利息所得分摊扣除80万元;已在应纳税所得总额中扣除的该笔境外贷款的境内融资成本为本金的3%。

税务处理:来源于境外利息收入的应纳税所得额,应为已缴纳境外预提所得税前的就合同约定的利息收入总额,再对应调整扣除相关成本费用支出。

境外利息所得对应调整的相关成本费用支出 = 80 + 5 000 × 3% = 230(万元)

A银行2019年境外利息所得对应调整的相关成本费用支出纳税调整的填报见表7-29。对应地,在表A108010"A国"行次第17列填报230万元(分国抵免法),或者在表A108010第1行第17列填报230万元(综合抵免法)。

表7-29 境外所得分摊的共同支出的纳税调整填报示例

A105000 纳税调整项目明细表(部分) 金额单位:元

行次	项目	账载金额	税收金额	调增金额	调减金额
		1	2	3	4
	……				
12	二、扣除类调整项目	*	*		
	……				
28	(十五)境外所得分摊的共同支出	*	*	2 300 000.00	*
	……				
46	合计(1 + 12 + 31 + 36 + 44 + 45)	*	*		

(十一)党组织工作经费的填报

表A105000第29行"(十六)党组织工作经费"填报纳税人根据有关文件规定,为创新基层党建工作、建立稳定的经费保障制度发生的党组织工作经费及纳税调整情况。

1. 国有企业党组织工作经费的纳税调整

依据组通字〔2017〕38号文件的规定,凡属党费使用范围的,先从留存党费中开支,不足部分从纳入管理费用列支的党组织工作经费中支出。纳入管理费用的党组织工作经费,实际支出不超过职工年度工资薪金总额1%的部分,可以据实在企业所得税前扣除。

年末如有结余,结转下一年度使用。累计结转超过上一年度职工工资总额2%的,当年不再从管理费用中安排。因此,国有企业党组织工作经费的纳税调整有两个方面:①当年纳入管理费用的党组织工作经费超过职工年度工资薪金总额1%的部分,不得在税前扣除,应调增所得;②如果纳入管理费用的党组织工作经费累计结转超过上一年度职工工资总额的2%,超过部分不再从管理费用中安排,即不允许在税前扣除,也应调增所得。

2. 非公有制企业党组织工作经费的纳税调整

依据组通字〔2014〕42号文件的规定,非公有制企业党组织工作经费主要通过纳入管理费用、党费拨返、财政支持等渠道予以解决。同时,鼓励采取企业赞助、党员自愿捐助等方式。非公有制企业党组织工作经费仍然不足的,上级党组织要从留存的党费中适当拨补。非公有制企业党组织工作经费纳入企业管理费列支,不超过职工年度工资薪金总额1%的部分,可以据实在企业所得税前扣除。因此,非公有制企业党组织工作经费的纳税调整只有一个方面:当年纳入管理费用的党组织工作经费超过职工年度工资薪金总额1%的部分,不得在税前扣除,应调增所得。

【例7-31】假设某国有控股企业2017年、2018年和2019年职工年度工资薪金总额分别为8 000万元、8 400万元和8 820万元,每年纳入管理费用的党组织工作经费按职工年度工资薪金总额的1%计提,2017年、2018年和2019年纳入管理费用的党组织工作经费分别为80万元、84万元和88.2万元。2017年、2018年和2019年纳入管理费用的党组织工作经费分别结余64万元、67.2万元和70.56万元,合计201.76万元。2019年职工年度工资薪金总额的2%为176.4万元,则纳入管理费用的党组织工作经费累计结转超过上一年度(2019年)职工工资总额2%的部分(金额为25.36万元),不得纳入2019年的管理费用,填报2019年度企业所得税年度纳税申报表时,应在表A105000第29行"(十六)党组织工作经费"调增所得25.36万元。该国有控股企业2019年度党组织工作经费纳税调整的填报见表7-30。

表7-30 国有企业党组织工作经费的纳税调整填报示例

A105000 纳税调整项目明细表(部分) 金额单位:元

行次	项目	账载金额 1	税收金额 2	调增金额 3	调减金额 4
	……				
12	二、扣除类调整项目	*	*		
	……				
29	(十六)党组织工作经费	882 000.00	628 400.00	253 600.00	0.00
	……				
46	合计(1+12+31+36+44+45)	*	*		

【例7-32】假设某民营企业2019年职工年度工资薪金总额为2 000万元,纳入管理费用的党组织工作经费实际支出23万元。填报2019年度企业所得税年度纳税申报表时,应在表A105000第29行"(十六)党组织工作经费"调增所得3万元。该民营企业2019年度党组织工作经费纳税调整的填报见表7-31。

表 7-31　非公有制企业党组织工作经费的纳税调整填报示例

A105000　　　　　　　　　　　纳税调整项目明细表（部分）　　　　　　　　　金额单位：元

行次	项目	账载金额	税收金额	调增金额	调减金额
		1	2	3	4
	……				
12	二、扣除类调整项目	*	*		
	……				
29	（十六）党组织工作经费	230 000.00	200 000.00	30 000.00	0.00
	……				
46	合计（1＋12＋31＋36＋44＋45）	*	*		

（十二）其他扣除类调整项目的填报

表 A105000 第 30 行"（十七）其他"填报其他因会计处理与税收规定有差异需纳税调整的扣除类项目金额，企业将货物、资产、劳务用于捐赠、广告等用途时，进行视同销售纳税调整后，对应支出的会计处理与税收规定有差异需纳税调整的金额填报在本行。若第 1 列≥第 2 列，第 3 列"调增金额"填报第 1－2 列金额；若第 1 列＜第 2 列，第 4 列"调减金额"填报第 1－2 列金额的绝对值。

如纳税人没有发生咨询顾问费支出而取得虚开的咨询顾问费发票，虽已在会计处理上作为期间费用处理，但依据税收规定不得在税前扣除，应在表 A105000 第 30 行"（十七）其他"调增所得。

有关视同销售纳税调整所得调整对应支出的金额，产生的税会差异调整，请参见广告费和业务宣传费支出及相应附表的填报、捐赠支出及相应附表的填报、业务招待费支出的填报中的有关分析和案例。

企业所得税政策与申报实务深度解析
（2020年版）

第八章

资产类项目所得税政策及其纳税调整的填报

本章要点

☞ 资产折旧和摊销的企业所得税政策

☞ 资产损失的企业所得税政策

☞ 资产折旧、摊销及其附表的填报

☞ 资产减值准备金的填报

☞ 资产损失及其附表的填报

第一节 资产类项目的企业所得税政策

依据《企业所得税法实施条例》第五十六条的规定,企业的各项资产,包括固定资产、生物资产、无形资产、长期待摊费用、投资资产、存货等。资产类项目的所得税政策主要讲解与资产折旧、摊销和损失相关的企业所得税政策。

一、资产折旧和摊销的企业所得税政策

(一)固定资产折旧

《企业所得税法》第十一条规定,在计算应纳税所得额时,企业按照规定计算的固定资产折旧,准予扣除。

1. 固定资产的标准和范围

《企业所得税法实施条例》第五十七条界定,《企业所得税法》第十一条所称固定资产,是指企业为生产产品、提供劳务、出租或者经营管理而持有的、使用时间超过12个月的非货币性资产,包括房屋、建筑物、机器、机械、运输工具以及其他与生产经营活动有关的设备、器具、工具等。

企业会计准则中作为投资性房地产核算的房屋、建筑物,依据税收规定,应作为固定资产处理。

2. 固定资产计税基础的一般规定

《企业所得税法实施条例》第五十八条规定,固定资产按照以下方法确定计税基础:

(1)外购的固定资产,以购买价款和支付的相关税费以及直接归属于使该资产达到预定用途发生的其他支出为计税基础;

(2)自行建造的固定资产,以竣工结算前发生的支出为计税基础;

(3)融资租入的固定资产,以租赁合同约定的付款总额和承租人在签订租赁合同过程中发生的相关费用为计税基础,租赁合同未约定付款总额的,以该资产的公允价值和承租人在签订租赁合同过程中发生的相关费用为计税基础;

(4)盘盈的固定资产,以同类固定资产的重置完全价值为计税基础;

(5)通过捐赠、投资、非货币性资产交换、债务重组等方式取得的固定资产,以该资产的公允价值和支付的相关税费为计税基础;

(6)改建的固定资产,除《企业所得税法》第十三条第(一)项和第(二)项规定的支出外,以改建过程中发生的改建支出增加计税基础。

以上所说的是固定资产初始计税基础的确定。《企业所得税法》实施条例第五十六条规定,企业持有各项资产期间资产增值或者减值,除国务院财政、税务主管部门规定可以确认损益外,不得调整该资产的计税基础。

3. 固定资产计税基础的特别规定

在有些情况下,固定资产的计税基础要延续;在另外一些情况下,固定资产的计税基础可能要重新确认。

1)不征税收入用于支出所形成的资产的计税基础　依据《企业所得税法实施条例》第二十八条的规定,企业的不征税收入用于支出所形成的资产,不得计算对应的折旧、摊销

扣除。也就是说,不征税收入用于支出所形成的资产其计税基础为零。

2)适用特殊性税务处理的企业重组中取得资产的计税基础 依据财税〔2009〕59号文件和《国家税务总局关于发布〈企业重组业务企业所得税管理办法〉的公告》(国家税务总局公告2010年第4号,以下简称税务总局公告2010年第4号)的规定,资产收购适用特殊性税务处理的,受让方取得转让方资产的计税基础,以被转让资产的原有计税基础确定;企业合并适用特殊性税务处理的,合并企业接受被合并企业资产的计税基础,以在被合并企业的原有计税基础确定;企业分立适用特殊性税务处理的,分立企业接受被分立企业资产的计税基础,以在被分立企业的原有计税基础确定;上述交易中有非股权支付的,要调整取得资产的计税基础。

3)融资性售后回租资产的计税基础 依据税务总局公告2010年第13号的规定,在融资性售后回租业务中,承租人出售资产的行为,不确认为销售收入,对融资性售后回租的资产,仍按承租人出售前原计税基础计提折旧。

4)未取得全额发票的固定资产投入使用后计税基础的确定 国税函〔2010〕79号文件第五条规定,企业固定资产投入使用后,由于工程款项尚未结清未取得全额发票的,可暂按合同规定的金额计入固定资产计税基础计提折旧,待发票取得后进行调整。但该项调整应在固定资产投入使用后12个月内进行。

5)推倒重置的房屋、建筑物和改扩建固定资产的计税基础 税务总局公告2011年第34号第四条规定,企业对房屋、建筑物固定资产在未足额提取折旧前进行改扩建的,如属于推倒重置的,该资产原值减除提取折旧后的净值,应并入重置后的固定资产计税成本,并在该固定资产投入使用后的次月起,按照税法规定的折旧年限,一并计提折旧;如属于提升功能、增加面积的,该固定资产的改扩建支出,并入该固定资产计税基础,并从改扩建完工投入使用后的次月起,重新按税法规定的该固定资产折旧年限计提折旧,如该改扩建后的固定资产尚可使用的年限低于税法规定的最低年限的,可以按尚可使用的年限计提折旧。

6)已税前扣除的维简费和安全生产费用用于资本性支出形成资产的计税基础 税务总局公告2011年第26号规定,自2011年5月1日起,本公告实施前企业按照有关规定提取的、且在税前扣除的煤矿企业维简费和高危行业企业安全生产费用,已用于资产投资、并形成相关资产部分成本的,该资产成本扣除上述部分成本后的余额,作为该资产的计税基础,按照《企业所得税法》规定的资产折旧或摊销年限,从本公告实施之日的次月开始,就该资产剩余折旧年限计算折旧或摊销费用,并在税前扣除。税务总局公告2013年第67号规定,自2013年1月1日起,除煤矿企业外,企业本在公告实施前按照有关规定提取且已在当期税前扣除的维简费,已用于资产投资并形成相关资产全部成本的,该资产提取的折旧或费用摊销额,不得税前扣除;已用于资产投资并形成相关资产部分成本的,该资产提取的折旧或费用摊销额中与该部分成本对应的部分,不得税前扣除。

7)政策性搬迁资产的计税基础 依据税务总局公告2012年第40号的规定,在本公告生效后签订搬迁协议的政策性搬迁项目:

(1)企业搬迁的资产,简单安装或不需要安装即可继续使用的,在该项资产重新投入使用后,就其净值按税法规定的该资产尚未折旧或摊销的年限,继续计提折旧或摊销。

(2)企业搬迁的资产,需要进行大修理后才能重新使用的,应就该资产的净值,加上大修理过程所发生的支出,为该资产的计税成本。在该项资产重新投入使用后,按该资产尚可使用的年限,计提折旧或摊销。

(3)税务总局公告2013年第11号明确,企业政策性搬迁被征用的资产,采取资产置换的,其换入资产的计税成本按被征用资产的净值,加上换入资产所支付的税费(涉及补价,还应加上补价款)计算确定。

对在国家税务总局2012年第40号公告生效前已经签订搬迁协议且尚未完成搬迁清算的企业政策性搬迁项目,税务总局公告2013年第11号规定,企业在重建或恢复生产过程中购置的各类资产,可以作为搬迁支出,从搬迁收入中扣除。但购置的各类资产,应剔除该搬迁补偿收入后,作为该资产的计税基础。

8) 接受划入资产的计税基础　依据税务总局公告2014年第29号的规定,县级以上人民政府(包括政府有关部门,下同)将国有资产明确以股权投资方式投入企业,企业应作为国家资本金(包括资本公积)处理。该项资产如为非货币性资产,应按政府确定的接收价值确定计税基础。企业接收股东划入资产(包括股东赠予资产、上市公司在股权分置改革过程中接收原非流通股股东和新非流通股股东赠予的资产、股东放弃本企业的股权,下同),凡合同、协议约定作为资本金(包括资本公积)且在会计上已做实际处理的,不计入企业的收入总额,企业应按公允价值确定该项资产的计税基础。

9) 取得划转资产适用特殊性税务处理的计税基础　依据财税〔2014〕109号文件的规定,资产划转业务适用特殊性税务处理的,划入方企业取得被划转资产的计税基础,以被划转资产的原账面净值确定。

10) 全民所有制企业公司制改制评估增值资产的计税基础　依据《国家税务总局关于全民所有制企业公司制改制企业所得税处理问题的公告》(国家税务总局公告2017年第34号,以下简称税务总局公告2017年第34号)的规定,全民所有制企业改制为国有独资公司或者国有全资子公司,改制中资产评估增值不计入应纳税所得额;资产的计税基础按其原有计税基础确定;资产增值部分的折旧或者摊销不得在税前扣除。

11) 会计上提取减值准备的固定资产的计税基础　会计上提取减值准备的固定资产,不得减少其计税基础。

4. 固定资产净残值

《企业所得税法实施条例》第五十九条规定,企业应当根据固定资产的性质和使用情况,合理确定固定资产的预计净残值。固定资产的预计净残值一经确定,不得变更。

5. 不得计算折旧在税前扣除的固定资产范围

《企业所得税法》第十一条规定,下列固定资产不得计算折旧扣除:

(1)房屋、建筑物以外未投入使用的固定资产;

(2)以经营租赁方式租入的固定资产;

(3)以融资租赁方式租出的固定资产;

(4)已足额提取折旧仍继续使用的固定资产;

(5)与经营活动无关的固定资产;

(6)单独估价作为固定资产入账的土地;

(7)其他不得计算折旧扣除的固定资产。

依据《企业所得税法实施条例》第二十八条规定,企业的不征税收入用于支出所形成的资产,不得扣除或者计算对应的折旧、摊销扣除。

国税发〔2009〕31号文件第二十四条规定,房地产开发企业的开发产品转为自用的,其实际使用时间累计未超过12个月又销售的,不得在税前扣除折旧费用。

6. 固定资产最低折旧年限

《企业所得税法实施条例》第六十条规定,除国务院财政、税务主管部门另有规定外,固定资产计算折旧的最低年限如下:

(1)房屋、建筑物,为20年;

(2)飞机、火车、轮船、机器、机械和其他生产设备,为10年;

(3)与生产经营活动有关的器具、工具、家具等,为5年;

(4)飞机、火车、轮船以外的运输工具,为4年;

(5)电子设备,为3年。

依据《企业所得税法实施条例》第六十八条第二款的规定,改建的固定资产延长使用年限的,除已足额提取折旧的固定资产的改建支出和租入固定资产的改建支出外,应当适当延长折旧年限。

7. 固定资产折旧方法

《企业所得税法实施条例》第五十九条规定,固定资产按照直线法计算的折旧,准予扣除。企业应当自固定资产投入使用月份的次月起计算折旧;停止使用的固定资产,应当自停止使用月份的次月起停止计算折旧。

《企业所得税法实施条例》第六十一条明确,从事开采石油、天然气等矿产资源的企业,在开始商业性生产前发生的费用和有关固定资产的折耗、折旧方法,由国务院财政、税务主管部门另行规定。依据《财政部 国家税务总局关于开采油(气)资源企业费用和有关固定资产折耗摊销折旧税务处理问题的通知》(财税〔2009〕49号,以下简称财税〔2009〕49号文件)的规定,从事开采石油、天然气(包括煤层气,下同)的矿产资源油气企业(以下简称油气企业)在开始商业性生产之前发生的开发支出,可不分用途,全部累计作为开发资产的成本,自对应的油(气)田开始商业性生产月份的次月起,可不留残值,按直线法计提的折旧准予扣除,其最低折旧年限为8年。

8. 新法实施后继续使用原有固定资产的折旧问题

国税函〔2009〕98号文件第一条明确,新税法实施前已投入使用的固定资产,企业已按原税法规定预计净残值并计提的折旧,不做调整。新税法实施后,对此类继续使用的固定资产,可以重新确定其残值,并就其尚未计提折旧的余额,按照新税法规定的折旧年限减去已经计提折旧的年限后的剩余年限,按照新税法规定的折旧方法计算折旧。新税法实施后,固定资产原确定的折旧年限不违背新税法规定原则的,也可以继续执行。

(二)生产性生物资产折旧

《企业所得税法实施条例》第六十二条界定,生产性生物资产是指企业为生产农产品、提供劳务或者出租等而持有的生物资产,包括经济林、薪炭林、产畜和役畜等。

1. 生产性生物资产的计税基础

《企业所得税法实施条例》第六十二条规定,生产性生物资产按照以下方法确定计税基础:

(1)外购的生产性生物资产,以购买价款和支付的相关税费为计税基础;

(2)通过捐赠、投资、非货币性资产交换、债务重组等方式取得的生产性生物资产,以该资产的公允价值和支付的相关税费为计税基础。

2. 生产性生物资产的净残值

《企业所得税法实施条例》第六十三条规定,企业应当根据生产性生物资产的性质和使用情况,合理确定生产性生物资产的预计净残值。生产性生物资产的预计净残值一经确定,不得变更。

3. 生产性生物资产的最低折旧年限

《企业所得税法实施条例》第六十四条规定,生产性生物资产计算折旧的最低年限如下:

(1)林木类生产性生物资产,为10年;

(2)畜类生产性生物资产,为3年。

4. 生产性生物资产的折旧方法

《企业所得税法实施条例》第六十三条规定,生产性生物资产按照直线法计算的折旧,准予扣除。企业应当自生产性生物资产投入使用月份的次月起计算折旧;停止使用的生产性生物资产,应当自停止使用月份的次月起停止计算折旧。

(三)无形资产摊销

《企业所得税法》第十二条规定,在计算应纳税所得额时,企业按照规定计算的无形资产摊销费用,准予扣除。

1. 无形资产的范围

《企业所得税法实施条例》第六十五条界定,《企业所得税法》第十二条所称无形资产,是指企业为生产产品、提供劳务、出租或者经营管理而持有的、没有实物形态的非货币性长期资产,包括专利权、商标权、著作权、土地使用权、非专利技术、商誉等。

企业会计准则中作为投资性房地产核算的土地使用权,依据税收规定,应作为无形资产处理。

2. 无形资产的计税基础

《企业所得税法实施条例》第六十六条规定,无形资产按照以下方法确定计税基础:

(1)外购的无形资产,以购买价款和支付的相关税费以及直接归属于使该资产达到预定用途发生的其他支出为计税基础;

(2)自行开发的无形资产,以开发过程中该资产符合资本化条件后至达到预定用途前发生的支出为计税基础;

(3)通过捐赠、投资、非货币性资产交换、债务重组等方式取得的无形资产,以该资产的公允价值和支付的相关税费为计税基础。

3. 不得计算摊销费用在税前扣除的无形资产范围

《企业所得税法》第十二条规定,下列无形资产不得计算摊销费用扣除:

(1)自行开发的支出已在计算应纳税所得额时扣除的无形资产;

(2)自创商誉;

(3)与经营活动无关的无形资产;

(4)其他不得计算摊销费用扣除的无形资产。

4. 无形资产摊销年限

《企业所得税法实施条例》第六十七条规定,无形资产的摊销年限不得低于10年。作为投资或者受让的无形资产,有关法律规定或者合同约定了使用年限的,可以按照规定或者约定的使用年限分期摊销。

依据财税〔2009〕49号文件的规定,油气企业在开始商业性生产前发生的矿区权益支出,可在发生的当期,从本企业其他油(气)田收入中扣除;或者自对应的油(气)田开始商业性生产月份的次月起,分3年按直线法计提的折耗准予扣除。

5. 无形资产摊销方法

《企业所得税法实施条例》第六十七条规定,无形资产按照直线法计算的摊销费用,准予扣除。外购商誉的支出,在企业整体转让或者清算时,准予扣除。

(四)长期待摊费用摊销

依据《企业所得税法》第十三条的规定,在计算应纳税所得额时,企业的长期待摊费用按照规定摊销的,准予扣除。

1. 长期待摊费用的范围

依据《企业所得税法》第十三条的规定,企业发生的下列支出作为长期待摊费用:

(1)已足额提取折旧的固定资产的改建支出。

(2)租入固定资产的改建支出。《企业所得税法实施条例》第六十八条明确,固定资产的改建支出,是指改变房屋或者建筑物结构、延长使用年限等发生的支出。

(3)固定资产的大修理支出。《企业所得税法实施条例》第六十九条规定,固定资产的大修理支出,是指同时符合下列条件的支出:①修理支出达到取得固定资产时的计税基础50%以上;②修理后固定资产的使用年限延长2年以上。

(4)其他应当作为长期待摊费用的支出。

2. 长期待摊费用的摊销

(1)《企业所得税法实施条例》第六十八条第二款规定,已足额提取折旧的固定资产的改建支出,按照固定资产预计尚可使用年限分期摊销。

(2)《企业所得税法实施条例》第六十八条第三款规定,租入固定资产的改建支出,按照合同约定的剩余租赁期限分期摊销。

(3)《企业所得税法实施条例》第六十九条第二款规定,固定资产的大修理支出,按照固定资产尚可使用年限分期摊销。

(4)《企业所得税法实施条例》第七十条规定,其他应当作为长期待摊费用的支出,自支出发生月份的次月起,分期摊销,摊销年限不得低于3年。

对开(筹)办费的税务处理,国税函〔2009〕98号文件第九条规定,新税法中开(筹)办费未明确列作长期待摊费用,企业可以在开始经营之日的当年一次性扣除,也可以按照新税法有关长期待摊费用的处理规定处理,但一经选定,不得改变。企业在新税法实施以前年度的未摊销完的开办费,也可根据上述规定处理。

二、资产损失的企业所得税政策

(一)资产损失的范围

《财政部 国家税务总局关于企业资产损失税前扣除政策的通知》(财税〔2009〕57号,

以下简称财税〔2009〕57号文件）界定，本通知所称资产损失，是指企业在生产经营活动中实际发生的、与取得应税收入有关的资产损失，包括现金损失，存款损失，坏账损失，贷款损失，股权投资损失，固定资产和存货的盘亏、毁损、报废、被盗损失，自然灾害等不可抗力因素造成的损失以及其他损失。在这一概念中，限定了资产损失仅包括与取得应税收入有关的资产损失，没有包括与取得免税收入有关的资产损失。其后，《国家税务总局关于印发〈企业资产损失税前扣除管理办法〉的通知》（国税发〔2009〕88号，已被税务总局公告2011年第25号全文废止）在界定资产的范围时也限定为与取得应税收入有关的资产。国税发〔2009〕88号文件界定，本办法所称资产是指企业拥有或者控制的、用于经营管理活动且与取得应税收入有关的资产，包括现金、银行存款、应收及预付款项（包括应收票据）等货币资产，存货、固定资产、在建工程、生产性生物资产等非货币资产，以及债权性投资和股权（权益）性投资。

由于前两个文件均没有包括与取得免税收入有关的资产（损失），《国家税务总局关于发布〈企业资产损失所得税税前扣除管理办法〉的公告》（国家税务总局公告2011年第25号，以下简称税务总局公告2011年第25号）重新界定，本办法所称资产是指企业拥有或者控制的、用于经营管理活动相关的资产，包括现金、银行存款、应收及预付款项（包括应收票据、各类垫款、企业之间往来款项）等货币性资产，存货、固定资产、无形资产、在建工程、生产性生物资产等非货币性资产，以及债权性投资和股权（权益）性投资。在重新界定的这一概念中，删除了"与取得应税收入有关"的表述，也就是说，与免税收入相关的资产损失，也纳入了税前扣除的资产损失范围。但不应把与不征税收入相关的资产损失，也纳入税前扣除的资产损失范围。不征税收入用于支出所形成的资产发生损失，应不得在税前扣除，因为不征税收入本质上就不属于企业所得税的征税范围，其形成的支出无论是费用化还是资本化均不得在税前扣除，其形成的支出资本化的，无论是折旧、摊销，还是资产损失，也均不得在税前扣除。而到目前为止，没有政策明确不征税收入用于支出所形成的资产发生损失不得在税前扣除。

（二）资产损失的分类

税务总局公告2011年第25号把准予在企业所得税税前扣除的资产损失分为实际资产损失与法定资产损失两类：

（1）实际资产损失，指企业在实际处置、转让上述资产过程中发生的合理损失。

（2）法定资产损失，指企业虽未实际处置、转让上述资产，但符合财税〔2009〕57号文件和税务总局公告2011年第25号规定条件计算确认的损失。

由此可见，实际资产损失与法定资产损失是以是否已实际处置、转让资产划分的。一般情况下，实际处置、转让资产是交易，未实际处置、转让资产往往不是交易。

（三）资产损失税前扣除的方式

税务总局公告2011年第25号规定，企业发生的资产损失，应按规定的程序和要求向主管税务机关申报后方能在税前扣除。未经申报的损失，不得在税前扣除。《国家税务总局关于企业所得税资产损失资料留存备查有关事项的公告》（国家税务总局公告2018年第15号，以下简称税务总局公告2018年第15号）明确，企业向税务机关申报扣除资产损失，仅需填报企业所得税年度纳税申报表《资产损失税前扣除及纳税调整明细表》（A105090），不再报送资产损失相关资料。相关资料由企业留存备查。企业应当完整保存资产损失相关资料,保证资料的真实性、合法性。

税务总局公告2011年第25号将企业资产损失按其申报内容和要求的不同,分为清单申报和专项申报两种申报形式。

1. 清单申报扣除的资产损失

税务总局公告2011年第25号规定,下列资产损失,应以清单申报的方式向税务机关申报扣除:

(1)企业在正常经营管理活动中,按照公允价格销售、转让、变卖非货币资产的损失;

(2)企业各项存货发生的正常损耗;

(3)企业固定资产达到或超过使用年限而正常报废清理的损失;

(4)企业生产性生物资产达到或超过使用年限而正常死亡发生的资产损失;

(5)企业按照市场公平交易原则,通过各种交易场所、市场等买卖债券、股票、期货、基金以及金融衍生产品等发生的损失。

属于清单申报的资产损失,企业可按会计核算科目进行归类、汇总,有关会计核算资料和纳税资料留存备查。

《国家税务总局公告关于商业零售企业存货损失税前扣除问题的公告》(国家税务总局公告2014年第3号,以下简称税务总局公告2014年第3号)明确,商业零售企业存货因零星失窃、报废、废弃、过期、破损、腐败、鼠咬、顾客退换货等正常因素形成的损失,为存货正常损失,准予按会计科目进行归类、汇总,然后再将汇总数据以清单的形式进行企业所得税纳税申报,同时出具损失情况分析报告。依据现行税收政策的规定,这里是否也应改为留存备查损失情况分析报告?

2. 专项申报扣除的资产损失

税务总局公告2011年第25号明确,清单申报以外的资产损失,应以专项申报的方式向税务机关申报扣除。企业无法准确判别是否属于清单申报扣除的资产损失,可以采取专项申报的形式申报扣除。《国家税务总局关于企业因国务院决定事项形成的资产损失税前扣除问题的公告》(税务总局公告2014年第18号)要求,企业因国务院决定事项形成的资产损失,应以专项申报的方式向主管税务机关申报扣除。

依据税务总局公告2011年第25号和《国家税务总局关于取消20项税务证明事项的公告》(国家税务总局公告2018年第65号,以下简称税务总局公告2018年第65号)的规定,企业按独立交易原则向关联企业转让资产而发生的损失,或向关联企业提供借款、担保而形成的债权损失,准予扣除,但企业应作专项说明,由纳税人留存备查自行出具的有法定代表人、主要负责人和财务负责人签章证实有关损失的书面申明和相关材料。

依据税务总局公告2014年第3号的规定,商业零售企业存货因风、火、雷、震等自然灾害,仓储、运输失事,重大案件等非正常因素形成的损失,为存货非正常损失,应当以专项申报形式进行企业所得税纳税申报。存货单笔(单项)损失超过500万元的,无论何种因素形成的,均应以专项申报方式进行企业所得税纳税申报。

3. 汇总纳税企业资产损失的申报

结合税务总局公告2011年第25号和税务总局公告2012年第57号的规定,汇总纳税企业发生的资产损失,应按以下规定申报扣除:

(1)总机构及二级分支机构发生的资产损失,除应按专项申报和清单申报的有关规定各自向所在地主管税务机关申报外,二级分支机构还应同时上报总机构;三级及以下分支机构发生的资产损失不需向所在地主管税务机关申报,应并入二级分支机构,由二级分支机构统一申报。

(2)总机构对各分支机构上报的资产损失,除税务机关另有规定外,应以清单申报的形式向所在地主管税务机关申报。

(3)总机构将分支机构所属资产捆绑打包转让所发生的资产损失,由总机构向所在地主管税务机关专项申报。

需要特别说明的是,《国家税务总局公告2018年第57号:关于修订〈中华人民共和国企业所得税年度纳税申报表(A类,2017年版)〉部分表单样式及填报说明的公告》(税务总局公告2018年第57号,税务总局公告2019年第3号修改)在修订2017年版企业所得税年度纳税申报表时,表A105090不再区分清单申报和专项申报,而是依据税务总局公告2011年第25号按资产损失的类别申报。

(四)资产损失税前扣除的时间

税务总局公告2011年第25号要求,企业实际资产损失,应当在其实际发生且会计上已作损失处理的年度申报扣除;法定资产损失,应当在企业证明该项资产已符合法定资产损失确认条件,且会计上已作损失处理的年度申报扣除。

对企业以前年度发生的资产损失未能在当年税前扣除的,税务总局公告2011年第25号明确,企业可以按照本办法的规定,向税务机关说明并进行专项申报扣除。其中,属于实际资产损失,准予追补至该项损失发生年度扣除,其追补确认期限一般不得超过五年,但因计划经济体制转轨过程中遗留的资产损失、企业重组上市过程中因权属不清出现争议而未能及时扣除的资产损失、因承担国家政策性任务而形成的资产损失以及政策定性不明确而形成资产损失等特殊原因形成的资产损失,其追补确认期限经国家税务总局批准后可适当延长。属于法定资产损失,应在申报年度扣除。

企业因以前年度实际资产损失未在税前扣除而多缴的企业所得税税款,可在追补确认年度企业所得税应纳税款中予以抵扣,不足抵扣的,向以后年度递延抵扣。企业实际资产损失发生年度扣除追补确认的损失后出现亏损的,应先调整资产损失发生年度的亏损额,再按弥补亏损的原则计算以后年度多缴的企业所得税税款,并按前述办法进行税务处理。

(五)资产损失的金额

税收规定的资产损失金额一般为资产净值或资产成本减除保险赔款、责任人赔款和处置收入后的余额。资产净值是指资产的计税基础减除已经按照税法规定扣除的折旧、折耗、摊销、准备金等后的余额。

依据财税〔2009〕57号文件的规定,企业在计算应纳税所得额时已经扣除的资产损失,在以后纳税年度全部或者部分收回时,其收回部分应当作为收入计入收回当期的应纳税所得额。

财税〔2009〕57号文件要求,企业境内、境外营业机构发生的资产损失应分开核算,对境外营业机构由于发生资产损失而产生的亏损,不得在计算境内应纳税所得额时扣除。

(六)资产损失的证据

财税〔2009〕57号文件要求,企业对其扣除的各项资产损失,应当提供能够证明资产损失确属已实际发生的合法证据,包括具有法律效力的外部证据、具有法定资质的中介机构的经济鉴证证明、具有法定资质的专业机构的技术鉴定证明等。税务总局公告2011年第25号将企业资产损失的证据分为两类——具有法律效力的外部证据和特定事项的企业内部证据。

1. 外部证据

税务总局公告2011年第25号界定,具有法律效力的外部证据,是指司法机关、行政机关、专业技术鉴定部门等依法出具的与本企业资产损失相关的具有法律效力的书面文件,主要包括:

(1)司法机关的判决或者裁定;

(2)公安机关的立案结案证明、回复;

(3)工商部门出具的注销、吊销及停业证明;

(4)企业的破产清算公告或清偿文件;

(5)行政机关的公文;

(6)专业技术部门的鉴定报告;

(7)具有法定资质的中介机构的经济鉴定证明;

(8)仲裁机构的仲裁文书;

(9)保险公司对投保资产出具的出险调查单、理赔计算单等保险单据;

(10)符合法律规定的其他证据。

2. 内部证据

税务总局公告2011年第25号界定,特定事项的企业内部证据,是指会计核算制度健全、内部控制制度完善的企业,对各项资产发生毁损、报废、盘亏、死亡、变质等内部证明或承担责任的声明,主要包括:

(1)有关会计核算资料和原始凭证;

(2)资产盘点表;

(3)相关经济行为的业务合同;

(4)企业内部技术鉴定部门的鉴定文件或资料;

(5)企业内部核批文件及有关情况说明;

(6)对责任人由于经营管理责任造成损失的责任认定及赔偿情况说明;

(7)法定代表人、企业负责人和企业财务负责人对特定事项真实性承担法律责任的声明。

(七)现金损失的确认

财税〔2009〕57号文件规定,企业清查出的现金短缺减除责任人赔偿后的余额,作为现金损失在计算应纳税所得额时扣除。税务总局公告2011年第25号要求,现金损失应依以下证据材料确认:

(1)现金保管人确认的现金盘点表(包括倒推至基准日的记录);

(2)现金保管人对于短款的说明及相关核准文件;

(3)对责任人由于管理责任造成损失的责任认定及赔偿情况的说明;

(4)涉及刑事犯罪的,应提供司法机关的涉案材料;

(5)金融机构出具的假币收缴证明。

(八) 存款损失的确认

财税〔2009〕57号文件规定,企业将货币性资金存入法定具有吸收存款职能的机构,因该机构依法破产、清算,或者政府责令停业、关闭等原因,确实不能收回的部分,作为存款损失在计算应纳税所得额时扣除。税务总局公告2011年第25号要求,企业因金融机构清算而发生的存款类资产损失应依据以下证据材料确认:

(1) 企业存款类资产的原始凭据;

(2) 金融机构破产、清算的法律文件;

(3) 金融机构清算后剩余资产分配情况资料。

金融机构应清算而未清算超过三年的,企业可将该款项确认为资产损失,但应有法院或破产清算管理人出具的未完成清算证明。这就是一种法定资产损失。

(九) 坏账损失的确认

1. 坏账损失的确认条件

依据财税〔2009〕57号文件的规定,企业除贷款类债权外的应收、预付账款符合下列条件之一的,减除可收回金额后确认的无法收回的应收、预付款项,可以作为坏账损失在计算应纳税所得额时扣除:

(1) 债务人依法宣告破产、关闭、解散、被撤销,或者被依法注销、吊销营业执照,其清算财产不足清偿的;

(2) 债务人死亡,或者依法被宣告失踪、死亡,其财产或者遗产不足清偿的;

(3) 债务人逾期3年以上未清偿,且有确凿证据证明已无力清偿债务的;

(4) 与债务人达成债务重组协议或法院批准破产重整计划后,无法追偿的;

(5) 因自然灾害、战争等不可抗力导致无法收回的;

(6) 国务院财政、税务主管部门规定的其他条件。

2. 坏账损失的确认证据

依据税务总局公告2011年第25号的规定,企业应收及预付款项坏账损失应依据以下相关证据材料确认:

(1) 相关事项合同、协议或说明;

(2) 属于债务人破产清算的,应有人民法院的破产、清算公告;

(3) 属于诉讼案件的,应出具人民法院的判决书或裁决书或仲裁机构的仲裁书,或者被法院裁定终(中)止执行的法律文书;

(4) 属于债务人停止营业的,应有工商部门注销、吊销营业执照证明;

(5) 属于债务人死亡、失踪的,应有公安机关等有关部门对债务人个人的死亡、失踪证明;

(6) 属于债务重组的,应有债务重组协议及其债务人重组收益纳税情况说明;

(7) 属于自然灾害、战争等不可抗力而无法收回的,应有债务人受灾情况说明以及放弃债权申明。

3. 逾期应收款项损失的认定

依据税务总局公告2011年第25号的规定,企业逾期三年以上的应收款项在会计上已作为损失处理的,可以作为坏账损失,但应说明情况,并出具专项报告。这里应该改为:由纳税人留存备查自行出具的有法定代表人、主要负责人和财务负责人签章证实有关损失的书面申明和相关材料。这项损失也属于法定资产损失。

企业逾期一年以上,单笔数额不超过五万或者不超过企业年度收入总额万分之一的应收款项,会计上已经作为损失处理的,可以作为坏账损失,但应说明情况,并出具专项报告。这里也应该改为:由纳税人留存备查自行出具的有法定代表人、主要负责人和财务负责人签章证实有关损失的书面申明和相关材料。这项损失也属于法定资产损失。

4. 担保损失的认定

税务总局公告2011年第25号明确,企业对外提供与本企业生产经营活动有关的担保,因被担保人不能按期偿还债务而承担连带责任,经追索,被担保人无偿还能力,对无法追回的金额,比照应收款项损失进行处理。与本企业生产经营活动有关的担保是指企业对外提供的与本企业应税收入、投资、融资、材料采购、产品销售等生产经营活动相关的担保。

依据国税发〔2009〕31号文件第十九条的规定,房地产开发企业采取银行按揭方式销售开发产品的,凡约定企业为购买方的按揭贷款提供担保的,其销售开发产品时向银行提供的保证金(担保金)不得从销售收入中减除,也不得作为费用在当期税前扣除,但实际发生损失时可据实扣除。

(十)存货损失和工程物资损失的确认

税务总局公告2011年第25号明确,工程物资发生损失,可比照本办法存货损失的规定确认。

1. 存货盘亏损失的确认

依据财税〔2009〕57号文件的规定,对企业盘亏的存货,以该存货的成本减除责任人赔偿后的余额,作为存货盘亏损失在计算应纳税所得额时扣除。税务总局公告2011年第25号明确,存货盘亏损失,为其盘亏金额扣除责任人赔偿后的余额,并明确应依据以下证据材料确认:

(1)存货计税成本确定依据;

(2)企业内部有关责任认定、责任人赔偿说明和内部核批文件;

(3)存货盘点表;

(4)存货保管人对于盘亏的情况说明。

2. 存货报废、毁损或变质损失的确认

依据财税〔2009〕57号文件的规定,对企业毁损、报废的存货,以该存货的成本减除残值、保险赔款和责任人赔偿后的余额,作为存货毁损、报废损失在计算应纳税所得额时扣除。税务总局公告2011年第25号明确,存货报废、毁损或变质损失,为其计税成本扣除残值及责任人赔偿后的余额,并明确应依据以下证据材料确认:

(1)存货计税成本的确定依据;

(2)企业内部关于存货报废、毁损、变质、残值情况说明及核销资料;

(3)涉及责任人赔偿的,应当有赔偿情况说明;

(4)该项损失数额较大的(指占企业该类资产计税成本10%以上,或减少当年应纳税所得、增加亏损10%以上,下同),依据税务总局公告2018年第65号的规定,纳税人应留存备查自行出具的有法定代表人、主要负责人和财务负责人签章证实有关损失的书面申明和相关材料。

房地产开发企业的开发产品是房地产开发企业的存货。国税发〔2009〕31号文件第二十三条规定,房地产开发企业开发产品(以成本对象为计量单位)整体报废或毁损,其净损失按有关规定审核确认后准予在税前扣除。

国税发〔2009〕31号文件第二十二条还明确,房地产开发企业因国家无偿收回土地使用权而形成的损失,可作为资产损失按有关规定在税前扣除。

对房地产开发企业取得的土地使用权来说,如果没有立项,应记入"无形资产——土地使用权",如果已立项、未开发或开发产品未完工,应记入"开发成本",如果开发产品已完工,应记入"开发产品",因此,因国家无偿收回土地使用权而形成的损失,应区别情形分别按无形资产损失、存货损失确认。

3. 存货被盗损失的确认

依据财税〔2009〕57号文件的规定,对企业被盗的存货,以该存货的成本减除保险赔款和责任人赔偿后的余额,作为存货被盗损失在计算应纳税所得额时扣除。税务总局公告2011年第25号明确,存货被盗损失,为其计税成本扣除保险理赔以及责任人赔偿后的余额,并明确应依据以下证据材料确认:

(1)存货计税成本的确定依据;

(2)向公安机关的报案记录;

(3)涉及责任人和保险公司赔偿的,应有赔偿情况说明等。

4. 特殊的存货损失和工程物资损失的确认

(1)依据财税〔2009〕57号文件的规定,企业因存货盘亏、毁损、报废、被盗等原因不得从增值税销项税额中抵扣的进项税额,可以与存货损失一起在计算应纳税所得额时扣除。

(2)《财政部 国家税务总局 中宣部关于继续实施文化体制改革中经营性文化事业单位转制为企业若干税收政策的通知》(财税〔2014〕84号)规定,转制为企业的出版、发行单位处置库存呆滞出版物形成的损失,自2014年1月1日至2018年12月31日,允许按照税收法律法规的规定在企业所得税前扣除。

(3)《财政部 海关总署 国家税务总局关于继续实施支持文化企业发展若干税收政策的通知》(财税〔2014〕85号)规定,出版、发行企业处置库存呆滞出版物形成的损失,自2014年1月1日至2018年12月31日,允许按照税收法律法规的规定在企业所得税前扣除。

(十一)固定资产损失的确认

1. 固定资产盘亏、丢失损失的确认

依据财税〔2009〕57号文的规定,对企业盘亏的固定资产,以该固定资产的账面净值减除责任人赔偿后的余额,作为固定资产盘亏损失在计算应纳税所得额时扣除。税务总局公告2011年第25号第二十九条明确,固定资产盘亏、丢失损失,为其账面净值扣除责任人赔偿后的余额,并明确应依据以下证据材料确认:

(1)企业内部有关责任认定和核销资料;

(2)固定资产盘点表;

(3)固定资产的计税基础相关资料;

(4)固定资产盘亏、丢失情况说明;

(5)损失金额较大的,依据税务总局公告2018年第65号的规定,纳税人应留存备查自行出具的有法定代表人、主要负责人和财务负责人签章证实有关损失的书面申明和相关材料。

这里需要说明的是,财税〔2009〕57号文件和税务总局公告2011年第25号在表述固定资产盘亏、丢失损失金额时,均使用了"账面净值"一词,后面也有类似问题。而从税收角度来说,最好用"计税基础"一词。

2. 固定资产报废、毁损损失的确认

依据财税〔2009〕57号文件的规定,对企业毁损、报废的固定资产,以该固定资产的账面净值减除残值、保险赔款和责任人赔偿后的余额,作为固定资产毁损、报废损失在计算应纳税所得额时扣除。税务总局公告2011年第25号明确,固定资产报废、毁损损失,为其账面净值扣除残值和责任人赔偿后的余额,并明确应依据以下证据材料确认:

(1)固定资产的计税基础相关资料;
(2)企业内部有关责任认定和核销资料;
(3)企业内部有关部门出具的鉴定材料;
(4)涉及责任赔偿的,应当有赔偿情况的说明;
(5)损失金额较大的或自然灾害等不可抗力原因造成固定资产毁损、报废的,依据税务总局公告2018年第65号的规定,纳税人应留存备查自行出具的有法定代表人、主要负责人和财务负责人签章证实有关损失的书面申明和相关材料。

《国家税务总局关于电网企业输电线路部分报废损失税前扣除问题的公告》(税务总局公告2010年第30号)规定,自2011年1月1日起,由于加大水电送出和增强电网抵御冰雪能力需要等原因,电网企业对原有输电线路进行改造,部分铁塔和线路拆除报废,形成部分固定资产损失。考虑到该部分资产已形成实质性损失,可以按照有关税收规定作为企业固定资产损失允许税前扣除。前述部分固定资产损失,应按照该固定资产的总计税价格,计算每基铁塔和每公里线路的计税价格后,根据报废的铁塔数量和线路长度以及已计提折旧情况确定。前述报废的部分固定资产,其中部分能够重新利用的,应合理计算价格,冲减当年度固定资产损失。

3. 固定资产被盗损失的确认

依据财税〔2009〕57号文件的规定,对企业被盗的固定资产,以该固定资产的账面净值减除保险赔款和责任人赔偿后的余额,作为固定资产被盗损失在计算应纳税所得额时扣除。税务总局公告2011年第25号明确,固定资产被盗损失,为其账面净值扣除责任人赔偿后的余额,并明确应依据以下证据材料确认:

(1)固定资产计税基础相关资料;
(2)公安机关的报案记录,公安机关立案、破案和结案的证明材料;
(3)涉及责任赔偿的,应有赔偿责任的认定及赔偿情况的说明等。

4. 固定资产损失后,进项税额的扣除方法

企业因固定资产盘亏、毁损、报废、被盗等原因不得从增值税销项税额中抵扣的进项税额,可以与固定资产损失一起在计算应纳税所得额时扣除。

(十二)在建工程停建、报废损失的确认

依据税务总局公告2011年第25号的规定,在建工程停建、报废损失,为其工程项目投资账面价值扣除残值后的余额,并明确应依据以下证据材料确认:

（1）工程项目投资账面价值确定依据；

（2）工程项目停建原因说明及相关材料；

（3）因质量原因停建、报废的工程项目和因自然灾害和意外事故停建、报废的工程项目，依据税务总局公告2018年第65号的规定，纳税人应留存备查自行出具的有法定代表人、主要负责人和财务负责人签章证实有关损失的书面申明和相关材料。

（十三）生产性生物资产损失的确认

1. 生产性生物资产盘亏损失的确认

依据税务总局公告2011年第25号的规定，生产性生物资产盘亏损失，为其账面净值扣除责任人赔偿后的余额，并明确应依据以下证据材料确认：

（1）生产性生物资产盘点表；

（2）生产性生物资产盘亏情况说明；

（3）生产性生物资产损失金额较大的，依据税务总局公告2018年第65号的规定，纳税人应留存备查自行出具的有法定代表人、主要负责人和财务负责人签章证实有关损失的书面申明和相关材料。

2. 生产性生物资产病亡损失的确认

依据税务总局公告2011年第25号的规定，因森林病虫害、疫情、死亡而产生的生产性生物资产损失，为其账面净值扣除残值、保险赔偿和责任人赔偿后的余额，并明确应依据以下证据材料确认：

（1）损失情况说明；

（2）责任认定及其赔偿情况的说明；

（3）损失金额较大的，依据税务总局公告2018年第65号的规定，纳税人应留存备查自行出具的有法定代表人、主要负责人和财务负责人签章证实有关损失的书面申明和相关材料。

3. 生产性生物资产被盗、丢失损失的确认

依据税务总局公告2011年第25号的规定，对被盗伐、被盗、丢失而产生的生产性生物资产损失，为其账面净值扣除保险理赔以及责任人赔偿后的余额，并明确应依据下列证据材料确认：

（1）生产性生物资产被盗后，向公安机关的报案记录或公安机关立案、破案和结案的证明材料；

（2）责任认定及其赔偿情况的说明。

（十四）抵押资产损失的确认

依据税务总局公告2011年第25号的规定，企业由于未能按期赎回抵押资产，使抵押资产被拍卖或变卖，其账面净值大于变卖价值的差额，可认定为资产损失，按以下证据材料确认：

（1）抵押合同或协议书；

（2）拍卖或变卖证明、清单；

（3）会计核算资料等其他相关证据材料。

（十五）无形资产损失的确认

依据税务总局公告2011年第25号和税务总局公告2018年第15号的规定，被其他新

技术所代替或已经超过法律保护期限,已经丧失使用价值和转让价值,尚未摊销的无形资产损失,按以下证据材料确认：

（1）会计核算资料；

（2）企业内部核批文件及有关情况说明；

（3）依据税务总局公告2018年第65号的规定,纳税人应留存备查自行出具的有法定代表人、主要负责人和财务负责人签章证实有关损失的书面申明和相关材料；

（4）无形资产的法律保护期限文件。

（十六）债权投资损失的确认

1. 贷款类债权投资损失的确认条件

财税〔2009〕57号文件的规定,企业经采取所有可能的措施和实施必要的依据程序之后,符合下列条件之一的贷款类债权,可以作为贷款损失在计算应纳税所得额时扣除：

（1）借款人和担保人依法宣告破产、关闭、解散、被撤销,并终止法人资格,或者已完全停止经营活动,被依法注销、吊销营业执照,对借款人和担保人进行追偿后,未能收回的债权；

（2）借款人死亡,或者依法被宣告失踪、死亡,依法对其财产或者遗产进行清偿,并对担保人进行追偿后,未能收回的债权；

（3）借款人遭受重大自然灾害或者意外事故,损失巨大且不能获得保险补偿,或者以保险赔偿后,确实无力偿还部分或者全部债务,对借款人财产进行清偿和对担保人进行追偿后,未能收回的债权；

（4）借款人触犯刑律,依法受到制裁,其财产不足归还所借债务,又无其他债务承担者,经追偿后确实无法收回的债权；

（5）由于借款人和担保人不能偿还到期债务,企业诉诸法律,经法院对借款人和担保人强制执行,借款人和担保人均无财产可执行,法院裁定执行程序终结或终止（中止）后,仍无法收回的债权；

（6）由于借款人和担保人不能偿还到期债务,企业诉诸法律后,经法院调解或经债权人会议通过,与借款人和担保人达成和解协议或重整协议,在借款人和担保人履行完还款义务后,无法追偿的剩余债权；

（7）由于上述（1）至（6）项原因借款人不能偿还到期债务,企业依法取得抵债资产,抵债金额小于贷款本息的差额,经追偿后仍无法收回的债权；

（8）开立信用证、办理承兑汇票、开具保函等发生垫款时,凡开证申请人和保证人由于上述（1）至（7）项原因,无法偿还垫款,金融企业经追偿后仍无法收回的垫款；

（9）银行卡持卡人和担保人由于上述（1）至（7）项原因,未能还清透支款项,金融企业经追偿后仍无法收回的透支款项；

（10）助学贷款逾期后,在金融企业确定的有效追索期限内,依法处置助学贷款抵押物（质押物）,并向担保人追索连带责任后,仍无法收回的贷款；

（11）经国务院专案批准核销的贷款类债权；

（12）国务院财政、税务主管部门规定的其他条件。

税务总局公告2011年第25号还明确,企业委托金融机构向其他单位贷款,或委托其他经营机构进行理财,到期不能收回贷款或理财款项,按照投资损失进行处理。

自2014年1月1日起至2018年12月31日,依据《财政部 国家税务总局关于金融企业涉农贷款和中小企业贷款损失准备金税前扣除有关问题的通知》(财税〔2015〕3号)的规定,自2019年1月1日起执行至2023年12月31日,依据《财政部 国家税务总局关于金融企业涉农贷款和中小企业贷款损失准备金税前扣除有关政策的公告》(财政部 国家税务总局公告2019年第85号,以下简称财税公告2019年第85号)的规定,金融企业发生的符合条件的涉农贷款和中小企业贷款损失,应先冲减已在税前扣除的贷款损失准备金,不足冲减部分可据实在计算应纳税所得额时扣除。自2014年1月1日起至2018年12月31日,依据《财政部 国家税务总局关于金融企业贷款损失准备金企业所得税税前扣除有关政策的通知》(财税〔2015〕9号)的规定,依据《财政部 国家税务总局关于金融企业贷款损失准备金企业所得税税前扣除有关政策的公告》(财政部 国家税务总局公告2019年第86号,以下简称财税公告2019年第86号)的规定,金融企业发生的符合条件的贷款损失,应先冲减已在税前扣除的贷款损失准备金,不足冲减部分可据实在计算当年应纳税所得额时扣除。

2. 债权投资损失的确认证据

依据税务总局公告2011年第25号的规定,企业债权投资损失应依据投资的原始凭证、合同或协议、会计核算资料等相关证据材料确认。下列情况债权投资损失的,还应出具相关证据材料:

(1)债务人或担保人依法被宣告破产、关闭、被解散或撤销、被吊销营业执照、失踪或者死亡等,应出具资产清偿证明或者遗产清偿证明。无法出具资产清偿证明或者遗产清偿证明,且上述事项超过三年以上的,或债权投资(包括信用卡透支和助学贷款)余额在三百万元以下的,应出具对应的债务人和担保人破产、关闭、解散证明、撤销文件、工商行政管理部门注销证明或查询证明以及追索记录等(包括司法追索、电话追索、信件追索和上门追索等原始记录);

《国家税务总局关于金融企业涉农贷款和中小企业贷款损失税前扣除问题的公告》(税务总局公告2015年第25号)调整完善了金融企业涉农贷款和中小企业贷款损失税前扣除政策。金融企业涉农贷款、中小企业贷款逾期1年以上,经追索无法收回,应依据涉农贷款、中小企业贷款分类证明,按下列规定计算确认贷款损失进行税前扣除:

单户贷款余额不超过300万元(含300万元)的,应依据向借款人和担保人的有关原始追索记录(包括司法追索、电话追索、信件追索和上门追索等原始记录之一,并由经办人和负责人共同签章确认),计算确认损失进行税前扣除。

单户贷款余额超过300万元至1 000万元(含1 000万元)的,应依据有关原始追索记录(应当包括司法追索记录,并由经办人和负责人共同签章确认),计算确认损失进行税前扣除。

单户贷款余额超过1 000万元的,仍按税务总局公告2011年第25号有关规定计算确认损失进行税前扣除。

金融企业涉农贷款和中小企业贷款的分类标准,按照《财政部 国家税务总局关于金融企业涉农贷款和中小企业贷款损失准备金税前扣除有关问题的通知》(财税〔2015〕3号)规定执行。自2019年1月1日起执行至2023年12月31日,应按照财税公告2019年第85号的规定执行。

(2)债务人遭受重大自然灾害或意外事故,企业对其资产进行清偿和对担保人进行追偿后,未能收回的债权,应出具债务人遭受重大自然灾害或意外事故证明、保险赔偿证明、资产清偿证明等;

(3)债务人因承担法律责任,其资产不足归还所借债务,又无其他债务承担者的,应出具法院裁定证明和资产清偿证明;

(4)债务人和担保人不能偿还到期债务,企业提出诉讼或仲裁的,经人民法院对债务人和担保人强制执行,债务人和担保人均无资产可执行,人民法院裁定终结或终止(中止)执行的,应出具人民法院裁定文书;

(5)债务人和担保人不能偿还到期债务,企业提出诉讼后被驳回起诉的、人民法院不予受理或不予支持的,或经仲裁机构裁决免除(或部分免除)债务人责任,经追偿后无法收回的债权,应提交法院驳回起诉的证明,或法院不予受理或不予支持证明,或仲裁机构裁决免除债务人责任的文书;

(6)经国务院专案批准核销的债权,应提供国务院批准文件或经国务院同意后由国务院有关部门批准的文件。

(十七)股权投资损失的确认

1. 股权投资损失的确认条件

依据财税〔2009〕57号文件的规定,企业的股权投资符合下列条件之一的,减除可收回金额后确认的无法收回的股权投资,可以作为股权投资损失在计算应纳税所得额时扣除:

(1)被投资方依法宣告破产、关闭、解散、被撤销,或者被依法注销、吊销营业执照的;

(2)被投资方财务状况严重恶化,累计发生巨额亏损,已连续停止经营3年以上,且无重新恢复经营改组计划的;

(3)对被投资方不具有控制权,投资期限届满或者投资期限已超过10年,且被投资单位因连续3年经营亏损导致资不抵债的;

(4)被投资方财务状况严重恶化,累计发生巨额亏损,已完成清算或清算期超过3年以上的;

(5)国务院财政、税务主管部门规定的其他条件。

2. 股权投资损失的确认证据

依据税务总局公告2011年第25号的规定,企业股权投资损失应依据以下相关证据材料确认:

(1)股权投资计税基础证明材料;

(2)被投资企业破产公告、破产清偿文件;

(3)工商行政管理部门注销、吊销被投资单位营业执照文件;

(4)政府有关部门对被投资单位的行政处理决定文件;

(5)被投资企业终止经营、停止交易的法律或其他证明文件;

(6)被投资企业资产处置方案、成交及入账材料;

(7)企业法定代表人、主要负责人和财务负责人签章证实有关投资(权益)性损失的书面申明;

(8)会计核算资料等其他相关证据材料。

税务总局公告2011年第25号还要求,被投资企业依法宣告破产、关闭、解散或撤销、吊销营业执照、停止生产经营活动、失踪等,应出具资产清偿证明或者遗产清偿证明。上述事项超过三年以上且未能完成清算的,应出具被投资企业破产、关闭、解散或撤销、吊销等的证明以及不能清算的原因说明。

3. 股权投资损失的税前扣除时间

《国家税务总局关于企业股权投资损失所得税处理问题的公告》(税务总局公告2010年第6号)明确,企业对外进行权益性(简称股权)投资所发生的损失,在经确认的损失发生年度,作为企业损失在计算企业应纳税所得额时一次性扣除。

(十八)不得作为损失的股权和债权

依据税务总局公告2011年第25号的规定,下列股权和债权不得作为损失在税前扣除:

(1)债务人或者担保人有经济偿还能力,未按期偿还的企业债权;

(2)违反法律、法规的规定,以各种形式、借口逃废或悬空的企业债权;

(3)行政干预逃废或悬空的企业债权;

(4)企业未向债务人和担保人追偿的债权;

(5)企业发生非经营活动的债权;

(6)其他不应当核销的企业债权和股权。

(十九)其他资产损失的确认

1)资产捆绑出售损失 依据税务总局公告2011年第25号的规定,企业将不同类别的资产捆绑(打包),以拍卖、询价、竞争性谈判、招标等市场方式出售,其出售价格低于计税成本的差额,可以作为资产损失并准予在税前申报扣除,但应出具资产处置方案、各类资产作价依据、出售过程的情况说明、出售合同或协议、成交及入账证明、资产计税基础等确定依据。

2)制度不全、操作不当或业务创新但政策不明形成的资产损失 依据税务总局公告2011年第25号的规定,企业正常经营业务因内部控制制度不健全而出现操作不当、不规范或因业务创新但政策不明确、不配套等原因形成的资产损失,应由企业承担的金额,可以作为资产损失并准予在税前申报扣除,但应出具损失原因证明材料或业务监管部门定性证明、损失专项说明。

3)刑事案件形成的损失 依据税务总局公告2011年第25号的规定,企业因刑事案件原因形成的损失,应由企业承担的金额,或经公安机关立案侦查两年以上仍未追回的金额,可以作为资产损失并准予在税前申报扣除,但应出具公安机关、人民检察院的立案侦查情况或人民法院的判决书等损失原因证明材料。

第二节 资产类调整项目的填报

在《纳税调整项目明细表》中,除"其他"项目外,资产类调整项目只有3个项目,分别是:资产折旧、摊销,资产减值准备金,资产损失。其中,资产折旧、摊销,资产损失两个项目有二级附表,资产减值准备金没有二级附表。

一、资产折旧、摊销的填报

(一)关于固定资产折旧税会差异的纳税调整

固定资产折旧税会差异产生的原因主要有三个方面:计提原值、折旧年限和折旧方法。

1. 关于计提原值税会差异的处理

影响计提原值税会差异的因素有：计算折旧的固定资产范围的差异、固定资产的入账价值与初始确认的计税基础、固定资产计税基础的特别规定、会计处理中计提固定资产减值准备等原因对固定资产账面价值的调整、税法规定中对固定资产计税基础后续管理的要求等。《企业所得税法实施条例》第五十六条规定，企业持有各项资产期间资产增值或者减值，除国务院财政、税务主管部门规定可以确认损益外，不得调整该资产的计税基础。税务总局公告 2014 年第 29 号第五条进一步明确，企业按会计规定提取的固定资产减值准备，不得税前扣除，其折旧仍按税法确定的固定资产计税基础计算扣除。即：在计算税前扣除的固定资产折旧时，无论会计上固定资产的"计提原值"是高于还是低于税法确定的固定资产计税基础，均应按税法确定的固定资产计税基础计算。

2. 关于折旧年限税会差异的处理

税务总局公告 2014 年第 29 号第五条明确，企业固定资产会计折旧年限如果短于税法规定的最低折旧年限，其按会计折旧年限计提的折旧高于按税法规定的最低折旧年限计提的折旧部分，应调增当期应纳税所得额；企业固定资产会计折旧年限已期满且会计折旧已提足，但税法规定的最低折旧年限尚未到期且税收折旧尚未足额扣除，其未足额扣除的部分准予在剩余的税收折旧年限继续按规定扣除。企业固定资产会计折旧年限如果长于税法规定的最低折旧年限，其折旧应按会计折旧年限计算扣除，税法另有规定除外。这里的"另有规定"，目前是指税法规定的加速折旧政策中的缩短折旧年限和一次性扣除。也就是说，在计算税前扣除的折旧时，会计折旧年限短于税法最低折旧年限的，按税法最低折旧年限计算；会计折旧年限长于税法最低折旧年限的，按会计折旧年限计算。

3. 关于折旧方法税会差异的处理

税务处理上，固定资产一般应按照直线法计算的折旧。税务总局公告 2014 年第 29 号第五条明确，企业按税法规定实行加速折旧的，其按加速折旧办法计算的折旧额可全额在税前扣除。因此，在计算税前扣除的折旧时，当会计上采用加速折旧，税法上适用直线法的，应按税法规定的直线法计算；当会计上采用直线法，税法上适用加速折旧的，可按税法规定的加速折旧计算；当会计上采用加速折旧，税法上也适用加速折旧的，如无差别，则不需调整。

4. 按税法规定计算的固定资产折旧额

依据上述影响固定资产折旧税会差异的原因，我们归纳了计算税前扣除的折旧可能的选择见表8-1。

表 8-1 税会差异计算税前扣除折旧的选择

计算折旧的因素	计提原值		折旧年限		折旧方法		
会计处理	高	低	短	长	加速	直线	加速
税法规定	低	高	长	短	直线	加速	加速
计算税前扣除折旧的选择	计税基础		税法最低折旧年限	会计折旧年限	直线	加速	加速

注：表中税法规定的加速折旧方法不包括缩短折旧年限和一次性扣除的加速折旧政策。

因此，在不考虑固定资产预计净残值的情况下，当税法规定适用直线法计算固定资产折旧时，表A105080第5列"税收折旧、摊销额"应按以下规则计算：如果会计折旧年限短于税法规定的最低折旧年限，"税收折旧、摊销额"应按税法规定的固定资产计税基础和最低折旧年限，采用直线法计算；如果会计折旧年限长于税法规定的最低折旧年限，"税收折旧、摊销额"应按税法规定的固定资产计税基础和会计折旧年限，采用直线法计算。表A105080第6列"享受加速折旧政策的资产按税收一般规定计算的折旧、摊销额"的计算规则与此相同。当税法规定适用加速折旧时，表A105080第5列"税收折旧、摊销额"应按以下规则计算：如果会计折旧年限短于税法规定的最低折旧年限，"税收折旧、摊销额"应按税法确定的固定资产计税基础和最低折旧年限，采用加速折旧法计算；如果会计折旧年限长于税法规定的最低折旧年限，"税收折旧、摊销额"应按税法确定的固定资产计税基础和会计折旧年限，采用加速折旧法计算。

（二）税法规定的固定资产加速折旧政策

税法规定的固定资产加速折旧政策有一般企业加速折旧政策、重要行业企业加速折旧政策、一次性税前扣除政策和其他固定资产加速折旧政策。

1. 一般企业加速折旧政策

一般企业加速折旧政策对适用行业、固定资产用途和金额没有过多的限制，纳税人只要有符合条件的固定资产，都可适用。一般企业加速折旧政策主要体现在《企业所得税法》第三十二条、《企业所得税法实施条例》第九十八条和《国家税务总局关于企业固定资产加速折旧所得税处理有关问题的通知》（国税发〔2009〕81号，以下简称国税发〔2009〕81号文件）中，内容有：

1）适用一般企业加速折旧政策的固定资产范围　可以采取缩短折旧年限或者采取加速折旧的方法的固定资产，包括：由于技术进步，产品更新换代较快的固定资产；常年处于强震动、高腐蚀状态的固定资产。国税发〔2009〕81号文件明确，企业拥有并用于生产经营的主要或关键的固定资产，由于上述原因确需加速折旧的，才可以缩短折旧年限或者采取加速折旧的方法。

2）具体处理方法　国税发〔2009〕81号文件第二条规定，企业拥有并使用符合加速折旧范围的固定资产，可按以下情况分别处理：企业过去没有使用过与该项固定资产功能相同或类似的固定资产，但有充分的证据证明该固定资产的预计使用年限短于《企业所得税法实施条例》规定的计算折旧最低年限的，企业可根据该固定资产的预计使用年限和国税发〔2009〕81号文件的规定，对该固定资产采取缩短折旧年限或者加速折旧的方法。企业在原有的固定资产未达到《企业所得税法实施条例》规定的最低折旧年限前，使用功能相同或类似的新固定资产替代旧固定资产的，企业可根据旧固定资产的实际使用年限和国税发〔2009〕81号文件的规定，对新替代的固定资产采取缩短折旧年限或者加速折旧的方法。

3）缩短折旧年限的方法　国税发〔2009〕81号文件第三条规定，企业采取缩短折旧年限方法的，对其购置的新固定资产，最低折旧年限不得低于《企业所得税法实施条例》第六十条规定的折旧年限的60%；若为购置已使用过的固定资产，其最低折旧年限不得低于《企业所得税法实施条例》规定的最低折旧年限减去已使用年限后剩余年限的60%。最低折旧年限一经确定，一般不得变更。

4）加速折旧方法　国税发〔2009〕81号文件第四条规定，企业拥有并使用符合规定条件的固定资产采取加速折旧方法的,可以采用双倍余额递减法或者年数总和法。加速折旧方法一经确定,一般不得变更。

双倍余额递减法是指在不考虑固定资产预计净残值的情况下,根据每期期初固定资产原值减去累计折旧后的金额和双倍的直线法折旧率计算固定资产折旧的一种方法。应用这种方法计算折旧额时,由于每年年初固定资产净值没有减去预计净残值,所以在计算固定资产折旧额时,应在其折旧年限到期前的两年期间,将固定资产净值减去预计净残值后的余额平均摊销。计算公式如下:

年折旧率 = 2 ÷ 预计使用寿命(年) × 100%

月折旧率 = 年折旧率 ÷ 12

月折旧额 = 月初固定资产账面净值 × 月折旧率

年数总和法又称年限合计法,是指将固定资产的原值减去预计净残值后的余额,乘以一个以固定资产尚可使用寿命为分子、以预计使用寿命逐年数字之和为分母的逐年递减的分数计算每年的折旧额。计算公式如下:

年折旧率 = 尚可使用年限 ÷ 预计使用寿命的年数总和 × 100%

月折旧率 = 年折旧率 ÷ 12

月折旧额 = (固定资产原值 − 预计净残值) × 月折旧率

2. 重要行业企业加速折旧政策

重要行业企业加速折旧政策对适用行业、固定资产用途或金额有所限制,纳税人只有符合规定条件的固定资产,才可适用。重要行业企业加速折旧政策主要体现在《财政部 国家税务总局关于完善固定资产加速折旧企业所得税政策的通知》(财税〔2014〕75号,以下简称财税〔2014〕75号文件)和《国家税务总局关于固定资产加速折旧税收政策有关问题的公告》(国家税务总局公告2014年第64号,以下简称税务总局公告2014年第64号)、《财政部 国家税务总局关于进一步完善固定资产加速折旧企业所得税政策的通知》(财税〔2015〕106号,以下简称财税〔2015〕106号文件)和《国家税务总局关于进一步完善固定资产加速折旧企业所得税政策有关问题的公告》(国家税务总局公告2015年第68号,以下简称税务总局公告2015年第68号)、《财政部 国家税务总局关于扩大固定资产加速折旧优惠政策适用范围的公告》(财政部 国家税务总局公告2019年第66号,以下简称财税公告2019年第66号)中,内容有:

1) 六大行业企业2014年1月1日后购进的固定资产 对生物药品制造业,专用设备制造业,铁路、船舶、航空航天和其他运输设备制造业,计算机、通信和其他电子设备制造业,仪器仪表制造业,信息传输、软件和信息技术服务业等行业企业(以下简称六大行业),2014年1月1日后购进的固定资产(包括自行建造),允许按不低于《企业所得税法》规定折旧年限的60%缩短折旧年限,或选择采取双倍余额递减法或年数总和法进行加速折旧。

六大行业按照国家统计局《国民经济行业分类与代码(GB/4754—2011)》(现应为《国民经济行业分类与代码(GB/4754—2017)》)确定。今后国家有关部门更新国民经济行业分类与代码,从其规定。

六大行业企业是指以上述行业业务为主营业务,其固定资产投入使用当年主营业务收入占企业收入总额50%(不含)以上的企业。所称收入总额,是指《企业所得税法》第六条规定的收入总额。

2）四个领域重点行业企业2015年1月1日后购进的固定资产　对轻工、纺织、机械、汽车等四个领域重点行业的企业2015年1月1日后新购进的固定资产,允许按不低于《企业所得税法》规定折旧年限的60%缩短折旧年限,或选择采取双倍余额递减法或年数总和法进行加速折旧。

四个领域重点行业按照财税〔2015〕106号附件"轻工、纺织、机械、汽车四个领域重点行业范围"确定。今后国家有关部门更新国民经济行业分类与代码,从其规定。

四个领域重点行业企业是指以上述行业业务为主营业务,其固定资产投入使用当年的主营业务收入占企业收入总额50%(不含)以上的企业。所称收入总额,是指《企业所得税法》第六条规定的收入总额。

3）全部制造业领域企业　自2019年1月1日起,适用财税〔2014〕75号文件和财税〔2015〕106号文件规定固定资产加速折旧优惠的行业范围,扩大至全部制造业领域。

制造业按照国家统计局《国民经济行业分类与代码(GB/4754—2017)》确定。今后国家有关部门更新国民经济行业分类与代码,从其规定。

比照财税〔2014〕75号文件和财税〔2015〕106号文件的规定,制造业企业是指以制造业行业业务为主营业务,其固定资产投入使用当年的主营业务收入占企业收入总额50%(不含)以上的企业。所称收入总额,是指《企业所得税法》第六条规定的收入总额。

4）小型微利企业　对六大行业的小型微利企业2014年1月1日后购进的研发和生产经营共用的仪器、设备,对四个领域重点行业企业的小型微利企业2015年1月1日后新购进的研发和生产经营共用的仪器、设备,对全部制造业领域的小型微利企业2019年1月1日后购进的研发和生产经营共用的仪器、设备,单位价值超过100万元的,允许按不低于《企业所得税法》规定折旧年限的60%缩短折旧年限,或选择采取双倍余额递减法或年数总和法进行加速折旧。

此处需要注意的是,企业采取缩短折旧年限方法、双倍余额递减法或者年数总和法,应按照国税发〔2009〕81号文件第三、第四条的规定执行。

企业的固定资产既符合相关文件规定的制造业领域企业加速折旧优惠政策条件,同时又符合国税发〔2009〕81号文件、财税〔2012〕27号文件中相关加速折旧政策条件的,可由企业选择其中最优惠的政策执行,且一经选择,不得改变。

3. 一次性税前扣除政策

一次性税前扣除政策对固定资产的用途、类别或金额有所限制,纳税人只有符合规定条件的固定资产,才可适用。一次性扣除政策主要体现在财税〔2014〕75号文件和税务总局公告2014年第64号、财税〔2015〕106号文件和税务总局公告2015年第68号、《财政部 国家税务总局关于设备、器具扣除有关企业所得税政策的通知》(财税〔2018〕54号)和《国家税务总局关于设备、器具扣除有关企业所得税政策执行问题的公告》(税务总局公告2018年第46号)、财税公告2019年第66号、《财政部 国家税务总局关于支持新型冠状病毒感染的肺炎疫情防控有关税收政策的公告》(财政部 国家税务总局公告2020年第8号)和《财政部 税务总局关于海南自由贸易港企业所得税优惠政策的通知》(财税〔2020〕31号,以下简称财税〔2020〕31号文件)中,内容有:

1）单位价值不超过5000元的固定资产　所有行业企业持有的固定资产,单位价值不超过5000元的,可以一次性在计算应纳税所得额时扣除。

2）研发仪器、设备　对所有行业企业2014年1月1日后购进并专门用于研发活动的仪器、设备，对六大行业的小型微利企业2014年1月1日后购进的研发和生产经营共用的仪器、设备，对四个领域重点行业企业的小型微利企业2015年1月1日后新购进的研发和生产经营共用的仪器、设备，对全部制造业领域的小型微利企业2019年1月1日后购进的研发和生产经营共用的仪器、设备，单位价值不超过100万元的，可以一次性在计算应纳税所得额时扣除。

3）单位价值不超过500万元的设备、器具　企业在2018年1月1日至2020年12月31日期间新购进的设备、器具，单位价值不超过500万元的，允许一次性计入当期成本费用在计算应纳税所得额时扣除，不再分年度计算折旧。

设备、器具，是指除房屋、建筑物以外的固定资产。

4）防疫生产设备　自2020年1月1日起，对新型冠状病毒感染的肺炎疫情防控重点保障物资生产企业为扩大产能新购置的相关设备，允许一次性计入当期成本费用在企业所得税税前扣除。

财税公告2020年第28号明确执行至2020年12月31日。

5）自2020年1月1日起执行至2024年12月31日，对在海南自由贸易港设立的企业，新购置（含自建、自行开发）固定资产或无形资产，单位价值不超过500万元（含）的，允许一次性计入当期成本费用在计算应纳税所得额时扣除，不再分年度计算折旧和摊销；新购置（含自建、自行开发）固定资产或无形资产，单位价值超过500万元的，可以缩短折旧、摊销年限或采取加速折旧、摊销的方法。所称固定资产，是指除房屋、建筑物以外的固定资产。

4. 其他固定资产加速折旧政策

(1) 企业外购的软件，凡符合固定资产或无形资产确认条件的，可以按照固定资产或无形资产进行核算，其折旧或摊销年限可以适当缩短，最短可为2年（含）。

(2) 集成电路生产企业的生产设备，其折旧年限可以适当缩短，最短可为3年（含）。

(3) 对所有行业企业2014年1月1日后购进并专门用于研发活动的仪器、设备，单位价值超过100万元的，允许按不低于《企业所得税法》规定折旧年限的60%缩短折旧年限，或选择采取双倍余额递减法或年数总和法进行加速折旧。

5. 主要留存备查资料

依据《国家税务总局关于发布修订后的〈企业所得税优惠政策事项办理办法〉的公告》（国家税务总局公告2018年第23号，以下简称税务总局公告2018年第23号）所附《企业所得税优惠事项管理目录（2017年版）》，重要行业企业享受加速折旧优惠和纳税人享受固定资产一次性扣除优惠的，应留存备查的主要资料有：

(1) 企业属于重点行业、领域企业的说明材料[以某重点行业业务为主营业务，固定资产投入使用当年主营业务收入占企业收入总额50%（不含）以上]；

(2) 购进固定资产的发票、记账凭证（购入已使用过的固定资产，应提供已使用年限的相关说明）；

(3) 核算有关资产税法与会计差异的台账。

纳税人享受一般企业加速折旧优惠和其他加速折旧优惠的，应留存备查的主要资料有：

①固定资产的功能、预计使用年限短于规定计算折旧的最低年限的理由、证明资料及有关情况的说明；

②被替代的旧固定资产的功能、使用及处置等情况的说明；

③固定资产加速折旧拟采用的方法和折旧额的说明，外购软件拟缩短折旧或摊销年限情况的说明；

④集成电路生产企业证明材料；

⑤购入固定资产或软件的发票、记账凭证。

（三）资产折旧、摊销及其纳税调整的填报

纳税人只要在纳税年度内会计处理中有计入本年损益的资产折旧、摊销额，无论是否有税会差异，都要填报《资产折旧、摊销及纳税调整明细表》（A105080）。

1. 列次填报

对于不征税收入形成的资产，其折旧、摊销额不得税前扣除。第4列至第8列税收金额不包含不征税收入所形成资产的折旧、摊销额。

（1）第1列"资产原值"：填报纳税人会计处理计提折旧、摊销的资产原值（或历史成本）的金额。

（2）第2列"本年折旧、摊销额"：填报纳税人会计核算的本年资产折旧、摊销额。

（3）第3列"累计折旧、摊销额"：填报纳税人会计核算的累计（含本年）资产折旧、摊销额。

（4）第4列"资产计税基础"：填报纳税人按照税收规定据以计算折旧、摊销的资产原值（或历史成本）的金额。

（5）第5列"税收折旧、摊销额"：填报纳税人按照税收规定计算的允许税前扣除的本年资产折旧、摊销额。

其中，第8行至第14行、第26行第5列"税收折旧、摊销额"：填报享受相关加速折旧、摊销优惠政策的资产，采取税收加速折旧、摊销或一次性扣除方式计算的税收折旧额合计金额、摊销额合计金额。本列仅填报"税收折旧、摊销额"大于"享受加速折旧政策的资产按税收一般规定计算的折旧、摊销额"月份的金额合计。如，享受加速折旧、摊销优惠政策的资产，发生本年度某些月份其"税收折旧、摊销额"大于"享受加速折旧政策的资产按税收一般规定计算的折旧、摊销额"，其余月份其"税收折旧、摊销额"小于"享受加速折旧政策的资产按税收一般规定计算的折旧、摊销额"的情形，仅填报"税收折旧、摊销额"大于"享受加速折旧政策的资产按税收一般规定计算的折旧、摊销额"月份的税收折旧额合计金额、摊销额合计金额。

（6）第6列"享受加速折旧政策的资产按税收一般规定计算的折旧、摊销额"：仅适用于第8行至第14行、第26行，填报纳税人享受加速折旧、摊销优惠政策的资产，按照税收一般规定计算的折旧额合计金额、摊销额合计金额。按照税收一般规定计算的折旧、摊销额，是指该资产在不享受加速折旧、摊销优惠政策情况下，按照税收规定的最低折旧、摊销年限以直线法计算的折旧额、摊销额。本列仅填报"税收折旧、摊销额"大于"享受加速折旧政策的资产按税收一般规定计算的折旧、摊销额"月份的按税收一般规定计算的折旧额合计金额、摊销额合计金额。

（7）第7列"加速折旧、摊销统计额"：用于统计纳税人享受各类固定资产加速折旧、摊销政策的优惠金额,按第 5-6 列金额填报。

(8)第 8 列"累计折旧、摊销额":填报纳税人按照税收规定计算的累计(含本年)资产折旧、摊销额。

(9)第 9 列"纳税调整金额":填报第 2-5 列金额。

2. 行次填报

(1)第 2 行至第 7 行、第 16 行至第 17 行、第 19 行至第 25 行、第 27 行、第 29 行至第 35 行:填报各类资产有关情况。

(2)第 8 至第 14 行、第 26 行:填报纳税人享受相关加速折旧、摊销优惠政策的资产有关情况及优惠统计情况。

——第 8 行"(一)重要行业固定资产加速折旧":适用于符合财税〔2014〕75 号文件、财税〔2015〕106 号文件和财税公告 2019 年第 66 号文件规定的制造业,信息传输、软件和信息技术服务业行业(以下称"重要行业")的企业填报,填报新购进固定资产享受加速折旧政策的有关情况及优惠统计情况。重要行业纳税人按照上述文件规定享受固定资产一次性扣除政策的资产情况在第 10 行"(三)固定资产一次性扣除"中填报。

——第 9 行"(二)其他行业研发设备加速折旧":适用于重要行业以外的其他企业填报,填报单位价值超过 100 万元以上专用研发设备采取缩短折旧年限或加速折旧方法的有关情况及优惠统计情况。

——第 10 行"(三)固定资产一次性扣除":填报新购进单位价值不超过 500 万元的设备、器具等,按照税收规定一次性扣除的有关情况及优惠统计情况。

——第 11 行"(四)技术进步、更新换代固定资产":填报固定资产因技术进步、产品更新换代较快而按税收规定享受固定资产加速折旧政策的有关情况及优惠统计情况。

——第 12 行"(五)常年强震动、高腐蚀固定资产":填报常年处于强震动、高腐蚀状态的固定资产按税收规定享受固定资产加速折旧政策的有关情况及优惠统计情况。

——第 13 行"(六)外购软件折旧":填报企业外购软件作为固定资产处理,按财税〔2012〕27 号文件规定享受加速折旧政策的有关情况及优惠统计情况。

——第 14 行"(七)集成电路企业生产设备":填报集成电路生产企业的生产设备,按照财税〔2012〕27 号文件规定享受加速折旧政策的有关情况及优惠统计情况。

——第 26 行"享受企业外购软件加速摊销政策":填报企业外购软件作无形资产处理,按财税〔2012〕27 号文件规定享受加速摊销政策的有关情况及优惠统计情况。

附列资料"全民所有制企业公司制改制资产评估增值政策资产":填报企业按照税务总局公告 2017 年第 34 号规定,执行"改制中资产评估增值不计入应纳税所得额,资产的计税基础按其原有计税基础确定,资产增值部分的折旧或者摊销不得在税前扣除"政策的有关情况。本行不参与计算,仅用于统计享受全民所有制企业公司制改制资产评估增值政策资产的有关情况,相关资产折旧、摊销情况及调整情况在第 1 行至第 36 行填报。

表 A105080 第 36 行第 2 列填入表 A105000 第 32 行"(一)资产折旧、摊销"第 1 列"账载金额"。表 A105080 第 36 行第 5 列填入表 A105000 第 32 行"(一)资产折旧、摊销"第 2 列"税收金额"。若第 36 行第 9 列≥0,第 36 行第 9 列填入表 A105000 第 32 行"(一)资产折旧、摊销"第 3 列"调增金额";若第 36 行第 9 列<0,第 36 行第 9 列的绝对值填入表

A105000 第32行(一)资产折旧、摊销"第4列"调减金额"。

【例8-1】续例5-5和例5-10。例3-1中的华方有限责任公司2019年度固定资产折旧情况如下：

(1)出租闲置的机器设备原值为490万元，按照10年计提折旧，无预计残值，本年折旧额为49万元，计入出租固定资产成本。

(2)管理部门办公用房原值800万元，按20年计提折旧，无残值，本年折旧额为40万元；管理部门使用的计算机等电子设备原值20万元，按2年进行折旧摊销，无预计残值，本年折旧额为10万元。

(3)销售部门使用的计算机6万元，按2年进行折旧摊销，无预计残值，本年折旧额为3万元。

(4)以前年度购置的研发设备原值115万元，按10年计提折旧，无预计残值，本年折旧额为11.5万元。

(5)假设生产厂房原值1200万元，按照20年计提折旧，无残值，本年计提折旧60万元。生产设备原值530万元，按照10年计提折旧，无预计残值，本年折旧额为53万元。上述折旧成本均已转让完工产品成本。

(6)假设2017年购置的与生产经营活动有关的器具、工具、家具等固定资产原值70万元，按10年计提折旧，无预计残值，本年折旧额为7万元。

(7)假设华方有限责任公司未选择适用加速折旧政策。

会计处理：华方有限责任公司已将年度内计提的固定资产折旧计入相关成本费用科目。

税务处理：华方有限责任公司管理部门使用的计算机等电子设备按2年进行折旧摊销，短于税法规定的最低折旧年限3年，应调增所得。

华方有限责任公司2019年度资产折旧、摊销及纳税调整的填报见表8-2。

【例8-2】假设例8-1中的华方有限责任公司2019年6月份购置100万元的研发设备，会计上按10年计提折旧，无预计残值。在例3-3中已表明，华方有限责任公司所属明细行业为其他专用仪器制造，属于六大行业中的仪器仪表制造业。例4-2、例5-1和例5-6表明，华方有限责任公司该研发设备投入使用当年(2019年)主营业务收入为5 400万元，收入总额=营业收入6 320+视同销售收入20+营业外收入110+投资收益163=6 613(万元)，当年主营业务收入÷收入总额=5 400÷6 613≈81.66%，超过50%，适用财税〔2014〕75号文件和税务总局公告2014年第64号优惠政策条件。

税务处理：华方有限责任公司如选择享受该项固定资产加速折旧政策，则2019年一次性税前扣除100万元，会计折旧=100÷10×6/12=5(万元)，应调减所得95万元，除填报表A105080第3行外，还要填报表A105080第10行"(三)固定资产一次性扣除"。但需要注意的是，从2020年起，华方有限责任公司填报该研发设备的折旧额时，表A105080第5列"税收折旧、摊销额"都应填报0，不需要再填报表A105080第10行。因此，该研发设备从2020年起连续9年每年都要调增所得10万元，最后一年还要调增所得5万元。

华方有限责任公司2019年享受固定资产加速折旧优惠下表A105080的填报见表8-3。

表 8-2 资产折旧、摊销及纳税调整填报示例

资产折旧、摊销及纳税调整明细表

金额单位:元

A105080

行次	项目	账载金额			税收金额				纳税调整金额
		资产原值 1	本年折旧、摊销额 2	累计折旧、摊销额 3	资产计税基础 4	税收折旧、摊销额 5	享受加速折旧政策的资产按税收一般规定计算的折旧、摊销额 6	加速折旧、摊销统计额 7=5-6	累计折旧、摊销额 8	
1	一、固定资产(2+3+4+5+6+7)	32 310 000.00	2 335 000.00	6 875 000.00	32 310 000.00	2 291 666.67	*	*	6 788 333.34	43 333.33
2	（一）房屋、建筑物	20 000 000.00	1 000 000.00	3 000 000.00	20 000 000.00	1 000 000.00	*	*	3 000 000.00	0.00
3	（二）飞机、火车、轮船、机器、机械和其他生产设备	11 350 000.00	1 135 000.00	3 405 000.00	11 350 000.00	1 135 000.00	*	*	3 405 000.00	0.00
4	（三）与生产经营活动有关的器具、工具、家具等	700 000.00	70 000.00	210 000.00	700 000.00	70 000.00	*	*	210 000.00	0.00
5	（四）飞机、火车、轮船以外的运输工具	0.00	0.00	0.00	0.00	0.00	*	*	0.00	0.00
6	（五）电子设备	260 000.00	130 000.00	260 000.00	260 000.00	86 666.67	*	*	173 333.34	43 333.33
7	（六）其他	0.00	0.00	0.00	0.00	0.00	*	*	0.00	0.00
8	其中:享受固定资产加速折旧政策的资产	（一）重要行业固定资产加速折旧(不含一次性扣除)					*	*		*
9		（二）其他行业研发设备加速折旧					*	*		*
10		（三）固定资产一次性扣除					*	*		*
11		（四）技术进步、更新换代固定资产					*	*		*
12		（五）常年强震动、高腐蚀固定资产					*	*		*
13	一般折旧额的部分	（六）外购软件固定资产					*	*		*
14		（七）集成电路企业生产设备					*	*		*
15	二、生产性生物资产(16+17)						*	*		
16	（一）林木类						*	*		
17	（二）畜类						*	*		

续表

行次	项目	账载金额			税收金额				纳税调整金额
		资产原值	本年折旧、摊销额	累计折旧、摊销额	资产计税基础	税收折旧、摊销额	享受加速折旧政策的资产按税收一般规定计算的折旧、摊销额	加速折旧、摊销统计额	累计折旧、摊销额
		1	2	3	4	5	6	7=5-6	8	
18	三、无形资产(19+20+21+22+23+24+25+27)						*	*		
19	(一)专利权						*	*		
20	(二)商标权						*	*		
21	(三)著作权						*	*		
22	(四)土地使用权						*	*		
23	(五)非专利技术						*	*		
24	(六)特许权使用费						*	*		
25	(七)软件						*	*		*
26	其中:享受企业外购软件加速摊销政策						*	*		*
27	(八)其他						*	*		
28	四、长期待摊费用(29+30+31+32+33)						*	*		
29	(一)已足额提取折旧的固定资产的改建支出						*	*		
30	(二)租入固定资产的改建支出						*	*		
31	(三)固定资产的大修理支出						*	*		
32	(四)开办费						*	*		
33	(五)其他						*	*		
34	五、油气勘探投资						*	*		
35	六、油气开发投资						*	*		
36	合计(1+15+18+28+34+35)	32 310 000.00	2 335 000.00	6 875 000.00	32 310 000.00	2 291 666.67	0.00	0.00	6 788 333.34	43 333.33
附列资料	全民所有制企业公司制改制资产评估增值政策资产						*	*		

表8-3 享受加速折旧优惠下资产折旧、摊销及纳税调整填报示例

资产折旧、摊销及纳税调整明细表

A105080

金额单位：元

行次	项目	账载金额			税收金额				纳税调整金额
		资产原值	本年折旧、摊销额	累计折旧、摊销额	资产计税基础	税收折旧、摊销额	享受加速折旧政策的资产按税收一般规定计算的折旧、摊销额	加速折旧、摊销统计额	累计折旧、摊销额
		1	2	3	4	5	6	7=5-6	8	9(2-5)
1	一、固定资产(2+3+4+5+6+7)	32 310 000.00	2 335 000.00	6 875 000.00	32 310 000.00	2 291 666.67	*	*	6 788 333.34	43 333.33
2	（一）房屋、建筑物	20 000 000.00	1 000 000.00	3 000 000.00	20 000 000.00	1 000 000.00	*	*	3 000 000.00	0.00
3	（二）飞机、火车、轮船、机器、机械和其他生产设备	12 350 000.00	1 185 000.00	3 455 000.00	12 350 000.00	2 135 000.00	*	*	4 405 000.00	-950 000.00
4	（三）与生产经营活动有关的器具、工具、家具等	700 000.00	70 000.00	210 000.00	700 000.00	70 000.00	*	*	210 000.00	0.00
5	（四）飞机、火车、轮船以外的运输工具	0.00	0.00	0.00	0.00	0.00	*	*	0.00	0.00
6	（五）电子设备	260 000.00	130 000.00	260 000.00	260 000.00	86 666.67	*	*	173 333.34	43 333.33
7	（六）其他	0.00	0.00	0.00	0.00	0.00	*	*	0.00	0.00
8	其中：享受加速折旧及一次性扣除政策的资产加速折旧、一次性扣除优于一般折旧的部分									
9	（一）重要行业固定资产加速折旧（不含一次性扣除）						*	*		*
10	（二）其他行业研发设备加速折旧						*	*		*
11	（三）固定资产一次性扣除	1 000 000.00	50 000.00	50 000.00	1 000 000.00	1 000 000.00	50 000.00	950 000.00	1 000 000.00	*
12	（四）技术进步、更新换代固定资产						*	*		*
13	（五）常年强震动、高腐蚀固定资产						*	*		*
14	（六）外购软件折旧						*	*		*
15	（七）集成电路企业生产设备						*	*		*
16	二、生产性生物资产(16+17)						*	*		*
17	（一）林木类						*	*		*
	（二）畜类						*	*		*

续表

行次	项目	账载金额			税收金额					纳税调整金额
		资产原值	本年折旧、摊销额	累计折旧、摊销额	资产计税基础	税收折旧、摊销额	享受加速折旧政策的资产按税收一般规定计算的折旧、摊销额	加速折旧、摊销统计额	累计折旧、摊销额	
		1	2	3	4	5	6	7=5−6	8	9(2−5)
18	三、无形资产(19+20+21+22+23+24+25+27)									
19	（一）专利权						*	*		
20	（二）商标权						*	*		
21	（三）著作权						*	*		
22	（四）土地使用权						*	*		
23	（五）非专利技术						*	*		
24	（六）特许权使用费						*	*		
25	（七）软件					*	*	*		
26	其中:享受企业外购软件加速摊销政策					*	*	*		*
27	（八）其他					*	*	*		
28	四、长期待摊费用(29+30+31+32+33)					*	*	*		
29	（一）已足额提取折旧的固定资产的改建支出					*	*	*		
30	（二）租入固定资产的改建支出					*	*	*		
31	（三）固定资产的大修理支出					*	*	*		
32	（四）开办费					*	*	*		
33	（五）其他					*	*	*		
34	五、油气勘探投资					*	*	*		
35	六、油气开发投资					*	*	*		
36	合计(1+15+18+28+34+35)	32 310 000.00	2 335 000.00	6 875 000.00	32 310 000.00	2 291 666.67	50 000.00	950 000.00	6 788 333.34	43 333.33
附列资料	全民所有制企业公司制改制资产评估增值政策资产						*		*	

二、资产减值准备金的填报

(一)关于资产减值准备金的纳税调整

依据《企业会计准则第 8 号——资产减值》,企业在对资产进行减值测试并计算了资产可收回金额后,如果资产的可收回金额低于其账面价值的,应当将资产的账面价值减记至可收回金额,减记的金额确认为资产减值损失,计入当期损益,同时计提相应的资产减值准备。企业当期确认的减值损失应当反映在其利润表中。资产减值损失确认后,减值资产的折旧或者摊销费用应当在未来期间作相应调整,以使该资产在剩余使用寿命内,系统地分摊调整后的资产账面价值(扣除预计净残值)。比如,固定资产计提了减值准备后,固定资产账面价值将根据计提的减值准备相应抵减,固定资产在未来计提折旧时,应当按照新的固定资产账面价值为基础计提每期折旧。考虑到固定资产、无形资产、商誉等资产发生减值后,一方面价值回升的可能性比较小,通常属于永久性减值;另一方面从会计信息谨慎性要求考虑,为了避免确认资产重估增值和操纵利润,资产减值准则规定,资产减值损失一经确认,在以后会计期间不得转回。以前期间计提的资产减值准备,在资产处置、出售、对外投资、以非货币性资产交换方式换出、在债务重组中抵偿债务等时,才可予以转出。

而从税法角度看,资产减值并不属于企业实际发生的损失或支出,不允许在税前扣除。确认的资产减值损失计入当期损益的,应通过表 A105000 第 32 行"资产减值准备金"调增所得;资产减值损失确认后,未来期间对减值资产的折旧或者摊销的影响,应通过表 A105080 进行纳税调整;以后期间因价值恢复等原因会计上允许转回资产减值准备金的,应通过表 A105000 第 33 行"资产减值准备金"调减所得;在资产处置、出售等情形下转出以前期间计提的资产减值准备的,应对有关资产处置利得或损失进行纳税调整。

(二)关于法定资产损失的会计处理

税务总局公告 2011 年第 25 号将资产损失分为实际资产损失和法定资产损失,并要求,无论是实际资产损失,还是法定资产损失,都要在会计上已作损失处理才能申报扣除。对实际资产损失的会计处理大家都可理解,但法定资产损失如何进行会计处理,目前没有文件进行解释。如,税务总局公告 2011 年第 25 号明确,企业逾期三年以上的应收款项在会计上已作为损失处理的,可以作为坏账损失;企业逾期一年以上,单笔数额不超过五万或者不超过企业年度收入总额万分之一的应收款项,会计上已经作为损失处理的,也可以作为坏账损失,这两类坏账损失就属于法定资产损失。但从会计处理上来说,企业并没有一笔勾销这两种情形下的应收款项,只能是通过估计可能收不回来的金额计提坏账准备,充其量全额计提坏账准备。那么,会计处理计提坏账准备,按税收规定符合法定资产损失税前扣除的条件,能否作为法定资产损失"在会计上已作损失处理"看待呢?我们认为,应该这样看待。因为税收规定的法定资产损失,就是指企业虽未实际处置、转让资产,但符合税收规定税前扣除条件计算确认的损失。既然未实际处置、转让资产,该资产在会计账面上就不应该注销,只能通过计提减值准备的方式反映其已发生的损失。

因此,我们建议,将资产减值准备金分为两类:一类是反映税收规定的法定资产损失的会计处理,作为资产损失的"账载金额"填报,并按资产损失的税收规定进行相应的纳税调整,不作为资产减值准备金进行纳税调整;另一类是没有发生法定资产损失情形的会计处理,仅仅是会计上进行资产减值测试后核算的资产减值准备,应作为资产减值准备金进行纳税调整。

(三)关于理赔费用准备金

理赔费用准备金,是指保险人为非寿险保险事故已发生尚未结案的赔案可能发生的律师费、诉讼费、损失检验费、相关理赔人员薪酬等理赔查勘费用提取的准备金。从这些费用的性质上看,应该在实际发生时税前扣除,不应该通过计提准备金的方式税前扣除。因此,保险公司在会计上计提的理赔费用准备金,也应在表A105000第33行进行纳税调整。

(四)资产减值准备金的填报

表A105000第33行第1列"账载金额"填报纳税人会计核算计入当期损益的资产减值准备金金额(因价值恢复等原因转回的资产减值准备金应予以冲回)。若第1列≥0,第3列"调增金额"填报第1列金额;若第1列<0,第4列"调减金额"填报第1列金额的绝对值。

【例8-3】某航运公司于2019年末对一艘远洋运输船只进行减值测试。该船舶账面价值为1.6亿元,预计尚可使用年限为8年。根据测试和计算结果,某航运公司应确认的船舶减值损失为5 035万元,账务处理如下:

借:资产减值损失—固定资产减值损失　　　　　　　　50 350 000
　　贷:固定资产减值准备　　　　　　　　　　　　　　　50 350 000

计提资产减值准备后,船舶的账面价值变为10 965万元。

税务处理:某航运公司对固定资产进行减值测试计入当期损益的资产减值损失不得在税前扣除,应调增所得5 035万元。某航运公司2019年资产减值准备金纳税调整的填报见表8-4。

表8-4 资产减值准备金的纳税调整填报示例

A105000　　　　　　　　　纳税调整项目明细表(部分)　　　　　　　　金额单位:元

行次	项目	账载金额 1	税收金额 2	调增金额 3	调减金额 4
	……				
31	三、资产类调整项目(32+33+34+35)	*	*		
32	(一)资产折旧、摊销(填写A105080)				
33	(二)资产减值准备金	50 350 000.00	*	50 350 000.00	0.00
34	(三)资产损失(填写A105090)				
35	(四)其他				
	……				
46	合计(1+12+31+36+44+45)	*	*		

三、资产损失的填报

(一)关于资产损失的会计处理

见上述"二、资产减值准备金的填报"中"关于法定资产损失的会计处理"的分析。

(二)资产损失及其纳税调整的填报

纳税人在本年转让或处置资产,会计上有损失,但按税收规定有所得的,不得填报资产损失及其附表,应通过填报收入类调整项目或其他调整项目进行纳税调整。

1. 行次填报

纳税人在第 1 至 27 行按资产类型填报留存备查的资产损失情况,跨地区经营汇总纳税企业在第 1 行至 27 行应填报总机构和全部分支机构的资产损失情况,并在第 29 行填报各分支机构留存备查的资产损失汇总情况。

(1)第 1 行"一、现金及银行存款损失":填报纳税人当年发生的现金损失和银行存款损失的账载金额、资产处置收入、赔偿收入、资产计税基础、资产损失的税收金额及纳税调整金额。

(2)第 2 行"二、应收及预付款项坏账损失":填报纳税人当年发生的应收及预付款项坏账损失的账载金额、资产处置收入、赔偿收入、资产计税基础、资产损失的税收金额及纳税调整金额。

(3)第 3 行"逾期三年以上的应收款项损失":填报纳税人当年发生的应收及预付款项坏账损失中,逾期三年以上的应收款项目当年在会计上已作为损失处理的坏账损失的账载金额、资产处置收入、赔偿收入、资产计税基础、资产损失的税收金额及纳税调整金额。

(4)第 4 行"逾期一年以上的小额应收款项损失":填报纳税人当年发生的应收及预付款项坏账损失中,逾期一年以上,单笔数额不超过五万或者不超过企业年度收入总额万分之一的应收款项,会计上已经作为损失处理的坏账损失的账载金额、资产处置收入、赔偿收入、资产计税基础、资产损失的税收金额及纳税调整金额。

(5)第 5 行"三、存货损失":填报纳税人当年发生的存货损失的账载金额、资产处置收入、赔偿收入、资产计税基础、资产损失的税收金额及纳税调整金额。

(6)第 6 行"存货盘亏、报废、损毁、变质或被盗损失":填报纳税人当年发生的存货损失中,存货盘亏损失、存货报废、毁损或变质损失以及存货被盗损失的账载金额、资产处置收入、赔偿收入、资产计税基础、资产损失的税收金额及纳税调整金额。

(7)第 7 行"四、固定资产损失":填报纳税人当年发生的固定资产损失的账载金额、资产处置收入、赔偿收入、资产计税基础、资产损失的税收金额及纳税调整金额。

(8)第 8 行"固定资产盘亏、丢失、报废、损毁或被盗损失":填报纳税人当年发生的固定资产损失中,固定资产盘亏、丢失损失,报废、毁损损失以及被盗损失的账载金额、资产处置收入、赔偿收入、资产计税基础、资产损失的税收金额及纳税调整金额。

(9)第 9 行"五、无形资产损失":填报纳税人当年发生的无形资产损失的账载金额、资产处置收入、赔偿收入、资产计税基础、资产损失的税收金额及纳税调整金额。

(10)第 10 行"无形资产转让损失":填报纳税人当年在正常经营管理活动中,按照公允价格转让无形资产发生的损失的账载金额、资产处置收入、赔偿收入、资产计税基础、资产损失的税收金额及纳税调整金额。

(11)第 11 行"无形资产被替代或超过法律保护期限形成的损失":填报纳税人当年发生的无形资产损失中,被其他新技术所代替或超过法律保护期限,已经丧失使用价值和转让价值,尚未摊销的无形资产损失的账载金额、资产处置收入、赔偿收入、资产计税基础、资产损失的税收金额及纳税调整金额。

（12）第12行"六、在建工程损失"：填报纳税人当年发生的在建工程损失的账载金额、资产处置收入、赔偿收入、资产计税基础、资产损失的税收金额及纳税调整金额。

（13）第13行"在建工程停建、报废损失"：填报纳税人当年发生的在建工程损失中，在建工程停建、报废损失的账载金额、资产处置收入、赔偿收入、资产计税基础、资产损失的税收金额及纳税调整金额。

（14）第14行"七、生产性生物资产损失"：填报纳税人当年发生的生产性生物资产损失的账载金额、资产处置收入、赔偿收入、资产计税基础、资产损失的税收金额及纳税调整金额。

（15）第15行"生产性生物资产盘亏、非正常死亡、被盗、丢失等产生的损失"：填报纳税人当年发生的生产性生物资产损失中，生产性生物资产盘亏损失、因森林病虫害、疫情、死亡而产生的生产性生物资产损失以及被盗伐、被盗、丢失而产生的生产性生物资产损失的账载金额、资产处置收入、赔偿收入、资产计税基础、资产损失的税收金额及纳税调整金额。

（16）第16行"八、债权性投资损失"：填报纳税人当年发生的债权性投资损失的账载金额、资产处置收入、赔偿收入、资产计税基础、资产损失的税收金额及纳税调整金额。

（17）第17行"（一）金融企业债权性投资损失"：填报金融企业当年发生的债权性投资损失的账载金额、资产处置收入、赔偿收入、资产计税基础、资产损失的税收金额及纳税调整金额。

（18）第18行"1. 符合条件的涉农和中小企业贷款损失"：填报金融企业当年发生的符合条件的涉农和中小企业贷款形成的资产损失的账载金额、资产处置收入、赔偿收入、资产计税基础、资产损失的税收金额及纳税调整金额。

（19）第19行"单户贷款余额300万（含）以下的贷款损失"：填报金融企业当年发生的符合条件的涉农和中小企业贷款损失中，单户贷款余额300万（含）以下的资产损失的账载金额、资产处置收入、赔偿收入、资产计税基础、资产损失的税收金额及纳税调整金额。

（20）第20行"单户贷款余额300万元至1000万元（含）的贷款损失"：填报金融企业当年发生的符合条件的涉农和中小企业贷款损失中，单户余额300万元至1000万元（含）的资产损失的账载金额、资产处置收入、赔偿收入、资产计税基础、资产损失的税收金额及纳税调整金额。

（21）第21行"2. 其他债权性投资损失"：填报金融企业当年发生的，除符合条件的涉农和中小企业贷款损失以外的其他债权性投资损失的账载金额、资产处置收入、赔偿收入、资产计税基础、资产损失的税收金额及纳税调整金额。

（22）第22行"（二）非金融企业债权性投资损失"：填报非金融企业当年发生的债权性投资损失的账载金额、资产处置收入、赔偿收入、资产计税基础、资产损失的税收金额及纳税调整金额。

（23）第23行"九、股权（权益）性投资损失"：填报纳税人当年发生的股权（权益）性投资损失的账载金额、资产处置收入、赔偿收入、资产计税基础、资产损失的税收金额及纳税调整金额。

(24)第24行"股权转让损失":填报纳税人当年发生的股权(权益)性投资损失中,因股权转让形成的资产损失的账载金额、资产处置收入、赔偿收入、资产计税基础、资产损失的税收金额及纳税调整金额。

(25)第25行"十、通过各种场所、市场等买卖债券、股票、期货、基金以及金融衍生产品等发生的损失":填报纳税人当年发生的,按照市场公平交易原则,通过各种交易场所、市场等买卖债券、股票、期货、基金以及金融衍生产品等发生的损失的账载金额、资产处置收入、赔偿收入、资产计税基础、资产损失的税收金额及纳税调整金额。

(26)第26行"十一、打包出售资产损失":填报纳税人当年发生的,将不同类别的资产捆绑(打包),以拍卖、询价、竞争性谈判、招标等市场方式出售形成的资产损失的账载金额、资产处置收入、赔偿收入、资产计税基础、资产损失的税收金额及纳税调整金额。

(27)第27行"十二、其他资产损失":填报纳税人当年发生的其他资产损失的账载金额、资产处置收入、赔偿收入、资产计税基础、资产损失的税收金额及纳税调整金额。

(28)第28行"合计"行次:填报第1+2+5+7+9+12+14+16+23+25+26+27行的合计金额。

(29)第29行"分支机构留存备查的资产损失":填报跨地区经营企业各分支机构留存备查的资产损失的账载金额、资产处置收入、赔偿收入、资产计税基础、资产损失的税收金额及纳税调整金额。

2. 列次填报

(1)第1列"资产损失的账载金额":填报纳税人会计核算计入当期损益的对应项目的资产损失金额。

(2)第2列"资产处置收入":填报纳税人处置发生损失的资产可收回的残值或处置收益。

(3)第3列"赔偿收入":填报纳税人发生的资产损失,取得的相关责任人、保险公司赔偿的金额。

(4)第4列"资产计税基础":填报纳税人按税收规定计算的发生损失时资产的计税基础,含损失资产涉及的不得抵扣增值税进项税额。

(5)第5列"资产损失的税收金额":填报按税收规定允许当期税前扣除的资产损失金额,按第4-2-3列金额填报。

(6)第6列"纳税调整金额":填报第1-5列金额。

表A105090第28行第1列填入表A105000第34行"(三)资产损失"第1列"账载金额"。表A105090第28行第5列填入表A105000第34行"(三)资产损失"第2列"税收金额"。若第28行第6列≥0,第28行第6列填入表A105000第34行"(三)资产损失"第3列"调增金额";若第28行第6列<0,第28行第6列的绝对值填入表A105000第34行"(三)资产损失"第4列"调减金额"。

【例8-4】假设S公司2019年处置一项大型设备,取得处置收入480万元,不考虑其他税金及附加。该固定资产账面原值1 000万元,2018年曾计提减值准备200万元并已在当年进行纳税调整,至处置时会计累计折旧300万元。按税法规定,该项大型设备至处置时的累计折旧为400万元。以前年度和本年度固定资产折旧的税会差异都已进行纳税调整。

S公司的会计处理为：

借：银行存款　　　　　　　　　　　　　　　　　　　　　4 800 000
　　贷：固定资产清理　　　　　　　　　　　　　　　　　　　　4 800 000
借：固定资产清理　　　　　　　　　　　　　　　　　　　　5 000 000
　　累计折旧　　　　　　　　　　　　　　　　　　　　　　3 000 000
　　固定资产减值准备　　　　　　　　　　　　　　　　　　2 000 000
　　贷：固定资产－设备　　　　　　　　　　　　　　　　　　10 000 000
借：营业外支出－非流动资产处置损失　　　　　　　　　　　　200 000
　　贷：固定资产清理　　　　　　　　　　　　　　　　　　　　200 000

税务处理：S公司该项大型设备至处置时的计税基础=1 000-400=600（万元），按税收规定应确认资产处置损失=600-480=120（万元），比会计处理确认的资产损失多100万元，应调减所得。S公司2019年资产损失税前扣除及纳税调整的填报见表8-5。

【例8-5】假设例3-1中的华方有限责任公司2018年对一笔45 000元的应收账款全额计提了坏账准备，并在当年调增了所得。2019年，该笔应收账款逾期已超过一年，华方有限责任公司进行资产损失税前扣除申报。

华方有限责任公司2019年的会计处理为：

（1）冲减2018年已计提的坏账准备：

借：坏账准备　　　　　　　　　　　　　　　　　　　　　45 000
　　贷：资产减值损失　　　　　　　　　　　　　　　　　　　45 000

（2）2019年对坏账损失的会计处理：

借：资产减值损失　　　　　　　　　　　　　　　　　　　45 000
　　贷：坏账准备　　　　　　　　　　　　　　　　　　　　　45 000

我们不能强行要求企业在会计上做如下处理：

借：管理费用－坏账损失　　　　　　　　　　　　　　　　　45 000
　　贷：应收账款　　　　　　　　　　　　　　　　　　　　　45 000

因为这是法定资产损失，作为债权人的企业并没有向债务人明确表示，该债权放弃了。这是在符合税收规定的条件下允许税前扣除的坏账损失，并不一定是企业实际发生的坏账损失。符合资产损失税前扣除条件时作为坏账损失税前扣除，以后年度收回的，应计入收回年度的应纳税所得额。

为什么要先冲减2018年已计提的坏账准备，然后再做一笔作损失处理的会计分录？因为填报表A105090时，要填第1列"资产损失的账载金额"。如果没有作损失处理的会计分录，"资产损失的账载金额"就不能填报。

华方有限责任公司的税务处理：由于2018年计提的坏账准备45 000元在当年已调增了所得，因此，冲减2018年已计提的坏账准备，应通过表A105000第33行"资产减值准备金"调减所得。华方有限责任公司作为法定资产损失的坏账损失及其纳税调整的填报见表8-6。

表 8-5 实际资产损失税前扣除及纳税调整填报示例

资产损失税前扣除及纳税调整明细表

A105090

金额单位:元

行次	项目	资产损失的账载金额 1	资产处置收入 2	赔偿收入 3	资产计税基础 4	资产损失的税收金额 5(4-2-3)	纳税调整金额 6(1-5)
1	一、现金及银行存款损失	0.00	0.00	0.00	0.00	0.00	0.00
2	二、应收及预付款项坏账损失	0.00	0.00	0.00	0.00	0.00	0.00
3	其中:逾期三年以上的应收款项损失	0.00	0.00	0.00	0.00	0.00	0.00
4	逾期一年以上的小额应收款项损失	0.00	0.00	0.00	0.00	0.00	0.00
5	三、存货损失	0.00	0.00	0.00	0.00	0.00	0.00
6	其中:存货盘亏、报废、损失、变质或被盗损失	0.00	0.00	0.00	0.00	0.00	0.00
7	四、固定资产损失	200 000.00	4 800 000.00	0.00	6 000 000.00	1 200 000.00	-1 000 000.00
8	其中:固定资产盘亏、丢失、报废、损毁或被盗损失	0.00	0.00	0.00	0.00	0.00	0.00
9	五、无形资产损失	0.00	0.00	0.00	0.00	0.00	0.00
10	其中:无形资产转让损失	0.00	0.00	0.00	0.00	0.00	0.00
11	无形资产被替代或超过法律保护期限形成的损失	0.00	0.00	0.00	0.00	0.00	0.00
12	六、在建工程损失	0.00	0.00	0.00	0.00	0.00	0.00
13	其中:在建工程停建、报废损失	0.00	0.00	0.00	0.00	0.00	0.00
14	七、生产性生物资产损失	0.00	0.00	0.00	0.00	0.00	0.00
15	其中:生产性生物资产盘亏、非正常死亡、被盗、丢失等产生的损失	0.00	0.00	0.00	0.00	0.00	0.00
16	八、债权性投资损失(17+22)	0.00	0.00	0.00	0.00	0.00	0.00
17	(一)金融企业债权性投资损失(18+21)	0.00	0.00	0.00	0.00	0.00	0.00
18	1. 符合条件的涉农和中小企业贷款损失	0.00	0.00	0.00	0.00	0.00	0.00
19	其中:单户贷款余额300万元(含)以下的贷款损失	0.00	0.00	0.00	0.00	0.00	0.00
20	单户贷款余额300万元至1000万元(含)的贷款损失	0.00	0.00	0.00	0.00	0.00	0.00
21	2. 其他债权性投资损失	0.00	0.00	0.00	0.00	0.00	0.00
22	(二)非金融企业债权性投资损失	0.00	0.00	0.00	0.00	0.00	0.00
23	九、股权(权益)性投资损失	0.00	0.00	0.00	0.00	0.00	0.00
24	其中:股权转让损失	0.00	0.00	0.00	0.00	0.00	0.00
25	十、通过各种交易场所、市场买卖债券、股票、期货、基金以及金融衍生产品等发生的资产损失	0.00	0.00	0.00	0.00	0.00	0.00
26	十一、打包出售资产损失	0.00	0.00	0.00	0.00	0.00	0.00
27	十二、其他资产损失	0.00	0.00	0.00	0.00	0.00	0.00
28	合计(1+2+5+7+9+12+14+16+23+25+26+27)	200 000.00	4 800 000.00	0.00	6 000 000.00	1 200 000.00	-1 000 000.00
29	其中:分支机构留存备查的资产损失	0.00	0.00	0.00	0.00	0.00	0.00

表 8-6　法定资产损失税前扣除及纳税调整填报示例

A105090　　　　　　　　　　　资产损失税前扣除及纳税调整明细表　　　　　　　　　金额单位：元

行次	项目	资产损失的账载金额	资产处置收入	赔偿收入	资产计税基础	资产损失的税收金额	纳税调整金额
		1	2	3	4	5(4-2-3)	6(1-5)
1	一、现金及银行存款损失	0.00	0.00	0.00	0.00	0.00	0.00
2	二、应收及预付款项坏账损失	45 000.00	0.00	0.00	45 000.00	45 000.00	0.00
3	其中：逾期三年以上的应收款项损失						
4	逾期一年以上的小额应收款项损失	45 000.00	0.00	0.00	45 000.00	45 000.00	0.00
	……						
28	合计(1+2+5+7+9+12+14+16+23+25+26+27)	45 000.00	0.00	0.00	45 000.00	45 000.00	0.00
29	其中：分支机构留存备查的资产损失	0.00	0.00	0.00	0.00	0.00	0.00

【例8-6】纳税调整情况汇总。至此，我们将第六、七、八章中有关例 3-1 中的华方有限责任公司 2019 年度所有的纳税调整项目汇总如下：

(1) 例 6-1 中视同销售收入调增所得 20 万元。

(2) 例 6-10 中符合不征税收入条件的政府补助收入计入本年损益的金额调减所得 100 万元，该项不征税收入本年形成的费用化支出金额调增所得 100 万元。

(3) 例 7-2 中视同销售成本调减所得 20 万元。

(4) 例 7-3 中职工薪酬"账载金额"1 459.5 万元，"税收金额"1 401.4 万元，应调增所得 58.1 万元。

(5) 例 7-15 中非公益性捐赠调增所得 4 万元。

(6) 例 7-19 中业务招待费支出"账载金额"60 万元，"税收金额"31.7 万元，应调增所得 28.3 万元。

(7) 例 7-21 中行政处罚的罚款支出调增所得 1 万元。

(8) 例 8-1 中固定资产折旧"账载金额"2 335 000 元，"税收金额"2 291 666.67 元，应调增所得 43 333.33 元。

(9) 例 8-5 中冲减以前年度已计提的坏账准备调减所得 4.5 万元。

华方有限责任公司 2019 年度表 A105000 的填报汇总见表 8-7。

表 8-7　例 3-1 中的华方有限责任公司纳税调整项目汇总

A105000　　　　　　　　　　　　　纳税调整项目明细表　　　　　　　　　　　　金额单位：元

行次	项目	账载金额	税收金额	调增金额	调减金额
		1	2	3	4
1	一、收入类调整项目(2+3+…8+10+11)	*	*	200 000.00	1 000 000.00
2	(一)视同销售收入(填写 A105010)	*	200 000.00	200 000.00	*
3	(二)未按权责发生制原则确认的收入（填写 A105020)	0.00	0.00	0.00	0.00
4	(三)投资收益(填写 A105030)	0.00	0.00	0.00	0.00
5	(四)按权益法核算长期股权投资对初始投资成本调整确认收益	*	*	*	0.00

续表

行次	项目	账载金额 1	税收金额 2	调增金额 3	调减金额 4
6	(五)交易性金融资产初始投资调整	*	*	0.00	*
7	(六)公允价值变动净损益	0.00	*	0.00	0.00
8	(七)不征税收入	*	*	0.00	1 000 000.00
9	其中:专项用途财政性资金(填写A105040)	*	*	0.00	1 000 000.00
10	(八)销售折扣、折让和退回	0.00	0.00	0.00	0.00
11	(九)其他	0.00	0.00	0.00	0.00
12	二、扣除类调整项目(13 + 14 + …24 + 26 + 27 + 28 + 29 + 30)	*	*	1 914 000.00	200 000.00
13	(一)视同销售成本(填写A105010)	*	200 000.00	*	200 000.00
14	(二)职工薪酬(填写A105050)	14 595 000.00	14 014 000.00	581 000.00	0.00
15	(三)业务招待费支出	600 000.00	317 000.00	283 000.00	*
16	(四)广告费和业务宣传费支出(填写A105060)	*	*	0.00	0.00
17	(五)捐赠支出(填写A105070)	40 000.00	0.00	40 000.00	0.00
18	(六)利息支出	0.00	0.00	0.00	0.00
19	(七)罚金、罚款和被没收财物的损失	10 000.00	0.00	10 000.00	*
20	(八)税收滞纳金、加收利息	0.00	*	0.00	*
21	(九)赞助支出	0.00	*	0.00	*
22	(十)与未实现融资收益相关在当期确认的财务费用				
23	(十一)佣金和手续费支出(保险企业填写A105060)	0.00	0.00	0.00	0.00
24	(十二)不征税收入用于支出所形成的费用	*	*	1 000 000.00	*
25	其中:专项用途财政性资金用于支出所形成的费用(填写A105040)	*	*	1 000 000.00	*
26	(十三)跨期扣除项目	0.00	0.00	0.00	*
27	(十四)与取得收入无关的支出	0.00	*	0.00	*
28	(十五)境外所得分摊的共同支出	*	*	0.00	*
29	(十六)党组织工作经费	0.00	0.00	0.00	0.00
30	(十七)其他	0.00	0.00	0.00	0.00
31	三、资产类调整项目(32 + 33 + 34 + 35)	*	*	43 333.33	45 000.00
32	(一)资产折旧、摊销(填写A105080)	2 335 000.00	2 291 666.67	43 333.33	0.00
33	(二)资产减值准备金	-45 000.00	*	0.00	45 000.00
34	(三)资产损失(填写A105090)	0.00	0.00	0.00	0.00
35	(四)其他	0.00	0.00	0.00	0.00
36	四、特殊事项调整项目(37 + 38 + … + 43)	*	*	0.00	0.00
37	(一)企业重组及递延纳税事项(填写A105100)	0.00	0.00	0.00	0.00
38	(二)政策性搬迁(填写A105110)	*	*	0.00	0.00
39	(三)特殊行业准备金(填写A105120)	0.00	0.00	0.00	0.00
40	(四)房地产开发企业特定业务计算的纳税调整额(填写A105010)	*	0.00	0.00	0.00
41	(五)合伙企业法人合伙人应分得的应纳税所得额	0.00	0.00	0.00	0.00
42	(六)发行永续债利息支出	0.00	0.00	0.00	0.00

续表

行次	项目	账载金额	税收金额	调增金额	调减金额
		1	2	3	4
43	（七）其他	*	*	0.00	0.00
44	五、特别纳税调整应税所得	*	*	0.00	0.00
45	六、其他	*	*	0.00	0.00
46	合计(1+12+31+36+44+45)	*	*	2 157 333.33	1 245 000.00

> 企业所得税政策与申报实务深度解析
> （2020年版）

第九章

特殊事项所得税政策及其纳税调整的填报

本章要点

☞ 企业重组及递延纳税事项的企业所得税政策

☞ 企业政策性搬迁的企业所得税政策

☞ 特殊行业准备金的企业所得税政策

☞ 房地产开发企业特定业务的企业所得税政策

☞ 合伙企业法人合伙人应分得应纳税所得额的计算

☞ 发行永续债利息支出的企业所得税政策

☞ 企业重组及递延纳税事项的填报

☞ 政策性搬迁的填报

☞ 特殊行业准备金的填报

☞ 房地产开发企业特定业务计算的纳税调整额的填报

☞ 合伙企业法人合伙人应分得应纳税所得额的填报

☞ 发行永续债利息支出的填报

第一节 特殊事项的企业所得税政策

特殊事项包括企业重组及递延纳税事项、政策性搬迁、特殊行业准备金、房地产开发企业特定业务计算的纳税调整额、合伙企业法人合伙人应分得的应纳税所得额和发行永续债利息支出6个项目。

一、企业重组及递延纳税事项的企业所得税政策

(一)企业重组及递延纳税事项的类型

目前,企业所得税中企业重组及递延纳税事项有:财税〔2009〕59号文件规定的企业法律形式改变、债务重组、股权收购、资产收购、企业合并和企业分立六种类型,《财政部 国家税务总局关于中国(上海)自由贸易试验区内企业以非货币性资产对外投资等资产重组行为有关企业所得税政策问题的通知》(财税〔2013〕91号,以下简称财税〔2013〕91号文件)和财税〔2014〕116号文件规定的非货币性资产对外投资,财税〔2014〕109号文件规定的股权、资产划转,以及财税〔2016〕101号文件规定的技术入股。

(1)企业法律形式改变,是指企业注册名称、住所以及企业组织形式等的简单改变,但符合财税〔2009〕59号文件规定其他重组的类型除外。企业法律形式改变又分简单改变和非简单改变两种类型。非简单改变是指企业由法人转变为个人独资企业、合伙企业等非法人组织,或将登记注册地转移至中华人民共和国境外(包括台、港、澳地区)而成为非居民企业;简单改变是指企业发生其他法律形式简单改变。税务总局公告2017年第34号明确,全民所有制企业改制为国有独资公司或者国有全资子公司,属于财税〔2009〕59号文件第四条规定的"企业发生其他法律形式简单改变"。

(2)债务重组,是指在债务人发生财务困难的情况下,债权人按照其与债务人达成的书面协议或者法院裁定书,就其债务人的债务作出让步的事项。债务重组又分以非货币资产清偿债务和债权转股权两种类型。

(3)股权收购,是指一家企业(以下称为收购方)购买另一家企业(以下称为被收购企业)的股权,以实现对被收购企业控制的交易。收购方支付对价的形式包括股权支付、非股权支付或两者的组合。

(4)资产收购,是指一家企业(以下称为收购方)购买另一家企业(以下称为转让方)实质经营性资产的交易。收购方支付对价的形式包括股权支付、非股权支付或两者的组合。

(5)企业合并,是指一家或多家企业(以下称为被合并企业)将其全部资产和负债转让给另一家现存或新设企业(以下称为合并企业),被合并企业股东换取合并企业的股权或非股权支付,实现两个或两个以上企业的依法合并。

(6)企业分立,是指一家企业(以下称为被分立企业)将部分或全部资产分离转让给现存或新设的企业(以下称为分立企业),被分立企业股东换取分立企业的股权或非股权支付,实现企业的依法分立。

(7)非货币性资产对外投资,在财税〔2013〕91号文件中,是指以非货币性资产出资设立或注入公司;在财税〔2014〕116号文件中,是指以非货币性资产出资设立新的居民企业,

或将非货币性资产注入现存的居民企业。

（8）股权、资产划转，财税〔2014〕109号文件没有解释。

（9）技术入股，即技术成果投资入股，是指纳税人将技术成果所有权让渡给被投资企业、取得该企业股票（权）的行为。技术成果是指专利技术（含国防专利）、计算机软件著作权、集成电路布图设计专有权、植物新品种权、生物医药新品种，以及科技部、财政部、国家税务总局确定的其他技术成果。

（二）企业重组及递延纳税事项的对价支付形式

1. 财税〔2009〕59号文件规定的对价支付形式

除企业法律形式改变外，其他五种企业重组类型大多涉及对价支付。财税〔2009〕59号文件把对价支付形式分为股权支付和非股权支付两种。

（1）股权支付。是指企业重组中购买、换取资产的一方支付的对价中，以本企业或其控股企业的股权、股份作为支付的形式。税务总局公告2010年第4号明确，控股企业是指由本企业直接持有股份的企业。

由本企业直接持有股份的企业与直接持有本企业股份的企业是不同的，前者是本企业的子公司，后者是本企业的母公司。持有子公司的股权是一项资产，母公司用其股权、股份作为对价支付，这是一种资产支付（即减少资产），而不是一种权益支付（即增加所有者权益）。

（2）非股权支付。是指以本企业的现金、银行存款、应收款项、本企业或其控股企业股权和股份以外的有价证券、存货、固定资产、其他资产以及承担债务等作为支付的形式。具体形式包括货币性资产、控股企业股权和股份以外的非货币性资产、承担债务。

2. 非货币性资产对外投资的对价支付形式

依据财税〔2013〕91号文件和财税〔2014〕116号文件的规定，投资方应取得被投资企业的股权、股份，即被投资企业应以本企业的股权、股份作为对价支付。

3. 股权、资产划转的对价支付形式

依据财税〔2014〕109号文件和税务总局公告2015年第40号的规定，股权、资产划转有四种情形：①母公司向子公司划转，取得子公司股权支付；②母公司向子公司划转，没有获得任何股权或非股权支付；③子公司向母公司划转，没有获得任何股权或非股权支付；④子公司向子公司划转，没有获得任何股权或非股权支付。在第一种情形下，子公司的对价支付形式是本企业股权。其他三种情形没有对价支付。

4. 技术入股的对价支付形式

财税〔2016〕101号文件的规定，技术入股的投资方应取得被投资企业的股票（权），即被投资企业应以本企业的股票（权）作为对价支付。

（三）企业重组及递延纳税事项的税务处理待遇

不同类型的企业重组及递延纳税事项，其税务处理待遇不完全相同。

1. 财税〔2009〕59号文件中企业重组类型的税务处理待遇

财税〔2009〕59号文件对企业重组的所得税处理区分不同条件分别适用一般性税务处理和特殊性税务处理。

（1）一般性税务处理的基本原则是：资产、股权等非货币资产在重组当事各方之间转移的，转出方应确认资产、股权等非货币资产的转让所得或损失，取得方应按公允价值确定取得资产、股权等非货币资产的计税基础,即一般性税务处理看公允价。

(2)特殊性税务处理的基本原则是:资产、股权等非货币资产在重组当事各方之间转移的,与股权支付相对应的部分,转出方暂不确认资产、股权等非货币资产的转让所得或损失,取得方应按资产、股权等非货币资产在转出方的原有计税基础确定取得其计税基础,即特殊性税务处理看成本价。需要注意的是,即使企业重组适用特殊性税务处理,对其中与非股权支付相对应的部分,依然要按照一般性税务处理的基本原则进行相应的税务处理。

2. 非货币性资产对外投资的税务处理待遇

非货币性资产对外投资,投资方确认的非货币性资产转让所得可选择递延纳税,在不超过5年期限内,分期均匀计入相应年度的应纳税所得额。被投资企业取得非货币性资产的计税基础,应按非货币性资产的公允价值确定。

3. 股权、资产划转的税务处理待遇

财税〔2014〕109号文件和税务总局公告2015年第40号对股权、资产划转的所得税处理也是区分不同条件分别适用一般性税务处理和特殊性税务处理。

(1)一般性税务处理的基本原则是:股权或资产划转的,划出方应按其公允价值视同销售处理,划入方取得被划转股权或资产的计税基础,以被划转股权或资产的公允价值确定,即一般性税务处理看公允价。

(2)特殊性税务处理的基本原则是:股权或资产划转的,划出方不确认股权或资产的转让所得,划入方取得被划转股权或资产的计税基础,以被划转股权或资产的原有计税基础确定,即特殊性税务处理看成本价。

4. 技术入股的税务处理待遇

技术成果投资入股的,投资方可选择递延纳税,投资入股当期可暂不纳税,允许递延至转让股权时,按股权转让收入减去技术成果原值和合理税费后的差额计算缴纳所得税。被投资企业按技术成果投资入股时的评估值入账并在企业所得税前摊销扣除。

(四)企业重组及递延纳税事项特殊性税务处理的条件

不同类型的企业重组及递延纳税事项适用特殊性税务处理的条件不同。

1. 财税〔2009〕59号文件中的企业重组类型特殊性税务处理的条件

结合财税〔2009〕59号文件、税务总局公告2010年第4号、税务总局公告2015年第48号和财税〔2014〕109号文件的规定,财税〔2009〕59号文件中的重组类型(包括债务重组、股权收购、资产收购、企业合并和企业分立)适用特殊性税务处理的一般条件有:

(1)具有合理的商业目的,且不以减少、免除或者推迟缴纳税款为主要目的。

(2)被收购、合并或分立部分的资产或股权比例不低于50%。

(3)自重组日起计算的连续12个月内不改变重组资产原来的实质性经营活动。

(4)重组交易对价中涉及股权支付的,除同一控制下且不需要支付对价的企业合并外,股权支付比例不低于交易支付总额的85%。

(5)企业重组中取得股权支付的原主要股东(指原持有转让企业或被收购企业20%以上股权的股东),自重组日起计算的连续12个月内,不得转让所取得的股权。

上述条件一般应该同时具备。其中,对债务重组中重组所得超过50%的,只需具备条件(1);债转股的,只需具备条件(1)和(5);对同一控制下且不需要支付对价的合并,只需具备条件(1)、(2)、(3)和(5);对企业分立,财税〔2009〕59号文件添加一个条件:被分立企业所有股东按原持股比例取得分立企业的股权,分立企业和被分立企业均不改变原来的实质经营活动。

对跨境重组中的股权收购和资产收购,财税〔2009〕59号文件附加的适用特殊性税务处理的特定条件有:①非居民企业向其100%直接控股的另一非居民企业转让其拥有的居民企业股权,没有因此造成以后该项股权转让所得预提税负担变化,且转让方非居民企业向主管税务机关书面承诺在3年(含3年)内不转让其拥有受让方非居民企业的股权;②非居民企业向与其具有100%直接控股关系的居民企业转让其拥有的另一居民企业股权;③居民企业以其拥有的资产或股权向其100%直接控股的非居民企业进行投资;④财政部、国家税务总局核准的其他情形。上述条件应该是"或者"关系。

需要特别说明的是,依据税务总局公告2015年第48号第四条的规定,企业发生其他法律形式的简单改变,不计算所得,不填报申报表,也不报送相关报告表,这也是特殊性税务处理,且没有其他条件要求。

2. 股权、资产划转特殊性税务处理的条件

依据财税〔2014〕109号文件的规定,股权、资产划转符合下列条件的,可以选择特殊性税务处理:

(1)股权或资产在100%直接控制的居民企业之间,或者在受同一或相同多家居民企业100%直接控制的居民企业之间按账面净值划转。

(2)具有合理商业目的、不以减少、免除或者推迟缴纳税款为主要目的。

(3)股权或资产划转后连续12个月内不改变被划转股权或资产原来实质性经营活动。是指自股权或资产划转完成日起连续12个月内不改变被划转股权或资产原来实质性经营活动。股权或资产划转完成日,是指股权或资产划转合同(协议)或批复生效,且交易双方已进行会计处理的日期。

(4)划出方企业和划入方企业均未在会计上确认损益。

3. 非货币性资产对外投资和技术入股递延纳税的条件

一般认为,非货币性资产对外投资和技术入股递延纳税的条件是,投资方取得被投资企业100%的股权支付。

(五)重组主导方

重组主导方是财税〔2009〕59号文件中的企业重组类型适用特殊性税务处理才有的概念。重组当事各方适用特殊性税务处理的(指企业重组业务符合财税〔2009〕59号文件文件和财税〔2014〕109号文件第一条、第二条规定条件并选择特殊性税务处理的,下同),应按如下规定确定重组主导方:

(1)债务重组,主导方为债务人。

(2)股权收购,主导方为股权转让方,涉及两个或两个以上股权转让方,由转让被收购企业股权比例最大的一方作为主导方(转让股权比例相同的可协商确定主导方)。

(3)资产收购,主导方为资产转让方。

(4)合并,主导方为被合并企业,涉及同一控制下多家被合并企业的,以净资产最大的一方为主导方。

(5)分立,主导方为被分立企业。

(六)不同重组类型的所得税处理

1. 企业法律形式改变的所得税处理

依据财税〔2009〕59号文件的规定,企业由法人转变为个人独资企业、合伙企业等非法人组织,或将登记注册地转移至中华人民共和国境外(包括台、港、澳地区),即法人变为非法人,居民企业变为非居民企业,对原法人企业或居民企业及其股东都要按清算进行所得税处理,原法人企业或居民企业不需要填报企业所得税年度纳税申报表,应填报国税函〔2009〕388号文件印发的《中华人民共和国企业清算所得税申报表》。原法人企业或居民企业的股东属于居民企业的,应按收回投资取得剩余资产进行处理,需要填报企业所得税年度纳税申报表中的相关报表或项目。

税务总局公告2017年第34号明确,全民所有制企业改制为国有独资公司或者国有全资子公司,属于财税〔2009〕59号文件第四条规定的"企业发生其他法律形式简单改变"的,可依照以下规定进行企业所得税处理:改制中资产评估增值不计入应纳税所得额;资产的计税基础按其原有计税基础确定;资产增值部分的折旧或者摊销不得在税前扣除。

2. 企业债务重组的所得税处理

1)企业债务重组涉及的当事方和重组日的确定 企业债务重组涉及债务人和债权人双方的所得税处理,以债务重组合同(协议)或法院裁定书生效日为重组日。

2)企业债务重组的一般性税务处理 ①以非货币资产清偿债务,应当分解为转让相关非货币性资产、按非货币性资产公允价值清偿债务两项业务,确认相关资产的所得或损失。②发生债权转股权的,应当分解为债务清偿和股权投资两项业务,确认有关债务清偿所得或损失。③债务人应当按照支付的债务清偿额低于债务计税基础的差额,确认债务重组所得;债权人应当按照收到的债务清偿额低于债权计税基础的差额,确认债务重组损失。

3)企业债务重组的特殊性税务处理 ①企业债务重组确认的应纳税所得额占该企业当年应纳税所得额50%以上,可以在5个纳税年度的期间内,均匀计入各年度的应纳税所得额。即采用"分期计入"处理方式,又称定期递延。②企业发生债权转股权业务,对债务清偿和股权投资两项业务暂不确认有关债务清偿所得或损失,股权投资的计税基础以原债权的计税基础确定。企业的其他相关所得税事项保持不变。即采用"暂不计入"处理方式,又称不定期递延。

3. 股权收购的所得税处理

1)股权收购涉及的当事方和重组日的确定 股权收购涉及收购方、转让方及被收购企业的所得税处理,实际上主要是收购方和转让方的税务处理,被收购企业只是换了股东而已。股权收购以转让合同(协议)生效且完成股权变更手续日为重组日。关联企业之间发生股权收购,转让合同(协议)生效后12个月内尚未完成股权变更手续的,应以转让合同(协议)生效日为重组日。

2)股权收购的一般性税务处理 ①转让方应确认股权转让所得或损失。②收购方取得股权的计税基础应以公允价值为基础确定。

3)股权收购的特殊性税务处理 ①转让方暂不确认与取得的股权支付相对应的股权转让所得或损失,但要确认与取得的非股权支付相对应的股权转让所得或损失。②收购方取得被转让股权的计税基础和转让方取得作为对价支付的收购方股权的计税基础,应以被转让股权在转让方的原有计税基础确定,但前者还要根据转让方取得非股权支付相对应的股权转让所得或损失的确认情况进行调整,即收购方取得被转让股权的计税基础与非股权支付相对应的部分,应按公允价值确定。

4. 资产收购的所得税处理

1) 资产收购涉及的当事方和重组日的确定 资产收购一般只涉及收购方和转让方的所得税处理,以转让合同(协议)生效且当事各方已进行会计处理的日期为重组日。

2) 资产收购的一般性税务处理 ①转让方应确认资产转让所得或损失。②收购方取得资产的计税基础应以公允价值为基础确定。

3) 资产收购的特殊性税务处理 ①转让方暂不确认与取得的股权支付相对应的资产转让所得或损失,但要确认与取得的非股权支付相对应的资产转让所得或损失。②收购方取得被转让资产的计税基础和转让方取得作为对价支付的收购方股权的计税基础,应以被转让资产在转让方的原有计税基础确定,但前者还要根据转让方取得非股权支付相对应的资产转让所得或损失的确认情况进行调整,即收购方取得被转让资产的计税基础与非股权支付相对应的部分,应按公允价值确定。但有一个例外,依据财税〔2016〕101号文件第三条第二项的规定,如果适用特殊性税务处理的资产收购的标的是技术成果,允许被投资企业按技术成果投资入股时的评估值入账并在企业所得税前摊销扣除。

5. 企业合并的所得税处理

1) 企业合并涉及的当事方和重组日的确定 合并中当事各方,指合并企业、被合并企业及被合并企业股东。在企业合并中,得到合并企业支付对价的不是被合并企业,而是被合并企业股东。企业合并以合并合同(协议)生效、当事各方已进行会计处理且完成工商新设登记或变更登记日为重组日。按规定不需要办理工商新设或变更登记的合并,以合并合同(协议)生效且当事各方已进行会计处理的日期为重组日。

2) 企业合并的一般性税务处理 ①被合并企业及其股东都应按清算进行所得税处理。②合并企业接受被合并企业资产和负债的计税基础应按公允价值确定。③被合并企业的亏损不得在合并企业结转弥补。

3) 企业合并的特殊性税务处理 ①被合并企业及其股东都不按清算进行所得税处理,但被合并企业股东要确认与取得的非股权支付相对应的股权转让所得或损失。②合并企业取得被合并企业资产和负债的计税基础应以在被合并企业的原有计税基础确定,但要根据被合并企业股东取得非股权支付相对应的股权转让所得或损失的确认情况进行调整,即合并企业取得被合并企业资产的计税基础与非股权支付相对应的部分,应按公允价值确定。③被合并企业股东取得作为对价支付的合并企业股权的计税基础,应以其原持有的被合并企业股权的计税基础确定。④被合并企业合并前的相关所得税事项(包括亏损弥补、税收优惠等)由合并企业按规定承继。

6. 企业解散分立的所得税处理

1) 企业解散分立涉及的当事方和重组日的确定 分立中当事各方,指分立企业、被分立企业及被分立企业股东。在解散分立中,被分立企业注销。企业分立以分立合同(协议)生效、当事各方已进行会计处理且完成工商新设登记或变更登记日为重组日。

2) 企业解散分立的一般性税务处理 ①被分立企业及其股东都应按清算进行所得税处理。②分立企业接受被分立企业资产和负债的计税基础应按公允价值确定。③被分立企业的亏损不得在分立企业结转弥补。

3）企业解散分立的特殊性税务处理　①被分立企业及其股东都不按清算进行所得税处理，但被分立企业的股东要确认与取得的非股权支付相对应的股权转让所得或损失。②分立企业取得被分立企业资产和负债的计税基础应以在被分立企业的原有计税基础确定。③被分立企业的股东取得作为对价支付的分立企业股权的计税基础，应以其用于换取分立企业股权的原持有的被分立企业股权的计税基础确定。④被分立企业合并前的相关所得税事项（包括亏损弥补、税收优惠等）由合并企业按规定承继。

7. 企业派生分立的所得税处理

1）企业派生分立涉及的当事方和重组日的确定　分立中当事各方，指分立企业、被分立企业及被分立企业股东。在派生分立中，被分立企业存续。企业分立以分立合同（协议）生效、当事各方已进行会计处理且完成工商新设登记或变更登记日为重组日。

2）企业派生分立的一般性税务处理　①被分立企业应确认资产转让所得或损失。②分立企业接受被分立企业资产的计税基础应按公允价值确定。③被分立企业的股东取得的分立企业股权等对价应视同被分立企业利润分配进行处理。④被分立企业的亏损不得在分立企业结转弥补。

3）企业派生分立的特殊性税务处理　①被分立企业暂不确认资产转让所得或损失，但被分立企业的股东取得非股权支付的，也应视同被分立企业利润分配进行处理。②分立企业取得被分立企业资产的计税基础应以在被分立企业的原有计税基础确定。③被分立企业的股东取得作为对价支付的分立企业股权（以下简称"新股"）的计税基础，如需放弃原持有的被分立企业的股权（以下简称"旧股"），"新股"的计税基础应以放弃"旧股"的计税基础确定。如不需放弃"旧股"，则取得"新股"的计税基础可从以下两种方法中选择确定：直接将"新股"的计税基础确定为零；或者以被分立企业分立出去的净资产占被分立企业全部净资产的比例先调减原持有的"旧股"计税基础，再将调减的计税基础平均分配到"新股"上。④被分立企业合并前的相关所得税事项（包括亏损弥补、税收优惠等）由合并企业按规定承继。

8. 跨境转让资产或股权的所得税处理

即财税〔2009〕59号文件第七条第（三）项所称"居民企业以其拥有的资产或股权向其100%直接控股关系的非居民企业进行投资"。

1）一般性税务处理　同股权收购、资产收购的一般性税务处理。

2）特殊性税务处理　其资产或股权转让收益可以在10个纳税年度内均匀计入各年度应纳税所得额。这属于定期递延。

9. 非货币性资产对外投资的所得税处理

财税〔2013〕91号文件和财税〔2014〕116号文件规定了非货币性资产对外投资的特殊性税务处理，一般性税务处理应依据《企业所得税法》及其实施条例的相关规定进行。

1）非货币性资产投资的界定　财税〔2013〕91号文件表达为"非货币性资产对外投资等资产重组行为"，是指以非货币性资产出资设立或注入公司，限于以非货币性资产出资设立新公司和符合财税〔2009〕59号文件第一条规定的股权收购、资产收购。

财税〔2014〕116号文件表达为"非货币性资产投资"，限于以非货币性资产出资设立新的居民企业，或将非货币性资产注入现存的居民企业。非货币性资产，是指现金、银行存款、应收账款、应收票据以及准备持有至到期的债券投资等货币性资产以外的资产。

2）非货币性资产对外投资的一般性税务处理　　依据《企业所得税法》及其实施条例，用非货币性资产对外投资，实际上是转让资产取得了非货币形式的收入，应当按照公允价值确定收入额。因此，用非货币性资产对外投资应分解为两项业务：①资产转让业务，应确认资产转让所得或损失；②股权投资业务，应按照公允价值确定取得股权的计税基础。

企业以非货币性资产对外投资，应对非货币性资产进行评估并按评估后的公允价值扣除计税基础后的余额，计算确认非货币性资产转让所得或损失。

依据财税〔2013〕91号文件的规定，企业以非货币性资产对外投资，应于投资协议生效且完成资产实际交割并办理股权登记手续时，确认非货币性资产转让收入的实现。

依据财税〔2014〕116号文件的规定，企业以非货币性资产对外投资，应于投资协议生效并办理股权登记手续时，确认非货币性资产转让收入的实现。

3）非货币性资产对外投资的特殊性税务处理　　这需要根据不同情况分别进行讨论。

(1) 非货币性资产转让所得递延纳税。这也属于定期递延。

依据财税〔2013〕91号文件的规定，注册在试验区内的企业，因非货币性资产对外投资等资产重组行为产生资产评估增值，据此确认的非货币性资产转让所得，可在不超过5年期限内，分期均匀计入相应年度的应纳税所得额，按规定计算缴纳企业所得税。注册在试验区内的企业，是指在试验区注册并在区内经营，实行查账征收的居民企业。这里的"试验区"是中国(上海)自由贸易试验区的简称。

依据财税〔2014〕116号文件的规定，居民企业(以下简称企业)以非货币性资产对外投资确认的非货币性资产转让所得，可在不超过5年期限内，分期均匀计入相应年度的应纳税所得额，按规定计算缴纳企业所得税。企业发生非货币性资产投资，符合财税〔2009〕59号文件等文件规定的特殊性税务处理条件的，也可选择按特殊性税务处理规定执行。

(2) 投资企业取得股权、被投资企业取得资产计税基础的确定。

依据财税〔2013〕91号文件的规定，企业以非货币性资产对外投资，其取得股权的计税基础应以非货币性资产的原计税基础为基础，加上每年计入的非货币性资产转让所得，逐年进行调整。被投资企业取得非货币性资产的计税基础，可以非货币性资产的公允价值确定。

依据财税〔2014〕116号文件的规定，企业以非货币性资产对外投资而取得被投资企业的股权，应以非货币性资产的原计税成本为计税基础，加上每年确认的非货币性资产转让所得，逐年进行调整。被投资企业取得非货币性资产的计税基础，应按非货币性资产的公允价值确定。

但有一个例外，依据财税〔2016〕101号文件第三条第二项的规定，如果适用特殊性税务处理的非货币性资产对外投资是技术入股，允许被投资企业按技术成果投资入股时的评估值入账并在企业所得税前摊销扣除。

(3) 停止执行递延纳税政策的情形。依据财税〔2014〕116号文件的规定，企业在对外投资5年内转让上述股权或投资收回的，应停止执行递延纳税政策，并就递延期内尚未确认(财税〔2013〕91号文件表达为"尚未计入")的非货币性资产转让所得，在转让股权或投资收回当年的企业所得税年度汇算清缴时，一次性计算缴纳企业所得税；企业在计算股权转让所得时，可按本通知第三条第一款规定将股权的计税基础一次调整到位。

企业在对外投资5年内注销的,应停止执行递延纳税政策,并就递延期内尚未确认(财税〔2013〕91号文件表达为"尚未计入")的非货币性资产转让所得,在注销(财税〔2013〕91号文件表达为"歇业")当年的企业所得税年度汇算清缴时,一次性计算缴纳企业所得税。

(4)备案和说明。依据财税〔2013〕91号文件的规定,企业应于投资协议生效且完成资产实际交割并办理股权登记手续30日内,持相关资料向主管税务机关办理递延纳税备案登记手续。企业应在确认收入实现的当年,以项目为单位,做好相应台账,准确记录应予确认的非货币性资产转让所得,并在相应年度的企业所得税汇算清缴时对当年计入额及分年结转额的情况做出说明。

(5)执行开始时间。财税〔2013〕91号文件自印发之日(2013年11月15日)起执行。财税〔2014〕116号文件自2014年1月1日起执行,本通知发布前尚未处理的非货币性资产投资,符合本通知规定的可按本通知执行。

(6)《国家税务总局关于非货币性资产投资企业所得税有关征管问题的公告》(国家税务总局公告2015年第33号,以下简称税务总局公告2015年第33号)第三条明确:符合财税〔2014〕116号文件规定的企业非货币性资产投资行为,同时又符合财税〔2009〕59号、财税〔2014〕109号等文件规定的特殊性税务处理条件的,可由企业选择其中一项政策执行,且一经选择,不得改变。

10. 股权、资产划转的所得税处理

1)股权、资产划转的一般性税务处理 税务总局公告2015年第40号规定,交易一方在股权或资产划转完成日后连续12个月内发生生产经营业务、公司性质、资产或股权结构等情况变化,致使股权或资产划转不再符合特殊性税务处理条件的,自发生变化后60日内,原交易双方应按以下规定进行税务处理:

(1)100%直接控制的母子公司之间,母公司向子公司按账面净值划转其持有的股权或资产,母公司获得子公司100%的股权支付。母公司应按原划转完成时股权或资产的公允价值视同销售处理,并按公允价值确认取得长期股权投资的计税基础;子公司按公允价值确认划入股权或资产的计税基础。

(2)100%直接控制的母子公司之间,母公司向子公司按账面净值划转其持有的股权或资产,母公司没有获得任何股权或非股权支付。母公司应按原划转完成时股权或资产的公允价值视同销售处理;子公司按公允价值确认划入股权或资产的计税基础。

(3)100%直接控制的母子公司之间,子公司向母公司按账面净值划转其持有的股权或资产,子公司没有获得任何股权或非股权支付。子公司应按原划转完成时股权或资产的公允价值视同销售处理;母公司应按撤回或减少投资进行处理。

(4)受同一或相同多家母公司100%直接控制的子公司之间,在母公司主导下,一家子公司向另一家子公司按账面净值划转其持有的股权或资产,划出方没有获得任何股权或非股权支付。划出方应按原划转完成时股权或资产的公允价值视同销售处理;母公司根据交易情形和会计处理对划出方按分回股息进行处理,或者按撤回或减少投资进行处理,对划入方按以股权或资产的公允价值进行投资处理;划入方按接受母公司投资处理,以公允价值确认划入股权或资产的计税基础。

交易双方应调整划转完成纳税年度的应纳税所得额及相应股权或资产的计税基础,

向各自主管税务机关申请调整划转完成纳税年度的企业所得税年度申报表,依法计算缴纳企业所得税。

2)股权、资产划转的特殊性税务处理　财税〔2014〕109号文件规定,符合条件的划出方企业和划入方企业,可以选择按以下规定进行特殊性税务处理:

(1)划出方企业和划入方企业均不确认所得。

(2)划入方企业取得被划转股权或资产的计税基础,以被划转股权或资产的原账面净值(即原计税基础,下同)确定。

(3)划入方企业取得的被划转资产,应按其原账面净值计算折旧扣除。

税务总局公告2015年第40号规定,财税〔2014〕109号文件第三条所称"100%直接控制的居民企业之间,以及受同一或相同多家居民企业100%直接控制的居民企业之间按账面净值划转股权或资产",限于以下情形:

——100%直接控制的母子公司之间,母公司向子公司按账面净值划转其持有的股权或资产,母公司获得子公司100%的股权支付。母公司按增加长期股权投资处理,子公司按接受投资(包括资本公积,下同)处理。母公司获得子公司股权的计税基础以划转股权或资产的原计税基础确定。

——100%直接控制的母子公司之间,母公司向子公司按账面净值划转其持有的股权或资产,母公司没有获得任何股权或非股权支付。母公司按冲减实收资本(包括资本公积,下同)处理,子公司按接受投资处理。

——100%直接控制的母子公司之间,子公司向母公司按账面净值划转其持有的股权或资产,子公司没有获得任何股权或非股权支付。母公司按收回投资处理,或按接受投资处理,子公司按冲减实收资本处理。母公司应按被划转股权或资产的原计税基础,相应调减持有子公司股权的计税基础。

——受同一或相同多家母公司100%直接控制的子公司之间,在母公司主导下,一家子公司向另一家子公司按账面净值划转其持有的股权或资产,划出方没有获得任何股权或非股权支付。划出方按冲减所有者权益处理,划入方按接受投资处理。

11. 技术入股

技术入股即技术成果投资入股,是指纳税人将技术成果所有权让渡给被投资企业、取得该企业股票(权)的行为。技术成果是指专利技术(含国防专利)、计算机软件著作权、集成电路布图设计专有权、植物新品种权、生物医药新品种,以及科技部、财政部、国家税务总局确定的其他技术成果。

1)技术入股的一般性税务处理　同非货币性资产对外投资的一般性税务处理。

2)技术入股的特殊性税务处理　依据财税〔2016〕101号和《国家税务总局关于股权激励和技术入股所得税征管问题的公告》(国家税务总局公告2016年第62号,以下简称税务总局公告2016年第62号)的规定:

(1)企业以技术成果投资入股到境内居民企业,被投资企业支付的对价全部为股票(权)的,可选择继续按现行有关税收政策执行,也可选择适用递延纳税优惠政策。

选择技术成果投资入股递延纳税政策的,经向主管税务机关备案,投资入股当期可暂不纳税,允许递延至转让股权时,按股权转让收入减去技术成果原值和合理税费后的差额计算缴纳所得税。这属于不定期递延。

（2）企业选择适用上述任一项政策，均允许被投资企业按技术成果投资入股时的评估值入账并在企业所得税前摊销扣除。企业接受技术成果投资入股，技术成果评估值明显不合理的，主管税务机关有权进行调整。

（3）选择适用财税〔2016〕101号文件规定的递延纳税政策的，应当为实行查账征收的居民企业以技术成果所有权投资。

（4）持有递延纳税的股权期间，因该股权产生的转增股本收入，以及以该递延纳税的股权再进行非货币性资产投资的，应在当期缴纳税款。

二、企业政策性搬迁的企业所得税政策

税务总局公告2012年第40号明确了企业政策性搬迁的企业所得税政策和管理办法。

（一）政策性搬迁的范围

企业政策性搬迁适用税务总局公告2012年第40号的规定，企业自行搬迁或商业性搬迁等非政策性搬迁不得适用。企业政策性搬迁，是指由于社会公共利益的需要，在政府主导下企业进行整体搬迁或部分搬迁。企业由于下列需要之一，提供相关文件证明资料的，属于政策性搬迁：

（1）国防和外交的需要；

（2）由政府组织实施的能源、交通、水利等基础设施的需要；

（3）由政府组织实施的科技、教育、文化、卫生、体育、环境和资源保护、防灾减灾、文物保护、社会福利、市政公用等公共事业的需要；

（4）由政府组织实施的保障性安居工程建设的需要；

（5）由政府依照《中华人民共和国城乡规划法》有关规定组织实施的对危房集中、基础设施落后等地段进行旧城区改建的需要；

（6）法律、行政法规规定的其他公共利益的需要。

企业应就政策性搬迁过程中涉及的搬迁收入、搬迁支出、搬迁资产税务处理、搬迁所得等所得税征收管理事项，单独进行税务管理和核算。不能单独进行税务管理和核算的，应视为企业自行搬迁或商业性搬迁等非政策性搬迁进行所得税处理，不得执行本办法规定。

（二）搬迁收入

企业的搬迁收入，包括搬迁过程中从本企业以外（包括政府或其他单位）取得的搬迁补偿收入，以及本企业搬迁资产处置收入等。

（1）企业取得的搬迁补偿收入是指企业由于搬迁取得的货币性和非货币性补偿收入。具体包括：

——对被征用资产价值的补偿；

——因搬迁、安置而给予的补偿；

——对停产停业形成的损失而给予的补偿；

——资产搬迁过程中遭到毁损而取得的保险赔款；

——其他补偿收入。

（2）企业搬迁资产处置收入是指企业由于搬迁而处置企业各类资产所取得的收入。企业由于搬迁处置存货而取得的收入，应按正常经营活动取得的收入进行所得税处理，不

作为企业搬迁收入。

(三)搬迁支出

企业的搬迁支出,包括搬迁费用支出以及由于搬迁所发生的企业资产处置支出。

(1)搬迁费用支出是指企业搬迁期间所发生的各项费用,包括安置职工实际发生的费用、停工期间支付给职工的工资及福利费、临时存放搬迁资产而发生的费用、各类资产搬迁安装费用以及其他与搬迁相关的费用。

(2)资产处置支出是指企业由于搬迁而处置各类资产所发生的支出,包括变卖及处置各类资产的净值、处置过程中所发生的税费等支出。企业由于搬迁而报废的资产,如无转让价值,其净值作为企业的资产处置支出。

企业发生的购置资产支出,不得从搬迁收入中扣除。但税务总局公告2013年第11号明确,在国家税务总局2012年第40号公告生效前已经签订搬迁协议且尚未完成搬迁清算的企业政策性搬迁项目,企业在重建或恢复生产过程中购置的各类资产,可以作为搬迁支出,从搬迁收入中扣除。

(四)搬迁所得或损失

企业的搬迁收入扣除搬迁支出后的余额,为企业的搬迁所得;为负数的,应为搬迁损失。

(1)企业在搬迁期间发生的搬迁收入和搬迁支出,可以暂不计入当期应纳税所得额,而在完成搬迁的年度,对搬迁收入和支出进行汇总清算,将搬迁所得计入当年度企业应纳税所得额计算纳税。

(2)搬迁损失可在下列方法中由企业自行选择其一进行税务处理,但一经选定,不得改变:

——在搬迁完成年度,一次性作为损失进行扣除。

——自搬迁完成年度起分3个年度,均匀在税前扣除。

(3)下列情形之一的,为搬迁完成年度,企业应进行搬迁清算:

——从搬迁开始,5年内(包括搬迁当年度)任何一年完成搬迁的。

——从搬迁开始,搬迁时间满5年(包括搬迁当年度)的年度。

企业边搬迁、边生产的,搬迁年度应从实际开始搬迁的年度计算。

(4)企业同时符合下列条件的,视为已经完成搬迁:

——搬迁规划已基本完成;

——当年生产经营收入占规划搬迁前年度生产经营收入50%以上。

(五)征收管理

(1)企业应当自搬迁开始年度,至次年5月31日前,向主管税务机关(包括迁出地和迁入地)报送政策性搬迁依据、搬迁规划等相关材料。逾期未报的,除特殊原因并经主管税务机关认可外,按非政策性搬迁处理,不得执行本办法的规定。

(2)企业应向主管税务机关报送的政策性搬迁依据、搬迁规划等相关材料,包括:

——政府搬迁文件或公告;

——搬迁重置总体规划;

——拆迁补偿协议;

——资产处置计划;

——其他与搬迁相关的事项。

(3) 企业迁出地和迁入地主管税务机关发生变化的,由迁入地主管税务机关负责企业搬迁清算。

(4) 企业搬迁完成当年,其向主管税务机关报送企业所得税年度纳税申报表时,应同时报送《企业政策性搬迁清算损益表》及相关材料。

三、特殊行业准备金的企业所得税政策

特殊行业准备金主要是保险公司、证券行业、期货行业、金融企业、中小企业融资(信用)担保机构和小额贷款公司按规定计提并允许在税前扣除的有关准备金和基金。

(一) 保险公司

1. 保险保障基金

依据《财政部 国家税务总局关于保险公司准备金支出企业所得税税前扣除有关政策问题的通知》(财税〔2016〕114 号,以下简称财税〔2016〕114 号文件),自 2016 年 1 月 1 日至 2020 年 12 月 31 日,保险公司按下列规定缴纳的保险保障基金,准予据实税前扣除。税前扣除限额见表9-1。

表 9-1 保险公司保险保障基金税前扣除限额

险种和业务类型			税前扣除限额
财产保险业务 意外伤害保险业务	非投资型		不超过保费收入的 0.8%
	投资型	有保证收益的	不超过业务收入的 0.08%
		无保证收益的	不超过业务收入的 0.05%
人寿保险业务		有保证收益的	不超过业务收入的 0.15%
		无保证收益的	不超过业务收入的 0.05%
健康保险业务		短期	不超过保费收入的 0.8%
		长期	不超过保费收入的 0.15%

保险保障基金,是指按照《中华人民共和国保险法》和《保险保障基金管理办法》规定缴纳形成的,在规定情形下用于救助保单持有人、保单受让公司或者处置保险业风险的非政府性行业风险救助基金。

保费收入,是指投保人按照保险合同约定,向保险公司支付的保险费。

业务收入,是指投保人按照保险合同约定,为购买相应的保险产品支付给保险公司的全部金额。

非投资型财产保险业务,是指仅具有保险保障功能而不具有投资理财功能的财产保险业务。

投资型财产保险业务,是指兼具有保险保障与投资理财功能的财产保险业务。

有保证收益,是指保险产品在投资收益方面提供固定收益或最低收益保障。

无保证收益,是指保险产品在投资收益方面不提供收益保证,投保人承担全部投资风险。

保险公司有下列情形之一的,其缴纳的保险保障基金不得在税前扣除:

(1) 财产保险公司的保险保障基金余额达到公司总资产6%的;

(2) 人身保险公司的保险保障基金余额达到公司总资产1%的。

2. 五项准备金

依据财税〔2016〕114号文件,自2016年1月1日至2020年12月31日,保险公司按国务院财政部门的相关规定提取的未到期责任准备金、寿险责任准备金、长期健康险责任准备金、已发生已报案未决赔款准备金和已发生未报案未决赔款准备金,准予在税前扣除。

(1) 未到期责任准备金、寿险责任准备金、长期健康险责任准备金依据经中国保监会(现应为2019年12月9日正式揭牌的中国银保监会)核准任职资格的精算师或出具专项审计报告的中介机构确定的金额提取。

未到期责任准备金,是指保险人为尚未终止的非寿险保险责任提取的准备金。

寿险责任准备金,是指保险人为尚未终止的人寿保险责任提取的准备金。

长期健康险责任准备金,是指保险人为尚未终止的长期健康保险责任提取的准备金。

(2) 已发生已报案未决赔款准备金,按最高不超过当期已经提出的保险赔款或者给付金额的100%提取;已发生未报案未决赔款准备金按不超过当年实际赔款支出额的8%提取。

已发生已报案未决赔款准备金,是指保险人为非寿险保险事故已经发生并已向保险人提出索赔、尚未结案的赔案提取的准备金。

已发生未报案未决赔款准备金,是指保险人为非寿险保险事故已经发生、尚未向保险人提出索赔的赔案提取的准备金。

税务总局公告2014年第29号第三条曾规定,根据《财政部 国家税务总局关于保险公司准备金支出企业所得税税前扣除有关政策问题的通知》(财税〔2012〕45号,已由财税〔2016〕114号文件延续)有关规定,保险企业未到期责任准备金、寿险责任准备金、长期健康险责任准备金、已发生已报告未决赔款准备金和已发生未报告未决赔款准备金应按财政部下发的企业会计有关规定计算扣除。保险企业在计算扣除上述各项准备金时,凡未执行财政部有关会计规定仍执行中国保险监督管理委员会(现应为中国银保监会)有关监管规定的,应将两者之间的差额调整当期应纳税所得额。

3. 农业巨灾风险准备金

依据财税〔2016〕114号文件,自2016年1月1日至2020年12月31日,保险公司经营财政给予保费补贴的农业保险,按不超过财政部门规定的农业保险大灾风险准备金(简称大灾准备金)计提比例,计提的大灾准备金,准予在企业所得税前据实扣除。具体计算公式如下:

本年度扣除的大灾准备金 = 本年度保费收入 × 规定比例 – 上年度已在税前扣除的大灾准备金结存余额。

按上述公式计算的数额如为负数,应调增当年应纳税所得额。

财政给予保费补贴的农业保险,是指各级财政按照中央财政农业保险保费补贴政策规定给予保费补贴的种植业、养殖业、林业等农业保险。

规定比例,是指按照《财政部关于印发〈农业保险大灾风险准备金管理办法〉的通知》(财金〔2013〕129号)确定的计提比例。

保险公司实际发生的各种保险赔款、给付,应首先冲抵按规定提取的准备金,不足冲抵部分,准予在当年税前扣除。

（二）证券行业

依据《财政部 国家税务总局关于证券行业准备金支出企业所得税税前扣除有关政策问题的通知》（财税〔2017〕23号，以下简称财税〔2017〕23号文件）的规定，自2016年1月1日至2020年12月31日，证券行业准备金支出企业所得税税前扣除有关政策如下：

1. 证券交易所风险基金

上海、深圳证券交易所依据《证券交易所风险基金管理暂行办法》（证监发〔2000〕22号）的有关规定，按证券交易所交易收取经手费的20%、会员年费的10%提取的证券交易所风险基金，在各基金净资产不超过10亿元的额度内，准予在企业所得税税前扣除。

2. 证券结算风险基金

（1）中国证券登记结算公司所属上海分公司、深圳分公司依据《证券结算风险基金管理办法》（证监发〔2006〕65号）的有关规定，按证券登记结算公司业务收入的20%提取的证券结算风险基金，在各基金净资产不超过30亿元的额度内，准予在企业所得税税前扣除。

（2）证券公司依据《证券结算风险基金管理办法》（证监发〔2006〕65号）的有关规定，作为结算会员按人民币普通股和基金成交金额的十万分之三、国债现货成交金额的十万分之一、1天期国债回购成交额的千万分之五、2天期国债回购成交额的千万分之十、3天期国债回购成交额的千万分之十五、4天期国债回购成交额的千万分之二十、7天期国债回购成交额的千万分之五十、14天期国债回购成交额的十万分之一、28天期国债回购成交额的十万分之二、91天期国债回购成交额的十万分之六、182天期国债回购成交额的十万分之十二逐日交纳的证券结算风险基金，准予在企业所得税税前扣除。

3. 证券投资者保护基金

（1）上海、深圳证券交易所依据《证券投资者保护基金管理办法》（证监会令第27号、第124号）的有关规定，在风险基金分别达到规定的上限后，按交易经手费的20%缴纳的证券投资者保护基金，准予在企业所得税税前扣除。

（2）证券公司依据《证券投资者保护基金管理办法》（证监会令第27号、第124号）的有关规定，按其营业收入0.5%—5%缴纳的证券投资者保护基金，准予在企业所得税税前扣除。

上述准备金如发生清算、退还，应按规定补征企业所得税。

（三）期货行业

依据财税〔2017〕23号文件和《财政部 国家税务总局关于上海国际能源交易中心有关风险准备金和期货投资者保障基金支出企业所得税税前扣除政策问题的通知》（财税〔2019〕32号）的规定，自2016年1月1日至2020年12月31日止（上海国际能源交易中心自2019年1月1日起至2020年12月31日止，包括于2018年3月上市交易后提取的符合规定的风险准备金和期货投资者保障基金），期货行业准备金支出企业所得税税前扣除有关政策如下：

1. 期货交易所风险准备金

大连商品交易所、郑州商品交易所、中国金融期货交易所和上海国际能源交易中心依据《期货交易管理条例》（国务院令第489号）、《期货交易所管理办法》（证监会令第42号）和《商品期货交易财务管理暂行规定》（财商字〔1997〕44号）的有关规定，上海期货交易所依据《期货交易管理条例》、《期货交易所管理办法》和《关于调整上海期货交易所风险准备金规模的批复》(证监函〔2009〕407号)的有关规定,分别按向会员收取手续费收入的20%计提的风险准备金,在风险准备金余额达到有关规定的额度内,准予在企业所得税税前扣除。

2. 期货公司风险准备金

期货公司依据《期货公司管理办法》(证监会令第43号)和《商品期货交易财务管理暂行规定》的有关规定,从其收取的交易手续费收入减去应付期货交易所手续费后的净收入的5%提取的期货公司风险准备金,准予在企业所得税税前扣除。

3. 期货投资者保障基金

(1)上海期货交易所、大连商品交易所、郑州商品交易所、中国金融期货交易所和上海国际能源交易中心依据《期货投资者保障基金管理办法》(证监会令第38号、第129号)和《关于明确期货投资者保障基金缴纳比例有关事项的规定》(证监会 财政部公告〔2016〕26号)的有关规定,按其向期货公司会员收取的交易手续费的2%(2016年12月8日前按3%)缴纳的期货投资者保障基金,在基金总额达到有关规定的额度内,准予在企业所得税税前扣除。

(2)期货公司依据《期货投资者保障基金管理办法》和《关于明确期货投资者保障基金缴纳比例有关事项的规定》的有关规定,从其收取的交易手续费中按照代理交易额的亿分之五至亿分之十的比例(2016年12月8日前按千万分之五至千万分之十的比例)缴纳的期货投资者保障基金,在基金总额达到有关规定的额度内,准予在企业所得税税前扣除。

上述准备金如发生清算、退还,应按规定补征企业所得税。

(四)金融企业

1. 涉农贷款和中小企业贷款损失准备金

依据《财政部 国家税务总局关于金融企业涉农贷款和中小企业贷款损失准备金税前扣除有关政策的公告》(财政部 税务总局公告2019年第85号,以下简称财税公告2019年第85号)的规定,自2019年1月1日至2023年12月31日,金融企业根据《贷款风险分类指引》(银监发〔2007〕54号),对其涉农贷款和中小企业贷款进行风险分类后,按照以下比例计提的贷款损失准备金,准予在计算应纳税所得额时扣除:

(1)关注类贷款,计提比例为2%;

(2)次级类贷款,计提比例为25%;

(3)可疑类贷款,计提比例为50%;

(4)损失类贷款,计提比例为100%。

金融企业发生的符合条件的涉农贷款和中小企业贷款损失,应先冲减已在税前扣除的贷款损失准备金,不足冲减部分可据实在计算应纳税所得额时扣除。

涉农贷款,是指《涉农贷款专项统计制度》(银发〔2007〕246号)统计的以下贷款:农户贷款;农村企业及各类组织贷款。

农户贷款,是指金融企业发放给农户的所有贷款。农户贷款的判定应以贷款发放时的承贷主体是否属于农户为准。农户,是指长期(一年以上)居住在乡镇(不包括城关镇)行政管理区域内的住户,还包括长期居住在城关镇所辖行政村范围内的住户和户口不在本地而在本地居住一年以上的住户,国有农场的职工和农村个体工商户。位于乡镇(不包括城关镇)行政管理区域内和在城关镇所辖行政村范围内的国有经济的机关、团体、学校、企事业单位的集体户;有本地户口,但举家外出谋生一年以上的住户,无论是否保留承包耕地均不属于农户。农户以户为统计单位,既可以从事农业生产经营,也可以从事非农业生产经营。

农村企业及各类组织贷款,是指金融企业发放给注册地位于农村区域的企业及各类组织的所有贷款。农村区域,是指除地级及以上城市的城市行政区及其市辖建制镇之外的区域。

中小企业贷款,是指金融企业对年销售额和资产总额均不超过2亿元的企业的贷款。

2. 贷款损失准备金

依据《财政部 国家税务总局关于金融企业贷款损失准备金企业所得税税前扣除有关政策的公告》(财政部 国家税务总局公告2019年第86号,以下简称财税公告2019年第86号)的规定,自2019年1月1日至2023年12月31日,政策性银行、商业银行、财务公司、城乡信用社和金融租赁公司等金融企业提取的贷款损失准备金的企业所得税税前扣除政策如下:

(1)准予税前提取贷款损失准备金的贷款资产范围包括:

——贷款(含抵押、质押、保证、信用等贷款);

——银行卡透支、贴现、信用垫款(含银行承兑汇票垫款、信用证垫款、担保垫款等)、进出口押汇、同业拆出、应收融资租赁款等各项具有贷款特征的风险资产;

——由金融企业转贷并承担对外还款责任的国外贷款,包括国际金融组织贷款、外国买方信贷、外国政府贷款、日本国际协力银行不附条件贷款和外国政府混合贷款等资产。

金融企业的委托贷款、代理贷款、国债投资、应收股利、上交央行准备金以及金融企业剥离的债权和股权、应收财政贴息、央行款项等不承担风险和损失的资产,不得提取贷款损失准备金在税前扣除。

(2)金融企业准予当年税前扣除的贷款损失准备金计算公式如下:

准予当年税前扣除的贷款损失准备金 = 本年末准予提取贷款损失准备金的贷款资产余额×1% - 截至上年末已在税前扣除的贷款损失准备金的余额

金融企业按上述公式计算的数额如为负数,应当相应调增当年应纳税所得额。

(3)金融企业的委托贷款、代理贷款、国债投资、应收股利、上交央行准备金以及金融企业剥离的债权和股权、应收财政贴息、央行款项等不承担风险和损失的资产,以及除本公告第一条列举资产之外的其他风险资产,不得提取贷款损失准备金在税前扣除。

(4)金融企业发生的符合条件的贷款损失,应先冲减已在税前扣除的贷款损失准备金,不足冲减部分可据实在计算当年应纳税所得额时扣除。

(5)金融企业涉农贷款和中小企业贷款损失准备金的税前扣除政策,凡按照财税公告2019年第85号的规定执行的,不再适用本公告第一条至第四条的规定。

(五)中小企业融资(信用)担保机构

依据《财政部 国家税务总局关于中小企业融资(信用)担保机构有关准备金企业所得税税前扣除政策的通知》(财税〔2017〕22号)的规定,自2016年1月1日起至2020年12月31日止,中小企业融资(信用)担保机构有关准备金企业所得税税前扣除政策如下:

1. 担保赔偿准备

符合条件的中小企业融资(信用)担保机构按照不超过当年年末担保责任余额1%的比例计提的担保赔偿准备,允许在企业所得税税前扣除,同时将上年度计提的担保赔偿准备余额转为当期收入。

2. 未到期责任准备

符合条件的中小企业融资(信用)担保机构按照不超过当年担保费收入50%的比例计提的未到期责任准备,允许在企业所得税税前扣除,同时将上年度计提的未到期责任准备余额转为当期收入。

3. 代偿损失

中小企业融资(信用)担保机构实际发生的代偿损失,符合税收法律法规关于资产损失税前扣除政策规定的,应冲减已在税前扣除的担保赔偿准备,不足冲减部分据实在企业所得税税前扣除。

该本通知所称符合条件的中小企业融资(信用)担保机构,必须同时满足以下条件:

(1)符合《融资性担保公司管理暂行办法》(银监会等七部委令2010年第3号)相关规定,并具有融资性担保机构监管部门颁发的经营许可证;

(2)以中小企业为主要服务对象,当年中小企业信用担保业务和再担保业务发生额占当年信用担保业务发生总额的70%以上(上述收入不包括信用评级、咨询、培训等收入);

(3)中小企业融资担保业务的平均年担保费率不超过银行同期贷款基准利率的50%;

(4)财政、税务部门规定的其他条件。

申请享受本通知规定的准备金税前扣除政策的中小企业融资(信用)担保机构,在汇算清缴时,需报送法人执照副本复印件、融资性担保机构监管部门颁发的经营许可证复印件、年度会计报表和担保业务情况(包括担保业务明细和风险准备金提取等),以及财政、税务部门要求提供的其他材料。

(六)小额贷款公司

依据《财政部 国家税务总局关于小额贷款公司有关税收政策的通知》(财税〔2017〕48号,以下简称财税〔2017〕48号文件)的规定,自2017年1月1日至2019年12月31日,对经省级金融管理部门(金融办、局等)批准成立的小额贷款公司按年末贷款余额的1%计提的贷款损失准备金准予在企业所得税税前扣除。具体政策口径按照金融企业贷款损失准备金企业所得税税前扣除有关政策执行。

四、房地产开发企业特定业务的企业所得税政策

(一)预计毛利的纳税调整

依据国税发〔2009〕31号文件第九条的规定,企业在开发产品完工前销售开发产品取得的收入,也就是通过正式签订《房地产预售合同》所取得的收入,应作为未完工开发产品销售收入处理,先按预计计税毛利率分季(或月)计算出预计毛利额,计入当期应纳税所得额;企业在开发产品完工后销售开发产品取得的收入,也就是通过正式签订《房地产销售合同》所取得的收入,应作为完工开发产品销售收入处理。开发产品完工后,企业应及时结算其计税成本并计算此前销售收入的实际毛利额,同时将其实际毛利额与其对应的预计毛利额之间的差额,计入当年度企业本项目与其他项目合并计算的应纳税所得额。

也就是说，销售未完工开发产品取得的收入，预计毛利应调增销售当期的所得；开发产品完工后，应计算其实际毛利，并将之前已调增所得的预计毛利，调减完工当期的所得。

国税发〔2009〕31号文件第三十八条明确，从事房地产开发经营业务的外商投资企业在2007年12月31日前存有销售未完工开发产品取得的收入，至该项开发产品完工后，一律按本办法第九条规定的办法进行税务处理。

（二）预计计税毛利率

国税发〔2009〕31号文件第八条规定，企业销售未完工开发产品的计税毛利率由各省、自治、直辖市国家税务局、地方税务局按下列规定进行确定：

（1）开发项目位于省、自治区、直辖市和计划单列市人民政府所在地城市城区和郊区的，不得低于15%。

（2）开发项目位于市城区及郊区的，不得低于10%。

（3）开发项目位于其他地区的，不得低于5%。

（4）属于经济适用房、限价房和危改房的，不得低于3%。

（三）实际发生的税金及附加、土地增值税的纳税调整

依据国税发〔2009〕31号文件第十二条的规定，房地产开发企业发生的税金及附加（包括城市维护建设税、教育费附加和地方教育附加等）、土地增值税准予当期按规定扣除。因此，在开发产品完工前，房地产开发企业销售未完工开发产品计算预计毛利调增销售当期所得的，缴纳的税金及附加、土地增值税准予当期按规定扣除。如果会计处理未计入"税金及附加"，则调减销售当期的所得；如果会计处理已计入"税金及附加"，则不调整所得。对前一种情形，在开发产品完工后，房地产开发企业计算其实际毛利、并将之前已调增所得的预计毛利调减完工当期所得的，应将之前已调减所得的税金及附加、土地增值税调增完工当期的所得。

（四）开发产品完工的条件

国税发〔2009〕31号文件第三条规定，企业房地产开发经营业务包括土地的开发，建造、销售住宅、商业用房以及其他建筑物、附着物、配套设施等开发产品。除土地开发之外，其他开发产品符合下列条件之一的，应视为已经完工：

（1）开发产品竣工证明材料已报房地产管理部门备案。

（2）开发产品已开始投入使用。

（3）开发产品已取得了初始产权证明。

《国家税务总局关于房地产企业开发产品完工标准税务确认条件的批复》（国税函〔2009〕342号）和《国家税务总局关于房地产开发企业开发产品完工条件确认问题的通知》（国税函〔2010〕201号）进一步明确，房地产开发企业建造、开发的开发产品，无论工程质量是否通过验收合格，或是否办理完工(竣工)备案手续以及会计决算手续，当企业开始办理开发产品交付手续（包括入住手续）、或已开始实际投入使用时，为开发产品开始投入使用，应视为开发产品已经完工。房地产开发企业应按规定及时结算开发产品计税成本，并计算企业当年度应纳税所得额。

五、合伙企业法人合伙人应分得应纳税所得额的计算

（一）合伙企业法人合伙人应分得应纳税所得额的计算依据

这里的合伙企业的法人合伙人应分得应纳税所得额，实际上是指合伙企业的法人合

伙人从合伙企业年度应纳税所得额中应分得(包括实际分配和留存收益)的金额,而不是指合伙企业的法人合伙人自身全部的应纳税所得额。财税〔2008〕159号文件第三条明确,合伙企业生产经营所得和其他所得采取"先分后税"的原则。具体应纳税所得额的计算按照财税〔2000〕91号文件及《财政部 国家税务总局关于调整个体工商户个人独资企业和合伙企业个人所得税税前扣除标准有关问题的通知》(财税〔2008〕65号,以下简称财税〔2008〕65号文件)的有关规定执行。

(二)合伙企业法人合伙人应分得应纳税所得额的确定原则

依据财税〔2008〕159号文件第四条和第五条的规定,合伙企业的合伙人按照下列原则确定应纳税所得额:

(1)合伙企业的合伙人以合伙企业的生产经营所得和其他所得,按照合伙协议约定的分配比例确定应纳税所得额。

(2)合伙协议未约定或者约定不明确的,以全部生产经营所得和其他所得,按照合伙人协商决定的分配比例确定应纳税所得额。

(3)协商不成的,以全部生产经营所得和其他所得,按照合伙人实缴出资比例确定应纳税所得额。

(4).无法确定出资比例的,以全部生产经营所得和其他所得,按照合伙人数量平均计算每个合伙人的应纳税所得额。

(5)合伙协议不得约定将全部利润分配给部分合伙人。

(6)合伙企业的合伙人是法人和其他组织的,合伙人在计算其缴纳企业所得税时,不得用合伙企业的亏损抵减其盈利。

法人合伙人从合伙企业分得的应纳税所得额与自然人合伙人不同,不需要区分是生产经营所得还是其他所得;法人合伙人应按年度确认"应"从合伙企业分得的应纳税所得额,合伙企业当年按规定计算有所得而没有实际分配的,法人合伙人需要调增所得。

六、发行永续债利息支出的企业所得税政策

依据财税公告2019年第64号的规定,企业发行的永续债,如选择适用股息、红利企业所得税政策,发行方支付的永续债利息支出不得在企业所得税税前扣除。企业发行符合规定条件的永续债,如选择按照债券利息适用企业所得税政策,发行方支付的永续债利息支出准予在其企业所得税税前扣除。

第二节 特殊事项调整项目的填报

一、企业重组及递延纳税事项的填报

(一)关于企业重组及递延纳税事项的纳税调整

企业重组及递延纳税事项的纳税调整要比较当事各方的会计处理的具体情况和税务处理的不同要求(一般性税务处理还是特殊性税务处理、递延纳税),才能做出相应的纳税调整。如果重组当事方在会计处理上确认了损益,税务处理适用一般性税务处理,一般不需要进行纳税调整,除非会计处理确认的损益与按税收规定确认的所得或损失有差异;税务处理适用特殊性税务处理或递延纳税的,就需要进行纳税调整。如果当事各方在会计

处理上没有确认损益,税务处理适用一般性税务处理或递延纳税的,需要进行纳税调整,而税务处理适用特殊性税务处理的,一般不需要进行纳税调整。

1. 企业债务重组的纳税调整

以非货币资产清偿债务的,如果企业按企业会计准则进行会计处理,在一般性税务处理上,债务人的资产转让(或销售)所得或损失和债务重组所得在会计上已核算计入当期损益的,一般不需要进行纳税调整。债权人的债务重组损失在会计上已计入营业外支出的,按资产损失申报扣除就行了。在特殊性税务处理——"分期计入"方式下,在债务重组业务发生的当年,债务人应调减上述两项所得的4/5,以后4个纳税年度每年调增1/5,均通过填报《企业重组纳税调整明细表》(A105100)进行纳税调整,对债权人的债务重组损失,财税〔2009〕59号文件没有规定也要分期扣除,应按资产损失申报扣除。

对债权转股权业务,如果企业按企业会计准则进行会计处理,在一般性税务处理下,债务人的债务重组所得和债权人的债务重组损失在会计上均已核算计入当期损益的,一般不需要进行纳税调整。在特殊性税务处理——"分期计入"方式下,债务重组业务发生的当年,债务人应调减债务重组所得的4/5,以后4个纳税年度每年调增1/5,均通过填报表A105100进行纳税调整;对债权人的债务重组损失,财税〔2009〕59号文件没有规定也要分期扣除,应按资产损失申报扣除。在特殊性税务处理——"暂不计入"方式下,在债务重组业务发生的当年,对债权人的债务重组损失暂不确认,由于在会计上已计入营业外支出,应通过填报表A105100调增所得,同时计入取得股权的计税基础,将来在股权转让或处置时,随股权计税基础在税前扣除;对债务人的债务重组所得也暂不确认,但何时确认,财税〔2009〕59号文件没有规定。

2. 股权收购的纳税调整

主要是转让方可能涉及纳税调整。对收购方,主要关注收购股权的计税基础确定问题,股权收购业务发生时一般不涉及纳税调整。

在一般性税务处理下,转让方的股权转让所得或损失在会计上已核算计入当期损益的,如果被转让股权的计税基础和账面价值没有差异,一般不需要进行纳税调整,如果被转让股权的计税基础和账面价值有差异,或者在会计上没有核算股权转让损益的,需要通过填报表A105100进行纳税调整。

在100%股权支付适用特殊性税务处理下,转让方的股权转让所得或损失在会计上已核算计入当期损益的,无论被转让股权的计税基础和账面价值有无差异,都需要通过填报表A105100进行纳税调整。如果转让方在会计上没有核算股权转让损益,一般不需要进行纳税调整。

3. 资产收购的纳税调整

同样主要是转让方可能涉及纳税调整。对收购方,主要关注收购资产的计税基础确定问题,资产收购业务发生时一般不涉及纳税调整。

在一般性税务处理下,转让方的资产转让所得或损失在会计上已核算计入当期损益的,如果被转让资产的计税基础和账面价值没有差异,一般不需要进行纳税调整,如果被转让资产的计税基础和账面价值有差异,或者在会计上没有核算资产转让损益的,需要通过填报表A105100进行纳税调整。

在100%股权支付适用特殊性税务处理下,转让方的资产转让所得或损失在会计上已核算计入当期损益,无论被转让资产的计税基础和账面价值有无差异,都需要通过填报表 A105100 进行纳税调整。如果转让方在会计上没有核算资产转让损益,一般不需要进行纳税调整。

4. 企业合并的纳税调整

主要是被合并企业的股东可能涉及纳税调整。对合并企业,主要关注取得被合并企业资产的计税基础确定问题,企业合并业务发生时一般不涉及纳税调整。

在一般性税务处理下,被合并企业进行清算所得税的处理,应按照《国家税务总局关于印发〈中华人民共和国企业清算所得税申报表〉的通知》(国税函〔2009〕388号)的要求,报送《企业清算所得纳税申报表》和相关资料。被合并企业的股东在清算分配中收回投资产生的利得或损失在会计上已核算计入当期损益的,只要被合并企业的股东持有被合并企业股权的计税基础和账面价值无差异,一般不需要填报表 A105100 进行纳税调整。但会计上没有分持有收益和处置收益,因此,如果按税收规定计算的处置收益≥0,被合并企业的股东对按税收规定计算的享受免税待遇的股息所得,应填报《符合条件的居民企业之间的股息、红利等权益性投资收益优惠明细表》(A107011);如果按税收规定计算的处置收益<0,被合并企业的股东除对按税收规定计算的享受免税待遇的股息所得填报表 A107011 外,还要对股权投资损失填报表 A105090。被合并企业的股东在清算分配中收回投资产生的利得或损失在会计上没有核算当期损益的,或在会计上核算的当期损益与按税收规定计算的所得或损失有差异的,应填报表 A105100 进行纳税调整,其中,按税收规定计算的股息所得享受免税待遇的,还应填报表 A107011,按税收规定计算的处置收益<0 的,还要对股权投资损失填报表 A105090。

在 100% 股权支付适用特殊性税务处理上,被合并企业不进行清算所得税的处理,不需报送《企业清算所得纳税申报表》和相关资料。被合并企业的股东因合并业务在会计上已核算当期损益的,应填报表 A105100 进行纳税调整;被合并企业的股东在会计上未核算当期损益的,一般不需要进行纳税调整。被合并企业的股东取得合并企业股权计税基础的调整不填报表 A105100。

企业解散分立中被分立企业股东的纳税调整和申报表填报可参照企业合并中被合并企业股东的纳税调整。

5. 企业派生分立的纳税调整

主要是被分立企业及其股东可能涉及纳税调整。对分立企业,主要关注取得分立资产的计税基础确定问题,企业分立业务发生时一般不涉及纳税调整。

在一般性税务处理下,被分立企业确认的资产转让所得或损失在会计上已核算计入当期损益的,一般不需要进行纳税调整。如果被分立企业没有在会计上确认资产转让所得或损失,或分立资产的计税基础与账面价值有差异,需要通过填报表 A105100 进行纳税调整。被分立企业的股东在企业分立中视同分配确认的股息所得(由于被分立企业存续,这里的"视同分配"只能是视同利润分配)在会计上已核算计入当期损益的,一般不需要进行纳税调整,但股息所得享受免税待遇的,应填报表 A107011。

在 100% 股权支付适用特殊性税务处理下,被分立企业在会计上已确认资产转让所得或损失的,无论其计税基础与账面价值有无差异,均需要通过填报表 A105100 进行纳税调整,没有在会计上确认资产转让所得或损失的,一般不需要进行纳税调整。被分立企业的股东在会计上已确认股息所得的,需要通过填报表 A105100 进行纳税调整,没有在会计上确认股息所得的,一般不需要进行纳税调整。被分立企业的股东取得分立企业股权计税基础的调整不填报表 A105100。

6."居民企业以其拥有的资产或股权向其 100% 直接控股关系的非居民企业进行投资"的纳税调整

主要是投资方可能涉及纳税调整。在一般性税务处理下,投资方的资产或股权转让所得在会计上已核算计入当期收益的,如果被转让资产或股权的计税基础和账面价值没有差异,一般不需要进行纳税调整;如果被转让资产或股权的计税基础和账面价值有差异,或者在会计上没有核算资产或股权转让收益的,需要通过填报表 A105100 进行纳税调整。

在特殊性税务处理下,如果投资方的资产或股权转让所得在会计上已核算计入当期收益的,且被转让资产的计税基础和账面价值没有差异,投资方应在投资业务发生当年调减资产或股权转让所得的 9/10,以后 9 个纳税年度每年调增 1/10,均应通过填报表 A105100 进行纳税调整;如果投资方的资产或股权转让所得在会计上没有核算计入当期收益,投资方应在 10 年内每年通过填报表 A105100 调增所得 1/10。

7. 非货币性资产对外投资的纳税调整

主要是投资方可能涉及纳税调整。在一般性税务处理下,投资方的非货币性资产转让所得在会计上已核算计入当期收益的,如果被转让资产的计税基础和账面价值没有差异,一般不需要进行纳税调整;如果被转让非货币性资产的计税基础和账面价值有差异,或者在会计上没有核算资产转让收益的,投资方需要通过填报表 A105100 进行纳税调整。

在特殊性税务处理下,如果投资方的非货币性资产转让所得在会计上已核算计入当期收益的,且被转让资产的计税基础和账面价值没有差异,投资方应在投资业务发生当年调减资产转让所得的 4/5,以后 4 个纳税年度每年调增 1/5,均应通过填报表 A105100 进行纳税调整;如果投资方的资产或股权转让所得在会计上没有核算计入当期收益,转投资方应在 5 年内每年通过填报表 A105100 调增所得 1/5。投资方在对外投资 5 年内转让上述股权、投资收回或注销的,应就递延期内尚未确认的非货币性资产转让所得通过填报表 A105100 调增所得。

8. 股权、资产划转的纳税调整

划出方和划入方都有可能涉及纳税调整。在一般性税务处理下,划出方已将划出资产在会计上核算当期收益的,如果划出资产的计税基础和账面价值没有差异,一般不需要进行纳税调整;如果划出资产的计税基础和账面价值有差异,或者在会计上没有核算划出资产转让收益的,需要通过填报表 A105100 进行纳税调整。划入方如果按接受投资处理,已将划入资产在会计上核算当期收益的,税收处理应不确认收入,通过填报表 A105100 调减所得;没有将划入资产在会计上核算当期收益的,不需要进行纳税调整。有的划转情形母公司按分回股息或者撤回或减少投资处理,在会计上核算当期收益的,按税收规定计算的股息所得享受免税待遇的,应填报表 A107011;在会计上未核算当期收益的,需要通过填报表 A105100 调增所得,且按税收规定计算的股息所得享受免税待遇的,应填报表 A107011。

在特殊性税务处理下,划出方已将划出资产在会计上核算当期收益的,无论划出资产的计税基础和账面价值是否有差异,都要通过填报表 A105100 调减所得;划出方没有将划出资产在会计上核算当期收益的,不需要进行纳税调整。划入方如果按接受投资处理,已将划入资产在会计上核算当期收益的,应通过填报表 A105100 调减所得;没有将划入资产在会计上核算当期收益的,不需要进行纳税调整。划入方对划入固定资产折旧的纳税调整应填报 A105080。有的划转情形母公司按收回投资处理,在会计上核算当期收益的,应通过填报表 A105100 调减所得;在会计上未核算当期收益的,不需要进行纳税调整。

9. 技术入股的纳税调整

主要是投资方可能涉及纳税调整。在一般性税务处理下,投资方的技术转让所得在会计上已核算计入当期收益的,如果被转让技术的计税基础和账面价值没有差异,一般不需要进行纳税调整,但技术转让所得需要填报《所得减免优惠明细表》(A107020)中的"四、符合条件的技术转让项目";如果被转让技术的计税基础和账面价值有差异,或者在会计上没有核算技术转让收益的,投资方还需要通过填报表 A105100 进行纳税调整。

在特殊性税务处理下,如果投资方的技术转让所得在会计上已核算计入当期收益的,无论被转让技术的计税基础和账面价值是否差异,投资方均应在投资业务发生当年通过填报表 A105100 调减所得;如果投资方的技术转让所得在会计上没有核算计入当期收益,不需要进行纳税调整。在股权转让年度,被转让股权的计税基础和账面价值有差异的,需要通过填报表 A105100 进行纳税调整;被转让股权的计税基础和账面价值没有差异的,不需要进行纳税调整。

(二)企业重组及递延纳税事项纳税调整的填报

企业重组及递延纳税事项的纳税调整需要填报表 A105100。表 A105100 可以说是"复杂的事项简单的表",有关"税收金额"要在表外进行准确计算。表 A105100 数据栏设置"一般性税务处理""特殊性税务处理(递延纳税)"两大栏次,纳税人应根据企业重组及递延纳税事项所适用的税务处理办法,分别按照企业重组及递延纳税事项的类型进行累计填报。

1. 行次填报

(1)第1行"一、债务重组":填报企业发生债务重组业务的相关金额。

(2)第2行"其中:以非货币性资产清偿债务":填报企业发生以非货币性资产清偿债务的债务重组业务的相关金额。

(3)第3行"债转股":填报企业发生债权转股权的债务重组业务的相关金额。

(4)第4行"二、股权收购":填报企业发生股权收购重组业务的相关金额。

(5)第5行"其中:涉及跨境重组的股权收购":填报企业发生涉及中国境内与境外之间、内地与港澳之间、大陆与台湾地区之间的股权收购交易重组业务的相关金额。

(6)第6行"三、资产收购":填报企业发生资产收购重组业务的相关金额。

(7)第7行"其中:涉及跨境重组的资产收购":填报企业发生涉及中国境内与境外之间、内地与港澳之间、大陆与台湾地区之间的资产收购交易重组业务的相关金额。

(8)第8行"四、企业合并":填报第9行和第10行的合计金额。

(9)第9行"(一)同一控制下企业合并":填报企业发生同一控制下企业合并重组业务的相关金额。

(10)第10行"(二)非同一控制下企业合并":填报企业发生非同一控制下企业合并重组业务的相关金额。

(11)第11行"五、企业分立":填报企业发生非同一控制下企业分立重组业务的相关金额。

(12)第12行"六、非货币性资产对外投资":填报企业发生非货币性资产对外投资的相关金额,符合财税〔2014〕116号文件和税务总局公告2015年第33号规定执行递延纳税政策的填写"特殊性税务处理(递延纳税)"相关列次。

(13)第13行"七、技术入股":填报企业以技术成果投资入股到境内居民企业,被投资企业支付对价全部为股票(权)的技术入股业务的相关金额,符合《财政部 国家税务总局关于完善股权激励和技术入股有关所得税政策的通知》(财税〔2016〕101号)、税务总局公告2016年第62号规定适用递延纳税政策的填写"特殊性税务处理(递延纳税)"相关列次。

(14)第14行"八、股权划转、资产划转":填报企业发生资产(股权)划转业务的相关金额。

2. 列次填报

本表数据栏设置"一般性税务处理""特殊性税务处理(递延纳税)"两大栏次,纳税人应根据企业重组所适用的税务处理办法,分别按照企业重组类型进行累计填报,损失以"-"号填列。

(1)第1列"一般性税务处理-账载金额":填报企业重组适用一般性税务处理或企业未发生递延纳税业务,会计核算确认的企业损益金额。

(2)第2列"一般性税务处理-税收金额":填报企业重组适用一般性税务处理或企业未发生递延纳税业务,按税收规定确认的所得(或损失)。

(3)第3列"一般性税务处理-纳税调整金额":填报企业重组适用一般性税务处理或企业未发生递延纳税业务,按税收规定确认的所得(或损失)与会计核算确认的损益金额的差,为第2-1列的余额。

(4)第4列"特殊性税务处理(递延纳税)-账载金额":填报企业重组适用特殊性税务处理或企业发生递延纳税业务,会计核算确认的损益金额。

(5)第5列"特殊性税务处理(递延纳税)-税收金额":填报企业重组适用特殊性税务处理或企业发生递延纳税业务,按税收规定确认的所得(或损失)。

(6)第6列"特殊性税务处理(递延纳税)-纳税调整金额":填报企业重组适用特殊性税务处理或企业发生递延纳税业务,按税收规定确认的所得(或损失)与会计核算确认的损益金额的差额,为第5-4列的余额。

(7)第7列"纳税调整金额":填报第3+6列的合计金额。

表A105100第16行第1+4列的合计数填入表A105000第37行"(一)企业重组及递延纳税事项"第1列"账载金额",表A105100第16行第2+5列的合计数填入表A105000第37行"(一)企业重组及递延纳税事项"第2列"税收金额"。若表A105100第16行第7列≥0,表A105100第16行第7列的金额填入表A105000第37行"(一)企业重组及递延纳税事项"第3列"调增金额";若<0,表A105100第16行第7列金额的绝对值填入表A105000第37行"(一)企业重组及递延纳税事项"第4列"调减金额"。

【例9-1】2018年6月1日,华强公司销售一批产品给中天A公司,含税价232 000元。2019年12月1日,中天A公司发生财务困难,无法按合同规定偿还债务,经双方协议,华强公司同意中天A公司用自产产品抵偿该应收账款,华强公司收到中天A公司的抵债产品作为原材料。中天A公司该产品的同类产品平均售价(即公允价值)为150 000元,增值税税率13%,产品成本100 000元。

中天A公司的会计处理为:

借:应付账款——华强公司	232 000
贷:主营业务收入	150 000
应交税费——应交增值税(销项税额)	19 500
营业外收入——债务重组利得	62 500
借:主营业务成本	100 000
贷:库存商品	100 000

税务处理:中天A公司用产品抵债,如果适用一般性税务处理,不需要纳税调整。如果中天A公司当年债务重组确认的应纳税所得额占应纳税所得额50%以上,可以选择在5个纳税年度将债务重组确认的应纳税所得额均匀计入各年度的应纳税所得额。在中天A公司选择适用特殊性税务处理的情况下,2019年至2023年对该债务重组确认的应纳税所得额纳税调整的填报分别见表9-2和表9-3。

【例9-2】假设例9-1中的华强公司与中天A公司达成的债务重组协议是:中天A公司股东同意将华强公司的债权转为中天A公司普通股10万股,每股面值1元,公允价值2元。

中天A公司的会计处理为:

借:应付账款——华强公司	232 000
贷:股本	100 000
资本公积——股票溢价	100 000
营业外收入——债务重组利得	32 000

税务处理:中天A公司接受债权转为股权,如果适用一般性税务处理,不需要纳税调整。如果中天A公司当年债务重组确认的应纳税所得额占应纳税所得额50%以上,可以选择在5个纳税年度将债务重组确认的应纳税所得额均匀计入各年度的应纳税所得额。在中天A公司选择适用特殊性税务处理——"分期计入"的情况下,2019年至2023年对该债务重组确认的应纳税所得额纳税调整的填报分别见表9-4和表9-5。

对债转股业务,中天A公司也可以选择特殊性税务处理——"暂不确认",在这种选择下,中天A公司2019年对该债务重组确认的应纳税所得额纳税调整的填报分别见表9-6。

【例9-3】算盘公司持有甲公司90%的股权,计税基础等于账面价9 000万元,公允价为15 000万元。2019年,如意公司收购算盘公司持有甲公司的股权,如意公司以本企业股权6 000万股作为支付对价,每股面值1元,公允价值2.5元。

如果如意公司不受算盘公司的控制,则算盘公司的会计处理为:

借:长期股权投资——如意公司	150 000 000
贷:长期股权投资——甲公司	90 000 000
投资收益	60 000 000

表 9-2 债务重组(以资抵债)纳税调整填报示例(2019年)

A105100 企业重组纳税调整明细表

金额单位:元

行次	项目	一般性税务处理			特殊性税务处理(递延纳税)			纳税调整金额
		账载金额 1	税收金额 2	纳税调整金额 3(2-1)	账载金额 4	税收金额 5	纳税调整金额 6(5-4)	7(3+6)
1	一、债务重组	0.00	0.00	0.00	112 500.00	22 500.00	-90 000.00	-90 000.00
2	其中:以非货币性资产清偿债务	0.00	0.00	0.00	112 500.00	22 500.00	-90 000.00	-90 000.00
3	债转股	0.00	0.00	0.00	0.00	0.00	0.00	0.00
……								
16	合计(1+4+6+8+11+12+13+14+15)	0.00			112 500.00	22 500.00	-90 000.00	-90 000.00

表 9-3 债务重组(以资抵债)纳税调整填报示例(2020年至2023年各年)

A105100 企业重组纳税调整明细表

金额单位:元

行次	项目	一般性税务处理			特殊性税务处理(递延纳税)			纳税调整金额
		账载金额 1	税收金额 2	纳税调整金额 3(2-1)	账载金额 4	税收金额 5	纳税调整金额 6(5-4)	7(3+6)
1	一、债务重组	0.00	0.00	0.00	0.00	22 500.00	22 500.00	22 500.00
2	其中:以非货币性资产清偿债务	0.00	0.00	0.00	0.00	22 500.00	22 500.00	22 500.00
3	债转股	0.00	0.00	0.00	0.00	0.00	0.00	0.00
……								
16	合计(1+4+6+8+11+12+13+14+15)	0.00			0.00	22 500.00	22 500.00	22 500.00

表 9-4 债务重组(债转股——分期计入)纳税调整填报示例(2019年)

A105100 企业重组纳税调整明细表

金额单位:元

行次	项目	一般性税务处理			特殊性税务处理(递延纳税)			纳税调整金额
		账载金额 1	税收金额 2	纳税调整金额 3(2-1)	账载金额 4	税收金额 5	纳税调整金额 6(5-4)	7(3+6)
1	一、债务重组	0.00	0.00	0.00	32 000.00	6 400.00	-25 600.00	-25 600.00
2	其中:以非货币性资产清偿债务	0.00	0.00	0.00	0.00	0.00	0.00	0.00
3	债转股	0.00	0.00	0.00	32 000.00	6 400.00	-25 600.00	-25 600.00
……								
16	合计(1+4+6+8+11+12+13+14+15)	0.00			32 000.00	6 400.00	-25 600.00	-25 600.00

如果如意公司也受算盘公司的控制,则算盘公司会计处理应为:

借:长期股权投资——如意公司　　　　　　　　　　　　　　60 000 000
　　资本公积——股本溢价注　　　　　　　　　　　　　　　30 000 000
　　贷:长期股权投资——甲公司　　　　　　　　　　　　　　90 000 000

注:依据《企业会计准则第2号——长期股权投资》的规定,资本溢价或股本溢价不足冲减的,调整留存收益。

税务处理:如果适用一般性税务处理,则算盘公司应确认股权转让所得6 000万元,取得如意公司股权的计税基础应确定为15 000万元。如果如意公司不受算盘公司的控制,则算盘公司不需要进行纳税调整;如果如意公司也受算盘公司的控制,则算盘公司需要调增所得6 000万元。同一控制下算盘公司股权转让适用一般性税务处理的纳税调整填报见表9-7。

如果该股权收购业务符合特殊性税务处理条件,且两公司选择适用特殊性税务处理,则算盘公司暂不确认股权转让所得,取得如意公司股权的计税基础应确定为9 000万元。如果如意公司也受算盘公司的控制,则算盘公司不需要进行纳税调整;如果如意公司不受算盘公司的控制,则算盘公司需要调减所得6 000万元。非同一控制下算盘公司股权转让适用特殊性税务处理的纳税调整填报见表9-8。

【例9-4】算盘公司持有甲公司90%的股权,计税基础等于账面价9 000万元,公允价为15 000万元。2019年,如意公司收购算盘公司持有甲公司的股权,如意公司以本企业股权5 400万股和现金1 500万元作为支付对价,本企业股权每股面值1元,公允价值2.5元。

如果如意公司不受算盘公司的控制,则算盘公司的会计处理为:

借:长期股权投资——如意公司　　　　　　　　　　　　　135 000 000
　　库存现金　　　　　　　　　　　　　　　　　　　　　 15 000 000
　　贷:长期股权投资——甲公司　　　　　　　　　　　　　 90 000 000
　　　　投资收益　　　　　　　　　　　　　　　　　　　　 60 000 000

如果如意公司也受算盘公司的控制,则算盘公司会计处理应为:

借:长期股权投资——如意公司　　　　　　　　　　　　　 54 000 000
　　库存现金　　　　　　　　　　　　　　　　　　　　　 15 000 000
　　资本公积——股本溢价　　　　　　　　　　　　　　　 21 000 000
　　贷:长期股权投资——甲公司　　　　　　　　　　　　　 90 000 000

税务处理:如果适用一般性税务处理,则算盘公司应确认股权转让所得6 000万元,取得如意公司股权的计税基础应确定为13 500万元。如果如意公司不受算盘公司的控制,则算盘公司不需要进行纳税调整;如果如意公司也受算盘公司的控制,则算盘公司需要调增所得6 000万元。同一控制下有部分非股权支付算盘公司股权转让适用一般性税务处理的纳税调整填报同表9-7。

如果该股权收购业务符合特殊性税务处理条件,且两公司选择适用特殊性税务处理,则算盘公司暂不确认股权转让所得中与取得股权支付对应的部分,仍应确认股权转让所得中与取得非股权支付对应的部分,金额为600万元,取得如意公司股权的计税基础应确定为9 600万元。如果如意公司也受算盘公司的控制,则算盘公司需要调增所得600万元;如果如意公司不受算盘公司的控制,则算盘公司需要调减所得5 400万元。有部分非股权支付算盘公司股权转让适用特殊性税务处理的纳税调整填报见表9-9和表9-10。

表9-5 债务重组(债转股——分期计入)纳税调整填报示例(2020年至2023年各年)

企业重组纳税调整明细表

金额单位:元

A105100									
行次	项目	一般性税务处理			特殊性税务处理(递延纳税)			纳税调整金额 7(3+6)
		账载金额 1	税收金额 2	纳税调整金额 3(2-1)	账载金额 4	税收金额 5	纳税调整金额 6(5-4)	
1	一、债务重组	0.00	0.00	0.00	0.00	6 400.00	6 400.00	6 400.00
2	其中:以非货币性资产清偿债务	0.00	0.00	0.00	0.00	0.00	0.00	0.00
3	债转股	0.00	0.00	0.00	0.00	6 400.00	6 400.00	6 400.00
……								
16	合计(1+4+6+8+11+12+13+14+15)							

表9-6 债务重组(债转股——暂不确认)纳税调整填报示例

企业重组纳税调整明细表

金额单位:元

A105100									
行次	项目	一般性税务处理			特殊性税务处理(递延纳税)			纳税调整金额 7(3+6)
		账载金额 1	税收金额 2	纳税调整金额 3(2-1)	账载金额 4	税收金额 5	纳税调整金额 6(5-4)	
1	一、债务重组	0.00	0.00	0.00	32 000.00	0.00	-32 000.00	-32 000.00
2	其中:以非货币性资产清偿债务	0.00	0.00	0.00	0.00	0.00	0.00	0.00
3	债转股	0.00	0.00	0.00	32 000.00	0.00	-32 000.00	-32 000.00
……								
16	合计(1+4+6+8+11+12+13+14+15)							

表9-7 股权收购(同一控制下适用一般性税务处理)纳税调整填报示例

企业重组纳税调整明细表

金额单位:元

A105100									
行次	项目	一般性税务处理			特殊性税务处理(递延纳税)			纳税调整金额 7(3+6)
		账载金额 1	税收金额 2	纳税调整金额 3(2-1)	账载金额 4	税收金额 5	纳税调整金额 6(5-4)	
4	二、股权收购	0.00	60 000 000.00	60 000 000.00	0.00	0.00	0.00	60 000 000.00
5	其中:涉及跨境重组的股权收购	0.00	0.00	0.00	0.00	0.00	0.00	0.00
……								
16	合计(1+4+6+8+11+12+13+14+15)	0.00	60 000 000.00	60 000 000.00	0.00	0.00	0.00	60 000 000.00

A105100

表 9-8 股权收购（非同一控制下适用特殊性税务处理）纳税调整明细表示例

金额单位：元

行次	项目	一般性税务处理			特殊性税务处理（递延纳税）			纳税调整金额
		账载金额	税收金额	纳税调整金额	账载金额	税收金额	纳税调整金额	
		1	2	3(2-1)	4	5	6(5-4)	7(3+6)
4	二、股权收购	0.00	0.00	0.00	60 000 000.00	0.00	-60 000 000.00	-60 000 000.00
5	其中：涉及跨境重组的股权收购	0.00	0.00	0.00	0.00	0.00	0.00	0.00
16	合计（1+4+6+8+11+12+13+14+15）	0.00	0.00	0.00	60 000 000.00	0.00	-60 000 000.00	-60 000 000.00

A105100

表 9-9 股权收购（同一控制下有部分非股权支付适用特殊性税务处理）纳税调整填报示例

金额单位：元

行次	项目	一般性税务处理			特殊性税务处理（递延纳税）			纳税调整金额
		账载金额	税收金额	纳税调整金额	账载金额	税收金额	纳税调整金额	
		1	2	3(2-1)	4	5	6(5-4)	7(3+6)
4	二、股权收购	0.00	0.00	0.00	0.00	6 000 000.00	6 000 000.00	6 000 000.00
5	其中：涉及跨境重组的股权收购	0.00	0.00	0.00	0.00	0.00	0.00	0.00
16	合计（1+4+6+8+11+12+13+14+15）	0.00	0.00	0.00	0.00	6 000 000.00	6 000 000.00	6 000 000.00

A105100

表 9-10 股权收购（非同一控制下有部分非股权支付适用特殊性税务处理）纳税调整填报示例

金额单位：元

行次	项目	一般性税务处理			特殊性税务处理（递延纳税）			纳税调整金额
		账载金额	税收金额	纳税调整金额	账载金额	税收金额	纳税调整金额	
		1	2	3(2-1)	4	5	6(5-4)	7(3+6)
4	二、股权收购	0.00	0.00	0.00	60 000 000.00	6 000 000.00	-54 000 000.00	-54 000 000.00
5	其中：涉及跨境重组的股权收购	0.00	0.00	0.00	0.00	0.00	0.00	0.00
16	合计（1+4+6+8+11+12+13+14+15）	0.00	0.00	0.00	60 000 000.00	6 000 000.00	-54 000 000.00	-54 000 000.00

【例9-5】吉祥公司是一家大型纺织品生产企业。为扩展生产经营规模,吉祥公司决定收购位于同城的广大纺织公司从事纺织品生产业务的资产。2019年5月1日,双方达成收购协议,以2019年3月31日为资产评估基准日,广大公司从事纺织品生产业务的资产情况如表9-11所示:

表9-11 广大公司纺织品生产业务资产表 金额单位:万元

类别	账面价值	计税基础	公允价值
设备	4 000	4 000	5 500
厂房	4 000	5 000	9 500
合计	8 000	9 000	15 000

吉祥公司以本企业股权6 000万股作为支付对价,每股面值1元,公允价值2.5元。

如果广大公司取得吉祥公司的股权构成会计上的控股合并业务,但广大公司与吉祥公司在非同一控制下,则广大公司的会计处理为:

借:长期股权投资——吉祥公司　　　　　　　　　　　　　　150 000 000
　　贷:固定资产净值　　　　　　　　　　　　　　　　　　　80 000 000
　　　　营业外收入——非流动资产处置利得　　　　　　　　　70 000 000

如果广大公司取得吉祥公司的股权构成会计上的控股合并业务,且广大公司与吉祥公司处于同一控制下,假设广大公司取得吉祥公司所有者权益账面价值的份额为7 800万元,则广大公司的会计处理为:

借:长期股权投资——吉祥公司　　　　　　　　　　　　　　78 000 000
　　资本公积——资本溢价　　　　　　　　　　　　　　　　 2 000 000
　　贷:固定资产净值　　　　　　　　　　　　　　　　　　 80 000 000

税务处理:如果适用一般性税务处理,则广大公司应确认资产转让所得6 000万元,取得吉祥公司股权的计税基础应确定为15 000万元。广大公司如与吉祥公司处于非同一控制下,需要调减所得1 000万元;广大公司如与吉祥公司处于同一控制下,需要调增所得6 000万元。广大公司对资产转让所得适用一般性税务处理的纳税调整填报分别见表9-12和表9-13。

如果该资产收购业务符合特殊性税务处理条件,且两公司选择适用特殊性税务处理,则广大公司暂不确认资产转让所得,取得吉祥公司股权的计税基础应确定为9 000万元。广大公司如与吉祥公司处于同一控制下,不需要进行纳税调整;广大公司如与吉祥公司处于非同一控制下,需要调减所得7 000万元。非同一控制下广大公司资产转让适用特殊的性税务处理的纳税调整填报见表9-14。

第九章 特殊事项所得税政策及其纳税调整的填报

A105100

表 9-12 资产收购（非同一控制下适用一般性税务处理）纳税调整填报示例

企业重组纳税调整明细表

金额单位：元

行次	项目	一般性税务处理			特殊性税务处理（递延纳税）			纳税调整金额
		账载金额	税收金额	纳税调整金额	账载金额	税收金额	纳税调整金额	
		1	2	3(2-1)	4	5	6(5-4)	7(3+6)
6	……三、资产收购	70 000 000.00	60 000 000.00	-10 000 000.00	0.00	0.00	0.00	-10 000 000.00
7	其中：涉及跨境重组的资产收购	0.00	0.00	0.00	0.00	0.00	0.00	0.00
16	合计(1+4+6+8+11+12+13+14+15)	70 000 000.00	60 000 000.00	-10 000 000.00	0.00	0.00	0.00	-10 000 000.00

A105100

表 9-13 资产收购（同一控制下适用一般性税务处理）纳税调整填报示例

金额单位：元

行次	项目	一般性税务处理			特殊性税务处理（递延纳税）			纳税调整金额
		账载金额	税收金额	纳税调整金额	账载金额	税收金额	纳税调整金额	
		1	2	3(2-1)	4	5	6(5-4)	7(3+6)
6	……三、资产收购	0.00	60 000 000.00	60 000 000.00	0.00	0.00	0.00	60 000 000.00
7	其中：涉及跨境重组的资产收购	0.00	0.00	0.00	0.00	0.00	0.00	0.00
16	合计(1+4+6+8+11+12+13+14+15)	0.00	60 000 000.00	60 000 000.00	0.00	0.00	0.00	60 000 000.00

A105100

表 9-14 资产收购（非同一控制下适用特殊性税务处理）纳税调整填报示例

企业重组纳税调整明细表

金额单位：元

行次	项目	一般性税务处理			特殊性税务处理（递延纳税）			纳税调整金额
		账载金额	税收金额	纳税调整金额	账载金额	税收金额	纳税调整金额	
		1	2	3(2-1)	4	5	6(5-4)	7(3+6)
6	……三、资产收购	0.00	0.00	0.00	70 000 000.00	0.00	-70 000 000.00	-70 000 000.00
7	其中：涉及跨境重组的资产收购	0.00	0.00	0.00	0.00	0.00	0.00	0.00
16	合计(1+4+6+8+11+12+13+14+15)	0.00	0.00	0.00	70 000 000.00	0.00	-70 000 000.00	-70 000 000.00

【例9-6】京江公司持有甲公司100%的股权,计税基础等于账面价值9 000万元,公允价16 400万元。甲公司全部资产计税基础等于账面价值14 400万元,其中现金资产1 400万元、非现金资产13 000万元,非现金资产公允价值为18 000万元;全部负债计税基础等于账面价值3 000万元,公允价值也是3 000万元;所有者权益中实收资本9 000万元、累计盈余公积800万元、累计未分配利润1 600万元。2019年,庆阳公司吸收合并甲公司,以甲公司缴纳清算所得税后的净资产公允价值为依据,向京江公司支付本企业股权6 060万股,每股面值1元,公允价值2.5元。

如果庆阳公司不受京江公司的控制,则京江公司的会计处理为:

借:长期股权投资—庆阳公司　　　　　　　　　　　　　151 500 000
　　贷:长期股权投资—甲公司　　　　　　　　　　　　　 90 000 000
　　　　投资收益　　　　　　　　　　　　　　　　　　　 61 500 000

如果庆阳公司也受京江公司的控制,则京江公司会计处理应为:

借:长期股权投资—庆阳公司　　　　　　　　　　　　　 90 000 000
　　贷:长期股权投资—甲公司　　　　　　　　　　　　　 90 000 000

税务处理:如果适用一般性税务处理,在不考虑清算费用、相关税费和其他损益情况下,甲公司应确认清算所得=全部资产处置损益+负债清偿损益=(18 000-13 000)+0=5 000(万元),应缴纳清算所得税=5 000×25%=1250(万元),剩余资产公允价值=19 400-3 000-1 250=15 150(万元),经营期间和清算期间累计未分配利润和盈余公积合计=(800+1 600)+(5 000-1 250)=6 150(万元)。京江公司应确认股息所得6 150万元,应确认股权转让所得=15 150-6 150-9 000=0。京江公司取得庆阳公司股权的计税基础应按公允价值确定为15 150万元。如果庆阳公司不受京江公司的控制,则京江公司不需要填报表A105100进行纳税调整,但股息所得享受免税待遇的,应填报表A107011;如果庆阳公司也受京江公司的控制,则京江公司需要通过填报表A105100调增所得6 150万元,股息所得如享受免税待遇的,还应填报表A107011。同一控制下企业合并京江公司适用一般性税务处理的纳税调整填报见表9-18。

如果该吸收合并业务符合特殊性税务处理条件,且重组当事方选择适用特殊性税务处理,则京江公司暂不确认所得,京江公司取得庆阳公司股权的计税基础应确定为9 000万元。如果庆阳公司也受京江公司的控制,则京江公司不需要填报表A105100进行纳税调整;如果庆阳公司不受京江公司的控制,则京江公司需要通过填报表A105100调减所得6 150万元,非同一控制下企业合并京江公司适用特殊性税务处理的纳税调整填报见表9-19。

【例9-7】小美公司由5个公司(甲、乙、丙、丁、戊)分别投资200万元,各占股份的20%,共计1 000万元。2019年3月小美公司股东一致决定将小美公司分立为两个公司,分立时资产负债情况、资产分出情况及保留的资产与负债如表9-15、表9-16、表9-17所示(假定计税基础与账面价值一致)。

表9-15　小美公司资产负债表　　　　　　　　　　　　　　　　金额单位:万元

资产			负债和所有者权益	
种类	账面价值	公允价值	种类	账面价值
存货	450	584	流动负债	400
固定资产	700	950	长期负债	600

续表

资产			负债和所有者权益	
种类	账面价值	公允价值	种类	账面价值
其他长期资产	850	1 300	股本	1 000
资产合计	2 000	2 834	合计	2 000

表9-16　小美公司分出部分资产成立子美公司　　　　金额单位：万元

种类	账面价值	公允价值
存货	50	150
固定资产	100	250
其他长期资产	450	700
资产合计	600	1 100

表9-17　小美公司保留的资产与负债　　　　金额单位：万元

资产			负债和所有者权益	
种类	账面价值	公允价值	种类	账面价值
存货	400	434	流动负债	400
固定资产	600	700	长期负债	600
其他长期资产	400	600	实收资本	400
资产合计	1 400	1 734	合计	1 400

假设小美继续经营，子美公司支付给小美公司原股东的是子美公司100%的股权，平均每个股东得到子美公司20%的股权。

会计处理：企业会计准则对企业分立如何进行会计核算没有规定。我们认为，解散分立和存续分立是被分立企业的股东将在一家企业的资产和权益分开，分别放在两个或两个以上的企业，不应该用公允价值进行会计核算，被分立企业的股东取得分立企业股权的入账价值，应按分立企业分得净资产账面价值占分立前被分立企业净资产账面价值总额的比例，乘以原持有被分立企业股权的成本确定。被分立企业也不应该核算分出资产的损益。分立企业取得被分立企业的资产，应该以在被分立企业的原账面价值入账。

假设进行这样的会计处理，被分立企业——小美公司的会计处理为：

借：实收资本　　　　　　　　　　　　　　　　　　6 000 000
　　贷：存货　　　　　　　　　　　　　　　　　　　　500 000
　　　　固定资产　　　　　　　　　　　　　　　　　1 000 000
　　　　其他长期资产　　　　　　　　　　　　　　　4 500 000

每位股东取得分立企业——子美公司股权的成本=200×600÷1 000=120(万元)，其会计处理为：

借：长期股权投资—子美公司　　　　　　　　　　　1 200 000
　　贷：长期股权投资—小美公司　　　　　　　　　　1 200 000

分立企业——子美公司的会计处理为：

借：存货　　　　　　　　　　　　　　　　　　　　　500 000
　　固定资产　　　　　　　　　　　　　　　　　　1 000 000
　　其他长期资产　　　　　　　　　　　　　　　　4 500 000

贷：实收资本　　　　　　　　　　　　　　　　　　　　　　　　6 000 000

　　税务处理：如果适用一般性税务处理，被分立企业小美公司应确认资产转让所得＝1 100－600＝500（万元），由于在会计上没有确认资产转让所得，需要通过填报表A105100调增所得。被分立企业的股东丙公司在企业分立中视同分配确认股息所得＝600×20%＝120（万元），由于每位股东在会计上没有核算计入当期损益，需要通过填报表A105100调增所得。股息所得享受免税待遇的，还应填报表A107011。但需要注意的是，一般性税务处理下，由于税收规定不承认被分立企业的股东持有被分立企业股权原有计税基础的划分，被分立企业的股东取得分立企业股权的计税基础金额应与确认的视同股息所得相等，并且不能减少持有被分立企业股权的原有计税基础。

　　被分立企业小美公司和每位股东对企业分立适用一般性税务处理的纳税调整的填报见表9-20和表9-21。

　　如果该企业分立业务符合特殊性税务处理条件，且重组当事方选择适用特殊性税务处理，则被分立企业小美公司暂不确认资产转让所得或损失，不需要填报表A105100进行纳税调整。对被分立企业的股东不视同分配，也不需要填报表A105100进行纳税调整，但被分立企业的股东取得分立企业股权的计税基础，应按财税〔2009〕59号文件第六条第（五）项规定的方法确定。

　　【例9-8】 假设例9-7中的小美公司解散分立，分立为子美公司和二美公司，5个股东平均取得子美公司和二美公司的股权。

　　被分立企业——小美公司解散，不需要做会计处理。

　　每位股东取得分立企业——子美公司股权的成本＝200×600÷1 000＝120（万元），取得分立企业——二美公司股权的成本＝200×400÷1 000＝80（万元），其会计处理为：

借：长期股权投资—子美公司　　　　　　　　　　　　　　　　　1 200 000
　　长期股权投资—二美公司　　　　　　　　　　　　　　　　　　 800 000
　　贷：长期股权投资—小美公司　　　　　　　　　　　　　　　　2 000 000

分立企业——子美公司的会计处理为：

借：存货　　　　　　　　　　　　　　　　　　　　　　　　　　　 500 000
　　固定资产　　　　　　　　　　　　　　　　　　　　　　　　　1 000 000
　　其他长期资产　　　　　　　　　　　　　　　　　　　　　　　4 500 000
　　贷：实收资本　　　　　　　　　　　　　　　　　　　　　　　6 000 000

分立企业——二美公司的会计处理为：

借：存货　　　　　　　　　　　　　　　　　　　　　　　　　　 4 000 000
　　固定资产　　　　　　　　　　　　　　　　　　　　　　　　　6 000 000
　　其他长期资产　　　　　　　　　　　　　　　　　　　　　　　4 000 000
　　贷：流动负债　　　　　　　　　　　　　　　　　　　　　　　4 000 000
　　　　长期负债　　　　　　　　　　　　　　　　　　　　　　　6 000 000
　　　　实收资本　　　　　　　　　　　　　　　　　　　　　　　4 000 000

　　税务处理：如果适用一般性税务处理，被分立企业小美公司按清算处理，在不考虑清算费用、相关税费和其他损益情况下，小美公司应确认清算所得＝全部资产处置损益＋负债清偿损益＝（2 834－2 000）＋0＝834（万元），应缴纳清算所得税＝834×25%＝208.5（万元），

表 9-18 企业合并(同一控制下适用一般性税务处理)纳税调整填报示例
企业重组纳税调整明细表

A105100 金额单位:元

行次	项目	一般性税务处理			特殊性税务处理(递延纳税)			纳税调整金额
		账载金额	税收金额	纳税调整金额	账载金额	税收金额	纳税调整金额	
		1	2	3(2-1)	4	5	6(5-4)	7(3+6)
......								
8	四、企业合并(9+10)	0.00	61 500 000.00	61 500 000.00	0.00	0.00	0.00	61 500 000.00
9	其中:同一控制下企业合并	0.00	61 500 000.00	61 500 000.00	0.00	0.00	0.00	61 500 000.00
10	非同一控制下企业合并	0.00	0.00	0.00	0.00	0.00	0.00	0.00
......								
16	合计(1+4+6+8+11+12+13+14+15)	0.00	61 500 000.00	61 500 000.00	0.00	0.00	0.00	61 500 000.00

表 9-19 企业合并(非同一控制下适用特殊性税务处理)纳税调整填报示例
企业重组纳税调整明细表

A105100 金额单位:元

行次	项目	一般性税务处理			特殊性税务处理(递延纳税)			纳税调整金额
		账载金额	税收金额	纳税调整金额	账载金额	税收金额	纳税调整金额	
		1	2	3(2-1)	4	5	6(5-4)	7(3+6)
......								
8	四、企业合并(9+10)	0.00	0.00	0.00	61 500 000.00	0.00	-61 500 000.00	-61 500 000.00
9	其中:同一控制下企业合并	0.00	0.00	0.00	0.00	0.00	0.00	0.00
10	非同一控制下企业合并	0.00	0.00	0.00	61 500 000.00	0.00	-61 500 000.00	-61 500 000.00
......								
16	合计(1+4+6+8+11+12+13+14+15)	0.00	0.00	0.00	61 500 000.00	0.00	-61 500 000.00	-61 500 000.00

表 9-20 派生分立中被分立企业(适用一般性税务处理)纳税调整填报示例
企业重组纳税调整明细表

A105100 金额单位:元

行次	项目	一般性税务处理			特殊性税务处理(递延纳税)			纳税调整金额
		账载金额	税收金额	纳税调整金额	账载金额	税收金额	纳税调整金额	
		1	2	3(2-1)	4	5	6(5-4)	7(3+6)
......								
11	五、企业分立	0.00	5 000 000.00	5 000 000.00	0.00	0.00	0.00	5 000 000.00
......								
16	合计(1+4+6+8+11+12+13+14+15)	0.00	5 000 000.00	5 000 000.00	0.00	0.00	0.00	5 000 000.00

表 9-21 派生分立中被分立企业股东（适用一般性税务处理）纳税调整填报示例

A105100 企业重组纳税调整明细表

金额单位：元

行次	项目	一般性税务处理			特殊性税务处理（递延纳税）			纳税调整金额
		账载金额 1	税收金额 2	纳税调整金额 3(2−1)	账载金额 4	税收金额 5	纳税调整金额 6(5−4)	7(3+6)
11	五、企业分立	0.00	1 200 000.00	1 200 000.00	0.00	0.00	0.00	1 200 000.00
16	合计（1+4+6+8+11+12+13+14+15）	0.00	1 200 000.00	1 200 000.00	0.00	0.00	0.00	1 200 000.00

表 9-22 解散分立中被分立企业（适用一般性税务处理）纳税调整填报示例

A105100 企业重组纳税调整明细表

金额单位：元

行次	项目	一般性税务处理			特殊性税务处理（递延纳税）			纳税调整金额
		账载金额 1	税收金额 2	纳税调整金额 3(2−1)	账载金额 4	税收金额 5	纳税调整金额 6(5−4)	7(3+6)
11	五、企业分立	0.00	1 251 000.00	1 251 000.00	0.00	0.00	0.00	1 251 000.00
16	合计（1+4+6+8+11+12+13+14+15）	0.00	1 251 000.00	1 251 000.00	0.00	0.00	0.00	1 251 000.00

表 9-23 非货币性资产对外投资（递延纳税）纳税调整填报示例（2019 年）

A105100 企业重组纳税调整明细表

金额单位：元

行次	项目	一般性税务处理			特殊性税务处理（递延纳税）			纳税调整金额
		账载金额 1	税收金额 2	纳税调整金额 3(2−1)	账载金额 4	税收金额 5	纳税调整金额 6(5−4)	7(3+6)
12	六、非货币性资产对外投资	0.00	0.00	0.00	30 000 000.00	6 000 000.00	−24 000 000.00	−24 000 000.00
16	合计（1+4+6+8+11+12+13+14+15）	0.00	0.00	0.00	30 000 000.00	6 000 000.00	−24 000 000.00	−24 000 000.00

应报送《企业清算所得纳税申报表》和相关资料。剩余资产公允价值 = 2 834 - 1 000 - 208.5 = 1 625.5(万元),经营期间和清算期间累计未分配利润和盈余公积合计 = 0 + (834 - 208.5) = 625.5(万元)。每位股东应确认股息所得 125.1 万元,应确认股权转让所得 = 1 625.5 ÷ 5 - 125.1 - 200 = 0。股息所得需要通过填报表 A105100 调增所得,享受免税待遇的,应填报表 A107011。每位股东取得子美公司股权的计税基础应按每位股东取得小美公司剩余资产的公允价值乘以子美公司取得小美公司净资产的公允价值占小美公司全部净资产的公允价值的比例确定,每位股东取得子美公司股权的计税基础 = (1 625.5 ÷ 5) × (1 100 ÷ 1 834) ≈ 195(万元)。每位股东取得二美公司股权的计税基础应按每位股东取得小美公司剩余资产的公允价值乘以二美公司取得小美公司净资产的公允价值占小美公司全部净资产的公允价值的比例确定,每位股东取得二美公司股权的计税基础 = (1 625.5 ÷ 5) × (734 ÷ 1 834) ≈ 130.1(万元)。解散分立下被分立企业股东适用一般性税务处理的纳税调整填报表见表 9-22。

如果该企业分立业务符合特殊性税务处理条件,且重组当事方选择适用特殊性税务处理,则被分立企业小美公司不按清算处理,不需要报送《企业清算所得纳税申报表》。对被分立企业的股东不视同分配,也不需要填报表 A105100 进行纳税调整,但被分立企业的股东取得分立企业股权的计税基础,应按财税〔2009〕59 号文件第六条第(五)项规定的方法确定。

【例 9-9】2019 年 6 月,深信公司以持有的全资子公司甲公司 100% 股权作为出资,作价 5 000 万元对华泰公司增资,深信公司持有甲公司 100% 股权的计税基础为 2 000 万元。假设不属于同一控制下的控股合并,且深信公司选择适用非货币性资产对外投资递延纳税政策。

深信公司的会计处理为:

借:长期股权投资——华泰公司　　　　　　　　　　　　　　50 000 000
　　贷:长期股权投资——甲公司　　　　　　　　　　　　　　20 000 000
　　　　投资收益　　　　　　　　　　　　　　　　　　　　　30 000 000

税务处理:深信公司选择适用非货币性资产对外投资递延纳税政策处理的,2019 年需要通过填报表 A105100 调减所得 2 400 万元;2020 年至 2023 年每年需要通过填报表 A105100 调增所得 600 万元。深信公司 2019 年、2020 年至 2023 年各年非货币性资产对外投资适用递延纳税处理的纳税调整填报见表 9-23 和表 9-24。

【例 9-10】2019 年 10 月,金技公司将其部分不动产无偿划转给其全资子公司金术公司,划转的不动产计税基础等于账面净值 15 000 万元,公允价值 38 000 万元。假设该划转符合特殊性税务处理的条件,且会计处理如下:

金技公司的会计处理为:

借:长期股权投资——金术公司　　　　　　　　　　　　　　150 000 000
　　贷:固定资产净值　　　　　　　　　　　　　　　　　　　150 000 000

金术公司的会计处理为:

借:固定资产　　　　　　　　　　　　　　　　　　　　　　150 000 000
　　贷:资本公积——资本溢价　　　　　　　　　　　　　　　150 000 000

税务处理:如果选择适用一般性税务处理,金技公司应按公允价值视同销售处理,需要通过填报表A105100调增所得23 000万元,持有金术公司股权的计税基础应按公允价值增加38 000万元。金术公司按接受投资处理,划入不动产的计税基础按其公允价值38 000万元确定。如果选择适用特殊性税务处理,依据财税〔2014〕109号文件和税务总局公告2015年第40号的规定,金技公司不确认所得,应按冲减实收资本(包括资本公积)处理,因此不需要填报表A105100。金术公司按接受投资处理,取得被划转不动产的计税基础,以被划转不动产的原有计税基础15 000万元确定。金技公司划转资产适用一般性税务处理的纳税调整填报见表9-25。

【例9-11】2019年8月,A软件公司以计税基础为300万元的软件著作权作价4 000万元增资B信息公司。

A软件公司的会计处理为:

借:长期股权投资——B信息公司	40 000 000
贷:无形资产净值	3 000 000
营业外收入——无形资产转让利得	37 000 000

B信息公司的会计处理为:

借:无形资产——软件著作权	40 000 000
贷:实收资本	3 000 000
资本公积——资本溢价	37 000 000

税务处理:如果A软件公司选择适用技术入股递延纳税优惠政策,则投资入股时不确认无形资产转让所得,需要通过填报表A105100调减所得3 700万元,取得B信息公司股权的计税基础应按300万元确定。A软件公司选择适用技术入股递延纳税优惠政策的纳税调整填报见表9-26。

(三)企业重组及递延纳税事项的相关报告表和申报资料

1. 财税〔2009〕59号文件中企业重组及递延纳税事项适用特殊性税务处理的相关报告表和申报资料

税务总局公告2015年第48号第四条至第十条要求:

(1)企业重组业务适用特殊性税务处理的,除财税〔2009〕59号文件第四条第(一)项所称企业发生其他法律形式简单改变情形外,重组各方应在该重组业务完成当年,办理企业所得税年度申报时,分别向各自主管税务机关报送《企业重组所得税特殊性税务处理报告表及附表》(见表9-27至表9-32)和申报资料(见表9-33)。合并、分立中重组一方涉及注销的,应在尚未办理注销税务登记手续前进行申报。重组主导方申报后,其他当事方向其主管税务机关办理纳税申报。申报时还应附送重组主导方经主管税务机关受理的《企业重组所得税特殊性税务处理报告表及附表》(复印件)。

(2)企业重组业务适用特殊性税务处理的,申报时,应从以下方面逐条说明企业重组具有合理的商业目的:

——重组交易的方式;

——重组交易的实质结果;

——重组各方涉及的税务状况变化;

——重组各方涉及的财务状况变化;

——非居民企业参与重组活动的情况。

表9-24 非货币性资产对外投资（递延纳税）纳税调整填报示例（2020年至2023年各年）

A105100 企业重组纳税调整明细表

金额单位：元

行次	项目	一般性税务处理			特殊性税务处理（递延纳税）			纳税调整金额
		账载金额 1	税收金额 2	纳税调整金额 3(2−1)	账载金额 4	税收金额 5	纳税调整金额 6(5−4)	7(3+6)
12	六、非货币性资产对外投资	0.00	0.00	0.00	0.00	6 000 000.00	6 000 000.00	6 000 000.00
...								
16	合计(1+4+6+8+11+12+13+14+15)	0.00	0.00	0.00	0.00	6 000 000.00	6 000 000.00	6 000 000.00

表9-25 资产划转（适用一般性税务处理）纳税调整填报示例

A105100 企业重组纳税调整明细表

金额单位：元

行次	项目	一般性税务处理			特殊性税务处理（递延纳税）			纳税调整金额
		账载金额 1	税收金额 2	纳税调整金额 3(2−1)	账载金额 4	税收金额 5	纳税调整金额 6(5−4)	7(3+6)
14	八、股权划转、资产划转	0.00	230 000 000.00	230 000 000.00	0.00	0.00	0.00	230 000 000.00
...								
16	合计(1+4+6+8+11+12+13+14+15)	0.00	230 000 000.00	230 000 000.00	0.00	0.00	0.00	230 000 000.00

表9-26 技术入股递延纳税纳税调整填报示例

A105100 企业重组纳税调整明细表

金额单位：元

行次	项目	一般性税务处理			特殊性税务处理（递延纳税）			纳税调整金额
		账载金额 1	税收金额 2	纳税调整金额 3(2−1)	账载金额 4	税收金额 5	纳税调整金额 6(5−4)	7(3+6)
13	七、技术入股	0.00	0.00	0.00	37 000 000.00	0.00	−37 000 000.00	−37 000 000.00
...								
16	合计(1+4+6+8+11+12+13+14+15)	0.00	0.00	0.00	37 000 000.00	0.00	−37 000 000.00	−37 000 000.00

(3) 企业重组业务适用特殊性税务处理的，申报时，当事各方还应向主管税务机关提交重组前连续12个月内有无与该重组相关的其他股权、资产交易情况的说明，并说明这些交易与该重组是否构成分步交易，是否作为一项企业重组业务进行处理。

(4) 根据财税〔2009〕59号文件第十条规定，若同一项重组业务涉及在连续12个月内分步交易，且跨两个纳税年度，当事各方在首个纳税年度交易完成时预计整个交易符合特殊性税务处理条件，经协商一致选择特殊性税务处理的，可以暂时适用特殊性税务处理，并在当年企业所得税年度申报时提交书面申报资料。在下一纳税年度全部交易完成后，企业应判断是否适用特殊性税务处理。如适用特殊性税务处理的，当事各方应按本公告要求申报相关资料；如适用一般性税务处理的，应调整相应纳税年度的企业所得税年度申报表，计算缴纳企业所得税。

(5) 企业发生财税〔2009〕59号文件第六条第（一）项规定的债务重组，应准确记录应予确认的债务重组所得，并在相应年度的企业所得税汇算清缴时对当年确认额及分年结转额的情况做出说明。主管税务机关应建立台账，对企业每年申报的债务重组所得与台账进行比对分析，加强后续管理。

(6) 企业发生财税〔2009〕59号文件第七条第（三）项规定的重组（即居民企业以其拥有的资产或股权向其100%直接控股关系的非居民企业进行投资），居民企业应准确记录应予确认的资产或股权转让收益总额，并在相应年度的企业所得税汇算清缴时对当年确认额及分年结转额的情况做出说明。主管税务机关应建立台账，对居民企业取得股权的计税基础和每年确认的资产或股权转让收益进行比对分析，加强后续管理。

(7) 适用特殊性税务处理的企业，在以后年度转让或处置重组资产（股权）时，应在年度纳税申报时对资产（股权）转让所得或损失情况进行专项说明，包括特殊性税务处理时确定的重组资产（股权）计税基础与转让或处置时的计税基础的比对情况，以及递延所得税负债的处理情况等。适用特殊性税务处理的企业，在以后年度转让或处置重组资产（股权）时，主管税务机关应加强评估和检查，将企业特殊性税务处理时确定的重组资产（股权）计税基础与转让或处置时的计税基础及相关的年度纳税申报表比对，发现问题的，应依法进行调整。

表9-27 企业重组所得税特殊性税务处理报告表

纳税人名称（盖章）		纳税人识别号	
单位地址		财务负责人	
主管税务机关（全称）		联系电话	
重组日：		重组业务开始年度：	重组业务完成年度：
重组交易类型	企业在重组业务中所属当事方类型		
□法律形式改变			
□债务重组	□债务人	□债权人	

续表

☐股权收购	☐收购方	☐转让方	☐被收购企业
☐资产收购	☐收购方	☐转让方	
☐合并	☐合并企业	☐被合并企业	☐被合并企业股东
☐分立	☐分立企业	☐被分立企业	☐被分立企业股东
特殊性税务处理条件	(一)具有合理的商业目的,且不以减少、免除或者推迟缴纳税款为主要目的。		☐
	(二)被收购、合并或分立部分的资产或股权比例符合规定的比例。		☐比例 %
	(三)企业重组后的连续12个月内不改变重组资产原来的实质性经营活动。		☐
	(四)重组交易对价中涉及股权支付金额符合规定比例。		☐比例 %
	(五)企业重组中取得股权支付的原主要股东,在重组后连续12个月内,不得转让所取得的股权。		☐
主管税务机关受理意见	(受理专用章) 年 月 日		
其他需要说明的事项(重组业务其他需要说明的事项,如没有则填"无"):			
纳税人声明	谨声明:本人知悉并保证本表填报内容及所附证明材料真实、完整,并承担因资料虚假而产生的法律和行政责任。 法定代表人签章: 年 月 日		
填表人:		填表日期:	

填表说明:

①本表为企业重组业务适用特殊性税务处理申报时填报。涉及两个及以上重组交易类型的,应分别填报。

②"特殊性税务处理条件",债务重组中重组所得超50%的,只需填写条件(一);债转股的,只需填写条件(一)和(五);合并中同一控制下且不需要支付对价的合并,只需填写条件(一)、(二)、(三)和(五)。

③本表一式两份,重组当事方及其所属主管税务机关各一份。

④除法律形式简单改变外,重组各方应在该重组业务完成当年,办理企业所得税年度申报时,分别向各自主管税务机关报送《企业重组所得税特殊性税务处理报告表及附表》和申报资料。合并、分立中重组一方涉及注销的,应在尚未办理注销税务登记手续前进行申报。重组主导方申报后,其他当事方向其主管税务机关办理纳税申报。申报时还应附送重组主导方经主管税务机关受理的《企业重组所得税特殊性税务处理报告表及附表》(复印件)。

表9-28 企业重组所得税特殊性税务处理报告表(债务重组)

申报企业名称(盖章):   金额单位:元(列至角分)

债务人名称	债务人纳税识别号	债务人所属主管税务机关(全称)	
债权人名称	债权人纳税识别号	债权人所属主管税务机关(全称)	
债务重组方式	☐ 重组所得超过应纳税所得额50%		☐ 债转股
债务人重组业务涉及的债务账面价值			
债务人重组业务涉及的债务计税基础(1)	其中:①应付账款计税基础		
	②其他应付款计税基础		
	③借款计税基础		
	④其他债务计税基础		

续表

			其中:①现金	
除债转股方式外的债务重组	债务人用于偿付债务的资产公允价值(2)		②银行存款	
			③非货币资产	
			④其他	
	债务人债务重组所得 (3)=(1)-(2)			
	债务人本年度应纳税所得额		债务重组所得占本年度应纳税所得额的比重(%)	
债转股方式的债务重组	债权人债转股后所拥有的股权占债务人全部股权比例(%)		债转股取得股权的公允价值(4)	
	债权人原债权的计税基础(即股权的计税基础)		债务人暂不确认的债务重组所得 (5)=(1)-(4)	

谨声明:本人知悉并保证本表填报内容及所附证明材料真实、完整,并承担因资料虚假而产生的法律和行政责任。

法定代表人签章:

年 月 日

填表人: 填表日期:

填表说明:本表一式两份,债务人(债权人)及其所属主管税务机关各一份。

表9-29 企业重组所得税特殊性税务处理报告表(股权收购)

申报企业名称(盖章):　　　　　　　　　　　　　　　　金额单位:元(列至角分)

被收购企业名称		被收购企业纳税识别号		被收购企业所属主管税务机关(全称)	
股权收购方名称		股权收购方纳税识别号		股权收购方所属主管税务机关(全称)	
股权转让方1(被收购企业的股东)名称		转让被收购企业股权占被收购企业全部股权的比例(%)		股权转让方1所属主管税务机关(全称)	
股权转让方1(被收购企业的股东)纳税识别号					
股权转让方2(被收购企业的股东)名称		转让被收购企业股权占被收购企业全部股权的比例(%)		股权转让方2所属主管税务机关(全称)	
股权转让方2(被收购企业的股东)纳税识别号					
股权收购方购买的股权占被收购企业全部股权的比例(%)				股权收购方股权支付金额占交易支付总额的比例(%)	
股权收购交易支付总额		其中:股权支付额		非股权支付额	

续表

股权转让合同(协议)生效日		股权收购方所收购股权的工商变更登记日			转让方与收购方是否为关联企业	□是 □否
被收购企业原有各项资产和负债的计税基础是否保持不变					□是　□否	

	项目名称	公允价值	账面价值	原计税基础	非股权支付对应的资产转让所得或损失	实际取得股权及其他资产		
						项目名称	公允价值	计税基础
股权转让方1	转让被收购企业股权							
						合计		

	项目名称	公允价值	账面价值	原计税基础	非股权支付对应的资产转让所得或损失	实际取得股权及其他资产		
						项目名称	公允价值	计税基础
股权转让方2	转让被收购企业股权							
						合计		

	项目名称	公允价值	账面价值	原计税基础	非股权支付对应的资产转让所得或损失	实际取得股权及其他资产		
						项目名称	公允价值	计税基础
股权收购方	1. 股权支付额					被收购企业股权		
	(1)本企业股权							
	(2)其控股企业股权							
	①							
	②							
	…							
	2. 非股权支付额							
	合计 (1+2)							

谨声明:本人知悉并保证本表填报内容及所附证明材料真实、完整,并承担因资料虚假而产生的法律和行政责任。

法定代表人签章:

年　月　日

填表人:	填表日期:

表9-30 企业重组所得税特殊性税务处理报告表（资产收购）

申报企业名称（盖章）： 　　　　　　　　　　　　　　　　　　　　　　　金额单位：元（列至角分）

资产转让方名称				资产转让方所属主管税务机关（全称）			
资产转让方纳税识别号							
资产转让方全部资产的公允价值			资产转让方所转让资产的公允价值		所转让资产占资产转让方全部资产的比例(%)		
资产受让方名称			资产受让方所属主管税务机关(全称)		股权支付金额占交易支付总额的比例(%)		
资产受让方纳税识别号							
资产收购交易支付总额			其中：股权支付额		非股权支付额		

<table>
<tr><th rowspan="2">资产转让方</th><th>项目名称
（按大类）</th><th>公允价值</th><th>账面价值</th><th rowspan="2">原计税基础</th><th rowspan="2">非股权支付对应的资产转让所得或损失</th><th colspan="3">实际取得股权及其他资产</th></tr>
<tr><th colspan="3">项目名称　　公允价值　　计税基础</th></tr>
<tr><td></td><td></td><td></td><td></td><td></td><td colspan="3"></td></tr>
<tr><td></td><td></td><td></td><td></td><td></td><td colspan="3"></td></tr>
<tr><td></td><td></td><td></td><td></td><td></td><td colspan="3"></td></tr>
<tr><td>转让资产合计</td><td></td><td></td><td></td><td></td><td colspan="2">合计</td><td></td></tr>
</table>

<table>
<tr><th rowspan="2">资产受让方</th><th>项目名称</th><th>公允价值</th><th>账面价值</th><th rowspan="2">原计税基础</th><th rowspan="2">非股权支付对应的资产转让所得或损失</th><th colspan="3">实际取得股权及其他资产</th></tr>
<tr><th>项目名称（按大类）</th><th>公允价值</th><th>计税基础</th></tr>
<tr><td>1.股权支付额</td><td></td><td></td><td></td><td></td><td></td><td></td><td></td></tr>
<tr><td>（1）本企业股权</td><td></td><td></td><td></td><td></td><td></td><td></td><td></td></tr>
<tr><td>（2）其控股企业股权</td><td></td><td></td><td></td><td></td><td></td><td></td><td></td></tr>
<tr><td>①</td><td></td><td></td><td></td><td></td><td></td><td></td><td></td></tr>
<tr><td>②</td><td></td><td></td><td></td><td></td><td></td><td></td><td></td></tr>
<tr><td>……</td><td></td><td></td><td></td><td></td><td></td><td></td><td></td></tr>
<tr><td>2.非股权支付额</td><td></td><td></td><td></td><td></td><td></td><td></td><td></td></tr>
<tr><td>合计(1+2)</td><td></td><td></td><td></td><td></td><td></td><td></td><td></td></tr>
</table>

是否存在资产收购涉及项目所得的税收优惠承继		优惠已执行年限		优惠剩余年限	

谨声明：本人知悉并保证本表填报内容及所附证明材料真实、完整，并承担因资料虚假而产生的法律和行政责任。

　　　　　　　　　　　　　　　　　　　　　　　　　　　法定代表人签章：

　　　　　　　　　　　　　　　　　　　　　　　　　　　　　年　　月　　日

填表人：　　　　　　　　　　　　　　　　　　　填表日期：

填表说明：

①若资产收购业务较复杂，本表不能充分反映企业实际情况，企业可自行补充说明。

②本表一式两份。资产转让方（资产受让方）及其所属主管税务机关各一份。

表9-31 企业重组所得税特殊性税务处理报告表(企业合并)

申报企业名称(盖章):　　　　　　　　　　　　　　　　　　　　　　金额单位:元(列至角分)

企业名称	合并企业纳税识别号		合并企业所属主管 税务机关(全称)	
被合并企业名称	被合并企业纳税识别号		被合并企业所属主管税务机关(全称)	
1			1	
2			2	
被合并企业股东名称	纳税识别号	持股比例%	被合并企业股东所属主管税务机关(全称)	
1			1	
2			2	
3			3	
合并交易的支付总额			股权支付额占交易支付 总额的比例(%)	
股权支付额(公允价值)			股权支付额(原计税基础)	
非股权支付额 (公允价值)			非股权支付额(原计税基础)	
是否为同一控制下且 不需要支付对价的合并	□是	□否	非股权支付对应的 资产转让所得或损失	
被合并企业税前 尚未弥补的亏损额			被合并企业净资产公允价值	
截至合并业务发生当年 年末国家发行的最长期 限的国债利率			可由合并企业弥补的 被合并企业亏损的限额	
被合并企业资产的 原计税基础			合并企业接受被合并企业 资产的计税基础	
被合并企业负债的 原计税基础			合并企业接受被合并企业 负债的计税基础	
未确认的资产损失			分期确认的收入	
被合并企业有关项目所得优惠的剩余期限			年至　　　年	
被合并企业股东取得股权和其他资产情况				
股东名称	项目名称		公允价值	计税基础
谨声明:本人知悉并保证本表填报内容及所附证明材料真实、完整,并承担因资料虚假而产生的法律和行政责任。 　　　　　　　　　　　　　　　　　　　　　　　　法定代表人签章: 　　　　　　　　　　　　　　　　　　　　　　　　　　年　月　日				
填表人:			填表日期:	

填表说明:

①合并企业名称,吸收合并为合并后存续的企业,新设合并为新设企业。

②被合并企业为两家以上的,应自行增加行次填写。

③若企业合并业务较复杂,本表不能充分反映企业实际情况,企业可自行补充说明。

④本表一式两份。合并企业(被合并企业、被合并企业股东)及其所属主管税务机关各一份。

表9-32 企业重组所得税特殊性税务处理报告表(企业分立)

申报企业名称(盖章):　　　　　　　　　　　　　　　　　　　　　　　　金额单位:元(列至角分)

被分立企业名称		被分立企业所属 主管税务机关(全称)	
被分立企业纳税识别号			
被分立企业	资产	负债	净资产
计税基础			
公允价值			
被分立企业股东名称	持股比例	股权公允价值	股权原计税基础	被分立企业股东所属 主管税务机关(全称)
1				
2				
分立企业1名称		分立企业1所属 主管税务机关(全称)	
分立企业1纳税识别号			
分立企业1	资产	负债	净资产
计税基础			
公允价值			
分立企业2名称		分立企业2所属 主管税务机关(全称)	
分立企业2纳税识别号			
分立企业2	资产	负债	净资产
计税基础			
公允价值			
分立交易的支付总额		股权支付额占交易支付 总额的比例(%)	
股权支付额(公允价值)		股权支付额(原计税基础)	
非股权支付额(公允价值)		非股权支付额(原计税基础)	
非股权支付对应的资产转让所得或损失			
被分立企业分立资产 公允价值		被分立企业全部资产公允价值	
被分立企业未超过法定 弥补期限的亏损额		分立企业可弥补的被分立企业 尚未弥补的亏损额	
未确认的资产损失		分期确认的收入	
被分立企业股东取得股权和其他资产情况			
股东名称	项目名称	公允价值	计税基础

谨声明:本人知悉并保证本表填报内容及所附证明材料真实、完整,并承担因资料虚假而产生的法律和行政责任。

　　　　　　　　　　　　　　　　　　　　　　　　　　　　　　法定代表人签章:

　　　　　　　　　　　　　　　　　　　　　　　　　　　　　　　　年　　月　　日

填表人:　　　　　　　　　　　　　　　　　　　　　　　填表日期:

填表说明
① 分立企业超过两家的,应增加相应行次填写。
② 若企业分立业务较复杂,本表不能充分反映企业实际情况,企业可自行补充说明。
③ 本表一式两份。分立企业(被分立企业、被分立企业股东)及其所属主管税务机关各一份。

表 9-33 企业重组所得税特殊性税务处理申报资料一览表

重组类型	资料提供方	申报资料
债务重组	当事各方	1. 债务重组的总体情况说明,包括债务重组方案、基本情况、债务重组所产生的应纳税所得额,并逐条说明债务重组的商业目的;以非货币资产清偿债务的,还应包括企业当年应纳税所得额情况
		2. 清偿债务或债权转股权的合同(协议)或法院裁定书,需有权部门(包括内部和外部)批准的,应提供批准文件
		3. 债权转股权的,提供相关股权评估报告或其他公允价值证明;以非货币资产清偿债务的,提供相关资产评估报告或其他公允价值证明
		4. 重组当事各方一致选择特殊性税务处理并加盖当事各方公章的证明资料
		5. 债权转股权的,还应提供工商管理部门等有权机关登记的相关企业股权变更事项的证明材料,以及债权人 12 个月内不转让所取得股权的承诺书
		6. 重组前连续 12 个月内有无与该重组相关的其他股权、资产交易,与该重组是否构成分步交易、是否作为一项企业重组业务进行处理情况的说明
		7. 按会计准则规定当期应确认资产(股权)转让损益的,应提供按税法规定核算的资产(股权)计税基础与按会计准则规定核算的相关资产(股权)账面价值的暂时性差异专项说明
股权收购	当事各方	1. 股权收购业务总体情况说明,包括股权收购方案、基本情况,并逐条说明股权收购的商业目的
		2. 股权收购、资产收购业务合同(协议),需有权部门(包括内部和外部)批准的,应提供批准文件
		3. 相关股权评估报告或其他公允价值证明
		4. 12 个月内不改变重组资产原来的实质性经营活动、原主要股东不转让所取得股权的承诺书
		5. 工商管理部门等有权机关登记的相关企业股权变更事项的证明材料
		6. 重组当事各方一致选择特殊性税务处理并加盖当事各方公章的证明资料
		7. 涉及非货币性资产支付的,应提供非货币性资产评估报告或其他公允价值证明
		8. 重组前连续 12 个月内有无与该重组相关的其他股权、资产交易,与该重组是否构成分步交易、是否作为一项企业重组业务进行处理情况的说明
		9. 按会计准则规定当期应确认资产(股权)转让损益的,应提供按税法规定核算的资产(股权)计税基础与按会计准则规定核算的相关资产(股权)账面价值的暂时性差异专项说明
资产收购	当事各方	1. 资产收购业务总体情况说明,包括资产收购方案、基本情况,并逐条说明资产收购的商业目的
		2. 资产收购业务合同(协议),需有权部门(包括内部和外部)批准的,应提供批准文件
		3. 相关资产评估报告或其他公允价值证明
		4. 被收购资产原计税基础的证明
		5. 12 个月内不改变资产原来的实质性经营活动、原主要股东不转让所取得股权的承诺书
		6. 工商管理部门等有权机关登记的相关企业股权变更事项的证明材料
		7. 重组当事各方一致选择特殊性税务处理并加盖当事各方公章的证明资料
		8. 涉及非货币性资产支付的,应提供非货币性资产评估报告或其他公允价值证明
		9. 重组前连续 12 个月内有无与该重组相关的其他股权、资产交易,与该重组是否构成分步交易、是否作为一项企业重组业务进行处理情况的说明
		10. 按会计准则规定当期应确认资产(股权)转让损益的,应提供按税法规定核算的资产(股权)计税基础与按会计准则规定核算的相关资产(股权)账面价值的暂时性差异专项说明
合并	当事各方	1. 企业合并的总体情况说明,包括合并方案、基本情况,并逐条说明企业合并的商业目的
		2. 企业合并协议或决议,需有权部门(包括内部和外部)批准的,应提供批准文件
		3. 企业合并当事各方的股权关系说明,若属同一控制下且不需支付对价的合并,还需提供在企业合并前,参与合并各方受最终控制方的控制在 12 个月以上的证明材料
		4. 被合并企业净资产、各单项资产和负债的账面价值和计税基础等相关资料
		5. 12 个月内不改变资产原来的实质性经营活动、原主要股东不转让所取得股权的承诺书

续表

重组类型	资料提供方	申报资料
合并	当事各方	6. 工商管理部门等有权机关登记的相关企业股权变更事项的证明材料
		7. 合并企业承继被合并企业相关所得税事项(包括尚未确认的资产损失、分期确认收入和尚未享受期满的税收优惠政策等)情况说明
		8. 涉及可由合并企业弥补被合并企业亏损的,需要提供其合并日净资产公允价值证明材料及主管税务机关确认的亏损弥补情况说明
		9. 重组当事各方一致选择特殊性税务处理并加盖当事各方公章的证明资料
		10. 涉及非货币性资产支付的,应提供非货币性资产评估报告或其他公允价值证明
		11. 重组前连续12个月内有无与该重组相关的其他股权、资产交易,与该重组是否构成分步交易、是否作为一项企业重组业务进行处理情况的说明
		12. 按会计准则规定当期应确认资产(股权)转让损益的,应提供按税法规定核算的资产(股权)计税基础与按会计准则规定核算的相关资产(股权)账面价值的暂时性差异专项说明
分立	当事各方	1. 企业分立的总体情况说明,包括分立方案、基本情况,并逐条说明企业分立的商业目的
		2. 被分立企业董事会、股东会(股东大会)关于企业分立的决议,需有权部门(包括内部和外部)批准的,应提供批准文件
		3. 被分立企业的净资产、各单项资产和负债账面价值和计税基础等相关资料
		4. 12个月内不改变资产原来的实质性经营活动、原主要股东不转让所取得股权的承诺书
		5. 工商管理部门等有权机关认定的分立和被分立企业股东股权比例证明材料;分立后,分立和被分立企业工商营业执照复印件
		6. 重组当事各方一致选择特殊性税务处理并加盖当事各方公章的证明资料
		7. 涉及非货币性资产支付的,应提供非货币性资产评估报告或其他公允价值证明
		8. 分立企业承继被分立企业所分立资产相关所得税事项(包括尚未确认的资产损失、分期确认收入和尚未享受期满的税收优惠政策等)情况说明
		9. 若被分立企业尚有未超过法定弥补限期的亏损,应提供亏损弥补情况说明、被分立企业重组前净资产和分立资产公允价值的证明材料
		10. 重组前连续12个月内有无与该重组相关的其他股权、资产交易,与该重组是否构成分步交易、是否作为一项企业重组业务进行处理情况的说明
		11. 按会计准则规定当期应确认资产(股权)转让损益的,应提供按税法规定核算的资产(股权)计税基础与按会计准则规定核算的相关资产(股权)账面价值的暂时性差异专项说明

2. 企业非货币性资产对外投资非货币性资产转让所得递延纳税的相关报告表和申报资料

税务总局公告2015年第33号第四条和第五条要求:

(1)企业用非货币性资产对外投资选择适用非货币性资产转让所得递延纳税处理的,应在非货币性资产转让所得递延确认期间每年企业所得税汇算清缴时,填报企业所得税年度纳税申报表中表A105100的相关栏目,并向主管税务机关报送《非货币性资产投资递延纳税调整明细表》(见表9-34)。

(2)企业应将股权投资合同或协议、对外投资的非货币性资产(明细)公允价值评估确认报告、非货币性资产(明细)计税基础的情况说明、被投资企业设立或变更的工商部门证明材料等资料留存备查,并单独准确核算税法与会计差异情况。

表9-34 非货币性资产投资递延纳税调整明细表

纳税人名称（盖章）：　　　　　　　　　　　　　　　　　　　　　　　所属年度：
纳税人识别号：　　　　　　　　　　　　　　　　　　　　　　　　　　金额单位：元（列至角分）

行次	被投资企业情况			非货币性资产情况				非货币性资产投资基本信息				递延纳税差异调整额				结转以后年度递延确认所得税收金额
	企业名称	纳税人识别号	主管税务机关	与投资方是否为关联企业	公允价值	账面价值	计税基础	非货币性资产转让收入实现年度	非货币性资产转让所得（税收金额）	分期确认税收所得年限	分期均匀确认税收所得额	本年税收金额	前四年度	前三年度	前二年度	前一年度	本年	
	1	2	3	4	5	6	7	8	9	10=5-7	11	12	13	14	15	16	17	18=13-9	19
1																			
2																			
3																			
4																			
5																			
6																			
…																			
合计	—	—	—	—	—	—	—	—	—	—	—	—	—	—	—	—	—	

填表人：　　　　　　　　　　　　　　　　　　　　　　　　　　　　　填表日期：

填表说明：

① 本表适用于执行财税[2014]116号文件和税务总局公告2015年第33号规定的纳税人填报。纳税人应在非货币性资产投资业务确认非货币性资产投资收益的企业所得税年度汇算清缴申报时，一并向主管税务机关报送本表。

② 纳税人应以被投资单位为申报单位逐列填列。若纳税人在一个纳税年度内发生两次以上以同一家企业非货币性资产投资业务，则应作为一项投资项目进行填报；若纳税人在一个纳税年度内对两次以上以不同企业非货币性资产投资业务，则应作为不同的投资项目分列填报。

③ 第8列"非货币性资产转让收入实现年度"，是指非货币性资产投资协议生效并办理股权登记手续后的非货币性资产转让所得；若非货币性资产投资协议生效后12个月内尚未完成股权变更登记手续的，确认年度为投资协议生效年度。

④ 第9列"本年账载金额"：填报纳税人根据会计规定在所属年度确认的非货币性资产转让所得。

⑤ 第10列"非货币性资产转让所得（税收金额）"：本列只在非货币性资产投资确认收入实现年度的当年填报，以后递延期间不再填报。

⑥ 第11列"分期确认税收所得年限"：填报纳税人按照税法规定分期确认收入的非货币性资产转让所得（税收金额）除以分期确认税收金额以计入的非货币性资产转让所得年度应分期均匀确认的年度数。

⑦ 第12列"分期均匀确认税收所得额"：填报纳税人按照税法规定分期均匀确认的非货币性资产转让所得（税收金额）。零于非货币性资产转让所得，包括纳税人在对外投资5年内转让股权、投资收回或注销时，须一次性确认的在递延期内尚未确认的非货币性资产转让所得。

⑧ 第13列"本年税收金额"：纳税调整增加的，以正数表示；纳税调整减少的，以负数表示；第18列"本年"为所属年度，第17至14列为依次所属年度往前推的年度。（第1年该项目填报时，本表第10列-第13列；以后递延期间该项目填报时，本列=上年明细表第19列-本表第13列）

⑨ "递延纳税差异调整额"：纳税调整增加的，以正数表示；纳税调整减少的，以负数表示：填报按照税法规定结转递延以后年度确认的相应表的相应行次。

⑩ 第19列"结转以后年度递延确认所得税收金额"：以后递延期间尚未确认的非货币性资产转让所得。

3. 资产、股权划转适用特殊性税务处理的相关报告表和申报资料

税务总局公告 2015 年第 40 号第五条至第七条要求：

（1）交易双方应在企业所得税年度汇算清缴时，分别向各自主管税务机关报送《居民企业资产（股权）划转特殊性税务处理申报表》（见表 9-35）和相关资料（一式两份）。相关资料包括：

——股权或资产划转总体情况说明，包括基本情况、划转方案等，并详细说明划转的商业目的；

——交易双方或多方签订的股权或资产划转合同（协议），需有权部门（包括内部和外部）批准的，应提供批准文件；

——被划转股权或资产账面净值和计税基础说明；

——交易双方按账面净值划转股权或资产的说明（需附会计处理资料）；

——交易双方均未在会计上确认损益的说明（需附会计处理资料）；

——12 个月内不改变被划转股权或资产原来实质性经营活动的承诺书。

（2）交易双方应在股权或资产划转完成后的下一年度的企业所得税年度申报时，各自向主管税务机关提交书面情况说明，以证明被划转股权或资产自划转完成日后连续 12 个月内，没有改变原来的实质性经营活动。

（3）交易一方在股权或资产划转完成日后连续 12 个月内发生生产经营业务、公司性质、资产或股权结构等情况变化，致使股权或资产划转不再符合特殊性税务处理条件的，发生变化的交易一方应在情况发生变化的 30 日内报告其主管税务机关，同时书面通知另一方。另一方应在接到通知后 30 日内将有关变化报告其主管税务机关。

表 9-35 居民企业资产（股权）划转特殊性税务处理申报表

企业名称（章）：　　　　纳税人识别号：　　　　金额单位：元（列至角分）

基本情况	划出方企业名称					
	划出方纳税人识别号			主管税务机关名称		
	划入方企业名称					
	划入方纳税人识别号			主管税务机关名称		
	划转双方关系	○关系 1：100% 直接控制的母子公司　　母公司是：○划出方　○划入方　　100% 控股起始时间：　　年　月　日					
		○关系 2：受同一或相同多家居民企业 100% 直接控制					
		股东名称（划转双方为关系 2 时填报）	划出方		划入方	
			持股比例	持股起始时间（年月日）	持股比例	持股起始时间（年月日）
		合计	100%		100%	
	划转完成日（年月日）					
	被划转资产（股权）账面净值			被划转资产（股权）计税基础		

续表

			会计科目	金额	资产（股权）计税基础
会计处理	划出方	借			
		贷			
	划入方	借			
		贷			

申报企业其他需说明的情况：

谨声明：本人知悉并保证本表填报内容及所附证明材料真实、完整，并承担因资料虚假而产生的法律和行政责任。

法定代表人签章：

年　月　日

填表人：　　　　　　　　　　　　　　填表日期：

填表说明：

①"持股起始时间"是指填报的持股比例起始时间，如2017年1月1日持股80%，2019年1月1日持股100%，"持股比例"填100%，"持股起始时间"填报2019年1月1日。

②"会计处理"栏次应明细填报划转的每一项资产，且划出方与划入方资产应一一对应填报。

③"会计处理"栏次划出方、划入方的会计科目涉及"所有者权益类"科目的，不填报资产计税基础；划出方、划入方填报的借贷应平衡。

④本表一式三份，受理税务机关、划出方、划入方各一份。相关行次不够的可自行添加。

4. 技术入股递延纳税的相关报告表和申报资料

税务总局公告2016年第62号第二条中要求：企业适用递延纳税政策的，应在投资完成后首次预缴申报时，将相关内容填入《技术成果投资入股企业所得税递延纳税备案表》（见表9-36）。

表 9-36 技术成果投资入股企业所得税递延纳税备案表

纳税人名称（盖章）：　　　　　　　　纳税人识别号：　　　　　　　　申报所属期：　　　年度　　　　　　　　金额单位：元（列至角分）

行次	投资企业信息						被投资企业信息				备注
	技术成果名称	技术成果类型	技术成果编号	公允价值	计税基础	取得股权时间	递延所得	企业名称	纳税人识别号	主管税务机关	与投资方是否为关联企业	
	1	2	3	4	5	6	7=4-5	8	9	10	11
1											
2											
3											
4											
5											
6											
7											
8											
…											
合计											

谨声明：本人知悉并保证本表填报内容及所附证明材料真实、完整，并承担因资料虚假而产生的法律和行政责任。

填表人：　　　　　　　　　　　　　　　　　　　　　　　　　　　　　　法定代表人签章：

　　　　　　　　　　　　　　　　　　　　　　　　　　　　　　　　　　填报日期：　　年　　月　　日

填表说明：
① 第 2 列 "技术成果类型"：是指专利技术（含国防专利）、计算机软件著作权、集成电路布图设计权、植物新品种、生物医药新品种，以及科技部、财政部、国家税务总局确定的其他技术成果。
② 第 4 列 "公允价值"：是指企业以技术成果投资入股时，技术成果的评估值。
③ 第 5 列 "计税基础"：是指企业以技术成果投资入股时，技术成果投资协议确认的税收金额。
④ 第 6 列 "取得股权时间"：是指技术成果投资协议生效并办理股权登记手续的时间。关联企业之间非货币性资产投资，投资协议生效后 12 个月尚未完成股权变更登记手续的，确认年度为投资协议生效年度。
⑤ 第 7 列 "递延所得"＝第 4 列 "公允价值"－第 5 列 "计税基础"。
⑥ 第 11 列 "与投资方是否为关联企业"：是指企业以技术成果投资入股前，投资企业与被投资企业是否为《中华人民共和国企业所得税法》及其实施条例中明确的关联企业。
⑦ 本表一式二份，主管税务机关受理后，由纳税人和主管税务机关分别留存。

二、政策性搬迁的填报

(一)关于政策性搬迁的纳税调整

符合税务总局公告 2012 年 40 号和 2013 年 11 号的政策性搬迁业务,在搬迁开始年度和搬迁期间,不需要填报政策性搬迁纳税调整明细表(A105110),只有在搬迁完成年度进行搬迁清算及选择搬迁损失分期扣除的以后年度才需要填报表 A105110。纳税人在搬迁开始年度和搬迁期间取得的搬迁收入在会计上计入当期损益的,我们建议通过表 A105000 第 3 行收入类调整项目中的"(二)未按权责发生制原则确认的收入"及相应的附表进行纳税调整;在搬迁开始年度和搬迁期间将发生的搬迁支出在会计上计入当期损益的,我们建议通过表 A105000 第 26 行扣除类调整项目中的"(十三)跨期扣除项目"进行纳税调整。

(二)政策性搬迁纳税调整的填报

表 A105110 第 1 行"一、搬迁收入"至第 21 行"搬迁损失分期扣除"的金额,按照税收规定确认的政策性搬迁清算累计数填报。

(1)第 1 行"一、搬迁收入":填报第 2 +8 行的合计数。

(2)第 2 行"(一)搬迁补偿收入":填报按税收规定确认的,纳税人从本企业以外取得的搬迁补偿收入金额,此行为第 3 行至第 7 行的合计金额。

(3)第 3 行"1. 对被征用资产价值的补偿":填报按税收规定确认的,纳税人被征用资产价值补偿收入累计金额。

(4)第 4 行"2. 因搬迁、安置而给予的补偿":填报按税收规定确认的,纳税人因搬迁、安置而取得的补偿收入累计金额。

(5)第 5 行"3. 对停产停业形成的损失而给予的补偿":填报按税收规定确认的,纳税人停产停业形成损失而取得的补偿收入累计金额。

(6)第 6 行"4. 资产搬迁过程中遭到毁损而取得的保险赔款":填报按税收规定确认,纳税人资产搬迁过程中遭到毁损而取得的保险赔款收入累计金额。

(7)第 7 行"5. 其他补偿收入":填报按税收规定确认,纳税人其他补偿收入累计金额。

(8)第 8 行"(二)搬迁资产处置收入":填报按税收规定确认,纳税人由于搬迁而处置各类资产所取得的收入累计金额。

(9)第 9 行"二、搬迁支出":填报第 10 +16 行的金额。

(10)第 10 行"(一)搬迁费用支出":填报按税收规定确认,纳税人搬迁过程中发生的费用支出累计金额,为第 11 行至 15 行的合计金额。

(11)第 11 行"1. 安置职工实际发生的费用":填报按税收规定确认,纳税人安置职工实际发生费用支出的累计金额。

(12)第 12 行"2. 停工期间支付给职工的工资及福利费":填报按税收规定确认,纳税人因停工支付给职工的工资及福利费支出累计金额。

(13)第 13 行"3. 临时存放搬迁资产而发生的费用":填报按税收规定确认,纳税人临时存放搬迁资产发生的费用支出累计金额。

(14)第 14 行"4. 各类资产搬迁安装费用":填报按税收规定确认,纳税人各类资产搬迁安装费用支出累计金额。

(15)第15行"5. 其他与搬迁相关的费用":填报按税收规定确认,纳税人其他与搬迁相关的费用支出累计金额。

(16)第16行"(二)搬迁资产处置支出":填报按税收规定确认的,纳税人搬迁资产处置支出累计金额。符合税务总局公告2013年第11号规定的资产购置支出,填报在本行。

(17)第17行"三、搬迁所得或损失":填报政策性搬迁所得或损失,填报第1-9行的余额。

(18)第18行"四、应计入本年应纳税所得额的搬迁所得或损失":填报政策性搬迁所得或损失按照税收规定计入本年应纳税所得额的金额,填报第19行至21行的合计金额,损失以"-"号填列。

(19)第19行"其中:搬迁所得":填报按税法相关规定,搬迁完成年度政策性搬迁所得的金额。

(20)第20行"搬迁损失一次性扣除":由选择一次性扣除搬迁损失的纳税人填报,填报搬迁完成年度按照税收规定计算的搬迁损失金额,损失以"-"号填列。

(21)第21行"搬迁损失分期扣除":由选择分期扣除搬迁损失的纳税人填报,填报搬迁完成年度按照税收规定计算的搬迁损失在本年扣除的金额,损失以"-"号填列。

(22)第22行"五、计入当期损益的搬迁收益或损失":填报政策性搬迁项目会计核算计入当期损益的金额,损失以"-"号填列。

(23)第23行"六、以前年度搬迁损失当期扣除金额":填报以前年度完成搬迁形成的损失选择分期扣除,按照税收规定在当期扣除的金额。

(24)第24行"七、纳税调整金额":填报第18-22-23行的余额。

若表A105110第24行≥0,填入表A105000第38行"(二)政策性搬迁"第3列"调增金额";若表A105110第24行<0,表A105110第24行的绝对值=表A105000第38行"(二)政策性搬迁"第4列"调减金额"。

【例9-12】某企业因城镇整体规划需要,计划在3年内完成厂房和设备的搬迁。搬迁开始年度收到政府从财政预算直接拨付的搬迁补偿款6 000万元;对一部分设备进行了处置,处置设备的账面原价1 500万元,已提折旧1 000万元,处置收入300万元;发生职工安置支出700万元。搬迁过程中,根据搬迁规划对拆除的厂房进行异地重建,建造支出3 000万元,重建厂房于第三年12月份竣工结算交付使用;购入价值1 800万元的设备,并在第三年11月份安装完成。假设厂房按20年计提折旧,设备按10年计提折旧,无残值。

依据《企业会计准则第16号——政府补助》和企业会计准则解释第3号,该企业的会计处理应为:

(1)搬迁开始年度:

①取得搬迁补偿款时,

借:银行存款　　　　　　　　　　　　　　　　　　　　　60 000 000

　　贷:专项应付款　　　　　　　　　　　　　　　　　　　60 000 000

②处置设备时,

借:固定资产清理　　　　　　　　　　　　　　　　　　　 5 000 000

累计折旧　　　　　　　　　　　　　　　　　　　　　　　10 000 000
　　　　贷:固定资产　　　　　　　　　　　　　　　　　　　　15 000 000
③收到处置收入时,
　　借:银行存款　　　　　　　　　　　　　　　　　　　　　　3 000 000
　　　　贷:固定资产清理　　　　　　　　　　　　　　　　　　3 000 000
④确认处置固定资产损失时,
　　借:营业外支出　　　　　　　　　　　　　　　　　　　　　2 000 000
　　　　贷:固定资产清理　　　　　　　　　　　　　　　　　　2 000 000
　同时搬迁补偿款对搬迁固定资产损失进行补偿,
　　借:专项应付款　　　　　　　　　　　　　　　　　　　　　2 000 000
　　　　贷:营业外收入　　　　　　　　　　　　　　　　　　　2 000 000
⑤发生职工安置支出时,
　　借:管理费用　　　　　　　　　　　　　　　　　　　　　　7 000 000
　　　　贷:银行存款　　　　　　　　　　　　　　　　　　　　7 000 000
　　借:专项应付款　　　　　　　　　　　　　　　　　　　　　7 000 000
　　　　贷:递延收益　　　　　　　　　　　　　　　　　　　　7 000 000
　　借:递延收益　　　　　　　　　　　　　　　　　　　　　　7 000 000
　　　　贷:营业外收入　　　　　　　　　　　　　　　　　　　7 000 000
(2)搬迁期间:
①发生重建厂房支出时,
　　借:在建工程—厂房　　　　　　　　　　　　　　　　　　　30 000 000
　　　　贷:银行存款　　　　　　　　　　　　　　　　　　　　30 000 000
②重建厂房竣工交付使用时,
　　借:固定资产—厂房　　　　　　　　　　　　　　　　　　　30 000 000
　　　　贷:在建工程—厂房　　　　　　　　　　　　　　　　　30 000 000
　　借:专项应付款　　　　　　　　　　　　　　　　　　　　　30 000 000
　　　　贷:递延收益　　　　　　　　　　　　　　　　　　　　30 000 000
③购入设备安装完成时,
　　借:固定资产—设备　　　　　　　　　　　　　　　　　　　18 000 000
　　　　贷:银行存款　　　　　　　　　　　　　　　　　　　　18 000 000
　　借:专项应付款　　　　　　　　　　　　　　　　　　　　　18 000 000
　　　　贷:递延收益　　　　　　　　　　　　　　　　　　　　18 000 000
(3)搬迁完成年度:
①对结余的搬迁补偿款,
　　借:专项应付款　　　　　　　　　　　　　　　　　　　　　3 000 000
　　　　贷:资本公积　　　　　　　　　　　　　　　　　　　　3 000 000
②设备计提12月份折旧时,
　　借:生产成本或制造费用　　　　　　　　　　　　　　　　　150 000
　　　　贷:累计折旧　　　　　　　　　　　　　　　　　　　　150 000

借:递延收益 150 000
　　贷:营业外收入 150 000

(4)以后年度:厂房应计提240个月折旧,设备还应计提119个月折旧。

①对厂房每月计提折旧时,

借:生产成本或制造费用 125 000
　　贷:累计折旧 125 000
借:递延收益 125 000
　　贷:营业外收入 125 000

②对设备每月计提折旧时,

借:生产成本或制造费用 150 000
　　贷:累计折旧 150 000
借:递延收益 150 000
　　贷:营业外收入 150 000

税务处理方式分两种情形:

第一种情形:如果上述搬迁业务适用税务总局公告2012年40号,纳税调整如下:

——搬迁开始年度:由于企业在搬迁期间发生的搬迁收入和搬迁支出可以暂不计入当期应纳税所得额,因此,搬迁补偿款对搬迁固定资产损失的补偿计入当期会计损益的应通过表A105000第3行收入类调整项目中的"(二)未按权责发生制原则确认的收入"及相应的附表调减所得200万元,处置固定资产的收入也应通过表A105000第3行收入类调整项目中的"(二)未按权责发生制原则确认的收入"及相应的附表调减所得300万元,处置固定资产的净值作为搬迁支出的组成部分,应通过表A105000第26行扣除类调整项目中的"(十三)跨期扣除项目"调增所得500万元。搬迁补偿款对职工安置支出的补偿计入当期损益的应通过表A105000第3行收入类调整项目中的"(二)未按权责发生制原则确认的收入"及相应的附表调减所得700万元,职工安置支出属于搬迁支出的组成部分,暂不计入当期应纳税所得额,应通过表A105000第26行扣除类调整项目中的"(十三)跨期扣除项目"调增所得700万元。由于合计纳税调整金额为0,因此,有人认为可不进行纳税调整。

——搬迁期间:发生重建厂房支出和购置设备支出,专项应付款转递延收益,不影响损益,不进行纳税调整。

——搬迁完成年度:一要将搬迁所得计入企业应纳税所得额。搬迁所得=拆迁补偿款6 000万元+固定资产处置收入300万元-固定资产处置净值500万元-职工安置支出700万元=5 100万元,应通过表A105110调增所得。二要确定厂房和设备的计税基础。厂房的计税基础为3 000万元,设备的计税基础为1800万元。设备计提的12月份折旧15万元,允许在税前扣除,不需要纳税调整。三要将随设备折旧计入会计损益的金额通过表A105000第3行收入类调整项目中的"(二)未按权责发生制原则确认的收入"及相应的附表调减所得15万元,这是因为搬迁收入在搬迁完成年度已将其余额计入应纳税所得额,因此,会计上搬迁补偿款用于购建资产的支出随相关资产的使用逐渐计入以后各期收益的金额(即"营业外收入")应调减所得。该企业搬迁完成年度对该搬迁业务适用税务总局公告2012年40号的纳税调整填报见表9-37。

表9-37 政策性搬迁(适用税务总局公告2012年40号)纳税调整填报示例

A105110　　　　　　　　　　政策性搬迁纳税调整明细表　　　　　　　　　　金额单位:元

行次	项目	金额
1	一、搬迁收入(2+8)	63 000 000.00
2	（一）搬迁补偿收入(3+4+5+6+7)	60 000 000.00
3	1. 对被征用资产价值的补偿	0.00
4	2. 因搬迁、安置而给予的补偿	60 000 000.00
5	3. 对停产停业形成的损失而给予的补偿	0.00
6	4. 资产搬迁过程中遭受毁损而取得的保险赔款	0.00
7	5. 其他补偿收入	0.00
8	（二）搬迁资产处置收入	3 000 000.00
9	二、搬迁支出(10+16)	12 000 000.00
10	（一）搬迁费用支出(11+12+13+14+15)	7 000 000.00
11	1. 安置职工实际发生的费用	7 000 000.00
12	2. 停工期间支付给职工的工资及福利费	0.00
13	3. 临时存放搬迁资产而发生的费用	0.00
14	4. 各类资产搬迁安装费用	0.00
15	5. 其他与搬迁相关的费用	0.00
16	（二）搬迁资产处置支出	5 000 000.00
17	三、搬迁所得或损失(1-9)	51 000 000.00
18	四、应计入本年应纳税所得额的搬迁所得或损失(19+20+21)	51 000 000.00
19	其中:搬迁所得	51 000 000.00
20	搬迁损失一次性扣除	0.00
21	搬迁损失分期扣除	0.00
22	五、计入当期损益的搬迁收益或损失	
23	六、以前年度搬迁损失当期扣除金额	0.00
24	七、纳税调整金额(18-22-23)	51 000 000.00

——以后年度:前9年,"营业外收入"每年应通过表A105000第3行收入类调整项目中的"（二）未按权责发生制原则确认的收入"及相应的附表调减所得330万元,累计调减所得2 970万元。第10年,由于设备只计提11个月的折旧,"营业外收入"应通过表A105000第3行收入类调整项目中的"（二）未按权责发生制原则确认的收入"及相应的附表调减所得315万元。后10年,"营业外收入"每年应通过表A105000第3行收入类调整项目中的"（二）未按权责发生制原则确认的收入"及相应的附表调减所得150万元,累计调减所得1 500万元。

从上述纳税调整可以看出,从搬迁开始至所购置资产折旧完毕,上述业务产生的会计利润总额为0,纳税调整总额为300万元,应纳税所得额合计为300万元。搬迁补偿款用于购置资产的支出4 800万元不得作为搬迁支出扣除,因此在搬迁完成年度应调增所得;用搬迁补偿款购置资产的支出允许折旧在税前扣除,因此会计上将搬迁补偿款用于购建资产的支出随相关资产计提折旧逐渐计入以后各期收益的金额(即"营业外收入")时应调减所得。

第二种情形:如果上述搬迁业务适用税务总局公告2013年11号,纳税调整应为:
——搬迁开始年度和搬迁期间的纳税调整与适用税务总局公告2012年40号相同。
——搬迁完成年度:一要将搬迁所得计入企业应纳税所得额。搬迁所得=拆迁补偿款6 000万元+固定资产处置收入300万元-固定资产处置净值500万元-职工安置支出700万元-购置资产支出4 800万元=300万元,应通过表A105110调增所得。二要确定厂房和设备的计税基础。厂房和设备均是用搬迁补偿款购置的,计税基础均为0,由此,设备计提的12月份折旧15万元不得在税前扣除,应通过表A105080调增所得15万元。三要将随设备折旧计入会计损益的金额通过表A105000第3行收入类调整项目中的"(二)未按权责发生制原则确认的收入"及相应的附表调减所得15万元。该企业搬迁完成年度对该搬迁业务适用税务总局公告2013年11号的纳税调整填报见表9-38。

表9-38 政策性搬迁(适用税务总局公告2013年11号)纳税调整填报示例

A105110　　　　　　　　　　政策性搬迁纳税调整明细表　　　　　　　　金额单位:元

行次	项目	金额
1	一、搬迁收入(2+8)	63 000 000.00
2	(一)搬迁补偿收入(3+4+5+6+7)	60 000 000.00
3	1.对被征用资产价值的补偿	0.00
4	2.因搬迁、安置而给予的补偿	60 000 000.00
5	3.对停产停业形成的损失而给予的补偿	0.00
6	4.资产搬迁过程中遭到毁损而取得的保险赔款	0.00
7	5.其他补偿收入	0.00
8	(二)搬迁资产处置收入	3 000 000.00
9	二、搬迁支出(10+16)	60 000 000.00
10	(一)搬迁费用支出(11+12+13+14+15)	7 000 000.00
11	1.安置职工实际发生的费用	7 000 000.00
12	2.停工期间支付给职工的工资及福利费	0.00
13	3.临时存放搬迁资产而发生的费用	0.00
14	4.各类资产搬迁安装费用	0.00
15	5.其他与搬迁相关的费用	0.00
16	(二)搬迁资产处置支出	53 000 000.00
17	三、搬迁所得或损失(1-9)	3 000 000.00
18	四、应计入本年应纳税所得额的搬迁所得或损失(19+20+21)	3 000 000.00
19	其中:搬迁所得	3 000 000.00
20	搬迁损失一次性扣除	0.00
21	搬迁损失分期扣除	0.00
22	五、计入当期损益的搬迁收益或损失	0.00
23	六、以前年度搬迁损失当期扣除金额	0.00
24	七、纳税调整金额(18-22-23)	3 000 000.00

——以后年度:前9年,每年厂房和设备计提的折旧应通过表A105080调增所得330万元,累计调增所得2 970万元;"营业外收入"应通过表A105000第3行收入类调整项目中的"(二)未按权责发生制原则确认的收入"及相应的附表调减所得330万元,累计调减所得2 970万元。第10年,由于设备只计提11个月的折旧,厂房和设备计提的折旧应通过表A105080调增所得315万元;"营业外收入"应通过表A105000第3行收入类调整项目中的"(二)未按权责发生制原则确认的收入"及相应的附表调减所得315万元。后10年,每年厂房计提的折旧150万元应通过表A105080调增所得,累计调增所得1 500万元;

"营业外收入"应通过表 A105000 第 3 行收入类调整项目中的"(二)未按权责发生制原则确认的收入"及相应的附表调减所得 150 万元,累计调减所得 1 500 万元。

从上述纳税调整可以看出,从搬迁开始至所购置资产折旧完毕,上述业务产生的会计利润总额为 0,纳税调整总额为 300 万元,应纳税所得额合计为 300 万元。这与适用税务总局公告 2012 年 40 号的纳税调整结果相同。但需要注意的是,在搬迁完成年度及其以后年度,适用税务总局公告 2013 年 11 号与适用税务总局公告 2012 年 40 号的纳税调整过程不同。适用税务总局公告 2013 年 11 号时,由于搬迁补偿款用于购置资产的支出 4 800 万元允许作为搬迁支出扣除,因此在搬迁完成年度这部分支出不需要调增所得。由于用搬迁补偿款购置资产的支出不允许计入计税基础,因此在搬迁完成以后年度其折旧不得在税前扣除,应调增所得;同时,会计上将搬迁补偿款用于购建资产的支出随相关资产计提折旧逐渐计入以后各期收益的金额(即"营业外收入")时应调减所得。

(三)政策性搬迁的相关报告表和申报资料

税务总局公告 2012 年第 40 号第二十二条、第二十三条和第二十五条要求:

(1)企业应当自搬迁开始年度,至次年 5 月 31 日前,向主管税务机关(包括迁出地和迁入地)报送政策性搬迁依据、搬迁规划等相关材料。逾期未报的,除特殊原因并经主管税务机关认可外,按非政策性搬迁处理,不得执行政策性搬迁的规定。

(2)企业应向主管税务机关报送的政策性搬迁依据、搬迁规划等相关材料,包括:①政府搬迁文件或公告;②搬迁重置总体规划;③拆迁补偿协议;④资产处置计划;⑤其他与搬迁相关的事项。

(3)企业搬迁完成当年,其向主管税务机关报送企业所得税年度纳税申报表时,应同时报送《企业政策性搬迁清算损益表》(见表 9-39)及相关材料。

表 9-39　中华人民共和国企业政策性搬迁清算损益表

政策性搬迁期间:　　　年　月　日至　　　年　月　日
纳税人名称:
纳税人识别号:□□□□□□□□□□□□□□□　　　　　金额单位:元(列至角分)

类别	行次	项目	金额
搬迁收入	1	对被征用资产价值的补偿	
	2	因搬迁、安置而给予的补偿	
	3	对停产停业形成的损失而给予的补偿	
	4	资产搬迁过程中遭到毁损而取得的保险赔款	
	5	搬迁资产处置收入	
	6	其他搬迁收入	
	7	搬迁收入合计(1+2+3+4+5+6)	
搬迁支出	8	安置职工实际发生的费用	
	9	停工期间支付给职工的工资及福利费	
	10	临时存放搬迁资产而发生的费用	
	11	各类资产搬迁安装费用	
	12	资产处置支出	
	13	其他搬迁支出	
	14	搬迁支出合计(8+9+10+11+12+13)	

续表

类别	行次	项目	金额
搬迁所得（或损失）	15	搬迁所得（或损失）(7－14)	

纳税人盖章：	代理申报中介机构盖章：	主管税务机关受理专用章：
经办人签字：	经办人签字及执业证件号码：	受理人签字：
申报日期： 年 月 日	代理申报日期： 年 月 日	受理日期： 年 月 日

填表说明：符合税务总局公告2013年第11号规定的资产购置支出，应填报在第12行"资产处置支出"。

三、特殊行业准备金的填报

（一）关于金融企业贷款损失准备金的纳税调整

关于金融企业贷款损失准备金的税前扣除，要关注两个问题：①正常类涉农贷款和中小企业贷款损失准备金能否在税前扣除问题；②计提准予当年税前扣除的贷款损失准备金与冲减符合条件的贷款损失孰先孰后问题。

1. 金融企业正常类涉农贷款和中小企业贷款损失准备金能否在税前扣除

依据财税公告2019年第86号的规定，金融企业涉农贷款和中小企业贷款损失准备金的税前扣除政策，凡按照财税公告2019年第85号的规定执行的，不再适用财税公告2019年第86号的规定，即不再适用按年末准予提取贷款损失准备金的贷款资产余额计提1%的贷款损失准备金税前扣除的规定。

关于这一规定的理解和执行，有人认为，划分为正常类的涉农贷款和中小企业贷款不能计提1%的贷款损失准备金在税前扣除。《贷款风险分类指引》（银监发〔2007〕54号）规定，商业银行应按照本指引，至少将贷款划分为正常、关注、次级、可疑和损失五类，后三类合称为不良贷款。我们认为，对涉农贷款和中小企业贷款以外的贷款，划分为关注、次级、可疑和损失四类的，应按照财税公告2019年第85号的规定执行；划分为正常类的，应按照财税公告2019年第86号的规定执行。因为划分为正常类的，没有也不可能按照财税公告2019年第85号的规定执行，当然应该适用财税公告2019年第86号的规定。贷款总是有风险的，对正常类的涉农贷款和中小企业贷款的准备金，既不按照财税公告2019年第85号的规定执行，也不按照财税公告2019年第86号的规定执行，不允许税前扣除贷款损失准备金，既不符合政策规定，也不合理。

2. 计提准予当年税前扣除的贷款损失准备金与冲减符合条件的贷款损失孰先孰后

依据财税公告2019年第86号第二条的规定，准予当年税前扣除的贷款损失准备金＝本年末准予提取贷款损失准备金的贷款资产余额×1%－截至上年末已在税前扣除的贷款损失准备金的余额。第四条规定，金融企业发生的符合条件的贷款损失，应先冲减已在税前扣除的贷款损失准备金，不足冲减部分可据实在计算当年应纳税所得额时扣除。那么，金融企业准予当年税前扣除的贷款损失准备金，是在冲减本年发生的符合条件的贷款损失之前计提扣除，还是在之后计提扣除呢？

有人认为，金融企业应该先计提准予当年税前扣除的贷款损失准备金，后冲减本年发生的符合条件的贷款损失,即按照文件的条文顺序处理。我们认为,这样处理是不妥的。第一,从时间顺序上来说,本年符合条件的贷款损失应发生在本年汇算清缴计提准予当年税前扣除的贷款损失准备金之前,在汇算清缴时"先提后冲",充其量是"即提即冲",违背时间逻辑。第二,如果金融企业每年发生的符合条件的贷款损失金额≥按上述理解计提的准予当年税前扣除的贷款损失准备金,那么按税法处理的金融企业每年贷款损失准备金的余额都为0,这与贷款损失按实扣除有何区别?也有违准予金融企业税前扣除贷款损失准备金的初衷。第三,金融企业发生符合条件的贷款损失,应先冲减"已在税前扣除"的贷款损失准备金,在汇算清缴时,准予当年税前扣除的贷款损失准备金正在申报过程中,而"已在税前扣除"是完成时,应该是截至上年末已在税前扣除的贷款损失准备金。因此,我们认为,金融企业本年发生的符合条件的贷款损失应该先冲减截至上年末已在税前扣除的贷款损失准备金,后计提准予当年税前扣除的贷款损失准备金。与此类似的还有,保险公司按规定提取并在税前扣除的未决赔款准备金与实际发生的各种保险赔款、给付,中小企业融资(信用)担保机构计提并在税前扣除的担保赔偿准备与实际发生的代偿损失。

其实,如果把金融企业实际发生的贷款损失和贷款损失准备金分开处理、分开申报、分开进行纳税调整,就不存在上述问题了。贷款是金融企业的资产,依据税务总局公告2011年第25号的规定,金融企业实际发生贷款损失属于资产损失中的债权性投资损失,执行资产损失税前扣除政策就行了,不应该冲减已在税前扣除的贷款损失准备金。金融企业实际发生的贷款损失在会计处理上,借记"贷款损失准备",贷记"贷款",作为资产损失申报时,对实际发生的符合条件的贷款损失应调减所得。这样,按照财税公告2019年第86号第二条规定计提准予当年税前扣除的贷款损失准备金,就不需要考虑年度中间实际发生的贷款损失,还可以避免可能存在的资产损失与贷款损失准备金的重复扣除问题。

(二)特殊行业准备金纳税调整的填报

特殊行业准备金的纳税调整需要填报表A105120。表A105120的填报:

(1)第1行"一、保险公司":填报第2+13+14+15+16+19+20行的合计金额。

(2)第2行"(一)保险保障基金":填报第3+4+5+6+7+8+9+10+11+12行的合计金额。

(3)第3行"1.财产保险业务—非投资型":填报保险公司非投资型财产保险业务的保险保障基金相关情况。第1列"账载金额"填报按会计核算计入当期损益的金额;第2列"税收金额"填报按税收规定允许税前扣除的金额;第3列为第1-2列的余额。

(4)第4行"1.财产保险业务—投资型—保证收益":填报有保证收益的投资型财产保险业务的保险保障基金的纳税调整情况。填列方法同第3行。

(5)第5行"1.财产保险业务—投资型—无保证收益":填报无保证收益的投资型财产保险业务的保险保障基金的纳税调整情况。填列方法同第3行。

(6)第6行"2.人寿保险业务—保证收益":填报有保证收益的人寿保险业务的保险保障基金的纳税调整情况。填列方法同第3行。

(7)第7行"2.人寿保险业务—无保证收益":填报无保证收益的人寿保险业务的保险保障基金的纳税调整情况。填列方法同第3行。

(8)第8行"3.健康保险业务—短期":填报短期健康保险业务的保险保障基金的纳税调整情况。填列方法同第3行。

(9)第9行"3.健康保险业务—长期":填报长期健康保险业务的保险保障基金的纳税调整情况。填列方法同第3行。

(10)第10行"4.意外伤害保险业务—非投资型":填报非投资型意外伤害保险业务的保险保障基金的纳税调整情况。填列方法同第3行。

(11)第11行"4.意外伤害保险业务—投资型—保证收益":填报有保证收益的投资型意外伤害保险业务的保险保障基金的纳税调整情况。填列方法同第3行。

(12)第12行"4.意外伤害保险业务—投资型—无保证收益":填报无保证收益的投资型意外伤害保险业务的保险保障基金的纳税调整情况。填列方法同第3行。

(13)第13行"(二)未到期责任准备金":填报未到期责任准备金的纳税调整情况。填列方法同第3行。

(14)第14行"(三)寿险责任准备金":填报寿险责任准备金的纳税调整情况。填列方法同第3行。

(15)第15行"(四)长期健康险责任准备金":填报长期健康险责任准备金的纳税调整情况。填列方法同第3行。

(16)第16行"(五)未决赔款准备金":填报第17+18行的合计金额。本表调整的未决赔款准备金为已发生已报案未决赔款准备金、已发生未报案未决赔款准备金,不包括理赔费用准备金。

(17)第17行"1.已发生已报案未决赔款准备金":填报未决赔款准备金中已发生已报案准备金的纳税调整情况。填列方法同第3行。

(18)第18行"2.已发生未报案未决赔款准备金":填报未决赔款准备金中已发生未报案准备金的纳税调整情况。填列方法同第3行。

(19)第19行"(六)大灾风险准备金":填报大灾风险准备金的纳税调整情况。填列方法同第3行。

(20)第20行"(七)其他":填报除第2行至第19行以外的允许税前扣除的保险公司准备金的纳税调整情况。填列方法同第3行。

(21)第21行"二、证券行业":填报第22+23+24+25行的合计金额。

(22)第22行"(一)证券交易所风险基金":填报证券交易所风险基金的纳税调整情况。填列方法同第3行。

(23)第23行"(二)证券结算风险基金":填报证券结算风险基金的纳税调整情况。填列方法同第3行。

(24)第24行"(三)证券投资者保护基金":填报证券投资者保护基金的纳税调整情况。填列方法同第3行。

(25)第25行"(四)其他":填报除第22行至第24行以外的允许税前扣除的证券行业准备金的纳税调整情况。填列方法同第3行。

(26)第26行"三、期货行业":填报第27+28+29+30行的合计金额。

(27)第27行"(一)期货交易所风险准备金":填报期货交易所风险准备金的纳税调整情况。填列方法同第3行。

(28)第28行"(二)期货公司风险准备金":填报期货公司风险准备金的纳税调整情况。填列方法同第3行。

(29)第29行"(三)期货投资者保障基金":填报期货投资者保障基金的纳税调整情况。填列方法同第3行。

(30)第30行"(四)其他":填报除第27行至第29行以外的允许税前扣除的期货行业准备金的纳税调整情况。填列方法同第3行。

(31)第31行"四、金融企业":填报第32+33+34行的合计金额。

(32)第32行"(一)涉农和中小企业贷款损失准备金":填报涉农和中小企业贷款损失准备金的纳税调整情况。填列方法同第3行。

(33)第33行"(二)贷款损失准备金":填报贷款损失准备金的纳税调整情况。填列方法同第3行。

(34)第34行"(三)其他":填报除第32行至第33行以外的允许税前扣除的金融企业准备金的纳税调整情况。填列方法同第3行。

(35)第35行"五、中小企业信用担保机构":填报第36+37+38行的合计金额。

(36)第36行"(一)担保赔偿准备":填报担保赔偿准备的纳税调整情况。填列方法同第3行。

(37)第37行"(二)未到期责任准备":填报未到期责任准备的纳税调整情况。填列方法同第3行。

(38)第38行"(三)其他":填报除第36、37行以外的允许税前扣除的中小企业信用担保机构准备的纳税调整情况。填列方法同第3行。

(39)第39行"六、小额贷款公司":填报第40+41行的合计金额。

(40)第40行"(一)贷款损失准备金":填报经省级金融管理部门批准成立的小额贷款公司贷款损失准备金的纳税调整情况。填列方法同第3行。

(41)第41行"(二)其他":填报除第40行以外的允许税前扣除的小额贷款公司贷款损失准备金的纳税调整情况。填列方法同第3行。

(42)第42行"七、其他":填报除保险公司、证券行业、期货行业、金融企业、中小企业信用担保机构、小额贷款公司以外的允许税前扣除的特殊行业准备金的纳税调整情况。填列方法同第3行。

(43)第43行"合计":填报第1+21+26+31+35+39+42行的合计金额。

表A105120第43行第1列的金额填入表A105000第39行"(三)特殊行业准备金"第1列"账载金额",表A105120第43行第2列的金额填入表A105000第39行"(三)特殊行业准备金"第2列"税收金额"。若表A105120第43行第3列≥0,填入表A105000第39行"(三)特殊行业准备金"第3列"调增金额";若表A105120第43行第3列<0,表A105120第43行第3列的绝对值=表A105000第39行"(三)特殊行业准备金"第4列"调减金额"。

【例9-13】某财产保险公司2019年度非投资型财产保险保费收入2亿元、分出保费3 000万元、分入保费1 800万元,会计上提取保险保障基金160万元;按二分之一法提取未到期责任准备金1亿元;2018年末提取并已税前扣除的已发生已报案未决赔款准备金6 000万元,2019年实际赔付支出5 900万元,2019年已发生已报案的未决赔案估损总金额6 500万元,计提已发生已报案未决赔款准备金500万元;2019按财政部下发的保险公司财务和会计制度应计提已发生未报案未决赔款准备金472万元,按保监会的规定应计提已发生未报案未决赔款准备金550万元,该保险公司的会计处理按550万元计提已发生未报案未决赔款准备金。

该财产保险公司会计处理为:

(1)提取保险保障基金:

借:提取保险保障基金　　　　　　　　　　　　　　　　　　1 600 000
　　贷:保险保障基金　　　　　　　　　　　　　　　　　　　　1 600 000

(2)提取未到期责任准备金:

借:提取未到期责任准备金　　　　　　　　　　　　　　　　100 000 000
　　贷:未到期责任准备金　　　　　　　　　　　　　　　　　100 000 000

(3)实际发生赔付支出:

借:赔款支出　　　　　　　　　　　　　　　　　　　　　　59 000 000
　　贷:银行存款　　　　　　　　　　　　　　　　　　　　　59 000 000

(4)提取已发生已报案未决赔款准备金:

借:提取未决赔款准备金 - 已发生已报案未决赔款准备金　　　　5 000 000
　　贷:未决赔款准备金 - 已发生已报案未决赔款准备金　　　　　5 000 000

(5)提取已发生未报案未决赔款准备金:

借:提取未决赔款准备金 - 已发生未报案未决赔款准备金　　　　5 500 000
　　贷:未决赔款准备金 - 已发生未报案未决赔款准备金　　　　　5 500 000

税务处理:该保险公司2019年度应提取保险保障基金 = (20 000 - 3 000 + 1 800) × 0.8% = 150.4(万元),应调增所得9.6万元;按二分之一法应提取未到期责任准备金 = (20 000 - 3 000 + 1 800) × 50% = 9 400(万元),应调增所得600万元;实际发生的赔付支出5 900万元应首先冲减已提取并在税前扣除的准备金6 000万元,因此,应调增所得5 900万元,建议通过表A105000第29行扣除类调整项目中的"其他"进行纳税调整;应提取已发生已报案未决赔款准备金 = 6 500 - (6 000 - 5 900) = 6 400(万元),应调减所得5 900万元;2019年允许税前扣除的已发生未报案未决赔款准备金应按财政部下发的保险公司财务和会计制度计提472万元,已进行会计处理的是执行证监会规定计提的,与执行财政部规定应计提的金额相差78万元,应调增所得。该保险公司2019年度准备金纳税调整的填报见表9-40。

表9-40　保险公司准备金纳税调整填报示例

A105120　　　　　　　特殊行业准备金及纳税调整明细表(部分)　　　　　　金额单位:元

行次	项目			账载金额	税收金额	纳税调整金额
				1	2	3(1-2)
1	一、保险公司(2+13+14+15+16+19+20)			112 100 000.00	164 224 000.00	-52 124 000.00
2	(一)保险保障基金(3+4+5+…+12)			1 600 000.00	1 504 000.00	96 000.00
3	1. 财产保险业务		非投资型	1 600 000.00	1 504 000.00	96 000.00
4		投资型	保证收益	0.00	0.00	0.00
5			无保证收益	0.00	0.00	0.00

续表

行次	项目		账载金额	税收金额	纳税调整金额
			1	2	3(1-2)
6	2. 人寿保险业务	保证收益		0.00	0.00
7		无保证收益		0.00	0.00
8	3. 健康保险业务	短期		0.00	0.00
9		长期		0.00	0.00
10	4. 意外伤害保险业务	非投资型		0.00	0.00
11		投资型 保证收益	0.00		0.00
12		投资型 无保证收益	0.00		0.00
13	(二)未到期责任准备金		100 000 000.00	94 000 000.00	6 000 000.00
14	(三)寿险责任准备金		0.00	0.00	0.00
15	(四)长期健康险责任准备金		0.00	0.00	0.00
16	(五)未决赔款准备金(17+18)		10 500 000.00	68 720 000.00	-58 220 000.00
17	1. 已发生已报案未决赔款准备金		5 000 000.00	64 000 000.00	-59 000 000.00
18	2. 已发生未报案未决赔款准备金		5 500 000.00	4 720 000.00	780 000.00
19	(六)大灾风险准备金		0.00	0.00	0.00
20	(七)其他				
	……				
43	合计(1+21+26+31+35+39+42)		112 100 000.00	164 224 000.00	-52 124 000.00

【例9-14】某证券公司为A类,2019年度营业收入20亿元,证券投资者保护基金缴纳比例为0.5‰,按人民币普通股和基金成交金额的十万分之三缴纳证券结算风险基金5 000万元。

该证券公司的会计处理为:

借:管理费用——投保基金　　　　　　　　　　　　　　　　　　　100 000 000
　　　　　　——结算风险基金　　　　　　　　　　　　　　　　　50 000 000
　　贷:银行存款　　　　　　　　　　　　　　　　　　　　　　　150 000 000

税务处理:证券公司按规定缴纳的证券投资者保护基金和证券结算风险基金允许在税前扣除,不论是否纳税调整,均需填报表A105120。该证券公司表A105120的填报见表9-41。

表9-41　证券公司准备金纳税调整填报示例

A105120　　　　　　　　　　　特殊行业准备金及纳税调整明细表(部分)　　　　　　　　金额单位:元

行次	项目	账载金额	税收金额	纳税调整金额
		1	2	3(1-2)
	……			
21	二、证券行业(22+23+24+25)	150 000 000.00	150 000 000.00	0.00
22	(一)证券交易所风险基金	0.00	0.00	0.00
23	(二)证券结算风险基金	50 000 000.00	50 000 000.00	0.00
24	(三)证券投资者保护基金	100 000 000.00	100 000 000.00	0.00
25	(四)其他	0.00	0.00	0.00
	……			
43	合计(1+21+26+31+35+39+42)	150 000 000.00	150 000 000.00	0.00

【例 9-15】 某商业银行 2018 年末已在税前扣除的账面贷款损失准备金余额为 580 万元。2019 年末准予税前提取贷款损失准备金的贷款资产余额为 65 000 万元,当年会计计提贷款损失准备金 300 万元,实际发生符合税前扣除条件的贷款损失 200 万元,收回一笔以前年度已核销并已在税前扣除的贷款损失 80 万元。

该商业银行的会计处理为:

(1) 计提贷款损失准备:

借:资产减值损失　　　　　　　　　　　　　　　　　3 000 000

　　贷:贷款损失准备　　　　　　　　　　　　　　　　　　3 000 000

(2) 实际发生贷款损失:

借:贷款损失准备　　　　　　　　　　　　　　　　　2 000 000

　　贷:贷款　　　　　　　　　　　　　　　　　　　　　　2 000 000

(3) 收回以前年度已核销的贷款损失:

借:贷款 – 短期贷款　　　　　　　　　　　　　　　　800 000

　　贷:贷款损失准备　　　　　　　　　　　　　　　　　　800 000

借:吸收存款　　　　　　　　　　　　　　　　　　　800 000

　　贷:贷款 – 短期贷款　　　　　　　　　　　　　　　　　800 000

税务处理方法一:实际发生贷款损失和收回以前年度已核销的贷款损失冲减截至上年末已在税前扣除的贷款损失准备金的余额。2019 年准予税前提取贷款损失准备金 = 65 000 × 1% – (580 – 200 + 80) = 190(万元),应调增所得 110 万元。这一方法下该商业银行对贷款损失准备金的纳税调整填报见表 9-42。

表 9-42　金融企业贷款损失准备金纳税调整填报示例(方法一)

A105120　　　　　　　　特殊行业准备金及纳税调整明细表(部分)　　　　　　金额单位:元

行次	项目	账载金额 1	税收金额 2	纳税调整金额 3(1–2)
	……			
31	四、金融企业(32+33+34)	3 000 000.00	1 900 000.00	1 100 000.00
32	(一)涉农和中小企业贷款损失准备金	0.00	0.00	0.00
33	(二)贷款损失准备金	3 000 000.00	1 900 000.00	1 100 000.00
34	(三)其他	0.00	0.00	0.00
	……			
43	合计(1+21+26+31+35+39+42)	3 000 000.00	1 900 000.00	1 100 000.00

税务处理方法二:实际发生贷款损失和收回以前年度已核销的贷款损失通过填报表 A105090 调减所得 120 万元。2019 年准予税前提取贷款损失准备金 = 65 000 × 1% – 580 = 70(万元),应调增所得 230 万元。在这一方法下,该商业银行对贷款损失准备金的纳税调整填报如表 9-43。

表 9-43 金融企业贷款损失准备金纳税调整填报示例(方法二)

A105120　特殊行业准备金及纳税调整明细表(部分)　　　　　　　　金额单位:元

行次	项目	账载金额	税收金额	纳税调整金额
		1	2	3(1-2)
	……			
31	四、金融企业(32+33+34)	3 000 000.00	700 000.00	2 300 000.00
32	(一)涉农和中小企业贷款损失准备金	0.00	0.00	0.00
33	(二)贷款损失准备金	3 000 000.00	700 000.00	2 300 000.00
34	(三)其他	0.00	0.00	0.00
	……			
43	合计(1+21+26+31+35+39+42)	3 000 000.00	700 000.00	2 300 000.00

四、房地产开发企业特定业务计算的纳税调整额的填报

(一)关于实际发生的税金及附加、土地增值税的纳税调整

依据《财政部 国家税务总局关于全面推开营业税改征增值税试点的通知》(财税〔2016〕36号)之附件2《营业税改征增值税试点有关事项的规定》的规定,房地产开发企业采取预收款方式销售所开发的房地产项目,在收到预收款时要按规定预缴增值税。依据《财政部 国家税务总局关于纳税人异地预缴增值税有关城市维护建设税和教育费附加政策问题的通知》(财税〔2016〕74号)的规定,纳税人预缴增值税时,应以预缴增值税税额为计税依据,按规定计算缴纳城市维护建设税和教育费附加。依据《中华人民共和国土地增值税暂行条例实施细则》(财法〔1995〕6号)第十六条的规定,纳税人在项目全部竣工结算前转让房地产取得的收入,由于涉及成本确定或其他原因,而无法据以计算土地增值税的,可以预征土地增值税。因此,房地产开发企业销售未完工开发产品要预缴城市维护建设税和教育费附加、土地增值税。那么,这些税金及附加、土地增值税如何进行会计处理和纳税调整呢?

第一种会计处理和纳税调整方法:房地产开发企业销售未完工开发产品时,只做缴纳税金的会计分录,不做其他会计分录。开发产品完工后,会计上在将预收账款转入主营业务收入的同时,借记"税金及附加",贷记"应交税费"。这种会计处理方法下,在对房地产开发企业销售未完工开发产品计算的预计毛利调增所得的同时,对实际发生的税金及附加、土地增值税,应调减所得。开发产品完工后,房地产开发企业应将未完工开发产品销售收入转入完工开发产品销售收入,计算其实际毛利,并将之前已调增所得的预计毛利,调减完工当期的所得,同时,对会计上记入"税金及附加"的之前销售未完工开发产品实际发生的税金及附加、土地增值税,应调增所得。表A105010"三、房地产开发企业特定业务计算的纳税调整额"就是这样处理的。

第二种会计处理和纳税调整方法:房地产开发企业销售未完工开发产品时,在做缴纳税金的会计分录的同时,借记"税金及附加",贷记"应交税费"。这种会计处理方法下,税金及附加已在计算利润总额时减除,因此,在对房地产开发企业销售未完工开发产品的预计毛利调增所得时,对实际发生的税金及附加、土地增值税,就不能再调减所得,否则就会重复扣除。开发产品完工后,房地产开发企业将未完工开发产品销售收入转入完工开

产品销售收入,计算其实际毛利,并将之前已调增所得的预计毛利,调减完工当期的所得即可。此时,对会计上在销售未完工开发产品时记入"税金及附加"的税金及附加、土地增值税,不需要调增所得。

第三种会计处理和纳税调整方法:房地产开发企业销售未完工开发产品时,在做缴纳税金的会计分录的同时,增设"待转税金及附加"科目,用来核算房地产开发企业销售未完工开发产品实际发生的税金及附加、土地增值税,借记"待转税金及附加",贷记"应交税费"。开发产品完工后,会计上在将预收账款转入主营业务收入的同时,将"待转税金及附加"转入"税金及附加"。这种会计处理方法下的纳税调整与第一种会计处理方法下的纳税调整相同。

(二)房地产开发企业特定业务计算的纳税调整额的填报

房地产开发企业特定业务计算的纳税调整额应填报表 A105010 "三、房地产开发企业特定业务计算的纳税调整额"。

(1)第 21 行"三、房地产开发企业特定业务计算的纳税调整额":填报房地产企业发生销售未完工产品、未完工产品结转完工产品业务,按照税收规定计算的特定业务的纳税调整额。第 1 列"税收金额"填报第 22 行第 1 列减去第 26 行第 1 列的余额;第 2 列"纳税调整金额"等于第 1 列"税收金额"。

(2)第 22 行"(一)房地产企业销售未完工开发产品特定业务计算的纳税调整额":填报房地产企业销售未完工开发产品取得销售收入,按税收规定计算的纳税调整额。第 1 列"税收金额"填报第 24 行第 1 列减去第 25 行第 1 列的余额;第 2 列"纳税调整金额"等于第 1 列"税收金额"。

(3)第 23 行"1. 销售未完工产品的收入":第 1 列"税收金额"填报房地产企业销售未完工开发产品,会计核算未进行收入确认的销售收入金额。

(4)第 24 行"2. 销售未完工产品预计毛利额":第 1 列"税收金额"填报房地产企业销售未完工产品取得的销售收入按税收规定预计计税毛利率计算的金额;第 2 列"纳税调整金额"等于第 1 列"税收金额"。

(5)第 25 行"3. 实际发生的税金及附加、土地增值税":第 1 列"税收金额"填报房地产企业销售未完工产品实际发生的税金及附加、土地增值税,且在会计核算中未计入当期损益的金额;第 2 列"纳税调整金额"等于第 1 列"税收金额"。严格来说,由于销售未完工开发产品实际发生的税金及附加、土地增值税在会计上没有计入损益、在税收上允许税前扣除,因此,这里应该是将第 1 列税收金额以负数形式填报第 2 列"纳税调整金额"。

(6)第 26 行"(二)房地产企业销售的未完工产品转完工产品特定业务计算的纳税调整额":填报房地产企业销售的未完工产品转完工产品,按税收规定计算的纳税调整额。第 1 列"税收金额"填报第 28 行第 1 列减去第 29 行第 1 列的余额;第 2 列"纳税调整金额"等于第 1 列"税收金额"。

(7)第 27 行"1. 销售未完工产品转完工产品确认的销售收入":第 1 列"税收金额"填报房地产企业销售的未完工产品,此前年度已按预计毛利额征收所得税,本年度结转为完工产品,会计上符合收入确认条件,当年会计核算确认的销售收入金额。

(8)第 28 行"2. 转回的销售未完工产品预计毛利额":第 1 列"税收金额"填报房地产企业销售的未完工产品,此前年度已按预计毛利额征收所得税,本年结转完工产品,会计核算确认为销售收入,转回原按税收规定预计计税毛利率计算的金额;第 2 列"纳税调整金额"等于第 1 列"税收金额"。严格来说，由于这是开发产品完工后在计算其实际毛利时将之前已调增所得的预计毛利,调减完工当期的所得,因此,这里应该是将第 1 列税收金额以负数形式填报第 2 列"纳税调整金额"。

(9)第 29 行"3. 转回实际发生的税金及附加、土地增值税"：第 1 列填报房地产企业销售的未完工产品结转完工产品后,会计核算确认为销售收入,同时将对应实际发生的税金及附加、土地增值税转入当期损益的金额；第 2 列"纳税调整金额"等于第 1 列"税收金额"。

若表 A105010 第 21 行第 2 列≥0,填入表 A105000 第 40 行"(四)房地产开发企业特定业务计算的纳税调整额"第 3 列"调增金额"；若表 A105010 第 21 行第 2 列＜0,表 A105010 第 21 行第 2 列的绝对值＝表 A105000 第 40 行"(四)房地产开发企业特定业务计算的纳税调整额"第 4 列"调减金额"。

【例 9-16】某房地产开发企业 2019 年开始销售未完工开发产品,取得销售收入 20 000 万元,依据预缴增值税额计算缴纳的城市维护建设税、教育费附加、地方教育附加分别为 70 万元、30 万元、30 万元,预缴的土地增值税为 400 万元,预计计税毛利率为 10%。2020 年,2019 年开始销售的未完工开发产品完工,并已核算主营业务收入和主营业务成本。

就上述业务,某房地产开发企业的会计处理为：
(1)2019 年销售未完工开发产品：
借：银行存款　　　　　　　　　　　　　　　　　　　　　　200 000 000
　　贷：预收账款　　　　　　　　　　　　　　　　　　　　　　200 000 000
(2)预缴税金及附加、土地增值税：
借：应交税费－应交城建税　　　　　　　　　　　　　　　　　700 000
　　应交税费－应交教育费附加　　　　　　　　　　　　　　　300 000
　　应交税费－应交地方教育附加　　　　　　　　　　　　　　200 000
　　应交税费－应交土地增值税　　　　　　　　　　　　　　4 000 000
　　贷：银行存款　　　　　　　　　　　　　　　　　　　　　5 200 000
(3)2020 年,2019 年开始销售的未完工开发产品完工：
借：预收账款　　　　　　　　　　　　　　　　　　　　　　200 000 000
　　贷：主营业务收入　　　　　　　　　　　　　　　　　　　200 000 000
(4)结转相应的销售未完工开发产品时缴纳的税金及附加、土地增值税：
借：税金及附加　　　　　　　　　　　　　　　　　　　　　5 200 000
　　贷：应交税费－应交城建税　　　　　　　　　　　　　　　700 000
　　　　应交税费－应交教育费附加　　　　　　　　　　　　　300 000
　　　　应交税费－应交地方教育附加　　　　　　　　　　　　200 000
　　　　应交税费－应交土地增值税　　　　　　　　　　　　4 000 000

税务处理：2019 年,该房地产开发企业销售未完工开发产品取得的销售收入应计预计毛利额＝20 000×10%＝2 000(万元),应调增所得；相应的,缴纳的税金及附加、土地增值税 520 万元应调减所得。2020 年,该房地产开发企业 2019 年开始销售的未完工开发产品完工,并已核算主营业务收入和主营业务成本,即已计算实际毛利,因此,相应的之前已调增所得的预计毛利应调减所得,之前已调减所得的税金及附加、土地增值税应调增所得。

该房地产开发企业2019和2020年特定业务的纳税调整分别见表9-44和表9-45。

表9-44 房地产开发企业特定业务纳税调整填报示例(开发产品完工前)

A105010　　　　视同销售和房地产开发企业特定业务纳税调整明细表(部分)　　　　金额单位:元

行次	项目	税收金额	纳税调整金额
		1	2
	……		
21	三、房地产开发企业特定业务计算的纳税调整额(22-26)	14 800 000.00	14 800 000.00
22	(一)房地产企业销售未完工开发产品特定业务计算的纳税调整额(24-25)	14 800 000.00	14 800 000.00
23	1.销售未完工产品的收入	200 000 000.00	*
24	2.销售未完工产品预计毛利额	20 000 000.00	20 000 000.00
25	3.实际发生的税金及附加、土地增值税	5 200 000.00	5 200 000.00
26	(二)房地产企业销售的未完工产品转完工产品特定业务计算的纳税调整额(28-29)	0.00	0.00
27	1.销售未完工产品转完工产品确认的销售收入	0.00	*
28	2.转回的销售未完工产品预计毛利额	0.00	0.00
29	3.转回实际发生的税金及附加、土地增值税	0.00	0.00

表9-45 房地产开发企业特定业务纳税调整填报示例(开发产品完工后)

A105010　　　　视同销售和房地产开发企业特定业务纳税调整明细表(部分)　　　　金额单位:元

行次	项目	税收金额	纳税调整金额
		1	2
	……		
21	三、房地产开发企业特定业务计算的纳税调整额(22-26)	-14 800 000.00	-14 800 000.00
22	(一)房地产企业销售未完工开发产品特定业务计算的纳税调整额(24-25)	0.00	0.00
23	1.销售未完工产品的收入	0.00	*
24	2.销售未完工产品预计毛利额	0.00	0.00
25	3.实际发生的税金及附加、土地增值税	0.00	0.00
26	(二)房地产企业销售的未完工产品转完工产品特定业务计算的纳税调整额(28-29)	14 800 000.00	14 800 000.00
27	1.销售未完工产品转完工产品确认的销售收入	200 000 000.00	*
28	2.转回的销售未完工产品预计毛利额	20 000 000.00	20 000 000.00
29	3.转回实际发生的税金及附加、土地增值税	5 200 000.00	5 200 000.00

五、合伙企业法人合伙人应分得应纳税所得额的填报

(一)合伙企业法人合伙人应分得应纳税所得额的计算

合伙企业法人合伙人应分得应纳税所得额=Σ(某一合伙企业年度应纳税所得额×计算比例),其中,合伙企业年度应纳税所得额的计算按照财税〔2000〕91号文件及财税〔2008〕65号文件的有关规定执行。

(二)合伙企业法人合伙人应分得应纳税所得额的填报

表A105000的表格样式中第41行的名称为"(五)合伙企业法人合伙人应分得的应纳税所得额",而表A105000的填报说明中第41行的名称为"(五)合伙企业法人合伙人分得的应纳税所得额",少了一个"应"字。

表 A105000 第 41 行第 1 列"账载金额"填报合伙企业法人合伙人本年会计核算上确认的对合伙企业的投资所得。表 A105000 第 41 行第 2 列"税收金额"填报纳税人按照"先分后税"原则和财税〔2008〕159 号文件第四条规定计算的从合伙企业应分得的法人合伙人应纳税所得额。若表 A105000 第 41 行第 1 列≤第 2 列,第 3 列"调增金额"填报第 2－1 列金额。若第 1 列＞第 2 列,第 4 列"调减金额"填报第 2－1 列金额的绝对值。

【例 9-17】甲公司为乙合伙企业的法人合伙人,合伙协议约定乙合伙企业对甲公司的分配比例为 55%。乙合伙企业 2019 年度生产经营所得为 800 万元、对其他公司投资取得的股息红利所得为 300 万元。乙合伙企业 2019 年 4 月分配 2018 年度的利润 500 万元。

2019 年 4 月乙合伙企业利润分配时,甲公司的会计处理为:

借:银行存款　　　　　　　　　　　　　　　　　　　　　　　2 750 000
　　贷:投资收益　　　　　　　　　　　　　　　　　　　　　　　2 750 000

税务处理:对合伙企业的所得,税收规定是"先分后税",但会计处理一般是年度终了后分配。乙合伙企业 2019 年 4 月分配 2018 年度的利润 500 万元,甲公司分得 275 万元,这不属于甲公司分得的乙合伙企业 2019 年度的利润,甲公司在 2018 年度汇算清缴时,已就应分得乙合伙企业 2018 年度的应纳税所得额申报纳税。因此,甲公司分得的乙合伙企业 2018 年度的利润,不应填报 2019 年度的表 A105000 第 41 行第 1 列"账载金额",换句话说,本例中,甲公司 2019 年度的表 A105000 第 41 行第 1 列"账载金额"应填报 0,"税收金额"填报 550 万元。甲公司 2019 年表 A105000 第 41 行的填报见表 9-46。

表 9-46　合伙企业法人合伙人应分得应纳税所得额的填报示例

A105000　　　　　　　　　　　纳税调整项目明细表(部分)　　　　　　　　　金额单位:元

行次	项目	账载金额	税收金额	调增金额	调减金额
		1	2	3	4
	……				
36	四、特殊事项调整项目(37＋38＋…＋43)	*	*	5 500 000.00	0.00
37	(一)企业重组及递延纳税事项(填写 A105100)	0.00	0.00	0.00	0.00
38	(二)政策性搬迁(填写 A105110)	*	*	0.00	0.00
39	(三)特殊行业准备金(填写 A105120)	0.00	0.00	0.00	0.00
40	(四)房地产开发企业特定业务计算的纳税调整额(填写 A105010)	*	0.00	0.00	0.00
41	(五)合伙企业法人合伙人应分得的应纳税所得额	0.00	5 500 000.00	5 500 000.00	0.00
42	(六)发行永续债利息支出	0.00	0.00	0.00	0.00
43	(七)其他	*	*	0.00	0.00
44	五、特别纳税调整应税所得	*	*	0.00	0.00
45	六、其他			0.00	0.00
46	合计(1＋12＋31＋36＋44＋45)	*	*		

六、发行永续债利息支出的填报

企业发行永续债,当永续债发行方会计上按照债务核算,税收上适用股息、红利企业所得税政策时,表 A105000 第 42 行"(六)发行永续债利息支出"第 1 列"账载金额"填报支付的永续债利息支出计入当期损益的金额;第2列"税收金额"填报0。永续债发行方会计上按照权益核算,税收上按照债券利息适用企业所得税政策时,表A105000第42行第1列"账载金额"填报0;第2列"税收金额"填报永续债发行方支付的永续债利息支出准予在企业所得税税前扣除的金额。若表A105000第42行第2列≤第1列,第3列"调增金额"填报第1-2列金额。若表A105000第42行第2列>第1列,第4列"调减金额"填报第1-2列金额的绝对值。

【例9-18】A公司2018年经批准发行永续债50亿元,年利息率为8%,每半年付息一次,A公司将其归类为权益工具。2019年A公司付息4亿元。

A公司的会计处理为:

借:利润分配——应付永续债利息　　　　　　　　　　　400 000 000
　　贷:应付股利——永续债利息　　　　　　　　　　　　400 000 000

税务处理:假定A公司发行的永续债符合企业所得税政策中按照债券利息处理的条件,A公司确定按照债券利息适用企业所得税政策,则A公司2019年支付的永续债利息支出4亿元准予在其企业所得税税前扣除,应填报表A105000第42行调减所得。A公司2019年永续债利息支出纳税调整的填报见表9-47。

表9-47　永续债利息支出纳税调整填报示例

A105000　　　　纳税调整项目明细表(部分)　　　　金额单位:元

行次	项目	账载金额	税收金额	调增金额	调减金额
		1	2	3	4
	……				
36	四、特殊事项调整项目(37+38+…+43)	*	*	0.00	400 000 000.00
37	(一)企业重组及递延纳税事项(填写A105100)	0.00	0.00	0.00	0.00
38	(二)政策性搬迁(填写A105110)	*	*	0.00	0.00
39	(三)特殊行业准备金(填写A105120)	0.00	0.00	0.00	0.00
40	(四)房地产开发企业特定业务计算的纳税调整额(填写A105010)	*	0.00	0.00	0.00
41	(五)合伙企业法人合伙人应分得的应纳税所得额	0.00	0.00	0.00	0.00
42	(六)发行永续债利息支出	0.00	400 000 000.00	0.00	400 000 000.00
43	(七)其他	*	*	0.00	0.00
44	五、特别纳税调整应税所得	*	*	0.00	0.00
45	六、其他	*	*	0.00	0.00
46	合计(1+12+31+36+44+45)	*	*		

企业所得税政策与申报实务深度解析
（2020年版）

第十章

特别纳税调整政策及其应税所得的填报

本章要点
- 关联方和关联关系的判定
- 关联申报及年度关联业务往来报告表
- 同期资料的种类、准备主体和内容
- 可比性分析和转让定价方法
- 成本分摊协议的适用范围和主要内容
- 预约定价安排的类型和工作流程
- 境外投资和所得信息的报告
- 资本弱化的特别纳税调整
- 一般反避税特别纳税调整的方法和工作流程
- 相互协商的程序
- 特别纳税调查调整的程序

企业所得税年度纳税申报表中的表 A105000 第 44 行"五、特别纳税调整应税所得"第 3 列"调增金额"填报纳税人按特别纳税调整规定自行调增的当年应税所得。第 4 列"调减金额"填报纳税人依据双边预约定价安排或者转让定价相应调整磋商结果的通知,需要调减的当年应税所得。从填报说明看,只有纳税人按特别纳税调整规定自行调增当年应税所得,才能填报本行,而税务机关进行特别纳税调整调查调增的所得不得填报本行,因此,我们建议,如果纳税人有特别纳税调整事项,应主动进行自行调整,既可以掌握特别纳税调整的主动权,又可以按规定适用基准利率被加收利息。本章主要讲解特别纳税调整的企业所得税相关政策及相关申报资料的填报。

第一节 关联申报

一、关联申报的主体和期限

《企业所得税法》第四十三条第一款规定,企业向税务机关报送年度企业所得税纳税申报表时,应当就其与关联方之间的业务往来,附送年度关联业务往来报告表。税务总局公告 2016 年第 42 号第一条规定,实行查账征收的居民企业和在中国境内设立机构、场所并据实申报缴纳企业所得税的非居民企业向税务机关报送年度企业所得税纳税申报表时,应当就其与关联方之间的业务往来进行关联申报,附送《中华人民共和国企业年度关联业务往来报告表(2016 年版)》(以下简称企业年度关联业务往来报告表)。企业在规定期限内报送年度关联业务往来报告表确有困难,需要延期的,应当按照《税收征管法》及其实施细则的有关规定办理。

二、关联方和关联关系的判定

(一)关联方

1.《企业所得税法实施条例》的规定

《企业所得税法实施条例》第一百零九条规定《企业所得税法》第四十一条所称关联方,是指与企业有下列关联关系之一的企业、其他组织或者个人:

(1)在资金、经营、购销等方面存在直接或者间接的控制关系;

(2)直接或者间接地同为第三者控制;

(3)在利益上具有相关联的其他关系。

2.《税收征管法实施细则》的规定

《税收征管法实施细则》第五十一条规定,《税收征管法》第三十六条所称关联企业,是指有下列关系之一的公司、企业和其他经济组织:

(1)在资金、经营、购销等方面,存在直接或者间接的拥有或者控制关系;

(2)直接或者间接地同为第三者所拥有或者控制;

(3)在利益上具有相关联的其他关系。

纳税人有义务就其与关联企业之间的业务往来,向当地税务机关提供有关的价格、费用标准等资料。具体办法由国家税务总局制定。

(二)关联关系的判定

税务总局公告2016年第42号第二条规定,企业与其他企业、组织或者个人具有下列关系之一的,构成本公告所称关联关系:

(1)一方直接或者间接持有另一方的股份总和达到25%以上;双方直接或者间接同为第三方所持有的股份达到25%以上。

如果一方通过中间方对另一方间接持有股份,只要其对中间方持股比例达到25%以上,则其对另一方的持股比例按照中间方对另一方的持股比例计算。

两个以上具有夫妻、直系血亲、兄弟姐妹以及其他抚养、赡养关系的自然人共同持股同一企业,在判定关联关系时持股比例合并计算。

(2)双方存在持股关系或者同为第三方持股,虽持股比例未达到本条第(1)项规定,但双方之间借贷资金总额占任一方实收资本比例达到50%以上,或者一方全部借贷资金总额的10%以上由另一方担保(与独立金融机构之间的借贷或者担保除外)。

借贷资金总额占实收资本比例 = 年度加权平均借贷资金/年度加权平均实收资本,其中:

年度加权平均借贷资金 = i 笔借入或者贷出资金账面金额 × i 笔借入或者贷出资金年度实际占用天数/365

年度加权平均实收资本 = i 笔实收资本账面金额 × i 笔实收资本年度实际占用天数/365

(3)双方存在持股关系或者同为第三方持股,虽持股比例未达到本条第(1)项规定,但一方的生产经营活动必须由另一方提供专利权、非专利技术、商标权、著作权等特许权才能正常进行。

(4)双方存在持股关系或者同为第三方持股,虽持股比例未达到本条第(1)项规定,但一方的购买、销售、接受劳务、提供劳务等经营活动由另一方控制。

上述控制是指一方有权决定另一方的财务和经营政策,并能据以从另一方的经营活动中获取利益。

(5)一方半数以上董事或者半数以上高级管理人员(包括上市公司董事会秘书、经理、副经理、财务负责人和公司章程规定的其他人员)由另一方任命或者委派,或者同时担任另一方的董事或者高级管理人员;或者双方各自半数以上董事或者半数以上高级管理人员同为第三方任命或者委派。

(6)具有夫妻、直系血亲、兄弟姐妹以及其他抚养、赡养关系的两个自然人分别与双方具有本条第(1)至(5)项关系之一。

(7)双方在实质上具有其他共同利益。

除本条第(2)项规定外,上述关联关系年度内发生变化的,关联关系按照实际存续期间认定。

税务总局公告2016年第42号第三条明确,仅因国家持股或者由国有资产管理部门委派董事、高级管理人员而存在本公告第二条第(1)至(5)项关系的,不构成本公告所称关联关系。

三、关联交易类型

税务总局公告2016年第42号第四条规定,关联交易主要包括:

(1)有形资产使用权或者所有权的转让。有形资产包括商品、产品、房屋建筑物、交通工具、机器设备、工具器具等。

(2)金融资产的转让。金融资产包括应收账款、应收票据、其他应收款项、股权投资、债权投资和衍生金融工具形成的资产等。

(3)无形资产使用权或者所有权的转让。无形资产包括专利权、非专利技术、商业秘密、商标权、品牌、客户名单、销售渠道、特许经营权、政府许可、著作权等。

(4)资金融通。资金包括各类长短期借贷资金(含集团资金池)、担保费、各类应计息预付款和延期收付款等。

(5)劳务交易。劳务包括市场调查、营销策划、代理、设计、咨询、行政管理、技术服务、合约研发、维修、法律服务、财务管理、审计、招聘、培训、集中采购等。

四、年度关联业务往来报告表

企业年度关联业务往来报告表是作为企业所得税年度纳税申报表的附表报送的。企业年度关联业务往来报告表的组成部分有:①封面;②填报表单;③报告企业信息表(G000000);④企业年度关联业务往来汇总表(G100000,即主表);⑤关联关系表(G101000);⑥有形资产所有权交易表(G102000);⑦无形资产所有权交易表(G103000);⑧有形资产使用权交易表(G104000);⑨无形资产使用权交易表(G105000);⑩金融资产交易表(G106000);⑪融通资金表(G107000);⑫关联劳务表(G108000);⑬权益性投资表(G109000);⑭成本分摊协议表(G110000);⑮对外支付款项情况表(G111000);⑯境外关联方信息表(G112000);⑰年度关联交易财务状况分析表(企业个别报表信息)(G113010);⑱年度关联交易财务状况分析表(企业合并报表信息)(G113020)。

居民企业存在填报国别报告情形的,还应当在报送年度关联业务往来报告表时,填报国别报告,包括:所得、税收和业务活动国别分布表(G114010),所得、税收和业务活动国别分布表(英文表,G114011),跨国企业集团成员实体名单(G114020),跨国企业集团成员实体名单(英文表,G114021),附加说明表(G114030)和附加说明表(英文表,G114031)。

(一)封面

与企业年度纳税申报表的封面不完全相同,主要有:①报告年度所属期间而不是税款所属期间;②声明中的法律依据直接提及《企业所得税法》及其实施条例;③需要法定代表人(签章);④需要填报代理申报机构和人员相关信息。封面样式见表10-1。

表 10-1　企业年度关联业务往来报告表之封面

中华人民共和国企业年度关联业务往来报告表
(2016 年版)

报告年度所属期间：　　　年　月　日至　　年　月　日

纳税人识别号：

纳税人名称：

金额单位:人民币元,除表内标明其他币种外(列至小数点后两位)

谨声明:此报告表是根据《中华人民共和国企业所得税法》《中华人民共和国企业所得税法实施条例》、有关税收政策以及国家统一会计制度的规定填报的,是真实的、可靠的、完整的。

法定代表人(签章):　　　　　　　　　　　年　月　日

纳税人公章： 会计主管：	代理申报中介机构公章： 经办人： 经办人执业证件号码：	主管税务机关受理专用章： 受理人：
填表日期：　　年　月　日	代理申报日期：　　年　月　日	受理日期：　　年　月　日

国家税务总局监制

有关项目填报说明：

①"报告年度所属期间"：与企业年度纳税申报表的封面填报说明相同。

②"纳税人识别号"：填报税务登记证上的纳税人识别号或者营业执照上的统一社会信用代码。

③"纳税人名称"：填报企业登记注册的企业名称全称。

④"填表日期"：填报企业申报当日日期。

⑤企业聘请中介机构代理申报的,加盖代理申报中介机构公章,并填报经办人及其执业证件号码等,没有聘请的,填报"无"。

(二)填报表单

与企业年度纳税申报表的填报表单不同,主要有:①表单编写为 G 类;②表单名称不同;③"选择填报情况"下分"填报""不填报"两列,选择"填报"的,打"√",选择"不填报"的,打"×"。企业年度纳税申报表的填报表单现并为一列"是否填报",填报的打"√",不填报的,打"×"。填报表单样式见表10-2。

表 10-2 企业年度关联业务往来报告表之填报表单

企业年度关联业务往来报告表填报表单

表单编号	表单名称	选择填报情况	
		填报	不填报
G000000	报告企业信息表	√	×
G100000	中华人民共和国企业年度关联业务往来汇总表	√	×
G101000	关联关系表	√	×
G102000	有形资产所有权交易表	□	□
G103000	无形资产所有权交易表	□	□
G104000	有形资产使用权交易表	□	□
G105000	无形资产使用权交易表	□	□
G106000	金融资产交易表	□	□
G107000	融通资金表	□	□
G108000	关联劳务表	□	□
G109000	权益性投资表	□	□
G110000	成本分摊协议表	□	□
G111000	对外支付款项情况表	□	□
G112000	境外关联方信息表	□	□
G113010	年度关联交易财务状况分析表（报告企业个别报表信息）	□	□
G113020	年度关联交易财务状况分析表（报告企业合并报表信息）	□	□
G114010	国别报告——所得、税收和业务活动国别分布表	□	□
G114011	国别报告——所得、税收和业务活动国别分布表（英文）	□	□
G114020	国别报告——跨国企业集团成员实体名单	□	□
G114021	国别报告——跨国企业集团成员实体名单（英文）	□	□
G114030	国别报告——附加说明表	□	□
G114031	国别报告——附加说明表（英文）	□	□

填表说明：企业应当根据实际情况选择需要填报的表单。

（三）报告企业信息表

主要包括企业基本信息、内部部门信息、高级管理人员信息、主要股东信息情况等。企业填报报告表时，首先填报此表，为后续申报提供指引。见表 10-3。

表10-3 企业年度关联业务往来报告表之报告企业信息表

G000000　　正常报告□　　更正报告□　　补充报告□

报告企业信息表

100 基本信息

101 纳税人名称			
102 纳税人识别号			
105 经营范围			
103 注册地址	国家（地区）	省份	地级市
104 经营地址	国家（地区）	省份	地级市
106 主管国税机关		108 注册资本	币种　　　　金额
107 主管地税机关		109 投资总额	币种　　　　金额
110 登记注册类型			
111 所属行业			
112 独立法人	是□　否□	113 法定代表人或负责人	114 独立核算 是□ 否□
115 适用的会计准则或会计制度	企业会计准则（一般企业）□　银行□　证券□　保险□　担保□ 小企业会计准则□　企业会计准则□　事业单位会计准则（事业单位会计制度□　科学事业单位会计制度□　医院会计制度□　高等学校会计制度□　中小学校会计制度□　彩票机构会计制度）□　民间非营利组织会计制度□　村集体经济组织会计制度□　农民专业合作社财务会计制度（试行）□　其他		
116 上市公司	是□　否□	117 上市股票代码	118 上市交易所　　　119 记账本位币
120 企业集团最终控股企业		121 企业集团最终控股企业名称	
122 企业集团最终控股企业所在国家（地区）		123 被指定为国别报告的报送企业	是□ 否□
124 本年度准备同期资料	主体文档□　本地文档□　特殊事项文档□　无□	125 执行预约定价安排	126 签订或者执行成本分摊协议 是□ 否□

200 企业内部部门信息

行次	201 部门名称	202 部门履行的职责业务范围及履行职责业务流程	203 员工数量	204 上一级部门名称
1				
2				
3				

300 企业高级管理人员信息

行次	301 职务名称	302 姓名	303 国家（地区）	304 身份证件名称	305 身份证件号码	306 任职起始日期	307 任职截止日期	308 委任方名称
1								
2								
3								

续表

行次	400 企业股东信息（前五位）							
	401 股东名称	402 股东类型	403 国家（地区）	404 登记注册类型	405 证件种类	406 纳税人识别号或身份证件号码	407 持股起始日期	408 持股比例
1								
2								
3								
4								
5								

有关项目填报说明：

①企业根据具体情况选填"正常报告""更正报告"或者"补充报告"：

正常报告：报告期内，企业第一次年度报告为"正常报告"；

更正报告：报告期内，由于企业自查、主管税务机关进行更正的为"更正报告"；

补充报告：报告期前，由于企业自查、主管税务机关评估等发现以前年度报告有误而更改报告为"补充报告"。

②"101 纳税人名称"：填报企业登记注册的中文全称。

③"102 纳税人识别号"：填报税务登记证上的纳税人识别号或者营业执照上的统一社会信用代码。

④"103 注册地址"：填报企业登记注册的地址。

⑤"104 经营地址"：填报企业实际生产经营地址。

⑥"105 经营范围"：填报企业本报告年度所属期间内企业实际生产经营范围。

⑦"106 主管国税机关"和"107 主管地税机关"：填报企业主管国税、地税机关全称。

⑧"108 注册资本"：填报企业按照公司发起人或者股东依法签定的出资合同、章程规定的生产规模需要投入的股本币种及金额。

⑨"109 投资总额"：填报企业营业执照或者批准证书上注明的基本建设资金和生产流动资金的币种及金额合计。

⑩"110 登记注册类型"：填报企业税务登记证或营业执照上登记的类型或者营业执照上的类型。

⑪"111 所属行业"：根据《国民经济行业分类》（GB/4754—2011，现为 GB/4754—2017，笔者注）标准填报企业的行业代码及行业名称。

⑫"112 独立法人"：企业根据实际情况选填。

⑬"113 法定代表人或负责人"：填报企业法定代表人或负责人名称填报。

⑭"114 独立核算"：企业根据实际情况选填。

⑮"115 适用的会计准则或会计制度"：企业根据采用的会计准则或会计制度选填。

⑯"116 上市公司"：企业根据实际情况选填。选择"是"的，"117 上市股票代码"和"118 上市交易所"栏为必填项；选择"否"的，"117 上市股票代码"和"118 上市交易所"栏可不填。

⑰"118 上市交易所"：填报企业股票上市的交易所全称。

⑱"119 记账本位币"：企业根据实际情况填报适用的记账本位币种。

⑲"120 企业集团最终控股企业":企业根据实际选填。最终控股企业是指能够合并其所属企业集团所有成员实体财务报表,且不能被其他企业合并财务报表的企业。

⑳"121 企业集团最终控股企业名称":企业所属企业集团最终控股企业名称,有登记注册国家中文名称的填中文全称,没有中文名称的以登记注册地国家(地区)。

㉑"122 企业集团最终控股企业所在国家(地区)":填报企业集团最终控股企业成立注册地国家(地区)。

㉒"123 被指定为国别报送企业":企业根据实际选填。选择"是"的,需要填报表 G114010、表 G114011、表 G114020、表 G114021、表 G114030、表 G114031。

㉓"124 本年度准备同期资料":根据企业实际选填。本栏=表 G100000"400 本年度实际选填"栏。

㉔"125 执行预约定价安排":企业根据本报告年度执行实际情况选填。本栏=表 G100000"301 签订或者执行并执行所属期内是否已签订并执行"选填,需填报表 G110000。

㉕"126 签订或者执行成本分摊协议":企业根据本报告年度所属期内是否签订并执行成本分摊协议选填,可以合并填报。

㉖"200 企业内部部门信息":企业根据实际情况,从最顶层部门起填报。同一业务职能涉及超过一个层级部门的,可以文字加流程图的形式描述。

㉗"201 部门名称":填报企业内部各职能部门的业务流程,应当以中文填报。

㉘"202 部门履行的职责和业务流程":企业根据实际履行职责的业务范围反映履行职责的职工人数和企业接受的劳务派遣用工人数之和;从业人员工数量计算公式如下:

从业人员工数量=(年初值+年末值)÷2

年度中间开业或者终止经营活动的,以其实际经营年度确定为一个纳税年度确定上述相关指标。

㉙"203 员工数量":填报本报告年度所属期内企业内部各职能部门全年从业员工数量。从业员工数量是指与企业建立劳务关系的职工人数和企业接受的劳务派遣用工人数之和;从业员工数量计算公式如下:

㉚"204 上一级部门名称":填报上一级部门的中文全称。上一级部门有多个的,应全部填报。上一级部门与"201 部门名称"栏填报为同一部门的,名称应当填报一致。

㉛"300 企业高级管理人员信息":填报本年度所属期内,企业内部任职的高级管理人员(包括上市公司董事会秘书、经理、副经理、财务负责人和公司章程规定的其他人员)信息。

㉜"301 职务名称":填报职务中文全称。

㉝"302 姓名":填报所填报身份证件上姓名。

㉞"303 国家(地区)":填报身份证件颁发国家(地区)。

㉟"304 身份证件种类":选填身份证、护照等。

㊱"305 身份证件号码":填报身份证、护照号。

㊲"308 委任方名称":填报委任或者委派高级管理人员的自然人、法人或者其他组织的名称,有中文全称的应当填报中文全称。

㊳"400 企业股东信息":填报本报告年度直接持股比例排序前 5 位股东的信息,与第五位股东持股比例相同的相关股东,其信息也需填报。

㊴"401 股东名称":有登记注册中文名称的填中文全称,没有中文名称的填报外文全称。

㊵"402 股东类型":选填企业法人、自然人、自然人机构组织。

㊶"403 国家(地区)":企业股东本机构组织股东填报依法登记注册地国家(地区),自然人股东填报,按其登记注册类型填报;自然人投资的,填报自然人。

㊷"404 登记注册类型":企业单位按其登记报告类型填报,自然人投资的,填自然人。

㊸"405 证件种类":选填税务登记证、营业执照、组织机构代码证、身份证件、护照等。

㊹"406 纳税人识别号或身份证件号码":统一社会信用代码、组织机构代码、填报纳税人识别号、身份证件号、护照号等。"406 纳税人识别号或身份证件号码"栏所填身份证件号码证件上注明的国家(地区),自然人股东填报"405 证件种类"栏可不填写。

㊺"407 持股起始日期":填报持股比例最近一次发生变动的日期。

(四)企业年度关联业务往来报告表主表

包括关联交易信息、关联债资信息、成本分摊协议信息、本年度准备同期资料情况等。见表10-4。

表10-4 企业年度关联业务往来报告表之主表

G100000　　　　　　　　中华人民共和国企业年度关联业务往来汇总表

行次	100 关联交易信息				交易总金额
	关联交易类型	境外关联交易金额	境内关联交易金额	关联交易合计	
		1	2	3 = 1 + 2	4
1	有形资产所有权出让				
2	有形资产所有权受让				
3	无形资产所有权出让				
4	无形资产所有权受让				
5	有形资产使用权出让				
6	有形资产使用权受让				
7	无形资产使用权出让				
8	无形资产使用权受让				
9	金融资产出让				
10	金融资产受让				
11	融入资金利息支出				——
12	融出资金利息收入				——
13	提供劳务收入				
14	接受劳务支出				
15	交易合计 = 1 + 2 + … + 14				
200 关联债资信息					
201 年度平均关联债权投资金额		202 年度平均权益投资金额		203 债资比例	
300 成本分摊协议信息					
301 签订或者执行成本分摊协议		302 本年度实际分摊成本金额		303 本年度加入支付金额	304 本年度退出补偿金额
是□ 否□					
400 本年度准备同期资料		主体文档□　本地文档□　特殊事项文档□　无□			

有关项目填报说明：

①"100 关联交易信息"中的项目，根据《有形资产所有权交易表》（G102000）、《无形资产所有权交易表》（G103000）、《有形资产使用权交易表》（G104000）、《无形资产使用权交易表》（G105000）、《金融资产交易表》（G106000）、《融通资金表》（G107000）、《关联劳务表》（G108000）相应栏次数额填报。

②"200 关联债资信息"中的项目，根据《融通资金表》（G107000）和《权益性投资表》（G109000）相应栏次数额填报。

③"203 债资比例"栏应当保留小数点后两位。本栏＝"201 年度平均关联债权投资金额"÷"202 年度平均权益投资金额"。

④"300 成本分摊协议信息"中的项目，根据《报告企业信息表》（G000000）、《成本分摊协议表》（G110000）相应栏次数额填报。

⑤"400 本年度准备同期资料"栏，根据《报告企业信息表》（G000000）相应栏次数额填报。

有关表间关系：

①"100 关联交易信息"中的第 1 行第 1 列 = 表 G102000 第 7 行第 4 列。

②"100 关联交易信息"中的第 1 行第 2 列 = 表 G102000 第 14 行第 4 列。

③"100 关联交易信息"中的第 1 行第 4 列 = 表 G102000 第 15 行第 4 列。
④"100 关联交易信息"中的第 2 行第 1 列 = 表 G102000 第 22 行第 4 列。
⑤"100 关联交易信息"中的第 2 行第 2 列 = 表 G102000 第 29 行第 4 列。
⑥"100 关联交易信息"中的第 2 行第 4 列 = 表 G102000 第 30 行第 4 列。
⑦"100 关联交易信息"中的第 3 行第 1 列 = 表 G103000 第 7 行第 4 列。
⑧"100 关联交易信息"中的第 3 行第 2 列 = 表 G103000 第 14 行第 4 列。
⑨"100 关联交易信息"中的第 3 行第 4 列 = 表 G103000 第 15 行第 4 列。
⑩"100 关联交易信息"中的第 4 行第 1 列 = 表 G103000 第 22 行第 4 列。
⑪"100 关联交易信息"中的第 4 行第 2 列 = 表 G103000 第 29 行第 4 列。
⑫"100 关联交易信息"中的第 4 行第 4 列 = 表 G103000 第 30 行第 4 列。
⑬"100 关联交易信息"中的第 5 行第 1 列 = 表 G104000 第 7 行第 4 列。
⑭"100 关联交易信息"中的第 5 行第 2 列 = 表 G104000 第 14 行第 4 列。
⑮"100 关联交易信息"中的第 5 行第 4 列 = 表 G104000 第 15 行第 4 列。
⑯"100 关联交易信息"中的第 6 行第 1 列 = 表 G104000 第 22 行第 4 列。
⑰"100 关联交易信息"中的第 6 行第 2 列 = 表 G104000 第 29 行第 4 列。
⑱"100 关联交易信息"中的第 6 行第 4 列 = 表 G104000 第 30 行第 4 列。
⑲"100 关联交易信息"中的第 7 行第 1 列 = 表 G105000 第 7 行第 4 列。
⑳"100 关联交易信息"中的第 7 行第 2 列 = 表 G105000 第 14 行第 4 列。
㉑"100 关联交易信息"中的第 7 行第 4 列 = 表 G105000 第 15 行第 4 列。
㉒"100 关联交易信息"中的第 8 行第 1 列 = 表 G105000 第 22 行第 4 列。
㉓"100 关联交易信息"中的第 8 行第 2 列 = 表 G105000 第 29 行第 4 列。
㉔"100 关联交易信息"中的第 8 行第 4 列 = 表 G105000 第 30 行第 4 列。
㉕"100 关联交易信息"中的第 9 行第 1 列 = 表 G106000 第 7 行第 4 列。
㉖"100 关联交易信息"中的第 9 行第 2 列 = 表 G106000 第 14 行第 4 列。
㉗"100 关联交易信息"中的第 9 行第 4 列 = 表 G106000 第 15 行第 4 列。
㉘"100 关联交易信息"中的第 10 行第 1 列 = 表 G106000 第 22 行第 4 列。
㉙"100 关联交易信息"中的第 10 行第 2 列 = 表 G106000 第 29 行第 4 列。
㉚"100 关联交易信息"中的第 10 行第 4 列 = 表 G106000 第 30 行第 4 列。
㉛"100 关联交易信息"中的第 11 行第 1 列 = 表 G107000 第 N 行第 6 列。
㉜"100 关联交易信息"中的第 11 行第 2 列 = 表 G107000 第 N 行第 7 列。
㉝"100 关联交易信息"中的第 12 行第 1 列 = 表 G107000 第 N + N 行第 6 列。
㉞"100 关联交易信息"中的第 12 行第 2 列 = 表 G107000 第 N + N 行第 7 列。
㉟"100 关联交易信息"中的第 13 行第 1 列 = 表 G108000 第 7 行第 4 列。
㊱"100 关联交易信息"中的第 13 行第 2 列 = 表 G108000 第 14 行第 4 列。
㊲"100 关联交易信息"中的第 13 行第 4 列 = 表 G108000 第 15 行第 4 列。
㊳"100 关联交易信息"中的第 14 行第 1 列 = 表 G108000 第 22 行第 4 列。
㊴"100 关联交易信息"中的第 14 行第 2 列 = 表 G108000 第 29 行第 4 列。
㊵"100 关联交易信息"中的第 14 行第 4 列 = 表 G108000 第 30 行第 4 列。
㊶"201 年度平均关联债权投资金额"栏 = 表 G107000 第 N 行第 8 列。
㊷"202 年度平均权益投资金额"栏 = 表 G109000"100 权益性投资情况"中的第 13 行第 4 列。
㊸"301 签订或者执行成本分摊协议"栏 = 表 G000000"126 签订或者执行成本分摊协议"栏。
㊹"302 本年度实际分摊成本金额"栏 = 表 G110000"200 参与方信息"中的第 1 行第 8 列,如签订多个成本分摊协议的为该栏的合计数。
㊺"303 本年度加入支付金额"栏 = 表 G110000"200 参与方信息"中的第 1 行第 11 列,如签订多个成本分摊协议的为该栏的合计数。
㊻"304 本年度退出补偿金额"栏 = 表 G110000"200 参与方信息"中的第 1 行第 14 列,如签订多个成本分摊协议的为该栏的合计数。
㊼"400 本年度准备同期资料"栏 = 表 G000000"124 本年度准备同期资料"栏。

(五)关联关系表

本表填报本报告年度所属期间内与企业发生关联交易的关联方基本信息。见表10-5。

表10-5 企业年度关联业务往来报告表之关联关系表

关联关系表

G101000

行次	关联方名称	关联方类型	国家(地区)	证件种类	纳税人识别号或身份证件号码	关联关系类型	起始日期	截止日期
	1	2	3	4	5	6	7	8
1								
2								
3								
4								
5								
6								
7								
8								
9								
10								
11								
12								
13								
14								
15								
16								
17								
18								
19								
20								
21								
22								
23								
24								
25								
26								
27								
28								
29								
30								

有关项目填报说明:

①第1列"关联方名称":关联方为企业法人或者其他机构组织的,填报其登记注册的中文全称,没有中文名称的应当填报英文全称;关联方为自然人的,填报其身份证件上的姓名。

②第2列"关联方类型":根据不同关联方性质分别选填"企业法人""其他机构组织""自然人"。

③第3列"国家(地区)":关联方为企业法人或者其他机构组织的,填报其登记注册地国家(地区);关联方为自然人的,填报第4列所填身份证件上注明的国家(地区)。

④第4列"证件种类":根据实际情况选填税务登记证、营业执照、组织机构代码证、身份证、护照等,关联方为境外企业法人或者境外其他机构组织的,可不填写证件种类。第2列选填"企业法人"或者"其他机构组织"的,本列只能选

填"税务登记证""营业执照"或者"组织机构代码证"。第2列选填"自然人"的,本列只能选填"身份证"或者"护照"。第3列选填"中国"或者第2列选填为"自然人"的,本列为必填项。第2列选填"企业法人"或者"其他机构组织",并且第3列选填"中国"以外国家(地区)的,本列为非必填项。

⑤第5列"纳税人识别号或身份证件号码":关联方为境内企业法人或者境内其他机构组织的,填报纳税人识别号或者统一社会信用代码;没有纳税人识别号或者统一社会信用代码的,填报组织机构代码证号;关联方为境外企业法人或者境外其他机构组织的,填报所在国纳税人识别号,第4列未填写"证件种类"的,可不填写;关联方为自然人的,填报身份证号或者护照号。第3列选填"中国"或者第2列选填为"自然人"的,本列为必填项。第2列选填"企业法人"或者"其他机构组织",并且第3列选填"中国"以外国家(地区)的,本列为非必填项。

⑥第6列"关联关系类型":根据实际情况按以下关联关系标准选填代码A、B、C等,有多个关联关系类型的,应当选填多个代码。关联关系标准如下:

A. 一方直接或者间接持有另一方的股份总和达到25%以上;双方直接或者间接同为第三方所持有的股份达到25%以上。

如果一方通过中间方对另一方间接持有股份,只要其对中间方持股比例达到25%以上,则其对另一方的持股比例按照中间方对另一方的持股比例计算。

两个以上具有夫妻、直系血亲、兄弟姐妹以及其他抚养、赡养关系的自然人共同持股同一企业,持股比例合并计算。

B. 双方存在持股关系或者同为第三方持股,虽持股比例未达到A项规定,但双方之间借贷资金总额占任一方实收资本比例达到50%以上,或者一方全部借贷资金总额的10%以上由另一方担保(与独立金融机构之间的借贷或者担保除外)。

$$年度加权平均借贷资金 = \sum_{i=1}^{n} i \text{笔借入或者贷出资金账面金额} \times i \text{笔借入或者贷出资金年度实际占用天数}/365$$

$$年度加权平均实收资本 = \sum_{i=1}^{n} i \text{笔实收资本账面金额} \times i \text{笔实收资本年度实际占用天数}/365$$

C. 双方存在持股关系或者同为第三方持股,虽持股比例未达到A项规定,但一方的生产经营活动必须由另一方提供专利权、非专利技术、商标权、著作权等特许权才能正常进行。

D. 双方存在持股关系或者同为第三方持股,虽持股比例未达到A项规定,但一方的购买、销售、接受劳务、提供劳务等经营活动由另一方控制。

上述控制是指一方有权决定另一方的财务和经营政策,并能据以从另一方的经营活动中获取利益。

E. 一方半数以上董事或者半数以上高级管理人员(包括上市公司董事会秘书、经理、副经理、财务负责人和公司章程规定的其他人员)由另一方任命或者委派,或者同时担任另一方的董事或高级管理人员;或者双方各自半数以上董事或者半数以上高级管理人员同为第三方任命或者委派。

F. 具有夫妻、直系血亲、兄弟姐妹以及其他抚养、赡养关系的两个自然人分别与双方具有A至E项关系之一。

G. 双方在实质上具有其他共同利益的关系。

除B项规定外,上述关联关系年度内发生变化的,按照实际关联关系存续期间认定。

仅因国家持股或者由国有资产管理部门委派董事、高级管理人员而存在A至E项关系的,不构成关联关系。

⑦第7列"起始日期"和第8列"截止日期":本报告年度所属期间内关联关系发生变化的,填报实际变化的日期;未发生变化的,填报本报告年度起始和截止日期。

(六)有形资产所有权交易表

本表适用于本报告年度所属期间内发生关联有形资产所有权交易的企业填报。见表10-6。

表10-6 企业年度关联业务往来报告表之有形资产所有权交易表

G102000　　　　　　　　　　　　　　有形资产所有权交易表

行次	关联交易类型	关联方名称	关联交易内容	交易金额	比例
	1	2	3	4	5
1	境外关联 有形资产 所有权出让 (前5位)				
2				
3				
4				
5				

续表

行次	关联交易类型	关联方名称	关联交易内容	交易金额	比例
	1	2	3	4	5
6	——	其他关联方	——		
7	境外关联有形资产所有权出让小计				
8	境内关联有形资产所有权出让（前5位）				
9					
10					
11					
12					
13	——	其他关联方	——		
14	境内关联有形资产所有权出让小计				
15	境内外关联和非关联有形资产所有权出让合计				100%
16	境外关联有形资产所有权受让（前5位）				
17					
18					
19					
20					
21	——	其他关联方	——		
22	境外关联有形资产所有权受让小计				
23	境内关联有形资产所有权受让（前5位）				
24					
25					
26					
27					
28	——	其他关联方	——		
29	境内关联有形资产所有权受让小计				
30	境内外关联和非关联有形资产所有权受让合计				100%

有关项目填报说明：

①第1行至第5行"境外关联有形资产所有权出让（前5位）"：分关联方汇总本企业发生的境外关联有形资产所有权出让交易金额，并填报前5位关联方的名称、关联交易内容、关联交易金额、比例。

②第6行"其他关联方"：分关联方汇总本企业发生的境外关联有形资产所有权出让交易金额，并填报除前5位关联方以外的其他关联方交易金额合计、比例。

③第7行"境外关联有形资产所有权出让小计"：填报企业发生的境外关联有形资产所有权出让金额合计、比例。本行第4列＝第4列第1＋2＋3＋4＋5＋6行且＝表G100000第1行第1列。

④第8行至第12行"境内关联有形资产所有权出让（前5位）"：分关联方汇总本企业发生的境内关联有形资产所有权出让交易金额，并填报前5位关联方的名称、关联交易内容、关联交易金额、比例。

⑤第13行"其他关联方"：分关联方汇总本企业发生的境内关联有形资产所有权出让交易金额，并填报除前5位关联方以外的其他关联方交易金额合计、比例。

⑥第14行"境内关联有形资产所有权出让小计"：填报企业发生的境内关联有形资产所有权出让金额合计、比例。本行第4列＝第4列第8＋9＋10＋11＋12＋13行且＝表G100000第1行第2列。

⑦第15行"境内外关联和非关联有形资产所有权出让合计"：填报企业发生的全部有形资产所有权出让金额合计。本行第4列＝表G100000第1行第4列。

⑧第16行至第20行"境外关联有形资产所有权受让（前5位）"：分关联方汇总本企业发生的境外关联有形资产所有权受让交易金额，并填报前5位关联方的名称、关联交易内容、关联交易金额、比例。

⑨第21行"其他关联方"：分关联方汇总本企业发生的境外关联有形资产所有权受让交易金额，并填报除前5位关联方以外的其他关联方交易金额合计、比例。

⑩第22行"境外关联有形资产所有权受让小计":填报企业发生的境外关联有形资产所有权受让金额合计、比例。本行第4列＝第4列第16+17+18+19+20+21行且＝表G100000第2行第1列。

⑪第23至第27行"境内关联有形资产所有权受让(前5位)":分关联方汇总本企业发生的境内关联有形资产所有权受让交易金额,并填报前5位关联方的名称、关联交易内容、关联交易金额、比例。

⑫第28行"其他关联方":分关联方汇总本企业发生的境内关联有形资产所有权受让交易金额,并填报除前5位关联方以外的其他关联方交易金额合计、比例。

⑬第29行"境内关联有形资产所有权受让小计":填报企业发生的境内关联有形资产所有权受让金额合计、比例。本行第4列＝第4列23+24+25+26+27+28行且＝表G100000第2行第2列。

⑭第30行"境内外关联和非关联有形资产所有权受让合计":填报企业发生的全部有形资产所有权受让金额合计。本行第4列＝表G100000第2行第4列。

⑮第3列"关联交易内容":根据企业实际情况选填"原材料—来料加工(按照企业年度进口报关价格计算)""原材料—其他""半成品""产品(商品)—来料加工(按照企业年度出口报关价格计算)""产品(商品)—其他""固定资产—房屋及建筑物""固定资产—机械机器设备(包括飞机、火车、轮船)""固定资产—器具工具家具""固定资产—运输工具(不包括飞机、火车、轮船)""固定资产—电子设备""林木类生物资产""畜类生物资产""周转材料—低值易耗品""周转材料—包装物""其他有形资产"。可选填多项。

(七)无形资产所有权交易表

本表适用于本报告年度所属期间内发生关联无形资产所有权交易的企业填报见表10-7。

表10-7　企业年度关联业务往来报告表之无形资产所有权交易表

G103000　　　　　　　　　　　　　　　无形资产所有权交易表

行次	关联交易类型	关联方名称	关联交易内容	交易金额	比例
	1	2	3	4	5
1	境外关联无形资产所有权出让(前5位)				
2					
3					
4					
5					
6	——	其他关联方			
7	境外关联无形资产所有权出让小计				
8	境内关联无形资产所有权出让(前5位)				
9					
10					
11					
12					
13	——	其他关联方	——		
14	境内关联无形资产所有权出让小计				
15	境内外关联和非关联无形资产所有权出让合计				100%
16	境外关联无形资产所有权受让(前5位)				
17					
18					
19					
20					
21	——	其他关联方			
22	境外关联无形资产所有权受让小计				

续表

行次	关联交易类型	关联方名称	关联交易内容	交易金额	比例
	1	2	3	4	5
23	境内关联 无形资产 所有权受让 （前5位）				
24				
25				
26				
27				
28	——	其他关联方			
29	境内关联无形资产所有权受让小计				
30	境内外关联和非关联无形资产所有权受让合计				100%

有关项目填报说明：

①第1行至第5行"境外关联无形资产所有权出让（前5位）"：分关联方汇总本企业发生的境外关联无形资产所有权出让交易金额，并填报前5位关联方的名称、关联交易内容、关联交易金额、比例。

②第6行"其他关联方"：分关联方汇总本企业发生的境外关联无形资产所有权出让交易金额，并填报除前5位关联方以外的其他关联方交易金额合计、比例。

③第7行"境外关联无形资产所有权出让小计"：填报企业发生的境外关联无形资产所有权出让金额合计、比例。本行第4列＝第4列第1＋2＋3＋4＋5＋6行且＝表G100000第3行第1列。

④第8行至第12行"境内关联无形资产所有权出让（前5位）"：分关联方汇总本企业发生的境内关联无形资产所有权出让交易金额，并填报前5位关联方的名称、关联交易内容、关联交易金额、比例。

⑤第13行"其他关联方"：分关联方汇总本企业发生的境内关联无形资产所有权出让交易金额，并填报除前5位关联方以外的其他关联方交易金额合计、比例。

⑥第14行"境内关联无形资产所有权出让小计"：填报企业发生的境内关联无形资产所有权出让金额合计、比例。本行第4列＝第4列第8＋9＋10＋11＋12＋13行且＝表G100000第3行第2列。

⑦第15行"境内外关联和非关联无形资产所有权出让合计"：填报企业发生的全部无形资产所有权出让金额合计。本行第4列＝表G100000第3行第4列。

⑧第16行至第20行"境外关联无形资产所有权受让（前5位）"：分关联方汇总本企业发生的境外关联无形资产所有权受让交易金额，并填报前5位关联方的名称、关联交易内容、关联交易金额、比例。

⑨第21行"其他关联方"：分关联方汇总本企业发生的境外关联无形资产所有权受让交易金额，并填报除前5位关联方以外的其他关联方交易金额合计、比例。

⑩第22行"境外关联无形资产所有权受让小计"：填报企业发生的境外关联无形资产所有权受让金额合计、比例。本行第4列＝第4列第16＋17＋18＋19＋20＋21行且＝表G100000第4行第1列。

⑪第23行至第27行"境内关联无形资产所有权受让（前5位）"：分关联方汇总本企业发生的境内关联无形资产所有权受让交易金额，并填报前5位关联方的名称、关联交易内容、关联交易金额、比例。

⑫第28行"其他关联方"：分关联方汇总本企业发生的境内关联无形资产所有权受让交易金额，并填报除前5位关联方以外的其他关联方交易金额合计、比例。

⑬第29行"境内关联无形资产所有权受让小计"：填报企业发生的境内关联无形资产所有权受让金额合计、比例。本行第4列＝第4列第23＋24＋25＋26＋27＋28行且＝表G100000第4行第2列。

⑭第30行"境内外关联和非关联无形资产所有权受让合计"：填报企业发生的全部无形资产所有权受让金额合计。本行第4列＝表G100000第4行第4列。

⑮第3列"关联交易内容"：根据企业实际情况选填"专利""非专利技术""商业秘密""商标""品牌""客户名单""销售渠道""市场调查成果""特许经营权""政府许可""土地使用权""商誉""著作权""其他无形资产"。可选填多项。

（八）有形资产使用权交易表

本表适用于本报告年度所属期间内发生关联有形资产使用权交易的企业填报。见表10-8。

表 10-8　企业年度关联业务往来报告表之有形资产使用权交易表

G104000　　　　　　　　　　　　有形资产使用权交易表

行次	关联交易类型	关联方名称	关联交易内容	交易金额	比例
	1	2	3	4	5
1	境外关联 有形资产 使用权出让 （前5位）				
2				
3				
4				
5				
6	——	其他关联方	——		
7	境外关联有形资产使用权出让小计				
8	境内关联 有形资产 使用权出让 （前5位）				
9				
10				
11				
12				
13	——	其他关联方	——		
14	境内关联有形资产使用权出让小计				
15	境内外关联和非关联有形资产使用权出让合计				100%
16	境外关联 有形资产 使用权受让 （前5位）				
17				
18				
19				
20				
21	——	其他关联方	——		
22	境外关联有形资产使用权受让小计				
23	境内关联 有形资产 使用权受让 （前5位）				
24				
25				
26				
27				
28	——	其他关联方	——		
29	境内关联有形资产使用权受让小计				
30	境内外关联和非关联有形资产使用权受让合计				100%

有关项目填报说明：

①第1行至第5行"境外关联有形资产使用权出让（前5位）"：分关联方汇总本企业发生的境外关联有形资产使用权出让交易金额，并填报前5位关联方的名称、关联交易内容、关联交易金额、比例。

②第6行"其他关联方"：分关联方汇总本企业发生的境外关联有形资产使用权出让交易金额，并填报除前5位关联方以外的其他关联方交易金额合计、比例。

③第7行"境外关联有形资产使用权出让小计"：填报企业发生的境外关联有形资产使用权出让金额合计、比例。本行第4列＝第4列第1＋2＋3＋4＋5＋6行，同时等于表G100000第5行第1列。

④第8行至第12行"境内关联有形资产使用权出让（前5位）"：分关联方汇总本企业发生的境内关联有形资产使用权出让交易金额，并填报前5位关联方的名称、关联交易内容、关联交易金额、比例。

⑤第13行"其他关联方"：分关联方汇总本企业发生的境内关联有形资产使用权出让交易金额，并填报除前5位关联方以外的其他关联方交易金额合计、比例。

⑥第 14 行"境内关联有形资产使用权出让小计":填报企业发生的境内关联有形资产使用权出让金额合计、比例。本行第 4 列 = 第 4 列第 8+9+10+11+12+13 行且 = 表 G100000 第 5 行第 2 列。

⑦第 15 行"境内外关联和非关联有形资产使用权出让合计":填报企业发生的全部有形资产使用权出让金额合计。本行第 4 列 = 表 G100000 第 5 行第 4 列。

⑧第 16 行至第 20 行"境外关联有形资产使用权受让(前 5 位)":分关联方汇总本企业发生的境外关联有形资产使用权受让交易金额,并填报前 5 位关联方的名称、关联交易内容、关联交易金额、比例。

⑨第 21 行"其他关联方":分关联方汇总本企业发生的境外关联有形资产使用权受让交易金额,并填报除前 5 位关联方以外的其他关联方交易金额合计、比例。

⑨⑩第 22 行"境外关联有形资产使用权受让小计":填报企业发生的境外关联有形资产使用权受让金额合计、比例。本行第 4 列 = 第 4 列第 16+17+18+19+20+21 行且 = 表 G100000 第 6 行第 1 列。

⑪第 23 行至第 27 行"境内关联有形资产使用权受让(前 5 位)":分关联方汇总本企业发生的境内关联有形资产使用权受让交易金额,并填报前 5 位关联方的名称、关联交易内容、关联交易金额、比例。

⑫第 28 行"其他关联方":分关联方汇总本企业发生的境内关联有形资产使用权受让交易金额,并填报除前 5 位关联方以外的其他关联方交易金额合计、比例。

⑬第 29 行"境内关联有形资产使用权受让小计":填报企业发生的境内关联有形资产使用权受让金额合计、比例。本行第 4 列 = 第 4 列第 23+24+25+26+27+28 行且 = 表 G100000 第 6 行第 2 列。

⑭第 30 行"境内外关联和非关联有形资产使用权受让合计":填报企业发生的全部有形资产使用权受让金额合计。本行第 4 列 = 表 G100000 第 6 行第 4 列。

⑮第 3 列"关联交易内容":根据企业实际情况选填"原材料—来料加工(按照企业年度进口报关价格计算)""原材料—其他""半成品""产品(商品)—来料加工(按照企业年度出口报关价格计算)""产品(商品)—其他""固定资产—房屋及建筑物""固定资产—机械机器设备(包括飞机、火车、轮船)""固定资产—器具工具家具""固定资产—运输工具(不包括飞机、火车、轮船)""固定资产—电子设备""林木类生物资产""畜类生物资产""周转材料—低值易耗品""周转材料—包装物""其他有形资产",可选填多项。

(九)无形资产使用权交易表

本表适用于本报告年度所属期间内发生关联无形资产使用权交易的企业填报见表 10-9。

表 10-9 企业年度关联业务往来报告表之无形资产使用权交易表

G105000   无形资产使用权交易表

行次	关联交易类型	关联方名称	关联交易内容	交易金额	比例
	1	2	3	4	5
1	境外关联 无形资产 使用权出让 (前 5 位)				
2					
3					
4					
5					
6	——	其他关联方	——		
7	境外关联无形资产使用权出让小计				
8	境内关联 无形资产 使用权出让 (前 5 位)				
9					
10					
11					
12					
13	——	其他关联方	——		
14	境内关联无形资产使用权出让小计				
15	境内外关联和非关联无形资产使用权出让合计				100%

续表

行次	关联交易类型	关联方名称	关联交易内容	交易金额	比例
	1	2	3	4	5
16	境外关联 无形资产 使用权受让 （前5位）				
17					
18					
19					
20					
21	——	其他关联方	——		
22	境外关联无形资产使用权受让小计				
23	境内关联 无形资产 使用权受让 （前5位）				
24					
25					
26					
27					
28	——	其他关联方	——		
29	境内关联无形资产使用权受让小计				
30	境内外关联和非关联无形资产使用权受让合计				100%

有关项目填报说明：

①第1行至第5行"境外关联无形资产使用权出让（前5位）"：分关联方汇总本企业发生的境外关联无形资产使用权出让交易金额，并填报前5位关联方的名称、关联交易内容、关联交易金额、比例。

②第6行"其他关联方"：分关联方汇总本企业发生的境外关联无形资产使用权出让交易金额，并填报除前5位关联方以外的其他关联方交易金额合计、比例。

③第7行"境外关联无形资产使用权出让小计"：填报企业发生的境外关联无形资产使用权出让金额合计、比例。本行第4列＝第4列第1＋2＋3＋4＋5＋6行且＝表G100000第7行第1列。

④第8行至第12行"境内关联无形资产使用权出让（前5位）"：分关联方汇总本企业发生的境内关联无形资产使用权出让交易金额，并填报前5位关联方的名称、关联交易内容、关联交易金额、比例。

⑤第13行"其他关联方"：分关联方汇总本企业发生的境内关联无形资产使用权出让交易金额，并填报除前5位关联方以外的其他关联方交易金额合计、比例。

⑥第14行"境内关联无形资产使用权出让小计"：填报企业发生的境内关联无形资产使用权出让金额合计、比例。本行第4列＝第4列第8＋9＋10＋11＋12＋13行且＝表G100000第7行第2列。

⑦第15行"境内外关联和非关联无形资产使用权出让合计"：填报企业发生的全部无形资产使用权出让金额合计。本行第4列＝表G100000第7行第4列。

⑧第16行至第20行"境外关联无形资产使用权受让（前5位）"：分关联方汇总本企业发生的境外关联无形资产使用权受让交易金额，并填报前5位关联方的名称、关联交易内容、关联交易金额、比例。

⑨第21行"其他关联方"：分关联方汇总本企业发生的境外关联无形资产使用权受让交易金额，并填报除前5位关联方以外的其他关联方交易金额合计、比例。

⑩第22行"境外关联无形资产使用权受让小计"：填报企业发生的境外关联无形资产使用权受让金额合计、比例。本行第4列＝第4列第16＋17＋18＋19＋20＋21行且＝表G100000第8行第1列。

⑪第23行至第27行"境内关联无形资产使用权受让（前5位）"：分关联方汇总本企业发生的境内关联无形资产使用权受让交易金额，并填报前5位关联方的名称、关联交易内容、关联交易金额、比例。

⑫第28行"其他关联方"：分关联方汇总本企业发生的境内关联无形资产使用权受让交易金额，并填报除前5位关联方以外的其他关联方交易金额合计、比例。

⑬第29行"境内关联无形资产使用权受让小计"：填报企业发生的境内关联无形资产使用权受让金额合计、比例。本行第4列＝第4列第23＋24＋25＋26＋27＋28行且＝表G100000第8行第2列。

⑭第30行"境内外关联和非关联无形资产使用权受让合计"：填报企业发生的全部无形资产使用权受让金额合计。本行第4列＝表G100000第8行第4列。

⑮第3列"关联交易内容"：根据企业实际情况选填"专利""非专利技术""商业秘密""商标""品牌""客户名单"

"销售渠道""市场调查成果""特许经营权""政府许可""土地使用权""商誉""著作权""其他无形资产",可选填多项。

(十)金融资产交易表

本表适用于本报告年度所属期间内发生关联金融资产交易的企业填报见表10-10。

表10-10 企业年度关联业务往来报告表之金融资产交易表

G106000　　　　　　　　　　　　　　金融资产交易表

行次	关联交易类型	关联方名称	关联交易内容	交易金额	比例
	1	2	3	4	5
1	境外关联金融资产出让（前5位）				
2					
3					
4					
5					
6	——	其他关联方	——		
7	境外关联金融资产出让小计				
8	境内关联金融资产出让（前5位）				
9					
10					
11					
12					
13	——	其他关联方			
14	境内关联金融资产出让小计				
15	境内外关联和非关联金融资产出让合计				100%
16	境外关联金融资产受让（前5位）				
17					
18					
19					
20					
21	——	其他关联方	——		
22	境外关联金融资产受让小计				
23	境内关联金融资产受让（前5位）				
24					
25					
26					
27					
28		其他关联方			
29	境内关联金融资产受让小计				
30	境内外关联和非关联金融资产受让合计				100%

有关项目填报说明:

①第1行至第5行"境外关联金融资产出让(前5位)":分关联方汇总本企业发生的境外关联金融资产出让交易金额,并填报前5位关联方的名称、关联交易内容、关联交易金额、比例。

②第6行"其他关联方":分关联方汇总本企业发生的境外关联金融资产出让交易金额,并填报除前5位关联方以外的其他关联方交易金额合计、比例。

③第7行"境外关联金融资产出让小计":填报企业发生的境外关联金融资产出让金额合计、比例。本行第4列=第4列第1+2+3+4+5+6行且=表G100000第9行第1列。

④第8行至第12行"境内关联金融资产出让(前5位)":分关联方汇总本企业发生的境内关联金融资产出让交易金额,并填报前5位关联方的名称、关联交易内容、关联交易金额、比例。

⑤第13行"其他关联方":分关联方汇总本企业发生的境内关联金融资产出让交易金额,并填报除前5位关联方以外的其他关联方交易金额合计、比例。

⑥第14行"境内关联金融资产出让小计":填报企业发生的境内关联金融资产出让金额合计、比例。本行第4列=第4列第8+9+10+11+12+13行且=表G100000第9行第2列。

⑦第15行"境内外关联和非关联金融资产出让合计":填报企业发生的全部金融资产出让金额合计。本行第4列=表G100000第9行第4列。

⑧第16行至第20行"境外关联金融资产受让(前5位)":分关联方汇总本企业发生的境外关联金融资产受让交易金额,并填报前5位关联方的名称、关联交易内容、关联交易金额、比例。

⑨第21行"其他关联方":分关联方汇总本企业发生的境外关联金融资产受让交易金额,并填报除前5位关联方以外的其他关联方交易金额合计、比例。

⑩第22行"境外关联金融资产受让小计":填报企业发生的境外关联金融资产受让金额合计、比例。本行第4列=第4列第16+17+18+19+20+21行且=表G100000第10行第1列。

⑪第23行至第27行"境内关联金融资产受让(前5位)":分关联方汇总本企业发生的境内关联金融资产受让交易金额,并填报前5位关联方的名称、关联交易内容、关联交易金额、比例。

⑫第28行"其他关联方":分关联方汇总本企业发生的境内关联金融资产受让交易金额,并填报除前5位关联方以外的其他关联方交易金额合计、比例。

⑬第29行"境内关联金融资产受让小计":填报企业发生的境内关联金融资产受让金额合计、比例。本行第4列=第4列第23+24+25+26+27+28行且=表G100000第10行第2列。

⑭第30行"境内外关联和非关联金融资产受让合计":填报企业发生的全部金融资产受让金额合计。本行第4列=表G100000第10行第4列。

⑮第3列"关联交易内容":根据企业实际情况选填"应收账款""应收票据""其他应收款项""股权投资—上市公司""股权投资—非上市公司""债权投资""衍生金融工具形成的资产"和"其他金融资产",可选填多项。

(十一) 融通资金表

本表适用于本报告年度所属期间内发生关联融通资金的企业填报见表10-11。

表10-11 企业年度关联业务往来报告表之融通资金表

G107000　融通资金表

行次	关联交易类型	关联方名称	关联交易内容	借贷金额	本年实际占用天数	境外关联交易金额(利息)	境内关联交易金额(利息)	年度平均关联债权投资金额
	1	2	3	4	5	6	7	8
1	关联融入资金(全部)							——
2							——
3							——
4							——
5							——
6							——
7							——
8							——
9							——
10							——
11							——
12							——
N		合计		——	——			

续表

行次	关联交易类型	关联方名称	关联交易内容	借贷金额	本年实际占用天数	境外关联交易金额（利息）	境内关联交易金额（利息）	年度平均关联债权投资金额
		1	2	3	4	5	6	7	8
N+1	关联融出资金（全部）							
N+2								
N+3								
N+4								
N+5								
N+6								
N+7								
N+8								
N+9								
N+10								
N+11								
N+N		合计						

有关项目填报说明：

①第1至N行"关联融入资金（全部）"：逐笔填报企业发生的关联借入资金情况。年度内偿还部分关联借入资金的，该笔剩余关联借入资金视同新一笔关联债务，重新填报。第N行第6列=第6列第1+2+3+…+第N−1行且=表G100000"100 关联交易信息"中第11行第1列，第N行第7列=第7列第1+2+3+…+第N−1行且=表G100000"100 关联交易信息"中第11行第2列，第N行第8列=∑第i行第4列×第i行第5列÷365且=表G100000"201年度平均关联债权投资金额"栏。

②第N+1至第N+N行"关联融出资金（全部）"：逐笔填报企业发生的关联借出资金情况。年度内收回部分关联借出资金的，该笔剩余关联借出资金视同新一笔关联债权，重新填报。第N+N行第6列=第6列第N+1+N+2+N+3+…+第N+N−1行且=表G100000"100 关联交易信息"中第12行第1列，第N+N行第7列=第7列第N+1+N+2+N+3+…+第N+N−1行且=表G100000"100 关联交易信息"中第12行第2列。

③第3列"关联交易内容"：根据企业实际情况选填"信用贷款""担保贷款（包括保证贷款、抵押贷款、质押贷款）""票据贴现""融资租赁""应计息预付款""应计息延期收付款""集团资金池""其他融通资金"。

④第4列"借贷金额"：填报关联借贷的本金金额。

⑤第5列"本年实际占用天数"：填报关联借贷资金在本报告年度所属期间内实际占用天数。

⑥第6和7列"境外关联交易金额（利息）"和"境内关联交易金额（利息）"：填报包括由于直接或间接取得关联债权投资而实际列支的利息、支付给关联方的关联债权性投资担保费或者抵押费、特别纳税调整重新定性的利息、融资租赁的融资成本、关联债权性投资有关的金融衍生工具或者协议的名义利息、取得的关联债权性投资产生的汇兑损益及其他具有利息性质的费用。

（十二）关联劳务表

本表适用于本报告年度所属期间内发生关联劳务交易的企业填报见表10-12。

表10-12 企业年度关联业务往来报告表之关联劳务表

G108000　　　　　　　　　　　关联劳务表

行次	关联交易类型	关联方名称	关联交易内容	交易金额	比例
	1	2	3	4	5
1	境外关联劳务收入（前5位）				
2				
3				
4				
5				

续表

行次	关联交易类型	关联方名称	关联交易内容	交易金额	比例
	1	2	3	4	5
6	——	其他关联方	——		
7		境外关联劳务收入小计			
8	境内关联劳务收入（前5位）				
9					
10					
11					
12					
13	——	其他关联方	——		
14		境内关联劳务收入小计			
15		境内外关联和非关联劳务收入合计			100%
16	境外关联劳务支出（前5位）				
17					
18					
19					
20					
21	——	其他关联方	——		
22		境外关联劳务支出小计			
23	境内关联劳务支出（前5位）				
24					
25					
26					
27					
28	——	其他关联方	——		
29		境内关联劳务支出小计			
30		境内外关联和非关联劳务支出合计			100%

有关项目填报说明：

①第1行至第5行"境外关联劳务收入（前5位）"：分关联方汇总本企业发生的境外关联劳务收入金额，并填报前5位关联方的名称、关联交易内容、关联交易金额、比例。

②第6行"其他关联方"：分关联方汇总本企业发生的境外关联劳务收入金额，并填报除前5位关联方以外的其他关联方交易金额合计、比例。

③第7行"境外关联劳务收入小计"：填报企业发生的境外关联劳务收入金额合计、比例。本行第4列＝第4列第1＋2＋3＋4＋5＋6行且＝表G100000第13行第1列。

④第8行至第12行"境内关联劳务收入（前5位）"：分关联方汇总本企业发生的境内关联劳务收入金额，并填报前5位关联方的名称、关联交易内容、关联交易金额、比例。

⑤第13行"其他关联方"：分关联方汇总本企业发生的境内关联劳务收入金额，并填报除前5位关联方以外的其他关联方交易金额合计、比例。

⑥第14行"境内关联劳务收入小计"：填报企业发生的境内关联劳务收入金额合计、比例。本行第4列＝第4列第8＋9＋10＋11＋12＋13行且＝表G100000第13行第2列。

⑦第15行"境内外关联和非关联劳务收入合计"：填报企业发生的全部劳务收入金额合计。本行第4列＝表G100000第13行第4列。

⑧第16行至第20行"境外关联劳务支出（前5位）"：分关联方汇总本企业发生的境外关联劳务支出金额，并填报前5位关联方的名称、关联交易内容、关联交易金额、比例。

⑨第21行"其他关联方"：分关联方汇总本企业发生的境外关联劳务支出金额，并填报除前5位关联方以外的其他关联方交易金额合计、比例。

⑩第22行"境外关联劳务支出小计"：填报企业发生的境外关联劳务支出金额合计、比例。本行第4列＝第4列第

16＋17＋18＋19＋20＋21 行且＝表 G100000 第 14 行第 1 列。

⑪第 23 行至第 27 行"境内关联劳务支出（前 5 位）"：分关联方汇总本企业发生的境内关联劳务支出金额，并填报前 5 位关联方的名称、关联交易内容、关联交易金额、比例。

⑫第 28 行"其他关联方"：分关联方汇总本企业发生的境内关联劳务支出金额，并填报除前 5 位关联方以外的其他关联方交易金额合计、比例。

⑬第 29 行"境内关联劳务支出小计"：填报企业发生的境内关联劳务支出金额合计、比例。本行第 4 列＝第 4 列第 23＋24＋25＋26＋27＋28 行且＝表 G100000 第 14 行第 2 列。

⑭第 30 行"境内外关联和非关联劳务支出合计"：填报企业发生的全部劳务支出金额合计。本行第 4 列＝表 G100000 第 14 行第 4 列。

⑮第 3 列"关联交易内容"：根据企业实际情况选填"市场调查服务""营销策划服务""代理服务""设计服务""咨询服务""行政管理""技术服务""合约研发服务""维修服务""法律服务""财务管理服务""审计服务""招聘服务""培训服务""集中采购服务""建筑工程劳务""安装工程劳务""交通运输服务""物流辅助服务""体育文化服务""旅游服务""娱乐服务""网络通信服务""金融服务""保险服务""其他劳务"，可选填多项。

（十三）权益性投资表

本表适用于企业填报本报告年度所属期间内获得或者存续的权益性投资情况见表 10-13。

表 10-13　企业年度关联业务往来报告表之权益性投资表

G109000　　权益性投资表

100 权益性投资情况					
行次	月份	所有者权益金额	实收资本（股本）金额	资本公积金额	平均权益投资金额
		1	2	3	4
1	1				
2	2				
3	3				
4	4				
5	5				
6	6				
7	7				
8	8				
9	9				
10	10				
11	11				
12	12				
13	合计	——			

200 权益性投资股息、红利分配情况			
股息、红利金额	其中分配给境外股东股息、红利金额		其中分配给境内股东股息、红利金额	
	境外关联方股东	境外非关联方股东	境内关联方股东	境内非关联方股东
1＝2＋3＋4＋5	2	3	4	5

300 权益性投资股息、红利分配给前 5 位股东情况				
行次	股东名称	股东类型	国家（地区）	股息、红利金额
1				
2				
3				
4				
5				

有关项目填报说明：

①"100权益性投资情况"第1列"所有者权益金额":填报企业每月资产负债表所有者权益加权平均金额=(所有者权益期初余额+所有者权益期末余额)÷2。

②"100权益性投资情况"第2列"实收资本(股本)金额":填报企业每月资产负债表实收资本(股本)加权平均金额=(实收资本(股本)期初余额+实收资本(股本)期末余额)÷2。

③"100权益性投资情况"第3列"资本公积金额":填报企业每月资产负债表资本公积加权平均金额=(资本公积期初余额+资本公积期末余额)÷2。

④"100权益性投资情况"第4列"平均权益投资金额":权益投资为企业资产负债表所列示的所有者权益金额。如果所有者权益小于实收资本(股本)与资本公积之和,则权益投资为实收资本(股本)与资本公积之和;如果实收资本(股本)与资本公积之和小于所有者权益金额,则权益投资为实收资本(股本)金额。本列=第1列、第2列、第2+3列三者中金额最大项。

⑤"100权益性投资情况"中第13行第4列=(第4列第1+2+3+4+5+6+7+8+9+10+11+12行)÷12。

⑥"200权益性投资股息、红利分配情况"中第1列"股息、红利金额":填报本报告年度内企业股东会或股东大会作出利润分配或者转股决定分配的股息、红利金额合计。本列=第2+3+4+5列。

⑦"300权益性投资股息、红利分配给前5位股东情况"中项目:填报本报告年度内企业股东会或股东大会作出利润分配或转股决定分配给前五位股东情况,包括股东名称、股东类型、国家(地区)等信息。

(十四)对外支付款项情况表

本表适用于本报告年度所属期间内向境外机构或者个人支付各类款项的企业填报见表10-14。

表10-14 企业年度关联业务往来报告表之对外支付款项情况表

G111000　　　　　　　　　　　　对外支付款项情况表

行次	项目	本年度向境外支付款项金额	其中:本年度向境外关联方支付款项金额
		1	2
1	股息、红利		
2	劳务费支出		
3	财产转让支出		
4	利息		
5	租金		
6	特许权使用费		
7	捐赠支出		
8	其他		
9	合计		

有关项目填报说明:

①第1至8行第1列:按照收付实现制,填报企业实际向境外支付款项金额。

②第1至8行第2列:按照收付实现制,填报企业实际向境外关联方支付款项金额。

③第9行=第1+2+3+4+5+6+7+8行。

(十五)成本分摊协议表

本表适用于本报告年度所属期间内已签订或者正在执行成本分摊协议的企业填报见表10-15。

(十六)境外关联方信息表

本表应当填报在表G102000、表G103000、表G104000、表G105000、表G106000、表G108000中填写的境外关联方的相关信息见表10-16。

表 10-15 企业年度关联业务往来报告表之成本分摊协议表

成本分摊协议表

G110000

协议序号	成本分摊协议名称	协议涉及内容	签订日期	协议期限起始日期	协议期限截止日期	本年度实际预期收益总额		本年度实际发生成本总额		本年度实际收益总额	
						币种	金额	币种	金额	币种	金额
01											

100 基本信息

行次	协议各参与方名称	国家(地区)	关联关系类型	参与协议起始日期	参与协议截止日期	本年度实际分摊收益总额		本年度实际分摊成本金额		本年度加入支付金额		本年度退出补偿金额	
	1	2	3	4	5	币种 6	金额 7	人民币金额 8	币种 9	金额 10	人民币金额 11	币种 12	金额 13	人民币金额 14
1													
2													
3													
4													
5													
6													
7													
8													
9													
10													
11													
12													
13													
14													
15													
16													
17													

200 参与方信息

续表

行次	协议名称及参与方名称	国家(地区)	关联关系类型	参与协议起始日期	参与协议截止日期	本年度实际分摊成本金额			本年度加入人支付金额			本年度退出补偿金额		
						币种	金额	人民币金额	币种	金额	人民币金额	币种	金额	人民币金额
	1	2	3	4	5	6	7	8	9	10	11	12	13	14
18														
N														

300 本年度存在非协议参与方使用协议成果情况 是□ 否□

附件说明：使用协议成果支付的金额及形式，以及支付金额在参与方之间的分配方式。

400 成本分摊协议变更或者终止情况 变更□ 终止□ 无变更终止□

附件说明：变更或者终止的原因，对已形成协议成果的处理或者分配情况等。

有关项目填报说明：

①"成本分摊协议名称"：填报企业已签订或者正在执行的成本分摊协议名称。

②"协议涉及内容"：根据企业实际填报情况选填"无形资产""集团采购""集团营销策划""其他"。

③"签订日期"：填报企业签订成本分摊协议的日期。

④"协议期起始日期"和"协议期截止日期"：填报成本分摊协议执行期限的起止日期。

⑤"本年度预期收益总额"：填报本报告年度各参与方执行成本分摊协议将产生的预期收益总额。

⑥"本年度实际发生成本总额"：填报本报告年度所属期间各参与方执行成本分摊协议实际发生的成本总额。

⑦"本年度实际收益总额"：填报本报告年度所属期间各参与方执行成本分摊协议实际产生的收益总额。

⑧"200 参与方信息"中第 1 行：填报报告企业各参与成本分摊协议的实际情况。本行第 8 列的合计数=G100000"302 本年度实际分摊成本金额"栏，如签订多个成本分摊协议的为该栏的合计数；第 11 列=G100000"303 本年度加入支付金额在参与方之间的分配方式"栏，如签订多个成本分摊协议的为该栏的合计数；第 14 列=G100000"304 本年度退出补偿金额"栏，如签订多个成本分摊协议的为该栏的合计数。

⑨"200 参与方信息"中第 2 至 N 行：填报报告企业以外其他参与成本分摊协议各方的实际情况。

⑩"200 参与方信息"中第 1 列"协议各参与方名称"：填报各参与方全名。

⑪"200 参与方信息"中第 2 列"国家(地区)"：填报参与方签订注册所在国家(地区)。

⑫"200 参与方信息"中第 3 列"关联关系类型"：与报告企业构成关联关系的，应当与本表 G101000"参与方关联关系定义表参与方关系类型"保持一致。

⑬"200 参与方信息"中第 4 列"参与协议起始日期"和第 5 列"参与协议截止日期"：填报成本分摊协议约定各参与方参与协议的起止日期。

⑭"300 本年度存在非协议参与方使用协议成果情况"：填报本报告年度所属期间是否存在非协议参与方使用协议成果的情况。选择"是"的，应当附件说明使用协议成果的参与方、使用方式，以及支付金额和形式，以及支付金额在参与方之间的分配方式。

⑮"400 成本分摊协议变更或者终止情况"：填报本报告年度所属期间是否存在成本分摊协议变更或终止情况。选择"变更"或者"终止"的，应当附件说明变更或者终止的原因，对已形成协议成果的处理或者分配情况。

表 10-16　企业年度关联业务往来报告表之境外关联方信息表

境外关联方信息表

G112000
序号:01

纳税人名称		注册地址		国家(地区)	
纳税人识别号		经营地址		国家(地区)	
经营范围					
适用所得税性质的税种名称		实际税负		注册资本	币种
受所得税性质的税种的税收优惠				金额	
所属行业		所在国纳税年度起始日期		投资总额	币种
					金额
独立法人	是□ 否□	法定代表人或负责人	独立核算	是□ 否□	所在国纳税年度截止日期
			编制个别财务报表	是□ 否□	
上市公司	是□ 否□	上市股票代码	上市交易所		记账本位币

有关项目填报说明:

① "注册地址":填报境外关联方登记注册的地址。
② "经营地址":填报境外关联方实际生产经营地址。
③ "经营范围":填报境外关联方实际生产经营范围(应当以中文填报)。
④ "适用所得税性质的税种名称":填报境外关联方在所在国适用所得税性质的税种的名称(应当以中文填报)。
⑤ "实际税负":填报境外关联方最近年度实际缴纳所得税性质的税种的税负。实际税负=实际缴纳所得税性质的税款金额(扣除各种税收返还)÷所得税性质的税种的应纳税所得额×100%。所得税性质的税种的应纳税所得额小于零的,按零填报。
⑥ "享受所得税性质的税种的税收优惠":填报境外关联方在所在国享受所得税性质的税种的税收优惠,包括各种税额减免、税率优惠、减计收入、加计扣除、税收返还等,如填报"享受法定税率XX%的减至XX%征收"等。
⑦ "上市公司":根据境外关联方实际情况选择。选择"是"的,"上市股票代码"和"上市交易所"栏为必填项,选择"否"的,"上市股票代码"和"上市交易所"栏为不填项。
⑧ "上市交易所":填报境外关联方股票上市交易的交易所全称(应当以中文填报)。
⑨ "记账本位币":报告境外关联方实际情况选填适用的记账本位币种。

（十七）年度关联交易财务状况分析表（报告企业个别报表信息）

本表适用于本报告年度所属期间内编制个别财务报表的企业填报见表10-17。

表10-17 企业年度关联业务往来报告表之年度关联交易财务状况分析表（报告企业个别报表信息）

G113010　　　　年度关联交易财务状况分析表（报告企业个别报表信息）

　　　　　　　　　　　　　　　　　　　　　　　　　　年　月　日至　年　月　日

行次	项目	境外关联交易	境外非关联交易	境内关联交易	境内非关联交易	合计
		1	2	3	4	5=1+2+3+4
1	一、营业收入					
2	其中：主营业务收入					
3	减：营业成本					
4	其中：主营业务成本					
5	营业税金及附加					
6	其中：主营业务税金及附加					
7	销售费用					
8	管理费用					
9	财务费用					
10	资产减值损失					
11	加：公允价值变动收益（损失以"－"号填列）					
12	投资收益（损失以"－"号填列）					
13	其中：对联营企业和合营企业的投资收益					
14	二、营业利润（亏损以"－"号填列）=1－3－5－7－8－9－10＋11＋12					
15	加：营业外收入					
16	减：营业外支出					
17	其中：非流动资产处置损失					
18	三、利润总额（亏损总额以"－"号填列）=14＋15－16					
19	减：所得税费用					
20	四、净利润（净亏损以"－"号填列）=18－19					
划分标准说明						

有关项目填报说明：企业应当依据财务会计核算明细准确划分境外关联交易、境外非关联交易、境内关联交易、境内非关联交易。无法准确划分的，应当确定其他划分方法，并说明具体的划分标准。

（十八）年度关联交易财务状况分析表（报告企业合并报表信息）

本表适用于本报告年度所属期间内有编制合并财务报表的企业填报见表10-18。

表 10-18　企业年度关联业务往来报告表之年度关联交易财务状况分析表（报告企业合并报表信息）

G113200　　　　　　　　年度关联交易财务状况分析表（报告企业合并报表信息）　　　　　金额单位:元

行次	项目	年 月 日至 年 月 日				
		境外关联交易	境外非关联交易	境内关联交易	境内非关联交易	合计
		1	2	3	4	5=1+2+3+4
1	一、营业收入					
2	其中:主营业务收入					
3	减:营业成本					
4	其中:主营业务成本					
5	营业税金及附加					
6	其中:主营业务税金及附加					
7	销售费用					
8	管理费用					
9	财务费用					
10	资产减值损失					
11	加:公允价值变动收益（损失以"-"号填列）					
12	投资收益（损失以"-"号填列）					
13	其中:对联营企业和合营企业的投资收益					
14	二、营业利润（亏损以"-"号填列）=1-3-5-7-8-9-10+11+12					
15	加:营业外收入					
16	减:营业外支出					
17	其中:非流动资产处置损失					
18	三、利润总额（亏损总额以"-"号填列）=14+15-16					
19	减:所得税费用					
20	四、净利润（净亏损以"-"号填列）=18-19					
划分标准说明						

有关项目填报说明：企业应当依据财务会计核算明细准确划分境外关联交易、境外非关联交易、境内关联交易、境内非关联交易。无法准确划分的，应当确定其他划分方法，并说明具体的划分标准。

五、国别报告

国别报告主要披露最终控股企业所属跨国企业集团所有成员实体的全球所得、税收和业务活动的国别分布情况。作为企业年度关联业务往来报告表的附表，居民企业存在填报国别报告情形的，应当在报送年度关联业务往来报告表时，填报国别报告。

（一）相关主体

1. 填报主体

税务总局公告 2016 年第 42 号第五条规定，存在下列情形之一的居民企业，应当在报送年度关联业务往来报告表时，填报国别报告：

（1）该居民企业为跨国企业集团的最终控股企业，且其上一会计年度合并财务报表中的各类收入金额合计超过 55 亿元。

最终控股企业是指能够合并其所属跨国企业集团所有成员实体财务报表的，且不能被其他企业纳入合并财务报表的企业。成员实体应当包括：①实际已被纳入跨国企业集团合并财务报表的任一实体；②跨国企业集团持有该实体股权且按公开证券市场交易要求应被纳入但实际未被纳入跨国企业集团合并财务报表的任一实体；③仅由于业务规模或者重要性程度而未被纳入跨国企业集团合并财务报表的任一实体；④独立核算并编制财务报表的常设机构。

（2）该居民企业被跨国企业集团指定为国别报告的报送企业。

税务总局公告 2016 年第 42 号第六条明确，最终控股企业为中国居民企业的跨国企业集团，其信息涉及国家安全的，可以按照国家有关规定，豁免填报部分或者全部国别报告。

2. 提供主体

税务总局公告 2016 年第 42 号第八条规定，企业虽不属于本公告第五条规定填报国别报告的范围，但其所属跨国企业集团按照其他国家有关规定应当准备国别报告，且符合下列条件之一的，税务机关可以在实施特别纳税调查时要求企业提供国别报告：

（1）跨国企业集团未向任何国家提供国别报告。

（2）虽然跨国企业集团已向其他国家提供国别报告，但我国与该国尚未建立国别报告信息交换机制。

（3）虽然跨国企业集团已向其他国家提供国别报告，且我国与该国已建立国别报告信息交换机制，但国别报告实际未成功交换至我国。

3. 交换主体

税务总局公告 2016 年第 42 号第七条规定，税务机关可以按照我国对外签订的协定、协议或者安排实施国别报告的信息交换。

（二）国别报告的组成

国别报告由所得、税收和业务活动国别分布表（G114010），所得、税收和业务活动国别分布表（英文表，G114011），跨国企业集团成员实体名单（G114020），跨国企业集团成员实体名单（英文表，G114021），附加说明表（G114030）和附加说明表（英文表，G114031）组成。

（三）国别报告—所得、税收和业务活动国别分布表

本表适用于本报告年度所属期间内需填报国别报告的居民企业，填报跨国企业集团最终控股企业全球所得、税收和业务活动国别分布情况。中英文表分别见表 10-19 和表 10-20。

表 10-19 企业年度关联业务往来报告表之国别报告——所得、税收和业务活动国别分布表

国别报告——所得、税收和业务活动国别分布表

跨国企业集团名称：

会计年度： 年 月 日 至 年 月 日

国家（地区）	收入			税前利润（亏损）	已缴纳企业所得税（收付实现制）	本年度计提的企业所得税	注册资本	留存收益	雇员人数	有形资产（除现金及现金等价物）
	非关联方	关联方	总计							
1	2	3	4=2+3	5	6	7	8	9	10	11

G104010

表 10-20 企业年度关联业务往来报告表之国别报告——所得、税收和业务活动国别分布表（英文表）

Overview of allocation of income, taxes and business activities by tax jurisdiction

Name of the MNE group:

Fiscal year concerned:

Tax Jurisdiction	Revenues			Profit (Loss) Before Income Tax	Income Tax Paid (on cash basis)	Income Tax Accrued – current year	Stated capital	Accumulated earnings	Number of Employees	Tangible Assets other than Cash and Cash Equivalents
	Unrelated Party	Related Party	Total							
1	2	3	4	5	6	7	8	9	10	11

G104011

第十章 特别纳税调整政策及其应税所得的填报

续表

Tax Jurisdiction	Revenues			Profit (Loss) Before Income Tax	Income Tax Paid (on cash basis)	Income Tax Accrued – current year	Stated capital	Accumulated earnings	Number of Employees	Tangible Assets other than Cash and Cash Equivalents
	Unrelated Party	Related Party	Total							
1	2	3	4	5	6	7	8	9	10	11

有关项目填报说明：

①第1列"国家（地区）"：填报跨国企业集团成员实体作为居民企业所属的国家（地区），常设机构根据其经营活动所在国家（地区）填报。

跨国企业集团成员实体包括实际已被纳入跨国企业集团合并财务报表的任一实体，和实际未被纳入跨国企业集团合并财务报表，仅由于业务规模或者重要性程度而未被纳入跨国企业集团合并财务报表的任一实体，以及持有该实体的股权按公开证券市场交易要求应当被纳入跨国企业集团合并财务报表的任一实体或者独立核算并编制财务报表的常设机构。

在任一国家（地区）均不构成居民企业且均不构成居民企业成员实体的成员实体，应当在本表中另起一行按照无国家（地区）汇总填报。

在任一国家（地区）上均不构成居民企业的成员实体，如果不存在适用的税收协定，则应当以该成员实体实际管理机构所在国家（地区）进行填报。

②第2列"收入－非关联方"：填报跨国企业集团在第1列填报的国家（地区）所有成员实体与非关联企业交易取得的收入总和。

③第3列"收入－关联方"：填报跨国企业集团在第1列填报的国家（地区）所有成员实体与该跨国企业集团成员实体发生交易取得的收入，并按第1列填报的国家（地区）汇总之和。

本表中"收入"包括销售商品收入、劳务收入、特许权使用费收入、利息收入及其他收入，从其他成员实体取得的税前利润，不计入收入。

④第5列"税前利润（亏损）"：填报跨国企业集团在第1列填报的国家（地区）所有成员实体取得的税前利润（亏损）总和。

⑤第6列"已缴纳企业所得税（收付实现制）"：填报跨国企业集团在第1列填报的国家（地区）所有成员实体实际缴纳的企业所得税总额。已缴税款包括成员实体从其他国家（地区）关联企业及非关联企业收取的款项在其他国家（地区）被认定为股息的款项、已代为代扣代缴的税款。

⑥第7列"本年度计提应纳企业所得税"：填报跨国企业集团在第1列填报的国家（地区）所有成员实体依据应纳税所得额计提的当期所得税总额。当期所得税总额仅反映相关会计年度的经营活动，不包含因或有事项计提的递延所得税。

⑦第8列"注册资本"：填报跨国企业集团在第1列填报的国家（地区）所有成员实体的注册资本总额。

⑧第9列"留存收益"：填报跨国企业集团在第1列填报的国家（地区）所有成员实体的留存收益总额。

⑨第10列"雇员人数"：填报跨国企业集团在第1列填报的国家（地区）雇员的全职雇员人数总和，包括在经营活动中所雇佣的独立承包商人数。雇员人数可以报据年末人数、全年平均人数或者其他标准填报。不同国家（地区）所雇佣的雇员人数计算标准上应当保持一致，并每年平均沿用同相同标准准报。

· 361 ·

⑩第11列"有形资产（除现金及现金等价物）"：填报跨国企业集团在第1列填报的国家（地区）所有成员实体的有形资产账面净值总和。常设机构有形资产应当根据其经营活动所在国家（地区）填报。此处所指的"有形资产"不包括现金等价物和金融资产。
⑪本表应当涵盖最终控股企业会计年度的完整会计年度。成员实体与最终控股企业会计年度截止日期不一致的，成员实体信息披露期间可以采用以下方式之一：使用成员实体的会计年度，即成员实体会计年度截止日期前12个月内的会计年度；使用最终控股企业会计年度。上述方法一经确定，无特殊情况不得修改。
⑫各年度应使用相同的数据来源。表中所报告的收入、利润及税负情况不要求与跨国企业集团合并财务报表完全一致。如果用各独立实体的法定财务报表数据进行披露，所有金额均应按照本年度平均汇率转换成最终控股成员实体使用的货币单位，并在表G114030《附加说明表》中说明。对于国家（地区）之间的会计准则不同而产生的差异，无需进行调整。

（四）国别报告—跨国企业集团成员实体名单

中英文表分别见表10-21和表10-22。

注：如果"主营业务活动"勾选"其他"，请在《国别报告—附加说明表》中说明跨国企业集团成员实体的具体业务活动。

表10-21 企业年度关联业务往来报告表之国别报告—跨国企业集团成员实体名单

G104020

国别报告—跨国企业集团成员实体名单

跨国企业集团名称：

会计年度：　年　月　日　至　年　月　日

国家（地区）	该国家（地区）的成员实体名称	成员实体注册成立地	主要业务活动												
			研发	持有或管理无形资产	采购	生产制造	销售、市场营销或分销	行政、管理或支持服务	向非关联方提供劳务	集团内部融资	金融服务	保险	持有股份或其他权益工具	非营业运营企业	其他
1	2	3	4	5	6	7	8	9	10	11	12	13	14	15	16

表 10-22　企业年度关联业务往来报告表之国别报告—跨国企业集团成员实体名单（英文表）

List of all the constituent Entities of the MNE group included in each aggregation per tax jurisdiction

Name of the MNE group:

Fiscal year concerned:

G104021

Tax Jurisdiction	Constituent Entities resident in the Tax Jurisdiction	Tax Jurisdiction of organization or incorporation if different from Tax Jurisdiction of Residence	Main business activity(ies)											
			Research and Development	Holding or Managing intellectual property	Purchasing or Procurement	Manufacturing or Production	Sales, Marketing or Distribution	Administrative, Management or Support Services	Provision of Services to unrelated parties	Internal Group Finance	Regulated Financial Services	Insurance	Holding shares or other equity instruments	Dormant	Other1
1	2	3	4	5	6	7	8	9	10	11	12	13	14	15	16

有关项目填报说明：

①第 1 列"国家（地区）"：填报跨国企业集团成员实体作为居民企业所在的国家（地区），常设机构根据其经营活动所在国家（地区）填报。

②第 2 列"该国家（地区）的成员实体名称"：填报跨国企业集团在第 1 列填报的国家（地区）所有居民企业成员实体的全称。常设机构填报其所属居民企业名称，并注明常设机构经营活动所在国家（地区），如 XYZ 公司在 A 国设立的常设机构。

③第 3 列"成员实体注册成立地"：成员实体注册成立地与其作为居民企业所属的国家（地区）一致的，可不填报。

④"主要业务活动"：根据各成员实体在相关国家（地区）所开展的主要业务活动性质，在对应项目下打"√"确认。如果勾选"其他"，应在表 G114030 中说明该成员实体的具体业务活动。

(五)国别报告—附加说明表

中英文表分别见表 10-23 和表 10-24。

表 10-23　企业年度关联业务往来报告表之国别报告—附加说明表

G104030

国别报告—附加说明表

跨国企业集团名称：

会计年度：　　年　月　日至　　年　月　日

请简要提供有助于理解"国别报告"中的补充信息或者解释说明。

表 10-24　企业年度关联业务往来报告表之国别报告—附加说明表(英文表)

G104031

Additional Information

Name of the MNE group：

Fiscal year concerned：

Please include any further brief information or explanation you consider necessary or that would facilitate the understanding of the compulsory information provided in the country – by – country report.

有关项目填报说明：

①在表中对使用的数据来源进行简要说明。如数据来源较以往年度有所变化，解释说明变化原因及其影响。

②表 G114020"主要业务活动"栏中勾选"其他"的，说明该成员实体具体业务活动。

第二节　同期资料

一、同期资料的基本规定

《企业所得税法》第四十三条第二款规定，税务机关在进行关联业务调查时，企业及其关联方，以及与关联业务调查有关的其他企业，应当按照规定提供相关资料。《企业所得税法实施条例》第一百一十四条明确，《企业所得税法》第四十三条所称相关资料，包括：

(1)与关联业务往来有关的价格、费用的制定标准、计算方法和说明等同期资料。

(2)关联业务往来所涉及的财产、财产使用权、劳务等的再销售(转让)价格或者最终销售(转让)价格的相关资料。

(3)与关联业务调查有关的其他企业应当提供的与被调查企业可比的产品价格、定价方式以及利润水平等资料。

(4)其他与关联业务往来有关的资料。

《企业所得税法》第四十三条所称与关联业务调查有关的其他企业，是指与被调查企业在生产经营内容和方式上相类似的企业。

企业应当在税务机关规定的期限内提供与关联业务往来有关的价格、费用的制定标准、计算方法和说明等资料。关联方以及与关联业务调查有关的其他企业应当在税务机关与其约定的期限内提供相关资料。

《企业所得税法》第四十四条规定，企业不提供与其关联方之间业务往来资料，或者提供虚假、不完整资料，未能真实反映其关联业务往来情况的，税务机关有权依法核定其应纳税所得额。《企业所得税法实施条例》第一百一十五条明确,税务机关依照《企业所得税法》第四十四条的规定核定企业的应纳税所得额时,可以采用下列方法:

(1)参照同类或者类似企业的利润率水平核定。

(2)按照企业成本加合理的费用和利润的方法核定。

(3)按照关联企业集团整体利润的合理比例核定。

(4)按照其他合理方法核定。

企业对税务机关按照前款规定的方法核定的应纳税所得额有异议的,应当提供相关证据,经税务机关认定后,调整核定的应纳税所得额。

二、同期资料的种类、准备主体和内容

税务总局公告2016年第42号第十条要求,企业应当依据《企业所得税法实施条例》第一百一十四条的规定,按纳税年度准备并按税务机关要求提供其关联交易的同期资料。并明确,同期资料包括主体文档、本地文档和特殊事项文档。

(一)主体文档

1. 准备主体

税务总局公告2016年第42号第十一条明确,符合下列条件之一的企业,应当准备主体文档:

(1)年度发生跨境关联交易,且合并该企业财务报表的最终控股企业所属企业集团已准备主体文档。

(2)年度关联交易总额超过10亿元。

依据税务总局公告2016年第42号第十八条第二款的规定,企业仅与境内关联方发生关联交易的,可以不准备主体文档。

2. 文档内容

税务总局公告2016年第42号第十二条规定,主体文档主要披露最终控股企业所属企业集团的全球业务整体情况,包括以下内容:

1)组织架构 以图表形式说明企业集团的全球组织架构、股权结构和所有成员实体的地理分布。成员实体是指企业集团内任一营运实体,包括公司制企业、合伙企业和常设机构等。

2)企业集团业务 这主要包括6个方面的内容:

(1)企业集团业务描述,包括利润的重要价值贡献因素。

(2)企业集团营业收入前五位以及占营业收入超过5%的产品或者劳务的供应链及其主要市场地域分布情况。供应链情况可以采用图表形式进行说明。

(3)企业集团除研发外的重要关联劳务及简要说明,说明内容包括主要劳务提供方提供劳务的胜任能力、分配劳务成本以及确定关联劳务价格的转让定价政策。

(4)企业集团内各成员实体主要价值贡献分析,包括执行的关键功能、承担的重大风险、以及使用的重要资产。

(5)企业集团会计年度内发生的业务重组,产业结构调整,集团内企业功能、风险或者资产的转移。

(6)企业集团会计年度内发生的企业法律形式改变、债务重组、股权收购、资产收购、

合并、分立等。

3）无形资产　这主要包括5个方面的内容：

（1）企业集团开发、应用无形资产及确定无形资产所有权归属的整体战略，包括主要研发机构所在地和研发管理活动发生地及其主要功能、风险、资产和人员情况。

（2）企业集团对转让定价安排有显著影响的无形资产或者无形资产组合，以及对应的无形资产所有权人。

（3）企业集团内各成员实体与其关联方的无形资产重要协议清单，重要协议包括成本分摊协议、主要研发服务协议和许可协议等。

（4）企业集团内与研发活动及无形资产相关的转让定价政策。

（5）企业集团会计年度内重要无形资产所有权和使用权关联转让情况，包括转让涉及的企业、国家以及转让价格等。

4）融资活动　这主要包括3个方面的内容：

（1）企业集团内部各关联方之间的融资安排以及与非关联方的主要融资安排。

（2）企业集团内提供集中融资功能的成员实体情况，包括其注册地和实际管理机构所在地。

（3）企业集团内部各关联方之间融资安排的总体转让定价政策。

5）财务与税务状况　这主要包括3个方面的内容：

（1）企业集团最近一个会计年度的合并财务报表。

（2）企业集团内各成员实体签订的单边预约定价安排、双边预约定价安排以及涉及国家之间所得分配的其他税收裁定的清单及简要说明。

（3）报送国别报告的企业名称及其所在地。

（二）本地文档

1. 准备主体

税务总局公告2016年第42号第十三条明确，年度关联交易金额符合下列条件之一的企业，应当准备本地文档：

（1）有形资产所有权转让金额（来料加工业务按照年度进出口报关价格计算）超过2亿元。

（2）金融资产转让金额超过1亿元。

（3）无形资产所有权转让金额超过1亿元。

（4）其他关联交易金额合计超过4 000万元。

依据税务总局公告2016年第42号第十八条的规定，企业仅与境内关联方发生关联交易的，可以不准备本地文档；企业执行预约定价安排的，可以不准备预约定价安排涉及关联交易的本地文档，且关联交易金额不计入本公告第十三条规定的关联交易金额范围。

需要特别提醒的是，依据税务总局公告2016年第42号第二十八条的规定，为境外关联方从事来料加工或者进料加工等单一生产业务，或者从事分销、合约研发业务的企业，如出现亏损，无论是否达到上述同期资料准备标准，均应当就亏损年度准备同期资料本地文档。

2. 文档内容

税务总局公告2016年第42号第十四条规定，本地文档主要披露企业关联交易的详细

信息,包括以下内容:

1)企业概况　这主要包括6个方面的内容:

(1)组织结构,包括企业各职能部门的设置、职责范围和雇员数量等。

(2)管理架构,包括企业各级管理层的汇报对象以及汇报对象主要办公所在地等。

(3)业务描述,包括企业所属行业的发展概况、产业政策、行业限制等影响企业和行业的主要经济和法律问题,以及主要竞争者等。

(4)经营策略,包括企业各部门、各环节的业务流程,运营模式,价值贡献因素等。

(5)财务数据,包括企业不同类型业务及产品的收入、成本、费用及利润。

(6)涉及本企业或者对本企业产生影响的重组或者无形资产转让情况,以及对本企业的影响分析。

2)关联关系　这主要包括3个方面的内容:

(1)关联方信息,包括直接或者间接拥有企业股权的关联方,以及与企业发生交易的关联方,内容涵盖关联方名称、法定代表人、高级管理人员的构成情况、注册地址、实际经营地址,以及关联个人的姓名、国籍、居住地等情况。

(2)上述关联方适用的具有所得税性质的税种、税率及相应可享受的税收优惠。

(3)本会计年度内,企业关联关系的变化情况。

3)关联交易　这主要包括6个方面的内容:

(1)关联交易概况,详细列举如下:

——关联交易描述和明细,包括关联交易相关合同或者协议副本及其执行情况的说明,交易标的的特性,关联交易的类型、参与方、时间、金额、结算货币、交易条件、贸易形式,以及关联交易与非关联交易业务的异同等。

——关联交易流程,包括关联交易的信息流、物流和资金流,与非关联交易业务流程的异同。

——功能风险描述,包括企业及其关联方在各类关联交易中执行的功能、承担的风险和使用的资产。

——交易定价影响要素,包括关联交易涉及的无形资产及其影响,成本节约、市场溢价等地域特殊因素。地域特殊因素应从劳动力成本、环境成本、市场规模、市场竞争程度、消费者购买力、商品或者劳务的可替代性、政府管制等方面进行分析。

——关联交易数据,包括各关联方、各类关联交易涉及的交易金额。分别披露关联交易和非关联交易的收入、成本、费用和利润,不能直接归集的,按照合理比例划分,并说明该划分比例的依据。

(2)价值链分析,详细列举如下:

——企业集团内业务流、物流和资金流,包括商品、劳务或者其他交易标的从设计、开发、生产制造、营销、销售、交货、结算、消费、售后服务、循环利用等各环节及其参与方。

——上述各环节参与方最近会计年度的财务报表。

——地域特殊因素对企业创造价值贡献的计量及其归属。

——企业集团利润在全球价值链条中的分配原则和分配结果。

(3)对外投资,详细列举如下:

——对外投资基本信息,包括对外投资项目的投资地区、金额、主营业务及战略规划。

——对外投资项目概况,包括对外投资项目的股权架构、组织结构、高级管理人员的雇佣方式,项目决策权限的归属。

——对外投资项目数据,包括对外投资项目的营运数据。

(4)关联股权转让,详细列举如下:

——股权转让概况,包括转让背景、参与方、时间、价格、支付方式,以及影响股权转让的其他因素。

——股权转让标的的相关信息,包括股权转让标的所在地,出让方获取该股权的时间、方式和成本,股权转让收益等信息。

——尽职调查报告或者资产评估报告等与股权转让相关的其他信息。

(5)关联劳务,详细列举如下:

——关联劳务概况,包括劳务提供方和接受方,劳务的具体内容、特性、开展方式、定价原则、支付形式,以及劳务发生后各方受益情况等。

——劳务成本费用的归集方法、项目、金额、分配标准、计算过程及结果等。

——企业及其所属企业集团与非关联方存在相同或者类似劳务交易的,还应当详细说明关联劳务与非关联劳务在定价原则和交易结果上的异同。

(6)与企业关联交易直接相关的,中国以外其他国家税务主管当局签订的预约定价安排和作出的其他税收裁定。

4)可比性分析 这主要包括5个方面的内容:

(1)可比性分析考虑的因素,包括交易资产或者劳务特性,交易各方功能、风险和资产,合同条款,经济环境,经营策略等。

(2)可比企业执行的功能、承担的风险以及使用的资产等相关信息。

(3)可比对象搜索方法、信息来源、选择条件及理由。

(4)所选取的内部或者外部可比非受控交易信息和可比企业的财务信息。

(5)可比数据的差异调整及理由。

5)转让定价方法的选择和使用 这主要包括6个方面的内容:

(1)被测试方的选择及理由。

(2)转让定价方法的选用及理由,无论选择何种转让定价方法,均须说明企业对集团整体利润或者剩余利润所做的贡献。

(3)确定可比非关联交易价格或者利润的过程中所做的假设和判断。

(4)运用合理的转让定价方法和可比性分析结果,确定可比非关联交易价格或者利润。

(5)其他支持所选用转让定价方法的资料。

(6)关联交易定价是否符合独立交易原则的分析及结论。

(三)特殊事项文档

1. 准备主体

税务总局公告2016年第42号第十五条明确,特殊事项文档包括成本分摊协议特殊事项文档和资本弱化特殊事项文档。企业签订或者执行成本分摊协议的,应当准备成本分摊协议特殊事项文档。企业关联债资比例超过标准比例需要说明符合独立交易原则的,应当准备资本弱化特殊事项文档。

依据税务总局公告 2016 年第 42 号第十八条第一款的规定,企业仅与境内关联方发生关联交易的,可以不准备特殊事项文档;企业执行预约定价安排的,可以不准备预约定价安排涉及关联交易的特殊事项文档,且关联交易金额不计入本公告第十三条规定的关联交易金额范围。

2. 成本分摊协议特殊事项文档内容

税务总局公告 2016 年第 42 号第十六条规定,成本分摊协议特殊事项文档包括以下内容:

(1)成本分摊协议副本。
(2)各参与方之间达成的为实施成本分摊协议的其他协议。
(3)非参与方使用协议成果的情况、支付的金额和形式,以及支付金额在参与方之间的分配方式。
(4)本年度成本分摊协议的参与方加入或者退出的情况,包括加入或者退出的参与方名称、所在国家和关联关系,加入支付或者退出补偿的金额及形式。
(5)成本分摊协议的变更或者终止情况,包括变更或者终止的原因、对已形成协议成果的处理或者分配。
(6)本年度按照成本分摊协议发生的成本总额及构成情况。
(7)本年度各参与方成本分摊的情况,包括成本支付的金额、形式和对象,作出或者接受补偿支付的金额、形式和对象。
(8)本年度协议预期收益与实际收益的比较以及由此作出的调整。
(9)预期收益的计算,包括计量参数的选取、计算方法和改变理由。

3. 资本弱化特殊事项文档内容

税务总局公告 2016 年第 42 号第十七条规定,资本弱化特殊事项文档包括以下内容:

(1)企业偿债能力和举债能力分析。
(2)企业集团举债能力及融资结构情况分析。
(3)企业注册资本等权益投资的变动情况说明。
(4)关联债权投资的性质、目的及取得时的市场状况。
(5)关联债权投资的货币种类、金额、利率、期限及融资条件。
(6)非关联方是否能够并且愿意接受上述融资条件、融资金额及利率。
(7)企业为取得债权性投资而提供的抵押品情况及条件。
(8)担保人状况及担保条件。
(9)同类同期贷款的利率情况及融资条件。
(10)可转换公司债券的转换条件。
(11)其他能够证明符合独立交易原则的资料。

三、同期资料的税务管理

税务总局公告 2016 年第 42 号第十条要求,企业应当依据《企业所得税法实施条例》第一百一十四条的规定,按纳税年度准备并按税务机关要求提供其关联交易的同期资料,并明确,同期资料包括主体文档、本地文档和特殊事项文档。

(一)准备时限

税务总局公告 2016 年第 42 号第十九条和第二十条要求,主体文档应当在企业集团最终控股企业会计年度终了之日起12个月内准备完毕,本地文档和特殊事项文档应当在关联交易发生年度次年6月30日之前准备完毕。同期资料应当自税务机关要求之日起30日内提供。企业因不可抗力无法按期提供同期资料的,应当在不可抗力消除后30日内提供同期资料。

(二)文本要求

税务总局公告2016年第42号第二十一条要求,同期资料应当使用中文,并标明引用信息资料的出处来源。第二十二条要求,同期资料应当加盖企业印章,并由法定代表人或者法定代表人授权的代表签章。

(三)保存要求

税务总局公告2016年第42号第二十三条要求,企业合并、分立的,应当由合并、分立后的企业保存同期资料。第二十四条要求,同期资料应当自税务机关要求的准备完毕之日起保存10年。

(四)加收利息

税务总局公告2016年第42号第二十五条明确,企业依照有关规定进行关联申报、提供同期资料及有关资料的,税务机关实施特别纳税调查补征税款时,可以依据《企业所得税法实施条例》第一百二十二条的规定,按照税款所属纳税年度中国人民银行公布的与补税期间同期的人民币贷款基准利率加收利息。

第三节 转让定价调整

一、转让定价调整的基本规定

(一)《企业所得税法》及其实施条例的规定

《企业所得税法》第四十一条第一款规定,企业与其关联方之间的业务往来,不符合独立交易原则而减少企业或者其关联方应纳税收入或者所得额的,税务机关有权按照合理方法调整。《企业所得税法实施条例》第一百一十条明确,《企业所得税法》第四十一条所称独立交易原则,是指没有关联关系的交易各方,按照公平成交价格和营业常规进行业务往来遵循的原则。

《企业所得税法实施条例》第一百一十一条规定,《企业所得税法》第四十一条所称合理方法,包括:

(1)可比非受控价格法,是指按照没有关联关系的交易各方进行相同或者类似业务往来的价格进行定价的方法。

(2)再销售价格法,是指按照从关联方购进商品再销售给没有关联关系的交易方的价格,减除相同或者类似业务的销售毛利进行定价的方法。

(3)成本加成法,是指按照成本加合理的费用和利润进行定价的方法。

(4)交易净利润法,是指按照没有关联关系的交易各方进行相同或者类似业务往来取得的净利润水平确定利润的方法。

(5)利润分割法,是指将企业与其关联方的合并利润或者亏损在各方之间采用合理标准进行分配的方法。

(6)其他符合独立交易原则的方法。

(二)《税收征管法》及其实施细则的规定

《税收征管法》第三十六条规定,企业或者外国企业在中国境内设立的从事生产、经营的机构、场所与其关联企业之间的业务往来,应当按照独立企业之间的业务往来收取或者支付价款、费用;不按照独立企业之间的业务往来收取或者支付价款、费用,而减少其应纳税的收入或者所得额的,税务机关有权进行合理调整。《税收征管法实施细则》第五十二条规定,《税收征管法》第三十六条所称独立企业之间的业务往来,是指没有关联关系的企业之间按照公平成交价格和营业常规所进行的业务往来。

《税收征管法实施细则》第五十四条规定,纳税人与其关联企业之间的业务往来有下列情形之一的,税务机关可以调整其应纳税额:

(1)购销业务未按照独立企业之间的业务往来作价;

(2)融通资金所支付或者收取的利息超过或者低于没有关联关系的企业之间所能同意的数额,或者利率超过或者低于同类业务的正常利率;

(3)提供劳务,未按照独立企业之间业务往来收取或者支付劳务费用;

(4)转让财产、提供财产使用权等业务往来,未按照独立企业之间业务往来作价或者收取、支付费用;

(5)未按照独立企业之间业务往来作价的其他情形;

《税收征管法实施细则》第五十五条规定,纳税人有本细则第五十四条所列情形之一的,税务机关可以按照下列方法调整计税收入额或者所得额:

(1)按照独立企业之间进行的相同或者类似业务活动的价格;

(2)按照再销售给无关联关系的第三者的价格所应取得的收入和利润水平;

(3)按照成本加合理的费用和利润;

(4)按照其他合理的方法。

二、可比性分析

(一)可比性分析的内容

《国家税务总局关于发布〈特别纳税调查调整及相互协商程序管理办法〉的公告》(税务总局公告2017年第6号发布、2018年第33号部分废止,以下简称税务总局公告2017年第6号)第十五条规定,税务机关实施转让定价调查时,应当进行可比性分析,可比性分析一般包括以下五个方面。税务机关可以根据案件情况选择具体分析内容:

(1)交易资产或者劳务特性,包括有形资产的物理特性、质量、数量等;无形资产的类型、交易形式、保护程度、期限、预期收益等;劳务的性质和内容;金融资产的特性、内容、风险管理等。

(2)交易各方执行的功能、承担的风险和使用的资产。功能包括研发、设计、采购、加工、装配、制造、维修、分销、营销、广告、存货管理、物流、仓储、融资、管理、财务、会计、法律及人力资源管理等;风险包括投资风险、研发风险、采购风险、生产风险、市场风险、管理风险及财务风险等;资产包括有形资产、无形资产、金融资产等。

(3)合同条款,包括交易标的、交易数量、交易价格、收付款方式和条件、交货条件、售后服务范围和条件、提供附加劳务的约定、变更或者修改合同内容的权利、合同有效期、终止或者续签合同的权利等。合同条款分析应当关注企业执行合同的能力与行为,以及关联方之间签署合同条款的可信度等。

(4)经济环境,包括行业概况、地理区域、市场规模、市场层级、市场占有率、市场竞争程度、消费者购买力、商品或者劳务可替代性、生产要素价格、运输成本、政府管制,以及成本节约、市场溢价等地域特殊因素。

(5)经营策略,包括创新和开发、多元化经营、协同效应、风险规避及市场占有策略等。

(二)被测试对象的选择

税务总局公告2017年第6号第二十三条规定,税务机关分析评估被调查企业关联交易时,应当在分析评估交易各方功能风险的基础上,选择功能相对简单的一方作为被测试对象。

(三)可比信息的来源

税务总局公告2017年第6号第二十四条明确,税务机关在进行可比性分析时,优先使用公开信息,也可以使用非公开信息。

(四)可比数据的计算和运用

税务总局公告2017年第6号第二十五条规定,税务机关分析评估被调查企业关联交易是否符合独立交易原则时,可以根据实际情况选择算术平均法、加权平均法或者四分位法等统计方法,逐年分别或者多年度平均计算可比企业利润或者价格的平均值或者四分位区间。

税务机关应当按照可比利润水平或者可比价格对被调查企业各年度关联交易进行逐年测试调整。税务机关采用四分位法分析评估企业利润水平时,企业实际利润水平低于可比企业利润率区间中位值的,原则上应当按照不低于中位值进行调整。

(五)可比数据的差异调整

1. 业务模式的差异调整

税务总局公告2017年第6号第二十六条规定,税务机关分析评估被调查企业为其关联方提供的来料加工业务,在可比企业不是相同业务模式,且业务模式的差异会对利润水平产生影响的情况下,应当对业务模式的差异进行调整,还原其不作价的来料和设备价值。企业提供真实完整的来料加工产品整体价值链相关资料,能够反映各关联方总体利润水平的,税务机关可以就被调查企业与可比企业因料件还原产生的资金占用差异进行可比性调整,利润水平调整幅度超过10%的,应当重新选择可比企业。除本条第一款外,对因营运资本占用不同产生的利润差异不作调整。

2. 经济环境的差异调整

税务总局公告2017年第6号第二十七条规定,税务机关分析评估被调查企业关联交易是否符合独立交易原则时,选取的可比企业与被调查企业处于不同经济环境的,应当分析成本节约、市场溢价等地域特殊因素,并选择合理的转让定价方法确定地域特殊因素对利润的贡献。

三、转让定价方法

税务总局公告2017年第6号第十六条规定,税务机关应当在可比性分析的基础上,选择合理的转让定价方法,对企业关联交易进行分析评估。转让定价方法包括可比非受控价格法、再销售价格法、成本加成法、交易净利润法、利润分割法及其他符合独立交易原则的方法。

(一)可比非受控价格法

税务总局公告2017年第6号第十七条规定了可比非受控价格法的定义、适用范围、可比性分析和结果运用。

1. 定义和适用范围

可比非受控价格法以非关联方之间进行的与关联交易相同或者类似业务活动所收取的价格作为关联交易的公平成交价格。可比非受控价格法可以适用于所有类型的关联交易。

2. 可比性分析

可比非受控价格法的可比性分析,应当按照不同交易类型,特别考察关联交易与非关联交易中交易资产或者劳务的特性、合同条款、经济环境和经营策略上的差异:

1)有形资产使用权或者所有权的转让　这主要包括6个方面的内容:

(1)转让过程,包括交易时间与地点、交货条件、交货手续、支付条件、交易数量、售后服务等;

(2)转让环节,包括出厂环节、批发环节、零售环节、出口环节等;

(3)转让环境,包括民族风俗、消费者偏好、政局稳定程度以及财政、税收、外汇政策等;

(4)有形资产的性能、规格、型号、结构、类型、折旧方法等;

(5)提供使用权的时间、期限、地点、费用收取标准等;

(6)资产所有者对资产的投资支出、维修费用等。

2)金融资产的转让　这主要包括金融资产的实际持有期限、流动性、安全性、收益性。其中,股权转让交易的分析内容包括公司性质、业务结构、资产构成、所属行业、行业周期、经营模式、企业规模、资产配置和使用情况、企业所处经营阶段、成长性、经营风险、财务风险、交易时间、地理区域、股权关系、历史与未来经营情况、商誉、税收利益、流动性、经济趋势、宏观政策、企业收入和成本结构及其他因素;

3)无形资产使用权或者所有权的转让　这主要包括2个方面的内容:

(1)无形资产的类别、用途、适用行业、预期收益;

(2)无形资产的开发投资、转让条件、独占程度、可替代性、受有关国家法律保护的程度及期限、地理位置、使用年限、研发阶段、维护改良及更新的权利、受让成本和费用、功能风险情况、摊销方法以及其他影响其价值发生实质变动的特殊因素等。

4)资金融通　这主要包括融资的金额、币种、期限、担保、融资人的资信、还款方式、计息方法等。

5)劳务交易　这主要包括劳务性质、技术要求、专业水准、承担责任、付款条件和方式、直接和间接成本等。

3. 结果运用

关联交易与非关联交易在以上方面存在重大差异的,应当就该差异对价格的影响进行合理调整,无法合理调整的,应当选择其他合理的转让定价方法。

(二)再销售价格法

税务总局公告2017年第6号第十八条规定了再销售价格法的定义、适用范围、可比性分析和结果运用。

1. 定义和适用范围

再销售价格法以关联方购进商品再销售给非关联方的价格减去可比非关联交易毛利后的金额作为关联方购进商品的公平成交价格。其计算公式如下:

公平成交价格 = 再销售给非关联方的价格 × (1 - 可比非关联交易毛利率)

可比非关联交易毛利率 = 可比非关联交易毛利/可比非关联交易收入净额 × 100%

再销售价格法一般适用于再销售者未对商品进行改变外形、性能、结构或者更换商标等实质性增值加工的简单加工或者单纯购销业务。

2. 可比性分析

再销售价格法的可比性分析,应当特别考察关联交易与非关联交易中企业执行的功能、承担的风险、使用的资产和合同条款上的差异,以及影响毛利率的其他因素,具体包括营销、分销、产品保障及服务功能,存货风险,机器、设备的价值及使用年限,无形资产的使用及价值,有价值的营销型无形资产,批发或者零售环节,商业经验,会计处理及管理效率等。

3. 结果运用

关联交易与非关联交易在以上方面存在重大差异的,应当就该差异对毛利率的影响进行合理调整,无法合理调整的,应当选择其他合理的转让定价方法。

(三)成本加成法

税务总局公告2017年第6号第十九条规定了成本加成法的定义、适用范围、可比性分析和结果运用。

1. 定义和适用范围

成本加成法以关联交易发生的合理成本加上可比非关联交易毛利后的金额作为关联交易的公平成交价格。其计算公式如下:

公平成交价格 = 关联交易发生的合理成本 × (1 + 可比非关联交易成本加成率)

可比非关联交易成本加成率 = 可比非关联交易毛利/可比非关联交易成本 × 100%

成本加成法一般适用于有形资产使用权或者所有权的转让、资金融通、劳务交易等关联交易。

2. 可比性分析

成本加成法的可比性分析,应当特别考察关联交易与非关联交易中企业执行的功能、承担的风险、使用的资产和合同条款上的差异,以及影响成本加成率的其他因素,具体包括制造、加工、安装及测试功能,市场及汇兑风险,机器、设备的价值及使用年限,无形资产的使用及价值,商业经验,会计处理,生产及管理效率等。

3. 结果运用

关联交易与非关联交易在以上方面存在重大差异的,应当就该差异对成本加成率的影响进行合理调整,无法合理调整的,应当选择其他合理的转让定价方法。

(四)交易净利润法

税务总局公告2017年第6号第二十条规定了交易净利润法的定义、适用范围、可比性分析和结果运用。

1. 定义和适用范围

交易净利润法以可比非关联交易的利润指标确定关联交易的利润。利润指标包括息税前利润率、完全成本加成率、资产收益率、贝里比率等。具体计算公式如下：

息税前利润率 = 息税前利润/营业收入 × 100%

完全成本加成率 = 息税前利润/完全成本 × 100%

资产收益率 = 息税前利润/[(年初资产总额 + 年末资产总额)/2] × 100%

贝里比率 = 毛利/(营业费用 + 管理费用) × 100%

利润指标的选取应当反映交易各方执行的功能、承担的风险和使用的资产。利润指标的计算以企业会计处理为基础，必要时可以对指标口径进行合理调整。

交易净利润法一般适用于不拥有重大价值无形资产企业的有形资产使用权或者所有权的转让和受让、无形资产使用权受让以及劳务交易等关联交易。

2. 可比性分析

交易净利润法的可比性分析，应当特别考察关联交易与非关联交易中企业执行的功能、承担的风险和使用的资产，经济环境上的差异，以及影响利润的其他因素，具体包括行业和市场情况，经营规模，经济周期和产品生命周期，收入、成本、费用和资产在各交易间的分配，会计处理及经营管理效率等。

3. 结果运用

关联交易与非关联交易在以上方面存在重大差异的，应当就该差异对利润的影响进行合理调整，无法合理调整的，应当选择其他合理的转让定价方法。

（五）利润分割法

税务总局公告 2017 年第 6 号第二十一条规定了利润分割法的定义、适用范围和可比性分析。

1. 定义和适用范围

利润分割法根据企业与其关联方对关联交易合并利润（实际或者预计）的贡献计算各自应当分配的利润额。利润分割法主要包括一般利润分割法和剩余利润分割法。

一般利润分割法通常根据关联交易各方所执行的功能、承担的风险和使用的资产，采用符合独立交易原则的利润分割方式，确定各方应当取得的合理利润；当难以获取可比交易信息但能合理确定合并利润时，可以结合实际情况考虑与价值贡献相关的收入、成本、费用、资产、雇员人数等因素，分析关联交易各方对价值做出的贡献，将利润在各方之间进行分配。

剩余利润分割法将关联交易各方的合并利润减去分配给各方的常规利润后的余额作为剩余利润，再根据各方对剩余利润的贡献程度进行分配。

利润分割法一般适用于企业及其关联方均对利润创造具有独特贡献，业务高度整合且难以单独评估各方交易结果的关联交易。利润分割法的适用应当体现利润应在经济活动发生地和价值创造地征税的基本原则。

2. 可比性分析

利润分割法的可比性分析应当特别考察关联交易各方执行的功能、承担的风险和使用的资产，收入、成本、费用和资产在各方之间的分配，成本节约、市场溢价等地域特殊因素,以及其他价值贡献因素,确定各方对剩余利润贡献所使用的信息和假设条件的可靠性等。

(六) 其他符合独立交易原则的方法

税务总局公告 2017 年第 6 号第二十二条规定了其他符合独立交易原则的方法及其适用范围。其他符合独立交易原则的方法包括成本法、市场法和收益法等资产评估方法,以及其他能够反映利润与经济活动发生地和价值创造地相匹配原则的方法。

成本法是以替代或者重置原则为基础,通过在当前市场价格下创造一项相似资产所发生的支出确定评估标的价值的评估方法。成本法适用于能够被替代的资产价值评估。

市场法是利用市场上相同或者相似资产的近期交易价格,经过直接比较或者类比分析以确定评估标的价值的评估方法。市场法适用于在市场上能找到与评估标的相同或者相似的非关联可比交易信息时的资产价值评估。

收益法是通过评估标的未来预期收益现值来确定其价值的评估方法。收益法适用于企业整体资产和可预期未来收益的单项资产评估。

四、主要关联交易类型的转让定价调整

(一) 基本原则

税务总局公告 2017 年第 6 号第二十九条第一款规定,税务机关对关联交易进行调查分析时,应当确定企业所获得的收益与其执行的功能或者承担的风险是否匹配。

税务总局公告 2017 年第 6 号第三十七条明确,企业向未执行功能、承担风险,无实质性经营活动的境外关联方支付费用,不符合独立交易原则的,税务机关可以按照已税前扣除的金额全额实施特别纳税调整。

税务总局公告 2017 年第 6 号第三十八条要求,实际税负相同的境内关联方之间的交易,只要该交易没有直接或者间接导致国家总体税收收入的减少,原则上不作特别纳税调整。

(二) 无形资产关联交易的转让定价调整

税务总局公告 2017 年第 6 号第三十条至第三十三条规定了无形资产关联交易的转让定价调整。

1. 无形资产的收益分配

判定企业及其关联方对无形资产价值的贡献程度及相应的收益分配时,应当全面分析企业所属企业集团的全球营运流程,充分考虑各方在无形资产开发、价值提升、维护、保护、应用和推广中的价值贡献,无形资产价值的实现方式,无形资产与集团内其他业务的功能、风险和资产的相互作用。

企业仅拥有无形资产所有权而未对无形资产价值做出贡献的,不应当参与无形资产收益分配。无形资产形成和使用过程中,仅提供资金而未实际执行相关功能和承担相应风险的,应当仅获得合理的资金成本回报。

2. 收取或者支付特许权使用费的调整

企业与其关联方转让或者受让无形资产使用权而收取或者支付的特许权使用费,应当根据下列情形适时调整,未适时调整的,税务机关可以实施特别纳税调整:

(1) 无形资产价值发生根本性变化;

（2）按照营业常规，非关联方之间的可比交易应当存在特许权使用费调整机制；

（3）无形资产使用过程中，企业及其关联方执行的功能、承担的风险或者使用的资产发生变化；

（4）企业及其关联方对无形资产进行后续开发、价值提升、维护、保护、应用和推广做出贡献而未得到合理补偿。

3. 全额实施特别纳税调整的特许权使用费

（1）企业与其关联方转让或者受让无形资产使用权而收取或者支付的特许权使用费，应当与无形资产为企业或者其关联方带来的经济利益相匹配。与经济利益不匹配而减少企业或者其关联方应纳税收入或者所得额的，税务机关可以实施特别纳税调整。未带来经济利益，且不符合独立交易原则的，税务机关可以按照已税前扣除的金额全额实施特别纳税调整。

（2）企业向仅拥有无形资产所有权而未对其价值创造做出贡献的关联方支付特许权使用费，不符合独立交易原则的，税务机关可以按照已税前扣除的金额全额实施特别纳税调整。

（3）企业以融资上市为主要目的在境外成立控股公司或者融资公司，仅因融资上市活动所产生的附带利益向境外关联方支付特许权使用费，不符合独立交易原则的，税务机关可以按照已税前扣除的金额全额实施特别纳税调整。

（三）劳务关联交易的转让定价调整

税务总局公告2017年第6号第三十四条至第三十六条规定了劳务关联交易的转让定价调整。

1. 受益性劳务交易

企业与其关联方发生劳务交易支付或者收取价款不符合独立交易原则而减少企业或者其关联方应纳税收入或者所得额的，税务机关可以实施特别纳税调整。

符合独立交易原则的关联劳务交易应当是受益性劳务交易，并且按照非关联方在相同或者类似情形下的营业常规和公平成交价格进行定价。受益性劳务是指能够为劳务接受方带来直接或者间接经济利益，且非关联方在相同或者类似情形下，愿意购买或者愿意自行实施的劳务活动。

2. 非受益性劳务

企业向其关联方支付非受益性劳务的价款，税务机关可以按照已税前扣除的金额全额实施特别纳税调整。非受益性劳务主要包括以下情形：

（1）劳务接受方从其关联方接受的，已经购买或者自行实施的劳务活动。

（2）劳务接受方从其关联方接受的，为保障劳务接受方的直接或者间接投资方的投资利益而实施的控制、管理和监督等劳务活动。该劳务活动主要包括：

——董事会活动、股东会活动、监事会活动和发行股票等服务于股东的活动；

——与劳务接受方的直接或者间接投资方、集团总部和区域总部的经营报告或者财务报告编制及分析有关的活动；

——与劳务接受方的直接或者间接投资方、集团总部和区域总部的经营及资本运作有关的筹资活动；

——为集团决策、监管、控制、遵从需要所实施的财务、税务、人事、法务等活动；

——其他类似情形。

（3）劳务接受方从其关联方接受的，并非针对其具体实施的，只是因附属于企业集团而获得额外收益的劳务活动。该劳务活动主要包括：

——为劳务接受方带来资源整合效应和规模效应的法律形式改变、债务重组、股权收购、资产收购、合并、分立等集团重组活动；

——由于企业集团信用评级提高，为劳务接受方带来融资成本下降等利益的相关活动；

——其他类似情形。

（4）劳务接受方从其关联方接受的，已经在其他关联交易中给予补偿的劳务活动。该劳务活动主要包括：

——从特许权使用费支付中给予补偿的与专利权或者非专利技术相关的服务；

——从贷款利息支付中给予补偿的与贷款相关的服务；

——其他类似情形。

（5）与劳务接受方执行的功能和承担的风险无关，或者不符合劳务接受方经营需要的关联劳务活动。

（6）其他不能为劳务接受方带来直接或者间接经济利益，或者非关联方不愿意购买或者不愿意自行实施的关联劳务活动。

3. 关联劳务交易价格的确定方法

企业接受或者提供的受益性劳务应当充分考虑劳务的具体内容和特性，劳务提供方的功能、风险、成本和费用，劳务接受方的受益情况、市场环境，交易双方的财务状况，以及可比交易的定价情况等因素，按照本办法的有关规定选择合理的转让定价方法，并遵循以下原则：

（1）关联劳务能够分别按照各劳务接受方、劳务项目为核算单位归集相关劳务成本费用的，应当以劳务接受方、劳务项目合理的成本费用为基础，确定交易价格；

（2）关联劳务不能分别按照各劳务接受方、劳务项目为核算单位归集相关劳务成本费用的，应当采用合理标准和比例向各劳务接受方分配，并以分配的成本费用为基础，确定交易价格。分配标准应当根据劳务性质合理确定，可以根据实际情况采用营业收入、营运资产、人员数量、人员工资、设备使用量、数据流量、工作时间以及其他合理指标，分配结果应当与劳务接受方的受益程度相匹配。非受益性劳务的相关成本费用支出不得计入分配基数。

第四节 成本分摊协议

一、成本分摊协议的基本规定

《企业所得税法》第四十一条第二款规定，企业与其关联方共同开发、受让无形资产，或者共同提供、接受劳务发生的成本，在计算应纳税所得额时应当按照独立交易原则进行分摊。《企业所得税法实施条例》第一百一十二条规定，企业可以依照《企业所得税法》第四十一条第二款的规定，按照独立交易原则与其关联方分摊共同发生的成本，达成成本分摊协议。企业与其关联方分摊成本时,应当按照成本与预期收益相配比的原则进行分摊,并在税务机关规定的期限内,按照税务机关的要求报送有关资料。企业与其关联方分摊成本时违反本条第一款、第二款规定的,其自行分摊的成本不得在计算应纳税所得额时扣除。

二、成本分摊协议的参与方及其权利和义务

依据国税发〔2009〕2号文件第六十四条至第六十六条的规定,企业与其关联方可根据《企业所得税法》第四十一条第二款及《企业所得税法实施条例》第一百一十二条的规定签署成本分摊协议,共同开发、受让无形资产,或者共同提供、接受劳务。

成本分摊协议的参与方对开发、受让的无形资产或参与的劳务活动享有受益权,并承担相应的活动成本。关联方承担的成本应与非关联方在可比条件下为获得上述受益权而支付的成本相一致。

参与方使用成本分摊协议所开发或受让的无形资产不需另支付特许权使用费。

企业对成本分摊协议所涉及无形资产或劳务的受益权应有合理的、可计量的预期收益,且以合理商业假设和营业常规为基础。

依据国税发〔2009〕2号文件第七十三条的规定,企业可采取预约定价安排的方式达成成本分摊协议。

三、成本分摊协议的适用范围

依据《企业所得税法》第四十一条第二款和《企业所得税法实施条例》第一百一十二条的规定,成本分摊协议适用于共同开发、受让无形资产,或者共同提供、接受劳务。国税发〔2009〕2号文件第六十七条明确,涉及劳务的成本分摊协议一般适用于集团采购和集团营销策划。

四、成本分摊协议的主要内容

依据国税发〔2009〕2号文件第六十八条的规定,成本分摊协议主要包括以下内容:

(1)参与方的名称、所在国家(地区)、关联关系、在协议中的权利和义务;

(2)成本分摊协议所涉及的无形资产或劳务的内容、范围,协议涉及研发或劳务活动的具体承担者及其职责、任务;

(3)协议期限;

(4)参与方预期收益的计算方法和假设;

(5)参与方初始投入和后续成本支付的金额、形式、价值确认的方法以及符合独立交易原则的说明;

(6)参与方会计方法的运用及变更说明;

(7)参与方加入或退出协议的程序及处理规定;

(8)参与方之间补偿支付的条件及处理规定;

(9)协议变更或终止的条件及处理规定;

(10)非参与方使用协议成果的规定。

五、参与方变更或协议终止的处理

依据国税发〔2009〕2号文件第七十条的规定,已经执行并形成一定资产的成本分摊协议,参与方发生变更或协议终止执行,应根据独立交易原则做如下处理:

（1）加入支付，即新参与方为获得已有协议成果的受益权应做出合理的支付；

（2）退出补偿，即原参与方退出协议安排，将已有协议成果的受益权转让给其他参与方应获得合理的补偿；

（3）参与方变更后，应对各方受益和成本分摊情况做出相应调整；

（4）协议终止时，各参与方应对已有协议成果做出合理分配。

企业不按独立交易原则对上述情况做出处理而减少其应纳税所得额的，税务机关有权做出调整。

国税发〔2009〕2号文件第七十一条规定，成本分摊协议执行期间，参与方实际分享的收益与分摊的成本不相配比的，应根据实际情况做出补偿调整。

六、成本分摊协议的备案和后续管理

《国家税务总局关于规范成本分摊协议管理的公告》（税务总局公告2015年第45号）要求，企业应自与关联方签订（变更）成本分摊协议之日起30日内，向主管税务机关报送成本分摊协议副本，并在年度企业所得税纳税申报时，附送企业年度关联业务往来报告表。

税务机关应当加强成本分摊协议的后续管理，对不符合独立交易原则和成本与收益相匹配原则的成本分摊协议，实施特别纳税调查调整。

企业执行成本分摊协议期间，参与方实际分享的收益与分摊的成本不配比的，应当根据实际情况做出补偿调整。参与方未做补偿调整的，税务机关应当实施特别纳税调查调整。

七、成本分摊协议的税务处理

依据国税发〔2009〕2号文件第七十二条的规定，对于符合独立交易原则的成本分摊协议，有关税务处理如下：

（1）企业按照协议分摊的成本，应在协议规定的各年度税前扣除；

（2）涉及补偿调整的，应在补偿调整的年度计入应纳税所得额；

（3）涉及无形资产的成本分摊协议，加入支付、退出补偿或终止协议时对协议成果分配的，应按资产购置或处置的有关规定处理。

依据国税发〔2009〕2号文件第七十五条的规定，企业与其关联方签署成本分摊协议，有下列情形之一的，其自行分摊的成本不得税前扣除：

（1）不具有合理商业目的和经济实质；

（2）不符合独立交易原则；

（3）没有遵循成本与收益配比原则；

（4）未按有关规定备案或准备、保存和提供有关成本分摊协议的同期资料；

（5）自签署成本分摊协议之日起经营期限少于20年。

第五节　预约定价安排

一、预约定价安排的基本规定

（一）《企业所得税法》及其实施条例的规定

《企业所得税法》第四十二条规定，企业可以向税务机关提出与其关联方之间业务往来的定价原则和计算方法，税务机关与企业协商、确认后，达成预约定价安排。《企业所得

税法实施条例》第一百一十三条规定,《企业所得税法》第四十二条所称预约定价安排,是指企业就其未来年度关联交易的定价原则和计算方法,向税务机关提出申请,与税务机关按照独立交易原则协商、确认后达成的协议。

(二)《税收征管法实施细则》的规定

《税收征管法实施细则》第五十三条规定,纳税人可以向主管税务机关提出与其关联企业之间业务往来的定价原则和计算方法,主管税务机关审核、批准后,与纳税人预先约定有关定价事项,监督纳税人执行。

二、预约定价安排的适用范围

《国家税务总局关于完善预约定价安排管理有关事项的公告》(国家税务总局公告2016年第64号发布、2018年第31号修改,以下简称税务总局公告2016年第64号)明确了预约定价安排的适用范围。

(一)未来适用年度

税务总局公告2016年第64号第三条第一款规定,预约定价安排适用于主管税务机关向企业送达接收其谈签意向的《税务事项通知书》之日所属纳税年度起3至5个年度的关联交易。

(二)追溯适用年度

税务总局公告2016年第64号第三条第二款规定,企业以前年度的关联交易与预约定价安排适用年度相同或者类似的,经企业申请,税务机关可以将预约定价安排确定的定价原则和计算方法追溯适用于以前年度该关联交易的评估和调整。追溯期最长为10年。

税务总局公告2016年第64号第四条明确,预约定价安排一般适用于主管税务机关向企业送达接收其谈签意向的《税务事项通知书》之日所属纳税年度前3个年度每年度发生的关联交易金额4 000万元人民币以上的企业。

预约定价安排的谈签不影响税务机关对企业不适用预约定价安排的年度及关联交易的特别纳税调查调整和监控管理。

税务总局公告2016年第64号所称主管税务机关是指负责特别纳税调整事项的税务机关。

三、预约定价安排的类型

依据税务总局公告2016年第64号第二条的规定,预约定价安排包括单边、双边和多边3种类型。

依据税务总局公告2016年第64号第十七条的规定,预约定价安排同时涉及两个或者两个以上省、自治区、直辖市和计划单列市税务机关的,由国家税务总局统一组织协调。企业申请此类单边预约定价安排的,应当同时向国家税务总局及其指定的税务机关提出谈签预约定价安排的相关申请。国家税务总局可以与企业统一签署单边预约定价安排,或者指定税务机关与企业统一签署单边预约定价安排,也可以由各主管税务机关与企业分别签署单边预约定价安排。

税务总局公告2016年第64号第十八条明确,单边预约定价安排涉及一个省、自治区、直辖市和计划单列市内两个或者两个以上主管税务机关的,由省、自治区、直辖市和计划单列市相应税务机关统一组织协调。

四、预约定价安排的工作流程

依据税务总局公告 2016 年第 64 号第二条的规定,预约定价安排的谈签与执行经过预备会谈、谈签意向、分析评估、正式申请、协商签署和监控执行 6 个阶段。

(一) 预备会谈

税务总局公告 2016 年第 64 号第五条规定,企业有谈签预约定价安排意向的,应当向税务机关书面提出预备会谈申请。税务机关可以与企业开展预备会谈。

1. 提出预备会谈申请

企业申请单边预约定价安排的,应当向主管税务机关书面提出预备会谈申请,提交《预约定价安排预备会谈申请书》(见表 10-25)。主管税务机关组织与企业开展预备会谈。

企业申请双边或者多边预约定价安排的,应当同时向国家税务总局和主管税务机关书面提出预备会谈申请,提交《预约定价安排预备会谈申请书》。国家税务总局统一组织与企业开展预备会谈。

表 10-25 预约定价安排预备会谈申请书(样本)

预约定价安排预备会谈申请书

_____税务局:
 根据
 □《中华人民共和国企业所得税法》及其实施条例
 □《中华人民共和国税收征收管理法》及其实施细则
 □中华人民共和国(政府)与_____(政府)间签订并执行的避免双重征税协定、协议或者安排的有关规定,现就我企业与关联方之间的业务往来,提出
 □单边预约定价安排预备会谈申请
 □双边预约定价安排预备会谈申请
 □多边预约定价安排预备会谈申请
                 联系人:
                 联系电话:
 附报资料:共   份   页
 1._____
 2._____
 3._____
  ……
                企业名称(盖章):
           纳税人识别号(统一社会信用代码):
                法定代表人(签章):
                   年   月   日

2. 预备会谈的内容

预备会谈期间,企业应当就以下内容作出简要说明:

(1) 预约定价安排的适用年度;

(2) 预约定价安排涉及的关联方及关联交易;

(3) 企业及其所属企业集团的组织结构和管理架构;

(4) 企业最近 3~5 个年度生产经营情况、同期资料等;

(5) 预约定价安排涉及各关联方功能和风险的说明,包括功能和风险划分所依据的机构、人员、费用、资产等;

(6)市场情况的说明,包括行业发展趋势和竞争环境等;
(7)是否存在成本节约、市场溢价等地域特殊优势;
(8)预约定价安排是否追溯适用以前年度;
(9)其他需要说明的情况。
企业申请双边或者多边预约定价安排的,说明内容还应当包括:
(1)向税收协定缔约对方税务主管当局提出预约定价安排申请的情况;
(2)预约定价安排涉及的关联方最近3至5个年度生产经营情况及关联交易情况;
(3)是否涉及国际重复征税及其说明。

3. 其他要求

预备会谈期间,企业应当按照税务机关的要求补充资料。

(二)谈签意向

税务总局公告2016年第64号第六条规定,税务机关和企业在预备会谈期间达成一致意见的,主管税务机关向企业送达同意其提交谈签意向的《税务事项通知书》。企业收到《税务事项通知书》后向税务机关提出谈签意向。

1. 提出谈签意向

企业申请单边预约定价安排的,应当向主管税务机关提交《预约定价安排谈签意向书》(见表10-26),并附送单边预约定价安排申请草案。

企业申请双边或者多边预约定价安排的,应当同时向国家税务总局和主管税务机关提交《预约定价安排谈签意向书》,并附送双边或者多边预约定价安排申请草案。

表10-26 预约定价安排谈签意向书(样本)

预约定价安排谈签意向书
＿＿＿＿＿＿税务局: 根据   □《中华人民共和国企业所得税法》及其实施条例   □《中华人民共和国税收征收管理法》及其实施细则   □中华人民共和国(政府)与＿＿＿＿(政府)间签订并执行的避免双重征税协定、协议或者安排的有关规定,按照你局＿＿年＿＿月＿＿日送达我企业的《税务事项通知书》(＿＿＿＿税意向〔 〕 号)的要求,现就我企业与关联方＿＿＿＿＿＿＿＿(关联企业或者个人全称)之间的业务往来,提出   □单边预约定价安排谈签意向   □双边预约定价安排谈签意向   □多边预约定价安排谈签意向   请予签收。   附报资料:共 份 页   1.＿＿＿＿＿＿＿＿＿＿＿＿＿＿＿＿   2.＿＿＿＿＿＿＿＿＿＿＿＿＿＿＿＿   3.＿＿＿＿＿＿＿＿＿＿＿＿＿＿＿＿   ……   企业名称(盖章):   纳税人识别号(统一社会信用代码):   法定代表人(签章):   年 月 日

2. 申请草案的内容

单边预约定价安排申请草案应当包括以下内容：

（1）预约定价安排的适用年度；

（2）预约定价安排涉及的关联方及关联交易；

（3）企业及其所属企业集团的组织结构和管理架构；

（4）企业最近3～5个年度生产经营情况、财务会计报告、审计报告、同期资料等；

（5）预约定价安排涉及各关联方功能和风险的说明，包括功能和风险划分所依据的机构、人员、费用、资产等；

（6）预约定价安排使用的定价原则和计算方法，以及支持这一定价原则和计算方法的功能风险分析、可比性分析和假设条件等；

（7）价值链或者供应链分析，以及对成本节约、市场溢价等地域特殊优势的考虑；

（8）市场情况的说明，包括行业发展趋势和竞争环境等；

（9）预约定价安排适用期间的年度经营规模、经营效益预测以及经营规划等；

（10）预约定价安排是否追溯适用以前年度；

（11）对预约定价安排有影响的境内、外行业相关法律、法规；

（12）企业关于不存在本条第（三）项所列举情形（即税务机关可以拒绝企业提交谈签意向的情形，笔者注）的说明；

（13）其他需要说明的情况。

双边或者多边预约定价安排申请草案还应当包括：

（1）向税收协定缔约对方税务主管当局提出预约定价安排申请的情况；

（2）预约定价安排涉及的关联方最近3至5个年度生产经营情况及关联交易情况；

（3）是否涉及国际重复征税及其说明。

3. 拒绝谈签意向

有下列情形之一的，税务机关可以拒绝企业提交谈签意向：

（1）税务机关已经对企业实施特别纳税调整立案调查或者其他涉税案件调查，且尚未结案的；

（2）未按照有关规定填报年度关联业务往来报告表；

（3）未按照有关规定准备、保存和提供同期资料；

（4）预备会谈阶段税务机关和企业无法达成一致意见。

（三）分析评估

税务总局公告2016年第64号第七条要求，企业提交谈签意向后，税务机关应当分析预约定价安排申请草案内容，评估其是否符合独立交易原则。根据分析评估的具体情况可以要求企业补充提供有关资料。税务机关可以从以下方面进行分析评估：

（1）功能和风险状况。分析评估企业与其关联方之间在供货、生产、运输、销售等各环节以及在研究、开发无形资产等方面各自作出的贡献、执行的功能以及在存货、信贷、外汇、市场等方面承担的风险。

（2）可比交易信息。分析评估企业提供的可比交易信息，对存在的实质性差异进行调整。

（3）关联交易数据。分析评估预约定价安排涉及的关联交易的收入、成本、费用和利润是否单独核算或者按照合理比例划分。

(4)定价原则和计算方法。分析评估企业在预约定价安排中采用的定价原则和计算方法。如申请追溯适用以前年度的,应当作出说明。

(5)价值链分析和贡献分析。评估企业对价值链或者供应链的分析是否完整、清晰,是否充分考虑成本节约、市场溢价等地域特殊优势,是否充分考虑本地企业对价值创造的贡献等。

(6)交易价格或者利润水平。根据上述分析评估结果,确定符合独立交易原则的价格或者利润水平。

(7)假设条件。分析评估影响行业利润水平和企业生产经营的因素及程度,合理确定预约定价安排适用的假设条件。

依据税务总局公告2016年第64号第八条的规定,分析评估阶段,税务机关可以与企业就预约定价安排申请草案进行讨论。税务机关可以进行功能和风险实地访谈。税务机关认为预约定价安排申请草案不符合独立交易原则的,企业应当与税务机关协商,并进行调整。

(四)正式申请

依据税务总局公告2016年第64号第八条的规定,税务机关认为预约定价安排申请草案符合独立交易原则的,主管税务机关向企业送达同意其提交正式申请的《税务事项通知书》,企业收到通知后,可以向税务机关提交《预约定价安排正式申请书》(见表10-27),并附送预约定价安排正式申请报告。

1. 提交申请资料

企业申请单边预约定价安排的,应当向主管税务机关提交上述资料。企业申请双边或者多边预约定价安排的,应当同时向国家税务总局和主管税务机关提交上述资料,并按照有关规定提交启动特别纳税调整相互协商程序的申请。

表10-27 预约定价安排正式申请书(样本)

预约定价安排正式申请书
_____税务局:
根据
□《中华人民共和国企业所得税法》及其实施条例
□《中华人民共和国税收征收管理法》及其实施细则
□中华人民共和国(政府)与_____(政府)间签订并执行的避免双重征税协定、协议或者安排的有关规定,按照你局____年__月__日送达我企业的《税务事项通知书》(_____税预约〔 〕号)的要求,现就我企业与关联方_____(关联企业或者个人全称)之间的业务往来,提出
□单边预约定价安排正式申请
□双边预约定价安排正式申请
□多边预约定价安排正式申请
请予签收。
附报资料:共　份　页
1. _____
2. _____
3. _____
……
企业名称(盖章):
纳税人识别号(统一社会信用代码):
法定代表人(签章):
年　月　日

2. 优先受理条件

依据税务总局公告2016年第64号第十六条的规定,有下列情形之一的,税务机关可以优先受理企业提交的申请:

(1)企业关联申报和同期资料完备合理,披露充分;

(2)企业纳税信用级别为A级;

(3)税务机关曾经对企业实施特别纳税调查调整,并已经结案;

(4)签署的预约定价安排执行期满,企业申请续签,且预约定价安排所述事实和经营环境没有发生实质性变化;

(5)企业提交的申请材料齐备,对价值链或者供应链的分析完整、清晰,充分考虑成本节约、市场溢价等地域特殊因素,拟采用的定价原则和计算方法合理;

(6)企业积极配合税务机关开展预约定价安排谈签工作;

(7)申请双边或者多边预约定价安排的,所涉及的税收协定缔约对方税务主管当局有较强的谈签意愿,对预约定价安排的重视程度较高;

(8)其他有利于预约定价安排谈签的因素。

3. 拒绝受理条件

有下列情形之一的,税务机关可以拒绝企业提交正式申请:

(1)预约定价安排申请草案拟采用的定价原则和计算方法不合理,且企业拒绝协商调整;

(2)企业拒不提供有关资料或者提供的资料不符合税务机关要求,且不按时补正或者更正;

(3)企业拒不配合税务机关进行功能和风险实地访谈;

(4)其他不适合谈签预约定价安排的情况。

(五)协商签署

税务总局公告2016年第64号第九条规定,税务机关应当在分析评估的基础上形成协商方案,并据此开展协商工作。

1. 拟定文本

主管税务机关与企业开展单边预约定价安排协商,协商达成一致的,拟定单边预约定价安排文本(参照文本见表10-28)。

国家税务总局与税收协定缔约对方税务主管当局开展双边或者多边预约定价安排协商,协商达成一致的,拟定双边或者多边预约定价安排文本。

表10-28　单边预约定价安排(样本)

单边预约定价安排
根据《中华人民共和国企业所得税法》及其实施条例和《中华人民共和国税收征收管理法》及其实施细则的有关规定,经_____(企业)正式申请,_____税务局确认,双方愿意签署本预约定价安排。
第一条　一般定义
在本预约定价安排中,除上下文另有解释的以外: (一)"主管税务机关"是指_____税务局。 (二)"纳税人"是指_____(企业),纳税人识别号(统一社会信用代码)_____,地址_____。
第二条　适用范围
(一)税种范围:本预约定价安排适用所得税以及其他税种。 (二)企业与其关联方之间业务往来类型:本预约定价安排适用于企业与其关联方_____之间的_____业务往来。

续表

第三条 适用期间 本预约定价安排适用于___年至___年共_个纳税年度,每一纳税年度自_月_日至_月_日。 第四条 关键假设 本预约定价安排选用的定价原则和计算方法是基于以下假设条件: _____ 在执行期内,若上述假设条件发生变化,企业应在发生变化30日内向主管税务机关报告,双方视具体情况修订或终止本预约定价安排。 第五条 转让定价方法 _____(企业)与其关联方之间___(关联交易)采用的转让定价原则和计算方法为_____。(每一关联交易分别列明) 第六条 年度报告 在预约定价安排适用期间,企业应在每个纳税年度终了后六个月内提交预约定价安排执行情况的年度报告,并提交如下资料: _____ 第七条 预约定价安排的效力 在本预约定价安排适用期间,双方均应遵照执行。如果企业没有遵照执行,主管税务机关可视具体情况进行处理,或单方终止本预约定价安排。 第八条 预约定价安排的续签 本预约定价安排不作为续签的依据。企业应当按照有关规定提出续签申请。 第九条 争议的解决 如双方就本预约定价安排的实施和解释发生歧义,应先协商解决。经协商不能解决的,双方均可向上一级税务机关申请协调;预约定价安排同时涉及两个或者两个以上省、自治区、直辖市和计划单列市税务机关的,双方均可向国家税务总局申请协调。如果企业不能接受协调结果,可以考虑修订或终止本预约定价安排。 第十条 保密义务和责任 主管税务机关与企业在本预约定价安排的谈签及执行过程中获取的信息,双方均负有保密义务。 国家税务总局可以按照有关规定与其他国家(地区)税务主管当局就单边预约定价安排文本实施信息交换(涉及国家安全的信息除外)。 第十一条 生效、修订与终止 本预约定价安排自双方法定代表人或其授权人签字盖章后生效。 由主管税务机关和企业的法定代表人或者其授权代表于___年___月___日在_____签署本预约定价安排。 主管税务机关或企业修订或终止预约定价安排,均应书面通知对方。通知内容包括修订或终止时间及原因。 第十二条 附则 本预约定价安排应当使用中文,一式_份,主管税务机关和企业各执一份。 _____税务局   _____(企业) 签名: 日期: 签名: 日期: 职务: 盖章: 职务: 盖章:

2. 文本内容

预约定价安排文本可以包括以下内容:

(1)企业及其关联方名称、地址等基本信息;

(2)预约定价安排涉及的关联交易及适用年度;

(3)预约定价安排选用的定价原则和计算方法,以及可比价格或者可比利润水平等;

(4)与转让定价方法运用和计算基础相关的术语定义;

(5)假设条件及假设条件变动通知义务;

(6)企业年度报告义务;

(7)预约定价安排的效力;

(8)预约定价安排的续签;

(9) 预约定价安排的生效、修订和终止；

(10) 争议的解决；

(11) 文件资料等信息的保密义务；

(12) 单边预约定价安排的信息交换；

(13) 附则。

3. 签署文本

主管税务机关与企业就单边预约定价安排文本达成一致后，双方的法定代表人或者法定代表人授权的代表签署单边预约定价安排。

国家税务总局与税收协定缔约对方税务主管当局就双边或者多边预约定价安排文本达成一致后，双方或者多方税务主管当局授权的代表签署双边或者多边预约定价安排。国家税务总局应当将预约定价安排转发主管税务机关。主管税务机关应当向企业送达《税务事项通知书》，附送预约定价安排，并做好执行工作。

4. 补（退）税款

预约定价安排涉及适用年度或者追溯年度补（退）税款的，税务机关应当按照纳税年度计算应补征或者退还的税款，并向企业送达《预约定价安排补（退）税款通知书》（见表10-29及其附表）。

表10-29 预约定价安排补（退）税款通知书（样本）

_____税务局
预约定价安排补（退）税款通知书
___税预调〔 〕 号

_____（企业名称）：

根据

□我局与你企业于_____年___月___日签署的_____（单边预约定价安排名称）

□中国税务主管当局与_____税务主管当局于___年___月___日签署的_____（双边或者多边预约定价安排名称）的有关规定，对你企业自_____年至_____年的纳税年度进行如下调整：

1. 调增（减）你企业应纳税所得额_____元，应补（退）企业所得税_____元，并按规定加收利息；

2. 调增（减）你企业应纳税收入_____元，应补（退）_____税_____元；

……

需要补缴税款的，你企业应当自收到本通知书之日起___日内，向_____税务局缴纳上述税款及利息。逾期未缴纳税款的，按照《中华人民共和国税收征收管理法》有关规定执行。

特此通知。

附：1. 企业所得税调整项目表

2. 其他税种调整项目表

3. 各项税收应补（退）明细表

税务机关（公章）：

年 月 日

表 10-29(附 1)　　　　　　　　　　企业所得税调整项目表
　　　　　　　　　　　　　　　　　　　所属年度(　　)

企业名称：
纳税人识别号(统一社会信用代码)：　　　　　　　　　　　　　　　　金额单位:元(列至角分)

调整项目	摘要	应纳税所得额	
		调增	调减
小　计			
净增(减)额			
预约定价安排调整前应纳税所得额			
弥补以前年度亏损额			
调整当年度亏损额			
预约定价安排调整后应纳税所得额			

表 10-29(附 2)　　　　　　　　　　其他税种调整项目表
　　　　　　　　　　　　　　　　　　　所属年度(　　)

企业名称：
纳税人识别号(统一社会信用代码)：　　　　　　　　　　　　　　　　金额单位:元(列至角分)

税种	调整项目	摘要	调增	调减
	小计			

表 10-29（附 3）　　　　　　　　各项税收应补（退）明细表

企业名称：

纳税人识别号（统一社会信用代码）：　　　　　　　　　　　　　　　　金额单位：元（列至角分）

税种	所属年度	应交税额	已交税额	应补（退）税额
合　计				

使用说明：

①本通知书依据《中华人民共和国企业所得税法》及其实施条例和《中华人民共和国税收征收管理法》及其实施细则的有关规定设置。

②适用范围：税务机关根据预约定价安排对企业作出追溯调整时使用。

③"你企业应当自收到本通知书之日起____日内"所填天数应当比照《中华人民共和国税收征收管理法实施细则》第七十三条规定限期缴纳税款的期限填写。

④"应交税额"填写根据预约定价安排企业应当追溯调整的税款金额。

⑤"已交税额"填写企业在收到《预约定价安排补（退）税款通知书》前已经自行缴纳的税款金额。

⑥税务机关应当根据实际情况列示应补（退）的具体税种及税款。应当加收利息的，按照《中华人民共和国企业所得税法实施条例》第一百二十二条规定的人民币贷款基准利率执行。

⑦本通知书应由主管税务机关负责人批准。

⑧本通知书与《税务文书送达回证》一并使用。

⑨本通知书为 A4 竖式，一式三份，一份送企业，一份送税务机关征收管理部门，一份由税务机关负责预约定价安排事项的部门归档。

（六）监控执行

税务总局公告 2016 年第 64 号第十条要求，税务机关应当监控预约定价安排的执行情况。

（1）预约定价安排执行期间，企业应当完整保存与预约定价安排有关的文件和资料，包括账簿和有关记录等，不得丢失、销毁和转移。

企业应当在纳税年度终了后 6 个月内，向主管税务机关报送执行预约定价安排情况的纸质版和电子版年度报告，主管税务机关将电子版年度报告报送国家税务总局；涉及双边或者多边预约定价安排的，企业应当向主管税务机关报送执行预约定价安排情况的纸质版和电子版年度报告，同时将电子版年度报告报送国家税务总局。

年度报告应当说明报告期内企业经营情况以及执行预约定价安排的情况。需要修订、终止预约定价安排,或者有未决问题或者预计将要发生问题的,应当作出说明。

(2)预约定价安排执行期间,主管税务机关应当每年监控企业执行预约定价安排的情况。监控内容主要包括:企业是否遵守预约定价安排条款及要求;年度报告是否反映企业的实际经营情况;预约定价安排所描述的假设条件是否仍然有效等。

(3)预约定价安排执行期间,企业发生影响预约定价安排的实质性变化,应当在发生变化之日起 30 日内书面报告主管税务机关,详细说明该变化对执行预约定价安排的影响,并附送相关资料。由于非主观原因而无法按期报告的,可以延期报告,但延长期限不得超过 30 日。

税务机关应当在收到企业书面报告后,分析企业实质性变化情况,根据实质性变化对预约定价安排的影响程度,修订或者终止预约定价安排。签署的预约定价安排终止执行的,税务机关可以和企业按照税务总局公告 2016 年第 64 号规定的程序和要求,重新谈签预约定价安排。

(4)税务总局公告 2016 年第 64 号第十一条规定,预约定价安排执行期满后自动失效。企业申请续签的,应当在预约定价安排执行期满之日前 90 日内向税务机关提出续签申请,报送《预约定价安排续签申请书》(见表 10-30),并提供执行现行预约定价安排情况的报告,现行预约定价安排所述事实和经营环境是否发生实质性变化的说明材料以及续签预约定价安排年度的预测情况等相关资料。

表 10-30　预约定价安排续签申请书(样本)

预约定价安排续签申请书
＿＿＿＿＿＿＿税务局: 　　□我企业与你局于＿＿＿年＿＿＿月＿＿＿日签署的＿＿＿＿＿＿＿(单边预约定价安排名称) 　　□中国税务主管当局与＿＿＿＿＿＿税务主管当局于＿＿＿年＿＿＿月＿＿＿日签署的＿＿＿＿＿＿(双边或者多边预约定价安排名称)将于＿＿＿年＿＿＿月＿＿＿日适用期满,期满后,拟就未来年度(即＿＿＿年度至＿＿＿年度)与关联方之间的业务往来提出续签申请。 　　　　　　　　　　　　　　　　　　　　企业名称(盖章): 　　　　　　　　　　　　　　　　　　　　纳税人识别号(统一社会信用代码): 　　　　　　　　　　　　　　　　　　　　法定代表人(签章): 　　　　　　　　　　　　　　　　　　　　　　　　　年　　月　　日 附:1. 执行现行预约定价安排情况的报告(纳税人提供); 　　2. 现行预约定价安排所述事实和经营环境未发生实质性变化的说明材料以及续签预约定价安排年度的预测情况(纳税人提供)。

(5)税务总局公告 2016 年第 64 号第十二条规定,预约定价安排采用四分位法确定价格或者利润水平,在预约定价安排执行期间,如果企业当年实际经营结果在四分位区间之外,税务机关可以将实际经营结果调整到四分位区间中位值。预约定价安排执行期满,企业各年度经营结果的加权平均值低于区间中位值,且未调整至中位值的,税务机关不再受理续签申请。

双边或者多边预约定价安排执行期间存在上述问题的,主管税务机关应当及时将有关情况层报国家税务总局。

五、预约定价安排的暂停和终止

(1) 税务总局公告 2016 年第 64 号第十三条规定,预约定价安排执行期间,主管税务机关与企业发生分歧的,双方应当进行协商。协商不能解决的,可以报上一级税务机关协调;涉及双边或者多边预约定价安排的,必须层报国家税务总局协调。对上一级税务机关或者国家税务总局的决定,下一级税务机关应当予以执行。企业仍不能接受的,可以终止预约定价安排的执行。

(2) 税务总局公告 2016 年第 64 号第十四条规定,在预约定价安排签署前,税务机关和企业均可暂停、终止预约定价安排程序。税务机关发现企业或者其关联方故意不提供与谈签预约定价安排有关的必要资料,或者提供虚假、不完整资料,或者存在其他不配合的情形,使预约定价安排难以达成一致的,可以暂停、终止预约定价安排程序。涉及双边或者多边预约定价安排的,经税收协定缔约各方税务主管当局协商,可以暂停、终止预约定价安排程序。税务机关暂停、终止预约定价安排程序的,应当向企业送达《税务事项通知书》,并说明原因;企业暂停、终止预约定价安排程序的,应当向税务机关提交书面说明。

(3) 税务总局公告 2016 年第 64 号第十五条规定,没有按照规定的权限和程序签署预约定价安排,或者税务机关发现企业隐瞒事实的,应当认定预约定价安排自始无效,并向企业送达《税务事项通知书》,说明原因;发现企业拒不执行预约定价安排或者存在违反预约定价安排的其他情况,可以视情况进行处理,直至终止预约定价安排。

六、预约定价安排的相关权利和义务

(1) 税务总局公告 2016 年第 64 号第十九条规定,税务机关与企业在预约定价安排谈签过程中取得的所有信息资料,双方均负有保密义务。除依法应当向有关部门提供信息的情况外,未经纳税人同意,税务机关不得以任何方式泄露预约定价安排相关信息。

税务机关与企业不能达成预约定价安排的,税务机关在协商过程中所取得的有关企业的提议、推理、观念和判断等非事实性信息,不得用于对该预约定价安排涉及关联交易的特别纳税调查调整。

(2) 税务总局公告 2016 年第 64 号第二十条规定,除涉及国家安全的信息以外,国家税务总局可以按照对外缔结的国际公约、协定、协议等有关规定,与其他国家(地区)税务主管当局就 2016 年 4 月 1 日以后签署的单边预约定价安排文本实施信息交换。企业应当在签署单边预约定价安排时提供其最终控股公司、上一级直接控股公司及单边预约定价安排涉及的境外关联方所在国家(地区)的名单。

第六节　受控外国企业

一、受控外国企业的基本规定

《企业所得税法》第四十五条规定,由居民企业,或者由居民企业和中国居民控制的设立在实际税负明显低于本法第四条第一款规定税率水平的国家(地区)的企业,并非由于合理的经营需要而对利润不作分配或者减少分配的,上述利润中应归属于该居民企业的部分,应当计入该居民企业的当期收入。

《企业所得税法实施条例》第一百一十六条规定,《企业所得税法》第四十五条所称中

国居民,是指根据《中华人民共和国个人所得税法》的规定,就其从中国境内、境外取得的所得在中国缴纳个人所得税的个人。

《企业所得税法实施条例》第一百一十七条规定,《企业所得税法》第四十五条所称控制,包括:

(1)居民企业或者中国居民直接或者间接单一持有外国企业10%以上有表决权股份,且由其共同持有该外国企业50%以上股份;

(2)居民企业,或者居民企业和中国居民持股比例没有达到第(一)项规定的标准,但在股份、资金、经营、购销等方面对该外国企业构成实质控制。

《企业所得税法实施条例》第一百一十八条规定,《企业所得税法》第四十五条所称实际税负明显低于《企业所得税法》第四条第一款规定税率水平,是指低于《企业所得税法》第四条第一款规定税率的50%。

二、受控外国企业和控制

(1)受控外国企业。国税发〔2009〕2号文件第七十六条规定,受控外国企业是指根据所得税法第四十五条的规定,由居民企业,或者由居民企业和居民个人(以下统称中国居民股东,包括中国居民企业股东和中国居民个人股东)控制的设立在实际税负低于所得税法第四条第一款规定税率水平50%的国家(地区),并非出于合理经营需要对利润不作分配或减少分配的外国企业。

(2)控制。国税发〔2009〕2号文件第七十七条规定,本办法第七十六条所称控制,是指在股份、资金、经营、购销等方面构成实质控制。其中,股份控制是指由中国居民股东在纳税年度任何一天单层直接或多层间接单一持有外国企业10%以上有表决权股份,且共同持有该外国企业50%以上股份。

中国居民股东多层间接持有股份按各层持股比例相乘计算,中间层持有股份超过50%的,按100%计算。

三、境外投资和所得信息的报告

依据国税发〔2009〕2号文件第七十八条的规定,中国居民企业股东应在年度企业所得税纳税申报时提供对外投资信息。

(1)依据税务总局公告2014年第38号第一条的规定,居民企业成立或参股外国企业,或者处置已持有的外国企业股份或有表决权股份,符合以下情形之一,且按照中国会计制度可确认的,应当在办理企业所得税预缴申报时向主管税务机关填报《居民企业参股外国企业信息报告表》(见表10-31):

——在本公告施行之日(即2014年9月1日,笔者注),居民企业直接或间接持有外国企业股份或有表决权股份达到10%(含)以上;

——在本公告施行之日后,居民企业在被投资外国企业中直接或间接持有的股份或有表决权股份自不足10%的状态改变为达到或超过10%的状态;

——在本公告施行之日后,居民企业在被投资外国企业中直接或间接持有的股份或有表决权股份自达到或超过10%的状态改变为不足10%的状态。

表 10-31　居民企业参股外国企业信息报告表（样本）

居民企业参股外国企业信息报告表

一、报告人信息					
企业名称			纳税识别号		
二、被投资外国企业信息					
外国企业名称			所在国纳税识别号		
成立地			主营业务类型		
报告人持股比例					
持有外国企业10%以上股份或有表决权股份的其他股东情况					
持股股东名称	居住地或成立地		持股类型	持股比例	达到10%以上权益份额的起始日期
中国居民个人担任外国企业高管或董事情况					
中国居民个人姓名	中国境内常住地		身份识别号	职务	任职起止日期
三、外国企业股份变动信息					
报告人收购外国企业股份情况					
被收购股份类型	交易日期	收购方式	收购前报告人在外国企业持股份额		收购后报告人在外国企业持股份额
报告人处置外国企业股份情况					
被处置股份类型	处置日期	处置方式	处置前报告人在外国企业持股份额		处置后报告人在外国企业持股份额
四、报告人声明					
我谨在此声明：以上呈报事项准确无误，如有不实，愿承担相应的法律责任。					
报告人签字和盖章：			报告日期：	年　月　日	
经办人：		联系电话：			
以下由主管税务机关填写					
受理人：			税务机关(盖章)		
联系电话：			年　月　日		

填表说明：

① 按照税务总局公告 2014 年第 38 号第一条规定应该填报本表的企业为本表报告人。报告人直接或间接投资多

家外国企业,并符合规定条件的,应该分别每个符合条件的被投资外国企业填报本表。

② 持股股东名称栏仅填报在被投资外国企业直接持有10%以上股份或有表决权股份的所有股东。

③ 持股类型栏、被收购股份类型栏和被处置股份类型栏按照有表决权股份和无表决权股份填报。

④ 持股比例栏按照国税发〔2009〕2号文件第七十七条第二款规定计算填报。

⑤ 中国居民个人姓名栏应该填报担任被投资外国企业高管和董事,且按照个人所得税法规定构成在中国有住所,或者在中国无住所但在中国境内居住满一年(2019年度起,应为一个纳税年度内在中国境内居住累计满183天,笔者注)的所有个人。

⑥ 身份识别号栏按中国居民个人所持身份证件的识别号填报。

⑦ 交易日期栏和处置日期栏按中国会计制度确认的相关交易或处置行为完成的日期填报。

⑧ 收购外国企业股份情况仅填报导致公告第一条规定情形的一次或多次收购交易及其相关情况。

⑨ 外国企业股份处置情况仅填报导致税务总局公告2014年第38号第一条规定情形的一次或多次股份处置交易及其相关情况。

⑩ 本表相关栏目应填报的名称为外文的,应同时填报中文译文名称。

(2) 依据税务总局公告2014年第38号第二条的规定,居民企业在办理企业所得税年度申报时,还应附报以下与境外所得相关的资料信息:

——有适用《企业所得税法》第四十五条情形或者需要适用国税发〔2009〕2号文件第八十四条规定的居民企业填报《受控外国企业信息报告表》(见表10-32);

——纳入《企业所得税法》第二十四条规定抵免范围的外国企业或符合《企业所得税法》第四十五条规定的受控外国企业按照中国会计制度编报的年度独立财务报表。

表10-32 受控外国企业信息报告表(样本)

受控外国企业信息报告表

一、报告人信息					
企业名称			纳税人识别号		
二、受控外国企业信息					
企业名称			纳税人识别号		
注册地址			法定代表人		
成立时间			纳税年度起止		
记账本位货币			折合人民币汇率选用		
主营业务范围					
三、受控外国企业构成条件	持股比例□		实质控制□		
四、持有受控外国企业股份的中国居民股东持股信息					
股东名称	持股数量	持股比例	直接持股数量和比例	起止时间	间接持股数量和比例	起止时间
五、例外适用情况					
1. 受控外国企业是否在国家税务总局指定的非低税率国家(地区) 实际税负:			是□ 否□		
2. 受控外国企业年度利润是否不高于500万元人民币			是□ 否□		
3. 受控外国企业主要取得积极经营活动所得			是□ 否□		
六、受控外国企业利润分配					

续表

可分配利润总额		可抵免外国税额	
以前年度已视同分配额		可抵免外国税额	
本年度分配额超出以前年度已视同分配额的数额		可抵免外国税额	
未分配利润额		可抵免外国税额	
视同分配给报告人股息		可抵免外国税额	
视同分配给其他中国居民股东的股息		可抵免外国税额	
备注			

七、报告人声明

我谨在此声明:以上呈报事项准确无误,如有不实,愿承担相应的法律责任。

报告人签字和盖章: 　　　　　　　　　　　　　　报告日期:　　年　　月　　日

以下由主管税务机关填写

　　　　受理人:　　　　　税务机关(盖章)
　　　　联系电话:　　　　　　　　　　　　　　　　　　　　年　　月　　日

填表说明:

①按照国税发〔2009〕2号文件第七十六条规定构成中国居民企业股东的企业为本表的报告人。由报告人投资的多家外国企业构成国税发〔2009〕2号文件第七十六条规定的受控外国企业的,报告人应分别各受控外国企业填报本表。

②企业名称或股东名称为外文的,应同时填报中文译文名称。

③股东名称栏仅填报符合国税发〔2009〕2号文件第七十六条规定的所有中国居民股东。

④折合人民币汇率选用栏按本表所用汇率确定方法填报,如按受控外国企业年度平均汇率或年末汇率确定。

⑤未分配利润栏按可分配利润栏减以前年度已视同分配额以及本年度分配额超出以前年度已视同分配额的数额之差填报。

⑥视同分配给报告人股息栏和视同分配给其他中国居民股东的股息栏以未分配利润栏为基础,按照国税发〔2009〕2号文件第八十条规定计算填写。

⑦本表视同分配给报告人股息栏及对应可抵免外国税额栏数额计入居民企业年度申报表相关栏目。

⑧本表中货币金额一律使用人民币填写。

(3)税务总局公告2014年第38号第三条规定,在税务检查(包括纳税评估、税务审计及特别纳税调整调查等)时,主管税务机关可以要求居民企业限期报告与其境外所得相关的必要信息。

(4)依据税务总局公告2014年第38号第四条的规定,居民企业能够提供合理理由,证明确实不能按照税务总局公告2014年第38号规定的期限报告境外投资和所得信息的,可以依法向主管税务机关提出延期要求。限制提供相关信息的境外法律规定、商业合同或协议,不构成合理理由。

(5)国税发〔2009〕2号文件第七十九条要求,税务机关应汇总、审核中国居民企业股东申报的对外投资信息,向受控外国企业的中国居民企业股东送达《受控外国企业中国居民股东确认通知书》。中国居民企业股东符合所得税法第四十五条征税条件的,按照有关规定征税。

四、视同受控外国企业股息分配的所得的计算和税务处理

(一)视同受控外国企业股息分配的所得的计算

依据国税发〔2009〕2号文件第八十条的规定,计入中国居民企业股东当期的视同受控

外国企业股息分配的所得,应按以下公式计算:

中国居民企业股东当期所得＝视同股息分配额×实际持股天数÷受控外国企业纳税年度天数×股东持股比例

中国居民股东多层间接持有股份的,股东持股比例按各层持股比例相乘计算。

国税发〔2009〕2号文件第八十一条规定,受控外国企业与中国居民企业股东纳税年度存在差异的,应将视同股息分配所得计入受控外国企业纳税年度终止日所属的中国居民企业股东的纳税年度。

(二)视同受控外国企业股息分配的所得的税务处理

(1)境外所得税收抵免。国税发〔2009〕2号文件第八十二条规定,计入中国居民企业股东当期所得已在境外缴纳的企业所得税税款,可按照所得税法或税收协定的有关规定抵免。

(2)实际分配与视同分配不重复计税。国税发〔2009〕2号文件第八十三条明确,受控外国企业实际分配的利润已根据所得税法第四十五条规定征税的,不再计入中国居民企业股东的当期所得。

(三)视同受控外国企业股息分配的所得的免于计入

国税发〔2009〕2号文件第八十四条规定,中国居民企业股东能够提供资料证明其控制的外国企业满足以下条件之一的,可免于将外国企业不作分配或减少分配的利润视同股息分配额,计入中国居民企业股东的当期所得:

(1)设立在国家税务总局指定的非低税率国家(地区);

(2)主要取得积极经营活动所得;

(3)年度利润总额低于500万元人民币。

《国家税务总局关于简化判定中国居民股东控制外国企业所在国实际税负的通知》(国税函〔2009〕37号)明确,中国居民企业或居民个人能够提供资料证明其控制的外国企业设立在美国、英国、法国、德国、日本、意大利、加拿大、澳大利亚、印度、南非、新西兰和挪威的,可免于将该外国企业不作分配或者减少分配的利润视同股息分配额,计入中国居民企业的当期所得。

第七节　资本弱化

一、资本弱化的基本规定

《企业所得税法》第四十六条规定,企业从其关联方接受的债权性投资与权益性投资的比例超过规定标准而发生的利息支出,不得在计算应纳税所得额时扣除。

《企业所得税法实施条例》第一百一十九条规定,《企业所得税法》第四十六条所称债权性投资,是指企业直接或者间接从关联方获得的,需要偿还本金和支付利息或者需要以其他具有支付利息性质的方式予以补偿的融资。企业间接从关联方获得的债权性投资,包括:

(1)关联方通过无关联第三方提供的债权性投资;

(2)无关联第三方提供的、由关联方担保且负有连带责任的债权性投资;

(3)其他间接从关联方获得的具有负债实质的债权性投资。

《企业所得税法》第四十六条所称权益性投资,是指企业接受的不需要偿还本金和支付利息,投资人对企业净资产拥有所有权的投资。

《企业所得税法》第四十六条所称标准,由国务院财政、税务主管部门另行规定。

二、关联债资比例

(一)关联债资标准比例

《财政部 国家税务总局关于企业关联方利息支出税前扣除标准有关税收政策问题的通知》(财税〔2008〕121号)规定了关联债资标准比例:在计算应纳税所得额时,企业实际支付给关联方的利息支出,不超过以下规定比例和《企业所得税法》及其实施条例有关规定计算的部分,准予扣除,超过的部分不得在发生当期和以后年度扣除。企业实际支付给关联方的利息支出,除企业能够按照《企业所得税法》及其实施条例的有关规定提供相关资料,并证明相关交易活动符合独立交易原则的,或者该企业的实际税负不高于境内关联方外,其接受关联方债权性投资与其权益性投资比例为:金融企业,为5:1;其他企业,为2:1。

企业同时从事金融业务和非金融业务,其实际支付给关联方的利息支出,应按照合理方法分开计算;没有按照合理方法分开计算的,一律按其他企业的比例计算准予税前扣除的利息支出。

企业如果能够按照《企业所得税法》及其实施条例的有关规定提供相关资料,并证明相关交易活动符合独立交易原则的;或者该企业的实际税负不高于境内关联方的,其实际支付给境内关联方的利息支出,在计算应纳税所得额时准予扣除。

我们认为,如果是企业向属于非金融企业的关联方借款,这一规定的适用前提是:企业实际支付利息的利率水平不超过金融企业同期同类贷款利率水平。如果企业向属于非金融企业的关联方借款,实际支付利息的利率水平超过金融企业同期同类贷款利率水平,即使企业能够提供资料证明符合独立交易原则,或该企业的实际税负不高于境内关联方,超过金融企业同期同类贷款利率水平不得扣除的利息支出还是要进行纳税调整的。

(二)计算关联债资比例

依据国税发〔2009〕2号文件第八十五条和第八十六条的规定,关联债资比例是指根据《企业所得税法》第四十六条及《企业所得税法实施条例》第一百一十九的规定,企业从其全部关联方接受的债权性投资(以下简称关联债权投资)占企业接受的权益性投资(以下简称权益投资)的比例,关联债权投资包括关联方以各种形式提供担保的债权性投资。关联债资比例的计算方法如下:

关联债资比例 = 年度各月平均关联债权投资之和/年度各月平均权益投资之和

其中:各月平均关联债权投资 = (关联债权投资月初账面余额 + 月末账面余额)/2;各月平均权益投资 = (权益投资月初账面余额 + 月末账面余额)/2。

权益投资为企业资产负债表所列示的所有者权益金额。如果所有者权益小于实收资本(股本)与资本公积之和,则权益投资为实收资本(股本)与资本公积之和;如果实收资本(股本)与资本公积之和小于实收资本(股本)金额,则权益投资为实收资本(股本)金额。即把所有者权益分为三个部分——第一部分实收资本(股本),第二部分资本公积,第三部分留存收益,然后,从后往前算,遇负数都不算。或者说,权益投资为实收资本(股本)、实收资本(股本)与资本公积之和、所有者权益三者的最大值。

从资本弱化的基本规定和上述计算公式可以看出,债权性投资必须是企业从关联方获得的,包括直接获得的和间接获得的,而权益性投资既包括从关联方获得的,也包括从非关联方获得的。

【例10-1】假设甲居民企业2019年1月1日设立,各月所有者权益(包括实收资本、资本公积和留存收益)和关联债权投资(两笔向关联方借款时间分别为2月1日和4月1日,至年度未还款)情况见表10-33。

表10-33 甲居民企业2019年各月所有者权益和关联债权投资情况 金额单位:万元

月份	所有者权益余额						关联债权投资余额	
	实收资本		资本公积		留存收益			
	月初	月末	月初	月末	月初	月末	月初	月末
1	0	500	0	100	0	-200	0	0
2	500	500	100	100	-200	-300	0	4 000
3	500	800	100	300	-300	-100	4 000	4 000
4	800	800	300	300	-100	100	4 000	6 000
5	800	800	300	300	100	200	6 000	6 000
6	800	800	300	300	200	300	6 000	6 000
7	800	800	300	300	300	300	6 000	6 000
8	800	800	500	500	300	400	6 000	6 000
9	800	800	500	500	400	500	6 000	6 000
10	800	800	500	500	500	700	6 000	6 000
11	800	800	500	500	700	900	6 000	6 000
12	800	1 000	500	700	900	1 000	6 000	6 000

试计算甲居民企业2019年度的关联债资比例。

解析:

(1)第一种方法:国税发[2009]2号文件的计算方法。

依据国税发[2009]2号文件的计算方法,年度各月平均关联债权投资用年度各月关联债权投资月初账面余额与月末账面余额的和除以2计算。各月平均权益投资用年度各月权益投资月初账面余额与月末账面余额的和除以2计算,且先分别比较年度各月月初和月末的所有者权益、实收资本(股本)与资本公积之和、实收资本(股本),确定年度各月权益投资月初账面余额和月末账面余额,然后计算各月平均权益投资,再加总计算年度各月平均权益投资之和。

第一种方法下,甲居民企业2019年各月平均关联债权投资的计算见表10-34。

表10-34 第一种方法下甲居民企业2019年各月平均关联债权投资的计算 金额单位:万元

月份	关联债权投资		
	月初	月末	平均
1	0	0	0
2	0	4 000	2 000

续表

月份	关联债权投资		
	月初	月末	平均
3	4 000	4 000	4 000
4	4 000	6 000	5 000
5	6 000	6 000	6 000
6	6 000	6 000	6 000
7	6 000	6 000	6 000
8	6 000	6 000	6 000
9	6 000	6 000	6 000
10	6 000	6 000	6 000
11	6 000	6 000	6 000
12	6 000	6 000	6 000
合计	—	—	59 000

第一种方法下年度各月平均关联债权投资之和为 59 000 万元。

第一种方法下甲居民企业 2019 年各月平均权益投资的计算见表 10-35。

表 10-35 第一种方法下甲居民企业 2019 年各月平均权益投资的计算   金额单位：万元

	实收资本		实收资本与资本公积之和		所有者权益		权益投资余额		
	月初	月末	月初	月末	月初	月末	月初	月末	平均
1	0	500	0	600	0	400	0	600	300
2	500	500	600	600	400	300	600	600	600
3	500	800	600	1 100	300	1 000	600	1 100	850
4	800	800	1 100	1 100	1 000	1 200	1 100	1 200	1 150
5	800	800	1 100	1 100	1 200	1 300	1 200	1 300	1 250
6	800	800	1 100	1 100	1 300	1 400	1 300	1 400	1 350
7	800	800	1 100	1 300	1 400	1 600	1 400	1 600	1 500
8	800	800	1 300	1 300	1 600	1 700	1 600	1 700	1 650
9	800	800	1 300	1 300	1 700	1 800	1 700	1 800	1 750
10	800	800	1 300	1 300	1 800	2 000	1 800	2 000	1 900
11	800	800	1 300	1 300	2 000	2 200	2 000	2 200	2 100
12	800	1 000	1 300	1 700	2 200	2 700	2 200	2 700	2 450
合计	—	—	—	—	—	—	—	—	16 850

第一种方法下，年度各月平均权益投资之和为 16 850 万元。

第一种方法下，该居民企业 2019 年度关联债资比例 = 59 000/16 850 ≈ 3.50。

（2）第二种方法：税务总局公告 2016 年第 42 号的计算方法。

依据税务总局公告 2016 年第 42 号之附表《融通资金表》(G107000)的计算方法，年度平均关联债权投资金额 = ∑（每一笔关联融入资金金额 × 本年实际占用天数）÷365。计算平均权益投资金额时，先计算年度各月所有者权益、实收资本（股本）、资本公积的平均金额，后比较年度各月所有者权益平均金额、实收资本（股本）平均金额与资本公积平均金额之和、实收资本（股本）平均金额，确定年度各月平均权益投资金额，再加总计算年度各月平均权益投资金额之和。

第二种方法下，甲居民企业 2019 年度平均关联债权投资金额 = (4 000×334 + 2 000×275) ÷ 365 ≈ 5 167.12(万元)

第二种方法下，甲居民企业 2019 年各月平均权益投资的计算见表 10-36。

表 10-36　第二种方法下甲居民企业 2019 年各月平均权益投资的计算　　金额单位：万元

	所有者权益			实收资本			资本公积			平均权益投资金额
	月初	月末	平均	月初	月末	平均	月初	月末	平均	平均
1	0	400	200	0	500	250	0	100	50	300
2	400	300	350	500	500	500	100	100	100	600
3	300	1 000	650	500	800	650	100	300	200	850
4	1 000	1 200	1 100	800	800	800	300	300	300	1 100
5	1 200	1 300	1 250	800	800	800	300	300	300	1 250
6	1 300	1 400	1 350	800	800	800	300	300	300	1 350
7	1 400	1 600	1 500	800	800	800	300	500	400	1 500
8	1 600	1 700	1 650	800	800	800	500	500	500	1 650
9	1 700	1 800	1 750	800	800	800	500	500	500	1 750
10	1 800	2 000	1 900	800	800	800	500	500	500	1 900
11	2 000	2 200	2 100	800	800	800	500	500	500	2 100
12	2 200	2 700	2 450	800	1 000	900	500	700	600	2 450
合计	—	—	—	—	—	—	—	—	—	16 800

第二种方法下，年度各月平均权益投资之和为 16 800 万元。与第一种方法下的计算结果相差 50 万元，原因是 4 月的留存收益月初为负数、月末为正数，在计算 4 月所有者权益平均金额时，留存收益的月初负数金额被抵消掉了。所以，只要资本公积或留存收益月初为正、月末为负，或月初为负、月末为正；或月初资本公积为正、留存收益为负，或资本公积为负、留存收益为正；或月末资本公积为正、留存收益为负，或资本公积为负、留存收益为正，第二种方法下计算的月所有者权益平均金额均会比第一种方法下计算的结果要少。

第二种方法下，该居民企业 2019 年度关联债资比例 = 5 167.12/16 800 ≈ 0.31。

与第一种方法下计算的关联债资比例 3.50 相比，相差 3.19。结果相差的主要原因是，第一种方法下，年度平均关联债权投资之和是各月平均关联债权投资的合计，而第二种方法下，年度平均关联债权投资金额是用关联融入资金金额按本年实际占用天数加权平均计算的，并不是各月平均关联债权投资金额的合计。由此可以看出，第二种方法不仅与国税发[2009]2 号文件的规定不一致，而且计算关联债资比例的分子年度平均关联债权投资金额与分母年度各月平均权益投资金额的计算口径也不一致。本书以下例题均按第一种方法计算。

三、向关联方借款不得扣除利息支出的计算

(一)利息的范围

国税发[2009]2 号文件第八十七条规定，《企业所得税法》第四十六条所称的利息支出包括直接或间接关联债权投资实际支付的利息、担保费、抵押费和其他具有利息性质的费用。

依据国税发〔2009〕2号文件第九十一条的规定,实际支付利息是指企业按照权责发生制原则计入相关成本、费用的利息。企业实际支付关联方利息存在转让定价问题的,税务机关应首先按照有关规定实施转让定价调查调整。

(二)向关联方借款不得扣除利息支出的计算

依据国税发〔2009〕2号文件第八十五条的规定,《企业所得税法》第四十六条所称不得在计算应纳税所得额时扣除的利息支出应按以下公式计算:

不得扣除利息支出 = 年度实际支付的全部关联方利息 × (1 - 标准比例/关联债资比例)

其中:标准比例是指财税〔2008〕121号文件中规定的比例,关联债资比例是指按上述方法计算的企业关联债资比例。

四、向关联方借款不得扣除利息支出的税务处理

结合财税〔2008〕121号文件和国税发〔2009〕2号文件第八十八条的规定,向关联方借款不得扣除的利息支出,按以下办法进行税务处理:

(1)不得结转到以后纳税年度;

(2)应按照实际支付给各关联方利息占关联方利息总额的比例,在各关联方之间进行分配;

(3)分配给实际税负高于企业的境内关联方的利息准予扣除(财税〔2008〕121号文件中说的是"该企业的实际税负不高于境内关联方",即可能是低于,也可能是等于。笔者注);

(4)分配给实际税负低于企业的境内关联方的利息不得扣除,企业自关联方取得的不符合规定的利息收入应按照有关规定缴纳企业所得税;

(5)直接或间接实际支付给境外关联方的利息应视同分配的股息,按照股息和利息分别适用的所得税税率差补征企业所得税,如已扣缴的所得税税款多于按股息计算应征所得税税款,多出的部分不予退税。

这里有4个问题需要注意:

第一个问题:实际税负是指纳税人的企业所得税实际负担率,还是纳税人适用的企业所得税税率?我们认为,实际税负应该是在不计特别纳税调整应税所得(即将特别纳税调整应税所得从纳税调整额中减除)时,纳税人的企业所得税实际负担率,我们建议以企业所得税年度纳税申报表主表的第28行"应纳税额"扣除各种税收返还等除以第23行"应纳税所得额"计算。

第二个问题:分配给实际税负高于企业的境内关联方的利息准予扣除,在境内关联方为非金融企业的情况下,支付利息的利率水平高于金融企业同期同类贷款的利率水平,支付的利息是否可以全额扣除而不需要纳税调整?我们认为,在境内关联方为非金融企业的情况下,如果支付利息的利率水平高于金融企业同期同类贷款的利率水平,支付的利息超过金融企业同期同类贷款利率水平的部分,需要进行纳税调整。

第三个问题:分配给实际税负低于企业的境内关联方的利息不得扣除,在境内关联方为非金融企业的情况下,支付利息的利率水平高于金融企业同期同类贷款的利率水平,是先调超利率水平不得扣除的利息、后调超债资比例不得扣除的利息,还是先调超债资比例不得扣除的利息、后调超利率水平不得扣除的利息?

本书认为,在境内关联方为非金融企业的情况下,如果支付利息的利率水平高于金融

企业同期同类贷款的利率水平,先调超利率水平不得扣除的利息、后调超债资比例不得扣除的利息,与先调超债资比例不得扣除的利息、后调超利率水平不得扣除的利息,尽管计算出的不得扣除的利息支出总额一样,但两种顺序下计算出的超利率水平不得扣除的利息支出不一样,超债资比例不得扣除的利息支出也不一样,而非金融企业向非金融企业借款的利息支出,超过金融企业同期同类贷款利率水平的部分,是不得在税前扣除的,因此,最后的纳税调整结果也就不一样。在企业所得税年度纳税申报表中,两者的纳税调整填报表A105000的行次也不一样,超利率水平不得扣除利息支出的纳税调整填报表A105000第18行"利息支出",而超债资比例不得扣除利息支出的纳税调整填报表A105000第44行"特别纳税调整应税所得"。

第四个问题:无论境内关联方的税负是否高于支付利息的企业,如果境内关联方是非金融企业,支付利息的企业要不要提供"金融企业同期同类贷款利率情况说明"? 我们认为,应该提供。税务总局公告2011年第34号应既适用于向非关联方的借款利息支出的税前扣除的管理,也适用于向关联方的借款利息支出的税前扣除的管理。

【例10-2】假设例10-1中的甲居民企业2019年2月1日从境外关联方A企业融入资金4 000万元为年利率12%,已支付利息440万元;2019年4月1日从境内关联方B企业融入资金2 000万元的年利率也为12%,已支付利息180万元。如果金融企业同期同类贷款利率为10%,试计算甲居民企业2019年度不得扣除的利息是多少? 如何填报表A105000?

解析:

以例10-1中按照国税发〔2009〕2号文件规定计算的关联债资比例3.5为例,用两种方法计算不得扣除的利息支出。

第一种方法:先计算超债资比例不得扣除的利息支出,后计算超利率水平不得扣除的利息支出。

超债资比例不得扣除的利息支出 = $620 \times (1 - 2/3.5) \approx 265.71$(万元)

超利率水平不得扣除的利息支出 = $(620 - 265.71)/12\% \times (12\% - 10\%) \approx 59.05$(万元)

不得扣除的利息支出合计 = $265.71 + 59.05 = 324.76$(万元)

第二种方法:先计算超利率水平不得扣除的利息支出,后计算超债资比例不得扣除的利息支出:

超利率水平不得扣除的利息支出 = $620/12\% \times (12\% - 10\%) \approx 103.33$(万元)

超债资比例不得扣除的利息支出 = $620/12\% \times 10\% \times (1 - 2/3.5) \approx 221.43$(万元)

不得扣除的利息支出合计 = $103.33 + 221.43 = 324.76$(万元)

从两种计算方法的结果可以看出,超利率水平不得扣除的利息支出在第一种计算方法下为59.05万元,在第二种计算方法下为103.33万元,相差44.28万元,这是什么原因造成的呢? 这一差额的形成原因是,在第一种方法下计算的超债资比例不得扣除的利息支出中,没有计算剔除超利率水平不得扣除的利息支出金额[= $265.71/12\% \times (12\% - 10\%) = 44.285$]。而从税收规定看,无论是不超债资比例的利息支出,还是超债资比例的利息支出,凡是超利率水平的,应都不允许在税前扣除。因此,我们认为第二种计算方法更符合税收规定的要求。纳税人应将第二种计算方法下超利率水平不得扣除的利息支出填报表A105000第18行"利息支出"进行纳税调整,表A105000第18行第1列"账载金额"填报620万元、第2列"税收金额"填报516.67万元、第3列"调增金额"填报103.33万元。

第二种计算方法下超债资比例不得扣除的利息支出,按照实际支付给各关联方利息占关联方利息总额的比例,在各关联方之间进行分配,分配对象为境外 A 企业和境内 B 企业。

境外 A 企业分得的不得扣除的利息支出 = 221.43 × 440/620 ≈ 157.14(万元)

境内 B 企业分得的不得扣除的利息支出 = 221.43 × 180/620 ≈ 64.29(万元)

对境外 A 企业分得的不得扣除的利息支出 157.14 万元,甲居民企业不得在税前扣除,而且应视同分配给境外关联方的股息,按照股息和利息分别适用的所得税税率差补征企业所得税,如已缴的所得税税款多于按股息计算应征所得税税款,多出的部分不予退税。

对境内 B 企业分得的不得扣除的利息支出 64.29 万元,如果境内 B 企业的实际税负高于(按财税〔2008〕121 号文件的规定,应是不低于)甲居民企业的,甲居民企业允许在税前扣除(超过金融企业同期同类贷款利率水平的利息支出已在表 A105000 第 18 行调整);如果境内 B 企业的实际税负低于甲居民企业的,甲居民企业不得在税前扣除。在前一种情况下,表 A105000 第 44 行"特别纳税调整应税所得"第 3 列"调增金额"填报 157.14 万元;在后一种情况下,表 A105000 第 44 行"特别纳税调整应税所得"第 3 列"调增金额"填报 221.43 万元。

另外,国税发〔2009〕2 号文件第九十条规定,企业未按规定准备、保存和提供同期资料证明关联债权投资金额、利率、期限、融资条件以及债资比例等符合独立交易原则的,其超过标准比例的关联方利息支出,不得在计算应纳税所得额时扣除。

第八节　一般反避税

一、一般反避税的基本规定

《企业所得税法》第四十七条规定,企业实施其他不具有合理商业目的的安排而减少其应纳税收入或者所得额的,税务机关有权按照合理方法调整。

《企业所得税法实施条例》第一百二十条规定,《企业所得税法》第四十七条所称不具有合理商业目的,是指以减少、免除或者推迟缴纳税款为主要目的。

二、国税发〔2009〕2 号文件中一般反避税管理的规定

第九十二条规定:税务机关可依据所得税法第四十七条及所得税法实施条例第一百二十条的规定对存在以下避税安排的企业,启动一般反避税调查:

(1)滥用税收优惠;

(2)滥用税收协定;

(3)滥用公司组织形式;

(4)利用避税港避税;

(5)其他不具有合理商业目的的安排。

第九十三条:税务机关应按照实质重于形式的原则审核企业是否存在避税安排,并综合考虑安排的以下内容:

(1)安排的形式和实质;

(2)安排订立的时间和执行期间;

(3)安排实现的方式;

（4）安排各个步骤或组成部分之间的联系；

（5）安排涉及各方财务状况的变化；

（6）安排的税收结果。

第九十四条：税务机关应按照经济实质对企业的避税安排重新定性，取消企业从避税安排获得的税收利益。对于没有经济实质的企业，特别是设在避税港并导致其关联方或非关联方避税的企业，可在税收上否定该企业的存在。

第九十五条：税务机关启动一般反避税调查时，应按照征管法及其实施细则的有关规定向企业送达《税务检查通知书》。企业应自收到通知书之日起60日内提供资料证明其安排具有合理的商业目的。企业未在规定期限内提供资料，或提供资料不能证明安排具有合理商业目的的，税务机关可根据已掌握的信息实施纳税调整，并向企业送达《特别纳税调查调整通知书》。

第九十六条：税务机关实施一般反避税调查，可按照征管法第五十七条的规定要求避税安排的筹划方如实提供有关资料及证明材料。

第九十七条：一般反避税调查及调整须层报国家税务总局批准。

三、一般反避税调查的适用范围和相关概念

（一）一般反避税调查的适用范围

《一般反避税管理办法（试行）》（国家税务总局令第32号，以下简称国家税务总局令第32号）第二条规定，本办法适用于税务机关按照《企业所得税法》第四十七条、《企业所得税法实施条例》第一百二十条的规定，对企业实施的不具有合理商业目的而获取税收利益的避税安排，实施的特别纳税调整。下列情况不适用本办法：

（1）与跨境交易或者支付无关的安排；

（2）涉嫌逃避缴纳税款、逃避追缴欠税、骗税、抗税以及虚开发票等税收违法行为。

依据税务总局公告2017年第6号第二十八条的规定，为境外关联方从事来料加工或者进料加工等单一生产业务，或者从事分销、合约研发业务的企业，承担由于决策失误、开工不足、产品滞销、研发失败等原因造成的应当由关联方承担的风险和损失的，税务机关可以实施特别纳税调整。

（二）相关概念

1）税收利益　国家税务总局令第32号第三条解释，税收利益是指减少、免除或者推迟缴纳企业所得税应纳税额。

2）避税安排　国家税务总局令第32号第四条解释，避税安排具有以下特征：

（1）以获取税收利益为唯一目的或者主要目的；

（2）以形式符合税法规定、但与其经济实质不符的方式获取税收利益。

四、一般反避税特别纳税调整的方法

（一）一般反避税特别纳税调整的专门方法

国家税务总局令第32号第五条规定，税务机关应当以具有合理商业目的和经济实质的类似安排为基准，按照实质重于形式的原则实施特别纳税调整。调整方法包括：

（1）对安排的全部或者部分交易重新定性；

（2）在税收上否定交易方的存在，或者将该交易方与其他交易方视为同一实体；

(3)对相关所得、扣除、税收优惠、境外税收抵免等重新定性或者在交易各方间重新分配;

(4)其他合理方法。

税务总局公告2017年第6号第二十九条规定,税务机关对关联交易进行调查分析时,应当确定企业所获得的收益与其执行的功能或者承担的风险是否匹配。企业与其关联方之间隐匿关联交易直接或者间接导致国家总体税收收入减少的,税务机关可以通过还原隐匿交易实施特别纳税调整。企业与其关联方之间抵消关联交易直接或者间接导致国家总体税收收入减少的,税务机关可以通过还原抵消交易实施特别纳税调整。

(二)一般反避税特别纳税调整方法的竞合

国家税务总局令第32号第六条规定,企业的安排属于转让定价、成本分摊、受控外国企业、资本弱化等其他特别纳税调整范围的,应当首先适用其他特别纳税调整相关规定。

企业的安排属于受益所有人、利益限制等税收协定执行范围的,应当首先适用税收协定执行的相关规定。

五、一般反避税特别纳税调整的工作流程

(一)立案

国家税务总局令第32号第二章规定了一般反避税特别纳税调整的立案。

1)案源 国家税务总局令第32号第七条要求,各级税务机关应当结合工作实际,应用各种数据资源,如企业所得税汇算清缴、纳税评估、同期资料管理、对外支付税务管理、股权转让交易管理、税收协定执行等,及时发现一般反避税案源。

2)立案 国家税务总局令第32号第八条规定,主管税务机关发现企业存在避税嫌疑的,层报省、自治区、直辖市和计划单列市(以下简称省)税务机关复核同意后,报国家税务总局申请立案。国家税务总局令第32号第九条规定,省税务机关应当将国家税务总局形成的立案申请审核意见转发主管税务机关。国家税务总局同意立案的,主管税务机关实施一般反避税调查。

(二)调查

国家税务总局令第32号第三章规定了一般反避税特别纳税调整的调查。

1)反避税调查通知 国家税务总局令第32号第十条要求,主管税务机关实施一般反避税调查时,应当向被调查企业送达《税务检查通知书》。国家税务总局令第32号第十一条规定,被调查企业认为其安排不属于本办法所称避税安排的,应当自收到《税务检查通知书》之日起60日内提供下列资料:

(1)安排的背景资料;

(2)安排的商业目的等说明文件;

(3)安排的内部决策和管理资料,如董事会决议、备忘录、电子邮件等;

(4)安排涉及的详细交易资料,如合同、补充协议、收付款凭证等;

(5)与其他交易方的沟通信息;

(6)可以证明其安排不属于避税安排的其他资料;

(7)税务机关认为有必要提供的其他资料。

企业因特殊情况不能按期提供的,可以向主管税务机关提交书面延期申请,经批准可

以延期提供,但是最长不得超过 30 日。主管税务机关应当自收到企业延期申请之日起 15 日内书面回复。逾期未回复的,视同税务机关同意企业的延期申请。

2)企业拒绝提供资料的处理　国家税务总局令第 32 号第十二条规定,企业拒绝提供资料的,主管税务机关可以按照《税收征管法》第三十五条的规定进行核定。

3)反避税调查的相关方　国家税务总局令第 32 号第十三条规定,主管税务机关实施一般反避税调查时,可以要求为企业筹划安排的单位或者个人(以下简称筹划方)提供有关资料及证明材料。国家税务总局令第 32 号第十四条要求,一般反避税调查涉及向筹划方、关联方以及与关联业务调查有关的其他企业调查取证的,主管税务机关应当送达《税务事项通知书》。

4)反避税调查方式　国家税务总局令第 32 号第十五条规定,主管税务机关审核企业、筹划方、关联方以及与关联业务调查有关的其他企业提供的资料,可以采用现场调查、发函协查和查阅公开信息等方式核实。需取得境外有关资料的,可以按有关规定启动税收情报交换程序,或者通过我驻外机构调查收集有关信息。涉及境外关联方相关资料的,主管税务机关也可以要求企业提供公证机构的证明。

（三）结案

国家税务总局令第 32 号第四章规定了一般反避税特别纳税调整的结案。

1)结案申请　国家税务总局令第 32 号第十六条规定,主管税务机关根据调查过程中获得的相关资料,自国家税务总局同意立案之日起 9 个月内进行审核,综合判断企业是否存在避税安排,形成案件不予调整或者初步调整方案的意见和理由,层报省税务机关复核同意后,报国家税务总局申请结案。

2)结案处理情形　国家税务总局令第 32 号第十七条规定,主管税务机关应当根据国家税务总局形成的结案申请审核意见,分别以下情况进行处理:

(1)同意不予调整的,向被调查企业下发《特别纳税调查结论通知书》(见表 10-37);

(2)同意初步调整方案的,向被调查企业下发《特别纳税调查初步调整通知书》(见表 10-38 及其附表);

(3)国家税务总局有不同意见的,按照国家税务总局的意见修改后再次层报审核。

表 10-37　特别纳税调查结论通知书(样本)

＿＿＿＿＿税务局
特别纳税调查结论通知书
＿＿＿＿＿税结〔　　〕　号
＿＿＿＿＿＿＿＿＿＿:
经对你企业＿＿年＿＿月＿＿日至＿＿年＿＿月＿＿日期间＿＿＿＿＿＿＿＿＿＿事项的调查,暂未发现违反税法关于特别纳税调整的相关规定。
税务机关(公章):
年　月　日

使用说明:

①本通知书依据《中华人民共和国企业所得税法》及其实施条例和《中华人民共和国税收征收管理法》及其实施细则的有关规定设置。

②适用范围:税务机关对企业实施特别纳税调查,暂未发现企业存在特别纳税调整问题时使用。

③本通知书应当由主管税务机关负责人批准。

④本通知书与《税务文书送达回证》一并使用。

⑤本通知书为 A4 竖式,一式两份,一份送被调查企业,一份由税务机关调查部门归档。

表 10-38　特别纳税调查初步调整通知书(样本)及其附件

_____税务局
特别纳税调查初步调整通知书
_____税初调〔　〕号

_____：

经对你企业___年_月_日至___年___月_日期间_____事项的调查,发现违反

□《中华人民共和国外商投资企业和外国企业所得税法》及其实施细则

□《中华人民共和国企业所得税法》及其实施条例

□《中华人民共和国税收征收管理法》及其实施细则

关于特别纳税调整的有关规定,初步调增你企业:

1. 应纳税所得额_____元,应补企业所得税_____元,并按有关规定加收利息。

2. 应纳税收入_____元,应补_____税_____元。

若你企业对上述初步调整意见有异议,请你企业自收到本通知书之日起 7 日内书面报送我局。逾期视为同意初步调整意见,我局将按税法有关规定实施特别纳税调整。

特此通知。

附:1. 企业所得税调整项目表
　　2. 其他税种调整项目表
　　3. 各项税收应补(退)明细表

税务机关(公章):
年　月　日

表 10-38(附 1)　　　　　企业所得税调整项目表

所属年度(　　　)

企业名称:

纳税人识别号(统一社会信用代码):　　　　　　　　　　　　　　金额单位:元(列至角分)

调整项目	摘要	应纳税所得额	
		调增	调减
小　计			
净增(减)额			
特别纳税调整前应纳税所得额			
弥补以前年度亏损额			
调整当年度亏损额			
特别纳税调整后应纳税所得额			

表 10-38(附 2):其他税种调整项目表[样式同表 10-29(附 2)]

表 10-38(附 3)　　　　　　　各项税收应补(退)明细表

企业名称:

纳税人识别号(统一社会信用代码):　　　　　　　　　　　　　　　　金额单位:元(列至角分)

税种	所属年度	应交税额	已交税额	应补(退)税额	加收利息情况	
					基准利率+5个百分点	基准利率
合　计					-----	-----

使用说明:

①本通知书依据《中华人民共和国企业所得税法》及其实施条例和《中华人民共和国税收征收管理法》及其实施细则的有关规定设置。

②适用范围:税务机关对企业实施特别纳税调查,发现违反税法规定减少、免除或者推迟应纳税收入或者所得额,并作出初步纳税调整时使用。

③税务机关应当根据实际情况在本通知书中勾选企业违反的税收法律法规。

④税务机关应当根据实际情况在本通知书中列示应补缴的具体税种及税款。

⑤附 3 中"应交税额":填写本次特别纳税调查初步调整应交税额。

⑥附 3 中"已交税额":填写企业在特别纳税调整监控管理环节已经自行调整的补税金额与企业在收到《特别纳税调查调整通知书》前已经自行缴纳的税款金额之和。

⑦附 3 中"应补(退)税额"="应交税额"-"已交税额"。

⑧附 3 中"加收利息情况":根据实际情况在"基准利率+5个百分点"或者"基准利率"栏打"√",按照有关规定不加收利息的,不填写此栏。

⑨本通知书应当由主管税务机关负责人批准。

⑩本通知书与《税务文书送达回证》一并使用。

⑪本通知书为 A4 竖式,一式两份,一份送被调查企业,一份由税务机关调查部门归档。

被调查企业在收到《特别纳税调查初步调整通知书》之日起 7 日内未提出异议的,主管税务机关应当下发《特别纳税调查调整通知书》(见表 10-39)。

被调查企业在收到《特别纳税调查初步调整通知书》之日起 7 日内提出异议,但是主管税务机关经审核后认为不应采纳的,应将被调查企业的异议及不应采纳的意见和理由层报省税务机关复核同意后,报国家税务总局再次申请结案。

被调查企业在收到《特别纳税调查初步调整通知书》之日起7日内提出异议,主管税务机关经审核后认为确需对调整方案进行修改的,应当将被调查企业的异议及修改后的调整方案层报省税务机关复核同意后,报国家税务总局再次申请结案。

国家税务总局令第32号第十八条规定,主管税务机关应当根据国家税务总局考虑企业异议形成的结案申请审核意见,分别以下情况进行处理:

(1)同意不应采纳企业所提异议的,向被调查企业下发《特别纳税调查调整通知书》;

(2)同意修改后调整方案的,向被调查企业下发《特别纳税调查调整通知书》;

(3)国家税务总局有不同意见的,按照国家税务总局的意见修改后再次层报审核。

表10-39 特别纳税调查调整通知书(样本)及其附件

_____税务局
特别纳税调查调整通知书
_____税调〔   〕   号

_____:

经对你企业____年___月___日至___年___月___日期间_____事项的调查,发现违反

□《中华人民共和国外商投资企业和外国企业所得税法》及其实施细则

□《中华人民共和国企业所得税法》及其实施条例

□《中华人民共和国税收征收管理法》及其实施细则

关于特别纳税调整的有关规定,决定对你企业进行如下调整:

1. 调增应纳税所得额____元,应补企业所得税____元,并按有关规定加收利息。

2. 调增应纳税收入____元,应补____税____元。

你企业应当自收到本通知书之日起____日内,向____税务局缴纳上述税款及利息。逾期未缴纳税款的,按照《中华人民共和国税收征收管理法》及其实施细则的有关规定执行。

特此通知。

附:1. 企业所得税调整项目表
　　2. 其他税种调整项目表
　　3. 各项税收应补(退)明细表

税务机关(公章):
年　月　日

告知:你企业如对本通知书调整纳税方面有异议,必须先依照本通知书决定缴纳或者解缴税款、利息及滞纳金或者提供相应的担保,并自收到本通知之日起60日内向_____申请行政复议。

表10-39(附1):企业所得税调整项目表[样式同表10-38(附1)]

表10-39(附2):其他税种调整项目表[样式同表10-29(附2)]

表10-39(附3):各项税收应补(退)明细表[样式同表10-38(附3)]

使用说明:

①本通知书依据《中华人民共和国企业所得税法》及其实施条例和《中华人民共和国税收征收管理法》及其实施细则的有关规定设置。

②适用范围:税务机关对企业实施特别纳税调查,发现违反税法规定减少、免除或者推迟应纳税收入或者所得额,并作出纳税调整决定时使用。

③税务机关应当根据实际情况在本通知书中勾选企业违反的税收法律法规。

④税务机关应当根据实际情况在本通知书中列示应补缴的具体税种及税款。

⑤"你企业应当自收到本通知书之日起＿＿＿日内"所填天数应当依据《中华人民共和国税收征收管理法实施细则》第七十三条规定限期缴纳税款的期限填写。

⑥附3中"应交税额":填写本次特别纳税调查调整应交税额。

⑦附3中"已交税额":填写企业在特别纳税调整监控管理环节已经自行调整的补税金额与企业在收到《特别纳税调查调整通知书》前已经自行缴纳的税款金额之和。

⑧附3中"应补(退)税额"="应交税额"-"已交税额"。

⑨附3中"加收利息情况":根据实际情况在"基准利率+5个百分点"或者"基准利率"栏打"√",按照有关规定不加收利息的,不填写此栏。

⑩本通知书应当由主管税务机关负责人批准。

⑪本通知书与《税务文书送达回证》一并使用。

⑫本通知书为A4竖式,一式三份,一份送被调查企业,一份送税务机关征收管理部门,一份由税务机关调查部门归档。

六、争议处理

国家税务总局令第32号第五章规定了一般反避税特别纳税调整的争议处理。

(1)国家税务总局令第32号第十九条规定,被调查企业对主管税务机关作出的一般反避税调整决定不服的,可以按照有关法律法规的规定申请法律救济。

(2)国家税务总局令第32号第二十条规定,主管税务机关作出的一般反避税调整方案导致国内双重征税的,由国家税务总局统一组织协调解决。

(3)国家税务总局令第32号第二十一条规定,被调查企业认为我国税务机关作出的一般反避税调整,导致国际双重征税或者不符合税收协定规定征税的,可以按照税收协定及其相关规定申请启动相互协商程序。

第九节 相互协商程序

一、相互协商的目的和内容

(一)相互协商的目的

税务总局公告2017年第6号第四十七条第一款明确,根据我国对外签署的税收协定的有关规定,国家税务总局可以依据企业申请或者税收协定缔约对方税务主管当局请求启动相互协商程序,与税收协定缔约对方税务主管当局开展协商谈判,避免或者消除由特别纳税调整事项引起的国际重复征税。

(二)相互协商的内容

税务总局公告2017年第6号第四十七条第一款规定,相互协商的内容包括:

(1)双边或者多边预约定价安排的谈签;

(2)税收协定缔约一方实施特别纳税调查调整引起另一方相应调整的协商谈判。

税务总局公告2017年第6号第六十条明确,涉及税收协定条款解释或者执行的相互协商程序,按照《国家税务总局关于发布〈税收协定相互协商程序实施办法〉的公告》(税务总局公告2013年第56号)的有关规定执行。

二、相互协商程序的申请或请求

(一)企业申请

税务总局公告2017年第6号第四十八条规定,企业申请启动相互协商程序的,应当在税收协定规定期限内,向国家税务总局书面提交《启动特别纳税调整相互协商程序申请表》(见表10-40)和特别纳税调整事项的有关说明。企业当面报送上述资料的,以报送日期为申请日期;邮寄报送的,以国家税务总局收到上述资料的日期为申请日期。

国家税务总局收到企业提交的上述资料后,认为符合税收协定有关规定的,可以启动相互协商程序;认为资料不全的,可以要求企业补充提供资料。

税务总局公告2017年第6号第五十九条:企业按照本办法规定向国家税务总局提起相互协商申请的,提交的资料应当同时采用中文和英文文本,企业向税收协定缔约双方税务主管当局提交资料内容应当保持一致。

表10-40 启动特别纳税调整相互协商程序申请表(样本)

启动特别纳税调整相互协商程序申请表

申请人基本情况	在中国	名称(中英文)		
		详细地址(中英文)		邮编
		纳税人识别号(统一社会信用代码)		
		联系人(中英文)		
		联系方式(电话、传真、电邮)		
		主管税务机关及其地址		邮编
		主管税务机关联系人		
		主管税务机关联系方式(电话、传真、电邮)		
		是否向中国申请了其他形式的国内救济,如行政复议或者行政诉讼?如是,请说明递交申请的时间,中国接受申请的时间,以及国内救济进展情况。		
申请人关联方或者相关方基本情况	在缔约对方	名称(中英文)		
		详细地址(中英文)		邮编
		税务登记号码		
		联系人(中英文)		
		联系方式(电话、传真、电邮)		
		缔约对方名称(中英文)		
		缔约对方主管当局及其地址(中英文)		
		缔约对方主管当局联系人(中英文)		
		缔约对方主管当局联系方式(电话、传真、电邮)		
		是否向缔约对方递交了相互协商程序申请?如是,请说明递交申请的时间以及缔约对方接受申请的时间。		
		是否向缔约对方申请了其他形式的国内救济,如行政复议或者行政诉讼?如是,请说明递交申请的时间,缔约对方接受申请的时间以及国内救济进展情况。		
申请相互协商事由概述	事实描述:			
	争议焦点:			
	申请人对争议焦点的观点以及依据		缔约对方对争议焦点的观点以及依据	

续表

附件清单(共　　件):

声明:我谨郑重声明,本申请及其附件所提供的信息是真实的、完整的和准确的。我所提交的一切资料,除特别声明以外,均可以向缔约对方主管当局出示。我将配合缔约双方主管当局开展相互协商程序,并按其要求及时提供其所需信息。我了解并同意,相互协商程序仅在缔约双方主管当局授权代表间进行,我仅在缔约双方主管当局授权代表邀请时才可以参与。

声明人签章:
年　月　日

（注:申请人是个人的,由个人签字;申请人是法人或者其他组织的,由法定代表人或者负责人签字,并加盖单位印章。）

使用说明:

①适用范围:企业申请启动相互协商程序时使用。

②申请人关联方或者相关方在缔约对方的"税务登记号码":填写缔约对方关联方或者相关方在缔约对方办理税务事项时的唯一身份识别码。

③"缔约对方主管当局及其地址""缔约对方主管当局联系人""缔约对方主管当局联系方式"均为选填项。

④事实描述:纳税人应当完整详细描述相关经济活动的内容、纳税年度、所得(收入)类型、税种、税额;中国或者缔约对方税务机关第一次发出征税通知的时间和内容,中国或者缔约对方实施特别纳税调查及调整的情况;相关经济活动是否涉及除中国及缔约对方外其他国家(地区)的关联方,相关经济活动是否涉及除申请人以外的中国境内关联方;在申请相互协商程序之前,是否与税务机关就特别纳税调查调整结果达成过和解协议;在申请相互协商程序之前,是否在中国或者缔约对方就该事项申请过税收事先裁定、预约定价安排、复议诉讼等国内救济途径。

⑤申请预约定价安排的,可以不填写"争议焦点""申请人对争议焦点的观点以及依据""缔约对方对争议焦点的观点以及依据"。

⑥如有可能,申请人可以将了解到的在缔约对方发生的相关、类似或者相同案件的判例作为附件的一部分报国家税务总局。

⑦上述各栏,可另附书面材料。

⑧本表一式两份,申请人和国家税务总局各存一份。

(二)税收协定缔约对方税务主管当局请求

税务总局公告2017年第6号第四十九条规定,税收协定缔约对方税务主管当局请求启动相互协商程序的,国家税务总局收到正式来函后,认为符合税收协定有关规定的,可以启动相互协商程序。

国家税务总局认为税收协定缔约对方税务主管当局提供的资料不完整、事实不清晰的,可以要求对方补充提供资料,或者通过主管税务机关要求涉及的境内企业协助核实。

(三)拒绝申请或者请求的情形

税务总局公告2017年第6号第五十二条明确,有下列情形之一的,国家税务总局可以拒绝企业申请或者税收协定缔约对方税务主管当局启动相互协商程序的请求:

(1)企业或者其关联方不属于税收协定任一缔约方的税收居民;

(2)申请或者请求不属于特别纳税调整事项;

(3)申请或者请求明显缺乏事实或者法律依据;

(4)申请不符合税收协定有关规定;

(5)特别纳税调整案件尚未结案或者虽然已经结案但是企业尚未缴纳应纳税款。

三、相互协商程序的启动和相互协商

税务总局公告2017年第6号第五十条规定,国家税务总局决定启动相互协商程序的,应当书面通知省税务机关,并告知税收协定缔约对方税务主管当局。负责特别纳税调整事项的主管税务机关应当在收到书面通知后15个工作日内,向企业送达启动相互协商程序的《税务事项通知书》。

税务总局公告 2017 年第 6 号第五十一条明确,在相互协商过程中,税务机关可以要求企业进一步补充提供资料,企业应当在规定的时限内提交。

四、相互协商程序的暂停和终止

(一)暂停相互协商程序的情形

税务总局公告 2017 年第 6 号第五十三条规定,有下列情形之一的,国家税务总局可以暂停相互协商程序:

(1)企业申请暂停相互协商程序;

(2)税收协定缔约对方税务主管当局请求暂停相互协商程序;

(3)申请必须以另一被调查企业的调查调整结果为依据,而另一被调查企业尚未结束调查调整程序;

(4)其他导致相互协商程序暂停的情形。

(二)终止相互协商程序的情形

税务总局公告 2017 年第 6 号第五十四条规定,有下列情形之一的,国家税务总局可以终止相互协商程序:

(1)企业或者其关联方不提供与案件有关的必要资料,或者提供虚假、不完整资料,或者存在其他不配合的情形;

(2)企业申请撤回或者终止相互协商程序;

(3)税收协定缔约对方税务主管当局撤回或者终止相互协商程序;

(4)其他导致相互协商程序终止的情形。

(三)暂停或终止相互协商程序的通知

税务总局公告 2017 年第 6 号第五十五条规定,国家税务总局决定暂停或者终止相互协商程序的,应当书面通知省税务机关。负责特别纳税调整事项的主管税务机关应当在收到书面通知后 15 个工作日内,向企业送达暂停或者终止相互协商程序的《税务事项通知书》。

五、相互协商协议的签署和执行

依据税务总局公告 2017 年第 6 号第五十六条的规定,国家税务总局与税收协定缔约对方税务主管当局签署相互协商协议后,应当书面通知省税务机关,附送相互协商协议。负责特别纳税调整事项的主管税务机关应当在收到书面通知后 15 个工作日内,向企业送达《税务事项通知书》,附送相互协商协议。需要补(退)税的,应当附送《特别纳税调整相互协商协议补(退)税款通知书》(见表 10-41)或者《预约定价安排补(退)税款通知书》,并监控执行补(退)税款情况(见表 10-41 及其附表)。

应纳税收入或者所得额以外币计算的,应当按照相互协商协议送达企业之日上月最后一日人民币汇率中间价折合成人民币,计算应补缴或者应退还的税款。

补缴税款应当加收利息的,按照《企业所得税法实施条例》第一百二十二条规定的人民币贷款基准利率执行。

表 10-41　特别纳税调整相互协商协议补(退)税款通知书(样本)

_____税务局
特别纳税调整相互协商协议补(退)税款通知书

　　　　税协商〔　　〕　　号

_____：
　　根据中国税务主管当局与_____税务主管当局于___年___月___日签署的_____(相互协商协议名称)的有关规定,对你企业自____年至____年的纳税年度进行如下调整:
　　1. 调增(减)你企业应纳税所得额_____元,应补(退)企业所得税____元,并按有关规定加收利息。
　　2. 调增(减)你企业应纳税收入_____元,应补(退)_____税_____元。

　　需要补缴税款的,你企业应当自收到本通知书之日起____日内,向_____税务局缴纳上述税款及利息。逾期未缴纳税款的,按照《中华人民共和国税收征收管理法》及其实施细则的有关规定执行。
　　特此通知。
　　附:1. 企业所得税调整项目表
　　　　2. 其他税种调整项目表
　　　　3. 各项税收应补(退)明细表

税务机关(公章):
年　　月　　日

表 10-41(附 1)　　　　　　　　　　企业所得税调整项目表
　　　　　　　　　　　　　　　　　　所属年度(　　　)

企业名称:
纳税人识别号(统一社会信用代码):　　　　　　　　　　　　　　金额单位:元(列至角分)

调整项目	摘要	应纳税所得额	
		调增	调减
小　　计			
净增(减)额			
相互协商调整前应纳税所得额			
弥补以前年度亏损额			
调整当年度亏损额			
相互协商调整后应纳税所得额			

表 10-41(附 2):其他税种调整项目表[样式同表 10-29(附 2)]

表 10-41(附 3)　　　　　　各项税收应补(退)明细表

企业名称:

纳税人识别号(统一社会信用代码):　　　　　　　　　　　　　　金额单位:元(列至角分)

税种	所属年度	应交税额	已交税额	应补(退)税额	加收利息情况
					基准利率
合 计					-----

使用说明:

①本通知书依据《中华人民共和国企业所得税法》及其实施条例和《中华人民共和国税收征收管理法》及其实施细则的有关规定设置。

②适用范围:税务机关根据有关相互协商协议对企业作出相应调整时使用。

③"你企业应当自收到本通知书之日起____日内"所填天数应当依据《中华人民共和国税收征收管理法实施细则》第七十三条规定限期缴纳税款的期限填写。

④税务机关应当根据实际情况在本通知书中列示应补(退)的具体税种及税款。

⑤表 10-41(附 3)中"应交税额":填写根据相互协商协议企业应当缴纳的税款金额,需要退还税款的,按负数填写。

⑥表 10-41(附 3)中"已交税额":填写企业在收到《特别纳税调整相互协商协议补(退)税款通知书》前已经自行缴纳的税款金额。

⑦表 10-41(附 3)中"应补(退)税额"="应交税额"-"已交税额"。

⑧表 10-41(附 3)中"加收利息情况":应当加收利息的,在"基准利率"栏打"√",按照有关规定不加收利息的,不填写此栏。

⑨本通知书应当由主管税务机关负责人批准。

⑩本通知书与《税务文书送达回证》一并使用。

⑪本通知书为 A4 竖式,一式三份,一份送企业,一份送税务机关征收管理部门,一份由税务机关负责相互协商事项的部门归档。

六、相关义务和责任

(一)相关义务

税务总局公告 2017 年第 6 号第五十七条要求,各级税务机关应当对税收协定缔约对方税务主管当局、企业或者其扣缴义务人、代理人等在相互协商中提供的有关资料保密。

(二)相关责任

税务总局公告 2017 年第 6 号第五十八条规定,企业或者其扣缴义务人、代理人等在相互协商中弄虚作假,或者有其他违法行为的,税务机关应当按照《税收征管法》及其实施细则的有关规定处理。

第十节 特别纳税调查调整程序

一、特别纳税调查调整的目的

税务总局公告2017年第6号第二条明确,税务机关以风险管理为导向,构建和完善关联交易利润水平监控管理指标体系,加强对企业利润水平的监控,通过特别纳税调整监控管理和特别纳税调查调整,促进企业税法遵从。

二、特别纳税调查风险提示和企业自行调整补税

税务总局公告2017年第6号第三条规定,税务机关通过关联申报审核、同期资料管理和利润水平监控等手段,对企业实施特别纳税调整监控管理,发现企业存在特别纳税调整风险的,可以向企业送达《税务事项通知书》,提示其存在的税收风险。

企业收到特别纳税调整风险提示或者发现自身存在特别纳税调整风险的,可以自行调整补税。企业自行调整补税的,应当填报《特别纳税调整自行缴纳税款表》(见表10-42)。

企业自行调整补税的,税务机关仍可按照有关规定实施特别纳税调整调查调整。

企业要求税务机关确认关联交易定价原则和方法等特别纳税调整事项的,税务机关应当启动特别纳税调查程序。

表10-42 特别纳税调整自行缴纳税款表(样本)

特别纳税调整自行缴纳税款表

企业名称(公章):
纳税人识别号(统一社会信用代码):　　　　　　　　　　　　　　　　金额单位:元(列至角分)

税种	所属年度	自行缴纳税款金额	加收利息情况	
			基准利率+5个百分点	基准利率
合 计			-----	-----

使用说明:

①本表依据《中华人民共和国企业所得税法》及其实施条例和《中华人民共和国税收征收管理法》及其实施细则的有关规定设置。

②适用范围:企业在特别纳税调整监控管理环节自行调整补税或者在收到《特别纳税调查调整通知书》前自行缴纳税款时使用。

③企业应当根据实际情况列示自行缴纳的具体税种及税款。

④"加收利息情况":企业根据实际情况在"基准利率+5个百分点"或者"基准利率"栏打"√"。

⑤本表为A4竖式,一式三份,一份企业存档,一份送税务机关征收管理部门,一份送税务机关调查部门归档。

三、特别纳税调查对象和立案

(一)重点关注的企业

税务总局公告 2017 年第 6 号第四条要求,税务机关实施特别纳税调查,应当重点关注具有以下风险特征的企业:

(1)关联交易金额较大或者类型较多;

(2)存在长期亏损、微利或者跳跃性盈利;

(3)低于同行业利润水平;

(4)利润水平与其所承担的功能风险不相匹配,或者分享的收益与分摊的成本不相配比;

(5)与低税国家(地区)关联方发生关联交易;

(6)未按照规定进行关联申报或者准备同期资料;

(7)从其关联方接受的债权性投资与权益性投资的比例超过规定标准;

(8)由居民企业,或者由居民企业和中国居民控制的设立在实际税负低于12.5%的国家(地区)的企业,并非由于合理的经营需要而对利润不作分配或者减少分配;

(9)实施其他不具有合理商业目的的税收筹划或者安排。

(二)立案

税务总局公告 2017 年第 6 号第五条规定,税务机关应当向已确定立案调查的企业送达《税务检查通知书(一)》。被立案调查企业为非居民企业的,税务机关可以委托境内关联方或者与调查有关的境内企业送达《税务检查通知书(一)》。

经预备会谈与税务机关达成一致意见,已向税务机关提交《预约定价安排谈签意向书》,并申请预约定价安排追溯适用以前年度的企业,或者已向税务机关提交《预约定价安排续签申请书》的企业,可以暂不作为特别纳税调整的调查对象。预约定价安排未涉及的年度和关联交易除外。

四、特别纳税调查实施

(一)调查资料提供

税务总局公告 2017 年第 6 号第六条规定,税务机关实施特别纳税调查时,可以要求被调查企业及其关联方,或者与调查有关的其他企业提供相关资料:

(1)要求被调查企业及其关联方,或者与调查有关的其他企业提供相关资料的,应当向该企业送达《税务事项通知书》,该企业在境外的,税务机关可以委托境内关联方或者与调查有关的境内企业向该企业送达《税务事项通知书》;

(2)需要到被调查企业的关联方或者与调查有关的其他企业调查取证的,应当向该企业送达《税务检查通知书(二)》。

税务总局公告 2017 年第 6 号第七条要求,被调查企业及其关联方以及与调查有关的其他企业应当按照税务机关要求提供真实、完整的相关资料:

(1)提供由自身保管的书证原件。原本、正本和副本均属于书证的原件。提供原件确有困难的,可以提供与原件核对无误的复印件、照片、节录本等复制件。提供方应当在复制件上注明"与原件核对无误,原件存于我处",并由提供方签章;

(2)提供由有关方保管的书证原件复制件、影印件或者抄录件的,提供方应当在复制

件、影印件或者抄录件上注明"与原件核对无误",并注明出处,由该有关方及提供方签章;

(3)提供外文书证或者外文视听资料的,应当附送中文译本。提供方应当对中文译本的准确性和完整性负责;

(4)提供境外相关资料的,应当说明来源。税务机关对境外资料真实性和完整性有疑义的,可以要求企业提供公证机构的证明。

(二)调查取证方式

1)一般取证方式和录音、录像、照相的取证要求　税务总局公告2017年第6号第八条规定,税务机关实施特别纳税调查时,应当按照法定权限和程序进行,可以采用实地调查、检查纸质或者电子数据资料、调取账簿、询问、查询存款账户或者储蓄存款、发函协查、国际税收信息交换、异地协查等方式,收集能够证明案件事实的证据材料。收集证据材料过程中,可以记录、录音、录像、照相和复制,录音、录像、照相前应当告知被取证方。记录内容应当由两名以上调查人员签字,并经被取证方核实签章确认。被取证方拒绝签章的,税务机关调查人员(两名以上)应当注明。

2)电子数据的取证要求　税务总局公告2017年第6号第九条规定,以电子数据证明案件事实的,税务机关可以采取以下方式进行取证:

(1)要求提供方将电子数据打印成纸质资料,在纸质资料上注明数据出处、打印场所,并注明"与电子数据核对无误",由提供方签章;

(2)采用有形载体形式固定电子数据,由调查人员与提供方指定人员一起将电子数据复制到只读存储介质上并封存。在封存包装物上注明电子数据名称、数据来源、制作方法、制作时间、制作人、文件格式及大小等,并注明"与原始载体记载的电子数据核对无误",由提供方签章。

3)调账检查的要求　税务总局公告2017年第6号第十条规定,税务机关需要将以前年度的账簿、会计凭证、财务会计报告和其他有关资料调回检查的,应当按照《税收征管法》及其实施细则有关规定,向被调查企业送达《调取账簿资料通知书》,填写《调取账簿资料清单》交其核对后签章确认。调回资料应当妥善保管,并在法定时限内完整退还。

4)询问取证的要求　税务总局公告2017年第6号第十一条规定,税务机关需要采用询问方式收集证据材料的,应当由两名以上调查人员实施询问,并制作《询问(调查)笔录》。

5)获取陈述或者证言的要求　税务总局公告2017年第6号第十二条规定,需要被调查当事人、证人陈述或者提供证言的,应当事先告知其不如实陈述或者提供虚假证言应当承担的法律责任。被调查当事人、证人可以采取书面或者口头方式陈述或者提供证言,以口头方式陈述或者提供证言的,调查人员可以笔录、录音、录像。笔录应当使用能够长期保持字迹的书写工具书写,也可使用计算机记录并打印,陈述或者证言应当由被调查当事人、证人逐页签章。

陈述或者证言中应当写明被调查当事人、证人的姓名、工作单位、联系方式等基本信息,注明出具日期,并附居民身份证复印件等身份证明材料。

被调查当事人、证人口头提出变更陈述或者证言的,调查人员应当就变更部分重新制作笔录,注明原因,由被调查当事人、证人逐页签章。被调查当事人、证人变更书面陈述或者证言的,不退回原件。

6)关联关系及关联交易金额的确认　税务总局公告 2017 年第 6 号第十三条要求,税务机关应当结合被调查企业年度关联业务往来报告表和相关资料,对其与关联方的关联关系以及关联交易金额进行确认,填制《关联关系认定表》(见表 10-43)和《关联交易认定表》(见表 10-44),并由被调查企业确认签章。被调查企业拒绝确认的,税务机关调查人员(两名以上)应当注明。

表 10-43　关联关系认定表(样本)

关联关系认定表

所属年度(　　　)

企业名称:

纳税人识别号(统一社会信用代码):

关联方名称	税务机关认定关联关系类型	与企业年度关联业务往来报告是否一致	备 注
		是□　否□　未报告□	
		是□　否□　未报告□	
		是□　否□　未报告□	
		是□　否□　未报告□	
		是□　否□　未报告□	
		是□　否□　未报告□	
		是□　否□　未报告□	
		是□　否□　未报告□	
		是□　否□　未报告□	
		是□　否□　未报告□	
		是□　否□　未报告□	
		是□　否□　未报告□	
		是□　否□　未报告□	

企业负责人确认签章:　　　　　　　　　　　　　　　　税务机关调查人员签字:

企业拒签理由:

使用说明:

①本表依据《中华人民共和国企业所得税法》及其实施条例和《中华人民共和国税收征收管理法》及其实施细则的有关规定设置。

②适用范围:税务机关调查人员对企业与其关联方的关联关系进行审核认定时使用。

③"税务机关认定关联关系类型":应当按以下关联关系认定标准逐条进行审核认定,并选填代码 A、B、C 等,有多个关联关系类型的,应当选填多个代码。

A. 一方直接或者间接持有另一方的股份总和达到 25% 以上;双方直接或者间接同为第三方所持有的股份达到 25% 以上。

如果一方通过中间方对另一方间接持有股份,只要其对中间方持股比例达到 25% 以上,则其对另一方的持股比例按照中间方对另一方的持股比例计算。

两个以上具有夫妻、直系血亲、兄弟姐妹以及其他抚养、赡养关系的自然人共同持股同一企业,在判定关联关系时持股比例合并计算。

B. 双方存在持股关系或者同为第三方持股,虽持股比例未达到本条第 A 项规定,但双方之间借贷资金总额占任一方实收资本比例达到 50% 以上,或者一方全部借贷资金总额的 10% 以上由另一方担保(与独立金融机构之间的借贷或者担保除外)。

借贷资金总额占实收资本比例＝年度加权平均借贷资金/年度加权平均实收资本，其中：

年度加权平均借贷资金＝$\sum_{i=1}^{n}$ i 笔借入或者贷出资金账面金额×i 笔借入或者贷出资金年度实际占用天数/365

年度加权平均实收资本＝$\sum_{i=1}^{n}$ i 笔实收资本账面金额×i 笔实收资本年度实际占用天数/365

C. 双方存在持股关系或者同为第三方持股，虽持股比例未达到本条第 A 项规定，但一方的生产经营活动必须由另一方提供专利权、非专利技术、商标权、著作权等特许权才能正常进行。

D. 双方存在持股关系或者同为第三方持股，虽持股比例未达到本条第 A 项规定，但一方的购买、销售、接受劳务、提供劳务等经营活动由另一方控制。

上述控制是指一方有权决定另一方的财务和经营政策，并能据以从另一方的经营活动中获取利益。

E. 一方半数以上董事或者半数以上高级管理人员（包括上市公司董事会秘书、经理、副经理、财务负责人和公司章程规定的其他人员）由另一方任命或者委派，或者同时担任另一方的董事或者高级管理人员；或者双方各自半数以上董事或者半数以上高级管理人员同为第三方任命或者委派。

F. 具有夫妻、直系血亲、兄弟姐妹以及其他抚养、赡养关系的两个自然人分别与双方具有本条第 A 至 E 项关系之一。

G. 双方在实质上具有其他共同利益。

除 B 项规定外，上述关联关系年度内发生变化的，按照关联关系实际存续期间认定。

仅因国家持股或者由国有资产管理部门委派董事、高级管理人员而存在第 A 至 E 项关系的，不构成关联关系。

④"与企业年度关联业务往来报告是否一致"：在相应的方框内勾选。

⑤"备注"：如说明关联关系年度内发生变化情况等。

⑥本表由税务机关调查人员审核认定时填制，并由被调查企业确认签章。被调查企业拒绝确认的，由两名以上调查人员签字，并注明被调查企业拒签理由。

⑦本表为 A4 竖式，一式一份，由税务机关归档。

表 10-44 关联交易认定表（样本）

关联交易认定表

所属年度（　　　）

企业名称：　　　　　　纳税人识别号（统一社会信用代码）：　　　　　　金额单位：元（列至角分）

关联方名称	税务机关认定关联交易类型	税务机关认定关联交易内容	申报关联交易金额	核实关联交易金额
合　　计				

企业负责人确认签章：　　　　　　　　　　　　　　　税务机关调查人员签字：

企业拒签理由：

使用说明：

①本表依据《中华人民共和国企业所得税法》及其实施条例和《中华人民共和国税收征收管理法》及其实施细则的有关规定设置。

②适用范围：税务机关进行特别纳税调查时，对企业年度关联业务往来报告表申报的关联交易金额审核认定时使用。

③本表应当按不同的关联方、关联交易类型、关联交易内容逐笔填列。

④"税务机关认定关联交易类型"：填写有形资产所有权转让、有形资产所有权受让、无形资产所有权转让、无形资产所有权受让、有形资产使用权转让、有形资产使用权受让、无形资产使用权转让、无形资产使用权受让、金融资产转让、金融资产受让、融入资金利息支出、融出资金利息收入、提供劳务收入、接受劳务支出等 14 种关联交易类型。

⑤"税务机关认定关联交易内容"：应当根据认定的关联交易类型分别填写如下内容：

——认定的关联交易类型为"有形资产所有权转让"或者"有形资产所有权受让"或者"有形资产使用权转让"或者

"有形资产使用权受让"的应当分别填写:"原材料—来料加工"(按照企业年度进口报关价格计算)"原材料—其他""半成品""产品(商品)—来料加工"(按照企业年度出口报关价格计算)"产品(商品)—其他""固定资产—房屋及建筑物""固定资产—机械机器设备(包括飞机、火车、轮船)""固定资产—器具工具家具""固定资产—运输工具(不包括飞机、火车、轮船)""固定资产—电子设备""林木类生物资产""畜类生物资产""周转材料—低值易耗品""周转材料—包装物""其他有形资产"。

——认定的关联交易类型为"无形资产所有权转让"或者"无形资产所有权受让"或者"无形资产使用权转让"或者"无形资产使用权受让"的应当分别填写:"专利""非专利技术""商业秘密""商标""品牌""客户名单""销售渠道""市场调查成果""特许经营权""政府许可""土地使用权""商誉""著作权""其他无形资产"。

——认定的关联交易类型为"金融资产转让"或者"金融资产受让"的应当分别填写:"应收账款""应收票据""其他应收款项""股权投资-上市公司""股权投资—非上市公司""债权投资""衍生金融工具形成的资产""其他金融资产"。

——认定的关联交易类型为"融入资金利息支出"或者"融出资金利息收入"的应当分别填写:"信用贷款""担保贷款(包括保证贷款、抵押贷款、质押贷款)""票据贴现""融资租赁""应计息预付款""应计息延期收付款""集团资金池""其他融通资金"。

——认定的关联交易类型为"提供劳务收入"或者"接受劳务支出"的应当分别填写:"市场调查服务""营销策划服务""代理服务""设计服务""咨询服务""行政管理""技术服务""合约研发服务""维修服务""法律服务""财务管理服务""审计服务""招聘服务""培训服务""集中采购服务""建筑工程劳务""安装工程劳务""交通运输服务""物流辅助服务""体育文化服务""旅游服务""娱乐服务""网络通信服务""金融服务""保险服务""其他劳务"。

⑥"申报关联交易金额":填写企业年度关联业务往来报告表报告的关联交易金额。

⑦"核实关联交易金额":填写税务机关特别纳税调整前核实的关联交易金额。

⑧本表由税务机关调查人员审核认定时填制,并由被调查企业确认签章。被调查企业拒绝确认的,由两名以上调查人员签字,并注明被调查企业拒签理由。

⑨本表为A4横式,一式一份,由税务机关归档。

(三)被调查企业不提供或提供虚假、不完整资料的处理

税务总局公告2017年第6号第十四条规定,被调查企业不提供特别纳税调查相关资料,或者提供虚假、不完整资料的,由税务机关责令限期改正,逾期仍未改正的,税务机关按照《税收征管法》及其实施细则有关规定进行处理,并依法核定其应纳税所得额。

五、特别纳税调查结果处理

(一)未发现企业存在特别纳税调整问题的处理

税务总局公告2017年第6号第三十九条规定,经调查,税务机关未发现企业存在特别纳税调整问题的,应当作出特别纳税调查结论,并向企业送达《特别纳税调查结论通知书》(见表10-37)。

(二)发现企业存在特别纳税调整问题的处理

税务总局公告2017年第6号第四十条规定,经调查,税务机关发现企业存在特别纳税调整问题的,应当按照以下程序实施调整:

(1)在测算、论证、可比性分析的基础上,拟定特别纳税调查调整方案;

(2)根据拟定调整方案与企业协商谈判,双方均应当指定主谈人,调查人员应当做好《协商内容记录》(见表10-45),并由双方主谈人签字确认。企业拒签的,税务机关调查人员(两名以上)应当注明。企业拒绝协商谈判的,税务机关向企业送达《特别纳税调查初步调整通知书》(见表10-38)。

表 10-45　协商内容记录(样本)

协商内容记录(1)

企业名称：
纳税人识别号(统一社会信用代码)：

税务主谈人员		企业主谈人员	
税务出席人员		企业出席人员	
协商地点		协商时间	年　月　日　时　分到　时　分

协商内容如下：
　　税务：

　　企业：

　　税务：

　　企业：

记录人员：　　　　　　　　　　调查人员签字：　　　　　　　　　　共　页，第　页
税务主谈人员(签章)：　　　　　　　　　　　　　　　　　　　　　　企业主谈人员(签章)：

协商内容记录(2)

企业名称：
纳税人识别号(统一社会信用代码)：

　　税务：

　　企业：

　　税务：

　　企业：

记录人员：　　　　　　　　　　调查人员签字：　　　　　　　　　　共　页，第　页
税务主谈人员(签章)：　　　　　　　　　　　　　　　　　　　　　　企业主谈人员(签章)：

使用说明：
①适用范围：税务机关与被调查企业协商调查调整方案，并征询企业意见时使用。
②本记录应当用钢笔(碳素笔)、毛笔书写或者计算机制作，不得使用圆珠笔、铅笔。
③本记录主页上方已设定的内容应当逐项填写。企业主谈人员应当由企业法定代表人参加，若法定代表人不能参加应当委托其他人员参加，并向税务机关提供法定代表人委托书。
④本记录的正文部分采用问答形式。在记录的起始部分，税务主谈人员应当表明身份，并明确告知企业主谈人员法定义务与法定权利。
⑤记录协商的内容要真实、准确、详细、具体，不能随意取舍。重要情节要尽量记下原话，以保持其原意不变。对于企业主谈人员所提供的每一事实或者情节，应当记明来源。对提供的物证、书证，要在记录中反映出来并记明证据的来源。税务主谈人员出示证据提问，也必须写明出示何物。
⑥协商结束，应当将记录交由企业核对，对没有阅读能力的，应当向其宣读。如企业认为记录有遗漏或者差错，应当允许其补充或者正改。修改过的记录，应当由企业主谈人员在改动处押印。企业认为记录无误后，应当由企业主谈人员对记录逐页签字确认；企业拒绝签字的，应当注明拒签理由，由至少两名调查人员签字。税务主谈人员、记录人员要签署日期并签名，税务主谈人与记录人员签名不得相互代签。
⑦本记录为 A4 竖式，一式一份，由税务机关归档。

(3)协商谈判过程中,企业对拟定调整方案有异议的,应当在税务机关规定的期限内进一步提供相关资料。税务机关收到资料后,应当认真审议,并作出审议结论。根据审议结论,需要进行特别纳税调整的,税务机关应当形成初步调整方案,向企业送达《特别纳税调查初步调整通知书》;

(4)企业收到《特别纳税调查初步调整通知书》后有异议的,应当自收到通知书之日起7日内书面提出。税务机关收到企业意见后,应当再次协商、审议。根据审议结论,需要进行特别纳税调整,并形成最终调整方案的,税务机关应当向企业送达《特别纳税调查调整通知书》(见表10-39);

(5)企业收到《特别纳税调查初步调整通知书》后,在规定期限内未提出异议的,或者提出异议后又拒绝协商的,或者虽提出异议但经税务机关审议后不予采纳的,税务机关应当以初步调整方案作为最终调整方案,向企业送达《特别纳税调查调整通知书》。

(三)法律救济

税务总局公告2017年第6号第四十一条规定,企业收到《特别纳税调查调整通知书》后有异议的,可以在依照《特别纳税调查调整通知书》缴纳或者解缴税款、利息、滞纳金或者提供相应的担保后,依法申请行政复议。

对行政复议决定不服的,可以依法向人民法院提起行政诉讼。

六、特别纳税调查结果执行

(一)基本规定

《企业所得税法》第四十八条规定,税务机关依照本章规定作出纳税调整,需要补征税款的,应当补征税款,并按照国务院规定加收利息。

《企业所得税法实施条例》第一百二十一条规定,税务机关根据税收法律、行政法规的规定,对企业作出特别纳税调整的,应当对补征的税款,自税款所属纳税年度的次年6月1日起至补缴税款之日止的期间,按日加收利息。前款规定加收的利息,不得在计算应纳税所得额时扣除。

《企业所得税法实施条例》第一百二十二条明确,《企业所得税法》第四十八条所称利息,应当按照税款所属纳税年度中国人民银行公布的与补税期间同期的人民币贷款基准利率加5个百分点计算。企业依照《企业所得税法》第四十三条和本条例的规定提供有关资料的,可以只按前款规定的人民币贷款基准利率计算利息。

(二)缴纳税款

税务总局公告2017年第6号第四十二条规定,税务机关对企业实施特别纳税调整,涉及企业向境外关联方支付利息、租金、特许权使用费的,除另有规定外,不调整已扣缴的税款。

税务总局公告2017年第6号第四十三条明确,企业可以在《特别纳税调查调整通知书》送达前自行缴纳税款。企业自行缴纳税款的,应当填报《特别纳税调整自行缴纳税款表》。

(三)加收利息

税务总局公告2017年第6号第四十四条 税务机关对企业实施特别纳税调整的,应当根据《企业所得税法》及其实施条例的有关规定对2008年1月1日以后发生交易补征的企业所得税按日加收利息。

特别纳税调查调整补缴的税款,应当按照应补缴税款所属年度的先后顺序确定补缴税款的所属年度,以入库日为截止日,分别计算应加收的利息额:

(1)企业在《特别纳税调查调整通知书》送达前缴纳或者送达后补缴税款的,应当自税款所属纳税年度的次年6月1日起至缴纳或者补缴税款之日止计算加收利息。企业超过《特别纳税调查调整通知书》补缴税款期限仍未缴纳税款的,应当自补缴税款期限届满次日起按照《税收征管法》及其实施细则的有关规定加收滞纳金,在加收滞纳金期间不再加收利息;

(2)利息率按照税款所属纳税年度12月31日公布的与补税期间同期的中国人民银行人民币贷款基准利率(以下简称基准利率)加5个百分点计算,并按照一年365天折算日利息率;

(3)企业按照有关规定提供同期资料及有关资料的,或者按照有关规定不需要准备同期资料但根据税务机关要求提供其他相关资料的,可以只按照基准利率加收利息。

经税务机关调查,企业实际关联交易额达到准备同期资料标准,但未按照规定向税务机关提供同期资料的,税务机关补征税款加收利息,适用本条第二款第二项规定。

(4)税务总局公告2017年第6号第四十五条规定,企业自行调整补税且主动提供同期资料等有关资料,或者按照有关规定不需要准备同期资料但根据税务机关要求提供其他相关资料的,其2008年1月1日以后发生交易的自行调整补税按照基准利率加收利息。

七、其他事项

(1)《税收征管法实施细则》第五十六条规定,纳税人与其关联企业未按照独立企业之间的业务往来支付价款、费用的,税务机关自该业务往来发生的纳税年度起3年内进行调整;有特殊情况的,可以自该业务往来发生的纳税年度起10年内进行调整。《企业所得税法实施条例》第一百二十三条规定,企业与其关联方之间的业务往来,不符合独立交易原则,或者企业实施其他不具有合理商业目的安排的,税务机关有权在该业务发生的纳税年度起10年内,进行纳税调整。

(2)依据国税发〔2009〕2号文件第一百一十二条的规定,税务机关及其工作人员应依据有关保密的规定保管、使用企业提供的信息资料。

(3)国税发〔2009〕2号文件第一百一十三条规定,本办法所规定期限的最后一日是法定休假日的,以休假日期满的次日为期限的最后一日;在期限内有连续3日以上法定休假日的,按休假日天数顺延。

(4)国税发〔2009〕2号文件第一百一十四条明确,本办法所涉及的"以上""以下""日内""之日""之前""少于""低于""超过"等均包含本数。

(5)国税发〔2009〕2号文件第一百一十五条和税务总局公告2017年第6号第四十六条均规定,被调查企业在税务机关实施特别纳税调查调整期间申请变更经营地址或注销税务登记的,税务机关在调查结案前原则上不予办理税务变更、注销手续。

企业所得税政策与申报实务深度解析
（2020年版）

第十一章

弥补亏损所得税政策及其明细表的填报

本章要点

☞ 弥补亏损企业所得税政策的基本规定

☞ 弥补亏损企业所得税政策的具体规定

☞ 弥补亏损明细表各项目的填报

☞ 连续几年有盈有亏如何弥补亏损示例

☞ 查增所得额如何弥补亏损示例

☞ 资产损失和应扣未扣支出追补扣除时如何弥补亏损示例

☞ 企业合并转入亏损如何弥补示例

第一节 弥补亏损的企业所得税政策

一、弥补亏损的基本规定

《企业所得税法》第五条规定,企业每一纳税年度的收入总额,减除不征税收入、免税收入、各项扣除以及允许弥补的以前年度亏损后的余额,为应纳税所得额。

第十七条规定,企业在汇总计算缴纳企业所得税时,其境外营业机构的亏损不得抵减境内营业机构的盈利。

第十八条规定,企业纳税年度发生的亏损,准予向以后年度结转,用以后年度的所得弥补,但结转年限最长不得超过五年。

《企业所得税法实施条例》第十条明确,《企业所得税法》第五条所称亏损,是指企业依照《企业所得税法》和本条例的规定将每一纳税年度的收入总额减除不征税收入、免税收入和各项扣除后小于零的数额。

由此可见,《企业所得税法》及其实施条例中所称亏损,并不是指应纳税所得额小于零的数额,因为企业每一纳税年度的收入总额减除不征税收入、免税收入和各项扣除后的余额,在弥补以前年度亏损之前,还不能称为应纳税所得额,实际上属于按直接法计算的纳税调整后所得。

二、弥补亏损的具体规定

(一)企业所得税年度纳税申报表中亏损的确定

在现行企业所得税年度纳税申报表中,主表和《企业所得税弥补亏损明细表》(A106000)对亏损的确定并不完全相同。在主表中,亏损是第19行纳税调整后所得小于零的数额,即主表第13-14+15-16-17+18行<0的数额。在表A106000中,亏损是第2列"当年境内所得额"的负数,且2013年及以前纳税年度、2014至2017纳税年度、2018年及以后纳税年度的填报规则有所不同。

(二)以前年度的实际资产损失和应扣未扣支出追补扣除应调整所属年度的所得或亏损

(1)依据税务总局公告2011年第25号的规定,企业以前年度发生的资产损失未能在当年税前扣除的,可以按照规定扣除。其中,属于实际资产损失,准予追补至该项损失发生年度扣除,其追补确认期限一般不得超过五年,但因计划经济体制转轨过程中遗留的资产损失、企业重组上市过程中因权属不清出现争议而未能及时扣除的资产损失、因承担国家政策性任务而形成的资产损失以及政策定性不明确而形成资产损失等特殊原因形成的资产损失,其追补确认期限经国家税务总局批准后可适当延长。属于法定资产损失,应在申报年度扣除。企业因以前年度实际资产损失未在税前扣除而多缴的企业所得税税款,可在追补确认年度企业所得税应纳税款中予以抵扣,不足抵扣的,向以后年度递延抵扣。企业实际资产损失发生年度扣除追补确认的损失后出现亏损的,应先调整资产损失发生年度的亏损额,再按弥补亏损的原则计算以后年度多缴的企业所得税税款,并按前述办法进行税务处理。

(2)依据税务总局公告2012年第15号的规定,对企业发现以前年度实际发生的、按照税收规定应在企业所得税前扣除而未扣除或者少扣除的支出,企业做出专项申报及说明后,准予追补至该项目发生年度计算扣除,但追补确认期限不得超过5年。企业由于上述原因多缴的企业所得税税款,可以在追补确认年度企业所得税应纳税款中抵扣,不足抵扣的,可以向以后年度递延抵扣或申请退税。亏损企业追补确认以前年度未在企业所得税前扣除的支出,或盈利企业经过追补确认后出现亏损的,应首先调整该项支出所属年度的亏损额,然后再按照弥补亏损的原则计算以后年度多缴的企业所得税款,并按前述规定处理。

(三)查增的应纳税所得额允许弥补以前年度亏损

《国家税务总局关于关于查增应纳税所得额弥补以前年度亏损处理问题的公告》(税务总局公告2010年第20号)明确,根据《企业所得税法》第五条的规定,税务机关对企业以前年度纳税情况进行检查时调增的应纳税所得额,凡企业以前年度发生亏损、且该亏损属于《企业所得税法》规定允许弥补的,应允许调增的应纳税所得额弥补该亏损。弥补该亏损后仍有余额的,按照《企业所得税法》规定计算缴纳企业所得税。

(四)企业筹办期间不得确定为亏损年度

国税函〔2010〕79号文件第七条明确,企业自开始生产经营的年度,为开始计算企业损益的年度。企业从事生产经营之前进行筹办活动期间发生筹办费用支出,不得计算为当期的亏损,应按照国税函〔2009〕98号文件第九条规定执行,即:企业可以在开始经营之日的当年一次性扣除;也可以自支出发生月份的次月起,在不低于3年的期限内分期摊销。

(五)特殊企业亏损结转年限的延长

这里的特殊企业是指高新技术企业和科技型中小企业以及受新冠肺炎疫情影响较大的困难行业企业。

1. 高新技术企业和科技型中小企业亏损结转年限的延长

《财政部 国家税务总局关于延长高新技术企业和科技型中小企业亏损结转年限的通知》(财税〔2018〕76号,以下简称财税〔2018〕76号文件)规定,自2018年1月1日起,当年具备高新技术企业或科技型中小企业资格(以下统称资格)的企业,其具备资格年度之前5个年度发生的尚未弥补完的亏损,准予结转以后年度弥补,最长结转年限由5年延长至10年。高新技术企业,是指按照《科技部 财政部 国家税务总局关于修订印发〈高新技术企业认定管理办法〉的通知》(国科发火〔2016〕32号,以下简称国科发火〔2016〕32号文件)规定认定的高新技术企业;科技型中小企业,是指按照《科技部 财政部 国家税务总局关于印发〈科技型中小企业评价办法〉的通知》(国科发政〔2017〕115号,以下简称国科发政〔2017〕115号文件)规定取得科技型中小企业登记编号的企业。

《国家税务总局关于延长高新技术企业和科技型中小企业亏损结转弥补年限有关企业所得税处理问题的公告》(国家税务总局公告2018年第45号,以下简称税务总局公告2018年第45号)明确,财税〔2018〕76号文件所称当年具备资格的企业,其具备资格年度之前5个年度发生的尚未弥补完的亏损,是指当年具备资格的企业,其前5个年度无论是否具备资格,所发生的尚未弥补完的亏损。如,2018年具备资格的企业,无论2013年至2017年是否具备资格,其2013年至2017年发生的尚未弥补完的亏损,均准予结转以后年度弥补,最长结转年限为10年。2018年以后年度具备资格的企业,依此类推,进行亏损结转弥补税务处理。

高新技术企业按照其取得的高新技术企业证书注明的有效期所属年度,确定其具备资格的年度。科技型中小企业按照其取得的科技型中小企业入库登记编号注明的年度，确定其具备资格的年度。

企业发生符合特殊性税务处理规定的合并或分立重组事项的，其尚未弥补完的亏损，按照财税〔2009〕59号文件和税务总局公告2018年第45号有关规定进行税务处理：

（1）合并企业承继被合并企业尚未弥补完的亏损的结转年限，按照被合并企业的亏损结转年限确定；

（2）分立企业承继被分立企业尚未弥补完的亏损的结转年限，按照被分立企业的亏损结转年限确定；

（3）合并企业或分立企业具备资格的，其承继被合并企业或被分立企业尚未弥补完的亏损的结转年限，按照《通知》第一条和本公告第一条规定处理。

2. 受新冠疫情影响较大的困难行业企业亏损结转年限的延长

依据《财政部 国家税务总局关于支持新型冠状病毒感染的肺炎疫情防控有关税收政策的公告》（财政部 国家税务总局公告2020年第8号，以下简称财税公告2020年第8号）的规定，对受疫情影响较大的困难行业企业2020年度发生的亏损，最长结转年限由5年延长至8年。困难行业企业，包括交通运输、餐饮、住宿、旅游（指旅行社及相关服务、游览景区管理两类）四大类，具体判断标准按照现行《国民经济行业分类》执行。困难行业企业2020年度主营业务收入须占收入总额（剔除不征税收入和投资收益）的50%以上。

税务总局公告2020年第4号要求，受疫情影响较大的困难行业企业按照财税公告2020年第8号规定适用延长亏损结转年限政策的，应当在2020年度企业所得税汇算清缴时，通过电子税务局提交《适用延长亏损结转年限政策声明》。

3. 电影行业企业结转年限的延长

依据《财政部 税务总局关于电影等行业税费支持政策的公告》（财政部 税务总局公告2020年第25号，以下简称财税公告2020年第25号）的规定，对电影行业企业2020年度发生的亏损，最长结转年限由5年延长至8年。电影行业企业限于电影制作、发行和放映等企业，不包括通过互联网、电信网、广播电视网等信息网络传播电影的企业。

（六）因政策性搬迁停止生产经营活动的年度可从法定亏损结转弥补年限中减除

依据税务总局公告2012年第40号第二十一条的规定，企业以前年度发生尚未弥补的亏损的，凡企业由于搬迁停止生产经营无所得的，从搬迁年度次年起，至搬迁完成年度前一年度止，可作为停止生产经营活动年度，从法定亏损结转弥补年限中减除；企业边搬迁、边生产的，其亏损结转年度应连续计算。

（七）境外分支机构的非实际亏损没有结转年限的限制

税务总局公告2010年第1号明确，企业在同一纳税年度的境内外所得加总为正数的，其境外分支机构发生的亏损，由于上述结转弥补的限制而发生的未予弥补的部分（以下称为非实际亏损额），今后在该分支机构的结转弥补期限不受5年期限制。即：

（1）如果企业当期境内外所得盈利额与亏损额加总后和为零或正数，则其当年度境外分支机构的非实际亏损额可无限期向后结转弥补；

（2）如果企业当期境内外所得盈利额与亏损额加总后和为负数，则以境外分支机构的亏损额超过企业盈利额部分的实际亏损额，按规定的期限进行亏损弥补，未超过企业盈利额部分的非实际亏损额仍可无限期向后结转弥补。

（八）关于弥补亏损规则

依据上述规定，企业以前年度亏损的结转年限可能一致，也可能不一致。如果企业以前年度亏损的最长结转年限一致，或者尽管以前年度亏损的最长结转年限不一致但均未到期的，适用"先亏先补"的弥补亏损规则。但如果企业以前年度亏损的最长结转年限不一致且有到期的，则适用"先到期亏损先弥补、同时到期亏损先发生的先弥补"的弥补亏损规则。

如：某企业2019年取得高新技术企业资格，2020年复核不合格被取消高新技术企业资格，假设该企业2014年、2018年、2019年均发生亏损。则2014年、2018年的亏损结转年限为10年，2019年的亏损结转年限为5年。假设到2024年上述亏损均未弥补完且2024年有所得，与2018年的亏损相比，2019年的亏损先到期、先弥补；2014年、2019年的亏损同时到期，但2014年的亏损先发生，2014年的亏损先弥补；2018年的亏损最后弥补。最终顺序是：先弥补2014年的，后弥补2019年的，最后弥补2018年的。再如：某一般企业为2020年受疫情影响较大的困难行业企业，当年发生亏损且符合延长亏损结转年限的条件，假设该企业2019年、2020年、2021年均发生亏损。则2020年的亏损结转年限为8年，2019年、2021年的亏损结转年限为5年。假设到2024年上述亏损均未弥补完且2024年有所得，2019年的亏损先到期、先弥补。假设到2026年上述亏损均未弥补完且2026年有所得，2019年的亏损已超过5年，不得弥补；2021年的亏损先到期、先弥补；2020年的亏损最后弥补。

（九）境内企业之间的盈亏不得互相抵补

由于现行企业所得税是法人所得税，因此除另有规定外，境内企业之间的盈亏不得互相抵减或结转弥补。根据现行政策规定，"另有规定"是指居民企业合并、分立适用特殊性税务处理时亏损的承继弥补。

税务总局公告2011年第34号在第五条"投资企业撤回或减少投资的税务处理"中也明确，被投资企业发生的经营亏损，由被投资企业按规定结转弥补。

（十）汇总纳税企业境内机构的盈亏汇总计算

根据税务总局公告2012年第57号的规定，汇总纳税企业实行"统一计算、分级管理、就地预缴、汇总清算、财政调库"的企业所得税征收管理办法。统一计算，是指总机构统一计算包括汇总纳税企业所属各个不具有法人资格分支机构在内的全部应纳税所得额、应纳税额。汇总纳税企业在统一计算应纳税所得额时，实际上已将境内总、分支机构的盈亏互相抵补。

（十一）来源于境外的所得可以抵补境内企业的亏损

依据现行《企业所得税法》及其实施条例的规定，居民企业在汇总计算缴纳企业所得税时，其境外营业机构的亏损不得抵减境内营业机构的盈利。我们认为，境外被投资企业的亏损更不可能由境内投资企业的盈利抵补。但居民企业来源于境外的所得，包括来源于境外被投资企业的股息、红利等权益性投资收益，和来源于境外营业机构的盈利，都可以抵减或弥补其境内的亏损。

（十二）境外被投资企业或营业机构之间的盈亏有些情形下可以互相抵补

居民企业对来源于境外的所得选择适用分国（地区）不分项方式计税的，依据财税〔2009〕125号文件第三条的规定，在汇总计算境外应纳税所得额时，企业在境外同一国家（地区）设立不具有独立纳税地位的分支机构，按照《企业所得税法》及其实施条例的有关规定计算的亏损，不得抵减其境内或其他国家（地区）的应纳税所得额，但可以用同一国家

(地区)其他项目或以后年度的所得按规定弥补。居民企业对来源于境外的所得选择适用不分国(地区)不分项方式计税的,依据财税〔2017〕84号文件的规定,其境外应纳税所得额是多个国家(地区)所得汇总统一计算后的结果,即不同国家(地区)的盈利和亏损可以相互抵补。

(十三)企业合并、分立适用特殊性税务处理的,被合并、分立企业在合并、分立前发生的亏损由合并、分立企业承继弥补

依据财税〔2009〕59号文件和税务总局公告2010年第4号的规定,适用一般性税务处理的,被合并企业的亏损不得由合并企业结转弥补;企业分立相关企业的亏损不得相互结转弥补。适用特殊性税务处理的,被合并企业合并前的相关所得税事项由合并企业承继,其中,可由合并企业弥补的被合并企业亏损的限额=被合并企业净资产公允价值×截至合并业务发生当年年末国家发行的最长期限的国债利率。这一限额,是指在税收规定的剩余结转年限内,每年可由合并企业弥补的被合并企业亏损的限额。被分立企业已分立出去资产相应的所得税事项由分立企业承继,其中,被分立企业未超过法定弥补期限的亏损额可按分立资产占全部资产的比例进行分配,由分立企业继续弥补。

第二节 弥补亏损明细表的填报

企业所得税弥补亏损明细表(A106000)适用于发生弥补亏损、亏损结转等事项的纳税人填报,反映其以前年度发生的亏损需要在本年度结转弥补的金额,本年度可弥补的金额以及可继续结转以后年度弥补的亏损额情况。

一、年度的填报

(一)一般情况下"年度"的填报

一般情况下,表A106000第1列"年度"填报公历年度。纳税人应首先填报第11行"本年度"对应的公历年度,再依次从第10行往第1行倒推填报以前年度。纳税人发生政策性搬迁事项,如停止生产经营活动年度可以从法定亏损结转弥补年限中减除,则按可弥补亏损年度进行填报。本年度是指申报所属期年度,如:纳税人在2020年5月10日进行2019年度企业所得税年度纳税申报时,本年度(申报所属期年度)为2019年。

纳税人年度中间开业的,表A106000第1列"年度"填报实际生产经营之日至当年12月31日所在的公历年度。纳税人年度中间发生被吸收合并、解散分立、破产、停业等情况在年度中间终止经营活动的,表A106000第1列"年度"填报当年1月1日至终止经营活动之日所在的公历年度。纳税人在某一年度中间开业且又在同一年度中间发生被吸收合并、解散分立、破产、停业等情况终止经营活动的,表A106000第1列"年度"填报实际生产经营之日至当年终止经营活动之日所在的公历年度。

(二)发生政策性搬迁减除停止生产经营活动年度的填报

依据税务总局公告2012年第40号第二十一条的规定,企业以前年度发生尚未弥补的亏损的,凡企业由于发生政策性搬迁事项停止生产经营无所得的,从搬迁年度次年起,至搬迁完成年度前一年度止,可作为停止生产经营活动年度,从法定亏损结转弥补年限中减除;企业边搬迁、边生产的,其亏损结转年度应连续计算。

【例11-1】如某公司2013年8月8日开始生产经营,2017年度10月开始政策性搬迁并停止生产经营活动,2019年3月搬迁完成并恢复生产经营活动。该公司表A106000第1列"年度"的填报见表11-1。

表11-1 发生政策性搬迁减除停止生产经营活动年度填报示例

行次	项目	年度
		1
1	前十年度	
	……	
6	前五年度	2013
7	前四年度	2014
8	前三年度	2015
9	前二年度	2016
10	前一年度	2017
11	本年度	2019

(三)关于"合并、分立转入的亏损额"所属年度填报问题

在企业合并、分立适用特殊性税务处理情况下,企业存续分立的,被分立企业未转出的亏损额所属年度不变,分立企业转入的亏损额其所属年度也不变。企业合并或解散分立的,由于被合并企业或被分立企业终止经营活动,依据《企业所得税法》第五十三条和第五十五条的规定,当年1月1日(当年新办的为年度中间开业之日)至实际停业之日应为一个独立的纳税年度,被合并企业应当自实际经营终止之日起六十日内,向税务机关办理当期企业所得税汇算清缴。在对这一独立纳税年度的企业所得税汇算清缴时,应按规定弥补其以前年度结转的亏损额。因此,被合并企业或被分立企业以前年度结转的亏损额已弥补年限就多了1年,相应地,合并企业或分立企业转入的被合并企业或被分立企业的亏损额,其弥补年限应减掉1年。

【例11-2】假设某合并业务适用特殊性税务处理,被合并企业的亏损结转年限为5年。被合并企业2018年亏损80万元,2019年8月30日为合并日,2019年1—8月盈利50万元。合并企业2017、2018、2019年盈利均为100万元。

假设不考虑其他纳税调整因素,被合并企业2019年1—8月应作为一个独立纳税年度,汇算清缴盈利50万元,可用于弥补2018年的亏损。2018年的亏损在经过这一独立纳税年度弥补之后,还有30万元允许由合并企业在其剩余结转年限4年内承继弥补。合并企业进行2019年度企业所得税汇算清缴时,如果将被合并企业2018年尚未弥补的亏损30万元转入2018年的"合并、分立转入的亏损额",由于2018年是2019年的前一年度,会导致被合并企业2018年尚未弥补的亏损在合并方有5年的弥补期。而实际上被合并企业2018年的亏损已经弥补了一个年度(独立纳税年度),这样会导致被合并企业2018年的亏损结转年限为6年,与《企业所得税法》第十八条亏损结转年限最长不得超过五年的一般规定明显不符。

【例11-3】假设某合并业务适用特殊性税务处理,被合并企业的亏损结转年限为5年。被合并企业2018年亏损80万元,2019年8月30日为合并日,2019年1—8月亏损50万元。合并企业2017、2018、2019年盈利均为100万元。

假设不考虑其他纳税调整因素,被合并企业2019年1—8月作为一个独立纳税年度,

汇算清缴亏损50万元，2018年的亏损80万元在这一独立纳税年度没有得到弥补，但亏损年度不能从5年结转年限中减除，即2018年的亏损在经过这一独立纳税年度之后，应由合并企业在其剩余结转年限4年内承继弥补。合并企业进行2019年度企业所得税汇算清缴时，如果将被合并企业2018年亏损80万元转入2018年的"合并、分立转入的亏损额"，由于2018年是2019年的前一年度，会导致被合并企业2018年尚未弥补的亏损在合并方有5年的弥补期。而实际上被合并企业2018年的亏损已经弥补了一个年度（独立纳税年度），这样会导致被合并企业2018年的亏损结转年限为6年，与《企业所得税法》第十八条亏损结转年限最长不得超过5年的一般规定明显不符。合并企业进行2019年度企业所得税汇算清缴时，如果将被合并企业2019年1—8月这一独立纳税年度汇算清缴的亏损50万元转入2019年（本年度）的"合并、分立转入的亏损额"，会导致合并企业无法用当年盈利弥补当年亏损额的困局。

因此，本书建议，企业合并或解散分立适用特殊性税务处理情况下，合并企业或分立企业填报"合并、分立转入的亏损额"的所属年度时，填报其发生年度减去1年后的年度。即：将被合并企业或被分立企业在合并或分立当年实际经营期汇算清缴的亏损填入"前一年度"，将被合并企业或被分立企业在合并或分立前一年度的亏损填入"前二年度"，依此类推。这样处理，才能做到"合并、分立转入的亏损额"不超过其最长结转年限。

按照这一建议，例11-2中合并企业从被合并企业转入亏损的填报见表11-2，例11-3中合并企业从被合并企业转入亏损的填报见表11-3。

表11-2 合并企业从被合并企业转入亏损的填报示例（一） 金额单位：元

行次	项目	年度	当年境内所得额	分立转出的亏损额	合并、分立转入的亏损额		弥补亏损企业类型	当年亏损额	当年待弥补的亏损额
					可弥补年限5年	可弥补年限10年			
			1	2	3	4	5	6	7	8
1	前十年度								
	……								
9	前二年度	2017	1 000 000.00	0.00	-300 000.00	0.00	100	-300 000.00	-300 000.00
10	前一年度	2018	1 000 000.00	0.00	0.00	0.00		0.00	0.00
11	本年度	2019	1 000 000.00	0.00	0.00	0.00		0.00	0.00

表11-3 合并企业从被合并企业转入亏损的填报示例（二） 金额单位：元

行次	项目	年度	当年境内所得额	分立转出的亏损额	合并、分立转入的亏损额		弥补亏损企业类型	当年亏损额	当年待弥补的亏损额
					可弥补年限5年	可弥补年限10年			
			1	2	3	4	5	6	7	8
1	前十年度								
	……								
9	前二年度	2017	1 000 000.00	0.00	-800 000.00	0.00	100	-800 000.00	-800 000.00
10	前一年度	2018	1 000 000.00	0.00	-500 000.00	0.00	100	-500 000.00	-500 000.00
11	本年度	2019	1 000 000.00	0.00	0.00	0.00		0.00	0.00

二、当年境内所得额的填报

(一)不同年度"当年境内所得额"的填报

自《企业所得税法》实施以来,企业所得税年度纳税申报表几经变化,弥补亏损明细表中亏损或所得的填报规则也有变化,因此,表 A106000 第 2 列不同年度的"当年境内所得额"的填报方法不尽相同。

(1)第 1 列"年度"为 2013 年及以前纳税年度的,第 2 列"当年境内所得额"填报该年度的主表第 23 行的金额(亏损以负数表示)。

(2)第 1 列"年度"为 2014 至 2017 纳税年度的,第 2 列"当年境内所得额"填报该年度的表 A106000 第 6 行第 2 列的金额(亏损以负数表示)。

(3)第 1 列"年度"为 2018 年及以后纳税年度的(不包括本年度),第 2 列"当年境内所得额"填报该年度表 A106000 第 11 行第 2 列的金额(亏损以负数表示)。

(4)第 1 列"年度"为本年度的,第 11 行第 2 列"当年境内所得额"填报主表第 19 – 20 行的金额(亏损以负数表示)。由此可见,表 A106000 中本年度的"当年境内所得额"≤主表中的"纳税调整后所得"。

(二)"当年境内所得额"的调整

发生查补以前年度应纳税所得额、追补扣除以前年度未能税前扣除的实际资产损失、应扣未扣支出等情况的,按照相应调整后的金额填报。

三、分立转出亏损额的填报

表 A106000 第 3 列"分立转出的亏损额"填报本年度企业分立按照企业重组特殊性税务处理规定转出的符合条件的亏损额。分立转出的亏损额按亏损所属年度填报,转出亏损的亏损额以正数表示。当表 A106000 第 2 列 <0 且第 3 列 >0 时,第 3 列应 <第 2 列的绝对值;当表 A106000 第 2 列≥0 时,则第 3 列 =0。

依据财税〔2009〕59 号文件的规定,企业解散分立适用特殊性税务处理情况下,被分立企业未超过法定弥补期限的亏损可按分立资产占全部资产的比例进行分配,由各分立企业在剩余弥补期限内承继弥补,但由于被分立企业解散,不再是企业所得税的纳税人,也就不存在填报"分立转出的亏损额"。企业存续分立适用特殊性税务处理情况下,被分立企业未超过法定弥补期限的亏损也按分立资产占全部资产的比例进行分配,由被分立企业和各分立企业在剩余弥补期限内承继弥补,因此被分立企业要填报"分立转出的亏损额"。

四、合并、分立转入亏损额的填报

表 A106000 第 4 列"合并、分立转入的亏损额 – 可弥补年限 5 年"填报企业符合企业重组特殊性税务处理规定,因合并或分立本年度转入的不超过 5 年亏损弥补年限规定的亏损额。第 5 列"合并、分立转入的亏损额 – 可弥补年限 10 年"填报企业符合企业重组特殊性税务处理规定,因合并或分立本年度转入的不超过 10 年亏损弥补年限规定的亏损额。合并、分立转入的亏损额按亏损所属年度填报,转入的亏损额以负数表示。

依据财税〔2009〕59 号文件的规定,企业合并适用特殊性税务处理情况下,被合并企业未超过法定弥补期限的亏损由合并企业在剩余弥补期限内承继弥补,因此合并企业要从被合并企业转入可弥补的亏损额。企业分立,无论是解散分立还是存续分立,适用特殊性税务处理情况下,分立企业均要从被分立企业转入可弥补的亏损额。

依据税务总局公告 2018 年第 45 号的规定,企业合并、分立适用特殊性税务处理情况下,合并企业、分立企业转入亏损额的结转年限按以下规则规定:

(1)合并企业承继被合并企业尚未弥补完的亏损的结转年限,按照被合并企业的亏损结转年限确定。也就是说,被合并企业在具备资格年度之前 5 个年度发生的亏损结转年限为 10 年,其他年度发生的的亏损结转年限为 5 年。对于合并企业是一般企业、被合并企业是或自 2018 年 1 月 1 日起曾经是具备资格的企业,或者合并企业是一般企业、被合并企业也是一般企业,适用上述规则确定合并企业承继被合并企业尚未弥补完的亏损的结转年限;但合并企业具备资格的,则适用下述规则确定合并企业承继被合并企业尚未弥补完的亏损的结转年限。

(2)分立企业承继被分立企业尚未弥补完的亏损的结转年限,按照被分立企业的亏损结转年限确定。也就是说,被分立企业在具备资格年度之前 5 个年度发生的亏损结转年限为 10 年,其他年度发生的的亏损结转年限为 5 年。对于分立企业是一般企业、被分立企业是或自 2018 年 1 月 1 日起曾经是具备资格的企业,或者分立企业是一般企业、被分立企业也是一般企业,适用上述规则确定分立企业承继被分立企业尚未弥补完的亏损的结转年限;但分立企业具备资格的,则适用下述规则确定分立企业承继被分立企业尚未弥补完的亏损的结转年限。

(3)合并企业或分立企业具备资格的,其承继被合并企业或被分立企业尚未弥补完的亏损的结转年限,按照财税〔2018〕76 号文件第一条和税务总局公告 2018 年第 45 号第一条规定处理。也就是说,即使被合并企业或被分立企业不具备资格,合并企业或分立企业承继的被合并企业或被分立企业尚未弥补完的亏损是在合并企业或分立企业具备资格年度之前 5 个年度发生的,其最长结转年限为 10 年。当然,这并不否定被合并企业或被分立企业自 2018 年 1 月 1 日起曾经是具备资格的企业,其具备资格年度之前 5 个年度发生的亏损结转年限为 10 年。

由于在 2020 年受疫情影响较大的困难行业企业发生年度亏损且符合主营业务收入占比条件,2020 年发生的年度亏损最长结转年限由 5 年延长至 8 年,在企业合并、分立适用特殊性税务处理情况下,目前未有文件明确的是:①一般企业合并在 2020 年受疫情影响较大的困难行业企业,合并企业承继的被合并企业尚未弥补完的亏损结转年限如何确定。②在 2020 年受疫情影响较大的困难行业企业分立的,分立企业承继的被分立企业尚未弥补完的亏损结转年限如何确定。③在 2020 年,合并企业或分立企业属于受疫情影响较大的困难行业企业,其承继的被合并企业或被分立企业尚未弥补完的亏损的结转年限如何确定。④合并企业或分立企业具备资格的,被合并企业或被分立企业属于受疫情影响较大的困难行业企业,合并企业或分立企业承继被合并企业或被分立企业尚未弥补完的亏损的结转年限如何确定。

五、弥补亏损企业类型的填报

表 A106000 第 6 列"弥补亏损企业类型"由纳税人根据不同年度情况从《弥补亏损企业类型代码表》(见表 11-4)中选择相应的代码填入。不同类型纳税人的亏损结转年限不同,同一纳税人不同年度的亏损结转年限也有可能不同。

选择"一般企业"的,该年度的亏损结转年限为 5 年;选择"符合条件的高新技术企业""符合条件的科技型中小企业"的,该年度的亏损结转年限为 10 年。"符合条件的高新技术企业""符合条件的科技型中小企业"是指符合财税〔2018〕76 号文件和税务总局公告 2018 年第 45 号规定的高新技术企业和科技型中小企业。目前尚未有文件规定"2020 年受疫情影响较大的困难行业企业"如何选择。

表 11-4 弥补亏损企业类型代码表

代码	类型
100	一般企业
200	符合条件的高新技术企业
300	符合条件的科技型中小企业

六、当年亏损额的填报

表 A106000 第 7 列"当年亏损额"填报纳税人各年度可弥补亏损额的合计金额。对某一"年度"来说,表 A106000 第 7 列"当年亏损额"要根据第 2 列"当年境内所得额"的不同情况计算得出。当表 A106000 某一"年度"第 2 列<0 时,该"年度"第 7 列=该"年度"第 2+3+4+5 列;当表 A106000 某一"年度"第 2 列≥0 时,该"年度"第 7 列=该"年度"第 4+5 列。

七、当年待弥补亏损额的填报

表 A106000 第 8 列"当年待弥补的亏损额"填报在用本年度(申报所属期年度)所得额弥补亏损前,当年度尚未被弥补的亏损额。

在某一"年度"的亏损(该"年度""当年境内所得额"的负数)本年没有发生资产损失、应扣未扣支出追补扣除和纳税检查等调整的情形下,如果本年没有发生合并、分立转入、转出亏损的情形,某一"年度"的"当年待弥补的亏损额"应等于上一纳税年度表 A106000 中同一年度的"可结转以后年度弥补的亏损额"(用负数表示)。如果本年发生合并、分立转入、转出亏损的情形,当表 A106000 某一"年度"第 2 列<0 时,某一"年度"的"当年待弥补的亏损额"应等于上一纳税年度表 A106000 中同一年度的"可结转以后年度弥补的亏损额"(用负数表示)+本年表 A106000 中该"年度"第 3+4+5 列;当表 A106000 某一"年度"第 2 列≥0 时,某一"年度"的"当年待弥补的亏损额"应等于本年该"年度"第 4+5 列。

在某一"年度"的亏损本年发生资产损失、应扣未扣支出追补扣除和纳税检查等调整的情形下,依据上述逻辑关系确定的某一"年度"的"当年待弥补的亏损额",要根据某一"年度"亏损的调整情况而调整。

八、用本年度所得额弥补以前年度亏损额的填报

表 A106000 第 9 列"用本年度所得额弥补的以前年度亏损额-使用境内所得弥补"的填报。

当表 A106000 第 2 列第 11 行本年度(申报所属期年度)的"当年境内所得额">0 时,表 A106000 第 9 列第 1 行至第 10 行填报各年度被本年度(申报所属期年度)境内所得依次弥补的亏损额,弥补的亏损额以正数表示。

表 A106000 第 9 列第 11 行,填报本列第 1 行至第 10 行的合计金额,该数据应填入本

年度表A100000第21行。

表A106000第9列第1行至第10行≤表A106000第8列同一行次的绝对值,表A106000第9列第11行≤第2列第11行。

当表A106000第2列第11行本年度(申报所属期年度)的"当年境内所得额"≤0时,表A106000第9列第1行至第11行均填0。

表A106000第10列"用本年度所得额弥补的以前年度亏损额-使用境外所得弥补"的填报。纳税人选择用境外所得弥补境内以前年度亏损的,表A106000第10列第1行至第10行填报各年度被本年度(申报所属期年度)境外所得依次弥补的亏损额,弥补的亏损额以正数表示。表A106000第10列第11行,填报本列第1行至第10行的合计金额。表A106000第10列第11行=表A108000第6列合计行-表A100000第18行。

九、当年可结转以后年度弥补亏损额的填报

表A106000第11列"当年可结转以后年度弥补的亏损额"第1行至第11行,填报各年度尚未弥补完的且准予结转以后年度弥补的亏损额,结转以后年度弥补的亏损额以正数表示。

表A106000第11列第1行=0;表A106000第11列第2至10行=表A106000第8列同一行次的绝对值-第9列-第10列;表A106000第11列第11行=表A106000第8列第11行的绝对值。表A106000第11列第12行,填报本列第1行至第11行的合计金额。

【例11-4】假设例3-1中的华方有限责任公司自2014年5月18日开业,2014年度的"当年境内所得额"为-80万元,2015-2017年度的"当年境内所得额"每年为30万元,2018年度"当年境内所得额"为-200万元,2019年度的"当年境内所得额"为13 575 583.33万元(见表4-4)。华方有限责任公司2019年度表A106000的填报见表11-5。

表11-5 企业所得税弥补亏损明细表填报一般示例

A106000 企业所得税弥补亏损明细表 金额单位:元

行次	项目	年度	当年境内所得额	分立转出的亏损额	合并、分立转入的亏损额		弥补亏损企业类型	当年亏损额	当年待弥补的亏损额	用本年度所得额弥补的以前年度亏损额		当年可结转以后年度弥补的亏损额
					可弥补年限5年	可弥补年限10年				使用境内所得弥补	使用境外所得弥补	
			1	2	3	4	5	6	7	8	9	10	11
1	前十年度											
	……											
6	前五年度	2014	-800 000.00	0.00	0.00	0.00	200	-80 000.00	0.00	0.00	0.00	0.00
7	前四年度	2015	300 000.00	0.00	0.00	0.00	200	0.00	0.00	0.00	0.00	0.00
8	前三年度	2016	300 000.00	0.00	0.00	0.00	200	0.00	0.00	0.00	0.00	0.00
9	前二年度	2017	300 000.00	0.00	0.00	0.00	200	0.00	0.00	0.00	0.00	0.00
10	前一年度	2018	-2 000 000.00	0.00	0.00	0.00	200	-2 000 000.00	-2 000 000.00	2 000 000.00	0.00	0.00
11	本年度	2019	13 575 583.33	0.00	0.00	0.00	200	0.00	0.00	2 000 000.00	0.00	0.00
12	可结转以后年度弥补的亏损额合计											0.00

第三节 若干情形下弥补亏损明细表的填报

一、连续几年有盈有亏如何弥补亏损

企业连续几年有盈有亏的,如果以前年度亏损的最长结转年限一致,或者尽管以前年度亏损的最长结转年限不一致但均未到期的,适用"先亏先补"的弥补亏损规则。

但如果企业以前年度亏损的最长结转年限不一致且有到期的,则适用"先到期亏损先弥补、同时到期亏损先发生的先弥补"的弥补亏损规则。

【例11-5】假设某居民企业2018年设立,当年亏损300万元。2019、2020、2021、2022年的"当年境内所得额"分别为−2 700万元、2 000万元、−1 000万元、8 000万元。

如果该企业为一般企业,则其2019、2020、2021、2022年度表A106000的填报分别见表11-6、表11-7、表11-8、表11-9。

【例11-6】假设某居民企业2013年设立,2018年具备科技型中小企业资格,2013年至2015年的"当年境内所得额"分别为−300万元、−200万元、−100万元,2016年至2018年的"当年境内所得额"分别为40万元、50万元、−150万元,2019年至2023年的"当年境内所得额"分别为20万元、25万元、30万元、35万元、250万元。

依据"具备资格年度之前5个年度发生的尚未弥补完的亏损,准予结转以后年度弥补,最长结转年限由5年延长至10年"的规定,该企业2013年至2015年发生的亏损最长结转年限为10年,而2018年发生的亏损最长结转年限为5年。

2019年汇算清缴时,上述年度亏损尽管最长结转年限不一致但均未到期,则"先亏先补"。

2023年汇算清缴时,上述年度亏损最长结转年限不一致且有到期的,则"先到期亏损先弥补、同时到期亏损先发生的先弥补",即2013年、2018年的亏损先到期、先弥补,2014年、2015年的亏损后弥补;2013年、2018年的亏损同时到期,但2013年的亏损先发生、先弥补。

因此,最终弥补顺序是:先弥补2013年的亏损,后弥补2018年的亏损,再弥补2014年的亏损,最后弥补2015年的亏损。

该企业2019至2023年度表A106000的填报分别见表11-10、表11-11、表11-12、表11-13和表11-14。

表11-6 例11-5中的某居民企业2019年度表A106000的填报

企业所得税弥补亏损明细表

A106000　　金额单位:元

行次	项目	年度	当年境内所得额	分立转出的亏损额	合并、分立转入的亏损额 可弥补年限		弥补亏损企业类型	当年亏损额	当年待弥补的亏损额	用本年度所得额弥补的以前年度亏损额		当年可结转以后年度弥补的亏损额
					5年	10年				使用境内所得弥补	使用境外所得弥补	
		1	2	3	4	5	6	7	8	9	10	11
1	前十年度											
...												
10	前一年度	2018	-3 000 000.00	0.00	0.00	0.00	100	-3 000 000.00	-3 000 000.00	0.00	0.00	3 000 000.00
11	本年度	2019	-27 000 000.00	0.00	0.00	0.00	100	-27 000 000.00	-27 000 000.00	0.00	0.00	27 000 000.00
12	可结转以后年度弥补的亏损额合计											30 000 000.00

表11-7 例11-5中的某居民企业2020年度表A106000的填报

企业所得税弥补亏损明细表

A106000　　金额单位:元

行次	项目	年度	当年境内所得额	分立转出的亏损额	合并、分立转入的亏损额 可弥补年限		弥补亏损企业类型	当年亏损额	当年待弥补的亏损额	用本年度所得额弥补的以前年度亏损额		当年可结转以后年度弥补的亏损额
					5年	10年				使用境内所得弥补	使用境外所得弥补	
		1	2	3	4	5	6	7	8	9	10	11
1	前十年度											
...												
9	前二年度	2018	-3 000 000.00	0.00	0.00	0.00	100	-3 000 000.00	-3 000 000.00	3 000 000.00	0.00	0.00
10	前一年度	2019	-27 000 000.00	0.00	0.00	0.00	100	-27 000 000.00	-27 000 000.00	17 000 000.00	0.00	10 000 000.00
11	本年度	2020	20 000 000.00	0.00	0.00	0.00	100	0.00	0.00	20 000 000.00	0.00	0.00
12	可结转以后年度弥补的亏损额合计											10 000 000.00

第十一章 弥补亏损所得税政策及其明细表的填报

表 11-8 例 11-5 中的某居民企业 2021 年度表 A106000 的填报

企业所得税弥补亏损明细表

A106000

金额单位：元

行次	项目	年度	当年境内所得额	分立转出的亏损额	合并、分立转入的亏损额		弥补亏损企业类型	当年亏损额	当年待弥补的亏损额	用本年度所得额弥补的以前年度亏损额		当年可结转以后年度弥补的亏损额
					可弥补年限 5 年	可弥补年限 10 年				使用境内所得弥补	使用境外所得弥补	
			2	3	4	5	6	7	8	9	10	11
1	前十年度	……										
8	前三年度	2018	-3 000 000.00	0.00	0.00	0.00	100	-3 000 000.00	0.00	0.00	0.00	0.00
9	前二年度	2019	-27 000 000.00	0.00	0.00	0.00	100	-27 000 000.00	-10 000 000.00	0.00	0.00	10 000 000.00
10	前一年度	2020	20 000 000.00	0.00	0.00	0.00	100	0.00	0.00	0.00	0.00	0.00
11	本年度	2021	-10 000 000.00	0.00	0.00	0.00	100	-10 000 000.00	-10 000 000.00	0.00	0.00	10 000 000.00
12	可结转以后年度弥补的亏损额合计											20 000 000.00

表 11-9 例 11-5 中的某居民企业 2022 年度表 A106000 的填报

企业所得税弥补亏损明细表

A106000

金额单位：元

行次	项目	年度	当年境内所得额	分立转出的亏损额	合并、分立转入的亏损额		弥补亏损企业类型	当年亏损额	当年待弥补的亏损额	用本年度所得额弥补的以前年度亏损额		当年可结转以后年度弥补的亏损额
					可弥补年限 5 年	可弥补年限 10 年				使用境内所得弥补	使用境外所得弥补	
			2	3	4	5	6	7	8	9	10	11
1	前十年度	……										
7	前四年度	2018	-3 000 000.00	0.00	0.00	0.00	100	-3 000 000.00	0.00	0.00	0.00	0.00
8	前三年度	2019	-27 000 000.00	0.00	0.00	0.00	100	-27 000 000.00	-10 000 000.00	10 000 000.00	0.00	0.00
9	前二年度	2020	20 000 000.00	0.00	0.00	0.00	100	0.00	0.00	0.00	0.00	0.00
10	前一年度	2021	-10 000 000.00	0.00	0.00	0.00	100	-10 000 000.00	-10 000 000.00	10 000 000.00	0.00	0.00
11	本年度	2022	80 000 000.00	0.00	0.00	0.00	100	0.00	0.00	20 000 000.00	0.00	0.00
12	可结转以后年度弥补的亏损额合计											0.00

表 11-10 例 11-6 中的某居民企业 2019 年度表 A106000 的填报

企业所得税弥补亏损明细表

A106000　　全额单位：元

行次	项目	年度	当年境内所得额	分立转出的亏损额	合并、分立转入的亏损额		弥补亏损企业类型	当年亏损额	当年待弥补的亏损额	用本年度所得额弥补的以前年度亏损额		当年可结转以后年度弥补的亏损额
					可弥补年限 5年	可弥补年限 10年				使用境内所得弥补	使用境外所得弥补的	
			1	2	3	4	5	6	7	8	9	10	11
1	前十年度	2013											
2	前九年度	2014											
3	前八年度	2015											
4	前七年度	2016											
5	前六年度	2013	-3 000 000.00	0.00	0.00	0.00	300	-3 000 000.00	-2 100 000.00	200 000.00	0.00	1 900 000.00
6	前五年度	2014	-2 000 000.00	0.00	0.00	0.00	300	-2 000 000.00	-2 000 000.00	0.00	0.00	2 000 000.00
7	前四年度	2015	-1 000 000.00	0.00	0.00	0.00	300	-1 000 000.00	-1 000 000.00	0.00	0.00	1 000 000.00
8	前三年度	2016	400 000.00	0.00	0.00	0.00		0.00	0.00	0.00	0.00	0.00
9	前二年度	2017	500 000.00	0.00	0.00	0.00		0.00	0.00	0.00	0.00	0.00
10	前一年度	2018	-1 500 000.00	0.00	0.00	0.00	100	-1 500 000.00	-1 500 000.00	0.00	0.00	1 500 000.00
11	本年度	2019	200 000.00	0.00	0.00	0.00	100	0.00	0.00	200 000.00	0.00	0.00
12	可结转以后年度弥补的亏损额合计												6 400 000.00

表 11-11 例 11-6 中的某居民企业 2020 年度表 A106000 的填报

企业所得税弥补亏损明细表

A106000　　全额单位：元

行次	项目	年度	当年境内所得额	分立转出的亏损额	合并、分立转入的亏损额		弥补亏损企业类型	当年亏损额	当年待弥补的亏损额	用本年度所得额弥补的以前年度亏损额		当年可结转以后年度弥补的亏损额
					可弥补年限 5年	可弥补年限 10年				使用境内所得弥补	使用境外所得弥补的	
			1	2	3	4	5	6	7	8	9	10	11
1	前十年度												
2	前九年度												

续表

行次	项目	年度	当年境内所得额	分立转出的亏损额	合并、分立转入的亏损额 可弥补年限 5年	合并、分立转入的亏损额 可弥补年限 10年	弥补亏损企业类型	当年亏损额	当年待弥补亏损额	用本年度所得额弥补的以前年度亏损额 使用境内所得弥补	用本年度所得额弥补的以前年度亏损额 使用境外所得弥补	当年可结转以后年度弥补的亏损额
		1	2	3	4	5	6	7	8	9	10	11
3	前八年度	2013	-3 000 000.00	0.00	0.00		300	-3 000 000.00	-1 900 000.00	250 000.00	0.00	1 650 000.00
4	前七年度	2014	-2 000 000.00	0.00	0.00		300	-2 000 000.00	-2 000 000.00	0.00	0.00	2 000 000.00
5	前六年度	2015	-1 000 000.00	0.00	0.00		300	-1 000 000.00	-1 000 000.00	0.00	0.00	1 000 000.00
6	前五年度	2016	400 000.00	0.00	0.00							
7	前四年度	2017	500 000.00	0.00	0.00			0.00	0.00	0.00	0.00	0.00
8	前三年度	2018	-1 500 000.00	0.00	0.00		100	-1 500 000.00	-1 500 000.00	0.00	0.00	1 500 000.00
9	前二年度	2019	200 000.00	0.00	0.00			0.00	0.00	0.00	0.00	0.00
10	前一年度	2020	250 000.00	0.00	0.00			0.00	0.00	0.00	0.00	0.00
11	本年度						100			250 000.00		
12	可结转以后年度弥补的亏损额合计											6 150 000.00

表11-12 例11-6中的某居民企业2021年度表A106000的填报

企业所得税弥补亏损明细表

A106000 金额单位:元

行次	项目	年度	当年境内所得额	分立转出的亏损额	合并、分立转入的亏损额 可弥补年限 5年	合并、分立转入的亏损额 可弥补年限 10年	弥补亏损企业类型	当年亏损额	当年待弥补亏损额	用本年度所得额弥补的以前年度亏损额 使用境内所得弥补	用本年度所得额弥补的以前年度亏损额 使用境外所得弥补	当年可结转以后年度弥补的亏损额
		1	2	3	4	5	6	7	8	9	10	11
1	前十年度											
2	前九年度											
3	前八年度	2013	-3 000 000.00	0.00		0.00	300	-3 000 000.00	-1 650 000.00	300 000.00	0.00	1 350 000.00
4	前七年度	2014	-2 000 000.00	0.00		0.00	300	-2 000 000.00	-2 000 000.00	0.00	0.00	2 000 000.00
5	前六年度	2015	-1 000 000.00	0.00		0.00	300	-1 000 000.00	-1 000 000.00	0.00	0.00	1 000 000.00

续表

行次	项目	年度	当年境内所得额	分立转出的亏损额	合并、分立转入的亏损额 可弥补年限5年	合并、分立转入的亏损额 可弥补年限10年	弥补亏损企业类型	当年亏损额	当年待弥补的亏损额	用本年度所得额弥补的以前年度亏损额 使用境内所得弥补	用本年度所得额弥补的以前年度亏损额 使用境外所得弥补	当年可结转以后年度弥补的亏损额
			1	2	3	4	5	6	7	8	9	10	11
6	前五年度	2016	400 000.00	0.00	0.00	0.00	300	0.00	0.00	0.00	0.00	0.00
7	前四年度	2017	500 000.00	0.00	0.00	0.00	300	0.00	0.00	0.00	0.00	0.00
8	前三年度	2018	−1 500 000.00	0.00	0.00	0.00	100	−1 500 000.00	−1 500 000.00	0.00	0.00	1 500 000.00
9	前二年度	2019	200 000.00	0.00	0.00	0.00	100	0.00	0.00	0.00	0.00	0.00
10	前一年度	2020	250 000.00	0.00	0.00	0.00	100	0.00	0.00	0.00	0.00	0.00
11	本年度	2021	300 000.00	0.00	0.00	0.00	100	0.00	0.00	300 000.00	0.00	0.00
12	可结转以后年度弥补的亏损额合计											5 850 000.00

表11-13 例11-6 中的某居民企业2022年度表A106000的填报企业所得税弥补亏损明细表

A106000   金额单位：元

行次	项目	年度	当年境内所得额	分立转出的亏损额	合并、分立转入的亏损额 可弥补年限5年	合并、分立转入的亏损额 可弥补年限10年	弥补亏损企业类型	当年亏损额	当年待弥补的亏损额	用本年度所得额弥补的以前年度亏损额 使用境内所得弥补	用本年度所得额弥补的以前年度亏损额 使用境外所得弥补	当年可结转以后年度弥补的亏损额
			1	2	3	4	5	6	7	8	9	10	11
1	前十年度											
2	前九年度	2013	−3 000 000.00	0.00	0.00	0.00	300	−3 000 000.00	−1 350 000.00	350 000.00	0.00	1 000 000.00
3	前八年度	2014	−2 000 000.00	0.00	0.00	0.00	300	−2 000 000.00	−2 000 000.00	0.00	0.00	2 000 000.00
4	前七年度	2015	−1 000 000.00	0.00	0.00	0.00	300	−1 000 000.00	−1 000 000.00	0.00	0.00	1 000 000.00
5	前六年度	2016	400 000.00	0.00	0.00	0.00	300	0.00	0.00	0.00	0.00	0.00
6	前五年度	2017	500 000.00	0.00	0.00	0.00	300	0.00	0.00	0.00	0.00	0.00
7	前四年度	2018	−1 500 000.00	0.00	0.00	0.00	100	−1 500 000.00	−1 500 000.00	0.00	0.00	1 500 000.00
8	前三年度	2019	200 000.00	0.00	0.00	0.00	100	0.00	0.00	0.00	0.00	0.00

续表

行次	项目	年度	当年境内所得额	分立转出的亏损额	合并、分立转入的亏损额 可弥补年限		弥补亏损企业类型	当年亏损额	当年待弥补的亏损额	用本年度所得额弥补的以前年度		当年可结转以后年度弥补的亏损额
					5年	10年				使用境内所得弥补	使用境外所得弥补	
			2	3	4	5	6	7	8	9	10	11
9	前二年度	2020	250 000.00	0.00	0.00	0.00	100	0.00	0.00	0.00	0.00	0.00
10	前一年度	2021	300 000.00	0.00	0.00	0.00	100	0.00	0.00	0.00	0.00	0.00
11	本年度	2022	350 000.00	0.00	0.00	0.00	100	0.00	0.00	350 000.00	0.00	0.00
12	可结转以后年度弥补的亏损额合计											5 500 000.00

A106000

表11-14 例11-6中的某居民企业2023年度表A106000的填报

企业所得税弥补亏损明细表

金额单位：元

行次	项目	年度	当年境内所得额	分立转出的亏损额	合并、分立转入的亏损额 可弥补年限		弥补亏损企业类型	当年亏损额	当年待弥补的亏损额	用本年度所得额弥补的以前年度		当年可结转以后年度弥补的亏损额
					5年	10年				使用境内所得弥补	使用境外所得弥补	
			2	3	4	5	6	7	8	9	10	11
1	前十年度	2013	-3 000 000.00	0.00	0.00	0.00	300	-3 000 000.00	-1 000 000.00	1 000 000.00	0.00	0.00
2	前九年度	2014	-2 000 000.00	0.00	0.00	0.00	300	-2 000 000.00	-2 000 000.00	500 000.00	0.00	1 500 000.00
3	前八年度	2015	-1 000 000.00	0.00	0.00	0.00	300	-1 000 000.00	-1 000 000.00	0.00	0.00	1 000 000.00
4	前七年度	2016	400 000.00	0.00	0.00	0.00	300	0.00	0.00	0.00	0.00	0.00
5	前六年度	2017	500 000.00	0.00	0.00	0.00	300	0.00	0.00	0.00	0.00	0.00
6	前五年度	2018	-1 500 000.00	0.00	0.00	0.00	100	-1 500 000.00	-1 500 000.00	1 000 000.00	0.00	0.00
7	前四年度	2019	200 000.00	0.00	0.00	0.00	100	0.00	0.00	0.00	0.00	0.00
8	前三年度	2020	250 000.00	0.00	0.00	0.00	100	0.00	0.00	0.00	0.00	0.00
9	前二年度	2021	300 000.00	0.00	0.00	0.00	100	0.00	0.00	0.00	0.00	0.00
10	前一年度	2022	350 000.00	0.00	0.00	0.00	100	0.00	0.00	0.00	0.00	0.00
11	本年度	2023	2 500 000.00	0.00	0.00	0.00	100	0.00	0.00	2 500 000.00	0.00	0.00
12	可结转以后年度弥补的亏损额合计											2 500 000.00

二、查增所得额如何弥补亏损

【例 11-7】假设例 11-5 中的某居民企业其他条件不变,在 2022 年,经税务机关检查,分别调增该企业 2020、2021 年度的所得额 400 万元、500 万元。则该企业 2022 年度表 A106000 的填报见表 11-15。

需要说明的是,在 2022 年度的表 A106000 中,由于 2020 年度的"当年境内所得额"经税务机关检查后调增 400 万元,在追加弥补 2019 年度的"当年亏损额"后,2019 年度的"当年待弥补的亏损额"调整为 600 万元。由于 2021 年度的"当年境内所得额"经税务机关检查后调增 500 万元,2021 年度的"当年亏损额"和"当年待弥补的亏损额"均调整为 500 万元。

三、资产损失和应扣未扣支出追补扣除如何弥补亏损

【例 11-8】假设例 11-5 中的某居民企业其他条件不变,在 2022 年,纳税人追补扣除 2020 年的实际资产损失 200 万元、2021 年实际发生的应扣未扣支出 100 万元。则该企业 2022 年度表 A106000 的填报见表 11-16。

需要说明的是,在 2022 年度的表 A106000 中,由于 2020 年度的"当年境内所得额"在资产损失追补扣除后调减 200 万元,在减少弥补 2019 年度的"当年亏损额"后,2019 年度的"当年待弥补的亏损额"调整为 1 200 万元。由于 2021 年度的"当年境内所得额"在应扣未扣支出追补扣除后调减 100 万元,2021 年度的"当年亏损额"和"当年待弥补的亏损额"均调整为 1 100 万元。

四、企业合并转入亏损如何弥补

【例 11-9】假设例 11-5 中的某居民企业其他条件不变,在 2019 年,该企业吸收合并另一居民企业(假设也是一般企业),2019 年 8 月 30 日为合并日。假设被合并企业合并时的净资产公允价值是 1 000 万元,截至 2019 年年末国家发行的最长期限的国债年利率为 4.5%;被合并企业 2018 以前各年度均为盈利,2018 年亏损 80 万元,2019 年 1—8 月亏损 50 万元。

需要说明的是:

首先,被合并企业 2018 年的亏损已经过一个弥补年度——被合并企业的最后一个汇算清缴年度(2019 年 1—8 月作为一个独立纳税年度),还可由合并企业在四个年度内承继结转弥补,因此,合并企业在填报 2019 年度的表 A106000 时,为了体现从 2019 年起还可承继结转弥补四年,应将承继的被合并企业 2018 年的亏损填报"本年度"的"前二年度"。

其次,被合并企业最后一个汇算清缴年度的亏损由合并企业承继弥补,且承继弥补期从 2019 年起为五年,因此,合并企业在填报 2019 年度的表 A106000 时,,应将承继的被合并企业最后一个汇算清缴年度的亏损填报"本年度"的"前一年度"。

最后,每年由合并企业承继结转弥补被合并企业亏损的限额为 45 万元(= 1 000 万元×4.5%)。

该企业 2019、2020、2021、2022 年度表 A106000 的填报分别见表 11-17、表 11-18、表 11-19 和表 11-20。

表 11-15 例 11-5 中的某居民企业纳税检查调整后 2022 年度表 A106000 的填报

企业所得税弥补亏损明细表

金额单位：元

A106000

行次	项目	年度	当年境内所得额	分立转出的亏损额	合并、分立转入的亏损额 可弥补年限 5 年	合并、分立转入的亏损额 可弥补年限 10 年	弥补亏损企业类型	当年亏损额	当年待弥补的亏损额	用本年度所得额弥补的以前年度亏损额 使用境内所得弥补	用本年度所得额弥补的以前年度亏损额 使用境外所得弥补	当年可结转以后年度弥补的亏损额
			1	2	3	4	5	6	7	8	9	10	11
1	前十年度												
	……												
7	前四年度	2018	−3 000 000.00	0.00	0.00	0.00	100	−3 000 000.00	0.00	0.00	0.00	0.00
8	前三年度	2019	−27 000 000.00	0.00	0.00	0.00	100	−27 000 000.00	−6 000 000.00	6 000 000.00	0.00	0.00
9	前二年度	2020	24 000 000.00	0.00	0.00	0.00	100	0.00	0.00	0.00	0.00	0.00
10	前一年度	2021	−5 000 000.00	0.00	0.00	0.00	100	−5 000 000.00	−5 000 000.00	5 000 000.00	0.00	0.00
11	本年度	2022	80 000 000.00							11 000 000.00		
12	可结转以后年度弥补的亏损额合计											0.00

表 11-16 例 11-5 中的某居民企业资产损失、应和未和支出追补扣除后 2022 年度表 A106000 的填报

企业所得税弥补亏损明细表

金额单位：元

A106000

行次	项目	年度	当年境内所得额	分立转出的亏损额	合并、分立转入的亏损额 可弥补年限 5 年	合并、分立转入的亏损额 可弥补年限 10 年	弥补亏损企业类型	当年亏损额	当年待弥补的亏损额	用本年度所得额弥补的以前年度亏损额 使用境内所得弥补	用本年度所得额弥补的以前年度亏损额 使用境外所得弥补	当年可结转以后年度弥补的亏损额
			1	2	3	4	5	6	7	8	9	10	11
1	前十年度												
	……												
7	前四年度	2018	−3 000 000.00	0.00	0.00	0.00	100	−3 000 000.00	0.00	0.00	0.00	0.00
8	前三年度	2019	−27 000 000.00	0.00	0.00	0.00	100	−27 000 000.00	−12 000 000.00	12 000 000.00	0.00	0.00
9	前二年度	2020	18 000 000.00	0.00	0.00	0.00	100	0.00	0.00	0.00	0.00	0.00
10	前一年度	2021	−11 000 000.00	0.00	0.00	0.00	100	−11 000 000.00	−11 000 000.00	11 000 000.00	0.00	0.00
11	本年度	2022	80 000 000.00							23 000 000.00		
12	可结转以后年度弥补的亏损额合计											0.00

表11-17 例11-5中的某居民企业合并重组后2019年度表A106000的填报

全额单位:元

行次	项目	年度	当年境内所得额	分立转出的亏损额	合并、分立转入的亏损额 可弥补年限5年	合并、分立转入的亏损额 可弥补年限10年	弥补亏损企业类型	当年亏损额	当年待弥补的亏损额	用本年度所得额弥补的以前年度亏损额 使用境内所得弥补	用本年度所得额弥补的以前年度亏损额 使用境外所得弥补	当年可结转以后年度弥补的亏损额
			1	2	3	4	5	6	7	8	9	10	11
1	前十年度												
…													
9	前二年度	2017	0.00	0.00	0.00	0.00				0.00	0.00	800 000.00
10	前一年度	2018	-3 000 000.00	0.00	-800 000.00	-500 000.00	100	-3 500 000.00	-3 500 000.00	0.00	0.00	3 500 000.00
11	本年度	2019	-27 000 000.00	0.00	0.00	0.00	100	-27 000 000.00	-27 000 000.00	0.00	0.00	27 000 000.00
12	可结转以后年度弥补的亏损额合计											31 300 000.00

表11-18 例11-5中的某居民企业合并重组后2020年度表A106000的填报

全额单位:元

行次	项目	年度	当年境内所得额	分立转出的亏损额	合并、分立转入的亏损额 可弥补年限5年	合并、分立转入的亏损额 可弥补年限10年	弥补亏损企业类型	当年亏损额	当年待弥补的亏损额	用本年度所得额弥补的以前年度亏损额 使用境内所得弥补	用本年度所得额弥补的以前年度亏损额 使用境外所得弥补	当年可结转以后年度弥补的亏损额
			1	2	3	4	5	6	7	8	9	10	11
1	前十年度												
…													
8	前三年度	2017	0.00	0.00	0.00	0.00				450 000.00	0.00	350 000.00
9	前二年度	2018	-3 000 000.00	0.00	-800 000.00	-500 000.00	100	-3 500 000.00	-3 500 000.00	3 000 000.00	0.00	500 000.00
10	前一年度	2019	-27 000 000.00	0.00	0.00	0.00	100	-27 000 000.00	-27 000 000.00	16 550 000.00	0.00	10 450 000.00
11	本年度	2020	20 000 000.00	0.00	0.00	0.00		0.00	0.00	0.00	0.00	0.00
12	可结转以后年度弥补的亏损额合计											11 300 000.00

第十一章 弥补亏损所得税政策及其明细表的填报

表 11-19 例 11-5 中的某居民企业合并重组后 2021 年度表 A106000 的填报

金额单位:元

行次	项目	年度	当年境内所得额	分立转出的亏损额	合并、分立转入的亏损额		弥补亏损企业类型	当年亏损额	当年待弥补的亏损额	用本年度所得额弥补的以前年度亏损额			当年可结转以后年度弥补的亏损额
					可弥补年限 5年	可弥补年限 10年				使用境内所得弥补	使用境外所得弥补		
		1	2	3	4	5	6	7	8	9	10	11
1	前十年度	2017	0.00	0.00	0.00	0.00							
...	......												
7	前四年度	2018	−3 000 000.00	0.00	−800 000.00	0.00	100	−800 000.00	−350 000.00	0.00	0.00	350 000.00
8	前三年度	2019	−27 000 000.00	0.00	−500 000.00	0.00	100	−3 500 000.00	−500 000.00	0.00	0.00	500 000.00
9	前二年度	2020	20 000 000.00	0.00	0.00	0.00	100	−27 000 000.00	−10 450 000.00	0.00	0.00	10 450 000.00
10	前一年度												
11	本年度	2021	−10 000 000.00	0.00	0.00	0.00	100	−10 000 000.00	−10 000 000.00	0.00	0.00	10 000 000.00
12	可结转以后年度弥补的亏损额合计												21 300 000.00

表 11-20 例 11-5 中的某居民企业合并重组后 2022 年度表 A106000 的填报

金额单位:元

行次	项目	年度	当年境内所得额	分立转出的亏损额	合并、分立转入的亏损额		弥补亏损企业类型	当年亏损额	当年待弥补的亏损额	用本年度所得额弥补的以前年度亏损额			当年可结转以后年度弥补的亏损额
					可弥补年限 5年	可弥补年限 10年				使用境内所得弥补	使用境外所得弥补		
		1	2	3	4	5	6	7	8	9	10	11
1	前十年度	2017	0.00	0.00	0.00	0.00				0.00	0.00	0.00
...	......												
6	前五年度	2018	−3 000 000.00	0.00	−800 000.00	0.00	100	−800 000.00	−350 000.00	350 000.00	0.00	0.00
7	前四年度	2019	−27 000 000.00	0.00	−500 000.00	0.00	100	−3 500 000.00	−500 000.00	100 000.00	0.00	400 000.00
8	前三年度	2020	20 000 000.00	0.00	0.00	0.00	100	−27 000 000.00	−10 450 000.00	10 450 000.00	0.00	0.00
9	前二年度	2021	−10 000 000.00	0.00	0.00	0.00	100	−10 000 000.00	−10 000 000.00	10 000 000.00	0.00	0.00
10	前一年度												
11	本年度	2022	80 000 000.00							20 900 000.00			
12	可结转以后年度弥补的亏损额合计												400 000.00

> 企业所得税政策与申报实务深度解析
> （2020年版）

第十二章
税收优惠所得税政策及其明细表填报

本章要点
- ☞ 企业所得税税收优惠的类别
- ☞ 税收优惠明细表的目标和结构
- ☞ 免税收入优惠政策
- ☞ 免税收入优惠的填报
- ☞ 减计收入优惠政策
- ☞ 减计收入优惠的填报
- ☞ 研发费用加计扣除优惠政策
- ☞ 安置残疾人员工资加计扣除优惠政策
- ☞ "研发支出"辅助账及其汇总表的登记和填报
- ☞ 加计扣除在企业所得税年度纳税申报表的填报
- ☞ 所得减免优惠政策
- ☞ 所得减免优惠的填报
- ☞ 抵扣应纳税所得额优惠政策
- ☞ 抵扣应纳税所得额优惠的填报
- ☞ 减免所得税优惠政策
- ☞ 减免所得税优惠的填报
- ☞ 税额抵免优惠政策
- ☞ 税额抵免优惠的填报

第一节 企业所得税税收优惠及其明细表概况

企业所得税年度纳税申报表中的税收优惠明细表反映企业所得税不同类别税收优惠的结果,以及部分税收优惠项目的条件和享受的过程。

一、企业所得税税收优惠的类别

企业所得税的税收优惠分八类,分别是:免税收入、减计收入、加计扣除、加速折旧、所得减免、抵扣应纳税所得额、减免所得税额和抵免所得税额。结合企业所得税主表的填报内容,我们把企业所得税的八类税收优惠进一步归纳为三大类:

第一大类,税基计算过程的优惠。即应纳税所得额计算过程中对收入项目、扣除项目的优惠。包括免税收入、减计收入、加计扣除和加速折旧。其中,加速折旧优惠是通过纳税调整减少额参与应纳税所得额计算过程的。

第二大类,税基计算结果的优惠。即对应纳税所得额计算产生的结果——所得的优惠。包括所得减免和抵扣应纳税所得额。其中,所得减免是在弥补以前年度亏损之前的所得中减,而抵扣应纳税所得额是在弥补以前年度亏损之后的所得中减。

第三大类,税额优惠。包括减免所得税和税额抵免。税率优惠通过法定税率与低税率的差,乘以应纳税所得额的方式转换为税额优惠,小型微利企业的税率优惠与应纳税所得额的减征优惠也一起转换为税额优惠。

二、税收优惠明细表的目标和结构

税收优惠明细表的目标是通过表格的方式反映税收优惠享受情况及其过程。

从结构上看,税收优惠明细表共设置了5张二级附表,4张三级附表,并以二级附表代替一级附表直接将相应的优惠结果填报到表主表中。5张二级附表根据企业所得税税收优惠类别设置,这里反映了七类的税收优惠,分别是《免税、减计收入及加计扣除优惠明细表》(A107010)、《所得减免优惠明细表》(A107020)、《抵扣应纳税所得额明细表》(A107030)、《减免所得税优惠明细表》(A107040)和《税额抵免优惠明细表》(A107050)。加速折旧优惠不在税收优惠明细表中反映,而是在《资产折旧、摊销及纳税调整明细表》(A105080)中反映。

4张三级附表中,表A107010下有2张,分别是《符合条件的居民企业之间的股息、红利等权益性投资收益优惠明细表》(A107011)和《研发费用加计扣除优惠明细表》(A107012);表A107040下有2张,分别是《高新技术企业优惠情况及明细表》(A107041)和《软件、集成电路企业优惠情况及明细表》(A107042)。

第二节 免税收入优惠政策及其填报

一、免税收入优惠政策

对居民企业来说,免税收入优惠有税法规定的一般免税收入优惠和有关政策规定的专项免税收入优惠。一般免税收入优惠指《企业所得税法》第二十六条规定的免税收入,包括:国债利息收入,符合条件的居民企业之间的股息、红利等权益性投资收益,符合条件的非营利组织的收入。目前,专项免税收入优惠有:中国清洁发展机制基金取得的收入,投资者从证券投资基金分配中取得的收入,地方政府债券利息收入,中国保险保障基金有限责任公司取得的保险保障基金等收入,中国奥委会取得北京冬奥组委支付的收入,中国残奥委会取得北京冬奥组委分期支付的收入,等等。

(一)国债利息收入

《企业所得税法实施条例》第八十二条规定,国债利息收入,是指企业持有国务院财政部门发行的国债取得的利息收入。关于国债利息收入的确认时间和金额计算见第六章第二节"收入总额的企业所得税政策"。

依据税务总局公告2018年第23号所附《企业所得税优惠事项管理目录(2017年版)》,纳税人取得国债利息收入享受免税收入优惠政策应留存备查的主要资料有:

(1)国债净价交易交割单;

(2)购买、转让国债的证明,包括持有时间、票面金额、利率等相关材料;

(3)应收利息(投资收益)科目明细账或按月汇总表;

(4)减免税计算过程的说明。

(二)符合条件的居民企业之间的股息、红利等权益性投资收益

1. 一般股息红利等权益性投资收益

《企业所得税法实施条例》第八十三条规定,符合条件的居民企业之间的股息、红利等权益性投资收益,是指居民企业直接投资于其他居民企业取得的投资收益,不包括连续持有居民企业公开发行并上市流通的股票不足12个月取得的投资收益。

《财政部 国家税务总局关于执行企业所得税优惠政策若干问题的通知》(财税〔2009〕69号,以下简称财税〔2009〕69号文件)第四条明确,2008年1月1日以后,居民企业之间分配属于2007年度及以前年度的累积未分配利润而形成的股息、红利等权益性投资收益,均应按照《企业所得税法》第二十六条及实施条例第十七条、第八十三条的规定处理。关于股息、红利等权益性投资收益的确认时间和金额确认见第六章第二节"收入总额的企业所得税政策"。

依据税务总局公告2018年第23号所附《企业所得税优惠事项管理目录(2017年版)》,纳税人取得一般股息红利等权益性投资收益享受免税收入优惠政策应留存备查的主要资料有:

(1)被投资企业的最新公司章程(企业在证券交易市场购买上市公司股票获得股权的,提供相关记账凭证、本公司持股比例以及持股时间超过12个月情况说明);

(2)被投资企业股东会(或股东大会)利润分配决议或公告、分配表;

(3)被投资企业进行清算所得税处理的,留存被投资企业填报的加盖主管税务机关受理章的《中华人民共和国清算所得税申报表》及附表三《剩余财产计算和分配明细表》复印件;

(4)投资收益、应收股利科目明细账或按月汇总表。

2. 内地居民企业通过沪港通投资且连续持有H股满12个月取得的股息红利所得

依据《财政部 国家税务总局 证监会关于沪港股票市场交易互联互通机制试点有关税收政策的通知》(财税〔2014〕81号,以下简称财税〔2014〕81号文件)的规定,自2014年11

月17日起,内地居民企业连续持有H股满12个月取得的股息红利所得,依法免征企业所得税。

依据税务总局公告2018年第23号所附《企业所得税优惠事项管理目录(2017年版)》,内地居民企业通过沪港通投资且连续持有H股满12个月取得的股息红利所得享受免税收入优惠政策应留存备查的主要资料有:

(1)相关记账凭证、本公司持股比例以及持股时间超过12个月的情况说明;

(2)被投资企业股东会(或股东大会)利润分配决议或公告、分配表;

(3)投资收益、应收股利科目明细账或按月汇总表。

3. 内地居民企业通过深港通投资且连续持有H股满12个月取得的股息红利所得

依据《财政部 国家税务总局 证监会关于深港股票市场交易互联互通机制试点有关税收政策的通知》(财税〔2016〕127号,以下简称财税〔2016〕127号文件)的规定,自2016年12月5日起,内地居民企业连续持有H股满12个月取得的股息红利所得,依法免征企业所得税。

依据税务总局公告2018年第23号所附《企业所得税优惠事项管理目录(2017年版)》,内地居民企业通过深港通投资且连续持有H股满12个月取得的股息红利所得享受免税收入优惠政策应留存备查的主要资料,与内地居民企业通过沪港通投资且连续持有H股满12个月取得的股息红利所得享受免税收入优惠政策应留存备查的主要资料相同。

4. 居民企业持有创新企业CDR取得的股息红利所得

依据《财政部 国家税务总局 证监会关于创新企业境内发行存托凭证试点阶段有关税收政策的公告》(财政部 国家税务总局 证监会公告2019年第52号,以下简称财税证公告2019年第52号)的规定,自试点开始之日(即首只创新企业CDR取得国务院证券监督管理机构的发行批文之日)起,对企业投资者持有创新企业CDR取得的股息红利所得,按持有股票的股息红利所得政策规定征免企业所得税。对公募证券投资基金(封闭式证券投资基金、开放式证券投资基金)持有创新企业CDR取得的股息红利所得,按公募证券投资基金税收政策规定暂不征收企业所得税。

5. 符合条件的永续债利息收入

依据财税公告2019年第64号的规定,自2019年1月1日起,企业发行的永续债,可以适用股息、红利企业所得税政策,即:投资方取得的永续债利息收入属于股息、红利性质,按照现行企业所得税政策相关规定进行处理,其中,发行方和投资方均为居民企业的,永续债利息收入可以适用《企业所得税法》规定的居民企业之间的股息、红利等权益性投资收益免征企业所得税规定。

(三)符合条件的非营利组织的收入

符合条件的非营利组织应按规定取得免税资格,免税收入应属于规定的免税收入范围。

1. 非营利组织免税收入的范围

《企业所得税法实施条例》第八十五条规定,符合条件的非营利组织的收入,不包括非营利组织从事营利性活动取得的收入,但国务院财政、税务主管部门另有规定的除外。财税〔2009〕122号文件规定,非营利组织的下列收入为免税收入:

(1)接受其他单位或者个人捐赠的收入；

(2)除税法第七条规定的财政拨款以外的其他政府补助收入,但不包括因政府购买服务取得的收入；

(3)按照省级以上民政、财政部门规定收取的会费；

(4)不征税收入和免税收入孳生的银行存款利息收入；

(5)财政部、国家税务总局规定的其他收入。

2.非营利组织的条件

1)《企业所得税法实施条例》第八十四条第一款的规定 《企业所得税法》第二十六条第(四)项所称符合条件的非营利组织,是指同时符合下列条件的组织：

(1)依法履行非营利组织登记手续；

(2)从事公益性或者非营利性活动；

(3)取得的收入除用于与该组织有关的、合理的支出外,全部用于登记核定或者章程规定的公益性或者非营利性事业；

(4)财产及其孳息不用于分配；

(5)按照登记核定或者章程规定,该组织注销后的剩余财产用于公益性或者非营利性目的,或者由登记管理机关转赠给与该组织性质、宗旨相同的组织,并向社会公告；

(6)投入人对投入该组织的财产不保留或者享有任何财产权利；

(7)工作人员工资福利开支控制在规定的比例内,不变相分配该组织的财产。

2)《财政部 国家税务总局关于非营利组织免税资格认定管理有关问题的通知》(财税〔2018〕13号,以下简称财税〔2018〕13号文件)的规定 符合条件的非营利组织,必须同时满足以下条件：

(1)依照国家有关法律法规设立或登记的事业单位、社会团体、基金会、社会服务机构、宗教活动场所、宗教院校以及财政部、国家税务总局认定的其他非营利组织；

(2)从事公益性或者非营利性活动；

(3)取得的收入除用于与该组织有关的、合理的支出外,全部用于登记核定或者章程规定的公益性或者非营利性事业；

(4)财产及其孳息不用于分配,但不包括合理的工资薪金支出；

(5)按照登记核定或者章程规定,该组织注销后的剩余财产用于公益性或者非营利性目的,或者由登记管理机关采取转赠给与该组织性质、宗旨相同的组织等处置方式,并向社会公告；

(6)投入人对投入该组织的财产不保留或者享有任何财产权利,本款所称投入人是指除各级人民政府及其部门外的法人、自然人和其他组织；

(7)工作人员工资福利开支控制在规定的比例内,不变相分配该组织的财产,其中:工作人员平均工资薪金水平不得超过税务登记所在地的地市级(含地市级)以上地区的同行业同类组织平均工资水平的两倍,工作人员福利按照国家有关规定执行；

(8)对取得的应纳税收入及其有关的成本、费用、损失应与免税收入及其有关的成本、费用、损失分别核算。

3.免税资格的取得

符合条件的非营利组织要申请才能取得免税资格。经省级(含省级)以上登记管理机关批准设立或登记的非营利组织,凡符合规定条件的,应向其所在地省级税务主管机关提出免税资格申请,并提供财税〔2018〕13号文件规定的相关材料;经地市级或县级登记管理机关批准设立或登记的非营利组织,凡符合规定条件的,分别向其所在地的地市级或县级税务主管机关提出免税资格申请,并提供财税〔2018〕13号文件规定的相关材料。财政、税务部门按照上述管理权限,对非营利组织享受免税的资格联合进行审核确认,并定期予以公布。

申请享受免税资格的非营利组织,需报送以下材料:

(1)申请报告;

(2)事业单位、社会团体、基金会、社会服务机构的组织章程或宗教活动场所、宗教院校的管理制度;

(3)非营利组织注册登记证件的复印件;

(4)上一年度的资金来源及使用情况、公益活动和非营利活动的明细情况;

(5)上一年度的工资薪金情况专项报告,包括薪酬制度、工作人员整体平均工资薪金水平、工资福利占总支出比例、重要人员工资薪金信息(至少包括工资薪金水平排名前10的人员);

(6)具有资质的中介机构鉴证的上一年度财务报表和审计报告;

(7)登记管理机关出具的事业单位、社会团体、基金会、社会服务机构、宗教活动场所、宗教院校上一年度符合相关法律法规和国家政策的事业发展情况或非营利活动的材料;

(8)财政、税务部门要求提供的其他材料。

当年新设立或登记的非营利组织需提供第(1)项至第(3)项规定的材料及第(4)项、第(5)项规定的申请当年的材料,不需提供第(6)项、第(7)项规定的材料。

4. 免税资格的有效期和复审

非营利组织免税优惠资格的有效期为五年。非营利组织应在免税优惠资格期满后六个月内提出复审申请,不提出复审申请或复审不合格的,其享受免税优惠的资格到期自动失效。

非营利组织免税资格复审,按照初次申请免税优惠资格的规定办理。

5. 对取得免税资格的非营利组织的后续管理

(1)非营利组织必须按照《税收征管法》及其实施细则等有关规定,办理税务登记,按期进行纳税申报。取得免税资格的非营利组织应按照规定向主管税务机关办理免税手续,免税条件发生变化的,应当自发生变化之日起十五日内向主管税务机关报告;不再符合免税条件的,应当依法履行纳税义务;未依法纳税的,主管税务机关应当予以追缴。取得免税资格的非营利组织注销时,剩余财产处置违反财税〔2018〕13号文件第一条第五项规定的,主管税务机关应追缴其应纳企业所得税款。

(2)有关部门在日常管理过程中,发现非营利组织享受优惠年度不符合财税〔2018〕13号文件规定的免税条件的,应提请核准该非营利组织免税资格的财政、税务部门,由其进行复核。

核准非营利组织免税资格的财政、税务部门根据财税〔2018〕13号文件规定的管理权限,对非营利组织的免税优惠资格进行复核,复核不合格的,相应年度不得享受税收优惠政策。

6. 免税资格的取消

已认定的享受免税优惠政策的非营利组织有下述情形之一的,应自该情形发生年度起取消其资格:

(1)登记管理机关在后续管理中发现非营利组织不符合相关法律法规和国家政策的;

(2)在申请认定过程中提供虚假信息的;

(3)纳税信用等级为税务部门评定的C级或D级的;

(4)通过关联交易或非关联交易和服务活动,变相转移、隐匿、分配该组织财产的;

(5)被登记管理机关列入严重违法失信名单的;

(6)从事非法政治活动的。

因上述第(1)项至第(5)项规定的情形被取消免税优惠资格的非营利组织,财政、税务部门自其被取消资格的次年起一年内不再受理该组织的认定申请;因上述第(6)项规定的情形被取消免税优惠资格的非营利组织,财政、税务部门将不再受理该组织的认定申请。

被取消免税优惠资格的非营利组织,应当依法履行纳税义务;未依法纳税的,主管税务机关应当自其存在取消免税优惠资格情形的当年起予以追缴。

7. 主要留存备查资料

依据税务总局公告2018年第23号所附《企业所得税优惠事项管理目录(2017年版)》,符合条件的非营利组织的收入享受免税收入优惠政策应留存备查的主要资料有:

(1)非营利组织免税资格有效认定文件或其他相关证明;

(2)非营利组织认定资料;

(3)当年资金来源及使用情况、公益活动和非营利活动的明细情况;

(4)当年工资薪金情况专项报告,包括薪酬制度、工作人员整体平均工资薪金水平、工资福利占总支出比例、重要人员工资薪金信息(至少包括工资薪金水平排名前10的人员);

(5)当年财务报表;

(6)登记管理机关出具的事业单位、社会团体、基金会、社会服务机构、宗教活动场所、宗教院校当年符合相关法律法规和国家政策的事业发展情况或非营利活动的材料;

(7)应纳税收入及其有关的成本、费用、损失,与免税收入及其有关的成本、费用、损失分别核算的情况说明;

(8)取得各类免税收入的情况说明;

(9)各类免税收入的凭证。

(四)中国清洁发展机制基金取得的收入

依据财税〔2009〕30号文件的规定,自2007年1月1日起,对中国清洁发展机制(Clean Development Mechanism,简称CDM)基金取得的下列收入,免征企业所得税:

(1)CDM项目温室气体减排量转让收入上缴国家的部分;

(2)国际金融组织赠款收入;

(3)基金资金的存款利息收入、购买国债的利息收入;

(4)国内外机构、组织和个人的捐赠收入。

(五)投资者从证券投资基金分配中取得的收入

依据《财政部 国家税务总局关于企业所得税若干优惠政策的通知》(财税〔2008〕1号,以下简称财税〔2008〕1号文件)第二条的规定,对投资者从证券投资基金分配中取得的收入,暂不征收企业所得税。

依据税务总局公告 2018 年第 23 号所附《企业所得税优惠事项管理目录(2017 年版)》,投资者从证券投资基金分配中取得的收入享受免税收入优惠政策应留存备查的主要资料有:

(1)购买证券投资基金记账凭证;

(2)证券投资基金分配公告;

(3)免税的分配收入明细账及按月汇总表。

(六)取得的地方政府债券利息收入

依据《财政部 国家税务总局关于地方政府债券利息所得免征所得税问题的通知》(财税〔2011〕76 号,以下简称财税〔2011〕76 号文件)和《财政部 国家税务总局关于地方政府债券利息免征所得税问题的通知》(财税〔2013〕5 号,以下简称财税〔2013〕5 号文件)的规定,对企业取得的 2009 年及以后年度发行的地方政府债券利息收入,免征企业所得税。

依据税务总局公告 2018 年第 23 号所附《企业所得税优惠事项管理目录(2017 年版)》,纳税人取得的地方政府债券利息收入享受免税收入优惠政策应留存备查的主要资料有:

(1)购买地方政府债券证明,包括持有时间、票面金额、利率等相关材料;

(2)应收利息(投资收益)科目明细账或按月汇总表;

(3)减免税计算过程的说明。

(七)中国保险保障基金有限责任公司取得的保险保障基金等收入

《财政部 国家税务总局关于保险保障基金有关税收政策问题的通知》(财税〔2018〕41 号)规定,自 2018 年 1 月 1 日起至 2020 年 12 月 31 日止,对中国保险保障基金有限责任公司根据《保险保障基金管理办法》取得的下列收入,免征企业所得税:

(1)境内保险公司依法缴纳的保险保障基金;

(2)依法从撤销或破产保险公司清算财产中获得的受偿收入和向有关责任方追偿所得,以及依法从保险公司风险处置中获得的财产转让所得;

(3)接受捐赠收入;

(4)银行存款利息收入;

(5)购买政府债券、中央银行、中央企业和中央级金融机构发行债券的利息收入;

(6)国务院批准的其他资金运用取得的收入。

(八)中国奥委会取得北京冬奥组委支付的收入

依据财税〔2017〕60 号文件的规定,自 2017 年 7 月 12 日起,对按中国奥委会、主办城市签订的《联合市场开发计划协议》和中国奥委会、主办城市、国际奥委会签订的《主办城市合同》规定,中国奥委会取得的由北京冬奥组委分期支付的收入、按比例支付的盈余分成收入免征企业所得税。

(九)中国残奥委会取得北京冬奥组委分期支付的收入

依据财税〔2017〕60 号文件的规定,自 2017 年 7 月 12 日起,对中国残奥委会根据《联合市场开发计划协议》取得的由北京冬奥组委分期支付的收入免征企业所得税。

财税〔2017〕60 号文件还规定,自 2017 年 7 月 12 日起,对北京冬奥组委免征应缴纳的企业所得税。但表 A107010 中没有单列,建议填报到表 A107010"一、免税收入"中的第 16 行"(十)其他"。

二、免税收入优惠的填报

(一) 表 A107010 和主表相关项目的填报

免税收入需要填报表 A107010 第一部分,即表 A107010 第 1 行至第 16 行。

(1) 第 1 行"一、免税收入":填报第 2+3+9+10+11+12+13+14+15+16 行金额。

(2) 第 2 行"(一) 国债利息收入免征企业所得税":填报纳税人根据税务总局公告 2011 年第 36 号等相关税收政策规定,持有国务院财政部门发行的国债取得的利息收入。

(3) 第 3 行"(二) 符合条件的居民企业之间的股息、红利等权益性投资收益免征企业所得税":填报《符合条件的居民企业之间的股息、红利等权益性投资收益优惠明细表》(A107011) 第 8 行第 17 列金额。

(4) 第 4 行"1. 一般股息红利等权益性投资收益免征企业所得税":填报《企业所得税法实施条例》第八十三条规定的投资收益,不含持有 H 股、创新企业 CDR、永续债取得的投资收益,按表 A107011 第 9 行第 17 列金额填报。

(5) 第 5 行"2. 内地居民企业通过沪港通投资且连续持有 H 股满 12 个月取得的股息红利所得免征企业所得税":填报根据财税〔2014〕81 号文件等相关税收政策规定,内地居民企业连续持有 H 股满 12 个月取得的股息红利所得,按表 A107011 第 10 行第 17 列金额填报。

(6) 第 6 行"3. 内地居民企业通过深港通投资且连续持有 H 股满 12 个月取得的股息红利所得免征企业所得税":填报根据财税〔2016〕127 号文件等相关税收政策规定,内地居民企业连续持有 H 股满 12 个月取得的股息红利所得,按表 A107011 第 11 行第 17 列金额填报。

(7) 第 7 行"居民企业持有创新企业 CDR 取得的股息红利所得免征企业所得税":根据财税证公告 2019 年第 52 号)等相关税收政策规定,居民企业持有创新企业 CDR 取得的股息红利所得,按表 A107011 第 12 行第 17 列金额填报。

(8) 第 8 行"符合条件的永续债利息收入免征企业所得税":填报根据财税公告 2019 年第 64 号等相关税收政策规定,居民企业取得的可以适用《企业所得税法》规定的居民企业之间的股息、红利等权益性投资收益免征企业所得税规定的永续债利息收入,按表 A107011 第 13 行第 17 列金额填报。

(9) 第 9 行"(三) 符合条件的非营利组织的收入免征企业所得税":填报纳税人根据《企业所得税法》、财税〔2009〕122 号文件和财税〔2018〕13 号文件等相关税收政策规定,认定的符合条件的非营利组织,取得的捐赠收入等免税收入,但不包括从事营利性活动所取得的收入。当表 A000000"207 非营利组织"选择"是"时,本行可以填报,否则不得填报。

(10) 第 10 行"(四) 中国清洁发展机制基金取得的收入免征企业所得税":填报中国清洁发展机制基金根据财税〔2009〕30 号文件等相关税收政策规定,中国清洁发展机制基金取得的 CDM 项目温室气体减排量转让收入上缴国家的部分,国际金融组织赠款收入,基金资金的存款利息收入,购买国债的利息收入,国内外机构、组织和个人的捐赠收入。

(11) 第 11 行"(五) 投资者从证券投资基金分配中取得的收入免征企业所得税":填报纳税人根据财税〔2008〕1 号文件第二条第(二)项等相关税收政策规定,投资者从证券投资基金分配中取得的收入。

（12）第12行"（六）取得的地方政府债券利息收入免征企业所得税"：填报纳税人根据财税〔2011〕76号文件和财税〔2013〕5号文件等相关税收政策规定，取得的2009年及以后年度发行的地方政府债券利息收入。

（13）第13行"（七）中国保险保障基金有限责任公司取得的保险保障基金等收入免征企业所得税"：填报中国保险保障基金有限责任公司根据财税〔2018〕41号文件等相关税收政策规定，按《保险保障基金管理办法》规定取得的境内保险公司依法缴纳的保险保障基金；依法从撤销或破产保险公司清算财产中获得的受偿收入和向有关责任方追偿所得，以及依法从保险公司风险处置中获得的财产转让所得；捐赠所得；银行存款利息收入；购买政府债券、中央银行、中央企业和中央级金融机构发行债券的利息收入；国务院批准的其他资金运用取得的收入。

（14）第14行"（八）中国奥委会取得北京冬奥组委支付的收入免征企业所得税"：根据财税〔2017〕60号文件等相关税收政策规定，中国奥委会填报按中国奥委会、主办城市签订的《联合市场开发计划协议》和中国奥委会、主办城市、国际奥委会签订的《主办城市合同》取得的由北京冬奥组委分期支付的收入、按比例支付的盈余分成收入。

（15）第15行"（九）中国残奥委会取得北京冬奥组委分期支付的收入免征企业所得税"：填报根据财税〔2017〕60号文件等相关税收政策规定，中国残奥委会按照《联合市场开发计划协议》取得的由北京冬奥组委分期支付的收入。

（16）第16行"（十）其他"：填报纳税人享受的本表未列明的其他免税收入税收优惠事项名称、减免税代码及免税收入金额。

表A107010第1行"一、免税收入"的金额作为表A107010第31行免税、减计收入及加计扣除"合计"的一部分，要填入主表第17行"减：免税、减计收入及加计扣除"。

【例12-1】假设某居民企业2019年1月16日购买财政部发行的2019年记账式付息国债（1年期，到期一次还本付息）500万元（面值），票面年利率2.31%，2019年1月17日开始计息；2019年4月1日，再次购买300万元（面值），购买价301万元，手续费率0.1‰；2019年6月3日，出售400万元（面值），出售价402万元，手续费率0.1‰；2019年8月1日，出售剩余400万元（面值），出售价403.7万元，手续费率0.1‰。该企业将上述国债核算为可供出售金融资产，并用先进先出法计算国债转让成本。

该企业的会计处理为：

（1）2019年1月16日购买国债：

借：可供出售金融资产　　　　　　　　　　　　　　　　　　　　5 000 000

　　贷：银行存款　　　　　　　　　　　　　　　　　　　　　　　5 000 000

（2）2019年4月1日购买国债：

借：可供出售金融资产　　　　　　　　　　　　　　　　　　　　3 010 301

　　贷：银行存款　　　　　　　　　　　　　　　　　　　　　　　3 010 301

（3）2019年6月3日出售国债：

借：银行存款　　　　　　　　　　　　　　　　　　　　　　　　4 019 598

　　贷：可供出售金融资产　　　　　　　　　　　　　　　　　　　4 000 000

　　　　投资收益　　　　　　　　　　　　　　　　　　　　　　　　19 598

（4）2019年8月1日出售国债：

借：银行存款　　　　　　　　　　　　　　　　4 036 596.3
　　贷：可供出售金融资产　　　　　　　　　　　　4 010 301
　　　　投资收益　　　　　　　　　　　　　　　　26 295.3

该企业的税务处理为：

(1)该企业2019年6月3日转让国债：

应计国债利息收入=4 000 000×2.31%/365×(5 000 000×137+3 000 000×63)/8 000 000=4 000 000×0.0231/365×109.25≈27 656.71(元)

应计国债转让收益=4 020 000−27 656.71−402−4 000 000=−8 058.71(元)

会计核算投资收益=4 020 000−402−4 000 000=19 598(元)

(2)该企业2019年8月1日转让国债：

应计国债利息收入=4 000 000×2.31%/365×(5 000 000×196+3 000 000×122)/8 000 000=4 000 000×0.0231/365×168.25≈42 592.60(元)

需要注意的是，这里的平均持有天数不能按(1 000 000×196+3 000 000×122)/8 000 000计算，否则会导致应计国债利息收入计算不实。

应计国债转让收入=4 037 000−73 253.42=4 084 000−73 253.42=4 010 746.58(元)

应计国债转让收益=4 037 000−42 592.60−403.7−1 000 000−3 010 000−301=−16 297.3(元)

会计核算投资收益=4 037 000−403.7−1 000 000−3 010 000−301=26 295.3(元)

(3)该企业2019年转让国债按税法规定确认的利息收入=27 656.71+42 592.60=70 249.31(元)

这与按先进先出法计算的国债利息收入是一致的。按先进先出法计算的国债利息收入=4 000 000×2.31%/365×137+1 000 000×2.31%/365×196+3 000 000×2.31%/365×122≈34 681.64+12 404.38+23 163.29=70 249.31(元)

该企业2019年转让国债按税法规定确认的国债转让收益=−8 058.71−16 297.3=−24 356.01(元)

该企业2019年转让国债会计核算的投资收益=19 598+26 295.3=45 893.3(元)

如果该企业将按会计核算的投资收益全部作为国债转让收益，与按税收规定确认的国债利息收入的差异，需要填报表A105030第2行"二、可供出售金融资产"进行相应的纳税调整；与按税收规定确认的国债转让损失的差异，我们建议不应填报表A105030进行纳税调整，而应作为资产损失填报表A105080进行纳税调整，调整方法是，将会计处理的国债转让收益作为表A105080中"资产损失的账载金额"的负数，与税收确认的损失金额在表A105080一并进行纳税调整。如果该企业会计确认的投资收益已按税收规定分别核算了国债利息收入和国债转让收益，则不需要填报表A105030进行纳税调整。该企业2019年度国债利息收入和国债转让收益税会差异的填报见表12-1和表12-2。该企业2019年度国债利息收入作为免税收入的填报见表12-3。

表12-1 国债利息收入税会差异填报示例

A105030 投资收益纳税调整明细表(部分)

金额单位:元

行次	项目	持有收益			处置收益						纳税调整金额
		账载金额	税收金额	纳税调整金额	会计确认的处置收入	税收计算的处置收入	处置投资的账面价值	处置投资的计税基础	会计确认的处置所得或损失	税收计算的处置所得	纳税调整金额
		1	2	3(2-1)	4	5	6	7	8(4-6)	9(5-7)	10(9-8)	11(3+10)
2	二、可供出售金融资产	0.00	70 249.31	70 249.31	0.00	0.00	0.00	0.00	0.00	0.00	0.00	0.00
……												
10	合计(1+2+3+4+5+6+7+8+9)	0.00	70 249.31	70 249.31	0.00	0.00	0.00	0.00	0.00	0.00	0.00	0.00

表12-2 国债转让损益和损失税前扣除税会差异填报示例

A105090 资产损失税前扣除及纳税调整明细表

金额单位:元

行次	项目	资产损失的账载金额	资产处置收入	赔偿收入	资产计税基础	资产损失的税收金额	纳税调整金额
		1	2	3	4	5(4-2-3)	6(1-5)
25	十、通过各种交易场所、市场买卖债券、股票、期货、基金以及金融衍生产品等发生的损失	-45 893.3	7 985 944.99	0.00	8 010 301.00	24 356.01	70 249.31
26	十一、打包出售资产损失	0.00	0.00	0.00	0.00	0.00	0.00
27	十二、其他资产损失	0.00	0.00	0.00	0.00	0.00	0.00
28	合计(1+2+5+7+9+12+14+16+23+25+26+27)	-45 893.3	7 985 944.99	0.00	8 010 301.00	24 356.01	70 249.31
29	其中:分支机构留存备查的资产损失		0.00				0.00

表 12-3 国债利息收入作为免税收入填报示例

A107010　　　　　　　　　免税、减计收入及加计扣除优惠明细表　　　　　　　金额单位:元

行次	项目	金额
1	一、免税收入(2+3+9+…+16)	70 249.31
2	(一)国债利息收入免征企业所得税	70 249.31
3	(二)符合条件的居民企业之间的股息、红利等权益性投资收益免征企业所得税(4+5+6+7+8)	0.00
4	1. 一般股息红利等权益性投资收益免征企业所得税(填写 A107011)	0.00
5	2. 内地居民企业通过沪港通投资且连续持有 H 股满 12 个月取得的股息红利所得免征企业所得税(填写 A107011)	0.00
6	3. 内地居民企业通过深港通投资且连续持有 H 股满 12 个月取得的股息红利所得免征企业所得税(填写 A107011)	0.00
7	4. 居民企业持有创新企业 CDR 取得的股息红利所得免征企业所得税(填写 A107011)	0.00
8	5. 符合条件的永续债利息收入免征企业所得税(填写 A107011)	0.00
9	(三)符合条件的非营利组织的收入免征企业所得税	0.00
10	(四)中国清洁发展机制基金取得的收入免征企业所得税	0.00
11	(五)投资者从证券投资基金分配中取得的收入免征企业所得税	0.00
12	(六)取得的地方政府债券利息收入免征企业所得税	0.00
13	(七)中国保险保障基金有限责任公司取得的保险保障基金等收入免征企业所得税	0.00
14	(八)中国奥委会取得北京冬奥组委支付的收入免征企业所得税	0.00
15	(九)中国残奥委会取得北京冬奥组委分期支付的收入免征企业所得税	0.00
16	(十)其他	0.00
……		
31	合计(1+17+25)	70 249.31

(二)表 A107011 的填报

居民企业之间的股息、红利等权益性投资收益属于免税收入范围的需要填报此表,不属于免税收入范围的不需要填报此表。表 A107011 考虑了利润分配、清算分配、撤资减资三种情形下股息、红利等权益性投资收益的确认。

1. 行次填报

根据投资企业名称和投资性质填报,可以根据情况增加。

(1)第 8 行"合计":填报第 1+2+…+7 行的第 17 列合计金额,若增行,根据增行后的情况合计。

(2)第 9 行"其中:直接或非 H 股票投资":填报第 1+2…+7 行中"投资性质"列选择"(1)直接投资"或"(2)股票投资(不含 H 股)"的行次第 17 列合计金额。

(3)第 10 行"股票投资—沪港通 H 股":填报第 1+2…+7 行中"投资性质"列选择"(3)股票投资(沪港通 H 股投资)"的行次第 17 列合计金额。

(4)第 11 行"股票投资—深港通 H 股":填报第 1+2…+7 行中"投资性质"列选择"(4)股票投资(深港通 H 股投资)"的行次第 17 列合计金额。

(5)第 12 行"创新企业 CDR":填报第 1+2…+7 行中"投资性质"列选择"(5)创新企业 CDR"的行次第 17 列合计金额。

(6)第 13 行"永续债":填报第 1+2…+7 行中"投资性质"列选择"(6)永续债"的行次第 17 列合计金额。

2. 列次填报

(1) 第 1 列"被投资企业":填报被投资企业名称。

(2) 第 2 列"被投资企业统一社会信用代码(纳税人识别号)":填报被投资企业工商等部门核发的纳税人统一社会信用代码。未取得统一社会信用代码的,填报税务机关核发的纳税人识别号。

(3) 第 3 列"投资性质",按选项填报:①直接投资;②股票投资(不含 H 股);③股票投资(沪港通 H 股投资);④股票投资(深港通 H 股投资);⑤创新企业 CDR;⑥永续债。

——符合财税〔2014〕81 号文件第一条第(四)项第 1 目规定,享受沪港通 H 股股息红利免税政策的企业,选择"③股票投资(沪港通 H 股投资)"。

——符合财税〔2016〕127 号文件第一条第(四)项第 1 目规定,享受深港通 H 股股息红利免税政策的企业,选择"④股票投资(深港通 H 股投资)"。

——符合财税证公告 2019 年第 52 号第二条第 1 款规定,享受对持有创新企业 CDR 取得的股息红利所得按规定免征企业所得税的,选择"⑤创新企业 CDR"。(申报表未明确公司制的公募证券投资基金持有创新企业 CDR 取得的股息红利所得,按公募证券投资基金税收政策规定暂不征收企业所得税如何填报,笔者注)

——符合财税公告 2019 年第 64 号第一条规定,享受永续债利息收入免征企业所得税的企业,选择"⑥永续债"。

(4) 第 4 列"投资成本":填报纳税人投资于被投资企业的计税成本。

(5) 第 5 列"投资比例":填报纳税人投资于被投资企业的股权比例。若购买公开发行股票的,此列可不填报。

(6) 第 6 列"被投资企业做出利润分配或转股决定时间":填报被投资企业股东大会或股东会("股东大会或股东会"为笔者依据国税函〔2010〕79 号文件添加)做出利润分配或转股决定的时间。

(7) 第 7 列"依决定归属于本公司的股息、红利等权益性投资收益金额":填报纳税人按照投资比例或者其他方法计算的,实际归属于本公司的股息、红利等权益性投资收益金额。若被投资企业将股权(票)溢价所形成的资本公积转为股本的,不作为投资方企业的股息、红利收入,投资方企业也不得增加该项长期投资的计税基础。

(8) 第 8 列"分得的被投资企业清算剩余资产":填报纳税人分得的被投资企业清算后的剩余资产。

(9) 第 9 列"被清算企业累计未分配利润和累计盈余公积应享有部分":填报被清算企业累计未分配利润和累计盈余公积中本企业应享有的金额。

(10) 第 10 列"应确认的股息所得":填报第 8 列与第 9 列孰小值。

(11) 第 11 列"从被投资企业撤回或减少投资取得的资产":填报纳税人从被投资企业撤回或减少投资时取得的资产。

(12) 第 12 列"减少投资比例":填报纳税人撤回或减少的投资额占投资方在被投资企业持有总投资比例。

(13) 第 13 列"收回初始投资成本":填报第 4×12 列的金额。

(14) 第 14 列"取得资产中超过收回初始投资成本部分":填报第 11－13 列的余额。

(15) 第 15 列"撤回或减少投资应享有被投资企业累计未分配利润和累计盈余公积":

填报被投资企业累计未分配利润和累计盈余公积按减少实收资本比例计算的部分。

（16）第16列"应确认的股息所得"：填报第14列与第15列孰小值。

（17）第17列"合计"：填报第7+10+16列的合计金额。

表A107011第10行第16列的金额要填入表A107010第3行"（二）符合条件的居民企业之间的股息、红利等权益性投资收益"。

表A107011第8行第17列的金额填入表A107010第3行"（二）符合条件的居民企业之间的股息、红利等权益性投资收益免征企业所得税"；第9行第17列的金额填入表A107010第4行"1. 一般股息红利等权益性投资收益免征企业所得税"；第10行第17列的金额填入表A107010第5行"2. 内地居民企业通过沪港通投资且连续持有H股满12个月取得的股息红利所得免征企业所得税"；第11行第17列的金额填入表A107010第6行"3. 内地居民企业通过深港通投资且连续持有H股满12个月取得的股息红利所得免征企业所得税"；第12行第17列的金额填入表A107010第7行"4. 居民企业持有创新企业CDR取得的股息红利所得免征企业所得税"；第13行第17列的金额填入表A107010第8行"5. 符合条件的永续债利息收入免征企业所得税"。

【例12-2】续例3-3和例4-2。华方有限责任公司2019年度取得境内子公司分配的税后股息51万元和国债利息收入12万元，属于免税收入。有关信息：境内子公司的名称为中兴公司，统一社会信用代码为35123456PQ3L2E4S8T，投资成本510万元，持股比例为51%，利润分配时间为2019年6月18日。华方有限责任公司2019年度取得上述免税收入表A107010和表A107011的填报见表12-4和表12-5。

表12-4 符合条件的居民企业之间的股息、红利等权益性投资收益填报表A107010填报示例

免税、减计收入及加计扣除优惠明细表

金额单位：元

行次	项目	金额
1	一、免税收入(2+3+9+…+16)	630 000.00
2	（一）国债利息收入免征企业所得税	120 000.00
3	（二）符合条件的居民企业之间的股息、红利等权益性投资收益免征企业所得税(4+5+6+7+8)	510 000.00
4	1. 一般股息红利等权益性投资收益免征企业所得税（填写A107011）	510 000.00
5	2. 内地居民企业通过沪港通投资且连续持有H股满12个月取得的股息红利所得免征企业所得税（填写A107011）	0.00
6	3. 内地居民企业通过深港通投资且连续持有H股满12个月取得的股息红利所得免征企业所得税（填写A107011）	0.00
7	4. 居民企业持有创新企业CDR取得的股息红利所得免征企业所得税（填写A107011）	0.00
8	5. 符合条件的永续债利息收入免征企业所得税（填写A107011）	0.00
9	（三）符合条件的非营利组织的收入免征企业所得税	0.00
10	（四）中国清洁发展机制基金取得的收入免征企业所得税	0.00
11	（五）投资者从证券投资基金分配中取得的收入免征企业所得税	0.00
12	（六）取得的地方政府债券利息收入免征企业所得税	0.00
13	（七）中国保险保障基金有限责任公司取得的保险保障基金等收入免征企业所得税	0.00
14	（八）中国奥委会取得北京冬奥组委支付的收入免征企业所得税	0.00
15	（九）中国残奥委会取得北京冬奥组委分期支付的收入免征企业所得税	0.00
16	（十）其他	0.00
	……	
31	合计(1+17+25)	

表 12-5 符合条件的居民企业之间的股息、红利等权益性投资收益填报表填报示例

符合条件的居民企业之间的股息、红利等权益性投资收益优惠明细表

A107011

金额单位:元

行次	被投资企业	被投资企业统一社会信用代码(纳税人识别号)	投资性质	投资成本	投资比例	被投资企业利润分配确认金额		被投资企业清算确认金额			撤回或减少投资确认金额				合计
						被投资企业做出利润分配或转股决定时间	依决定归属于本公司的股息、红利等权益性投资收益金额	分得的被投资企业清算剩余资产	被清算企业累计未分配利润和累计盈余公积应享有部分	应确认的股息所得	从被投资企业撤回或减少投资取得的资产	减少投资比例	收回初始投资成本	取得资产中超过收回初始投资成本部分	撤回或减少投资应享有被投资企业累计未分配利润和累计盈余公积	应确认的股息所得
	1	2	3	4	5	6	7	8	9	10 (8与9孰小)	11	12	13 (4×12)	14 (11−13)	15	16 (14与15孰小)	17 (7+10+16)
1	中兴公司	35123456PQ3I2E4S8T	直接投资	5 100 000.00	51%	20 190 618	510 000.00	0.00	0.00	0.00	0.00	0.00	0.00	0.00	0.00	0.00	510 000.00
……																	
8	合计																510 000.00
9	其中:直接投资或非H股投资																510 000.00
10	股票投资—沪港通H股																0.00
11	股票投资—深港通H股																0.00
12	创新企业CDR																0.00
13	永续债																0.00

第三节　减计收入优惠政策及其填报

一、减计收入优惠政策

对居民企业来说，减计收入优惠也有税法规定的一般减计收入优惠和有关政策规定的专项减计收入优惠。一般减计收入优惠指《企业所得税法》第三十三条规定的综合利用资源生产产品取得的收入。目前，专项减计收入优惠有：金融、保险等机构取得的涉农利息、保费收入，小额贷款公司取得的农户小额贷款利息收入，取得的铁路债券利息收入，取得的社区家庭服务收入。

（一）综合利用资源生产产品取得的收入

《企业所得税法》第三十三条规定，企业综合利用资源，生产符合国家产业政策规定的产品所取得的收入，可以在计算应纳税所得额时减计收入。

（1）根据《企业所得税法实施条例》第九十九条、《财政部 国家税务总局关于执行资源综合利用企业所得税优惠目录有关问题的通知》（财税〔2008〕47号）和《国家税务总局关于资源综合利用企业所得税优惠管理问题的通知》（国税函〔2009〕185号）的规定，减计收入是指企业自2008年1月1日起以财政部、国家税务总局和国家发展改革委联合发布的《资源综合利用企业所得税优惠目录（2008年版）》（以下简称《资源综合利用优惠目录》）规定的资源作为主要原材料，生产国家非限制和禁止并符合国家和行业相关标准的产品取得的收入，在计算应纳税所得额时，减按90%计入当年收入总额。享受上述税收优惠时，《资源综合利用优惠目录》内所列资源占产品原料的比例应符合《资源综合利用优惠目录》规定的技术标准。企业从事不符合实施条例和《资源综合利用优惠目录》规定范围、条件和技术标准的项目，不得享受资源综合利用企业所得税优惠政策。

《资源综合利用优惠目录》共列举了共生、伴生矿产资源，废水（液）、废气、废渣和再生资源3个大类、16项资源，具体内容请见《财政部 国家税务总局 国家发展改革委关于公布资源综合利用企业所得税优惠目录（2008年版）的通知》（财税〔2008〕117号）。

（2）经资源综合利用主管部门按《资源综合利用优惠目录》规定认定的生产资源综合利用产品的企业（不包括仅对资源综合利用工艺和技术进行认定的企业），取得《资源综合利用认定证书》，才可按规定申请享受资源综合利用企业所得税优惠。企业资源综合利用产品的认定程序，按《国家发展改革委 财政部 国家税务总局关于印发〈国家鼓励的资源综合利用认定管理办法〉的通知》（发改环资〔2006〕1864号）的规定执行。

（3）企业同时从事其他项目而取得的非资源综合利用收入，应与资源综合利用收入分开核算。企业从事非资源综合利用项目取得的收入与生产资源综合利用产品的收入没有分开核算的，不得享受资源综合利用企业所得税优惠。

（4）享受资源综合利用企业所得税优惠的企业因经营状况发生变化而不符合《资源综合利用优惠目录》规定的条件的，应自发生变化之日起15个工作日内向主管税务机关报告，并停止享受资源综合利用企业所得税优惠。

（5）主要留存备查资料。依据税务总局公告2018年第23号所附《企业所得税优惠事项管理目录（2017年版）》，纳税人综合利用资源生产产品取得的收入享受减计收入优惠政策应留存备查的主要资料有：

——"企业实际资源综合利用情况（包括综合利用的资源、技术标准、产品名称等）的说明"；

——"综合利用资源生产产品取得的收入核算情况说明"。

（二）金融、保险等机构取得的涉农利息、保费收入

1. 优惠政策

《财政部 国家税务总局关于延续支持农村金融发展有关税收政策的通知》（财税〔2017〕44号）规定，自2017年1月1日至2019年12月31日，对金融机构农户小额贷款的利息收入，对保险公司为种植业、养殖业提供保险业务取得的保费收入，在计算应纳税所得额时，按90%计入收入总额。依据《财政部 税务总局关于延续实施普惠金融有关税收优惠政策的公告》（财政部 税务总局公告2020年第22号，以下简称财税公告2020年第22号）的规定，这一税收优惠政策实施期限延长至2023年12月31日。

农户，是指长期（一年以上）居住在乡镇（不包括城关镇）行政管理区域内的住户，还包括长期居住在城关镇所辖行政村范围内的住户和户口不在本地而在本地居住一年以上的住户，国有农场的职工和农村个体工商户。位于乡镇（不包括城关镇）行政管理区域内和在城关镇所辖行政村范围内的国有经济的机关、团体、学校、企事业单位的集体户；有本地户口，但举家外出谋生一年以上的住户，无论是否保留承包耕地均不属于农户。农户以户为统计单位，既可以从事农业生产经营，也可以从事非农业生产经营。农户贷款的判定应以贷款发放时的承贷主体是否属于农户为准。

小额贷款，是指单笔且该农户贷款余额总额在10万元（含本数）以下的贷款。

保费收入，是指原保险保费收入加上分保费收入减去分出保费后的余额。

金融机构应对符合条件的农户小额贷款利息收入进行单独核算，不能单独核算的不得适用上述优惠政策。

2. 主要留存备查资料

依据税务总局公告2018年第23号所附《企业所得税优惠事项管理目录（2017年版）》，金融机构取得的涉农贷款利息收入享受减计收入优惠政策应留存备查的主要资料有：

（1）相关利息收入的核算情况说明；

（2）相关贷款合同。

保险机构取得的涉农保费收入享受减计收入优惠政策应留存备查的主要资料有：

（1）相关保费收入的核算情况说明；

（2）相关保险合同。

（三）小额贷款公司取得的农户小额贷款利息收入

依据财税〔2017〕48号文件的规定，自2017年1月1日至2019年12月31日，对经省级金融管理部门（金融办、局等）批准成立的小额贷款公司取得的农户小额贷款利息收入，在计算应纳税所得额时，按90%计入收入总额。农户和小额贷款的解释同本节一、（二）。依据财税公告2020年第22号的规定，这一税收优惠政策实施期限延长至2023年12月31日。

依据税务总局公告2018年第23号所附《企业所得税优惠事项管理目录（2017年版）》，小额贷款公司取得的农户小额贷款利息收入享受减计收入优惠政策应留存备查的主要资料有：

（1）相关利息收入的核算情况说明；

（2）相关贷款合同；

（3）省级金融管理部门（金融办、局等）出具的小额贷款公司准入资格文件。

（四）取得铁路债券利息收入

依据《财政部 国家税务总局关于铁路建设债券利息收入企业所得税政策的通知》（财税〔2011〕99号，以下简称财税〔2011〕99号文件）和《财政部 国家税务总局关于2014 2015年铁路建设债券利息收入企业所得税政策的通知》（财税〔2014〕2号，以下简称财税〔2014〕2号文件）的规定，对企业持有2011—2015年发行的中国铁路建设债券取得的利息收入，减半征收企业所得税。中国铁路建设债券是指经国家发展改革委核准，以铁道部（2013年3月铁道部被撤销后为中国铁路总公司）为发行和偿还主体的债券。依据《财政部 国家税务总局关于铁路债券利息收入所得税政策问题的通知》（财税〔2016〕30号，以下简称财税〔2016〕30号文件）和《财政部 国家税务总局关于铁路债券利息收入所得税政策的公告》（财政部 国家税务总局公告2019年第57号，以下简称财税公告2019年第57号）的规定，对企业投资者持有2016—2023年发行的铁路债券取得的利息收入，减半征收企业所得税。铁路债券是指以中国铁路总公司为发行和偿还主体的债券，包括中国铁路建设债券、中期票据、短期融资券等债务融资工具。

依据税务总局公告2018年第23号所附《企业所得税优惠事项管理目录（2017年版）》，纳税人取得铁路债券利息收入享受减计收入优惠政策应留存备查的主要资料有：

（1）购买铁路债券证明资料，包括持有时间、票面金额、利率等相关资料；

（2）应收利息（投资收益）科目明细账或按月汇总表；

（3）减免税计算过程的说明。

（五）取得的社区家庭服务收入

依据《财政部 国家税务总局 发展改革委 民政部 商务部 卫生健康委关于养老、托育、家政等社区家庭服务业税费优惠政策的公告》（财政部公告2019年第76号，以下简称财政部公告2019年第76号）的规定，自2019年6月1日起执行至2025年12月31日，为社区提供养老、托育、家政等服务的机构提供社区养老、托育、家政服务取得的收入，在计算应纳税所得额时，减按90%计入收入总额。

(1)社区是指聚居在一定地域范围内的人们所组成的社会生活共同体，包括城市社区和农村社区。

(2)为社区提供养老服务的机构，是指在社区依托固定场所设施，采取全托、日托、上门等方式，为社区居民提供养老服务的企业、事业单位和社会组织。社区养老服务是指为老年人提供的生活照料、康复护理、助餐助行、紧急救援、精神慰藉等服务。

(3)为社区提供托育服务的机构，是指在社区依托固定场所设施，采取全日托、半日托、计时托、临时托等方式，为社区居民提供托育服务的企业、事业单位和社会组织。社区托育服务是指为3周岁（含）以下婴幼儿提供的照料、看护、膳食、保育等服务。

为社区提供家政服务的机构，是指以家庭为服务对象，为社区居民提供家政服务的企业、事业单位和社会组织。社区家政服务是指进入家庭成员住所或医疗机构为孕产妇、婴幼儿、老人、病人、残疾人提供的照护服务，以及进入家庭成员住所提供的保洁、烹饪等服务。

二、减计收入优惠的填报

减计收入需要填报表 A107010 第二部分,即表 A107010 第 17 行至第 24.2 行。

(1)第 17 行"二、减计收入":填报第 18＋19＋23＋24 行金额。

(2)第 18 行"(一)综合利用资源生产产品取得的收入在计算应纳税所得额时减计收入":填报纳税人综合利用资源生产产品取得的收入总额乘以 10% 的金额。

(3)第 19 行"(二)金融、保险等机构取得的涉农利息、保费减计收入":填报金融、保险等机构取得的涉农利息、保费收入减计收入的金额,按第 20＋21＋22 行金额填报。

(4)第 20 行"1. 金融机构取得的涉农贷款利息收入在计算应纳税所得额时减计收入":填报纳税人取得农户小额贷款利息收入总额乘以 10% 的金额。

(5)第 21 行"2. 保险机构取得的涉农保费收入在计算应纳税所得额时减计收入":填报保险公司为种植业、养殖业提供保险业务取得的保费收入总额乘以 10% 的金额。其中保费收入总额＝原保费收入＋分保费收入－分出保费。

(6)第 22 行"3. 小额贷款公司取得的农户小额贷款利息收入在计算应纳税所得额时减计收入":填报根据财税〔2017〕48 号文件等相关税收政策规定,经省级金融管理部门(金融办、局等)批准成立的小额贷款公司取得的农户小额贷款利息收入乘以 10% 的金额。

(7)第 23 行"(三)取得铁路债券利息收入减半征收企业所得税":填报纳税人根据财税〔2011〕99 号文件、财税〔2014〕2 号文件、财税〔2016〕30 号文件和财税公告 2019 年第 57 号等相关税收政策规定,持有中国铁路建设债券、铁路债券取得的利息收入乘以 50% 的金额。

(8)第 24 行"(四)其他":根据相关行次计算结果填报。本行＝第 24.1＋24.2 行。

(9)第 24.1 行"1. 取得的社区家庭服务收入在计算应纳税所得额时减计收入":填报纳税人根据财政部公告 2019 年第 76 号等相关税收政策规定,社区养老、托育、家政相关服务的收入乘以 10% 的金额。

(10)第 24.2 行"2. 其他":填报纳税人享受的本表未列明的其他减计收入的税收优惠事项名称、减免税代码及减计收入金额。

表 A107010 第 17 行"二、减计收入"的金额作为表 A107010 第 31 行免税、减计收入及加计扣除"合计"的一部分,要填入主表第 17 行"减:免税、减计收入及加计扣除"。

【例 12-3】某板材生产企业主产人造板,2019 年符合条件的综合利用资源生产产品取得的收入总额 64 万元。该企业 2019 年综合利用资源生产产品取得收入的减计收入优惠填报见表 12-6。

表 12-6 综合利用资源生产产品取得收入减计收入优惠填报示例

A107010　　　　　　　　　　免税、减计收入及加计扣除优惠明细表　　　　　　　　金额单位:元

行次	项目	金额
	……	
17	二、减计收入(18＋19＋23＋24)	64 000.00
18	(一)综合利用资源生产产品取得的收入在计算应纳税所得额时减计收入	64 000.00
19	(二)金融、保险等机构取得的涉农利息、保费减计收入(20＋21＋22)	0.00
20	1. 金融机构取得的涉农贷款利息收入在计算应纳税所得额时减计收入	0.00
21	2. 保险机构取得的涉农保费收入在计算应纳税所得额时减计收入	0.00
22	3. 小额贷款公司取得的农户小额贷款利息收入在计算应纳税所得额时减计收入	0.00

续表

行次	项目	金额
23	(三)取得铁路债券利息收入减半征收企业所得税	0.00
24	(四)其他(24.1+24.2)	0.00
24.1	1. 取得的社区家庭服务收入在计算应纳税所得额时减计收入	0.00
24.2	2. 其他	0.00
……		
31	合计(1+17+25)	64 000.00

【例12-4】某村镇银行2019年取得农户小额贷款的利息收入为1 000万元。该银行取得农户小额贷款利息减计收入优惠的填报见表12-7。

表12-7 金融机构取得的农户小额贷款利息减计收入填报示例

A107010　　　　　　　　　免税、减计收入及加计扣除优惠明细表　　　　　　　　金额单位：元

行次	项目	金额
……		
17	二、减计收入(18+19+23+24)	1 000 000.00
18	(一)综合利用资源生产产品取得的收入在计算应纳税所得额时减计收入	0.00
19	(二)金融、保险等机构取得的涉农利息、保费减计收入(20+21+22)	1 000 000.00
20	1. 金融机构取得的涉农贷款利息收入在计算应纳税所得额时减计收入	1 000 000.00
21	2. 保险机构取得的涉农保费收入在计算应纳税所得额时减计收入	0.00
22	3. 小额贷款公司取得的农户小额贷款利息收入在计算应纳税所得额时减计收入	0.00
23	(三)取得铁路债券利息收入减半征收企业所得税	0.00
24	(四)其他(24.1+24.2)	0.00
24.1	1. 取得的社区家庭服务收入在计算应纳税所得额时减计收入	0.00
24.2	2. 其他	0.00
……		
31	合计(1+17+25)	1 000 000.00

【例12-5】某保险公司2015年为种植业、养殖业提供保险业务取得原保费收入为1800万元。该保险公司取得种植业、养殖业保费减计收入优惠的填报见表12-8。

表12-8 保险公司取得种植业、养殖业保费减计收入填报示例

A107010　　　　　　　　　免税、减计收入及加计扣除优惠明细表　　　　　　　　金额单位：元

行次	项目	金额
……		
17	二、减计收入(18+19+23+24)	1 800 000.00
18	(一)综合利用资源生产产品取得的收入在计算应纳税所得额时减计收入	0.00
19	(二)金融、保险等机构取得的涉农利息、保费减计收入(20+21+22)	1 800 000.00
20	1. 金融机构取得的涉农贷款利息收入在计算应纳税所得额时减计收入	0.00
21	2. 保险机构取得的涉农保费收入在计算应纳税所得额时减计收入	1 800 000.00
22	3. 小额贷款公司取得的农户小额贷款利息收入在计算应纳税所得额时减计收入	0.00
23	(三)取得铁路债券利息收入减半征收企业所得税	0.00
24	(四)其他(24.1+24.2)	0.00
24.1	1. 取得的社区家庭服务收入在计算应纳税所得额时减计收入	0.00

续表

行次	项目	金额
24.2	2. 其他	0.00
……		
31	合计(1+17+25)	1 800 000.00

第四节 加计扣除优惠政策及其填报

《企业所得税法》第三十条规定,企业的下列支出,可以在计算应纳税所得额时加计扣除:

(1)开发新技术、新产品、新工艺发生的研究开发费用;

(2)安置残疾人员及国家鼓励安置的其他就业人员所支付的工资。

一、研发费用加计扣除优惠政策

(一)基本规定

《企业所得税法实施条例》第九十五条明确,《企业所得税法》第三十条第(一)项所称研究开发费用的加计扣除,是指企业为开发新技术、新产品、新工艺发生的研究开发费用,未形成无形资产计入当期损益的,在按照规定据实扣除的基础上,按照研究开发费用的50%加计扣除;形成无形资产的,按照无形资产成本的150%摊销。

(二)优惠方式

费用化的,直接适用加计扣除方式;资本化的,适用加计摊销方式。

1. 加计扣除

依据《财政部 国家税务总局 科技部关于提高科技型中小企业研究开发费用税前加计扣除比例的通知》(财税〔2017〕34号,以下简称财税〔2017〕34号文件)的规定,科技型中小企业开展研发活动中实际发生的研发费用,未形成无形资产计入当期损益的,在按规定据实扣除的基础上,在2017年1月1日至2019年12月31日期间,再按照实际发生额的75%在税前加计扣除。依据《财政部 国家税务总局 科技部关于提高研究开发费用税前加计扣除比例的通知》(财税〔2018〕99号,以下简称财税〔2018〕99号文件)的规定,企业开展研发活动中实际发生的研发费用,未形成无形资产计入当期损益的,在按规定据实扣除的基础上,在2018年1月1日至2020年12月31日期间,再按照实际发生额的75%在税前加计扣除。

《国家税务总局关于研发费用税前加计扣除归集范围有关问题的公告》(国家税务总局公告2017年第40号,以下简称税务总局公告2017年第40号)明确,失败的研发活动所发生的研发费用可享受税前加计扣除政策。

2. 加计摊销

依据财税〔2017〕34号文件的规定,科技型中小企业开展研发活动中实际发生的研发费用,形成无形资产的,在2017年1月1日至2019年12月31日期间按照无形资产成本的175%在税前摊销。依据财税〔2018〕99号文件的规定,企业开展研发活动中实际发生的研发费用,企业开展研发活动中实际发生的研发费用,形成无形资产的,在2018年1月

1日至2020年12月31日按照无形资产成本的175%在税前摊销。

税务总局公告2017年第40号要求,企业开展研发活动中实际发生的研发费用形成无形资产的,其资本化的时点与会计处理保持一致。

注意:加计摊销的,既包括当年研发支出形成的无形资产,也包括以前年度研发支出形成的尚在法定摊销期内的无形资产。

(三)适用范围

1. 适用企业范围

依据《财政部 国家税务总局 科技部关于完善研究开发费用税前加计扣除政策的通知》(财税〔2015〕119号,以下简称财税〔2015〕119号文件)的规定,研发费用加计扣除优惠政策适用于会计核算健全、实行查账征收并能够准确归集研发费用的居民企业。不适用税前加计扣除政策的行业有:烟草制造业,住宿和餐饮业,批发和零售业,房地产业,租赁和商务服务业,娱乐业,财政部和国家税务总局规定的其他行业。

《国家税务总局关于企业研究开发费用税前加计扣除政策有关问题的公告》(国家税务总局公告2015年第97号,以下简称税务总局公告2015年第97号)明确,不适用税前加计扣除政策行业的企业,是指以财税〔2015〕119号文件所列行业业务为主营业务,其研发费用发生当年的主营业务收入占企业按《企业所得税法》第六条规定计算的收入总额减除不征税收入和投资收益的余额50%(不含)以上的企业。

2. 适用活动范围

依据财税〔2015〕119号文件的规定,研发费用加计扣除优惠政策适用于研发活动和创意设计活动。研发活动是指企业为获得科学与技术新知识,创造性运用科学技术新知识,或实质性改进技术、产品(服务)、工艺而持续进行的具有明确目标的系统性活动。

企业为获得创新性、创意性、突破性的产品进行创意设计活动而发生的相关费用,可按照规定进行税前加计扣除。创意设计活动是指多媒体软件、动漫游戏软件开发,数字动漫、游戏设计制作;房屋建筑工程设计(绿色建筑评价标准为三星)、风景园林工程专项设计;工业设计、多媒体设计、动漫及衍生产品设计、模型设计等。

不适用税前加计扣除政策的活动包括:企业产品(服务)的常规性升级,对某项科研成果的直接应用,企业在商品化后为顾客提供的技术支持活动,对现存产品、服务、技术、材料或工艺流程进行的重复或简单改变,市场调查研究、效率调查或管理研究,作为工业(服务)流程环节或常规的质量控制、测试分析、维修维护,社会科学、艺术或人文学方面的研究。

(四)研发形式

从税务总局公告2015年第97号所附研发支出辅助账和企业所得税年度纳税申报表中的《研发费用加计扣除优惠明细表》(A107012)可以看出,研发形式有自主研发、委托研发、合作研发、集中研发四种。

自主研发形式是指企业依靠自己的资源、技术、人力,依靠自己的意志,独立研究,并在研发项目的主要方面拥有独立的知识产权。

委托研发形式是指被委托人基于他人委托而开发的项目。委托人以支付报酬的形式获得被委托人的研发成果的所有权或使用权。

合作研发形式是指立项企业通过契约的形式与其他企业共同对项目的某一关键领域分别投入资金、技术、人力,共同参与产生智力成果的创作活动,共同完成研发项目。

集中研发形式是指集团企业根据生产经营和科技开发的实际情况,对技术要求高、投资数额大,单个企业难以独立承担,或者研发力量集中在集团公司、由其统筹管理集团研发活动的研发项目进行集中研发。

(五)可加计扣除研发费用的归集和调整

1. 可加计扣除研发费用的归集

依据财税〔2015〕119号文件和相关规定,除财政部和国家税务总局规定的其他费用外,可加计扣除研发费用的归集范围包括六大类,即:人员人工费用,直接投入费用,折旧费用,无形资产摊销,设计制定试验费和其他相关费用。企业在一个纳税年度内进行多项研发活动的,应按照不同研发项目分别归集可加计扣除的研发费用。

1)人员人工费用　直接从事研发活动人员的工资薪金、基本养老保险费、基本医疗保险费、失业保险费、工伤保险费、生育保险费和住房公积金,以及外聘研发人员的劳务费用。工资薪金包括按规定可以在税前扣除的对研发人员股权激励的支出。

研发人员范围包括企业直接从事研发活动人员包括研究人员、技术人员、辅助人员。研究人员是指主要从事研究开发项目的专业人员。技术人员是指具有工程技术、自然科学和生命科学中一个或一个以上领域的技术知识和经验,在研究人员指导下参与研发工作的人员。辅助人员是指参与研究开发活动的技工。

企业外聘研发人员是指与本企业签订劳务用工协议(合同)和临时聘用的研究人员、技术人员、辅助人员。

接受劳务派遣的企业按照协议(合同)约定支付给劳务派遣企业,且由劳务派遣企业实际支付给外聘研发人员的工资薪金等费用,属于外聘研发人员的劳务费用。

直接从事研发活动的人员、外聘研发人员同时从事非研发活动的,企业应对其人员活动情况做必要记录,并将其实际发生的相关费用按实际工时占比等合理方法在研发费用和生产经营费用间分配,未分配的不得加计扣除。

2)直接投入费用　这包括3个方面的内容:

(1)研发活动直接消耗的材料、燃料和动力费用。企业研发活动直接形成产品或作为组成部分形成的产品对外销售的,研发费用中对应的材料费用不得加计扣除。产品销售与对应的材料费用发生在不同纳税年度且材料费用已计入研发费用的,可在销售当年以对应的材料费用发生额直接冲减当年的研发费用,不足冲减的,结转以后年度继续冲减。

(2)用于中间试验和产品试制的模具、工艺装备开发及制造费,不构成固定资产的样品、样机及一般测试手段购置费,试制产品的检验费。

(3)用于研发活动的仪器、设备的运行维护、调整、检验、维修等费用,以及通过经营租赁方式租入的用于研发活动的仪器、设备租赁费。

以经营租赁方式租入的用于研发活动的仪器、设备,同时用于非研发活动的,企业应对其仪器设备使用情况做必要记录,并将其实际发生的租赁费按实际工时占比等合理方法在研发费用和生产经营费用间分配,未分配的不得加计扣除。

3)折旧费用　用于研发活动的仪器、设备的折旧费。

用于研发活动的仪器、设备,同时用于非研发活动的,企业应对其仪器设备使用情况做必要记录,并将其实际发生的折旧费按实际工时占比等合理方法在研发费用和生产经营费用间分配,未分配的不得加计扣除。

企业用于研发活动的仪器、设备,符合税法规定且选择加速折旧优惠政策的,在享受研发费用税前加计扣除政策时,就税前扣除的折旧部分计算加计扣除。

4)无形资产摊销　用于研发活动的软件、专利权、非专利技术(包括许可证、专有技术、设计和计算方法等)的摊销费用。

用于研发活动的无形资产,同时用于非研发活动的,企业应对其无形资产使用情况做必要记录,并将其实际发生的摊销费按实际工时占比等合理方法在研发费用和生产经营费用间分配,未分配的不得加计扣除。

用于研发活动的无形资产,符合税法规定且选择缩短摊销年限的,在享受研发费用税前加计扣除政策时,就税前扣除的摊销部分计算加计扣除。

5)设计制定试验费　企业在新产品设计、新工艺规程制定、新药研制的临床试验、勘探开发技术的现场试验过程中发生的与开展该项活动有关的各类费用。

6)其他相关费用　与研发活动直接相关的其他费用,如技术图书资料费、资料翻译费、专家咨询费、高新科技研发保险费,研发成果的检索、分析、评议、论证、鉴定、评审、评估、验收费用,知识产权的申请费、注册费、代理费,差旅费、会议费,职工福利费、补充养老保险费、补充医疗保险费。

此类费用总额不得超过可加计扣除研发费用总额的10%。当其他相关费用实际发生数小于限额时,按实际发生数计算税前加计扣除数额;当其他相关费用实际发生数大于限额时,按限额计算税前加计扣除数额。

每个项目其他相关费用限额 = 允许加计扣除的研发费用中的第1项至第5项的费用之和 × 10%/(1 − 10%)。

2. 可加计扣除研发费用的调整

依据财税〔2015〕119号文件和相关规定,可加计扣除的研发费用要进行以下几个方面的调整:

(1)对于特殊收入,要扣减研发费用。企业取得研发过程中形成的下脚料、残次品、中间试制品等特殊收入,在计算确认收入当年的加计扣除研发费用时,应从已归集研发费用中扣减该特殊收入,不足扣减的,加计扣除研发费用按零计算。

(2)对外销售研发活动形成的产品或作为组成部分形成的产品对应的研发费用中的材料费用不得加计扣除。

(3)不征税收入用于研发不得加计扣除。企业取得的政府补助,会计处理时采用直接冲减研发费用方法且税务处理时未将其确认为应税收入的,应按冲减后的余额计算加计扣除金额。

(4)不允许税前扣除的项目不得加计扣除。

(5)委托个人研发的,应凭个人出具的发票等合法有效凭证在税前加计扣除,未取得合法有效凭证的,不得计算加计扣除。委托境外个人研发的,不得加计扣除。

(6)共用划分不清的不得加计扣除。

（7）加速折旧费用的税会差异调整。

前两个方面应在表107012计算出"允许扣除的研发费用合计"之后进行调整，后五个方面笔者建议在登记"研发支出"辅助账时进行调整。

（六）特别事项

财税〔2015〕119号文件和相关规定明确了委托研发、合作研发和集中研发的特别事项。

1）委托研发　企业委托外部机构或个人进行研发活动所发生的费用，按照费用实际发生额的80%计入委托方研发费用并计算加计扣除。"研发活动发生的费用"是指委托方实际支付给受托方的费用。无论委托方是否享受研发费用税前加计扣除政策，受托方均不得加计扣除。

委托个人研发的，应凭个人出具的发票等合法有效凭证在税前加计扣除。

委托外部研究开发费用实际发生额应按照独立交易原则确定。委托方委托关联方开展研发活动的，受托方需向委托方提供研发过程中实际发生的研发项目费用支出明细情况。除受托方与委托方存在关联关系情况外，委托方加计扣除时不需要提供研发项目的费用支出明细情况。

委托境外进行研发活动（不包括委托境外个人进行的研发活动）所发生的费用，按照费用实际发生额的80%计入委托方的委托境外研发费用。委托境外研发费用不超过境内符合条件的研发费用三分之二的部分，可以按规定在企业所得税前加计扣除。

委托境外进行研发活动应签订技术开发合同，并由委托方到科技行政主管部门进行登记。相关事项按技术合同认定登记管理办法及技术合同认定规则执行。

受托研发的境外机构是指依照外国和地区以及我国台、港、澳地区法律成立的企业和其他取得收入的组织，受托研发的境外个人是指外籍以及我国台、港、澳地区个人。

2）合作研发　企业共同合作开发的项目，由合作各方就自身实际承担的研发费用分别计算加计扣除。

3）集中研发　企业集团根据生产经营和科技开发的实际情况，对技术要求高、投资数额大，需要集中研发的项目，其实际发生的研发费用，可以按照权利和义务相一致、费用支出和收益分享相配比的原则，合理确定研发费用的分摊方法，在受益成员企业间进行分摊，由相关成员企业分别计算加计扣除。

（七）管理要求

财税〔2015〕119号文件和相关规定明确了企业会计核算与管理要求，以及税务机关征管要求。

1. 企业会计核算与管理要求

1）分项目归集　企业在一个纳税年度内进行多项研发活动的，应按照不同研发项目分别归集可加计扣除的研发费用。

2）分别核算　企业应按照国家财务会计制度要求，对研发支出进行会计处理。企业应对研发费用和生产经营费用分别核算，准确、合理归集各项费用支出，对划分不清的，不得实行加计扣除。

3）辅助账归集　企业应按照国家财务会计制度要求，对研发支出进行会计处理；同时，对享受加计扣除的研发费用按研发项目设置辅助账，准确归集核算当年可加计扣除的各项研发费用实际发生额。

2. 税务机关征管要求

1)税务机关有权合理调整　企业研发费用各项目的实际发生额归集不准确、汇总额计算不准确的,税务机关有权对其税前扣除额或加计扣除额进行合理调整。

2)异议处理　税务部门对企业享受加计扣除优惠的研发项目有异议的,应及时通过县(区)级科技部门将项目资料送地市级(含)以上科技部门进行鉴定;由省直接管理的县/市,可直接由县级科技部门进行鉴定(以下统称"鉴定部门")。

鉴定部门在收到税务部门的鉴定需求后,应及时组织专家进行鉴定,并在规定时间内通过原渠道将鉴定意见反馈税务部门。鉴定时,应由3名以上相关领域的产业、技术、管理等专家参加。

税务部门对鉴定部门的鉴定意见有异议的,可转请省级人民政府科技行政管理部门出具鉴定意见。

对企业承担的省部级(含)以上科研项目,以及以前年度已鉴定的跨年度研发项目,税务部门不再要求进行鉴定。

税务部门在对企业享受的研发费用加计扣除优惠开展事后核查中,对企业研发项目有异议的,可按照上述规定送科技部门鉴定。

3)追溯享受　企业符合财税〔2015〕119号文件规定的研发费用加计扣除条件而在2016年1月1日以后未及时享受该项税收优惠的,可以追溯享受并履行备案手续,追溯期限最长为3年。涉及追溯享受优惠政策情形的,按照税务总局公告2017年第40号的规定执行。

4)后续管理　税务部门应加强研发费用加计扣除优惠政策的后续管理,定期开展核查,年度核查面不得低于20%。税务机关后续管理中,发现企业已享受的税收优惠不符合税法规定条件的,应当责令其停止享受优惠,追缴税款及滞纳金。属于弄虚作假的,按照《税收征管法》有关规定处理。如企业申报享受加计扣除优惠政策,但账证不健全、资料不齐全或适用优惠政策不准确的,各级税务机关要积极做好辅导解释工作,帮助企业建账建制,补充资料,确保企业享受加计扣除优惠政策。

(八)留存备查资料

企业享受研发费用税前加计扣除优惠采取"自行判别、申报享受、相关资料留存备查"的办理方式。企业应当自行判断是否符合研发费用税前加计扣除优惠的条件,符合条件的可以在汇算清缴时自行计算加计扣除额,并通过填报企业所得税年度纳税申报表享受税收优惠。企业应当在完成年度汇算清缴后,按规定分不同的研发项目归集和留存相关资料备查,并对留存备查资料的真实性、合法性承担法律责任。企业留存备查资料应从企业享受优惠事项当年的企业所得税汇算清缴期结束次日起保留10年。

设有非法人分支机构的居民企业以及实行汇总纳税的非居民企业机构、场所享受优惠事项的,由居民企业的总机构以及汇总纳税的主要机构、场所负责统一归集并留存备查资料。分支机构以及被汇总纳税的非居民企业机构、场所按照规定可独立享受优惠事项的,由分支机构以及被汇总纳税的非居民企业机构、场所负责归集并留存备查资料,同时分支机构以及被汇总纳税的非居民企业机构、场所应在当完成年度汇算清缴后将留存的备查资料清单送总机构以及汇总纳税的主要机构、场所汇总。

企业享受优惠事项后,税务机关将适时开展后续管理。在后续管理时,企业应当根据税务机关管理服务的需要,按照规定的期限和方式提供留存备查资料,以证实享受优惠事项符合条件。

企业未能按照税务机关要求提供留存备查资料，或者提供的留存备查资料与实际生产经营情况、财务核算情况、相关技术领域、产业、目录、资格证书等不符，无法证实符合优惠事项规定条件的，或者存在弄虚作假情况的，税务机关将依法追缴其已享受的企业所得税优惠，并按照《税收征管法》等相关规定处理。

第一，对于因开发新技术、新产品、新工艺而发生的研究开发费用加计扣除，主要留存备查资料的：

(1)自主、委托、合作研究开发项目计划书和企业有权部门关于自主、委托、合作研究开发项目立项的决议文件；

(2)自主、委托、合作研究开发专门机构或项目组的编制情况和研发人员名单；

(3)经科技行政主管部门登记的委托、合作研究开发项目的合同；

(4)从事研发活动的人员(包括外聘人员)和用于研发活动的仪器、设备、无形资产的费用分配说明(包括工作使用情况记录及费用分配计算证据材料)；

(5)集中研发项目研发费决算表、集中研发项目费用分摊明细情况表和实际分享收益比例等资料；

(6)"研发支出"辅助账及汇总表；

(7)企业如果已取得地市级(含)以上科技行政主管部门出具的鉴定意见，应作为资料留存备查。

对科技型中小企业，还有企业取得的入库登记编号证明资料。

第二，对于为获得创新性、创意性、突破性的产品进行创意设计活动而发生的相关费用加计扣除，主要留存备查资料有：

(1)创意设计活动相关合同；

(2)创意设计活动相关费用核算情况的说明。

第三，对于因委托境外进行研发活动而发生的费用加计扣除，主要留存备查资料的：

(1)企业委托研究项目计划书和企业有权部门立项的决议文件；

(2)委托研究开发专门机构或项目组的编制情况和研发人员名单；

(3)经科技行政主管部门登记的委托境外研发合同；

(4)"研发支出"辅助账及汇总表；

(5)委托境外研发银行支付凭证和受托方开具的收款凭据；

(6)当年委托研发项目的进展情况等资料。

此处，企业如果已取得地市级(含)以上科技行政主管部门出具的鉴定意见，应作为资料留存备查。

二、安置残疾人员工资加计扣除优惠政策

《企业所得税法实施条例》第九十六条规定，企业安置残疾人员所支付的工资的加计扣除，是指企业安置残疾人员的，在按照支付给残疾职工工资据实扣除的基础上，可以在计算应纳税所得额时按照支付给残疾职工工资的100%加计扣除。

(一)享受优惠的条件

根据《财政部 国家税务总局关于安置残疾人员就业有关企业所得税优惠政策问题的通知》(财税〔2009〕70号，以下简称财税〔2009〕70号文件)的规定，企业享受安置残疾职

工工资100%加计扣除应同时具备如下条件：

（1）依法与安置的每位残疾人签订了1年以上（含1年）的劳动合同或服务协议，并且安置的每位残疾人在企业实际上岗工作。

（2）为安置的每位残疾人按月足额缴纳了企业所在区县人民政府根据国家政策规定的基本养老保险、基本医疗保险、失业保险和工伤保险等社会保险。

（3）定期通过银行等金融机构向安置的每位残疾人实际支付了不低于企业所在区县适用的经省级人民政府批准的最低工资标准的工资。

（4）具备安置残疾人上岗工作的基本设施。

（二）主要留存备查资料

依据税务总局公告2018年第23号所附《企业所得税优惠事项管理目录（2017年版）》，纳税人享受安置残疾人员工资加计扣除优惠政策应留存备查的主要资料有：

（1）为安置的每位残疾人按月足额缴纳了企业所在区县人民政府根据国家政策规定的基本养老保险、基本医疗保险、失业保险和工伤保险等社会保险证明资料；

（2）通过非现金方式支付工资薪酬的证明；

（3）安置残疾职工名单及其《残疾人证》或《残疾军人证》；

（4）与残疾人员签订的劳动合同或服务协议。

三、研发支出辅助账及其汇总表的登记和填报

（一）"研发支出"辅助账的设置和登记

（1）"研发支出"辅助账的种类有：自主研发"研发支出"辅助账，委托研发"研发支出"辅助账，合作研发"研发支出"辅助账，集中研发"研发支出"辅助账。自主研发、合作研发、集中研发"研发支出"辅助账的样式相同，见表12-9；委托研发"研发支出"辅助账的样式见表12-10。

（2）"研发支出"辅助账的特征可概括为：多栏式，凭证流水式，费用明细化，反映借贷余。

（3）研发项目立项时应设置研发支出辅助账，同一个研发项目的资本化支出和费用化支出应当分别设置辅助账。

（4）"研发支出"辅助账登记时，应当按照研究开发项目，分别对"费用化支出"、"资本化支出"进行明细核算。还应确保基本信息要齐全，包括项目名称，项目编号的编码规则，资本化、费用化选项，项目实施状态选项，研发成果和研发成果证书号等。

对于费用明细项目，可以逐日逐笔登记，也可定期汇总登记；可以按照实际情况扩展研发支出明细，但不得合并明细。

（二）"研发支出"辅助账汇总表的填报

填报时，应根据所有上年未完成及本年新设置的项目的"研发支出"辅助账汇总填报。"研发支出"辅助账汇总表由企业留存备查。"研发支出"辅助账汇总表的样式见表12-11。

此外，有几项填报要点必须预予注意：

（1）项目信息的填报。根据项目编号，将相关信息过入汇总表"项目明细"内。

（2）项目费用明细项目贷方发生额的汇总。根据项目编号，将相关贷方发生额明细逐项目按序号一至七过入汇总表"项目明细"内。

（3）全部研发费用明细项目的汇总。根据要求填报第1行"期初余额"、第2行"本期借方发生额"、第3行"本期贷方发生额"、第4行"其中：结转管理费用"、第5行"其中：结转无形资产"和第6行"期末余额"的填报。

表12-9 自主研发、合作研发、集中研发"研发支出"辅助账（样本）

项目名称：　　　　　　　　　　　　　　项目编号：　　　　　　　　　　　　　　　　　研发成果

研发成果证书号：　　资本化、费用化支出选项：◎资本化 ○费用化　　项目实施状态选项：◎未完成 ○已完成　　金额单位：元（列至角分）

自主研发、合作研发、集中研发"研发支出"辅助账

20XX年		凭证		摘要	借方金额	贷方金额	借或贷	余额	费用明细（借方）																
									一、人员人工费用			二、直接投入费用							三、折旧费用		四、无形资产摊销			五、新产品设计费等		六、其他相关费用
									直接从事研发活动人员		外聘研发人员的劳务费用	研发活动直接消耗							用于研发活动的仪器、设备的折旧费	用于研发活动的仪器、设备通过经营租赁方式租入的费用	用于研发活动的软件的摊销费用	用于研发活动的专利权的摊销费用	用于研发活动的非专利技术（包括许可证、专有技术、设计和计算方法等）的摊销费用	新产品设计费	新工艺规程制定费	新药研制的临床试验费	勘探开发技术的现场试验费
									工资薪金	五险一金		材料	燃料	动力费用	用于中间试验和产品试制的模具、工艺装备开发及制造费	不构成固定资产的样品、样机及一般测试手段购置费	试制产品的检验费	用于研发活动的仪器、设备的运行维护、调整、检验、维修等费用									
月	日	种类	号数						1.1	1.2	1.3	2.1	2.2	2.3	2.4	2.5	2.6	2.7	2.8	3.1	3.2	4.1	4.2	4.3	5.1	5.2	5.3	5.4	6.1	6.2	6.3	…
				期初余额																												
				期末余额																												

主办会计：　　　　　　　　　　　　录入人员：　　　　　　　　　　　　复核人员：

表 12-10 委托研发"研发支出"辅助账（样本）

项目名称：　　是否委托境外选项：○委托境内　○委托境外　　　　　　　　　　　　　　　　　　　　　　全额单位：元（列至角分）

项目编号：　　　项目实施状态选项：○未完成　○已完成

资本化、费用化支出选项：○资本化　○费用化　　　　　　　　　　　　　　　　　　　　　　　　　　委托方与受托方是否存在关联关系选项：○存在　○不存在

委托研发"研发支出"辅助账　　　　　　　　　　　　　　　　　　　　　　　　　　　　　　　　　　　研发成果：　　　　　　　　　　　　　　　研发成果证书号：

20XX年		凭证		摘要	借方金额	贷方金额	借或贷	余额	费用明细（借方）																
									一、人员人工费用			二、直接投入费用						三、折旧费用		四、无形资产摊销		五、新产品设计费等			六、其他相关费用	七、委托外部机构或个人进行研发活动所发生的费用
月	日	种类	号数						直接从事研发活动人员工资薪金五险一金		外聘研发人员的劳务费用	研发活动直接消耗材料燃料动力费用	用于中间试验和产品试制的模具、工艺装备开发及制造费	不构成固定资产的样品、样机及一般测试手段购置费	用于试制产品的检验费	用于研发活动的仪器、设备的运行维护、调整、检验、维修等费用	通过经营租赁方式租入的用于研发活动的仪器、设备租赁费	用于研发活动的仪器、设备的折旧费	用于研发活动的仪器器具的折旧费	用于研发活动的软件、专利权、非专利技术（包括许可证、专有技术、设计和计算方法等）的摊销费用	用于研发活动的专利权的摊销费用	新工艺规程制定费	新药研制的临床试验费	勘探开发技术的现场试验费		
								序号	1.1	1.2	1.3	2.1	2.2	2.3	2.4	2.5	2.6	2.7	2.8	3.1	3.2	4.1	4.2	4.3	5.1	5.2	5.3	5.4	6.1	6.2	6.3	…	7
				期初余额																														
				期末余额																														

主办会计：　　　　　　　　　　　　　　　　　　　　　　　　　　　　　　　录入人员：　　　　　　　　　　　　　　　　　　　　　　　　　复核人员：

"研发支出"辅助账登记方法说明：

①自主研发"研发支出"辅助账应当在研发项目批准立项后按照《企业(自主)研究开发项目计划书》等文件设置本账簿；委托研发"研发支出"辅助账应当在研发项目批准立项后按照《企业(委托)研究开发项目计划书》和《技术开发(委托)合同》等文件设置本账簿；合作研发"研发支出"辅助账应当在研发项目批准立项后按照《企业(合作)研究开发项目计划书》和《技术开发(合作)合同》等文件设置本账簿；集中研发"研发支出"辅助账应当在研发项目批准立项后按照《企业(集中)研究开发项目计划书》和《技术开发(集中)合同》等文件设置本账簿。上述文件应留存备查。

②"研发支出"辅助账应当按照研究开发项目，分别"费用化支出""资本化支出"进行明细核算；

③项目名称：自主研发"研发支出"辅助账应当根据《企业(自主)研究开发项目计划书》等文件据实填写；委托研发"研发支出"辅助账应当根据《企业(委托)研究开发项目计划书》和《技术开发(委托)合同》等文件据实填写；合作研发"研发支出"辅助账应当根据《企业(合作)研究开发项目计划书》和《技术开发(合作)合同》等文件据实填写；集中研发"研发支出"辅助账应当根据《企业(集中)研究开发项目计划书》和《技术开发(集中)合同》等文件填写。

④项目编号的编码规则：为确保项目编号的全国唯一性，项目编码由21位序列号组成，前15位为工商登记号，16、17位为立项和设置辅助账的年度号，18至21位为项目序号。

⑤是否委托境外选项：应当按照《企业(委托)研究开发项目计划书》和《技术开发(委托)合同》等文件据实填报。

⑥委托方与受托方存在关联关系选项：应当按照《企业(委托)研究开发项目计划书》和《技术开发(委托)合同》等类似文件选择存在、不存在；关联关系应当按照税法的相关规定判定；存在关联关系的，应当按照受托方向委托方提供研发项目费用支出明细情况分别登记在委托研发"研发支出"辅助账序号1~6对应费用明细中；不存在关联关系的，应当按照相关凭证登记在委托研发"研发支出"辅助账序号7中。

⑦资本化、费用化选项：应当区分研究阶段、开发阶段和是否同时满足确认无形资产的条件来选择，同一个研发项目的资本化支出和费用化支出应当分别设置辅助账簿；当选择费用化的项目因条件发生变化符合资本化条件时，可将已经发生、尚未结转的研发支出结转管理费用或者结转至该项目的资本化支出辅助账(项目编号新设)，同时，结束(项目实施状态选项选为"已完成")该辅助账；当选择资本化的项目因条件发生变化不再符合资本化条件时，可不结束该辅助账，重新选择"资本化、费用化支出选项"为费用化，并将已经发生的全部研发支出(含以前年度发生的)结转管理费用。

⑧项目实施状态选项：在研发成果(含研发失败)已经确认且结平辅助账时，选择"已完成"，其他状态均应选择"未完成"，年度终了后"已完成"项目的项目编号不得再次使用或启用。

⑨研发成果和研发成果证书号：当项目实施状态为"已完成"时，研发成果为必填项；研发成果证书号填写研发成果所对应的证书编号。研发失败的，研发成果选择为"研发失败"，研发成果证书号不需填写。

⑩费用明细可以逐日逐笔登记也可定期汇总登记；可以按照实际情况扩展研发支出明细，但不得合并明细。

⑪序号1.1"工资薪金"、1.2"五险一金"：应当按照《职工工资和五险一金分配表》等类似分配表汇总登记，其中直接从事研发活动人员的补充社会保险、补充医疗保险和补充住房公积金应当作为"六、其他相关费用"登记，间接从事研发活动人员的工资薪金和五险一金等应当通过"二、直接投入费用"和"五、新产品设计费等"间接分配记入。

⑫序号1.3"外聘研发人员的劳务费用"：直接用于研发活动的可以按照相关凭证登记。

⑬序号2.1"材料"、2.2"燃料"、2.3"动力费用"：直接用于研发活动的可以按照相关凭证登记。

⑭序号2.4"用于中间试验和产品试制的模具、工艺装备开发及制造费"、2.5"用于不构成固定资产的样品、样机及一般测试手段购置费"、2.6"用于试制产品的检验费"、2.7"用于研发活动的仪器、设备的运行维护、调整、检验、维修等费用"、2.8"通过经营租赁方式租入的用于研发活动的仪器、设备租赁费"：外购专门用于研发活动的可以按照相关凭证登记；内部发生的应当通过内部结算价或者作为费用、成本核算对象进行归集和分摊，按照《其他直接投入费用分配表》等类似分配表汇总登记。

⑮序号3.1"用于研发活动的仪器的折旧费"、3.2"用于研发活动的设备的折旧费"：专门用于研发活动的设备、仪器折旧可以按照相关凭证登记；共用的应当按照《设备、仪器折旧分配表》等类似分配表汇总登记。

⑯序号4.1"用于研发活动的软件的摊销费用"、4.2"用于研发活动的专利权的摊销费用"、4.3"用于研发活动的非专利技术(包括许可证、专有技术、设计和计算方法等)的摊销费用"：专用于研发活动的无形资产摊销可以按照相关凭证登记；共用的应当按照《无形资产摊销分配表》等类似分配表汇总登记。

⑰序号5.1"新产品设计费"、5.2"新工艺规程制定费"、5.3"新药研制的临床试验费"、5.4"勘探开发技术的现场试验费"：外购专门用于研发活动的可按相关凭证登记；内部发生的应按《新产品设计费等分配表》等类似分配表汇总登记。

⑱序号6其他相关费用：专门用于研发活动的可按相关凭证登记，共用的应按《××费用分配表》等类似分配表汇总登记；费用明细名称应据实填写，主要包括：技术图书资料费、资料翻译费、专家咨询费、高新科技研发保险费，研发成果的检索、分析、评议、论证、鉴定、评审、评估、验收费，知识产权的申请、注册、代理费，差旅费、会议费等；可按需要增加费用明细。

与"研发支出"辅助账汇总表的关系：

①根据项目编号，将"项目名称""项目编号""资本化、费用化支出选项""项目实施状态选项""是否委托境外选项""委托方与受托方是否存在关联关系选项"等和相关借方发生额明细逐项目分行过入汇总表"项目明细"内。

②期初余额汇总额过入汇总表期初余额对应明细项目行内，期末余额汇总额过入汇总表期末余额对应明细项目行内，贷方发生额中结转"管理费用"的汇总额过入汇总表"结转管理费用"对应明细行内，贷方发生额中结转"无形资产"的汇总额过入汇总表"结转无形资产"对应明细行内。

表12-11 "研发支出"辅助账汇总表（样本）

"研发支出"辅助账汇总表

纳税人识别号：　　　　纳税人名称（盖章）：　　　　20XX 年度

项目	序号	项目编号	项目名称	研发形式	委托方与受托方是否存在关联关系选项	是否委托境外研发选项	项目实施状态选项	研发成果形式	研发成果证书号	费用化支出	资本化支出	一、人员人工费用					二、直接投入费用								三、折旧费用			四、无形资产摊销			五、新产品设计费等				六、其他相关费用			七、委托外部机构或个人进行研发活动所发生的费用	八、允许加计扣除的研发费用	其中：委托境外进行研发活动所发生的费用	其他相关费用限额	九、当期费用化金额	当期资本化支出可计入加计扣除的研发费用总额	当期可加计扣除的研发费用加计扣除比率
												直接从事研发活动人员工资薪金	五险一金	外聘研发人员的劳务费用			研发活动直接消耗材料	燃料	动力费用	用于中间试验和产品试制的模具、样品、样机及一般测试手段购置费	用于试制产品的检验费	用于研发活动的仪器、设备的运行维护、调整、检验、维修等费用	通过经营租赁方式租入的用于研发活动的仪器、设备租赁费		用于研发活动的仪器、设备的折旧费			用于研发活动的软件、专利权、非专利技术（包括许可证、专有技术、设计和计算方法等）的摊销费用			新产品设计费	新工艺规程制定费	新药研制的临床试验费	勘探开发技术的现场试验费									
行次												1.1	1.2	1.3	2.1	2.2	2.3	2.4	2.5	2.6	2.7	2.8	3.1	3.2	4.1	4.2	4.3	5.1	5.2	5.3	5.4	6.1	6.2	6.3	…	7	7.1	8	8.1	9	9.1
1	期初余额																																							*	*	*
2	本期借方发生额																																						*			*
3	本期贷方发生额																																						*	*		*
4	其中：结转管理费用																																									*
5	结转无形资产																																						*			*

合计 = 序号1至第5类的第1+2+3+4+5)

8 × 10% / (1 − 10%)

续表

项目	序号	项目名称	项目编号	研发形式	委托方与受托方是否存在关联关系	研发成果形式	研发成果证书号	项目实施状态	选项	资本化费用化支出选项	一、人员人工费用					二、直接投入费用									三、折旧费用			四、无形资产摊销			五、新产品设计费等				六、其他相关费用			七、委托外部机构或个人进行研发活动所发生的费用	其中:委托境外进行研发活动所发生的费用	八、允许加计扣除的研发费用(包括本年度可计入加计扣除研发费用的委托研发费用)(1+2+3+4+5)	其他相关费用限额 $8 \times 10\%/(1-10\%)$	九、当期费用化金额	当期资本化支出加计扣除总额	当期可加计扣除的研发费用率
											直接从事研发活动人员				外聘研发人员的劳务费用	研发活动直接消耗																											
											工资薪金	五险一金				材料	燃料	动力费	用于中间试验和产品试制的模具、工艺装备开发及制造费	用于不构成固定资产的样品、样机及一般测试手段购置费	用于试制产品的检验费	用于研发活动的仪器、设备的运行维护、调整、检验、维修等费用	通过经营租赁方式租入的用于研发活动的仪器、设备租赁费	用于研发活动的仪器、设备的折旧费			用于研发活动的软件、专利权、非专利技术(包括许可证、专有技术、设计和计算方法等)的摊销费用			新产品设计费	新工艺规程制定费	新药研制的临床试验费	勘探开发技术的现场试验费											
行次											1.1	1.2			1.3	2.1	2.2	2.3	2.4	2.5	2.6	2.7	2.8	3.1	3.2	3.3	4.1	4.2	4.3	5.1	5.2	5.3	5.4	6.1	6.2	6.3	...	7	7.1	8	8.1	9	9.1	*
序号																																											
6																																											
	期末余额																																										
项目明细(填写项目贷方发生额)	1																																										
	2																																										
	3																																										
	4																																										
	5																																										
	...																																										

法定代表人(签章):　　　　　　　　　　　　　　　　　　财务负责人:

"研发支出"辅助账汇总表填报说明：

①本表是根据所有上年未完成及本年新设置的项目的"研发支出"辅助账汇总填报。

②根据项目编号，将"项目名称""项目编号""研发形式""资本化、费用化支出选项""项目实施状态选项""委托方与受托方是否存在关联关系选项""是否委托境外选项"和相关贷方发生额明细逐项目按序号一至七过入汇总表"项目明细"内。

③研发形式：填写自主研发、委托研发、合作研发或集中研发。

④委托方与受托方是否存在关联关系选项：研发形式为"委托研发"填写"存在"或"不存在"，研发形式为"自主研发""合作研发""集中研发"不需填写本选项。

⑤是否委托境外选项：研发形式为"委托研发"的填写"委托境内"或"委托境外"，研发形式为"自主研发""合作研发""集中研发"不需填写本选项。

⑥研发成果和研发成果证书号：项目实施状态为"已完成"的填写研发成果和研发成果证书号，项目实施状态为"未完成"的研发成果和研发成果证书号不需填写本选项。

⑦序号7.1"其中：委托境外进行研发活动所发生的费用（包括存在关联关系的委托研发）"：

——当"委托方与受托方是否存在关联关系选项"为不存在，且"是否委托境外选项"为委托境外时，序号7.1等于序号7；

——当"委托方与受托方是否存在关联关系选项"为存在，且"是否委托境外选项"为委托境外时，序号7.1等于序号一至六的合计。

⑧序号9"九、当期费用化支出可加计扣除总额"：

——当项目明细中"资本化、费用化支出选项"为费用化且"研发形式"为委托研发、"委托方与受托方是否存在关联关系选项"为存在时＝（序号8＋最小值）×80％，其中，"最小值"是指其他相关费用序号6合计与序号8.1相比的孰小值（下同）；

——当项目明细中"资本化、费用化支出选项"为费用化且"研发形式"为委托研发、"委托方与受托方是否存在关联关系选项"为不存在时＝序号7×80％；

——当项目明细中"资本化、费用化支出选项"为费用化且"研发形式"为自主研发、合作研发和集中研发时＝序号8＋最小值；

——其他情形不需填写本栏次。

⑨序号9.1"当期资本化可加计扣除的研发费用率"：

——当项目明细中"资本化、费用化支出选项"为资本化且"项目实施状态选项"为已完成、"研发形式"为委托研发、"委托方与受托方是否存在关联关系选项"为存在时＝（序号8＋最小值））×80％/序号一至六的合计×100％；

——当项目明细中"资本化、费用化支出选项"为资本化且"项目实施状态选项"为已完成、"研发形式"为委托研发、"委托方与受托方是否存在关联关系选项"为不存在时，为80％；

——当项目明细中"资本化、费用化支出选项"为资本化且"项目实施状态选项"为已完成、"研发形式"为自主研发、合作研发和集中研发时＝（序号8＋最小值）/序号一至六的合计×100％；

——其他情形不需填写本栏次。

⑩第1行"期初余额"：应当按照所有上年资本化支出未完成项目的"研发支出"辅助账期初借方余额对应费用明细项目的汇总额填报。

⑪第2行"本期借方发生额"：应当按照所有上年未完成、本年新设置的项目的"研发支出"辅助账借方发生额对应费用明细项目的汇总额填报。

⑫第3行"本期贷方发生额"：应当按照所有上年未完成、本年新设置的项目的"研发支出"辅助账贷方发生额对应费用明细项目的汇总额填报。

⑬第4行"其中：结转管理费用"：当"资本化、费用化支出选项"为费用化支出时，对应的项目明细合计，其中，对应的序号9"当期费用化支出可加计扣除总额"等于"资本化、费用化支出选项"为费用化支出行次的合计。

⑭第5行"其中：结转无形资产"：当"资本化、费用化支出选项"为资本化支出且"项目实施状态选项"为已完成时，对应的项目明细合计。

⑮第6行"期末余额"：应当按照所有本年末资本化支出未完成项目的"研发支出"辅助账期末借方余额对应费用明细项目的汇总额填报。

四、加计扣除在企业所得税年度纳税申报表的填报

在企业所得税年度纳税申报表中，加计扣除优惠需要填报表A107010和主表相关项目，研发费用加计扣除还要填报表A107012。

（一）表A107010和主表相关项目的填报

加计扣除需要填报表A107010第三部分"三、加计扣除"中的第25至30行，其中第

26、27、28 行为研发费用加计扣除的填报。

(1) 第 25 行"三、加计扣除":填报第 26 + 27 + 28 + 29 + 30 行的合计金额。

(2) 第 26 行"(一)开发新技术、新产品、新工艺发生的研究开发费用加计扣除":当表 A000000"210 – 3"项目未填有入库编号时,填报表 A107012 第 51 行金额。本行与第 27 行不可同时填报。

(3) 第 27 行"(二)科技型中小企业开发新技术、新产品、新工艺发生的研究开发费用加计扣除":当表 A000000"210 – 3"项目填有入库编号时,填报表 A107012 第 51 行金额。本行与第 26 行不可同时填报。

(4) 第 28 行"(三)企业为获得创新性、创意性、突破性的产品进行创意设计活动而发生的相关费用加计扣除":填报纳税人根据财税〔2015〕119 号文件第二条第四项规定,为获得创新性、创意性、突破性的产品进行创意设计活动而发生的相关费用按照规定进行税前加计扣除的金额。

(5) 第 29 行"(四)安置残疾人员所支付的工资加计扣除":填报纳税人根据《财政部 国家税务总局关于安置残疾人员就业有关企业所得税优惠政策问题的通知》(财税〔2009〕70 号)等相关税收政策规定安置残疾人员的,按照支付给残疾职工工资的 100% 加计扣除的金额。

(6) 第 30 行"(五)其他":填报纳税人享受的本表未列明的其他加计扣除的税收优惠事项名称、减免税代码及加计扣除的金额。

表 A107010 第 25 行"三、加计扣除"的金额作为表 A107010 第 31 行免税、减计收入及加计扣除"合计"的一部分,要填入主表第 17 行。

(二) 表 A107012 的填报

(1) 第 1 行"本年可享受研发费用加计扣除项目数量":填报纳税人本年研发项目中可享受研发费用加计扣除优惠政策的项目数量。

(2) 第 2 行"一、自主研发、合作研发、集中研发":填报第 3 + 7 + 16 + 19 + 23 + 34 行金额。

(3) 第 3 行"(一)人员人工费用":填报第 4 + 5 + 6 行金额。

直接从事研发活动的人员、外聘研发人员同时从事非研发活动的,填报按实际工时占比等合理方法分配的用于研发活动的相关费用。

(4) 第 4 行"1. 直接从事研发活动人员工资薪金":填报纳税人直接从事研发活动人员,包括研究人员、技术人员、辅助人员的工资、薪金、奖金、津贴、补贴以及按规定可以在税前扣除的对研发人员股权激励的支出。

(5) 第 5 行"2. 直接从事研发活动人员五险一金":填报纳税人直接从事研发活动人员,包括研究人员、技术人员、辅助人员的基本养老保险费、基本医疗保险费、失业保险费、工伤保险费、生育保险费和住房公积金。

(6) 第 6 行"3. 外聘研发人员的劳务费用":填报与纳税人或劳务派遣企业签订劳务用工协议(合同)的外聘研发人员的劳务费用,以及临时聘用的研究人员、技术人员、辅助人员的劳务费用。

(7) 第 7 行"(二)直接投入费用":填报第 8 + 9 + 10 + 11 + 12 + 13 + 14 + 15 行金额。

(8) 第 8 行"1. 研发活动直接消耗材料费用":填报纳税人研发活动直接消耗的材料

费用。

（9）第9行"2. 研发活动直接消耗燃料费用"：填报纳税人研发活动直接消耗的燃料费用。

（10）第10行"3. 研发活动直接消耗动力费用"：填报纳税人研发活动直接消耗的动力费用。

（11）第11行"4. 用于中间试验和产品试制的模具、工艺装备开发及制造费"：填报纳税人研发活动中用于中间试验和产品试制的模具、工艺装备开发及制造的费用。

（12）第12行"5. 用于不构成固定资产的样品、样机及一般测试手段购置费"：填报纳税人研发活动中用于不构成固定资产的样品、样机及一般测试手段购置费用。

（13）第13行"6. 用于试制产品的检验费"：填报纳税人研发活动中用于试制产品的检验费。

（14）第14行"7. 用于研发活动的仪器、设备的运行维护、调整、检验、维修等费用"：填报纳税人用于研发活动的仪器、设备的运行维护、调整、检验、维修等费用。

（15）第15行"8. 通过经营租赁方式租入的用于研发活动的仪器、设备租赁费"：填报纳税人经营租赁方式租入的用于研发活动的仪器、设备租赁费。以经营租赁方式租入的用于研发活动的仪器、设备，同时用于非研发活动的，填报按实际工时占比等合理方法分配的用于研发活动的相关费用。

（16）第16行"（三）折旧费用"：填报第17+18行金额。用于研发活动的仪器、设备，同时用于非研发活动的，填报按实际工时占比等合理方法分配的用于研发活动的相关费用。纳税人用于研发活动的仪器、设备，符合税收规定且选择加速折旧优惠政策的，在享受研发费用税前加计扣除政策时，按照税前扣除的折旧口径填报。

（17）第17行"1. 用于研发活动的仪器的折旧费"：填报纳税人用于研发活动的仪器的折旧费。

（18）第18行"2. 用于研发活动的设备的折旧费"：填报纳税人用于研发活动的设备的折旧费。

（19）第19行"（四）无形资产摊销"：填报第20+21+22行金额。用于研发活动的无形资产，同时用于非研发活动的，填报按实际工时占比等合理方法在研发费用和生产经营费用间分配的用于研发活动的相关费用。纳税人用于研发活动的无形资产，符合税收规定且选择加速摊销优惠政策的，在享受研发费用税前加计扣除政策时，按照税前扣除的摊销口径填报。

（20）第20行"1. 用于研发活动的软件的摊销费用"：填报纳税人用于研发活动的软件的摊销费用。

（21）第21行"2. 用于研发活动的专利权的摊销费用"：填报纳税人用于研发活动的专利权的摊销费用。

（22）第22行"3. 用于研发活动的非专利技术（包括许可证、专有技术、设计和计算方法等）的摊销费用"：填报纳税人用于研发活动的非专利技术（包括许可证、专有技术、设计和计算方法等）的摊销费用。

（23）第23行"（五）新产品设计费等"：填报第24+25+26+27行金额。新产品设计费、新工艺规程制定费、新药研制的临床试验费、勘探开发技术的现场试验费等。由辅助生产部门提供的,填报按照一定的分配标准分配给研发项目的金额。

(24)第24行"1. 新产品设计费":填报纳税人研发活动中发生的新产品设计费。

(25)第25行"2. 新工艺规程制定费":填报纳税人研发活动中发生的新工艺规程制定费。

(26)第26行"3. 新药研制的临床试验费":填报纳税人研发活动中发生的新药研制的临床试验费。

(27)第27行"4. 勘探开发技术的现场试验费":填报纳税人研发活动中发生的勘探开发技术的现场试验费。

(28)第28行"(六)其他相关费用":填报第29+30+31+32+33行金额。

(29)第29行"1. 技术图书资料费、资料翻译费、专家咨询费、高新科技研发保险费":填报纳税人研发活动中发生的技术图书资料费、资料翻译费、专家咨询费、高新科技研发保险费。

(30)第30行"2. 研发成果的检索、分析、评议、论证、鉴定、评审、评估、验收费用":填报纳税人研发活动中发生的研发成果的检索、分析、评议、论证、鉴定、评审、评估、验收费用。

(31)第31行"3. 知识产权的申请费、注册费、代理费":填报纳税人研发活动中发生的知识产权的申请费、注册费、代理费。

(32)第32行"4. 职工福利费、补充养老保险费、补充医疗保险费":填报纳税人研发活动人员发生的职工福利费、补充养老保险费、补充医疗保险费。

(33)第33行"5. 差旅费、会议费":填报纳税人研发活动发生的差旅费、会议费。

(34)第34行"(七)经限额调整后的其他相关费用":根据研发活动分析汇总填报。

(35)第35行"二、委托研发":填报第36+37+39行金额。

(36)第36行"(一)委托境内机构或个人进行研发活动所发生的费用":填报纳税人研发项目委托境内机构或个人进行研发活动所发生的费用。

(37)第37行"(二)委托境外机构进行研发活动发生的费用":填报纳税人研发项目委托境外机构进行研发活动所发生的费用。

(38)第38行"允许加计扣除的委托境外机构进行研发活动发生的费用":填报纳税人按照税收规定允许加计扣除的委托境外机构进行研发活动发生的研发费用。

(39)第39行"(三)委托境外个人进行研发活动发生的费用":填报纳税人委托境外个人进行研发活动发生的费用。本行不参与加计扣除优惠金额的计算。

(40)第40行"三、年度研发费用小计":填报第2行+第36行×80%+第38行金额。

(41)第41行"(一)本年费用化金额":填报纳税人研发活动本年费用化部分金额。

(42)第42行"(二)本年资本化金额":填报纳税人研发活动本年结转无形资产的金额。

(43)第43行"四、本年形成无形资产摊销额":填报纳税人研发活动本年形成无形资产的摊销额。

(44)第44行"五、以前年度形成无形资产本年摊销额":填报纳税人研发活动以前年度形成无形资产本年摊销额。

(45)第45行"六、允许扣除的研发费用合计":填报第41+43+44行金额。

(46)第46行"特殊收入部分":填报纳税人已归集计入研发费用,但在当期取得的研发过程中形成的下脚料、残次品、中间试制品等特殊收入。

（47）第47行"七、允许扣除的研发费用抵减特殊收入后的金额"：填报第45-46行金额。

（48）第48行"当年销售研发活动直接形成产品（包括组成部分）对应的材料部分"：填报纳税人当年销售研发活动直接形成产品（包括组成部分）对应的材料部分金额。

（49）第49行"以前年度销售研发活动直接形成产品（包括组成部分）对应材料部分结转金额"：填报纳税人以前年度销售研发活动直接形成产品（包括组成部分）对应材料部分结转金额。

（50）第50行"八、加计扣除比例"：根据有关政策规定填报。

（51）第51行"九、本年研发费用加计扣除总额"：填报第（47-48-49）行×第50行的金额，当第47-48-49行<0时，本行填报0。

（52）第52行"十、销售研发活动直接形成产品（包括组成部分）对应材料部分结转以后年度扣减金额"：当第47-48-49行≥0时，填报0；当第47-48-49行<0时，填报第47-48-49行金额的绝对值。

表A000000"210-3"项目未填有入库编号的纳税人，应将表A107012第10行第51列的金额填入表A107010第26行"（一）开发新技术、新产品、新工艺发生的研究开发费用加计扣除"；表A000000"210-3"项目填有入库编号的纳税人，应将表A107012第10行第51列的金额填入表A107010第27行"（二）科技型中小企业开发新技术、新产品、新工艺发生的研究开发费用加计扣除"。

【例12-6】续例5-10。例3-1中的华方有限责任公司2019年立项研发X项目，未形成无形资产。管理费用中列支研发人员工资薪金280万元，职工福利费45万元，职工教育经费8万元，工会经费4.8万元，基本社会保障缴款27.6万元，住房公积金22万元；原材料等直接投入成本70万元，研发设备原值115万元，按10年计提折旧，无预计残值，本年折旧额为11.5万元，新产品设计费37万元，一般测试手段购置费12万元，研发成果论证费3万元。华方有限责任公司2019年研发费用加计扣除表A107012和表A107010的填报见表12-12和表12-13。

表12-12 研发费用加计扣除表A107012填报示例（一）

A107012　　　　　　　　　研发费用加计扣除优惠明细表　　　　　　　　金额单位：元

行次	项目	金额（数量）
1	本年可享受研发费用加计扣除项目数量	1
2	一、自主研发、合作研发、集中研发(3+7+16+19+23+34)	5 081 000.00
3	（一）人员人工费用(4+5+6)	3 296 000.00
4	1.直接从事研发活动人员工资薪金	2 800 000.00
5	2.直接从事研发活动人员五险一金	496 000.00
6	3.外聘研发人员的劳务费用	0.00
7	（二）直接投入费用(8+9+10+11+12+13+14+15)	820 000.00
8	1.研发活动直接消耗材料费用	700 000.00
9	2.研发活动直接消耗燃料费用	0.00
10	3.研发活动直接消耗动力费用	0.00
11	4.用于中间试验和产品试制的模具、工艺装备开发及制造费	0.00
12	5.用于不构成固定资产的样品、样机及一般测试手段购置费	120 000.00

续表

行次	项目	金额(数量)
13	6. 用于试制产品的检验费	0.00
14	7. 用于研发活动的仪器、设备的运行维护、调整、检验、维修等费用	0.00
15	8. 通过经营租赁方式租入的用于研发活动的仪器、设备租赁费	0.00
16	(三)折旧费用(17+18)	115 000.00
17	1. 用于研发活动的仪器的折旧费	0.00
18	2. 用于研发活动的设备的折旧费	115 000.00
19	(四)无形资产摊销(20+21+22)	0.00
20	1. 用于研发活动的软件的摊销费用	0.00
21	2. 用于研发活动的专利权的摊销费用	0.00
22	3. 用于研发活动的非专利技术(包括许可证、专有技术、设计和计算方法等)的摊销费用	0.00
23	(五)新产品设计费等(24+25+26+27)	370 000.00
24	1. 新产品设计费	370 000.00
25	2. 新工艺规程制定费	0.00
26	3. 新药研制的临床试验费	0.00
27	4. 勘探开发技术的现场试验费	0.00
28	(六)其他相关费用(29+30+31+32+33)	480 000.00
29	1. 技术图书资料费、资料翻译费、专家咨询费、高新科技研发保险费	0.00
30	2. 研发成果的检索、分析、评议、论证、鉴定、评审、评估、验收费用	30 000.00
31	3. 知识产权的申请费、注册费、代理费	0.00
32	4. 职工福利费、补充养老保险费、补充医疗保险费	450 000.00
33	5. 差旅费、会议费	0.00
34	(七)经限额调整后的其他相关费用	480 000.00
35	二、委托研发(36+37+39)	0.00
36	(一)委托境内机构或个人进行研发活动所发生的费用	0.00
37	(二)委托境外机构进行研发活动发生的费用	0.00
38	其中:允许加计扣除的委托境外机构进行研发活动发生的费用	0.00
39	(三)委托境外个人进行研发活动发生的费用	0.00
40	三、年度研发费用小计(2+36×80%+38)	5 081 000.00
41	(一)本年费用化金额	5 081 000.00
42	(二)本年资本化金额	0.00
43	四、本年形成无形资产摊销额	0.00
44	五、以前年度形成无形资产本年摊销额	0.00
45	六、允许扣除的研发费用合计(41+43+44)	5 081 000.00
46	减:特殊收入部分	0.00
47	七、允许扣除的研发费用抵减特殊收入后的金额(45-46)	5 081 000.00
48	减:当年销售研发活动直接形成产品(包括组成部分)对应的材料部分	0.00
49	减:以前年度销售研发活动直接形成产品(包括组成部分)对应材料部分结转金额	0.00
50	八、加计扣除比例(%)	75%
51	九、本年研发费用加计扣除总额(47-48-49)×50	3 810 750.00
52	十、销售研发活动直接形成产品(包括组成部分)对应材料部分结转以后年度扣减金额(当47-48-49≥0,本行=0;当47-48-49<0,本行=47-48-49的绝对值)	0.00

表 12-13 研发费用加计扣除表 A107010 填报示例(一)

A107010 免税、减计收入及加计扣除优惠明细表 金额单位:元

行次	项目	金额
1	一、免税收入(2+3+9+…+16)	630 000.00
…	……	
25	三、加计扣除(26+27+28+29+30)	3 810 750.00
26	(一)开发新技术、新产品、新工艺发生的研究开发费用加计扣除(填写 A107012)	3 810 750.00
27	(二)科技型中小企业开发新技术、新产品、新工艺发生的研究开发费用加计扣除(填写 A107012)	0.00
28	(三)企业为获得创新性、创意性、突破性的产品进行创意设计活动而发生的相关费用加计扣除	0.00
29	(四)安置残疾人员所支付的工资加计扣除	
30	(五)其他	0.00
31	合计(1+17+25)	4 440 750.00

【例 12-7】甲公司(主营业务不属于财税〔2015〕119 号文规定的负面清单内行业)为科技型中小企业,2019 年度有三个研发项目:A 项目的研发形式是自主研发,当年 8 月立项,尚处于研究阶段;B 项目的研发形式是委托研发,当年 3 月立项,3—8 月为研究阶段,在研究阶段有部分委托境外研发,9 月进入开发阶段且满足资本化条件,但至年底未完成开发,第二年将继续开发,甲公司与受托方之间没有关联关系;C 项目的研发形式是委托境内研发,上年立项,上年末"研发支出-C 项目-资本化支出"余额为 30 万元,包括工资薪金、材料费用、一般测试手段购置费各 10 万元。本年 10 月完成开发并申请专利自用,企业确定按 10 年摊销,甲公司与受托方之间存在关联关系,受托方向甲公司提供了研发项目费用支出明细情况。三个研发项目的"研发支出"会计科目记录的余额和发生额情况见表 12-14。

表 12-14 甲公司"研发支出"会计金额 金额单位:元

余额和发生额		A 项目-费用化支出		B 项目-资本化支出		C 项目-资本化支出	
		借方	贷方	借方	贷方	借方	贷方
期初余额		0	—	0	—	300 000	—
序号	发生额	—					
1	直接从事研发活动人员的工资薪金	200 000	200 000	—	—	100 000	100 000
2	直接从事研发活动人员的"五险一金"	76 500	76 500	—	—	40 000	40 000
3	外聘研发人员的劳务费用	20 000	20 000	—	—	0	0
4	直接消耗的材料费用	12 800	12 800	—	—	120 000	120 000
5	直接消耗的燃料费用	1 000	1 000	—	—	7 000	7 000
6	直接消耗的动力费用	1 200	1 200	—	—	5 000	5 000
7	用于中间试验和产品试制的模具、工艺装备开发及制造费	0	0	—	—	120 000	120 000
8	用于不构成固定资产的样品、样机及一般测试手段购置费	0	0	—	—	30 000	30 000
9	用于试制产品的检验费	0	0	—	—	20 000	20 000
10	用于研发活动的仪器、设备的运行维护、维修费用	18 500	18 500	—	—	0	0

续表

余额和发生额		A项目－费用化支出		B项目－资本化支出		C项目－资本化支出	
		借方	贷方	借方	贷方	借方	贷方
期初余额		0	—	0	—	300 000	—
序号	发生额	—	—	—	—	—	—
11	经营租赁方式租入的用于研发活动的仪器、设备租赁费	15 000	15 000	—	—	0	0
12	用于研发活动的仪器的折旧费	27 000	27 000	—	—	35 000	35 000
13	用于研发活动的设备的折旧费	60 000	60 000	—	—	48 000	48 000
14	研发部门的房屋的折旧费	125 000	125 000			95 000	95 000
15	用于研发活动的软件的摊销费用	0	0	—	—	18 000	18 000
16	用于研发活动的专利权的摊销费用	0	0	—	—	11 000	11 000
17	用于研发活动的非专利技术的摊销费用	0	0	—	—	0	0
18	新产品设计费	0	0	—	—	23 000	23 000
19	新工艺规程制定费	0	0	—	—	22 000	22 000
20	技术图书资料费	8 000	8 000	—	—	0	0
21	资料翻译费	24 000	24 000	—	—	0	0
22	研发成果的鉴定、评审等费用	0	0	—	—	14 000	14 000
23	知识产权的申请费、注册费、代理费	0	0	—	—	7 200	7 200
24	差旅费、会议费	11 000	11 000	—	—	14 800	14 800
25	研发人员培训费	8 800	8 800	—	—	0	0
26	市场调查研究费	11 200	11 200	—	—	0	0
27	委托研发费用	—	—	380 000	280 000		
28	合计	620 000	620 000	380 000	280 000	730 000	1 030 000
期末余额		0	—	100 000	—	0	—

注：

①此表中的发生额为研发项目费用明细的汇总金额。

②A项目用于研发活动的仪器是使用作为不征税收入处理的财政性资金购置的。A项目用于研发活动的设备于上年购置，原值36万元，会计采用直线法折旧，折旧年限为4年；税法最低折旧年限为10年，符合加速折旧条件，企业缩短折旧年限为6年。折旧时不考虑净残值。

③甲公司销售在A项目研究过程中形成的下脚料取得收入3 000元，已作销售收入处理但未调整相关研发费用。

④B项目的委托研发费用为委托方与受托方不存在关联关系、由受托方归集的委托研发费用总额。其中，在研究阶段，委托境内个人的分析、评议费用10 000元未取得合法有效凭证，委托境外机构进行研究发生费用20万元。

⑤A、B项目"研发支出"贷方发生额为年内结转"管理费用"的金额，C项目"研发支出"贷方发生额为年内结转"无形资产－专利权C"的金额。

甲公司A项目的"研发支出"辅助账见表12-15，B项目的"研发支出"辅助账（费用化部分和资本化部分）分别见表12-16和表12-17，C项目的"研发支出"辅助账见表12-18，"研发支出"辅助账汇总表、表A107012和表A107010的填报分别见表12-19、表12-20和表12-21。

但是，此处不得合并明细。

表12-15 自主研发（A项目，费用化）"研发支出"辅助账填报示例

项目名称：A项目　　项目编号：略　　资本化、费用化支出选项：○资本化 √费用化　　项目实施状态选项：√未完成 ○已完成　　研发成果：　　研发成果证书号：　　金额单位：元（列至角分）

自主研发"研发支出"辅助账

2019年		凭证		摘要	借方金额	贷方金额	借或贷	余额	费用明细（借方）																				
									一、人员人工费用			二、直接投入费用							三、折旧费用		四、无形资产摊销			五、新产品设计费等				六、其他相关费用		
									直接从事研发活动人员		外聘研发人员的劳务费用	研发活动直接消耗																	
									工资薪金	五险一金		材料	燃料	动力费用	用于中间试验和产品试制的模具、工艺装备开发及制造费	用于不构成固定资产的样品、样机及一般测试手段购置费	用于试制产品的检验费	通过经营租赁方式租入的用于研发活动的仪器、设备租赁费	用于研发活动的仪器、设备的运行维护、调整、检验、维修等费用	用于研发活动的仪器、设备的折旧费	用于研发活动的软件的摊销费用	用于研发活动的专利权的摊销费用	用于研发活动的非专利技术（包括许可证、专有技术、设计和计算方法等）的摊销费用	新产品设计费	新工艺规程制定费	新药研制的临床试验费	勘探开发技术的现场试验费	技术图书资料费	资料翻译费	差旅费、会议费	...
月	日	种类	号数						1.1	1.2	1.3	2.1	2.2	2.3	2.4	2.5	2.6	2.7	2.8	3.1	3.2	4.1	4.2	4.3	5.1	5.2	5.3	5.4	6.1	6.2	6.3
				期初余额	0	0		0	0	0	0	0	0	0	0	0	0	0	0	0	0	0	0	0	0	0	0	0	0	0	0
					428 000				200 000	76 500	20 000	12 800	1 000	1 200	0	0	0	18 500	15 000	40 000	0	0	0	0	0	0	0	0	8 000	24 000	11 000
						428 000			200 000	76 500	20 000	12 800	1 000	1 200	0	0	0	18 500	15 000	40 000	0	0	0	0	0	0	0	0	8 000	24 000	11 000
				期末余额	0	0		0	0	0	0	0	0	0	0	0	0	0	0	0	0	0	0	0	0	0	0	0	0	0	0	0

主办会计：　　　　录入人员：　　　　复核人员：

表12-16 委托研发（B项目，费用化部分）"研发支出"辅助账填报示例

委托研发"研发支出"辅助账

项目名称：B项目　项目编号：略　是否委托境外选项：○委托境外 √委托境内　委托方与受托方是否各存在关联关系选项：○存在 √不存在　资本化、费用化支出选项：○资本化 √费用化

项目实施状态选项：○未完成 √已完成　研发成果：　研发成果证书号：

金额单位：元（列至角分）

2019年		凭证		摘要	借方金额	贷方金额	借或贷	余额	费用明细（借方）																					
月	日	种类	号数						一、人员人工费用			二、直接投入费用							三、折旧费用		四、无形资产摊销			五、新产品设计费等				六、其他相关费用			七、委托外部机构或个人进行研发活动所发生的费用
									直接从事研发活动人员工资薪金	直接从事研发活动人员五险一金	外聘研发人员的劳务费用	研发活动直接消耗材料	研发活动直接消耗燃料	研发活动直接消耗动力费用	用于中间试验和产品试制的模具、工艺装备开发及制造费	用于不构成固定资产的样品、样机及一般测试手段购置费	用于试制产品的检验费	用于研发活动的仪器、设备的运行维护、调整、检验、维修等费用	通过经营租赁方式租入的用于研发活动的仪器、设备租赁费	用于研发活动的仪器、设备的折旧费	用于研发活动的软件、专利权、非专利技术（包括许可证、专有技术、设计和计算方法等）的摊销费用	用于研发活动的无形资产的摊销费用	新产品设计费	新工艺规程制定费	新药研制的临床试验费	勘探开发技术的现场试验费	6.1	6.2	6.3	...	7
									1.1	1.2	1.3	2.1	2.2	2.3	2.4	2.5	2.6	2.7	2.8	3.1	3.2	4.1	4.2	4.3	5.1	5.2	5.3	5.4	6.1	6.2	6.3	...	7
		期初余额			0	0		0																									
					370 000			370 000	0	0	0	0	0	0	0	0	0	0	0	0	0	0	0	0	0	0	0	0	0	0	0		370 000
						270 000		100 000	0	0	0	0	0	0	0	0	0	0	0	0	0	0	0	0	0	0	0	0	0	0	0		270 000
		期末余额			0	100 000		0	0	0	0	0	0	0	0	0	0	0	0	0	0	0	0	0	0	0	0	0	0	0	0		100 000

主办会计：　　　　　　　　　　　录入人员：　　　　　　　　　　　复核人员：

表 12-17 委托研发（B 项目，资本化部分）"研发支出"辅助账填报示例

项目名称：B 项目　　项目编号：略

项目支出选项：√资本化　○费用化

资本化、费用化支出选项：√资本化　○费用化

是否委托境外选项：○委托境外　√委托境内

项目实施状态选项：√未完成　○已完成

委托研发"研发支出"辅助账

委托方与受托方是否存在关联关系选项：○存在　√不存在

研发成果：

研发成果证书号：

金额单位：元（列至角分）

2019年		凭证		摘要	借方金额	贷方金额	借或贷	余额	一、人员人工费用			二、直接投入费用								三、折旧费用		四、无形资产摊销			五、新产品设计费等				六、其他相关费用			七、委托外部机构或个人进行研发活动所发生的费用
									直接从事研发活动人员	外聘研发人员的劳务费用	工资薪金 五险一金	研发活动直接消耗 材料	燃料	动力费用	用于中间试验和产品试制的模具、工艺装备开发及制造费	用于不构成固定资产的样品、样机及一般测试手段购置费	用于研制产品的检验费	用于研发活动的仪器、设备的运行维护、调整、检验、维修等费用	通过经营租赁方式租入的用于研发活动的仪器、设备租赁费	用于研发活动的仪器、设备的折旧费	用于研发活动的设备折旧费	用于研发活动的软件、专利权、非专有技术（包括许可证、专有技术、设计和计算方法等）的摊销费用	用于研发活动的无形资产的摊销费用	新工艺规程制定费	新药研制的临床试验费	勘探开发技术的现场试验费				
月	日	种类	号数						1.1	1.2	1.3	2.1	2.2	2.3	2.4	2.5	2.6	2.7	2.8	3.1	3.2	4.1	4.2	4.3	5.1	5.2	5.3	5.4	6.1	6.2	6.3	...	7
				期初余额	0			0	0	0	0	0	0	0	0	0	0	0	0	0	0	0	0	0	0	0	0	0	0	0	0	0	0
			序号0		100 000																												100 000
				期末余额		0		0	0	0	0	0	0	0	0	0	0	0	0	0	0	0	0	0	0	0	0	0	0	0	0	0	0

主办会计：　　　　　　录入人员：　　　　　　复核人员：

表 12-18 委托研发（C 项目，资本化）"研发支出"辅助账填报示例

项目名称：C 项目　　项目编号：略　　委托方与受托方是否存在关联关系选项：√存在　○不存在

资本化、费用化支出选项：√资本化　○费用化　　项目实施状态选项：○未完成　√已完成　　研发成果：专利权 C　　研发成果证书号：略

是否委托境外选项：○委托境外　√委托境内　　　　　　　　　　　　　　　　　　　　　金额单位：元（列至角分）

委托研发"研发支出"辅助账

2019年		凭证		摘要	借方金额	贷方金额	借或贷	余额	费用明细（借方）																
									一、人员人工费用			二、直接投入费用							三、折旧费用		四、无形资产摊销		五、新产品设计费等			六、其他相关费用			七、委托外部机构或个人进行研发活动所生的费用
									直接从事研发活动人员		外聘研发人员的劳务费用	研发活动直接消耗							用于研发活动的仪器、设备的折旧费	用于研发活动的在用建筑物的折旧费	用于研发活动的软件、专利权、非专利技术（包括许可证、专有技术、设计和计算方法等）的摊销费用	用于研发活动的专利权、非专利技术（包括许可证、专有技术、设计和计算方法等）的摊销费用	新工艺规程制定费	新产品研制的临床试验费	勘探开发技术的现场试验费	研发成果的鉴定、评审、验收费用	知识产权的申请费、注册费、代理费	差旅费、会议费	
月	日	种类	号数						工资薪金	五险一金		材料	燃料	动力费用	用于中间试验和产品试制的模具、工艺装备开发及制造费	不构成固定资产的样品、样机及一般测试手段购置费	试制产品的检验费	用于研发活动的仪器、设备的运行维护、调整、检验、验收费用	通过经营租赁方式租入的用于研发活动的仪器、设备租赁费											
									1.1	1.2	1.3	2.1	2.2	2.3	2.4	2.5	2.6	2.7	2.8	3.1	3.2	4.1	4.2	4.3	5.1	5.2	5.3	5.4	6.1	6.2	6.3	7
期初余额					300 000	100 000		0	100 000	40 000	0	120 000	7 000	5 000	120 000	30 000	20 000	0	0	35 000	48 000	18 000	11 000	0	23 000	22 000	0	0	14 000	7 200	14 800	0
期末余额					635 000	0		0																								

主办会计：　　　　　　　　　　　　　　　录入人员：　　　　　　　　　　　　　　　复核人员：

第十二章 税收优惠所得税政策及其明细表填报

表 12-19 "研发支出"辅助账汇总表填报示例

"研发支出"辅助账汇总表

纳税人识别号：略　　纳税人名称（盖章）：甲公司　　2019 年度　　金额单位：元

行次	序号	项目名称	项目编号	研发成果形式	资本化费用	研发支出 实施状态	委托方与受托方是否存在关联关系	委托境外选项	研发成果选项	一、人员人工费用 直接从事研发活动人员			外聘研发人员的劳务费用	二、直接投入费用 研发活动直接消耗								三、折旧费用		四、无形资产摊销			五、新产品设计费等			六、其他相关费用					七、委托外部机构或个人进行研发活动所发生的费用	其中：委托境外进行研发活动所发生的费用（包括委托境外个人的委外研发）	人、允许加计扣除的研发费用中的第5类费用合计（1+2+3+4+5）	其他相关费用限额（序号1至第5类费用合计×10%/(1−10%)）	九、当期费用化支出可加计扣除总额	当期资本化的研发费用率
										工资薪金	五险一金			材料	燃料	动力费	用于中间试验和产品试制的模具、样品、样机及一般测试手段购置费	用于不构成固定资产的样品、样机及一般测试手段购置费	用于试制产品的检验费	用于研发活动的仪器、设备的运行维护、调整、检验、维修等费用	通过经营租赁方式租入的用于研发活动的仪器、设备租赁费	用于研发活动的仪器、设备折旧费	用于研发活动的在用建筑物折旧费	用于研发活动的软件的摊销费用	用于研发活动的专利权的摊销费用	用于研发活动的非专利技术（包括许可证、专有技术、设计和计算方法等）的摊销费用	新工艺规程费	新药研制的临床试验费	勘探开发技术的现场试验费	技术图书资料费	资料翻译费	差旅费、会议费	研发成果的鉴定、评审、验收费用	知识产权的申请费、注册费、代理费					
										1.1	1.2	1.3	2.1	2.2	2.3	2.4	2.5	2.6	2.7	2.8	3.1	3.2	4.1	4.2	4.3	5.1	5.2	5.3	5.4	6.1	6.2	6.3	6.4	6.5	7	7.1	8	8.1	9	9.1
1		期初余额								100 000	0	0																														
2		本期借方发生额								300 000	116 500	20 000		132 800	8 000	6 200	120 000	30 000	18 500	15 000	35 000	88 000	18 000	11 000	0	23 000	22 000	0	0	8 000	24 000	25 800	14 000	7 200	370 000	0	984 000	42 777.78	*	9.1
3		本期贷方发生额								400 000	116 500	20 000		232 800	12 800	6 200	120 000	130 000	18 500	15 000	35 000	88 000	18 000	11 000	0	23 000	22 000	0	0	8 000	24 000	25 800	14 000	7 200	270 000	200 000	1 284 000	*	643 777.78	*
4		其中：结转管理费用								200 000	76 500	20 000		220 000	1 000	5 000	0	20 000	18 500	15 000	35 000	48 000	18 000	11 000	0	23 000	22 000	0	0	8 000	24 000	14 800	11 000	7 200	270 000	200 000	899 000	42 777.78	*	—
5		结转无形资产								0	40 000	0		0	7 000	1 200	120 000	130 000	20 000	0	0	40 000	0	0	0	0	0	0	0	0	0	11 000	0	0	100 000	0	385 000	0	427 777.78	—
6		期末余额								0	0	0		0	0	0	0	0	0	0	0	0	0	0	0	0	0	0	0	0	0	0	0	0	0	0	0	0	216 000	—
明细项（填写方发生额）	1	A 自主费用	略		未资本化	未委托	否	否	是 专利	200 000	76 500	20 000		220 000	12 800	5 000	120 000	130 000	18 500	15 000	35 000	48 000	18 000	11 000	0	23 000	22 000	0	0	8 000	24 000	14 800	14 000	7 200	0	0	899 000	99 888.89		80%
	2	B 委托费用	略		已资本化	委托	否	否																											270 000	100 000				
	3	C 委托资产	略		未资本化	委托	否	否																											100 000	100 000				
	4	...																																						
	5																																							

法定代表人（签章）：　　　　　　　　　　　　　　财务负责人：

表 12-15 A 项目"研发支出"辅助账填报解析：

①研发部门的房屋的折旧费 125 000 元，不得登记到辅助账中。

②使用作为不征税收入处理的财政性资金购置的用于研发活动的仪器，其折旧 27 000 元不得税前扣除，也不得计入可加计扣除研发费用。

③上年购置的用于研发活动的设备，本年会计折旧为 60 000 元（= 360 000÷48×8）；本年税法加速折旧为 40 000 元（= 360 000÷72×8）。会计折旧超过税法加速折旧的金额 20 000 元，既要调增所得，也不得计入本年度可加计扣除研发费用。

④在税务总局公告 2017 年第 40 号中，其他相关费用未列举研发人员培训费（职工培训费应属于职工教育经费）和市场调查研究费，因此，这两项费用不得登记到辅助账中。

表 12-16 和表 12-17 B 项目"研发支出"辅助账填报解析：

①B 项目 2019 年 3 月立项，9 月进入开发阶段且满足资本化条件，依据"研发支出"辅助账登记方法说明中"资本化、费用化选项"的登记方法，同一个研发项目的资本化支出和费用化支出应当分别设置辅助账簿；当选择费用化的项目因条件发生变化符合资本化条件时，可将已经发生、尚未结转的研发支出结转管理费用或者结转至该项目的资本化支出辅助账（项目编号新设），同时，结束（项目实施状态选项选为"已完成"）该辅助账。因此，B 项目进入开发阶段且满足资本化条件后，应另设置资本化支出的辅助账，本例中为 100 000 元。

②就 B 项目费用化支出来说，"研发支出"年内结转"管理费用"的会计金额为 280 000 元，应对应 B 项目的委托研发"研发支出"辅助账（选项为费用化）的第七类费用项目进行登记，并对在研究阶段委托境内个人的分析、评议费用 10 000 元调整可加计扣除研发费用（未取得合法有效凭证）。因此，B 项目登记费用化支出辅助账的可加计扣除研发费用借方和贷方发生额均为 270 000 元。

③就 B 项目资本化支出而言，本年登记资本化支出辅助账的可加计扣除研发费用的借方发生额为 100 000 元。因为至年底未完成开发，所以没有贷方发生额的登记。

表 12-18 C 项目"研发支出"辅助账填报解析：

①受托方的房屋折旧费 95 000 元，不得登记到辅助账中。

②C 项目"研发支出"期初余额 300 000 元，会计上的借方发生额 740 000 元、贷方发生额 1 040 000 元；登记"研发支出"辅助账的可加计扣除研发费用的借方发生额为 635 000 元（= 740 000 − 95 000 − 10 000）、贷方发生额为 935 000 元（= 1 040 000 − 95 000 − 10 000）。

表 12-19 "研发支出"辅助账汇总表填报解析：

①"项目明细"中只将各研发项目的贷方发生额明细逐项目按序号一至七过入汇总表内。

②B 项目在费用化"研发支出"辅助账中登记的借方发生额 370 000 元，年内转入资本化"研发支出"辅助账中登记的借方发生额 100 000 元，在填报"研发支出"辅助账汇总表时，本期借方发生额应填报 370 000 元，而不应填报 470 000 元。

③A 项目其他相关费用合计为 43 000 元，限额为 42 777.78 元，计入可加计扣除研发费用的金额按孰小值确定为 42 777.78 元。

④C 项目其他相关费用合计为 36 000 元，限额为 99 888.89 元，计入可加计扣除研发费用的金额按孰小值确定为 36 000 元。"当期资本化可加计扣除的研发费用率"=（899 000 + 36 000）×80%／935 000×100% = 80%。

表 12-20　研发费用加计扣除表 A107012 填报示例（二）

A107012　　　　　　　　　　　　　研发费用加计扣除优惠明细表　　　　　　　　　　　　金额单位：元

行次	项目	金额（数量）
1	本年可享受研发费用加计扣除项目数量	3
2	一、自主研发、合作研发、集中研发（3 + 7 + 16 + 19 + 23 + 34）	427 777.78
3	（一）人员人工费用（4 + 5 + 6）	296 500.00
4	1. 直接从事研发活动人员工资薪金	200 000.00
5	2. 直接从事研发活动人员五险一金	76 500.00
6	3. 外聘研发人员的劳务费用	20 000.00
7	（二）直接投入费用（8 + 9 + 10 + 11 + 12 + 13 + 14 + 15）	48 500.00
8	1. 研发活动直接消耗材料费用	12 800.00
9	2. 研发活动直接消耗燃料费用	1 000.00
10	3. 研发活动直接消耗动力费用	1 200.00
11	4. 用于中间试验和产品试制的模具、工艺装备开发及制造费	0.00

续表

行次	项目	金额(数量)
12	5. 用于不构成固定资产的样品、样机及一般测试手段购置费	0.00
13	6. 用于试制产品的检验费	0.00
14	7. 用于研发活动的仪器、设备的运行维护、调整、检验、维修等费用	18 500.00
15	8. 通过经营租赁方式租入的用于研发活动的仪器、设备租赁费	15 000.00
16	(三)折旧费用(17+18)	40 000.00
17	1. 用于研发活动的仪器的折旧费	0.00
18	2. 用于研发活动的设备的折旧费	40 000.00
19	(四)无形资产摊销(20+21+22)	0.00
20	1. 用于研发活动的软件的摊销费用	0.00
21	2. 用于研发活动的专利权的摊销费用	0.00
22	3. 用于研发活动的非专利技术(包括许可证、专有技术、设计和计算方法等)的摊销费用	0.00
23	(五)新产品设计费等(24+25+26+27)	0.00
24	1. 新产品设计费	0.00
25	2. 新工艺规程制定费	0.00
26	3. 新药研制的临床试验费	0.00
27	4. 勘探开发技术的现场试验费	0.00
28	(六)其他相关费用(29+30+31+32+33)	43 000.00
29	1. 技术图书资料费、资料翻译费、专家咨询费、高新科技研发保险费	32 000.00
30	2. 研发成果的检索、分析、评议、论证、鉴定、评审、评估、验收费用	0.00
31	3. 知识产权的申请费、注册费、代理费	0.00
32	4. 职工福利费、补充养老保险费、补充医疗保险费	0.00
33	5. 差旅费、会议费	11 000.00
34	(七)经限额调整后的其他相关费用	42 777.78
35	二、委托研发 (36+37+39)	1 305 000.00
36	(一)委托境内机构或个人进行研发活动所发生的费用	1 105 000.00
37	(二)委托境外机构进行研发活动发生的费用	200 000.00
38	其中:允许加计扣除的委托境外机构进行研发活动发生的费用	160 000.00
39	(三)委托境外个人进行研发活动发生的费用	0.00
40	三、年度研发费用小计(2+36×80%+38)	1471777.78
41	(一)本年费用化金额	643 777.78
42	(二)本年资本化金额	828 000.00
43	四、本年形成无形资产摊销额	18 700.00
44	五、以前年度形成无形资产本年摊销额	0.00
45	六、允许扣除的研发费用合计(41+43+44)	662 477.78
46	减:特殊收入部分	3 000.00
47	七、允许扣除的研发费用抵减特殊收入后的金额(45-46)	659 477.78
48	减:当年销售研发活动直接形成产品(包括组成部分)对应的材料部分	0.00
49	减:以前年度销售研发活动直接形成产品(包括组成部分)对应材料部分结转金额	0.00
50	八、加计扣除比例(%)	75%
51	九、本年研发费用加计扣除总额(47-48-49)×50	494 608.34
52	十、销售研发活动直接形成产品(包括组成部分)对应材料部分结转以后年度扣减金额(当47-48-49≥0,本行=0;当47-48-49<0,本行=47-48-49的绝对值)	0.00

表 12-21 研发费用加计扣除表 A107010 填报示例(二)

A107010　　　　　免税、减计收入及加计扣除优惠明细表　　　　　金额单位:元

行次	项目	金额
	……	
25	三、加计扣除(26+27+28+29+30)	494 608.34
26	(一)开发新技术、新产品、新工艺发生的研究开发费用加计扣除(填写A107012)	0.00
27	(二)科技型中小企业开发新技术、新产品、新工艺发生的研究开发费用加计扣除(填写A107012)	494 608.34
28	(三)企业为获得创新性、创意性、突破性的产品进行创意设计活动而发生的相关费用加计扣除	0.00
29	(四)安置残疾人员所支付的工资加计扣除	0.00
30	(五)其他	
31	合计(1+17+25)	

甲公司表 A107012 和表 A107010 填报解析:

①第 36 行"委托境内机构或个人进行研发活动所发生的费用"包括委托研发费用化支出、未形成无形资产的资本化支出和形成无形资产的资本化支出。第 36 行"委托境内机构或个人进行研发活动所发生的费用"= 270 000 + 100 000 + 935 000 = 1 305 000(元)。

②第 42 行"本年资本化金额"为委托研发未形成无形资产的资本化支出和形成无形资产的资本化支出乘以 80% 的金额。未形成无形资产的资本化支出为 100 000 万元,形成无形资产的资本化支出为 935 000 元,因此,第 42 行"本年资本化金额"=(100 000 + 935 000)× 80% = 828 000(元)。

③C 项目 2019 年 10 月完成开发并申请专利自用,企业确定按 10 年摊销,因此,第 43 行"本年形成无形资产摊销额"= 935 000 × 80% ÷ 120 × 3 = 18 700(元)。

④甲公司销售在 A 项目研究过程中形成的下脚料取得收入 3 000 元,已作销售收入处理但未调整相关研发费用,应在第 46 行"减:特殊收入部分"进行调整。

⑤甲公司为科技型中小企业,因此,其研发费用加计扣除额应填报表 A107010 第 27 行"科技型中小企业开发新技术、新产品、新工艺发生的研究开发费用加计扣除"。

【例 12-8】 某街道办企业 2019 年安置残疾人员 10 人,全年列支残疾职工工资薪金 36 万元,职工福利费 3 万元,工会经费 0.4 万元,基本社会保障缴款 10 万元,住房公积金 8 万元。该企业 2019 年支付残疾人员工资加计扣除的填报见表 12-22。目前,可加计扣除的支付残疾人员工资不包括职工福利费、工会经费、职工教育经费、基本社会保障缴款和住房公积金。

表 12-22 支付残疾人员工资加计扣除填报示例

A107010　　　　　免税、减计收入及加计扣除优惠明细表　　　　　金额单位:元

行次	项目	金额
	……	
25	三、加计扣除(26+27+28+29+30)	360 000.00
26	(一)开发新技术、新产品、新工艺发生的研究开发费用加计扣除(填写A107012)	0.00
27	(二)科技型中小企业开发新技术、新产品、新工艺发生的研究开发费用加计扣除(填写A107012)	0.00
28	(三)企业为获得创新性、创意性、突破性的产品进行创意设计活动而发生的相关费用加计扣除	0.00
29	(四)安置残疾人员所支付的工资加计扣除	360 000.00
30	(五)其他	
31	合计(1+17+25)	

第五节 所得减免优惠政策及其填报

一、所得减免优惠政策

所得减免是指对纳税人的某些生产经营项目的所得给予免征、减征企业所得税的优惠。对居民企业来说,所得减免优惠也有税法规定的一般所得减免优惠和有关政策规定的专项所得减免优惠。一般所得减免优惠指《企业所得税法》第二十七条规定的项目所得减免优惠,包括:从事农、林、牧、渔业项目,国家重点扶持的公共基础设施项目,符合条件的环境保护、节能节水项目,符合条件的技术转让项目的所得减免。目前,专项所得减免优惠有:实施清洁发展机制项目、符合条件的节能服务公司实施合同能源管理项目、线宽小于130纳米的集成电路生产项目、线宽小于65纳米或投资额超过150亿元的集成电路生产项目的所得减免。

(一)农、林、牧、渔业项目所得减免优惠

1. 项目所得免税

《企业所得税法实施条例》第八十六条规定,企业从事下列农、林、牧、渔业项目(国家限制和禁止发展的项目除外)的所得,免征企业所得税:

(1)蔬菜、谷物、薯类、油料、豆类、棉花、麻类、糖料、水果、坚果的种植;

(2)农作物新品种的选育。《国家税务总局关于实施农林牧渔业项目企业所得税优惠问题的公告》(国家税务总局公告2011年第48号,以下简称税务总局公告2011年第48号)明确,自2011年1月1日起,企业从事农作物新品种选育的免税所得,是指企业对农作物进行品种和育种材料选育形成的成果,以及由这些成果形成的种子(苗)等繁殖材料的生产、初加工、销售一体化取得的所得;

(3)中药材的种植;

(4)林木的培育和种植。税务总局公告2011年第48号明确,自2011年1月1日起,企业从事林木的培育和种植的免税所得,是指企业对树木、竹子的育种和育苗、抚育和管理以及规模造林活动取得的所得,包括企业通过拍卖或收购方式取得林木所有权并经过一定的生长周期,对林木进行再培育取得的所得;

(5)牲畜、家禽的饲养。税务总局公告2011年第48号明确,自2011年1月1日起,猪、兔的饲养,饲养牲畜、家禽产生的分泌物、排泄物,按"牲畜、家禽的饲养"项目处理;

(6)林产品的采集;

(7)灌溉、农产品初加工、兽医、农技推广、农机作业和维修等农、林、牧、渔服务业项目。享受企业所得税优惠政策的农产品初加工范围见《财政部 国家税务总局关于发布享受企业所得税优惠政策的农产品初加工范围(试行)的通知》(财税〔2008〕149号)、《财政部 国家税务总局关于享受企业所得税优惠的农产品初加工有关范围的补充通知》(财税〔2011〕26号,以下简称财税〔2011〕26号文件)和税务总局公告2011年第48号的相关规定;

(8)远洋捕捞。税务总局公告2011年第48号明确,自2011年1月1日起,对取得农业部颁发的"远洋渔业企业资格证书"并在有效期内的远洋渔业企业,从事远洋捕捞业务

取得的所得免征企业所得税。

2. 项目所得减半征税

企业从事下列项目（不包括国家限制和禁止发展的项目）的所得，减半征收企业所得税：

（1）花卉、茶以及其他饮料作物和香料作物的种植。税务总局公告2011年第48号规定，自2011年1月1日起，观赏性作物的种植，按"花卉、茶及其他饮料作物和香料作物的种植"项目处理；

（2）海水养殖、内陆养殖。税务总局公告2011年第48号明确，自2011年1月1日起，"牲畜、家禽的饲养"以外的生物养殖项目，按"海水养殖、内陆养殖"项目处理。

3. 几种经营方式的税务处理

1)"公司+农户"经营模式 《国家税务总局关于"公司+农户"经营模式企业所得税优惠问题的公告》（国家税务总局公告2010年第2号，以下简称税务总局公告2010年第2号）规定，一些企业采取"公司+农户"经营模式从事牲畜、家禽的饲养，即公司与农户签订委托养殖合同，向农户提供畜禽苗、饲料、兽药及疫苗等（所有权〈产权〉仍属于公司），农户将畜禽养大成为成品后交付公司回收。鉴于采取"公司+农户"经营模式的企业，虽不直接从事畜禽的养殖，但系委托农户饲养，并承担诸如市场、管理、采购、销售等经营职责及绝大部分经营管理风险，公司和农户是劳务外包关系。为此，自2010年1月1日起，对此类以"公司+农户"经营模式从事农、林、牧、渔业项目生产的企业，可以按照《企业所得税法实施条例》第八十六条的有关规定，享受减免企业所得税优惠政策。

2)农场内部承包经营 《国家税务总局关于黑龙江垦区国有农场土地承包费缴纳企业所得税问题的批复》（国税函〔2009〕779号，以下简称国税函〔2009〕779号文件）明确，黑龙江垦区国有农场实行以家庭承包经营为基础、统分结合的双层经营体制。国有农场作为法人单位，将所拥有的土地发包给农场职工经营，农场职工以家庭为单位成为家庭承包户，属于农场内部非法人组织。农场对家庭承包户实施农业生产经营和企业行政的统一管理，统一为农场职工上交养老、医疗、失业、工伤、生育五项社会保险和农业保险费；家庭承包户按内部合同规定承包，就其农、林、牧、渔业生产取得的收入，以土地承包费名义向农场上缴。

上述承包形式属于农场内部承包经营的形式，黑龙江垦区国有农场从家庭农场承包户以"土地承包费"形式取得的从事农、林、牧、渔业生产的收入，属于农场"从事农、林、牧、渔业项目"的所得，可以适用《企业所得税法》第二十七条及《企业所得税法实施条例》第八十六条规定的企业所得税优惠政策。

3)受托对农产品进行初加工 税务总局公告2011年第48号明确，企业根据委托合同，受托对符合财税〔2008〕149号文件和财税〔2011〕26号文件规定的农产品进行初加工服务，自2011年1月1日起，其所收取的加工费，可以按照农产品初加工的免税项目处理。

4)委托和受托从事农、林、牧、渔业项目 税务总局公告2011年第48号明确，自2011年1月1日起，企业委托其他企业或个人从事《企业所得税法实施条例》第八十六条规定农、林、牧、渔业项目取得的所得，可享受相应的税收优惠政策。企业受托从事《企业所得税法实施条例》第八十六条规定农、林、牧、渔业项目取得的收入，比照委托方享受相应的税收优惠政策。

5）购入农产品进行再种植、养殖　税务总局公告 2011 年第 48 号规定,自 2011 年 1 月 1 日起,企业将购入的农、林、牧、渔产品,在自有或租用的场地进行育肥、育秧等再种植、养殖,经过一定的生长周期,使其生物形态发生变化,且并非由于本环节对农产品进行加工而明显增加了产品的使用价值的,可视为农产品的种植、养殖项目享受相应的税收优惠。

主管税务机关对企业进行农产品的再种植、养殖是否符合上述条件难以确定的,可要求企业提供县级以上农、林、牧、渔业政府主管部门的确认意见。

6）购买农产品后直接销售　税务总局公告 2011 年第 48 号规定,自 2011 年 1 月 1 日起,企业购买农产品后直接进行销售的贸易活动产生的所得,不能享受农、林、牧、渔业项目的税收优惠政策。

4. 优惠管理

1）从事减半优惠的种植、养殖项目并进行初加工的税务处理　税务总局公告 2011 年第 48 号规定,企业从事实施条例第八十六条第(二)项适用企业所得税减半优惠的种植、养殖项目,并直接进行初加工且符合农产品初加工目录范围的,企业应合理划分不同项目的各项成本、费用支出,分别核算种植、养殖项目和初加工项目的所得,并各按适用的政策享受税收优惠。

2）同时从事适用不同企业所得税政策规定项目的税务处理　税务总局公告 2011 年第 48 号要求,企业同时从事适用不同企业所得税政策规定项目的,应分别核算,单独计算优惠项目的计税依据及优惠数额;分别核算不清的,可由主管税务机关按照比例分摊法或其他合理方法进行核定。

3）享受税收优惠的农、林、牧、渔业项目参照《国民经济行业分类》(现为 GB/T 4754—2017,笔者注)的规定标准执行　税务总局公告 2011 年第 48 号明确,企业从事实施条例第八十六条规定的享受税收优惠的农、林、牧、渔业项目,除另有规定外,参照《国民经济行业分类》的规定标准执行。企业从事农、林、牧、渔业项目,凡属于《产业结构调整指导目录(2011 年本)(修正)》[自 2020 年 1 月 1 日起为《产业结构调整指导目录(2019 年本)》,笔者注,下同]中限制和淘汰类的项目,不得享受实施条例第八十六条规定的优惠政策。

5. 主要留存备查资料

依据税务总局公告 2018 年第 23 号所附《企业所得税优惠事项管理目录(2017 年版)》,纳税人从事农、林、牧、渔业项目享受所得减免优惠政策应留存备查的主要资料有:

(1)企业从事相关业务取得的资格证书或证明资料,包括有效期内的远洋渔业企业资格证书、从事农作物新品种选育的认定证书、动物防疫条件合格证、林木种子生产经营许可证、兽医的资格证明等;

(2)与农户签订的委托养殖合同("公司+农户"经营模式的企业);

(3)与家庭承包户签订的内部承包合同(国有农场实行内部家庭承包经营);

(4)农产品初加工项目及工艺流程说明(两个或两个以上的分项目说明);

(5)同时从事适用不同企业所得税待遇项目的,每年度单独计算减免税项目所得的计算过程及其相关账册,期间费用合理分摊的依据和标准;

(6)生产场地证明资料,包括土地使用权证、租用合同等;

(7)企业委托或受托其他企业或个人从事符合规定的农林牧渔业项目的委托合同、受托合同、支出明细等证明材料。

(二)国家重点扶持的公共基础设施项目所得减免优惠

《企业所得税法实施条例》第八十七条第二款规定,企业从事国家重点扶持的公共基础设施项目的投资经营的所得,自项目取得第一笔生产经营收入所属纳税年度起,第一年至第三年免征企业所得税,第四年至第六年减半征收企业所得税。第一笔生产经营收入,是指公共基础设施项目建成并投入运营(包括试运营)后所取得的第一笔主营业务收入。

1. 优惠范围

依据《企业所得税法实施条例》第八十七条第一款的规定,享受税收优惠的国家重点扶持的公共基础设施项目,是指《公共基础设施项目企业所得税优惠目录》规定的港口码头、机场、铁路、公路、城市公共交通、电力、水利等项目。《财政部 国家税务总局 国家发展改革委关于公布公共基础设施项目企业所得税优惠目录(2008年版)的通知》(财税〔2008〕116号,以下简称财税〔2008〕116号文件)公布了《公共基础设施项目企业所得税优惠目录》,明确了享受企业所得税优惠的公共基础设施项目的范围、条件及技术标准。

依据《财政部 税务总局关于继续实行农村饮水安全工程建设运营税收优惠政策的通知》(财税〔2016〕19号,以下简称财税〔2016〕19号文件)的规定,自2016年1月1日至2018年12月31日,依据《财政部 国家税务总局关于继续实行农村饮水安全工程税收优惠政策的公告》(财政部 国家税务总局公告2019年第67号,以下简称财税公告2019年第67号)的规定,自2019年1月1日至2020年12月31日,对农村饮水安全工程运营管理单位从事《公共基础设施项目企业所得税优惠目录》规定的饮水工程新建项目投资经营的所得,自项目取得第一笔生产经营收入所属纳税年度起,第一年至第三年免征企业所得税,第四年至第六年减半征收企业所得税。农村饮水安全工程,是指为农村居民提供生活用水而建设的供水工程设施。饮水工程运营管理单位,是指负责饮水工程运营管理的自来水公司、供水公司、供水(总)站(厂、中心)、村集体、农民用水合作组织等单位。

2. 优惠管理

依据《企业所得税法实施条例》第八十七条第三款、第八十九条、《财政部 国家税务总局关于执行公共基础设施项目企业所得税优惠目录有关问题的通知》(财税〔2008〕46号,以下简称财税〔2008〕46号文件)和《国家税务总局关于实施国家重点扶持的公共基础设施项目企业所得税优惠问题的通知》(国税发〔2009〕80号,以下简称国税发〔2009〕80号文件)的规定,对公共基础设施项目的企业所得税优惠,其管理要点有:

(1)只有对居民企业(以下简称企业)经有关部门批准,从事符合《公共基础设施项目企业所得税优惠目录》规定范围、条件和标准的公共基础设施项目的投资经营所得,方可享受上述企业所得税优惠;企业承包经营、承包建设和内部自建自用《公共基础设施项目企业所得税优惠目录》规定项目的所得,不得享受上述企业所得税优惠。

承包经营,是指与从事该项目经营的法人主体相独立的另一法人经营主体,通过承包该项目的经营管理而取得劳务性收益的经营活动。承包建设,是指与从事该项目经营的法人主体相独立的另一法人经营主体,通过承包该项目的工程建设而取得建筑劳务收益的经营活动。内部自建自用,是指项目的建设仅作为本企业主体经营业务的设施,满足本企业自身的生产经营活动需要,而不属于向他人提供公共服务业务的公共基础设施建设项目。

(2)必须是2008年1月1日后经批准的公共基础设施项目,其投资经营的所得,方可享受上述企业所得税优惠。但《财政部 国家税务总局关于公共基础设施项目和环境保护节能节水项目企业所得税优惠政策问题的通知》(财税[2012]10号,以下简称财税[2012]10号文件)明确,企业从事符合《公共基础设施项目企业所得税优惠目录》规定、于2007年12月31日前已经批准的公共基础设施项目投资经营的所得,可在该项目取得第一笔生产经营收入所属纳税年度起,按新税法规定计算的企业所得税"三免三减半"优惠期间内,自2008年1月1日起享受其剩余年限的减免企业所得税优惠。如企业既符合享受上述税收优惠政策的条件,又符合享受国发[2007]39号文件第一条规定的企业所得税过渡优惠政策的条件,由企业选择最优惠的政策执行,不得叠加享受。

(3)企业同时从事不在《公共基础设施项目企业所得税优惠目录》范围的生产经营项目取得的所得,应与享受优惠的公共基础设施项目经营所得分开核算,并合理分摊企业的期间共同费用;没有单独核算的,不得享受上述企业所得税优惠。期间共同费用的合理分摊比例可以按照投资额、销售收入、资产额、人员工资等参数确定。上述比例一经确定,不得随意变更。凡特殊情况需要改变的,需报主管税务机关核准。

(4)《国家税务总局关于电网企业电网新建项目享受所得税优惠政策问题的公告》(国家税务总局公告2013年第26号,以下简称税务总局公告2013年第26号)明确,基于企业电网新建项目的核算特点,自2013年1月1日起,暂以资产比例法,即以企业新增输变电固定资产原值占企业总输变电固定资产原值的比例,合理计算电网新建项目的应纳税所得额,并据此享受"三免三减半"的企业所得税优惠政策。电网企业新建项目享受优惠的具体计算方法如下:

①对于企业能独立核算收入的330KV及以上跨省及长度超过200KM的交流输变电新建项目和500KV及以上直流输变电新建项目,应在项目投运后,按该项目营业收入、营业成本等单独计算其应纳税所得额;该项目应分摊的期间费用,可按照企业期间费用与分摊比例计算确定,计算公式为:

应分摊的期间费用=企业期间费用×分摊比例

第一年分摊比例=该项目输变电资产原值/[(当年企业期初总输变电资产原值+当年企业期末总输变电资产原值)/2]×(当年取得第一笔生产经营收入至当年底的月份数/12)

第二年及以后年度分摊比例=该项目输变电资产原值/[(当年企业期初总输变电资产原值+当年企业期末总输变电资产原值)/2]

②对于企业符合优惠条件但不能独立核算收入的其他新建输变电项目,可先依照《企业所得税法》及相关规定计算出企业的应纳税所得额,再按照项目投运后的新增输变电固定资产原值占企业总输变电固定资产原值的比例,计算得出该新建项目减免的应纳税所得额。享受减免的应纳税所得额计算公式为:

当年减免的应纳税所得额=当年企业应纳税所得额×减免比例

减免比例=[当年新增输变电资产原值/(当年企业期初总输变电资产原值+当年企业期末总输变电资产原值)/2]×1/2+(符合税法规定、享受到第二年和第三年输变电资产原值之和)/[(当年企业期初总输变电资产原值+当年企业期末总输变电资产原值)/2]+[(符合税法规定、享受到第四年至第六年输变电资产原值之和)/(当年企业期初总输变电资产原值+当年企业期末总输变电资产原值)/2]×1/2

依照本公告规定享受有关企业所得税优惠的电网企业,应对其符合税法规定的电网新增输变电资产按年建立台账,并将相关资产的竣工决算报告和相关项目政府核准文件的复印件于次年3月31日前报当地主管税务机关备案。

居民企业符合条件的2013年1月1日前的电网新建项目,已经享受企业所得税优惠的不再调整;未享受企业所得税优惠的可依照本公告的规定享受剩余年限的企业所得税优惠政策。

(5)《财政部 国家税务总局关于公共基础设施项目享受企业所得税优惠政策问题的补充通知》(财税〔2014〕55号,以下简称财税〔2014〕55号文件)明确,企业投资经营符合《公共基础设施项目企业所得税优惠目录》规定条件和标准的公共基础设施项目,采用一次核准、分批次(如码头、泊位、航站楼、跑道、路段、发电机组等)建设的,凡同时符合以下条件的,可按每一批次为单位计算所得,并享受企业所得税"三免三减半"优惠:

——不同批次在空间上相互独立;

——每一批次自身具备取得收入的功能;

——以每一批次为单位进行会计核算,单独计算所得,并合理分摊期间费用。

(6)企业因生产经营发生变化或因《目录》调整,不再符合减免税条件的,企业应当自发生变化15日内向主管税务机关提交书面报告并停止享受优惠,依法缴纳企业所得税。

(7)企业在减免税期限内转让所享受减免税优惠的项目,受让方承续经营该项目的,可自受让之日起,在剩余优惠期限内享受规定的减免税优惠;减免税期限届满后转让的,受让方不得就该项目重复享受减免税优惠。

3. 主要留存备查资料

依据税务总局公告2018年第23号所附《企业所得税优惠事项管理目录(2017年版)》,纳税人从事国家重点扶持的公共基础设施项目享受所得减免优惠政策应留存备查的主要资料有:

(1)有关部门批准该项目文件;

(2)公共基础设施项目建成并投入运行后取得的第一笔生产经营收入凭证(原始凭证及账务处理凭证);

(3)公共基础设施项目完工验收报告;

(4)项目权属变动情况及转让方已享受优惠情况的说明及证明资料(优惠期间项目权属发生变动的);

(5)公共基础设施项目所得分项目核算资料,以及合理分摊期间共同费用的核算资料;

(6)符合《公共基础设施项目企业所得税优惠目录》规定范围、条件和标准的情况说明及证据资料。

(三)符合条件的环境保护、节能节水项目所得减免优惠

《企业所得税法实施条例》第八十八条第二款规定,企业从事符合条件的环境保护、节能节水项目的所得,自项目取得第一笔生产经营收入所属纳税年度起,第一年至第三年免征企业所得税,第四年至第六年减半征收企业所得税。

1. 优惠范围

《企业所得税法实施条例》第八十八条第一款规定,符合条件的环境保护、节能节水项

目,包括公共污水处理、公共垃圾处理、沼气综合开发利用、节能减排技术改造、海水淡化等。《财政部 国家税务总局 国家发展改革委关于公布环境保护节能节水项目企业所得税优惠目录(试行)的通知》(财税〔2009〕166号,以下简称财税〔2009〕166号文件)公布了《环境保护、节能节水项目企业所得税优惠目录(试行)》,明确了环境保护、节能节水项目的具体条件和范围。《财政部 国家税务总局 国家发展改革委关于垃圾填埋沼气发电列入〈环境保护、节能节水项目企业所得税优惠目录(试行)〉的通知》(财税〔2016〕131号)明确,自2016年1月1日起,将垃圾填埋沼气发电项目列入财税〔2009〕166号文件规定的"沼气综合开发利用"范围。

2. 优惠管理

(1)依据《企业所得税法实施条例》第八十九条的规定,企业在减免税期限内转让所享受减免税优惠的项目,受让方承续经营该项目的,可自受让之日起,在剩余优惠期限内享受规定的减免税优惠;减免税期限届满后转让的,受让方不得就该项目重复享受减免税优惠。

(2)财税〔2012〕10号文件明确,企业从事符合《环境保护、节能节水项目企业所得税优惠目录(试行)》规定、于2007年12月31日前已经批准的环境保护、节能节水项目的所得,可在该项目取得第一笔生产经营收入所属纳税年度起,按新税法规定计算的企业所得税"三免三减半"优惠期间内,自2008年1月1日起享受其剩余年限的减免企业所得税优惠。如企业既符合享受上述税收优惠政策的条件,又符合享受国发〔2007〕39号文件第一条规定的企业所得税过渡优惠政策的条件,由企业选择最优惠的政策执行,不得叠加享受。

3. 主要留存备查资料

依据税务总局公告2018年第23号所附《企业所得税优惠事项管理目录(2017年版)》,纳税人从事符合条件的环境保护、节能节水项目享受所得减免优惠政策应留存备查的主要资料有:

(1)符合《环境保护、节能节水项目企业所得税优惠目录(试行)》规定范围、条件和标准的情况说明及证据资料;

(2)环境保护、节能节水项目取得的第一笔生产经营收入凭证(原始凭证及账务处理凭证);

(3)环境保护、节能节水项目所得分项目核算资料,以及合理分摊期间共同费用的核算资料;

(4)项目权属变动情况及转让方已享受优惠情况的说明及证明资料(优惠期间项目权属发生变动的)。

(四)符合条件的技术转让项目所得减免优惠

《企业所得税法实施条例》第九十条规定,符合条件的技术转让所得免征、减征企业所得税,是指一个纳税年度内,居民企业技术转让所得不超过500万元的部分,免征企业所得税;超过500万元的部分,减半征收企业所得税。

1. 优惠范围

依据《财政部 国家税务总局关于居民企业技术转让有关企业所得税政策问题的通知》(财税〔2010〕111号,以下简称财税〔2010〕111号文件)和《财政部 国家税务总局关于将国家自主创新示范区有关税收试点政策推广到全国范围实施的通知》(财税〔2015〕116号)的规定,技术转让,是指居民企业转让其拥有符合规定范围技术的所有权或5年以上(含5年)全球独占许可使用权、5年以上非独占许可使用权的行为。技术,包括专利(含国防专利)、计算机软件著作权、集成电路布图设计专有权、植物新品种权、生物医药新品种,以及财政部和国家税务总局确定的其他技术。其中,专利是指法律授予独占权的发明、实用新型以及非简单改变产品图案和形状的外观设计。

居民企业技术出口应由有关部门按照商务部、科技部发布的《中国禁止出口限制出口技术目录》(商务部、科技部令2008年第12号)进行审查。居民企业取得禁止出口和限制出口技术转让所得,不享受技术转让减免企业所得税优惠政策。居民企业从直接或间接持有股权之和达到100%的关联方取得的技术转让所得,不享受技术转让减免企业所得税优惠政策。

2. 优惠条件

《国家税务总局关于技术转让所得减免企业所得税有关问题的通知》(国税函〔2009〕212号,以下简称国税函〔2009〕212号文件)规定,享受减免企业所得税优惠的技术转让应符合以下条件:

(1) 享受优惠的技术转让主体是《企业所得税法》规定的居民企业;

(2) 技术转让属于财政部、国家税务总局规定的范围;

(3) 境内技术转让经省级以上科技部门认定;

(4) 向境外转让技术经省级以上商务部门认定;

(5) 国务院税务主管部门规定的其他条件。

3. 优惠管理

1) 技术转让应签订技术转让合同　财税〔2010〕111号文件要求,技术转让应签订技术转让合同。其中,境内的技术转让须经省级以上(含省级)科技部门认定登记,跨境的技术转让须经省级以上(含省级)商务部门认定登记,涉及财政经费支持产生技术的转让,需省级以上(含省级)科技部门审批。

2) 技术所有权的权属确定　依据《国家税务总局关于许可使用权技术转让所得企业所得税有关问题的公告》(国家税务总局公告2015年第82号,以下简称税务总局公告2015年第82号)的规定,企业转让符合条件的5年以上非独占许可使用权的技术,限于其拥有所有权的技术。技术所有权的权属由国务院行政主管部门确定。其中,专利由国家知识产权局确定权属;国防专利由总装备部确定权属;计算机软件著作权由国家版权局确定权属;集成电路布图设计专有权由国家知识产权局确定权属;植物新品种权由农业部(现为农业农村部)确定权属;生物医药新品种由国家食品药品监督管理总局(现为国家市场监督管理总局)确定权属。

4. 技术转让所得的计算

1) 技术所有权转让所得的计算　国税函〔2009〕212号文件明确,符合条件的技术转让所得应按以下方法计算:

技术转让所得 = 技术转让收入 - 技术转让成本 - 相关税费

技术转让收入是指当事人履行技术转让合同后获得的价款,不包括销售或转让设备、仪器、零部件、原材料等非技术性收入。不属于与技术转让项目密不可分的技术咨询、技术服务、技术培训等收入,不得计入技术转让收入。《国家税务总局关于技术转让所得减免企业所得税有关问题的公告》(国家税务总局公告 2013 年第 62 号,以下简称税务总局公告 2013 年第 62 号)明确,自 2013 年 11 月 1 日起,可以计入技术转让收入的技术咨询、技术服务、技术培训收入,是指转让方为使受让方掌握所转让的技术投入使用、实现产业化而提供的必要的技术咨询、技术服务、技术培训所产生的收入,并应同时符合以下条件:

(1)在技术转让合同中约定的与该技术转让相关的技术咨询、技术服务、技术培训;

(2)技术咨询、技术服务、技术培训收入与该技术转让项目收入一并收取价款。

技术转让成本是指转让的无形资产的净值,即该无形资产的计税基础减除在资产使用期间按照规定计算的摊销扣除额后的余额。相关税费是指技术转让过程中实际发生的有关税费,包括除企业所得税和允许抵扣的增值税以外的各项税金及其附加、合同签订费用、律师费等相关费用及其他支出。

享受技术转让所得减免企业所得税优惠的企业,应单独计算技术转让所得,并合理分摊企业的期间费用;没有单独计算的,不得享受技术转让所得企业所得税优惠。

2)技术使用权转让所得的计算 税务总局公告 2015 年第 82 号明确,符合条件的 5 年以上非独占许可使用权技术转让所得应按以下方法计算:

技术转让所得=技术转让收入-无形资产摊销费用-相关税费-应分摊期间费用

技术转让收入是指转让方履行技术转让合同后获得的价款,不包括销售或转让设备、仪器、零部件、原材料等非技术性收入。不属于与技术转让项目密不可分的技术咨询、服务、培训等收入,不得计入技术转让收入。技术许可使用权转让收入,应按转让协议约定的许可使用权人应付许可使用权使用费的日期确认收入的实现。

无形资产摊销费用是指该无形资产按税法规定当年计算摊销的费用。涉及自用和对外许可使用的,应按照受益原则合理划分。

相关税费是指技术转让过程中实际发生的有关税费,包括除企业所得税和允许抵扣的增值税以外的各项税金及其附加、合同签订费用、律师费等相关费用。

应分摊期间费用(不含无形资产摊销费用和相关税费)是指技术转让按照当年销售收入占比分摊的期间费用。

从国税函〔2009〕212 号文件明确的技术转让所得计算方法及技术转让成本的解释看,该计算公式不好适用于技术使用权转让所得的计算。因此,我们建议,符合条件的 5 年以上独占许可使用权技术转让所得的计算,参照税务总局公告 2015 年第 82 号明确的符合条件的 5 年以上非独占许可使用权技术转让所得的计算方法计算。

5. 主要留存备查资料

依据税务总局公告 2018 年第 23 号所附《企业所得税优惠事项管理目录(2017 年版)》,纳税人取得符合条件的技术转让项目所得享受所得减免优惠政策应留存备查的主要资料有:

(1)所转让的技术产权证明;

(2)企业发生境内技术转让:

——技术转让合同(副本);

——技术合同登记证明;

——技术转让所得归集、分摊、计算的相关资料;

——实际缴纳相关税费的证明资料；

（3）企业向境外转让技术：

——技术出口合同（副本）；

——技术出口合同登记证书或技术出口许可证；

——技术出口合同数据表；

——技术转让所得归集、分摊、计算的相关资料；

——实际缴纳相关税费的证明资料；

——有关部门按照商务部、科技部发布的《中国禁止出口限制出口技术目录》出具的审查意见；

（4）转让技术所有权的，其成本费用情况；转让使用权的，其无形资产费用摊销情况；

（5）技术转让年度，转让双方股权关联情况。

（五）清洁发展机制项目所得减免优惠

1. 优惠范围

依据财税〔2009〕30 号文件的规定，自 2007 年 1 月 1 日起，对 CDM 项目实施企业实施的将温室气体减排量转让收入的 65% 上缴给国家的 HFC 和 PFC 类 CDM 项目，以及将温室气体减排量转让收入的 30% 上缴给国家的 N_2O 类 CDM 项目，其实施该类 CDM 项目的所得，自项目取得第一笔减排量转让收入所属纳税年度起，第一年至第三年免征企业所得税，第四年至第六年减半征收企业所得税。

企业实施 CDM 项目的所得，是指企业实施 CDM 项目取得的温室气体减排量转让收入扣除上缴国家的部分，再扣除企业实施 CDM 项目发生的相关成本、费用后的净所得。企业应单独核算其享受优惠的 CDM 项目的所得，并合理分摊有关期间费用，没有单独核算的，不得享受上述企业所得税优惠政策。

2. 主要留存备查资料

依据税务总局公告 2018 年第 23 号所附《企业所得税优惠事项管理目录（2017 年版）》，纳税人从事清洁发展机制项目享受所得减免优惠政策应留存备查的主要资料有：

（1）项目立项有关文件；

（2）企业将温室气体减排量转让的 HFC 和 PFC 类 CDM 项目，及将温室气体减排量转让的 N_2O 类 CDM 项目的证明材料；

（3）将温室气体减排量转让收入上缴给国家的证明资料；

（4）清洁发展机制项目第一笔减排量转让收入凭证（原始凭证及账务处理凭证）；

（5）清洁发展机制项目所得单独核算资料，以及合理分摊期间共同费用的核算资料。

（六）符合条件的节能服务公司实施合同能源管理项目所得减免优惠

《财政部 国家税务总局关于促进节能服务产业发展增值税 营业税和企业所得税政策问题的通知》（财税〔2010〕110 号，以下简称财税〔2010〕110 号文件）规定，自 2011 年 1 月 1 日起，对符合条件的节能服务公司实施合同能源管理项目，符合《企业所得税法》有关规定的，自项目取得第一笔生产经营收入所属纳税年度起，第一年至第三年免征企业所得税，第四年至第六年按照 25% 的法定税率减半征收企业所得税。

1. 优惠范围

对符合条件的节能服务公司，以及与其签订节能效益分享型合同的用能企业，实施合同能源管理项目有关资产的企业所得税税务处理按以下规定执行：

（1）用能企业按照能源管理合同实际支付给节能服务公司的合理支出，均可以在计算当期应纳税所得额时扣除，不再区分服务费用和资产价款进行税务处理；

（2）能源管理合同期满后，节能服务公司转让给用能企业的因实施合同能源管理项目形成的资产，按折旧或摊销期满的资产进行税务处理，用能企业从节能服务公司接受有关资产的计税基础也应按折旧或摊销期满的资产进行税务处理；

（3）能源管理合同期满后，节能服务公司与用能企业办理有关资产的权属转移时，用能企业已支付的资产价款，不再另行计入节能服务公司的收入。

2. 享受优惠的条件

"符合条件的节能服务公司"是指同时满足以下条件：

（1）具有独立法人资格，注册资金不低于100万元，且能够单独提供用能状况诊断、节能项目设计、融资、改造（包括施工、设备安装、调试、验收等）、运行管理、人员培训等服务的专业化节能服务公司；

（2）节能服务公司实施合同能源管理项目相关技术应符合国家质量监督检验检疫总局和国家标准化管理委员会发布的《合同能源管理技术通则》（GB/T24915—2010）规定的技术要求；

（3）节能服务公司与用能企业签订《节能效益分享型》合同，其合同格式和内容，符合《合同法》和国家质量监督检验检疫总局和国家标准化管理委员会发布的《合同能源管理技术通则》（GB/T24915—2010）等规定；

（4）节能服务公司实施合同能源管理的项目符合财税〔2009〕166号文件"4、节能减排技术改造"类中第一项至第八项规定的项目和条件；

（5）节能服务公司投资额不低于实施合同能源管理项目投资总额的70%；

（6）节能服务公司拥有匹配的专职技术人员和合同能源管理人才，具有保障项目顺利实施和稳定运行的能力。

3. 优惠管理

用能企业对从节能服务公司取得的与实施合同能源管理项目有关的资产，应与企业其他资产分开核算，并建立辅助账或明细账。节能服务公司同时从事适用不同税收政策待遇项目的，其享受税收优惠项目应当单独计算收入、扣除，并合理分摊企业的期间费用；没有单独计算的，不得享受税收优惠政策。

《国家税务总局 国家发展改革委关于落实节能服务企业合同能源管理项目企业所得税优惠政策有关征收管理问题的公告》（国家税务总局 国家发展改革委公告2013年第77号，以下简称国家税务总局发展改革委公告2013年第77号）规定，自2013年1月1日起，本公告发布前已按有关规定享受税收优惠政策的，仍按原规定继续执行；尚未享受的，按下列规定执行：

（1）对实施节能效益分享型合同能源管理项目（以下简称项目）的节能服务企业，凡实行查账征收所得税的居民企业并符合《企业所得税法》和本公告有关规定的，该项目可享受财税〔2010〕110号文件规定的企业所得税"三免三减半"优惠政策。如节能服务企业的分享型合同约定的效益分享期短于6年的，按实际分享期享受优惠。节能服务企业享受"三免三减半"项目的优惠期限，应连续计算。对在优惠期限内转让所享受优惠的项目给其他符合条件的节能服务企业,受让企业承续经营该项目的,可自项目受让之日起,在剩余期限内享受规定的优惠;优惠期限届满后转让的,受让企业不得就该项目重复享受优惠。

(2)节能服务企业投资项目所发生的支出,应按税法规定作资本化或费用化处理。形成的固定资产或无形资产,应按合同约定的效益分享期计提折旧或摊销。节能服务企业应分别核算各项目的成本费用支出额。对在合同约定的效益分享期内发生的期间费用划分不清的,应合理进行分摊,期间费用的分摊应按照项目投资额和销售(营业)收入额两个因素计算分摊比例,两个因素的权重各为50%。

(3)享受企业所得税优惠政策的项目应属于财税〔2009〕166号文件规定的节能减排技术改造项目,包括余热余压利用、绿色照明等节能效益分享型合同能源管理项目。

(4)企业享受优惠条件发生变化的,应当自发生变化之日起15日内向主管税务机关书面报告。如不再符合享受优惠条件的,应停止享受优惠,并依法缴纳企业所得税。对节能服务企业采取虚假手段获取税收优惠的、享受优惠条件发生变化而未及时向主管税务机关报告的以及未按规定报送备案资料而自行减免税的,主管税务机关应按照《税收征管法》等有关规定进行处理。

(5)合同能源管理项目确认由国家发展改革委、财政部公布的第三方节能量审核机构负责,并出具《合同能源管理项目情况确认表》,或者由政府节能主管部门出具合同能源管理项目确认意见。

4. 主要留存备查资料

依据税务总局公告2018年第23号所附《企业所得税优惠事项管理目录(2017年版)》,符合条件的节能服务公司实施合同能源管理项目享受所得减免优惠政策应留存备查的主要资料有:

(1)能源管理合同;

(2)国家发展改革委、财政部公布的第三方机构出具的合同能源管理项目情况确认表,或者政府节能主管部门出具的合同能源管理项目确认意见;

(3)项目转让合同、项目原享受优惠的备案文件(项目发生转让的,受让节能服务企业);

(4)合同能源管理项目取得第一笔生产经营收入凭证(原始凭证及账务处理凭证);

(5)合同能源管理项目应纳税所得额计算表;

(6)合同能源管理项目所得单独核算资料,以及合理分摊期间共同费用的核算资料。

(七)集成电路生产项目所得减免优惠

1. 优惠范围

依据财税〔2018〕27号文件的规定,2018年1月1日后投资新设的集成电路线宽小于130纳米,且经营期在10年以上的集成电路生产项目,第一年至第二年免征企业所得税,第三年至第五年按照25%的法定税率减半征收企业所得税,并享受至期满为止。2018年1月1日后投资新设的集成电路线宽小于65纳米或投资额超过150亿元,且经营期在15年以上的集成电路生产项目,第一年至第五年免征企业所得税,第六年至第十年按照25%的法定税率减半征收企业所得税,并享受至期满为止。

2. 优惠管理

集成电路生产项目享受上述优惠的,优惠期自项目取得第一笔生产经营收入所属纳税年度起计算。

享受上述优惠的集成电路生产项目,其主体企业应符合集成电路生产企业条件,且能够对该项目单独进行会计核算、计算所得,并合理分摊期间费用。享受上述优惠的集成电路生产企业的范围和条件,按照财税〔2016〕49号文件第二条和财税〔2018〕27号文件第七条执行。

集成电路生产项目享受上述优惠的有关管理问题,按照财税〔2016〕49号文件和国家税务总局关于办理企业所得税优惠政策事项的相关规定执行。

3. 应提交和留存备查的主要资料

依据税务总局公告2018年第23号所附《企业所得税优惠事项管理目录(2017年版)》,纳税人从事线宽小于130纳米、线宽小于65纳米或投资额超过150亿元的集成电路生产项目项目享受所得减免优惠政策的,应在汇算清缴期结束前向税务机关提交并留存备查以下资料:

(1)在发展改革或工业和信息化部门立项的备案文件(应注明总投资额、工艺线宽标准)复印件以及企业取得的其他相关资质证书复印件等;

(2)企业职工人数、学历结构、研究开发人员情况及其占企业职工总数的比例说明,以及汇算清缴年度最后一个月社会保险缴纳证明等相关证明材料;

(3)加工集成电路产品主要列表及国家知识产权局(或国外知识产权相关主管机构)出具的企业自主开发或拥有的一至两份代表性知识产权(如专利、布图设计登记、软件著作权等)的证明材料;

(4)经具有资质的中介机构鉴证的企业财务会计报告(包括会计报表、会计报表附注和财务情况说明书)以及集成电路制造销售(营业)收入、研究开发费用、境内研究开发费用等情况说明;

(5)与主要客户签订的一至两份代表性销售合同复印件;

(6)保证产品质量的相关证明材料(如质量管理认证证书复印件等)。

二、所得减免优惠的填报

(一)关于期间费用的分摊

《企业所得税法实施条例》第一百零二条要求,企业同时从事适用不同企业所得税待遇的项目的,其优惠项目应当单独计算所得,并合理分摊企业的期间费用;没有单独计算的,不得享受企业所得税优惠。纳税人同时从事所得减免项目与非所得减免项目,在企业的期间费用中有限制性扣除项目时,如业务招待费,是先调整限制性扣除项目,后分摊调整后的期间费用?还是先分摊期间费用,后调整限制性扣除项目?实际上,两种处理办法的结果是一致的。

【例12-9】假设某自来水公司2019年度同时从事一个所所得减免项目和一个应税项目。销售应税产品取得不含税收入1 000万元,销售免税产品取得不含税收入200万元;应税产品营业成本595万元,免税产品营业成本99万元;应税产品税金及附加5万元,免税产品税金及附加1万元;销售费用30万元(其中广告费及业务宣传费20万元,以前年度无结转以后年度扣除的广告费及业务宣传费);财务费用10万元;管理费用110万元(其中业务招待费30万元)。

解析:假设用营业收入比例分摊期间费用。

方法一:先调整、后分摊。

全部项目业务招待费税前扣除限额 = 1 200 × 5‰ = 6(万元)

全部项目业务招待费的60% = 30 × 60% = 18(万元)

全部项目业务招待费税前允许扣除6万元。

业务招待费调增金额 = 30 - 6 = 24(万元)

全部项目允许扣除的期间费用 = 150 - 24 = 126(万元)

应税项目分摊业务招待费调整后的期间费用 = 126 × 1 000/1 200 = 105(万元)

应税项目调整后所得 = 1 000 - 595 - 5 - 105 = 295(万元)

免税项目分摊业务招待费调整后的期间费用 = 126 × 200/1 200 = 21(万元)

免税项目调整后所得 = 200 - 99 - 1 - 21 = 79(万元)

方法二:先分摊、后调整。

(1)应税项目业务招待费调整前所得 = 1 000 - 595 - 5 - 150 × 1 000/1 200 = 275(万元)

应税项目分摊期间费用 = 150 × 1 000/1 200 = 125(万元)

其中,应税项目分摊业务招待费 = 30 × 1 000/1 200 = 25(万元)

应税项目业务招待费税前扣除限额 = 1 000 × 5‰ = 5(万元)

应税项目业务招待费的60% = 25 × 60% = 15(万元)

应税项目业务招待费税前允许扣除5万元。

应税项目业务招待费调增金额 = 25 - 5 = 20(万元)

应税项目业务招待费调整后的所得 = 275 + 20 = 295(万元)

(2)免税项目业务招待费调整前所得 = 200 - 99 - 1 - 150 × 200/1 200 = 75(万元)

免税项目分摊期间费用 = 150 × 200/1 200 = 25(万元)

其中,免税项目分摊业务招待费 = 30 × 200/1 200 = 5(万元)

免税项目业务招待费税前扣除限额 = 200 × 5‰ = 1(万元)

免税项目业务招待费的60% = 5 × 60% = 3(万元)

免税项目业务招待费税前允许扣除1万元。

免税项目业务招待费调增金额 = 5 - 1 = 4(万元)

免税项目业务招待费调整后的所得 = 75 + 4 = 79(万元)

由此可见,无论是先调整、后分摊,还是先分摊、后调整,两种方法计算结果是一致的。从表A107020看,后一种方法更便于填报。

(二)表A107020列次的填报

除"减免项目"列外,表A107020共设计了11列。"减免项目"列按所得减免优惠大类设置了九大类,分别是:农、林、牧、渔业项目,国家重点扶持的公共基础设施项目,符合条件的环境保护、节能节水项目,符合条件的技术转让项目的所得减免,实施清洁发展机制项目,符合条件的节能服务公司实施合同能源管理项目,线宽小于130纳米的集成电路生产项目,线宽小于65纳米或投资额超过150亿元的集成电路生产项目的所得减免,其他。

(1)第1列"项目名称":填报纳税人享受减免所得优惠的项目在会计核算上的名称。项目名称以纳税人内部规范称谓为准。

(2)第2列"优惠事项名称":按照该项目享受所得减免企业所得税优惠事项的具体政策内容选择填报。具体说明如下:

——"一、农、林、牧、渔业项目"。在以下优惠事项中选择填报:①蔬菜、谷物、薯类、油料、豆类、棉花、麻类、糖料、水果、坚果的种植;②农作物新品种的选育;③中药材的种植;④林木的培育和种植;⑤牲畜、家禽的饲养;⑥林产品的采集;⑦灌溉、兽医、农技推广、农机作业和维修等农、林、牧、渔服务业项目;⑧农产品初加工;⑨远洋捕捞;⑩花卉、茶以及其他饮料作物和香料作物的种植;⑪海水养殖、内陆养殖;⑫其他。

——"二、国家重点扶持的公共基础设施项目"。在以下优惠事项中选择填报:①港口码头项目;②机场项目;③铁路项目;④公路项目;⑤城市公共交通项目;⑥电力项目;⑦水利项目(不含农村饮水安全工程);⑧农村饮水安全工程;⑨其他项目。

——"三、符合条件的环境保护、节能节水项目"。在以下优惠事项中选择填报:①公共污水处理项目;②公共垃圾处理项目;③沼气综合开发利用项目;④节能减排技术改造项目;⑤海水淡化项目;⑥其他项目。

——"四、符合条件的技术转让项目""五、清洁发展机制项目""六、符合条件的节能服务公司实施合同能源管理项目""七、线宽小于130纳米的集成电路生产项目""八、线宽小于65纳米或投资额超过150亿元的集成电路生产项目":无需填报。

——"九、其他":填报上述所得减免优惠项目以外的其他所得减免优惠政策具体名称。

(3)第3列"优惠方式":填报该项目享受所得减免企业所得税优惠的具体方式。该项目享受免征企业所得税优惠的,填报"免税";项目享受减半征税企业所得税优惠的,填报"减半征收"。

(4)第4列"项目收入":填报享受所得减免企业所得税优惠项目取得的收入总额。

(5)第5列"项目成本":填报享受所得减免企业所得税优惠项目发生的成本总额。

(6)第6列"相关税费":填报享受所得减免企业所得税优惠项目实际发生的有关税费总额,包括除企业所得税和允许抵扣的增值税以外的各项税金及其附加、合同签订费用、律师费等相关费用及其他支出。

(7)第7列"应分摊期间费用":填报享受所得减免企业所得税优惠项目合理分摊的期间费用总额。合理分摊比例可以按照投资额、销售收入、资产额、人员工资等参数确定,一经确定,不得随意变更。

(8)第8列"纳税调整额":填报纳税人按照税收规定需要调整减免税项目收入、成本、费用的金额,纳税调减以"-"号填列。

(9)第9列"项目所得额/免税项目":填报享受所得减免企业所得税优惠的纳税人计算确认的本期免税项目所得额。本列根据第3列分析填报,第3列填报"免税"的,填报第4-5-6-7+8列金额,当第4-5-6-7+8列<0时,填报0。

第9列"四、符合条件的技术转让项目"的"小计"行:当第4-5-6-7+8列＞500万元时,填报500万元(超过500万元部分的金额填入第10列);当第4-5-6-7+8列≤500万元时,填报第4-5-6-7+8列金额;当第4-5-6-7+8列＜0时,填报0。

(10)第10列"项目所得额\减半项目":填报享受所得减免企业所得税优惠的纳税人本期经计算确认的减半征收项目所得额。本列根据第3列分析填报,第3列填报"减半征税"的,填报第4-5-6-7+8列金额,当第4-5-6-7+8列＜0时,填报0。

第10列"四、符合条件的技术转让项目"的"小计"行:当第4-5-6-7+8列＞500万元时,填报第4-5-6-7+8列金额超过500万元的部分;当第4-5-6-7+8列≤500万元时,填报0。

(11)第11列"减免所得额":填报享受所得减免企业所得税优惠的企业,该项目按照税收规定实际可以享受免征、减征的所得额,按第9列+第10列×50%金额填报。

(三)表A107020行次的填报

(1)第1行至第3行"一、农、林、牧、渔业项目":按农、林、牧、渔业项目的优惠政策具体内容分别填报,一个项目填报一行,纳税人有多个项目的,可自行增加行次填报。各行相应列次填报金额的合计金额填入"小计"行。

根据财税〔2008〕149号文件、国税函〔2009〕779号文件、税务总局公告2010年第2号、财税〔2011〕26号文件和税务总局公告2011年第48号等相关税收政策规定,填报本纳税年度发生的减征、免征企业所得税项目的有关情况。

(2)第4行至第6行"二、国家重点扶持的公共基础设施项目":按国家重点扶持的公共基础设施项目具体内容分别填报,一个项目填报一行,纳税人有多个项目的,可自行增加行次填报。各行相应列次填报金额的合计金额填入"小计"行。

根据财税〔2008〕46号文件、财税〔2008〕116号文件、国税发〔2009〕80号文件、财税〔2012〕10号文件、税务总局公告2013年第26号、财税〔2014〕55号文件和财税公告2019年第67号等相关税收政策规定,从事《公共基础设施项目企业所得税优惠目录》规定的港口码头、机场、铁路、公路、城市公共交通、电力、水利等项目的投资经营的所得,自项目取得第一笔生产经营收入所属纳税年度起,第一年至第三年免征企业所得税,第四年至第六年减半征收企业所得税,不包括企业承包经营、承包建设和内部自建自用该项目的所得。本行填报本纳税年度发生的减征、免征企业所得税项目的有关情况。

(3)第7行至第9行"三、符合条件的环境保护、节能节水项目":按符合条件的环境保护、节能节水项目的具体内容分别填报,一个项目填报一行。纳税人有多个项目的,可自行增加行次填报。各行相应列次填报金额的合计金额填入"小计"行。

根据财税〔2009〕166号文件和财税〔2012〕10号文件等相关税收政策规定,从事符合条件的公共污水处理、公共垃圾处理、沼气综合开发利用、节能减排技术改造、海水淡化等环境保护、节能节水项目的所得,自项目取得第一笔生产经营收入所属纳税年度起,第一年至第三年免征企业所得税,第四年至第六年减半征收企业所得税。本行填报本纳税年度发生的减征、免征企业所得税项目的有关情况。

(4)第10行至第12行"四、符合条件的技术转让项目":按照不同技术转让项目分别填报,一个项目填报一行,纳税人有多个项目的,可自行增加行次填报。各行相应列次填报金额的合计金额填入"小计"行。

根据国税函〔2009〕212 号文件、财税〔2010〕111 号文件、税务总局公告 2013 年第 62 号和税务总局公告 2015 年第 82 号等相关税收政策规定,一个纳税年度内,居民企业将其拥有的专利技术、计算机软件著作权、集成电路布图设计权、植物新品种、生物医药新品种,以及财政部和国家税务总局确定的其他技术的所有权或 5 年以上(含 5 年)全球独占许可使用权、5 年以上(含 5 年)非独占许可使用权转让取得的所得,不超过 500 万元的部分,免征企业所得税;超过 500 万元的部分,减半征收企业所得税。居民企业从直接或间接持有股权之和达到 100% 的关联方取得的技术转让所得,不享受技术转让减免企业所得税优惠政策。本行填报本纳税年度发生的减征、免征企业所得税项目的有关情况。

(5)第 13 行至第 15 行"五、清洁发展机制项目":按照实施的清洁发展机制的不同项目分别填报,一个项目填报一行,纳税人有多个项目的,可自行增加行次填报。各行相应列次填报金额的合计金额填入"小计"行。

根据财税〔2009〕30 号文件等相关税收政策规定,企业实施的将温室气体减排量转让收入的 65% 上缴给国家的 HFC 和 PFC 类 CDM 项目,以及将温室气体减排量转让收入的 30% 上缴给国家的 N_2O 类 CDM 项目,其实施该类 CDM 项目的所得,自项目取得第一笔减排量转让收入所属纳税年度起,第一年至第三年免征企业所得税,第四年至第六年减半征收企业所得税。本行填报本纳税年度发生的减征、免征企业所得税项目的有关情况。

(6)第 16 行至第 18 行"六、符合条件的节能服务公司实施合同能源管理项目":按照节能服务公司实施合同能源管理的不同项目分别填报,一个项目填报一行,纳税人有多个项目的,可自行增加行次填报。各行相应列次填报金额的合计金额填入"小计"行。

根据财税〔2010〕110 号文件和国家税务总局发展改革委公告 2013 年第 77 号等相关税收政策规定,符合条件的节能服务公司实施合同能源管理项目,符合税法有关规定的,自项目取得第一笔生产经营收入所属纳税年度起,第一年至第三年免征企业所得税,第四年至第六年按照 25% 的法定税率减半征收企业所得税。本行填报本纳税年度发生的减征、免征企业所得税项目的有关情况。

(7)第 19 行至第 21 行"七、线宽小于 130 纳米的集成电路生产项目":按照投资的线宽小于 130 纳米的集成电路生产项目的不同项目分别填报,一个项目填报一行,纳税人有多个项目的,可自行增加行次填报。各行相应列次填报金额的合计金额填入"小计"行。

根据财税〔2018〕27 号文件规定,线宽小于 130 纳米,且经营期在 10 年以上的集成电路生产项目,自项目取得第一笔生产经营收入所属纳税年度起,第一年至第二年免征企业所得税,第三年至第五年按照 25% 的法定税率减半征收企业所得税。本行填报本纳税年度发生的减征、免征企业所得税项目的有关情况。填报该项目的纳税人还应填报《软件、集成电路企业优惠情况及明细表》(A107042),若纳税人不享受集成电路生产企业减免所得税优惠事项,只需填报表 A107042"税收优惠基本信息"和"税收优惠有关情况",无需填报"减免税额"。

(8)第 22 行至第 24 行"八、线宽小于 65 纳米或投资额超过 150 亿元的集成电路生产项目"：按照投资的线宽小于 65 纳米或投资额超过 150 亿元的集成电路生产项目的不同项目分别填报，一个项目填报一行，纳税人有多个项目的，可自行增加行次填报。各行相应列次填报金额的合计金额填入"小计"行。

根据财税〔2018〕27 号文件规定，线宽小于 65 纳米或投资额超过 150 亿元，且经营期在 15 年以上的集成电路生产项目，自项目取得第一笔生产经营收入所属纳税年度起，第一年至第五年免征企业所得税，第六年至第十年按照 25% 的法定税率减半征收企业所得税。本行填报本纳税年度发生的减征、免征企业所得税项目的有关情况。填报该项目的纳税人还应填报《软件、集成电路企业优惠情况及明细表》(A107042)，若纳税人不享受集成电路生产企业减免所得税优惠事项，只需填报表 A107042"税收优惠基本信息"和"税收优惠有关情况"，无需填报"减免税额"。

(9) 第 25 行至第 27 行"九、其他"：填报纳税人享受的其他专项减免项目名称、优惠事项名称及减免税代码、项目收入等。按照享受所得减免企业所得税优惠的其他项目内容分别填报，一个项目填报一行，纳税人有多个项目的，可自行增加行次填报。各行相应列次填报金额的合计金额填入"小计"行。

(10) 第 28 行"合计"：填报第一项至第九项"小计"行的合计金额。

当主表第 19 行"纳税调整后所得"≥表 A107020 合计行第 11 列≥0 时，主表第 20 行"减：所得减免" = 表 A107020 合计行第 11 列；当表 A107020 合计行第 11 列 > 主表第 19 行"纳税调整后所得"≥0 时，主表第 20 行"减：所得减免" = 主表第 19 行"纳税调整后所得"。当主表第 19 行"纳税调整后所得" < 0 时，表 A107020 无需填报。

【例 12-10】假设例 12-9 中的自来水公司从事的所得减免项目是处于免税期的符合条件的公共污水处理项目，其企业所得税年度纳税申报表主表第 19 行"纳税调整后所得" > 0。其免税项目所得的填报见表 12-23。

【例 12-11】假设例 12-9 中的自来水公司从事的所得减免项目是处于减半征税期的符合条件的公共污水处理项目，其企业所得税年度纳税申报表主表第 19 行"纳税调整后所得" > 0。其减半征税项目所得的填报见表 12-24。

【例 12-12】假设例 12-9 中的自来水公司从事的所得减免项目是处于减半征税期的符合条件的公共污水处理项目，其企业所得税年度纳税申报表主表第 19 行"纳税调整后所得" > 0，但项目成本为 180 万元，其他条件不变。其减半征税项目所得的填报见表 12-25。

【例 12-13】甲高新技术企业 2019 年有一符合条件的技术转让项目，取得技术转让收入 1 000 万元，技术转让成本为 290 万元，相关税费为 2 万元，应分摊期间费用 8 万元，纳税调整额 5 万元；同时取得相关仪器销售收入 400 万元，相关仪器销售成本为 280 万元，相关税费 2 万元；另单独收取受让方实现产业化后的技术服务收入 100 万元，服务期 5 年。

上述案例中的仪器销售收入和单独收取的受让方实现产业化后的技术服务收入不属于符合条件的技术转让收入的范围。该企业符合条件的技术转让项目的减免所得额的填报见表 12-26。

表 12-23　所得减免优惠项目免税填报示例

所得减免优惠明细表

A107020　　金额单位：元

行次	减免项目	项目名称 1	优惠事项名称 2	优惠方式 3	项目收入 4	项目成本 5	相关税费 6	应分摊期间费用 7	纳税调整额 8	项目所得额 免税项目 9	项目所得额 减半项目 10	减免所得额 11 (9+10×50%)
	……											
7	三、符合条件的环境保护、节能节水项目	污水处理	公共污水处理项目	免税	2 000 000.00	990 000.00	10 000.00	250 000.00	40 000.00	790 000.00	0.00	790 000.00
8		小计	*	*	0.00	0.00	0.00	0.00	0.00	0.00	0.00	0.00
9		……	*	*	2 000 000.00	990 000.00	10 000.00	250 000.00	40 000.00	790 000.00	0.00	790 000.00
28	合计											

表 12-24　所得减免优惠项目减半征税填报示例

所得减免优惠明细表

A107020　　金额单位：元

行次	减免项目	项目名称 1	优惠事项名称 2	优惠方式 3	项目收入 4	项目成本 5	相关税费 6	应分摊期间费用 7	纳税调整额 8	项目所得额 免税项目 9	项目所得额 减半项目 10	减免所得额 11 (9+10×50%)
	……											
7	三、符合条件的环境保护、节能节水项目	污水处理	公共污水处理项目	减半征税	2 000 000.00	990 000.00	10 000.00	250 000.00	40 000.00	0.00	790 000.00	395 000.00
8		小计	*	*	0.00	0.00	0.00	0.00	0.00	0.00	0.00	0.00
9		……	*	*	2 000 000.00	990 000.00	10 000.00	250 000.00	40 000.00	0.00	790 000.00	395 000.00
28	合计											

表 12-25　所得减免优惠项目亏损填报示例

所得减免优惠明细表

A107020　　全额单位：元

行次	减免项目	项目名称	优惠事项名称	优惠方式	项目收入	项目成本	相关税费	应分摊期间费用	纳税调整额	项目所得额		减免所得额
										免税项目	减半项目	
		1	2	3	4	5	6	7	8	9	10	11 (9+10× 50%)
7	三、符合条件的环境保护、节能节水项目	污水处理	公共污水处理项目	减半征税	2 000 000.00	1 800 000.00	10 000.00	250 000.00	40 000.00	0.00	0.00	0.00
8			*	*	0.00	0.00	0.00	0.00	0.00	0.00	0.00	0.00
9		小计	*	*	2 000 000.00	1 800 000.00	10 000.00	250 000.00	40 000.00	0.00	0.00	0.00
……												
28		合计	*	*								

表 12-26　符合条件的技术转让项目所得减免优惠填报示例

所得减免优惠明细表

A107020　　全额单位：元

行次	减免项目	项目名称	优惠事项名称	优惠方式	项目收入	项目成本	相关税费	应分摊期间费用	纳税调整额	项目所得额		减免所得额
										免税项目	减半项目	
		1	2	3	4	5	6	7	8	9	10	11 (9+10× 50%)
10	四、符合条件的技术转让项目	技术转让	*	*	10 000 000.00	2 900 000.00	20 000.00	80 000.00	50 000.00	*	*	*
11			*	*	0.00	0.00	0.00	0.00	0.00	*	*	*
12		小计	*	*	10 000 000.00	2 900 000.00	20 000.00	80 000.00	50 000.00	5 000 000.00	2 050 000.00	6 025 000.00
……												
28		合计	*	*								

第六节　抵扣应纳税所得额优惠政策及其填报

一、抵扣应纳税所得额优惠政策

《企业所得税法》第三十一条规定，创业投资企业从事国家需要重点扶持和鼓励的创业投资，可以按投资额的一定比例抵扣应纳税所得额。

《企业所得税法实施条例》第九十七条规定，《企业所得税法》第三十一条所称抵扣应纳税所得额，是指创业投资企业采取股权投资方式投资于未上市的中小高新技术企业2年以上的，可以按照其投资额的70%在股权持有满2年的当年抵扣该创业投资企业的应纳税所得额；当年不足抵扣的，可以在以后纳税年度结转抵扣。

(一)投资主体和投资对象

综合《国家税务总局关于实施创业投资企业所得税优惠问题的通知》(国税发〔2009〕87号，以下简称国税发〔2009〕87号文件)、《财政部　国家税务总局关于将国家自主创新示范区有关税收试点政策推广到全国范围实施的通知》(财税〔2015〕116号，以下简称财税〔2015〕116号文件)和《财政部　国家税务总局关于创业投资企业和天使投资个人有关税收政策的通知》(财税〔2018〕55号，以下简称财税〔2018〕55号文件)的规定，在企业所得税中，根据投资主体和投资对象的不同，可将创业投资企业抵扣应纳税所得额优惠政策分为四类：

(1)公司制创业投资企业(以下简称公司制创投企业)采取股权投资方式直接投资于未上市的中小高新技术企业；

(2)公司制创投企业采取股权投资方式直接投资于种子期、初创期科技型企业(以下简称初创科技型企业)；

(3)有限合伙制创业投资企业(以下简称合伙制创投企业)采取股权投资方式直接投资于未上市的中小高新技术企业；

(4)合伙制创投企业采取股权投资方式直接投资于初创科技型企业。

(二)公司制创投企业采取股权投资方式直接投资于未上市的中小高新技术企业

1. 优惠政策

依据国税发〔2009〕87号文件的规定，创业投资企业采取股权投资方式投资于未上市的中小高新技术企业2年以上，凡符合规定条件的，可以按照其对中小高新技术企业投资额的70%，在股权持有满2年的当年抵扣该创业投资企业的应纳税所得额；当年不足抵扣的，可以在以后纳税年度结转抵扣。

2. 投资主体要符合条件

创业投资企业是指依照《创业投资企业管理暂行办法》和《外商投资创业投资企业管理规定》在中华人民共和国境内设立的专门从事创业投资活动的企业或其他经济组织。

3. 享受抵扣应纳税所得额优惠的条件

(1)经营范围符合《创业投资企业管理暂行办法》规定，且工商登记为"创业投资有限责任公司"、"创业投资股份有限公司"等专业性法人创业投资企业。

(2)按照《创业投资企业管理暂行办法》规定的条件和程序完成备案，经备案管理部门年度检查核实，投资运作符合《创业投资企业管理暂行办法》的有关规定。

(3)创业投资企业投资的中小高新技术企业，除应通过高新技术企业认定外，还应符合职工人数不超过500人，年销售(营业)额不超过2亿元，资产总额不超过2亿元的条件。

(4)财政部、国家税务总局规定的其他条件。

4. 投资期限的确定

(1)中小企业取得高新技术企业资格后接受创业投资的,投资期限应自创业投资企业实际向其投资的时间起计算。

(2)中小企业接受创业投资之后,再经认定符合高新技术企业标准的,应自其被认定为高新技术企业的年度起,计算创业投资企业的投资期限。投资期限确定后,该期限内企业规模超过中小企业标准,但仍符合高新技术企业标准的,不影响该企业享受有关税收优惠。

(3)新旧衔接。投资于未上市的中小高新技术企业2年以上的,包括发生在2008年1月1日以前满2年的投资。2007年底前按原有规定取得高新技术企业资格的中小高新技术企业,且在2008年继续符合新的高新技术企业标准的,向其投资满24个月的计算,可自创业投资企业实际向其投资的时间起计算。

5. 投资额的确定

投资额应为股权投资的实缴投资额。

6. 可抵扣投资额的确定

投资额须满足投资于未上市中小高新技术企业满2年的条件,才能作为可抵扣的投资额。本期可抵扣的投资额包括本期新增的可抵扣投资额和上期结转的可抵扣投资额。

7. 主要留存备查资料

依据税务总局公告2018年第23号所附《企业所得税优惠事项管理目录(2017年版)》,投资于未上市的中小高新技术企业的公司制创投企业享受按投资额的一定比例抵扣应纳税所得额优惠政策应留存备查的主要资料有:

(1)发展改革或证监部门出具的符合创业投资企业条件的年度证明材料;

(2)中小高新技术企业投资合同(协议)、章程、实际出资等相关材料;

(3)省、自治区、直辖市和计划单列市高新技术企业认定管理机构出具的中小高新技术企业有效的高新技术企业证书复印件(注明"与原件一致",并加盖公章);

(4)中小高新技术企业基本情况[包括企业职工人数、年销售(营业)额、资产总额、未上市等]说明。

(三)公司制创投企业采取股权投资方式直接投资于初创科技型企业

1. 优惠政策

依据财税〔2018〕55号文件的规定,公司制创投企业业采取股权投资方式直接投资于初创科技型企业满2年的,可以按照投资额的70%在股权持有满2年的当年抵扣该公司制创投企业的应纳税所得额;当年不足抵扣的,可以在以后纳税年度结转抵扣。

2. 投资主体要符合条件

享受本项税收优惠的公司制创投企业,应同时符合以下条件:

(1)在中国境内(不含台、港、澳地区)注册成立、实行查账征收的居民企业,且不属于被投资初创科技型企业的发起人;

(2)符合《创业投资企业管理暂行办法》规定或者《私募投资基金监督管理暂行办法》(证监会令第105号,以下简称《私募基金管理办法》)关于创业投资基金的特别规定,按照上述规定完成备案且规范运作;

(3)投资后2年内,创业投资企业及其关联方持有被投资初创科技型企业的股权比例合计应低于50%。

3. 被投资对象(初创科技型企业)要符合条件

结合《财政部 国家税务总局关于实施小微企业普惠性税收减免政策的通知》(财税〔2019〕13号,以下简称财税〔2019〕13号文件)第五条第一款的规定,初创科技型企业应同时符合以下条件:

(1)在中国境内(不包括台、港、澳地区)注册成立、实行查账征收的居民企业;

(2)接受投资时,从业人数不超过300人(自2018年1月1日至2018年12月31日期间,从业人数的条件为不超过200人),其中具有大学本科以上学历的从业人数不低于30%;资产总额和年销售收入均不超过5 000万元(自2018年1月1日至2018年12月31日期间,资产总额和年销售收入的条件为不超过3 000万元);从业人数,包括与企业建立劳动关系的职工人员及企业接受的劳务派遣人员。从业人数和资产总额指标,按照企业接受投资前连续12个月的平均数计算,不足12个月的,按实际月数平均计算。年销售收入指标,按照企业接受投资前连续12个月的累计数计算,不足12个月的,按实际月数累计计算。

(3)接受投资时设立时间不超过5年(60个月);

(4)接受投资时以及接受投资后2年内未在境内外证券交易所上市;

(5)接受投资当年及下一纳税年度,研发费用总额占成本费用支出的比例不低于20%。研发费用总额占成本费用支出的比例,是指企业接受投资当年及下一纳税年度的研发费用总额合计占同期成本费用总额合计的比例。

4. 投资期限的确定

满2年是指公司制创投企业投资于初创科技型企业的实缴投资满2年,投资时间从初创科技型企业接受投资并完成工商变更登记的日期算起。2018年1月1日执行前2年内发生的投资,在执行日期后投资满2年,且符合财税〔2018〕55号文件规定的其他条件的,可以适用此项税收优惠政策。

财税〔2019〕13号文件第五条第二款规定,2019年1月1日至2021年12月31日期间发生的投资,投资满2年且符合财税〔2019〕13号文件第五条第一款规定的从业人数、资产总额、年销售收入条件和财税〔2018〕55号文件规定的其他条件的,可以适用财税〔2018〕55号文件规定的税收政策。财税〔2019〕13号文件第五条第三款规定,2019年1月1日前2年内发生的投资,自2019年1月1日起投资满2年且符合财税〔2019〕13号文件第五条第一款规定的从业人数、资产总额、年销售收入条件和财税〔2018〕55号文件规定的其他条件的,可以适用财税〔2018〕55号文件规定的税收政策。

5. 投资额的确定

享受本项税收优惠政策的投资,仅限于通过向被投资初创科技型企业直接支付现金方式取得的股权投资,不包括受让其他股东的存量股权。投资额,按照创业投资企业对初创科技型企业的实缴投资额确定。

6. 可抵扣投资额的确定

投资额须满足投资于初创科技型企业满2年的条件,才能作为可抵扣的投资额。本期可抵扣的投资额包括本期新增的可抵扣投资额和上期结转的可抵扣投资额。

7. 主要留存备查资料

依据税务总局公告2018年第23号所附《企业所得税优惠事项管理目录(2017年版)》,投资于初创科技型企业的公司制创投企业享受按投资额的一定比例抵扣应纳税所得额优惠政策应留存备查的主要资料有:

(1)发展改革或证监部门出具的符合创业投资企业条件的年度证明材料;

(2) 初创科技型企业接受现金投资时的投资合同(协议)、章程、实际出资的相关证明材料;

(3) 创业投资企业与其关联方持有初创科技型企业的股权比例的说明;

(4) 被投资企业符合初创科技型企业条件的有关资料:接受投资时从业人数、资产总额、年销售收入和大学本科以上学历的从业人数比例的情况说明;接受投资时设立时间不超过5年的证明材料;接受投资时以及接受投资后2年内未在境内外证券交易所上市情况说明;接受投资当年及下一纳税年度研发费用总额占成本费用总额比例的情况说明。

(四) 合伙制创投企业采取股权投资方式直接投资于未上市的中小高新技术企业

1. 优惠政策

依据财税〔2015〕116号文件和《国家税务总局关于有限合伙制创业投资企业法人合伙人企业所得税有关问题的公告》(国家税务总局公告2015年第81号,以下简称税务总局公告2015年第81号)的规定,合伙制创投企业采取股权投资方式投资于未上市的中小高新技术企业满2年(24个月,下同)的,其法人合伙人可按照对未上市中小高新技术企业投资额的70%抵扣该法人合伙人从该合伙制创投企业分得的应纳税所得额,当年不足抵扣的,可以在以后纳税年度结转抵扣。

2. 投资主体要符合条件

合伙制创投企业是指依照《中华人民共和国合伙企业法》《创业投资企业管理暂行办法》和《外商投资创业投资企业管理规定》设立的专门从事创业投资活动的有限合伙企业。

3. 投资抵扣主体要符合条件

合伙制创投企业的法人合伙人,是指依照《企业所得税法》及其实施条例以及相关规定,实行查账征收企业所得税的居民企业。

4. 投资期限的确定

满2年是指2015年10月1日起,合伙制创投企业投资于未上市中小高新技术企业的实缴投资满2年,同时,法人合伙人对该合伙制创投企业的实缴出资也应满2年。

5. 投资额的确定

合伙制创投企业的法人合伙人对未上市中小高新技术企业的投资额,按照合伙制创投企业对中小高新技术企业的投资额和合伙协议约定的法人合伙人占合伙制创投企业的出资比例计算确定。其中,合伙制创投企业对中小高新技术企业的投资额按实缴投资额计算;法人合伙人占合伙制创投企业的出资比例按法人合伙人对合伙制创投企业的实缴出资额占该合伙制创投企业的全部实缴出资额的比例计算。

6. 可抵扣投资额的确定

投资额须满足投资于未上市中小高新技术企业满2年的条件,才能作为可抵扣的投资额。法人合伙人投资于多个符合条件的合伙制创投企业,可合并计算其可抵扣的投资额。本期可抵扣的投资额包括本期新增的可抵扣投资额和上期结转的可抵扣投资额。

7. 应分得应纳税所得额的确定

合伙制创投企业应纳税所得额的确定及分配,按照财税〔2008〕159号文件的相关规定执行。法人合伙人投资于多个符合条件的合伙制创投企业,可合并计算其应分得的应纳税所得额。

8. 资料报送时效

合伙制创投企业法人合伙人符合享受优惠条件的,合伙制创投企业应在符合条件的年度终了后3个月内向其主管税务机关报送《有限合伙制创业投资企业法人合伙人应纳税所得额分配情况明细表》。

9. 主要留存备查资料

依据税务总局公告 2018 年第 23 号所附《企业所得税优惠事项管理目录(2017 年版)》,投资于未上市的中小高新技术企业的合伙制创投企业的法人合伙人享受按投资额的一定比例抵扣应纳税所得额优惠政策应留存备查的主要资料有:

(1)发展改革或证监部门出具的符合创业投资企业条件的年度证明材料;

(2)中小高新技术企业投资合同(协议)、章程、实际出资等相关材料;

(3)省、自治区、直辖市和计划单列市高新技术企业认定管理机构出具的中小高新技术企业有效的高新技术企业证书复印件(注明"与原件一致",并加盖公章);

(4)中小高新技术企业基本情况[包括企业职工人数、年销售(营业)额、资产总额、未上市等]说明;

(5)法人合伙人应纳税所得额抵扣情况明细表(见表12-27);

(6)有限合伙制创业投资企业法人合伙人应纳税所得额分配情况明细表(见表12-28)。

表 12-27 法人合伙人应纳税所得额抵扣情况明细表(样本)

法人合伙人应纳税所得额抵扣情况明细表

法人合伙人纳税人识别号:　　法人合伙人企业名称:　　所属期间:　年　月　日至　年　月　日　　金额单位:元

创投企业纳税人识别号	创投企业名称	主管税务机关	本期新增的可抵扣投资额	本期应分得的应纳税所得额	上期结转的可抵扣投资额	本期实际可抵扣投资额	结转下期可抵扣投资额
			1	2	3	4(若1+3<2,则4=1+3;若1+3>2,则4=2)	5=1+3-4
					—	—	—
					—	—	—
	合计						
企业声明	我单位已知悉本事项全部相关政策和管理要求。此表是根据《中华人民共和国企业所得税法》及其实施条例和国家税收规定填报的,是真实、完整的,提交的资料真实、合法、有效。 (企业公章) 财务负责人:　　　　法定代表人(负责人):　　　　年　月　日							
税务机关回执	您单位于　　　年　　月　　日向我机关提交本表及相关资料。 我机关意见:　　　　。 特此告知。 　　　　　　　　　　　　　　　　(税务机关印章) 经办人:　　　　　　　　　　　　　　年　月　日							

填表说明:

①"所属期间"填报公历当年1月1日至12月31日。

②"创投企业纳税人识别号""创投企业名称"和"主管税务机关"填写法人合伙人投资的有限合伙制创业投资企业的税号、名称和主管税务机关。

③"本期新增的可抵扣投资额"填写《有限合伙制创业投资企业法人合伙人应纳税所得额分配情况明细表》中归属于该法人合伙人的新增可抵扣投资额。

④"本期应分得的应纳税所得额"填写《有限合伙制创业投资企业法人合伙人应纳税所得额分配情况明细表》中分配的归属于该法人合伙人的应纳税所得额。

⑤"上期结转的可抵扣投资额"填写法人合伙人上年度结转以后年度的可抵扣投资额。

⑥"本期实际可抵扣投资额"填写本期法人合伙人享受优惠可以抵扣的投资额,如"本期新增的可抵扣投资额"+"上期结转的可抵扣投资额"<"本期应分得的应纳税所得额",则填写"本期新增的可抵扣投资额"+"上期结转的可抵扣投资额"计算得到的金额;如"本期新增的可抵扣投资额"+"上期结转的可抵扣投资额">"本期应分得的应纳税所得额",则填写"本期应分得的应纳税所得额"的金额。

⑦"结转下期可抵扣投资额"按"本期新增的可抵扣投资额"+"上期结转的可抵扣投资额"-"本期实际可抵扣投资额"计算得到的金额填列。

表12-28 有限合伙制创业投资企业法人合伙人应纳税所得额分配情况明细表

有限合伙制创业投资企业法人合伙人应纳税所得额分配情况明细表（样本）

所属期间： 年 月 日 至 年 月 日

金额单位：元

创投企业纳税人识别号		创投企业名称		主管税务机关		
法人合伙人纳税人识别号		法人合伙人企业名称		主管税务机关		

	本期新增符合优惠条件的实缴投资额			本期应纳税所得额	
投资日期	投资额	实缴出资额	投资持有时间	实缴出资额占全部实缴出资额比例	本期新增符合优惠条件的投资额合计(a)	本期新增可抵扣的投资额	应纳税所得额的分配比例	法人合伙人应分得的应纳税所得额(b)
				1	2=a*1	3=2*70%	4	5=b*4

被投资高新技术企业纳税人识别号		高新技术企业名称		投资持有时间	投资年度职工人数	投资年度年销售（营业）额	投资年度资产总额	认定高新技术企业年度	是否已上市	上市日期	是否符合优惠条件

企业声明：

我单位已知悉本事项全部相关政策和管理要求。此表是根据《中华人民共和国企业所得税法》及其实施条例和国家税收规定填报的，是真实、完整的，提交的资料真实、合法、有效。

财务负责人：　　　　　（企业公章）

执行事务合伙人：

您单位于　　年　　月　　日向我机关提交本表及相关资料，我机关同意。
（税务机关意见）（税务机关印章）
特此告知。
经办人：　　年　　月　　日

税务机关回执

填表说明：
①"所属期间"填报公历当年1月1日至12月31日。
②"创投企业纳税人识别号"和"创投企业名称"和"主管税务机关"填写创投有限合伙企业的税号、名称和主管税务机关。
③"本期新增符合优惠条件的实缴投资额"填写本期新增的实缴投资额，不包括本期不符合投资满2年条件的投资额。
④"本期应纳税所得额"按税法规定计算的应纳税所得额。
⑤"法人合伙人纳税人识别号""法人合伙人企业名称"填写投资该有限合伙企业的法人合伙人的税号、名称和企业所得税主管税务机关。
⑥"实缴出资额占全部实缴出资额比例"填写法人合伙人对该实缴出资额占全部实缴出资额的比例。
⑦"本期新增符合优惠条件的投资额"填写"本期新增符合优惠条件的投资额合计"×"出资比例"计算得到的金额。
⑧"本期可抵扣的投资额"填写"本期新增符合优惠条件的投资额"×70%计算得到的金额。
⑨"应纳税所得额的分配比例"填写法人合伙人对该合伙企业应纳税所得额的分配比例。
⑩"被投资高新技术企业纳税人识别号"填写被投资的未上市的中小高新技术企业的税号。
⑪"高新技术企业名称"填写被投资企业名称。
⑫"投资年度职工人数""投资年度年销售（营业）额""投资年度资产总额"填写该被投资企业通过股权投资方式投资满2年的中小高新技术企业投资当年期末的数据。
⑬"投资持有时间"填写投资持有时间，填至月份。
⑭"投资年度"填写被投资中小高新技术企业的投资年度。
⑮"认定高新技术企业年度"填写被投资企业已公开证书颁发的年度。
⑯"是否已上市""上市日期"填写投资的中小高新技术企业具体的上市时间，如未上市，则上市日期不需填写。
⑰"是否符合优惠条件"填写是否符合国税发[2009]87号文件规定的优惠条件，填"是"或"否"。
⑱本表一式四份（可根据法人合伙人数量递增），有限合伙人、法人合伙人和主管税务机关各一份。

(五)合伙制创投企业采取股权投资方式直接投资于初创科技型企业

1. 优惠政策

依据财税〔2018〕55号文件的规定,合伙制创投企业采取股权投资方式投资于初创科技型企业满2年的,该合伙制创投企业的法人合伙人可以按照对初创科技型企业投资额的70%抵扣法人合伙人从合伙制创投企业分得的所得;当年不足抵扣的,可以在以后纳税年度结转抵扣。

2. 投资主体要符合条件

依据《国家税务总局关于创业投资企业和天使投资个人税收政策有关问题的公告》(国家税务总局公告2018年第43号,以下简称税务总局公告2018年第43号)的规定,享受本项税收优惠的创业投资企业有两类:

一类是符合税务总局公告2015年第81号规定条件的合伙制创投企业:合伙制创投企业是指依照《中华人民共和国合伙企业法》《创业投资企业管理暂行办法》和《外商投资创业投资企业管理规定》设立的专门从事创业投资活动的有限合伙企业。

另一类是符合财税〔2018〕55号文件规定条件的合伙制创投企业,应同时符合以下条件:

(1)在中国境内(不含台、港、澳地区)注册成立、实行查账征收的合伙制创投企业,且不属于被投资初创科技型企业的发起人;

(2)符合《创业投资企业管理暂行办法》规定或者《私募基金管理办法》关于创业投资基金的特别规定,按照上述规定完成备案且规范运作;

(3)投资后2年内,创业投资企业及其关联方持有被投资初创科技型企业的股权比例合计应低于50%。

3. 被投资对象要符合条件

初创科技型企业的条件同前。

4. 投资抵扣主体要符合条件

合伙制创投企业的法人合伙人,是指依照《企业所得税法》及其实施条例以及相关规定,实行查账征收企业所得税的居民企业。

5. 投资期限的确定

满2年是指合伙制创投企业投资于初创科技型企业的实缴投资满2年,投资时间从初创科技型企业接受投资并完成工商变更登记的日期算起。2018年1月1日执行前2年内发生的投资,在执行日期后投资满2年,且符合政策规定的其他条件的,可以适用此项税收优惠政策。

财税〔2019〕13号文件第五条第二款规定,2019年1月1日至2021年12月31日期间发生的投资,投资满2年且符合财税〔2019〕13号文件第五条第一款规定的从业人数、资产总额、年销售收入条件和财税〔2018〕55号文件规定的其他条件的,可以适用财税〔2018〕55号文件规定的税收政策。财税〔2019〕13号文件第五条第三款规定,2019年1月1日前2年内发生的投资,自2019年1月1日起投资满2年且符合财税〔2019〕13号文件第五第一款规定的从业人数、资产总额、年销售收入条件和财税〔2018〕55号文件规定的其他条件的,可以适用财税〔2018〕55号文件规定的税收政策。

6. 投资额的确定

享受本项税收优惠政策的投资,仅限于通过向被投资初创科技型企业直接支付现金方式取得的股权投资,不包括受让其他股东的存量股权。合伙制创投企业的合伙人对初创科技型企业的投资额,按照合伙制创投企业对初创科技型企业的实缴投资额和合伙协议约定的合伙人占合伙制创投企业的出资比例计算确定。出资比例,按投资满2年当年年末各合伙人对合伙制创投企业的实缴出资额占所有合伙人全部实缴出资额的比例计算。

7. 可抵扣投资额的确定

投资额须满足投资于初创科技型企业满2年的条件,才能作为可抵扣的投资额。法人合伙人投资于多个符合条件的合伙制创投企业,可合并计算其可抵扣的投资额。本期可抵扣的投资额包括本期新增的可抵扣投资额和上期结转的可抵扣投资额。

8. 应分得所得的确定

合伙人从合伙制创投企业分得的所得,按照财税〔2008〕159号文件的规定计算。法人合伙人投资于多个符合条件的合伙制创投企业,可合并计算其应分得的所得。

9. 资料报送时效

合伙制创投企业的法人合伙人符合享受优惠条件的,合伙制创投企业应在投资初创科技型企业满2年的年度以及分配所得的年度终了后及时向法人合伙人提供《合伙制创投企业法人合伙人所得分配情况明细表》。

10. 主要留存备查资料

依据税务总局公告2018年第23号所附《企业所得税优惠事项管理目录(2017年版)》,投资于初创科技型企业的合伙制创投企业的法人合伙人享受按投资额的一定比例抵扣应纳税所得额优惠政策应留存备查的主要资料有:

(1)发展改革或证监部门出具的符合创业投资企业条件的年度证明材料;

(2)初创科技型企业接受现金投资时的投资合同(协议)、章程、实际出资的相关证明材料;

(3)创业投资企业与其关联方持有初创科技型企业的股权比例的说明;

(4)被投资企业符合初创科技型企业条件的有关资料:接受投资时从业人数、资产总额、年销售收入和大学本科以上学历的从业人数比例的情况说明;接受投资时设立时间不超过5年的证明材料;接受投资时以及接受投资后2年内未在境内外证券交易所上市情况说明;接受投资当年及下一纳税年度研发费用总额占成本费用总额比例的情况说明;

(5)法人合伙人投资于合伙制创投企业的出资时间、出资金额、出资比例及分配比例的相关证明材料、合伙制创投企业主管税务机关受理后的《合伙制创投企业法人合伙人所得分配情况明细表》(见表12-29)。

表12-29 合伙制创投企业法人合伙人所得分配情况明细表(样本)

合伙制创投企业法人合伙人所得分配情况明细表

所属期间： 年 月 日 至 年 月 日

全额单位：元(列至角分)

创投企业统一社会信用代码（纳税人识别号）	创投企业名称	主管税务机关						
法人合伙人统一社会信用代码（纳税人识别号）	法人合伙人企业名称	主管税务机关	本期新增符合优惠条件的实缴投资额合计(a)			本期所得(b)		
			实缴出资额占全部实缴出资额比例(%)	投资时间	本期新增符合优惠条件的投资额		所得的分配比例(%)	法人合伙人应分得的所得
			1		2=a*1		4	5=b*4
初创科技型企业统一社会信用代码（纳税人识别号）	初创科技型企业名称	主管税务机关	接受投资日期	成立日期	本期新增可抵扣的投资额	资产总额	从业人数	具有大学本科以上学历的从业人数所占比例
					3=2*70%			
					年销售收入	研发费用占成本费用比例	是否已上市	征收方式

企业声明：

我单位已知悉本事项全部相关政策和管理要求。此表是根据《中华人民共和国企业所得税法》及其实施条例和国家税收规定填报的，是真实、完整的，提供的资料真实、合法、有效。

(企业公章)

财务负责人： 执行事务合伙人： 年 月 日

填表说明：①"所属期间"填报公历当年1月1日至12月31日。

②"创投企业统一社会信用代码(纳税人识别号)"、"创投企业名称"和"主管税务机关"填写合伙创投企业的统一社会信用代码或纳税人识别号、名称和主管税务机关。

③"本期新增符合优惠条件的实缴投资额合计"填写合伙创投企业本期新增符合优惠条件的投资额。

④"本期所得"填写合伙创投企业本期按规定计算并分配不予弥补的所得。

⑤"法人合伙人统一社会信用代码(纳税人识别号)"、"法人合伙人企业名称"和"主管税务机关"填写法人合伙人的统一社会信用代码或纳税人识别号、名称和主管税务机关。

⑥"实缴出资额"、"实缴出资额占全部实缴出资额比例"填写法人合伙人投资合伙创投企业的实缴出资额本期末其占全部实缴出资额的比例。"投资时间"填写法人合伙人对合伙创投企业的实缴出资时间。

⑦"本期新增符合优惠条件的投资额"填写"本期新增符合优惠条件的实缴投资额合计"ד出资比例"计算得到的金额。

⑧"本期新增可抵扣的投资额"填写"本期新增符合优惠条件的投资额"×70%计算得到的金额。

⑨"所得的分配比例"填写法人合伙人对所得的分配比例。

⑩"法人合伙人应分得的所得"填写"本期所得"ד所得的分配比例"计算得到的金额。

⑪"初创科技型企业统一社会信用代码(纳税人识别号)"、"初创科技型企业名称"和"主管税务机关"填写初创科技型企业的统一社会信用代码或纳税人识别号、名称和主管税务机关。

⑫"接受投资日期"、"成立日期"填写初创科技型企业接受投资日期以及登记注册的成立日期。

⑬"从业人数"、"具有大学本科以上学历的从业人数所占比例"填写初创科技型企业接受投资时以及接受投资后2年内是否在境内外交易场所上市，填写"是"或"否"。

⑭"研发费用占成本费用比例"填写初创科技型企业接受投资当年下一纳税年度的研发费用总额占同期成本费用总额合计的比例。

⑮"是否已上市"填写初创科技型企业接受投资以及接受投资后2年内是否在境内外交易场所上市，填写"是"或"否"。

⑯"征收方式"根据初创科技型企业实际所得税征收方式，填写"核定征收"或"查账征收"。

⑰合伙创投企业应在投资满2年的年度终了后及汇算清缴时向法人合伙人提供本表作为留存备查资料。

二、抵扣应纳税所得额优惠的填报

(一)填报要求

抵扣应纳税所得额优惠需要填报《抵扣应纳税所得额明细表》(A107030)。

表 A107030 适用于享受创业投资企业抵扣应纳税所得额优惠(含结转)的纳税人填报。纳税人根据企业所得税税法及其实施条例、国税发〔2009〕87 号文件、财税〔2009〕69 号文件、财税〔2015〕116 号文件、税务总局公告 2015 年第 81 号、财税〔2018〕55 号文件和税务总局公告 2018 年第 43 号等规定,填报本年度发生的创业投资企业抵扣应纳税所得额优惠情况。

企业只要本年有新增符合条件的投资额、从合伙制创投企业分得的应纳税所得额或以前年度结转的尚未抵扣的股权投资余额,无论本年是否抵扣应纳税所得额,均需填报本表。

企业同时存在创业投资企业直接投资和通过合伙制创投企业投资两种情形的,应先填写本表的"二、通过有限合伙制创业投资企业投资按一定比例抵扣分得的应纳税所得额"。

(二)创业投资企业(非合伙制)的填报方式

表 A107030 的第一部分为"一、创业投资企业直接投资按投资额一定比例抵扣应纳税所得额",即由创业投资企业(非合伙制)纳税人填报其以股权投资方式直接投资未上市的中小高新技术企业和投资于初创科技型企业 2 年(24 个月,下同)以上限额抵扣应纳税所得额的金额。对于通过合伙制创投企业间接投资未上市的中小高新技术企业和投资于初创科技型企业享受优惠政策填写本表第 9 行至第 14 行。具体行次如下:

(1)第 1 行"本年新增的符合条件的股权投资额":填报创业投资企业采取股权投资方式投资于未上市的中小高新技术企业和投资于初创科技型企业满 2 年的,本年新增的符合条件的股权投资额。本行第 1 列 = 本行第 2 列 + 本行第 3 列。无论企业本年是否盈利,有符合条件的投资额即填报本表,以后年度盈利时填写第 4 行"以前年度结转的尚未抵扣的股权投资余额"。

(2)第 3 行"本年新增的可抵扣的股权投资额":本行填报第 1×2 行金额。本行第 1 列 = 本行第 2 列 + 本行第 3 列。

(3)第 4 行"以前年度结转的尚未抵扣的股权投资余额":填报以前年度符合条件的尚未抵扣的股权投资余额。

(4)第 5 行"本年可抵扣的股权投资额":本行填报第 3 + 4 行的合计金额。

(5)第 6 行"本年可用于抵扣的应纳税所得额合计金额":本行第 1 列填报主表第 19 - 20 - 21 行 - 本表第 13 行第 1 列"本年实际抵扣应分得的应纳税所得额"的金额,若金额小于零,则填报零。

(6)第 7 行"本年实际抵扣应纳税所得额":若第 5 行第 1 列 ≤ 第 6 行第 1 列,则本行第 1 列 = 第 5 行第 1 列;若第 5 行第 1 列 > 第 6 行第 1 列,则本行第 1 列 = 第 6 行第 1 列。本行第 1 列 = 本行第 2 列 + 本行第 3 列。

(7)第 8 行"结转以后年度抵扣的股权投资余额":填报本年可抵扣的股权投资额大于本年实际抵扣应纳税所得额时,抵扣后余额部分结转以后年度抵扣的金额。

(三)有限合伙制创业投资企业的填报方式

表 A107030 的第二部分为"二、通过有限合伙制创业投资企业投资按一定比例抵扣分得的应纳税所得额",即企业作为合伙制创投企业的合伙人,通过合伙企业间接投资未上市中小高新技术企业和初创科技型企业,享受合伙制创投企业法人合伙人按投资额的一定比例抵扣应纳税所得额政策,在本部分填报。

(1)第 9 行"本年从有限合伙创投企业应分得的应纳税所得额":填写企业作为法人合伙人,通过合伙制创投企业投资未上市的中小高新技术企业或者投资于初创科技型企业,无论本年是否盈利、是否抵扣应纳税所得额,只要本年从合伙制创投企业中分配归属于该法人合伙人的应纳税所得额,需填写本行。本行第 1 列 = 本行第 2 列 + 本行第 3 列。

(2)第 10 行"本年新增的可抵扣投资额":填写企业作为法人合伙人,通过合伙制创投企业投资未上市中小高新技术企业和初创科技型企业,本年投资满 2 年符合条件的可抵扣投资额中归属于该法人合伙人的本年新增可抵扣投资额。无论本年是否盈利、是否需要抵扣应纳税所得额,均需填写本行。本行第 1 列 = 本行第 2 列 + 本行第 3 列。

合伙制创投企业的法人合伙人对未上市中小高新技术企业和初创科技型企业的投资额,按照合伙制创投企业的投资额和合伙协议约定的法人合伙人占合伙制创投企业的出资比例计算确定。其中,合伙制创投企业的投资额按实缴投资额计算;法人合伙人占合伙制创投企业的出资比例按法人合伙人对合伙制创投企业的实缴出资额占该合伙制创投企业的全部实缴出资额的比例计算。

(3)第 11 行"以前年度结转的可抵扣投资额":填写法人合伙人上年度未抵扣,可以结转到本年及以后年度的可抵扣投资额。

(4)第 12 行"本年可抵扣投资额":填写本年法人合伙人可用于抵扣的投资额合计,包括本年新增和以前年度结转两部分,等于第 10 行 + 第 11 行。

(5)第 13 行"本年实际抵扣应分得的应纳税所得额":填写本年法人合伙人享受优惠实际抵扣的投资额,本行第 1 列为第 9 行第 1 列"本年从有限合伙创投企业应分得的应纳税所得额"、第 12 行第 1 列"本年可抵扣投资额"、主表第 19 - 20 - 21 行的三者孰小值,若金额小于零,则填报零。本行第 1 列 = 第 2 + 3 列。

(6)第 14 行"结转以后年度抵扣的投资额余额":本年可抵扣投资额大于应分得的应纳税所得额时,抵扣后余额部分结转以后年度抵扣的金额。

(四)合计应纳税所得额

表 A107030 的第三部分为"三、抵扣应纳税所得额合计":上述优惠合计额,填入主表计算应纳税所得额。

第 15 行"合计" = 7 行 + 13 行;本行第 1 列 = 本行第 2 列 + 本行第 3 列。

表 A107030 第 15 行第 1 列的金额 = 主表第 22 行"减:抵扣应纳税所得额"。

(五)列次填报

第 1 列填报抵扣应纳税所得额的整体情况,第 2 列填报投资于未上市中小高新技术企业部分,第 3 列填报投资于种子期、初创期科技型企业部分。

【例 12-14】A 法人制创业投资企业分别于 2016 年 1 月、2017 年 2 月、2018 年 3 月和 2019 年 4 月以股权投资方式每年向 B 企业投资 300 万元。B 企业于 2014 年 1 月成立,成立时不超过中小企业标准;2015 年 8 月被认定为高新技术企业;2018 年 12 月企业规模超过中小企业标准,但仍符合高新技术企业标准。A创业投资企业2018和2019年享受抵扣应纳税所得额优惠之前的应纳税所得额分别为200万元、380万元。

税务处理:A企业2016年1月向B企业的投资,应自2016年8月B企业被认定为高新技术企业起开始投资期限满2年(24个月)的计算,至2018年7月满24个月,2018年新增的符合条件的股权投资额为300万元,新增的可抵扣的股权投资额为210万元,A企业2018年享受抵扣应纳税所得额优惠之前的应纳税所得额为200万元,实际抵扣应纳税所得额200万元,结转以后年度抵扣的股权投资余额10万元。A企业2017年2月向B企业的投资,应自2017年2月起开始投资期限满2年(24个月)的计算,至2019年1月满24个月,2019年新增的符合条件的股权投资额为300万元,新增的可抵扣的股权投资额为210万元,上年结转的尚未抵扣的股权投资余额10万元,2019年可抵扣的股权投资额为220万元,A企业2019年享受抵扣应纳税所得额优惠之前的应纳税所得额为380万元,实际抵扣应纳税所得额为220万元。2018年3月向B企业的投资,应自2018年3月起开始投资期限满2年(24个月)的计算,至2020年2月满24个月;该投资期限确定后,在该期限内B企业规模超过中小企业标准,但仍符合高新技术企业标准的,不影响A企业2018年3月向B企业的投资额享受抵扣应纳税所得额优惠政策。A企业2019年4月向B企业的投资,由于是在B企业2018年12月规模超过中小企业标准后的投资,不得再计算为符合条件的股权投资额。A企业2018年和2019年抵扣应纳税所得额优惠的填报见表12-30和表12-31。

表12-30 直接投资抵扣应纳税所得额优惠填报示例(一)

A107030　　　　　　　　　　　　　　抵扣应纳税所得额明细表　　　　　　　　　　　　金额单位:元

行次	项目	合计金额 1=2+3	投资于未上市中小高新技术企业 2	投资于种子期、初创期科技型企业 3
一、创业投资企业直接投资按投资额一定比例抵扣应纳税所得额				
1	本年新增的符合条件的股权投资额	3 000 000.00	3 000 000.00	0.00
2	税收规定的抵扣率	70%	70%	70%
3	本年新增的可抵扣的股权投资额(1×2)	2 100 000.00	2 100 000.00	0.00
4	以前年度结转的尚未抵扣的股权投资余额	0.00	*	*
5	本年可抵扣的股权投资额(3+4)	2 100 000.00	*	*
6	本年可用于抵扣的应纳税所得额	2 000 000.00	*	*
7	本年实际抵扣应纳税所得额	2 000 000.00	2 000 000.00	0.00
8	结转以后年度抵扣的股权投资余额	100 000.00	*	*
二、通过有限合伙制创业投资企业投资按一定比例抵扣分得的应纳税所得额				
9	本年从有限合伙创投企业应分得的应纳税所得额	0.00	0.00	0.00
10	本年新增的可抵扣投资额	0.00	0.00	0.00
11	以前年度结转的可抵扣投资额余额	0.00	*	*
12	本年可抵扣投资额(10+11)	0.00	*	*
13	本年实际抵扣应分得的应纳税所得额	0.00	0.00	0.00
14	结转以后年度抵扣的投资额余额	0.00	*	*
三、抵扣应纳税所得额合计				
15	合计(7+13)	2 000 000.00	2 000 000.00	0.00

表 12-31　直接投资抵扣应纳税所得额优惠填报示例(二)

A107030　　　　　　　　　　　　　抵扣应纳税所得额明细表　　　　　　　　　　　　金额单位:元

行次	项目	合计金额 1=2+3	投资于未上市中小高新技术企业 2	投资于种子期、初创期科技型企业 3
	一、创业投资企业直接投资按投资额一定比例抵扣应纳税所得额			
1	本年新增的符合条件的股权投资额	3 000 000.00	3 000 000.00	0.00
2	税收规定的抵扣率	70%	70%	70%
3	本年新增的可抵扣的股权投资额(1×2)	2 100 000.00	2 100 000.00	0.00
4	以前年度结转的尚未抵扣的股权投资余额	100 000.00	*	*
5	本年可抵扣的股权投资额(3+4)	2 200 000.00	*	*
6	本年可用于抵扣的应纳税所得额	3 800 000.00	*	*
7	本年实际抵扣应纳税所得额	2 200 000.00	2 100 000.00	0.00
8	结转以后年度抵扣的股权投资余额	0.00	*	*
	二、通过有限合伙制创业投资企业投资按一定比例抵扣分得的应纳税所得额			
9	本年从有限合伙创投企业应分得的应纳税所得额	0.00	0.00	0.00
10	本年新增的可抵扣投资额	0.00	0.00	0.00
11	以前年度结转的可抵扣投资额余额	0.00	*	*
12	本年可抵扣投资额(10+11)	0.00	*	*
13	本年实际抵扣应分得的应纳税所得额	0.00	0.00	0.00
14	结转以后年度抵扣的投资额余额	0.00	*	*
	三、抵扣应纳税所得额合计			
15	合计(7+13)	2 200 000.00	2 100 000.00	0.00

【例 12-15】假设例 12-14 中的资料不变,A 企业属于《财政部 国家税务总局关于创业投资企业和天使投资个人有关税收试点政策的通知》(财税[2017]38 号。该文件中的优惠政策自 2017 年 1 月 1 日起在部分地区试点,已被财税[2018]55 号文件自 2018 年 7 月 1 日起废止,笔者注)规定的创业投资企业和天使投资个人有关税收试点政策的试点地区。A 企业还于 2017 年 8 月向合伙制创投企业 C 实缴出资 510 万元,合伙协议约定,C 企业的生产经营所得和其他所得按合伙人的实缴出资比例分配,至 2019 年底,A 企业占 C 企业的实缴出资比例一直为 51%。C 企业 2017 年 10 月以直接支付现金方式向初创科技型企业 D 股权投资 1 000 万元。2019 年,A 企业享受抵扣应纳税所得额优惠之前的应纳税所得额 380 万元中,包括应分得的 C 企业 2019 年度所得 204 万元。

税务处理:A 企业 2016 年 8 月向 B 企业的投资至 2018 年 7 月满 24 个月,2018 年新增的可抵扣的股权投资额为 210 万元,实际抵扣应纳税所得额 200 万元,结转以后年度抵扣的股权投资余额 10 万元。C 企业 2017 年 10 月向 D 企业的投资至 2019 年 9 月满 24 个月,因此,A 企业 2019 年通过 C 企业投资 D 企业新增的可抵扣投资额为 357 万元(=1 000 万元×70%×51%),应分得的 C 企业 2019 年度所得为 204 万元,通过合伙制创投企业投资实际抵扣应分得的应纳税所得额为 204 万元,结转以后年度抵扣的投资额余额为 153 万元。A 企业 2017 年 2 月向 B 企业的投资至 2019 年 1 月满 24 个月,2019 年新增的可抵扣的股权投资额为 210 万元,上年结转的尚未抵扣的股权投资余额 10 万元,2019 年可抵扣的股权投资额为 220 万元,A 企业 2019 年享受抵扣应纳税所得额优惠之前的应纳税所得额为380万元,剔除从C企业分得的所得204万元,可用于抵扣直接投资的应纳税所得额为176万元,因此直接向B企业的投资实际抵扣应纳税所得额为176万元,结转以后年度抵扣的股权投资余额44万元。A企业2019年抵扣应纳税所得额优惠的填报见表12-32。

表12-32　同一年度直接投资和间接投资抵扣应纳税所得额优惠填报示例

A107030　抵扣应纳税所得额明细表　金额单位:元

行次	项目	合计金额 1=2+3	投资于未上市中小高新技术企业 2	投资于种子期、初创期科技型企业 3
一、创业投资企业直接投资按投资额一定比例抵扣应纳税所得额				
1	本年新增的符合条件的股权投资额	3 000 000.00	3 000 000.00	0.00
2	税收规定的抵扣率	70%	70%	70%
3	本年新增的可抵扣的股权投资额(1×2)	2 100 000.00	2 100 000.00	0.00
4	以前年度结转的尚未抵扣的股权投资余额	100 000.00	*	*
5	本年可抵扣的股权投资额(3+4)	2 200 000.00	*	*
6	本年可用于抵扣的应纳税所得额	1 760 000.00	*	*
7	本年实际抵扣应纳税所得额	1 760 000.00	1 760 000.00	0.00
8	结转以后年度抵扣的股权投资余额	440 000.00	*	*
二、通过有限合伙制创业投资企业投资按一定比例抵扣分得的应纳税所得额				
9	本年从有限合伙创投企业应分得的应纳税所得额	2 040 000.00	0.00	2 040 000.00
10	本年新增的可抵扣投资额	3 570 000.00	0.00	3 570 000.00
11	以前年度结转的可抵扣投资额余额	0.00	*	*
12	本年可抵扣投资额(10+11)	3 570 000.00	*	*
13	本年实际抵扣应分得的应纳税所得额	2 040 000.00	0.00	2 040 000.00
14	结转以后年度抵扣的投资额余额	1 530 000.00	*	*
三、抵扣应纳税所得额合计				
15	合计(7+13)	3 800 000.00	1 760 000.00	2 040 000.00

第七节　减免所得税优惠政策及其填报

一、减免所得税优惠政策

对居民企业来说,减免所得税优惠同样有税法规定的一般减免所得税优惠和有关政策规定的专项减免所得税优惠。一般减免所得税优惠指《企业所得税法》第二十八条规定的符合条件的小型微利企业、国家需要重点扶持的高新技术企业减征所得税优惠,第二十九条规定的民族自治地方的自治机关决定的对本民族自治地方企业减免地方分享所得税的优惠。目前,专项减免所得税优惠有:经济特区和上海浦东新区新设立的高新技术企业在区内取得的所得定期减免企业所得税,动漫企业自主开发、生产动漫产品定期减免企业所得税,集成电路生产企业、集成电路设计企业、软件企业、集成电路封装、测试企业、集成电路关键专用材料生产企业、集成电路专用设备生产企业、技术先进型服务企业减免企业所得税等20多项优惠政策。

(一)符合条件的小型微利企业减征企业所得税

《企业所得税法》第二十八条第一款规定,符合条件的小型微利企业,减按20%的税率征收企业所得税。依据财税〔2019〕13号文件第二条规定,自2019年1月1日至2021年12月31日,对小型微利企业年应纳税所得额不超过100万元的部分,减按25%计入应纳税所得额,按20%的税率缴纳企业所得税;对年应纳税所得额超过100万元但不超过300万元的部分,减按50%计入应纳税所得额,按20%的税率缴纳企业所得税。

1. 小型微利企业的条件

1)《企业所得税法实施条例》的规定 依据《企业所得税法实施条例》第九十二条的规定,符合条件的小型微利企业,是指从事国家非限制和禁止行业,并符合下列条件的企业:

(1)工业企业,年度应纳税所得额不超过30万元,从业人数不超过100人,资产总额不超过3 000万元;

(2)其他企业,年度应纳税所得额不超过30万元,从业人数不超过80人,资产总额不超过1 000万元。

2)财税〔2019〕13号文件的规定 财税〔2019〕13号文件第二条明确,自2019年1月1日至2021年12月31日,小型微利企业是指从事国家非限制和禁止行业,且同时符合年度应纳税所得额不超过300万元、从业人数不超过300人、资产总额不超过5 000万元等三个条件的企业。

从业人数,包括与企业建立劳动关系的职工人数和企业接受的劳务派遣用工人数。所称从业人数和资产总额指标,应按企业全年的季度平均值确定。具体计算公式如下:

季度平均值=(季初值+季末值)÷2

全年季度平均值=全年各季度平均值之和÷4

年度中间开业或者终止经营活动的,以其实际经营期作为一个纳税年度确定上述相关指标。

2. 优惠管理

依据《国家税务总局关于实施小型微利企业普惠性所得税减免政策有关问题的公告》(国家税务总局公告2019年第2号,以下简称税务总局公告2019年第2号)第一条规定,小型微利企业无论按查账征收方式或核定征收方式缴纳企业所得税,均可享受上述优惠政策。依据税务总局公告2019年第2号第五条的规定,小型微利企业在预缴和汇算清缴企业所得税时,通过填写纳税申报表相关内容,即可享受小型微利企业所得税减免政策。税务总局公告2019年第2号第七条明确,企业预缴企业所得税时已享受小型微利企业所得税减免政策,汇算清缴企业所得税时不符合财税〔2019〕13号文件第二条规定的,应当按照规定补缴企业所得税税款。

3. 主要留存备查资料

依据税务总局公告2018年第23号所附《企业所得税优惠事项管理目录(2017年版)》,符合条件的小型微利企业享受减征企业所得税优惠的,应留存备查的主要资料有:

(1)所从事行业不属于限制和禁止行业的说明;

(2)从业人数的计算过程;

(3)资产总额的计算过程。

(二)国家需要重点扶持的高新技术企业:低税率优惠

《企业所得税法》第二十八条第二款规定,国家需要重点扶持的高新技术企业,减按15%的税率征收企业所得税。

1. 高新技术企业的条件

依据《企业所得税法实施条例》第九十三条的规定,《企业所得税法》第二十八条第二款所称国家需要重点扶持的高新技术企业,是指拥有核心自主知识产权,并同时符合规定条件的企业。规定条件中的《国家重点支持的高新技术领域》和高新技术企业认定管理办法由国务院科技、财政、税务主管部门商国务院有关部门制订,报国务院批准后公布施行。《科技部 财政部 国家税务总局关于修订印发〈高新技术企业认定管理办法〉的通知》(国科发火〔2016〕32号,以下简称国科发火〔2016〕32号文件)第二条明确,高新技术企业是指:在《国家重点支持的高新技术领域》内,持续进行研究开发与技术成果转化,形成企业核心自主知识产权,并以此为基础开展经营活动,在中国境内(不包括台、港、澳地区)注册的居民企业。《企业所得税法实施条例》和国科发火〔2016〕32号文件均规定了可享受企业所得税优惠的高新技术企业的条件,见表12-33。

表12-33 高新技术企业的条件

项目	企业所得税法实施条例	国科发火〔2016〕32号文件
注册时间	无要求	企业申请认定时须注册成立一年以上
知识产权	拥有核心自主知识产权	企业通过自主研发、受让、受赠、并购等方式,获得对其主要产品(服务)在技术上发挥核心支持作用的知识产权的所有权
产品(服务)范围	产品(服务)属于《国家重点支持的高新技术领域》规定的范围	对企业主要产品(服务)发挥核心支持作用的技术属于《国家重点支持的高新技术领域》规定的范围
研究开发费用	研究开发费用占销售收入的比例不低于规定比例	企业近三个会计年度(实际经营期不满三年的按实际经营时间计算,下同)的研究开发费用总额占同期销售收入总额的比例符合如下要求: ①最近一年销售收入小于5 000万元(含)的企业,比例不低于5%; ②最近一年销售收入在5 000万元至2亿元(含)的企业,比例不低于4%; ③最近一年销售收入在2亿元以上的企业,比例不低于3%。 其中,企业在中国境内发生的研究开发费用总额占全部研究开发费用总额的比例不低于60%
高新技术收入占比	高新技术产品(服务)收入占企业总收入的比例不低于规定比例	近一年高新技术产品(服务)收入占企业同期总收入的比例不低于60%
科研人员比例	科技人员占企业职工总数的比例不低于规定比例	企业从事研发和相关技术创新活动的科技人员占企业当年职工总数的比例不低于10%
其他条件	高新技术企业认定管理办法规定的其他条件	企业创新能力评价应达到相应要求;企业申请认定前一年内未发生重大安全、重大质量事故或严重环境违法行为

《财政部 国家税务总局关于高新技术企业境外所得适用税率及税收抵免问题的通知》(财税〔2011〕47号)明确,以境内、境外全部生产经营活动有关的研究开发费用总额、总收入、销售收入总额、高新技术产品(服务)收入等指标申请并经认定的高新技术企业,其来源于境外的所得可以享受高新技术企业所得税优惠政策,即对其来源于境外所得可以按照15%的优惠税率缴纳企业所得税,在计算境外抵免限额时,可按照15%的优惠税率计算境内外应纳税总额。

2. 高新技术企业的认定程序

高新技术企业要依据国科发火〔2016〕32号文件规定的条件和程序进行认定。通过认定的高新技术企业,其资格自颁发证书之日起有效期为三年。企业获得高新技术企业资格后,自高新技术企业证书颁发之日所在年度起享受税收优惠,并应每年5月底前在"高新技术企业认定管理工作网"填报上一年度知识产权、科技人员、研发费用、经营收入等年度发展情况报表。《国家税务总局关于实施高新技术企业所得税优惠政策有关问题的公告》(国家税务总局公告2017年第24号,以下简称税务总局公告2017年第24号)明确,企业获得高新技术企业资格后,自高新技术企业证书注明的发证时间所在年度起申报享受税收优惠。

1)企业申请　企业对照认定条件进行自我评价。认为符合认定条件的在"高新技术企业认定管理工作网"注册登记,向认定机构提出认定申请。申请时提交下列材料:

(1)高新技术企业认定申请书;

(2)证明企业依法成立的相关注册登记证件;

(3)知识产权相关材料、科研项目立项证明、科技成果转化、研究开发的组织管理等相关材料;

(4)企业高新技术产品(服务)的关键技术和技术指标、生产批文、认证认可和相关资质证书、产品质量检验报告等相关材料;

(5)企业职工和科技人员情况说明材料;

(6)经具有资质的中介机构出具的企业近三个会计年度研究开发费用和近一个会计年度高新技术产品(服务)收入专项审计或鉴证报告,并附研究开发活动说明材料;

(7)经具有资质的中介机构鉴证的企业近三个会计年度的财务会计报告(包括会计报表、会计报表附注和财务情况说明书);

(8)近三个会计年度企业所得税年度纳税申报表。

2)专家评审　认定机构应在符合评审要求的专家中,随机抽取组成专家组。专家组对企业申报材料进行评审,提出评审意见。

3)审查认定　认定机构结合专家组评审意见,对申请企业进行综合审查,提出认定意见并报领导小组办公室。认定企业由领导小组办公室在"高新技术企业认定管理工作网"公示10个工作日,无异议的,予以备案,并在"高新技术企业认定管理工作网"公告,由认定机构向企业颁发统一印制的"高新技术企业证书";有异议的,由认定机构进行核实处理。

对于涉密企业,按照国家有关保密工作规定,在确保涉密信息安全的前提下,按认定工作程序组织认定。

3. 高新技术企业的后续管理

对取得高新技术企业资格且享受税收优惠的高新技术企业,税务部门如在日常管理过程中,发现其在高新技术企业认定过程中或享受优惠期间不符合《高新技术企业认定管理办法》第十一条规定的认定条件的,应提请认定机构复核。复核后确认不符合认定条件的,由认定机构取消其高新技术企业资格,并通知税务机关追缴其证书有效期内自不符合认定条件年度起已享受的税收优惠。

高新技术企业发生更名或与认定条件有关的重大变化(如分立、合并、重组以及经营业务发生变化等)应在三个月内向认定机构报告。经认定机构审核符合认定条件的,其高新技术企业资格不变,对于企业更名的,重新核发认定证书,编号与有效期不变;不符合认定条件的,自更名或条件变化年度起取消其高新技术企业资格。

跨认定机构管理区域整体迁移的高新技术企业,在其高新技术企业资格有效期内完成迁移的,其资格继续有效;跨认定机构管理区域部分搬迁的,由迁入地认定机构按照国科发火〔2016〕32号文件规定重新认定。

4. 高新技术企业资格的取消

已认定的高新技术企业有下列行为之一的,由认定机构取消其高新技术企业资格:

(1)在申请认定过程中存在严重弄虚作假行为的;

(2)发生重大安全、重大质量事故或有严重环境违法行为的;

(3)未按期报告与认定条件有关重大变化情况,或累计两年未填报年度发展情况报表的。

对被取消高新技术企业资格的企业,由认定机构通知税务机关按《税收征管法》及有关规定,追缴其自发生上述行为之日所属年度起已享受的高新技术企业税收优惠。

5. 主要留存备查资料

依据税务总局公告2018年第23号所附《企业所得税优惠事项管理目录(2017年版)》,国家需要重点扶持的高新技术企业享受减按15%的税率征收企业所得税优惠的,应留存备查的主要资料有:

(1)高新技术企业资格证书;

(2)高新技术企业认定资料;

(3)知识产权相关材料;

(4)年度主要产品(服务)发挥核心支持作用的技术属于《国家重点支持的高新技术领域》规定范围的说明,高新技术产品(服务)及对应收入资料;

(5)年度职工和科技人员情况证明材料;

(6)当年和前两个会计年度研发费用总额及占同期销售收入比例、研发费用管理资料以及研发费用辅助账,研发费用结构明细表。

(三)民族自治地方企业:减免地方分享的所得税

《企业所得税法》第二十九条规定,民族自治地方的自治机关对本民族自治地方的企业应缴纳的企业所得税中属于地方分享的部分,可以决定减征或者免征。自治州、自治县决定减征或者免征的,须报省、自治区、直辖市人民政府批准。《企业所得税法实施条例》第九十四条明确,《企业所得税法》第二十九条所称民族自治地方,是指依照《中华人民共和国民族区域自治法》的规定,实行民族区域自治的自治区、自治州、自治县。对民族自治地方内国家限制和禁止行业的企业,不得减征或者免征企业所得税。

《财政部 国家税务总局关于贯彻落实国务院关于实施企业所得税过渡优惠政策有关问题的通知》(财税〔2008〕21号,以下简称财税〔2008〕21号文件)要求,对2008年1月1日后民族自治地方批准享受减免税的企业,一律按《企业所得税法》第二十九条的规定执行,即对民族自治地方的企业减免企业所得税,仅限于减免企业所得税中属于地方分享的部分,不得减免属于中央分享的部分。

（四）经济特区和上海浦东新区新设立的高新技术企业在区内取得的所得：两免三减半

1. 优惠政策

《国务院关于经济特区和上海浦东新区新设立高新技术企业实行过渡性税收优惠的通知》（国发〔2007〕40号，以下简称国发〔2007〕40号文件）规定，对经济特区和上海浦东新区内在2008年1月1日（含）之后完成登记注册的国家需要重点扶持的高新技术企业（以下简称新设高新技术企业），在经济特区和上海浦东新区内取得的所得，自取得第一笔生产经营收入所属纳税年度起，第一年至第二年免征企业所得税，第三年至第五年按照25%的法定税率减半征收企业所得税。

经济特区和上海浦东新区内新设高新技术企业同时在经济特区和上海浦东新区以外的地区从事生产经营的，应当单独计算其在经济特区和上海浦东新区内取得的所得，并合理分摊企业的期间费用；没有单独计算的，不得享受企业所得税优惠。

2. 主要留存备查资料

依据税务总局公告2018年第23号所附《企业所得税优惠事项管理目录（2017年版）》，经济特区和上海浦东新区新设立的高新技术企业在区内取得的所得享受定期减免企业所得税优惠的，应留存备查的主要资料有：

(1) 高新技术企业资格证书；

(2) 高新技术企业认定资料；

(3) 知识产权相关材料；

(4) 年度主要产品（服务）发挥核心支持作用的技术属于《国家重点支持的高新技术领域》规定范围的说明，高新技术产品（服务）及对应收入资料；

(5) 年度职工和科技人员情况证明材料；

(6) 当年和前两个会计年度研发费用总额及占同期销售收入比例、研发费用管理资料以及研发费用辅助账，研发费用结构明细表；

(7) 新办企业取得第一笔生产经营收入凭证（原始凭证及账务处理凭证）；

(8) 区内区外所得的核算资料。

（五）动漫企业自主开发、生产动漫产品：两免三减半

1. 优惠政策

《财政部 国家税务总局关于扶持动漫产业发展有关税收政策问题的通知》（财税〔2009〕65号，以下简称财税〔2009〕65号文件）第二条规定，从2009年1月1日起，经认定的动漫企业自主开发、生产动漫产品，可申请享受国家现行鼓励软件产业发展的所得税优惠政策。

2. 认定标准和认定程序

动漫企业和自主开发、生产动漫产品的认定标准和认定程序，按照《文化部 财政部 国家税务总局关于印发〈动漫企业认定管理办法（试行）〉的通知》（文市发〔2008〕51号，以下简称文市发〔2008〕51号文件）和《文化部 财政部 国家税务总局关于实施＜动漫企业认定管理办法（试行）＞有关问题的通知》（文产发〔2009〕18号，以下简称文产发〔2009〕18号文件）的规定执行。

3. 主要留存备查资料

依据税务总局公告 2018 年第 23 号所附《企业所得税优惠事项管理目录（2017 年版）》，动漫企业自主开发、生产动漫产品享受定期减免企业所得税优惠的，应留存备查的主要资料有：

（1）动漫企业认定证明；

（2）动漫企业认定资料；

（3）动漫企业年审通过名单；

（4）获利年度情况说明。

（六）集成电路生产企业：减免企业所得税

1. 优惠政策

（1）集成电路线宽小于 0.8 微米（含）的集成电路生产企业：两免三减半。依据财税〔2012〕27 号文件的规定，自 2011 年 1 月 1 日起，集成电路线宽小于 0.8 微米（含）的集成电路生产企业，经认定后，在 2017 年 12 月 31 日前自获利年度起计算优惠期，第一年至第二年免征企业所得税，第三年至第五年按照 25% 的法定税率减半征收企业所得税，并享受至期满为止。财税〔2018〕27 号文件明确，2017 年 12 月 31 日前设立但未获利的集成电路线宽小于 0.8 微米（含）的集成电路生产企业，自获利年度起第一年至第二年免征企业所得税，第三年至第五年按照 25% 的法定税率减半征收企业所得税，并享受至期满为止。

（2）集成电路线宽小于 0.25 微米或投资额超过 80 亿元的集成电路生产企业：低税率优惠，五免五减半。依据财税〔2012〕27 号文件的规定，自 2011 年 1 月 1 日起，集成电路线宽小于 0.25 微米或投资额超过 80 亿元的集成电路生产企业，经认定后，减按 15% 的税率征收企业所得税，其中经营期在 15 年以上的，在 2017 年 12 月 31 日前自获利年度起计算优惠期，第一年至第五年免征企业所得税，第六年至第十年按照 25% 的法定税率减半征收企业所得税，并享受至期满为止。财税〔2018〕27 号文件明确，2017 年 12 月 31 日前设立但未获利的集成电路线宽小于 0.25 微米或投资额超过 80 亿元，且经营期在 15 年以上的集成电路生产企业，自获利年度起第一年至第五年免征企业所得税，第六年至第十年按照 25% 的法定税率减半征收企业所得税，并享受至期满为止。

（3）集成电路线宽小于 130 纳米的集成电路生产企业：两免三减半。依据财税〔2018〕27 号文件的规定，2018 年 1 月 1 日后投资新设的集成电路线宽小于 130 纳米，且经营期在 10 年以上的集成电路生产企业，第一年至第二年免征企业所得税，第三年至第五年按照 25% 的法定税率减半征收企业所得税，并享受至期满为止。

（4）集成电路线宽小于 65 纳米或投资额超过 150 亿元的集成电路生产企业：五免五减半。依据财税〔2018〕27 号文件的规定，2018 年 1 月 1 日后投资新设的集成电路线宽小于 65 纳米或投资额超过 150 亿元，且经营期在 15 年以上的集成电路生产企业或项目，第一年至第五年免征企业所得税，第六年至第十年按照 25% 的法定税率减半征收企业所得税，并享受至期满为止。

2. 享受优惠的条件

依据财税〔2016〕49 号文件和财税〔2018〕27 号文件的规定，集成电路生产企业，是指以单片集成电路、多芯片集成电路、混合集成电路制造为主营业务并同时符合下列条件的企业：

(1)在中国境内(不包括我国的台、港、澳地区)依法注册并在发展改革、工业和信息化部门备案的居民企业;

(2)汇算清缴年度具有劳动合同关系或劳务派遣、聘用关系且具有大学专科以上学历职工人数占企业月平均职工总人数的比例不低于40%,其中研究开发人员占企业月平均职工总数的比例不低于20%;

(3)拥有核心关键技术,并以此为基础开展经营活动,且汇算清缴年度研究开发费用总额占企业销售(营业)收入(主营业务收入与其他业务收入之和,下同)总额的比例不低于2%,同时企业应持续加强研发活动,不断提高研发能力;其中,企业在中国境内发生的研究开发费用金额占研究开发费用总额的比例不低于60%;

(4)汇算清缴年度集成电路制造销售(营业)收入占企业收入总额的比例不低于60%;

(5)具有保证产品生产的手段和能力,并获得有关资质认证(包括ISO质量体系认证);

(6)汇算清缴年度未发生重大安全、重大质量事故或严重环境违法行为。

3. 优惠管理

依据财税〔2012〕27号文件、《国家税务总局关于执行软件企业所得税优惠政策有关问题的公告》(国家税务总局公告2013年第43号发布,国家税务总局令第42号部分废止。以下简称税务总局公告2013年第43号)和财税〔2016〕49号文件的规定:

(1)集成电路生产企业所得税优惠政策适用于实行查账征收方式的集成电路生产企业。

(2)集成电路生产企业的获利年度,是指集成电路生产企业开始生产经营后,第一个应纳税所得额大于零的纳税年度,包括对企业所得税实行核定征收方式的纳税年度。企业应从企业的获利年度起计算定期减免税优惠期。如获利年度不符合优惠条件的,应自首次符合条件的年度起,在其优惠期的剩余年限内享受相应的减免税优惠。集成电路生产企业享受定期减免税优惠的期限应当连续计算,不得因中间发生亏损或其他原因而间断。

(3)2016年度起,研究开发费用政策口径按照财税〔2015〕119号文件及相关规定执行。

(4)收入总额,是指《企业所得税法》第六条规定的收入总额。

(5)集成电路生产企业依照上述规定可以享受的企业所得税优惠政策与企业所得税其他相同方式优惠政策存在交叉的,由企业选择一项最优惠政策执行,不叠加享受。

4. 应提交和留存备查的主要资料

依据税务总局公告2018年第23号所附《企业所得税优惠事项管理目录(2017年版)》,集成电路生产企业享受上述减免企业所得税优惠的,应在汇算清缴期结束前向税务机关提交并留存备查以下资料:

(1)在发展改革或工业和信息化部门立项的备案文件(应注明总投资额、工艺线宽标准)复印件以及企业取得的其他相关资质证书复印件等;

(2)企业职工人数、学历结构、研究开发人员情况及其占企业职工总数的比例说明,以及汇算清缴年度最后一个月社会保险缴纳证明等相关证明材料;

(3)加工集成电路产品主要列表及国家知识产权局(或国外知识产权相关主管机构)出具的企业自主开发或拥有的一至两份代表性知识产权(如专利、布图设计登记、软件著作权等)的证明材料;

(4)经具有资质的中介机构鉴证的企业财务会计报告(包括会计报表、会计报表附注和财务情况说明书)以及集成电路制造销售(营业)收入、研究开发费用、境内研究开发费用等情况说明;

(5)与主要客户签订的一至两份代表性销售合同复印件;

(6)保证产品质量的相关证明材料(如质量管理认证证书复印件等)。

(七)集成电路设计企业:减免企业所得税

1. 优惠政策

(1)新办的集成电路设计企业:两免三减半。依据财税〔2012〕27号文件的规定,自2011年1月1日起,我国境内新办的集成电路设计企业,经认定后,在2017年12月31日前自获利年度起计算优惠期,第一年至第二年免征企业所得税,第三年至第五年按照25%的法定税率减半征收企业所得税,并享受至期满为止。

(2)国家规划布局内的重点集成电路设计企业:低税率优惠。国家规划布局内的重点集成电路设计企业,如当年未享受免税优惠的,可减按10%的税率征收企业所得税。

(3)依据《财政部 税务总局关于集成电路设计企业和软件企业2019年度企业所得税汇算清缴适用政策的公告》(财政部 税务总局公告2020年第29号,以下简称财税公告2020年第29号)的规定,依法成立且符合条件的集成电路设计企业,在2019年12月31日前自获利年度起计算优惠期,第一年至第二年免征企业所得税,第三年至第五年按照25%的法定税率减半征收企业所得税,并享受至期满为止。

(4)依据财税公告2019年第68号的规定,依法成立且符合条件的集成电路设计企业,在2018年12月31日前自获利年度起计算优惠期,第一年至第二年免征企业所得税,第三年至第五年按照25%的法定税率减半征收企业所得税,并享受至期满为止。

(5)依据《财政部 税务总局关于集成电路设计企业和软件企业2019年度企业所得税汇算清缴适用政策的公告》(财政部 税务总局公告2020年第29号,以下简称财税公告2020年第29号)的规定,依法成立且符合条件的集成电路设计企业,在2019年12月31日前自获利年度起计算优惠期,第一年至第二年免征企业所得税,第三年至第五年按照25%的法定税率减半征收企业所得税,并享受至期满为止。

2. 享受优惠的条件

依据财税〔2016〕49号文件的规定:

(1)集成电路设计企业是指以集成电路设计为主营业务并同时符合下列条件的企业:

——在中国境内(不包括台、港、澳地区)依法注册的居民企业;

——汇算清缴年度具有劳动合同关系且具有大学专科以上学历的职工人数占企业月平均职工总人数的比例不低40%,其中研究开发人员占企业月平均职工总数的比例不低于20%;

——拥有核心关键技术,并以此为基础开展经营活动,且汇算清缴年度研究开发费用总额占企业销售(营业)收入总额的比例不低于6%;其中,企业在中国境内发生的研究开发费用金额占研究开发费用总额的比例不低于60%。

——汇算清缴年度集成电路设计销售(营业)收入占企业收入总额的比例不低于60%,其中集成电路自主设计销售(营业)收入占企业收入总额的比例不低于50%;

——主营业务拥有自主知识产权;

——具有与集成电路设计相适应的软硬件设施等开发环境(如 EDA 工具、服务器或工作站等);

——汇算清缴年度未发生重大安全、重大质量事故或严重环境违法行为。

(2)国家规划布局内重点集成电路设计企业除符合集成电路设计企业享受优惠的条件外,还应至少符合下列条件中的一项:

——汇算清缴年度集成电路设计销售(营业)收入不低于 2 亿元,年应纳税所得额不低于 1 000 万元,研究开发人员占月平均职工总数的比例不低于 25%;

——在国家规定的重点集成电路设计领域内,汇算清缴年度集成电路设计销售(营业)收入不低于 2 000 万元,应纳税所得额不低于 250 万元,研究开发人员占月平均职工总数的比例不低于 35%,企业在中国境内发生的研究开发费用金额占研究开发费用总额的比例不低于 70%。

《国家发展改革委 工业和信息化部 财政部 国家税务总局关于印发国家规划布局内重点软件和集成电路设计领域的通知》(发改高技〔2016〕1056 号,以下简称发改高技〔2016〕1056 号文件)发布的国家规划布局内重点集成电路设计领域(自 2015 年 1 月 1 日起执行)有:高性能处理器和 FPGA 芯片,存储器芯片,物联网和信息安全芯片,EDA、IP 及设计服务,工业芯片。

发改高技〔2016〕1056 号文件同时明确,符合领域条件的企业,如业务范围涉及多个领域,仅选择其中一个领域向税务机关备案。选择领域的销售(营业)收入占本企业软件产品开发销售(营业)收入或集成电路设计销售(营业)收入的比例不低于 20%。

3. 优惠管理

依据财税〔2012〕27 号文件、税务总局公告 2013 年第 43 号和财税〔2016〕49 号文件的规定:

(1)集成电路设计企业所得税优惠政策适用于实行查账征收方式的集成电路设计企业。

(2)新办企业认定标准按照《财政部 国家税务总局关于享受企业所得税优惠政策的新办企业认定标准的通知》(财税〔2006〕1 号,以下简称财税〔2006〕1 号文件)规定执行。即:按照国家法律、法规以及有关规定办理企业设立登记,新注册成立的企业;新办企业的权益性出资人(股东或其他权益投资方)实际出资中固定资产、无形资产等非货币性资产的累计出资额占新办企业注册资金的比例一般不得超过 25%。

(3)集成电路设计企业的获利年度,是指集成电路设计企业开始生产经营后,第一个应纳税所得额大于零的纳税年度,包括对企业所得税实行核定征收方式的纳税年度。企业应从企业的获利年度起计算定期减免税优惠期。如获利年度不符合优惠条件的,应自首次符合条件的年度起,在其优惠期的剩余年限内享受相应的减免税优惠。集成电路设计企业享受定期减免税优惠的期限应当连续计算,不得因中间发生亏损或其他原因而间断。

(4)自 2016 年度起,研究开发费用政策口径按照财税〔2015〕119 号文件及相关规定执行。

(5)集成电路设计销售(营业)收入,是指集成电路企业从事集成电路(IC)功能研发、设计并销售的收入。

(6)收入总额,是指《企业所得税法》第六条规定的收入总额。

(7)集成电路设计企业依照上述规定可以享受的企业所得税优惠政策与企业所得税其他相同方式优惠政策存在交叉的,由企业选择一项最优惠政策执行,不叠加享受。

4. 应提交和留存备查的主要资料

依据税务总局公告2018年第23号所附《企业所得税优惠事项管理目录(2017年版)》,集成电路设计企业享受上述减免企业所得税优惠的,应在汇算清缴期结束前向税务机关提交并留存备查以下资料:

(1)企业职工人数、学历结构、研究开发人员情况及其占企业职工总数的比例说明,以及汇算清缴年度最后一个月社会保险缴纳证明等相关证明材料;

(2)企业开发销售的主要集成电路产品列表,以及国家知识产权局(或国外知识产权相关主管机构)出具的企业自主开发或拥有的一至两份代表性知识产权(如专利、布图设计登记、软件著作权等)的证明材料;

(3)经具有资质的中介机构鉴证的企业财务会计报告(包括会计报表、会计报表附注和财务情况说明书)以及集成电路设计销售(营业)收入、集成电路自主设计销售(营业)收入、研究开发费用、境内研究开发费用等情况表;

(4)第三方检测机构提供的集成电路产品测试报告或用户报告,以及与主要客户签订的一至两份代表性销售合同复印件;

(5)企业开发环境等相关证明材料。

国家规划布局内重点集成电路设计企业符合"领域"条件的,除应提交和留存备查集成电路设计企业的上述资料外,还应提供在国家规定的重点集成电路设计领域内销售(营业)情况说明。

(八)软件企业:减免企业所得税

1. 优惠政策

(1)符合条件的软件企业:两免三减半。依据财税〔2012〕27号文件的规定,自2011年1月1日起,我国境内新办的符合条件的软件企业,经认定后,在2017年12月31日前自获利年度起计算优惠期,第一年至第二年免征企业所得税,第三年至第五年按照25%的法定税率减半征收企业所得税,并享受至期满为止。

(2)国家规划布局内的重点软件企业:低税率优惠。国家规划布局内的重点软件企业,如当年未享受免税优惠的,可减按10%的税率征收企业所得税。

(3)依据财税公告2020年第29号的规定,依法成立且符合条件的软件企业,在2019年12月31日前自获利年度起计算优惠期,第一年至第二年免征企业所得税,第三年至第五年按照25%的法定税率减半征收企业所得税,并享受至期满为止。

(4)依据财税公告2019年第68号的规定,依法成立且符合条件的软件企业,在2018年12月31日前自获利年度起计算优惠期,第一年至第二年免征企业所得税,第三年至第五年按照25%的法定税率减半征收企业所得税,并享受至期满为止。

(5)依据财税公告2020年第29号的规定,依法成立且符合条件的软件企业,在2019

年 12 月 31 日前自获利年度起计算优惠期,第一年至第二年免征企业所得税,第三年至第五年按照 25% 的法定税率减半征收企业所得税,并享受至期满为止。

2. 享受优惠的条件

依据财税〔2016〕49 号文件的规定:

(1)软件企业是指以软件产品开发销售(营业)为主营业务并同时符合下列条件的企业:

——在中国境内(不包括台、港、澳地区)依法注册的居民企业;

——汇算清缴年度具有劳动合同关系且具有大学专科以上学历的职工人数占企业月平均职工总人数的比例不低于 40%,其中研究开发人员占企业月平均职工总数的比例不低于 20%;

——拥有核心关键技术,并以此为基础开展经营活动,且汇算清缴年度研究开发费用总额占企业销售(营业)收入总额的比例不低于 6%;其中,企业在中国境内发生的研究开发费用金额占研究开发费用总额的比例不低于 60%;

——汇算清缴年度软件产品开发销售(营业)收入占企业收入总额的比例不低于 50%(嵌入式软件产品和信息系统集成产品开发销售(营业)收入占企业收入总额的比例不低于 40%),其中:软件产品自主开发销售(营业)收入占企业收入总额的比例不低于 40%(嵌入式软件产品和信息系统集成产品开发销售(营业)收入占企业收入总额的比例不低于 30%);

——主营业务拥有自主知识产权;

——具有与软件开发相适应软硬件设施等开发环境(如合法的开发工具等);

——汇算清缴年度未发生重大安全、重大质量事故或严重环境违法行为。

(2)国家规划布局内重点软件企业除软件企业享受优惠的条件外,还应至少符合下列条件中的一项:

——汇算清缴年度软件产品开发销售(营业)收入不低于 2 亿元,应纳税所得额不低于 1 000 万元,研究开发人员占企业月平均职工总数的比例不低于 25%;

——在国家规定的重点软件领域内,汇算清缴年度软件产品开发销售(营业)收入不低于 5 000 万元,应纳税所得额不低于 250 万元,研究开发人员占企业月平均职工总数的比例不低于 25%,企业在中国境内发生的研究开发费用金额占研究开发费用总额的比例不低于 70%;

——汇算清缴年度软件出口收入总额不低于 800 万美元,软件出口收入总额占本企业年度收入总额比例不低于 50%,研究开发人员占企业月平均职工总数的比例不低于 25%。

发改高技〔2016〕1056 号文件发布的国家规划布局内重点软件领域(自 2015 年 1 月 1 日起执行)有:①基础软件:操作系统、数据库、中间件;②工业软件和服务:研发设计类、经营管理类和生产控制类产品和服务,信息安全软件产品研发应用及工业控制系统咨询设计、集成实施和运行维护等服务,数据分析处理软件和数据获取、分析、处理、存储服务,移动互联网:移动支付、地图导航、浏览器、数字创意、移动应用开发工具及环境类软件,嵌入式软件(软件收入比例不低于 50%);③高技术服务软件:研发设计、知识产权、检验检测和生物技术服务软件;④语言文字信息处理软件:汉语和少数民族语言相关文字编辑处理、语音识别/合成、机器翻译软件,云计算:大型公有云 IaaS、PaaS 服务。

发改高技〔2016〕1056 号文件同时明确,符合领域条件的企业,如业务范围涉及多个领域,仅选择其中一个领域向税务机关备案。选择领域的销售(营业)收入占本企业软件产品开发销售(营业)收入或集成电路设计销售(营业)收入的比例不低于 20%。

3. 优惠管理

依据财税〔2012〕27 号文件、税务总局公告 2013 年第 43 号和财税〔2016〕49 号文件的规定:

(1)软件企业所得税优惠政策适用于实行查账征收方式的软件企业。

(2)新办企业认定标准按照财税〔2006〕1 号文件规定执行。即:按照国家法律、法规以及有关规定办理企业设立登记,新注册成立的企业;新办企业的权益性出资人(股东或其他权益投资方)实际出资中固定资产、无形资产等非货币性资产的累计出资额占新办企业注册资金的比例一般不得超过 25%。

(3)软件企业的获利年度,是指软件企业开始生产经营后,第一个应纳税所得额大于零的纳税年度,包括对企业所得税实行核定征收方式的纳税年度。企业应从企业的获利年度起计算定期减免税优惠期。如获利年度不符合优惠条件的,应自首次符合条件的年度起,在其优惠期的剩余年限内享受相应的减免税优惠。软件企业享受定期减免税优惠的期限应当连续计算,不得因中间发生亏损或其他原因而间断。

(4)2016 年度起,研究开发费用政策口径按照财税〔2015〕119 号文件及相关规定执行。

(5)软件产品开发销售(营业)收入,是指软件企业从事计算机软件、信息系统或嵌入式软件等软件产品开发并销售的收入,以及信息系统集成服务、信息技术咨询服务、数据处理和存储服务等技术服务收入。

(6)收入总额,是指《企业所得税法》第六条规定的收入总额。

(7)软件企业依照上述规定可以享受的企业所得税优惠政策与企业所得税其他相同方式优惠政策存在交叉的,由企业选择一项最优惠政策执行,不叠加享受。

4. 应提交和留存备查的主要资料

依据税务总局公告 2018 年第 23 号所附《企业所得税优惠事项管理目录(2017 年版)》,集成电路设计企业享受上述减免企业所得税优惠的,应在汇算清缴期结束前向税务机关提交并留存备查以下资料:

(1)企业开发销售的主要软件产品列表或技术服务列表;

(2)主营业务为软件产品开发的企业,提供至少 1 个主要产品的软件著作权或专利权等自主知识产权的有效证明文件,以及第三方检测机构提供的软件产品测试报告;主营业务仅为技术服务的企业提供核心技术说明;

(3)企业职工人数、学历结构、研究开发人员及其占企业职工总数的比例说明,以及汇算清缴年度最后一个月社会保险缴纳证明等相关证明材料;

(4)经具有资质的中介机构鉴证的企业财务会计报告(包括会计报表、会计报表附注和财务情况说明书)以及软件产品开发销售(营业)收入、软件产品自主开发销售(营业)收入、研究开发费用、境内研究开发费用等情况说明;

(5)与主要客户签订的一至两份代表性的软件产品销售合同或技术服务合同复印件;

(6)企业开发环境相关证明材料。

国家规划布局内重点软件企业除应提交和留存备查软件企业的上述资料外,符合"领域"条件的,还应提供在国家规定的重点软件领域内销售(营业)情况说明;符合"出口"条件的,还应提供商务主管部门核发的软件出口合同登记证书,以及有效出口合同和结汇证明等材料。

(九)集成电路封装、测试企业和集成电路关键专用材料生产企业、集成电路专用设备生产企业定期减免企业:两免三减半

1. 优惠政策

财税〔2015〕6号文件规定,自2014年1月1日起,符合条件的集成电路封装、测试企业以及集成电路关键专用材料生产企业、集成电路专用设备生产企业,在2017年(含2017年)前实现获利的,自获利年度起,第一年至第二年免征企业所得税,第三年至第五年按照25%的法定税率减半征收企业所得税,并享受至期满为止;2017年前未实现获利的,自2017年起计算优惠期,享受至期满为止。

2. 享受优惠的条件

(1)依据财税〔2015〕6号文件的规定,符合条件的集成电路封装、测试企业,必须同时满足以下条件:

——2014年1月1日后依法在中国境内成立的法人企业;

——签订劳动合同关系且具有大学专科以上学历的职工人数占企业当年月平均职工总人数的比例不低于40%,其中,研究开发人员占企业当年月平均职工总数的比例不低于20%;

——拥有核心关键技术,并以此为基础开展经营活动,且当年度的研究开发费用总额占企业销售(营业)收入总额的比例不低于3.5%,其中,企业在中国境内发生的研究开发费用金额占研究开发费用总额的比例不低于60%;

——集成电路封装、测试销售(营业)收入占企业收入总额的比例不低于60%;

——具有保证产品生产的手段和能力,并获得有关资质认证(包括ISO质量体系认证、人力资源能力认证等);

——具有与集成电路封装、测试相适应的经营场所、软硬件设施等基本条件。

(2)符合条件的集成电路关键专用材料生产企业或集成电路专用设备生产企业,必须同时满足以下条件:

——2014年1月1日后依法在中国境内成立的法人企业;

——签订劳动合同关系且具有大学专科以上学历的职工人数占企业当年月平均职工总人数的比例不低于40%,其中,研究开发人员占企业当年月平均职工总数的比例不低于20%;

——拥有核心关键技术,并以此为基础开展经营活动,且当年度的研究开发费用总额占企业销售(营业)收入总额的比例不低于5%,其中,企业在中国境内发生的研究开发费用金额占研究开发费用总额的比例不低于60%;

——集成电路关键专用材料或专用设备销售收入占企业销售(营业)收入总额的比例不低于30%;

——具有保证集成电路关键专用材料或专用设备产品生产的手段和能力,并获得有关资质认证(包括ISO质量体系认证、人力资源能力认证等);

——具有与集成电路关键专用材料或专用设备生产相适应的经营场所、软硬件设施等基本条件。

集成电路关键专用材料或专用设备的范围,分别按照财税〔2015〕6号文件所附的《集成电路关键专用材料企业所得税优惠目录》《集成电路专用设备企业所得税优惠目录》的规定执行。

3. 优惠管理

(1)符合财税〔2015〕6号文件规定条件的企业,应在年度终了之日起4个月内,按照财税〔2015〕6号文件及企业所得税相关税收优惠政策管理的规定,凭省级相关部门出具的证明向主管税务机关办理减免税手续。省级相关部门证明出具办法,由各省(自治区、直辖市、计划单列市)发展改革委、工业和信息化主管部门会同财政、税务等部门研究确定。

(2)享受上述税收优惠的企业有下述情况之一的,应取消其享受税收优惠的资格,并补缴存在以下行为所属年度已减免的企业所得税税款:在申请认定过程中提供虚假信息的;有偷、骗税等行为的;发生重大安全、质量事故的;有环境等违法、违规行为,受到有关部门处罚的。

(3)享受税收优惠的企业,其税收优惠条件发生变化的,应当自发生变化之日起15日内向主管税务机关报告;不再符合税收优惠条件的,应当依法履行纳税义务;未依法纳税的,主管税务机关应当予以追缴。同时,主管税务机关在执行税收优惠政策过程中,发现企业不符合享受税收优惠条件的,可暂停企业享受的相关税收优惠,并提请相关部门进行有关条件复核。

(4)集成电路封装、测试企业以及集成电路关键专用材料生产企业、集成电路专用设备生产企业等依照财税〔2015〕6号文件规定可以享受的企业所得税优惠政策与其他定期减免税优惠政策存在交叉的,由企业选择一项最优惠政策执行,不叠加享受。

4. 主要留存备查资料

依据税务总局公告2018年第23号所附《企业所得税优惠事项管理目录(2017年版)》,符合条件的集成电路封装、测试企业和集成电路关键专用材料生产企业、集成电路专用设备生产企业享受定期减免企业所得税优惠的,应留存备查的主要资料是:省级相关部门根据发展改革委等部门规定办法出具的证明。

(十)经营性文化事业单位转制为企业:免税

1. 优惠政策

依据《财政部 国家税务总局 中央宣传部关于继续实施文化体制改革中经营性文化事业单位转制为企业若干税收政策的通知》(财税〔2019〕16号,以下简称财税〔2019〕16号文件)的规定,自2019年1月1日至2023年12月31日,经营性文化事业单位转制为企业,自转制注册之日起五年内免征企业所得税。2018年12月31日之前已完成转制的企业,自2019年1月1日起可继续免征五年企业所得税。企业在2023年12月31日享受该项优惠政策不满五年的,可继续享受至五年期满为止。

财税〔2019〕16号文件下发之前已经审核认定享受《财政部 国家税务总局 中宣部关于继续实施文化体制改革中经营性文化事业单位转制为企业若干税收政策的通知》(财税〔2014〕84号)税收优惠政策的转制文化企业,可按财税〔2019〕16号文件规定享受税收优惠政策。

2. 享受优惠的条件

依据财税〔2019〕16号文件的规定,享受税收优惠政策的转制文化企业应同时符合以下条件:

(1)根据相关部门的批复进行转制。

(2)转制文化企业已进行企业法人登记。

(3)整体转制前已进行事业单位法人登记的,转制后已核销事业编制、注销事业单位法人;整体转制前未进行事业单位法人登记的,转制后已核销事业编制。

(4)已同在职职工全部签订劳动合同,按企业办法参加社会保险。

(5)转制文化企业引入非公有资本和境外资本的,须符合国家法律法规和政策规定;变更资本结构依法应经批准的,需经行业主管部门和国有文化资产监管部门批准。

3. 优惠管理

(1)"经营性文化事业单位",是指从事新闻出版、广播影视和文化艺术的事业单位。转制包括整体转制和剥离转制。其中,整体转制包括:(图书、音像、电子)出版社、非时政类报刊出版单位、新华书店、艺术院团、电影制片厂、电影(发行放映)公司、影剧院、重点新闻网站等整体转制为企业;剥离转制包括:新闻媒体中的广告、印刷、发行、传输网络等部分,以及影视剧等节目制作与销售机构,从事业体制中剥离出来转制为企业。

(2)"转制注册之日",是指经营性文化事业单位转制为企业并进行企业法人登记之日。对于经营性文化事业单位转制前已进行企业法人登记,则按注销事业单位法人登记之日,或核销事业编制的批复之日(转制前未进行事业单位法人登记的)确定转制完成并享受财税〔2019〕16号文件规定的税收优惠政策。

(3)"2018年12月31日之前已完成转制",是指经营性文化事业单位在2018年12月31日及以前已转制为企业、进行企业法人登记,并注销事业单位法人登记或批复核销事业编制(转制前未进行事业单位法人登记的)。

(4)名单管理。财税〔2019〕16号文件适用于所有转制文化单位。中央所属转制文化企业的认定,由中央宣传部会同财政部、国家税务总局确定并发布名单;地方所属转制文化企业的认定,按照登记管理权限,由地方各级宣传部门会同同级财政、税务部门确定和发布名单,并按程序抄送中央宣传部、财政部和国家税务总局。已认定发布的转制文化企业名称发生变更的,如果主营业务未发生变化,可持同级文化体制改革和发展工作领导小组办公室出具的同意变更函,到主管税务机关履行变更手续;如果主营业务发生变化,应依照规定条件重新认定。

(5)经认定的转制文化企业,应按有关税收优惠事项管理规定办理优惠手续,申报享受税收优惠政策。

(6)未经认定的转制文化企业或转制文化企业不符合财税〔2019〕16号文件规定的,不得享受相关税收优惠政策。已享受优惠的,主管税务机关应追缴其已减免的税款。

4. 主要留存备查资料

依据财税〔2019〕16号文件的规定,经营性文化事业单位转制为企业享受免征企业所得税优惠的,应留存备查的主要资料有:

(1)转制方案批复函;

(2)企业营业执照;

(3)同级机构编制管理机关核销事业编制、注销事业单位法人的证明;

(4)与在职职工签订劳动合同、按企业办法参加社会保险制度的有关材料;

(5)相关部门对引入非公有资本和境外资本、变更资本结构的批准文件等。

(十一)符合条件的生产和装配伤残人员专门用品企业:免税

1. 优惠政策和享受优惠的条件

《财政部 国家税务总局 民政部关于生产和装配伤残人员专门用品企业免征企业所得税的通知》(财税〔2016〕111号,以下简称财税〔2016〕111号文件)规定,自2016年1月1日至2020年12月31日期间,对符合下列条件的居民企业,免征企业所得税:

(1)生产和装配伤残人员专门用品,且在民政部发布的《中国伤残人员专门用品目录》范围之内。

(2)以销售本企业生产或者装配的伤残人员专门用品为主,其所取得的年度伤残人员专门用品销售收入(不含出口取得的收入)占企业收入总额60%以上。

(3)企业账证健全,能够准确、完整地向主管税务机关提供纳税资料,且本企业生产或者装配的伤残人员专门用品所取得的收入能够单独、准确核算。

(4)企业拥有假肢制作师、矫形器制作师资格证书的专业技术人员不得少于1人;其企业生产人员如超过20人,则其拥有假肢制作师、矫形器制作师资格证书的专业技术人员不得少于全部生产人员的1/6。

(5)具有与业务相适应的测量取型、模型加工、接受腔成型、打磨、对线组装、功能训练等生产装配专用设备和工具。

(6)具有独立的接待室、假肢或者矫形器(辅助器具)制作室和假肢功能训练室,使用面积不少于115平方米。

2. 主要留存备查资料

依据税务总局公告2018年第23号所附《企业所得税优惠事项管理目录(2017年版)》,符合条件的生产和装配伤残人员专门用品企业享受免征企业所得税优惠的,应留存备查的主要资料有:

(1)生产和装配伤残人员专门用品,在民政部《中国伤残人员专门用品目录》范围之内的说明;

(2)伤残人员专门用品制作师名册、《执业资格证书》(假肢制作师、矫形器制作师);

(3)企业的生产和装配条件以及帮助伤残人员康复的其他辅助条件的说明材料。

(十二)技术先进型服务企业:低税率优惠

1. 优惠政策

(1)技术先进型服务企业(服务外包类)优惠政策。依据财税〔2017〕79号文件的规定,自2017年1月1日起,对经认定的技术先进型服务企业,减按15%的税率征收企业所得税。

(2)技术先进型服务企业(服务贸易类)优惠政策。依据财税〔2018〕44号文件的规定,自2018年1月1日起,对经认定的技术先进型服务企业(服务贸易类),减按15%的税率征收企业所得税。

2. 享受优惠的条件

(1)依据财税〔2017〕79号文件的规定,技术先进型服务企业(服务外包类)享受上述优惠政策,必须同时符合以下条件:

——在中国境内(不包括台、港、澳地区)注册的法人企业;

——从事《技术先进型服务业务认定范围(试行)》(见表12-34)中的一种或多种技术

先进型服务业务,采用先进技术或具备较强的研发能力;

——具有大专以上学历的员工占企业职工总数的50%以上;

——从事《技术先进型服务业务认定范围(试行)》中的技术先进型服务业务取得的收入占企业当年总收入的50%以上;

——从事离岸服务外包业务取得的收入不低于企业当年总收入的35%。

从事离岸服务外包业务取得的收入,是指企业根据境外单位与其签订的委托合同,由本企业或其直接转包的企业为境外单位提供《技术先进型服务业务认定范围(试行)》中所规定的信息技术外包服务(ITO)、技术性业务流程外包服务(BPO)和技术性知识流程外包服务(KPO),而从上述境外单位取得的收入。

(2)依据财税〔2018〕44号文件的规定,技术先进型服务企业(服务贸易类)享受上述优惠政策,须符合的条件按照财税〔2017〕79号文件的相关规定执行。其中,企业须满足的技术先进型服务业务领域范围按照财税〔2018〕44号文件所附《技术先进型服务业务领域范围(服务贸易类)》(见表12-35)执行。

表12-34 技术先进型服务业务认定范围(试行)

类 别	适用范围
一、信息技术外包服务(ITO)	
(一)软件研发及外包	
软件研发及开发服务	用于金融、政府、教育、制造业、零售、服务、能源、物流、交通、媒体、电信、公共事业和医疗卫生等部门和企业,为用户的运营/生产/供应链/客户关系/人力资源和财务管理、计算机辅助设计/工程等业务进行软件开发,包括定制软件开发,嵌入式软件、套装软件开发,系统软件开发、软件测试等
软件技术服务	软件咨询、维护、培训、测试等技术性服务
(二)信息技术研发服务外包	
集成电路和电子电路设计	集成电路和电子电路产品设计以及相关技术支持服务等
测试平台	为软件、集成电路和电子电路的开发运用提供测试平台
(三)信息系统运营维护外包	
信息系统运营和维护服务	客户内部信息系统集成、网络管理、桌面管理与维护服务;信息工程、地理信息系统、远程维护等信息系统应用服务
基础信息技术服务	基础信息技术管理平台整合、IT基础设施管理、数据中心、托管中心、安全服务、通讯服务等基础信息技术服务
二、技术性业务流程外包服务(BPO)	
企业业务流程设计服务	为客户企业提供内部管理、业务运作等流程设计服务
企业内部管理服务	为客户企业提供后台管理、人力资源管理、财务、审计与税务管理、金融支付服务、医疗数据及其他内部管理业务的数据分析、数据挖掘、数据管理、数据使用的服务;承接客户专业数据处理、分析和整合服务
企业运营服务	为客户企业提供技术研发服务、为企业经营、销售、产品售后服务提供的应用客户分析、数据库管理等服务。主要包括金融服务业务,政务与教育业务、制造业务和生命科学、零售和批发与运输业务、卫生保健业务、通讯与公共事业业务、呼叫中心、电子商务平台等
企业供应链管理服务	为客户企业提供采购、物流的整体方案设计及数据库服务
三、技术性知识流程外包服务(KPO)	
知识产权研究、医药和生物技术研发和测试、产品技术研发、工业设计、分析学和数据挖掘、动漫及网游设计研发、教育课件研发、工程设计等领域	

表 12-35　技术先进型服务业务领域范围(服务贸易类)

类　别	适用范围
一、计算机和信息服务	
1. 信息系统集成服务	系统集成咨询服务;系统集成工程服务;提供硬件设备现场组装、软件安装与调试及相关运营维护支撑服务;系统运营维护服务,包括系统运行检测监控、故障定位与排除、性能管理、优化升级等
2. 数据服务	数据存储管理服务,提供数据规划、评估、审计、咨询、清洗、整理、应用服务,数据增值服务,提供其他未分类数据处理服务
二、研究开发和技术服务	
3. 研究和实验开发服务	物理学、化学、生物学、基因学、工程学、医学、农业科学、环境科学、人类地理科学、经济学和人文科学等领域的研究和实验开发服务
4. 工业设计服务	对产品的材料、结构、机理、形状、颜色和表面处理的设计与选择;对产品进行的综合设计服务,即产品外观的设计、机械结构和电路设计等服务
5. 知识产权跨境许可与转让	以专利、版权、商标等为载体的技术贸易。知识产权跨境许可是指授权境外机构有偿使用专利、版权和商标等;知识产权跨境转让是指将专利、版权、商标等知识产权售卖给境外机构
三、文化技术服务	
6. 文化产品数字制作及相关服务	采用数字技术对舞台剧目、音乐、美术、文物、非物质文化遗产、文献资源等文化内容以及各种出版物进行数字化转化和开发,为各种显示终端提供内容,以及采用数字技术传播、经营文化产品等相关服务
7. 文化产品的对外翻译、配音及制作服务	将本国文化产品翻译或配音成其他国家语言,将其他国家文化产品翻译或配音成本国语言以及与其相关的制作服务
四、中医药医疗服务	
8. 中医药医疗保健及相关服务	与中医药相关的远程医疗保健、教育培训、文化交流等服务

3. 技术先进型服务企业的认定管理

(1)技术先进型服务企业(服务外包类)的认定管理。这主要包括6个方面的内容:

——省级科技部门会同本级商务、财政、税务和发展改革部门根据财税〔2017〕79号文件规定制定本省(自治区、直辖市、计划单列市)技术先进型服务企业认定管理办法,并负责本地区技术先进型服务企业的认定管理工作。各省(自治区、直辖市、计划单列市)技术先进型服务企业认定管理办法应报科技部、商务部、财政部、国家税务总局和国家发展改革委备案。

——符合条件的技术先进型服务企业应向所在省级科技部门提出申请,由省级科技部门会同本级商务、财政、税务和发展改革部门联合评审后发文认定,并将认定企业名单及有关情况通过科技部"全国技术先进型服务企业业务办理管理平台"备案,科技部与商务部、财政部、国家税务总局和国家发展改革委共享备案信息。符合条件的技术先进型服务企业须在商务部"服务贸易统计监测管理信息系统(服务外包信息管理应用)"中填报企业基本信息,按时报送数据。

——经认定的技术先进型服务企业,持相关认定文件向所在地主管税务机关办理享受财税〔2017〕79号文件规定的企业所得税优惠政策事宜。享受企业所得税优惠的技术先进型服务企业条件发生变化的,应当自发生变化之日起15日内向主管税务机关报告;不再符合享受税收优惠条件的,应当依法履行纳税义务。主管税务机关在执行税收优惠政策过程中,发现企业不具备技术先进型服务企业资格的,应提请认定机构复核。复核后确认不符合认定条件的,应取消企业享受税收优惠政策的资格。

——省级科技、商务、财政、税务和发展改革部门对经认定并享受税收优惠政策的技术先进型服务企业应做好跟踪管理,对变更经营范围、合并、分立、转业、迁移的企业,如不再符合认定条件,应及时取消其享受税收优惠政策的资格。

——省级财政、税务、商务、科技和发展改革部门要认真贯彻落实财税〔2017〕79号文件的各项规定,在认定工作中对内外资企业一视同仁,平等对待,切实做好沟通与协作工作。在政策实施过程中发现问题,要及时反映上报财政部、国家税务总局、商务部、科技部和国家发展改革委。

——省级科技、商务、财政、税务和发展改革部门及其工作人员在认定技术先进型服务企业工作中,存在违法违纪行为的,按照《中华人民共和国公务员法》《中华人民共和国行政监察法》等国家有关规定追究相应责任;涉嫌犯罪的,移送司法机关处理。

(2)技术先进型服务企业(服务贸易类)的认定管理。依据财税〔2018〕44号文件的规定,技术先进型服务企业(服务贸易类)的认定管理事项按照财税〔2017〕79号文件的相关规定执行。

4. 主要留存备查资料

依据税务总局公告2018年第23号所附《企业所得税优惠事项管理目录(2017年版)》,技术先进型服务企业享受减征企业所得税优惠的,应留存备查的主要资料有:

(1)技术先进型服务企业认定文件;

(2)技术先进型服务企业认定资料;

(3)优惠年度技术先进型服务业务收入总额、离岸服务外包业务收入总额占本企业当年收入总额比例情况说明;

(4)企业具有大专以上学历的员工占企业总职工总数比例情况说明。

(十三)设在西部地区的鼓励类产业企业:低税率优惠

1. 优惠政策

依据《财政部 海关总署 国家税务总局关于深入实施西部大开发战略有关税收政策问题的通知》(财税〔2011〕58号,以下简称财税〔2011〕58号文件)和《国家税务总局关于深入实施西部大开发战略有关企业所得税问题的公告》(国家税务总局公告2012年第12号,国家税务总局公告2016年第34号部分废止。以下简称税务总局公告2012年第12号)的规定,自2011年1月1日至2020年12月31日,对设在西部地区以《西部地区鼓励类产业目录》(最新版由发展改革委令第15号发布,自2014年10月1日起施行),中规定的产业项目为主营业务,且其当年度主营业务收入占企业收入总额70%以上的企业,可减按15%税率缴纳企业所得税。

西部地区包括重庆市、四川省、贵州省、云南省、西藏自治区、陕西省、甘肃省、宁夏回族自治区、青海省、新疆维吾尔自治区、新疆生产建设兵团、内蒙古自治区和广西壮族自治区。湖南省湘西土家族苗族自治州、湖北省恩施土家族苗族自治州、吉林省延边朝鲜族自治州,可以比照西部地区的税收政策执行。

《财政部 海关总署 国家税务总局关于赣州市执行西部大开发税收政策问题的通知》(财税〔2013〕4号,以下简称财税〔2013〕4号文件)明确,自2012年1月1日至2020年12月31日,对设在赣州市的鼓励类产业的内资企业和外商投资企业减按15%的税率征收企业所得税。

依据《财政部 税务总局 国家发展改革委关于延续西部大开发企业所得税政策的公告》(财政部公告 2020 年第 23 号)的规定,自 2021 年 1 月 1 日至 2030 年 12 月 31 日,对设在西部地区的鼓励类产业企业减按 15% 的税率征收企业所得税。所称鼓励类产业企业是指以《西部地区鼓励类产业目录》中规定的产业项目为主营业务,且其主营业务收入占企业收入总额 60% 以上的企业。《西部地区鼓励类产业目录》由发展改革委牵头制定。该目录在本公告执行期限内修订的,自修订版实施之日起按新版本执行。

2. 优惠管理

(1)优惠衔接。税务总局公告 2012 年第 12 号第三条规定,在《西部地区鼓励类产业目录》公布前,企业符合《产业结构调整指导目录(2005 年版)》、《产业结构调整指导目录(2011 年版)》、《外商投资产业指导目录(2007 年修订)》和《中西部地区优势产业目录(2008 年修订)》范围的,经税务机关确认后,其企业所得税可按照 15% 税率缴纳。《西部地区鼓励类产业目录》公布后,已按 15% 税率进行企业所得税汇算清缴的企业,若不符合税务总局公告 2012 年第 12 号第一条规定的条件,可在履行相关程序后,按税法规定的适用税率重新计算申报。

税务总局公告 2012 年第 12 号第四条规定,2010 年 12 月 31 日前新办的交通、电力、水利、邮政、广播电视企业,凡已经按照《国家税务总局关于落实西部大开发有关税收政策具体实施意见的通知》(国税发〔2002〕47 号,以下简称国税发〔2002〕47 号文件)第二条第二款规定,取得税务机关审核批准的,其享受的企业所得税"两免三减半"优惠可以继续享受到期满为止;凡符合享受原西部大开发税收优惠规定条件,但由于尚未取得收入或尚未进入获利年度等原因,2010 年 12 月 31 日前尚未按照国税发〔2002〕47 号文件第二条规定完成税务机关审核确认手续的,可按照国家税务总局公告 2012 年第 12 号的规定,履行相关手续后享受原税收优惠。

此外,《国家税务总局关于执行〈西部地区鼓励类产业目录〉有关企业所得税问题的公告》(国家税务总局公告 2015 年第 14 号,以下简称税务总局公告 2015 年第 14 号)明确,已按照税务总局公告 2012 年第 12 号第三条规定享受企业所得税优惠政策的企业,其主营业务如不再属于《西部地区鼓励类产业目录》中国家鼓励类产业项目的,自 2014 年 10 月 1 日起,停止执行减按 15% 税率缴纳企业所得税。税务总局公告 2012 年第 12 号第三条中有关重新计算申报的规定停止执行。

(2)税务总局公告 2015 年第 14 号规定,凡对企业主营业务是否属于《西部地区鼓励类产业目录》中国家鼓励类产业项目难以界定的,税务机关可以要求企业提供省级(含副省级)发展改革部门或其授权部门出具的证明文件。证明文件需明确列示主营业务的具体项目及符合《西部地区鼓励类产业目录》中的对应条款项目。

(3)收入总额,是指《企业所得税法》第六条规定的收入总额。

(4)根据财税〔2009〕69 号第一条及第二条的规定,企业既符合西部大开发 15% 优惠税率条件,又符合《企业所得税法》及其实施条例和国务院规定的各项税收优惠条件的,可以同时享受。在涉及定期减免税的减半期内,可以按照企业适用税率计算的应纳税额减半征税。

(5)总机构设在西部大开发税收优惠地区的企业,仅就设在优惠地区的总机构和分支机构(不含优惠地区外设立的二级分支机构在优惠地区内设立的三级以下分支机构)的所得确定适用 15% 优惠税率。在确定该企业是否符合优惠条件时,以该企业设在优惠地区的总机构和分支机构的主营业务是否符合《西部地区鼓励类产业目录》及其主营业务收入占其收入总额的比重加以确定,不考虑该企业设在优惠地区以外分支机构的因素。该企业应纳所得税额的计算和所得税缴纳,按照税务总局公告2012年第57号第十八条的规定执行。

总机构设在西部大开发税收优惠地区外的企业,其在优惠地区内设立的分支机构(不含仅在优惠地区内设立的三级以下分支机构),仅就该分支机构所得确定适用15%优惠税率。在确定该分支机构是否符合优惠条件时,仅以该分支机构的主营业务是否符合《西部地区鼓励类产业目录》及其主营业务收入占其收入总额的比重加以确定。该企业应纳所得税额的计算和所得税缴纳,按照税务总局公告2012年第57号第十八条的规定执行。

3. 主要留存备查资料

依据税务总局公告2018年第23号所附《企业所得税优惠事项管理目录(2017年版)》,设在西部地区的鼓励类产业企业享受减征企业所得税优惠的,应留存备查的主要资料有:

(1)主营业务属于《西部地区鼓励类产业目录》中的具体项目的相关证明材料;

(2)符合目录的主营业务收入占企业收入总额70%以上的说明。

(十四)新疆困难地区新办企业:两免三减半

1. 优惠政策

依据《财政部 国家税务总局关于新疆困难地区新办企业所得税优惠政策的通知》(财税〔2011〕53号,以下简称财税〔2011〕53号文件)的规定,2010年1月1日至2020年12月31日,对在新疆困难地区新办的属于《新疆困难地区重点鼓励发展产业企业所得税优惠目录》(以下简称《新疆困难地区重点鼓励产业优惠目录》)范围内的企业,自取得第一笔生产经营收入所属纳税年度起,第一年至第二年免征企业所得税,第三年至第五年减半征收企业所得税。

新疆困难地区包括南疆三地州、其他国家扶贫开发重点县和边境县市。

《新疆困难地区重点鼓励产业优惠目录》最早由《财政部 国家税务总局 国家发展改革委 工业和信息化部关于公布新疆困难地区重点鼓励发展产业企业所得税优惠目录(试行)的通知》(财税〔2011〕60号,以下简称财税〔2011〕60号文件)发布,自2010年1月1日起施行。2016年由《财政部 国家税务总局 国家发展改革委 工业和信息化部关于完善新疆困难地区重点鼓励发展产业企业所得税优惠目录的通知》(财税〔2016〕85号,以下简称财税〔2016〕85号文件)完善,自2016年1月1日起施行。

2. 优惠管理

(1)财税〔2011〕53号文件明确,属于《新疆困难地区重点鼓励产业优惠目录》范围内的企业是指以《新疆困难地区重点鼓励产业优惠目录》中规定的产业项目为主营业务,其主营业务收入占企业收入总额70%以上的企业。对难以界定是否属于《新疆困难地区重点鼓励产业优惠目录》范围的项目,税务机关应当要求企业提供省级以上(含省级)有关行业主管部门出具的证明文件,并结合其他相关材料进行认定。

(2)第一笔生产经营收入,是指新疆困难地区重点鼓励发展产业项目已建成并投入运营后所取得的第一笔收入。

(3)按照财税〔2011〕53号文件规定享受企业所得税定期减免税政策的企业,在减半期内,按照企业所得税25%的法定税率计算的应纳税额减半征税。

(4)财税〔2011〕60 号文件和财税〔2016〕85 号文件均明确,享受新疆困难地区重点鼓励发展产业企业所得税优惠政策的企业,涉及外商投资的,应符合现行外商投资产业政策相关规定。

(十五)新疆喀什、霍尔果斯特殊经济开发区新办企业:五年免税

1. 优惠政策

依据《财政部 国家税务总局关于新疆喀什霍尔果斯两个特殊经济开发区企业所得税优惠政策的通知》(财税〔2011〕112 号,以下简称财税〔2011〕112 号文件)的规定,2010 年 1 月 1 日至 2020 年 12 月 31 日,对在新疆喀什、霍尔果斯两个特殊经济开发区内新办的属于《新疆困难地区重点鼓励产业优惠目录》范围内的企业,自取得第一笔生产经营收入所属纳税年度起,五年内免征企业所得税。

2. 优惠管理

(1)财税〔2011〕112 号文件明确,属于《新疆困难地区重点鼓励产业优惠目录》范围内的企业是指以《新疆困难地区重点鼓励产业优惠目录》中规定的产业项目为主营业务,其主营业务收入占企业收入总额 70% 以上的企业。对难以界定是否属于《新疆困难地区重点鼓励产业优惠目录》范围的项目,税务机关应当要求企业提供省级以上(含省级)有关行业主管部门出具的证明文件,并结合其他相关材料进行认定。

(2)第一笔生产经营收入,是指产业项目已建成并投入运营后所取得的第一笔收入。

(3)财税〔2016〕85 号文件均明确,享受新疆喀什、霍尔果斯两个特殊经济开发区重点鼓励发展产业企业所得税优惠政策的企业,涉及外商投资的,应符合现行外商投资产业政策相关规定。

(十六)广东横琴、福建平潭、深圳前海等地区的鼓励类产业企业:低税率优惠

1. 优惠政策

依据《财政部 国家税务总局关于广东横琴新区、福建平潭综合实验区、深圳前海深港现代化服务业合作区企业所得税优惠政策及优惠目录的通知》(财税〔2014〕26 号,以下简称财税〔2014〕26 号文件)的规定,自 2014 年 1 月 1 日起至 2020 年 12 月 31 日止,对设在横琴新区、平潭综合实验区和前海深港现代服务业合作区的鼓励类产业企业减按 15% 的税率征收企业所得税。

横琴新区,是指国务院 2009 年 8 月批复的《横琴总体发展规划》规划的横琴岛范围;平潭综合实验区,是指国务院 2011 年 11 月批复的《平潭综合实验区总体发展规划》规划的平潭综合实验区范围;前海深港现代服务业合作区,是指国务院 2010 年 8 月批复的《前海深港现代服务业合作区总体发展规划》规划的前海深港现代服务业合作区范围。

《横琴新区企业所得税优惠目录》《平潭综合实验区企业所得税优惠目录》《前海深港现代服务业合作区企业所得税优惠目录》由财税〔2014〕26 号文件发布,自 2014 年 1 月 1 日起至 2020 年 12 月 31 日执行。其中,《平潭综合实验区企业所得税优惠目录》由《财政部 国家税务总局关于平潭综合实验区企业所得税优惠目录增列有关旅游产业项目的通知》(财税〔2017〕75 号,以下简称财税〔2017〕75 号文件)增列有关旅游产业项目,自 2017 年 1 月 1 日起至 2020 年 12 月 31 日执行。《横琴新区企业所得税优惠目录》由《财政部 国家税务总局关于横琴新区企业所得税优惠目录增列旅游产业项目的通知》(财税〔2019〕63 号,以下简称财税〔2019〕63 号文件)增列有关旅游产业项目,自 2019 年 1 月 1 日起至 2020 年 12 月 31 日执行。

2. 优惠管理

财税〔2014〕26号文件规定：

（1）上述鼓励类产业企业是指以所在区域《企业所得税优惠目录》中规定的产业项目为主营业务，且其主营业务收入占企业收入总额70%以上的企业。收入总额，是指《企业所得税法》第六条规定的收入总额。

（2）企业在优惠区域内、外分别设有机构的，仅就其设在优惠区域内的机构的所得确定适用15%的企业所得税优惠税率。在确定区域内机构是否符合优惠条件时，根据设在优惠区域内机构本身的有关指标是否符合财税〔2014〕26号文件规定的条件加以确定，不考虑设在优惠区域外机构的因素。

（3）企业既符合财税〔2014〕26号文件规定的减按15%税率征收企业所得税优惠条件，又符合《企业所得税法》及其实施条例和国务院规定的其他各项税收优惠条件的，可以同时享受；其中符合其他税率优惠条件的，可以选择最优惠的税率执行；涉及定期减免税的减半优惠的，应按照25%法定税率计算的应纳税额减半征收企业所得税。

（4）税务机关对企业主营业务是否属于《企业所得税优惠目录》难以界定的，可要求企业提供省级（含副省级）政府有关行政主管部门或其授权的下一级行政主管部门出具的证明文件。

（十七）北京冬奥组委、北京冬奥会测试赛赛事组委会：免税

依据《财政部 国家税务总局 海关总署关于北京2022年冬奥会和冬残奥会税收政策的通知》（财税〔2017〕60号）的规定，2017年7月12日起，对北京2022年冬奥会和冬残奥会组织委员会（以下简称北京冬奥组委）免征应缴纳的企业所得税，对北京冬奥组委取得的北京2022年冬残奥会收入及其发生的涉税支出、北京冬奥会测试赛赛事组委会取得的收入及发生的涉税支出比照执行北京2022年冬奥会的税收政策。

（十八）从事污染防治的第三方企业：低税率优惠

1. 优惠政策

依据《财政部 国家税务总局 国家发展改革委 生态环境部关于从事污染防治的第三方企业所得税政策问题的公告》（财政部 国家税务总局 国家发展改革委 生态环境部公告2019年第60号，以下简称财政部等四部门公告2019年第60号）的规定，自2019年1月1日起至2021年12月31日，对符合条件的从事污染防治的第三方企业（以下称第三方防治企业）减按15%的税率征收企业所得税。

2. 享受优惠的条件

第三方防治企业是指受排污企业或政府委托，负责环境污染治理设施（包括自动连续监测设施，下同）运营维护的企业。第三方防治企业应当同时符合以下条件：

（1）在中国境内（不包括台、港、澳地区）依法注册的居民企业；

（2）具有1年以上连续从事环境污染治理设施运营实践，且能够保证设施正常运行；

（3）具有至少5名从事本领域工作且具有环保相关专业中级及以上技术职称的技术人员，或者至少2名从事本领域工作且具有环保相关专业高级及以上技术职称的技术人员；

（4）从事环境保护设施运营服务的年度营业收入占总收入的比例不低于60%；

（5）具备检验能力，拥有自有实验室，仪器配置可满足运行服务范围内常规污染物指标的检测需求；

(6)保证其运营的环境保护设施正常运行,使污染物排放指标能够连续稳定达到国家或者地方规定的排放标准要求;

(7)具有良好的纳税信用,近三年内纳税信用等级未被评定为 C 级或 D 级。

3. 优惠管理

第三方防治企业,自行判断其是否符合上述条件,符合条件的可以申报享受税收优惠,相关资料留存备查。税务部门依法开展后续管理过程中,可转请生态环境部门进行核查,生态环境部门可以委托专业机构开展相关核查工作,具体办法由国家税务总局会同国家发展改革委、生态环境部制定。

(十九)支持和促进重点群体创业就业企业:限额减征

1. 优惠政策

依据《财政部 国家税务总局 人力资源社会保障部 国务院扶贫办关于进一步支持和促进重点群体创业就业有关税收政策的通知》(财税〔2019〕22 号,以下简称财税〔2019〕22 号文件)的规定,自 2019 年 1 月 1 日至 2021 年 12 月 31 日,企业招用建档立卡贫困人口,以及在人力资源社会保障部门公共就业服务机构登记失业半年以上且持《就业创业证》或《就业失业登记证》(注明"企业吸纳税收政策")的人员,与其签订 1 年以上期限劳动合同并依法缴纳社会保险费的,自签订劳动合同并缴纳社会保险当月起,在 3 年内按实际招用人数予以定额依次扣减增值税、城市维护建设税、教育费附加、地方教育附加和企业所得税优惠。纳税人在 2021 年 12 月 31 日享受上述税收优惠政策未满 3 年的,可继续享受至 3 年期满为止。

企业是指属于增值税纳税人或企业所得税纳税人的企业等单位。

定额标准为每人每年 6000 元,最高可上浮 30%,各省、自治区、直辖市人民政府可根据本地区实际情况在此幅度内确定具体定额标准。按上述标准计算的税收扣减额应在企业当年实际应缴纳的增值税、城市维护建设税、教育费附加、地方教育附加和企业所得税税额中扣减,当年扣减不完的,不得结转下年使用。

2. 优惠管理

(1)优惠衔接。财税〔2019〕22 号文件所述人员以前年度已享受重点群体创业就业税收优惠政策满 3 年的,不得再享受财税〔2019〕22 号文件规定的税收优惠政策;以前年度享受重点群体创业就业税收优惠政策未满 3 年且符合财税〔2019〕22 号文件规定条件的,可按财税〔2019〕22 号文件规定享受优惠至 3 年期满。

(2)《就业创业证》的申领。依据《国家税务总局关于实施支持和促进重点群体创业就业有关税收政策具体操作问题的公告》(国家税务总局公告 2019 年第 10 号,以下简称税务总局公告 2019 年第 10 号)的规定,凭《就业创业证》享受上述优惠政策的人员,按以下规定申领《就业创业证》:

——失业人员在常住地公共就业服务机构进行失业登记,申领《就业创业证》。对其中的零就业家庭、城市低保家庭的登记失业人员,公共就业服务机构应在其《就业创业证》上予以注明。

——毕业年度内高校毕业生在校期间凭学生证向公共就业服务机构申领《就业创业证》,或委托所在高校就业指导中心向公共就业服务机构代为申领《就业创业证》;毕业年度内高校毕业生离校后可凭毕业证直接向公共就业服务机构按规定申领《就业创业证》。

《就业创业证》采用实名制,限持证者本人使用。创业人员被用人单位招用的,享受税收优惠政策期间,证件由用人单位保管。

任何单位或个人不得伪造、涂改、转让、出租相关凭证,违者将依法予以惩处;对出借、转让《就业创业证》的人员,主管人力资源社会保障部门要收回其《就业创业证》并记录在案;对采取上述手段已经获取减免税的企业和个人,主管税务机关要追缴其已减免的税款,并依法予以处理。

(3)企业申请。依据税务总局公告2019年第10号的规定,享受招用重点群体就业税收优惠政策的企业,持下列材料向县以上人力资源社会保障部门递交申请:

——招用人员持有的《就业创业证》(建档立卡贫困人口不需提供)。

——企业与招用重点群体签订的劳动合同(副本),企业依法为重点群体缴纳的社会保险记录。通过内部信息共享、数据比对等方式审核的地方,可不再要求企业提供缴纳社会保险记录。

企业招用人员发生变化的,应向人力资源社会保障部门办理变更申请。

(4)人力资源社会保障部门审核。依据税务总局公告2019年第10号的规定,县以上人力资源社会保障部门接到企业报送的材料后,重点核实以下情况:

——招用人员是否属于享受税收优惠政策的人员范围,以前是否已享受过重点群体创业就业税收优惠政策。

——企业是否与招用人员签订了1年以上期限劳动合同,并依法为招用人员缴纳社会保险。

核实后,对持有《就业创业证》的重点群体,在其《就业创业证》上注明"企业吸纳税收政策";对符合条件的企业核发《企业吸纳重点群体就业认定证明》。

(5)税款减免顺序及额度。依据税务总局公告2019年第10号的规定,纳税人按本单位招用重点群体的人数及其实际工作月数核算本单位减免税总额,在减免税总额内每月依次扣减增值税、城市维护建设税、教育费附加和地方教育附加。纳税年度终了,如果纳税人实际减免的增值税、城市维护建设税、教育费附加和地方教育附加小于核算的减免税总额,纳税人在企业所得税汇算清缴时,以差额部分扣减企业所得税。当年扣减不完的,不再结转以后年度扣减。

享受优惠政策当年,重点群体人员工作不满1年的,应当以实际月数换算其减免税总额。

减免税总额 = Σ 每名重点群体人员本年度在本企业工作月数 $\div 12 \times$ 具体定额标准

第2年及以后年度当年新招用人员、原招用人员及其工作时间按上述程序和办法执行。计算每名重点群体人员享受税收优惠政策的期限最长不超过36个月。

(6)依据税务总局公告2019年第10号的规定,各级税务机关对《就业创业证》或建档立卡贫困人口身份有疑问的,可提请同级人力资源社会保障部门、扶贫办予以协查,同级人力资源社会保障部门、扶贫办应根据具体情况规定合理的工作时限,并在时限内将协查结果通报提请协查的税务机关。

(7)依据财税〔2019〕22号文件的规定,企业招用就业人员既可以适用财税〔2019〕22号文件规定的税收优惠政策,又可以适用其他扶持就业专项税收优惠政策的,企业可以选择适用最优惠的政策,但不得重复享受。

3. 主要留存备查资料

依据税务总局公告2019年第10号的规定,企业招用重点群体人员就业享受限额减征优惠的,由企业留存以下材料备查:

(1)享受税收优惠政策的登记失业半年以上的人员,零就业家庭、城市低保家庭的登记失业人员,以及毕业年度内高校毕业生的《就业创业证》(注明"企业吸纳税收政策")。

(2)县以上人力资源社会保障部门核发的《企业吸纳重点群体就业认定证明》。

(3)《重点群体人员本年度实际工作时间表》(见表12-36)。

表12-36 重点群体人员本年度实际工作时间表(样本)

企业名称(盖章): 年度:

序号	招用人员姓名	身份证号码	证件编号	类型(1)(2)(3)(4)	在本企业工作时间(单位:月)

注:①"类型"包括4种:
——纳入全国扶贫开发信息系统的农村建档立卡贫困人员;
——在人力资源社会保障部门公共就业服务机构登记失业半年以上人员;
——零就业家庭、享受城市居民最低生活保障家庭劳动年龄内的登记失业人员;
——毕业年度内高校毕业生。
②上述(1)类人员不需填写证件编号,其他类型人员填写《就业创业证》编号。

(二十)扶持自主就业退役士兵创业就业企业:限额减征

1. 优惠政策

依据《财政部 国家税务总局 退役军人部关于进一步扶持自主就业退役士兵创业就业有关税收政策的通知》(财税〔2019〕21号,以下简称财税〔2019〕21号文件)的规定,自2019年1月1日至2021年12月31日,企业招用自主就业退役士兵,与其签订1年以上期限劳动合同并依法缴纳社会保险费的,自签订劳动合同并缴纳社会保险当月起,在3年内按实际招用人数予以定额依次扣减增值税、城市维护建设税、教育费附加、地方教育附加和企业所得税优惠。纳税人在2021年12月31日前享受本通知规定税收优惠政策未满3年的,可继续享受至3年期满为止。

企业是指属于增值税纳税人或企业所得税纳税人的企业等单位。自主就业退役士兵是指依照《退役士兵安置条例》(国务院 中央军委令第608号)的规定退出现役并按自主就业方式安置的退役士兵。

定额标准为每人每年6 000元,最高可上浮50%,各省、自治区、直辖市人民政府可根据本地区实际情况在此幅度内确定具体定额标准。

2. 优惠管理

(1)优惠衔接。财税〔2019〕21号文件明确,退役士兵以前年度已享受退役士兵创业就业税收优惠政策满3年的,不得再享受财税〔2019〕21号文件规定的税收优惠政策;以前年度享受退役士兵创业就业税收优惠政策未满3年且符合财税〔2019〕21号文件规定条件的,可按财税〔2019〕21号文件规定享受优惠至3年期满。

(2)税款减免顺序及额度。依据财税〔2019〕21号文件的规定,企业按招用人数和签订的劳动合同时间核算企业减免税总额,在核算减免税总额内每月依次扣减增值税、城市维护建设税、教育费附加和地方教育附加。纳税年度终了,如果企业实际减免的增值税、城市维护建设税、教育费附加和地方教育附加小于核算减免税总额,企业在企业所得税汇算清缴时以差额部分扣减企业所得税。当年扣减不完的,不再结转以后年度扣减。

自主就业退役士兵在企业工作不满1年的,应当按月换算减免税限额。计算公式为:企业核算减免税总额 = Σ 每名自主就业退役士兵本年度在本单位工作月份 ÷ 12 × 具体定额标准。

(3)依据财税〔2019〕21号文件的规定,企业招用自主就业退役士兵既可以适用本通知规定的税收优惠政策,又可以适用其他扶持就业专项税收优惠政策的,企业可以选择适用最优惠的政策,但不得重复享受。

3. 主要留存备查资料

依据财税〔2019〕21号文件的规定,企业招用自主就业退役士兵就业享受限额减征优惠的,由企业留存以下材料备查:

(1)招用自主就业退役士兵的《中国人民解放军义务兵退出现役证》《中国人民解放军士官退出现役证》或《中国人民武装警察部队义务兵退出现役证》《中国人民武装警察部队士官退出现役证》;

(2)企业与招用自主就业退役士兵签订的劳动合同(副本),为职工缴纳的社会保险费记录;

(3)自主就业退役士兵本年度在企业工作时间表(见表12-37)。

表12-37 自主就业退役士兵本年度在企业工作时间表(样本)

企业名称(盖章): 年度:

序号	自主就业退役士兵姓名	身份证号码	证件编号	在本企业工作时间(单位:月)	备注

(二十一)注册在海南自由贸易港并实质性运营的鼓励类产业企业:低税率优惠

依据财税〔2020〕31号文件的规定,自2020年1月1日起执行至2024年12月31日,对注册在海南自由贸易港并实质性运营的鼓励类产业企业,减按15%的税率征收企业所得税。

所称鼓励类产业企业,是指以海南自由贸易港鼓励类产业目录中规定的产业项目为主营业务,且其主营业务收入占企业收入总额60%以上的企业。所称实质性运营,是指企业的实际管理机构设在海南自由贸易港,并对企业生产经营、人员、账务、财产等实施实质性全面管理和控制。对不符合实质性运营的企业,不得享受优惠。

海南自由贸易港鼓励类产业目录包括《产业结构调整指导目录(2019年本)》《鼓励外

商投资产业目录(2019年版)》和海南自由贸易港新增鼓励类产业目录。上述目录在本通知执行期限内修订的,自修订版实施之日起按新版本执行。

对总机构设在海南自由贸易港的符合条件的企业,仅就其设在海南自由贸易港的总机构和分支机构的所得,适用15%税率;对总机构设在海南自由贸易港以外的企业,仅就其设在海南自由贸易港内的符合条件的分支机构的所得,适用15%税率。具体征管办法按照税务总局有关规定执行。

二、减免所得税优惠的填报

企业所得税年度纳税申报表对减免所得税优惠设置了一张二级附表——表A107040和两张三级附表——《高新技术企业优惠情况及明细表》(A107041,以下简称表A107041)和《高新技术企业优惠情况及明细表》(A107042,以下简称表A107042)。

(一) 表A107040 的填报

(1) 第1行"一、符合条件的小型微利企业减免所得税":填报享受小型微利企业普惠性所得税减免政策减免企业所得税的金额。本行填报根据表A100000第23行计算的减免企业所得税的本年金额。

(2) 第2行"二、国家需要重点扶持的高新技术企业减按15%的税率征收企业所得税":根据《企业所得税法》及其实施条例、税务总局公告2017年第24号等规定,国家需要重点扶持的高新技术企业减按15%的税率征收企业所得税。本行填报表A107041第31行金额。

(3) 第3行"三、经济特区和上海浦东新区新设立的高新技术企业在区内取得的所得定期减免企业所得税":根据国发〔2007〕40号文件、财税〔2008〕21号文件等规定,经济特区和上海浦东新区内,在2008年1月1日(含)之后完成登记注册的国家需要重点扶持的高新技术企业,在经济特区和上海浦东新区内取得的所得,自取得第一笔生产经营收入所属纳税年度起,第一年至第二年免征企业所得税,第三年至第五年按照25%法定税率减半征收企业所得税。本行填报表A107041第32行金额。

(4) 第4行"四、受灾地区农村信用社免征企业所得税":填报受灾地区农村信用社按相关规定免征企业所得税的金额。因原有政策均已到期,本行不得填报。

(5) 第5行"五、动漫企业自主开发、生产动漫产品定期减免企业所得税":根据财税〔2009〕65号文件、文市发〔2008〕51号文件和文产发〔2009〕18号文件等规定,经认定的动漫企业自主开发、生产动漫产品,享受软件企业所得税优惠政策。自获利年度起,第一年至第二年免征所得税,第三年至第五年按照25%的法定税率减半征收所得税。本行填报根据表A100000第23行计算的免征、减征企业所得税金额。

(6) 第6行"六、线宽小于0.8微米(含)的集成电路生产企业减免企业所得税":根据财税〔2012〕27号文件、财税〔2016〕49号文件和财税〔2018〕27号文件等规定,2017年12月31日前设立的集成电路线宽小于0.8微米(含)的集成电路生产企业,自获利年度起第一年至第二年免征企业所得税,第三年至第五年按照25%的法定税率减半征收企业所得税,并享受至期满为止。表A000000"208软件、集成电路企业类型"填报"110集成电路生产企业(线宽小于0.8微米(含)的企业)"的纳税人可以填报本项,本行填报表A107042第22行金额。

(7)第7行"七、线宽小于0.25微米的集成电路生产企业减按15%税率征收企业所得税":根据财税〔2012〕27号文件、财税〔2016〕49号文件和财税〔2018〕27号文件等规定,线宽小于0.25微米的集成电路生产企业,可减按15%的税率征收企业所得税。表A000000"208软件、集成电路企业类型"填报"120集成电路生产企业(线宽小于0.25微米的企业)"且表A107042"减免方式"填报"400企业减按15%税率征收企业所得税"的纳税人可以填报本项,本行填报表A107042第22行金额。

(8)第8行"八、投资额超过80亿元的集成电路生产企业减按15%税率征收企业所得税":根据财税〔2012〕27号文件、财税〔2016〕49号文件和财税〔2018〕27号文件等规定,投资额超过80亿元的集成电路生产企业,可减按15%的税率征收企业所得税。表A000000"208软件、集成电路企业类型"填报"130集成电路生产企业(投资额超过80亿元的企业)"且表A107042"减免方式"填报"400企业减按15%税率征收企业所得税"的纳税人可以填报本项,本行填报表A107042第22行金额。

(9)第9行"九、线宽小于0.25微米的集成电路生产企业减免企业所得税":根据财税〔2012〕27号文件、财税〔2016〕49号文件和财税〔2018〕27号文件等规定,2017年12月31日前设立的线宽小于0.25微米的集成电路生产企业,经营期在15年以上的,自获利年度起计算优惠期,第一年至第五年免征企业所得税,第六年至第十年按照25%的法定税率减半征收企业所得税,并享受至期满为止。表A000000"208软件、集成电路企业类型"填报"120集成电路生产企业(线宽小于0.25微米的企业)"且表A107042"减免方式"填报"210企业五免五减半——免税""220企业五免五减半——减半征税"的纳税人可以填报本项,本行填报表A107042第22行金额。

(10)第10行:"十、投资额超过80亿元的集成电路生产企业减免企业所得税":根据财税〔2012〕27号文件、财税〔2016〕49号文件和财税〔2018〕27号文件等规定,2017年12月31日前设立的投资额超过80亿元的集成电路生产企业,经营期在15年以上的,自获利年度起计算优惠期,第一年至第五年免征企业所得税,第六年至第十年按照25%的法定税率减半征收企业所得税,并享受至期满为止。表A000000"208软件、集成电路企业类型"填报"130集成电路生产企业(投资额超过80亿元的企业)"且表A107042"减免方式"填报"210企业五免五减半——免税""220企业五免五减半——减半征税"的纳税人可以填报本项,本行填报表A107042第22行金额。

(11)第11行"十一、新办集成电路设计企业减免企业所得税":根据财税〔2012〕27号文件、财税〔2016〕49号文件、财税公告2019年第68号和财税公告2020年第29号等规定,我国境内新办的集成电路设计企业,自获利年度起计算优惠期,第一年至第二年免征企业所得税,第三年至第五年按照25%的法定税率减半征收企业所得税,并享受至期满为止。表A000000"208软件、集成电路企业类型"填报"210集成电路设计企业(新办符合条件企业)"的纳税人可以填报本项,本行填报表A107042第22行金额。

(12)第12行"十二、国家规划布局内集成电路设计企业可减按10%的税率征收企业所得税":根据财税〔2012〕27号文件和财税〔2016〕49号文件等规定,国家规划布局内的重点集成电路设计企业,如当年未享受免税优惠的,可减按10%税率征收企业所得税。表A000000"208软件、集成电路企业类型"填报"220集成电路设计企业(符合规模条件的重点集成电路设计企业)""230集成电路设计企业(符合领域的重点集成电路设计企业)"的纳税人可以填报本项,本行填报表 A107042 第 22 行金额。

(13) 第 13 行"十三、符合条件的软件企业减免企业所得税":根据财税〔2012〕27 号文件、财税〔2016〕49 号文件、财税公告 2019 年第 68 号和财税公告 2020 年第 29 号等规定,我国境内新办的符合条件的企业,自获利年度起计算优惠期,第一年至第二年免征企业所得税,第三年至第五年按照 25%的法定税率减半征收企业所得税,并享受至期满为止。表 A000000"208 软件、集成电路企业类型"填报"311 软件企业(一般软件企业——新办符合条件企业)""321 软件企业(嵌入式或信息系统集成软件——新办符合条件企业)"的纳税人可以填报本项,本行填报表 A107042 第 22 行金额。

(14) 第 14 行"十四、国家规划布局内重点软件企业可减按 10%的税率征收企业所得税":根据财税〔2012〕27 号文件和财税〔2016〕49 号文件等规定,国家规划布局内的重点软件企业,如当年未享受免税优惠的,可减按 10%税率征收企业所得税。表 A000000"208 软件、集成电路企业类型"填报"312 软件企业(一般软件企业——符合规模条件的重点软件企业)""313 软件企业(一般软件企业——符合领域条件的重点软件企业)""314 软件企业(一般软件企业——符合出口条件的重点软件企业)""322 软件企业(嵌入式或信息系统集成软件——符合规模条件的重点软件企业)""323 软件企业(嵌入式或信息系统集成软件——符合领域条件的重点软件企业)""324 软件企业(嵌入式或信息系统集成软件——符合出口条件的重点软件企业)"的纳税人可以填报本项,本行填报表 A107042 第 22 行金额。

(15) 第 15 行"十五、符合条件的集成电路封装、测试企业定期减免企业所得税":根据财税〔2015〕6 号文件规定,符合条件的集成电路封装、测试企业,在 2017 年(含 2017 年)前实现获利的,自获利年度起第一年至第二年免征企业所得税,第三年至第五年按照 25%的法定税率减半征收企业所得税,并享受至期满为止;2017 年前未实现获利的,自 2017 年起计算优惠期,享受至期满为止。表 A000000"208 软件、集成电路企业类型"填报"400 集成电路封装测试企业"的纳税人可以填报本项,本行填报表 A107042 第 22 行金额。

(16) 第 16 行"十六、符合条件的集成电路关键专用材料生产企业、集成电路专用设备生产企业定期减免企业所得税":根据财税〔2015〕6 号文件规定,符合条件的集成电路关键专用材料生产企业、集成电路专用设备生产企业,在 2017 年(含 2017 年)前实现获利的,自获利年度起第一年至第二年免征企业所得税,第三年至第五年按照 25%的法定税率减半征收企业所得税,并享受至期满为止;2017 年前未实现获利的,自 2017 年起计算优惠期,享受至期满为止。表 A000000"208 软件、集成电路企业类型"填报"500 集成电路关键专用材料生产企业""600 集成电路专用设备生产企业"的纳税人可以填报本项,本行填报表 A107042 第 22 行金额。

(17) 第 17 行"十七、经营性文化事业单位转制为企业的免征企业所得税":根据财税〔2019〕16 号文件等规定,从事新闻出版、广播影视和文化艺术的经营性文化事业单位转制为企业的,自转制注册之日起五年内免征企业所得税。2018 年 12 月 31 日之前已完成转制的企业,自 2019 年 1 月 1 日起可继续免征五年企业所得税。本行填报根据表 A100000 第 23 行计算的免征企业所得税金额。

(18) 第 18 行"十八、符合条件的生产和装配伤残人员专门用品企业免征企业所得税":根据财税〔2016〕111 号文件等规定,符合条件的生产和装配伤残人员专门用品的企业免征企业所得税。本行填报根据表 A100000 第 23 行计算的免征企业所得税金额。

（19）第 19 行"十九、技术先进型服务企业（服务外包类）减按 15% 的税率征收企业所得税"：根据财税〔2017〕79 号文件等规定，对经认定的技术先进型服务企业，减按 15% 的税率征收企业所得税。表 A000000"206 技术先进型服务企业类型"填报"110 信息技术外包服务（ITO）""120 技术性业务流程外包服务（BPO）""130 技术性知识流程外包服务（KPO）"的纳税人可以填报本项，本行填报根据表 A100000 第 23 行计算的减征企业所得税金额。

（20）第 20 行"二十、技术先进型服务企业（服务贸易类）减按 15% 的税率征收企业所得税"：根据财税〔2018〕44 号文件等规定，对经认定的技术先进型服务企业（服务贸易类），减按 15% 的税率征收企业所得税。表 A000000"206 技术先进型服务企业类型"填报"210 计算机和信息服务""220 研究开发和技术服务""230 文化技术服务""240 中医药医疗服务"的纳税人可以填报本项，本行填报根据表 A100000 第 23 行计算的减征企业所得税金额。

（21）第 21 行"二十一、设在西部地区的鼓励类产业企业减按 15% 的税率征收企业所得税"：根据《财税〔2011〕58 号文件、税务总局公告 2012 年第 12 号、财税〔2013〕4 号文件、《西部地区鼓励类产业目录》和税务总局公告 2015 年第 14 号等规定，对设在西部地区的鼓励类产业企业减按 15% 的税率征收企业所得税；对设在赣州市的鼓励类产业的内资和外商投资企业减按 15% 税率征收企业所得税。本行填报根据表 A100000 第 23 行计算的减征企业所得税金额。跨地区经营汇总纳税企业总机构和分支机构因享受该项优惠政策适用不同税率的，本行填报按照税务总局公告 2012 年第 57 号第十八条规定计算的减免税额。

（22）第 22 行"二十二、新疆困难地区新办企业定期减免企业所得税"：根据财税〔2011〕53 号文件和财税〔2016〕85 号文件等规定，对在新疆困难地区新办的属于《新疆困难地区重点鼓励产业优惠目录》范围内的企业，自取得第一笔生产经营收入所属纳税年度起，第一年至第二年免征企业所得税，第三年至第五年减半征收企业所得税。本行填报根据表 A100000 第 23 行计算的免征、减征企业所得税金额。

（23）第 23 行"二十三、新疆喀什、霍尔果斯特殊经济开发区新办企业定期免征企业所得税"：根据财税〔2011〕112 号文件和财税〔2016〕85 号文件等规定，对在新疆喀什、霍尔果斯两个特殊经济开发区内新办的属于《新疆困难地区重点鼓励产业优惠目录》范围内的企业，自取得第一笔生产经营收入所属纳税年度起，五年内免征企业所得税。本行填报根据表 A100000 第 23 行计算的免征企业所得税金额。

（24）第 24 行"二十四、广东横琴、福建平潭、深圳前海等地区的鼓励类产业企业减按 15% 税率征收企业所得税"：根据财税〔2014〕26 号文件、财税〔2017〕75 号文件和财税〔2019〕63 号文件等规定，对设在广东横琴新区、福建平潭综合实验区和深圳前海深港现代服务业合作区的鼓励类产业企业减按 15% 的税率征收企业所得税。本行填报根据表 A100000 第 23 行计算的减征企业所得税金额。

（25）第 25 行"二十五、北京冬奥组委、北京冬奥会测试赛赛事组委会免征企业所得税"：根据财税〔2017〕60 号文件等规定，为支持发展奥林匹克运动，确保北京 2022 年冬奥会和冬残奥会顺利举办，对北京冬奥组委免征应缴纳的企业所得税，北京冬奥会测试赛赛事组委会取得的收入及发生的涉税支出比照执行北京冬奥组委的税收政策。本行填报北京冬奥组委、北京冬奥会测试赛赛事组委会根据表A100000第23行计算的免征企业所得税金额。

(26)第26行"二十六、线宽小于130纳米的集成电路生产企业减免企业所得税":根据财税〔2018〕27号文件规定,集成电路线宽小于130纳米,且经营期在10年以上的集成电路生产企业,自企业获利年度起,第一年至第二年免征企业所得税,第三年至第五年按照25%的法定税率减半征收企业所得税。表A000000"208 软件、集成电路企业类型"填报"140集成电路生产企业(线宽小于130纳米的企业)"的纳税人可以填报本项,本行填报表A107042第22行金额。

(27)第27行"二十七、线宽小于65纳米或投资额超过150亿元的集成电路生产企业减免企业所得税":根据财税〔2018〕27号文件规定,集成电路线宽小于65纳米或投资额超过150亿元,且经营期在15年以上的集成电路生产企业,自企业获利年度起,第一年至第五年免征企业所得税,第六年至第十年按照25%的法定税率减半征收企业所得税。表A000000"208 软件、集成电路企业类型"填报"150集成电路生产企业(线宽小于65纳米或投资额超过150亿元的企业)"的纳税人可以填报本项,本行填报表A107042第22行金额。

(28)第28行"二十八、其他":根据相关行次计算结果填报。本行 = 第28.1 + 28.2 + 28.3行,各行按照以下要求填报:

第28.1行"(一)从事污染防治的第三方企业减按15%的税率征收企业所得税":根据财政部等四部门公告2019年第60号规定,对符合条件的从事污染防治的第三方企业减按15%的税率征收企业所得税。本行填报根据表A100000第23行计算的减征企业所得税金额;

第28.2行"(二)其他1":填报当年新出台且本表未列明的其他税收优惠政策,需填报项目名称、减免税代码及免征、减征企业所得税金额。

第28.3行"(三)其他2":填报国务院根据税法授权制定的及本表未列明的其他税收优惠政策,需填报项目名称、减免税代码及免征、减征企业所得税金额。

(29)第29行"二十九、项目所得额按法定税率减半征收企业所得税叠加享受减免税优惠":纳税人同时享受优惠税率和所得项目减半情形下,在填报本表低税率优惠时,所得项目按照优惠税率减半计算多享受优惠的部分。

企业从事农林牧渔业项目、国家重点扶持的公共基础设施项目、符合条件的环境保护、节能节水项目、符合条件的技术转让、集成电路生产项目、其他专项优惠等所得额应按法定税率25%减半征收,同时享受高新技术企业、技术先进型服务企业、集成电路生产企业、国家规划布局内重点软件企业和集成电路设计企业等优惠税率政策,由于申报表填报顺序,按优惠税率减半叠加享受减免税优惠部分,应在本行对该部分金额进行调整。本行应大于等于0且小于等于第1 + 2 + … + 20 + 22 + … + 28行的值。

计算公式:本行 = 减半项目所得额 × 50% × (25% − 优惠税率)。

(30)第30行"三十、支持和促进重点群体创业就业企业限额减征企业所得税":根据财税〔2019〕22号文件等规定,企业招用建档立卡贫困人口,以及在人力资源社会保障部门公共就业服务机构登记失业半年以上且持《就业创业证》或《就业失业登记证》(注明"企业吸纳税收政策")的人员,与其签订1年以上期限劳动合同并依法缴纳社会保险费的,自签订劳动合同并缴纳社会保险当月起,在3年内按实际招用人数予以定额依次扣减增值税、城市维护建设税、教育费附加、地方教育附加和企业所得税优惠。定额标准为每人每年6 000元,最高可上浮30%,各省、自治区、直辖市人民政府可根据本地区实际情况在此幅度内确定具体定额标准。本行填报企业纳税年度终了时实际减免的增值税、城市维护建设税、教育费附加和地方教育附加小于核定的减免税总额部分,在企业所得税汇算清缴时扣减的企业所得税金额。当年扣减不完的,不再结转以后年度扣减。本行填报第30.1+30.2行的合计金额。

企业招用建档立卡贫困人口就业扣减企业所得税、企业招用登记失业半年以上人员就业扣减企业所得税,分别填报第30.1行、第30.2行。

(31)第31行"三十一、扶持自主就业退役士兵创业就业企业限额减征企业所得税":根据财税〔2019〕21号文件等规定,企业招用自主就业退役士兵,与其签订1年以上期限劳动合同并依法缴纳社会保险费的,自签订劳动合同并缴纳社会保险当月起,在3年内按实际招用人数予以定额依次扣减增值税、城市维护建设税、教育费附加、地方教育附加和企业所得税优惠。定额标准为每人每年6 000元,最高可上浮50%,各省、自治区、直辖市人民政府可根据本地区实际情况在此幅度内确定具体定额标准。本行填报企业纳税年度终了时实际减免的增值税、城市维护建设税、教育费附加和地方教育附加小于核定的减免税总额部分,在企业所得税汇算清缴时扣减的企业所得税金额。当年扣减不完的,不再结转以后年度扣减。

(32)第32行"三十二、民族自治地方的自治机关对本民族自治地方的企业应缴纳的企业所得税中属于地方分享的部分减征或免征(□免征□减征:减征幅度____%)":根据《企业所得税法》及其实施条例、财税〔2008〕21号文件和《中华人民共和国民族区域自治法》的规定,实行民族区域自治的自治区、自治州、自治县的自治机关对本民族自治地方的企业应缴纳的企业所得税中属于地方分享的部分,可以决定减征或者免征,自治州、自治县决定减征或者免征的,须报省、自治区、直辖市人民政府批准。

纳税人填报该行次时,根据享受政策的类型选择"免征"或"减征"填报,二者必选其一。选择"免征"是指企业所得税款地方分成40%部分全部免征;选择"减征:减征幅度____%"需填报"减征幅度",减征幅度范围是1至100,表示企业所得税地方分成部分减征的百分比。如,地方分享部分减半征收,则选择"减征",并在"减征幅度"后填写"50%"。本行填报(应纳所得税额-本表以上行次优惠合计)×40%×减征幅度的金额,以上行次不包括第28.1行、第28.2行、第28.3行、第30.1行、第30.2行。

第33行"合计":填报第1+2+…+28-29+30+31+32行的合计金额。

表A107040第33行的金额要填入主表第26行"减:减免所得税额"。

【例12-16】某居民企业符合小型微利企业条件,2019年应纳税所得额为80万元。该企业减免所得税额=800 000×(25%-50%×50%×20%)=800 000×20%=160 000(元)。该企业2019年减免所得税优惠的填报见表12-38。

表 12-38　小型微利企业减免所得税优惠填报示例(一)

A107040　　减免所得税优惠明细表　　金额单位:元

行次	项目	金额
1	一、符合条件的小型微利企业减免企业所得税	160 000.00
2	二、国家需要重点扶持的高新技术企业减按15%的税率征收企业所得税(填写A107041)	0.00
3	三、经济特区和上海浦东新区新设立的高新技术企业在区内取得的所得定期减免企业所得税(填写A107041)	0.00
	……	
33	合计(1+2+…+28-29+30+31+32)	160 000.00

【例12-17】某居民企业符合小型微利企业条件,2019年应纳税所得额为180万元。该企业减免所得税额=1 000 000×(25%-50%×50%×20%)+800 000×(25%-50%×20%)=1 000 000×20%+800 000×15%=320 000(元)。该企业2019年减免所得税优惠的填报见表12-39。

表 12-39　小型微利企业减免所得税优惠填报示例(二)

A107040　　减免所得税优惠明细表　　金额单位:元

行次	项目	金额
1	一、符合条件的小型微利企业减免企业所得税	320 000.00
2	二、国家需要重点扶持的高新技术企业减按15%的税率征收企业所得税(填写A107041)	0.00
3	三、经济特区和上海浦东新区新设立的高新技术企业在区内取得的所得定期减免企业所得税(填写A107041)	0.00
	……	
33	合计(1+2+…+28-29+30+31+32)	320 000.00

(二) 表 A107041 的填报

(1)第1行至第3行:"企业主要产品(服务)发挥核心支持作用的技术所属范围":填报对企业主要产品(服务)发挥核心支持作用的技术属于《国家重点支持的高新技术领域》规定的具体范围,填报至三级明细领域,如"一、电子信息(一)软件1.基础软件"。

(2)第4行"一、本年高新技术产品(服务)收入":填报第5+6行金额。

(3)第5行"产品(服务)收入":填报纳税人本年发挥核心支持作用的技术属于《国家重点支持的高新技术领域》规定范围的产品(服务)收入。

(4)第6行"技术性收入":包括技术转让收入、技术服务收入和接受委托研究开发收入。

(5)第7行"二、本年企业总收入":填报第8-9行金额。

(6)第8行"(一)收入总额":填报纳税人本年以货币形式和非货币形式从各种来源取得的收入总额。包括:销售货物收入,提供劳务收入,转让财产收入,股息、红利等权益性投资收益,利息收入,租金收入,特许权使用费收入,接受捐赠收入,其他收入。

(7)第9行"不征税收入":填报纳税人本年符合相关政策规定的不征税收入。

(8)第10行"三、本年高新技术产品(服务)收入占企业总收入的比例":填报第4÷7行计算后的比例。

(9)第11行"四、本年科技人员数":填报纳税人直接从事研发和相关技术创新活动,以及专门从事上述活动的管理和提供直接技术服务的,累计实际工作时间在183天以上的人员,包括在职、兼职和临时聘用人员。

(10)第12行"五、本年职工总数":填报纳税人本年在职、兼职和临时聘用人员。在职人员可以通过企业是否签订劳动合同或缴纳社会保险费来判断。兼职、临时聘用人员全年须在企业累计工作183天以上。

(11)第13行"六、本年科技人员占企业当年职工总数的比例":填报第11÷12行的比例。

(12)第14行"高新研发费用归集年度":本行无填报事项。

与计算研发费比例相关的第15行至第29行需填报三年数据,实际经营不满三年的按实际经营时间填报。

(13)第15行"七、本年归集的高新研发费用金额":填报第16+25行金额。

(14)第16行"(一)内部研究开发投入":填报第17+18+19+20+21+22+24行金额。

(15)第17行"1. 人员人工费用":填报纳税人科技人员的工资薪金、基本养老保险费、基本医疗保险费、失业保险费、工伤保险费、生育保险费和住房公积金,以及外聘科技人员的劳务费用。

(16)第18行"2. 直接投入费用":填报纳税人为实施研究开发活动而实际发生的相关支出。包括:直接消耗的材料、燃料和动力费用;用于中间试验和产品试制的模具、工艺装备开发及制造费,不构成固定资产的样品、样机及一般测试手段购置费,试制产品的检验费;用于研究开发活动的仪器、设备的运行维护、调整、检验、检测、维修等费用,以及通过经营租赁方式租入的用于研发活动的固定资产租赁费。

(17)第19行"3. 折旧费用与长期待摊费用":填报纳税人用于研究开发活动的仪器、设备和在用建筑物的折旧费;研发设施的改建、改装、装修和修理过程中发生的长期待摊费用。

(18)第20行"4. 无形资产摊销费用":填报纳税人用于研究开发活动的软件、知识产权、非专利技术(专有技术、许可证、设计和计算方法等)的摊销费用。

(19)第21行"5. 设计费用":填报纳税人为新产品和新工艺进行构思、开发和制造,进行工序、技术规范、规程制定、操作特性方面的设计等发生的费用,包括为获得创新性、创意性、突破性产品进行的创意设计活动发生的相关费用。

(20)第22行"6. 装备调试费与实验费用":填报纳税人工装准备过程中研究开发活动所发生的费用,包括研制特殊、专用的生产机器,改变生产和质量控制程序,或制定新方法及标准等活动所发生的费用。

(21)第23行"7. 其他费用":填报纳税人与研究开发活动直接相关的其他费用,包括技术图书资料费、资料翻译费、专家咨询费、高新科技研发保险费、研发成果的检索、论证、评审、鉴定、验收费用,知识产权的申请费、注册费、代理费,会议费、差旅费、通讯费等。

(22)第24行"可计入研发费用的其他费用":填报纳税人为研究开发活动所发生的其他费用中不超过研究开发总费用的20%的金额,按第17行至第22行之和×20%÷(1-20%)与第23行的孰小值填报。

(23)第25行"(二)委托外部研发费用":填报纳税人委托境内外其他机构或个人进行研究开发活动所发生的费用(研究开发活动成果为委托方企业拥有,且与该企业的主要经营业务紧密相关)。委托外部研发费用的实际发生额应按照独立交易原则确定,实际发生额的80%可计入委托方研发费用总额。本行填报(第26+28行)×80%的金额。

(24)第26行"1. 境内的外部研发费用":填报纳税人委托境内其他机构或个人进行

的研究开发活动所支出的费用。本行填报实际发生境内的外部研发费用。

（25）第 27 行"2. 境外的外部研发费用"：填报纳税人委托境外机构或个人完成的研究开发活动所发生的费用。受托研发的境外机构是指依照外国（地区）及我国台、港、澳地区法律成立的企业和其他取得收入的组织；受托研发的境外个人是指外籍及我国台、港、澳地区个人。本行填报实际发生境外的外部研发费用。

（26）第 28 行"可计入研发费用的境外的外部研发费用"：根据《高新技术企业认定管理办法》等规定，纳税人在中国境内发生的研发费用总额占全部研发费用总额的比例不低于 60%，即境外发生的研发费用总额占全部研发费用总额的比例不超过 40%。本行填报（第 17 + 18 + … + 22 + 23 + 26 行）×40% ÷（1 - 40%）与第 27 行的孰小值。

（27）第 29 行"八、销售（营业）收入"：填报纳税人主营业务收入与其他业务收入之和。

（28）第 30 行"九、三年研发费用占销售（营业）收入的比例"：填报第 15 行 4 列 ÷ 第 29 行 4 列的比例。

（29）第 31 行"十、国家需要重点扶持的高新技术企业减征企业所得税"：本行填报经济特区和上海浦东新区外的高新技术企业或虽是经济特区和上海浦东新区新设的高新技术企业但取得区外所得的减免税金额。经济特区和上海浦东新区新设的高新技术企业定期减免政策期满后，只享受 15% 税率优惠政策的，减免税金额也在本行填报。

（30）第 32 行"十一、经济特区和上海浦东新区新设立的高新技术企业定期减免"：本行填报在经济特区和上海浦东新区新设的高新技术企业区内所得的减免税金额。

表 A107041 第 31 行的金额要填入表 A107040 第 2 行"二、国家需要重点扶持的高新技术企业减按 15% 的税率征收企业所得税"，表 A107041 第 32 行的金额要填入表 A107040 第 3 行"三、经济特区和上海浦东新区新设立的高新技术企业在区内取得的所得定期减免企业所得税"。

【例 12-18】假设例 12-13 中的甲企业发挥核心支持作用的技术属于《国家重点支持的高新技术领域》中的"一、电子信息（一）软件 1. 基础软件"。2019 年纳税调整后所得为 2 000 万元，其中含符合条件的技术转让项目免税所得额 500 万元、减半征税所得额 205 万元。在例 12-13 中已知技术转让项目减免所得额 602.5 万元，因此该企业应纳税所得额为 1 397.5 万元。高新技术企业低税率优惠和技术转让项目所得减半优惠部分叠加享受金额 = 205 × 50% ×（25% - 15%）= 10.25（万元）。该企业表 A107041、表 A107040 和主表相关项目的填报分别见表 12-40、表 12-41 和表 12-42。

表 12-40　高新技术企业和技术转让项目叠加优惠填报表 A107041 填报示例

A107041　　　　　　　　　　　　　高新技术企业优惠情况及明细表　　　　　　　　　　　　　金额单位：元

		税收优惠基本信息		
1	企业主要产品（服务）发挥核心支持作用的技术所属范围	国家重点支持的高新技术领域	一级领域	一、电子信息
2			二级领域	（一）软件
3			三级领域	1. 基础软件
……				
31	减免税额	十、国家需要重点扶持的高新技术企业减征企业所得税		1 397 500.00
32		十一、经济特区和上海浦东新区新设立的高新技术企业定期减免税额		0.00

表12-41　高新技术企业优惠和技术转让项目叠加填报表 A107040 填报示例

A107040　　　　　　　　　　　减免所得税优惠明细表　　　　　　　　　　金额单位:元

行次	项目	金额
1	一、符合条件的小型微利企业减免企业所得税	0.00
2	二、国家需要重点扶持的高新技术企业减按15%的税率征收企业所得税(填写A107041)	1 397 500.00
3	三、经济特区和上海浦东新区新设立的高新技术企业在区内取得的所得定期减免企业所得税(填写A107041)	0.00
……	……	
29	二十九、减:项目所得额按法定税率减半征收企业所得税叠加享受减免税优惠	102 500.00
33	合计(1+2+…+28-29+30+31+32)	1 295 000.00

表12-42　高新技术企业优惠和技术转让项目叠加填报主表填报示例

A100000　　　　　　　　　中华人民共和国企业所得税年度纳税申报表(A类)　　　　　　金额单位:元

行次	类别	项目	金额
		……	
19	应纳税所得额计算	四、纳税调整后所得(13-14+15-16-17+18)	20 000 000.00
20		减:所得减免(填写A107020)	6 025 000.00
21		减:弥补以前年度亏损(填写A106000)	0.00
22		减:抵扣应纳税所得额(填写A107030)	0.00
23		五、应纳税所得额(19-20-21-22)	13 975 000.00
24	应纳税额计算	税率(25%)	25%
25		六、应纳所得额(23×24)	3 493 750.00
26		减:减免所得税额(填写A107040)	1 295 000.00
27		减:抵免所得税额(填写A107050)	0.00
28		七、应纳税额(25-26-27)	2 198 750.00
		……	

【例12-19】例3-2中的华方有限责任公司2018年3月取得高新技术企业证书,假设其发挥核心支持作用的技术属于《国家重点支持的高新技术领域》中的"二、生物与新医药(一)医药生物技术 3.快速生物检测技术"。表4-4表明,华方有限责任公司2019年应纳税所得额为11 575 583.33元。例4-2和例6-1表明,华方有限责任公司2019年度营业收入6 320万元、视同销售收入20万元、投资收益163万元、营业外收入110万元,收入总额为6 613万元;例5-1表明,华方有限责任公司2019年度高新技术产品收入3 200万元,高新技术产品技术性收入1 400万元;例6-10表明,华方有限责任公司2019年度将政府补助收入作为不征税收入处理的金额为100万元。例3-3表明,华方有限责任公司2019年全年平均从业人数120人。例5-10表明,华方有限责任公司2019年研发人员20人,研发人员人工费用合计为387.4万元、原材料等直接投入成本70万元、研发设备折旧11.5万元、新产品设计费37万元、一般测试手段购置费12万元、研发成果论证费3万元,研发费用合计为520.9万元。华方有限责任公司享受高新技术企业减免所得税优惠表A107041和表A107040的填报分别见表12-43、表12-44。

表 12-43　高新技术企业享受减免所得税优惠填报表 A107041 填报示例

A107041　　　　　　　　　　　　　高新技术企业优惠情况及明细表　　　　　　　　　　金额单位：元

税收优惠基本信息					
1	企业主要产品（服务）发挥核心支持作用的技术所属范围	国家重点支持的高新技术领域	一级领域	二、生物与新医药	
2			二级领域	（一）医药生物技术	
3			三级领域	3. 快速生物检测技术	
税收优惠有关情况					
4	收入指标	一、本年高新技术产品（服务）收入（5+6）			46 000 000.00
5		其中：产品（服务）收入			32 000 000.00
6		技术性收入			14 000 000.00
7		二、本年企业总收入（8-9）			65 130 000.00
8		其中：收入总额			66 130 000.00
9		不征税收入			1 000 000.00
10		三、本年高新技术产品（服务）收入占企业总收入的比例（4÷7）			70.63%
11	人员指标	四、本年科技人员数			20
12		五、本年职工总数			120
13		六、本年科技人员占企业当年职工总数的比例（11÷12）			16.67%
14	研发费用指标	高新研发费用归集年度	本年度	前一年度	前二年度	合计
			1	2	3	4
15		七、归集的高新研发费用金额（16+25）	5 209 000.00	5 025 000.00	4 613 000.00	14 847 000.00
16						
17		（一）内部研究开发投入（17+…+22+24）	5 209 000.00	5 025 000.00	4 613 000.00	14 847 000.00
18						
19		1. 人员人工费用	3 874 000.00	3 800 000.00	2 750 000.00	10 424 000.00
20		2. 直接投入费用	700 000.00	900 000.00	1 300 000.00	2 900 000.00
21		3. 折旧费用与长期待摊费用	115 000.00	115 000.00	115 000.00	345 000.00
22		4. 无形资产摊销费用	0.00	0.00	0.00	0.00
23		5. 设计费用	370 000.00	60 000.00	280 000.00	710 000.00
24		6. 装备调试费与实验费用	0.00	30 000.00	58 000.00	88 000.00
25		7. 其他费用	150 000.00	120 000.00	110 000.00	380 000.00
26		其中：可计入研发费用的其他费用	150 000.00	120 000.00	110 000.00	380 000.00
27		（二）委托外部研发费用[（26+28）×80%]	0.00	0.00	0.00	0.00
28						
29		1. 境内的外部研发费	0.00	0.00	0.00	0.00
30		2. 境外的外部研发费	0.00	0.00	0.00	0.00
		其中：可计入研发费用的境外的外部研发费	0.00	0.00	0.00	0.00
		八、销售（营业）收入	63 200 000.00	45 700 000.00	31 900 000.00	140 800 000.00
		九、三年研发费用占销售（营业）收入的比例（15行4列÷29行4列）				10.54%
31	减免税额	十、国家需要重点扶持的高新技术企业减征企业所得税				1 157 558.33
32		十一、经济特区和上海浦东新区新设立的高新技术企业定期减免税额				0.00

注：表中"前一年度""前二年度"的高新研发费用金额和销售（营业）收入为假设数据。

表 12-44　高新技术企业享受减免所得税优惠填报表 A107040 填报示例

A107040　　　　　　　　　　　　　　减免所得税优惠明细表　　　　　　　　　　　　　金额单位:元

行次	项目	金额
1	一、符合条件的小型微利企业减免企业所得税	0.00
2	二、国家需要重点扶持的高新技术企业减按15%的税率征收企业所得税(填写A107041)	1 157 558.33
3	三、经济特区和上海浦东新区新设立的高新技术企业在区内取得的所得定期减免企业所得税(填写A107041)	0.00
	……	
29	二十九、减:项目所得额按法定税率减半征收企业所得税叠加享受减免税优惠	0.00
	……	
33	合计(1+2+…+28−29+30+31+32)	1 157 558.33

(三) 表 A107042 的填报

享受软件、集成电路企业优惠政策的纳税人均需按照企业整体情况填报本表,其中填报表 A107020 "七、线宽小于 130 纳米的集成电路生产项目" "八、线宽小于 65 纳米或投资额超过 150 亿元的集成电路生产项目"减免项目的纳税人,应当填报除本表第 22 行"减免税额"以外的本表其他相应项目。

1. 税收优惠基本信息

当企业同时享受多种软件、集成电路企业优惠政策时,可根据实际情况填报"减免方式1"和"减免方式2",并同时填报对应的"获利年度/开始计算优惠期年度1"和"获利年度/开始计算优惠期年度2"。

(1) 减免方式:纳税人根据表 A000000 "208 软件、集成电路企业类型"填报的企业类型和实际经营情况,从《软件、集成电路企业优惠方式代码表》(见表 12-45)"代码"列中选择相应代码,填入本项。在"110""120""210""220""300""400"六个代码中,纳税人仅可从中选择一项填列。

表 12-45　软件、集成电路企业优惠方式代码表

代码	减免方式类型	软件、集成电路企业类型
110	企业二免三减半 (免税)	110 集成电路生产企业(线宽小于 0.8 微米(含)的企业)
		140 集成电路生产企业(线宽小于 130 纳米的企业)
		210 集成电路设计企业(新办符合条件企业)
		311 软件企业(一般软件企业——新办符合条件企业)
		321 软件企业(嵌入式或信息系统集成软件——新办符合条件企业)
		400 集成电路封装测试企业
		500 集成电路关键专用材料生产企业
		600 集成电路专用设备生产企业
120	企业二免三减半 (减半征收)	110 集成电路生产企业(线宽小于 0.8 微米(含)的企业)
		140 集成电路生产企业(线宽小于 130 纳米的企业)
		210 集成电路设计企业(新办符合条件企业)
		311 软件企业(一般软件企业——新办符合条件企业)
		321 软件企业(嵌入式或信息系统集成软件——新办符合条件企业)
		400 集成电路封装测试企业
		500 集成电路关键专用材料生产企业
		600 集成电路专用设备生产企业

续表

代码	减免方式类型	软件、集成电路企业类型
210	企业五免五减半(免税)	120 集成电路生产企业(线宽小于0.25微米的企业)
		130 集成电路生产企业(投资额超过80亿元的企业)
		150 集成电路生产企业(线宽小于65纳米或投资额超过150亿元的企业)
220	企业五免五减半(减半征收)	120 集成电路生产企业(线宽小于0.25微米的企业)
		130 集成电路生产企业(投资额超过80亿元的企业)
		150 集成电路生产企业(线宽小于65纳米或投资额超过150亿元的企业)
300	企业减按10%税率征收企业所得税	220 集成电路设计企业(符合规模条件的重点集成电路设计企业)
		230 集成电路设计企业(符合领域的重点集成电路设计企业)
		312 软件企业(一般软件企业——符合规模条件的重点软件企业)
		313 软件企业(一般软件企业——符合领域条件的重点软件企业)
		314 软件企业(一般软件企业——符合出口条件的重点软件企业)
		322 软件企业(嵌入式或信息系统集成软件——符合规模条件的重点软件企业)
		323 软件企业(嵌入式或信息系统集成软件——符合领域条件的重点软件企业)
		324 软件企业(嵌入式或信息系统集成软件——符合出口条件的重点软件企业)
400	企业减按15%税率征收企业所得税	120 集成电路生产企业(线宽小于0.25微米的企业)
		130 集成电路生产企业(投资额超过80亿元的企业)
510	项目所得二免三减半(免税)	140 集成电路生产企业(线宽小于130纳米的企业)
520	项目所得二免三减半(减半征收)	140 集成电路生产企业(线宽小于130纳米的企业)
610	项目所得五免五减半(免税)	150 集成电路生产企业(线宽小于65纳米或投资额超过150亿元的企业)
620	项目所得五免五减半(减半征收)	150 集成电路生产企业(线宽小于65纳米或投资额超过150亿元的企业)

注:在税务总局公告2018年第57号所附的填报说明《软件、集成电路企业优惠方式代码表》中,将"150集成电路生产企业(线宽小于65纳米或投资额超过150亿元的企业)"列入了减免方式类型中的"企业二免三减半(免税)""企业二免三减半(减半征收)",笔者根据财税〔2018〕27号文件将其调整列入了减免方式类型中的"企业五免五减半(免税)""企业五免五减半(减半征收)"。

(2)"获利年度/开始计算优惠期年度":适用选择"二免三减半""五免五减半"定期减免类型的纳税人填报。其中,"开始计算优惠期年度"按照财税〔2012〕27号、财税〔2015〕6号、财税〔2018〕27号等文件的相关规定确定。

2. 税收优惠有关情况

第1行至第12行为必填行次。第13行和第14行适用于集成电路设计企业和软件企业填报,第15行至第17行适用于国家规划布局内的重点软件企业、重点集成电路企业中的符合领域条件的企业填报,第18行至第20行适用于国家规划布局内的重点软件企业中符合出口条件的企业填报,第21行适用于集成电路关键专用材料或专用设备生产企业填报。

(1)第1行"一、企业本年月平均职工总人数":填报纳税人本年月平均职工总人数。本年月平均职工总人数计算方法:

月平均人数 = (月初数 + 月末数) ÷ 2

全年月平均职工总人数 = 全年各月平均数之和 ÷ 12

(2)第2行"签订劳动合同关系且具有大学专科以上学历的职工人数":填报纳税人本

年签订劳动合同关系且具有大学专科以上学历的职工人数。

(3)第3行"研究开发人员人数":填报纳税人本年研究开发人员人数。

(4)第4行"二、大学专科以上职工占企业本年月平均职工总人数的比例":填报第2÷1行比例。

(5)第5行"三、研究开发人员占企业本年月平均职工总人数的比例":填报第3÷1行比例。

(6)第6行"四、研发费用总额":填报企业按照财税〔2015〕119号文件、税务总局公告2015年第97号和税务总局公告2017年第40号等文件规定口径归集的研发费用。

(7)第7行"企业在中国境内发生的研发费用金额":填报纳税人本年在中国境内发生的研发费用。

(8)第8行"五、研发费用占销售(营业)收入的比例":填报研发费用占销售(营业)收入的比例,即本表第6行÷表A101010第1行比例。

(9)第9行"六、境内研发费用占研发费用总额的比例":填报第7÷6行比例。

(10)第10行"七、企业收入总额":填报纳税人本年以货币形式和非货币形式从各种来源取得的收入总额。包括:销售货物收入,提供劳务收入,转让财产收入,股息、红利等权益性投资收益,利息收入,租金收入,特许权使用费收入,接受捐赠收入,其他收入。

(11)第11行"八、符合条件的销售(营业)收入":根据企业类型分析填报,具体如下:

——集成电路生产企业:填报本年度集成电路制造销售(营业)收入;

——集成电路设计企业:填报本年度集成电路设计销售(营业)收入;

——软件企业:一般软件企业填报本年软件产品开发销售(营业)收入;嵌入式或信息系统集成软件企业填报嵌入式软件产品和信息系统集成产品开发销售(营业)收入;

——集成电路封装、测试企业:填报本年集成电路封装、测试销售(营业)收入;

——集成电路关键专用材料生产企业:填报本年集成电路关键专用材料销售(营业)收入;

——集成电路专用设备生产企业:填报本年集成电路专用设备销售(营业)收入。

(12)第12行"九、符合条件的收入占收入总额的比例":填报第11÷10行比例。

(13)第13行"(一)自主设计/开发销售(营业)收入":根据企业类型分析填报,具体如下:

——集成电路设计企业:填报本年度集成电路自主设计销售(营业)收入。

——软件企业:一般软件企业填报本年软件产品自主开发销售(营业)收入;嵌入式或信息系统集成软件企业填报本年自主开发嵌入式软件产品和信息系统集成产品开发销售(营业)收入。

(14)第14行"(二)自主设计/开发收入占企业收入总额的比例":填报第13÷10行比例。

(15)第15行"(一)适用的领域":根据发改高技〔2016〕1056号文件,选择填报适用的领域。

(16)第16行"(二)适用领域的销售(营业)收入":填报符合第15行选择"适用的领域"的销售(营业)收入。如第15行填报领域为"(一)基础软件:操作系统、数据库、中间件",则该行填报该业务的销售(营业)收入。

(17) 第 17 行"(三) 领域内的销售收入占符合条件的销售收入的比例":填报第 16÷11 行比例。

(18) 第 18 行"(一) 年度软件出口收入总额 (美元)":填报企业年度软件出口收入总额,以美元计算。

(19) 第 19 行"(二) 年度软件出口收入总额 (人民币)":填报企业年度软件出口收入,换算成人民币以后的金额。

(20) 第 20 行"(三) 软件出口收入总额占本企业年度收入总额的比例":填报第 19÷10 行比例。

(21) 第 21 行"产品适用目录":适用于集成电路关键专用材料或专用设备生产企业填报。目录见财税〔2015〕6 号文件所附《集成电路关键专用材料企业所得税优惠目录》《集成电路专用设备企业所得税优惠目录》。按照两个目录中的"产品名称"填列本行。

(22) 第 22 行"减免税额":填报本年享受集成电路、软件企业优惠的金额。当减免方式为"项目所得二免三减半 (免税)""项目所得二免三减半 (减半征收)""项目所得五免五减半 (免税)""项目所得五免五减半 (减半征收)"时,本行无需填报。

表 A107042 第 22 行的"减免税额"要根据软件、集成电路企业的不同减免方式计算。某一纳税年度享受免税优惠的,表 A107042 第 22 行 = 主表第 23 行×25%;享受减半征税优惠的,表 A107042 第 22 行 = 主表第 23 行×12.5%;享受减按 10% 税率征税优惠的,表 A107042 第 22 行 = 主表第 23 行×15%;享受减按 15% 税率征税优惠的,表 A107042 第 22 行 = 主表第 23 行×10%。

表 A107042 第 22 行的"减免税额"还要根据表 A000000 中软件、集成电路企业的不同类型和表 A107042 中的不同减免方式分别填入表 A107040 第 6 行至第 16 行、第 26 行至第 27 行,其对应关系见表 12-46。

表 12-46 表 A107042 第 22 行与表 A107040 行次对应关系

表 A000000 软件、集成电路企业类型	表 A107042 减免方式代码			表 A107042 第 22 行对应表 A107040 行次
	免税	减半	低税率	
110 集成电路生产企业 (线宽小于 0.8 微米 (含) 的企业)	110	120		表 A107040 第 6 行
120 集成电路生产企业 (线宽小于 0.25 微米的企业)			400	表 A107040 第 7 行
130 集成电路生产企业 (投资额超过 80 亿元的企业)			400	表 A107040 第 8 行
120 集成电路生产企业 (线宽小于 0.25 微米的企业)	210	220		表 A107040 第 9 行
130 集成电路生产企业 (投资额超过 80 亿元的企业)	210	220		表 A107040 第 10 行
210 集成电路设计企业 (新办符合条件企业)	110	120		表 A107040 第 11 行
220 集成电路设计企业 (符合规模条件的重点集成电路设计企业)			300	表 A107040 第 12 行
230 集成电路设计企业 (符合领域的重点集成电路设计企业)				
311 软件企业 (一般软件企业——新办符合条件企业)	110	120		表 A107040 第 13 行
321 软件企业 (嵌入式或信息系统集成软件——新办符合条件企业)				

续表

表 A000000 软件、集成电路企业类型	表 A107042 减免方式代码			表 A107042 第 22 行对应表 A107040 行次
	免税	减半	低税率	
312 软件企业（一般软件企业——符合规模条件的重点软件企业）			300	表 A107040 第 14 行
313 软件企业（一般软件企业——符合领域条件的重点软件企业）				
314 软件企业（一般软件企业——符合出口条件的重点软件企业）				
322 软件企业（嵌入式或信息系统集成软件——符合规模条件的重点软件企业）				
323 软件企业（嵌入式或信息系统集成软件——符合领域条件的重点软件企业）				
324 软件企业（嵌入式或信息系统集成软件——符合出口条件的重点软件企业）				
400 集成电路封装测试企业	110	120		表 A107040 第 15 行
500 集成电路关键专用材料生产企业	110	120		表 A107040 第 16 行
600 集成电路专用设备生产企业				
140 集成电路生产企业（线宽小于 130 纳米的企业）	110	120		表 A107040 第 26 行
150 集成电路生产企业（线宽小于 65 纳米或投资额超过 150 亿元的企业）	210	220		表 A107040 第 27 行

【例 12-20】某符合条件的软件企业 2016 年 3 月成立，2018 年为第一个获利年度。2019 年取得销售（营业）收入为 4 500 万元，纳税调整后所得 1 200 万元，弥补以前年度亏损 240 万元，应纳税所得额 960 万元。人员指标、研发费用指标和收入指标情况见表中。该软件企业享受减免所得税优惠表 A107042 和表 A107040 的填报分别见表 12-47 和表 12-48。

表 12-47 符合条件的软件企业享受免税优惠填报表 A107042 填报示例

A107042　　　　　　　　　　软件、集成电路企业优惠情况及明细表　　　　　　　　　　金额单位：元

税收优惠基本信息			
减免方式 1	110 企业二免三减半（免税）	获利年度\开始计算优惠期年度 1	2018 年
减免方式 2		获利年度\开始计算优惠期年度 2	
税收优惠有关情况			
行次		项目	金额（数量等）
1	人员指标	一、企业本年月平均职工总人数	80
2		其中：签订劳动合同关系且具有大学专科以上学历的职工人数	50
3		研究开发人员人数	20
4		二、大学专科以上职工占企业本年月平均职工总人数的比例（2÷1）	62.5%
5		三、研究开发人员占企业本年月平均职工总人数的比例（3÷1）	25%
6	研发费用指标	四、研发费用总额	3 000 000.00
7		其中：企业在中国境内发生的研发费用金额	2 700 000.00
8		五、研发费用占销售（营业）收入的比例	6.67%
9		六、境内研发费用占研发费用总额的比例（7÷6）	90%

续表

10	收入指标	七、企业收入总额	50 000 000.00
11		八、符合条件的销售(营业)收入	40 000 000.00
12		九、符合条件的收入占收入总额的比例(11÷10)	80%
13		十、集成电路设计企业、软件企业填报 (一)自主设计\开发销售(营业)收入	32 000 000.00
14		十、集成电路设计企业、软件企业填报 (二)自主设计\开发收入占企业收入总额的比例(13÷10)	64%
15		十一、重点软件企业或重点集成电路设计企业符合"领域"的填报 (一)适用的领域	
16		十一、重点软件企业或重点集成电路设计企业符合"领域"的填报 (二)适用领域的销售(营业)收入	0.00
17		十一、重点软件企业或重点集成电路设计企业符合"领域"的填报 (三)领域内的销售收入占符合条件的销售收入的比例(16÷11)	0.00
18		十二、重点软件企业符合"出口"的填报 (一)年度软件出口收入总额(美元)	
19		十二、重点软件企业符合"出口"的填报 (二)年度软件出口收入总额(人民币)	0.00
20		十二、重点软件企业符合"出口"的填报 (三)软件出口收入总额占本企业年度收入总额的比例(19÷10)	0.00%
21		十三、集成电路关键专用材料或专用设备生产企业填报 产品适用目录	
22	减免税额		2400000.00

表 12-48 符合条件的软件企业享受免税优惠填报表 A107042 填报示例

A107040 减免所得税优惠明细表　　金额单位:元

行次	项目	金额
1	一、符合条件的小型微利企业减免企业所得税	0.00
	……	
13	十三、符合条件的软件企业减免企业所得税(填写 A107042)	2400000.00
	……	
29	二十九、减:项目所得额按法定税率减半征收企业所得税叠加享受减税优惠	0.00
33	合计(1+2+…+28-29+30+31+32)	2 400 000.00

【例 12-21】某符合条件的软件企业 2014 年 3 月成立,2016 年为第一个获利年度。2019 年取得销售(营业)收入为 5 000 万元,纳税调整后所得为 1 960 万元,其中含符合条件的技术转让项目免税所得额 500 万元、减半征税所得额 200 万元。则该企业技术转让项目减免所得额 600 万元,因此该企业应纳税所得额为 1 360 万元。人员指标、研发费用指标和收入指标情况见表中。该企业 2019 年处于减半征税期,企业减半征税和技术转让项目所得减半优惠部分叠加享受金额=200×50%×(25%-12.5%)=12.5(万元)。该软件企业享受减免所得税优惠表 A107042 和表 A107040 的填报分别见表 12-49 和表 12-50。

表 12-49 软件企业减半征税优惠和技术转让项目叠加填报表 A107042 填报示例

A107042 软件、集成电路企业优惠情况及明细表　　金额单位:元

减免方式1	120 企业二免三减半(减半征收)	获利年度\开始计算优惠期年度1	2016 年
减免方式2		获利年度\开始计算优惠期年度2	
税收优惠有关情况			
行次	项目		金额(数量等)

续表

1	人员指标	一、企业本年月平均职工总人数	100
2		其中:签订劳动合同关系且具有大学专科以上学历的职工人数	60
3		研究开发人员人数	30
4		二、大学专科以上职工占企业本年月平均职工总人数的比例(2÷1)	60%
5		三、研究开发人员占企业本年月平均职工总人数的比例(3÷1)	30%
6	研发费用指标	四、研发费用总额	2 700 000.00
7		其中:企业在中国境内发生的研发费用金额	1 650 000.00
8		五、研发费用占销售(营业)收入的比例	5.4%
9		六、境内研发费用占研发费用总额的比例(7÷6)	61.11%
10	收入指标	七、企业收入总额	55 000 000.00
11		八、符合条件的销售(营业)收入	48 000 000.00
12		九、符合条件的收入占收入总额的比例(11÷10)	87.27%
13		十、集成电路设计企业、软件企业填报 (一)自主设计\开发销售(营业)收入	33 000 000.00
14		(二)自主设计\开发收入占企业收入总额的比例(13÷10)	60%
15		十一、重点软件企业或重点集成电路设计企业符合"领域"的填报 (一)适用的领域	
16		(二)适用领域的销售(营业)收入	0.00
17		(三)领域内的销售收入占符合条件的销售收入的比例(16÷11)	0.00%
18		十二、重点软件企业符合"出口"的填报 (一)年度软件出口收入总额(美元)	0.00
19		(二)年度软件出口收入总额(人民币)	0.00
20		(三)软件出口收入总额占本企业年度收入总额的比例(19÷10)	0.00%
21		十三、集成电路关键专用材料或专用设备生产企业填报 产品适用目录	
22	减免税额		1700000.00

表 12-50 符合条件的软件企业享受免税优惠填报表 A107042 示例

A107040　　　　　　　　　减免所得税优惠明细表　　　　　　　　金额单位:元

行次	项目	金额
1	一、符合条件的小型微利企业减免企业所得税	0.00
	……	
13	十三、符合条件的软件企业减免企业所得税(填写 A107042)	1 700 000.00
	……	
29	二十九、减:项目所得额按法定税率减半征收企业所得税叠加享受减免税优惠	125 000.00
	……	
33	合计(1+2+…+28−29+30+31+32)	1 575 000.00

第八节　税额抵免优惠及其填报

一、税额抵免优惠政策

《企业所得税法》第三十四条规定,企业购置用于环境保护、节能节水、安全生产等专用设备的投资额,可以按一定比例实行税额抵免。

（一）优惠方式

《企业所得税法实施条例》第一百条第一款规定，《企业所得税法》第三十四条所称税额抵免，是指企业购置并实际使用《环境保护专用设备企业所得税优惠目录》《节能节水专用设备企业所得税优惠目录》和《安全生产专用设备企业所得税优惠目录》（以下分别简称《环境保护专用设备优惠目录》《节能节水专用设备优惠目录》和《安全生产专用设备优惠目录》，合并简称《专用设备优惠目录》）规定的环境保护、节能节水、安全生产等专用设备的，该专用设备的投资额的10%可以从企业当年的应纳税额中抵免；当年不足抵免的，可以在以后5个纳税年度结转抵免。

《财政部 国家税务总局关于执行环境保护专用设备企业所得税优惠目录 节能节水专用设备企业所得税优惠目录和安全生产专用设备企业所得税优惠目录有关问题的通知》（财税〔2008〕48号，以下简称财税〔2008〕48号文件）第一条明确，企业自2008年1月1日起购置并实际使用列入《专用设备优惠目录》范围内的环境保护、节能节水和安全生产专用设备，才可以按专用设备投资额的10%抵免当年企业所得税应纳税额；企业当年应纳税额不足抵免的，可以向以后年度结转，但结转期不得超过5个纳税年度。

（二）优惠范围

《财政部 国家税务总局 国家发展改革委 工业和信息化部 环境保护部关于印发节能节水和环境保护专用设备企业所得税优惠目录(2017年版)的通知》（财税〔2017〕71号，以下简称财税〔2017〕71号文件）发布了新的《环境保护专用设备优惠目录》《节能节水专用设备优惠目录》，并明确2008年版优惠目录自2017年10月1日起废止，企业在2017年1月1日至2017年9月30日购置的专用设备符合2008年版优惠目录规定的，也可享受税收优惠。《财政部 国家税务总局应急管理部关于印发〈安全生产专用设备企业所得税优惠目录(2018年版)〉的通知》（财税〔2018〕84号，以下简称财税〔2018〕84号文件）发布了新的《安全生产专用设备优惠目录》，并明确2008年版优惠目录同时废止，企业在2018年1月1日至2018年8月31日期间购置的安全生产专用设备，符合2008年版优惠目录规定的，仍可享受税收优惠。

（三）优惠条件

依据财税〔2017〕71号文件和财税〔2018〕84号文件的规定，环境保护、节能节水和安全生产专用设备享受税额抵免优惠的条件，是指《专用设备优惠目录》所规定的设备类别、设备名称、性能参数、应用领域和执行标准。

（四）优惠管理

1. 专用设备投资额的确定

（1）增值税的处理。财税〔2008〕48号文件第二条明确，专用设备投资额，是指购买专用设备发票价税合计价格，但不包括按有关规定退还的增值税税款以及设备运输、安装和调试等费用。

《国家税务总局关于环境保护节能节水 安全生产等专用设备投资抵免企业所得税有关问题的通知》（国税函〔2010〕256号）进一步明确，自2009年1月1日起，纳税人购进并实际使用《专用设备优惠目录》范围内的专用设备并取得增值税专用发票的，在按照财税〔2008〕48号文件规定进行税额抵免时，如增值税进项税额允许抵扣，其专用设备投资额不再包括增值税进项税额；如增值税进项税额不允许抵扣，其专用设备投资额应为增值税专用发票上注明的价税合计金额。企业购买专用设备取得普通发票的，其专用设备投资额为普通发票上注明的金额。

(2)资金来源。财税〔2008〕48号文件第四条规定,企业利用自筹资金和银行贷款购置专用设备的投资额,可以按《企业所得税法》的规定抵免企业应纳所得税额;企业利用财政拨款购置专用设备的投资额,不得抵免企业应纳所得税额。

(3)融资租赁专用设备。财税〔2009〕69号文件第十条规定,《企业所得税法实施条例》第一百条规定的购置并实际使用的环境保护、节能节水和安全生产专用设备,包括承租方企业以融资租赁方式租入的、并在融资租赁合同中约定租赁期届满时租赁设备所有权转移给承租方企业,且符合规定条件的上述专用设备。凡融资租赁期届满后租赁设备所有权未转移至承租方企业的,承租方企业应停止享受抵免企业所得税优惠,并补缴已经抵免的企业所得税税款。

2. 当年应纳税额

财税〔2008〕48号文件第三条明确,当年应纳税额,是指企业当年的应纳税所得额乘以适用税率,扣除依照《企业所得税法》和国务院有关税收优惠规定以及税收过渡优惠规定减征、免征税额后的余额。

3. 专用设备转让、出租的处理

企业购置并实际投入使用、已开始享受税收优惠的专用设备,如从购置之日起5个纳税年度内转让、出租的,应在该专用设备停止使用当月停止享受企业所得税优惠,并补缴已经抵免的企业所得税税款。转让的受让方可以按照该专用设备投资额的10%抵免当年企业所得税应纳税额;当年应纳税额不足抵免的,可以在以后5个纳税年度结转抵免。

4. 税收优惠享受方式

财税〔2017〕71号文件和财税〔2018〕84号文件的规定,企业购置节能节水、环境保护和安全生产专用设备,自行判断其是否符合税收优惠政策规定条件,自行申报享受税收优惠,相关资料留存备查,税务部门依法加强后续管理。

(五)主要留存备查资料

依据税务总局公告2018年第23号所附《企业所得税优惠事项管理目录(2017年版)》,企业购置节能节水、环境保护和安全生产专用设备享受税额抵免优惠的,应留存备查的主要资料有:

(1)购买并自身投入使用的专用设备清单及发票;

(2)以融资租赁方式取得的专用设备的合同或协议;

(3)专用设备属于《环境保护专用设备优惠目录》《节能节水专用设备优惠目录》或《安全生产专用设备优惠目录》中的具体项目的说明;

(4)专用设备实际投入使用时间的说明。

二、税额抵免优惠的填报

纳税人享受税额抵免优惠需要填报表A107050。

(1)第1列"年度":填报公历年份。第6行为本年,第5行至第1行依次填报。

(2)第2列"本年抵免前应纳税额":填报纳税人企业所得税年度纳税申报表主表第25行"应纳所得税额"减第26行"减免所得税额"后的余额。

(3)第3列"本年允许抵免的专用设备投资额":填报纳税人本年购置并实际使用《专

用设备优惠目录》规定的环境保护、节能节水、安全生产等专用设备的发票价税合计金额，但不包括允许抵扣的增值税进项税额、按有关规定退还的增值税税款以及设备运输、安装和调试等费用。

（4）第4列"本年可抵免税额"：填报第3列×10%的金额。

（5）第5列至第9列"以前年度已抵免额"：填报纳税人以前年度已抵免税额，其中前五年度、前四年度、前三年度、前二年度、前一年度与"项目"列中的前五年度、前四年度、前三年度、前二年度、前一年度相对应。

（6）第10列"以前年度已抵免额—小计"：填报第5+6+7+8+9列的合计金额。

（7）第11列"本年实际抵免的各年度税额"：第1行至第6行填报纳税人用于依次抵免前5个年度及本年尚未抵免的税额，第11列小于等于第4－10列，且第11列第1行至第6行合计金额不得大于第6行第2列的金额。

（8）第12列"可结转以后年度抵免的税额"：填报第4－10－11列的余额。

（9）第7行第11列"本年实际抵免税额合计"：填报第11列第1+2+…+6行的合计金额。

（10）第8行第12列"可结转以后年度抵免的税额合计"：填报第12列第2+3+…+6行的合计金额。

（11）第9行"本年允许抵免的环境保护专用设备投资额"、第10行"本年允许抵免节能节水的专用设备投资额"和第11行"本年允许抵免的安全生产专用设备投资额"：分别填报纳税人本年购置并实际使用《专用设备优惠目录》规定的环境保护、节能节水、安全生产专用设备的发票价税合计金额，但不包括允许抵扣的增值税进项税额、按有关规定退还的增值税税款以及设备运输、安装和调试等费用。

表A107050第7行第11列的金额要填入主表第27行"减：抵免所得税额"。

【例12-22】某企业2018年10月购置并实际使用符合《节能节水专用设备优惠目录》规定的性能参数、应用领域和执行标准的房间空气调节器，取得货物增值税专用发票，发票注明金额200万元、税额32万元，取得交通运输服务增值税专用发票，发票注明金额3万元、税额3 000元，取得安装服务增值税专用发票，发票注明金额5 000元、税额5 000元，取得的增值税专用发票当月均已按规定确认并申报抵扣进项税额；2018年该企业专用设备抵免所得税额前的应纳税额为17万元，当年已申报抵免所得税额17万元。2019年8月购置并实际使用符合《节能节水专用设备优惠目录》规定的性能参数、应用领域和执行标准的通风机，取得货物增值税专用发票，发票注明金额60万元、税额7.8万元，取得交通运输服务值税专用发票，发票注明金额1万元、税额900元，取得的增值税专用发票当月均已按规定确认并申报抵扣进项税额；2019年该企业专用设备抵免所得税额前的应纳税额为7.5万元。该企业2019年税额抵免优惠的填报见表12-51）。

【例12-23】例3-1中的华方有限责任公司2018年9月购置并实际使用符合《环境保护专用设备优惠目录》规定的性能参数、应用领域和执行标准的烟气排放连续监测仪，取得货物增值税专用发票，发票注明金额70万元、税额11.2万元，取得的增值税专用发票已在当月按规定确认并申报抵扣进项税额；2018年度由于亏损未抵免所得税额。结合表4-4的数据，华方有限责任公司2019年税额抵免前的应纳税额＝2 893 895.83－1 157 558.33＝1 736 337.5（元）。华方有限责任公司2019年税额抵免优惠的填报见表12-52。

表 12-51 税额抵免优惠填报示例（一）
税额抵免优惠明细表

A107050
金额单位：元

行次	项目	年度(1)	本年抵免前应纳税额(2)	本年允许抵免的专用设备投资额(3)	本年可抵免税额 4=3×10%	以前年度已抵免额 前五年度(5)	前四年度(6)	前三年度(7)	前二年度(8)	前一年度(9)	小计 10(5+6+7+8+9)	本年实际抵免的各年度税额(11)	可结转以后年度抵免的税额 12(4-10-11)
1	前五年度												
2	前四年度					*							
3	前三年度					*	*						
4	前二年度					*	*	*					
5	前一年度	2018	170 000.00	2 000 000.00	200 000.00	*	*	*	*	170 000.00	170 000.00	30 000.00	0.00
6	本年度	2019	75 000.00	600 000.00	60 000.00	*	*	*	*	*	*	45 000.00	15 000.00
7	本年实际抵免税额合计											75 000.00	
8	可结转以后年度抵免的税额合计												15 000.00
9	专用设备投资情况	本年允许抵免的环境保护专用设备投资额		600 000.00									
10		本年允许抵免的节能节水的专用设备投资额		0.00									
11		本年允许抵免的安全生产专用设备投资额		0.00									

表 12-52 税额抵免优惠填报示例（二）
税额抵免优惠明细表

A107050
金额单位：元

行次	项目	年度(1)	本年抵免前应纳税额(2)	本年允许抵免的专用设备投资额(3)	本年可抵免税额 4=3×10%	以前年度已抵免额 前五年度(5)	前四年度(6)	前三年度(7)	前二年度(8)	前一年度(9)	小计 10(5+6+7+8+9)	本年实际抵免的各年度税额(11)	可结转以后年度抵免的税额 12(4-10-11)
1	前五年度												
2	前四年度					*							
3	前三年度					*	*						
4	前二年度					*	*	*					
5	前一年度	2018	0.00	700 000.00	70 000.00	*	*	*	*	0.00	0.00	70 000.00	0.00
6	本年度	2019	1 736 337.50	0.00	0.00	*	*	*	*	*	*	0.00	0.00
7	本年实际抵免税额合计											70 000.00	
8	可结转以后年度抵免的税额合计												0.00
9	专用设备投资情况	本年允许抵免的环境保护专用设备投资额		0.00									
10		本年允许抵免的节能节水的专用设备投资额		0.00									
11		本年允许抵免的安全生产专用设备投资额		0.00									

> 企业所得税政策与申报实务深度解析
> （2020年版）

第十三章

境外所得税收抵免政策及其明细表的填报

本章要点

☞ 分国抵免法和综合抵免法

☞ 直接抵免法和间接抵免法

☞ 境外所得税收抵免适用所得的范围

☞ 境外所得税收抵免计算的基本项目

☞ 境外应纳税所得额的计算

☞ 可抵免境外所得税额的确认

☞ 抵免限额的计算

☞ 实际抵免境外税额的计算

☞ 境外所得税收抵免一级附表的填报

☞ 境外所得税收抵免二级附表的填报

第一节 境外所得税收抵免企业所得税政策

除《企业所得税法》及其实施条例外,境外所得税收抵免企业所得税政策主要在财税〔2009〕125号文件、税务总局公告2010年第1号和财税〔2017〕84号文件中。

一、境外所得税收抵免的方法

(一)分国抵免法和综合抵免法

分国抵免法即"分国(地区)不分项"。在分国抵免法下,居民企业应按国(地区)别分别计算境外所得的应纳税所得额、可抵免境外所得税税额、抵免限额和实际抵免税额。

综合抵免法即"不分国(地区)不分项"。在综合抵免法下,居民企业不按国(地区)别分别计算、而是汇总计算境外所得的应纳税所得额、可抵免境外所得税税额、抵免限额和实际抵免税额。

依据财税〔2017〕84号文件第一条的规定,自2017年1月1日起,企业可以选择采用分国抵免法或者综合抵免法计算境外所得税收抵免,一经选择,5年内不得改变。企业选择采用不同于以前年度的方式(以下简称新方式)计算可抵免境外所得税税额和抵免限额时,对该企业以前年度按照财税〔2009〕125号文件规定没有抵免完的余额,可在税法规定结转的剩余年限内,按新方式计算的抵免限额中继续结转抵免。

【例13-1】居民企业A在甲国设有分支机构B和子公司C,在乙国设有分支机构D。2019年,居民企业A境内所得的应纳税所得额为300万元;设在甲国的分支机构B当年度应纳税所得额为200万元,在甲国缴纳企业所得税20万元,子公司C当年度分配给居民企业A的股息为100万元,该股息实际负担的所得税10万元;设在乙国的分支机构D当年度应纳税所得额为200万元,在乙国缴纳企业所得税60万元,以前年度结转抵免额为15万元(尚在结转抵免五年有效期内)。

(1)如果居民企业A选择采用分国抵免法计算境外所得税收抵免,则:

①来源于甲国所得税收抵免的计算:

甲国可抵免境外所得税税额 = 20 + 10 = 30(万元)

甲国所得税收抵免限额 = (300 + 200 + 100 + 200) × 25% × (200 + 100) ÷ (300 + 200 + 100 + 200) = 75(万元)

甲国当年可实际抵免税额 = 30(万元)

②来源于乙国所得税收抵免的计算:

乙国可抵免境外所得税税额 = 60(万元)

乙国所得税收抵免限额 = (300 + 200 + 100 + 200) × 25% × 200 ÷ (300 + 200 + 100 + 200) = 50(万元)

乙国当年可实际抵免税额 = 50(万元)

③居民企业A当年可实际抵免税额 = 30 + 50 = 80(万元),在乙国缴纳企业所得税还有25万元(2019年度尚未抵免的税额10万元、以前年度结转抵免的税额15万元)结转以后年度用乙国的可抵免境外所得税税额抵免。

(2)如果居民企业A选择采用综合抵免法计算境外所得税收抵免,则:

①汇总计算甲乙两国可抵免境外所得税税额 = 20 + 10 + 60 = 90(万元)

②汇总计算甲乙两国境外所得税收抵免限额 = (300 + 200 + 100 + 200) × 25% × (200 + 100 + 200) ÷ (300 + 200 + 100 + 200) = 125(万元)

③当年可实际抵免税额 90 万元,可抵免以前年度结转抵免税额 15 万元,居民企业 A 当年境外所得抵免税额合计金额为 105 万元。

(二)直接抵免法和间接抵免法

1. 直接抵免法

依据《企业所得税法》第二十三条的规定,居民企业来源于中国境外的应税所得已在境外直接缴纳的所得税税额,可以从其当期应纳税额中抵免,抵免限额为该项所得依照本法规定计算的应纳税额;超过抵免限额的部分,可以在以后五个年度内,用每年度抵免限额抵免当年应抵税额后的余额进行抵补。

《企业所得税法实施条例》第七十九条规定,《企业所得税法》第二十三条所称 5 个年度,是指从企业取得的来源于中国境外的所得,已经在中国境外缴纳的企业所得税性质的税额超过抵免限额的当年的次年起连续 5 个纳税年度。

直接抵免的境外所得税收,主要包括企业就来源于境外的营业利润所得在境外直接缴纳的企业所得税,以及就来源于或发生于境外的股息、红利等权益性投资所得、利息、租金、特许权使用费、财产转让等所得在境外被源泉扣缴的预提所得税。

2. 间接抵免法

依据《企业所得税法》第二十四条规定,居民企业从其直接或者间接控制的外国企业分得的来源于中国境外的股息、红利等权益性投资收益,外国企业在境外实际缴纳的所得税税额中属于该项所得负担的部分,可以作为该居民企业的可抵免境外所得税税额,在本法第二十三条规定的抵免限额内抵免。

《企业所得税法实施条例》第八十条明确,《企业所得税法》第二十四所称直接控制,是指居民企业直接持有外国企业 20% 以上股份。《企业所得税法》第二十四条所称间接控制,是指居民企业以间接持股方式持有外国企业 20% 以上股份。

间接抵免又分单层间接抵免和多层间接抵免两种。

例如,我国居民企业(母公司)的境外子公司在所在国(地区)缴纳企业所得税后,将税后利润的一部分作为股息、红利分配给该母公司,子公司在境外就其应税所得实际缴纳的企业所得税税额中按母公司所得股息占全部税后利润之比计算的部分即属于该母公司间接负担的境外企业所得税额。

间接抵免的境外所得税收,主要是居民企业从其符合财税[2009]125 号文件第五、六条规定的境外子公司取得的股息、红利等权益性投资收益所得间接负担的境外子公司在境外实际缴纳的企业所得税。

二、境外所得税收抵免适用所得的范围

对居民企业来说,允许实行境外所得税收抵免的所得范围包括两类:

(1)在境外投资设立不具有独立纳税地位的分支机构,其来源于境外的所得。居民企业在境外设立不具有独立纳税地位的分支机构取得的各项境外所得,无论是否汇回中国境内,均应计入该企业所属纳税年度的境外应纳税所得额。

不具有独立纳税地位,是指根据企业设立地法律不具有该国家(地区)独立法人地位或者按照税收协定规定不认定为对方国家(地区)的税收居民。企业居民身份的判定,一般以国内法为准。如果一个企业同时被中国和其他国家认定为居民(即双重居民),应按中国与该国之间税收协定(或安排)的规定执行。

不具有独立纳税地位的境外分支机构特别包括企业在境外设立的分公司、代表处、办事处、联络处,以及在境外提供劳务、被劳务发生地国家(地区)认定为负有企业所得税纳税义务的营业机构和场所等。

(2)来源于境外的股息、红利等权益性投资收益,以及利息、租金、特许权使用费、转让财产等收入。

三、境外所得税收抵免计算的基本项目

企业应按照《企业所得税法》及其实施条例、税收协定以及财税〔2009〕125号文件和财税〔2017〕84号文件的规定,准确计算当期与抵免境外所得税有关的项目,确定当期实际可抵免的境外所得税税额和抵免限额:

(1)境内所得的应纳税所得额(以下称境内应纳税所得额)和境外所得的应纳税所得额(以下称境外应纳税所得额);

(2)可抵免境外所得税税额;

(3)境外所得税的抵免限额;

(4)实际抵免税额。

企业不能准确计算上述项目实际可抵免的境外所得税税额的,相应税收不得在该企业当期应纳税额中抵免,也不得结转以后年度抵免。

四、境外应纳税所得额的计算

(一)境外应纳税所得额计算的基本规定

企业应就其按照实施条例第七条规定的所得来源地原则确定的中国境外所得(境外税前所得),按以下规定计算实施条例第七十八条规定的境外应纳税所得额。

根据实施条例第七条规定确定的境外所得,在计算适用境外税额直接抵免的应纳税所得额时,应为将该项境外所得直接缴纳的境外所得税额还原计算后的境外税前所得;上述直接缴纳税额还原后的所得中属于股息、红利所得的,在计算适用境外税额间接抵免的境外所得时,应再将该项境外所得间接负担的税额还原计算,即该境外股息、红利所得应为境外股息、红利税后净所得与就该项所得直接缴纳和间接负担的税额之和。

对上述税额还原后的境外税前所得,应再就计算企业应纳税所得总额时已按税法规定扣除的有关成本费用中与境外所得有关的部分进行对应调整扣除后,计算为境外应纳税所得额。

(二)居民企业境外分支机构来源于境外所得应纳税所得额的计算

居民企业在境外投资设立不具有独立纳税地位的分支机构,其来源于境外的所得,以境外收入总额扣除与取得境外收入有关的各项合理支出后的余额为应纳税所得额。各项收入、支出按《企业所得税法》及其实施条例的有关规定确定。

境外分支机构合理支出范围通常包括境外分支机构发生的人员工资、资产折旧、利息、相关税费和应分摊的总机构用于管理分支机构的管理费用等。

根据《企业所得税法实施条例》第二十七条规定,确定与取得境外收入有关的合理的支出,应主要考察发生支出的确认和分摊方法是否符合一般经营常规和我国税收法律规定的基本原则。企业已在计算应纳税所得总额时扣除的,但属于应由各分支机构合理分摊的总部管理费等有关成本费用应做出合理的对应调整分摊。

(三)居民企业来源于境外其他所得应纳税所得额的计算

1. 境外其他所得应纳税所得额的计算办法

居民企业应就其来源于境外的股息、红利等权益性投资收益,以及利息、租金、特许权使用费、转让财产等收入,扣除按照《企业所得税法》及实施条例等规定计算的与取得该项收入有关的各项合理支出后的余额为应纳税所得额。

从境外收到的股息、红利、利息等境外投资性所得一般表现为毛所得,应对在计算企业总所得额时已做统一扣除的成本费用中与境外所得有关的部分,在该境外所得中对应调整扣除后,才能作为计算境外税额抵免限额的境外应纳税所得额。在就境外所得计算应对应调整扣除的有关成本费用时,应对如下成本费用(但不限于)予以特别注意:

(1)股息、红利,应对应调整扣除与境外投资业务有关的项目研究、融资成本和管理费用;

(2)利息,应对应调整扣除为取得该项利息而发生的相应的融资成本和相关费用;

(3)租金,属于融资租赁业务的,应对应调整扣除其融资成本;属于经营租赁业务的,应对应调整扣除租赁物相应的折旧或折耗;

(4)特许权使用费,应对应调整扣除提供特许使用的资产的研发、摊销等费用;

(5)财产转让,应对应调整扣除被转让财产的成本净值和相关费用。

【例13-2】来源于境外利息收入的应纳税所得额的计算。

假设中国某金融机构向甲国某企业贷出5 000万元,合同约定的利率为4%。2019年,中国某金融机构收到甲国某企业支付的税后利息180万元(被扣缴预提所得税20万元,预提所得税税率为10%),应纳税所得总额为10 000万元,已在应纳税所得总额中扣除的该笔境外贷款的融资成本为本金的3%。

分析:该金融机构应纳税所得总额中境外利息收入的应纳税所得额,应为已缴纳境外预提所得税前的利息收入总额,再对应调整扣除相关筹资成本费用等。

境外利息收入总额=180(税后利息)+20(已扣缴税额)=200(万元)

对应调整扣除相关成本费用后的应纳税所得额=200-5 000×3%=50(万元)

该境外利息收入用于计算境外所得税收抵免限额的应纳税所得额为5万元,应纳税所得总额仍为10 000万元不变。

填报企业所得税年度纳税申报表时,要通过表A108010第17列"境外所得对应调整的相关成本费用支出"对境外所得调减150万元,同时,通过表A105000第28行"(十五)境外所得分摊的共同支出"对境内所得调增150万元。

2. 境外其他所得应纳税所得额的确认时间和实现年度

来源于境外的股息、红利等权益性投资收益,应按被投资方股东会或股东大会等有权决定利润分配的机构作出利润分配决定的日期确认收入实现;来源于境外的利息、租金、特许权使用费、转让财产等收入,应按有关合同约定应付交易对价款的日期确认收入实现。企业应根据《企业所得税法实施条例》中关于收入确认时间的规定确认境外所得的实现年度及其税额抵免年度。

（1）企业来源于境外的股息、红利等权益性投资收益所得，若实际收到所得的日期与境外被投资方股东会或股东大会等有权决定利润分配的机构作出利润分配决定的日期不在同一纳税年度的，应按被投资方作出利润分配日所在的纳税年度确认境外所得。企业来源于境外的利息、租金、特许权使用费、转让财产等收入，若未能在合同约定的付款日期当年收到上述所得，仍应按合同约定付款日期所属的纳税年度确认境外所得。

（2）属于《企业所得税法》第四十五条以及实施条例第一百一十七条和第一百一十八条规定情形的，应按照有关法律法规的规定确定境外所得的实现年度。有关受控外国企业视同分配股息的确认，参见第十章第六节"受控外国企业"相关内容。

（3）企业收到某一纳税年度的境外所得已纳税凭证时，凡是迟于次年5月31日汇算清缴终止日的，可以对该所得境外税额抵免追溯计算。

（四）境内、外所得的共同支出要合理分摊扣除

在计算境外应纳税所得额时，企业为取得境内、外所得而在境内、境外发生的共同支出，与取得境外应税所得有关的、合理的部分，应在境内、境外（分国（地区）别，下同）应税所得之间，按照合理比例进行分摊后扣除。

所称共同支出，是指与取得境外所得有关但未直接计入境外所得应纳税所得额的成本费用支出，通常包括未直接计入境外所得的营业费用、管理费用和财务费用等支出。

企业应对在计算总所得额时已统一归集并扣除的共同费用，按境外每一国（地区）别数额占企业全部数额的下列一种比例或几种比例的综合比例，在每一国别的境外所得中对应调整扣除，计算来自每一国别的应纳税所得额：资产比例；收入比例；员工工资支出比例；其他合理比例。

上述分摊比例确定后应报送主管税务机关备案；无合理原因不得改变。

（五）境外分支机构的亏损弥补

1. 分国（地区）不分项方式下

居民企业对来源于境外的所得选择适用分国（地区）不分项方式计税的，依据财税〔2009〕125号文件第三条的规定，在汇总计算境外应纳税所得额时，企业在境外同一国家（地区）设立不具有独立纳税地位的分支机构，按照《企业所得税法》及实施条例的有关规定计算的亏损，不得抵减其境内或他国（地区）的应纳税所得额，但可以用同一国家（地区）其他项目或以后年度的所得按规定弥补。

2. 不分国（地区）不分项方式下

居民企业对来源于境外的所得选择适用不分国（地区）不分项方式计税的，依据财税〔2017〕84号文件的规定，其境外应纳税所得额是多个国家（地区）所得汇总统一计算后的结果，即不同国家（地区）的盈利和亏损可以相互抵补。

3. 境外分支机构的非实际亏损没有结转年限的限制

税务总局公告2010年第1号明确，企业在同一纳税年度的境内外所得加总为正数的，其境外分支机构发生的亏损，由于上述结转弥补的限制而发生的未予弥补的部分（以下称为非实际亏损额），今后在该分支机构的结转弥补期限不受弥补期限的限制。即：

（1）如果企业当期境内外所得盈利额与亏损额加总后和为零或正数，则其当年度境外分支机构的非实际亏损额可无限期向后结转弥补；

（2）如果企业当期境内外所得盈利额与亏损额加总后和为负数,则以境外分支机构的亏损额超过企业盈利额部分的实际亏损额,按规定的弥补期限进行亏损弥补,未超过企业盈利额部分的非实际亏损额仍可无限期向后结转弥补。

因此,企业在填报企业所得税年度纳税申报表时,如果利润总额的计算包括境外分支机构的亏损额,对导致利润总额减少的境外分支机构的亏损,无论是实际亏损额,还是非实际亏损额,均要通过主表第14行"减:境外所得"进行纳税调整,即减负数。以后年度企业对境外分支机构的亏损结转弥补的,应在表A108020按规定填报。

五、可抵免境外所得税额的确认

（一）完税证明或纳税凭证

《企业所得税法实施条例》第八十一条要求,企业依照《企业所得税法》第二十三条、第二十四条的规定抵免企业所得税税额时,应当提供中国境外税务机关出具的税款所属年度的有关纳税凭证。

依据《国家税务总局关于企业境外承包工程税收抵免凭证有关问题的公告》（税务总局公告2017年第41号）的规定：

（1）企业以总分包或联合体方式在境外实施工程项目（包括但不限于工程建设、基础设施建设等项目,下同）,其来源于境外所得已在境外缴纳的企业所得税税额,可以总承包企业或联合体主导方企业开具的《境外承包工程项目完税凭证分割单（总分包方式）》（见表13-1,以下简称《分割单（总分包方式）》）或《境外承包工程项目完税凭证分割单（联合体方式）》（见表13-2,以下简称《分割单（联合体方式）》）作为境外所得完税证明或纳税凭证进行税收抵免。

（2）企业以总分包方式在境外承包工程,除总承包企业自行施工的部分外,发生分包（再分包,下同）的,其分包部分来源于境外所得已由总承包企业在境外缴纳的企业所得税税额,总承包企业可按实际取得的收入、工作量等因素确定的合理比例进行分配,开具《分割单（总分包方式）》,并将《分割单（总分包方式）》复印件提供给分包企业,分包企业据此申报抵免。总承包企业按分配后的余额申报抵免。同一项目分配方法应当一致,且在项目存续期内不得改变。

（3）企业以联合体方式中标境外工程,该联合体在境外缴纳的企业所得税税额可由主导方企业按实际取得的收入、工作量等因素确定的合理比例进行分配,开具《分割单（联合体方式）》,并将《分割单（联合体方式）》复印件提供给联合体各方企业,联合体各方企业据此申报抵免。联合体主导方可按合同收入占比孰高原则或事先约定进行确定。

（4）总承包企业作为境外纳税主体,应就其在境外缴纳的企业所得税税额,填制《分割单（总分包方式）》后提交主管税务机关备案,并将以下资料留存备查：

——总承包企业与境外发包方签订的总承包合同；

——总承包企业与分包企业签订的分包合同,如建设项目再分包的,还需留存备查分包企业与再分包企业签订的再分包合同；

——总承包企业境外所得相关完税证明或纳税凭证；

——境外所得缴纳的企业所得税税额按收入、工作量等因素确定的合理比例分配的计算过程及相关说明。

表13-1 境外承包工程项目完税凭证分割单(总分包方式)(样本)

境外承包工程项目完税凭证分割单(总分包方式)

备案年度：_____ 年　　　　　　　　　　　　　　　　　税款所属年度：_____ 年

总承包企业名称	纳税人统一社会信用代码(纳税人识别号)	主管税务机关	完税凭证号码 □单一所得税完税凭证 □综合性完税凭证					

总承包企业及项目基本情况

项目名称	项目编号	项目所在国家(地区)	合同金额	分配给再分包企业税额	项目起止时间

总承包企业当年度企业所得税税额(综合税额)	总承包企业当年度分割的企业所得税税额(综合税额)	总承包企业累计分割的企业所得税税额(综合税额)	总承包企业当年度缴纳企业所得税税额(综合税额)	总承包企业境外所得		累计缴纳企业境外所得税税额(综合税额)	总承包企业境外所得	
				外币	折合人民币		外币	折合人民币

分包企业分配、再分配基本情况

分包企业名称	纳税人统一社会信用代码(纳税人识别号)	主管税务机关	分配比例	本企业抵免税额	分配给再分包企业税额	分包企业境外所得税税额(综合税额)		分配说明
						外币	折合人民币	
(分包企业1)								
(分包企业2)								
……								
合计								

再分包企业分配基本情况

再分包企业名称	纳税人统一社会信用代码(纳税人识别号)	主管税务机关	分配比例	分配税额				
(再分包企业1.1)								
(再分包企业1.2)								
……								
小计								
(再分包企业2.1)								
(再分包企业2.2)								
……								
小计								

填报说明：①本表由总承包企业填制并提交其主管税务机关备案。主管税务机关接收备案资料后需在本表加盖受理专用章。
②除特别说明外，本表相关金额以折合成人民币、单位为元，单位至小数点后两位。
③本表中"总承包企业名称""分包企业名称""再分包企业名称"，必须填写单位名称全称，不得填写简称。
④本表中"项目名称"，填写总承包企业与境外发包方签订的总承包合同上同一的项目名称。
⑤"总承包企业当年度境外所得税可抵免额"填写当年度境外所得税可抵免税额，与"总承包企业当年度分割的所得税税额(综合税额)"之和；"总承包企业当年度分割的所得税税额(综合税额)"是指总承包企业自行抵减工作的部分境外所得税税额，"分配给再分包企业的所得税税额(综合税额)"以及分配主体为总承包企业的情况。
⑥"分配比例"填写将分配给分包企业"分配给分包企业""分配税额"与"总承包企业当年度分割的所得税税额(综合税额)"之比。
⑦分包企业及再分包企业"分配税额"之和应等于"总承包企业"分配给分包企业"分配税额"。
⑧分包企业"分配税额"应等于"分配给再分包企业"分配税额"之和应等于分包企业当年度分割的所得税税额。
⑨同一分包企业对应的再分包企业"分配税额"之和应等于分配给分包企业"分配税额"。
⑩本表一式两份，一份由税务机关留存备案，一份交付总承包企业作为提交分包(再)企业后提供分包(再)企业应将本公章复印件加盖本公司公章后提供给分包(再)企业作为境外所得税完税证明或纳税凭证进行税收抵免。

表 13-2 境外承包工程项目完税凭证分割单（联合体方式）（样本）

境外承包工程项目完税凭证分割单（联合体方式）

备案年度：_____ 年　　　　　　　　　　　　　　　　　　　　　　　　税款所属年度：_____ 年

主导方企业及项目基本情况					
主导方企业名称	纳税人统一社会信用代码（纳税人识别号）	主管税务机关	项目名称	项目编号	项目所在国（地区）	合同金额	项目起止时间

（表格结构，上表实际列为：主导方企业名称 / 纳税人统一社会信用代码（纳税人识别号） / 主管税务机关 / 项目名称 / 项目编号 / 项目所在国（地区） / 合同金额 / 项目起止时间）

完税凭证号码 □单一所得税完税凭证 □综合性税收凭证	联合体企业当年度分割的所得税额（综合税额）	联合体企业累计分割的所得税额（综合税额）	分配说明	联合体企业境外所得当年度缴纳所得税额（综合税额）		联合体企业境外所得累计缴纳所得税额（综合税额）	
				外币	折合人民币	外币	折合人民币

联合体各方企业分配基本情况

序号	联合体各方企业名称	纳税人统一社会信用代码	主管税务机关	分配比例	分配税额
……					
合计					—

填报说明： ①本表由主导方企业填制并提交其主管税务机关备案。主管税务机关接收备案资料后需在本表加盖受理专用章。

②除特别说明外，本表相关金额应折合成人民币，单位为元，且保留至小数点后两位。

③本表中"主导方企业名称""联合体各方企业名称"必须填写单位名称全称，不得填写简称。

④本表中"项目名称"，填写联合体与境外发包方签订的承包合同上的项目名称。

⑤"分配说明"填写该联合体在境外缴纳的所得税额由主导方企业接实际取得收入、工作量等因素确定的合理比例，分配至联合体各方企业予以抵免的情况。

⑥联合体各方"分配比例""分配税额"均填写该联合体各方企业税款所属年度数据。

⑦本表一式两份，一份由税务机关备案留存，一份支付主导方企业应复印件加盖本公司公章后提供给各方企业作为境外所得完税证明或纳税凭证进行税收抵免。

（5）联合体作为境外纳税主体,应就其在境外缴纳的企业所得税税额,由主导方企业填制《分割单(联合体方式)》后提交主管税务机关备案,并将以下资料留存备查：

——联合体与境外发包方签订的工程承包合同；

——各方企业组建联合体合同或协议；

——联合体境外所得相关完税证明或纳税凭证；

——境外所得缴纳的企业所得税税额按收入、工作量等因素确定的合理比例分配的计算过程及相关说明。

（6）总承包企业或联合体主导方企业应按项目分别建立分割单台账,准确记录境外所得缴纳税额分配情况。

（7）分包企业或联合体各方企业申报抵免时,应将《分割单(总分包方式)》或《分割单(联合体方式)》复印件提交主管税务机关备案。主管税务机关对企业有关境外所得抵免有异议的,可以向总承包企业或联合体主导方企业的主管税务机关提出书面复核建议,总承包企业或联合体主导方企业的主管税务机关在收到复核建议后30日内函复复核结果。

（8）总承包企业、分包企业及联合体各方企业主管税务机关在后续管理过程中发现企业存在多抵免税款情况的,应及时将信息告知相关各方企业的主管税务机关。

（9）上述规定适用于2017年度及以后年度企业所得税汇算清缴。以前年度尚未进行境外税收抵免处理的,可按上述规定执行。

（二）可抵免境外所得税税额的基本范围

可抵免境外所得税税额,是指企业来源于中国境外的所得依照中国境外税收法律以及相关规定应当缴纳并已实际缴纳的企业所得税性质的税款。但不包括：

（1）按照境外所得税法律及相关规定属于错缴或错征的境外所得税税款。属于境外所得税法律及相关规定适用错误而且企业不应缴纳而错缴的税额,企业应向境外税务机关申请予以退还,而不应作为境外已交税额向中国申请抵免企业所得税。

（2）按照税收协定规定不应征收的境外所得税税款。根据中国政府与其他国家(地区)政府签订的税收协定(或安排)的规定不属于对方国家的应税项目,却被对方国家(地区)就其征收的企业所得税,对此,企业应向征税国家申请退还不应征收的税额；该项税额还应包括,企业就境外所得在来源国纳税时适用税率高于税收协定限定税率所多缴纳的所得税税额。

（3）因少缴或迟缴境外所得税而追加的利息、滞纳金或罚款。

（4）境外所得税纳税人或者其利害关系人从境外征税主体得到实际返还或补偿的境外所得税税款。如果有关国家为了实现特定目标而规定不同形式和程度的税收优惠,并采取征收后由政府予以返还或补偿方式退还的已缴税额,对此,企业应从其境外所得可抵免税额中剔除该相应部分。

（5）按照我国《企业所得税法》及其实施条例规定,已经免征我国企业所得税的境外所得负担的境外所得税税款。如果我国税收法律法规做出对某项境外所得给予免税优惠规定,企业取得免征我国企业所得税的境外所得的,该项所得的应纳税所得额及其缴纳的境外所得税额均应从计算境外所得税额抵免的境外应纳税所得额和境外已纳税额中减除。

如,依据财税〔2020〕31号文件的规定,自2020年1月1日起执行至2024年12月31日,对在海南自由贸易港设立的旅游业、现代服务业、高新技术产业企业新增境外直接投资取得的所得,免征企业所得税。

所称新增境外直接投资所得应当符合以下条件:

——从境外新设分支机构取得的营业利润;或从持股比例超过20%(含)的境外子公司分回的,与新增境外直接投资相对应的股息所得。

——被投资国(地区)的企业所得税法定税率不低于5%。

所称旅游业、现代服务业、高新技术产业,按照海南自由贸易港鼓励类产业目录执行。

(6)按照国务院财政、税务主管部门有关规定已经从企业境外应纳税所得额中扣除的境外所得税税款。如果我国税法规定就一项境外所得的已纳所得税额仅作为费用从该项境外所得额中扣除的,就该项所得及其缴纳的境外所得税额不应再纳入境外税额抵免计算。

(三)可抵免境外所得税税额的基本条件

(1)企业来源于中国境外的所得依照中国境外税收法律以及相关规定计算而缴纳的税额。

(2)缴纳的属于企业所得税性质的税额,不应拘泥于名称。在不同的国家,对于企业所得税的称呼有着不同的表述,如法人所得税、公司所得税等。判定是否属于企业所得税性质的税额,主要看其是否是针对企业净所得征收的税额。

(3)限于企业应当缴纳且已实际缴纳的税额。税收抵免旨在解决重复征税问题,仅限于企业应当缴纳且已实际缴纳的税额(除另有饶让抵免或其他规定外)。

(4)可抵免的企业所得税税额,若是税收协定非适用所得税项目,或来自非协定国家的所得,无法判定是否属于对企业征收的所得税税额的,应层报国家税务总局裁定。

《国家税务总局关于哈萨克斯坦超额利润税税收抵免有关问题的公告》(税务总局公告2019年第1号)明确规定,企业在哈萨克斯坦缴纳的超额利润税,属于企业在境外缴纳的企业所得税性质的税款,依据《企业所得税法》及其实施条例、财税〔2009〕125号文件、税务总局公告2010年第1号和财税〔2017〕84号文件等有关规定,应纳入可抵免境外所得税税额范围,计算境外税收抵免。这一公告适用于2018年度及以后年度企业所得税汇算清缴。

(四)外币境外所得换算人民币的计算

企业取得的境外所得已直接缴纳和间接负担的税额为人民币以外货币的,在以人民币计算可予抵免的境外税额时,凡企业记账本位币为人民币的,应按企业就该项境外所得记入账内时使用的人民币汇率进行换算;凡企业以人民币以外其他货币作为记账本位币的,应统一按实现该项外所得对应的我国纳税年度最后一日的人民币汇率中间价进行换算。

(五)境外所得间接负担税额的计算

1. 适用间接抵免的外国企业持股比例的计算

对适用间接抵免的外国企业持股比例的计算,财税〔2009〕125号第六条规定,除国务院财政、税务主管部门另有规定外,按照《企业所得税法实施条例》第八十条规定由居民企业直接或者间接持有20%以上股份的外国企业,限于符合以下持股方式的三层外国企业:

(1)第一层:单一居民企业直接持有20%以上股份的外国企业;

(2)第二层:单一第一层外国企业直接持有20%以上股份,且由单一居民企业直接持有或通过一个或多个符合本条规定持股条件的外国企业间接持有总和达到20%以上股份的外国企业；

（3）第三层：单一第二层外国企业直接持有20%以上股份，且由单一居民企业直接持有或通过一个或多个符合本条规定持股条件的外国企业间接持有总和达到20%以上股份的外国企业。

税务总局公告2010年第1号界定，符合规定的"持股条件"是指，各层企业直接持股、间接持股以及为计算居民企业间接持股总和比例的每一个单一持股，均应达到20%的持股比例。

依据财税〔2017〕84号文件第二条的规定，自2017年1月1日起，企业在境外取得的股息所得，在按规定计算该企业境外股息所得的可抵免所得税额和抵免限额时，由该企业直接或者间接持有20%以上股份的外国企业，限于按照财税〔2009〕125号文件第六条规定的持股方式确定的五层外国企业，即：

（1）第一层：企业直接持有20%以上股份的外国企业；

（2）第二层至第五层：单一上一层外国企业直接持有20%以上股份，且由该企业直接持有或通过一个或多个符合财税〔2009〕125号文件第六条规定持股方式的外国企业间接持有总和达到20%以上股份的外国企业。

在财税〔2017〕84号文件出台之前，《财政部 国家税务总局关于中国银行从中银香港取得的股息所得税收抵免问题的通知》（财税〔2010〕50号）曾规定，中国银行从中银香港取得的股息所得税收抵免层级由三层扩大到五层；《财政部 国家税务总局关于我国石油企业在境外从事油（气）资源开采所得税收抵免有关问题的通知》（财税〔2011〕23号）也规定，我国石油企业在境外从事油（气）资源开采的，可以选择采取"不分国（地区）不分项"原则计算其来源于境外油（气）项目投资、工程技术服务和工程建设的油（气）资源开采活动的境外应纳税所得额，同时将税收抵免层级由三层扩大到五层。

【例13-3】外国企业二层持股条件的判定。中国居民A企业直接持有甲国B企业20%股份，直接持有乙国C企业16%股份，并且B企业直接持有C企业20%股份，如图13-1所示：

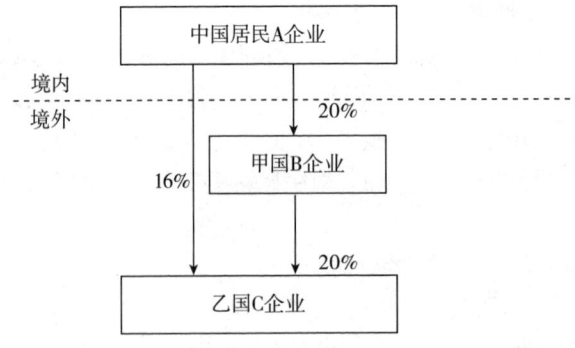

图13-1 二层持股条件的判定示例

分析：

（1）中国居民A企业直接持有甲国B企业20%股份，满足直接持股20%（含20%）的条件。

(2)中国居民A企业直接持有乙国C企业16%股份,间接持有乙国C企业股份=20%×20%=4%,由于A企业直接持有C企业的股份不足20%,故不能计入A企业对C企业直接持股或间接持股的总和比例之中。因此,C企业未满足居民企业通过一个或多个符合规定持股条件的外国企业间接持有总和达到20%以上股份的外国企业的规定。

【例13-4】外国企业多层持股条件的判定。中国居民企业A集团公司分别控股了四家公司甲国B1、甲国B2、乙国B3、乙国B4,持股比例分别为50%、50%、100%、100%;B1持有丙国C1公司30%股份,B2持有丙国C2公司50%股份,B3持有丁国C3公司50%股份,B4持有丁国C4公司50%股份;C1、C2、C3、C4分别持有戊国D公司20%、40%、25%、15%股份;D公司持有戊国E公司100%股份,如图13-2所示(虚线内为判定符合间接持股条件的公司及可就分配的股息计算间接抵免税额的所持股份):

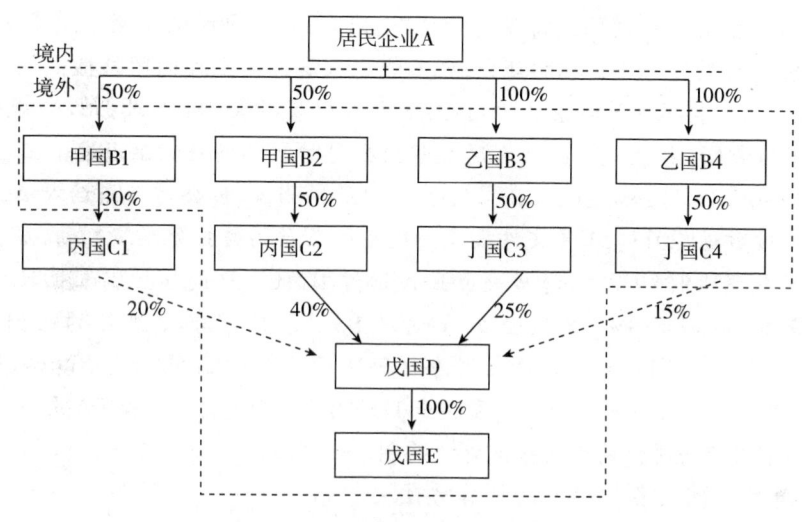

图13-2 多层持股条件的判定示例

分析:

(1)B层各公司间接抵免持股条件的判定:

B1、B2、B3、B4公司分别直接由A公司控股50%、50%、100%、100%,均符合间接抵免第一层公司的持股条件。

(2)C层各公司间接抵免持股条件的判定:

①C1公司虽然被符合条件的上一层公司B1控股30%,但仅受居民企业A间接控股15%(50%×30%),因此,属于不符合间接抵免持股条件的公司(但如果协定的规定为10%,则符合间接抵免条件);

②C2公司被符合条件的上一层公司B2控股50%,且被居民企业A间接控股达到25%(50%×50%),因此,属于符合间接抵免持股条件的公司;

③C3公司被符合条件的上一层公司B3控股50%,且被居民企业A间接控股达到50%(100%×50%),因此,属于符合间接抵免持股条件的公司;

④C4公司情形与C3公司相同,属于符合间接抵免持股条件的公司。

(3)D公司间接抵免持股条件的判定:

①虽然 D 公司被 C1 控股达到了 20%，但由于 C1 属于不符合持股条件的公司，所以，C1 对 D 公司的 20% 持股也不得再计入 D 公司间接抵免持股条件的范围，来源于 D 公司 20% 部分的所得的已纳税额不能进入居民企业 A 的抵免范畴；

②D 公司被 C2 控股达到 40%，但被 A 通过符合条件的 B2、C2 间接持股仅 10%，未达到 20%，因此，还不能由此判定 D 是否符合间接抵免条件；

③D 公司被 C3 控股达到 25%，且由 A 通过符合条件的 B3、C3 间接控股达 12.5%（100%×50%×25%），加上 A 通过 B2、C2 的间接控股 10%，间接控股总和达到 22.5%。因此，D 公司符合间接抵免条件，其所纳税额中属于向 C2 和 C3 公司分配的 65% 股息所负担的部分，可进入 A 公司的间接抵免范畴。

④D 公司被 C4 控股 15%，虽然 C4 自身为符合持股条件的公司，但其对 D 公司的持股不符合直接控股达 20% 的持股条件。因此，C4 公司对 D 公司 15% 的持股不能计入居民企业 A 对 D 公司符合条件的间接持股总和之中；同时，D 公司所纳税额中属于向 C4 公司按其持股 15% 分配的股息所负担的部分，也不能进入居民企业 A 的间接抵免范畴。

(4) E 公司间接抵免持股条件的判定：如果按财税〔2009〕125 号第六条规定的原三层间接抵免层级判断，由于居民企业 A 通过其他公司对 E 的间接控制超过了三层（居民企业 A→B2(B3)→C2(C3)→D→E，E 公司处于第四层），因此，E 公司不能纳入 A 公司的间接抵免范畴。按财税〔2017〕84 号文件第二条规定的五层间接抵免层级判断，居民企业 A 对戊国企业 E 控股比例为 22.5%（居民企业 A 通过 B2、C2、D 间接控制 E 的比例为 50%×50%×40%×100% = 10%，居民企业 A 通过 B3、C3、D 间接控制 E 的比例为 100%×50%×25%×100% = 12.5%，合计比例为 10% + 12.5% = 22.5%），且间接控制的层级为四层，属于间接抵免的范围。如果戊国企业 E 还有个全资子公司，居民企业 A 对其的持股比例也超过了 20%，同样属于间接抵免的范围。

2. 境外所得间接负担税额的计算方法

居民企业在按照《企业所得税法》第二十四条规定用境外所得间接负担的税额进行税收抵免时，其取得的境外投资收益实际间接负担的税额，是指根据直接或者间接持股方式合计持股 20% 以上（含 20%，下同）的规定层级的外国企业股份，由此应分得的股息、红利等权益性投资收益中，从最低一层外国企业起逐层计算的属于由上一层企业负担的税额，计算公式为：

本层企业所纳税额属于由一家上一层企业负担的税额 =（本层企业就利润和投资收益所实际缴纳的税额 + 符合规定的由本层企业间接负担的税额）× 本层企业向一家上一层企业分配的股息（红利）÷ 本层企业所得税后利润额。

公式中：

(1) 本层企业是指实际分配股息（红利）的境外被投资企业；

(2) 本层企业就利润和投资收益所实际缴纳的税额是指，本层企业按所在国税法就利润缴纳的企业所得税和在被投资方所在国就分得的股息等权益性投资收益被源泉扣缴的预提所得税；

(3) 符合规定的由本层企业间接负担的税额是指该层企业由于从下一层企业分回股息（红利）而间接负担的由下一层企业就其利润缴纳的企业所得税税额；

(4) 本层企业向一家上一层企业分配的股息（红利）是指该层企业向上一层企业实际

分配的扣缴预提所得税前的股息(红利)数额;

(5)本层企业所得税后利润额是指该层企业实现的利润总额减去就其利润实际缴纳的企业所得税后的余额。

每一层企业从其持股的下一层企业在一个年度中分得的股息(红利),若是由该下一层企业不同年度的税后未分配利润组成,则应按该股息(红利)对应的每一年度未分配利润,分别计算就该项分配利润所间接负担的税额;按各年度计算的间接负担税额之和,即为取得股息(红利)的企业该一个年度中分得的股息(红利)所得所间接负担的所得税额。

境外第二层及以下层级企业归属不同国家的,在计算居民企业负担境外税额时,均以境外第一层企业所在国(地区)为国别划分进行归集计算,而不论该第一层企业的下层企业归属何国(地区)。

【例13-5】境外所得间接负担税额的计算。以例13-4中的A集团公司的组织架构图及其对符合间接抵免持股条件的判定结果为例,A公司2019年用于管理四个B子公司的管理费合计为433.75万元,其中用于甲国B1、B2公司的管理费用为184.5万元,用于乙国B3、B4公司的管理费用为249.25万元。依据A公司2019年符合条件的各层公司生产经营及分配股息情况,计算A公司可进行抵免的间接负担的境外所得税额如下(假设甲、乙、丙、丁四国均允许本国企业对从境外公司分得的股息实行直接抵免和间接抵免,且都采用限额抵免,抵免条件是持股比例均为直接或者间接持有20%以上股份。实际应按各国或地区的境外所得税政策处理):

(1)计算甲国B1及其下层各企业已纳税额中属于A公司可予抵免的间接负担税额。假设A、B1、C1、D和E的税前利润及所在国税率如表13-3所示。持股比例见图13-3。

表13-3 A、B1、C1、D和E的税前利润及所在国税率

公司	税前利润(万元)	所在国企业所得税税率	所在国预提税税率
A	16 700	25%	10%
B1	1 000	30%	10%
C1	1 500	20%	10%
D	1 250	15%	10%
E	800	15%	10%

注:税前利润均包括从下一层企业税后利润中分配的、缴纳下一层企业所在国预提所得税前的股息。本例中下同。

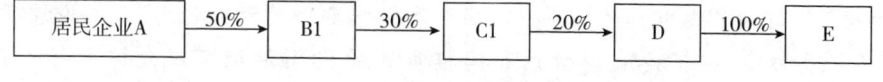

图13-3 A、B1、C1、D和E持股比例

①E公司应缴纳所在国(戊国)所得税 = 8 000 000 × 15% = 1 200 000(元)

E公司税后利润 = 8 000 000 - 1 200 000 = 6 800 000(元)

②D公司持有E公司100%股权,因此D公司从处于同一国家的E公司分得股息为680万元。假设戊国对D公司从E公司分得的股息免税,D公司应缴纳所在国(戊国)所得税 = (12 500 000 - 6 800 000) × 15% = 855 000(元)

D公司税后利润 = 12 500 000 - 855 000 = 11 645 000(元)

③C1公司持有D公司20%股权,C1公司从D公司分得股息 = 11 645 000 × 20% =

2 329 000(元),该股息为缴纳 D 公司和 E 公司所在国(戊国)预提所得税前的金额。

C1 公司从 D 公司分得股息缴纳戊国预提所得税 = 2 329 000 × 10% = 232 900(元)

D 公司和 E 公司所纳税额中属于由 C1 公司间接负担的税额 = (855 000 + 1 200 000) × 2 329 000/11 645 000 = 411 000(元)

C1 公司在所在国(丙国)境内、外应纳税所得总额 = 15 000 000 + 411 000 = 15 411 000(元)

说明:税前利润中已包括从下一层企业税后利润中分配的、缴纳下一层企业所在国预提所得税前的股息,因此,缴纳下一层企业所在国的预提所得税不再重复计入。下同。

C1 公司直接持有 D 公司 20% 股权,通过 D 公司间接持有 E 公司 20% 股权,因此,D 公司和 E 公司所纳税额中属于由 C1 公司间接负担的部分 411 000 元,允许在 C1 公司计算应纳税额时进行限额抵免,并在计算 C1 公司从 D 公司分得股息的允许抵免境外所得已纳税额的应纳税所得额时进行还原。

C1 公司从 D 公司分得股息还原计算的允许抵免境外所得已纳税额的应纳税所得额 = 2 329 000 + 411 000 = 2 740 000(元)

简便计算的抵免限额 = 2 740 000 × 20% = 548 000(元),可抵免直接缴纳和间接负担的境外所得税额 = 232 900 + 411 000 = 643 900(元),前者小于后者,实际抵免境外税额应为 548 000 元。

C1 公司应缴纳所在国(丙国)所得税 = 15 411 000 × 20% − 548 000 = 2 534 200(元)

C1 公司税后利润 = 15 000 000 − 232 900 − 2 534 200 = 12 232 900(元)

④B1 公司持有 C1 公司 30% 股权,B1 公司从 C1 公司分得股息 = 12 232 900 × 30% = 3 669 870(元),该股息为缴纳 C1 公司所在国(丙国)预提所得税前的金额。

B1 公司从 C1 公司分得股息缴纳丙国预提所得税 = 3 669 870 × 10% = 366 987(元)

C1 公司直接缴纳的及其间接负担的下两层企业(D 公司和 E 公司)所纳税额中属于由 B1 公司间接负担的税额 = [(2 534 200 + 232 900) + 411 000] × 3 669 870/12 232 900 = 830 130 + 123 300 = 953 430(元)

B1 公司在所在国(甲国)境内、外应纳税所得总额 = 10 000 000 + 953 430 = 10 953 430(元)

这里需要强调的是,在计算境内、外应纳税所得总额时,境外股息、红利所得应为境外股息、红利税后净所得与就该项所得直接缴纳和间接负担的税额之和,而不论该项所得是从多少层分过来的,也不论直接缴纳和间接负担的税额是否可以允许进行税收抵免。下同。

B1 公司直接持有 C1 公司 30% 股权,通过 C1 公司间接持有 D 公司 6% 股权,通过 C1 公司和 D 公司间接持有 E 公司 6% 股权,因此,C1 公司直接缴纳的税额(包括缴纳的所在国企业所得税和下一层企业所在国的预提所得税,下同)中属于由 B1 公司间接负担的部分 830 130 元,允许在 B1 公司计算应纳税额时进行限额抵免,并在计算 B1 公司从 C1 公司分得股息的允许抵免境外所得已纳税额的应纳税所得额时进行还原;C1 公司间接负担的 D 公司和 E 公司所纳税额中属于由 B1 公司间接负担的部分 123 300 元,由于不符合持股条件,不得在 B1 公司计算应纳税额时进行抵免,也不得在计算 B1 公司从 C1 公司分得股息的允许抵免境外所得已纳税额的应纳税所得额时进行还原。

B1公司从C1公司分得股息还原计算的允许抵免境外所得已纳税额的应纳税所得额 = 3 669 870 + 830 130 = 4 500 000(元)

简便计算的抵免限额 = 4 500 000 × 30% = 1 350 000(元),可抵免直接缴纳和间接负担的境外所得税额 = 366 987 + 830 130 = 1 197 117(元),前者大于后者,实际抵免境外税额应为1 197 117元。

B1公司应缴纳所在国(甲国)所得税 = 10 953 430 × 30% − 1 197 117 = 2 088 912(元)
B1公司税后利润 = 10 000 000 − 366 987 − 2 088 912 = 7 544 101(元)

⑤A公司持有B1公司50%股权,A公司从B1公司分得股息 = 7 544 101 × 50% = 3 772 050.5(元),该股息为缴纳B1公司所在国(甲国)预提所得税前的金额。

A公司从B1公司分得股息缴纳甲国预提所得税 = 3 772 050.5 × 10% = 377 205.05(元)

B1公司直接缴纳的及其负担的下三层企业(C1公司、D公司和E公司)所纳税额中属于由A公司间接负担的税额 = [(2 088 912 + 366 987) + 953 430] × 3 772 050.5/7 544 101 = 1 227 949.5 + 476 715 = 1 704 664.5(元)

在计算A公司境内、外应纳税所得总额时,从B1公司分得股息(已计入A公司的税前利润,含直接缴纳的甲国预提所得税)间接负担的税额1 704 664.5元应还原计入。

A公司直接持有B1公司50%股权,通过B1公司间接持有C1公司15%股权,通过B1公司和C1公司间接持有D公司3%股权,通过B1公司、C1公司和D公司间接持有E公司3%股权,因此,B1公司直接缴纳的税额中属于由A公司间接负担的部分1 227 949.5元,允许在A公司计算应纳税额时进行限额抵免,并在计算A公司从B1公司分得股息的允许抵免境外所得已纳税额的应纳税所得额时进行还原;B1公司间接负担的C1、D、E公司所纳税额中属于由A公司间接负担的部分476715元,由于C1公司不符合持股条件,不得在A公司计算应纳税额时进行抵免,也不得在计算A公司从B1公司分得股息的允许抵免境外所得已纳税额的应纳税所得额时进行还原。

A公司从B1公司分得股息还原计算的允许抵免境外所得已纳税额的应纳税所得额 = 3 772 050.5 + 1 227 949.5 = 5 000 000(元)

A公司从B1公司分得股息可抵免直接缴纳和间接负担的境外已纳税额 = 377 205.05 + 1 227 949.5 = 1 605 154.55(元)

(2)计算甲国B2及其下层各企业已纳税额中属于A公司可予抵免的间接负担税额,假设A、B2、C2、D和E的税前利润及所在国税率如表13-4所示。持股比例见图13-4。

表13-4 A、B2、C2、D和E的税前利润及所在国税率

公司	税前利润(万元)	所在国企业所得税税率	所在国预提税税率
A	16 700	25%	10%
B2	5 000	30%	10%
C2	2 000	25%	10%
D	1 250	20%	10%
E	800	25%	10%

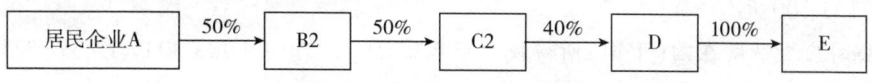

图13-4 A、B2、C2、D和E持股比例

E公司和D公司在所在国(戊国)所得税的计算和税后利润的计算同前。

①E公司应缴纳所在国(戊国)所得税1 200 000元,E公司税后利润6 800 000元。

②D公司应缴纳所在国(戊国)所得税855 000元,D公司税后利润11 645 000元。

③C2公司持有D公司40%股权,C2公司从D公司分得股息=11 645 000×40%=4 658 000(元),该股息为缴纳D公司和E公司所在国(戊国)预提所得税前的金额。

C2公司从D公司分得股息缴纳戊国预提所得税=4 658 000×10%=465 800(元)

D公司和E公司所纳税额中属于由C2公司间接负担的税额=(855 000+1 200 000)×4 658 000/11 645 000=822 000(元)

C2公司在所在国(丙国)境内、外应纳税所得总额=20 000 000+822 000=20 822 000(元)

C2公司直接持有D公司40%股权,通过D公司间接持有E公司40%股权,因此,D公司和E公司所纳税额中属于由C2公司间接负担的部分822 000元,允许在C2公司计算应纳税额时进行限额抵免,并在计算C2公司从D公司分得股息的允许抵免境外所得已纳税额的应纳税所得额时进行还原。

C2公司从D公司分得股息还原计算的允许抵免境外所得已纳税额的应纳税所得额=4 658 000+822 000=5 480 000(元)

简便计算的抵免限额=5 480 000×25%=1 370 000(元),可抵免直接缴纳和间接负担的境外所得税额=465 800+822 000=1 287 800(元),前者大于后者,实际抵免境外税额应为1 287 800元。

C2公司应缴纳所在国(丙国)所得税=20 822 000×25%−1 287 800=3 917 700(元)

C2公司税后利润=20 000 000−465 800−3 917 700=15 616 500(元)

④B2公司持有C2公司50%股权,B2公司从C2公司分得股息=15 616 500×50%=7 808 250(元),该股息为缴纳C2公司所在国(丙国)预提所得税前的金额。

B2公司从C2公司分得股息缴纳丙国预提所得税=7 808 250×10%=780 825(元)

C2公司直接缴纳的及其负担的下两层企业(D公司和E公司)所纳税额中属于由B2公司间接负担的税额=[(3 917 700+465 800)+822 000]×7 808 250/15 616 500=2 191 750+411 000=2 602 750(元)

B2公司在所在国(甲国)境内、外应纳税所得总额=50 000 000+2 602 750=52 602 750(元)

B2公司直接持有C2公司50%股权,通过C2公司间接持有D公司20%股权,通过C2公司和D公司间接持有E公司20%股权,因此,C2、D和E公司所纳税额中属于由B2间接负担的税额2 602 750元,允许在B2公司计算应纳税额时进行限额抵免,并在计算B2公司从C2公司分得股息的允许抵免境外所得已纳税额的应纳税所得额时进行还原。

B2公司从C2公司分得股息还原计算的允许抵免境外所得已纳税额的应纳税所得额=7 808 250+2 602 750=10 411 000(元)

简便计算的抵免限额=10 411 000×30%=3 123 300(元),可抵免直接缴纳和间接负担的境外所得税额=780 825+2 602 750=3 383 575(元),前者小于后者,实际抵免境外税额应为3 123 300元。

B2公司应缴纳所在国(甲国)所得税=52 602 750×30%−3 123 300=12 657 525(元)

B2公司税后利润=50 000 000−780 825−12 657 525=36 561 650(元)

⑤A公司持有B2公司50%股权,A公司从B2公司分得股息 = 36 561 650 × 50% = 18 280 825(元),该股息为缴纳B2公司所在国(甲国)预提所得税前的金额。

A公司从B2公司分得股息缴纳甲国预提所得税 = 18 280 825 × 10% = 1 828 082.5(元)

B2公司直接缴纳的及其负担的下三层企业(C2公司、D公司和E公司)所纳税额中属于由A公司间接负担的税额 = (12 657 525 + 780 825 + 2 602 750) × 18 280 825/36 561 650 = 6 719 175 + 1 301 375 = 8 020 550(元)

在计算A公司境内、外应纳税所得总额时,从B2公司分得股息(已计入A公司的税前利润,含直接缴纳的甲国预提所得税)间接负担的税额8 020 550元应还原计入。

A公司直接持有B2公司50%股权,通过B2公司间接持有C2公司25%股权,通过B2公司和C2公司间接持有D公司10%股权,通过B2公司、C2公司和D公司间接持有E公司10%股权,因此,B2公司直接缴纳的税额中属于由A公司间接负担的部分6 719 175元,B2公司间接负担的C2公司直接缴纳的税额中属于由A公司间接负担的部分1 095 875元[= (3 917 700 + 465 800) × 50% × 50%],允许在A公司计算应纳税额时进行限额抵免,并在计算A公司从B2公司分得股息的允许抵免境外所得已纳税额的应纳税所得额时进行还原;B2公司间接负担的D公司直接缴纳的税额中属于由A公司间接负担的部分85 500元(= 855 000 × 40% × 50% × 50%),尽管A公司通过符合条件的B2、C2对D间接持股仅10%,未达到20%,但各层符合持股条件,且与A公司通过符合条件的B3、C3对D间接持股12.5%合计,达到了20%,因此,也允许在A公司计算应纳税额时进行限额抵免,并在计算A公司从B2公司分得股息的允许抵免境外所得已纳税额的应纳税所得额时进行还原;同理,B2公司间接负担的E公司直接缴纳的税额中属于由A公司间接负担的部分120 000元(= 1 200 000 × 100% × 40% × 50% × 50%),尽管A公司通过符合条件的B2、C2、D对E间接持股仅10%,未达到20%,但各层符合持股条件,且与A公司通过符合条件的B3、C3、D对E间接持股12.5%合计,达到了20%,因此,也允许在A公司计算应纳税额时进行限额抵免,并在计算A公司从B2公司分得股息的允许抵免境外所得已纳税额的应纳税所得额时进行还原。

A公司从B2公司分得股息还原计算的允许抵免境外所得已纳税额的应纳税所得额 = 18 280 825 + 6 719 175 + 1 095 875 + 85 500 + 120 000 = 26 301 375(元)

A公司从B2公司分得股息可抵免直接缴纳和间接负担的境外已纳税额 = 1 828 082.5 + 6 719 175 + 1 095 875 + 85 500 + 120 000 = 9 848 632.5(元)

(3)计算乙国B3及其下层各企业已纳税额中属于A公司可予抵免的间接负担税额,假设A、B3、C3、D和E的税前利润及所在国税率如表13-5所示。持股比例见图13-5。

表13-5 A、B3、C3、D和E的税前利润及所在国税率

公司	税前利润(万元)	所在国企业所得税税率	所在国预提税税率
A	16 700	25%	10%
B3	2 000	30%	10%
C3	1 000	30%	10%
D	1 250	20%	10%
E	800	25%	10%

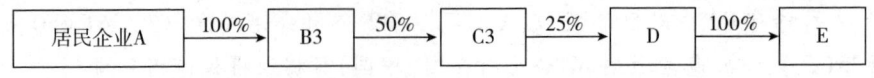

图 13-5 A、B3、C3、D 和 E 持股比例

E 公司和 D 公司在所在国(戊国)所得税的计算和税后利润的计算同前。

①E 公司应缴纳所在国(戊国)所得税 1 200 000 元,E 公司税后利润 6 800 000 元。

②D 公司应缴纳所在国(戊国)所得税 855 000 元,D 公司税后利润 11 645 000 元。

③C3 公司持有 D 公司 25% 股权,C3 公司从 D 公司分得股息 = 11 645 000 × 25% = 2 911 250(元),该股息为缴纳 D 公司和 E 公司所在国(戊国)预提所得税前的金额。

C3 公司从 D 公司分得股息缴纳戊国预提所得税 = 2 911 250 × 10% = 291 125(元)

D 公司和 E 公司所纳税额中属于由 C3 公司间接负担的税额 = (855 000 + 1 200 000) × 2 911 250/11 645 000 = 513 750(元)

C3 公司在所在国(丁国)境内、外应纳税所得总额 = 10 000 000 + 513 750 = 10 513 750(元)

C3 公司直接持有 D 公司 25% 股权,通过 D 公司间接持有 E 公司 25% 股权,因此,D 公司和 E 公司所纳税额中属于由 C3 公司间接负担的部分 513 750 元,允许在 C3 公司计算应纳税额时进行限额抵免,并在计算 C3 公司从 D 公司分得股息的允许抵免境外所得已纳税额的应纳税所得额时进行还原。

C3 公司从 D 公司分得股息还原计算的允许抵免境外所得已纳税额的应纳税所得额 = 2 911 250 + 513 750 = 3 425 000(元)

简便计算的抵免限额 = 3 425 000 × 30% = 1 027 500(元),可抵免直接缴纳和间接负担的境外所得税额 = 291 125 + 513 750 = 804 875(元),前者大于后者,实际抵免境外税额应为 804 875 元。

C3 公司应缴纳所在国(丁国)所得税 = 10 513 750 × 30% - 804 875 = 2 349 250(元)

C3 公司税后利润 = 10 000 000 - 291 125 - 2 349 250 = 7 359 625(元)

④B3 公司持有 C3 公司 50% 股权,B3 公司从 C3 公司分得股息 = 7 359 625 × 50% = 3 679 812.5(元),该股息为缴纳 C3 公司所在国(丁国)预提所得税前的金额。

B3 公司从 C3 公司分得股息缴纳丁国预提所得税 = 3 679 812.5 × 10% = 367 981.25(元)

C3 公司直接缴纳的及其负担的下两层企业(D 公司和 E 公司)所纳税额中属于由 B3 公司间接负担的税额 = [(2 349 250 + 291 125) + 513 750] × 3 679 812.5/7 359 625 = 1 320 187.5 + 256 875 = 1 577 062.5(元)

B3 公司在所在国(乙国)境内、外应纳税所得总额 = 20 000 000 + 1 577 062.5 = 21 577 062.5(元)

B3 公司直接持有 C3 公司 50% 股权,通过 C3 公司间接持有 D 公司 12.5% 股权,通过 C3 公司和 D 公司间接持有 E 公司 12.5% 股权,因此,C3 公司直接缴纳的税额中属于由 B3 公司间接负担的部分 1 320 187.5 元,允许在 B3 公司计算应纳税额时进行限额抵免,并在计算 B3 公司从 C3 公司分得股息的允许抵免境外所得已纳税额的应纳税所得额时进行还原;C3 公司间接负担的 D 公司和 E 公司所纳税额中属于由 B3 公司间接负担的部分

256 875元，由于D公司不符合持股条件，因此不得在B3公司计算应纳税额时进行抵免，也不得在计算B3公司从C3公司分得股息的允许抵免境外所得已纳税额的应纳税所得额时进行还原。

B3公司从C3公司分得股息还原计算的允许抵免境外所得已纳税额的应纳税所得额 = 3 679 812.5 + 1 320 187.5 = 5 000 000(元)

简便计算的抵免限额 = 5 000 000 × 30% = 1 500 000(元)，可抵免直接缴纳和间接负担的境外所得税额 = 367 981.25 + 1 320 187.5 = 1 688 168.75(元)，前者小于后者，实际抵免境外税额应为1 500 000元。

B3公司应缴纳所在国(乙国)所得税 = 21 577 062.5 × 30% - 1 500 000 = 4 973 118.75(元)

B3公司税后利润 = 20 000 000 - 367 981.25 - 4 973 118.75 = 14 658 900(元)

⑤A公司持有B3公司100%股权，A公司从B3公司分得股息14 658 900元，该股息为缴纳B3公司所在国(乙国)预提所得税前的金额。

A公司从B3公司分得股息缴纳乙国预提所得税 = 14 658 900 × 10% = 1 465 890(元)

B3公司直接缴纳的及其负担的下三层企业(C3公司、D公司和E公司)所纳税额中属于由A公司间接负担的税额 = (4 973 118.75 + 367 981.25 + 1 577 062.5) × 100% = 6 918 162.5(元)

在计算A公司境内、外应纳税所得总额时，从B3公司分得股息(已计入A公司的税前利润，含直接缴纳的乙国预提所得税)间接负担的税额6 918 162.5元应还原计入。

A公司直接持有B3公司100%股权，通过B3公司间接持有C3公司50%股权，通过B3公司和C3公司间接持有D公司12.5%股权，通过B3公司、C3公司和D公司间接持有E公司12.5%股权，因此，B3公司直接缴纳的税额中属于由A公司间接负担的部分5 341 100元，B3公司间接负担的C3公司所纳税额中属于由A公司间接负担的部分1 320 187.5元[= (2 349 250 + 291 125) × 50% × 100%]，允许在A公司计算应纳税额时进行限额抵免，并在计算A公司从B3公司分得股息的允许抵免境外所得已纳税额的应纳税所得额时进行还原；B3公司间接负担的D公司直接缴纳的税额中属于由A公司间接负担的部分106 875元(= 855 000 × 25% × 50% × 100%)，尽管A公司通过符合条件的B3、C3对D间接持股仅12.5%、未达到20%，但各层符合持股条件，且与A公司通过符合条件的B2、C2对D间接持股10%合计后，达到20%，因此，也允许在A公司计算应纳税额时进行限额抵免，并在计算A公司从B3公司分得股息的允许抵免境外所得已纳税额的应纳税所得额时进行还原；同理，B3公司间接负担的E公司直接缴纳的税额中属于由A公司间接负担的部分150 000元(= 1 200 000 × 100% × 25% × 50% × 100%)，尽管A公司通过符合条件的B3、C3、D对E间接持股仅12.5%、未达到20%，但各层符合持股条件，且与A公司通过符合条件的B2、C2、D对E间接持股10%合计后，达到20%，因此，也允许在A公司计算应纳税额时进行限额抵免，并在计算A公司从B3公司分得股息的允许抵免境外所得已纳税额的应纳税所得额时进行还原。

A公司从B3公司分得股息还原计算的允许抵免境外所得已纳税额的境外所得应纳税所得额 = 14 658 900 + 5 341 100 + 1 320 187.5 + 106 875 + 150 000 = 21 577 062.5(元)

A公司从B3公司分得股息可抵免直接缴纳和间接负担的境外已纳税额 = 1 465 890 + 5 341 100 + 1 320 187.5 + 106 875 + 150 000 = 8 384 052.5(元)

(4)计算乙国B4及其下层各企业已纳税额中属于A公司可予抵免的间接负担税额,假设A、B4、C4、D和E的税前利润及所在国税率如表13-6所示。持股比例见图13-6。

表13-6 A、B4、C4、D和E的税前利润及所在国税率

公司	税前利润(万元)	所在国企业所得税税率	所在国预提税税率
A	16 700	25%	10%
B4	2 000	30%	10%
C4	1 000	25%	10%
D	1 250	20%	10%
E	800	25%	10%

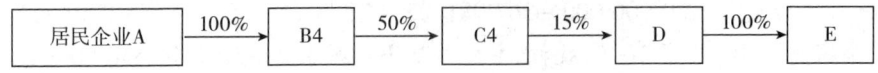

图13-6 A、B4、C4、D和E持股比例

E公司和D公司在所在国(戊国)所得税的计算和税后利润的计算同前。

①E公司应缴纳所在国(戊国)所得税1 200 000元,E公司税后利润6 800 000元。

②D公司应缴纳所在国(戊国)所得税855 000元,D公司税后利润11 645 000元。

③C4公司持有D公司15%股权,C4公司从D公司分得股息 = 11 645 000 × 15% = 1 746 750(元),该股息为缴纳D公司和E公司所在国(戊国)预提所得税前的金额。

C4公司从D公司分得股息缴纳戊国预提所得税 = 1 746 750 × 10% = 174 675(元)。

D公司和E公司所纳税额中属于由C4公司间接负担的税额 = (855 000 + 1 200 000) × 1 746 750/11 645 000 = 308 250(元)。

C4公司在所在国(丁国)境内、外应纳税所得总额 = 10 000 000 + 308 250 = 10 308 250(元)。

C4公司直接持有D公司15%股权,通过D公司间接持有E公司15%股权,不符合持股条件,因此,D公司和E公司所纳税额中属于由C4公司间接负担的部分308 250元,不得在C4公司计算应纳税额时进行抵免,也不得在计算C4公司从D公司分得股息的允许抵免境外所得已纳税额的应纳税所得额时进行还原。

C4公司从D公司分得股息还原计算的允许抵免境外所得已纳税额的应纳税所得额为1 746 750元,该应纳税所得额已含缴纳戊国的预提所得税。

简便计算的抵免限额 = 1 746 750 × 25% = 436 687.5(元),可抵免直接缴纳和间接负担的境外所得税额 = 174 675 + 0 = 174 675(元),前者大于后者,实际抵免境外税额应为174 675元。

C4公司应缴纳所在国(丁国)所得税 = 10 308 250 × 25% - 174 675 = 2 402 387.5(元)。

C4公司税后利润 = 10 000 000 - 174 675 - 2 402 387.5 = 7 422 937.5(元)。

④B4公司持有C4公司50%股权,B4公司从C4公司分得股息 = 7 422 937.5 × 50% = 3 711 468.75(元),该股息为缴纳C4公司所在国(丁国)预提所得税前的金额。

B4公司从C4公司分得股息缴纳丁国预提所得税 = 3 711 468.75 × 10% ≈ 371 146.88(元)。

C4公司直接缴纳的及其负担的下两层企业(D公司和E公司)所纳税额中属于由B4

公司间接负担的税额=[(2 402 387.5+174 675)+308 250]×3 711 468.75/7 422 937.5 = 1 288 531.25+154 125 = 1 442 656.25(元)

B4公司在所在国(乙国)境内、外应纳税所得总额=20 000 000+1 442 656.25 = 21 442 656.25(元)

B4公司直接持有C4公司50%股权,通过C4公司间接持有D公司7.5%股权,通过C4公司和D公司间接持有E公司7.5%股权,因此,C4公司直接缴纳的税额中属于由B4公司间接负担的部分1 288 531.25元,允许在B4公司计算应纳税额时进行限额抵免,并在计算B4公司从C4公司分得股息的允许抵免境外所得已纳税额的应纳税所得额时进行还原;C4公司间接负担的D公司和E公司所纳税额中属于由B4公司间接负担的部分154 125元,由于D公司不符合持股条件,因此不得在B4公司计算应纳税额时进行抵免,也不得在计算B4公司从C4公司分得股息的允许抵免境外所得已纳税额的应纳税所得额时进行还原。

B4公司从C4公司分得股息还原计算的允许抵免境外所得已纳税额的应纳税所得额= 3 711 468.75+1 288 531.25=5 000 000(元)

简便计算的抵免限额=5 000 000×30%=1 500 000(元),可抵免直接缴纳和间接负担的境外所得税额=371146.88+1288531.25=1659678.13(元),前者小于后者,实际抵免境外税额应为1 500 000元。

B4公司应缴纳所在国(乙国)所得税=21 442 656.25×30%-1 500 000≈4 932 796.87(元)
B4公司税后利润=20 000 000-371 146.88-4 932 796.87=14 696 056.25(元)

⑤A公司持有B4公司100%股权,A公司从B4公司分得股息14 696 056.25元,该股息为缴纳B4公司所在国(乙国)预提所得税前的金额。

A公司从B4公司分得股息缴纳乙国预提所得税=14 696 056.25×10%≈1 469 605.63(元)

B4公司直接缴纳的及其负担的下三层企业(C4公司、D公司和E公司)所纳税额中属于由A公司间接负担的税额=(4 932 796.87+371 146.88+1 442 656.25)×100%= 6 746 600(元)

在计算A公司境内、外应纳税所得总额时,从B4公司分得股息(已计入A公司的税前利润,含直接缴纳的乙国预提所得税)间接负担的税额6 746 600元应还原计入。

A公司直接持有B4公司100%股权,通过B4公司间接持有C4公司50%股权,通过B4公司和C4公司间接持有D公司7.5%股权,通过B4公司、C4公司和D公司间接持有E公司7.5%股权,因此,B4公司直接缴纳的税额中属于由A公司间接负担的部分5 303 943.75元,B4公司间接负担的C4公司直接缴纳的税额中属于由A公司间接负担的部分1 288 531.25元(=(2 402 387.5+174 675)×50%×100%),允许在A公司计算应纳税额时进行限额抵免,并在计算A公司从B4公司分得股息的允许抵免境外所得已纳税额的应纳税所得额时进行还原;B4公司间接负担的D公司直接缴纳的税额中属于由A公司间接负担的部分64 125元(=855 000×15%×50%×100%),B4公司间接负担的E公司直接缴纳的税额中属于由A公司间接负担的部分90 000元(=1 200 000×100%×15%×50%×100%),由于D、E公司被C4控股仅达15%、未达到20%,因此,不得在A公司计算应纳税额时进行抵免,也不得在计算A公司从B4公司分得股息的允许抵免境外所得已纳税额的应纳税所得额时进行还原。

A公司从B4公司分得股息还原计算的允许抵免境外所得已纳税额的境外所得应纳税所得额 = 14 696 056.25 + 5 303 943.75 + 1 288 531.25 = 21 288 531.25(元)

A公司从B4公司分得股息可抵免直接缴纳和间接负担的境外已纳税额 = 1 469 605.63 + 5 303 943.75 + 1 288 531.25 = 8 062 080.63(元)

(5)经过上述计算后，A公司境外分得股息(含预提所得税)、在计算境内外应纳税所得总额时需还原计算的间接负担的境外已纳税额、境外分得股息还原计算的允许抵免境外所得已纳税额的境外所得应纳税所得额、可抵免直接缴纳和间接负担的境外已纳税额分别为：

①境外分得股息(含预提所得税)为51 407 831.75元，其中：

从甲国分得股息22 052 875.5元，包括：从B1公司分得股息3 772 050.5元，从B2公司分得股息18 280 825元。从甲国分得的缴纳预提税后的股息为19 847 587.95元。

从乙国分得股息29 354 956.25元，包括：从B3公司分得股息14 658 900元，从B4公司分得股息14 696 056.25元。从乙国分得的缴纳预提税后的股息为26 419 460.63元。

②A公司在计算境内、外应纳税所得总额时需还原计算的间接负担的境外已纳税额(不含直接缴纳的预提所得税)为23 389 977元，其中：

从甲国B1公司分得股息间接负担的税额1 704 664.5元，从甲国B2公司分得股息间接负担的税额8 020 550元；

从乙国B3公司分得股息间接负担的税额6 918 162.5元，从乙国B4公司分得股息间接负担的税额6 746 600元。

③A公司境外分得股息还原计算的允许抵免境外所得已纳税额的境外所得应纳税所得额为74 166 968.75元，其中：

甲国31 301 375元，包括：从B1公司分得股息还原计算的允许抵免境外所得已纳税额的应纳税所得额5 000 000元，从B2公司分得股息还原计算的允许抵免境外所得已纳税额的应纳税所得额26 301 375元；

乙国42 865 593.75元，包括：从B3公司分得股息还原计算的允许抵免境外所得已纳税额的境外所得应纳税所得额21 577 062.5元，从B4公司分得股息还原计算的允许抵免境外所得已纳税额的境外所得应纳税所得额21 288 531.25元。

④在不考虑税收饶让情况下，A公司可抵免直接缴纳的境外已纳税额为5 140 783.18元，其中：

甲国预提所得税2 205 287.55元，包括：从B1公司分得股息可抵免直接缴纳的境外已纳税额377 205.05元，从B2公司分得股息可抵免直接缴纳的境外已纳税额1 828 082.5元；

乙国预提所得税2 935 495.63元，包括：从B3公司分得股息可抵免直接缴纳的境外已纳税额1 465 890元，从B4公司分得股息可抵免直接缴纳的境外已纳税额1 469 605.63元。

⑤在不考虑税收饶让情况下，A公司可抵免间接负担的境外已纳税额为22 759 137元，其中：

来源于甲国股息可抵免间接负担的境外已纳税额9 248 499.5元，包括：从B1公司分得股息可抵免间接负担的境外已纳税额1 227 949.5元，从B2公司分得股息可抵免间接

负担的境外已纳税额 8 020 550 元;

来源于乙国股息可抵免间接负担的境外已纳税额 13 510 637.5 元,包括:从 B3 公司分得股息可抵免间接负担的境外已纳税额 6 918 162.5 元,从 B4 公司分得股息可抵免间接负担的境外已纳税额 6 592 475 元。

(6)共同支出的调整。A 公司用于管理四个 B 子公司的管理费合计为 433.75 万元,其中用于甲国 B1、B2 公司的管理费用为 184.5 万元,用于乙国 B3、B4 公司的管理费用为 249.25 万元,应在计算来自两个国家四个 B 子公司的股息应纳税所得时对应调整扣除。调整后,A 公司境外分得股息还原计算的允许抵免境外所得已纳税额的境外所得应纳税所得额为 69 829 468.75 元,其中:甲国 29 456 375 元,乙国 40 373 093.75 元。

(六)税收饶让抵免的应纳税额的确定

居民企业从与我国政府订立税收协定(或安排)的国家(地区)取得的所得,按照该国(地区)税收法律享受了免税或减税待遇,且该免税或减税的数额按照税收协定规定应视同已缴税额在中国的应纳税额中抵免的,该免税或减税数额可作为企业实际缴纳的境外所得税额用于办理税收抵免。

我国《企业所得税法》目前尚未单方面规定税收饶让抵免,但我国与有关国家签订的税收协定规定有税收饶让抵免安排。居民企业从与我国订立税收协定(或安排)的对方国家取得所得,并按该国税收法律享受了免税或减税待遇,且该所得已享受的免税或减税数额按照税收协定(或安排)规定应视同已缴税额在我国应纳税额中抵免的,可在其申报境外所得税额时视为已缴税额。

税收饶让抵免应区别下列情况进行计算:

(1)税收协定规定定率饶让抵免的,饶让抵免税额为按该定率计算的应纳境外所得税额超过实际缴纳的境外所得税额的数额;

(2)税收协定规定列举一国税收优惠额给予饶让抵免的,饶让抵免税额为按协定国家(地区)税收法律规定税率计算的应纳所得税额超过实际缴纳税额的数额,即实际税收优惠额。

境外所得采用简易办法计算抵免额的,不适用饶让抵免。

企业取得的境外所得根据来源国税收法律法规不判定为所在国应税所得,而按中国税收法律法规规定属于应税所得的,不属于税收饶让抵免范畴,应全额按中国税收法律法规规定缴纳企业所得税。

【例 13-6】 税收饶让抵免应纳税额的计算。中国居民企业 Z 公司,在甲国投资设立了 Y 公司,甲国政府为鼓励境外投资,对 Y 公司第一个获利年度实施了企业所得税免税。按甲国的税法规定,企业所得税税率为 20%。Z 公司获得了 Y 公司免税年度分得的利润 2 000 万元。根据中国和甲国政府签订税收协定规定,中国居民从甲国取得的所得,按照协定规定在甲国缴纳的税额可以在对居民征收的中国税收中抵免。所缴纳的税额包括假如没有按照该缔约国给予减免税或其他税收优惠而本应缴纳的税额。所缴纳的甲国税收应包括相当于所放弃的甲国税收的数额。计算如下:

Z 公司在计算缴纳企业所得税时,Y 公司的免税额 = 2 000 × 20% = 400(万元),应计算为由 Z 公司抵免的间接负担的境外税额。

六、抵免限额的计算

《企业所得税法实施条例》第七十八条明确,《企业所得税法》第二十三条所称抵免限额,是指企业来源于中国境外的所得,依照《企业所得税法》和本条例的规定计算的应纳税额。

(一)分国抵免法抵免限额的计算

企业选择采用分国抵免法的,应按照《企业所得税法》及其实施条例和财税〔2009〕125号文件的有关规定分国(地区)别计算境外税额的抵免限额。

某国(地区)所得税抵免限额 = 中国境内、境外所得依照《企业所得税法》及实施条例的规定计算的应纳税总额 × 来源于某国(地区)的应纳税所得额 ÷ 中国境内、境外应纳税所得总额。

(二)综合抵免法抵免限额的计算

企业选择采用综合抵免法的,应按照财税〔2017〕84号文件的有关规定计算境外税额的抵免限额。

境外所得税抵免限额 = 中国境内、境外所得依照《企业所得税法》及实施条例的规定计算的应纳税总额 × 来源于中国境外的应纳税所得额 ÷ 中国境内、境外应纳税所得总额。

(三)"中国境内、境外所得依照《企业所得税法》及实施条例的规定计算的应纳税总额"的计算

据以计算上述公式中"中国境内、境外所得依照《企业所得税法》及实施条例的规定计算的应纳税总额"的税率,除国务院财政、税务主管部门另有规定外,应为《企业所得税法》第四条第一款规定的税率,即25%。即使企业境内所得按税收法规规定享受企业所得税优惠的,在进行境外所得税额抵免限额计算中的中国境内、外所得应纳税总额所适用的税率也应为25%。今后,若国务院财政、税务主管部门规定境外所得与境内所得享受相同企业所得税优惠政策的,应按有关优惠政策的适用税率或税收负担率计算其应纳税总额和抵免限额;简便计算,也可以按该境外应纳税所得额直接乘以其实际适用的税率或税收负担率得出抵免限额。

《财政部 国家税务总局关于高新技术企业境外所得适用税率及税收抵免问题的通知》(财税〔2011〕47号,以下简称财税〔2011〕47号文件)明确规定,以境内、境外全部生产经营活动有关的研究开发费用总额、总收入、销售收入总额、高新技术产品(服务)收入等指标申请并经认定的高新技术企业,其来源于境外的所得可以享受高新技术企业所得税优惠政策,即对其来源于境外所得可以按照15%的优惠税率缴纳企业所得税,在计算境外抵免限额时,可按照15%的优惠税率计算境内外应纳税总额。

企业按照《企业所得税法》及其实施条例和财税〔2009〕125号文件的有关规定计算的当期境内、境外应纳税所得总额小于零的,应以零计算当期境内、境外应纳税所得总额,其当期境外所得税的抵免限额也为零。

若企业境内所得为亏损,境外所得为盈利,且企业已使用同期境外盈利全部或部分弥补了境内亏损,则境内已用境外盈利弥补的亏损不得再用以后年度境内盈利重复弥补。由此,在计算境外所得抵免限额时,形成当期境内、外应纳税所得总额小于零的,应以零计算当期境内、外应纳税所得总额,其当期境外所得税的抵免限额也为零。上述境外盈利在

境外已纳的可予抵免但未能抵免的税额可以在以后5个纳税年度内进行结转抵免。

如果企业境内为亏损,境外盈利分别来自多个国家,则弥补境内亏损时,企业可以自行选择弥补境内亏损的境外所得来源国家(地区)顺序。

【例13-7】境外所得税收抵免限额的计算。续例13-5。A公司2019年均包括从下一层企业税后利润中分配的、缴纳下一层企业所在国预提所得税前股息的税前利润为167 000 000元,间接负担的境外已纳税额为23 389 977元,因此,还原计算后的A公司境内、境外应纳税所得总额 = 167 000 000 + 23 389 977 = 190 389 977(元)。

A公司按我国税法计算的应纳所得税总额 = 190 389 977 × 25% = 47 597 494.25(元)

A公司境外分得股息还原计算的允许抵免境外所得已纳税额的境外所得应纳税所得额分摊共同支出后为69 829 468.75元,其中:甲国29 456 375元,乙国40 373 093.75元。

在采用分国抵免法下:

来源于甲国股息所得的抵免限额 = 47 597 494.25 × 29 456 375 ÷ 190 389 977 = 7 364 093.75(元)

来源于乙国股息所得的抵免限额 = 47 597 494.25 × 40 373 093.75 ÷ 190 389 977 ≈ 10 093 273.44(元)

在采用综合抵免法下:

来源于境外股息所得的抵免限额 = 47 597 494.25 × 69 829 468.75 ÷ 190 389 977 ≈ 17 457 367.19(元)

七、实际抵免境外税额的计算

(一)一般抵免方法

1. 分国抵免法下的计算

在计算实际应抵免的境外已缴纳和间接负担的所得税税额时,企业在境外一国(地区)当年缴纳和间接负担的符合规定的所得税税额低于所计算的该国(地区)抵免限额的,应以该项税额作为境外所得税抵免额从企业应纳税总额中据实抵免;超过抵免限额的,当年应以抵免限额作为境外所得税抵免额进行抵免,超过抵免限额的余额允许从次年起在连续五个纳税年度内,用每年度抵免限额抵免当年应抵税额后的余额进行抵补。

企业每年应分国(地区)别在抵免限额内据实抵免境外所得税额,超过抵免限额的部分可在以后连续5个纳税年度延续抵免;企业当年境外一国(地区)可抵免税额中既有属于当年已直接缴纳或间接负担的境外所得税额,又有以前年度结转的未逾期可抵免税额时,应首先抵免当年已直接缴纳或间接负担的境外所得税额后,抵免限额有余额的,可再抵免以前年度结转的未逾期可抵免税额,仍抵免不足的,继续向以后年度结转。

2. 综合抵免法下的计算

在计算实际应抵免的境外已缴纳和间接负担的所得税税额时,企业在境外当年缴纳和间接负担的符合规定的所得税税额低于所计算的境外所得税抵免限额的,应以该项税额作为境外所得税抵免额从企业应纳税总额中据实抵免;超过抵免限额的,当年应以抵免限额作为境外所得税抵免额进行抵免,超过抵免限额的余额允许从次年起在连续五个纳税年度内,用每年度抵免限额抵免当年应抵税额后的余额进行抵补。

企业每年应在抵免限额内据实抵免境外所得税额,超过抵免限额的部分可在以后连续5个纳税年度延续抵免;企业当年境外可抵免税额中既有属于当年已直接缴纳或间接负担的境外所得税额,又有以前年度结转的未逾期可抵免税额时,应首先抵免当年已直接缴纳或间接负担的境外所得税额后,抵免限额有余额的,可再抵免以前年度结转的未逾期可抵免税额,仍抵免不足的,继续向以后年度结转。

【例13-8】境外所得实际抵免境外税额的计算。续例13-5和例13-7。

在采用分国抵免法下:若不考虑税收饶让情况,A公司从甲国分得股息可抵免直接缴纳和间接负担的境外已纳税额为11 453 787.05元(=2 205 287.55+9 248 499.5),来源于甲国股息所得的抵免限额为7 364 093.75元,因此,来源于甲国股息所得的实际抵免境外税额应为7 364 093.75元,结转以后年度抵免的境外所得税额为4 089 693.3元。从乙国分得股息可抵免直接缴纳和间接负担的境外已纳税额为16 446 133.13元(=2 935 495.63+13 510 637.5);来源于乙国股息所得的抵免限额为10 093 273.44元,因此,来源于乙国股息所得的实际抵免境外税额应为10 093 273.44元,结转以后年度抵免的境外所得税额为6 352 859.69元。

在采用综合抵免法下:若不考虑税收饶让情况,A公司从境外分得股息可抵免直接缴纳和间接负担的境外已纳税额为27 899 920.18元(=5 140 783.18+22 759 137),来源于境外股息所得的抵免限额为17 457 367.19元,因此,来源于境外股息所得的实际抵免境外税额应为17 457 367.19元,结转以后年度抵免的境外所得税额为10 442 552.99元。

(二)简易抵免办法

这是在分国抵免法下的方法,在综合抵免法下如何适用,目前没有文件规定。

1. 第一种简易抵免办法及其适用情形

企业从境外取得营业利润所得以及符合境外税额间接抵免条件的股息所得,虽有所得来源国(地区)政府机关核发的具有纳税性质的凭证或证明,但因客观原因无法真实、准确地确认应当缴纳并已经实际缴纳的境外所得税额的,且该所得直接缴纳及间接负担的税额在所得来源国(地区)的实际有效税率低于我国《企业所得税法》第四条第一款规定税率50%以上的,可直接按境外应纳税所得额和该所得在所得来源国(地区)的实际有效税率计算抵免限额,并作为可抵免的已在境外实际缴纳的企业所得税税额。从所得来源国(地区)政府机关取得具有纳税性质的凭证或证明,是指向境外所在国家政府实际缴纳了具有综合税额(含企业所得税)性质的款项的有效凭证。

2. 第二种简易抵免办法及其适用情形

企业从境外取得营业利润所得以及符合境外税额间接抵免条件的股息所得,虽有所得来源国(地区)政府机关核发的具有纳税性质的凭证或证明,但因客观原因无法真实、准确地确认应当缴纳并已经实际缴纳的境外所得税额的,除就该所得直接缴纳及间接负担的税额在所得来源国(地区)的实际有效税率低于我国《企业所得税法》第四条第一款规定税率50%以上的外,可按境外应纳税所得额的12.5%作为抵免限额,企业按该国(地区)税务机关或政府机关核发具有纳税性质凭证或证明的金额,其不超过抵免限额的部分,准予抵免;超过的部分不得抵免。从所得来源国(地区)政府机关取得具有纳税性质的凭证或证明,是指向境外所在国家政府实际缴纳了具有综合税额(含企业所得税)性质的款项的有效凭证。

3. 第三种简易抵免办法及其适用情形

企业从境外取得营业利润所得以及符合境外税额间接抵免条件的股息所得,凡就该所得缴纳及间接负担的税额在所得来源国(地区)的法定税率且其实际有效税率明显高于我国的,可直接以按财税〔2009〕125号文件规定计算的境外应纳税所得额和我国《企业所得税法》规定的税率计算的抵免限额作为可抵免的已在境外实际缴纳的企业所得税税额。

实际有效税率,是指实际缴纳或负担的企业所得税税额与应纳税所得额的比率。法定税率且实际有效税率明显高于我国(税率)的国家(地区),由财政部和国家税务总局列名单公布,具体国家(地区)名单见财税〔2009〕125号文件附件《法定税率明显高于我国的境外所得来源国(地区)名单》;各地税务机关不能自行作出判定,发现名单所列国家(地区)抵免异常的,应立即向国家税务总局报告;财政部、国家税务总局可根据实际情况适时对名单进行调整。

《法定税率明显高于我国的境外所得来源国(地区)名单》(这一名单会有动态调整,请以实际为准)中的国家有:美国、阿根廷、布隆迪、喀麦隆、古巴、法国、日本、摩洛哥、巴基斯坦、赞比亚、科威特、孟加拉国、叙利亚、约旦、老挝。

上述两种情形以外的股息、利息、租金、特许权使用费、转让财产等投资性所得。具体是指,居民企业从境外未达到直接持股20%条件的境外子公司取得的股息所得,以及取得利息、租金、特许权使用费、转让财产等所得,向所得来源国直接缴纳的预提所得税额,应按财税〔2009〕125号文件有关直接抵免的规定正常计算抵免。

(三)申报抵免境外所得税收应提交的资料

企业申报抵免境外所得税收(包括按照财税〔2009〕125号文件第十条规定的简易办法进行的抵免)时应向其主管税务机关提交如下书面资料:

(1)与境外所得相关的完税证明或纳税凭证(原件或复印件)。

(2)不同类型的境外所得申报税收抵免还需分别提供:

——取得境外分支机构的营业利润所得需提供境外分支机构会计报表;境外分支机构所得依照中国境内《企业所得税法》及实施条例的规定计算的应纳税额的计算过程及说明资料;具有资质的机构出具的有关分支机构审计报告等;

——取得境外股息、红利所得需提供集团组织架构图;被投资公司章程复印件;境外企业有权决定利润分配的机构作出的决定书等;

——取得境外利息、租金、特许权使用费、转让财产等所得需提供依照中国境内《企业所得税法》及实施条例规定计算的应纳税额的资料及计算过程;项目合同复印件等。

(3)申请享受税收饶让抵免的还需提供:

——本企业及其直接或间接控制的外国企业在境外所获免税及减税的依据及证明或有关审计报告披露该企业享受的优惠政策的复印件;

——企业在其直接或间接控制的外国企业的参股比例等情况的证明复印件;

——间接抵免税额或者饶让抵免税额的计算过程;

——由本企业直接或间接控制的外国企业的财务会计资料。

(4)采用简易办法计算抵免限额的还需提供:

——取得境外分支机构的营业利润所得需提供企业申请及有关情况说明;来源国(地区)政府机关核发的具有纳税性质的凭证和证明复印件;

——取得符合境外税额间接抵免条件的股息所得需提供企业申请及有关情况说明;

符合《企业所得税法》第二十四条条件的有关股权证明的文件或凭证复印件。

（5）主管税务机关要求提供的其他资料。

以上提交备案资料使用非中文的，企业应同时提交中文译本复印件。

上述资料已向税务机关提供的，可不再提供；上述资料若有变更的，须重新提供；复印件须注明与原件一致，译本须注明与原本无异议，并加盖企业公章。

（四）境外分支机构与我国对应纳税年度的确定

企业就其在境外设立的不具有独立纳税地位的分支机构每一纳税年度的营业利润，计入企业当年度应纳税所得总额时，如果分支机构所在国纳税年度的规定与我国规定的纳税年度不一致的，在确定该分支机构境外某一年度的税额如何对应我国纳税年度进行抵免时，境外分支机构按所在国规定计算生产经营所得的纳税年度与其境内总机构纳税年度相对应的纳税年度，应为该境外分支机构所在国纳税年度结束日所在的我国纳税年度。企业取得前述境外所得以外的境外所得实际缴纳或间接负担的境外所得税，应在该项境外所得实现日所在的我国对应纳税年度的应纳税额中计算抵免。企业取得境外股息所得实现日为被投资方有权决定利润分配的机构做出利润分配决定的日期，不论该利润分配是否包括以前年度未分配利润，均应作为该股息所得实现日所在的我国纳税年度所得计算抵免。

【例13-9】境外分支机构纳税年度的判定。某居民企业在T国的分公司，按T国法律规定，计算当期利润年度为每年10月1日至次年9月30日。

分析：该分公司按T国规定计算2018年10月1日至次年9月30日期间（即T国2013/2014年度）的营业利润及其已纳税额，应在我国2019年度计算纳税及境外税额抵免。

【例13-10】境外股息所得在我国计算抵免的时间。某居民企业的境外子公司于2019年5月1日股东会决定，分配属于2016年、2017年的未分配利润共计2 000万元。

分析：分配的2 000万元均属于该居民企业2019年取得的股息，就该股息被扣缴的预提所得税以及该股息间接负担的由境外子公司就其2016年、2017年度利润缴纳的境外所得税，均应按规定的适用条件在该居民企业2019年应纳我国企业所得税中计算抵免。

第二节　境外所得税收抵免的填报

境外所得税收抵免明细表有1张一级附表和3张二级附表。一级附表《境外所得税收抵免明细表》（A108000）主要反映境外所得应纳所得税额和抵扣所得税额的计算过程和结果，第1张二级附表《境外所得纳税调整后所得明细表》（A108010）反映境外所得按我国税法确认的纳税调整后所得的计算过程和结果，第2张二级附表《境外分支机构弥补亏损明细表》（A108020）反映境外分支机构实际弥补额和非实际亏损额的结转弥补情况，第3张《跨年度结转抵免境外所得税明细表》二级附表（A108030）反映境外所得按我国税法可以抵免的所得税额跨年度结转抵免的过程。

一、境外所得税收抵免一级附表的填报

表 A108000 反映境外所得应纳所得税额和抵扣所得税额的计算过程和结果。境外所得应纳所得税额与境内所得应纳税所得额的计算步骤一样,也分计算纳税调整后所得和计算应纳税所得额两步。境外所得抵扣所得税额由三部分组成:本年可抵免境外所得税额、本年抵免以前年度未抵免境外所得税额和按简易办法计算的抵免境外所得税额。

(一)行次填报

纳税人若选择"分国(地区)不分项"的境外所得抵免方式,应根据表 A108010、表 A108020 和表 A108030 分国(地区)别逐行填报本表;纳税人若选择"不分国(地区)不分项"的境外所得抵免方式,应按照税收规定计算可抵免境外所得税税额和抵免限额,并根据表 A108010、表 A108020 和表 A108030 的合计金额填报本表第 1 行。

(二)列次填报

(1)第 1 列"国家(地区)":纳税人若选择"分国(地区)不分项"的境外所得抵免方式,填报纳税人境外所得来源的国家(地区)名称,来源于同一国家(地区)的境外所得合并到一行填报;纳税人若选择"不分国(地区)不分项"的境外所得抵免方式,无需填报。

(2)第 2 列"境外税前所得":填报表 A108010 第 14 列的金额。

(3)第 3 列"境外所得纳税调整后所得":填报表 A108010 第 18 列的金额。

(4)第 4 列"弥补境外以前年度亏损":填报表 A108020 第 4+8 列的合计金额。

(5)第 5 列"境外应纳税所得额":填报第 3-4 列的余额。当第 3-4 列<0 时,本列填报 0。

(6)第 6 列"抵减境内亏损":当纳税人选择用境外所得抵减弥补境内亏损时,填报纳税人境外所得按照税收规定抵减弥补境内的亏损额(包括抵减的当年度境内亏损额和弥补的以前年度境内亏损额);当纳税人选择不用境外所得抵减弥补境内亏损时,填报 0。

(7)第 7 列"抵减境内亏损后的境外应纳税所得额":填报第 5-6 列金额。

(8)第 8 列"税率":填报法定税率 25%。符合财税〔2011〕47 号文件第一条规定的高新技术企业填报 15%。

(9)第 9 列"境外所得应纳税额":填报第 7×8 列金额。

(10)第 10 列"境外所得可抵免税额":填报表 A108010 第 13 列金额。

(11)第 11 列"境外所得抵免限额":境外所得抵免限额按以下公式计算:

——采用分国抵免法下,某国(地区)所得税抵免限额 = 中国境内、境外所得依照《企业所得税法》及其实施条例的规定计算的应纳税总额×来源于某国(地区)的应纳税所得额÷中国境内、境外应纳税所得总额。

——采用综合抵免法下,境外所得税抵免限额 = 中国境内、境外所得依照《企业所得税法》及实施条例的规定计算的应纳税总额×来源于中国境外的应纳税所得额÷中国境内、境外应纳税所得总额。

(12)第 12 列"本年可抵免境外所得税额":填报纳税人本年来源于境外的所得已缴纳

所得税在本年度允许抵免的金额。按第10列、第11列孰小值填报。

（13）第13列"未超过境外所得税抵免限额的余额"：填报纳税人本年在抵免限额内抵免完境外所得税后有余额的，可用于抵免以前年度结转的待抵免的所得税额。按第11－12列金额填报。

（14）第14列"本年可抵免以前年度未抵免境外所得税额"：填报纳税人本年可抵免以前年度未抵免、结转到本年度抵免的境外所得税额，按表A108030第13列金额填报。

第15列至第18列由选择简易办法计算抵免额的纳税人填报。

（15）第15列"按低于12.5%的实际税率计算的抵免额"：纳税人从境外取得营业利润所得以及符合境外税额间接抵免条件的股息所得，所得来源国（地区）的实际有效税率低于12.5%的，填报按照实际有效税率计算的抵免额。

（16）第16列"按12.5%计算的抵免额"：纳税人从境外取得营业利润所得以及符合境外税额间接抵免条件的股息所得，除第15列情形外，填报按照12.5%计算的抵免额。

（17）第17列"按25%计算的抵免额"：纳税人从境外取得营业利润所得以及符合境外税额间接抵免条件的股息所得，所得来源国（地区）的实际有效税率高于25%的，填报按照25%计算的抵免额。

（18）第19列"境外所得抵免所得税额合计"：填报第12＋14＋18列金额。

（三）表间关系

若选择"分国（地区）不分项"的境外所得抵免方式，第2列各行＝表A108010第14列相应行次；若选择"不分国（地区）不分项"的境外所得抵免方式，第1行第2列＝表A108010第14列合计。

若选择"分国（地区）不分项"的境外所得抵免方式，第3列各行＝表A108010第18列相应行次；若选择"不分国（地区）不分项"的境外所得抵免方式，第1行第3列＝表A108010第18列合计。

若选择"分国（地区）不分项"的境外所得抵免方式，第4列各行＝表A108020第4列相应行次＋第8列相应行次；若选择"不分国（地区）不分项"的境外所得抵免方式，第1行第4列＝表A108020第4列合计＋第8列合计。

若选择"分国（地区）不分项"的境外所得抵免方式，第6列合计≤第5列合计、表A106000第8列第1行至第10行合计＋表A100000第18行的孰小值；若选择"不分国（地区）不分项"的境外所得抵免方式，第1行第6列≤第1行第5列、表A106000第8列第1行至第10行合计＋表A100000第18行的孰小值。

第9列合计＝表A100000第29行"加：境外所得应纳所得税额"。

若选择"分国（地区）不分项"的境外所得抵免方式，第10列各行＝表A108010第13列相应行次；若选择"不分国（地区）不分项"的境外所得抵免方式，第1行第10列＝表A108010第13列合计。

若选择"分国（地区）不分项"的境外所得抵免方式，第14列各行＝表A108030第13列相应行次；若选择"不分国（地区）不分项"的境外所得抵免方式，第1行第14列＝表A108030第13列合计。

第 19 列合计 = 表 A100000 第 30 行"减:境外所得抵免所得税额"。

二、境外所得税收抵免二级附表的填报

(一)关于境内、外营业机构有盈有亏时境内、外亏损的确认

《企业所得税法》第十七条规定,企业在汇总计算缴纳企业所得税时,其境外营业机构的亏损不得抵减境内营业机构的盈利。这就是说,境外营业机构的亏损不得抵减境内营业机构的盈利,但境外营业机构的盈利可以抵减境内营业机构的亏损。

【例 13-11】假设某企业在境外 A 国有一甲分支机构,2019 年境内营业机构和境外 A 国甲分支机构税前盈亏情况有六种情形,且以前年度境内外营业机构均没有结转弥补的亏损。不同情形下该企业境内外亏损的确认见表 13-7(金额单位:万元)。

表 13-7 不同情形居民企业境内外亏损的确认

情形	情形一	情形二	情形三	情形四	情形五	情形六
境内营业机构利润	1 000	-1 000	1 000	-1 000	1 000	-1 000
境外 A 国甲分支机构利润	300	300	-300	-300	-1 300	1 300
利润总额	1 300	-700	700	-1 300	-300	300
减:境外所得	300	300	-300	-300	-1 300	1 300
加:境外应税所得抵减境内亏损	0	300	0	0	0	1000
境内纳税调整后所得	1 000	-700	1 000	-1 000	1 000	0
境内应纳税所得额	1 000	0	1 000	0	1 000	0
境外应纳税所得额	300	0	-300	-300	-1 300	300
可结转以后年度弥补的境内亏损	0	700	0	1 000	0	0
可结转以后年度弥补的境外亏损	0	0	300	300	1 300	0

情形一:来源于境外 A 国甲分支机构的所得调减所得 300 万元后,境外应纳税所得额 300 万元,可按规定计算境外所得应纳税额和抵免境外已纳所得税额。

情形二:来源于境外 A 国甲分支机构的所得调减所得 300 万元后,又被拉回来抵减当年境内营业机构的亏损。境外所得抵减当年境内营业机构的亏损后,可结转以后年度弥补的境内亏损为 700 万元。境外所得 300 万元的境外已纳所得税额,允许结转以后年度抵免。

情形三:来源于境外 A 国甲分支机构的亏损不得抵减境内营业机构的盈利,应调增所得 300 万元。可结转以后年度弥补的境外亏损 300 万元为非实际亏损额,允许以后年度用来源于 A 国的所得无限期弥补。

情形四:来源于境外 A 国甲分支机构的亏损应调增所得 300 万元,可结转以后年度弥补的境内亏损为 1 000 万元,可结转以后年度弥补的境外亏损 300 万元为实际亏损额,允许以后年度用来源于 A 国的所得在规定的弥补期限内弥补。

情形五:来源于境外 A 国甲分支机构的亏损不得抵减境内营业机构的盈利,应调增所得 1 300 万元,境内纳税调整后所得和应纳税所得额均为 1 000 万元。可结转以后年度弥补的境外亏损为 1 300 万元,其中,1 000 万元为非实际亏损额,允许以后年度用来源于 A 国的所得无限期弥补;300 万元为实际亏损额,允许以后年度用来源于 A 国的所得在规定的弥补期限内弥补。

情形六:来源于境外 A 国甲分支机构的所得调减所得 1 300 万元,其中 1 000 万元被拉回来抵减当年境内营业机构的亏损,境外所得抵补当年境内营业机构的亏损后,境内应纳税所得额为 0。境外应纳税所得额 300 万元,可按规定计算境外所得应纳税额和抵免境外已纳所得税额,境外已纳所得税额应以境外所得 1 300 万元实际在境外缴纳的所得税额确认。

(二) 表 A108010 的填报

表 A108010 反映对境外税后所得进行还原计算税前所得及纳税调整的情况。还原计算税前所得时,要加上纳税人直接缴纳的境外所得税额、(股息性所得)间接负担的境外所得税额和享受税收饶让抵免税额。对境外税前所得进行纳税调整包括三个方面:境外分支机构收入与支出按我国税法规定进行纳税调整的金额,企业已在计算境内外总所得额时统一扣除的成本费用中应由境外分支机构分摊扣除的部分,企业已在计算境内外总所得额时统一扣除的成本费用中应由股息红利等境外所得分摊扣除的部分。

(1)第 1 列"国家(地区)":填报纳税人境外所得来源的国家(地区)名称,来源于同一个国家(地区)的境外所得可合并到一行填报。

(2)第 2 列至第 9 列"境外税后所得":填报纳税人取得的来源于境外的税后所得,包含已计入利润总额以及按照税法相关规定已在表 A105000 进行纳税调整的境外税后所得。对这一填报要求的分析,见第四章第二节中的"二、从利润总额计算纳税调整后所得项目的填报"相关内容。

(3)第 10 列"直接缴纳的所得税额":填报纳税人来源于境外的营业利润所得在境外所缴纳的企业所得税,以及就来源于或发生于境外的股息、红利等权益性投资所得、利息、租金、特许权使用费、财产转让等所得在境外被源泉扣缴的预提所得税。

(4)第 11 列"间接负担的所得税额":填报纳税人从其直接或者间接控制的外国企业分得的来源于中国境外的股息、红利等权益性投资收益,外国企业在境外实际缴纳的税额中属于该项所得负担的部分。

(5)第 12 列"享受税收饶让抵免税额":填报纳税人从与我国政府订立税收协定(或安排)的国家(地区)取得的所得,按照该国(地区)税收法律享受了免税或减税待遇,且该免税或减税的数额按照税收协定应视同已缴税额的金额。

(6)第 15 列"境外分支机构收入与支出纳税调整额":填报纳税人境外分支机构收入、支出按照税收规定计算的纳税调整额。

(7)第 16 列"境外分支机构调整分摊扣除的有关成本费用":填报纳税人境外分支机构应合理分摊的总部管理费等有关成本费用,同时在表 A105000 进行纳税调增。

(8)第 17 列"境外所得对应调整的相关成本费用支出":填报纳税人实际发生与取得境外所得有关但未直接计入境外所得应纳税所得额的成本费用支出,同时在表 A105000 进行纳税调增。

(9)第 18 列"境外所得纳税调整后所得":填报第 14 + 15 - 16 - 17 列的金额。

表 A108010 的表间关系如下:

(1)若选择"分国(地区)不分项"的境外所得抵免方式,第 13 列各行 = 表 A108000 第 10 列"境外所得可抵免税额"相应行次;若选择"不分国(地区)不分项"的境外所得抵免方式,第 13 列合计 = 表 A108000 第 1 行第 10 列。

(2)若选择"分国(地区)不分项"的境外所得抵免方式,第 14 列各行 = 表 A108000 第 2 列"境外税前所得"相应行次;若选择"不分国(地区)不分项"的境外所得抵免方式,第 14 列合计 = 表 A108000 第 1 行第 2 列。

(3)第 14 列合计 − 第 11 列合计 = 表 A100000 第 14 行"减:境外所得"。

(4)第 16 列合计 + 第 17 列合计 = 表 A105000 第 28 行"(十五)境外所得分摊的共同支出"第 3 列"调增金额"。

(5)若选择"分国(地区)不分项"的境外所得抵免方式,第 18 列相应行次 = 表 A108000 第 3 列"境外所得纳税调整后所得"相应行次;若选择"不分国(地区)不分项"的境外所得抵免方式,第 18 列合计 = 表 A108000 第 1 行第 3 列。

(三)表 A108020 的填报

表 A108020 反映境外分支机构实际亏损额和非实际亏损额的结转弥补情况。非实际亏损额允许无限期结转弥补,实际亏损额受规定弥补期限的限制。

在汇总计算境外应纳税所得额时,企业在境外同一国家(地区)设立不具有独立纳税地位的分支机构,按照《企业所得税法》及实施条例的有关规定计算的亏损,不得抵减其境内的应纳税所得额,但可以用同一国家(地区)其他项目或以后年度的所得按规定弥补;在采用分国抵免法下,也不得抵减其他国家(地区)的应纳税所得额,但在综合抵免法下,先按国(地区)别逐行填报,后按照财税〔2017〕84 号规定在合计行抵减其他国家(地区)的应纳税所得额。在填报表 A108020 时,应按照税务总局公告 2010 年第 1 号的有关规定,分析填报企业的境外分支机构发生的实际亏损额和非实际亏损额及其弥补、结转的金额。

(1)第 1 列"国家(地区)":填报纳税人境外所得来源的国家(地区)名称,来源于同一国家(地区)的境外所得合并到一行填报。

(2)第 2 列至第 5 列"非实际亏损额的弥补":填报纳税人境外分支机构非实际亏损额未弥补金额、本年发生的金额、本年弥补的金额、结转以后年度弥补的金额。

(3)第 6 列至第 9 列"实际亏损额的弥补":填报纳税人境外分支机构实际亏损额弥补金额。

表 A108020 表间关系为:若选择"分国(地区)不分项"的境外所得抵免方式,第 4 列各行 + 第 8 列各行 = 表 A108000 第 4 列"弥补境外以前年度亏损"相应行次;若选择"不分国(地区)不分项"的境外所得抵免方式,第 4 列合计 + 第 8 列合计 = 表 A108000 第 1 行第 4 列。

(四)表 A108030 的填报

表 A108030 反映境外所得可抵免税额跨年度结转抵免的过程,包括:前五年境外所得已缴所得税未抵免余额在本年抵免的情况,前四年境外所得已缴所得税未抵免余额在本年抵免后结转以后年度抵免的余额,本年境外所得已缴所得税在本年抵免后结转以后年度抵免的余额。

(1)第 2 列至第 7 列"前五年境外所得已缴所得税未抵免余额":填报纳税人前五年境外所得已缴纳的企业所得税尚未抵免的余额。

(2)第 8 列至第 13 列"本年实际抵免以前年度未抵免的境外已缴所得税额":填报纳税人用本年未超过境外所得税款抵免限额的余额抵免以前年度未抵免的境外已缴所得

税额。

(3) 第 14 列至第 19 列"结转以后年度抵免的境外所得已缴所得税额"：填报纳税人以前年度和本年未能抵免并结转以后年度抵免的境外所得已缴所得税额。

表 A108030 的表间关系如下：

(1) 若选择"分国（地区）不分项"的境外所得抵免方式，第 13 列各行 = 表 A108000 第 14 列"本年可抵免以前年度未抵免境外所得税额"相应行次；若选择"不分国（地区）不分项"的境外所得抵免方式，第 13 列合计 = 表 A108000 第 1 行第 14 列。

(2) 若选择"分国（地区）不分项"的境外所得抵免方式，第 18 列各行 = 表 A108000 第 10 列"境外所得可抵免税额"相应行次 − 第 12 列"本年可抵免境外所得税额"相应行次（当表 A108000 第 10 列相应行次大于第 12 列相应行次时填报）；若选择"不分国（地区）不分项"的境外所得抵免方式，第 18 列合计 = 表 A108000 第 1 行第 10 列 − 第 1 行第 12 列（当表 A108000 第 1 行第 10 列次大于第 1 行第 12 列时填报）。

【例 13-12】续例 13-5、例 13-7 和例 13-8。假设例 13-5 中的居民企业 A 公司采用分国抵免法进行境外所得税抵免，则 A 公司 2019 年度表 A108010、表 A108000 和表 A108030 的填报分别见表 13-8、表 13-9 和表 13-10。

【例 13-13】续例 3-3、例 4-2。华方有限责任公司持有境外甲国子公司 20% 的股权，投资成本为 400 万元。2019 年 8 月 18 日甲国子公司宣布派息，分配给华方有限责任公司股息 100 万元。假设甲国子公司所得税税率为 20%、预提所得税税率为 12%。

分析：华方有限责任公司直接持有甲国子公司 20% 的股权，满足直接持股 20% 的条件，对 2019 年取得的境外甲国子公司分配的股息选择采用的境外所得税收抵免方式为分国（地区）不分项。因此甲国子公司分配给华方有限责任公司的股息所负担的甲国公司所得税，华方有限责任公司可以进行间接抵免。假设 2019 年华方有限责任公司对境外投资取得的股息所得对应调整的相关成本费用支出为 0，其境外所得纳税调整后所得和应纳税所得额均为 125 万元（含间接负担的甲国子公司所得税额 25 万元）。由于华方有限责任公司 2019 年在高新技术企业资格的有效期内，则按我国税法计算的应纳税额为 18.75 万元、抵免限额为 18.75 万元，境外所得可抵免的所得税额为 37 万元（包括股息所得直接缴纳的甲国预提所得税 12 万元和间接负担的甲国公司所得税 25 万元），实际应抵免所得税额 18.75 万元，应结转以后年度抵免的所得税额为 18.25 万元。

需要说明的是，财税〔2011〕47 号文件规定，以境内、境外全部生产经营活动有关的研究开发费用总额、总收入、销售收入总额、高新技术产品（服务）收入等指标申请并经认定的高新技术企业，其来源于境外的所得可以享受高新技术企业所得税优惠政策，即对其来源于境外所得可以按照 15% 的优惠税率缴纳企业所得税，在计算境外抵免限额时，可按照 15% 的优惠税率计算境内外应纳税总额。对纳税人在境外没有生产经营活动，而只是取得股息红利、利息等其他所得，笔者建议，由于纳税人申请并经认定为高新技术企业的依据，是境内的研究开发费用总额、总收入、销售收入总额、高新技术产品（服务）收入等指标，因此，其来源于境外的股息红利、利息等其他所得不是适用 15% 的优惠税率缴纳企业所得税。

华方有限责任公司表 A108010、表 A108000 和表 A108030 的填报分别见表 13-11、表 13-12 和表 13-13。

A108010

表 13-8 来源于多国(地区)的境外所得纳税调整后所得计算填报示例

金额单位:元

行次	国家(地区)	境外税后所得							小计	境外所得可抵免的所得税额			小计	境外税前所得	境外分支机构收入与支出纳税调整额	境外分支机构调整分摊扣除的有关费用	境外所得调整对应的相关成本费用支出	境外所得纳税调整后所得
		分支机构营业利润所得	股息、红利等权益性投资收益所得	利息所得	租金所得	特许权使用费所得	财产转让所得	其他所得	9=(2+3+4+5+6+7+8)	直接缴纳的所得税额	间接负担的所得税额	享受税收饶让抵免税额	13(10+11+12)	14(9+10+11)	15	16	17	18(14+15-16-17)
		1	2	3	4	5	6	7	8	9	10	11	12	13	14	15	16	17	18
1	甲国	0.00	19 847 587.95	0.00	0.00	0.00	0.00	0.00	19 847 587.95	2 205 287.55	9 248 499.50	0.00	11 453 787.05	31 301 375.00	0.00	0.00	1 845 000.00	29 456 375.00
2	乙国	0.00	26 419 460.63	0.00	0.00	0.00	0.00	0.00	26 419 460.63	2 935 495.63	13 510 637.50	0.00	16 446 133.13	42 865 593.76	0.00	0.00	2 492 500.00	40 373 093.76
…	…	…	…	…	…	…	…	…	…	…	…	…	…	…	…	…	…	…
10	合计	0.00	46 267 051.58	0.00	0.00	0.00	0.00	0.00	46 267 048.58	5 140 793.18	22 759 148.00	0.00	27 899 920.18	74 166 968.76	0.00	0.00	4 337 517.00	69 829 468.76

A108000

表 13-9 来源于多国(地区)的境外所得税收抵免明细表填报示例

金额单位:元

行次	国家(地区)	境外税前所得	境外所得纳税调整后所得	弥补境内以前年度亏损	境外应纳税所得额	抵减境内亏损	抵减境内亏损后的境外应纳税所得额	税率	境外所得应纳税额	境外所得可抵免税额	境外所得抵免限额	本年可抵免境外所得税额	未超过境外所得税抵免限额的余额	未超过境外所得税抵免限额以前年度未抵免境外所得税额	按简易办法计算				境外所得抵免税额合计
					5(3-4)	6	7(5-6)	8	9(7×8)	10	11	12	13(11-12)	14	按抵于12.5%的实际税率计算的抵免额	按低于12.5%的按25%计算的抵免额	小计		19(12+14+18)
		1	2	3	4	5	6	7	8	9	10	11	12	13	14	15	16	17	18(15+16+17)	19
1	甲国	31 301 375.00	29 456 375.00	0.00	29 456 375.00	0.00	29 456 375.00	25%	7 364 093.75	11 453 787.05	7 364 093.75	7 364 093.75	0.00	0.00	0.00	0.00	0.00	0.00	7 364 093.75
2	乙国	42 865 593.76	40 373 093.76	0.00	40 373 093.76	0.00	40 373 093.76	25%	10 093 273.44	16 446 133.13	10 093 273.44	10 093 273.44	0.00	0.00	0.00	0.00	0.00	0.00	10 093 273.44
…	…	…	…	…	…	…	…	…	…	…	…	…	…	…	…	…	…	…	…
10	合计	74 166 968.76	69 829 468.76	0.00	69 829 468.76	0.00	69 829 468.76	25%	17 457 367.19	27 899 920.18	17 457 367.19	17 457 367.19	0.00	0.00	0.00	0.00	0.00	0.00	17 457 367.19

表 13-10 来源于多国（地区）的境外所得税跨年度结转抵免明细表填报示例

A108030

金额单位：元

行次	国家(地区)	前五年境外所得税已缴所得税抵免余额						本年实际抵免以前年度未抵免的境外已缴所得税额						结转以后年度抵免的境外所得税额				
		前五年	前四年	前三年	前二年	前一年	小计	前五年	前四年	前三年	前二年	前一年	小计	前四年	前三年	前二年	前一年	本年	小计
	1	2	3	4	5	6	7(2+…+6)	8	9	10	11	12	13(8+…+12)	14(3-9)	15(4-10)	16(5-11)	17(6-12)	18	19(14+…+18)
1	甲国	0.00	0.00	0.00	0.00	0.00	0.00	0.00	0.00	0.00	0.00	0.00	0.00	0.00	0.00	0.00	0.00	4 089 693.3	4 089 693.3
2	乙国	0.00	0.00	0.00	0.00	0.00	0.00	0.00	0.00	0.00	0.00	0.00	0.00	0.00	0.00	0.00	0.00	6 352 859.69	6 352 859.69
…	…	…	…	…	…	…	…	…	…	…	…	…	…	…	…	…	…	…	…
10	合计	0.00	0.00	0.00	0.00	0.00	0.00	0.00	0.00	0.00	0.00	0.00	0.00	0.00	0.00	0.00	0.00	10 442 552.99	10 442 552.99

表 13-11 来源于一国（地区）的境外纳税调整后所得计算填报示例

A108010

金额单位：元

行次	国家(地区)	境外税后所得							境外所得纳税调整后所得				境外所得可抵免的所得税额				境外分支机构应分摊扣除的有关成本费用	境外所得对应调整的相关成本费用支出	境外所得调整后所得
		分支机构营业机构利润所得	股息、红利等权益性投资所得	利息所得	租金所得	特许权使用费所得	财产转让所得	其他所得	小计	直接缴纳的所得税额	间接负担的所得税额	享受税收饶让抵免税额	小计	境外税前所得	境外分支机构收入与支出纳税调整额				
	1	2	3	4	5	6	7	8	9=(2+3+4+5+6+7+8)	10	11	12	13(10+11+12)	14(9+10+11)	15	16	17	18(14+15-16-17)
1	甲国	0.00	880 000.00	0.00	0.00	0.00	0.00	0.00	880 000.00	120 000.00	250 000.00	0.00	370 000.00	1 250 000.00	0.00	0.00	0.00	1 250 000.00
…	…	…	…	…	…	…	…	…	…	…	…	…	…	…	…	…	…	…
10	合计	0.00	880 000.00	0.00	0.00	0.00	0.00	0.00	880 000.00	120 000.00	250 000.00	0.00	370 000.00	1 250 000.00	0.00	0.00	0.00	1 250 000.00

表13-12 来源于一国(地区)的境外所得税收抵免明细表填报示例

境外所得税收抵免明细表

A108000
金额单位:元

国家(地区)	境外税前所得	境外所得纳税调整后所得	弥补境外以前年度亏损	境外应纳税所得额	抵减境内亏损	抵减境内亏损后的境外应纳税所得额	税率	境外所得应纳税额	境外所得可抵免税额	境外所得抵免限额	本年可抵免境外所得税额	未超过境外所得抵免限额的余额	本年可抵免以前年度未抵免境外所得税额	按抵于12.5%的实际税率计算的抵免额	按简易办法计算		小计	境外所得抵免税额合计
															按12.5%计算的抵免额	按25%计算的抵免额		
	1	2	3	4	5 (3-4)	6	7 (5-6)	8	9 (7×8)	10	11	12	13 (11-12)	14	15	16	17	18 (15+16+17)	19 (12+14+18)
甲国	1	1 250 000.00	1 250 000.00	0.00	1 250 000.00	0.00	1 250 000.00	15%	187 500.00	370 000.00	187 500.00	187 500.00	0.00	0.00	0.00	0.00	0.00	0.00	187 500.00
...		...	...	...	...	...	...	...	...	...	...	...	...	...	...	...	...	...	...
合计	10	1 250 000.00	1 250 000.00	0.00	1 250 000.00	0.00	1 250 000.00	15%	187 500.00	370 000.00	187 500.00	187 500.00	0.00	0.00	0.00	0.00	0.00	0.00	187 500.00

表13-13 来源于一国(地区)的境外所得税跨年度结转抵免明细表填报示例

跨年度结转抵免境外所得税明细表

A108030
金额单位:元

国家(地区)	行次	前五年境外所得税已缴所得税未抵免余额						本年度实际抵免以前年度未抵免的境外所得已缴所得税额						结转以后年度抵免的境外所得已缴所得税额				
		前五年	前四年	前三年	前二年	前一年	小计	前五年	前四年	前三年	前二年	前一年	小计	前四年	前三年	前二年	前一年	本年	小计
		1	2	3	4	5	6	7 (2+...+6)	8	9	10	11	12	13 (8+...+12)	14 (3-9)	15 (4-10)	16 (5-11)	17 (6-12)	18	19 (14+...+18)
甲国	1	0.00	0.00	0.00	0.00	0.00	0.00	0.00	0.00	0.00	0.00	0.00	0.00	0.00	0.00	0.00	0.00	0.00	182 500.00	182 500.00
...		...	...	...	...	...	...	...	...	...	...	...	...	...	...	...	...	...	...	...
合计	10	0.00	0.00	0.00	0.00	0.00	0.00	0.00	0.00	0.00	0.00	0.00	0.00	0.00	0.00	0.00	0.00	0.00	182 500.00	182 500.00

【例 13-14】 假设某居民企业 2017 年在境外 F 国设有一从事生产经营活动的分支机构。该居民企业 2017 年境内营业机构盈利 300 万元，F 国分支机构亏损 400 万元；2018 年境内营业机构盈利 350 万元，F 国分支机构盈利 90 万元；2019 年境内营业机构盈利 420 万元，F 国分支机构亏损 20 万元。则该居民企业 2017 年 F 国分支机构亏损 400 万元中，有 300 万元属于非实际亏损额，100 万元为实际亏损额；2018 年 F 国分支机构盈利 90 万元可先用于弥补 2017 年 F 国分支机构实际亏损额；2019 年 F 国分支机构亏损 20 万元为非实际亏损额。该居民企业 2019 年表 A108020 的填报见表 13-14。

表 13-14 境外分支机构弥补亏损填报示例

A108020　　　　　　　　　　　境外分支机构弥补亏损明细表　　　　　　　　　　金额单位：元

行次	国家（地区）	非实际亏损额的弥补				实际亏损额的弥补			
		以前年度结转尚未弥补的非实际亏损额	本年发生的非实际亏损额	本年弥补的以前年度非实际亏损额	结转以后年度弥补的非实际亏损额	以前年度结转尚未弥补的实际亏损额	本年发生的实际亏损额	本年弥补的以前年度实际亏损额	结转以后年度弥补的实际亏损额
	1	2	3	4	5(2+3-4)	6	7	8	9
1	F 国	3 000 000.00	200 000.00	0.00	3 200 000.00	100 000.00	0.00	0.00	0.00
...	...	...	...	...	...	...	...	...	...
10	合计	3 000 000.00	200 000.00	0.00	3 200 000.00	100 000.00	0.00	0.00	0.00

> 企业所得税政策与申报实务深度解析
> （2020年版）

第十四章

汇总纳税所得税政策及其明细表的填报

本章要点

☞ 汇总纳税企业的汇算清缴方法

☞ 汇总纳税一级附表的填报

☞ 汇总纳税二级附表的填报

第一节 汇总纳税企业的汇算清缴方法

《企业所得税法》第五十条规定,居民企业在中国境内设立不具有法人资格的营业机构的,应当汇总计算并缴纳企业所得税。《企业所得税法实施条例》第一百二十五条要求,企业汇总计算并缴纳企业所得税时,应当统一核算应纳税所得额。

居民企业在中国境内跨地区(指跨省、自治区、直辖市和计划单列市,下同)设立不具有法人资格分支机构的,该居民企业为跨地区经营汇总纳税企业(以下简称汇总纳税企业)。依据《财政部 国家税务总局 中国人民银行关于印发〈跨省市总分机构企业所得税分配及预算管理办法〉的通知》(财预〔2012〕40号,以下简称财预〔2012〕40号文件)和税务总局公告2012年第57号及相关文件的规定,对汇总纳税企业实行"统一计算、分级管理、就地预缴、汇总清算、财政调库"的企业所得税征收管理办法。除不适用财预〔2012〕40号文件和税务总局公告2012年第57号的企业外,汇总纳税企业总机构企业所得税汇算清缴程序、方法和管理事项归纳如下:

一、统一计算

统一计算,是指居民企业应统一计算包括各个不具有法人资格营业机构在内的企业全部应纳税所得额、应纳税额。总机构和分支机构适用税率不一致的,应分别按适用税率计算应纳所得税额。

(一)汇总清算方法

汇总清算,是指在年度终了后,总机构统一计算汇总纳税企业的年度应纳税所得额、应纳所得税额,抵减总机构、分支机构当年已就地分期预缴的企业所得税款后,多退少补。汇总清算的方法有:

1. 一般汇总清算方法

汇总纳税企业应当自年度终了之日起5个月内,由总机构汇总计算企业年度应纳所得税额,扣除总机构和各分支机构已预缴的税款,计算出应缴应退税款,按照税务总局公告2012年第57号规定的税款分摊方法计算总机构和分支机构的企业所得税应缴应退税款,分别由总机构和分支机构就地办理税款缴库或退库。

2. 总机构和分支机构处于不同税率地区的汇总清算方法

对于按照税收法律、法规和其他规定,总机构和分支机构处于不同税率地区的,先由总机构统一计算全部应纳税所得额,然后按税务总局公告2012年第57号第六条规定的比例和按第十五条计算的分摊比例,计算划分不同税率地区机构的应纳税所得额,再分别按各自的适用税率计算应纳税额后加总计算出汇总纳税企业的应纳所得税总额,最后按税务总局公告2012年第57号第六条规定的比例和按第十五条计算的分摊比例,向总机构和分支机构分摊就地缴纳的企业所得税款。

(二)报送资料

汇总纳税企业汇算清缴时,总机构除报送企业所得税年度纳税申报表和年度财务报表外,还应报送汇总纳税企业分支机构所得税分配表、各分支机构的年度财务报表和各分支机构参与企业年度纳税调整情况的说明;分支机构除报送企业所得税年度纳税申报表

（只填列部分项目）外，还应报送经总机构所在地主管税务机关受理的汇总纳税企业分支机构所得税分配表、分支机构的年度财务报表（或年度财务状况和营业收支情况）和分支机构参与企业年度纳税调整情况的说明。

分支机构参与企业年度纳税调整情况的说明，可参照企业所得税年度纳税申报表附表"纳税调整项目明细表"中列明的项目进行说明，涉及需由总机构统一计算调整的项目不进行说明。

分支机构未按规定报送经总机构所在地主管税务机关受理的汇总纳税企业分支机构所得税分配表，分支机构所在地主管税务机关应责成该分支机构在申报期内报送，同时提请总机构所在地主管税务机关督促总机构按照规定提供上述分配表；分支机构在申报期内不提供的，由分支机构所在地主管税务机关对分支机构按照《征收管理法》的有关规定予以处罚；属于总机构未向分支机构提供分配表的，分支机构所在地主管税务机关还应提请总机构所在地主管税务机关对总机构按照《征收管理法》的有关规定予以处罚。

二、分摊税款

（一）参与分摊税款的机构

1. 总机构和具有主体生产经营职能的二级分支机构

总机构和具有主体生产经营职能的二级分支机构，就地分摊缴纳企业所得税。

二级分支机构，是指汇总纳税企业依法设立并领取非法人营业执照（登记证书），且总机构对其财务、业务、人员等直接进行统一核算和管理的分支机构。以下二级分支机构不就地分摊缴纳企业所得税：

（1）不具有主体生产经营职能，且在当地不缴纳增值税、营业税的产品售后服务、内部研发、仓储等汇总纳税企业内部辅助性的二级分支机构，不就地分摊缴纳企业所得税。

（2）上年度认定为小型微利企业的，其二级分支机构不就地分摊缴纳企业所得税。

（3）新设立的二级分支机构，设立当年不就地分摊缴纳企业所得税。

（4）当年撤销的二级分支机构，自办理注销税务登记之日所属企业所得税预缴期间起，不就地分摊缴纳企业所得税。

（5）汇总纳税企业在中国境外设立的不具有法人资格的二级分支机构，不就地分摊缴纳企业所得税。

2. 重组的二级分支机构

汇总纳税企业当年由于重组等原因从其他企业取得重组当年之前已存在的二级分支机构，并作为本企业二级分支机构管理的，该二级分支机构不视同当年新设立的二级分支机构，按税务总局公告2012年第57号规定计算分摊并就地缴纳企业所得税。

汇总纳税企业内就地分摊缴纳企业所得税的总机构、二级分支机构之间，发生合并、分立、管理层级变更等形成的新设或存续的二级分支机构，不视同当年新设立的二级分支机构，按税务总局公告2012年第57号规定计算分摊并就地缴纳企业所得税。

3. 视同二级分支机构

总机构设立具有主体生产经营职能的部门（非前述二级分支机构），且该部门的营业收入、职工薪酬和资产总额与管理职能部门分开核算的，可将该部门视同一个二级分支机构，按税务总局公告2012年第57号规定计算分摊并就地缴纳企业所得税；该部门与管理职能部门的营业收入、职工薪酬和资产总额不能分开核算的,该部门不得视同一个二级分支机构,不得按税务总局公告2012年第57号规定计算分摊并就地缴纳企业所得税。

(二)分支机构的日常管理

1. 税务登记

汇总纳税企业总机构和分支机构应依法办理税务登记,接受所在地主管税务机关的监督和管理。

总机构应将其所有二级及以下分支机构(包括不就地分摊缴纳企业所得税的二级分支机构)信息报其所在地主管税务机关备案,内容包括分支机构名称、层级、地址、邮编、纳税人识别号及企业所得税主管税务机关名称、地址和邮编。

分支机构(包括不就地分摊缴纳企业所得税的二级分支机构)应将其总机构、上级分支机构和下属分支机构信息报其所在地主管税务机关备案,内容包括总机构、上级机构和下属分支机构名称、层级、地址、邮编、纳税人识别号及企业所得税主管税务机关名称、地址和邮编。

上述备案信息发生变化的,除另有规定外,应在内容变化后30日内报总机构和分支机构所在地主管税务机关备案,并办理变更税务登记。

分支机构注销税务登记后15日内,总机构应将分支机构注销情况报所在地主管税务机关备案,并办理变更税务登记。

2. 身份证明

以总机构名义进行生产经营的非法人分支机构,无法提供汇总纳税企业分支机构所得税分配表,应在预缴申报期内向其所在地主管税务机关报送非法人营业执照(或登记证书)的复印件、由总机构出具的二级及以下分支机构的有效证明和支持有效证明的相关材料(包括总机构拨款证明、总分机构协议或合同、公司章程、管理制度等),证明其二级及以下分支机构身份。

二级及以下分支机构所在地主管税务机关应对二级及以下分支机构进行审核鉴定,对应按税务总局公告2012年第57号规定就地分摊缴纳企业所得税的二级分支机构,应督促其及时就地缴纳企业所得税。

以总机构名义进行生产经营的非法人分支机构,无法提供汇总纳税企业分支机构所得税分配表,也无法提供税务总局公告2012年第57号第二十三条规定的相关证据证明其二级及以下分支机构身份的,应视同独立纳税人计算并就地缴纳企业所得税,不执行税务总局公告2012年第57号的相关规定。按规定视同独立纳税人的分支机构,其独立纳税人身份一个年度内不得变更。

《国家税务总局关于3项企业所得税事项取消审批后加强后续管理的公告》(税务总局公告2015年第6号)明确,自2015年1月1日起,汇总纳税企业改变组织结构的,总机构和相关二级分支机构应于组织结构改变后30日内,将组织结构变更情况报告主管税务机关。

(三)分摊税款和分摊比例的计算

1. 分摊税款的计算

税务总局公告2012年第57号第六条规定,汇总纳税企业按照《企业所得税法》规定汇总计算的汇算清缴应缴应退税款,50%在各分支机构间分摊,各分支机构根据分摊税款就地办理缴库或退库;50%由总机构分摊缴纳,其中25%就地办理缴库或退库,25%就地全额缴入中央国库或退库。

总机构按以下公式计算分摊税款:

总机构分摊税款=汇总纳税企业当期应纳所得税额×50%

分支机构按以下公式计算分摊税款:

所有分支机构分摊税款总额=汇总纳税企业当期应纳所得税额×50%

某分支机构分摊税款=所有分支机构分摊税款总额×该分支机构分摊比例

2. 分支机构分摊比例的计算

税务总局公告2012年第57号第十五条规定,总机构应按照上年度分支机构的营业收入、职工薪酬和资产总额三个因素计算各分支机构分摊所得税款的比例;三级及以下分支机构,其营业收入、职工薪酬和资产总额统一计入二级分支机构;三因素的权重依次为0.35、0.35、0.30。

计算公式如下:

某分支机构分摊比例=(该分支机构营业收入/各分支机构营业收入之和)×0.35+(该分支机构职工薪酬/各分支机构职工薪酬之和)×0.35+(该分支机构资产总额/各分支机构资产总额之和)×0.30

分支机构分摊比例按上述方法一经确定后,除当年出现二级分支机构撤销和重组情形外,当年不作调整。

公式中,分支机构营业收入,是指分支机构销售商品、提供劳务、让渡资产使用权等日常经营活动实现的全部收入。其中,生产经营企业分支机构营业收入是指生产经营企业分支机构销售商品、提供劳务、让渡资产使用权等取得的全部收入。金融企业分支机构营业收入是指金融企业分支机构取得的利息、手续费、佣金等全部收入。保险企业分支机构营业收入是指保险企业分支机构取得的保费等全部收入。分支机构职工薪酬,是指分支机构为获得职工提供的服务而给予各种形式的报酬以及其他相关支出。分支机构资产总额,是指分支机构在经营活动中实际使用的应归属于该分支机构的资产合计额。

上年度分支机构的营业收入、职工薪酬和资产总额,是指分支机构上年度全年的营业收入、职工薪酬数据和上年度12月31日的资产总额数据,是依照国家统一会计制度的规定核算的数据。

一个纳税年度内,总机构首次计算分摊税款时采用的分支机构营业收入、职工薪酬和资产总额数据,与此后经过中国注册会计师审计确认的数据不一致的,不作调整。

(四) 分摊比例和分摊税款的查验复核

分支机构所在地主管税务机关应根据经总机构所在地主管税务机关受理的汇总纳税企业分支机构所得税分配表、分支机构的年度财务报表(或年度财务状况和营业收支情况)等,对其主管分支机构计算分摊税款比例的三个因素、计算的分摊税款比例和应分摊缴纳的所得税税款进行查验核对;对查验项目有异议的,应于收到汇总纳税企业分支机构所得税分配表后30日内向企业总机构所在地主管税务机关提出书面复核建议,并附送相关数据资料。

总机构所在地主管税务机关必须于收到复核建议后30日内,对分摊税款的比例进行复核,作出调整或维持原比例的决定,并将复核结果函复分支机构所在地主管税务机关。

分支机构所在地主管税务机关应执行总机构所在地主管税务机关的复核决定。

总机构所在地主管税务机关未在规定时间内复核并函复复核结果的，上级税务机关应对总机构所在地主管税务机关按照有关规定进行处理。

复核期间，分支机构应先按总机构确定的分摊比例申报缴纳税款。

三、就地补退

（一）汇算清缴补退税款

汇总纳税企业在纳税年度内预缴企业所得税税款少于全年应缴企业所得税税款的，应在汇算清缴期内由总、分机构分别结清应缴的企业所得税税款；预缴税款超过应缴税款的，主管税务机关应及时按有关规定分别办理退税，或者经总、分机构同意后分别抵缴其下一年度应缴企业所得税税款。

汇总纳税企业未按照规定准确计算分摊税款，造成总机构与分支机构之间同时存在一方（或几方）多缴另一方（或几方）少缴税款的，其总机构或分支机构分摊缴纳的企业所得税低于按税务总局公告2012年第57号规定计算分摊的数额的，应在下一税款缴纳期内，由总机构将按税务总局公告2012年第57号规定计算分摊的税款差额分摊到总机构或分支机构补缴；其总机构或分支机构就地缴纳的企业所得税高于按税务总局公告2012年第57号规定计算分摊的数额的，应在下一税款缴纳期内，由总机构将按税务总局公告2012年第57号规定计算分摊的税款差额从总机构或分支机构的分摊税款中扣减。

（二）查补税款的分摊和入库

总机构所在地主管税务机关应加强对汇总纳税企业申报缴纳企业所得税的管理，可以对企业自行实施税务检查，也可以与二级分支机构所在地主管税务机关联合实施税务检查。

总机构所在地主管税务机关应对查实项目按照《企业所得税法》的规定统一计算查增的应纳税所得额和应纳税额。

总机构应将查补所得税款（包括滞纳金、罚款，下同）的50%按照税务总局公告2012年第57号第十五条规定计算的分摊比例，分摊给各分支机构（不包括不就地分摊缴纳企业所得税的二级分支机构）缴纳，各分支机构根据分摊查补税款就地办理缴库；50%分摊给总机构缴纳，其中25%就地办理缴库，25%就地全额缴入中央国库。

汇总纳税企业缴纳查补所得税款时，总机构应向其所在地主管税务机关报送汇总纳税企业分支机构所得税分配表和总机构所在地主管税务机关出具的税务检查结论，各分支机构也应向其所在地主管税务机关报送经总机构所在地主管税务机关受理的汇总纳税企业分支机构所得税分配表和税务检查结论。

二级分支机构所在地主管税务机关应配合总机构所在地主管税务机关对其主管二级分支机构实施税务检查，也可以自行对该二级分支机构实施税务检查。

二级分支机构所在地主管税务机关自行对其主管二级分支机构实施税务检查，可对查实项目按照《企业所得税法》的规定自行计算查增的应纳税所得额和应纳税额。

计算查增的应纳税所得额时，应减除允许弥补的汇总纳税企业以前年度亏损；对于需由总机构统一计算的税前扣除项目，不得由分支机构自行计算调整。

二级分支机构应将查补所得税款的50%分摊给总机构缴纳，其中25%就地办理缴库，

25%就地全额缴入中央国库;50%分摊给该二级分支机构就地办理缴库。

汇总纳税企业缴纳查补所得税款时,总机构应向其所在地主管税务机关报送经二级分支机构所在地主管税务机关受理的汇总纳税企业分支机构所得税分配表和二级分支机构所在地主管税务机关出具的税务检查结论,二级分支机构也应向其所在地主管税务机关报送汇总纳税企业分支机构所得税分配表和税务检查结论。

第二节 汇总纳税明细表的填报

汇总纳税企业的总机构在企业所得税年度纳税申报表中需要填报表 A109000 和表 A109010。

一、汇总纳税一级附表的填报

汇总纳税一级附表即表 A109000,此表用于计算汇总纳税企业总机构应分摊的应补(退)税款。汇总纳税企业总机构应分摊的应补(退)税款由 4 个部分组成:总机构分摊应由总机构所在地分享的本年应补(退)的所得税额,总机构分摊由财政集中分配的本年应补(退)的所得税额,总机构主体生产经营部门分摊应由各分支机构所在地分享的本年应补(退)的所得税额,汇总纳税企业境外所得抵免后的应纳所得税额。

(1)第 1 行"实际应纳所得税额":填报表 A100000 第 31 行的金额。

(2)第 2 行"境外所得应纳所得税额":填报表 A100000 第 29 行的金额。

(3)第 3 行"境外所得抵免所得税额":填报表 A100000 第 30 行的金额。

(4)第 4 行"用于分摊的本年实际应纳所得税额":填报第 1－2＋3 行的金额。

(5)第 5 行"本年累计已预分、已分摊所得税额":填报企业按照税收规定计算的分支机构本年累计已分摊的所得税额、建筑企业总机构直接管理的跨地区项目部本年累计已预分并就地预缴的所得税额。填报第 6＋7＋8＋9 行的合计金额。

(6)第 6 行"总机构直接管理建筑项目部已预分所得税额":填报建筑企业总机构按照规定在预缴纳税申报时,向其总机构直接管理的项目部所在地按照项目收入的 0.2% 预分的所得税额。

(7)第 7 行"总机构已分摊所得税额":填报企业在预缴申报时已按照规定比例计算缴纳的由总机构分摊的所得税额。

(8)第 8 行"财政集中已分配所得税额":填报企业在预缴申报时已按照规定比例计算缴纳的由财政集中分配的所得税额。

(9)第 9 行"分支机构已分摊所得税额":填报企业在预缴申报时已按照规定比例计算缴纳的由所属分支机构分摊的所得税额。

(10)第 10 行"其中:总机构主体生产经营部门已分摊所得税额":填报企业在预缴申报时已按照规定比例计算缴纳的由总机构主体生产经营部门分摊的所得税额。

(11)第 11 行"本年度应分摊的应补(退)的所得税额":填报企业本年度应补(退)的所得税额,不包括境外所得应纳所得税额。填报第 4－5 行的余额。

(12)第 12 行"总机构分摊本年应补(退)的所得税额":填报第 11 行×总机构分摊比例后的金额。

(13)第13行"财政集中分配本年应补(退)的所得税额":填报第11行×财政集中分配比例后的金额。

(14)第14行"分支机构分摊本年应补(退)的所得税额":填报第11行×分支机构分摊比例后的金额。

(15)第15行"其中:总机构主体生产经营部门分摊本年应补(退)的所得税额":填报第11行×总机构主体生产经营部门分摊比例后的金额。

(16)第16行"境外所得抵免后的应纳所得税额":填报第2－3行的余额。

(17)第17行"总机构本年应补(退)所得税额":填报第12＋13＋15＋16行的合计金额。

表A109000第12＋16行的合计金额要填入主表第34行"总机构分摊本年应补(退)所得税额",表A109000第13行的金额要填入主表第35行"财政集中分配本年应补(退)所得税额",表A109000第15行的金额要填入主表第36行"总机构主体生产经营部门分摊本年应补(退)所得税额"。

二、汇总纳税二级附表的填报

汇总纳税二级附表即表A109010,此表用于计算分摊应由各分支机构所在地分享的本年汇算清缴应补(退)的所得税额。

(1)"税款所属时期":应与封面上的"税款所属期间"填报一致。

(2)"总机构名称""分支机构名称":填报营业执照、税务登记证等证件载明的纳税人名称。

(3)"总机构统一社会信用代码(纳税人识别号)""分支机构统一社会信用代码(纳税人识别号)":填报工商等部门核发的纳税人统一社会信用代码。未取得统一社会信用代码的,填报税务机关核发的纳税人识别号。

(4)"应纳所得税额":填报企业汇总计算的、且不包括境外所得应纳所得税额的本年应补(退)的所得税额。数据来源于《跨地区经营汇总纳税企业年度分摊企业所得税明细表》(A109000)第11行"本年度应分摊的应补(退)所得税额"。

(5)"总机构分摊所得税额":对于跨省(自治区、直辖市、计划单列市)经营汇总纳税企业,填报企业本年应补(退)所得税额×25%后的金额;对于同一省(自治区、直辖市、计划单列市)内跨地区经营汇总纳税企业,填报企业本年应补(退)所得税额×规定比例后的金额。

(6)"总机构财政集中分配所得税额":对于跨省(自治区、直辖市、计划单列市)经营汇总纳税企业,填报企业本年应补(退)所得税额×25%后的金额;对于同一省(自治区、直辖市、计划单列市)内跨地区经营汇总纳税企业,填报企业本年应补(退)所得税额×规定比例后的金额。

(7)"分支机构分摊所得税额":对于跨省(自治区、直辖市、计划单列市)经营汇总纳税企业,填报企业本年应补(退)的所得税额×50%后的金额;对于同一省(自治区、直辖市、计划单列市)内跨地区经营汇总纳税企业,填报企业本年应补(退)所得税额×规定比例后的金额。

(8)"营业收入":填报上一年度各分支机构销售商品、提供劳务、让渡资产使用权等日常经营活动实现的全部收入的合计额。

(9)"职工薪酬":填报上一年度各分支机构为获得职工提供的服务而给予各种形式的报酬以及其他相关支出的合计额。

(10)"资产总额":填报上一年度各分支机构在经营活动中实际使用的应归属于该分支机构的资产合计额。

(11)"分配比例":填报经总机构所在地主管税务机关审核确认的各分支机构分配比例,分配比例应保留小数点后十位。

(12)"分配所得税额":填报分支机构按照分支机构分摊所得税额乘以相应的分配比例的金额。

(13)"合计":填报上一年度各分支机构的营业收入总额、职工薪酬总额和资产总额三项因素的合计金额及本年各分支机构分配比例和分配税额的合计金额。

【例14-1】 某居民企业处于A省,在B、C两省分别设立二级分支机构甲和乙。总机构和乙分支机构所在地区企业所得税适用税率为25%,甲分支机构适用税率为15%。2018年财务会计决算报告显示,总机构、甲分支机构、乙分支机构的营业收入、职工薪酬和资产总额(金额单位:万元)如表14-1所示。

表14-1 某企业营业收入、职工薪酬和资产总额情况 金额单位:万元

机构	营业收入	职工薪酬	资产总额
总机构	29 800.00	820.00	3 900.00
甲分支机构	11 500.00	310.00	1 200.00
乙分支机构	7 700.00	220.00	900.00
合计	49 000.00	1 350.00	6 000.00

解析:(1)按各分支机构汇算清缴前一年度的三因素计算分摊比例见表14-2。

表14-2 各分支机构分摊比例计算表

分支机构	2013年营业收入		2013年职工薪酬		2013年资产总额		分摊比例
	金额(万元)	占比	金额(万元)	占比	金额(万元)	占比	
甲分支机构	11 500.00	0.598 958 333 3	310.00	0.584 905 660 4	1 200.00	0.571 428 571 4	0.585 780 969 2
乙分支机构	7 700.00	0.401 041 666 7	220.00	0.415 094 339 6	900.00	0.428 571 428 6	0.414 219 030 8
合计	19 200.00	1	530.00	1	2 100.00	1	1

甲分支机构分摊比例 = 0.35×0.598 958 333 3 + 0.35×0.584 905 660 4 + 0.30×0.571 428 571 4 ≈ 0.209 635 416 655 + 0.204 716 981 14 + 0.171 428 571 42 ≈ 0.585 780 969 2

乙分支机构分摊比例 = 0.35×0.401 041 666 7 + 0.35×0.415 094 339 6 + 0.30×0.428 571 428 6 ≈ 0.140 364 583 345 + 0.145 283 018 86 + 0.128 571 428 58 ≈ 0.414 219 030 8

(2)按上述分摊比例计算,该居民企业总机构和二级分支机构2019年4个季度已就地预缴的企业所得税款分配情况见表14-3。

表14-3 总机构和各分支机构就地预缴税款分配情况表 金额单位:元

分摊项目	一季度	二季度	三季度	四季度	合计
总机构应分摊的所得税额	2 463 595.00	2 222 696.00	2 472 030.00	2 407 432.00	9 565 753.00
集中分配的所得税额	2 463 595.00	2 222 696.00	2 472 030.00	2 407 432.00	9 565 753.00
甲分支机构分摊的所得税额	2 886 254.13	2 604 026.03	2 896 136.26	2 820 455.70	11 206 872.12
乙分支机构分摊的所得税额	2 040 935.87	1 841 365.97	2 047 923.74	1 994 408.30	7 924 633.88
合 计	9 854 380.00	8 890 784.00	9 888 120.00	9 629 728.00	38 263 012.00

(3)计算年度汇算清缴总机构和各分支机构分配税款。假设该居民企业2019年汇算清缴申报年度应纳税所得额为18 000万元。由于总机构和分支机构处于不同税率地区,应按下列方法计算企业的应纳所得税总额:

第一步,总机构统一计算全部应纳税所得额为18 000万元。

第二步,计算划分不同税率地区总机构和二级分支机构的应纳税所得额。

总机构应纳税所得额 = 180 000 000 × 50% = 90 000 000(元)

甲分支机构应纳税所得额 = 180 000 000 × 50% × 0.5 857 809 692 ≈ 52 720 287.23(元)

乙分支机构应纳税所得额 = 180 000 000 × 50% × 0.4 142 190 308 ≈ 37 279 712.77(元)

第三步,分别按各自的适用税率计算应纳税额。

总机构应纳税额 = 90 000 000 × 25% = 22 500 000(元)

甲分支机构应纳税额 = 52 720 287.23 × 15% ≈ 7 908 043.08(元)

乙分支机构应纳税额 = 37 279 712.77 × 25% ≈ 9 319 928.19(元)

第四步,加总计算企业的应纳所得税总额。

该居民企业的应纳所得税总额 = 22 500 000 + 7 908 043.08 + 9 319 928.19 = 39 727 971.27(元)

第五步,汇总该居民企业总机构和二级分支机构2019年4个季度已就地预缴的企业所得税款为38263012元。

第六步,该居民企业汇算清缴应补(退)企业所得税额 = 39 727 971.27 − 38 263 012 = 1 464 959.27(元)

第七步,计算分摊总机构和二级分支机构应补(退)企业所得税额。

总机构分摊本年应补(退)企业所得税额 = 1 464 959.27 × 25% ≈ 366 239.82(元)

财政集中分配本年应补(退)的所得税额 = 1 464 959.27 × 25% ≈ 366 239.82(元)

甲分支机构分摊本年应补(退)企业所得税额 = 1 464 959.27 × 50% × 0.5 857 809 692 ≈ 429 072.63(元)

乙分支机构分摊本年应补(退)企业所得税额 = 1 464 959.27 × 50% × 0.4 142 190 308 ≈ 303 407.01(元)

(4)该居民企业表A109000和表A109010的填报见表14-4和表14-5。

表14-4 汇总纳税企业总分机构(适用不同税率)年度分摊企业所得税填报示例

A109000　　　　　　　跨地区经营汇总纳税企业年度分摊企业所得税明细表　　　　　　金额单位:元

行次	项目	金额
1	一、实际应纳所得税额	39 727 971.27
2	减:境外所得应纳所得税额	0.00
3	加:境外所得抵免所得税额	0.00
4	二、用于分摊的本年实际应纳所得税额(1−2+3)	39 727 971.27
5	三、本年累计已预分、已分摊所得税额(6+7+8+9)	38 263 012.00
6	(一)总机构直接管理建筑项目部已预分所得税额	0.00
7	(二)总机构已分摊所得税额	9 565 753.00
8	(三)财政集中分配所得税额	9 565 753.00
9	(四)分支机构已分摊所得税额	19 131 506.00

续表

行次	项目	金额
10	其中：总机构主体生产经营部门已分摊所得税额	0.00
11	四、本年度应分摊的应补(退)的所得税额(4-5)	1 464 959.27
12	（一）总机构分摊本年应补(退)的所得税额(11×总机构分摊比例)	366 239.82
13	（二）财政集中分配本年应补(退)的所得税额(11×财政集中分配比例)	366 239.82
14	（三）分支机构分摊本年应补(退)的所得税额(11×分支机构分摊比例)	732 479.64
15	其中：总机构主体生产经营部门分摊本年应补(退)的所得税额(11×总机构主体生产经营部门分摊比例)	0.00
16	五、境外所得抵免后的应纳所得税额(2-3)	0.00
17	六、总机构本年应补(退)所得税额(12+13+15+16)	732 479.64

表 14-5 汇总纳税企业总分机构(适用不同税率)分支机构所得税分配填报示例

A109010

企业所得税汇总纳税分支机构所得税分配表

税款所属期间：2019 年 1 月 1 日至 2019 年 12 月 31 日

总机构名称(盖章)：某居民企业

总机构统一社会信用代码(纳税人识别号)：＊＊＊333987654321＊＊＊

金额单位：元(列至角分)

应纳所得税额	总机构分摊所得税额	总机构财政集中分配所得税额			分支机构分摊所得税额	
1 464 959.27	366 239.82	366 239.82			732 479.64	

	分支机构统一社会信用代码(纳税人识别号)	分支机构名称	三项因素			分配比例	分配所得税额
			营业收入	职工薪酬	资产总额		
分支机构情况	＊＊＊111987654321＊＊	＊甲分支机构	115 000 000.00	3 100 000.00	12 000 000.00	0.585 780 969 2	429 072.63
	＊＊＊222987654321＊＊	＊乙分支机构	77 000 000.00	2 200 000.00	9 000 000.00	0.414 219 030 8	303 407.01
		合计	192 000 000.00	5 300 000.00	21 000 000.00	1	732479.64

【例 14-2】续例 3-3 和例 4-2。华方有限责任公司为汇总纳税企业，下设有三家非法人分支机构，分别注册在天津、上海和广州。假设同时在总机构内设项目部，具有主体生产职能，有关三项因素 2018 年的具体情况见表 14-6。

表 14-6 华方有限责任公司各分支机构营业收入、职工薪酬和资产总额情况　　金额单位：元

分支机构纳税人识别号	分支机构名称	营业收入	职工薪酬	资产总额
＊＊＊301582595A01＊＊＊	天津分公司	5 000 000.00	800 000.00	2 000 000.00
＊＊＊259517278 A02＊＊＊	上海分公司	4 500 000.00	1 200 000.00	3 800 000.00
＊＊＊517345632 A03＊＊＊	广州分公司	5 500 000.00	1 100 000.00	4 000 000.00
-	总部项目部	10 000 000.00	1 900 000.00	6 200 000.00
	合　计	25 000 000.00	5 000 000.00	16 000 000.00

解析：(1)按各分支机构汇算清缴前一年度的三因素计算分摊比例，见表 14-7。

表 14-7 各分支机构分摊比例计算表

分支机构	营业收入		职工薪酬		资产总额		分摊比例
	金额(元)	占比	金额(元)	占比	金额(元)	占比	
天津分公司	5 000 000.00	0.2	800 000.00	0.16	2 000 000.00	0.125	0.163 5
上海分公司	4 500 000.00	0.18	1 200 000.00	0.24	3 800 000.00	0.237 5	0.218 25

续表

分支机构	营业收入		职工薪酬		资产总额		分摊比例
	金额(元)	占比	金额(元)	占比	金额(元)	占比	
广州分公司	5 500 000.00	0.22	1 100 000.00	0.22	4 000 000.00	0.25	0.229
总部项目部	10 000 000.00	0.4	1 900 000.00	0.38	6 200 000.00	0.387 5	0.389 25
合计	25 000 000.00	1	5 000 000.00	1	16 000 000.00	1	1

天津分公司分摊比例 $= 0.35 \times 0.2 + 0.35 \times 0.16 + 0.30 \times 0.125 = 0.07 + 0.056 + 0.037\ 5 = 0.163\ 5$

上海分公司分摊比例 $= 0.35 \times 0.18 + 0.35 \times 0.24 + 0.30 \times 0.237\ 5 = 0.063 + 0.084 + 0.071\ 25 = 0.218\ 25$

广州分公司分摊比例 $= 0.35 \times 0.22 + 0.35 \times 0.22 + 0.30 \times 0.25 = 0.077 + 0.077 + 0.075 = 0.229$

总部项目部分摊比例 $= 0.35 \times 0.4 + 0.35 \times 0.38 + 0.30 \times 0.387\ 5 = 0.14 + 0.133 + 0.116\ 25 = 0.389\ 25$

(2)计算年度汇算清缴总机构和各分支机构分配税款。表4-4显示,华方有限责任公司2019年度境内所得应纳税额1 666 337.50元,境外所得应纳税额和境外所得抵免所得税额均为187 500元,实际应纳所得税额1 666 337.50元,本年累计实际已预缴的所得税额480 000元,本年应补(退)所得税额1 186 337.5元。

(3)华方有限责任公司表A109000和表A109010的填报见表14-8和表14-9。

表14-8 汇总纳税企业总分机构(含总机构主体生产经营部门)年度分摊企业所得税填报示例

A109000　　　跨地区经营汇总纳税企业年度分摊企业所得税明细表　　　金额单位:元

行次	项目	金额
1	一、实际应纳所得税额	1 666 337.50
2	减:境外所得应纳所得税额	187 500.00
3	加:境外所得抵免所得税额	187 500.00
4	二、用于分摊的本年实际应纳所得税额(1-2+3)	1 666 337.50
5	三、本年累计已预分、已分摊所得税额(6+7+8+9)	480 000.00
6	(一)总机构直接管理建筑项目部已预分所得税额	0.00
7	(二)总机构已分摊所得税额	120 000.00
8	(三)财政集中已分配所得税额	120 000.00
9	(四)分支机构已分摊所得税额	240 000.00
10	其中:总机构主体生产经营部门已分摊所得税额	93 420.00
11	四、本年度应分摊的应补(退)的所得税额(4-5)	1 186 337.50
12	(一)总机构分摊本年应补(退)的所得税额(11×总机构分摊比例)	296 584.37
13	(二)财政集中分配本年应补(退)的所得税额(11×财政集中分配比例)	296 584.38
14	(三)分支机构分摊本年应补(退)的所得税额(11×分支机构分摊比例)	593 168.75
15	其中:总机构主体生产经营部门分摊本年应补(退)的所得税额(11×总机构主体生产经营部门分摊比例)	230 890.94
16	五、境外所得抵免后的应纳所得税额(2-3)	0.00
17	六、总机构本年应补(退)所得税额(12+13+15+16)	824 059.69

表 14-9 汇总纳税企业总分机构(含总机构主体生产经营部门)分支机构所得税分配填报示例

A109010

企业所得税汇总纳税分支机构所得税分配表

税款所属期间:2019 年 1 月 1 日至 2019 年 12 月 31 日

总机构名称(盖章):华方有限责任公司

总机构统一社会信用代码(纳税人识别号):91123456SA0G1D7Q9K

金额单位:元(列至角分)

应纳所得税额		总机构分摊所得税额	总机构财政集中分配所得税额			分支机构分摊所得税额	
1186337.50		296584.37	296584.38			593168.75	
分支机构情况	分支机构统一社会信用代码(纳税人识别号)	分支机构名称	三项因素			分配比例	分配所得税额
			营业收入	职工薪酬	资产总额		
	301582595	天津分公司	5 000 000.00	800 000.00	2 000 000.00	0.163 5	96 983.09
	259517278	上海分公司	4 500 000.00	1 200 000.00	3 800 000.00	0.218 25	129 459.08
	517345632	广州分公司	5 500 000.00	1 100 000.00	4 000 000.00	0.229	135 835.64
	895170658	总部项目部	10 000 000.00	1 900 000.00	6 200 000.00	0.389 25	230 890.94
		合计	25 000 000.00	5 000 000.00	16 000 000.00	1	593 168.75

企业所得税政策与申报实务深度解析
（2020年版）

第十五章

居民企业所得税预缴申报

本章要点

☞ 居民企业所得税预缴期限

☞ 预缴申报的企业类型

☞ 核定征收的有关规定

☞ 预缴申报表的类型和适用纳税人

☞ 企业所得税A类预缴纳税申报表的填报

☞ 企业所得税B类预缴和年度纳税申报表的填报

第一节 居民企业所得税预缴申报概述

一、预缴期限

依据《企业所得税法》第五十四条第一款和第二款的规定,企业所得税分月或者分季预缴。企业应当自月份或者季度终了之日起十五日内,向税务机关报送预缴企业所得税纳税申报表,预缴税款。

依据税务总局公告2019年第2号第三条的规定,小型微利企业所得税统一实行按季度预缴。预缴企业所得税时,小型微利企业的资产总额、从业人数、年度应纳税所得额指标,暂按当年度截至本期申报所属期末的情况进行判断。其中,资产总额、从业人数指标比照财税〔2019〕13号文件第二条中"全年季度平均值"的计算公式,计算截至本期申报所属期末的季度平均值;年度应纳税所得额指标暂按截至本期申报所属期末不超过300万元的标准判断。

依据税务总局公告2019年第2号第四条的规定,原不符合小型微利企业条件的企业,在年度中间预缴企业所得税时,按本公告第三条规定判断符合小型微利企业条件的,应按照截至本期申报所属期末累计情况计算享受小型微利企业所得税减免政策。当年度此前期间因不符合小型微利企业条件而多预缴的企业所得税税款,可在以后季度应预缴的企业所得税税款中抵减。按月度预缴企业所得税的企业,在当年度4月、7月、10月预缴申报时,如果按照本公告第三条规定判断符合小型微利企业条件的,下一个预缴申报期起调整为按季度预缴申报,一经调整,当年度内不再变更。

依据《国家税务总局关于小型微利企业和个体工商户延缓缴纳2020年所得税有关事项的公告》(国家税务总局公告2020年第10号,以下简称税务总局公告2020年第10号)的规定,2020年5月1日至2020年12月31日,小型微利企业在2020年剩余申报期按规定办理预缴申报后,可以暂缓缴纳当期的企业所得税,延迟至2021年首个申报期内一并缴纳。在预缴申报时,小型微利企业通过填写预缴纳税申报表相关行次,即可享受小型微利企业所得税延缓缴纳政策。

依据税务总局公告2017年第24号第一条的规定,高新技术企业资格期满当年,在通过重新认定前,其企业所得税暂按15%的税率预缴,在年底前仍未取得高新技术企业资格的,应按规定补缴相应期间的税款。

二、预缴申报的企业类型和核定征收的有关规定

预缴申报的居民企业分查账征收和核定征收两种类型。国家税务总局《关于印发〈企业所得税核定征收办法〉(试行)的通知》(国税发〔2008〕30号,以下简称国税发〔2008〕30号文件)规定了核定征收的条件、方法、程序和有关事项。

(一)适用核定征收企业所得税办法的纳税人

国税发〔2008〕30号文件第三条第一款规定,纳税人具有下列情形之一的,核定征收企业所得税:

(1)依照法律、行政法规的规定可以不设置账簿的;

(2)依照法律、行政法规的规定应当设置但未设置账簿的;

（3）擅自销毁账簿或者拒不提供纳税资料的；
（4）虽设置账簿，但账目混乱或者成本资料、收入凭证、费用凭证残缺不全，难以查账的；
（5）发生纳税义务，未按照规定的期限办理纳税申报，经税务机关责令限期申报，逾期仍不申报的；
（6）申报的计税依据明显偏低，又无正当理由的。

（二）不适用核定征收企业所得税办法的纳税人

国税发〔2008〕30号文件第三条第二款规定，特殊行业、特殊类型的纳税人和一定规模以上的纳税人不适用本办法。上述特定纳税人由国家税务总局另行明确。

《国家税务总局关于企业所得税核定征收若干问题的通知》（国税函〔2009〕377号，税务总局公告2016年第88号修改，以下简称国税函〔2009〕377号文件）第一条明确，国税发〔2008〕30号文件第三条第二款所称"特定纳税人"包括以下类型的企业：

（1）享受《企业所得税法》及其实施条例和国务院规定的一项或几项企业所得税优惠政策的企业（不包括仅享受《企业所得税法》第二十六条规定免税收入优惠政策的企业、第二十八条规定的符合条件的小型微利企业）；

（2）汇总纳税企业；

（3）上市公司；

（4）银行、信用社、小额贷款公司、保险公司、证券公司、期货公司、信托投资公司、金融资产管理公司、融资租赁公司、担保公司、财务公司、典当公司等金融企业；

（5）会计、审计、资产评估、税务、房地产估价、土地估价、工程造价、律师、价格鉴证、公证机构、基层法律服务机构、专利代理、商标代理以及其他经济鉴证类社会中介机构；

（6）国家税务总局规定的其他企业。

对上述规定之外的企业，主管税务机关要严格按照规定的范围和标准确定企业所得税的征收方式，不得违规扩大核定征收企业所得税范围；对其中达不到查账征收条件的企业核定征收企业所得税，并促使其完善会计核算和财务管理，达到查账征收条件后要及时转为查账征收。

（三）核定征收方式

国税发〔2008〕30号文件第四条第一款要求，税务机关应根据纳税人具体情况，对核定征收企业所得税的纳税人，核定应税所得率或者核定应纳所得税额。

1. 核定应税所得率

国税发〔2008〕30号文件第四条第二款规定，具有下列情形之一的，核定其应税所得率：

（1）能正确核算（查实）收入总额，但不能正确核算（查实）成本费用总额的；

（2）能正确核算（查实）成本费用总额，但不能正确核算（查实）收入总额的；

（3）通过合理方法，能计算和推定纳税人收入总额或成本费用总额的。

2. 核定应纳所得税额

国税发〔2008〕30号文件第四条第三款明确，纳税人不属于国税发〔2008〕30号文件第四条第二款规定情形的，核定其应纳所得税额。

（四）核定征收方法

国税发〔2008〕30号文件第五条规定，税务机关采用下列方法核定征收企业所得税：

（1）参照当地同类行业或者类似行业中经营规模和收入水平相近的纳税人的税负水

平核定;

(2) 按照应税收入额或成本费用支出额定率核定;

(3) 按照耗用的原材料、燃料、动力等推算或测算核定;

(4) 按照其他合理方法核定。

采用前款所列一种方法不足以正确核定应纳税所得额或应纳税额的,可以同时采用两种以上的方法核定。采用两种以上方法测算的应纳税额不一致时,可按测算的应纳税额从高核定。

(五) 核定应税所得率的方法

1. 核定应税所得率的基本方法

国税发〔2008〕30号文件第六条规定,采用应税所得率方式核定征收企业所得税的,应纳所得税额计算公式如下:

应纳所得税额 = 应纳税所得额 × 适用税率

应纳税所得额 = 应税收入额 × 应税所得率

或:应纳税所得额 = 成本(费用)支出额/(1 - 应税所得率) × 应税所得率

国税函〔2009〕377号第二条明确,"应税收入额"等于收入总额减去不征税收入和免税收入后的余额。用公式表示为:

应税收入额 = 收入总额 - 不征税收入 - 免税收入

其中,收入总额为企业以货币形式和非货币形式从各种来源取得的收入。

2. 应税所得率的幅度标准

国税发〔2008〕30号文件第八条规定,应税所得率按下表规定的幅度标准确定:

表 15-1 应税所得率的幅度标准

行业	应税所得率(%)
农、林、牧、渔业	3~10
制造业	5~15
批发和零售贸易业	4~15
交通运输业	7~15
建筑业	8~20
饮食业	8~25
娱乐业	15~30
其他行业	10~30

3. 应税所得率的确定和调整

(1) 经营多业的纳税人应税所得率的确定。国税发〔2008〕30号文件第七条明确,实行应税所得率方式核定征收企业所得税的纳税人,经营多业的,无论其经营项目是否单独核算,均由税务机关根据其主营项目确定适用的应税所得率。主营项目应为纳税人所有经营项目中,收入总额或者成本(费用)支出额或者耗用原材料、燃料、动力数量所占比重最大的项目。

(2) 应税所得率的调整。国税发〔2008〕30号文件第九条要求,纳税人的生产经营范围、主营业务发生重大变化,或者应纳税所得额或应纳税额增减变化达到20%的,应及时向税务机关申报调整已确定的应纳税额或应税所得率。

(六)核定征收程序

1. 核定征收鉴定程序

国税发〔2008〕30号文件第十条要求,主管税务机关应及时向纳税人送达《企业所得税核定征收鉴定表》(见表15-2),及时完成对其核定征收企业所得税的鉴定工作。具体程序如下:

(1)纳税人应在收到《企业所得税核定征收鉴定表》后10个工作日内,填好该表并报送主管税务机关。《企业所得税核定征收鉴定表》一式三联,主管税务机关和县税务机关各执一联,另一联送达纳税人执行。主管税务机关还可根据实际工作需要,适当增加联次备用。

(2)主管税务机关应在受理《企业所得税核定征收鉴定表》后20个工作日内,分类逐户审查核实,提出鉴定意见,并报县税务机关复核、认定。

(3)县税务机关应在收到《企业所得税核定征收鉴定表》后30个工作日内,完成复核、认定工作。

(4)纳税人收到《企业所得税核定征收鉴定表》后,未在规定期限内填列、报送的,税务机关视同纳税人已经报送,按上述程序进行复核认定。

表15-2 企业所得税核定征收鉴定表(样本)

企业所得税核定征收鉴定表

纳税人编码:　　　　　　　　　鉴定期:　年度　　　　　　　　金额单位:元

申报单位			
地址			
经济性质		行业类别	
开户银行		账　　号	
邮政编码		联系电话	
上年收入总额		上年成本费用额	
上年注册资本		上年原材料耗费量(额)	
上年职工人数		上年燃料、动力耗费量(额)	
上年固定资产原值		上年商品销售量(额)	
上年所得税额		上年征收方式	

行次	项目	纳税人自报情况	主管税务机关审核意见
1	账簿设置情况		
2	收入核算情况		
3	成本费用核算情况		
4	纳税申报情况		
5	履行纳税义务情况		
6	其他情况		

纳税人对征收方式的意见:	主管税务机关意见:
经办人签章:　　　(公章) 　　　　　　　　　　年　月　日	经办人签章:　　　(公章) 　　　　　　　　　　年　月　日

县级税务机关审核意见:
经办人签章:　　　　　　　　(公章) 　　　　　　　　　　　　　　年　月　日

国税发〔2008〕30号文件第十一条明确,税务机关应在每年6月底前对上年度实行核定征收企业所得税的纳税人进行重新鉴定。重新鉴定工作完成前,纳税人可暂按上年度的核定征收方式预缴企业所得税;重新鉴定工作完成后,按重新鉴定的结果进行调整。

2. 核定公示和异议处理

国税发〔2008〕30号文件第十二条要求,主管税务机关应当分类逐户公示核定的应纳所得税额或应税所得率。主管税务机关应当按照便于纳税人及社会各界了解、监督的原则确定公示地点、方式。

纳税人对税务机关确定的企业所得税征收方式、核定的应纳所得税额或应税所得率有异议的,应当提供合法、有效的相关证据,税务机关经核实认定后调整有异议的事项。

(七)核定征收纳税人的申报纳税方式

1. 核定应税所得率纳税人的申报纳税方式

依据国税发〔2008〕30号文件第十三条和最新申报表的有关规定,纳税人实行核定应税所得率方式的,按下列规定申报纳税:

(1)主管税务机关根据纳税人应纳税额的大小确定纳税人按月或者按季预缴,年终汇算清缴。预缴方法一经确定,一个纳税年度内不得改变。

(2)纳税人应依照确定的应税所得率计算纳税期间实际应缴纳的税额,进行预缴。按实际数额预缴有困难的,经主管税务机关同意,可按上一年度应纳税额的1/12或1/4预缴,或者按经主管税务机关认可的其他方法预缴。

(3)纳税人预缴税款或年终进行汇算清缴时,应按规定填写《中华人民共和国企业所得税月(季)度预缴和年度纳税申报表(B类)》,在规定的纳税申报时限内报送主管税务机关。

2. 核定应纳所得税额纳税人的申报纳税方式

依据国税发〔2008〕30号文件第十四条和最新申报表的有关规定,纳税人实行核定应纳所得税额方式的,按下列规定申报纳税:

(1)纳税人在应纳所得税额尚未确定之前,可暂按上年度应纳所得税额的1/12或1/4预缴,或者按经主管税务机关认可的其他方法,按月或按季分期预缴。

(2)在应纳所得税额确定以后,减除当年已预缴的所得税额,余额按剩余月份或季度均分,以此确定以后各月或各季的应纳税额,由纳税人按月或按季填写《中华人民共和国企业所得税月(季)度预缴和年度纳税申报表(B类)》,在规定的纳税申报期限内进行纳税申报。

(3)纳税人年度终了后,在规定的时限内按照实际经营额或实际应纳税额向税务机关申报纳税。申报额超过核定经营额或应纳税额的,按申报额缴纳税款;申报额低于核定经营额或应纳税额的,按核定经营额或应纳税额缴纳税款。

三、预缴申报表的类型和适用纳税人

(一)实行查账征收的居民企业所得税预缴申报表

实行查账征收企业所得税的居民企业月度、季度预缴申报时填报《中华人民共和国企业所得税月(季)度预缴纳税申报表(A类,2018年版)》(2020年修订,国家税务总局公告2020年第12号修订发布,以下简称A类预缴纳税申报表)。

执行《跨地区经营汇总纳税企业所得税征收管理办法》（税务总局公告2012年第57号发布）的跨地区经营汇总纳税企业的分支机构，使用A类预缴纳税申报表进行月度、季度预缴申报和年度汇算清缴申报。省（自治区、直辖市和计划单列市）税务机关对仅在本省（自治区、直辖市和计划单列市）内设立不具有法人资格分支机构的企业参照《跨地区经营汇总纳税企业所得税征收管理办法》征收管理的，企业的分支机构也使用A类预缴纳税申报表进行月度、季度预缴申报和年度汇算清缴申报。

（二）实行核定征收的居民企业所得税预缴申报表

实行核定征收企业所得税的居民企业月度、季度预缴申报和年度汇算清缴申报时填报《中华人民共和国企业所得税月（季）度预缴和年度纳税申报表（B类，2018年版）》（2020年修订，国家税务总局公告2020年第12号修订发布，以下简称B类预缴和年度纳税申报表）。

第二节　A类预缴纳税申报表的填报

企业所得税A类预缴纳税申报表共5张，包括1张主表和4张附表。主表是A类预缴纳税申报表主表，附表分别是：《免税收入、减计收入、所得减免等优惠明细表》（A201010）、《资产加速折旧（扣除）优惠明细表》（A201020）、《减免所得税优惠明细表》（A201030）和《企业所得税汇总纳税分支机构所得税分配表》（A202000）。

一、A类预缴纳税申报表主表及其填报

最新的A类预缴纳税申报表主表样式是《国家税务总局关于修订〈中华人民共和国企业所得税月（季）度预缴纳税申报表（A类，2018年版）〉等报表的公告》（国家税务总局公告2020年第12号）修订发布的。

A类预缴纳税申报表主表样式见表15-3。

表15-3　企业所得税月（季度）预缴纳税申报表（A类）（样本）

A200000　　中华人民共和国企业所得税月（季）度预缴纳税申报表（A类）

税款所属期间：　　年　月　日至　年　月　日

纳税人识别号（统一社会信用代码）：□□□□□□□□□□□□□□□□□□

纳税人名称：　　　　　　　　　　　　　　　　　　　　　金额单位:元（列至角分）

预缴方式	□按照实际利润额预缴		□按照上一纳税年度应纳税所得额平均额预缴		□按照税务机关确定的其他方法预缴	
企业类型	□一般企业		□跨地区经营汇总纳税企业总机构		□跨地区经营汇总纳税企业分支机构	
按季度填报信息						
季初从业人数			季末从业人数			
季初资产总额（万元）			季末资产总额（万元）			
国家限制或禁止行业	□是　□否		小型微利企业		□是　□否	
预缴税款计算						
行次	项目					本年累计金额
1	营业收入					
2	营业成本					

续表

行次	项目	本年累计金额
3	利润总额	
4	加:特定业务计算的应纳税所得额	
5	减:不征税收入	
6	减:免税收入、减计收入、所得减免等优惠金额(填写 A201010)	
7	减:固定资产加速折旧、摊销(扣除)调减额(填写 A201020)	
8	减:弥补以前年度亏损	
9	实际利润额(3+4-5-6-7-8)/按照上一纳税年度应纳税所得额平均额确定的应纳税所得额	
10	税率(25%)	
11	应纳所得税额(9×10)	
12	减:减免所得税额(填写 A201030)	
13	减:实际已缴纳所得税额	
14	减:特定业务预缴(征)所得税额	
L15	减:符合条件的小型微利企业延缓缴纳所得税额(是否延缓缴纳所得税 □是 □否)	
15	本期应补(退)所得税额(11-12-13-14)/税务机关确定的本期应纳所得税额	
汇总纳税企业总分机构税款计算		
16	总机构填报 / 总机构本期分摊应补(退)所得税额(17+18+19)	
17	总机构填报 / 其中:总机构分摊应补(退)所得税额(15×总机构分摊比例____%)	
18	总机构填报 / 财政集中分配应补(退)所得税额(15×财政集中分配比例____%)	
19	总机构填报 / 总机构具有主体生产经营职能的部门分摊所得税额(15×全部分支机构分摊比例____%×总机构具有主体生产经营职能部门分摊比例____%)	
20	分支机构填报 / 分支机构本期分摊比例	
21	分支机构填报 / 分支机构本期分摊应补(退)所得税额	
附报信息		
高新技术企业	□是 □否 科技型中小企业 □是 □否	
技术入股递延纳税事项	□是 □否	

谨声明:本纳税申报表是根据国家税收法律法规及相关规定填报的,是真实的、可靠的、完整的。

纳税人(签章):   年   月   日

经办人:
经办人身份证号:
代理机构签章:
代理机构统一社会信用代码:

受理人:
受理税务机关(章):

受理日期: 年   月   日

国家税务总局监制

1."税款所属期间"的填报

(1)月(季)度预缴纳税申报"税款所属期间"的填报。正常情况的纳税人,填报税款所属期月(季)度第一日至税款所属期月(季)度最后一日;年度中间开业的纳税人,在首次月(季)度预缴纳税申报时,填报开始经营之日至税款所属月(季)度最后一日,以后月(季)度预缴纳税申报时按照正常情况填报;年度中间终止经营活动的纳税人,在终止经营活动当期纳税申报时,填报税款所属期月(季)度第一日至终止经营活动之日,以后月(季)度预缴纳税申报表不再填报。

（2）汇总纳税企业的分支机构年度纳税申报"税款所属期间"的填报。填报税款所属年度的1月1日至12月31日。

2."纳税人识别号（统一社会信用代码）"的填报

填报税务机关核发的纳税人识别号或有关部门核发的统一社会信用代码。

3."纳税人名称"的填报

填报营业执照、税务登记证等证件载明的纳税人名称。

4."预缴方式"的填报

纳税人可根据情况选择。"按照上一纳税年度应纳税所得额平均额预缴"和"按照税务机关确定的其他方法预缴"两种预缴方式属于税务行政许可事项，纳税人需要履行行政许可相关程序。

5."企业类型"的填报

纳税人根据情况选择。纳税人为《跨地区经营汇总纳税企业所得税征收管理办法》规定的跨省、自治区、直辖市和计划单列市设立不具有法人资格分支机构的跨地区经营汇总纳税企业，总机构选择"跨地区经营汇总纳税企业总机构"；仅在同一省（自治区、直辖市、计划单列市）内设立不具有法人资格分支机构的跨地区经营汇总纳税企业，并且总机构、分支机构参照《跨地区经营汇总纳税企业所得税征收管理办法》规定征收管理的，总机构选择"跨地区经营汇总纳税企业总机构"。

纳税人为《跨地区经营汇总纳税企业所得税征收管理办法》规定的跨省、自治区、直辖市和计划单列市设立不具有法人资格分支机构的跨地区经营汇总纳税企业，分支机构选择"跨地区经营汇总纳税企业分支机构"；仅在同一省（自治区、直辖市、计划单列市）内设立不具有法人资格分支机构的跨地区经营汇总纳税企业，并且总机构、分支机构参照《跨地区经营汇总纳税企业所得税征收管理办法》规定征收管理的，分支机构选择"跨地区经营汇总纳税企业分支机构"。

上述企业以外的其他企业选择"一般企业"。

6."按季度填报信息"的填报

本项下所有项目按季度填报。按月申报的纳税人，在季度最后一个属期的月份填报。企业类型选择"跨地区经营汇总纳税企业分支机构"的，不填报"按季度填报信息"所有项目。

（1）从业人数（必报项目）。纳税人填报第一季度至税款所属季度各季度的季初、季末、季度平均从业人员的数量。季度中间开业的纳税人，填报开业季度至税款所属季度各季度的季初、季末从业人员的数量，其中开业季度"季初"填报开业时从业人员的数量。季度中间停止经营的纳税人，填报第一季度至停止经营季度各季度的季初、季末从业人员的数量，其中停止经营季度"季末"填报停止经营时从业人员的数量。"季度平均值"填报截至本税款所属期末从业人员数量的季度平均值，计算方法如下：

各季度平均值 =（季初值 + 季末值）÷2

截至本税款所属期末季度平均值 = 截至本税款所属期末各季度平均值之和 ÷ 相应季度数

年度中间开业或者终止经营活动的，以其实际经营期计算上述指标。

从业人数是指与企业建立劳动关系的职工人数和企业接受的劳务派遣用工人数之和。汇总纳税企业总机构填报包括分支机构在内的所有从业人数。

(2)资产总额(万元,必报项目)。纳税人填报第一季度至税款所属季度各季度的季初、季末、季度平均资产总额的金额。季度中间开业的纳税人,填报开业季度至税款所属季度各季度的季初、季末资产总额的金额,其中开业季度"季初"填报开业时资产总额的金额。季度中间停止经营的纳税人,填报第一季度至停止经营季度各季度的季初、季末资产总额的金额,其中停止经营季度"季末"填报停止经营时资产总额的金额。"季度平均值"填报截至本税款所属期末资产总额金额的季度平均值,计算方法如下:

各季度平均值=(季初值+季末值)÷2

截至本税款所属期末季度平均值=截至本税款所属期末各季度平均值之和÷相应季度数

年度中间开业或者终止经营活动的,以其实际经营期计算上述指标。

填报单位为人民币万元,保留小数点后2位。

(3)国家限制或禁止行业(必报项目)。纳税人从事行业为国家限制或禁止行业的,选择"是";其他选择"否"。

(4)小型微利企业(必报项目)。本纳税年度截至本期末的从业人数季度平均值不超过300人、资产总额季度平均值不超过5 000万元、本表"国家限制或禁止行业"选择"否"且本期本表第9行"实际利润额/按照上一纳税年度应纳税所得额平均额确定的应纳税所得额"不超过300万元的纳税人,选择"是";否则选择"否"。

7."预缴税款计算"的填报

预缴方式选择"按照实际利润额预缴"的纳税人填报第1行至第15行,预缴方式选择"按照上一纳税年度应纳税所得额平均额预缴"的纳税人填报第9、10、11、12、13、L15、15行,预缴方式选择"按照税务机关确定的其他方法预缴"的纳税人填报第L15、15行。

(1)第1行"营业收入"、第2行"营业成本"和第3行"利润总额":填报纳税人截至本税款所属期末,按照国家统一会计制度规定核算的本年累计营业收入、累计营业成本和累计利润总额。如:以前年度已经开始经营且按季度预缴纳税申报的纳税人,第二季度预缴纳税申报时本行填报本年1月1日至6月30日期间的累计营业收入。

(2)第4行"特定业务计算的应纳税所得额":从事房地产开发等特定业务的纳税人,填报按照税收规定计算的特定业务的应纳税所得额。房地产开发企业销售未完工开发产品取得的预售收入,按照税收规定的预计计税毛利率计算出预计毛利额填入此行。

(3)第5行"不征税收入":填报纳税人已经计入本表"利润总额"行次但属于税收规定的不征税收入的本年累计金额。

(4)第6行"免税收入、减计收入、所得减免等优惠金额":填报属于税收规定的免税收入、减计收入、所得减免等优惠的本年累计金额。本行根据《免税收入、减计收入、所得减免等优惠明细表》(A201010)填报。本行=表A201010第41行。

(5)第7行"资产加速折旧(扣除)调减额":填报固定资产、无形资产税收上享受加速折旧、摊销优惠政策计算的折旧额、摊销额大于同期会计折旧额、摊销额期间,发生纳税调减的本年累计金额。本行根据《资产加速折旧、摊销(扣除)优惠明细表》(A201020)填报。本行=表A201020第11行第5列。

(6)第8行"弥补以前年度亏损":填报纳税人截至税款所属期末,按照税收规定在企业所得税税前弥补的以前年度尚未弥补亏损的本年累计金额。请关注财税〔2018〕76号文件、财税公告2020年第8号和财税公告2020年第25号规定的最长结转年限延长的情形。当本表第3+4-5-6-7行≤0时,本行=0。

(7)第9行"实际利润额/按照上一纳税年度应纳税所得额平均额确定的应纳税所得额":预缴方式选择"按照实际利润额预缴"的纳税人,根据本表相关行次计算结果填报,第9行=第3+4-5-6-7-8行;预缴方式选择"按照上一纳税年度应纳税所得额平均额预缴"的纳税人,填报按照上一纳税年度应纳税所得额平均额计算的本年累计金额。

(8)第11行"应纳所得税额":根据相关行次计算结果填报。第11行=第9×10行,且第11行≥0。

(9)第12行"减免所得税额":填报纳税人截至税款所属期末,按照税收规定享受的减免企业所得税的本年累计金额。本行根据《减免所得税优惠明细表》(A201030)填报。本行=表A201030第30行。

(10)第13行"实际已缴纳所得税额":填报纳税人按照税收规定已在此前月(季)度申报预缴企业所得税的本年累计金额。建筑企业总机构直接管理的跨地区设立的项目部,按照税收规定已经向项目所在地主管税务机关预缴企业所得税的金额不填本行,而是填入本表第14行。

(11)第14行"特定业务预缴(征)所得税额":填报建筑企业总机构直接管理的跨地区设立的项目部,按照税收规定已经向项目所在地主管税务机关预缴企业所得税的本年累计金额。本行本期填报金额不得小于本年上期申报的金额。

(12)第L15行"符合条件的小型微利企业延缓缴纳所得税额(是否延缓缴纳所得税 □ 是 □ 否)":根据税务总局公告2020年第10号,填报符合条件的小型微利企业纳税人按照税收规定可以延缓缴纳的所得税额。本行为临时行次,自2021年1月1日起,本行废止。

符合条件的小型微利企业纳税人,在2020年第二季度、第三季度预缴申报时,选择享受延缓缴纳所得税政策的,选择"是";选择不享受延缓缴纳所得税政策的,选择"否"。二者必选其一。

"是否延缓缴纳所得税"选择"是"时,预缴方式选择"按照实际利润额预缴"以及"按照上一纳税年度应纳税所得额平均额预缴"的纳税人,第L15行=第11-12-13-14行,当第11-12-13-14行<0时,本行填0。其中,企业所得税收入全额归属中央且按比例就地预缴企业的分支机构,以及在同一省(自治区、直辖市、计划单列市)内的按比例就地预缴企业的分支机构,第L15行=第11行×就地预缴比例-第12行×就地预缴比例-第13行-第14行,当第11行×就地预缴比例-第12行×就地预缴比例-第13行-第14行<0时,本行填0。预缴方式选择"按照税务机关确定的其他方法预缴"的纳税人,本行填报本期延缓缴纳企业所得税金额与2020年度预缴申报已延缓缴纳企业所得税金额之和。

"是否延缓缴纳所得税"选择"否"时,本行填报0。

(13)第15行"本期应补(退)所得税额/税务机关确定的本期应纳所得税额":按照不同预缴方式,分情况填报:本行=表A202000"应纳所得税额"栏次填报的金额。

预缴方式选择"按照实际利润额预缴"以及"按照上一纳税年度应纳税所得额平均额预缴"的纳税人根据本表相关行次计算填报。第15行=第11-12-13-14-L15行,当第 11 – 12 – 13 – 14 – L15 行 < 0 时，本行填 0。其中，企业所得税收入全额归属中央且按比例就地预缴企业的分支机构，以及在同一省（自治区、直辖市、计划单列市）内的按比例就地预缴企业的分支机构，第 15 行 = 第 11 行 × 就地预缴比例 – 第 12 行 × 就地预缴比例 – 第 13 行 – 第 14 行 – 第 L15 行，当第 11 行 × 就地预缴比例 – 第 12 行 × 就地预缴比例 – 第 13 行 – 第 14 行 – 第 L15 行 < 0 时，本行填 0。

预缴方式选择"按照税务机关确定的其他方法预缴"的纳税人，在 2020 年第二季度、第三季度预缴申报时，若"是否延缓缴纳所得税"选择"是"，本行填报 0；若"是否延缓缴纳所得税"选择"否"，本行填报本期应纳企业所得税金额与 2020 年度预缴申报已延缓缴纳企业所得税金额之和。在 2020 年第四季度预缴申报时，本行填报本期应纳企业所得税金额与 2020 年度预缴申报已延缓缴纳企业所得税金额之和。自 2021 年第一季度预缴申报起，本行填报本期应纳企业所得税的金额。

8. "汇总纳税企业总分机构税款计算"的填报

企业类型选择"跨地区经营汇总纳税企业总机构"的纳税人填报第 16、17、18、19 行；企业类型选择"跨地区经营汇总纳税企业分支机构"的纳税人填报第 20、21 行。

（1）第 16 行"总机构本期分摊应补（退）所得税额"：跨地区经营汇总纳税企业的总机构根据相关行次计算结果填报，第 16 行 = 第 17 + 18 + 19 行。

（2）第 17 行"总机构分摊应补（退）所得税额（15 × 总机构分摊比例____%）"：根据相关行次计算结果填报，第 17 行 = 第 15 行 × 总机构分摊比例。其中：跨省、自治区、直辖市和计划单列市经营的汇总纳税企业"总机构分摊比例"填报 25%，同一省（自治区、直辖市、计划单列市）内跨地区经营汇总纳税企业"总机构分摊比例"按照各省（自治区、直辖市、计划单列市）确定的总机构分摊比例填报。本行 = 表 A202000"总机构分摊所得税额"栏次填报的金额。

（3）第 18 行"财政集中分配应补（退）所得税额（15 × 财政集中分配比例____%）"：根据相关行次计算结果填报，第 18 行 = 第 15 行 × 财政集中分配比例。其中：跨省、自治区、直辖市和计划单列市经营的汇总纳税企业"财政集中分配比例"填报 25%，同一省（自治区、直辖市、计划单列市）内跨地区经营汇总纳税企业"财政集中分配比例"按照各省（自治区、直辖市、计划单列市）确定的财政集中分配比例填报。本行 = 表 A202000"总机构财政集中分配所得税额"栏次填报的金额。

（4）第 19 行"总机构具有主体生产经营职能的部门分摊所得税额（15 × 全部分支机构分摊比例____% × 总机构具有主体生产经营职能部门分摊比例____%）"：根据相关行次计算结果填报，第 19 行 = 第 15 行 × 全部分支机构分摊比例 × 总机构具有主体生产经营职能部门分摊比例。其中：跨省、自治区、直辖市和计划单列市经营的汇总纳税企业"全部分支机构分摊比例"填报 50%，同一省（自治区、直辖市、计划单列市）内跨地区经营汇总纳税企业"分支机构分摊比例"按照各省（自治区、直辖市、计划单列市）确定的分支机构分摊比例填报；"总机构具有主体生产经营职能部门分摊比例"按照设立的具有主体生产经营职能的部门在参与税款分摊的全部分支机构中的分摊比例填报。本行 = 表 A202000"分支机构情况"中对应总机构独立生产经营部门行次的"分配所得税额"列次填报的金额。

（5）第 20 行"分支机构本期分摊比例"：跨地区经营汇总纳税企业分支机构填报其总机构出具的本期《企业所得税汇总纳税分支机构所得税分配表》"分配比例"列次中列示的

本分支机构的分配比例。

(6)第21行"分支机构本期分摊应补(退)所得税额":跨地区经营汇总纳税企业分支机构填报其总机构出具的本期《企业所得税汇总纳税分支机构所得税分配表》"分配所得税额"列次中列示的本分支机构应分摊的所得税额。

9."附报信息"的填报

企业类型选择"跨地区经营汇总纳税企业分支机构"的,不填报"附报信息"所有项目。

(1)高新技术企业。此项目为高新技术企业的必报项目。根据《高新技术企业认定管理办法》《高新技术企业认定管理工作指引》等文件规定,符合条件的纳税人履行相关认定程序后取得"高新技术企业证书"。凡是取得"高新技术企业证书"且在有效期内的纳税人,选择"是";未取得"高新技术企业证书"或者"高新技术企业证书"不在有效期内的纳税人,选择"否"。

(2)科技型中小企业。此项目为科技型中小企业的必报项目。符合条件的纳税人可以按照《科技型中小企业评价办法》进行自主评价,并按照自愿原则到"全国科技型中小企业信息服务平台"填报企业信息,经公示无异议后纳入"全国科技型中小企业信息库"。凡是取得本年"科技型中小企业入库登记编号"且编号有效的纳税人,选择"是";未取得本年"科技型中小企业入库登记编号"或者已取得本年"科技型中小企业入库登记编号"但被科技管理部门撤销登记编号的纳税人,选择"否"。

(3)技术入股递延纳税事项。此项目为年度内发生技术成果投资入股事项的纳税人的必报项目。根据财税〔2016〕101号文件规定,企业以技术成果投资入股到境内居民企业,被投资企业支付的对价全部为股票(权)的,企业可以选择适用递延纳税优惠政策。本年内发生以技术成果投资入股且选择适用递延纳税优惠政策的纳税人,选择"是";本年内未发生以技术成果投资入股或者以技术成果投资入股但选择继续按现行有关税收政策执行的纳税人,选择"否"。

二、《免税收入、减放收入、所得减免等优惠明细表》及其填报

最新的《免税收入、减放收入、所得减免等优惠明细表》(以下简称表A201010)样式和填报说明均是税务总局公告2020年第12号修订发布的。

表A201010的样式见表15-4。

表15-4　免税收入、减放收入、所得减免等优惠明细表(样本)

A201010　　　　　　　　免税收入、减计收入、所得减免等优惠明细表

行次	项目	本年累计金额
1	一、免税收入(2+3+8+9+…+15)	
2	（一）国债利息收入免征企业所得税	
3	（二）符合条件的居民企业之间的股息、红利等权益性投资收益免征企业所得税(4+5.1+5.2+6+7)	
4	1. 一般股息红利等权益性投资收益免征企业所得税	
5.1	2. 内地居民企业通过沪港通投资且连续持有H股满12个月取得的股息红利所得免征企业所得税	
5.2	3. 内地居民企业通过深港通投资且连续持有H股满12个月取得的股息红利所得免征企业所得税	
6	4. 居民企业持有创新企业CDR取得的股息红利所得免征企业所得税	
7	5. 符合条件的居民企业之间属于股息、红利性质的永续债利息收入免征企业所得税	
8	（三）符合条件的非营利组织的收入免征企业所得税	

续表

行次	项目	本年累计金额
9	（四）中国清洁发展机制基金取得的收入免征企业所得税	
10	（五）投资者从证券投资基金分配中取得的收入免征企业所得税	
11	（六）取得的地方政府债券利息收入免征企业所得税	
12	（七）中国保险保障基金有限责任公司取得的保险保障基金等收入免征企业所得税	
13	（八）中国奥委会取得北京冬奥组委支付的收入免征企业所得税	
14	（九）中国残奥委会取得北京冬奥组委分期支付的收入免征企业所得税	
15	（十）其他	
16	二、减计收入（17＋18＋22＋23）	
17	（一）综合利用资源生产产品取得的收入在计算应纳税所得额时减计收入	
18	（二）金融、保险等机构取得的涉农利息、保费减计收入（19＋20＋21）	
19	1. 金融机构取得的涉农贷款利息收入在计算应纳税所得额时减计收入	
20	2. 保险机构取得的涉农保费收入在计算应纳税所得额时减计收入	
21	3. 小额贷款公司取得的农户小额贷款利息收入在计算应纳税所得额时减计收入	
22	（三）取得铁路债券利息收入减半征收企业所得税	
23	（四）其他（23.1＋23.2）	
23.1	1. 取得的社区家庭服务收入在计算应纳税所得额时减计收入	
23.2	2. 其他	
24	三、加计扣除（25＋26＋27＋28）	＊
25	（一）开发新技术、新产品、新工艺发生的研究开发费用加计扣除	＊
26	（二）科技型中小企业开发新技术、新产品、新工艺发生的研究开发费用加计扣除	＊
27	（三）企业为获得创新性、创意性、突破性的产品进行创意设计活动而发生的相关费用加计扣除	＊
28	（四）安置残疾人员所支付的工资加计扣除	＊
29	四、所得减免（30＋33＋34＋35＋36＋37＋38＋39＋40）	
30	（一）从事农、林、牧、渔业项目的所得减免征收企业所得税（31＋32）	
31	1. 免税项目	
32	2. 减半征收项目	
33	（二）从事国家重点扶持的公共基础设施项目投资经营的所得定期减免企业所得税	
33.1	其中：从事农村饮水安全工程新建项目投资经营的所得定期减免企业所得税	
34	（三）从事符合条件的环境保护、节能节水项目的所得定期减免企业所得税	
35	（四）符合条件的技术转让所得减免征收企业所得税	
36	（五）实施清洁发展机制项目的所得定期减免企业所得税	
37	（六）符合条件的节能服务公司实施合同能源管理项目的所得定期减免企业所得税	
38	（七）线宽小于130纳米的集成电路生产项目的所得减免企业所得税	
39	（八）线宽小于65纳米或投资额超过150亿元的集成电路生产项目的所得减免企业所得税	
40	（九）其他	
41	合计（1＋16＋24＋29）	
42	附列资料：1. 支持新型冠状病毒感染的肺炎疫情防控捐赠支出全额扣除	
43	2. 扶贫捐赠支出全额扣除	

表A201010为A类预缴纳税申报表主表的附表，适用于享受免税收入、减计收入、所得减免等税收政策的实行查账征收企业所得税的居民企业纳税人填报。纳税人根据税收规定，填报本年发生的累计优惠情况。

本表各行次填报的金额均为本年累计金额,即纳税人截至本税款所属期末,按照税收规定计算的免税收入、减计收入、所得减免等税收优惠政策的本年累计减免金额和附列资料中相关税收政策的本年累计金额。按照目前税收规定,加计扣除优惠政策汇算清缴时享受,月(季)度预缴纳税申报时不填报第24~28行。当A类预缴纳税申报表主表第3+4-5行减本表第1+16+24行大于零时,可以填报本表第29~40行。

(1)第1行"一、免税收入":根据相关行次计算结果填报。本行=第2+3+8+9+…+15行。

(2)第2行"(一)国债利息收入免征企业所得税":填报根据税务总局公告2011年第36号等相关税收政策规定纳税人持有国务院财政部门发行的国债取得的利息收入。

(3)第3行"(二)符合条件的居民企业之间的股息、红利等权益性投资收益免征企业所得税":根据相关行次计算结果填报。本行填报第4+5.1+5.2+6+7行的合计金额。

(4)第4行"1.一般股息红利等权益性投资收益免征企业所得税":填报根据《中华人民共和国企业所得税法实施条例》第八十三条规定,纳税人取得的投资收益,不含持有H股、创新企业CDR、永续债取得的投资收益。

(5)第5.1行"2.内地居民企业通过沪港通投资且连续持有H股满12个月取得的股息红利所得免征企业所得税":填报根据财税〔2014〕81号文件等相关税收政策规定,内地居民企业通过沪港通投资且连续持有H股满12个月取得的股息红利所得。

(6)第5.2行"3.内地居民企业通过深港通投资且连续持有H股满12个月取得的股息红利所得免征企业所得税":填报根据财税〔2016〕127号文件等相关税收政策规定,内地居民企业通过深港通投资且连续持有H股满12个月取得的股息红利所得。

(7)第6行"4.居民企业持有创新企业CDR取得的股息红利所得免征企业所得税":填报根据财税证公告2019年第52号等相关税收政策规定,居民企业持有创新企业CDR取得的股息红利所得。

(8)第7行"5.符合条件的居民企业之间属于股息、红利性质的永续债利息收入免征企业所得税":填报根据财税公告2019年第64号等相关税收政策规定,居民企业取得的可以适用《企业所得税法》规定的居民企业之间的股息、红利等权益性投资收益免征企业所得税规定的永续债利息收入。

(9)第8行"(三)符合条件的非营利组织的收入免征企业所得税":填报根据财税〔2009〕122号文件、财税〔2018〕13号文件等相关税收政策规定,认定的符合条件的非营利组织,取得的捐赠收入等免税收入,但不包括从事营利性活动所取得的收入。

(10)第9行"(四)中国清洁发展机制基金取得的收入免征企业所得税":填报根据财税〔2009〕30号文件等相关税收政策规定,中国清洁发展机制基金取得的CDM项目温室气体减排量转让收入上缴国家的部分,国际金融组织赠款收入,基金资金的存款利息收入、购买国债的利息收入,国内外机构、组织和个人的捐赠收入。

(11)第10行"(五)投资者从证券投资基金分配中取得的收入免征企业所得税":填报根据财税〔2008〕1号文件第二条第二项等相关税收政策规定,投资者从证券投资基金分配中取得的收入。

(12)第11行"(六)取得的地方政府债券利息收入免征企业所得税":填报根据财税〔2011〕76号文件和财税〔2013〕5号文件等相关税收政策规定,取得的2009年及以后年度发行的地方政府债券利息收入。

(13)第12行"(七)中国保险保障基金有限责任公司取得的保险保障基金等收入免征企业所得税":填报中国保险保障基金有限责任公司按照财税〔2018〕41号文件等税收政策规定,根据《保险保障基金管理办法》取得的境内保险公司依法缴纳的保险保障基金;依法从撤销或破产保险公司清算财产中获得的受偿收入和向有关责任方追偿所得,以及依法从保险公司风险处置中获得的财产转让所得,接受捐赠所得,银行存款利息收入,购买政府债券、中央银行、中央企业和中央级金融机构发行债券的利息收入,国务院批准的其他资金运用取得的收入。

(14)第13行"(八)中国奥委会取得北京冬奥组委支付的收入免征企业所得税":填报根据财税〔2017〕60号文件等相关税收政策规定,对按中国奥委会、主办城市签订的《联合市场开发计划协议》和中国奥委会、主办城市、国际奥委会签订的《主办城市合同》规定,中国奥委会取得的由北京冬奥组委分期支付的收入、按比例支付的盈余分成收入。

(15)第14行"(九)中国残奥委会取得北京冬奥组委分期支付的收入免征企业所得税":填报根据财税〔2017〕60号文件等相关税收政策规定,中国残奥委会根据《联合市场开发计划协议》取得的由北京冬奥组委分期支付的收入。

(16)第15行"(十)其他":填报纳税人享受的本表未列明的其他免税收入的税收优惠事项名称、减免税代码及免税收入金额。

(17)第16行"二、减计收入":根据相关行次计算结果填报。本行=第17+18+22+23行。

(18)第17行"(一)综合利用资源生产产品取得的收入在计算应纳税所得额时减计收入":填报根据《企业所得税法》等相关税收政策规定,纳税人综合利用资源生产符合国家产业政策规定的产品取得的收入乘以10%的金额。

(19)第18行"(二)金融、保险等机构取得的涉农利息、保费减计收入":根据相关行次计算结果填报。本行填报第19+20+21行的合计金额。

(20)第19行"1.金融机构取得的涉农贷款利息收入在计算应纳税所得额时减计收入":填报根据财税〔2017〕44号文件、财税公告2020年第22号等相关税收政策规定,金融机构取得农户小额贷款利息收入乘以10%的金额。

(21)第20行"2.保险机构取得的涉农保费收入在计算应纳税所得额时减计收入":填报根据财税〔2017〕44号文件、财税公告2020年第22号等相关税收政策规定,保险公司为种植业、养殖业提供保险业务取得的保费收入乘以10%的金额。其中保费收入=原保费收入+分保费收入-分出保费收入。

(22)第21行"3.小额贷款公司取得的农户小额贷款利息收入在计算应纳税所得额时减计收入":填报根据财税〔2017〕48号文件、财税公告2020年第22号等相关税收政策规定,经省级金融管理部门(金融办、局等)批准成立的小额贷款公司取得的农户小额贷款利息收入乘以10%的金额。

(23)第22行"(三)取得铁路债券利息收入减半征收企业所得税":填报根据财税〔2011〕99号文件、财税〔2014〕2号文件、财税〔2016〕30号文件和财税公告2019年第57号等相关税收政策规定,企业持有铁路建设债券、铁路债券等企业债券取得的利息收入乘以50%的金额。

(24)第23行"(四)其他":根据相关行次计算结果填报。本行填报第23.1+23.2行的合计金额。其中:

第23.1行"1.取得的社区家庭服务收入在计算应纳税所得额时减计收入":填报根据财政部公告2019年第76号等相关税收政策规定,纳税人提供社区养老、托育、家政相关服务的收入乘以10%的金额。

第23.2行"2.其他":填报纳税人享受的本表未列明的其他减计收入的税收优惠事项名称、减免税代码及减计收入金额。

(25)第24行"三、加计扣除":根据相关行次计算结果填报。本行=第25+26+27+28行。月(季)度预缴纳税申报时,纳税人不填报本行。

(26)第25行"(一)开发新技术、新产品、新工艺发生的研究开发费用加计扣除":填报纳税人享受研发费加计扣除政策按照规定进行税前加计扣除的金额。月(季)度预缴纳税申报时,纳税人不填报本行。

(27)第26行"(二)科技型中小企业开发新技术、新产品、新工艺发生的研究开发费用加计扣除":填报科技型中小企业享受研发费加计扣除政策按照规定进行税前加计扣除的金额。月(季)度预缴纳税申报时,纳税人不填报本行。

(28)第27行"(三)企业为获得创新性、创意性、突破性的产品进行创意设计活动而发生的相关费用加计扣除":填报纳税人根据财税〔2015〕119号文件第二条第四项规定,为获得创新性、创意性、突破性的产品进行创意设计活动而发生的相关费用按照规定进行税前加计扣除的金额。月(季)度预缴纳税申报时,纳税人不填报本行。

(29)第28行"(四)安置残疾人员所支付的工资加计扣除":填报根据财税〔2009〕70号文件等相关税收政策规定安置残疾人员的,在支付给残疾职工工资据实扣除的基础上,按照支付给残疾职工工资的100%加计扣除的金额。月(季)度预缴纳税申报时,纳税人不填报本行。

(30)第29行"四、所得减免":根据相关行次计算结果填报。本行=第30+33+34+35+36+37+38+39+40行。同时0≤本行≤表A200000第3+4-5行-本表第1+16+24行。

(31)第30行"(一)从事农、林、牧、渔业项目的所得减免征收企业所得税":填报根据税收规定,从事农、林、牧、渔业项目发生的减征、免征企业所得税项目的所得额。本行=第31+32行。

(32)第31行"1.免税项目":填报根据税收规定,从事农、林、牧、渔业项目发生的免征企业所得税项目的所得额。免征企业所得税项目主要有:蔬菜、谷物、薯类、油料、豆类、棉花、麻类、糖料、水果、坚果的种植;农作物新品种的选育;中药材的种植;林木的培育和种植;牲畜、家禽的饲养;林产品的采集;灌溉、农产品初加工、兽医、农技推广、农机作业和维修等农、林、牧、渔服务业项目;远洋捕捞等。当项目所得≤0时,本行不填报。纳税人有多个项目的,按前述规则分别确定各项目的金额后,将合计金额填入本行。

(33)第32行"2.减半征收项目":填报根据税收规定,从事农、林、牧、渔业项目发生的减半征收企业所得税项目所得额的减半额。减半征收企业所得税项目主要有:花卉、茶以及其他饮料作物和香料作物的种植;海水养殖、内陆养殖等。本行=减半征收企业所得税项目的所得额×50%。当项目所得≤0时,本行不填报。纳税人有多个项目的,按前述规则分别确定各项目的金额后,将合计金额填入本行。

(34)第33行"(二)从事国家重点扶持的公共基础设施项目投资经营的所得定期减免企业所得税":根据财税〔2008〕46号文件、财税〔2008〕116号文件、国税发〔2009〕80号文件、财税〔2012〕10号文件、税务总局公告2013年第26号、财税〔2014〕55号文件、财税〔2016〕19号文件和财税公告2019年第67号等相关税收政策规定,从事《公共基础设施项目企业所得税优惠目录》规定的港口码头、机场、铁路、公路、城市公共交通、电力、水利等项目的投资经营的所得,自项目取得第一笔生产经营收入所属纳税年度起,第一年至第三年免征企业所得税,第四年至第六年减半征收企业所得税。不包括企业承包经营、承包建设和内部自建自用该项目的所得。免税期间,本行填报从事基础设施项目的所得额;减半征税期间,本行填报从事基础设施项目的所得额×50%的金额。当项目所得≤0时,本行不填报。纳税人有多个项目的,按前述规则分别确定各项目的金额后,将合计金额填入本行。本行包括享受农村饮水安全工程新建项目投资经营的所得定期减免企业所得税的优惠金额。

第33.1行"其中:从事农村饮水安全工程新建项目投资经营的所得定期减免企业所得税":根据财税〔2016〕19号文件和财税公告2019年第67号等相关税收政策规定,对农村饮水安全工程运营管理单位从事《公共基础设施项目企业所得税优惠目录》规定的饮水工程新建项目投资经营的所得,自项目取得第一笔生产经营收入所属纳税年度起,第一年至第三年免征企业所得税,第四年至第六年减半征收企业所得税。免税期间,本行填报项目所得额;减半征税期间,本行填报项目所得额×50%的金额。当项目所得≤0时,本行不填报。纳税人有多个项目的,按前述规则分别确定各项目的金额后,将合计金额填入本行。

(35)第34行"(三)从事符合条件的环境保护、节能节水项目的所得定期减免企业所得税":根据财税〔2009〕166号文件、财税〔2012〕10号文件和财税〔2016〕131号文件等相关税收政策规定,从事符合条件的公共污水处理、公共垃圾处理、沼气综合开发利用、节能减排技术改造、海水淡化等环境保护、节能节水项目的所得,自项目取得第一笔生产经营收入所属纳税年度起,第一年至第三年免征企业所得税,第四年至第六年减半征收企业所得税。免税期间,本行填报项目所得额;减半征税期间,填报项目所得额×50%的金额。当项目所得≤0时,本行不填报。纳税人有多个项目的,按前述规则分别确定各项目的金额后,将合计金额填入本行。

(36)第35行"(四)符合条件的技术转让所得减免征收企业所得税":根据国税函〔2009〕212号文件、财税〔2010〕111号文件、税务总局公告2013年第62号、财税〔2015〕116号文件和税务总局公告2015年第82号等相关税收政策规定,一个纳税年度内,居民企业将其拥有的专利技术、计算机软件著作权、集成电路布图设计权、植物新品种、生物医药新品种,以及财政部和国家税务总局确定的其他技术的所有权或5年以上(含5年)全球独占许可使用权、5年以上(含5年)非独占许可使用权转让取得的所得,不超过500万元的部分,免征企业所得税;超过500万元的部分,减半征收企业所得税。居民企业从直接或间接持有股权之和达到100%的关联方取得的技术转让所得,不享受技术转让减免企业所得税优惠政策。转让所得不超过500万元且大于0的,本行=转让所得;转让所得超过500万元的,本行=5 000 000+(转让所得-5 000 000)×50%。

(37)第36行"(五)实施清洁发展机制项目的所得定期减免企业所得税":根据财税

〔2009〕30号文件等相关税收政策规定,对企业实施的将温室气体减排量转让收入的65%上缴给国家的HFC和PFC类CDM项目,以及将温室气体减排量转让收入的30%上缴给国家的N2O类CDM项目,其实施该类CDM项目的所得,自项目取得第一笔减排量转让收入所属纳税年度起,第一年至第三年免征企业所得税,第四年至第六年减半征收企业所得税。免税期间,本行填报项目所得额;减半征税期间,本行填报项目所得额×50%的金额。当项目所得≤0时,本行不填报。纳税人有多个项目的,按照前述规则分别确定各项目的金额后,将合计金额填入本行。

(38)第37行"(六)符合条件的节能服务公司实施合同能源管理项目的所得定期减免企业所得税":根据财税〔2010〕110号文件和国家税务总局 发展改革委公告2013年第77号等相关税收政策规定,对符合条件的节能服务公司实施合同能源管理项目,符合《企业所得税法》有关规定的,自项目取得第一笔生产经营收入所属纳税年度起,第一年至第三年免征企业所得税,第四年至第六年按照25%的法定税率减半征收企业所得税。免税期间,本行填报项目所得额;减半征税期间,本行填报项目所得额×50%的金额。当项目所得≤0时,本行不填报。纳税人有多个项目的,按照前述规则分别确定各项目的金额后,将合计金额填入本行。

(39)第38行"(七)线宽小于130纳米的集成电路生产项目的所得减免企业所得税":根据财税〔2016〕49号文件和财税〔2018〕27号文件等相关税收政策规定,2018年1月1日后投资新设的集成电路线宽小于130纳米,且经营期在10年以上的集成电路生产项目,自项目取得第一笔生产经营收入所属纳税年度起第一年至第二年免征企业所得税,第三年至第五年按照25%的法定税率减半征收企业所得税。免税期间,本行填报项目所得额;减半征税期间,本行填报项目所得额×50%的金额。当项目所得≤0时,本行不填报。纳税人有多个项目的,按照前述规则分别确定各项目的金额后,将合计金额填入本行。

(40)第39行"(八)线宽小于65纳米或投资额超过150亿元的集成电路生产项目的所得减免企业所得税":根据财税〔2016〕49号文件和财税〔2018〕27号文件等相关税收政策规定,2018年1月1日后投资新设的集成电路线宽小于65纳米或投资额超过150亿元,且经营期在15年以上的集成电路生产项目,自项目取得第一笔生产经营收入所属纳税年度起第一年至第五年免征企业所得税,第六年至第十年按照25%的法定税率减半征收企业所得税。免税期间,本行填报项目所得额;减半征税期间,本行填报项目所得额×50%的金额。当项目所得≤0时,本行不填报。纳税人有多个项目的,按照前述规则分别确定各项目的金额后,将合计金额填入本行。

(41)第40行"(九)其他":填报纳税人享受的本表未列明的其他所得减免的税收优惠事项名称、减免税代码及项目减免的所得额。当项目所得≤0时,本行不填报。纳税人有多个项目的,分别确定各项目减免的所得额后,将合计金额填入本行。

(42)第41行"合计":根据相关行次计算结果填报。本行=第1+16+24+29行,且本行=表A200000第6行。

(43)第42行"附列资料:1.支持新型冠状病毒感染的肺炎疫情防控捐赠支出全额扣除":填报根据财税公告2020年第9号、财税公告2020年第28号等相关税收政策规定,企业通过公益性社会组织或者县级以上人民政府及其部门等国家机关捐赠用于应对新型冠状病毒感染的肺炎疫情的现金和物品以及企业直接向承担疫情防治任务的医院捐赠用于应对新型冠状病毒感染的肺炎疫情的物品,允许在计算应纳税所得额时全额扣除的本年累计金额。

(44)第43行"2.扶贫捐赠支出全额扣除":填报根据财税公告2019年第49号等相关税收政策规定的,企业通过公益性社会组织或者县级(含县级)以上人民政府及其组成部门和直属机构用于目标脱贫地区的扶贫捐赠支出,准予在计算企业所得税应纳税所得额时据实扣除的本年累计金额。

三、《资产加速折旧、摊销(扣除)优惠明细表》及其填报

最新的《资产加速折旧、摊销(扣除)优惠明细表》(以下简称表A201020)样式均是根据税务总局公告2020年第12号修订发布的。

表A201020的样式可见表15-5。

表15-5 资产加速折旧、摊销(扣除)优惠明细表(样本)

A201020　　　　　　　资产加速折旧、摊销(扣除)优惠明细表　　　金额单位:元(列至角分)

行次	项目	本年享受优惠的资产原值	本年累计折旧/摊销(扣除)金额				
			账载折旧/摊销金额	按照税收一般规定计算的折旧/摊销金额	享受加速政策计算的折旧/摊销金额	纳税调减金额	享受加速政策优惠金额
1	一、加速折旧、摊销(不含一次性扣除,2+3+4+5)	1	2	3	4	5	6(4-3)
2	(一)重要行业固定资产加速折旧						
3	(二)其他行业研发设备加速折旧						
4	(三)海南自由贸易港企业固定资产加速折旧						
5	(四)海南自由贸易港企业无形资产加速摊销						
6	二、固定资产、无形资产一次性扣除(7+8+9+10)						
7	(一)500万元以下设备器具一次性扣除						
8	(二)疫情防控重点保障物资生产企业单价500万元以上设备一次性扣除						
9	(三)海南自由贸易港企业固定资产一次性扣除						
10	(四)海南自由贸易港企业无形资产一次性扣除						
11	合计(1+6)						

表A201020为A类预缴纳税申报表主表的附表,适用于按照财税〔2014〕75号文件、税务总局公告2014年第64号、财税〔2015〕106号文件、税务总局公告2015年第68号、财税〔2018〕54号文件、税务总局公告2018年第46号、财税公告2019年第66号、财税公告2020年第8号和税务总局公告2020年第4号、财税公告2020年第28号和财税〔2020〕31

号相关等相关税收政策规定,享受资产加速折旧、摊销和一次性扣除优惠政策的纳税人填报。按照目前税收规定,国税发〔2009〕81号文件和财税〔2012〕27号文件规定的资产加速折旧、摊销优惠政策月(季)度预缴纳税申报时不填报本表。

(一)填报原则

纳税人享受上述文件规定资产加速折旧、摊销优惠政策的,应按以下原则填报本表:

(1)按照上述政策,本表仅填报实行加速折旧、摊销和一次性扣除的固定资产、无形资产,不实行上述政策的资产不在本表填报。

(2)自该资产开始计提折旧、摊销起,在"享受加速政策计算的折旧/摊销金额"大于"按照税收一般规定计算的折旧/摊销金额"的折旧、摊销期间内,必须填报本表。

"享受加速政策计算的折旧/摊销金额"是指纳税人享受上述文件规定资产加速折旧、摊销优惠政策的固定资产、无形资产,采取税收加速折旧、摊销或一次性扣除方式计算的税收折旧、摊销额。

"按照税收一般规定计算的折旧/摊销金额"是指该资产按照税收一般规定计算的折旧、摊销金额,即该资产在不享受加速折旧、摊销政策情况下,按照税收规定的最低折旧年限以直线法计算的折旧、摊销金额。对于享受一次性扣除的固定资产、无形资产,"按照税收一般规定计算的折旧/摊销金额"直接填报按照税收一般规定计算的1个月的折旧、摊销金额即可。

(3)自该资产开始计提折旧、摊销起,在"享受加速政策计算的折旧/摊销金额"小于"按照税收一般规定计算的折旧/摊销金额"的折旧、摊销期间内,不填报本表。

资产折旧、摊销本年先后出现"税收折旧、摊销大于一般折旧、摊销"和"税收折旧、摊销小于等于一般折旧、摊销"两种情形的,在"税收折旧、摊销小于等于一般折旧、摊销"期间,仍需根据该固定资产"税收折旧、摊销大于一般折旧、摊销"期内最后一期折旧、摊销的有关情况填报本表,直至本年最后一次月(季)度预缴纳税申报。

(4)以前年度开始享受加速政策的,若该资产本年符合第(2)条原则,应继续填报本表。

(二)行次填报

(1)第1行"一、加速折旧、摊销(不含一次性扣除)":根据相关行次计算结果填报,本行=第2+3+4+5行。

(2)第2行"(一)重要行业固定资产加速折旧":制造业和信息传输、软件和信息技术服务业行业(以下称"重要行业")纳税人按照财税〔2014〕75号文件、税务总局公告2014年第64号、财税〔2015〕106号文件、税务总局公告2015年第68号和财税公告2019年第66号等相关规定对于新购进固定资产在税收上采取加速折旧的,结合会计折旧情况,在本行填报相关固定资产的纳税调减、加速折旧优惠统计等本年累计金额。

重要行业纳税人按照上述文件规定,享受一次性扣除政策的资产的有关情况,不在本行填报。

(3)第3行"(二)其他行业研发设备加速折旧":重要行业以外的其他纳税人按照财税〔2014〕75号文件、税务总局公告2014年第64号、财税〔2015〕106号文件、税务总局公告2015年第68号、财税〔2018〕54号文件和税务总局公告2018年第46号等相关文件规定,对于单位价值超过100万元(这里应该修改为500万元,笔者注)的专用研发设备采取缩短折旧年限或加速折旧方法的,在本行填报相关固定资产的纳税调减、加速折旧优惠统计等情况的本年累计金额。

其他行业纳税人2019年之前按照财税〔2014〕75号文件、税务总局公告2014年第64号、财税〔2015〕106号文件、税务总局公告2015年第68号、财税〔2018〕54号文件和税务总局公告2018年第46号等相关文件规定,对于单位价值超过100万元(后修改为500万元,笔者注)的专用研发设备采取缩短折旧年限或加速折旧方法的,在2019年及以后年度需要继续填报的,应在本行填报。

(4)第4行"(三)海南自由贸易港企业固定资产加速折旧":按照财税〔2020〕31号文件等相关文件规定,在海南自由贸易港设立的企业,对新购置单位价值超过500万元的固定资产采取缩短折旧年限或加速折旧方法的,在本行填报相关固定资产的纳税调减、加速折旧优惠统计等情况的本年累计金额。若固定资产同时符合重要行业加速折旧政策条件,纳税人自行选择在本表第2行或第4行填报,但不得重复填报。

(5)第5行"(四)海南自由贸易港企业无形资产加速摊销":按照财税〔2020〕31号等相关文件规定,在海南自由贸易港设立的企业,对新购置单位价值超过500万元的无形资产采取缩短折旧年限或加速摊销方法的,在本行填报相关无形资产的纳税调减、加速摊销优惠统计等情况的本年累计金额。

(6)第6行"二、固定资产、无形资产一次性扣除":根据相关行次计算结果填报,本行=第7+8+9+10行。

(7)第7行"(一)500万元以下设备器具一次性扣除":纳税人按照财税〔2014〕75号,财税〔2015〕106号,财税〔2018〕54号,财政部、税务总局公告2020年第8号等相关文件规定,对符合条件的固定资产进行一次性扣除的,在本行填报相关固定资产的纳税调减、加速折旧优惠统计等情况的本年累计金额。

(8)第8行"(二)疫情防控重点保障物资生产企业单价500万元以上设备一次性扣除":疫情防控重点保障物资生产企业按照财政部、税务总局公告2020年第8号等文件规定,享受扩大产能新购置的相关设备进行一次性扣除政策且设备单价在500万元以上的,在本行填报相关固定资产的纳税调减、加速折旧优惠统计等情况的本年累计金额。享受扩大产能新购置的相关设备进行一次性扣除政策且设备单价在500万元以下的,在本表第7行填报,不在本行填报。

(9)第9行"(三)海南自由贸易港企业固定资产一次性扣除":在海南自由贸易港设立的企业,按照财税〔2020〕31号等文件规定,对符合条件的固定资产进行一次性扣除的,在本行填报相关固定资产的纳税调减、加速折旧优惠统计等情况的本年累计金额。若固定资产同时符合"500万元以下设备器具一次性扣除"政策的,由纳税人自行选择在第7行或本行填报,但不得重复填报。

(10)第10行"(四)海南自由贸易港企业无形资产一次性扣除":在海南自由贸易港设立的企业,按照财税〔2020〕31号等文件规定,对符合条件的无形资产进行一次性扣除的,在本行填报相关无形资产的纳税调减、加速摊销优惠统计等情况的本年累计金额。

(11)第11行"合计":根据相关行次计算结果填报。本行=第1+6行。本行第5列=表A200000第7行。

(三）列次填报

纳税人享受上述文件规定优惠政策的固定资产、无形资产，仅填报采取税收加速折旧、摊销计算的税收折旧、摊销额大于按照税法一般规定计算的折旧、摊销金额期间的金额；税收折旧、摊销小于一般折旧、摊销期间的金额，不再填报本表。同时，保留本年税收折旧、摊销大于一般折旧、摊销期间最后一期的本年累计金额继续填报，直至本年度最后一期月（季）度预缴纳税申报。

（1）第1列"本年享受优惠的资产原值"：填报纳税人按照上述文件规定享受资产加速折旧、摊销和一次性扣除优惠政策的资产，会计处理计提折旧、摊销的资产原值（或历史成本）的金额。

（2）第2列"账载折旧/摊销金额"：填报纳税人按照上述文件规定享受资产加速折旧、摊销和一次性扣除优惠政策的资产，会计核算的本年资产折旧额、摊销额。

（3）第3列"按照税收一般规定计算的折旧/摊销金额"：填报纳税人按照上述文件规定享受资产加速折旧、摊销优惠政策的资产，按照税收一般规定计算的允许税前扣除的本年资产折旧、摊销额；享受一次性扣除的资产，本列填报该资产按照税法一般规定计算的一个月的折旧、摊销金额。所有享受上述优惠的资产都须计算填报一般折旧、摊销额，包括税会处理不一致的资产。

（4）第4列"享受加速政策计算的折旧/摊销金额"：填报纳税人按照上述文件规定享受资产加速折旧、摊销和一次性扣除优惠政策的资产，按照税收规定的加速折旧、摊销方法计算的本年资产折旧、摊销额和按上述文件规定一次性税前扣除的金额。

（5）第5列"纳税调减金额"：纳税人按照上述文件规定享受资产加速折旧、摊销和一次性扣除优惠政策的资产，在列次填报时间口径规定的期间内，根据会计折旧、摊销金额与税收加速折旧、摊销金额填报：当会计折旧、摊销金额小于等于税收折旧、摊销金额时，该项资产的"纳税调减金额"＝"享受加速政策计算的折旧/摊销金额"－"账载折旧/摊销金额"。当会计折旧、摊销金额大于税收折旧、摊销金额时，该项资产"纳税调减金额"按0填报。

（6）第6列"享受加速政策优惠金额"：根据相关列次计算结果填报。本列＝第4－3列。

四、《减免所得税优惠明细表》及其填报

最新的《减免所得税优惠明细表》（以下简称表A201030）样式和填报说明均是税务总局公告2020年第12号修订发布的。

表A201030的样式可见表15-6。

表15-6 减免所得税优惠明细表（样本）

A201030　　　　　　　　　　　减免所得税优惠明细表　　　　　　　金额单位：元（列至角分）

行次	项目	本年累计金额
1	一、符合条件的小型微利企业减免企业所得税	
2	二、国家需要重点扶持的高新技术企业减按15%的税率征收企业所得税	
3	三、经济特区和上海浦东新区新设立的高新技术企业在区内取得的所得定期减免企业所得税	
4	四、受灾地区农村信用社免征企业所得税	*
5	五、动漫企业自主开发、生产动漫产品定期减免企业所得税	

续表

行次	项目	本年累计金额
6	六、线宽小于0.8微米（含）的集成电路生产企业减免企业所得税	
7	七、线宽小于0.25微米的集成电路生产企业减按15%税率征收企业所得税	
8	八、投资额超过80亿元的集成电路生产企业减按15%税率征收企业所得税	
9	九、线宽小于0.25微米的集成电路生产企业减免企业所得税	
10	十、投资额超过80亿元的集成电路生产企业减免企业所得税	
11	十一、线宽小于130纳米的集成电路生产企业减免企业所得税	
12	十二、线宽小于65纳米或投资额超过150亿元的集成电路生产企业减免企业所得税	
13	十三、新办集成电路设计企业减免企业所得税	
14	十四、国家规划布局内集成电路设计企业可减按10%的税率征收企业所得税	
15	十五、符合条件的软件企业减免企业所得税	
16	十六、国家规划布局内重点软件企业可减按10%的税率征收企业所得税	
17	十七、符合条件的集成电路封装、测试企业定期减免企业所得税	
18	十八、符合条件的集成电路关键专用材料生产企业、集成电路专用设备生产企业定期减免企业所得税	
19	十九、经营性文化事业单位转制为企业的免征企业所得税	
20	二十、符合条件的生产和装配伤残人员专门用品企业免征企业所得税	
21	二十一、技术先进型服务企业（服务外包类）减按15%的税率征收企业所得税	
22	二十二、技术先进型服务企业（服务贸易类）减按15%的税率征收企业所得税	
23	二十三、设在西部地区的鼓励类产业企业减按15%的税率征收企业所得税（主营业务收入占比____%）	
24	二十四、新疆困难地区新办企业定期减免企业所得税	
25	二十五、新疆喀什、霍尔果斯特殊经济开发区新办企业定期免征企业所得税	
26	二十六、广东横琴、福建平潭、深圳前海等地区的鼓励类产业企业减按15%的税率征收企业所得税	
27	二十七、北京冬奥组委、北京冬奥会测试赛事组委会免征企业所得税	
28	二十八、其他(28.1＋28.2＋28.3＋28.4)	
28.1	1.从事污染防治的第三方企业减按15%的税率征收企业所得税	
28.2	2.海南自由贸易港的鼓励类产业企业减按15%的税率征收企业所得税	
28.3	3.其他1	
28.4	4.其他2	
29	二十九、民族自治地方的自治机关对本民族自治地方的企业应缴纳的企业所得税中属于地方分享的部分减征或免征（□免征　□减征：减征幅度____%）	
30	合计(1＋2＋3＋4＋5＋6＋…＋29)	

表A201030为A类预缴纳税申报表主表的附表，适用于享受减免所得税额优惠的实行查账征收企业所得税的居民企业纳税人填报。纳税人根据税收规定，填报本年发生的累计优惠情况。

（1）第1行"一、符合条件的小型微利企业减免企业所得税"：填报享受小型微利企业普惠性所得税减免政策减免企业所得税的金额。本行填报根据本期A类预缴纳税申报表主表第9行计算的减免企业所得税的本年累计金额。

（2）第2行"二、国家需要重点扶持的高新技术企业减按15%的税率征收企业所得税"：填报享受国家重点扶持的高新技术企业优惠的本年累计减免税额。

（3）第3行"三、经济特区和上海浦东新区新设立的高新技术企业在区内取得的所得定期减免企业所得税"：根据国发〔2007〕40号文件、财税〔2008〕21号文件等规定，经济特区和上海浦东新区内,在2008年1月1日(含)之后完成登记注册的国家需要重点扶持的高新技术企业,在经济特区和上海浦东新区内取得的所得,自取得第一笔生产经营收入所属纳税年度起,第一年至第二年免征企业所得税,第三年至第五年按照25%法定税率减半征收企业所得税。本行填报免征、减征企业所得税的本年累计金额。

对于跨经济特区和上海浦东新区的高新技术企业,其区内所得优惠填写本行,区外所得优惠在本表第2行填报。经济特区和上海浦东新区新设立的高新技术企业定期减免税期满后,只享受15%税率优惠的,填报本表第2行。

(4)第4行"四、受灾地区农村信用社免征企业所得税":填报受灾地区农村信用社免征企业所得税的金额。本行填报本期A类预缴纳税申报表主表第9行×25%的金额。

(5)第5行"五、动漫企业自主开发、生产动漫产品定期减免企业所得税":根据财税〔2009〕65号文件等规定,经认定的动漫企业自主开发、生产动漫产品,享受软件企业所得税优惠政策。本行填报根据本期A类预缴纳税申报表主表第9行计算的免征、减征企业所得税的本年累计金额。

(6)第6行"六、线宽小于0.8微米(含)的集成电路生产企业减免企业所得税":根据财税〔2012〕27号文件、财税〔2016〕49号文件和财税〔2018〕27号文件等规定,2017年12月31日前设立的线宽小于0.8微米(含)的集成电路生产企业,自获利年度起计算优惠期,第一年至第二年免征企业所得税,第三年至第五年按照25%的法定税率减半征收企业所得税,并享受至期满为止。本行填报根据本期A类预缴纳税申报表主表第9行计算的免征、减征企业所得税的本年累计金额。

(7)第7行"七、线宽小于0.25微米的集成电路生产企业减按15%税率征收企业所得税":根据财税〔2012〕27号文件和财税〔2016〕49号文件等规定,线宽小于0.25微米的集成电路生产企业,减按15%税率征收企业所得税。本行填报本期A类预缴纳税申报表主表第9行×10%的金额。

(8)第8行"八、投资额超过80亿元的集成电路生产企业减按15%税率征收企业所得税":根据财税〔2012〕27号文件、财税〔2016〕49号文件等规定,投资额超过80亿元的集成电路生产企业,减按15%税率征收企业所得税。本行填报本期A类预缴纳税申报表主表第9行×10%的金额。

(9)第9行"九、线宽小于0.25微米的集成电路生产企业减免企业所得税":根据财税〔2012〕27号文件、财税〔2016〕49号文件和财税〔2018〕27号文件等规定,2017年12月31日前设立的线宽小于0.25微米的集成电路生产企业,经营期在15年以上的,自获利年度起计算优惠期,第一年至第五年免征企业所得税,第六年至第十年按照25%的法定税率减半征收企业所得税,并享受至期满为止。本行填报根据本期A类预缴纳税申报表主表第9行计算的免征、减征企业所得税的本年累计金额。

(10)第10行:"十、投资额超过80亿元的集成电路生产企业减免企业所得税":根据财税〔2012〕27号文件、财税〔2016〕49号文件和财税〔2018〕27号文件等规定,2017年12月31日前设立的投资额超过80亿元的集成电路生产企业,经营期在15年以上的,自获利年度起计算优惠期,第一年至第五年免征企业所得税,第六年至第十年按照25%的法定税率减半征收企业所得税,并享受至期满为止。本行填报根据本期A类预缴纳税申报表主表第9行计算的免征、减征企业所得税的本年累计金额。

(11) 第 11 行 "十一、线宽小于 130 纳米的集成电路生产企业减免企业所得税"：根据财税〔2016〕49 号文件和财税〔2018〕27 号文件等规定，2018 年 1 月 1 日后投资新设的集成电路线宽小于 130 纳米，且经营期在 10 年以上的集成电路生产企业，自获利年度起第一年至第二年免征企业所得税，第三年至第五年按照 25% 的法定税率减半征收企业所得税，并享受至期满为止。本行填报根据本期 A 类预缴纳税申报表主表第 9 行计算的免征、减征企业所得税的本年累计金额。

(12) 第 12 行 "十二、线宽小于 65 纳米或投资额超过 150 亿元的集成电路生产企业减免企业所得税"：根据财税〔2016〕49 号文件和财税〔2018〕27 号文件等规定，2018 年 1 月 1 日后投资新设的集成电路线宽小于 65 纳米或投资额超过 150 亿元，且经营期在 15 年以上的集成电路生产企业，自获利年度起第一年至第五年免征企业所得税，第六年至第十年按照 25% 的法定税率减半征收企业所得税，并享受至期满为止。本行填报根据本期 A 类预缴纳税申报表主表第 9 行计算的免征、减征企业所得税的本年累计金额。

(13) 第 13 行 "十三、新办集成电路设计企业减免企业所得税"：根据财税〔2012〕27 号文件、财税〔2016〕49 号文件、财税公告 2019 年第 68 号和财税公告 2020 年第 29 号等规定，我国境内新办的集成电路设计企业，自获利年度起计算优惠期，第一年至第二年免征企业所得税，第三年至第五年按照 25% 的法定税率减半征收企业所得税，并享受至期满为止。本行填报根据本期 A 类预缴纳税申报表主表第 9 行计算的免征、减征企业所得税的本年累计金额。

(14) 第 14 行 "十四、国家规划布局内集成电路设计企业可减按 10% 的税率征收企业所得税"：根据财税〔2012〕27 号文件和财税〔2016〕49 号文件等规定，国家规划布局内的集成电路设计企业，如当年未享受免税优惠的，可减按 10% 税率征收企业所得税。本行填报本期 A 类预缴纳税申报表主表第 9 行×15% 的金额。

(15) 第 15 行 "十五、符合条件的软件企业减免企业所得税"：根据财税〔2012〕27 号文件、财税〔2016〕49 号文件、财税公告 2019 年第 68 号和财税公告 2020 年第 29 号等规定，我国境内新办的符合条件的软件企业，自获利年度起计算优惠期，第一年至第二年免征企业所得税，第三年至第五年按照 25% 的法定税率减半征收企业所得税，并享受至期满为止。本行填报根据本期 A 类预缴纳税申报表主表第 9 行计算的免征、减征企业所得税的本年累计金额。

(16) 第 16 行 "十六、国家规划布局内重点软件企业可减按 10% 的税率征收企业所得税"：根据财税〔2012〕27 号文件和财税〔2016〕49 号文件等规定，国家规划布局内的重点软件企业，如当年未享受免税优惠的，可减按 10% 税率征收企业所得税。本行填报本期 A 类预缴纳税申报表主表第 9 行×15% 的金额。

(17) 第 17 行 "十七、符合条件的集成电路封装、测试企业定期减免企业所得税"：根据财税〔2015〕6 号文件规定，符合条件的集成电路封装、测试企业，在 2017 年（含 2017 年）前实现获利的，自获利年度起第一年至第二年免征企业所得税，第三年至第五年按照 25% 的法定税率减半征收企业所得税，并享受至期满为止；2017 年前未实现获利的，自 2017 年起计算优惠期，享受至期满为止。本行填报根据本期 A 类预缴纳税申报表主表第 9 行计算的免征、减征企业所得税的本年累计金额。

(18) 第 18 行 "十八、符合条件的集成电路关键专用材料生产企业、集成电路专用设备生产企业定期减免企业所得税":根据财税〔2015〕6号文件规定,符合条件的集成电路关键专用材料生产企业、集成电路专用设备生产企业,在2017年(含2017年)前实现获利的,自获利年度起第一年至第二年免征企业所得税,第三年至第五年按照25%的法定税率减半征收企业所得税,并享受至期满为止;2017年前未实现获利的,自2017年起计算优惠期,享受至期满为止。本行填报根据本期A类预缴纳税申报表主表第9行计算的免征、减征企业所得税的本年累计金额。

(19)第19行"十九、经营性文化事业单位转制为企业的免征企业所得税":根据财税〔2019〕16号文件等规定,从事新闻出版、广播影视和文化艺术的经营性文化事业单位转制为企业的,自转制注册之日起五年内免征企业所得税。2018年12月31日之前已完成转制的企业,自2019年1月1日起可继续免征五年企业所得税。本行填报本期A类预缴纳税申报表主表第9行×25%的金额。

(20)第20行"二十、符合条件的生产和装配伤残人员专门用品企业免征企业所得税":根据财税〔2016〕111号文件等规定,符合条件的生产和装配伤残人员专门用品的企业免征企业所得税。本行填报本期A类预缴纳税申报表主表第9行×25%的金额。

(21)第21行"二十一、技术先进型服务企业(服务外包类)减按15%的税率征收企业所得税":根据财税〔2014〕59号文件、财税〔2016〕108号文件和财税〔2017〕79号文件等规定,对经认定的技术先进型服务企业,减按15%的税率征收企业所得税。本行填报本期A类预缴纳税申报表主表第9行×10%的金额。

(22)第22行"二十二、技术先进型服务企业(服务贸易类)减按15%的税率征收企业所得税":根据财税〔2018〕44号文件等规定,经认定的技术先进型服务企业(服务贸易类)减按15%的税率征收企业所得税。本行填报本期A类预缴纳税申报表主表第9行×10%的金额。

(23)第23行"二十三、设在西部地区的鼓励类产业企业减按15%的税率征收企业所得税(主营业务收入占比____%)":根据财税〔2011〕58号文件、税务总局公告2012年第12号、财税〔2013〕4号文件、《西部地区鼓励类产业目录》(国家发展改革委令第15号)、税务总局公告2015年第14号和财政部公告2020年第23号等规定,对设在西部地区的鼓励类产业企业减按15%的税率征收企业所得税;对设在赣州市的鼓励类产业的内资和外商投资企业减按15%税率征收企业所得税。本行填报根据本期A类预缴纳税申报表主表第9行计算的减征企业所得税的本年累计金额。

跨地区经营汇总纳税企业总机构和分支机构因享受该项优惠政策适用不同税率的,本行填报按照税务总局公告2012年第57号第十八条规定计算的减免税额。

纳税人填报该行次时,需填报符合《西部地区鼓励类产业目录》的主营业务收入占比,保留至小数点后四位,并按百分数填报。

(24)第24行"二十四、新疆困难地区新办企业定期减免企业所得税":根据财税〔2011〕53号文件和财税〔2016〕85号文件等规定,对在新疆困难地区新办的属于《新疆困难地区重点鼓励发展产业企业所得税优惠目录》范围内的企业,自取得第一笔生产经营收入所属纳税年度起,第一年至第二年免征企业所得税,第三年至第五年减半征收企业所得税。本行填报根据本期A类预缴纳税申报表主表第9行计算的免征、减征企业所得税的本年累计金额。

(25)第25行"二十五、新疆喀什、霍尔果斯特殊经济开发区新办企业定期减免企业所得税":根据财税〔2011〕112号文件和财税〔2016〕85号文件等规定,对在新疆喀什、霍尔果斯两个特殊经济开发区内新办的属于《新疆困难地区重点鼓励发展产业企业所得税优惠目录》范围内的企业,自取得第一笔生产经营收入所属纳税年度起,五年内免征企业所得税。本行填报根据本期A类预缴纳税申报表主表第9行计算的免征企业所得税的本年累计金额。

(26)第26行"二十六、广东横琴、福建平潭、深圳前海等地区的鼓励类产业企业减按15%税率征收企业所得税":根据财税〔2014〕26号文件、财税〔2017〕75号文件和财税〔2019〕63号文件等规定,对设在广东横琴新区、福建平潭综合实验区和深圳前海深港现代服务业合作区的鼓励类产业企业减按15%的税率征收企业所得税。本行填报根据本期A类预缴纳税申报表主表第9行计算的减征企业所得税的本年累计金额。

(27)第27行"二十七、北京冬奥组委、北京冬奥会测试赛赛事组委会免征企业所得税":根据财税〔2017〕60号文件等规定,为支持发展奥林匹克运动,确保北京2022年冬奥会和冬残奥会顺利举办,对北京冬奥组委免征应缴纳的企业所得税,北京冬奥会测试赛赛事组委会取得的收入及发生的涉税支出比照执行北京冬奥组委的税收政策。本行填报本期A类预缴纳税申报表主表第9行×25%的金额。

(28)第28行"二十八、其他":根据相关行次计算结果填报。本行=第28.1+28.2+28.3+28.4行。

(29)第28.1行"1.从事污染防治的第三方企业减按15%的税率征收企业所得税":根据财政部等四部门公告2019年第60号规定,对符合条件的从事污染防治的第三方企业减按15%的税率征收企业所得税。本行填报本期A类预缴纳税申报表主表第9行×10%的金额。

(30)第28.2行"2.海南自由贸易港的鼓励类产业企业减按15%税率征收企业所得税":根据财税〔2020〕31号文件规定,对注册在海南自由贸易港并实质性运营的鼓励类产业企业,减按15%的税率征收企业所得税。本行填报根据本期A类预缴纳税申报表主表第9行计算的减征企业所得税的本年累计金额。

跨地区经营汇总纳税企业总机构和分支机构因享受该项优惠政策适用不同税率的,本行填报按照税务总局公告2012年第57号第十八条规定计算的减免税额。

(31)第28.3行"3.其他1":填报纳税人享受当年新出台且本表未列明的减免企业所得税优惠政策的优惠事项名称、减免税代码及免征、减征企业所得税的本年累计金额。

(32)第28.2行"4.其他2":填报纳税人享受的本表未列明的减免企业所得税优惠的优惠事项名称、减免税代码及免征、减征企业所得税的本年累计金额。

(33)第29行"二十九、民族自治地方的自治机关对本民族自治地方的企业应缴纳的企业所得税中属于地方分享的部分减征或免征(□免征 □减征:减征幅度____%)":根据《企业所得税法》及其实施条例、《中华人民共和国民族区域自治法》和财税〔2008〕21号文件等规定,实行民族区域自治的自治区、自治州、自治县的自治机关对本民族自治地方的企业应缴纳的企业所得税中属于地方分享的部分,可以决定免征或减征,自治州、自治县决定减征或者免征的,须报省、自治区、直辖市人民政府批准。

纳税人填报该行次时,根据享受政策的类型选择"免征"或"减征",二者必选其一。选择"免征"是指免征企业所得税税收地方分享部分;选择"减征:减征幅度____%"是指减征企业所得税税收地方分享部分。此时需填写"减征幅度",减征幅度填写范围为1至100,

表示企业所得税税收地方分享部分的减征比例。例如:地方分享部分减半征收,则选择"减征",并在"减征幅度"后填写"50%"。

享受"免征"优惠的纳税人,本行=[A类预缴纳税申报表主表第11行"应纳所得税额"-本表第1行至第28行合计金额]×40%;享受"减征"优惠的纳税人,本行=[A类预缴纳税申报表主表第11行"应纳所得税额"-本表第1行至第28行合计金额]×40%×减征幅度。

(34)第30行"合计":根据相关行次计算结果填报。本行=第1+2+3+4+5+…+28+29行。且本行=表A200000第12行。

五、《企业所得税汇总纳税分支机构所得税分配表》及其填报

最新的《企业所得税汇总纳税分支机构所得税分配表》(以下简称表A202000)样式和填报说明均是税务总局公告2020年第12号修订发布的。

表A202000的样式可见表15-7。

表15-7 企业所得税汇总纳税分支机构所得税分配表(样本)

A202000

企业所得税汇总纳税分支机构所得税分配表

税款所属期间: 年 月 日至 年 月 日

总机构名称(盖章):
总机构纳税人识别号(统一社会信用代码): 金额单位:元(列至角分)

应纳所得税额		总机构分摊所得税额	总机构财政集中分配所得税额			分支机构分摊所得税额	
分支机构情况	分支机构统一社会信用代码(纳税人识别号)	分支机构名称	三项因素			分配比例	分配所得税额
			营业收入	职工薪酬	资产总额		
		合计					

表A202000为A类预缴纳税申报表主表的附表,适用于跨地区经营汇总纳税企业的总机构填报。纳税人应根据财预[2012]40号文件和税务总局公告2012年第57号规定,计算总分机构每一预缴期应纳的企业所得税额、总机构和分支机构应分摊的企业所得税额。对于仅在同一省(自治区、直辖市和计划单列市)内设立不具有法人资格分支机构的企业,本省(自治区、直辖市和计划单列市)参照上述文件规定制定企业所得税分配管理办法的,按照其规定填报本表。本表与企业所得税年度纳税申报表中的表A109010表单样

式一致。年度终了后五个月内,表 A109010 由实行汇总纳税的企业总机构填报。

（1）"税款所属时期"：填报税款所属期月（季）度第一日至税款所属期月（季）度最后一日。如：按季度预缴纳税申报的纳税人,第二季度申报时"税款所属期间"填报"××年4月1日至××年6月30日"。

（2）"总机构名称""分支机构名称"：填报营业执照、税务登记证等证件载明的纳税人名称。

（3）"总机构纳税人识别号（统一社会信用代码）""分支机构纳税人识别号（统一社会信用代码）"：填报有关部门核发的纳税人纳税人识别号或统一社会信用代码。

（4）"应纳所得税额"：填报本税款所属期企业汇总计算的本期应补（退）的所得税额。本栏＝表 A200000 第 15 行。

（5）"总机构分摊所得税额"：对于跨省（自治区、直辖市和计划单列市）经营汇总纳税企业,填报本期 A 类预缴纳税申报表主表第 15 行×25% 的金额；对于同一省（自治区、直辖市、计划单列市）内跨地区经营汇总纳税企业,填报本期 A 类预缴纳税申报表主表第 15 行×各省（自治区、直辖市和计划单列市）确定的总机构分摊比例的金额。本栏＝表 A200000 第 17 行。

（6）"总机构财政集中分配所得税额"：对于跨省（自治区、直辖市和计划单列市）经营汇总纳税企业,填报本期 A 类预缴纳税申报表主表第 15 行×25% 的金额；对于同一省（自治区、直辖市、计划单列市）内跨地区经营汇总纳税企业,填报本期 A 类预缴纳税申报表主表第 15 行×各省（自治区、直辖市和计划单列市）确定的财政集中分配比例的金额。本栏＝表 A200000 第 18 行。

（7）"分支机构分摊所得税额"：对于跨省（自治区、直辖市和计划单列市）经营汇总纳税企业,填报本期 A 类预缴纳税申报表主表第 15 行×50% 的金额；对于同一省（自治区、直辖市、计划单列市）内跨地区经营汇总纳税企业,填报本期 A 类预缴纳税申报表主表第 15 行×各省（自治区、直辖市和计划单列市）确定的全部分支机构分摊比例的金额。"分支机构情况"中对应总机构独立生产经营部门行次的"分配所得税额"栏＝表 A200000 第 19 行。

（8）"营业收入"：填报上一年度各分支机构销售商品、提供劳务、让渡资产使用权等日常经营活动实现的全部收入的合计额。

（9）"职工薪酬"：填报上一年度各分支机构为获得职工提供的服务而给予各种形式的报酬以及其他相关支出的合计额。

（10）"资产总额"：填报上一年度各分支机构在经营活动中实际使用的应归属于该分支机构的资产合计额。

（11）"分配比例"：填报经总机构所在地主管税务机关审核确认的各分支机构分配比例,分配比例应保留小数点后十位。

（12）"分配所得税额"：填报分支机构按照分支机构分摊所得税额乘以相应的分配比例的金额。

（13）"合计"：填报上一年度各分支机构的营业收入总额、职工薪酬总额和资产总额三项因素的合计金额及本年各分支机构分配比例和分配税额的合计金额。

第三节　B 类预缴和年度纳税申报表的填报

最新的《企业所得税月(季)度预缴和年度纳税申报表(B 类)》(以下简称表 B100000)样式和填报说明均是税务总局公告 2020 年第 12 号修订发布的。

一、B 类预缴和年度纳税申报表的样式

表 B100000 的样式可见表 15-8。

表 15-8　企业所得税月(季)度预缴和年度纳税申报表(B 类)(样本)

B100000

中华人民共和国企业所得税月(季)度预缴和年度纳税申报表(B 类,2018 年版)

税款所属期间：　年　月　日至　年　月　日

纳税人识别号(统一社会信用代码)：□□□□□□□□□□□□□□□□□□

纳税人名称：　　　　　　　　　　　　　　　　　　　　　　　　金额单位:元(列至角分)

核定征收方式	□核定应税所得率(能核算收入总额的)　　□核定应税所得率(能核算成本费用总额的) □核定应纳所得税额								
按季度填报信息									
项目	一季度		二季度		三季度		四季度		季度平均值
	季初	季末	季初	季末	季初	季末	季初	季末	
从业人数									
资产总额(万元)									
国家限制或禁止行业	□是　□否					小型微利企业	□是　□否		
按年度填报信息									
从业人数(填写平均值)						资产总额(填写平均值,单位:万元)				
国家限制或禁止行业	□是　□否					小型微利企业	□是　□否		

行次	项目	本年累计金额
1	收入总额	
2	减:不征税收入	
3	减:免税收入(4+5+10+11)	
4	国债利息收入免征企业所得税	
5	符合条件的居民企业之间的股息、红利等权益性投资收益免征企业所得税	
6	其中:一般股息红利等权益性股投资收益免征企业所得税	
7.1	通过沪港通投资且连续持有 H 股满 12 个月取得的股息红利所得免征企业所得税	
7.	通过深港通投资且连续持有 H 股满 12 个月取得的股息红利所得免征企业所得税	
8	居民企业持有创新企业 CDR 取得的股息红利所得免征企业所得税	
9	符合条件的居民企业之间属于股息、红利性质的永续债利息收入免征企业所得税	
10	投资者从证券投资基金分配中取得的收入免征企业所得税	
11	取得的地方政府债券利息收入免征企业所得税	
12	应税收入额(1-2-3)/成本费用总额	
13	税务机关核定的应税所得率(%)	
14	应纳税所得额(第 12×13 行)/[第 12 行÷(1-第 13 行)×第 13 行]	
15	税率(25%)	
16	应纳所得税额(14×15)	
17	减:符合条件的小型微利企业减免企业所得税	

续表

18	减:实际已缴纳所得税额	
19	本期应补(退)所得税额(16－17－18)/税务机关核定本期应纳所得税额	
20	民族自治地方的自治机关对本民族自治地方的企业应缴纳的企业所得税中属于地方分享的部分减征或免征(□免征 □减征:减征幅度____%)	
21	本期实际应补(退)所得税额	

谨声明:本纳税申报表是根据国家税收法律法规及相关规定填报的,是真实的、可靠的、完整的。

纳税人(签章):　　　　　年　　月　　日

经办人: 经办人身份证号: 代理机构签章: 代理机构统一社会信用代码:	受理人: 受理税务机关(章): 受理日期:　　　　年　　月　　日

国家税务总局监制

二、B 类预缴和年度纳税申报表的填报

本表适用于实行核定征收企业所得税的居民企业纳税人(以下简称纳税人)在月(季)度预缴纳税申报时填报。此外,实行核定应税所得率方式的纳税人在年度纳税申报时也填报本表。

(一)"税款所属期间"的填报

(1)纳税人月(季)度预缴纳税申报"税款所属期间"的填报。正常经营的纳税人,填报税款所属期月(季)度第一日至税款所属期月(季)度最后一日;年度中间开业的纳税人,在首次月(季)度预缴纳税申报时,填报开始经营之日至税款所属月(季)度最后一日,以后月(季)度预缴纳税申报时按照正常情况填报。年度中间发生终止经营活动的纳税人,在终止经营活动当期纳税申报时,填报税款所属期月(季)度第一日至终止经营活动之日,以后月(季)度预缴纳税申报表不再填报。

(2)纳税人年度纳税申报"税款所属期间"的填报。正常情况填报税款所属年度 1 月 1 日至 12 月 31 日;年度中间开业的纳税人,在首次年度纳税申报时,填报开始经营之日至当年 12 月 31 日,以后年度纳税申报时按照正常情况填报;年度中间终止经营活动的纳税人,在终止经营活动年度纳税申报时,填报当年 1 月 1 日至终止经营活动之日;年度中间开业且当年度中间终止经营活动的纳税人,填报开始经营之日至终止经营活动之日。

(二)"纳税人识别号(统一社会信用代码)"的填报

填报税务机关核发的纳税人识别号或有关部门核发的统一社会信用代码。

(三)"纳税人名称"的填报

填报营业执照、税务登记证等证件载明的纳税人名称。

(四)"核定征收方式"的填报

纳税人根据申报税款所属期税务机关核定的征收方式选择填报。

(五)"按季度填报信息"的填报

本项下所有项目按季度填报。按月申报的纳税人,在季度最后一个属期的月份填报。实行核定应纳所得税额方式的纳税人仅填报"小型微利企业"选项。

1. 从业人数

纳税人填报第一季度至税款所属季度各季度的季初、季末、季度平均从业人员的数量。季度中间开业的纳税人,填报开业季度至税款所属季度各季度的季初、季末从业人员的数量,其中开业季度"季初"填报开业时从业人员的数量。季度中间停止经营的纳税人,填报第一季度至停止经营季度各季度的季初、季末从业人员的数量,其中停止经营季度"季末"填报停止经营时从业人员的数量。"季度平均值"填报截至本税款所属期末从业人员数量的季度平均值,计算方法如下:

各季度平均值 = (季初值 + 季末值) ÷ 2

截至本税款所属期末季度平均值 = 截至本税款所属期末各季度平均值之和 ÷ 相应季度数

年度中间开业或者终止经营活动的,以其实际经营期计算上述指标。

从业人数是指与企业建立劳动关系的职工人数和企业接受的劳务派遣用工人数之和。汇总纳税企业总机构填报包括分支机构在内的所有从业人数。

2. 资产总额(万元)

纳税人填报第一季度至税款所属季度各季度的季初、季末、季度平均资产总额的金额。季度中间开业的纳税人,填报开业季度至税款所属季度各季度的季初、季末资产总额的金额,其中开业季度"季初"填报开业时资产总额的金额。季度中间停止经营的纳税人,填报第一季度至停止经营季度各季度的季初、季末资产总额的金额,其中停止经营季度"季末"填报停止经营时资产总额的金额。"季度平均值"填报截至本税款所属期末资产总额金额的季度平均值,计算方法如下:

各季度平均值 = (季初值 + 季末值) ÷ 2

截至本税款所属期末季度平均值 = 截至本税款所属期末各季度平均值之和 ÷ 相应季度数

年度中间开业或者终止经营活动的,以其实际经营期计算上述指标。

填报单位为人民币万元,保留小数点后2位。

3. 国家限制或禁止行业

纳税人从事行业为国家限制或禁止行业的,选择"是";其他选择"否"。

4. 小型微利企业

本栏次为必报项目。

(1)实行核定应税所得率方式的纳税人,本纳税年度截至本期末的从业人数季度平均值不超过300人、资产总额季度平均值不超过5 000万元、本表"国家限制或禁止行业"选择"否"且本期本表第14行"应纳税所得额"不超过300万元的,选择"是",否则选择"否"。

(2)实行核定应纳所得税额方式的纳税人,由税务机关在核定应纳所得税额时进行判断并告知纳税人,判断标准按照相关税收政策规定执行。

(六)"按年度填报信息"的填报

实行核定应税所得率方式的纳税人年度申报时填报本项,实行核定应纳所得税额方式的纳税人不填报。

(1)"从业人数(填写平均值)":纳税人填报从业人数的全年季度平均值。从业人数

是指与企业建立劳动关系的职工人数和企业接受的劳务派遣用工人数之和,计算方法如下:

各季度平均值=(季初值+季末值)÷2

全年季度平均值=全年各季度平均值之和÷4

年度中间开业或者终止经营活动的,以其实际经营期作为一个纳税年度确定上述相关指标。

(2)"资产总额(填写平均值,单位:万元)":纳税人填报资产总额的全年季度平均值,单位为万元,保留小数点后2位,计算方法如下:

各季度平均值=(季初值+季末值)÷2

全年季度平均值=全年各季度平均值之和÷4

年度中间开业或者终止经营活动的,以其实际经营期作为一个纳税年度确定上述相关指标。

(3)"国家限制或禁止行业":纳税人从事行业为国家限制或禁止行业的,选择"是";其他选择"否"。

(4)"小型微利企业":纳税人符合小型微利企业普惠性所得税减免政策条件的,选择"是",其他选择"否"。

(七)行次的填报

核定征收方式选择"核定应税所得率(能核算收入总额的)"的纳税人填报第1行至第21行,核定征收方式选择"核定应税所得率(能核算成本费用总额的)"的纳税人填报第12行至第21行,核定征收方式选择"核定应纳所得税额"的纳税人填报第L19行、19行至第21行。

(1)第1行"收入总额":填报纳税人各项收入的本年累计金额。

(2)第2行"不征税收入":填报纳税人已经计入本表"收入总额"行次但属于税收规定的不征税收入的本年累计金额。

(3)第3行"免税收入":填报属于税收规定的免税收入优惠的本年累计金额。根据相关行次计算结果填报。本行=第4+5+10+11行。

(4)第4行"国债利息收入免征企业所得税":填报根据税务总局公告2011年第36号等相关税收政策规定,纳税人持有国务院财政部门发行的国债取得的利息收入。本行填报金额为本年累计金额。

(5)第5行"符合条件的居民企业之间的股息、红利等权益性投资收益免征企业所得税":根据相关行次计算结果填报。本行填报第6+7.1+7.2+8+9行的合计金额。

(6)第6行"其中:一般股息红利等权益性投资收益免征企业所得税":填报根据企业所得税法实施条例第八十三条规定,纳税人取得的投资收益,不含持有H股、创新企业CDR、永续债取得的投资收益。本行填报金额为本年累计金额。

(7)第7.1行"通过沪港通投资且连续持有H股满12个月取得的股息红利所得免征企业所得税":填报根据财税〔2014〕81号文件等相关税收政策规定,内地居民企业连续持有H股满12个月取得的股息红利所得。本行填报金额为本年累计金额。

(8)第7.2行"通过深港通投资且连续持有H股满12个月取得的股息红利所得免征企业所得税":填报根据财税〔2016〕127号文件等相关税收政策规定,内地居民企业连续持有H股满12个月取得的股息红利所得。本行填报金额为本年累计金额。

(9)第8行"居民企业持有创新企业CDR取得的股息红利所得免征企业所得税":填报根据财税证公告2019年第52号等相关税收政策规定,居民企业持有创新企业CDR取得的股息红利所得。本行填报金额为本年累计金额。

(10)第9行"符合条件的居民企业之间属于股息、红利性质的永续债利息收入免征企业所得税":填报根据财税公告2019年第64号等相关税收政策规定,居民企业取得的可以适用《企业所得税法》规定的居民企业之间的股息、红利等权益性投资收益免征企业所得税规定的永续债利息收入。本行填报金额为本年累计金额。

(11)第10行"投资者从证券投资基金分配中取得的收入免征企业所得税":填报纳税人根据财税〔2008〕1号文件第二条第(二)项等相关税收政策规定,投资者从证券投资基金分配中取得的收入。本行填报金额为本年累计金额。

(12)第11行"取得的地方政府债券利息收入免征企业所得税":填报根据财税〔2011〕76号文件和财税〔2013〕5号文件等相关税收政策规定,纳税人取得的2009年及以后年度发行的地方政府债券利息收入。本行填报金额为本年累计金额。

(13)第12行"应税收入额/成本费用总额":核定征收方式选择"核定应税所得率(能核算收入总额的)"的纳税人,本行=第1-2-3行。核定征收方式选择"核定应税所得率(能核算成本费用总额的)"的纳税人,本行填报纳税人各项成本费用的本年累计金额。

(14)第13行"税务机关核定的应税所得率(%)":填报税务机关核定的应税所得率。

(15)第14行"应纳税所得额":根据相关行次计算结果填报。核定征收方式选择"核定应税所得率(能核算收入总额的)"的纳税人,本行=第12×13行。核定征收方式选择"核定应税所得率(能核算成本费用总额的)"的纳税人,本行=第12行÷(1-第13行)×第13行。

(16)第15行"税率":填报25%。

(17)第16行"应纳所得税额":根据相关行次计算填报。本行=第14×15行。

(18)第17行"符合条件的小型微利企业减免企业所得税":填报纳税人享受小型微利企业普惠性所得税减免政策减免企业所得税的金额。本行填报根据本表第14行计算的减免企业所得税的本年累计金额。

(19)第18行"实际已缴纳所得税额":填报纳税人按照税收规定已在此前月(季)度预缴企业所得税的本年累计金额。

(20)第L19行"符合条件的小型微利企业延缓缴纳所得税额":根据税务总局公告2020年第10号,填报符合条件的小型微利企业纳税人按照税收规定可以延缓缴纳的所得税额。本行为临时行次,自2021年1月1日起,本行废止。

符合条件的小型微利企业纳税人,在2020年第二季度、第三季度预缴申报时,选择享受延缓缴纳所得税政策的,选择"是";选择不享受延缓缴纳所得税政策的,选择"否"。

"是否延缓缴纳所得税"选择"是"时,核定征收方式选择"核定应税所得率(能核算收入总额的)""核定应税所得率(能核算成本费用总额的)"的,第L19行=第16-17-18行。当第16-17-18行<0时,本行填报0。核定征收方式选择"核定应纳所得税额"的,本行填报本期应纳企业所得税金额与2020年度预缴申报已延缓缴纳企业所得税金额之和。

"是否延缓缴纳所得税"选择"否"时,本行填0。

(21)第19行"本期应补(退)所得税额/税务机关核定本期应纳所得税额":核定征收方式选择"核定应税所得率(能核算收入总额的)""核定应税所得率(能核算成本费用总额的)"的纳税人,根据相关行次计算结果填报,本行=第16-17-18行。月(季)度预缴纳税申报时,若第16-17-18行<0,本行填0。核定征收方式选择"核定应纳所得税额"的纳税人,在2020年第二季度、第三季度预缴申报时,若"是否延缓缴纳所得税"选择"是",本行填0;若"是否延缓缴纳所得税"选择"否"的,本行填报本期应纳企业所得税金额与2020年度预缴申报已延缓缴纳企业所得税金额之和。在2020年第四季度预缴申报时,本行填报本期应纳企业所得税金额与2020年度预缴申报已延缓缴纳企业所得税金额之和。自2021年第一季度预缴申报起,本行填报本期应纳企业所得税的金额。

(22)第20行"民族自治地方的自治机关对本民族自治地方的企业应缴纳的企业所得税中属于地方分享的部分减征或免征(□免征 □减征:减征幅度____%)":根据《企业所得税法》及其实施条例、《中华人民共和国民族区域自治法》和财税[2008]21号文件等规定,实行民族区域自治的自治区、自治州、自治县的自治机关对本民族自治地方的企业应缴纳的企业所得税中属于地方分享的部分,可以决定免征或减征,自治州、自治县决定减征或者免征的,须报省、自治区、直辖市人民政府批准。

纳税人填报该行次时,根据享受政策的类型选择"免征"或"减征",二者必选其一。选择"免征"是指免征企业所得税税收地方分享部分;选择"减征:减征幅度____%"是指减征企业所得税税收地方分享部分。此时需填写"减征幅度",减征幅度填写范围为1至100,表示企业所得税税收地方分享部分的减征比例。例如:地方分享部分减半征收,则选择"减征",并在"减征幅度"后填写"50%"。

本行填报纳税人按照规定享受的民族自治地方的自治机关对本民族自治地方的企业应缴纳的企业所得税中属于地方分享的部分减征或免征额的本年累计金额。

核定征收方式选择"核定应税所得率(能核算收入总额的)""核定应税所得率(能核算成本费用总额的)"的,享受"免征"优惠的,第20行=(第16-17行)×40%;享受"减征"优惠的,第20行=(第16-17行)×40%×减征幅度。

核定征收方式选择"核定应纳所得税额"的,享受"免征"优惠的,第20行=[核定的年度应纳所得税额÷(4或者12)×截止申报所属期的实际应申报属期数-本表第L19行]×40%;享受"减征"优惠的,第20行=[核定的年度应纳所得税额÷(4或者12)×截止申报所属期的实际应申报属期数-本表第L19行]×40%×"减征幅度____%"。

(23)第21行"本期实际应补(退)所得税额":本行填报纳税人本期实际应补(退)所得税额。

核定征收方式选择"核定应税所得率(能核算收入总额的)""核定应税所得率(能核算成本费用总额的)"的,第21行=第19行-20行。当第19行-20行<0时,本行=0。

核定征收方式选择"核定应纳所得税额"的:第21行=[核定的年度应纳所得税额÷(4或者12)×截止申报所属期的实际应申报属期数]-本表第L19行-本表第20行-截止上期本表第21行合计金额。当计算结果<0时,本行=0。

(六)"按季度填报信息"的填报

本项下所有项目按季度填报。按月申报的纳税人,在季度最后一个属期的月份填报。

实行核定应纳所得税额方式的纳税人仅填报"小型微利企业"选项。

1)季初从业人数、季末从业人数　纳税人填报税款所属季度的季初和季末从业人员的数量。季度中间开业的纳税人,"季初从业人数"填报开业时从业人数。季度中间停止经营的纳税人,"季末从业人数"填报停止经营时从业人数。从业人数是指与企业建立劳动关系的职工人数和企业接受的劳务派遣用工人数之和。

2)季初资产总额(万元)、季末资产总额(万元)　纳税人填报税款所属季度的季初和季末资产总额。季度中间开业的纳税人,"季初资产总额"填报开业时资产总额。季度中间停止经营的纳税人,"季末资产总额"填报停止经营时资产总额。填报单位为人民币万元,保留小数点后2位。

3)国家限制或禁止行业　纳税人从事行业为国家限制和禁止行业的,选择"是";其他选择"否"。

4)小型微利企业　本栏次为必报项目。

(1)实行核定应税所得率方式的纳税人,本纳税年度截至本期末的从业人数季度平均值不超过300人、资产总额季度平均值不超过5 000万元、本表"国家限制或禁止行业"选择"否"且本期本表第14行"应纳税所得额"不超过300万元的纳税人,选择"是",否则选择"否"。具体计算方法如下:

季度平均值=(季初值+季末值)÷2

截至本期末季度平均值=截至本期末各季度平均值之和÷相应季度数

年度中间开业或者终止经营活动的,以其实际经营期计算上述指标。

(2)实行核定应纳所得税额方式的纳税人,由税务机关在核定应纳所得税额时进行判断并告知纳税人,判断标准按照税收规定的条件执行。

(七)"按年度填报信息"的填报

实行核定应税所得率方式的纳税人年度申报时填报,实行核定应纳所得税额方式的纳税人不填报。

"小型微利企业":本栏次为必报项目,按照以下规则选择:

从事国家非限制和禁止行业,从业人数不超过300人,资产总额不超过5 000万元,年应纳税所得额不超过300万元的纳税人,选择"是",否则选择"否"。

其中,从业人数和资产总额指标按企业全年的季度平均值确定。具体计算公式如下:

季度平均值=(季初值+季末值)÷2

全年季度平均值=全年各季度平均值之和÷4

年度中间开业或者终止经营活动的,以实际经营期作为一个纳税年度确定上述相关指标。

附录

《企业所得税政策与申报实务深度解析(2020年版)》案例目录

【例2-1】汇算清缴港币折算人民币案例　20
【例3-1】**综合案例**之《企业所得税年度纳税申报表》封面填报案例　29
【例3-2】**综合案例**之《企业所得税年度纳税申报表》填报表单填报案例　32
【例3-3】**综合案例**之《企业所得税年度纳税申报基础信息表》填报案例　45
【例4-1】企业境内外营业机构不同盈亏情形所得计算案例　54
【例4-2】**综合案例**之《企业所得税年度纳税申报表》主表填报案例　58
【例5-1】**综合案例**之《一般企业收入明细表》填报案例　64
【例5-2】《金融企业收入明细表》(商业银行)填报案例　66
【例5-3】《金融企业收入明细表》(证券公司)填报案例　67
【例5-4】《金融企业收入明细表》(财产保险公司)填报案例　69
【例5-5】**综合案例**之《一般企业成本支出明细表》填报案例　73
【例5-6】《金融企业支出明细表》(商业银行)填报案例　74
【例5-7】《金融企业支出明细表》(财产保险公司)填报案例　76
【例5-8】《金融企业支出明细表》(证券公司)填报案例　77
【例5-9】《事业单位、民间非营利组织收入、支出明细表》填报案例　81
【例5-10】**综合案例**之《期间费用明细表》填报案例　83
【例6-1】**综合案例**之视同销售收入的纳税调整填报案例　104
【例6-2】租金收入纳税调整填报案例　106
【例6-3】分期收款方式销售货物营业收入纳税调整填报案例　109
【例6-4】不符合不征税收入条件的与收益相关的政府补助递延收入纳税调整填报案例　112
【例6-5】不符合不征税收入条件的与资产相关的政府补助递延收入纳税调整填报案例　113
【例6-6】权益法核算长期股权投资持有收益纳税调整填报案例　117
【例6-7】权益法核算长期股权投资持有期间分担被投资企业亏损纳税调整填报案例　117
【例6-8】取得红股确认投资收益和转让股权处置收益纳税调整填报案例　117
【例6-9】交易性金融资产处置收益纳税调整填报案例　118
【例6-10】**综合案例**之取得符合不征税收入条件的专项用途财政性资金并用于费用化支出纳税调整填报案例　124
【例6-11】取得符合不征税收入条件的专项用途财政性资金并用于资本化支出纳税调整填报案例　127
【例6-12】权益法核算长期股权投资对初始投资成本调整确认收益纳税调整填报案例　132
【例6-13】交易性金融资产初始投资纳税调整填报案例　133
【例6-14】投资性房地产公允价值变动净损益纳税调整填报案例　133
【例6-15】交易性金融资产公允价值变动净损益纳税调整填报案例　135

【例6-16】属于资产负债表日后调整事项的销售退回纳税调整填报案例 …… 136
【例7-1】企业投资者投资未到位不得扣除利息支出的计算案例 …… 163
【例7-2】**综合案例**之视同销售成本的纳税调整填报案例 …… 176
【例7-3】**综合案例**之职工薪酬纳税调整填报案例 …… 180
【例7-4】将产品用于广告和业务宣传视同销售调增所得对应支出纳税调整案例 …… 182
【例7-5】将产品用于广告和业务宣传视同销售调减所得对应支出纳税调整案例 …… 183
【例7-6】**综合案例**之广告费和业务宣传费支出纳税调整填报案例 …… 185
【例7-7】不允许扣除和结转扣除的广告费和业务宣传费支出纳税调整填报案例 …… 185
【例7-8】关联方之间广告费和业务宣传费支出分摊扣除分出方纳税调整填报案例 …… 186
【例7-9】关联方之间广告费和业务宣传费支出分摊扣除分入方纳税调整填报案例 …… 187
【例7-10】将产品用于广告和业务宣传视同销售收入、视同销售成本及对应支出纳税调整填报案例 …… 187
【例7-11】将产品用于公益性捐赠视同销售调增所得对应支出纳税调整案例 …… 190
【例7-12】将产品用于公益性捐赠视同销售调减所得对应支出纳税调整案例 …… 191
【例7-13】限额扣除的公益性捐赠纳税调整填报案例 …… 193
【例7-14】将产品用于限额扣除的公益性捐赠视同销售收入、视同销售成本及对应支出纳税调整填报案例 …… 194
【例7-15】**综合案例**之非公益性捐赠支出纳税调整填报案例 …… 196
【例7-16】保险企业手续费及佣金支出纳税调整填报案例 …… 198
【例7-17】将产品用于交际应酬视同销售调增所得对应支出纳税调整案例 …… 199
【例7-18】将产品用于交际应酬视同销售调减所得对应支出纳税调整案例 …… 199
【例7-19】**综合案例**之业务招待费支出纳税调整填报案例 …… 200
【例7-20】混合性投资业务利息支出纳税调整填报案例 …… 201
【例7-21】**综合案例**之行政处罚的罚款支出纳税调整填报案例 …… 201
【例7-22】税收滞纳金纳税调整填报案例 …… 202
【例7-23】非广告性赞助支出纳税调整填报案例 …… 202
【例7-24】未实现融资收益抵减财务费用纳税调整填报案例 …… 204
【例7-25】未确认融资费用计入财务费用纳税调整填报案例 …… 204
【例7-26】一般企业手续费及佣金支出纳税调整填报案例 …… 205
【例7-27】跨期扣除项目维简费纳税调整填报案例 …… 206
【例7-28】分期收款方式销售货物营业成本纳税调整填报案例 …… 207
【例7-29】与取得收入无关的支出纳税调整填报案例 …… 208
【例7-30】境外所得分摊的共同支出纳税调整填报案例 …… 209
【例7-31】国有企业党组织工作经费纳税调整填报案例 …… 210
【例7-32】非公有制企业党组织工作经费纳税调整填报案例 …… 210
【例8-1】**综合案例**之资产折旧、摊销及纳税调整填报案例 …… 240
【例8-2】**综合案例**之固定资产加速折旧优惠纳税调整填报案例 …… 240
【例8-3】资产减值准备金纳税调整填报案例 …… 246
【例8-4】实际资产损失税前扣除及纳税调整填报案例 …… 249

【例8-5】综合案例之法定资产损失税前扣除及纳税调整填报案例 ································ 250
【例8-6】综合案例之《纳税调整项目明细表》填报案例 ································ 252
【例9-1】以资抵债纳税调整填报案例 ································ 281
【例9-2】债转股纳税调整填报案例 ································ 281
【例9-3】100%股权支付的股权收购纳税调整填报案例 ································ 281
【例9-4】部分非股权支付的股权收购纳税调整填报案例 ································ 283
【例9-5】100%股权支付的资产收购纳税调整填报案例 ································ 286
【例9-6】100%股权支付的企业合并纳税调整填报案例 ································ 288
【例9-7】派生分立纳税调整填报案例 ································ 288
【例9-8】解散分立纳税调整填报案例 ································ 290
【例9-9】非货币性资产对外投资选择适用递延纳税处理纳税调整填报案例 ································ 293
【例9-10】资产划转纳税调整填报案例 ································ 293
【例9-11】技术入股选择递延纳税优惠政策纳税调整填报案例 ································ 294
【例9-12】政策性搬迁纳税调整填报案例 ································ 310
【例9-13】保险公司准备金纳税调整填报案例 ································ 319
【例9-14】证券公司准备金纳税调整填报案例 ································ 321
【例9-15】金融企业贷款损失准备金纳税调整填报案例 ································ 322
【例9-16】房地产开发企业特定业务纳税调整填报案例 ································ 325
【例9-17】合伙企业法人合伙人应分得应纳税所得额填报案例 ································ 327
【例9-18】永续债利息支出纳税调整填报案例 ································ 328
【例10-1】关联债资比例计算案例 ································ 399
【例10-2】关联方利息支出纳税调整填报案例 ································ 403
【例11-1】政策性搬迁减除停止生产经营活动年度填报案例 ································ 433
【例11-2】企业合并适用特殊性税务处理被合并企业以前年度亏损填报年度案例 ······ 433
【例11-3】企业合并适用特殊性税务处理被合并企业以前年度和被合并当年亏损填报年度案例 ································ 433
【例11-4】综合案例之《企业所得税弥补亏损明细表》填报案例 ································ 438
【例11-5】一般企业连续几年有盈有亏《弥补亏损明细表》填报案例 ································ 439
【例11-6】科技型中小企业连续几年有盈有亏且最长结转年限不一致《弥补亏损明细表》填报案例 ································ 439
【例11-7】查增所得额《弥补亏损明细表》填报案例 ································ 446
【例11-8】资产损失和应扣未扣支出追补扣除《弥补亏损明细表》填报案例 ································ 446
【例11-9】企业合并转入亏损《弥补亏损明细表》填报案例 ································ 446
【例12-1】国债持有和转让收益或损失纳税调整及免税收入优惠填报案例 ································ 460
【例12-2】综合案例之免税收入优惠填报案例 ································ 465
【例12-3】综合利用资源生产产品取得收入减计收入优惠填报案例 ································ 470
【例12-4】金融机构取得农户小额贷款利息减计收入优惠填报案例 ································ 471
【例12-5】保险公司取得种植业、养殖业保费减计收入优惠填报案例 ································ 471
【例12-6】综合案例之研发费用加计扣除优惠填报案例 ································ 489

【例12-7】研发费用加计扣除优惠辅助账、辅助账汇总表和优惠明细表填报案例 …… 491
【例12-8】残疾人员工资加计扣除优惠填报案例 …… 500
【例12-9】应税项目与所得减免项目分摊期间费用及纳税调整案例 …… 513
【例12-10】盈利的公共污水处理项目处于免税期《所得减免优惠明细表》填报案例 … 518
【例12-11】盈利的公共污水处理项目处于减半征税期《所得减免优惠明细表》填报案例 …… 518
【例12-12】亏损的公共污水处理项目《所得减免优惠明细表》填报案例 …… 518
【例12-13】符合条件的技术转让项目《所得减免优惠明细表》填报案例 …… 518
【例12-14】法人制创业投资企业直接投资未上市中小高新技术企业《抵扣应纳税所得额明细表》填报案例 …… 531
【例12-15】法人制创业投资企业同一年度直接投资和间接投资《抵扣应纳税所得额明细表》填报案例 …… 533
【例12-16】年所得不超过100万元的小型微利企业减免所得税优惠填报案例 …… 567
【例12-17】年所得超过100万元不超过300万元的小型微利企业减免所得税优惠填报案例 …… 568
【例12-18】高新技术企业优惠和技术转让项目所得减免优惠叠加享受填报案例 …… 570
【例12-19】**综合案例**之高新技术企业优惠情况及减免所得税优惠填报案例 …… 571
【例12-20】符合条件的软件企业处于免税期优惠情况及减免所得税优惠填报案例 …… 577
【例12-21】符合条件的软件企业处于减半征税期优惠情况及减免所得税优惠填报案例 …… 578
【例12-22】节能节水专用设备投资额抵免税额优惠填报案例 …… 582
【例12-23】**综合案例**之环境保护专用设备投资额抵免税额优惠填报案例 …… 582
【例13-1】分国抵免法和综合抵免法下境外所得税收抵免计算案例 …… 586
【例13-2】来源于境外利息收入的应纳税所得额计算案例 …… 589
【例13-3】外国企业二层持股条件的判定案例 …… 596
【例13-4】外国企业多层持股条件的判定案例 …… 597
【例13-5】境外所得间接负担税额的计算案例 …… 599
【例13-6】境外所得税收饶让抵免应纳税额的计算案例 …… 609
【例13-7】境外所得税收抵免限额的计算案例 …… 611
【例13-8】境外所得实际抵免境外税额的计算案例 …… 612
【例13-9】境外分支机构纳税年度的判定案例 …… 614
【例13-10】境外股息所得在我国计算抵免的时间案例 …… 614
【例13-11】境外营业机构盈利抵减境内亏损案例 …… 617
【例13-12】选择采用分国抵免法进行境外所得税抵免填报案例 …… 620
【例13-13】**综合案例**之选择采用分国抵免法进行境外所得税间接抵免填报案例 …… 620
【例13-14】境外分支机构实际亏损和非实际亏损及其弥补填报案例 …… 624
【例14-1】汇总纳税企业总分支机构处于不同税率地区税款分配计算及填报案例 …… 633
【例14-2】**综合案例**之总分支机构税款分配计算及填报案例 …… 635